10e

Rosen의 재정학

PUBLIC FINANCE

10e

Rosen의

재정학

| 이 영 · 전영준 · 이철인 · 김진영 편역 |

PUBLIC FINANCE

McGraw Hill

Harvey S. **Rosen** | Ted **Gayer** | Abdülkadir **Civan**

PUBLIC FINANCE, TENTH EDITION

1 2 3 4 5 6 7 8 9 10 MHE-KOREA 20 20

Original: PUBLIC FINANCE, TENTH EDITION
By Harvey S. Rosen, Ted Gayer
ISBN 978-0-07-802168-8

Korean ISBN 979-11-321-0475-9 93320

Printed in Korea

Rosen의 재정학, 10판

발행일 | 2020년 7월 24일 초판발행

저 자 | Harvey S. Rosen, Ted Gayer, Abdülkadir Civan
편 역 | 이 영, 전영준, 이철인, 김진영
발행처 | 맥그로힐에듀케이션코리아 유한회사
발행인 | 총텍멩(CHONG TECK MENG)
주 소 | 서울시 마포구 양화로 45, 8층 801호
(서교동, 메세나폴리스)
전 화 | 02)325-2351
등록번호 | 제2013-000122호(2012.12.28)

편집, 교정 | 김정하, 김성남
인 쇄 | 성신미디어

ISBN | 979-11-321-0475-9

판매처 | **교문사**
문 의 | 031)955-6111
정 가 | 36,000원

저자 소개

HARVEY S. ROSEN

- Princeton University의 석좌 교수
- Econometric Society의 펠로우
- NBER의 Research Associate
- 재정학, 노동경제학, 응용미시경제학분야에서 다수의 논문 출간
- 1989~1991년 미 재무성 근무
- 2003~2005년 백악관 경제자문위원과위원장 역임
- 2007년 미국조세협회(National Tax Association)로부터 Daniel M. Holland 메달 수여

TED GAYER

- Brookings Institution 경제프로그램 공동 디렉터
- Georgetown University 교수
- 환경경제, 규제경제, 의료경제, 교육경제 분야 관련 다수 논문 출간
- 2003~2004년 백악관 경제자문위원 역임
- 미 환경부 자문위원
- 2007~2008년 미국 재무부 부차관보 역임

Congratulation Letter

Ted Gayer and I are delighted that our book will be published in a Korean language edition.
We are extremely grateful to Young Lee, Young-Jun Chun, Chul-In Lee and Jin-Yeong Kim for their invaluable contributions to the success of this project. We were inspired to write public Finance by our conviction that it is possible to apply the principles of Economics to understand both the normative and positive aspects of government spending and taxing.
Now, Korean economics professors will have an opportunity to consider our approach.
We are confident that those who try it will discover that their students benefit greatly from our book.

Sincerely

Harvey S. Rosen

테드 게이어 교수와 저는 우리의 책이 한국어로 출간되는 것을 기쁘게 생각합니다. 번역자인 이 영, 전영준, 이철인, 김진영 교수께서 번역 작업을 성공적으로 수행하기 위해 소중한 기여를 해주심에 매우 감사드리는 바입니다. 우리는 경제학의 원칙들을 응용함으로써 정부 지출과 조세의 규범적·실증적 측면을 이해할 수 있으리라는 확신을 바탕으로 재정학 교과서를 집필하게 되었습니다.

이제 한국의 경제학 교수님들도 우리 교과서의 접근방식을 활용해볼 기회를 가지게 되었다고 봅니다. 저자들은 그 기회를 활용하시는 분들께서 수강생들이 이 교과서를 통해 많은 것을 얻어내는 모습을 발견하시리라 확신합니다.

Harvey S. Rosen 드림

역자 소개

이 영 | 한양대학교 경제금융학부 교수 (좌측 하단), younglee@hanyang.ac.kr

- 서울대학교 경제학 학사, 석사; *University of Michigan* 경제학 박사
- *Univ. of Maryland, IRIS*, 연구위원; *World Bank* 컨설턴트; *KDI* 연구위원
- *Journal of Public Economics*, *National Tax Journal*, *International Tax and Public Finance*, *Journal of Development Economics*, *Economic Inquiry*, 『공공경제』, 『재정논집』 등에 다수 논문 게재

전영준 | 한양대학교 경제금융학부 교수 (좌측 상단), yjchun@hanyang.ac.kr

- 서울대학교 경제학 학사, *University of Pennsylvania* 경제학 박사
- 한국조세연구원 연구위원, 인천대학교 경제학과 조교수
- *International Tax and Public Finance*, *FinanzArchiv*, *Journal of Japanese and International Economies*, *NBER*, 『경제학연구』, 『재정논집』, 『공공경제』 등에 다수 논문 게재

이철인 | 서울대학교 경제학부 교수 (우측 하단), leeci@snu.ac.kr

- 서울대학교 경제학 학사, *University of Michigan* 경제학 박사
- 한국조세연구원 연구위원, *University of Michigan* · 건국대학교 조교수, 성균관대 부교수
- *Review of Economics and Statistics*, *Review of Economic Dynamics*, *Journal of Economic Dynamics and Control*, *Journal of Regional Science*, *Journal of Housing Economics*, *International Tax and Public Finance*, *Economic Inquiry*, *NBER*, *IMF*, 『경제학연구』, 『국제경제연구』, 『공공경제』 등에 다수 논문 게재

김진영 | 건국대학교 경제학부 교수 (우측 상단), jykm19@konkuk.ac.kr

- 서울대학교 경제학 학사, 석사; *University of Rochester* 경제학 박사
- 한국조세연구원 연구위원
- 『경제학연구』, 『재정논집』, 『공공경제』 등에 지방재정과 교육재정 관련 다수 논문 게재

저자 서문

영국의 철학자이자 수학자인 버트런드 러셀(Bertrand Russell)은 "변화와 발전은 서로 구분되는 별개의 것이다."라고 언명하였다. 이번 판을 위한 개정작업에서 우리는 재정학 분야의 발전을 반영하는 대폭적인 변화를 가하였다. 동시에 우리는 경제학 도구가 정부의 재정지출과 조세정책을 분석하는 데 어떻게 활용될 수 있는가를 최대한 명료하게 설명한다는 이 책의 핵심 사명을 견지하기 위해 노력하였다.

어떤 점에서는 재정학은 변화가 극심한 분야로, 불과 몇 년 전에 비하여 여러 가지 면에서 벌써 다른 모습을 띠고 있다. 실증분석 측면에서 실험적·준실험적 기법을 적용한 공공정책의 효과 측정 연구가 매우 흥미로운 결과들을 보고하고 있다. 이론적인 측면에서 재정지출과 재정수입을 통합하여 분석할 수 있는 이론의 발전이 진행되고 있다.

이러한 재정학 분야의 최근 발전들을 분석하고 체계적으로 정리하여, 독자들이 최신 연구와 정책논의를 이해하도록 도움을 주는 것이 이 책의 목적이다. 이 책은 재정학 분야에서 현재 왕성한 활동을 하고 있는 경제학자들의 최신 연구들을 반영하는 최첨단의 내용들을 기반으로 하고 있지만, 경제학 원론 수준의 경제학 학습이 이루어진 학부생들이 이해할 수 있도록 꾸며져 있다.

이번 판의 각 장들은 모두 새로운 것들이다. 여러 변화에도 불구하고 이 책의 핵심적 기본 내용은 변화하지 않았음을 밝힌다. 이전 판에서와 같이, 이 책의 목표는 제도적·이론적·실증분석적 내용을 체계적으로 결합하여 명료하고 일관성이 있는 정부 지출과 조세에 대한 관점을 독자들에게 제공하는 데 있다.

2003년과 2004년 사이에 우리는 경제자문위원회(Council of Economic Advisers)에서 함께 일하였다. 이러한 현실참여가 우리의 경제학에 대한 관점을 바꾸어놓았는가라는 질문을 종종 받았다. 물론 이러한 경험을 통해 우리는 현실의 재정제도와 정책결정 과정에 대해 아주 많은 것을 배웠다. 하지만 현실참여 경험으로 우리는 오히려 현대 재정학이 정책 이슈에 대한 매우 귀중하고 실용적인 분석틀을 제공하고 있음을 더욱 확신하게 되었다. 우리는 이러한 현실참여 경험을 경제 분석에 반영함으로써, 보다 풍부하고 현실감이 있는 재정학 교재를 만들기 위해 노력하였고 이러한 노력의 성과물로 이 책이 만들어지게 되었다.

제10판으로 개정하면서 다음의 내용들을 보강하였다. 먼저, 제17, 19, 21장에 2013년에 적용된 세법 개정 내용들을 반영하였고, 제19장에 국제화 진전에 따라 정책 논쟁의 대상이 되고 있는 다국적 기업 과세에 대한 논의를 보강하였다. 제20장에 최근 빠르게 증가하고 있는 정부부채에 대한 논의를 재정위기 촉발 가능성을 중심으로 추가하였다.

이 책을 준비하는 과정에서 도움을 주신 여러 분들에게 감사의 말을 전하고자 한다. 이번 판이 나올 때까지 거의 400분의 재정학 교수님들이 본 교재 관련 설문에 응신하여주셨다. 더욱이 약 160분의 교수님들이 이 책의 구체적인 내용을 어떻게 개선해야 하는지에 대해 소중한 의견을 주셨다(영어 원저에는 그간 구체적 의견을 주신 약 160분의 이름이 모두 기록되어 있다). 교수와 학생들이 무엇을 필요로 하는지를 알 수 있게 해주신 이들 교수님들에게 깊이 감사드린다. 그리고 우리의 가족들에게도 감사드린다.

Harvey S. Rosen and Ted Gayer

역자 서문

재정학 분야에서 세계적인 베스트셀러인 Rosen의 『Public Finance』를 번역하면서, 우리 역자들은 최신 재정학 연구와 정책논의를 한국적 시각과 현실에서 조망하는 재정학 교과서를 목표로 하였다. 이러한 목표를 달성하기 위해 단순 번역이 아닌 편역 작업을 수행하였다. 한국의 여러 제도와 여건에 대한 분석을 포함하였을 뿐 아니라, 한국적인 시각으로 새롭게 해석하기도 하였다. 가장 큰 변화를 가한 부분은 조세부분으로 논의의 출발점을 미국의 조세제도가 아닌 한국의 조세제도로 대체하였고, 한국과 미국 제도를 비교·분석함으로써 우리나라 조세제도의 장·단점에 대한 통찰력을 얻을 수 있도록 내용을 재구성하였다. 조세 이외에도 한국의 교육제도, 환경정책, 예비타당성 제도, 건강보험, 근로소득장려세제, 사회보장제도, 지방재정조정제도 등을 추가·분석하여, 현대 재정학이 한국의 현실과 제도 분석에 깊은 통찰력을 제공하고 있음을 확인할 수 있도록 하였다.

Rosen의 『Public Finance』는 균형 잡힌 시각으로 최신의 연구와 정책논의를 체계적으로 정리한 최고의 권위를 지닌 재정학 교과서이다. 더욱이 제8판이 준비되면서 경쟁에 직면하여 획기적으로 증보되었다. 새로운 저자로 Gayer를 영입하여 대폭적으로 증보하였는데, 이러한 증보와 개선은 경제학이 주장하는 경쟁의 동태적 효율성 개선 효과를 여실히 보여주는 것이다. 최신 연구결과와 정책논의가 포함된 것은 물론이고, 다음의 5가지 점에서 획기적인 개선이 이루어졌다.

- 정부의 경제행위를 설명하기 위해 새로운 분야가 추가되고 기존의 일부 내용들이 대폭적으로 보강되었다. 예를 들어, 교육이 독립된 장으로 포함되었고, 외부성과 의료에 대한 논의가 대폭 보강되었다. 조세와 관련하여 근본적 조세개혁에 대한 논의가 소비세를 중심으로 대폭 보강되었다.
- 실증분석의 중요성이 보다 강조되고 최근 실증분석 결과에 대한 소개가 충실히 이루어졌다. 여러 논의에 있어서 최신 실증분석 연구결과들이 균형 잡힌 시각으로 정리되었으며, 실증분석 방법론을 제2장에서 체계적으로 정리하였다.
- 최신 재정학 흐름을 반영하여 전체적인 구성도 개선되었다. 재정지출 부분을 공공재와 외부성에 대한 부분과 공적연금과 소득보장에 대한 부분으로 둘로 나누어 정리하였다.
- 교재의 형식을 대폭 개선하여 학습효과의 극대화를 도모하였다. 〈실증 증거〉와 〈현실 정책 보기〉를 박스 처리하여 전체적인 흐름을 유지하면서 필요한 실증분석 결과와 현실 분석을 소개하고 있다. 또한 각 장 끝에 요약과 다수의 연습문제들을 제공하여 사고의 폭을 넓히고 각종 시험대비에도 도움이 되도록 하였으며, 주요 개념의 정의가 해당 부분의 여백에 정리되었다.

- 강의에 도움을 주기 위해 강의용 파워포인트 파일이 제작되었으며 www.mhhe.com/rosen10e에서 다운로드가 가능하다. 강사를 위한 자료가 강사들에게만 별도 제공된다(한글판 파워포인트 파일은 강사용과 학생용이 구분되어 있는데 강사분께서 저자에게 요청하면 함께 제공된다. 학생용 파워포인트 파일은 주요 개념 일부가 빈칸으로 처리되어 있는데, 이는 수업 시 학생들의 집중을 유도하기 위한 것이다).

본 저서는 경제학원론을 학습한 학생들이면 이해할 수 있는 수준으로 작성되어 대학교 학부 수업의 교재로 매우 적절할 것이다. 본 교재 내용의 깊이와 포괄범위를 고려하여, 두 학기에 나누어 강의하는 것이 부담이 적을 것이다. 대학원 과정의 교재로 사용하는 데 있어서 저서의 내용이나 깊이는 부족함이 없다. 다만, 대학원 교재로 사용되기 위해서는 접근방식에 있어서 보다 엄밀한 기법들로 보강될 필요가 있는데, 이를 위하여 각 장의 끝부분에 "심화 과정을 위한 추천 논문과 저서"를 정리해놓았다. 이러한 추천 논문들과 함께 본 저서를 사용한다면 대학원 과정의 교재로도 손색없이 활용될 수 있을 것이다. 본 저서는 정부부처, 의회, 민간 세법 분야 등 재정학 관련 분야의 전문가들에게도 최신 연구와 정책논의에 대한 통찰력과 직관을 제공해줄 것이다. 그리고 마지막으로 본 저서의 최신 이론에 대한 체계적인 접근, 정책논의에 대한 깊이 있는 분석, 사고력과 응용력을 키우기 위한 연습문제 등은 재정학 관련 각종 시험에 대비하는 사람들에게 많은 도움을 줄 것으로 기대된다.

본 편역본이 발간될 때까지, 여러 분들의 도움을 받았다. 먼저, 맥그로힐 출판사의 김성준 부장님과 이강록 과장님에게 감사드린다. 수정에 수정을 가하는 데에도 전문성을 가지고 꼼꼼히 편집하여주신 맥그로힐의 송은영 과장님께 감사드리며, 오탈자를 보아준 오승환, 김동우 학생에게도 감사드린다. 물론 남아 있는 오류나 오탈자에 대한 책임은 전적으로 역자와 저자에게 있음을 밝힌다. 그리고 마지막으로 항상 든든한 후원자가 되어준 가족에게 감사드린다.

본 편역본이 재정학에 관심을 가지거나 재정학적 지식이 필요한 사람들이 재정학 이론을 이해하고 우리나라의 현실과 제도를 분석하는 통찰력을 획득하는 데 도움이 되기를 바란다. 이러한 지식과 이해의 신장에 덧붙여, 이 편역본이 생산적인 정책 논의와 바람직한 정책 결정의 기초자료로 활용되어 우리나라의 번영에 도움을 주는 양의 외부성을 실현한다면 역자들로서는 더 이상 바랄 것이 없을 것이다.

2007년 여름에
이영, 전영준, 이철인, 김진영

제9판 역자 서문

제8판을 처음 출간한 후 4년 만에 제9판으로 개정 출간하게 되었다. 원서 개정판에 포함된 2008년 글로벌 금융위기와 기후 변화 등 새로운 변화들의 함의들을 추가하였으며, 여러 사안들에 대한 최신 연구 결과들도 반영하였다. 우리나라 사례와 현황들도 최신의 자료들로 추가하고 보완하였다. 전체적으로 문장들을 다듬고 오탈자를 수정하여 좀 더 독자들이 읽기에 좋도록 노력하였다. 향후에도 지속적으로 최신 연구결과와 사례들을 체계적으로 반영하여 시대를 반영하는 체계적인 재정학 교과서가 되도록 할 것이다.

2011년 여름에

제10판 역자 서문

제9판으로 개정한 후 9년이 지나서야 제10판으로 개정 출간하게 되었다. 2010년대 발생한 국채 증가, 국제화 확산, 조세 경쟁 확대 등 새로운 변화들의 함의를 추가하였으며, 여러 사안들에 대한 최신 연구결과들도 반영하였다. 우리나라 사례와 현황들도 최신의 자료들로 추가하고 보완하였다. 전체적으로 문장을 다듬고 오탈자를 수정하여 좀 더 독자들이 읽기에 좋도록 노력하였다. 각 장의 연습문제에는 고시 기출문제들을 포함하여 교재에서 다루고 내용과 유사한 내용들이 정부의 주요 시험에서도 다루어지고 있음을 확인할 수 있도록 하였다. 향후에도 지속적으로 최신 연구결과와 사례들을 체계적으로 반영하여 시대를 반영하는 체계적인 재정학 교과서가 되도록 할 것이다.

2020년 여름에

요약 차례

차례

Rosen의 재정학

Part 1

시작하기

정부의 재정활동을 어떠한 방식으로 수행해야 하는가에 관한 견해는 각자의 정치철학에 상당 정도 영향을 받는다. 어떤 이는 정부가 가장 먼저 고려해야 할 사항은 개인의 자유라고 말한다. 또 어떤 이는 사회 전체의 후생 증진이라고 말한다. 이러한 정치 철학의 차이는 정부의 경제활동에 대한 적정범위에 대해 많은 이견을 낳을 수 있고 실제로 그러하다.

그러나 공공정책에 대한 올바른 견해를 갖기 위해서는 정치 철학뿐만 아니라 정부가 실제로 어떠한 일을 어떻게 행하는지에 대한 체계적 이해도 필수불가결하다. 경제정책을 수행하는 법적 권력은 무엇에 기반하는가? 정부는 어디에 돈을 쓰고 어떻게 수입을 거두어들이는가?

제1장은 정치적 견해가 정부 재정에 대한 태도에 어떠한 영향을 주는가를 살펴보고, 한국과 미국의 정부 재정에 대해 개관적으로 소개한다. 제1장은 이후의 장들에서 상세히 분석되는 재정체제에 대해서 생각할 수 있는 개괄적인 틀의 역할을 한다.

제2장과 제3장은 재정학자들이 사용하는 분석 도구들을 소개한다. 먼저, 제2장은 실증분석에서 사용되는 도구를 소개하는데, 원인과 그로 인한 효과라는 인과관계를 어떻게 실증분석에서 찾아낼 것인가에 초점을 둔다. 경제학자들은 정부 정책의 효과를 파악해내고, 동시에 정부 정책이 의도한 바람직한 결과를 가져왔는지를 분석하려고 한다. 후자에 대한 논의는 무엇이 바람직한 것인가에 대한 판단을 필요로 하고, 이는 명시적인 윤리적 분석틀이 필요함을 의미한다. 이러한 윤리적 분석틀은 제3장에서 다룬다.

Chapter 1

서론

> 공공재정은 다름이 아니라 개인과 국가 간의 관계를 정교하게 논의하는 것이다. 공공재정보다 더 좋은 학습장은 없다.
>
> — 바츨라프 클라우스, 체코공화국 총리

때는 기원전 1030년이었다. 수십 년 동안 이스라엘 족속들은 중앙정부 없이 뿔뿔이 흩어져 살았다. 성경의 기록에 의하면 사람들이 선지자 사무엘에게 다른 모든 민족들과 같이 그들을 통치할 수 있는 임금을 세워달라고 부탁했다[사무엘기상 8장 5절]. 사무엘은 왕정체제하에서 삶이 어떠할 것인지 묘사하면서 백성들의 뜻을 꺾으려고 하였다.

> 너희를 다스릴 왕의 제도가 이러하니라. 그가 너희 아들들을 취하여 그 병거와 말을 어거케 하리니 그들이 그 병거 앞에서 달릴 것이며 … 중략 … 그가 또 너희 딸들을 취하여 향료 만드는 자와 요리하는 자와 떡 굽는 자를 삼을 것이며 그가 또 너희 밭과 포도원과 감람원의 제일 좋은 것을 취하여 자기 신하들에게 줄 것이며 … 중략 … 너희 양떼의 십분의 일을 취하리니 너희가 그 종이 될 것이라. 그날에 너희가 택한 너희 왕을 인하여 부르짖되 그날에 여호와께서 너희에게 응답지 아니하시리라[사무엘기상 8장 11–18절].

이스라엘 백성들은 이러한 비관적인 시나리오를 듣고도 포기하지 않았다. "백성이 사무엘의 말을 듣는 것을 거절하여 가로되 '아니로소이다 우리도 우리 왕이 있어야 하리니 우리도 열방과 같이 되어 우리 왕이 우리를 다스리며 우리 앞에 나가서 우리의 싸움을 싸워야 할 것이니이다'"[사무엘기상 8장 19–20절].

이 성경이야기는 정부에 대한 해묵은 양면성을 잘 보여주고 있다. 정부는 꼭 필요하다—'모든 국가'는 정부를 가지고 있다—그러나 동시에 정부에는 바람직하지 못한 측면이 있다. 정부에 대한 이렇게 뒤섞인 감정은 불가피하게 세금과 정부지출 활동과 관련되어 있다. 왕은 사람들이 원하는 것(이 경우 군대)을 제공하지만 비용 부담을 요구한다. 정부의 지출을 위한 재원은 궁극적으로는 민간부문으로부터 와야 한다. 사무엘이 매우 극명하게 묘사하였듯이 세금을 내는 것은 매우 부담스러운 일이다.

수 세기가 지났지만 정부에 대한 이러한 뒤섞인 감정은 그대로 남아 있으며, 논쟁의 많은 부분이 여전히 정부의 재정활동에 집중되어 있다. 이 책은 주로 **재정학**(public finance)으로 지칭되는 주제, 즉 정부의 조세와 지출정책에 관한 책이다.

> **재정학**(public finance)
> 경제학의 한 분야로서 정부의 조세 및 지출정책을 분석하는 분야.

재정학이라는 단어는 다소 잘못 사용된 단어이다. 왜냐하면 이 주제의 가장 근본적인 이슈는 화폐와 관련된 금융측면의(financial) 문제가 아니기 때문이다. 오히려 중요한 문제는 실질자원(real resource)과 더욱더 깊은 관련성이 있다. 이러한 이유로 어떤 저자들은 이 주제를 **공공부문경제학**(public sector economics) 혹은 단순히 **공공경제학**(public economics)이라고 지칭하기도 한다.

공공부문경제학(public sector economics)
재정학과 동일.

공공경제학(public economics)
재정학과 동일.

우리는 정부의 미시경제학적 기능, 다시 말하면 정부가 자원배분과 소득분배에 영향을 미치는 방식에 초점을 맞추어 논의할 것이다. 요즘에는 정부의 거시경제학적 기능—조세정책, 지출정책, 화폐금융정책이 실업률과 물가수준에 미치는 영향—은 보통 별도의 강좌에서 강의된다.

재정학이 포괄하는 범위는 가끔 모호할 때가 있다. 정부의 규제정책은 자원배분에 중요한 영향을 미친다. 이 규제정책의 목적은 종종 정부 지출정책과 조세정책 수단으로도 달성될 수 있다. 예를 들어 정부가 주식회사의 규모를 제한하고자 한다면, 주식회사에 대한 중과세를 통해서 이 목적을 달성할 수 있다. 이 목적을 달성하기 위한 다른 방법은 기업의 규모가 일정 수준을 초과할 경우 불법으로 취급하는 규제를 이용하는 것이다. 그러나 법인세에 관해서는 재정학에서 심도 있게 논의가 되지만 공정거래(anti-trust)에 대해서는 재정학과 큰 관련성이 없는 것처럼 취급하며, 이 주제는 주로 산업조직론(industrial organization) 강좌에서 논의된다. 이러한 관행이 자의적으로 보일지는 모르지만, 특정 분야에 대해 논의함에 있어 그 범위를 한정할 필요도 있다. 이 책에서도 정부지출과 조세징수와 관련된 정부활동에 초점을 두는 전통적인 접근법을 채택하고자 한다.

1.1 재정학과 이념

재정학 분야의 경제학자들은 정부의 조세와 지출정책이 실제 경제에 어떠한 영향을 미치는가에 대해 연구할 뿐만 아니라 이들 정책이 어떤 방향으로 가야 하는가에 대해서도 연구한다. 정부가 경제라는 영역에서 어떻게 작동하여야 하는지에 대한 견해는 국가와 개인 간의 관계에 대한 이념적 관점(ideological views)에 의해 영향을 받는다. 정치철학자들은 이러한 관점을 두 가지로 분류해왔다.

1.1.1 정부에 대한 유기체적 관점

유기체적인 관점에서 사회는 자연발생적 유기체로 취급된다. 각 개인은 이 유기체의 한 부분을 차지하고, 정부는 유기체의 심장으로 여겨진다. 북경에서 마오쩌둥에게 도덕원리를 가르친 양창치(Yang Chang-chi)는 이렇게 주장하였다. "인체가 완전한 유기체이듯이 사회도 완전한 유기체이다. 사회는 조립하였다가 다시 분해할 수 있는 기계가 아니다"(Johnson[1983, p. 197]에서 인용). 각 개인은 공동체의 부분으로서 의미를 가지고, 개인 입장에서의 선(good)은 사회 전체 입장에서의 선으로 정의된다. 따라서 개인보다도 공동체의 이익이 더 강조된다. 예를 들어 플라톤의 저서 『국가론(Republic)』에도 한 시민의 행동이 바람직하다고 평가받기 위해서는 그 행동이 정의로운 사회를 형성하는 데 기여하여야 한다고 기술되어 있다. 아마도 유기체적 관념의 가장 악명 높은 사례는 나치즘일 것이다. "국가사회주의(National Socialism)는 공동체와 동떨어져서 국가의 여하한의 간섭을 애써 배제하려는 개인의 세계를 인정하지 않는다. … (중략) … 모든 일상의 활동은 전체에 봉사할 때 의미와 가치를 가진다."[1]

사회의 목표는 국가에 의해 설정되며, 국가는 목표의 실현을 가능하게 한다. 물론 이들 목표들은 경우에 따라 상당히 다르다. 플라톤은 인간의 활동이 완전한 합리성에 의해 인도되는 황금시대의 달성을 목표로 하는 국가를 구상하였다. 반면에 아돌프 히틀러[1971/1925, p. 393]는 국가의 목적을 인종적 순수성(racial purity)의 달성으로 삼았다. "국가는 목적을 달성하기 위한 수단이다. 국가의 목적은 육체적으로 그리고 정신적으로 동질적인 피조물로 구성된 공동체의 보전과 발전이다." 최근 이란의 지도자 아야톨라 호메이니(Ayatollah Khomeini)는 이렇게 주장했다. "선한 사회만이 선한 신자(believer)를 만들 수 있다." 그의 저술에 따르면 "인간은 반쪽은 천사이고 반쪽은 악마이다." 그래서 정부의 목표는 법과 적절한 처벌을 통해서 인간의 악마성과 투쟁하는 것이다(Taheri[2003]에서 인용).

사회의 목표는 매우 다양하므로 가장 중요한 문제는 사회의 목표가 선택되는 방식일 것이다. 통상 유기체적 관점을 지지하는 사람들은 특정한 목표가 사회유기체에 의해 추구되는 것은 지극히 '자연스러운' 일이라고 주장한다. 특정한 지역을 대상으로 국가주권을 추구하는 것은 이러한 당연한 목표의 예가 될 것이다(유럽 정복을 추진한 나치의 예를 상기해보자). 그러나 철학자들이 수 세기 동안 '자연스러운'의 의미를 설명하기 위해 무던히 애를 썼지만, 아직 그에 대한 답은 명확하지 않다.

1.1.2 정부에 대한 기계론적 관점

이 관점에서 정부는 사회라는 유기체의 한 부분이 아니다. 오히려 정부는 각 개인들을 자신들의 개인적인 목표 달성을 용이하게 하기 위해 만든 장치로 인식한다. 미국의 정치인 헨리 클레이(Henry Clay)가 1829년에 말했듯이, "정부는 하나의 신탁(trust)이며 정부의 관리는 수탁인이다. 그리고 이 신탁과 수탁인은 국민의 편익을 증진시키기 위해 창조되었다." 이 관점에서는 집단보다는 개인이 무대의 중심을 차지하고 있다.

정부가 국민의 '이익'을 위하여 존재한다는 견해를 받아들이더라도, 무엇이 '이익'이며 정부가 어떠한 방법으로 그 '이익'을 증진해야 하는지 정의하는 문제가 그대로 남는다. 거의 모든 사람들에게 정부가 폭력으로부터 개인을 보호한다면 이는 개인의 이익에 부합된다는 데 이견이 없을 것이다. 이를 위해 정부에게는 독점적으로 강제력을 행사할 수 있는 지위가 확보되어야 한다. 그렇지 못하면 무정부주의 상태가 되고, 17세기 철학자 토마스 홉스[1963/1651, p. 143]가 기술했듯이, "인간의 삶은 고독하고, 궁핍하며, 고역스럽고, 짐승 같은 짧은 생이 될 것이다." 실질적으로 국가정부가 존재하지 않고 폭력이 난무했던 소말리아의 예만 보아도 홉스의 통찰력을 확인할 수 있다. 『국부론(The Wealth of Nations)』에서 아담 스미스도 다음과 같이 기술하였다. "정부는 폭력과 외부 침략으로부터 사회를 보호해야 하며, 사회의 개별 구성원을 다른 구성원으로부터의 부당한 권리침해와 압제로부터 보호하여야 한다"[1977/1776,

---

[1] Stuckart and Globke[1968, p. 330]. Wilhelm Stuckart와 Hans Globke는 나치 정부 내무성의 고위관료였다.

Book V, pp. 182, 198].

권한이 가장 제한된 형태의 정부는, 사회구성원들로 하여금 육체적 억압으로부터 자유롭게 하는, 오직 하나의 기능을 한다. 이에 더하여 아담 스미스는 정부에게는 "개개인 혹은 적은 수의 개인들이 모여 사업을 시작하고 유지할 경우 이들 소수의 사람들의 이익에 부합되지 않지만 사회전체의 이익이 되는 공공사업이나 공공기관을 창조하고 또한 유지하는" 책임이 있다고 주장하였다[1977/1776, Book V, pp. 210−211]. 이러한 사업의 예로는 사회가 제대로 기능하기 위해 필요한 사회간접자본인 도로, 교량, 하수도 등을 들 수 있다.[2]

이 점에서 기계론적 관점을 가진 사람 중에서도 정부에 대한 견해가 분화된다. 정부의 기능이 최소한으로 제한되어야 한다고 믿는 **자유주의자**(libertarian)들은 정부가 더 이상의 경제적 역할을 하여서는 안 된다고 주장한다. 아담 스미스의 말을 빌려 이야기하자면, "모든 사람들은 정의와 관련된 법을 위반하지 않는 범위에서, 완전한 자유의지로 자기 자신의 이익을 자신이 원하는 방법으로 추구할 수 있다"[1977/1776, Book V, p. 180]. 자유주의자들은 정부가 사회후생을 증진시킬 수 있다는 견해에 대해 매우 회의적이다. 토마스 제퍼슨이 다음과 같이 날카롭게 지적한 바 있다.

> 종종 인간은 자기 자신이 자신을 지배하도록 맡겨서는 안 된다는 말을 한다. 그러면 인간이 다른 사람의 지배에 맡겨져야 한다는 것인가? 그러면 왕의 모습을 한 천사가 인간을 지배한 적이 있는가? 역사를 통해 이 의문에 대한 답을 찾아보자.

이와는 대조적으로 소위 '**사회민주주의자**(social democrats)'로 불리는 사람들은 상당수준의 정부 간섭이 개인의 이익을 위해 필요하다고 주장한다. 정부의 간섭은 사업장에서의 안전규제, 거주주택과 관련된 인종차별과 성차별을 금지하는 법률 또는 저소득층에 대한 사회보장급여 지급 등 다양한 형태를 띨 수 있다. 이러한 정부의 간섭이 개인의 자유와 충돌할 수 있다는 비판에 대해서 사회민주주의자들은 자유라는 것은 육체적 억압이 없다는 것 이상의 의미를 가진다고 대답할 것이다. 가난한 사람들에게도 자신의 소득을 자신이 하고 싶은 대로 소비할 자유가 있으나, 이러한 자유는 매우 제한되어 있다. 물론 자유주의자와 사회민주주의적 입장의 양극단 사이에는 정부 간섭의 적정 수준에 대한 다양한 견해가 존재한다.

1.1.3 이 책의 관점

개인이 집단에 우선한다는 관념은 비교적 새로운 것이다. 역사학자 로렌스 스톤[Lawrence Stone, 1977, pp. 4−5]은 다음과 같이 기술하였다.

> 근대 이전에는 혈족, 촌락 그리고 좀 더 후에 나타난 국가와 같은 집단의 이익이 특정 개인의 희망이나 이 사람의 특정한 목표 달성에 우선해야 한다는 점에 대해서는 일반적으로 이견이 없었다. '개인의 삶, 자유 그리고 행복의 추구'는 16세기의 전형적인 식자계층들이 훌륭한 사회의 주요 목표로 인정하지 않았던 지극히 개인적인 발상이었다.

---

2 어떤 이들은 이러한 것들도 민간 기업가들이 제공하여야 한다고 주장한다. 이렇게 할 때 나타나는 문제점에 대해서는 제4장에서 논의한다.

그러나 그 후 정부에 대한 기계론적 관점이 앵글로아메리카 지역의 정치사상을 지배하게 되었다. 하지만 이 관점의 우위는 완전한 것은 아니었다. 좌파적 견해를 가지고 있는 사람뿐만 아니라 우파적 견해를 가진 사람들도 개인주의적 관점에 대한 반론을 제가하였다. 예를 들어 2011년 민주당 상원의원 후보자였던 엘리자베스 워렌(Elizabeth Warren)은 "이 나라에는 자수성가한 사람은 한 사람도 없다. … 이 사회의 기저에 흐르는 공동번영을 위한 사회계약의 일부는 당신이 경제적 가치를 이전받고, 공존하는 자들에게 당신이 상당한 경제적 가치를 이전한다는 것이다." 2012년 공화당 대통령 후보 지명에 나선 릭 샌토럼(Rick Santorum)은 다음과 같이 말했다. "죄의 근원이 하나님을 떠나 홀로 인생을 영위하는 인간의 성향에서 비롯된 것과 같이, 개인주의는 동료들 사이에서 그들을 무시하고 자신의 길을 걷고자 하는 성향에서 비롯된 것이다." 개인이나 특정 집단의 후생복리와는 상관없이 국가의 이익을 위해 어떤 것을 하여야 한다고 주장하는 사람은 암암리에 유기체론적인 관념을 가지고 있다고 할 수 있다. 보다 일반적으로 이야기하면, 개인주의가 팽배한 사회에서도 국민들은 때로는 국가를 위해서 행동하고 또한 자신의 생명을 바쳐야 한다고 느끼는 경우가 있다.

앵글로아메리카 지역의 경제사상이 개인주의적 전통을 따라 발전해왔다는 사실은 전혀 놀라운 일이 아니다. 개인들과 그들의 욕구가 주류 경제학의 주요 초점이고, 이 견해는 이 책에 반영되어 있다. 그러나 이미 강조한 바와 같이 개인주의적 전통 내에서도 정부가 얼마나 적극적으로 경제활동을 하여야 하는지에 대해서는 많은 이견이 있다. 따라서 우리가 기계론적 관점을 따른다고 하더라도 그것만으로 특정 경제 사안에 대해 정부가 개입하여야 하는지를 매번 판단할 수는 없다.[3]

이는 경제정책은 경제학적 분석만으로 결정될 수 없는 문제이기 때문이다. 정부의 행위 혹은 방임이 타당한지 여부는 불가피하게 부분적으로는 윤리적이며 정치적인 가치판단에 의존할 수밖에 없다. 정부재정에 대한 지속적인 논쟁에서 볼 수 있듯이, 합리적인 사람들 사이에서도 때로는 이러한 사안에 대해 이견이 있을 수 있다. 우리는 이러한 다양한 견해를 가능한 한 공정하게 반영하고자 한다.

1.2 정부에 대한 개관

정부에 대한 관점과 이념이 정부활동의 적정 범위에 대한 사람들의 견해에 영향을 미친다는 점을 앞에서 논의하였다. 공공정책에 대한 제대로 된 견해를 형성하기 위해서는 이러한 관점과 이념만으로는 부족하고, 정부가 실제로 어떻게 작동하고 있는지에 대한 이해가 필수적이다. 공공부문에 어떠한 **법률적 제약**이 가해지고 있는가? **정부지출**은 어떠한 분야와 활동에 이루어지고 있는가? 그리고 이러한 **지출의 재원**은 어떻게 마련하고 있는가? 이러한 문제들에 대한 이해가 필요한 것이다. 재정구조의 세세한 부분을 깊이 파고들기 전에 이러한 문제들을 한국과 미국을 중심으로 개관해보자.

3 이 문제는 정부가 국민 위에 군림하고 모든 일상이 정부에 의해 인도되어야 한다고 가정하는 유기체론적 맥락에서는 아무런 의미가 없다.

1.2.1 정부 경제활동 관련 한국의 법체계

우리나라 정부의 경제활동에 대한 근본적인 규정은 대한민국 헌법에 담겨 있다. 이를 재정지출과 재정수입으로 나누어서 살펴보자. 먼저 재정지출과 관련하여서는 헌법상에 특정 분야 또는 활동이 정부의 의무(또는 국민의 권리)로 명기되어 있어 이와 관련한 정부의 재정지출이 필요하게 된다. 정부가 책무를 지니고 있는 것으로 헌법에 명기된 분야에는 여성, 노인·청소년, 신체장애자의 복지 증진을 포함한 사회보장·사회복지 증진(헌법 제34조), 소득분배(119조 2항), 무상 의무교육과 교육기회 균등 보장(헌법 31조), 국가 안전보장과 국토방위(5조), 과학기술의 혁신(127조 1항), 균형 있는 국민경제의 성장 및 안정(119조 2항), 환경 보전(35조 1항),

표 1.1 한국의 조세체제와 근거법

- 조세(25개)
  - 국세(14개)
    - 소득세 – (소득세법)
    - 법인세 – (법인세법)
    - 상속세, 증여세 – (상속세 및 증여세법)
    - 종합부동산세 – (종합부동산세법)
    - 부가가치세 – (부가가치세법)
    - 개별소비세 – (개별소비세법)
    - 주세 – (주세법)
    - 교통·에너지·환경세 – (교통·에너지·환경세법)
    - 인지세 – (인지세법)
    - 증권거래세 – (증권거래세법)
    - 교육세 – (교육세법)
    - 농어촌특별세 – (농어촌특별세법)
    - 관세 – (관세법)
  - 지방세(11개) – (지방세기본법, 지방세법)
    - 취득세[1)2)5)]
    - 등록면허세[2)3)5)]
    - 지방소비세[1)2)5)]
    - 주민세[1)4)5)]
    - 레저세[1)2)5)]
    - 지역자원시설세[1)2)5)]
    - 지방교육세[2)5)]
    - 지방소득세[1)4)5)]
    - 재산세[3)4)5)]
    - 자동차세[1)4)5)]
    - 담배소비세[1)4)5)]

자료: 기획재정부, 「조세개요」, 2018.

주: 1) 토지초과이득세는 1998.12.28., 자산재평가세는 2000.12.31., 전화세는 2001.9.1. 폐지

2) 2001. 1월부터 지방세분 교육세(국세)가 지방교육세(지방세)로 전환

3) 2005.1.1. 종합토지세 폐지, 2007.7.19. 부당이득세 폐지

4) 2010.1.1. 사업소세·농업소득세 폐지, 지방소비세·지방소득세 신설

5) 수준별 지방자치단체는 세원을 공유하고 있다.

(1) 특별시세 및 광역시세, (2) 도세, (3) 구세, (4) 시·군세, (5) 특별자치시세 및 특별자치도세

재해 예방(34조 6항), 주택개발정책(35조 3항), 시장 지배와 경제력의 남용 방지(119조 2항), 최저임금제 실시(32조) 등이 있다. 이러한 분야들은 실제로 우리나라 재정지출의 주요 항목들로 우리나라 재정 규모와 구조를 논하는 제3절에서 이를 확인하기 바란다.

이러한 정부의 책무를 시행하기 위한 두 가지 재원조달 방식이 헌법에 규정되어 있다. 물론 가장 중요한 정부의 재정조달 수단은 조세로, 헌법은 조세가 법률에 의거하여서만 징수될 수 있음을 명기하고 있다. 대한민국 헌법 제38조는 "모든 국민은 법률이 정하는 바에 의하여 납세의 의무를 진다"라고 규정하고 있으며, 제59조는 "조세의 종목과 세율은 법률로 정한다"라고 규정하고 있다. 정부의 또 다른 재원조달 방식인 국채발행과 관련하여서는 제58조에서 "국채를 모집하거나 예산 외에 국가의 부담이 될 계약을 체결하려 할 때에는 정부는 미리 국회의 의결을 얻어야 한다"라고 명기하여 정부가 독자적으로 국채를 발행할 수 없도록 규정하고 있다(국채발행과 관련한 보다 자세한 논의는 제21장 참조).

이러한 조세법률주의에 의거하여, 한국의 조세체제를 구성하고 있는 14개 국세와 11개 지방세의 각각의 세목에 대해서 근거법이 존재한다. 기획재정부의 「조세개요」에서 인용된 〈표 1.1〉은 우리나라의 여러 조세와 해당 근거법을 정리하고 있다. 한국의 많은 재정학자들은 현재의 조세체제가 너무 복잡하기 때문에 세제 단순화를 추진하여야 한다고 주장한다.

1.2.2 정부 경제활동 관련 미국의 법체계

미국의 건국자들이 가졌던 정부의 경제 개입에 대한 우려는 미국 헌법에 반영되어 있다. 우선 연방정부의 지출 및 조세징수 활동과 관련된 헌법 조항에 대해 논의하고, 그다음 주정부에 대한 논의를 하고자 한다.

연방정부 미국 헌법 제8장 1조는 의회에게 "부채를 상환하고 미국 전체의 방위와 보편적인 복리증진을 보장하는" 권능을 부여하고 있다. 수년 동안 '보편적인 복리증진'의 개념은 의회와 법원에 의해 매우 넓게 해석되어왔으며, 최근에 와서 이 조항은 정부 지출에 실질적으로 아무런 제약을 가하지 않고 있다.[4] (거의 다른 모든 법안과 마찬가지로) 헌법은 연방정부의 지출규모에 대해 그 절대적인 수준에서든 경제규모 대비 비율로든 전혀 제한을 두고 있지 않다. 정부지출을 승인하기 위한 법률안은 상하 양원에 의해 발의될 수 있다. 예산법안은 상하 양원에서 다수결 투표에 의해 의결되고 대통령이 서명하면 법률이 된다. 만일 대통령이 예산법안에 대해 거부권을 행사하더라도, 상원 및 하원 각각의 득표율이 2/3를 넘으면 이 예산법안은 법률로 확정된다.

그러면 의회는 어떻게 정부지출의 재원을 마련하는가? 제8장 1조는 연방 조세징수권을 부여하고 있다. "의회는 조세, 관세, 부과금, 물품세를 부과하고 징수하는 권능을 가진다." 예산법안과 달리, 조세를 징수하기 위한 법안은 하원에서만 발의될 수 있다[제7장 1조].

영국 식민지배기에 영국의 조세정책에 대해 아메리카 대륙 거주자들이 큰 불만을 가졌던 사실을 상기해보면, 정부의 징세권을 제한하기 위해 상당한 배려를 한 것은 놀라운 사실이 아

---

4 1조에는 몇몇 다른 항목의 지출이 이루어져야 한다고 규정되어 있다. 예를 들어 의회는 군대와 사법시스템을 유지하기 위한 재원을 충당할 의무가 있다.

니다. 징세권 제한 조항은 다음과 같다.

1. "관세, 부과금, 개별소비세는 미국 내 전 지역에서 동일한 율로 과세되어야 한다"[제8장 1조]. 세율에 관한 한 의회는 주에 따라 차등을 둘 수 없다. 만일 연방정부가 휘발유에 대하여 과세하고자 하면, 모든 주에 동일한 세율로 과세하여야 한다. 그러나 이것은 1인당 조세부담이 모든 주에 동일하여야 한다는 것을 의미하지 않는다. 예컨대, 평균보다도 운전을 더 많이 하는 개인들이 사는 주는 다른 조건이 동일하면 더 많은 조세부담을 할 것이다.
2. "직접세는 인구에 비례해서 부과되거나 조세명부가 작성된 이후에만 부과될 수 있다"[제9장 1조]. 직접세는 상품에 부과되는 것이 아니고 사람에게 부과되는 조세이다. 기본적으로 이 조항은 A주의 인구가 B주의 2배이면 의회가 B주보다 A주에 2배의 직접세를 징수하여야 한다는 것을 규정한 것이다. 19세기 말에 소득에 대한 연방세를 도입하는 시도가 연방대법원에 의해 위헌으로 판결되었다. 판결 이유는 소득세가 도입되면 각 주의 조세부담이 인구비례가 되지 않기 때문이다. 이러한 판결 때문에 소득세를 부과하는 유일한 방법은 헌법 개정을 통하는 것이었다. 1913년 가결된 16차 헌법개정안은 이렇게 규정하고 있다. "의회는 그 원천을 불문하고 그리고 징수액을 여러 주에 할당하거나 혹은 인구비례를 고려하지 않고, 소득에 대해 과세할 수 있는 권능을 가진다." 오늘날 개인소득세는 연방정부 수입의 주축 중 하나가 되었다.
3. "개개인은 법률을 통하지 않고는 자신의 생명, 자유, 혹은 재산을 징발당하지 않는다. 또한 합당한 보상이 없이 사유재산을 공공의 목적에 징발되지 않을 권리를 가진다"[5차 개정헌법]. 조세정책의 관점에서, 이 조항은 조세법에 의해 생겨난 차별이 '합당한' 수준이어야 한다는 것이다. 그러나 차별이 '합당'한지 여부를 결정하는 것은 단순한 것이 아니며, 이에 대한 판단은 법률과 사법절차를 통해 지속적으로 이루어지고 있다.
4. "다른 주로부터 수출된 과세 대상에 대해서는 조세나 관세를 부과할 수 없다"[제9장 1조]. 이 조항은 남부 주들에게 담배와 그 외 다른 상품의 수출이 중앙정부에 의해 위험에 빠지지 않을 것이라는 확신을 주기 위해 포함되었다. 이는 재정 시스템 발전에 큰 영향을 주지 못했다. 연방정부는 재원의 조달이 조세를 통해서만 이루어지도록 제한을 받지 않는다. 지출이 수입을 초과하면, "미합중국의 신용을 근거로 차입을 할 수 있다"[제8장 1조]. 최근 연방정부 예산균형을 강제하는 헌법 개정이 지지를 얻고 있지만 아직 통과되지는 않았다.

주정부 및 지방정부 제10차 개정헌법에 의하면, 헌법에 의해 미합중국에 위임되어 있지 않고, 또한 헌법에 의해 주들에게 금지되어 있지 않은 권력은 각각의 주들 혹은 국민이 보유하고 있다. 따라서 명시적인 권한부여 없이도 주정부는 지출을 하고 조세를 징수할 수 있다. 그러나 헌법은 주정부의 경제적 활동에 대해 제한 규정을 두고 있다. 헌법 제10장 1조는 다음 사항을 명시하고 있다. "의회의 승인 없이 주정부는 수입품과 수출품에 대해서 부과금 혹은 관세를 부과할 수 없다." 따라서 연방정부는 국제 간 거래에 관련한 경제정책에 대한 통제권을 가지고 있다. 이와 함께 많은 헌법상 규정들이 주정부가 자의적으로 과세하는 것, 주 경계 밖의 거주자를 차별하거나, 다른 주로부터 수입되는 상품에 조세를 부과하는 것을 금지하는 방향으로 해석되고 있다. 예를 들어 2005년 대법원은 미시간주와 뉴욕주에서 해당 주 밖의 와인 양조장에 비하여 주 내의 와인 양조장에게 경쟁상 우월한 지위를 부여하는 법을 위헌으로 판결한 바 있다.

주정부는 주헌법을 통해 재정지출과 조세와 관련된 제한을 할 수 있다. 각 주헌법들은 매우 상이한 유형의 경제정책에 대해 규정하고 있다. 최근에 정부재정과 관련하여 가장 흥미로운 변화는 주정부가 공공부문의 지출규모를 제한하기 위해 주헌법을 개정하고 있다는 사실이다.

법 측면에서 보면, 지방정부의 조세징수와 재정지출에 대한 권한은 주정부에 의해 부여된다. 19세기의 한 판사는 다음과 같이 판결하였다.

> 지방자치단체는 주법에서 그 유래를 찾을 수 있으며 권능도 주법에 기인한다. 주법은 지방자치단체에 생명력을 불어넣으며, 주법 없이는 존재의 근거를 잃게 된다. 그것이 창조되었던 것과 같이 파괴될 수도 축소될 수도 그리고 통제하에 놓일 수도 있다[1868, City of Clinton 대 Cedar Rapids 사건 판결에서].

그러나 지방정부들이 재정정책에 대한 자율권이 없다고 보는 것은 옳지 못하다. 많은 시정부들은 상당히 큰 정치력을 가지고 있으며, 주정부와 연방정부의 의향에 수동적으로 반응하지 않는다. 예를 들어 캘리포니아 주정부는 지방정부의 반대로 인해 휘발유세 수입의 일부를 지방정부로부터 이전받도록 하는 계획을 취소한 바 있다[Steinhauer, 2009]. 최근의 흥미로운 변화는 주정부와 시정부 간에 연방 자금을 획득하기 위한 경쟁이 벌어지고 있다는 것이다. 종종 시정부들이 주정부보다 연방정부에 대한 로비활동을 더 성공적으로 수행하는 경우가 있다.

1.3 국제비교를 통해 본 한국의 재정 규모와 구조

1.3.1 한국의 정부 규모

여기서는 한국과 주요 국가의 재정을 살펴보고자 한다. 〈표 1.2〉에는 한국과 주요 국가 일반정부의 규모가 제시되어 있다. 현시점에서 한국의 정부 규모는 **총수입**과 **총지출** 면에서 모두 주요 국가에 비하여 작은 편이다. 2017년 현재 한국 정부의 총수입과 총지출 수준이 각각 GDP의 35.3%, 32.5%로서, 유럽 국가들뿐만 아니라 유럽 국가들보다 정부의 규모가 작은 미국, 영국 및 일본에 비해서도 총지출 면에서는 정부 규모가 작은 편이다. 총수입 면에서도 영국과 일본보다도 작은 편이다. **재정수지** 면에서 흑자를 기록하고 있으며, 독일, 프랑스, 이탈리아와 같이 재정적자 규모가 GDP의 3%를 상회하는 나라들에 비하여 재정수지가 아직 안정적이라고 할 수 있다. 국가채무 수준도 그 절대적인 수준이 〈표 1.2〉에 제시되어 있는 대부분의 유럽 국가들과 미국, 일본 등에 비하여 낮은 수준을 유지하고 있다. 그러나 이러한 현상을 해석하는 데는 주의가 필요하다.

한국의 정부재정이 주요 외국에 비하여 건전하게 보이는 것은 한국의 국민연금급여 지출액이 아직 크지 않기 때문이다. 1988년 도입된 국민연금제도는 연금보험료를 납부한 가입자들에

표 1.2 일반정부 규모의 국가 간 비교(2017) (단위: GDP 대비 비율(%))

	총수입	총지출	재정수지	국가채무
호주	35.0	35.7	−0.8	43.9
오스트리아	48.3	49.1	−0.8	101.7
벨기에	51.3	52.1	−0.8	122.4
덴마크	52.6	51.2	1.4	48.8
핀란드	53.4	54.2	−0.8	73.8
프랑스	53.7	56.4	−2.8	123.3
독일	44.9	43.9	1.0	72.3
그리스	48.2	47.5	0.7	191.4
아이슬란드	43.8	43.3	0.8	63.4
아일랜드	26.1	26.3	−0.3	78.2
이탈리아	46.5	48.9	−2.4	154.1
일본	35.4	38.3	−3.0	222.5
한국	35.3	32.5	2.8	44.5
포르투갈	42.7	45.7	−3.0	146.9
스페인	37.9	41.0	−3.1	114.6
스웨덴	50.9	49.4	1.4	50.3
영국	39.1	40.9	−1.8	116.4
미국	33.8	38.1	−4.3	106.0
유로지역	46.1	47.1	−1.0	105.5
OECD 전체	38.1	40.3	−2.2	110.5

자료: OECD Economic Outlook, 2018.

게만 연금급여가 지급되고 제도 도입 초기에 연금보험료를 납부할 기회가 없었던 노년층에는 원칙적으로 연금이 지급되지 않는 체제를 유지하고 있다. 2008년부터 국민연금급여의 중추인 '완전노령연금'이 지급되기 시작하였다. 향후 연금급여지급이 본격화되는 시기가 도래하면 한국의 정부 지출 수준이 현재보다 상당 수준 높아질 것이다. 또한 현행의 국민연금제도하에서 연금보험료 수준에 비하여 연금급여가 매우 높다고 평가되고 있기 때문에 국민연금재정 적자 발생이 불가피할 것이며, 이러한 적자를 메우기 위해서는 조세부담이나 사회보험료 부담의 상향조정이 불가피할 것이며, 따라서 국민부담률도 높아질 것으로 예상된다.

한국 정부규모가 아직 작은 또 다른 이유는 현시점에서의 고령화 진전단계가 낮은 수준에 머무르고 있어 보건·의료 및 사회보호 관련 지출 수준이 아직 낮은 수준에 머무르고 있다는 데서 찾을 수 있다. 현시점에서의 노인인구 비중이 낮은 수준이나, 고령화 진전 속도가 세계에서 유래를 찾기 어려울 정도로 빠른 점을 감안하면 향후 노인 관련 정부 지출이 빠른 속도로

증가할 것으로 예상된다.[5]

1.3.2 한국의 재정지출 구조

〈표 1.3〉은 2010년부터 2017년까지 한국의 일반정부 지출의 기능적 구성비를 보여준다. 가장 주목할 만한 변화는 이 기간 동안 경제사업, 보건 그리고 사회보호 관련 지출 구성비에 상당한 변화가 있었다는 점이다. 경제사업 비중은 큰 폭으로 감소하였으며, 보건과 사회보호 관련 지출 비중은 증가하였다. 이러한 변화는 과거 경제성장에 높은 우선순위를 둔 재정활동이 최근에 와서는 복지와 삶의 질 향상을 위한 정부활동으로 우선순위가 옮아가고 있는 경향을 보여준다. 〈표 1.4〉에 제시되어 있는 주요 외국의 지출구성비와 비교하면 주요 외국에 비하여 한국은 경제사업 비중이 여전히 높은 수준이며, 사회보호 지출 비중이 낮은 수준에 머무르고 있다.[6] 보건의 경우 미국, 영국, 일본에 비해서는 낮은 수준이나 스웨덴, 덴마크, 이탈리아와 비슷하거나 소폭 낮은 수준이다.

표 1.3 일반정부 지출의 기능적 구성(한국)

	2010	2011	2012	2013	2014	2015	2016	2017
일반공공행정	15.6	15.4	15.3	15.0	14.7	14.0	13.5	13.2
국방	7.9	8.0	7.8	8.1	8.0	7.9	7.7	7.4
공공안전 및 치안	3.6	3.5	3.6	3.8	3.8	3.8	4.0	3.9
경제사업	18.1	18.5	17.9	15.8	15.1	15.0	14.7	14.8
환경보호	2.9	2.8	2.7	2.8	2.9	2.9	2.9	2.9
주택 및 지역사회개발	3.9	3.6	3.4	3.3	3.1	3.2	3.1	3.3
보건	12.7	12.4	12.3	12.6	13.0	13.2	13.9	14.3
오락, 문화, 종교	2.5	2.4	2.5	2.6	2.5	2.6	2.8	2.8
교육	15.0	14.9	14.9	15.4	15.5	15.5	15.1	15.1
사회보호*	17.8	18.5	19.7	20.6	21.5	22.0	22.2	22.3

자료: 한국은행, 『국민계정』.
주: * '사회보호'는 질병, 장해, 상해 해소와 방지 그리고 빈곤가구에 대한 지원을 포함하는 지출 항목이다.

5 한국의 경우 2000년에 65세 노인인구 비중이 7%를 상회하는 고령화사회에 진입하였다. 2000년 당시 한국의 노인인구 비중은 7.2%로서 동일 연도 현재 OECD 평균인 14.4%보다 낮은 수준이었다. 노인인구 비중은 2018년 14.3%로서 고령사회로 진입하였다. 고령화사회(노인인구 7% 이상)에서 고령사회(노인인구 14% 이상)로 이행하는 데 소요되는 시간은 한국의 경우 18년으로서 미국(71년), 일본(24년), 프랑스(115년) 그리고 독일(40년)에 비해 매우 짧았다. 더욱이 고령화사회에서 초고령화사회(노인인구 20%)로 이행하는 시간은 더욱 짧아 한국의 경우 단 7년이 소요되어 미국(15년), 일본(12년), 프랑스(41년) 그리고 독일(40년)에 비해 매우 짧을 것으로 예상된다. 향후에도 노인인구 비중은 지속적으로 상승하여 2060년에는 41.0%로 상승할 것으로 예상되고 있다(통계청, 「2018 고령자통계」).

6 한국의 보건 및 사회보호 지출 비중이 낮은 이유는 현시점에서 노인인구 비중이 낮고 국민연금급여가 본격적으로 이루어지고 있지 않은 점에 상당부분 기인한다. 향후 노인인구 비중이 증가하고 국민연금급여가 본격적으로 지급되면 이들 비중도 빠른 속도로 증가할 것으로 예상된다.

표 1.4 일반정부 지출의 기능적 구성(주요 외국, 2017)

	미국	영국	일본	스웨덴	덴마크	이탈리아
일반공공행정	14.9	11.5	9.9	13.6	12.1	16.8
국방	8.3	4.7	2.4	2.4	2.3	2.7
공공안전 및 치안	5.2	4.4	3.1	2.6	1.8	3.8
경제사업	8.7	7.6	9.3	8.3	6.4	7.3
환경보호	0.0	1.8	3.0	0.6	0.8	1.9
주택 및 지역사회개발	1.6	1.8	1.7	1.5	0.4	1.2
보건	24.6	18.2	19.6	14.0	16.4	14.0
오락, 문화, 종교	0.7	1.5	1.0	2.2	3.3	1.7
교육	15.8	11.3	8.5	13.7	12.7	7.9
사회보호	20.1	37.2	41.5	40.9	43.7	42.9

자료: OECD, National Account.

표 1.5 수준별 정부 지출의 기능적 구성(한국)

	중앙정부			지방정부			사회보장기금		
	2010	2015	2017	2010	2015	2017	2010	2015	2017
일반공공행정	19.8	23.6	23.5	14.8	15.0	14.5	0.0	0.0	0.0
국방	13.2	13.1	12.6	0.1	0.1	0.1	0.0	0.0	0.0
공공질서 및 안전	5.3	5.4	5.9	1.0	1.4	1.7	0.0	0.0	0.0
경제업무	19.7	17.1	15.7	20.8	14.5	15.3	0.0	0.0	0.0
환경보호	2.7	2.3	2.1	5.2	5.2	5.3	0.0	0.0	0.0
주택 및 지역개발	1.7	1.3	1.2	7.8	6.4	6.6	0.0	0.0	0.0
보건	3.1	2.6	3.0	3.7	3.7	3.8	52.8	50.6	51.3
오락, 문화 및 종교	2.4	2.1	2.2	3.9	3.9	4.5	0.0	0.0	0.0
교육	18.5	18.4	20.2	28.9	30.1	28.4	1.3	1.1	1.2
사회보호	13.6	14.0	13.6	13.9	19.7	19.9	45.9	48.3	47.4

자료: 한국은행, 『국민계정』.

주요 외국의 정부지출의 기능별 구성을 비교하면, 영국, 스웨덴, 덴마크, 이탈리아와 같은 유럽 국가들의 사회보호 관련 지출 비중이 높으며, 국방비, 경제사업 비중은 미국, 일본 등에서 높게 나타나고 있다.

한국의 일반정부를 **중앙정부**, **지방정부** 그리고 **사회보장기금**으로 나누어 지출규모를 비교하면, 최근 들어 지방정부와 사회보장기금의 기능이 강화되고 사회보장지출이 빠른 속도로 증가하였다. 2010년 현재 중앙정부, 지방정부 그리고 사회보장기금의 지출 비중이 각각 49.8%, 35.7%, 14.5%이던 것이 2016년에는 이들 비중이 47.0%, 36.0%, 17.0%로 변화하였다.

정부 수준별 정부 지출의 기능별 구성을 살펴보면, 중앙정부의 경우 국방비와 경제사업비 지출 비중이 높게 나타나고 있으며, 지방정부의 경우는 경제사업비와 교육비 비중이 높게 나타나고 있다.[7] 사회보장기금의 경우는 보건 및 사회보호 관련 지출이 대부분을 차지하고 있다.

1.3.3 한국의 재정수입 규모와 구조

〈표 1.6〉은 한국과 주요 국가의 국민부담률, 즉 GDP 대비 조세부담과 사회보장부담금 총액의 비율을 주요 연도별로 비교하고 있다. 한국의 국민부담률은 과거 매우 낮은 수준에서 최근까지 빠른 속도로 증가해오고 있다. 1990년에 비하여 2017년의 국민부담률이 약 8.1%P 더 높은 수준으로 상승하였다. 한국의 국민부담률 수준의 상승은 조세부담률의 전반적인 상승과 더불어 사회복지제도의 확충에 따른 사회보장부담금의 빠른 상승에 기인한다. 주요 선진국의 경우도 정도의 차이는 있으나 전반적으로 국민부담률이 상승하였는데, 이러한 상승은 사회보장부

표 1.6 국민부담률 규모(조세부담+사회보장부담금)의 국가 간 비교 (단위: GDP 대비 비율(%))

	1965	1990	2000	2007	2010	2012	2014	2015	2016	2017
호주	20.6	28.1	30.5	29.6	25.3	27.0	27.3	27.9	27.8	–
오스트리아	33.5	39.3	42.3	40.5	41.0	41.8	42.7	43.1	42.2	41.8
벨기에	30.6	41.2	43.5	42.7	42.6	44.2	45.1	44.8	44.1	44.6
덴마크	29.1	44.4	46.9	46.4	44.8	45.5	48.5	46.1	46.2	46.0
핀란드	30.0	42.9	45.8	41.5	40.8	42.7	43.8	43.9	44.0	43.3
프랑스	33.7	41.2	43.4	42.5	42.1	44.4	45.4	45.3	45.5	46.2
독일	31.6	34.8	36.2	34.9	35.0	36.4	36.7	37.0	37.4	37.5
그리스	17.1	25.2	33.4	31.2	32.0	35.5	35.7	36.6	38.8	39.4
아이슬란드	26.1	30.9	36.3	38.9	33.2	35.0	38.3	36.3	51.6	37.7
아일랜드	24.5	32.4	30.8	30.4	27.0	27.6	28.4	23.1	23.3	22.8
이탈리아	24.7	36.4	40.6	41.7	41.9	43.9	43.5	43.1	42.6	42.4
일본	17.6	28.2	25.8	27.5	26.5	28.2	30.3	30.6	30.6	–
한국	–	18.8	21.5	24.8	23.4	24.8	24.6	25.2	26.2	26.9
포르투갈	15.7	26.5	31.1	31.8	30.4	31.8	34.3	34.4	34.3	34.7
스페인	14.3	31.6	33.2	36.4	31.2	32.1	33.6	33.6	33.2	33.7
스웨덴	31.4	49.5	49.0	45.0	43.2	42.6	42.6	43.1	44.0	44.0
영국	30.1	32.9	32.9	33.0	32.3	32.4	31.8	32.2	32.7	33.3
미국	23.5	26.0	28.2	26.7	23.5	24.1	26.0	26.2	25.9	27.1
OECD 전체	24.9	31.9	33.8	33.6	32.3	33.1	33.6	33.7	34.0	34.2

자료: OECD Revenue Statistics, 2010.

7 지방정부의 교육비 지출 비중이 높은 이유는 〈표 1.5〉의 지방정부에는 교육자치단체가 포함되기 때문이다.

표 1.7 정부수준별 조세 및 사회보장부담금 수입의 구성비 (단위: 조세 및 사회보장부담금 총액 대비 비율(%))

	중앙정부(연방정부)			주정부			지방정부			사회보장기금		
	1975	1995	2016	1975	1995	2016	1975	1995	2016	1975	1995	2016
OECD – 전체												
연방국가	80.1	77.5	66.0	15.7	19.0	16.9	4.2	3.4	3.6	0.0	0.0	0.0
미국	45.4	41.4	42.1	19.5	20.0	19.4	14.7	13.3	14.5	20.5	25.2	24.0
독일	33.5	31.4	29.7	22.3	21.6	23.6	9.0	7.4	8.5	34.0	39.0	37.6
오스트리아	51.7	35.1	66.0	10.6	1.8	1.6	12.4	4.1	3.0	25.3	29.0	28.9
벨기에	65.3	60.1	50.7	–	1.8	10.7	4.4	4.8	5.0	28.8	32.2	32.6
호주	80.1	77.5	63.5	15.7	19.0	16.9	12.8	10.4	11.4	21.6	23.6	24.8
단일국가												
스웨덴	51.3	46.9	52.3	–	–	–	29.2	30.9	35.4	19.5	21.8	12.1
덴마크	68.9	68.2	72.6	–	–	–	30.0	31.3	27.0	0.1	0.0	0.0
핀란드	50.6	46.6	47.6	–	–	–	23.5	22.3	23.1	20.4	30.8	29.0
프랑스	51.2	42.6	33.4	–	–	–	7.6	11.0	13.5	40.6	46.0	52.8
스페인	48.2	51.3	41.6	–	–	–	4.3	8.8	9.9	47.5	34.6	33.2
영국	70.5	77.5	75.7	–	–	–	11.1	3.7	4.9	17.5	17.8	18.9
일본	45.5	41.2	35.7	–	–	–	25.6	25.2	23.9	29.0	33.6	40.4
한국	89.0	69.2	56.3	–	–	–	10.1	18.7	17.5	0.9	12.1	26.2

자료: OECD Revenue Statistics, 2018.

담금의 증가에 상당부분 기인하였다(표 1.7 참조). 한국의 경우 주요 선진국에 비하여 국민부담률이 아직은 낮은 편이다. OECD 평균에 비해 낮은 수준일 뿐만 아니라 국민부담률이 낮은 편에 속하는 미국, 일본, 호주에 비해서도 낮거나 비슷한 수준이다.

주요 선진국의 정부수준별 조세 및 사회보장부담금 수입 비중은, 중앙정부 조세수입 비중은 대체적으로 감소 추세를 보이고 있는 반면 주정부 및 지방정부의 조세수입 비중과 사회보장기금의 수입 비중은 대체적으로 증가 추세를 보이고 있다. 한국의 경우 비교적 최근 기간인 1975년과 2016년 사이에 중앙정부와 지방정부의 조세수입 비중이 감소한 반면, 사회보장기금의 수입 비중은 대폭적으로 상승하였다. 그러나 여전히 중앙정부의 세수 비중이 지방정부와 사회보장기금보다 높은 수준을 유지하고 있다.

조세수입 면에서 중앙정부 조세의 비중이 지방정부에 비하여 압도적으로 높은 반면 재정지출 면에서는 지방정부의 비중이 높은 경향이 있다. 한국의 경우 최근 지방분권화의 진전으로 인해 중앙정부의 재정지출과 지방정부 재정지출의 비율이 2001년 40.7 : 59.3에서 2017년에는 36.6 : 63.4로 변화하였다(조세개요[2018]). 이러한 지방정부의 재정지출 증가에 비하여 지방세의 증가세는 크지 않은 편이다. 지방정부의 재정지출액과 지방세 수입의 괴리를 메우기 위하여 중앙정부의 지방정부에 대한 재정이전이 이루어지고 있다. 이에 대한 자세한 사항은

표 1.8 중앙정부 조세수입의 구성비(2016) (단위: 조세 총액 대비 비율(%))

	소득과세	사회보장 기여금*	기타 급여세	자산과세	소비세	기타
OECD 전체	37.5	4.2	1.2	3.4	53.3	0.3
연방국가						
미국	92.3	0.0	0.0	1.0	6.8	0.0
독일	43.7	0.0	0.0	0.1	56.2	0.0
오스트리아	41.3	7.9	7.2	1.2	41.8	0.5
벨기에	55.1	0.1	0.0	2.2	42.6	0.0
호주	72.0	0.0	0.2	0.0	27.9	0.0
단일국가						
스웨덴	2.9	20.2	20.1	3.0	53.7	0.2
덴마크	53.4	0.1	0.8	1.5	44.1	0.0
핀란드	28.0	0.0	0.0	3.1	68.7	0.2
프랑스	36.3	2.4	1.2	6.8	53.1	0.0
스페인	39.5	2.2	0.0	0.7	57.5	0.1
영국	47.1	0.0	0.0	10.2	42.6	0.0
일본	52.1	0.0	0.0	5.4	42.4	0.0
한국	49.9	0.0	0.0	6.1	42.2	1.7

자료: OECD Revenue Statistics, 2018

주: * 사회보장기금이 관리하는 사회보장부담금 제외.

제22장 '지방재정'에서 논의될 것이다.

OECD 국가들의 중앙정부의 세원별 세수 비중의 대체적인 경향을 보면 소비세의 비중이 가장 높고 다음으로 소득과세, 사회보장기여금, 자산과세 순으로 비중이 높은 것으로 나타났다(표 1.8 참조). 소비세는 부가가치세가 도입되어 있는 유럽 국가들에서 높은 경향을 보이며, 미국, 호주의 경우는 소득과세의 비중이 다른 조세에 비하여 비중이 압도적으로 높은 것으로 나타났다. 한국의 경우 부가가치세가 세수에서 차지하는 비중이 가장 높은 관계로 소비세의 비중이 높아 다음으로 소득세, 법인세를 포함하는 소득과세 비중과 유사한 수준을 유지하고 있다.

연방국가체제의 주정부 및 지방정부에서 개인소득세와 법인소득세를 포함하는 소득 및 이윤세의 비중도 상당히 높은 수준이기는 하나, 중앙정부의 세수 구성과 비교하여 가장 주목할 만한 지방정부 세수의 특징은 자산관련 과세의 비중이 매우 높다는 것이다. 자산관련 조세 비중은 특히 미국, 호주의 지방정부에서 매우 높게 나타나고 있다. 단일 국가의 지방정부에서도 비슷한 현상을 확인할 수 있다. 특히 프랑스, 영국, 스페인, 한국의 지방정부 세수의 상당부분은 재산관련 조세에서 징수되고 있다. 한국의 경우 재산관련세의 비중이 압도적으로 높다. 지

표 1.9 주정부 및 지방정부 조세수입의 구성비(연방국가, 2016) (단위: 조세 총액 대비 비율(%))

	소득과세	사회보장 기여금	급여세	자산과세	소비세	기타
미국						
주정부	42.7	0.0	0.0	2.2	55.1	0.0
지방정부	6.1	0.0	0.0	70.6	23.3	0.0
독일						
주정부	51.2	0.0	0.0	6.9	41.9	0.0
지방정부	79.9	0.0	0.0	13.6	6.3	0.2
오스트리아						
주정부	47.4	20.8	8.8	1.8	17.0	4.1
지방정부	0.0	5.8	68.2	15.1	7.8	3.0
벨기에						
주정부	48.4	20.8	8.8	1.8	17.0	4.1
지방정부	35.8	0.2	0.0	57.1	6.9	0.0
호주						
주정부	0.0	0.0	28.2	42.7	29.1	0.0
지방정부	0.0	0.0	0.0	100.0	0.0	0.0

자료: OECD Revenue Statistics, 2018.

표 1.10 지방정부 조세수입의 구성비(단일국가, 2016) (단위: 조세 총액 대비 비율(%))

	소득과세	사회보장 기여금	급여세	자산과세	소비세	기타
스웨덴	97.6	0.0	0.0	2.4	0.0	0.0
덴마크	89.0	0.0	0.0	1.1	0.0	0.0
프랑스	0.0	0.0	7.1	52.6	23.2	17.1
스페인	15.9	0.0	0.0	45.3	38.7	0.1
영국	0.0	0.0	0.0	100.0	0.0	0.0
일본	50.1	0.0	0.0	26.8	22.1	1.1
한국	17.7	0.0	1.7	46.3	24.8	9.4

자료: OECD Revenue Statistics, 2018.

방세인 개인소득세와 법인소득세는 지방정부마다 독자적인 개인소득세제와 법인소득세제를 운용하지 않고 중앙정부의 개인소득세와 법인소득세 부담에 추가적으로 10%를 지방세로 징수하는 부가세 형태이며 세수 비중이 높지 않다. 반면, 한국 지방정부의 재원확보는 자산거래세(취득세, 등록세 등)와 자산보유세(재산세 등) 수입에 상당수준 의존하고 있다.

1.4 미국의 재정 규모와 구성

1.4.1 미국의 정부 규모

이 책에서는 한국의 재정을 분석함에 있어서 자주 미국의 재정에 비교하여 분석하고 있다. 이는 이 책이 미국인 저자의 저술인 점에도 기인하고 있지만, 보다 중요하게 미국 사례가 우리가 취하거나 피하여야 할 여러 정책과 상황에 대한 좋은 시사점을 제공하기 때문이다. 먼저, 미국의 재정 전반에 대해서 개관해보자.

1996년 상하원합동 연설에서 빌 클린턴 대통령은 다음과 같은 유명한 말을 남겼다. “큰 정부의 시대는 끝났습니다.” 이 연설은 정부의 규모가 큰지 여부를 결정할 수 있는 어떤 방법이 존재한다는 것을 전제하고 있다. 그러면 정부의 규모는 어떻게 측정하는가?

정치인과 언론인이 즐겨 사용하는 지표는 **공공부문에 종사하는 근로자 수**이다. 그러나 정부가 고용하는 근로자 수를 바탕으로 이루어진 추론은 종종 잘못된 정보를 제공한다. 어떤 나라에서 소수의 공무원이 모든 경제적 의사결정을 돕는 거대한 컴퓨터를 이용하는 상황을 상정해보자. 이 나라에서는 공무원 수를 이용하면 정부의 중요성은 과소평가될 것이다. 이와 유사하게, 많은 수의 공무원이 상대적으로 미약한 정부 규모와 관련되는 시나리오를 만들 수 있다. 비록 여러 목적에서 공공부문 종사자의 수는 매우 중요한 정보이지만, 우리의 중심 이슈인 사회의 자원이 얼마나 많이 정부의 영향력하에 있는지 하는 이슈에 대해서 명확한 답을 주지 못한다.

더 변별력 있는 (그리고 더 일반적으로 사용되는) 접근법은 **연간 지출 규모**로 정부의 규모를 측정하는 것이다. 정부의 지출은 기본적으로 3가지 유형으로 분류된다.

1. 재화와 서비스의 구매: 정부는 미사일부터 생태학자의 서비스에 이르기까지 다양한 상품을 구매한다.
2. 사람, 기업체 또는 다른 수준의 정부에 대한 소득이전지출: 정부는 개인들과 단체로부터 재원을 징수하여 다른 사람들에게 이전시킨다. 이전지출의 예로, 식품구매권(food stamp)과 같은 사회보장프로그램과 각종 보조금제도가 있다.
3. 이자지불액: 정부는 종종 자신의 활동에 필요한 재원을 조달하기 위하여 차입을 하며, 다른 채무자와 같이 차입을 하는 특권의 대가로 이자를 지불하여야 한다.

연방정부는 이러한 지출을 **통합예산**(unified budget)[8]이라고 지칭되는 문서에 항목별로 분류하여 기록한다. 2011년 주정부와 지방정부에 대한 지원금을 제외한 연방정부 지출액은 대략 3조 3,000억 달러 정도였다. 주정부와 지방정부의 지출을 합하면 총지출액이 5조 4,100억 달러에 이른다[Economic Report of the President, 2012, p. 415].[9] 정부지출과 관련된 수치는 일반인에게 공개되어 있으며 또한 광범위하게 인용된다. 전형적으로 정부의 지출이 증가하면 사람들은 정부의 규모가 증가한 것으로, 그리고 지출이 감소하면 정부의 규모가 줄어든 것으로

통합예산(unified budget)
연방정부의 지출과 수입을 항목별로 기록한 문서.

8 이러한 형태의 예산서를 의무적으로 출판하도록 헌법에 명시되어 있다. “모든 공공 재원의 수입과 지출에 대한 정기적인 계산서와 회계상황을 때때로 공표하여야 한다”[제9장 1조].

9 주정부와 지방정부에 대한 연방정부의 지원금은 2011년에 4,930억 달러였다.

결론을 내린다. 그러나 어떤 정부활동은 이를 위하여 지출하는 금액은 미미하더라도 자원배분이 큰 영향을 미치는 경우가 있다. 예를 들어 연방정부가 규제정책을 개발하고 시행하는데 연간 504억 달러를 지출하는데 이는 정부예산의 전체 규모에 비해서 큰 규모라고 보기 어렵다[Dudley and Warren, 2011]. 규제정책 그 자체를 위하여 재원이 많이 소요되지 않지만, 규제는 경제활동에 큰 영향을 미치며 규제와 관련된 규칙들을 준수하는 과정에서 많은 비용이 소요된다. 에어백을 자동차에 장착하도록 하는 규제는 자동차 가격을 높인다. 각종 허가와 조사비용은 주택의 가격을 상승시킨다. 최저임금제도와 같은 노동시장 규제는 실업을 유발할 수 있으며, 약품에 대한 규제는 과학기술 발전의 속도를 늦출 수 있다.

규제예산(regulatory budget)

정부의 규제로 인해 경제가 부담하는 비용을 기록한 연간 예산서(현재 이러한 예산은 존재하지 않는다).

어떤 사람들은 정부의 규제에 의해 발생하는 비용을 '**연간규제예산**(annual regulatory budget)'이라는 이름으로 출판하여야 한다고 주장한다. 이러한 방법으로 규제비용에 대한 명시적 회계 관리가 이루어질 수 있다. 그러나 불행히도 이러한 비용을 계산하는 것은 매우 어려운 일이다. 예를 들어 제약관련 전문가들 사이에서도 약품에 대한 규제가 없으면 어떤 새로운 치료방법이 개발될 것인가에 대해 많은 이견이 존재한다. 또한 정부의 사업장 안전기준이 생산비용에 미치는 영향을 추정하는 것도 쉬운 일이 아니다. 이러한 점들을 감안하면, 공식적인 규제예산이 실제로 입안되어 관리되는 것을 기대하기 어렵다.[10] 그러나 비공식적인 추계에 의하면 연방정부의 규제와 관련된 연간 비용은 매우 높은 수준으로서, 1조 7,500억 달러를 상회하는 수준에 이르는 것으로 알려져 있다[Crain and Crain, 2010].

중요한 몇몇 수치들 정부가 경제에 미치는 영향을 하나의 수치로 요약하는 것은 불가능하다. 그러나 우리는 여전히 정부 규모의 변화과정을 파악하는 합리적인 지표를 발견하여야 한다. 대부분의 경제학자들은 통상적으로 정의된 정부 지출이 개략적이지만 상당히 유용한 지표라는 점을 인정하고 있다. 다른 불완전한 지표와 같이 정부 지출 규모도 그 한계를 제대로 이해한다면 유용한 지표로 사용될 수 있다.

이러한 모든 문제점을 감안한 상태에서 〈표 1.11〉에 미국의 각 수준별 정부가 지출한 지출금액을 특정 연도별로 제시하였다. 첫 번째 열을 보면 연간지출이 1970년 이래 18배가 넘게 증가한 것을 알 수 있다. 이 수치는 다음 몇 가지 이유로 인해 정부 규모의 증가에 대한 합당한 척도가 되지 못한다.

1. 물가상승으로 인해 달러의 가치가 시간이 흐를수록 낮아진다. (2)열에는 2011년도 불변가격으로 지출액이 제시되어 있다. 실질가치로 비교하면 2011년도 지출액은 1970년도에 비하여 34.9배 수준이다.
2. 시간의 경과에 따라 인구도 증가한다. 인구의 증가 자체도 공공부문에 대한 수요를 증가시킨다(예를 들어 더 많은 사람이 살기 위해서는 더 많은 도로와 하수도가 필요하다). (3)열에는 1인당 정부지출액이 제시되어 있다. 1970년도와 2011년도 사이의 1인당 정부지출액은 2.6배로 증가하였다.

---

10 규제가 단순히 비용이 소요된다고 항상 나쁜 것만은 아니다. 다른 정부의 활동과 마찬가지로, 비용뿐만 아니라 편익도 평가되어야 한다(비용-편익 분석과 관련된 문제는 제8장에서 논의된다).

표 1.11 주정부, 지방정부, 연방정부의 지출

	(1) 전체지출 (10억 달러)	(2) 2011년 불변가격 (10억 달러) *	(3) 2011년 불변가격	(4) GDP 대비 비용(%)
1970	295	1,375	6,703	28.4
1980	847	2,007	8,815	30.4
1990	1,880	2,948	11,784	32.4
2000	2,906	3,712	13,155	29.2
2011	5,410	5,410	17,362	35.9

자료: Economic Report of the President, 2012 [pp. 316, 320, 359, 415] 자료를 이용하여 계산함
* 2011년 불변가격으로 환산함.
1970년 이후 정부 지출은 18.3배 증가하였다. 실질 가치로 환산한 지출은 3.9배 증가하였으며, 인구 1인당 정부지출의 실질가치도 2.6배 증가하였다. GDP 대비 비중은 1970년에는 28.4%였는데, 2011년에는 35.9%로 증가하였다.

3. 종종 정부의 규모를 경제규모와 비교하는 것도 유용하다. 경제규모가 3배로 증가하는 동안 정부의 규모가 2배로 증가하였다면, 정부의 규모는 상대적으로 축소되었다고 보아야 한다. (4)열은 정부 지출에 대해, 1년 동안 그 경제에서 생산된 재화와 서비스의 시장가치로 정의되는, 국내총생산(GDP)에서 차지하는 비중을 백분율로 제시하고 있다. 1970년도에 28.4%이던 비중이, 2011년에는 35.9%로 증가하였다.

이미 논의한 바와 같이 〈표 1.11〉에 제시되어 있는 숫자로 정부재정이 경제에 미치는 영향을 정확하게 파악하기 어렵다. 그러나 장기적으로 정부의 역할이 증가해왔다는 사실은 의심의 여지가 없다. GDP의 거의 1/3이 정부에 의해 지출된다는 사실을 감안하면, 정부는 거대한 경제주체라고 할 수밖에 없다.

국제비교를 통해 위에서 논의한 수치의 의미를 더욱 명확하게 할 수 있다. 〈그림 1.1〉은 선진국 몇 나라의 GDP 대비 정부 지출 비중을 제시하고 있다. 이 자료를 보면 미국이 공공부의

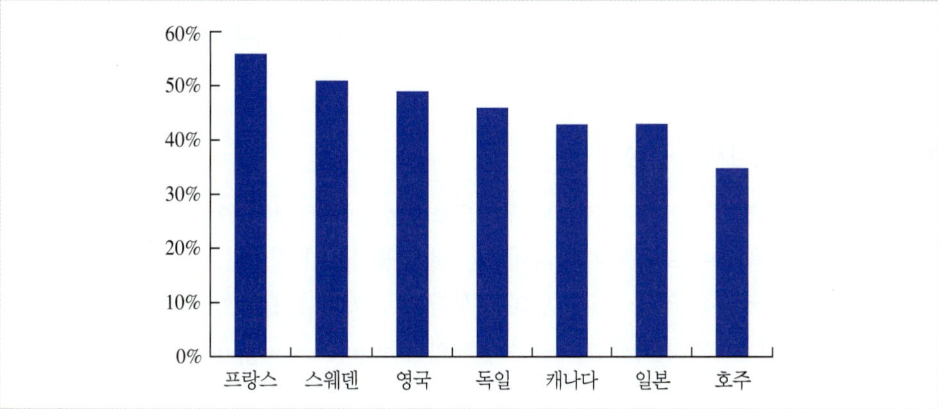

그림 1.1
GDP 대비 정부 지출 비중 (2011년 기준, 주요 국가들)
미국에 비하여 여러 선진국의 GDP 대비 정부지출 비중이 더 높은 편이다.

자료: OECD, OECD Economic Outlook, 2012 5월 (부표 25) 이들 숫자는 2011년 현재 수임.

그림 1.2 미국의 연방정부 지출 및 수입 구성(2011)

미국의 연방정부는 예산의 21%를 국방비에, 20%를 공적연금급여지출에 배정하였다. 개인소득세는 연방정부 수입의 약 50%를 차지하며 단일 세목으로 가장 큰 비중을 차지하고 있다.

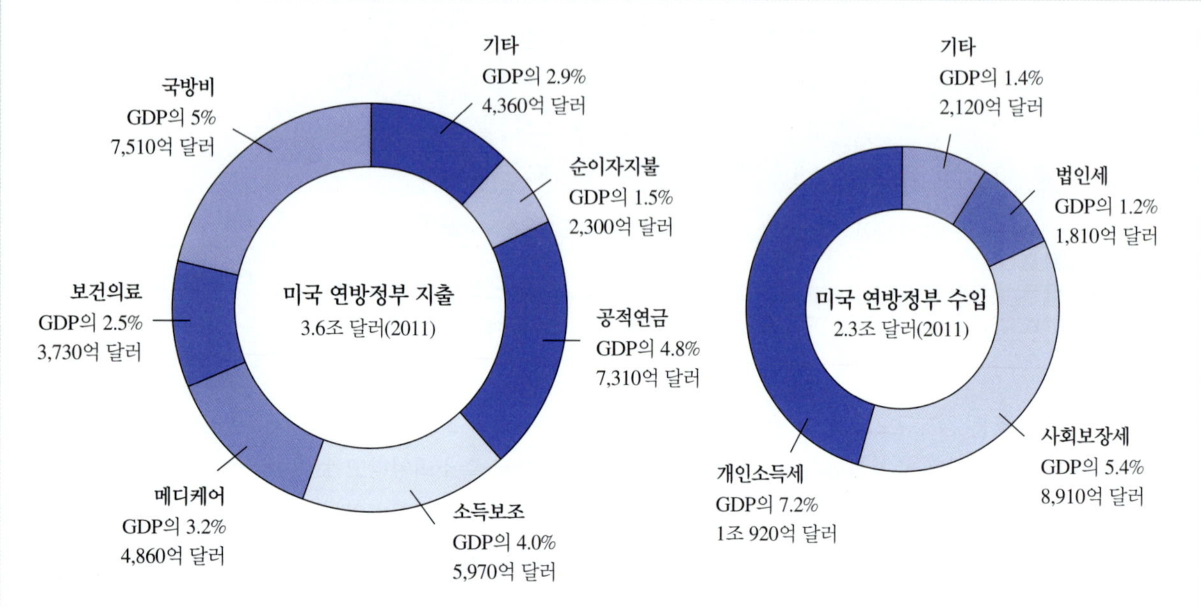

자료: *The Economic Report of the President, 2012* [p. 413].

규모가 큰 유일한 나라가 아님을 알 수 있다. 실제로 스웨덴이나 프랑스와 같은 나라와 비교하면, 미국의 공공부문 규모는 상당히 작은 편이다. 공공부문 규모의 국가 간 차이는 여러 이유로 설명할 수 있겠지만, 그중 이 장 전반부에서 언급하였던 이념적 고려가 매우 중요한 역할을 하고 있는 것으로 보인다.

예를 들어 스웨덴의 공공부문 규모가 큰 이유 중의 하나는 스웨덴에서는 보건의료보장이 공동체의 책임이라고 인식되기 때문에 정부가 보건의료 비용의 대부분을 지불하기 때문이다. 반면에, 미국에서는 보건의료가 개인적인 책임으로 간주되어 대부분의 보건의료지출은 민간부문에서 이루어지고 있다.

1.4.2 미국의 재정지출 구성

이제 정부지출의 전체 규모에서 지출의 구성으로 관심을 돌려보자. 아주 간단한 표로 광범위한 정부지출활동을 모두 포괄하여 나타내주는 것은 불가능한 일이다. 2012 회계연도의 연방정부예산의 경우 정부의 각종 프로그램의 구성과 프로그램 내용을 기술하기 위해 1,300쪽에 달하는 지면이 필요하였다[자세한 내용은 홈페이지(http://www.gpoaccess.gov/usbudget/) 참조].

〈그림 1.2〉의 왼쪽 패널에는 2011년의 연방정부 지출의 주요항목의 규모가 제시되어 있으

그림 1.3 미국의 주정부 · 지방정부 지출 및 수입 구성(2011)

미국의 주정부 · 지방정부는 예산의 34%를 교육비에, 18%를 복지에 지출하였다. 연방정부의 재정보조가 주정부 · 지방정부 수입의 20% 이상을 구성하고 있으며 판매세는 18%를 구성하고 있다.

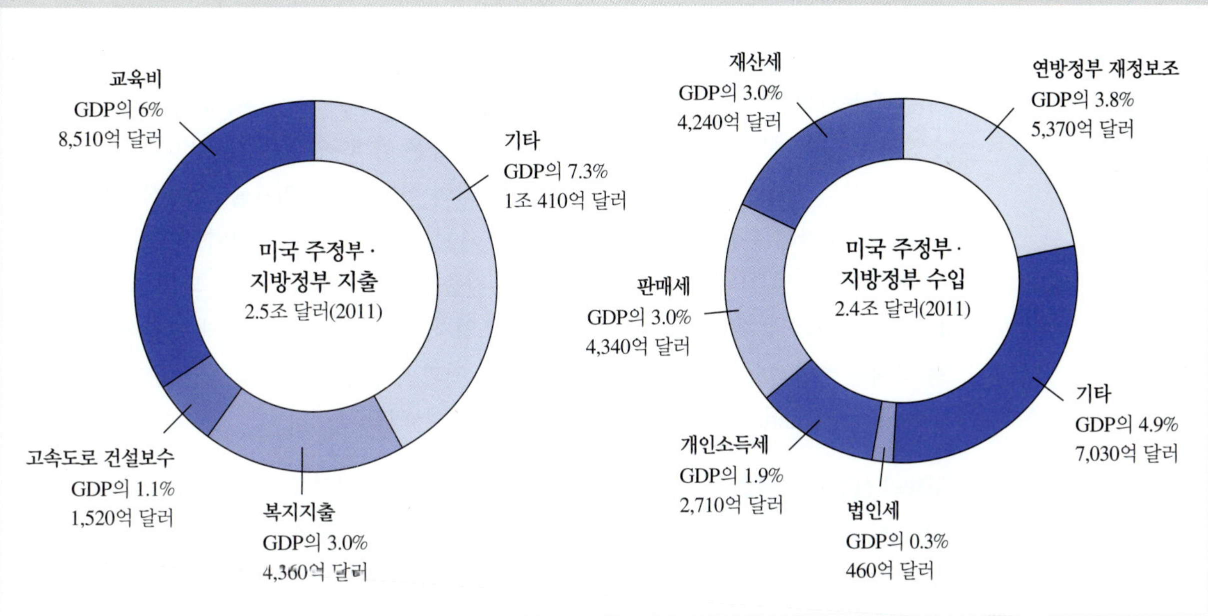

자료: Economic Report of the President, 2012 [p.419].

며, 〈그림 1.3〉의 왼쪽 패널에는 주정부와 지방정부 지출의 주요항목이 제시되어 있다.

실제로 정부 예산의 많은 부분이, 사업의 비용이 금액으로 고정되어 있지는 않고 수급자격이 있는 사람의 수에 의해 결정되는 소위 **수급권 보장 프로그램**(entitlement program)으로 구성되어 있다. 사회보장과 많은 복지사업, 농업가격보조금정책 등을 규율하는 법에는 급여수급자격조건과 급여수준이 규정되어 있다. 따라서 수급권 보장 프로그램의 지출액은 현재의 정부가 그 규칙을 변경하지 않는 한, 현재의 정부의 재량권 밖에 있다. 이와 유사하게 이자지급액도 이자율과 과거의 재정적자에 의해 결정되므로 거의 모든 이자지급액이 현시점의 의사결정자와 무관하게 결정된다. 이러한 점들을 감안하면 연방정부 예산의 60%가 현재 통제가 불가능한 것으로 추치된다[Office of Management and Budget, 2012]. 제6장에서 정부지출의 통제가능성에 대한 정치적 이슈에 대해 논할 것이다.

수급권 보장 프로그램
(entitlement program)

프로그램의 비용이 현시점에서의 예산배분에 의해 결정되지 않고 수급자격이 있는 사람의 수에 의해 결정되는 프로그램을 지칭.

정부수준별 총지출액을 살펴보는 것도 의미가 있다. 연방정부가 총지출의 60%를, 주정부가 20%를, 그리고 지방정부가 20%를 지출하는 것으로 나타났다[Bureau of Economic Analysis, 2012]. 주정부와 지방정부는 매우 중요한 역할을 한다. 이들은 경찰서비스, 소방서비스, 교육, 교통서비스 등에 많은 지출을 한다. 상당히 많은 공공복지지출이 주정부에 의해 행해진다. 제22장에서는 상이한 수준의 정부의 재정활동을 조율하는 과정에서 나타나는 여러 가지 문제점에 대해서 논의할 것이다.

1.4.3 미국의 재정수입 구성

연방정부와 주정부 및 지방정부 수입의 주요항목은 〈그림 1.2〉와 〈그림 1.3〉의 오른쪽 패널에 제시되어 있다. 연방정부 수준에서는 **개인소득세**가 총조세수입의 47%로서 단일항목으로는 가장 큰 비중을 차지한다. 〈그림 1.2〉에서 볼 수 있듯이 사회보험료 수입이 매우 중요한 부분을 차지하고 있는 점은 주목할 만한 사실이다. 이것은 공적연금과 메디케어의 재원을 마련하기 위해 부과한 사회보장세의 일종인 **급여세**(payroll tax) 수입이다. 이 수입의 규모는 연방정부 수입의 40%를 넘는다. 연방정부 법인세 수입 비중은 약 8%인데 과거에 비해서 비중이 낮아졌다. 주정부와 지방정부 수입 중 연방정부로부터의 이전자금이 20%를 상회하고, 판매소비세는 18%이며, 재산세 수입은 18% 정도인데 이는 과거보다 비중이 낮아진 수준이다.

조세제도는 정부의 수입뿐만 아니라 정부지출을 위한 수단으로 사용되고 있다. 연방정부가 1,000만 달러의 무기를 구매하는데 무기 제조업자들의 조세를 동일 금액 삭감해줄 수 있다. 이는 조세를 추가적으로 1,000만 달러 징수하는 것과 예산에 미치는 효과가 동일하다. 이는 **조세지출**(tax expenditures)이라고 하는데 제17장에서 논의할 것이다.

부채의 실질가치 변화 보통의 논의에서는 조세가 정부수입의 유일한 원천이라고 여겨진다. 그러나 정부가 순채무자이고 또한 물가수준이 높아지면, 부채의 실질가치 변화도 매우 중요한 수입 원천이 된다. 그 이유를 알아보기 위하여 여러분 자신이 연초에 1,000달러를 차입을 하였고, 그해 말까지 그 부채를 상환하지 않아도 되는 상황을 상정해보자. 여기에 더하여 그해 동안 10%의 물가상승이 발생했다고 가정하자. 그러면 여러분이 채권자에게 상환해야 하는 금액의 가치는 여러분이 차입했을 때의 가치보다 100달러(1,000달러의 10%)만큼 감소한다. 따라서 인플레이션이 여러분 부채의 10%를 감소시켰다고 보아야 한다. 이것을 다르게 말하면 인플레이션 결과 여러분의 소득이 100달러(1,000달러의 10%)만큼 증가했다고 볼 수 있다.[11]

2011년 초에 연방정부의 채무는 약 13조 5,000억 달러였다. 2011년 1년 동안 물가상승률이 약 2.1%였다. 동일한 논리로, 인플레이션이 연방정부 채무를 약 2,840억 달러(13.5조 달러×0.021)만큼 감소시켰다. 따라서 이것은 〈그림 1.2〉에 제시되어 있는 어느 조세항목의 금액과도 필적하는 수입이다. 그러나 정부회계상 수입 측면에서 인플레이션에 의한 부채 감소로 인한 이득은 고려하지 않고 있다. 우리는 제20장에서 부채의 측정과 경제적 의미와 관련된 이슈들에 대해 논의할 것이다.

1.5 이 책에서 논의할 것들

이 장에서는 정부의 재정활동과 관련된 제도, 정부의 규모, 정부 지출의 범위, 정부의 재원조달 방식과 같은 기본적인 사실에 대해 살펴보았다. 이 책의 나머지 부분들은 정부가 어떻게 작동하고 재정활동이 어떻게 이루어지고 있는가에 대한 밑그림을 채워나가는 논의에 할애될 것이다. 이에 더하여 현재의 상황 혹은 재정활동이 우리가 지향하는 목표를 달성할 수 있을지에 대

11 만일 차입자와 대부자가 사전에 인플레이션을 정확히 예상하면, 이자율을 사전에 상향조정하여 인플레이션의 효과를 흡수하려고 할 것이다. 이러한 현상은 제17장 "조세와 인플레이션"절에서 논의할 것이다.

한 질문을 던져야 하고, 만일 그렇지 못하면 어떻게 개선해나가야 할 것인가에 대해 계속 질문을 던지는 것이 중요하다.

요약

- 공공부문경제학, 혹은 공공경제학으로도 알려져 있는 재정학은 정부의 조세와 지출 활동과 이러한 재정의 자원배분과 소득분배에 미치는 영향 분석에 초점을 두고 있는 경제학의 한 분야이다.
- 재정학자들은 실제 정책을 분석하기도 하고 정부활동에 대한 가이드라인을 개발하기도 한다.
- 사회에 대한 유기체적 관점에서는 개인은 사회목표를 달성하는 데 기여할 때만 그 가치가 있다. 그리고 사회의 목표는 정부에 의해 결정된다.
- 사회에 대한 기계론적 관점에서는 정부는 개인의 목표를 달성하기 위해 고안된 발명품에 지나지 않는다. 정부는 어떻게든 상충하는 개인들의 목표를 조율하여야 한다.
- 많은 경제학자들이 개인의 의사결정에 관심을 가지고 있다는 점은 이 책이 채택한 기계론적 관점에 더 부합된다. 그러나 이것이 경제에서 정부의 합당한 역할에 대한 논쟁을 완전히 종식시키는 것은 아니다.
- 대한민국의 헌법은 정부의 경제활동에 대한 제약사항들을 규정한다. 대한민국 헌법은 사회보장, 교육, 국방, 과학기술, 경제성장 기반, 환경 등을 정부의 책무로 규정하고 있다. 정부의 재원은 조세와 국채를 통해 조달될 수 있는데, 조세는 법률에 의하여 정하여지는 조세법률주의를 택하고 있으며, 국채발행도 국회의 의결을 받아야 한다.
- 미국의 헌법은 연방정부와 주정부의 경제활동을 제한하는 사항을 명시하고 있다.
- 미국의 연방정부는 정부가 추구하는 목적을 달성하기 위해 정부지출을 하며 이 재원은 조세와 부채로 조달한다. 연방정부는 세율을 정할 때 주들(states)을 차별하지 않아야 하며, 주들 사이의 수출에 대해서 조세 혹은 부담금을 부과할 수 없다. 16차 미국헌법 개정으로 인해 연방정부는 개인소득에 대해 조세를 부과할 수 있게 되었다.
- 미국의 주정부는 다른 주로부터의 수입에 대해 관세를 부과할 수 없으며 다른 주의 거주자 혹은 다른 주 생산품에 차별하여 조세를 부과할 수 없다. 대부분의 주들은 균형재정을 유지하고 있다.
- 정부 규모를 나타내는 지표로 통상적으로 이용되고 있는 공무원 수, 지출 및 수입은 그 자체로 완전한 지표는 아니다. 특히 규제에 따른 비용을 전혀 고려하지 못하고 있다. 그럼에도 불구하고 정부활동이 국가 자원에 미치는 영향력이 증대되었다는 확고한 증거가 존재한다.
- 미국의 정부지출 수준은 명목단위로, 실질단위로, 1인당 실질단위로, 그리고 GDP 대비 비율 측면에서 모두 증가하였다.
- 연방정부 지출에서 국방비와 공적연금 지출이 차지하는 비중이 가장 높으며 그다음으로 소득보조(income security) 지출, 메디케어 지출, 보건의료 지출 순으로 높은 비중을 차지한다.
- 개인소득세와 사회보장급여세가 현재 연방정부 정부수입의 가장 중요한 원천이다.
- 한국의 정부 규모는 주요 외국에 비하여 아직 작은 규모에 머무르고 있다. 그러나 향후 국민연금급여가 본격적으로 지급되고 인구의 고령화가 진행되어 사회보장급여가 증가하면 정부 규모가 현재보다 상당수준 커질 것으로 예상된다.
- 최근 들어 중앙정부에 대비한 지방정부의 지출과 사회보장기금의 지출 비중이 높아지고 있다. 또한 정부 지출 중 국방비, 경제개발비의 비중은 감소하고 보건과 사회보호 관련 지출 비중이 증가하고 있다.
- 한국의 국민부담률은 과거 낮은 수준에서 빠른 속도로 증가하고 있다. 주요 외국에 비하여 개인소득세 비중이 매우 낮으며, 일반소비세와 개별소비세의 비중이 높은 편이다. 또한 최근 들어 법인세 비중이 증가하는 것도 특이한 현상이다.

연습문제

1. 다음에 기술된 사실이 정부의 유기체적 관점에 부합하는지 혹은 기계론적 관점에 부합하는지 판단하시오.

a. "만일 여러분이 개인의 이해관계보다 더 큰 국가적 목표가 있다고 믿는다면 우리와 함께 일합시다." [상원의원 존 매케인]

b. "정부하에서 갖는 인간의 자유는, 모든 사람에게 공통적으로 적용되고 그것에 내재되어 있는 입법권에 의해 형성된, 그리고 살기 위해 꼭 필요한 불변 법칙을 소유하고 있는 것과 같다. 자유는 이러한 법칙들이 규정하지 않는 한, 모든 일에 자신의 의지에 따르고, 다른 사람의 변화무쌍하고, 예상하기 어렵고, 또한 자의적인 의지에 제약을 받지 않는 권리를 의미한다." [영국의 철학자 존 로크]

c. "개인주의, 자본주의, 이기심과 같은 낡은 가치는 파괴되어야 한다." [베네수엘라 대통령 차베스]

2. 아래 법에 대해 자유주의자, 사회민주주의자 그리고 국가에 대한 사회유기체론적 견해를 가지고 있는 사람이 어떠한 반응을 할 것인지 설명하시오.

a. 장기기증의 대가로 금전적인 보상을 받는 것을 금지하는 법

b. 모터사이클을 타는 데 헬멧을 쓰는 것을 의무화하는 법

c. 어린이의 안전좌석 사용을 강제하는 법

d. 매춘을 금지하는 법

e. 중혼을 금지하는 법

f. 식당에서 트랜스지방 사용을 금지하는 것

3. 2011년 덴마크 정부는 포화지방에 대해 2.3%의 '비만세(fat tax)'를 부과하였다. 이 조세의 목적은 국민의 비만을 줄이는 것이다. 이 조세는 정부에 대한 기계론적인 견해에 부합되는 것인가?

4. 다음에 제시된 각 환경하에서는 정부의 경제활동에 대한 영향력이 증가하겠는지 아니면 감소하겠는지에 대해 판단을 내리고 그 판단의 근거를 설명하시오. 그리고 여러분의 답이 정부의 규모에 대한 표준적인 측도를 통한 판단과 어떤 관계에 있는지 설명하시오.

a. 통상적으로 고용주는 그가 고용하는 근로자에게 건강보험혜택을 부여하며, 통상 이러한 혜택은 근로자의 배우자에게도 확대해서 보장된다. 몇 년 전 샌프란시스코 시의회는 시정부와 거래하는 모든 기업들은 동성이든 이성이든 결혼하지 않은 동거인에게도 이러한 혜택을 부여해야 한다는 내용의 법률을 통과시켰다.

b. 연방정부는 백열등 전구 사용을 금지시켰다.

c. GDP 대비 재화와 서비스에 대한 정부구매의 비율이 감소하였다.

d. 주정부와 지방정부에 대한 지원금을 줄임으로써 연방정부의 예산이 균형을 맞추었다.

5. 2011년 한 해 동안 영국의 물가상승률은 3.6%였다. 그해 초 영국의 국채규모는 약 9,400억 파운드였다. 이러한 사실이 2011년 영국의 정부수입 측정과 관련하여 어떠한 의미를 가지는가?

6. 다음 주 정책이 정부 규모에 미치는 효과가 상이한지에 대해 논하시오. 1) 정부는 모든 국민에 대해 5,000달러 가치의 의료보험 구입을 의무화하였다. 2) 정부는 모든 사람에 대해 5,000달러의 조세를 징수하고 의료보험을 구입한 사람들에게 동일 금액의 조세를 삭감하였다.

7. 1981년부터 1985년까지 미국 연방정부는 국방비를 연간 1,575억 달러에서 2,527억 달러로 증액한 반면, 같은 기간에 GDP는 3조 270억 달러에서 4조 2,180억 달러로 증가하였다. 2007년부터 2011년까지 방위비가 5,513억 달러에서 7,056억 달러로 증가하였으며 같은 기간에 GDP는 14조 290억 달러에서 15조 880억 달러로 증가하였다. 어느 쪽이 GDP 대비 방위비 비율이 더 많이 증가하였는가?

8. 아래 표는 1997, 2001, 2007, 2011년도 미국 연방정부 지출 구성을 나타내고 있다.

연방정부 지출 (단위: 10억 달러)

항목	1997	2001	2007	2011
국방비	$ 285.7	$ 321.2	$ 579.8	$ 751.3
보건의료	123.8	172.2	266.4	372.5
메디케어	190.0	217.4	375.4	485.7
소득보조	235.0	269.8	366.0	597.4
공적연금	265.3	433.0	586.2	730.8
순이자지출	244.0	206.2	237.1	230.0
기타	157.3	243.1	317.9	435.5
계	$1,901.1	$1,862.8	$2,728.7	$3,603.1

1997년부터 2001년까지 GDP는 8조 3,324억 달러에서 10조 2,862억 달러로 상승하였다. GDP 디플레이터는 84.628에서 90.727로 상승하였다. 인구는 2억 7,295만 8,000명에서 2억 8,522만 5,000명으로 증가하였다. 2007년과 2011년 사이에 GDP는 14조 280억 달러에서 15조 940억 달러로 상승하였다. GDP 디플레이터는 106.231에서 113.338로 상승하였다. 인구는 3억 169만 6,000명에서 3억 1,204만 명으로 증가하였다.

a. 1997년과 2001년 사이, 그리고 2007년과 2011년 사이 기간 동안 발생한 연방정부 지출에 대해 절대규모, 지출의 실질가치, 인구 1인당 정부지출, GDP 대비 비율의 변화를 구하시오.

b. 어느 항목이 1997년과 2001년 사이 그리고 2007년과 2011년 사이 기간 동안에 가장 큰 증가를 보이고 있으며 가장 큰 감소를 보이고 있는가?

9. 아래 표는 1997, 2001, 2007, 2011년도 미국 연방정부 조세수입 구성을 나타내고 있다.

연방정부 지출 (단위: 10억 달러)

항목	1997	2001	2007	2011
개인소득세	$737.5	$994.3	$1,163.5	$1,091.5
법인세	182.3	151.1	370.2	181.1
사회보장세	539.4	694.0	869.6	818.8
판매세	120.1	151.7	164.7	212.1
계	$1,579.2	$1,991.1	$2,568.0	$2,303.5

a. 문제 8에 제공된 정보를 이용하여 1997년과 2001년 사이, 그리고 2007년과 2011년 사이 기간 동안 발생한 연방정부 조세수입의 절대규모, 조세수입의 실질가치, 인구 1인당 조세수입, GDP 대비 비율의 변화를 구하시오.

b. 어느 항목의 조세가 1997년과 2001년 사이, 그리고 2007년과 2011년 사이 기간 동안에 가장 큰 증가를 보이고 있으며 가장 큰 감소를 보이고 있는가?

Appendix A

A.1 재정학 연구활동

이 책에서는 많은 책과 논문들이 인용되고 있다. 이 참고문헌들은 다양한 주제에 대해 세세한 부분까지 탐구하고자 하는 사람에게 매우 유용할 것이다. 재정학 과목의 리포트를 쓰거나 이 분야의 박사학위 논문을 쓰는 데 관심이 있는 학생들은 여러 종류의 논문과 통계자료를 이용할 필요가 있을 것이다.

한국의 학술지 중 재정학 분야에 특화하고 있는 학술지는 한국재정학회에서 발간하는 『재정학연구』이다. 논문집에는 이 책의 주요 관심 대상인 재정지출과 조세와 관련된 학술논문과 정책논문이 게재되고 있다. 재정이슈 중 지방재정분야에 특화된 논문을 게재하는 학술지에는 한국지방재정학회가 발간하는 『한국지방재정논집』이 있다.

이 외에도 일반적인 흥미를 가지고 있는 많은 학자들이 재정이슈와 관련된 많은 논문들을 게재하고 있다. 이들 논문들은 종합 학술지인 『경제학연구』(한국경제학회), 『국제경제연구』(한국국제경제학회) 등에 게재되고 있다. 이들 종합 학술지 이외에도 복지, 노동, 행정 등의 이슈에 특화하는 『사회보장연구』, 『노동경제논집』, 『한국행정학보』 등에도 이들 분야와 관련된 재정이슈에 대한 논문이 게재되고 있다.

학술논문 이외에도 여러 연구기관들이 재정 및 조세와 관련된 많은 보고서를 발간하고 있다. 대표적인 연구기관에는 한국조세연구원, 한국개발연구원, 국회예산정책처가 있다. 이들 연구기관들은 재정 및 조세와 관련된 기초연구와 현안 이슈에 대한 분석 결과를 각종 보고서로 발간하고 있다. 현안 이슈와 관련된 보고서는 국회, 기획재정부, 그리고 국세청에서 여러 가지 형태로 발간되고 있다.

정부 재정 지출 및 수입과 관련하여 여러 형태의 자료가 발간되고 있다. 국가재정의 구조를 파악하기 위해서는 기획재정부가 발간하는 『국가재정운용계획』과 기획재정부의 『재정경제통계』 등이 매우 유용한 자료이다. 조세제도와 관련통계를 파악하기 위해서는 기획재정부의 『조세개요』, 국세청의 『국세통계연보』, 행정안전부의 『지방재정연감』과 『지방세정연감』을 참조하면 많은 정보를 얻을 수 있다. 각종 법률들은 법제처(http://www.moleg.go.kr)에서 조회가 가능하다. 각종 통계자료와 관련, 정부에 의해 현재 구축되고 있는 디지털 예산 회계 시스템(http://digitalbrain.go.kr/)과 한국조세연구원이 구축하여 운영하고 있는 조세통계 DB(http://www.kipf.re.kr)도 매우 유용한 자료 출처가 될 수 있다. 조세 및 재정 관련 연구를 위해서는 조세재정 통계 이외 국민소득, 노동, 인구, 기업경영 및 산업, 교육, 국제경제 등과 관련된 여러 종류의 통계가 필요하다. 이러한 통계의 출처로 대표적인 예는 통계청이 운영하고 있는 국가통계포털(http://www.kosis.kr)과 한국은행의 경제통계정보시스템(ECOS, http://ecos.bok.or.kr) 등이 있다. 또한 재정 및 조세 관련 연구를 위해 이용할 수 있는 대표적인 미시데이터에는 통계청이 기존의 『도시가계조사』를 전국적으로 확장하여 구축관리하고 있는 『가계조사』와 한국

노동연구원에 의해 구축관리되다가 한국고용정보원으로 관리가 이관된『한국노동패널조사』가 있다.

재정학과 관련된 학술저널 중 대표적인 예는 아래와 같다.

『재정학연구』
『한국지방재정논집』
『사회보장연구』
『노동경제논집』
『한국행정학보』
International Tax and Public Finance
Journal of Public Economics
National Tax Journal
Public Finance
Public Finance Quarterly

이 외에도 주요한 일반적인 흥미를 가지고 있는 경제학자들이 재정학 관련 이슈에 대한 아이디어를 다루는 논문을 발표하곤 한다. 관련된 모든 저널은 다 열거하지 못하지만, 아래와 같은 학술지들을 들 수 있다.

『경제학연구』
『국제경제연구』
American Economic Review
Journal of Economic Perspectives
Journal of Political Economy
Quarterly Journal of Economics
Review of Economics and Statistics

위의 저널 중 해외 학술저널과 다른 저널에 발표되는 재정학 논문들은 *Journal of Economic Literature*에 등재되어 있으며, 인터넷을 통해 검색할 수 있다. *Google Scholar*에서 검색해보시오.

각국의 재정체제를 비교할 수 있는 재정 데이터에는 OECD(http://www.oecd.org)의 Revenue Statistics와 IMF(http://www.imf.org)의 *Government Finance Statistics*가 있다. GDP, 인구 등에 대한 국가별 데이터는 세계은행(http://www.worldbank.org)의 World Development Indicator에서 찾을 수 있다.

미국 내 재정 관련 연구에 대해서는 Brookings 연구소가 발행하는 *Studies of Government Finance* 시리즈를 참조하는 것도 좋다. 이 책들은 중요한 재정학 이슈에 대한 신중하고도 최신의 논의를 담고 있다. 또한 미국의 재정 관련 정책논의를 파악하기 위해서는 CBO(Congressional Budget Office)의 보고서가 매우 유용하다. 이 문서들의 목록은 홈페이지

(http://www.cbo.gov)에서 검색할 수 있다.

대학의 도서관에서 얻을 수 있는 NBER(National Bureau of Economic Research)의 워킹 페이퍼 시리즈도 재정학 분야의 최근 연구를 살펴보는 데 좋은 출처가 된다. 논문들이 상당히 어려운 방법을 쓰기 때문에 종종 이해하기가 어렵지만, 논문들은 홈페이지(http://www.nber.org)에서 내려받을 수 있다.

정부의 지출과 수입에 대한 방대한 양의 데이터가 이용 가능하다. 아래 열거한 유용한 정보가 미국 정부 출판국(Government Printing Office)에 의해 출판되고 또한 온라인으로도 접근 가능하다.

Statistical Abstract of the United States(http://www.census.gov/compendia/statab/)
Economic Report of President(http://gpoaccess.gov/eop/index.html/)
Budget of the United States(http://www.gpoacess.gov/usbudget)
US Census of Governments(http://www.census.gov/govs/www/)

5년에 한 번 출판되는 *US Census of Governments*를 제외하고는, 모든 출판물이 1년에 한 번 출판된다. Tax Foundation에 의해 1년에 한 번 출판되는 *Facts and Figures of Government Finance*는 정부의 조세와 지출 활동에 대한 데이터를 잘 요약해주는 또 다른 출판물이다. 장기적인 관점에서 연구를 하려고 하는 사람에게는 18세기 데이터까지 수록되어 있는 *Historical Statistics of the United States from Colonial Times to 1970*[US Government Printing Office]이라는 책을 이용할 수 있을 것이다. 주정부와 지방정부에 특히 관심이 있는 사람들은 '정부 간 관계에 관한 미국 자문위원회(US Advisory Commission on Intergovernmental Relations)'의 보고서가 많은 참고가 될 것이다.

방대한 양의 재정관련 데이터를 인터넷을 통해 얻을 수 있다. 특히 900가지 인터넷 출처를 나열하고 그에 대해 설명하는 *Resources for Economists on the Internet*(http://www.rfe.org)을 이용하면 매우 유익할 것이다. 미국의 센서스 관리국(US Census Bureau)(http://www.census.gov)도 매우 유용한 출처이다. 마지막으로 최근의 조세정책관련 이슈들에 대한 정보를 얻고자 한다면 미시간대학의 조세정책연구소(Office of Tax Policy Research)의 홈페이지(http://www.otpr.org)와 Urban-Brookings 조세정책센터의 홈페이지(http://www.taxpolicycenter.org/)에 접속하는 것도 유익할 것이다.

Chapter 2

실증분석의 도구들

> 수는 살아 있다. 숫자에는 활력이 있다.
>
> — 제시 잭슨

이 장의 부제로 "무슨 일이 벌어지고 있는지 설명하는 것이 왜 그리 어려운가?"가 좋을 것이다. 우리는 경제학자와 정치인들이 여러 정부 정책의 결과에 대해 격렬하게 대립되는 견해를 가지는 걸 늘상 보고 있다. 예를 들어 2008년 미국 대통령 선거에서는 부시 행정부의 고소득자 감세 정책을 지속할 것인가가 뜨거운 논쟁거리였다. 존 매케인은 지속적인 감세를 지지하였으나 버락 오바마는 그렇지 않았다. 많은 보수주의자들은 낮은 세율이 사람들로 하여금 더 열심히 일할 유인을 만들어낸다고 수상한다. 사유의사들은 이러한 견해에 대해 회의적이고 세금이 일할 유인에 영향을 거의 주지 않는다고 주장한다. 양쪽 모두 자신의 의견이 옳다는 걸 지지해줄 경제학자들을 거느리고 있다.

이런 식의 논쟁은 경제학자들과 정책담당자들이 정부 정책의 효과를 생각할 때마다 거의 매번 발생한다. 경제학자들은 환경 규제가 건강을 증진하는지에 대해서, 정부가 제공하는 의료보험이 사망률을 낮추는지에 대해서, 학교 바우처가 시험성적을 올리는지에 대해서, 법인세를 경감하는 것이 투자를 증가시킬지에 대해서, 실업보험이 실업기간을 증가시킬지에 대해서, 그리고 그 밖의 많은 중요한 문제들에 대해서 논쟁을 벌인다. 이 장에서는 경제학자들이 정부의 정책이 개인의 행태에 미치는 영향을 측정하는 데 이용하는 도구들에 대해서 논의할 것이다.

2.1 이론의 역할

경제이론은 우리가 관심을 갖는 행위들에 영향을 미치는 요인들에 대해 생각할 수 있는 분석틀을 제공하기 때문에 정책 효과성 분석의 유용한 출발점이 된다. 매케인 상원의원의 세금감면 제안에 대해 생각해보자. 우리의 주된 관심이 세금감면이 연간 노동시간에 미치는 영향에 있다고 가정해보자. 노동공급이론에 따르면 일을 할 것인가 말 것인가 하는 선택은 시간의 합리적 배분에 기초를 두고 있다.[1] 예를 들어 하루 중 몇 시간을 일할 것인가를 결정하는 강호 씨를 생

1 노동공급이론에 대한 그래프 설명은 제18장의 노동공급 관련 절에서 나온다.

각해보자. 그는 몇 시간 동안 일을 하고 몇 시간 동안 여가를 누릴 것인가? 강호 씨는 여가로부터 만족(혹은 효용)을 얻지만 소득을 얻기 위해서는 일을 해야 하고, 그러자면 여가시간을 포기해야 한다. 강호 씨의 문제는 효용을 극대화하는 소득과 여가의 조합을 찾아내는 것이다.

강호 씨의 임금이 시간당 10달러라고 가정해보자. 임금은 강호 씨의 시간의 비용이라고 할 수 있다. 여가로 1시간을 보낼 때마다 강호 씨는 10달러의 임금을 포기하는 것이다—문자 그대로 시간은 돈이다. 그렇지만 합리적인 개인들은 일반적으로 여가에 비용이 따른다고 해서 이용 가능한 모든 시간 동안 일만 하지는 않는다. 사람들은 여가의 편익이 비용을 초과하는 한도 내에서는 여가시간을 보낸다.

이런 모형은 일견 비현실적인 것 같다. 이 모형은 한 사람의 노동공급 행위가 다른 가족 구성원들의 노동공급에 영향을 받을 수 있다는 사실을 무시하고 있다. 또한 이 모형은 개인이 일하고 싶은 만큼 일하는 것이 가능한 것으로 가정하고 있다. 실제로 사람들이 비용과 편익을 고려하면서 합리적인 선택을 한다는 개념 자체가 비현실적인 것처럼 보이기도 한다.

그렇지만 모형을 만드는 목적은 가능한 한 현실을 단순화시켜서 문제의 핵심을 간단히 정리하는 데 있다. 모형을 판단하는 기준은 그것이 100% 사실인가 아닌가에 있는 것이 아니라 그것이 그럴듯하고(plausible), 유익하며(informative), 검증 가능한(testable) 시사점을 제공하느냐에 있다. 현대 경제학의 대부분의 연구들은 효용극대화라는 가정이 실용적인 가설이라는 사실에 근거를 두고 있다. 이 책 전반에 걸쳐 이러한 견해를 취할 것이다.

강호 씨가 그의 임금 10달러를 근거로 효용을 극대화하는 소득과 여가의 조합을 찾아냈다고 생각해보자. 이제 정부가 소득에 대해 20%의 세금을 부과하기로 했다. 그렇다면 강호 씨의 세후 임금은 8달러가 된다. 합리적인 개인은 어떻게 반응할까—일을 더 할까, 덜 할까, 아니면 변화가 없을까? 논쟁에 참여하는 사람들은 이들 3가지 가능성 중 하나에 대해 확신을 가지고 지지하곤 한다. 그렇지만 사실 근로소득에 대한 세금이 노동시간에 미치는 영향에 대해 이론만으로는 예측할 수 없다.

그 이유를 알아보기 위해 우선 세금이 여가의 실질적인 가격을 낮추었다는 데에 주목하자. 세금이 있기 전에는 강호 씨가 여가를 소비하는 것에 10달러의 비용이 들었다. 소득세하에서 강호 씨의 임금은 낮아져서 여가시간당 비용은 8달러가 되었다. 여가가 더 싸졌으므로 그는 여가의 소비를 늘리려 할 것이다. 즉 일을 덜 한다. 이를 **대체효과**(substitution effect)라고 한다.

> **대체효과**(substitution effect)
> 개인이 상대가격이 떨어진 재화를 더 소비하고 다른 재화를 덜 소비하는 경향.

세금이 부과되면 다른 효과가 동시에 발생한다. 만약 강호 씨가 세금이 있기 전과 같은 시간 일한다면 시간당 10달러가 아닌 8달러만을 받게 된다. 실질적인 의미에서 강호 씨는 소득을 상실하고 있는 것이다. 여가가 정상재인 한—**정상재**(normal good)는 소득이 증가함에 따라 소비가 증가하고 소득이 줄면 소비도 주는 재화이다—이러한 소득의 상실은 여가 소비를 덜 하게 만든다. 여가 소비의 감소는 더 많이 일하는 것을 의미한다. 소득에 대한 세금이 강호 씨를 더 가난하게 만들었기 때문에 그는 더 일하게 된다. 이것을 **소득효과**(income effect)라고 한다.

> **정상재**(normal good)
> 다른 조건이 일정할 때 소득이 증가함에 따라 수요가 증가하고 소득이 감소할 때 수요가 감소하는 재화.

> **소득효과**(income effect)
> 가격이 변할 때 소비자의 (실질)소득이 변했다는 사실만으로 인해 수요량이 변하는 효과.

따라서 세금은 동시에 2가지 효과를 발생시킨다. 세금은 더 싼 활동(즉 여가)을 더 많이 하도록 대체를 유도하며, 동시에 실질소득을 줄인다. 여가가 정상재일 경우 소득과 대체효과는 서로 반대 방향으로 작용하기 때문에 소득세의 효과는 이론만으로는 결정될 수 없다.

소득효과와 대체효과의 상충으로 인해 발생하는 모호성이 갖는 중요한 의미는 아무리 강조해도 지나치지 않을 것이다. 이론 모형은 소득세와 노동공급 사이의 관계를 이해하는 데 도움을 주지만 실증연구(empirical work)—이론이 아닌 관찰과 경험에 기반을 둔 분석—만이 세금제도의 변화가 근로자들의 행동에 어떤 영향을 미치는지를 알려줄 수 있다. 이 문제에 관한 한 책상 앞에서 아무리 심사숙고를 하더라도 그 결론은 의심하지 않을 수 없다. 여기서 우리는 경제이론의 중요한 역할 중 하나를 알게 된다. 경제이론은 우리가 모르는 것이 무엇인지를 알게 해준다.

다른 한편으로 경제이론은 근본적으로 연구 과제가 의미 있는지를 생각하게 하는 동기가 될 수 있다. 예를 들어 안전벨트나 에어백, ABS와 같은 안전장치 장착을 의무로 하는 정부 정책을 생각해보자. 이런 규제의 목적은 공공의 안전을 증진시키는 것이다. 그렇지만 Peltzman [1975]이 지적했듯이 경제이론은 이러한 규제들이 기대에 어긋난 결과를 낳고 치명상을 증가시킬 수도 있음을 시사한다. 기본적인 논리는 간단하다. 경제이론은 일반적으로 어떤 행동에 따른 비용이 감소하면 사람들은 그런 행위를 하게 될 가능성이 높다고 말해준다. 이 경우 안전장치들은 사고가 났을 때 부상의 심각성을 완화시킴으로써 부주의한 운전의 비용을 감소시킨다. 이 논리에 따르면 안전장치들은 부주의한 운전과 더 많은 교통사고를 유도할 수도 있다.

추가적인 안전장치가 부주의한 운전 증가로 인한 사망자 수 증가효과에도 불구하고 사망자 수를 감소시킬 수 있을 것인가를 판단하기 위해서는 실증연구가 필요하다. 한편, 이론으로부터 보행자의 사망이 상대적으로 훨씬 크게 증가할 것이라는 검증 가능한 명제가 추가적으로 도출된다. 보행자들은 부주의한 운전의 증가에 따른 위험에 노출되기는 하지만 그것을 상쇄할 안전장치의 보호는 받지 못하기 때문이다. 여기서 우리는 경제이론의 또 다른 중요성을 알 수 있다. 실증연구를 통해 타당성을 평가받을 수 있는 가설을 만들어내는 것이다.

2.2 인과관계 대 상관관계

지금까지 우리가 인용한 예들은 어떤 정부 정책과 관심 대상이 되는 결과 사이의 인과관계를 설정하는 이론의 중요성을 보여준다. 우리가 정부의 X라는 행위가 Y라는 사회적 결과를 발생시킨다는 것을 추론하기 위해서는 다음의 3가지 조건이 성립해야 한다.

1. 원인(X)이 결과(Y)보다 선행해야 한다. 인과관계라는 것은 원인이 결과를 이끌어야 하기 때문에 원인이 선행되어야 한다는 말은 이치에 맞다.
2. 원인과 결과 사이에는 **상관관계**(correlation)가 있어야 한다. 두 사건이 함께 움직일 때 두 사건이 상관관계가 있다고 한다. 이런 상관관계는 양일 수도 있고(두 사건이 같은 방향으로 움직일 때) 음일 수도 있다(두 사건이 반대 방향으로 움직일 때). X는 변했는데 Y는 변하지 않는다면 X는 Y의 원인이 될 수 없다.
3. 관측된 상관관계에 대해 다른 설명 가능성이 배제되어야 한다.

상관관계(correlation)

두 사건이 함께 움직이는 경향에 대한 측정치.

마지막 조건은 미묘한 것이다. 이 조건은 X가 Y의 원인이라고 하기 이전에 Y에 영향을 주는 다른 요인들(Z라고 하자)이 배제되어야 함을 의미한다. 정부가 실업자들에게 일정 급여를 지불하는 실업보험의 예를 생각해보자. 중요한 질문 중 하나는 실업보험으로 인해 실업 상태로 있는 기간이 더 늘어났는가 하는 것이다. 우리가 실업보험 혜택에 대한 자료를 모아서 높은 수준의 혜택을 받은 사람과 낮은 수준의 혜택을 받은 사람들에 대한 정보를 알고 있다고 가정해보자. 높은 수준의 혜택을 받은 사람들을 **실험군**(treatment group)이라고 하는데, 이들이 우리가 평가하고자 하는 사업의 효과를 보는 대상이기 때문이다. 낮은 수준의 혜택을 받은 사람들은 처방을 받지 않은 사람들이라 할 수 있고 이들은 **대조군**(control group)이라고 부른다.[2]

실험군(treatment group)

연구대상이 되는 어떤 간섭(이를테면 정부 예산 사업)의 영향을 받는 개인들의 집단.

대조군(control group)

연구대상이 되는 어떤 간섭(이를테면 정부 예산 사업)의 영향을 받지 않는 개인들의 집단.

이제 실험군의 사람들이 대조군의 사람들보다 평균적으로 실업기간이 짧다고 해보자. 이는 앞의 2가지 조건(조건 1과 2)이 충족된다는 것을 의미한다. 하지만 실업보험의 높은 혜택이 짧은 실업기간을 유도했다고 추론하기 위해서는 이 두 사건 사이에 관계를 설명하는 다른 요인이 있지 않은지를 생각해보아야 한다. 한 가지 가능한 설명은 실험군의 사람들이 대조군의 사람들과는 다른 특징을 가졌다는 것이다. 예를 들어 실업보험의 혜택은 대체로 이전 직장에서 높은 임금을 받던 사람들에게 더 크게 되어 있다. 이전 직장에서 높은 임금은 일을 다시 시작할 근로 동기가 더 클 수도 있다는 것을 의미한다. 따라서 이렇게 강한 근로 동기가 높은 실업보험 혜택과 직업 탐색에 더 적극적이게 만드는 두 현상의 공통적인 원인일 수 있다. 이는 Z라는 요인이 (여기서는 높은 근로 동기) 실업상태에 놓였을 때 높은 실업보험 혜택과 짧은 실업기간 양자 모두에 영향을 주고 있으며 따라서 높은 실업보험 혜택이 짧은 실업기간의 원인

"너는 저 영화제작진들이 지구온난화를 일으켰다고 생각하니, 지구온난화가 저 영화제작진들을 불러들였다고 생각하니?"

Carole Cable, The Wall Street Journal.

2 실험군과 대조군이라는 용어에 대해서는 정리하고 넘어가는 것이 좋을 것이다. 문자 그대로 해석하면 실험군은 처방집단 혹은 처치집단이라고 하는 것이 좋을 것이다. 그렇지만 우리말로 처방집단보다는 사업의 영향을 받는지를 점검하는 대상이 되었다는 의미에서 실험군이라고 하는 것이 더 자연스러울 것이라 판단하여 실험군이라는 용어를 쓰기로 한다. 대조군이라는 의미는 사업의 효과 이외의 요인들을 통제(control)하여 실험군과 진정한 비교대상이 되게 하기 위해 형성된 집단이라는 의미이다. 따라서 통제의 이유 자체가 실험군과 비교 혹은 대조를 위한 것이므로 우리말로는 대조군이나 비교집단이라고 부르는 것이 자연스러울 것이다. 실제로 영어로도 control group이라는 말 대신 comparison group이라는 말도 사용한다. 자연과학에서도 흔히 실험군과 대조군이라는 명칭이 사용되고 있다.

이라고 해석해서는 안 된다는 점을 보여준다. 요약하면 상관관계가 인과관계를 증명하는 것은 아니다.

상관관계와 인과관계의 구별은 매우 다양한 맥락에서 중요성을 갖는다. 예를 들어 결혼한 사람이 더 높은 임금을 받는 상관관계가 있다고 하자. 이를 근거로 정책담당자들이 정부가 사람들이 결혼할 수 있도록 금전적 유인을 제공해야 한다는 제안을 했다고 하자. 여기서 문제는 결혼과 임금 사이의 상관관계에 대해서는 다른 설명도 가능하다는 것이다. 예를 들어 성격이 좋은 사람은 직장에서도 높이 평가받을 가능성이 높으며 동시에 좋은 짝을 만날 가능성도 높다. 임금을 상승시키는 도구로써 결혼을 장려하는 정책을 펴기 전에 다른 설명 가능성을 배제할 수 있어야 할 것이다.

2.3 실험연구

우리는 가상의 예에서 높은 실업보험 혜택과 짧은 실업기간 사이의 관계가 제3의 요인(동기부여의 정도)에 기인할 수도 있음을 설명하였다. 여기서 문제는 대조군의 근로자들이 실험군의 근로자들과 다른 특징을 갖고 있다는 점이다. 결과적으로 실험군의 임금이 대조군에 비해서 높게 측정되는 것은 직업능력개발 사업의 진정한 효과에 대한 **편향된 추정**(biased estimate)이 된다. 편향된 추정은 진정한 인과관계에 의한 효과와 다른 외부효과가 혼합된 것이다. 두 사건의 인과관계가 설득력 높게 설정되기 위해서 실증경제학은 편의를 제거해야 한다.

편향된 추정(biased estimate)
진정한 인과관계 효과에 다른 외부 요인에 의한 효과까지 혼합한 추정치.

다른 요인들을 제거하기 위해서 우리는 실험군이 처방을 받지 않았을 때 어떤 일이 벌어졌을까 하는, **가상현실**(현실과는 다른 사실들, counterfactual)을 알고 싶어진다. 물론 실업보험의 예에서 실험군의 근로자들이 실제로 더 높은 수준의 혜택을 받았기 때문에 진정한 가상현실에 대해 안다는 것은 불가능하다. 흥미로운 분석을 하기 위해서 잠시 현실세계를 떠나 시간여행이 가능한 공상과학 소설의 세계로 가보자. 우선 우리는 낮은 수준의 실업보험 혜택을 받는 실업자들로 구성된 대조군을 구성하여 이들이 새 직업을 찾는 데 걸린 시간을 측정한다. 그러고 나서 시간을 돌려 같은 실업자들에게 높은 수준의 실업보험 혜택을 부여한 후 새 일자리를 찾기까지 걸린 시간을 측정한다. 이 시나리오에서 실험군은 정확하게 대조군과 같은 사람들로 이루어져 있다. 단지 차이가 있다면 실험군의 사람들은 높은 수준의 실업보험 혜택을 받는 반면 대조군의 사람들은 그렇지 않았다는 것이다. 달리 말하면 우리의 대조군은 가상현실 속에서 이루어진 셈이다. 이 경우 대조군과 실험군 사이의 실업기간 차이가 난다면 이는 더 높은 실업보험 혜택을 받았다는 사실에서 온 인과관계로 돌릴 수 있다.

가상현실(counterfactual)
실험군의 사람들이 그 집단에 속하지 않았을 때의 결과.

시간여행이 가능하지 않은 세계에서 같은 사람을 동시에 대조군과 실험군에 포함하는 것은 불가능하다. 다행히도 **실험(혹은 무작위)연구**(experimental (or randomized) study)라고 하는 좋은 대안이 있는데 이는 실험 대상이 무작위로 실험군이나 대조군에 할당되는 것이다. 무작위 할당으로 대조군에 속한 사람은 실험군에 속한 사람과 문자 그대로 같은 것은 아니지만 평균적으로는 비슷한 특징을 지니게 된다. 중요한 것은 실험군에 속하게 된 것이 개인의 선택은 아니므로 실험자가 다른 요인들에 의해 상관관계와 인과관계를 혼동할 가능성이 낮아지게 된다는 점이다.

실험연구(experimental study)
개인들이 무작위로 실험군과 대조군에 할당되는 실증연구.

실험적 연구는 편의를 제거할 잠재력을 지니고 있기 때문에 실증연구의 가장 좋은 표준으로 간주된다. 실험연구는 의학과 같은 자연과학에서는 자주 활용되고 있다. 예를 들어 새로운 약의 효과를 점검하기 위하여 연구자들은 사람들을 무작위로 실험군(새로운 약 처방을 받는 사람들)이나 대조군(새로운 약 대신 가짜 약 처방을 받는 사람)에 할당한다. 두 집단 간에 의학적인 차이가 관측된다면 그것은 다른 특징들 때문이 아닌 약의 효과로 볼 수 있다. 이런 근거에서 몇 년 전 과학자들은 항생제인 스트렙토마이신이 결핵에 대한 효과적 처방임을 단정할 수 있었다.

2.3.1 실험연구의 수행

실업보험이 실업기간에 미치는 효과에 대한 실험연구에서 가장 첫 번째 단계는 근로자들의 표본을 뽑아서 무작위로 높은 수준의 혜택과 낮은 수준의 혜택을 부여하는 것이다. 만약 적은 수의 근로자 표본으로부터 출발한다면 실험군과 대조군의 평균적인 특징에 커다란 차이가 있을 가능성이 여전히 남게 된다. 그렇지만 표본의 크기가 커짐에 따라 우리는 양쪽 집단의 평균적인 특징이 같아질 것으로 기대할 수 있다.

우리는 평균적인 특징이 같다고 하는 가설을 근로자들을 실험군과 대조군으로 할당하기 전에 근로자들의 특징을 담은 데이터들을 모아놓고 실험군과 대조군으로 할당한 이후에 평균값들을 비교함으로써 점검해볼 수 있다. 무작위 할당을 함으로써 우리는 양 집단의 관측되는 특징(예를 들면 교육수준)뿐 아니라 보이지 않는 특징(예를 들면 동기 부여 정도)까지도 평균적으로 같다고 기대할 수 있다. 마지막 단계는 실험군이 사업을 통해 훈련을 받은 후 두 집단의 평균임금을 비교하는 것이다. 연구를 수행하기 전에 이미 두 집단의 특징에 차이가 없다는 것을 확인했기 때문에 두 집단 사이의 실업기간에 차이가 난다면 그것은 실업보험 혜택 수준의 차이 때문이라고 간주할 수 있다.

2.3.2 실험연구에서 주의할 점

경제학자들은 통제된 실험연구를 수행하기가 어렵다. 때때로 윤리적인 문제가 발생한다. 예를 들어 정책입안자들이 환경오염의 감소로부터 질병의 감소 효과가 얼마나 있을지를 알고 싶어 한다고 하자. 실험연구는 사람들을 한쪽은 낮은 오염수준에 노출시키고 다른 한쪽은 매우 높은 오염수준에 노출시키는 방식으로 할당할 것이다. 이런 연구가 편향이 없는 추정값을 찾을 수 있도록 해주겠지만 대부분의 사람들은 인간을 대상으로 이러한 실험을 수행하는 것은 비윤리적이라고 생각할 것이다.

기술적인 문제들도 발생한다. 근로자들을 직업능력개발 사업에 등록하는 사람들과 그렇지 않은 사람들로 무작위 할당하는 가상의 실험을 생각해보자. 무작위 할당은 대조군과 실험군이 평균적으로 유사한 사람들로 구성되는 것을 보장한다. 그런데 실험군 사람들이 직업능력개발 훈련에 출석하지 않는다면 어떻게 될까? 실험군의 근로자들이 훈련에 참여한 것을 직접 확인하지 못한다면 나중에 실험군과 대조군의 임금을 비교할 때 잘못된 추론을 얻을 수도 있다. 마찬가지로 대조군 사람들이 유사한 사업에 등록함으로써 슬그머니 실험군과 유사한 경험을 하는 방법을 발견해낼 수도 있다. 한마디로 실험에 참여한 사람들은 수동적인 관찰대상이 아니기 때문에 그들의 행태가 무작위 할당의 효과를 무효로 만들 수도 있다.

다른 문제는 실험에 참여한 근로자들이 사업 종료 후 임금에 대한 정보를 제공하지 않을 경우에 발생한다. 예를 들어 직업능력개발 사업이 정말로 임금상승을 가져왔다고 하자. 그렇지만 낮은 임금을 받은 근로자들이 연구자들에게 자신의 임금을 보고할 가능성이 높은 임금을 받는 근로자들에 비해 더 낮다고 가정해보자. 이런 경우에 낮은 임금을 받는 근로자들이 평균임금 계산에서는 빠지게 되면서 대조군의 평균임금은 과대평가된다. 이 경우 실험군과 대조군의 임금이 별 차이가 없다는 결론은 잘못된 것일 수 있다. 여기서 근본적인 문제는 실험은 무작위 표본으로 출발을 했다고 하더라도 대조군의 데이터는 그 집단에 있는 일부 사람들이 빠져나감으로 인해 무작위성을 상실할 수도 있다는 것이다.

마지막 문제는 실험에 참여한 사람들이 사회전체가 정책에 영향을 받을 경우와는 다른 방식으로 행동할 수도 있다는 것인데, 특히 실험기간이 한정되어 있을 경우 그 가능성이 높다. 예를 들어 의료보험의 혜택이 큰 경우 사람들이 얼마나 더 자주 병원에 갈 것인가를 실험한다고 하자. 우리는 사람들을 무작위로 1년이라는 기간 동안 혜택이 많은 의료보험과 혜택이 적은 의료보험에 들도록 할당할 수 있다. 문제는 실험군 사람들이 의료보험의 혜택이 1년 동안만 유효하다는 것을 알기 때문에 더 자주 병원에 갈 수 있다는 것이다. 이 경우 의료보험의 혜택을 영구히 증대시키는 정부 정책의 효과에 대한 추정은 편향될 가능성이 있다.

이러한 논의는 실험연구에 한 가지 중요한 문제점이 존재함을 의미한다. 실험은 특정한 상황에서는 인과관계에 대한 비편향적인 추정치를 얻을 수 있게 하지만 이러한 추정지에서 얻은 추론을 다른 상황, 이를테면 다른 인구집단이나 다른 환경에서 행해지는 정책의 효과에 대한 예측으로 일반화할 수 있을지는 분명치 않다는 것이다. 예를 들어 1980년대 중반 일리노이주는 무작위로 추출된 실업자 표본에 대해서 11주 이내에 새로운 일사리를 칮으면 500달러의 보너스를 받게 해주는 통제된 실험을 행한 바 있다(Woodbury and Spiegelman[1987] 참조). 실험 결과 보너스가 실업자들이 실업상태로 남아 있을 가능성을 줄여준다는 것을 발견했다. 실험이 신중하게 고안되었기 때문에 이러한 발견은 편향이 없을 것 같다. 그렇지만 다른 시기 다른 집단을 대상으로 행해진 이 실험으로부터 2009년 캘리포니아주의 정책입안자들은 어떤 교훈을 얻을 수 있을까? 실험의 결과는 얼마만큼 일반화될 수 있는 것일까? 우리가 1980년대의 일리노이주로 돌아가 있다고 하고, 정부가 500달러 대신 250달러의 보너스만을 줄 수 있다고 해보자. 이 정책이 실업기간에 미치는 영향이 무엇일까? 아마도 250달러의 보너스는 500달러의 보너스보다는 효과가 적을 것이다. 그렇지만 얼마나 효과가 적을지는 불분명하다. 실험 결과 그 자체로는 많은 시사점을 주지 못한다.

이런 예는 실험이 특정한 정책이 사람들의 행태에 미치는 효과에 대한 신뢰할 만한 추정치를 제공해주기는 하나, 왜 그러한 변화들이 일어났는가(즉 블랙박스 안에서는 무슨 일이 일어났는가)에 대한 깊은 이해를 제공해주지는 못한다는 것을 보여준다. 결과적으로 우리는 정책이 다른 상황에서 적용되거나 조금 다른 방식으로 결정될 때의 효과에 대해서는 많은 것을 알지 못한다. 결국 이론의 역할에 대한 우리의 논의로 돌아가게 된다. 사람들이 어떻게 행동할 것인가에 대한 가설을 세움으로써, 특히 사람들이 합리적으로 효용을 극대화한다는 가정으로부터, 이론은 특정한 실험의 결과를 다른 집단이나 정책으로 일반화할 수 있도록 도와준다.

이렇게 실험연구가 정책의 효과를 평가하는 신뢰할 만한 방법을 제공해주기는 하지만 확실한 것은 아니다. 특히 연구자들은 실험군과 대조군에 속한 사람들을 주의 깊게 추적하여 맨 처음 무작위 할당된 상태가 시간이 지나더라도 그대로 유지되도록 해야 하며, 실험 결과를 다른 환경이나 다른 정책으로 일반화하는 데에는 많은 주의를 기울여야 한다.

2.4 관측연구

실험연구의 적용 자체가 불가능한 많은 중요한 이슈들이 존재한다. 예를 들어, 앞에서도 언급했듯이 감세가 노동공급에 어떤 영향을 미칠지는 매우 중요한 문제이다. 이 문제에 대한 실험연구를 하려면 세금을 감면해주는 사람들과 그렇지 않은 사람들로 무작위 할당을 해야 한다. 이것이 법적으로나 정치적으로 가능하다고 할지라도 감세 집단에 속한 사람들은 자신이 실험대상이라는 것을 알고 있으면, 그로 인해 그들의 행위가 영향을 받을 수 있다. 이런 상황에서 경제학자들은 실험연구 대신 관측연구에 의존하게 되는데, **관측연구**(observational study)란 실험 상황이 아닌 상태의 실제 행위들을 관측하고 측정하는 것이다.

관측연구(observational study)
실험 환경이 아닌 상황에서 얻어진 관측된 데이터에 의존하는 실증연구.

관측 데이터는 여러 원천으로부터 얻을 수 있다. 어떤 경우에는 표본 조사를 통해 얻어지는데 이를테면 전화를 통한 소비자 표본 조사나 10년 단위로 행해지는 가구 센서스 조사 같은 것이 있다. 다른 관측 데이터는 행정기록으로부터 얻어지는데 출생과 인적 사항 기록이나 경제활동에 대한 정부 데이터 등이 있다.

무작위 실험을 못하기 때문에 관측연구는 정확한 인과관계를 얻기 어렵게 하는 많은 요소들을 제거하는 기술을 필요로 한다. 경제 데이터에 대해 통계적 분석을 하여 인과관계를 측정하는 데 이용되는 경제학 분야가 **계량경제학**(econometrics)이다. 다음에서 계량경제학의 강력한 도구들에 대해 설명한다.

계량경제학(econometrics)
경제 데이터를 분석하는 통계적 분석도구.

2.4.1 관측연구 실행하기

우리의 관심이 소득세가 연간 노동시간(노동공급이라는 의미에서 L이라고 표현하기로 하자) 감소에 주는 영향을 측정하는 데 있다고 하자. 소득세의 변화는 세후의 순임금을 변화시킨다. 따라서 우리는 문제를 다음과 같이 정리할 수 있다. 세율 변화의 뒤를 이어 노동시간의 변화가 있었는가? 두 사건(세율변화와 노동시간 변화) 사이에 상관관계가 있는가? 그리고 관측된 상관관계를 설명할 수 있는 다른 Z라는 요소를 배제할 수 있는가? 관측연구에서는 원인에 해당한다고 생각되는 변수(이 예에서 순임금과 같은 변수)를 **독립변수**(independent variable)라고 한다. 결과에 해당된다고 생각되는 변수(이 예에서 노동시간)를 **종속변수**(dependent variable)라고 한다.

관측연구를 어떻게 실행하는지 알기 위해 우리가 일정 표본의 사람들에 대해 특정 연도의 노동시간과 세후 임금에 대한 정보를 가지고 있다고 가정해보자. 우리는 〈그림 2.1A〉와 같이 관측점들의 산포도를 그릴 수 있다. 이 그림은 세후 임금과 노동공급 사이의 양의 상관관계를 보여준다. 우리는 이 관계의 크기를 측정하는 데 관심을 두고 있다. 이것이 바로 회귀분석이 하는 일인데, 회귀분석은 관측된 데이터 점들로부터 **회귀선**(regression line)을 맞추어내는

회귀선(regression line)
산포된 데이터 점들 사이를 가장 잘 맞추면서 통과하는 선.

그림 2.1 다중회귀분석

A는 일하는 시간과 세후 임금 사이에 양의 상관관계가 있다는 것을 보여준다. B는 관측점들을 지나는 회귀선을 보여주는데 이는 두 변수 사이의 관계의 '크기'를 얻을 수 있게 해준다. C보다는 B에서 두 변수의 관계가 보다 신뢰할 만한데 그 이유는 B보다는 C에서 데이터 점들이 더 산만하게 분포되어 있기 때문이다.

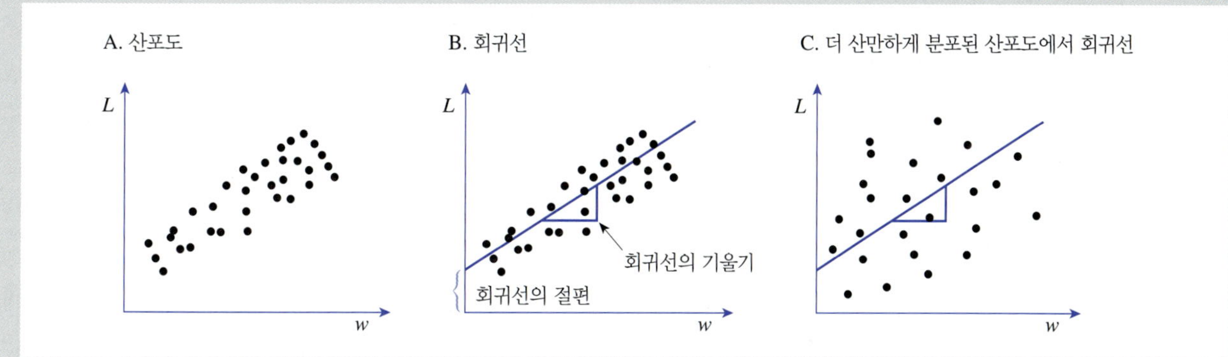

작업이다. 분명 하나의 선으로 이 모든 점들을 지나게 할 수는 없다. 회귀분석의 목적은 〈그림 2.1B〉와 같이 이 관계에 가장 잘 맞아떨어지는 선을 찾는 것이다.[3] 이 선의 기울기는 회귀계수(regression coefficient)라 하는데 세후 임금과 노동공급의 관계에 대한 추정치이다. 예를 들어 이 회귀계수의 값이 1.5라고 하자. 이는 순임금이 10달러 증가하면 노동공급이 연간 15시간 증가할 것이라는 사실을 시사한다.

측정된 회귀계수의 신뢰도는 산포도에서 관측치가 분포된 정도에 달려 있다. 왜 그런지를 알아보기 위해 우리의 산포도가 〈그림 2.1C〉와 같다고 가정해보자. 회귀선은 〈그림 2.1B〉와 동일하지만 산포도가 더 넓게 분포되어 있다. 측정된 회귀계수는 같을지라도 그 신뢰도는 다르다고 할 수 있다. 계량경제학자들은 **표준오차**(standard error)라는 측정치를 계산해내는데 이는 측정된 계수의 신뢰도를 의미한다. 측정된 계수의 크기에 비해 표준오차가 작으면 회귀계수가 통계적으로 유의하다고 한다.

> **표준오차**(standard error)
> 추정된 회귀계수가 진정한 값에서 얼마나 다를 수 있는가에 대한 통계적 측정치.

지금까지는 설명변수(explanatory variable)[4]가 하나만 있다고 가정하였다. 이제는 세후 임금과 비근로 소득(예를 들면 배당소득이나 이자소득)이라는 2개의 설명변수가 있다고 가정해 보자. 다중회귀분석은 다른 설명변수는 고정되어 있는 상태에서 각 설명변수와 종속변수 사이의 관계를 측정한다. 다중회귀분석은 매우 유용한 도구이다. 왜냐하면 거의 모든 문제에 있어서 하나 이상의 설명변수들이 종속변수에 영향을 미치기 때문이다. 만약 우리가 종속변수를

3 이 예에서 우리는 두 변수 사이의 선형관계를 가정하였다. 가장 좋은 선은 선 위의 점들과 산포된 점들 사이 수직거리의 제곱의 합을 최소화한다(Wooldridge[2009] 참조). 계량경제학은 두 변수 사이의 비선형관계도 상정할 수 있는데, 이러한 비선형관계가 더 좋은 접근 방식일 때가 많다.

4 앞에서 소개된 독립변수와 같은 뜻으로 쓰였다. 저자들은 독립변수(independent variable)와 설명변수(explanatory variable)를 차별 없이 이용하고 있는데 계량경제학을 더 배우게 될 사람들은 설명변수라는 표현이 더 정확하다고 이해하는 것이 좋을 것이다. 저자들은 독립변수라는 표현을 주로 이용하고 있지만 이하에서 설명변수라는 용어로 고정하기로 한다.

설명하는 모든 요인들을 통제할 수 있다면 다중회귀분석이라는 방법을 통해 우리는 우리가 관심을 갖고 있는 변수가 무엇이든 간에 그 변수가 종속변수에 미치는 (다른 설명변수가 미치는 영향과 혼합된 것이 아닌) 독립적인 인과관계를 발견할 수 있다.

데이터의 유형 회귀분석은 여러 유형의 데이터를 가지고 행해질 수 있다. 〈그림 2.1〉에서는 특정 연도에서 각기 다른 사람들의 세후 임금과 노동공급 자료를 이용했었다. 특정 시점에서 개별 주체(예를 들자면 근로자, 소비자, 기업, 주, 국가 등)에 대한 정보를 담은 데이터를 **횡단면 데이터**(cross-sectional data)라고 한다. 횡단면 회귀분석은 회귀선을 추정하기 위해 각기 다른 개별 주체들의 변수들을 이용한다.

횡단면 데이터(cross-sectional data)

주어진 시점에서 서로 다른 개별 주체들에 대한 정보를 담은 데이터.

횡단면 분석이 한 시점에서 여러 개별 주체들에 대한 정보를 담고 있는 반면, **시계열 데이터**(time-series data)는 한 개별 주체의 여러 다른 시점들에 대한 정보를 이용한다. 예를 들어 우리는 한 사람이 성인이 된 후 각 연도마다 받은 세후 임금과 노동공급에 대한 정보를 소유할 수도 있다. 시계열 회귀분석은 회귀선을 추정하기 위해 한 개별 주체의 다른 시점 변수들을 이용한다.

시계열 데이터(time-series data)

한 개별 주체에 대해 여러 다른 시점에서 얻은 정보를 담은 데이터.

마지막으로 **패널 데이터**(panel data, longitudinal data, 종단 데이터라고도 함)는 횡단면과 시계열 데이터의 특징을 결합한 것이다. 즉 패널 데이터는 각기 다른 개별 주체들이 각기 다른 시점에서 보인 정보를 담고 있다. 예를 들어 패널 데이터는 수천 명의 다른 사람들의 여러 연도별 자료를 가질 수 있다. 다음에서 우리는 패널 데이터가 재정학의 실증연구를 수행하는 데 있어 독특한 장점을 가지고 있음을 설명할 것이다.

패널 데이터(panel data)

개별 주체들에 대해 각기 다른 시점에 얻은 정보를 담은 데이터. 횡단면 데이터와 시계열 데이터의 특징을 모두 가짐.

2.4.2 관측연구에서 주의할 점

관측연구는 실험이 아닌 상황에서 모은 데이터를 이용하기 때문에 대조군이 유효한 가상현실을 제공해주는가를 확인하기는 어렵다. 추정된 회귀계수가 설명변수와 종속변수 사이의 상관관계에 대한 측정치를 제공해주기는 하지만 외부요인들이 설명변수와 종속변수 모두에 영향을 줄 수 있기 때문에 인과관계를 가정할 수는 없다.

위에서 예를 든 가상의 노동공급에 대해 생각해보자. 우리의 회귀분석은 어떤 사람은 높은 세후 임금을 받고 어떤 사람은 낮은 세후 임금을 받는 횡단면 데이터를 이용했다. 이 분석은 세후 임금과 노동시간 사이에 양의 상관관계가 있다는 것을 시사한다. 그렇지만 상관관계가 인과관계를 의미하지는 않는다는 사실을 기억하자. 세후 임금과 근로시간에 동시에 영향을 주는 요인이 있을 수 있는데 그럴 경우 관측된 관계는 편향된 것이다. 예를 들어 높은 야망을 가진 사람들은 임금도 높고 일도 더 많이 할 수 있다. 만약 그렇다면 우리가 발견한 세후 임금과 근로시간 사이의 양의 상관관계는 적어도 부분적으로는 야망의 정도가 다르다는 데 기인할 것이다.

앞서 언급했듯이 관측연구에서 편향 문제를 다루는 방법 중 하나는 다른 설명변수들을 포함하는 것인데 이렇게 추가로 포함되는 설명변수들을 통제변수(control variable)라고 한다. 다중회귀분석은 다른 통제변수들을 고려하면서 우리가 관심을 갖는 변수의 독립된 효과를 추정할 수 있도록 해준다. 노동공급의 예를 들면 연령, 비노동 소득, 성 등과 같이 노동공급에 영향을 주지만 세후 임금과도 관련이 있는 변수들을 설명변수에 포함시킬 수 있다. 그렇지만 여기에도 2가지 문제점이 있다. 첫 번째는 필요한 통제변수들 모두가 데이터에 포함되지 않을 수도 있다. 두 번째는 어떤 변수들은 측정하기가 어렵다. 야망이 좋은 예이다. 만약 세후 임금과 상관관계가 있고 노동공급에도 영향을 미치는 변수가 있다면 우리는 편향된 추정치를 얻게 된다.

이러한 한계점에도 불구하고 관측연구는 정부 사업이 미치는 영향에 대한 유용한 정보를 제공할 수 있다. 중요한 것은 외부 요인이 인과관계 추정에 편향을 줄 수 있는 가능성을 인식하고 연구결과를 조심스럽게 해석해야 한다는 점이다.

2.5 준실험연구

실험연구는 편향을 제거하는 데 있어서 매우 훌륭한 특징들을 가지고 있지만 실제로 수행하기는 어렵거나 불가능할 수도 있다. 관측연구는 편향된 추정이라는 곤란한 문제점이 있기는 하지만 상대적으로 데이터를 얻기 쉽다. 이 양자의 장점을 모두 얻을 수는 없을까? 경제학자들은 **준실험연구**(quasi-experimental study) 혹은 **자연실험**(natural experiment)[5]이라고 하는 관측연구의 한 방법을 인과관계 추정에 사용한다. 이 연구는 외부 환경이 실질적으로 사람들을 대조군과 실험군으로 무작위 할당하는 상황을 찾아낸다. 실험연구와 준실험연구의 차이점은 실험연구가 명시적으로 실험군과 대조군으로 나누는 반면 준실험은 관측 데이터를 이용하되 연구자가 통제할 수는 없지만 자연적으로 무작위 할당이 유도된 상황을 이용한다는 데 있다.

준실험연구(quasi-experimental study)
연구자가 통제할 수는 없지만 무작위 할당과 유사한 환경에서 얻은 데이터에 의존하는 관측연구.

준실험방법을 초기에 현명하게 이용한 사례는 19세기 의사인 존 스노(John Snow)의 예에서 찾을 수 있다. 그 당시 세균과 질병의 관계는 알려지지 않았으며 콜레라의 발생 원인을 설명하는 여러 이론들이 있었다. 스노는 콜레라가 오염된 물에 노출된 데에서 발생하는지 여부를 알고 싶었다.[6] 그는 두 수자원 회사가 런던에 대부분의 물을 공급한다는 사실을 알아냈다. 한 회사는 템즈강 하수처리장의 상류에서 물을 끌어와 꽤 깨끗한 수질을 유지했으며 다른 회사는 하수처리장 하류에 위치해서 오염된 물을 공급하고 있었다. 자연스러운 방법은 한 회사의 물을 공급받는 집들과 다른 회사 물을 공급받는 집들을 비교하는 것이다. 그렇지만 잠재적인 문제가 있다. 오염된 물을 공급받는 사람들이 깨끗한 물을 공급받는 사람과 체계적으로 다르다면 어떻게 할 것인가? 예를 들어 만약 그들이 더 가난한 지역에 산다면 콜레라는 오염된 물 이외의 다른 요인에 의해 발생할 수도 있다. 스노는 이 중요한 문제를 고려했으며 수자원 회사가 여러 집들에 물을 공급하는 것이 본질적으로 무작위 할당과 같음을 보였다.

> 각 회사의 파이프는 모든 거리를 지나 거의 모든 저택과 뒷골목까지 연결되어 있다. 어떤 집은 한 회사로부터 공급받고 다른 집은 다른 회사로부터 공급받는데, 그 결정은 수자원 회사들이 활발히 경쟁을 하고 있는 중에 집주인이나 점유자의 선택으로 이루어진다. 많은 경우 각 회사는 부자와 빈자, 큰 집과 작은 집 모두에게 공급한다. 각기 다른 회사로부터 물을 공급받는 사람들 사이에 건강상태나 집의 점유 형태에서 차이점은 없다[Snow, 1855].

5 자연실험이란 의도된 실험이 아니라 저절로 실험 여건이 형성되었다는 의미에서 쓰이는 용어이다. 준실험과 자연실험은 같은 의미로 쓰는 용어들이다.

6 이 사례는 Freedman[1999]에서 따온 것이다.

실험군과 대조군이 유사한 성격을 갖고 있기 때문에 스노는 그의 관측연구가 거의 무작위 실험연구와 유사하다는 것을 설득력 있게 보였다. 이 무작위 할당은 그가 다른 요인들을 제거할 수 있도록 해주었고, 따라서 그는 하수처리장의 오염된 물을 받는 가구들에서 더 많은 콜레라 희생자가 발생했다고 안전하게 결론 내릴 수 있었다.

2.5.1 준실험연구 실행하기

준실험연구가 성공하느냐는 연구자가 실험군에 무작위 할당이 되었는지를 정확하게 가려내는가에 결정적으로 의존한다. 이제 유효한 준실험연구를 설계하는 몇 가지 방법에 대해 논의해 보자.

이중차감(DID) 준실험 때때로 정책담당자들은 맥주에 대한 주 세금을 인상하는 것이 10대 교통사고 사망을 줄일 것이라고 주장한다. 사실일까? 이상적인 실험은 각 주마다 무작위로 다른 맥주세율을 할당하고 세율이 높은 주가 낮은 주에 비해 상대적으로 10대의 교통사고 사망이 줄어드는가를 측정하는 것이다. 물론 그런 연구는 불가능하다.

이제 우리가 몇몇 주들이 1989년에서 1992년 사이 맥주에 대한 세금을 크게 올렸으며 세금을 올린 주에서 세금 인상 후에 10대들의 교통사고 사망률이 10만 명당 5.2명 줄어들었다는 사실을 알아냈다고 가정해보자. 이로부터 맥주에 대한 세금 인상이 10대 교통사고 사망률을 줄였다고 추론할 수 있을까? 그렇지 않을 것이다. 왜냐하면 세금 인상이 없었더라도 10대들의 사망률이 줄었을 수도 있기 때문이다.

따라서 우리는 대조군에 속하는 주들에서는 어떤 일이 일어났는가를 알아야 할 것이다. 적절한 대조군은 1989년에서 1992년 사이에 맥주세를 변화시키지 않은 주들로 구성될 것이다. 만약 대조군에 속하는 주들이 그럴듯한 가상현실을 제공해준다면 우리는 실험군에 속하는 주들이 주세를 인상하지 않았을 때 유사한 정도의 사망률 감소가 있었을 것이라고 가정할 수 있을 것이다.

따라서 주세의 효과를 추정하기 위해서는 실험군이라고 할 수 있는 주들의 10대들의 교통사고 사망률의 변화를 계산하여 이 변화와 대조군이라고 할 수 있는 주들의 사망률 변화와의 차이를 계산해야 할 것이다. 실제로 대조군에 속한 주들에서 10대들의 교통사고 사망률은 10만 명당 8.1명 줄어들었다고 해보자. 다시 말해 주세를 올린 주들에서 상대적으로 교통사고 사망률이 증가한 것이다. 따라서 단순히 실험군에 속한 주들의 데이터만을 얻었을 때 가지게 될 견해와는 달리 세금 증가가 10대 교통사고 사망이라는 목적을 달성하지 못한 것으로 보인다.

이 예는 Dee[1999]의 논문[7]에서 실제로 얻은 추정치들로 **이중차감(DID) 분석**(difference-in-differences(DID) analysis)이라고 불리는 방법의 전형적인 예이다. 이런 명칭이 붙은 이유는 특정 처방을 받기 전후 실험군이 얻어낸 결과의 차이와 같은 기간 동안 대조군이 얻어낸 결과의 차이를 비교하기 때문이다. 이 방법은 대조군에서 일어난 변화가 유효한 가상현실을 제공해준다고 자신 있게 가정할 수 있다면 편향되지 않은 결과를 얻게 해준다. DID 분석은 패널

이중차감(DID) 분석
(difference-in-differences analysis)

실험군이 시간 경과에 따라 얻은 결과들의 차이를 대조군이 같은 기간에 얻은 결과들의 차이와 비교하는 분석.

7 이 논문에서 실험군에 해당하는 주들은 캘리포니아, 델라웨어, 뉴저지, 뉴욕, 로드아일랜드 등이다.

데이터가 있을 경우에만 가능한 것임을 주목할 필요가 있다. 왜냐하면 계산을 하기 위해서는 한 집단 내 개인들의 행동이 시간이 지남에 따라 어떤 변화를 보였는지(시계열 부분)와 같은 기간 동안 다른 집단에 속한 개인들(횡단면 부분)에게는 어떤 변화가 있었는지를 알아야 하기 때문이다.

도구변수(IV) 준실험 때때로 연구자는 실험군에 할당되는 것이 무작위 할당이 아닐 수도 있다고 의심할 수 있으며 이 경우 편향 없는 추정치를 얻기 위한 조건은 위배된다. 이런 문제를 다루는 접근방법을 **도구변수 분석**(instrument variables(IV) analysis)이라고 한다. 도구변수 분석을 뒷받침하는 아이디어는 실험군에 소속되는 데에는 영향을 미치면서 실험군이 얻은 결과물과는 상관관계가 없는 제3의 변수를 찾아내는 것이다.

도구변수 분석(instrument variables analysis)

실험연구에 유사해지기 위해서 간섭의 무작위적 변동을 분리시키는 분석.

미국의 많은 지방자치단체들이 당면한 중요한 문제 중 하나는 유치원의 학급 규모를 줄일 것인지를 결정하는 것이다. 여기에 찬성하는 사람들은 그런 정책이 아동들의 성적을 향상시켜 줄 것이라고 주장한다. 이 문제를 점검하는 실험은 유치원생들을 각기 다른 규모의 학급에 무작위 할당하고 큰 규모 학급 아동들의 성적과 작은 규모 학급 아동들의 성적을 비교하는 형태가 될 것이다. 사실 그런 실험이 행해진 적도 있다(Krueger[1999] 참조). 앞서 언급한 바와 같이 이런 실험의 단점 중 하나는 실험이 본질적으로 짧은 기간에 행해진다는 사실이 실험 결과에 영향을 줄 수 있다는 것이다.

관측연구는 작은 규모 학급의 아동들이 큰 규모 학급에 속한 아동들보다 높은 성적을 올리는지를 추정하는 회귀분석방법을 이용할 것이다. 하지만 실험군과 대조군이 학급 규모와 성적 모두에 영향을 줄 수 있는 제3의 측면에서 다를 수 있기 때문에 그런 연구는 편향된 결과를 가져다줄 수 있다. 예를 들어 자녀들 교육에 더 관심을 갖는 부모들이 학급 규모가 작은 학교나 학군을 선택할 것이기 때문이다. 그런 부모들은 또한 높은 성적을 유도할 수 있는 다른 행동들(예를 들면 자녀들과 함께 책 읽기)을 더 활발히 할 수도 있다. 따라서 학급 규모와 성적 사이의 음의 상관관계는 양자 모두가 부모의 관심이라는 제3의 요인에 의해 유도될 수 있다는 측면에서 잘못된 해석을 낳을 수도 있다.

Hoxby[2000]는 부모의 관심에 의한 이런 편향을 다루기 위한 준실험을 고안했다. Hoxby는 어떤 학교든 학교가 속한 지역에서 출생한 아동들의 수에는 무작위적인 변동이 있다는 사실을 발견했다. 이런 변동으로 인해 어떤 해에는 다른 해보다 유치원의 학급당 인원이 더 많아진다. 아동들이 작은 규모의 학급에 소속되느냐 큰 규모 학급에 소속되느냐를 결정하는 요인들이 많이 있겠지만 출생하는 아동 수의 변동은 무작위로 결정되는 것으로 볼 수 있을 것이다. Hoxby는 출생아동 수의 변화라고 하는 무작위적 학급 규모 결정 요인을 활용하여 학급 규모가 성적에 미치는 영향을 찾아내는 연구에 도구변수법을 적용했다. 그녀는 연도별 등록아동 수의 무작위적 변동을 도구변수로 이용했다. 이 변수는 학급 규모와는 상관관계가 있지만 성적에 직접적인 영향을 주지는 않는다. 이런 연구에 기초하여 Hoxby는 학급 규모가 성적 향상에 눈에 뜨일 만한 영향은 주지 않는다는 사실을 발견했다.

회귀–불연속(RD) 준실험 한 도시에서 성적이 좋지 못한 학생들에게 여름방학 중 보충수업에 강제로 참여하게 할 것인지의 여부를 결정하려 한다고 가정해보자. 그러자면 우선 여름 보충수업이 성적을 향상시키는지를 판단해야 한다. 이상적인 실험이라면 성적이 나쁜 학생들을 여름 보충수업에 무작위로 할당하고 이 학생들의 성적과 여름 수업에 참여시키지 않은 대조군 학생들의 성적의 차이를 측정하는 것이다. 그렇지만 정치적인 제약으로 인해 그런 방식의 무작위 할당은 가능하지 않을 것이다. 대신 시 당국은 여름 보충수업에 참여한 학생들의 성적이 그렇지 않은 학생들의 성적에 비해 높은지를 회귀분석을 통해 알고자 할 것이다. 불행하게도 그런 연구는 편향된 결과를 낳을 것이다. 여름 보충수업에 참여하는 학생들은 당초 성적이 낮은 학생들이므로 실제로 여름 보충수업이 그들에게 도움이 되었더라도 여름학교에 참여한 학생들의 성적은 그렇지 않은 학생들보다 낮게 나올 것이기 때문이다.

Jacob과 Lefgren[2004]의 논문에서는 이런 편향 문제를 다루기 위해 회귀–불연속 준실험 방법을 활용하였다. 1996년 시카고 교육청은 여름 보충수업 참석 여부를 표준화된 시험성적과 결부시키는 정책을 실시하였다. 만약 학생들의 성적이 일정 수준 이하일 경우 그 학생은 여름 보충수업에 참석해야 한다. 그 기준을 넘은 학생들에게는 보충수업 참여가 강제 사항이 아니다. Jacob과 Lefgren은 약간의 차이로 보충수업에 참여한 학생과 참여하지 않은 학생들에게 초점을 맞추고 양 집단의 보충수업 이후 성적을 비교하였다. 이는 멋진 연구 전략이라고 할 수 있는데, 성적이 기준선보다 한참 높은 학생과 한참 아래인 학생들은 서로 큰 차이가 있겠지만 기준선보다 약간 높은 학생과 약간 아래인 학생들은 서로 비슷할 가능성이 높기 때문이다. 이런 방법은 **회귀–불연속 분석**(regression-discontinuity analysis)이라고 한다. 이 방법을 적용하는 데 있어 요구되는 근본적인 가정은 어떤 기준을 아슬아슬하게 통과한 사람과 아슬아슬하게 통과하지 못한 사람들은 서로 비슷한 특징을 가지고 있다는 것이다.

> **회귀-불연속 분석 (regression-discontinuity analysis)**
> 명확하게 알려진 자격기준을 기준으로 회귀직선의 불연속 단절을 통하여 정책 효과를 파악하는 방법. 일정 기준을 아슬아슬하게 통과한 집단과 그렇지 않은 집단 사이의 회귀직선 불연속 단절을 찾아냄.

Jacob과 Lefgren의 회귀–불연속 연구는 3학년의 경우에 읽기와 수학 성적에서 향상이 있었다는 사실을 발견함으로써(6학년의 경우에는 그렇지 않았음), 적어도 몇몇 특정 학년에 있어서는 여름방학 보충수업과 성적 향상 사이에 양의 인과관계가 존재한다는 시사점을 얻어냈다.

2.5.2 준실험연구에서 주의할 점

준실험연구는 관측 데이터를 이용하여 인과관계를 찾으려는 시도이다. 가장 크게 주의할 점은 자연실험이 실험군에 완전한 무작위 할당을 해주는 것은 아니라는 점이다. 예를 들어 여름 보충수업 참여 자격을 아슬아슬하게 갖춘 사람과 아슬아슬하게 여름 보충수업을 못 듣게 된 학생들 사이에 차이가 있다면 여름 보충수업이 미래 성적에 미치는 영향에 대한 추정도 편향될 수 있다. 준실험을 활용하는 연구들은 무작위 할당을 기대할 수 있는 상황을 발견하고자 하지만 이런 시도가 완전한 무작위 실험처럼 명백하게 성공하는 것은 아니다.

다른 문제는 준실험이 제한된 연구에만 적용될 수 있다는 점이다. 중요하면서도 흥미로운 경제학 문제 중 많은 것들이 준실험을 허용하지 않는다. 예를 들어 제11장에서 논의하게 되겠지만 정부는 사회보장사업을 통해 사람들에게 은퇴 후 소득을 보장한다. 이와 관련된 매우 중요한 질문 중 하나는 사람들이 은퇴 후 사회보장연금을 받는다는 사실을 알 경우 그렇지 않을 경우보다 저축을 덜 하게 될 것인가이다. 사회보장연금은 전 국민들에게 동시에 적용된다는 데에 문제가 있다—즉 모든 국민들이 똑같은 정책의 영향을 받는다. 따라서 자연실험을 찾아낼 만한 기회가 거의 없다고 보아야 할 것이다. 한 경제학자는 자연실험이 모든 실증분석에서 요구된다면 그것은 "실질적으로 추정을 중단시킬 것이다"라고 이야기한 바 있다[Hurd, 1990].

또한 준실험은 실험의 경우와 같이 결과를 다른 환경에 적용시키는 데에도 문제점을 갖는다. 앞에서도 언급했듯이 실험이나 준실험 모두 특정 정책으로 인해 무슨 일이 일어났는가에 대해서는 신뢰할 만한 증거를 제공하지만 왜 그런 일이 벌어졌는지에 대해서는 잘 설명하지 못한다. 따라서 그 결과를 다른 정책의 효과를 예측하거나, 심지어 같은 정책이라도 다른 환경에서 나타날 효과를 예측하는 데 이용하기는 어렵다.

2.6 결론

경제학 이론은 실증연구자들에게 연구 과제를 제시하고 관심을 갖는 특정 행동에 영향을 줄 수 있는 몇몇 변수들을 추출하는 데 중요한 역할을 한다. 실증연구는 이론에서 시사하는 정책과 그 결과 사이의 인과관계가 현실세계의 현상들과 부합하는지를 검증한다.

무작위 실험은 정책과 특정한 유형의 행동 사이의 인과관계를 확인할 수 있는 가장 깔끔한 방법이다. 그렇지만 그런 실험의 결과가 다른 상황으로도 일반화될 수 있는지가 항상 분명한 것은 아니다. 어찌 되었건 경제학 연구자들은 관측된 데이터에 의존해야만 하는데 이 데이터는 통제된 무작위 실험의 속성은 가지고 있지 않다. 이런 경우에 가장 신뢰할 만한 실증분석 방법은 실험군과 대조군으로 무작위 할당하는 방식을 모방하는 자연실험을 행하는 것이다.

신뢰할 만한 실증연구를 수행하는 것은 쉽지 않은 작업이다. 각 연구는 좁은 연구 과제에 초점을 맞추고 있으며, 모형이 갖는 특정한 가정에 의존하며, 전체 모집단이 아닌 통계적으로 추출된 특정 표본에 속한 사람들에 대해 효과를 검증하고 있다. 따라서 정직한 연구자라면 연구에서 도출되는 정책적 함의에 대해 때에 따라 매우 다른 결론에 도달하게 될 것이다. 그렇다면 우리는 경제 행위에 영향을 미치는 요인들에 대해 알고자 하는 희망을 포기해야만 하는 것일까? 물론 그렇지 않다. 많은 경우 각기 다른 실증연구 결과들을 조화시키면서 논의되고 있는 현상에 대한 일관된 상황파악을 할 수 있다. Feldstein[1982, p. 830]은 그런 연구를 수행하는 경제학자들을 코끼리의 몸을 더듬는 5명의 장님들의 의견을 조율하는 동화에 나오는 인도의 현인(maharajah)[8]에 다음과 같이 비유한 바 있다.

> 이 이야기에서 중요한 교훈은 장님들이 불완전하고 잘못된 증거를 대고 있다는 데에 있는 것이 아니다. 진정한 교훈은 이들 5명의 발견에 대해 연구하는 지성적인 현인이 아마도 조각난 정보를 맞추어서, 특히 그가 이전에 다른 네발 달린 짐승을 본 적이 있다면, 코끼리의 생김새에 대한 좋은 판단을 내렸을 것이라는 데 있다.

우리는 이 책 전반에 걸쳐서 실증연구 결과들을 참조할 것이며 그런 결과를 낳은 연구의 방법에 대한 찬반 논의를 설명할 것이다. 전문가들이 일치된 의견에 도달하지 못한 경우 우리는 왜 그런지를 이번 장의 논의를 통해 설명할 수 있을 것이다. 더 일반적으로는 실증연구에 대한

---

8 원래 마하라자는 인도 회교 군주의 위계로 라자(rajah)보다 높은 자리이다. maha는 영어단어 great에 해당하고 rajah는 영어 단어 king에 해당한다.

본 장의 소개가 공공정책과 관련된 논쟁에서 벌어지는 경제 행위에 대한 여러 주장들에 대해 건전한 의심을 낳을 수 있기를 기대한다. "연구를 통해 증명한 바로는…"으로 시작되는 논쟁에 대해서 충분히 주의하기 바란다.

심화 과정을 위한 추천 논문과 저서

학부수준의 계량경제학 교과서로는 다음을 추천할 만하다. 학부수준이지만 최근 활용되는 횡단면 데이터 분석 및 패널 데이터 분석방법에 대한 소개가 충실히 이루어져 대학원생들에게도 큰 도움이 될 것이다.

- Wooldridge, Jeffrey M. 2006. Introductory Econometrics, 3rd ed., Cincinnati, OH: South-Western College Publishing.

본문에서 소개한 바와 같이 경제학에서 무작위 할당을 이용한 실험연구를 실행한 몇 안 되는 연구 중 하나는 다음의 논문이다.

- Woodbury, Stephen A. and Robert G. Spiegelman. 1987. "Bonuses to Workers and Employers to Reduce Unemployment: Randomized Trials in Illinois." *American Economic Review* 77(4): pp. 513–530.

본문에도 비교적 자세히 소개되었지만 아래의 논문들은 실증분석 방법의 구체적인 예로 참조하면 좋을 것이다.

- Dee, Thomas S. 1999. "State Alcohol Policies, Teen Drinking and Traffic Fatalities." *Journal of Public Economics* 72: pp. 289–315.
- Hoxby, Caroline M. 2000. "The Effects of Class Size on Student Achievement: New Evidence from Population Variation." *Quarterly Journal of Economics* 115(4): pp. 1239–1285.

요약

- 재정학의 학문적 목적 중 하나는 다양한 정부 정책들이 어떻게 개인의 행동에 영향을 주는가를 측정하는 것이다.
- 경제이론은 우리가 관심을 갖는 행위에 영향을 주는 요소들에 대해 생각할 수 있는 생각의 틀을 제공해주며 실증적 연구를 통해 검증할 수 있는 가설을 세울 수 있도록 도와준다. 그렇지만 이론만으로는 특정 요소가 얼마나 중요한지는 말할 수 없다.
- 재정학에서 실증연구의 중요한 목적은 정부 정책과 어떤 행위 사이의 인과관계를 측정하는 것이다. 정부 정책 사업과 그 결과 사이의 인과관계가 성립하기 위해서는 다음의 3가지 조건이 충족되어야 한다. 1) 정책 사업이 결과에 선행해야 한다. 2) 정책 사업과 결과 사이의 상관관계가 있어야 한다. 3) 관측된 상관관계를 설명할 수 있는 다른 요인들은 배제될 수 있어야 한다.
- 상관관계와 인과관계를 혼동하지 않는 것이 결정적으로 중요하다. 두 변수 사이에 상관관계가 있다는 것이 하나가 다른 하나의 원인이라는 것을 증명해주지는 않는다.
- 실험연구는 실험 대상을 실험군이나 대조군으로 무작위 할당한다. 무작위 할당은 다른 요인들로 인해 연구자가 상관관계와 인과관계를 혼동할 가능성을 줄여준다.
- 실험연구는 정부 사업의 효과를 평가하는 신뢰할 만한 방법을 제공하지만 완전한 것은 아니다. 특히 연구자들은 무작위 할당이 시간이 지나도 유지되는지를 확인해야 하고 결과를 일반화하는 데에는 주의해야 한다.
- 실험연구는 정부 사업의 효과를 평가하는 신뢰할 만한 방법을 제공하지만 완전한 것은 아니다. 특히 연구자들은 무작위

할당이 시간이 지나도 유지되는지를 확인해야 하고 결과를 일반화하는 데에는 주의해야 한다.

- 실험연구의 실행이 불가능한 경우가 있기 때문에 재정학자들은 실제 경제 행위에서 얻어지는 데이터를 이용하는 관측연구를 하게 된다.
- 계량경제학은 인과관계를 측정하기 위해 경제 데이터를 통계적으로 분석하는 분야이다. 계량경제학의 중요한 도구는 회귀분석인데, 이는 다른 요인들을 일정하게 통제하면서 두 변수 사이의 관계를 측정하는 것이다.
- 관측 데이터는 횡단면, 시계열 또는 패널(종단면) 자료일 수도 있다. 관측 데이터는 실험 환경에서 얻어지는 것이 아니다. 따라서 많은 외부 요인들의 영향 때문에 인과관계를 측정하는 것이 어렵다.
- 준실험은 관측 데이터를 이용하지만 무작위 실험을 모방할 수 있도록 외부 환경을 활용한다.
- 준실험은 여러 가지 방법으로 구성할 수 있는데 이중차감(DID) 분석이나 도구변수(IV) 분석, 회귀－불연속(RD) 분석 등이 있다.

연습문제

1. 2012년 대통령 후보 미트 롬니(Mitt Romney)는 부시 행정부에서 행해진 한계세율 인하를 확대하는 조치를 제안하였다. 이런 제안이 실행될 때 노동공급에 미치는 영향을 이론만으로는 예측할 수 없는 이유를 설명하시오. 만약 이런 조치를 실행하는 데 정치적·법적 장벽이 없다면 여러분은 낮은 한계세율이 노동공급에 미치는 영향을 추정하는 실험연구를 어떻게 설계하겠는가?

2. 1990년대에 아일랜드대학의 졸업자들 중 어떤 이들은 다른 나라로 이민하였다. 그들 중 많은 이들이 외국에서 한동안 일하다가 아일랜드로 돌아왔다. 이렇게 외국에 있다 돌아온 사람들의 임금이 외국에 간 경험이 없는 사람들보다 높은 것으로 관측되었다. 많은 사람들이 이러한 임금 차이가 외국에서 얻은 기술에 기인한다고 주장한다. 만약 그것이 사실이라면 아일랜드 대졸자들에게 외국에 가서 일하다가 돌아오라고 장려하는 게 좋은 정책이 될 것이다. 외국에서 축적한 인적자본 개선은 아일랜드의 생산성과 경쟁력을 높일 것이다. 그러나 다른 사람들은 이러한 논리에 하자가 있으며 이러한 임금 차이를 설명할 다른 이유들이 있다고 주장한다[Barrett and O'Connell, 2011]. 임금 차이를 설명할 수 있는 다른 잠재적 요인들이 무엇인지를 논하고 임금 격차를 설명할 진정한 원인을 찾을 수 있는 방법을 제안해보시오.

3. 한 연구자가 근로자에 대한 횡단면 분석을 실시하여 직장에서 컴퓨터를 이용하는 시간과 임금 사이의 양의 상관관계를 발견하였다. 이 연구자는 컴퓨터를 이용하는 것이 임금을 상승시킨다며 모든 어린이들에게 컴퓨터를 가르치는 정책을 옹호하고 나섰다. 이러한 분석의 문제점은 무엇일까?

4. 1970년대에 RAND 연구소 연구자들은 의료보험과 의료서비스 이용 사이의 관계에 대한 연구를 위해 사회적 실험을 실행하였다. 이 실험에서 몇몇 사람들의 표본을 선택하여 이들에게 다양한 보험률을 제공하는 RAND 정책(즉 개인의 의료비에 대해 다양한 비율로 상환해주는 가상의 정책임)과 그들이 실제로 현실에서 이용하는 보험을 교환하도록 유도했다. 1993년에 클린턴 행정부는 RAND의 실험결과를 이용하여 의료보험이 보편적으로 적용될 때 의료서비스 이용이 어떻게 증가할지를 예측하였다. 이런 사회적 실험의 결과를 의료보험의 보편적 적용의 효과를 예측하는 데 이용하는 것에는 어떤 문제가 있을까?

5. 네덜란드에서는 개인이 납부하는 세금이 배우자의 소득에 의존한다. 누진적인 세금 시스템 때문에 다른 조건이 동일하다면 배우자의 소득이 높을수록 높은 세율이 적용된다. 2001년에 네덜란드 정부는 모든 개인의 소득세를 감소시켰다. 그렇지만 세제 개혁의 복잡성으로 인해 실효세율의 감소 효과는 소득이 높은 배우자를 둔 사람들에게 가장 크게 나타났다[Bosch and van der Klaauw, 2012]. 연구자들이 이러한 상황을 어떤 방식으로 세율이 노동공급에 미치는 영향을 연구할 기회로 활용할 수 있을까? 반드시 실험군과 대조군에 대해 논의하면서 설명하시오.

6. 특정 연도에 5개 주에서 소득세를 감소시켰다고 하자. 여러분은 지금 세금 감면이 저축을 증가시켰는지를 추정하고자 한다. 그리고 세금 감면 1년 후 위의 5개 주에 거주하는 사람들의 저축률이 2% 증가한 것을 발견했다. 여러분은 세금 감면이 저축 증가의 원인이 되었다고 합리적으로 결론 내릴 수 있겠는가? 여러분은 저축에 대한 영향을 추정하기 위한 DID 분석을 어떻게 실행하겠는가? DID 분석이 유효하기 위해서는 어떤 가정들이 성립해야 하는가?

7. 전 뉴욕주 주지사 엘리엇 스피처는 미국의 시계열 데이터를 검토한다면 "높은 한계세율과 경제활동 위축 사이에는 아무런 상관관계도 없다"는 관측을 내놓았다. 그는 "부자들이 국가의 경제성장에 해를 끼치지 않으면서도 더 많은 세금을 낼 수 있을 것이다"라고 결론 내렸다[Spitzer, 2010]. 스피처가 한 분석의 유효성에 대해 논평하시오.

8. 지속적인 논쟁 주제 중 하나는 연방정부 적자가 높은 이자율로 연결될까 하는 문제이다. 아래의 표는 재정적자와 이자율에 대한 역사적 자료를 보여준다. 각 연도에 있어 재정적자는 수입과 지출의 차이에 대한 경상가치이다. 음수는 재정적자이고 양수는 흑자를 의미한다.

연도	재정수지	이자율
1980	$ −73.8	15.3%
1985	−212.3	9.9
1990	−221.0	10.0
1995	−164.0	8.8
2000	236.2	9.2
2005	−318.3	6.2
2010	−1,293.5	3.3

여러분은 이 자료를 근거로 연방정부의 재정적자와 이자율 사이의 관계에 대해 어떤 추론을 할 수 있겠는가? 왜 이 자료에 근거한 추론만으로는 문제가 있을 수 있는지에 대해 설명해보시오.

9. 최근 조사에 따르면 평준화지역이 비평준화지역에 비해서 학생들의 평균 성적이 높은 것으로 나타났다고 가정해보자. 그리고 이를 근거로 일부에서는 "평준화 정책은 비평준화 정책에 비해 학생들의 학업 능력 향상에 긍정적인 영향을 준다"라고 주장한다고 하자. 이런 주장의 문제점들을 본문에서 배운 여러 내용들을 근거로 제시해보시오.

10. [행정고시 2차 2015년 기출문제] 우리나라는 1997년 IMF 외환위기 이후 2007년까지 10년 동안 살인·강도·강간·방화 등 4대 흉악범죄가 2배가량 증가하였다. 그러나 경찰인력은 1970년대 중반 5만 7,000여 명에서 1990년대 중반 16만여 명으로 늘어났다가 1997년 이후 오히려 14만여 명으로 줄어들었고 2009년까지 그 수준을 유지하였다.

흉악범죄를 줄이기 위해 경찰력을 증가시켜야 한다는 여론이 일자 정부가 경찰력 증가를 위한 재정투입을 고려하기로 했다고 가정하자. 이 업무를 담당하게 된 정책담당자는 경찰력 증가효과를 검토하기 위하여 전국에서 시민 1인당 경찰 수로 측정한 경찰력이 높은 도시들과 낮은 도시들의 범죄율을 비교하였다. 비교 결과 경찰력이 낮은 도시의 범죄율이 오히려 더 낮은 것으로 나타났다고 하자. (총 20점)

a. 이런 결과가 나타난 이유가 무엇일지 논리적으로 추론하여 설명하시오. (10점)

b. a에서 추론한 이유를 해결하기 위한 최선의 방법과 그 논리적 타당성을 서술하시오. (10점)

Chapter 3

규범적 분석 도구들

> 정부의 목표는 국민의 후생 증진에 있다. 한 국가의 물질적 진보와 번영은 모든 시민들의 도덕적, 물질적 후생수준의 증진으로 이어질 때만이 바람직한 것이다.
>
> — 시어도어 루스벨트, 전 미국 대통령

어느 날 신문을 집어 드는 순간, 여러분은 곧바로 정부가 해야 하는 역할에 대한 논쟁을 접하게 된다. 소득세를 인상해야 하는가? 근로장려세제(earned income tax credit, EITC)를 더 확대해야 하는가? 취약계층 근로자들의 사회보험료 감면을 추진해야 하는가? 환경친화적 에너지 생산에 보조금을 지급해야 하는가? 최저임금을 올려야 할 것인가? 이러한 질문 목록은 정말로 끝없이 이어질 것이다. 정부의 경제활동이 매우 다양한 형태를 띠고 있기 때문에 일정 정도 일반화된 틀을 통하여 정부 행위를 평가하는 것이 필요할 것이다. 이러한 체계적 틀이 없다면 그야말로 자의적인 기준들에 의해 평가가 좌우되게 되어 일관된 경제정책을 고안해내는 것이 불가능해질 것이다.

3.1 후생경제학

대부분의 재정학자들이 이용하는 분석틀은 후생경제학이다. **후생경제학**(welfare economics)이란 여러 가지 대안적 경제 상태가 과연 사회적으로 바람직한지를 평가하는 경제학의 한 분야이다.[1] 이 장에서는 후생경제학의 가장 근본적인 결과들을 간략히 다루고자 한다. 본 장의 이론은 시장이 바람직한 결과를 도출하는 상황과 그렇지 못한 상황을 구별하는 데 유용하게 사용될 수 있다.

후생경제학(welfare economics)
여러 가지 대안적 경제 상태가 과연 사회적으로 바람직한지를 평가하는 경제학의 한 분야.

3.1.1 순수 교환경제

먼저 단순한 경제를 고려하는데, 공급이 고정된 두 재화가 있으며 이를 소비하는 2명의 소비자를 상정해보자. 여기서 발생하는 유일한 경제적 문제는 두 개인 간에 어떻게 두 재화를 배분하

1 후생경제학 또한 경제학의 기본적 분석방법론을 주로 이용하는데 주로 무차별곡선이 활용된다. 이에 대한 논의로 본 책의 마지막에 있는 부록을 참조하기 바란다.

그림 3.1

에지워스 상자

에지워스 상자는 두 재화의 가능한 배분을 다루는 데 유용하다. 오른쪽 예에서는 사과(음식)와 잎(의복)을 아담과 이브 둘이서 나누는 것이 된다. 상자 Os의 길이는 매년 먹을 수 있는 사과의 공급량이 될 것이고, 높이 Or은 잎의 양이 될 것이다. 점 v에서는 아담은 Ou만큼의 잎과 Ox만큼의 사과를 소비하게 될 것이며, 이브는 $O'w$만큼의 잎과 $O'y$만큼의 사과를 소비하게 된다.

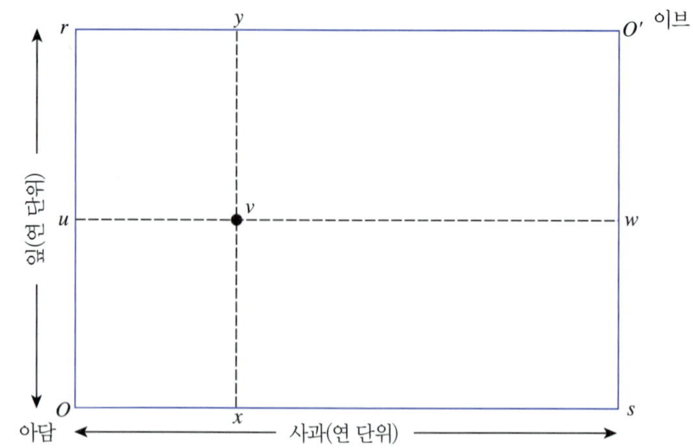

는가이다. 비록 매우 단순한 구조이지만, 2재화-2인 경우가 다수재화-다수개인의 복잡한 상황에서도 대부분 성립하므로 논의의 편의상 이러한 단순 모형을 다루고자 한다.[2]

에지워스 상자(Edgeworth Box)

2재화-2인 경제하에서 재화간의 배분을 묘사할 수 있는 분석도구를 지칭.

여기서 두 사람은 아담과 이브이고 두 재화는 사과(음식)와 잎(의복)이라 하자. **에지워스 상자**(Edgeworth Box)라는 분석도구는 두 재화의 가능한 배분을 다루는 데 유용하다.[3] 〈그림 3.1〉에서 상자 Os의 길이는 매년 먹을 수 있는 사과의 전체 공급량이 될 것이고, 높이 Or은 잎의 전체 공급량이 될 것이다. 아담이 소비하는 재화의 양은 원점 O로부터의 거리에 의해 측정되고, 이브가 소비하는 재화의 양은 원점 O'로부터의 거리에 의해 측정된다. 예를 들어, 점 v에서는 아담은 Ou만큼의 잎과 Ox만큼의 사과를 먹게 될 것이며, 이브는 $O'w$만큼의 잎과 $O'y$만큼의 사과를 먹게 된다. 따라서 에지워스 상자의 점은 아담과 이브에게 있어 사과와 잎의 배분을 의미하게 된다.

이제, 아담과 이브 각 개인의 사과와 잎에 대한 선호를 나타내주는 무차별곡선을 생각해보자. 논의의 편의를 위해 일반적인 형태를 상정하자. 〈그림 3.2〉는 아담과 이브 두 사람의 무차별곡선이 동시에 표현되어 있다. 아담의 무차별곡선은 A로 표시되고 이브의 무차별곡선은 E로 표시되고 있다. 보다 높은 수치와 대응되는 무차별곡선은 보다 높은 효용(행복)을 의미한다. 아담은 A_3에서 A_2 또는 A_1보다 더 행복하다고 생각할 것이며, 이브는 E_3에서 E_2 또는 E_1보다 더 행복하다고 생각할 것이다. 일반적으로 이브의 효용은 남서쪽 방향으로 옮겨갈수록 행복하다고 느낄 것이며, 아담은 그 반대인 북동쪽으로 갈수록 행복하다고 느낄 것이다.

여기서 사과와 잎의 어느 특정 배분점이 선택되었다고 가정해보자. 즉 〈그림 3.3〉의 점 g라 하자. A_g는 점 g를 지나는 아담의 무차별곡선이고 E_g는 이브의 것이다. 다음의 질문을 생각해보자. 아담과 이브에 대한 사과와 잎의 배분을 변경시켜 이브는 현재보다 불행해지지 않지만

2 Nicholson과 Snyder[2012]의 제13장은 본고의 결과를 수리적으로 보이고 있으니 관심이 있는 독자는 참조하기 바란다.

3 19세기 경제학자 F. Y. 에지워스에서 유래하였다.

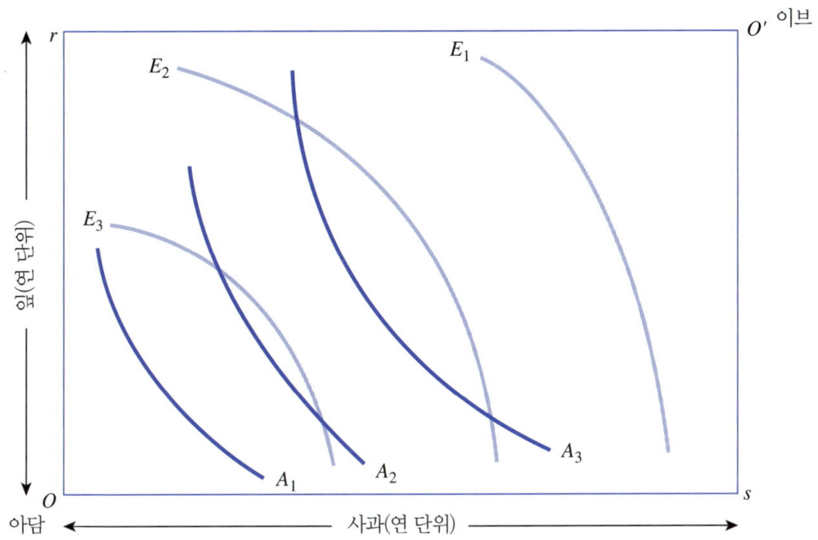

그림 3.2
에지워스 상자에서의 무차별곡선들
아담과 이브 각각은 잎과 사과에 대한 선호를 반영하는 무차별곡선을 가지고 있다. 아담은 상자에서 북동쪽으로 갈수록 행복해지고 있으며, 이브는 그 반대에 해당한다.

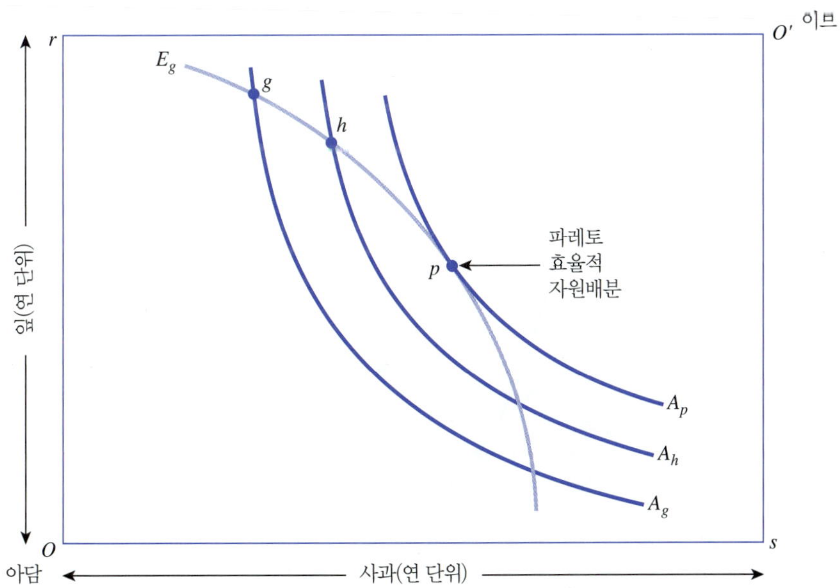

그림 3.3
이브를 불행하게 하지 않으면서 아담을 행복하게 만들기
점 g로부터 h 그리고 p로 이동함에 따라 이브의 효용은 그대로 있는데 아담의 효용은 증가한다. 점 p에서는 한 사람을 불행하게 만들지 않고 다른 사람의 효용을 제고시키는 것이 불가능하다. 따라서 점 p는 파레토 효율적 배분이 된다.

아담은 보다 행복해지게 만들 수 있는가? 잠시 생각해보면 점 h에서 그러한 배분이 가능함을 알 수 있다. 아담은 이 점에서 후생이 더 커지는데, 이는 A_h가 A_g보다 높은 효용을 의미하기 때문이다. 반면 이브는 g에서 h로 옮겨가더라도 원래의 무차별곡선 E_g에 그대로 있기 때문에 후생 면에서 변화가 없다.

이브에게 해를 끼치지 않으면서 아담의 후생이 더 증가할 수 있는가? 아담이 보다 북동쪽 효용함수들로 옮겨감에 따라 E_g에서 그대로 남아 있으면서도 후생은 분명히 더 상승하므로 가능하다. 이러한 과정은 결국 아담의 무차별곡선이 E_g와 접하는 점 p까지 계속될 수 있다. 이러한 점 p 이후에는 아담의 무차별곡선을 A_p보다 더 높이 두려면 이브의 무차별곡선을 더 아래에 둘 수밖에 없다. 점 p에서의 배분에서는 어느 한 사람을 더 행복하게 하려면 나머지 사람을 불행하게 만들 수밖에 없게 되는데 바로 이러한 점을 **파레토 효율적**(Pareto efficient)이라고 부른다.[4] 파레토 효율은 종종 자원배분의 바람직한 정도를 측정하는 기준으로 사용되기도 한다. 만약에 어떤 자원배분이 파레토 효율적이지 않다면 그것은 곧 낭비를 수반한다는 의미인데, 남을 해치지 않고 어느 특정 개인의 후생을 증진시킬 수 있는 가능성이 존재하기 때문이다. 경제학자들이 효율적이라고 말할 때 대부분의 경우 파레토 효율성을 염두에 두고 있다고 보면 된다.

파레토 효율적(Pareto efficient)

어느 한 사람을 불행하게 만들지 않고서는 다른 사람을 더 행복하게 만드는 것이 불가능한 상태가 있다면 그것은 파레토 효율적 배분이 된다.

또 하나의 관련된 개념으로서 **파레토 개선**(Pareto improvement)이 있는데, 남을 해치지 않고 어느 특정 개인의 후생을 증진시킬 수 있는 자원배분을 지칭한다. 〈그림 3.3〉에서 점 g에서 점 h로 옮겨가는 것 또는 점 h에서 점 p로 옮겨가는 것이 여기에 해당한다.

파레토 개선(Pareto improvement)

어느 한 사람도 불행하게 만들지 않고 다른 사람을 더 행복하게 만들 수 있는 것을 파레토 개선이라고 한다.

점 p는 점 g에서 시작하여 도달할 수 있는 유일한 파레토 효율적인 점이 아니다. 〈그림 3.4〉는 아담의 후생을 낮추지 않고 이브의 후생을 높일 수 있는가를 점검하고 있다. 〈그림 3.3〉에서 적용하였던 것과 유사한 논리를 적용하면 자원배분을 무차별곡선 A_g에 묶어두면서 이브를

그림 3.4

아담을 불행하게 하지 않으면서 이브를 행복하게 만들기

점 g로부터 p_1으로 이동함에 따라 아담의 효용은 그대로 있는데 이브의 효용은 증가한다. 점 p_1에서는 어느 한 사람을 불행하게 만들지 않고 다른 사람의 효용을 제고시키는 것이 불가능하다. 따라서 점 p_1는 파레토 효율적 배분이 된다.

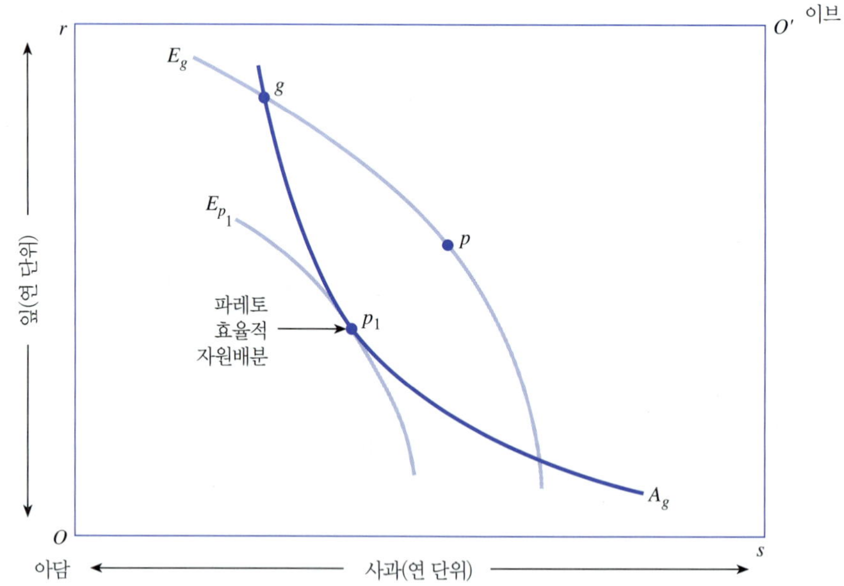

4 19세기 경제학자 빌프레도 파레토에서 유래되었다.

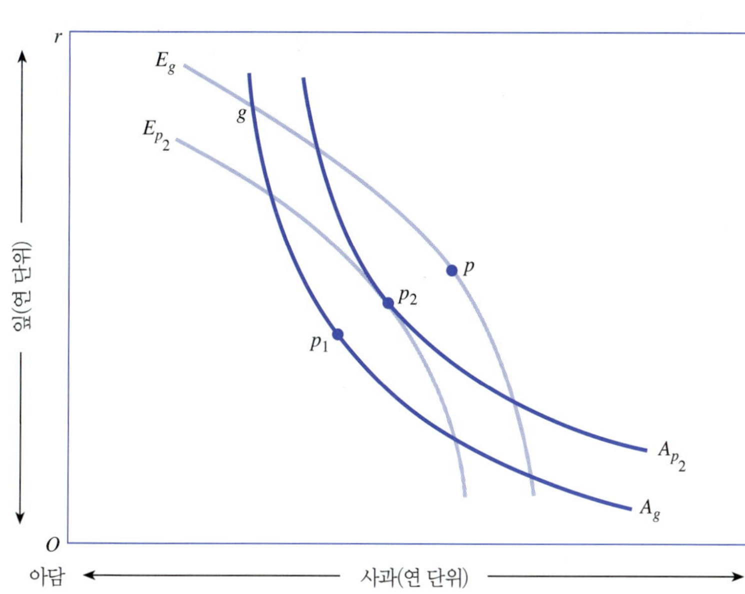

그림 3.5

아담과 이브 모두를 더 행복하게 만들기

점 g로부터 p_2로 이동함에 따라 아담과 이브 모두의 효용을 올려줄 수 있다. 점 p_2에서는 한 사람을 불행하게 만들지 않고 다른 사람의 효용을 제고시키는 것이 불가능하다. 따라서 점 p_2는 파레토 효율적 배분이 된다.

보다 남서쪽의 무차별곡선으로 옮겨가게 하면, 그러한 가능성이 충족됨을 알 수 있다. 그렇게 함으로써 우리는 점 p_1을 골라낼 수 있게 된다. 즉, 점 p_1에서는 이브의 후생을 더 올리려면 아담을 보다 낮은 효용의 무차별곡선으로 밀어내지 않을 수 없다. 바로 그렇다면 정의상 점 p_1은 파레토 효율적 배분이 된다.

지금까지 우리는 어느 한 사람의 후생을 고정해놓고 다른 개인의 후생을 증진시킬 수 있는 자원배분의 변화를 분석하였다. 〈그림 3.5〉에서는 점 g로부터 아담과 이브 모두 더 윤택하게 되는 자원배분을 고려하고 있다. 예를 들어 점 p_2에서는 아담은 점 g보다 더 나은 상태에 있게 되며 이브 또한 그러하다(E_{p_2}가 E_g보다 더 남서쪽에 있기 때문이다). 점 p_2는 파레토 최적이 되는데, 그 점에서는 남을 해치지 않고 어느 특정 개인의 후생을 높일 수 있는 가능성이 존재하지 않기 때문이다. 이제 점 g로부터 시작하여 모든 파레토 최적인 점들의 집합을 찾는 것이 가능하다고 생각할 수 있을 것이다. 이들 파레토 최적점들은 아담과 이브의 효용수준에 있어서는 다르게 된다.

초기점 g가 특정한 의도 없이 임의로 선택되었음을 상기해보자. 어떠한 시작점에서 시작하건 간에 파레토 효율적인 자원배분을 찾는 과정을 반복할 수 있을 것이다. 즉, 만약에 점 k가 〈그림 3.6〉에서 시작점이었다고 한다면 파레토 효율적인 배분인 p_3와 p_4 또한 찾아낼 수 있을 것이다. 이러한 작업은 곧 에지워스 상자에서 모든 파레토 효율적인 점들의 집합을 찾아낼 수 있는데, 이러한 점들의 궤적을 **계약곡선**(contract curve)이라고 부르며 〈그림 3.7〉에서 mm으로 표시된다. 어떠한 파레토 효율적인 배분에 대해서(즉, mm선상에 있는 배분) 그러한 배분은 곧 아담과 이브의 무차별곡선이 서로 접하는 점들이어야 한다는 점을 명심할 필요가 있다. 수

계약곡선(contract curve)

모든 파레토 효율적 점들의 궤적.

그림 3.6
다른 초기점부터 시작하기
점 k로부터 출발하더라도 역시 한 사람을 불행하게 만들지 않고 다른 사람의 효용을 제고시키는 재화의 배분이 가능하다. 즉, 점 p_3 또는 p_4로 이동하는 것은 파레토 효율적 배분이 된다.

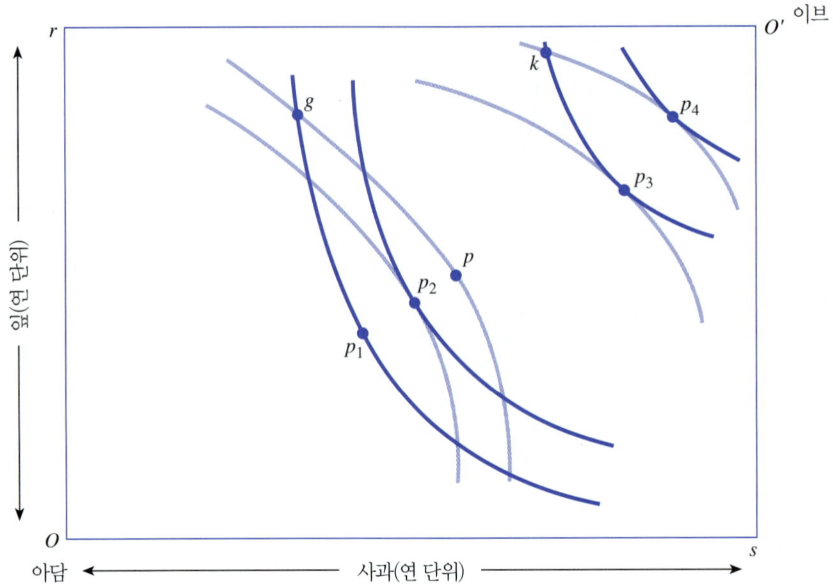

그림 3.7
계약곡선
에지워스 상자에서 아담의 무차별곡선이 이브의 곡선과 접하는 점 모두는 파레토 효율적이며 이 점들의 궤적을 계약곡선이라 부른다.

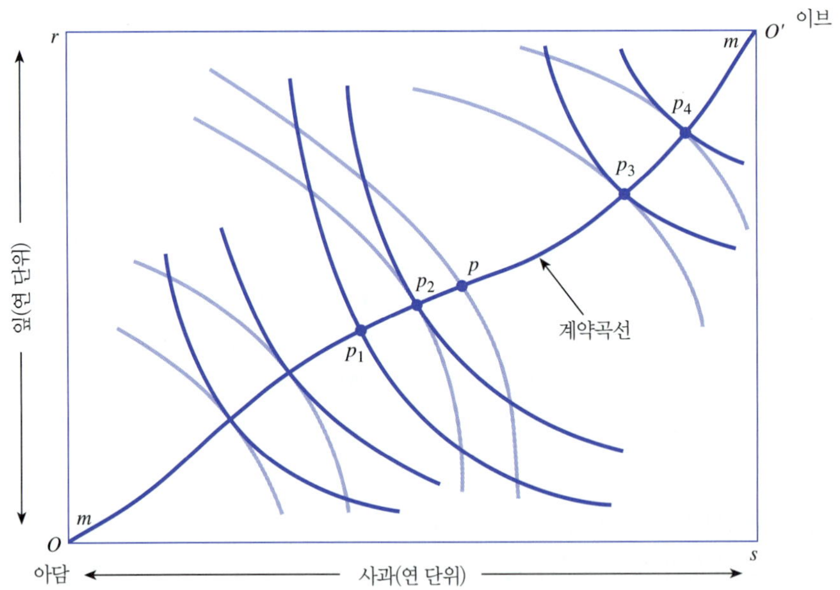

학적인 표현으로서 두 무차별곡선의 접선의 기울기가 같다는 것이 곧 두 곡선이 접하는 것과 같은 의미가 될 것이다. 무차별곡선의 접선의 기울기의 절댓값은 한 개인이 어떤 재화를 한 단위 포기하는 대가로 얻게 되는 다른 재화의 수량을 의미하는 일종의 비율이 되는데, 경제학에

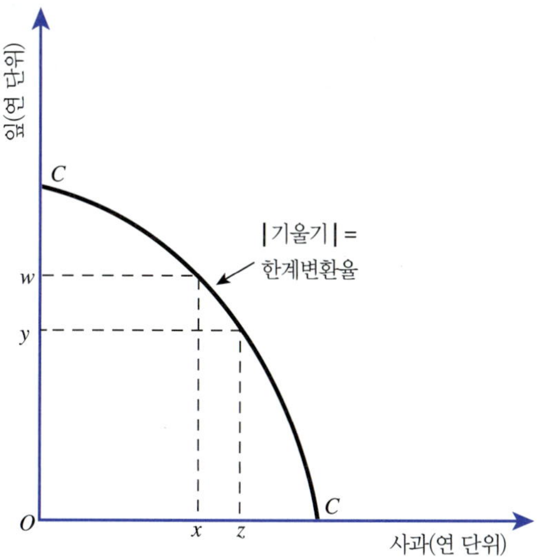

그림 3.8
생산가능곡선
생산가능곡선은 한 재화의 생산이 다른 재화의 생산으로 어떻게 대체될 수 있는지를 보여준다. 요소의 투입이 효율적으로 이루어진다면 사과 생산의 증가는 잎 생산의 감소로 이어지고 그 역도 성립한다. 사과 생산을 잎 생산으로 변환하는 비율을 한계변환율이라고 칭한다.

서는 이를 **한계대체율**(marginal rate of substitution, MRS)이라고 부른다.[5] 한계대체율이란 용어를 사용하여 설명하면, 파레토 효율성은 모든 소비자에 대해서 한계대체율이 동일해야 함을 의미한다.

$$MRS_{af}^{\text{Adam}} = MRS_{af}^{\text{Eve}} \tag{3.1}$$

여기서 MRS_{af}^{Adam}는 아담의 한 단위 사과(a)를 몇 단위 잎(f)과 교환할 수 있는지를 측정하는 한계대체율 그리고 MRS_{af}^{Eve}는 이브의 한계대체율을 의미한다.

> **한계대체율(marginal rate of substitution)**
> 소비자가 동일효용을 유지하는 조건하에서 한 재화를 더 얻는 대신에 다른 재화를 얼마나 포기해야 하는지를 보여주는 비율이다. 기호로서 MRS_{XY}란 X재를 한 단위 더 얻는 대신 Y재를 얼마나 포기해야 하는지 보여주는 척도로서 동일한 무차별곡선상의 어느 한 점에서 계산되는 기울기가 된다. 이는 곧 무차별곡선의 기울기임을 꼭 기억하자.

3.1.2 생산경제

생산가능곡선 지금까지 재화의 공급이 고정되어 있다고 가정하였다. 생산요소가 사과 생산 또는 잎 생산에 투입될 수 있다고 하자. 이 경우 생산요소의 배분에 따라 두 재화의 생산량이 달라진다. 생산요소가 효율적으로 사용된다면, 사과의 생산이 늘면 잎의 생산은 줄어들 수밖에 없을 것이다. **생산가능곡선**(production possibility curve)이란 주어진 사과의 생산량하에서 최대로 생산할 수 있는 잎의 양을 나타내준다.[6] 통상적인 생산가능곡선은 〈그림 3.8〉에서와 같이 CC로 그려진다. 여기서 사회가 선택 가능한 한 점은 Ow만큼의 잎과 Ox만큼의 사과를 생산하는 것이다. 물론 사과의 생산을 Ox로부터 Oz로 xz만큼 더 생산할 수도 있을 것이다. 그러기 위해 생산요소의 투입을 잎 생산에서는 줄이고 사과 생산 쪽으로 증가/대체시켜야 할 것이다. 이때 사과의 추가적 생산 xz를 가능케 하기 위해 잎 생산은 wy만큼 줄어야 한다. 길이 xz 대비

> **생산가능곡선(production possibility curve)**
> 주어진 어떤 재화의 생산량하에서 다른 어떤 재화의 최대생산량을 나타낸 곡선.

5 한계대체율은 이 책의 마지막에 있는 부록에 잘 설명되어 있다.

6 생산가능곡선은 에지워스 상자로부터 얻어질 수 있다. 단, 각 축은 생산요소여야 한다.

한계변환율(marginal rate of transformation)

한 재화의 생산을 다른 재화의 생산으로 변환하는 비율이며, 생산가능곡선의 기울기와 같다.

한계비용(marginal cost)

재화 한 단위를 더 생산하는 데 소요되는 추가적 비용.

길이 wy의 비율을 잎에 대한 사과의 **한계변환율**(marginal rate of transformation, MRT)이라고 명하는데 그 이유는 경제가 사과 생산을 잎 생산으로 전환하는 비율을 의미하기 때문이다. MRS_{af}가 무차별곡선의 기울기의 절댓값을 의미하는 것처럼 MRT_{af}도 생산가능곡선의 접선의 기울기의 절댓값을 의미한다.

한계변환율을 **한계비용**(marginal cost, MC)—한 단위의 추가적 산출물을 얻기 위해 수반되는 추가적 생산비용—을 이용하여 표현하는 것이 분석 시 매우 유용하다. 한 사회가 사과의 생산을 xz만큼 늘리기 위해 잎을 wy만큼 포기해야 함을 상기하자. 실제로 길이 wy는 사과를 생산하는 데 따라 추가적으로 발생하는 비용이 되므로 이를 MC_a라고 부르자. 유사한 방식으로 길이 xz는 잎 생산을 위해 추가적으로 발생하는 비용(즉, 포기한 사과의 가치), MC_f가 된다. 정의상 생산가능곡선의 기울기의 절댓값은 wy를 xz로 나눈 값인데 이는 곧 MC_a/MC_f가 된다. 그런데 또한 정의상 생산가능곡선의 접선의 기울기의 절댓값이 한계변환율이 되므로 다음과 같은 식을 얻게 된다.

$$MRT_{af} = \frac{MC_a}{MC_f} \tag{3.2}$$

생산이 가능한 경우의 효율성 조건 사과와 잎의 공급량이 선택 가능한 것이라면, 식 (3.1)의 파레토 효율성 조건이 생산효율성을 포괄할 수 있도록 확대되어야 한다. 즉, 새로운 파레토 효율성 조건이란 다음과 같다.

$$MRT_{af} = MRS_{af}^{\text{Adam}} = MRS_{af}^{\text{Eve}} \tag{3.3}$$

왜 그러한지를 살펴보기 위해 다음과 같은 산술적 예를 살펴보자. 주어진 자원배분에서 아담의 한계대체율 MRS_{af}가 1/3이고, 한계변환율 MRT_{af}가 2/3라고 하자. MRT_{af}의 정의에 따라 본 자원배분하에서는 2개의 잎이 사과 3개를 포기하면 생산될 수 있다. 한편 MRS_{af}의 정의에 따르면 만약에 아담이 3개의 사과를 잃게 되면 효용의 유지를 위해 그 대가로 잎 하나를 보상받고자 할 것이다. 따라서 아담은 3개의 사과를 포기하고 이를 2개의 잎으로 전환시키면 누구도 이러한 과정에서 손해를 보지 않게 된다. 이러한 거래는 항상 가능한데, 즉 한계대체율이 한계변환율과 같지 않는 한 항시 이러한 방식의 거래를 추구할 수 있다. 오직 각 개인의 무차별곡선의 기울기가 같을 때만 이러한 파레토 개선이 불가능한 것이다. 따라서 $MRT_{af} = MRS_{af}$는 파레토 효율성을 보장하기 위한 '필요조건'이 된다. 사과가 잎으로 전환되는 비율이 소비자가 사과를 잎과 거래하는 비율과 같아야 한다는 것이다.

식 (3.2)를 이용하면 파레토 효율성의 조건들을 한계비용을 이용하여 재해석할 수 있다. 식 (3.2)를 식 (3.3)에 대입하면 곧

$$\frac{MC_a}{MC_f} = MRS_{af}^{\text{Adam}} = MRS_{af}^{\text{Eve}} \tag{3.4}$$

를 얻는데 이는 파레토 효율성을 위한 필요조건이 된다.

3.2 후생경제학의 제1정리

파레토 효율성을 위한 필요조건에 대해 알아보았으므로, 주어진 경제가 파레토 효율성이 의미하는 바람직한 상태에 도달할 수 있는지를 알아보기로 한다. 바람직한 상태에 도달하기 위해서 경제의 운영방식에 어떠한 가정을 도입해야 하는지 2가지를 가정하자. 1) 모든 생산자와 소비자가 완전경쟁적으로 행동한다. 즉 누구도 시장지배력을 갖고 있지 않다. 2) 모든 재화에 대해 시장이 존재한다. **후생경제학의 제1정리**란 이러한 가정하에서 파레토 효율적인 자원배분이 발생한다는 점을 보이고 있다. 실제로 이러한 놀라운 결과는 경쟁시장이 자동적으로, 자원배분에 관한 중앙집권적 지시나 통제 없이(아담 스미스가 말하는 '보이지 않는 손'에 의해), 자원을 효율적으로 배분함을 말해주고 있다. 한편으로는 후생경제학의 제1정리란 오랫동안 알려져 왔던 직관을 정형화하는 것에 지나지 않는다. 즉, 재화와 용역을 공급하는 데 있어서 자유 기업 시스템이 가장 효율적이다.[7]

본 정리의 엄밀한 증명은 상당히 수준 높은 수학을 사용해야 할 것이나, 다음과 같은 직관적 설명이 가능하다. 경쟁의 핵심은 모든 이가 같은 가격에 직면한다는 것이다. 모든 소비자와 생산자가 전체 시장에 비해 너무나 작은 존재이므로 그들의 개별적 경제행위는 가격에 영향을 미치지 못한다. 이것이 우리의 예에서는 아담과 이브 둘 다 잎과 사과 각각에 대해 둘 다 동일한 가격을 지불한다는 것을 의미한다. 소비자선택이론으로부터 유도되는 기본적 결과는[8] 아담이 효용을 극대화하기 위한 필요조건으로서 다음이 성립한다.

$$MRS_{af}^{\text{Adam}} = \frac{P_a}{P_f} \tag{3.5}$$

유사하게, 동일하게 이브의 효용극대화에 의한 소비선택은 다음을 만족한다.

$$MRS_{af}^{\text{Eve}} = \frac{P_a}{P_f} \tag{3.6}$$

식 (3.5)와 (3.6)을 합하면 다음을 얻는다.

$$MRS_{af}^{\text{Adam}} = MRS_{af}^{\text{Eve}}$$

이 조건은 곧 식 (3.1)과 같은데 이것은 파레토 효율성의 필요조건이 된다.

그러나 이전 절에서 강조되었듯이, 우리의 논의에 생산 측면 또한 반드시 고려되어야 한다. 경제이론의 기본적 결과에 따르면, 이윤극대화를 실시하는 경쟁적 기업은 한계비용과 가격이 같아지는 점까지 생산을 하게 된다. 우리의 예에서 이것은 $P_a = MC_a$ 그리고 $P_f = MC_f$이기 때문에 다음이 성립한다.

$$\frac{MC_a}{MC_f} = \frac{P_a}{P_f} \tag{3.7}$$

7 카를 마르크스와 프리드리히 엥겔스의 『공산당 선언』 제1부에 따르면, "100년의 통치 동안 유산계급 집단은 이전 세대를 모두 합친 것보다 많은 엄청난 생산력을 창출했다"라고 서술하고 있다[Tucker, 1978, p. 477].

8 이 결과는 이 책 마지막에 있는 부록에 있다.

그런데 식 (3.2)로부터 MC_a/MC_f가 곧 한계대체율이 된다. 따라서 식 (3.7)은 다음을 의미한다.

$$MRT_{af} = \frac{P_a}{P_f} \tag{3.8}$$

자, 이제 식 (3.5), (3.6) 그리고 (3.8)을 잘 결합하면서 동시에 P_a/P_f가 각각의 오른쪽에 나타나고 있다는 것에 주목하자. 따라서 이들 3개의 식 모두를 결합하면, 곧 $MRS_{af}^{\text{Adam}} = MRS_{af}^{\text{Eve}} = MRT_{af}$가 되는데 이는 다름 아닌 파레토 효율성 조건이 된다. 경제주체 모두의 극대화 행위가 이러한 효율적 결과를 자아내게 된 것이다.

마지막으로 식 (3.4)를 이용하면 한계비용을 이용하여 파레토 효율성의 필요조건을 적을 수 있다. 즉, 식 (3.5) 또는 (3.6)을 (3.4)에 대입하면 다음 식을 얻는다.

$$\frac{P_a}{P_f} = \frac{MC_a}{MC_f} \tag{3.9}$$

파레토 최적은 가격의 비율이 곧 한계비용의 비율과 같아져야 한다는 것인데, 경쟁이라는 힘을 통해 이러한 조건이 성립되도록 한다는 것이다. 한 재화의 한계비용이란 이를 제공하기 위해 사회에 부과하는 추가적 비용을 말한다. 식 (3.9)에 따르면 효율성은 곧 개별 재화의 추가적 비용이 재화의 가격에 반영되어 있어야 함을 의미한다.

3.3 공평성과 후생경제학의 제2정리

잘 작동하는 경쟁적 시장이 자원을 효율적으로 배분하다면, 정부는 과연 어떠한 역할을 수행해야 할 것인가? 오직 작은 정부만이 적절할 것 같다. 주요 기능이란 재산권을 보호해서 시장이 잘 작동하도록 하는 것일 수 있다. 정부는 또한 법과 질서, 사법시스템 그리고 국방서비스를 제공할 수 있다. 이 이상의 어떠한 것도 과도하다고 볼 수 있다. 그러나 이러한 논리는 후생경제학의 제1정리를 피상적으로 이해했기 때문이며, 여러 다른 고려를 추가하면 다른 결론이 도출될 수도 있다. 예를 들어, 효율성만이 자원배분 평가의 유일한 기준으로 암묵적으로 가정되었는데, 가정된 파레토 효율성만이 바람직한 것이라고 단정할 수 없다.

왜 그러한지 살펴보기 위해 재화의 공급이 이미 정해져 있는 단순 모형으로 다시 돌아가보자. 〈그림 3.9〉는 〈그림 3.7〉에서 유도된 계약곡선 mm을 다시 그린 것이다. 2가지 자원배분 그림의 왼쪽하단에 있는 점 p_5와 중앙 정도에 있는 점 q를 비교해보자. 점 p_5가 계약곡선상에 있으므로 정의상 파레토 최적이라 할 수 있다. 반면 점 q는 비효율적이다. 그렇다면 자원배분 p_5가 더 낫다고 할 수 있는가? 답은 과연 무슨 기준을 적용했느냐에 따라 달라진다. 사회가 실질소득을 보다 균등하게 배분하는 것을 선호한다면 q가 비효율적일지라도, q가 p_5보다 더 나을 수 있다. 반면, 사회가 분배 문제에 관심이 없다면 또는 아담보다 이브에 대해 보다 관심을 보인다면 이 경우 p_5가 q보다 선호될 것이다.

강조하고자 하는 점은 파레토 효율성 그 자체가 자원배분점들을 평가하기에는 충분치 않다는 것이다. 실제로 효용 배분의 공평성에 대한 명시적인 가치판단이 도입되어야만이 자원배분점이 평가될 수 있다. 이러한 생각을 정형화하기 위해, 계약곡선이 이브의 주어진 어떠한 효용

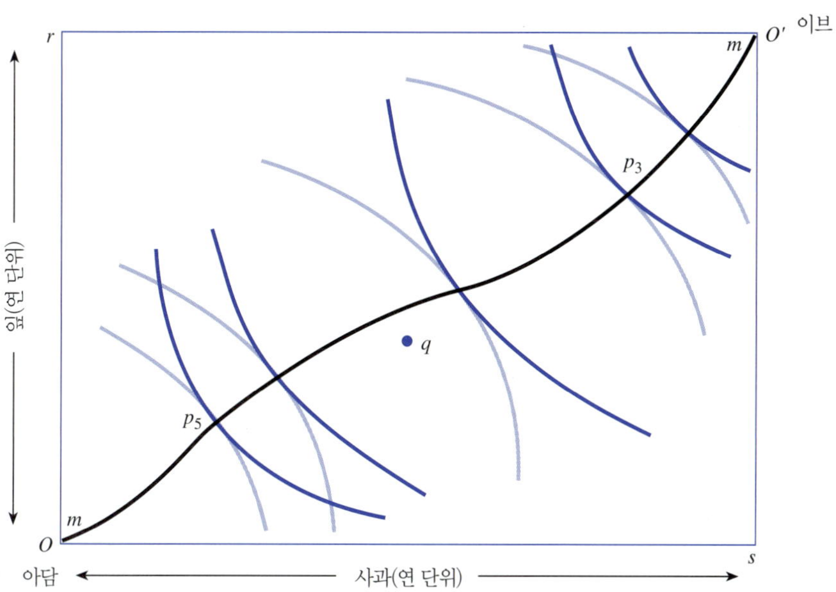

그림 3.9
효율성과 공평성

점 p_5는 파레토 효율적이지만 점 q는 그렇지 않다. 그러나 사회가 점 q를 보다 선호할 수 있는데 그 점에서 두 재화를 좀 더 공평하게 나누어 소비하기 때문이다.

하에서 아담의 효용을 극대화한다는 점을 상기해보자. 〈그림 3.10〉에서는 이브의 효용이 수평선으로 측정되고 아담의 효용은 수직선으로 측정되고 있다. UU 곡선은 계약곡선으로부터 유도한 **효용가능곡선**(utility possibilities curve)이다.[9] 이 곡선은 다른 한 개인의 효용을 고정시킨 후 얻을 수 있는 한 개인의 최대 효용을 보여준다. 점 $\tilde{p}_5$는 계약곡선상의 점 p_5(〈그림 3.9〉에 있는)에 상응하는 점이다. 여기서 이브의 효용이 아담보다 상대적으로 높다. 〈그림 3.10〉의 점 $\tilde{p}_3$는 〈그림 3.9〉의 점 p_3에 해당하는데 이브의 효용이 아담보다 상대적으로 낮게 된다. 점 $\tilde{q}$는 〈그림 3.9〉의 점 q에 상응한다. 점 q는 계약곡선에서 벗어나 있으므로 점 $\tilde{q}$는 효용가능곡선 아래에 위치하는데, 다른 사람의 효용을 낮추지 않고 어느 한 사람의 효용을 끌어올릴 수 있음을 의미한다.

효용가능곡선(utility possibilities curve)
다른 사람의 효용이 주어졌을 때 자신이 얻게 되는 효용의 최댓값을 보여주는 그래프.

효용가능곡선상에 있는 또는 그 아래에 위치하는 모든 점들은 한 사회에 의해 선택될 수 있는 점들이며 그 바깥에 있는 점들은 도달 불가능한 점들이다. 정의상 곡선 UU상에 있는 모든 점들은 파레토 최적이 되지만, 이들은 아담과 이브 간에 매우 다른 실질소득의 분배를 의미한다. 어떠한 점이 최적인가? 이러한 질문에 대한 전통적인 답은 바로 **사회후생함수**(social welfare function)를 상정함으로써 구하고 있다. 즉 사회후생함수는 아담과 이브 간의 바람직한 상대적 배분에 대한 사회적 시각을 담고 있다. 사회후생함수는 사회의 후생이 어떻게 개별 구성원들의 후생과 관계되는가를 표현해준다. 다음과 같은 방식으로 생각해보자. 한 개인의 후

사회후생함수(social welfare function)
사회구성원 각각의 효용이 전체 사회의 후생에 미치는 영향에 관한 견해를 반영해놓은 함수.

9 〈그림 3.8〉에 그린 생산가능곡선은 기울기의 절댓값이 계속 증가한다는 가정하에서 그린 것이다. 사과를 보다 많이 생산할 경우 포기되는 잎의 양도 늘어난다는 것이다. 그러나 개인의 효용 간에 그러한 가정을 할 특별한 이유가 존재하지 않는다. 바로 이러한 이유 때문에 효용가능곡선이 부드럽지 않고 다소 굴곡이 있는 형태로 그려졌다.

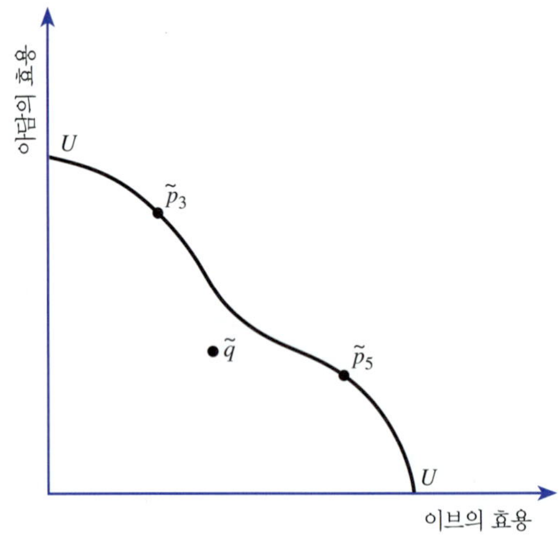

그림 3.10

효용가능곡선

효용가능곡선은 다른 사람의 효용이 주어졌을 때 자신이 얻게 되는 효용의 최댓값을 보여주는 그래프로서 곡선상의 모든 점은 효율적이고 곡선 아래의 점은 파레토 효율적이지 못하다.

생이 그 사람이 소비하는 재화의 양에 의존한다고 보듯이, 사회의 후생은 개별 구성원들의 효용에 의존하고 있다. 수학적으로 사회후생 W는 개별 구성원의 효용의 함수가 된다.

$$W = F(U^{\text{Adam}}, U^{\text{Eve}}) \tag{3.10}$$

우리는 사회후생의 가치가 사회구성원의 효용 U^{Adam} 또는 U^{Eve}가 증가할수록 상승한다고 본다. 즉 구성원들 중 누가 잘되더라도 사회는 더 나아진다고 가정한다. 물론 어떻게 사회가 이들의 선호를 명시적으로 표현하는지에 대해 아무것도 언급하지 않았다. 어떤 조건하에서 사회구성원들이 각자의 효용에 대해 어떻게 순서를 매길 것인지에 대해 동의하지 않을 수도 있고 따라서 사회후생함수가 존재하지 않을 수 있다. 여기서는 이러한 문제 없이 사회후생함수가 존재한다고 가정하자.

한 개인의 재화에 대한 효용함수로부터 여러 개 무차별곡선(즉, 무차별지도)을 그려낼 수 있듯이, 사회후생함수로부터 구성원들의 효용의 조합들에 대해 여러 개의 사회 무차별곡선을 그릴 수 있다. 이들 곡선의 우하향하는 모습은 이브의 효용이 감소할 때 주어진 사회후생 수준을 유지하기 위해 아담의 효용을 증가시켜야 함을 의미한다. 사회후생의 수준은 북동쪽으로 갈수록 증가하는데, 다른 조건이 일정할 때 어느 한 개인이라도 그의 효용을 증가하면 사회후생 수준이 높아짐을 나타내고 있다.

〈그림 3.12〉에서는 〈그림 3.10〉에 있는 사회무차별곡선과 효용가능곡선이 함께 그려져 대비되고 있다. 점 *i*가 파레토 효율적이고 점 *ii*는 비효율적이지만, 점 *i*는 점 *ii*만큼 바람직하지 않다. 여기서 사회후생함수에 반영된 사회의 가치판단은 실질소득의 보다 균등한 배분을 선호하도록 설정되어 있는데, 비록 비효율적이라도 그러한 선호를 보이고 있다. 물론 점 *iii*가 이들 중 어느 것보다 선호되고 있는데 이것은 효율적이며 동시에 공평한 것으로 인식된다.

후생경제학의 제1정리에 따르면, 경쟁시스템이 잘 작동하고 있는 경우 자원배분은 효용가능곡선상의 어떤 관점에서 이루어지게 된다. 그러나 이러한 점이 사회후생을 극대화하는 어떠

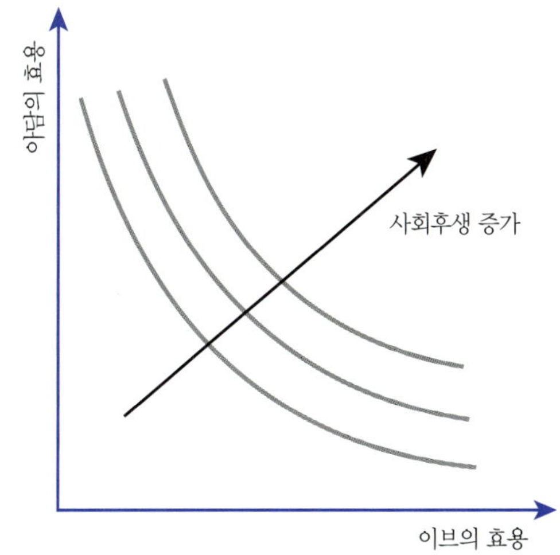

그림 3.11
사회무차별곡선
사회무차별곡선은 한 사회가 한 사람의 효용 증가에 대해 다른 사람의 효용 감소를 얼마만큼 용인하는가를 보여준다. 본 곡선이 북동쪽으로 이동할수록 후생은 증가한다.

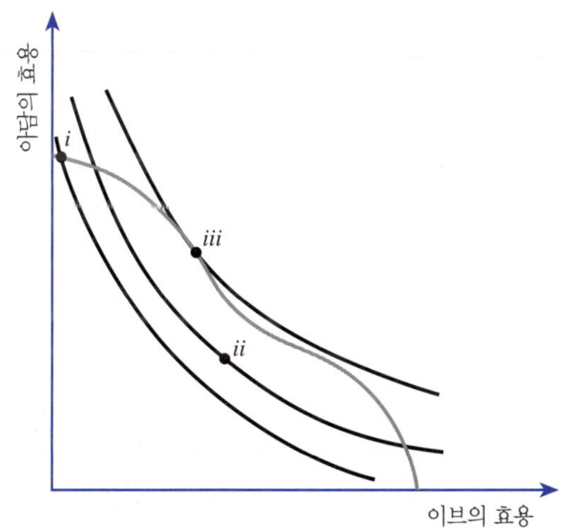

그림 3.12
사회후생을 극대화하기
점 *i*는 파레토 효율적이지만 비효율적인 점 *ii*에서 보다 높은 사회후생을 창출한다. 그리고 점 *iii*에서 보다 높은 사회후생을 얻는데, 이 점에서는 효율적이고도 '공평'하다.

한 특정점이라고 주장할 근거는 없다. 한 경제가 파레토 효율적인 자원배분을 달성했다고 할지라도, 공평한 효용의 배분을 달성하기 위해서는 정부의 개입이 필요할 수도 있다.

정부가 과연 후생 극대화점을 찾기 위해 시장에 직접적으로 개입해야 하는가? 예를 들어, 빈곤층이 소비하고 있는 재화의 가격에 한도를 설정하는 등 시장개입을 해야 하는가? 답은 "그렇지 않다"이다. **후생경제학의 제2정리**에 따르면, 한 사회가 초기 부존자원을 적절히 선택한 후 사람들이 자유롭게 거래하도록 허용하면 어떠한 파레토 효율적인 배분도 달성이 가능하다.[10]

10 본 결과의 증명은 몇 가지 조건이 충족될 때 가능하다. 예를 들어 무차별곡선이 표준적으로 원점에서 볼록한 형태여야 한다.

개략적으로 말해서, 소득을 적절히 재분배하고 난 다음에는 더 이상 간섭을 하지 않고 시장이 스스로 작동하게 두면, 정부는 효용가능곡선의 어떠한 점(예: 파레토 효율적이면서도 사회적으로 공평하다고 인식되는 배분)이라도 시장에 의해 달성할 수 있다는 것이다.

Tim Harford[2006]는 후생경제학의 제2정리를 100m 달리기에 비유함으로써 그 내용을 설명하고 있다.

> 만약에 여러분의 목표가 선수 모두가 100m 선을 다 같이 통과하게 만드는 것이라면, 가장 빠르게 달리는 첫 번째 주자에게 천천히 달리라고 요구하고, 모든 선수들이 같이 손을 잡고 100m 선을 통과하여야 한다고 경기의 규칙을 바꾸는 것을 고려할 수 있다. 이 경우 재능의 '낭비'가 발생하여 바람직하지 못하다. 이러한 방식 대신에 각자의 출발점을 앞으로 또는 뒤로 옮겨놓을 수 있다. 이 경우 모두가 최선을 다해 달리더라도 마지막에는 거의 동시에 모든 선수가 결승선을 통과하도록 만들 수 있다[pp. 73–74].

소득에 대한 과세를 통해 형평성을 추구하는 것은 가장 빠르게 달리는 첫 번째 주자에게 천천히 달리라고 요구하는 것과 유사한데, 과세가 곧 소득을 증진하려는 행위를 징벌하는 것이기 때문이다. 그러나 초기 부존자원을 재배분하는 것은 출발점을 앞으로 또는 뒤로 옮겨놓는 것과 유사하다. 후생경제학의 제2정리는 이렇게 하는 것이 효율성을 저해하지 않고 공평성을 추구하는 보다 나은 수단임을 보여준다.

후생경제학의 제2정리는 적어도 이론적으로는 효율성의 논의로부터 분배적 공평성에 관한 논의를 분리해낼 수 있다는 함의 때문에 매우 중요하다. 만약에 사회가 현재의 자원배분을 불공정한 것으로 판단한다고 해서 정부가 시장가격체계에 간섭하거나 효율성을 해칠 필요가 없다는 것이다. 공정하다고 생각되는 방식으로 사람들 간 자원을 이전하면 효율성 훼손 없이 공평성을 개선할 수 있다. 물론 이러한 이론에도 불구하고 정부는 자원을 재배분할 구체적 방식이 필요하고, 그렇게 하는 방식 또는 메커니즘 자체(예: 조세)가 대부분의 경우 비효율을 창출한다. 우리는 효율성과 공평성에 관한 관계를 제16장에서 논의한다.

지금까지 논의한 공평성 문제에 추가하여, 후생경제학의 제1정리가 반드시 최소 정부를 의미하지 않는 또 하나의 이유가 있다. 제1정리가 성립하기 위한 기본가정들이 실제 현실의 시장들에서 만족되지 않을 수도 있는데, 이러한 경우 시장에 의한 자원배분은 비효율적일 수 있음을 다음 절에서 상세히 논의한다.

3.4 시장의 실패

너무도 유명한 고전 영화 《카사블랑카》를 보면 무언가가 잘못된 것 같을 때 경찰서장은 "단골 용의자를 검거하라"는 지시를 내린다. 유사한 맥락에서 시장이 자원을 효율적으로 배분하지 못할 경우, 경제학자는 자원배분 실패를 초래하는 몇 가지 주된 원인들을 생각한다. 이미 앞에서 언급되었던 바와 같이, 자원배분의 비효율성을 초래하는 주요한 2가지 문제점은 시장지배력과 시장의 부재이다.

3.4.1 시장지배력

후생경제학의 제1정리는 소비자와 기업 모두 가격수용자일 때만 성립한다. 만약에 이들 중 누군가가 가격에 영향을 미칠 수 있는 가격설정자라면, 자원배분은 일반적으로 비효율적이 된다. 왜 그러한가? 시장지배력을 가진 기업은 적은 수량을 높은 가격에 판매함으로써 자신의 이윤을 보다 크게 만들 것이다. 이 경우 재화는 사회적으로 최적인 양보다 적게 생산되며, 가격은 한계비용보다 높게 된다. 이는 파레토 효율성 필요조건인 식 (3.9)가 위배됨을 의미한다.

가격설정자의 행위는 여러 가지 맥락에서 발생할 수 있다. 가장 극단적 경우는 **독점**(monopoly)이다. 독점시장에는 공급자가 단 하나이며, 진입장벽으로 다른 기업이 진입하지 못한다. 이보다 덜 극단적인 경우가 과점인데, 이러한 과점산업에서의 기업들도 한계비용보다 높은 가격으로 상품을 판매할 수 있다. 마지막으로 몇몇 산업에서는 타 기업의 제품과 차별화된 제품을 생산함으로써 기업의 수는 많으나 개별 기업들이 일정 수준의 시장지배력을 가질 수 있다. 이러한 시장구조를 독점적 경쟁이라 부른다. 예를 들어, 조깅화를 생산하는 기업이 많지만, 많은 소비자들은 리복, 나이키, 아디다스 등의 신발을 서로 다른 재화로 받아들이는 경우가 여기에 해당한다.

> 독점(monopoly)
> 재화의 공급자가 하나밖에 없는 시장.

3.4.2 시장의 부재

후생경제학의 제1정리는 모든 재화에 대해 시장이 존재한다는 가정에 기초해 있다. 모든 재화 각각에 대해서 대응하는 시장이 존재하지 않는다면, 우리는 시장을 통해 자원이 효율적으로 배분되기를 기대하기 어렵다. 현실에서 시장이 형성되지 못한 재화들이 존재한다. 예를 들어, 보험을 생각해보자. 알다시피 보험이란 불확실성의 세계에서 아주 중요한 재화가 된다. 유명한 보험회사들이 존재하고 있음에도 불구하고 상당히 많은 사건들에 대해 시장에서 보험을 구입하는 것이 불가능하다. 예를 들어 여러분이 가난하게 될 가능성에 대해 보험을 든다고 생각해보자. 경쟁적 기업이 이러한 '가난보험'을 공급하는 것이 수지타산이 맞는다고 생각하겠는가? 답은 "그렇지 않다"이다. 왜냐하면 여러분이 그러한 보험을 구입하면 아마도 열심히 일하려 하지 않을 것이기 때문이다. 이러한 행동을 막고자 보험회사가 여러분의 행위를 감독하려 하겠지만, 여러분의 낮은 소득이 과연 운이 나빠서 그러한 것인지 아니면 태만에 의한 것인지 구분하는 것은 매우 어렵거나 불가능하다. 따라서 가난보험에 대한 시장이 형성되지 못할 것이다. 따라서 이러한 보험을 구매할 수 없게 된다.

여기에서의 문제점이 **정보의 비대칭성**(asymmetric information)이다. 즉 거래에 있어서 어느 한편이 다른 편은 접근이 불가능한 정보를 갖는 문제라 할 수 있다. 정부의 소득지원 프로그램들의 정당성이란 민간시장에서 공급이 불가능한 보험을 제공하는 데에 있다. 이 경우 '보험'에 대한 '보험료' 징수는 여러분이 버는 소득에 조세를 부과함으로써 걷히게 된다. 가난이라는 사건이 발생할 경우 복지급여의 형식으로 보험금이 지급될 것이다.

> 정보의 비대칭성(asymmetric information)
> 정보의 비대칭성이란 거래 당사자 간에 한쪽이 다른 쪽에 비해 많은 정보를 갖고 있을 때 발생하는 상황을 지칭한다.

시장이 존재하지 않음으로써 발생하는 비효율성의 또 다른 원인은 **외부성**(externality)이다. 외부성이란 한 개인의 행위가 시장을 통하지 않고 다른 이의 효용에 영향을 주는 상황을 의미한다. 예를 들어 여러분의 룸메이트가 담배를 피우고 방 안 공기를 오염시키고 있다고 하자. 왜

> 외부성(externality)
> 한 경제주체의 행위가 다른 주체의 후생에 시장을 통하지 않고 영향을 줄 때 외부성이 발생하였다고 봄.

이러한 행위가 비효율적인가? 여러분의 룸메이트는 담배를 피우는 동안 방 안의 쾌적한 공기라는 희소한 자원을 소비하고 있는데, 문제는 그로 하여금 가격을 지불하게 강제할 수 있는 시장이 존재하지 않는다는 것이다. 사실상 쾌적한 공기의 가격이 0으로 되어 있어 이에 대한 과도한 소비가 나타나고 있다. 이 경우, 가격시스템이 재화의 기회비용에 대한 올바른 신호를 제공해주지 못하고 있다.

후생경제학은 외부성에 대하여 생각해볼 수 있는 유용한 틀을 제공한다. 식 (3.9)를 유도함에 있어서 사적 한계비용이 사회적 한계비용과 같다고 암묵적으로 가정되었다. 담배의 예에서는 룸메이트가 소비하는 담배의 사적 비용이 사회적 비용에 못 미치는데, 그가 소비하는 맑은 공기에 대해 돈을 지불하지 않기 때문이다. 담배의 가격은 사적 한계비용에 해당하는데 이는 사회적 한계비용을 정확히 반영하지 못하고 있다. 따라서 식 (3.9)가 충족이 되지 않아 자원의 배분이 비효율적으로 되는 것이다. 외부성은 양(+)수일 수도 있는데, 양의 외부성은 남에게 시장을 통하지 않고 혜택을 부여하는 행위에 해당한다. 분자생물학자가 유전자를 잘게 잘라낼 수 있는 신기술에 대한 논문을 출간했고, 이러한 기술은 제약회사에게 매우 유용하게 사용될 수 있다고 하자. 이러한 양의 외부성의 경우, 시장에서 결정되는 생산량은 사회적 최적 생산량보다 과소하게 되어 비효율성이 발생한다.

공공재(public good)

소비에 있어서 비경합적이고 비배제적인 재화.

외부성과 밀접하게 관련된 재화로 **공공재**(public good)가 있다. 공공재란 소비에 있어서 비경합적이고 비배제성을 지닌 재화를 의미한다. 비경합성이란 한 개인의 소비가 다른 이의 소비에 방해받지 않는다는 뜻이며, 비배제성이란 다른 사람의 소비를 배제하는 것이 비용이 매우 많이 들거나 불가능함을 의미한다. 공공재의 대표적 예는 등대이다. 등대가 불을 밝혔을 때 인근의 모든 배들이 불빛의 혜택을 누리게 된다. 어느 한 사람이 등대서비스 혜택을 누리는 것이 다른 사람들이 동시에 그 혜택을 누리는 것을 방해하지 않는다. 그리고 다른 사람들이 불빛 혜택을 누리지 못하도록 배제하는 것은 매우 어렵다.

사람들은 공공재가 얼마나 유용한지에 대한 선호를 표출하지 않을 유인을 갖고 있다. 등대가 나에게 유용하다고 하자. 그러나 나는 등대가 켜지면 내가 등대서비스에 돈을 내든 그렇지 않든지 간에 등대서비스를 받을 수 있다는 것을 알게 된다. 이 경우 나는 등대가 나에게 아무런 의미가 없다고 주장할 수도 있는 것이다. 불행히도 모든 사람이 이러한 유인을 갖게 되고 따라서 등대가 비록 매우 유용한 것일지라도 건설되기 어려울 것이다. 시장기제가 사람들로 하여금 공공재에 대한 자신들의 선호를 표출하도록 강제하지 못하여 사람들에게 공급되는 공공재의 양이 과소하게 될 수 있다.

3.4.3 요약

후생경제학 제1정리는 잘 작동하는 경쟁적 시장하에서 정부의 개입 없이 파레토 효율적인 자원배분이 달성됨을 의미한다. 그러나 효율적 자원배분 자체가 사회적으로 바람직한 것인지는 명백하지 않다. 많은 사람들은 분배의 공평성도 고려되어야 한다고 주장한다. 이러한 공평성 고려에 덧붙여, 현실 경제에서 불완전 경쟁과 시장의 미비라는 시장실패가 발생한다. 따라서 시장에 의한 자원의 배분이 효율적이지 않을 수 있고, 이러한 경우 정부가 개입하여 경제적 효율성을 제고할 기회가 된다.

효율성에서 문제가 발생할 경우, 정부 개입 여부를 고려하여야 하지만 정부가 반드시 개입하여야 하는 것은 아니다. 왜냐하면 시장에 의한 자원배분이 불완전하다는 것이 정부가 더 잘할 수 있음을 의미하는 것은 아니기 때문이다. 예를 들어, 외부성을 치유하기 위한 정부기구를 만드는 비용이 외부성 비용 자체보다 더 클 수도 있다. 더욱이 정부도 우리처럼 실수를 범한다. 어떤 사람들은 정부가 태생적으로 비효율적이라고 지적하면서, 이론상으로 정부가 현 상태를 개선할 수 있지만 실제로는 결코 그렇게 하지 못한다고 주장한다. 물론 이러한 주장은 지나친 것일 수 있다. 하지만 후생경제학을 이용하여 우리가 할 수 있는 것은 정부 개입이 효율성을 (반드시 개선하는 것은 아닐지라도) 개선할 수도 있는 상황을 식별해내는 것임을 인식하여야 한다.

3.5 후생경제학 받아들이기

선진국뿐만 아니라 인도, 중국, 베네수엘라 등과 같은 개발도상국에서도 어떻게 경제를 운영할 것인가에 대한 활발한 논의가 벌어지고 있다. 국가 생산 중 얼마만큼이 공공부문에서 사용되어야 하는가? 공공지출은 어떻게 조달되어야 하는가? 이 장에서 논의한 후생경제학 이론은 이러한 이슈들에 대해 생각할 수 있는 표준적인 틀을 제공한다. 그러나 후생경제학 이론과 관련하여 몇 가지 논란거리가 있다.

첫째, 후생경제학의 기본 시각은 매우 개인주의적으로, 사람들의 효용과 그것의 극대화에 초점을 두고 있다. 이것은 식 (3.10)의 사회후생함수의 형태를 보면 명백해지는데, 여기에 표현된 기본적 견해는 좋은 사회란 개별 구성원들이 행복한 곳이라는 것이다. 제1장에서 논의된 바와 같이, 국가의 힘을 극대화한다든지 신의 영광을 드높이는 것과 같은 다른 사회적 목표도 가능하다. 이와 같은 다른 목표를 가진 사람들에게 후생경제학은 중요한 의미를 가질 수 없다. 이러한 맥락에서 경제학은 "당나귀에게나 필요한 것이다"라는 이란의 호메이니의 언급은 그리 놀라운 것은 아니다.

후생경제학에서 사람들의 선호와 후생은 중심적인 역할을 한다. 후생경제학은 사람들은 무엇이 자신에게 만족감을 주는가를 잘 알고 있다고 가정한다. 이와 반대되는 견해는 전 미 하원 대변인 토머스 오닐의 언급에 잘 요약되어 있다. "미국인들은 종종 무엇이 자신들에게 최선인지 잘 모르고 있다." 사람들의 선호가 제대로 형성되어 있지 않거나 왜곡되어 있다면 효용 극대화 이론은 부적절한 것이 된다.

Musgrave[1959]는 **가치재**(merit good)의 개념을 처음으로 도입하였는데, 이를 사회의 구성원들이 요구하지 않아도 반드시 제공되어야 하는 재화로 정의하였다. 정부의 순수예술에 대한 지원은 종종 이러한 근거에서 정당화된다. 오페라와 콘서트의 비용에 맞출 수 있을 만큼 충분한 가격을 사람들이 지불하려 하지 않지만, 이러한 공연들은 공공에 제공되어야 한다고 생각될 수도 있다. 그러나 이에 대해서 Baumol과 Baumol[1981]은 다음과 같이 비판하고 있다.

> **가치재(merit good)**
> 사람들이 요구하지 않더라도 반드시 제공되어야 하는 재화.

> 가치재라는 용어는 예술이란 사회에 좋은 것이고 따라서 금전적 지원을 받을 가치가 있다는 세련되지 않은 가치판단의 공식적인 표현이 될 수 있다. … 가치재 접근은 이러한 재화에 대

한 지원을 위한 진정한 정당성을 제공해주지 못한다. 이것은 단지 그러한 바람을 표현하기 위해 고안된 용어에 불과하다[pp. 426–427].

후생경제학 분석틀의 또 다른 문제는 후생경제학이 결과에만 초점을 두고 있다는 것이다. 즉 경제활동의 결과물인 자원배분을 기준으로 평가하고, 이러한 자원배분에 도달하는 과정에 대한 논의는 없다. 자원배분 결과가 아니라 자원배분에 이르는 과정에 근거하여 사회를 평가하는 것이 보다 바람직할 수도 있다. 예를 들어, 다음과 같은 질문들이 중요할 수 있다. 사람들이 자유로이 계약을 체결할 수 있는가? 정책결정과정이 민주적인가? 이런 견해를 견지한다면 후생경제학은 규범적 중요성을 상당부분 상실하게 된다.

후생경제학의 가장 중요한 장점은 공공정책을 평가하는 데 일관된 틀을 제공한다는 것이다. 모든 정부의 개입은 결국 자원의 재배분을 초래하는데, 후생경제학의 목적은 이러한 대안적 배분들을 평가하는 것이다. 후생경제학의 분석틀에 따르면, 정부활동이 제안될 경우 다음과 같은 3가지 중요한 질문을 생각해보아야 한다.

- 정부의 행위가 바람직한 분배를 가져오는가?
- 효율성을 증진시켜주는가?
- 적절한 비용만으로 수행될 수 있는가?

만약에 이러한 질문들에 대해 "아니요"라는 답이 나온다면 아마도 시장을 그대로 놓아두는 것이 더 나을 것이다. 물론 이러한 문제들에 대해 답하기 위해 많은 연구가 필요할 것이며 첫 번째 질문의 경우 가치판단이 필요하다. 그러나 올바른 질문을 제기하는 것 그 자체만으로도 의사결정과정에서 매우 중요한 역할을 하게 된다. 이것이 사람들로 하여금 자신의 윤리적 가치를 명백히 드러내도록 하고, 경솔하거나 사적 이익만을 쫓는 정책들을 가려내주기 때문이다.

심화 과정을 위한 추천 논문과 저서

학부수준이지만 후생경제학에 대해 상세하고 흥미로운 논의를 해주고 있는 책으로서 다음 저서를 추천한다.

- 강태진 · 유정식 · 홍종학, 2005. 미시적 경제분석, 제3판, 제11장, 박영사.

후생경제학 논의를 이해하기 위해서는 일반균형에 대한 기초적 이해가 필요하다. 일반균형에 대한 대학원 수준의 보다 엄밀한 이해를 위해서는 아래의 저서를 보기 바란다. 아래 저서에는 후생경제학 제1정리와 후생경제학 제2정리의 증명도 적절한 수준으로 정리되어 있다.

- Varian, Hal. Microeconomic Analysis, Norton & Company.

아래 저서는 다소 딱딱한 느낌이 있지만 대학원에서 개설된 재정학 교재로 사용되는 저서이다. 후생경제학이 재정학에서 어떻게 본격적으로 활용하고 되는가에 대한 보다 엄밀한 논의가 되어 있다. 본 교과서 후반부의 조세이론에서 논의하겠지만, 조세가 존재하는 상황은 가격 왜곡을 상정하고 있으므로 대부분 파레토 효율성 그 자체는 포기하고, 주어진 세수를 가정 '덜 비효율적'으로 징수하는 문제를 고려한다. 이러한 상황을 '제약하의 파레토 효율성'이라 칭하는데, Stiglitz의 많은 연구가 그러한 논의에 관한 것이다.

- Atkinson, Anthony and Joseph Stiglitz. 1980. Lectures on Public Economics.

요약

- 후생경제학은 여러 가지 대안적 경제 상태가 과연 사회적으로 바람직한지를 평가하는 경제학의 한 분야이다.
- 파레토 효율적 배분은 다른 이들의 효용을 낮추지 않고 누구도 더 나아질 수 없는 자원배분을 지칭한다. 파레토 효율성은 각 개인의 재화 간 한계대체율이 한계변환율과 일치해야 함을 요구한다. 파레토 효율성은 한 경제의 효율성을 평가하는 잣대가 된다.
- 후생경제학의 제1정리에 따르면 일정 조건하에서 경쟁적 시장자원배분은 파레토 효율적이다.
- 이러한 특성에도 불구하고 파레토 효율성은 윤리적 규범으로서는 그다지 명확하지 않다. 사회가 공평성 또는 다른 기준들에 기초하여 비효율적인 배분을 선호할 수도 있다. 공평성은 정부의 경제 개입의 한 가지 근거가 된다.
- 사회후생함수란 개별 경제주체들의 효용에 관한 사회적 선호를 반영하고 있다. 이것이 사회후생을 극대화하는 자원배분을 찾는 데 사용될 수 있다.
- 후생경제학의 제2정리는 어떠한 파레토 효율적인 자원배분도 초기 부존자원의 적절한 분배와 자유로운 거래를 통해 도달할 수 있음을 보여준다.
- 정부 개입의 두 번째 이유는 시장의 실패이다. 보통 시장지배력이 존재하거나 시장이 제대로 존재하지 않을 때에 발생한다.
- 시장이 자원을 효율적으로 배분하지 못한다는 사실은 정부가 더 잘할 수 있다는 것을 결코 의미하지 않는다. 본 명제에 대한 평가는 개별 경우에 따라 적절히 수행되어야 한다.
- 후생경제학이란 개인주의적 사회철학에 기초해 있다. 결과를 얻기 위한 과정에는 별 관심을 기울이지 못하고 있다. 따라서 정책을 분석하기 위한 일관적이고 유용한 틀을 제공해주고 있지만, 모든 사람들이 후생경제학을 받아들이는 것은 아니다.

연습문제

1. 아래 중 어떠한 시장이 효율적 결과를 가져온다고 생각하는가?

   a. 해변에 있는 집들에 대한 수해보험

   b. 의료보험

   c. 주식시장

   d. MP3 플레이어

   e. 대학에 가기를 원하는 학생에 대한 대부

   f. 주택

2. 2008년도 웨슬리언대학 졸업식 축사에서 당시 국회의원 버락 오바마는 학생들에게 "우리의 개인적 구원은 집단적 구원에 기초해 있다."라고 주장하였다. 이러한 견해가 식 (3.10)에 나타난 사회후생함수와 부합하는가?

3. 개인의 장기를 판매하는 것과 같은 특정 시장거래는 많은 사람들에게 도덕적으로 매우 불쾌한 것이다. 어떤 점이 특정 시장거래를 불쾌하게 만드는지에 관한 컨퍼런스에서 어느 심리학 교수는 "문제는 경제학자가 비합리적인 사람들이라서가 아니라 그들이 사악한 사람들이라는 것이다. … 그들은 다른 도덕적 세계에 살고 있다."라고 비판하였다. 심리학자는 입증의 부담이 "시장거래를 포함하길 원하는 사람에게 지워져야 한다"고 하였다. 이러한 견해를 후생경제학 제1정리와 비교해보시오.

4. 스웨덴에서 건강보험 기업들이 건강관련 정보, 예를 들어 연령, 성별, 직업 등을 이용하여 보험요율을 차등화하는 것을 금하고 있다. 이로 인해 젊고 건강한 스웨덴 국민의 보험료는 증가하고, 질병이 있고 고령인 사람들의 보험료를 낮추고 있다. 본 정책이 효율적인가? 사회후생을 증가시킬 수 있는가?

5. 몇몇 환자들에게 장기이식은 유일한 치료대안이 된다. 그러나 전 세계적으로 장기이식을 위한 장기의 절대적 공급 부족이 존재한다. 건강한 자원자 또는 사망자의 장기 기부가 진작되어야 하나, 상업적 장기거래는 이란을 제외하고는 거의 전 세계적으로 금지되어 있다. 본 질문에 대해 다

음 2명의 상호 모르는 사람의 예를 고려해보자. 레일라가 2개의 건강한 신장을 갖고 있다고 하자. 야스민은 2개 모두 가망성 없는 신장을 가지고 있고 이식만이 유일한 치료 대안이라고 하자.

a. 레일라와 야스민이 상호 장기거래를 통해 더 나아질 수 있는지 논의해보시오.

b. 에지워스 상자를 그려서 레일라와 야스민의 초기 자원 배분점을 표시하되 X축에 건강한 신장의 숫자, Y축에 화폐를 이용하시오.

c. 여러분의 에지워스 상자에 장기의 합법적 거래가 어떻게 효율성을 증진시키는지 보여주시오.

d. 종종 환자들은 장기를 기부해줄 친척들이 있으나, 환자와 적합하지 않기도 한다. 최근 시도들은 이러한 자발적 기부자들과 다른 환자들을 매치시켜주려 한다. 환자의 친척들의 기부에 대한 대가로서 장기가 환자에게 기부되는데 이에 대해 윤리적 그리고 효율성 측면에서 함의에 대해 생각해보시오.

6. 아우구스투스와 리비아로 이루어진 단순경제를 상정해보시오.

a. 사회후생함수가

$$W = U_L + U_A$$

라고 하자. U_L은 리비아의 효용 그리고 U_A는 아우구스투스의 효용을 뜻한다. 사회후생함수를 그려보시오. 두 사람에 대한 상대적 중요성을 어떻게 기술할 수 있겠는가?

b. 사회후생함수가

$$W = U_L + 2U_A$$

라고 하자. 문제 a를 다시 풀어보시오.

c. 효용가능곡선이 아래와 같은 모양이라 하자.

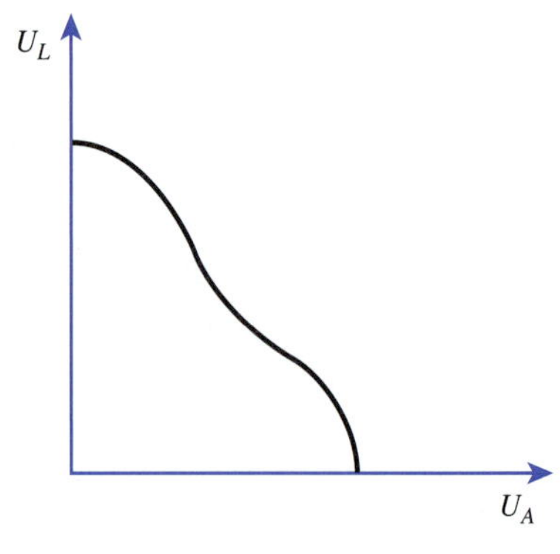

문제 a와 b에 대해서 최적 상태가 어떻게 나타나는지 보이시오.

7. 많은 국가들에서 식당 또는 공공 장소에서 흡연에 제약을 두고 있다. 무슬림 국가들에서는 식당에서 주류 소비에 대해 제약을 둔다. 후생경제학적 측면에서 담재와 주류 소비에 관한 제약들에 대해 비교해보시오.

8. 아래의 개별 경우에 대해서 후생경제학에 기초하여 정부 정책을 정당화해보이시오.

a. 로스앤젤레스에서 한 해 127,000건의 강도침입 경고 전화를 받는다. 이 중 97%가 거짓이지만 이러한 전화에 대해서 돈을 받지 않는다.

b. 2011년 국립인문유산센터가 록 음악이 소련의 몰락에 어떠한 영향을 미쳤는지에 대한 다규멘터리 제작을 위해 55만 달러를 제공하였다.

c. 연방정부가 체리로 만든 냉동 파이 생산에서 최소 25%는 체리를 포함하고 15% 이상 흠집 난 체리를 사용하지 못하도록 규제를 하되, 사과, 블루베리 또는 복숭아로 만든 파이에는 이러한 규제를 적용하지 않는다.

d. 2008년 통과된 법안에서는 미국 설탕 생산업자에게 국내 설탕시장의 85%를 갖도록 보장했다.

e. 국가에너지정책입법안은 1.6갤런으로 화장실 물을 내리도록 한다. 평균적인 미국 가정에서는 5.5~7갤런을 사용한다.

f. 어느 연방정부기관이 뉴욕에 소재해 있는 비디오게임 보존센터에 비디오게임역사를 기록하고 보존하기 위해 10만 달러를 제공했다.

9. 여러분이 타고 있는 비행기가 태평양 바다에서 추락하기 시작했다고 하자. 다행히 한 사람의 승객과 함께 무인도에 착륙했다. 100개의 작은 봉지에 든 땅콩을 포함한 상자가 섬으로 밀려왔다고 하자. 이 땅콩이 유일한 생계수단이다. 두 사람, 한 재화 그리고 생산이 없는 경제에서 가능한 자원배분을 그림으로 보이시오. 그리고 파레토 최적의 배분을 보이시오. 모든 파레토 최적 배분이 공평한가?

10. [이 문제는 약간의 수학지식을 갖고 있어야 가능한 문제이다.] 마크와 주디로 이루어진 단순경제를 상정해보자. 이 둘은 확정된 소득 300달러를 나누어 써야 한다. 마크의 효용이 U_M이고 소득은 I_M라 하자. 주디의 효용이 U_J이고 소

득은 I_J이라 하자.

$$U_M = 100 \times I_M^{1/2} \qquad U_L = 200 \times I_J^{1/2}$$

라고 하자. 그리고 사회후생함수가

$$W = U_M + U_J$$

라고 하자. 마크와 주디 간 소득의 어떠한 배분이 사회후생을 극대화하는가?

11. 탕과 윌슨이 400파운드의 이미 크기가 고정된 음식을 나눠야만 하는 상황에 처해 있다고 하자. 탕의 효용함수는 $U_T = \text{sqrt}(F_1)$이고 윌슨의 효용함수는 $U_W = 1/2\ \text{sqrt}(F_2)$인데 여기서 F_1과 F_2는 탕과 윌슨 각각에게 돌아가는 음식의 파운드를 지칭한다.

a. 음식이 고루 배분되는 경우 탕과 윌슨이 얻게 되는 효용은 얼마인가?

b. 사회후생함수가 $U_T + U_W$라 한다면, 어떠한 음식의 배분이 사회후생을 극대화하겠는가?

c. 탕과 윌슨의 후생이 같을 때 사회후생이 극대화된다면, 둘에게 각각 돌아가는 음식의 배분은 어떠해야 하는가?

12. 2명의 경제주체 빅토리아와 앨버트 그리고 두 재화, 차와 빵으로 이루어진 단순경제를 상정해보자. 현재 빅토리아와 앨버트는 차 2잔을 빵 1조각과 교환하려고 한다. 더욱이 한 컵의 차를 적게 생산하는 데 대하여 소요되는 자원이 1단위의 차 생산으로부터 빵 3단위 생산으로 전환될 수 있다고 하자. 이 경제에서 자원배분은 파레토 효율적인가? 그렇지 않다면, 차 또는 빵 생산이 더 이루어져야 하는가?

13. 한나의 효용함수가 $U_H = 3T + 4C$ 그리고 조스의 효용함수가 $U_J = 4T + 3C$라 하자. 단, T는 연간 차 소비 파운드, C는 연간 커피 소비 파운드를 지칭한다. 연간 28파운드의 커피와 21파운드의 차가 주어져 있으며, 초기 분배 상태는 한나가 15파운드의 커피와 10파운드의 차를 갖고 있으며 나머지는 각각 조스에게 있다고 두자.

a. 효용함수의 구조상 커피의 차에 대한 한계대체율은 얼마인가?

b. 에지워스 상자상에 무차별곡선과 초기 자원배분을 그려서 표시하시오.

c. 에지워스 상자에 계약곡선을 그려보시오. 왜 교과서에 있는 계약곡선과 다르게 보이는지 설명해보시오.

d. 초기 커피와 차의 배분이 파레토 효율적인가?

14. 아래의 명제들이 참, 거짓 또는 불확실한지 구별하고 답을 정당화해보시오.

a. 모든 사람들이 동일한 한계대체율을 갖고 있다고 하자. 그렇다면 자원배분은 파레토 효율적이다.

b. 자원배분이 파레토 효율적이라면, 모든 사람들이 동일한 한계대체율을 갖게 된다.

c. 정책변화가 사회후생을 높이기 위한 필요충분조건은 정책변화가 파레토 개선이어야 함이다.

d. 효용가능곡선 내의 점으로부터 효용가능곡선상의 점으로 이동한다면 파레토 개선을 가져온다.

Part 2

공공지출: 공공재와 외부성

후생경제학 이론은 우리가 정부의 개입을 고려해야 하는 주요 근거로 시장실패와 분배 문제를 들고 있다. 제2부는 정부 개입 근거 중 공공재와 외부성에 초점을 맞추어 관련된 정책적 함의를 분석한다. 제4장은 공공재를 소개한다. 제5장은 외부성 문제를 다루는데, 특히 환경 문제에 초점을 둘 것이다. 제6장은 시장실패에 대응하여 제4장과 제5장에서 논의된 효율성 증진을 위한 정책들이 현실의 정치제도 속에서 실행될 수 있는 가능성에 대해 논의한다. 제7장에서는 공공재와 외부성에 대한 분석틀을 교육에 있어 정부의 역할이라고 하는 중요한 문제에 적용한다. 마지막으로 공공지출 평가를 위한 이론에 근거한 실용적 원칙이라 할 수 있는 비용-편익 분석을 다루는 제8장으로 제2부의 끝을 맺는다.

Chapter 4

공공재

> 인간의 서비스보다 더 높은 차원의 종교는 없다. 공공선을 위해 일한다는 것은 가장 위대한 신조이다.
>
> — 우드로 윌슨 대통령
>
> 내가 아는 한 공공재 거래와 관계된 사람들이 유익한 일을 한 사례가 없다.
>
> — 아담 스미스

2001년 9월 11일 미국에 대한 테러리스트 공격에 대한 반응으로, 모든 미국인들은 정부가 유사한 공격을 예방할 수 있는 조치들을 취해야 한다는 데에 동의하게 되었다. 그 조치가 어떤 것이어야 하는가에 대해서는 여전히 많은 이견이 있지만, 모든 사람들이 국가안전보장이 정부의 중요 기능이라고 하는 것을 당연한 사실로 받아들이게 되었다. 국가안전보장이 어떤 특징들로 인해 정부의 책무가 되는 것일까? 그런 특징들을 공유하는 다른 재화나 서비스가 존재하는가? 이러한 재화나 용역들도 정부가 제공해야만 하는 것일까? 이런 질문들은 정부 정책을 둘러싼 여러 중요한 논쟁에서 핵심 사안이 되고 있다. 이 장에서 우리는 민간이 아닌 공공부문이 재화를 공급하는 것이 적절하도록 만드는 조건들에 대해서 논의할 것이다. 이러한 논의에 있어서, 왜 시장에서 특정 재화들이 파레토 효율적인 수준까지 제공되지 못하는가를 이해하는 데 초점을 둘 것이다.

4.1 공공재의 정의

피자와 국방의 차이는 무엇일까? 이 질문은 어리석은 질문으로 들릴지도 모르나 이 질문에 대해 깊이 생각해보면 어떤 재화가 사적으로 제공되어야 하는지 아니면 공적으로 제공되어야 하는지를 결정하는 사고틀로 연결될 수 있다. 우선 이들 두 재화의 큰 차이점 하나는 두 사람이 동시에 피자를 소비할 수는 없다는 것이다. 만약 내가 한 조각을 먹는다면 여러분은 그것을 먹을 수 없다. 반면에 여러분의 국방서비스 소비가 나의 국방서비스 소비를 줄이지 않는다. 두 번째 중요한 차이는 내가 여러분을 내 피자의 소비로부터 쉽게 배제시킬 수 있지만 여러분을 국방의 혜택으로부터 배제시키는 것은 완전히 불가능하다는 데에 있다(테러리스트들이 여러분의 집을 공격하면서 내 집은 공격하지 않는 상황은 생각하기 어렵다). 국방은 다음과 같이 정

순수 공공재(pure public good)

소비에서 비경합적이고 비배제적인 재화.

의되는 **순수 공공재**(pure public good)의 중요한 예이다.[1]

- 일단 제공되면 다른 사람이 그 재화를 소비하는 데 드는 추가적인 비용이 없다. 즉, 소비가 비경합적(nonrival)이다.
- 어떤 사람이 그 재화를 소비하는 것으로부터 배제하는 것이 매우 비싸거나 불가능하다. 즉, 소비가 비배제적(nonexcludable)이다.

사적 재화(private good)

소비에서 경합성과 배제성이 있는 재화.

이와는 대조적으로 피자와 같은 **사적 재화**(private good)는 경합적이며 배제적이다.

이제 공공재 정의와 관련된 몇 가지 점들을 명확히 하고자 한다.

모든 사람이 같은 양을 소비한다고 할지라도 모든 사람이 똑같은 가치를 부여할 필요는 없다 많은 학생들이 묵고 있는 대학 기숙사의 청소 문제를 생각해보자. 이는 공공재적인 특징을 가지고 있다. 모든 사람이 깨끗한 화장실로부터 혜택을 얻지만 이러한 혜택으로부터 누군가를 배제시키는 것은 어렵다. 그런데 어떤 학생들은 청결에 대해서 다른 학생보다 더 신경을 많이 쓴다. 이와 유사하게 국방의 예에서 다른 조건이 동일하다면 주변 적대 국가의 의도에 대해 깊이 우려하는 사람들은 안전하다고 느끼는 사람들에 비해 국방에 상대적으로 높은 가치를 부여한다. 실제로 어떤 공공재에 대해서는 사람들이 그 가치를 양으로 매기기도 하고 음으로 매기기도 한다. 모든 사람들이 새로운 미사일 시스템이 제공하는 서비스를 소비할 수밖에 없다. 이 시스템이 그들의 안전을 증진시킨다고 믿는 사람들에게 그 가치는 양일 것이다. 어떤 사람들은 추가적인 미사일이 단지 군비 경쟁을 일으킬 뿐이며 오히려 국가의 안전을 저해한다고 생각한다. 그런 사람들은 추가적인 미사일의 가치를 음으로 생각할 것이다. 그들은 오히려 미사일 시스템을 갖지 않는 데 대해서 비용을 지불할 의사가 있을 것이다.

공공재로 분류되는 것이 절대적인 것은 아니다 공공재 분류는 시장 조건이나 기술 상태에 의존하기 때문이다. 등대를 생각해보자. 일단 불이 밝혀지면 배 한 척은 다른 배가 불빛을 이용할 가능성을 줄이지 않고도 그 불빛을 활용할 수 있다. 더욱이 특정 선박들이 등대 신호를 이용하지 못하도록 배제시킬 수도 없다. 이런 조건하에서 등대는 순수 공공재이다. 그렇지만 특별한 수신기를 장착하지 않으면 배가 등대에서 보내는 신호를 받지 못하도록 방해하는 장치가 발명되었다고 가정해보자. 이 경우 비배제성이라는 기준은 더 이상 충족되지 않으며 따라서 등대도 더 이상 순수 공공재는 아니다.

아름다운 경치는 소수의 사람이 즐길 경우에는 순수 공공재로 볼 수 있다. 그러나 관광객 수가 증가함에 따라 혼잡이 발생한다. 동일한 양의 경치가 각 사람에 의해 소비되지만 그 양은 사람 수의 증가에 따라 감소하기 때문에 비경합성이 더 이상 충족되지 않는다.

비순수 공공재(impure public good)

경합성, 배제성 양자나 둘 중 하나의 성격이 어느 정도 있는 재화.

많은 경우에 있어서 공공재의 특성은 완전히 존재하거나 아예 없는 것이 아니라 일정 정도로 존재한다. 순수 공공재는 비경합성과 비배제성을 완전한 의미에서 충족시킨다. **비순수 공공재**(impure public good)에는 어느 정도 경합성도 있고 배제성도 있다. 순수 공공재의 예는 많지 않다. 그렇지만 완전경쟁에 대한 분석이 실제 시장의 작동원리에 대해 중요한 통찰력을 제

1 순수 공공재의 성격에 관해서는 학계에서 약간의 논쟁이 있다. 여기서 우리는 Cornes와 Sandler[1996]의 논의를 따른다.

공하듯이, 순수 공공재에 대한 분석은 공공정책 결정 시 직면하게 되는 문제를 이해할 수 있는 통찰력을 줄 수 있을 것이다.

한 재화가 공공재 정의의 한 조건은 만족하지만 다른 조건은 만족하지 않을 수도 있다 즉 비배제성과 비경합성이 반드시 동시에 존재할 필요는 없다. 예를 들어 출퇴근 시간의 도심 도로를 생각해보자. 대부분의 경우 비배제성은 성립한다. 왜냐하면 교통 통제를 위한 충분한 수의 요금소 설치가 불가능하기 때문이다. 그렇지만 교통정체를 겪어본 사람은 누구나 인정하겠지만 도로의 소비는 분명 경합적이다.[2] 다른 예로, 많은 사람들이 다른 사람의 만족을 감소시키지 않고 넓은 해변을 함께 즐길 수 있다. 소비에서 경합성은 없지만 만약 해변으로 가는 길이 몇 개밖에 없다면, 배제성은 존재할 수 있다(길이 닿지 않는 곳에 사는 사람들은 소비에서 배제될 수 있다). 다시 말해, 재화의 성격은 기술과 법적 합의에 의존하는 것이다. 교통 혼잡에 대해 생각해보자. 자동차 전면 유리에 부착된 무선 레이더 장치를 사용하는 E-ZPass는 전파를 이용하여 통과 차량을 식별하고 자동으로 운전자의 계좌에서 요금을 인출한다. 예를 들어 호주 멜버른 시의 도시 고속도로는 톨게이트 없이 운영된다. 운전자는 무선 레이더 장치를 통하거나 자신이 도로를 이용하기로 계획한 날에 대해서 차량 등록 번호를 등록하는 방식으로 도로통행료를 지불한다. 유료 도로들 중에는 수요의 많고 적음에 따라 다른 요율을 적용하는 곳도 있다. 이러한 기술들을 이용하여 자동차가 혼잡한 도심 도로로 진입할 때 요금을 부과하는 날이 올지도 모른다. 이렇게 되는 경우, 도로는 배제성을 지닌 재화가 될 것이다.

전통적으로 재화라고는 생각되지 않지만 공공재의 성격을 띤 것들이 존재한다 중요한 예는 정직이다. 만약 각 시민들이 상거래에 있어 정직하다면 모든 사회가 사업비용절감을 통해 혜택을 보게 된다. 이런 비용절감은 비배제적이며 비경합적이다. 유사하게 소득분포도 공공재로 볼 수 있다. 만약 소득이 공평하게 분포되어 있다면 각 사람들은 훌륭한 사회에서 살고 있다는 만족감을 누릴 것이고 이런 만족감으로부터 누구도 배제시킬 수 없다. 물론 공평성이라는 개념에 대해서는 의견이 일치하지 않으므로 사람들이 주어진 소득분포를 어떻게 평가하는가는 서로 다를 수 있다. 그렇지만 소득분포에 대한 소비는 비경합적이며 비배제적이다. 우리나라에서는 대학들의 주요 여건과 성과에 대해서 법에 의거하여 정보를 공개하고 있다. 주요 지표에 대해서는 5등급으로 각 대학의 상대적 위치도 공시하고 있다. 모든 사람들이 인터넷을 통해 대학의 현 상태를 알 수 있다는 점에서 정보 공시는 비경합적이며, 또한 비배제적이다.

사적 재화가 반드시 민간부문에 의해서만 배타적으로 공급되는 것은 아니다 **공적으로 제공되는 사적 재화**(publicly provided private goods)들이 많이 존재한다. 경합적이고 배제적인 재화들이 정부에 의해서 공급되기도 한다. 의료서비스와 주택이 공적으로 공급되는 사적 재화의 예이다. 마찬가지로 나중에 보게 되겠지만 공공재가 사적으로 제공되기도 한다. 공공장소를 장식하기 위해 기부를 하는 사람들을 생각해보라. 그들에 의해서 뉴욕의 센트럴파크에 아름다운

> **공적으로 제공되는 사적 재화 (publicly provided private goods)**
> 정부에 의해서 제공되는, 경합성과 배제성이 있는 재화.

2 혼잡이라는 현상은 소비에 경합성이 있음을 의미한다. 한편 배제성은 사적 재화의 경우와 같이 값을 치르지 않은 사람은 소비를 하지 못하게 하는 방식(입장료, 고속도로 통행 요금 등)을 통해 부여될 수 있다.

꽃들이 있는 것이다. 간단히 말해서 사적 혹은 공적이라는 명칭은 그것 자체로는 어떤(공공 혹은 민간) 부문에서 그 재화가 공급되는지에 대해 아무것도 말해주지 않는다.

재화의 공적인 제공이 그 재화가 공공부문에서 생산되었음을 의미하지는 않는다 쓰레기 수거에 대해 생각해보자. 어떤 자치단체에서는 이 서비스를 직접 제공하기도 한다. 공공부문에서 쓰레기차를 구입하고 근로자를 고용하고 시간을 관리한다. 다른 자치단체에서는 민간기업을 고용하여 관리 운영은 민간기업이 담당한다. 미국의 어떤 주들에서는 심지어 소송을 민간부문과 계약하기도 한다. 예를 들어 오클라호마의 검찰총장은 주의 수로를 오염시킨 혐의로 제소된 가금류 회사에 대한 재판을 위해 민간법률 회사를 고용한 바 있다[Liptak, 2007].

4.2 공공재의 효율적 공급

국방이나 다른 공공재의 효율적 양은 얼마일까? 공공재의 효율적인 공급을 위한 조건들을 도출하기 위해 제3장에서 살펴본 것과는 약간 다른 관점에서 사적 재화를 재검토해보자. 사회에 아담과 이브 두 사람만 있다고 가정하자. 사과와 무화과 잎이라는 2개의 사적 재화가 있다. 〈그림 4.1A〉에서 가로축은 무화과 잎(f)의 수량이고 세로축은 무화과 잎의 가격(P_f)이다. 아담의 무화과 잎 수요를 D_f^A라 하자. 수요곡선은 아담이 다른 조건이 일정할 때 각 가격에서 소비하고자 하는 무화과 잎의 수를 보여준다.[3] 마찬가지로 〈그림 4.1B〉의 D_f^E는 이브의 무화과 잎 수요곡선이다. 각자의 수요곡선은 특정 수량에서 그들이 얼마만큼을 지불할 의사가 있는지를 보여준다(이 장의 마지막 부록 참조).

우리가 무화과 잎의 시장수요를 도출하려 한다고 해보자. 그러기 위해서는 각 가격에서 개인들의 수요를 합하기만 하면 된다. 〈그림 4.1A〉에서 가격이 5달러일 때 아담의 무화과 잎의

그림 4.1
수요곡선의 수평 합
무화과 잎과 같은 사적 재화에 대한 시장수요곡선은 각 가격에서 개인이 수요하는 무화과 잎 수를 합함으로써 도출된다. 예를 들어 5달러의 가격에서 아담은 무화과 잎 1개를, 이브는 2개를 수요하므로 총수요량은 무화과 잎 3개이다.

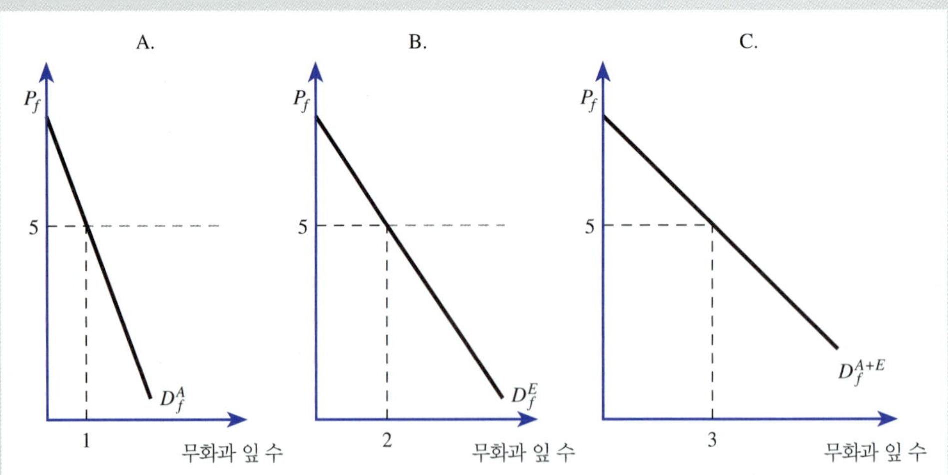

3 수요곡선은 이 책의 마지막의 부록에서 설명된다.

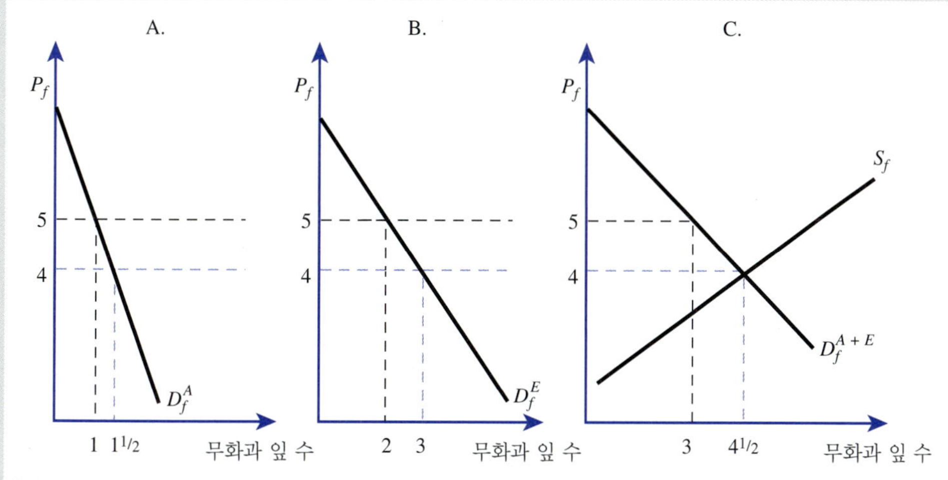

그림 4.2
사적 재화의 효율적 제공
수요와 공급이 일치할 때 시장은 균형을 이룬다.

수요는 1이고 이는 수직축과 수요곡선 D_f^A 사이의 거리와 같다. 〈그림 4.1B〉를 보면 같은 5달러에서 이브는 무화과 잎 수요량은 2개이다. 따라서 5달러의 가격에서 총수요량은 3개가 된다. 〈그림 4.1C〉에서 무화과 잎의 시장수요는 D_f^{A+E}로 표시되고 있다. 위에서 보았듯이 5달러와 3개의 수량은 시장수요곡선 위에 있다. 마찬가지 방법으로 어떤 주어진 가격에서라도 시장수요량은 그 가격에서 개별 수요곡선과 수직축과의 수평거리를 합함으로써 얻을 수 있다. 이런 과정을 **수평 합**(horizontal summation)이라고 부른다.

수평 합(horizontal summation)
가격별 개인들의 (사적 재화에 대한) 수요량을 더하여 시장수요를 만들어내는 과정.

〈그림 4.2〉는 〈그림 4.1〉을 그대로 그려놓았으며 〈그림 4.2C〉에서는 시장수요곡선 D_f^{A+E}에 S_f라고 이름 붙인 시장공급곡선을 겹쳐놓고 있다. 시장균형은 수요와 공급이 일치하는 곳이다. 〈그림 4.2C〉에서 균형은 4달러에서 이루어지고 있다. 이 가격에서 아담은 1.5개의 무화과 잎을 소비하고 이브는 3개를 소비한다. 아담과 이브가 동일한 양을 소비할 이유는 전혀 없다는 사실을 주목하기 바란다. 각기 다른 취향과 소득 그리고 다른 특징들 때문에 그들의 무화과 잎 수요는 다르다. 이것이 가능한 것은 무화과 잎이 사적 재화이기 때문이다.

〈그림 4.2C〉의 균형은 중요한 특징을 갖고 있다. 무화과 잎의 배분은 파레토 효율적이다. 소비자 이론에서 효용을 극대화하는 개인들은 사과에 대한 무화과 잎의 한계대체율(MRS_{fa})과 무화과 가격(P_f)을 사과 가격(P_a)으로 나눈 값을 일치시킨다. 즉 $MRS_{fa} = P_f/P_a$.[4] 합리적인 선택에서 문제가 되는 것은 상대가격이기 때문에 사과 가격은 어떤 가격으로든 고정시킬 수 있다. 편의상 $P_a = 1$달러로 하자. 이렇게 되면 효용극대화 조건은 $MRS_{fa} = P_f$이다. 따라서 무화과 잎의 가격은 소비자들이 사과를 무화과 잎으로 대체하려는 비율을 측정한 값이 된다. 아담의 무화과 잎 수요곡선은 그가 각 수준의 무화과 잎 소비를 위해 지불하고자 하는 무화과 잎의 최고가격을 보여준다. 따라서 수요곡선은 각 무화과 잎 소비 수준에서 MRS_{fa}를 보여준다. 마찬가지로 D_f^E는 이브의 MRS_{fa}라고 해석할 수 있다. 같은 논리로 〈그림 4.2C〉에서 공급곡선 S_f는

4 증명은 이 장의 부록을 참조하시오.

사과에 대한 무화과 잎의 한계변환율이 무화과 생산에 따라 변하는 것을 보여준다.[5]

〈그림 4.2C〉의 균형에서 아담과 이브는 모두 MRS_{fa}를 4에 일치시킨다. 그리고 생산자들 역시 MRT_{fa}를 4에 일치시킨다. 따라서 균형에서는 다음이 성립한다.

$$MRS_{fa}^{\text{Adam}} = MRS_{fa}^{\text{Eve}} = MRS_{fa} \tag{4.1}$$

식 (4.1)은 제3장에서 유도한 파레토 효율의 필요조건이다. 시장이 경쟁적이고 제대로 작동한다면 후생경제학 제1정리는 이 조건이 성립하는 것을 보장한다.

4.2.1 효율조건 도출하기

사적 재화의 효율적 제공을 위한 조건을 다시 설명했으므로 이제 공공재의 경우를 논의할 차례이다. 정식 도출에 들어가기에 앞서 직관적으로 효율 조건을 생각해보자. 아담과 이브가 모두 불꽃놀이를 즐긴다. 이브가 불꽃놀이를 보는 즐거움은 아담의 즐거움을 감소시키지 않으며 아담의 즐거움도 이브의 즐거움을 감소시키지 않는다. 그리고 한 사람이 다른 사람이 불꽃놀이 구경하는 것을 배제시킬 수 없다. 따라서 불꽃놀이는 공공재이다. 불꽃놀이의 규모는 다를 수 있고 아담과 이브 모두 다른 조건이 일정할 때 (더 많은 로켓이 발사되는) 더 큰 규모의 불꽃놀이를 더 선호한다. 불꽃놀이가 19개 로켓으로 구성되며 로켓당 5달러의 비용으로 더 확장될 수 있고 아담은 불꽃놀이 규모가 커진다면 6달러를 지불할 의사가 있으며 이브는 4달러를 지불할 의사가 있다고 가정하자. 불꽃놀이 규모를 로켓 하나만큼 더 키우는 것이 효율적일까? 항상 그렇듯이 우리는 한계편익과 한계비용을 비교해야만 한다.[6] 한계편익을 계산하자면 불꽃놀이 소비가 비경합적이기 때문에 20번째 로켓은 아담과 이브 모두에게 소비된다. 따라서 20번째 로켓의 한계편익은 아담과 이브가 지불할 의사가 있는 금액의 합인 10달러가 된다. 한계비용은 5달러에 불과하기 때문에 20번째 로켓을 쏘는 것이 좋다. 더 일반적으로 각 개인이 추가적인 공공재 소비에 지불하고자 하는 액수의 합이 한계비용보다 크다면 효율성 조건에 따라 그 추가적인 공공재는 구매되어야 하고, 그렇지 않다면 구매되어서는 안 된다. 따라서 **효율성은 각 개인이 마지막 단위의 공공재 소비에 대해 갖는 한계편익의 합이 한계비용과 일치하는 수준까지 공공재 공급이 확대되어야 할 것을 요구한다.**

그래프로 이 결과를 도출하기 위해 아담의 로켓 소비(r)가 가로축이고 로켓당 가격(P_r)이 세로축인 〈그림 4.3A〉를 보자. 아담의 로켓 수요는 D_r^A이다. 이브의 로켓 수요는 〈그림 4.3B〉에서 D_r^E이다. 로켓에 대한 전체의 지불의사는 어떻게 도출할 것인가? 사적 재화인 무화과 잎의 전체 수요(즉 시장수요)를 도출하기 위해 우리는 개별 수요곡선의 수평 합을 구했다. 이런 과정에서 아담과 이브는 같은 가격에서 다른 수량의 무화과 잎을 소비한다. 사적 재화에 대해서는 이것이 맞다. 그렇지만 로켓에 의해 생성되는 서비스는 공공재이며 각 사람들에게 동일한

---

5 이 사실을 보이려면 경쟁상황에서 기업들이 한계비용과 가격이 일치하는 데까지 생산한다는 데에 주목해야 한다. 따라서 공급곡선 S_f는 각 수준의 무화과 생산에서 한계비용을 보여준다. 제3장의 후생경제학에서 언급했듯이 $MRT_{fa} = MC_f/MC_a$이다. 가격과 한계비용이 일치할 때 $P_a = 1$달러이므로 $MC_a = 1$달러이고 $MRT_{fa} = MC_f$이다. 따라서 우리는 한계대체율과 한계비용이 같다는 것, 즉 공급곡선과 같다는 것을 알 수 있다.

6 이는 경제학의 전형적인 한계분석의 예이다. 더 진전된 논의는 이 장의 부록을 참조하시오.

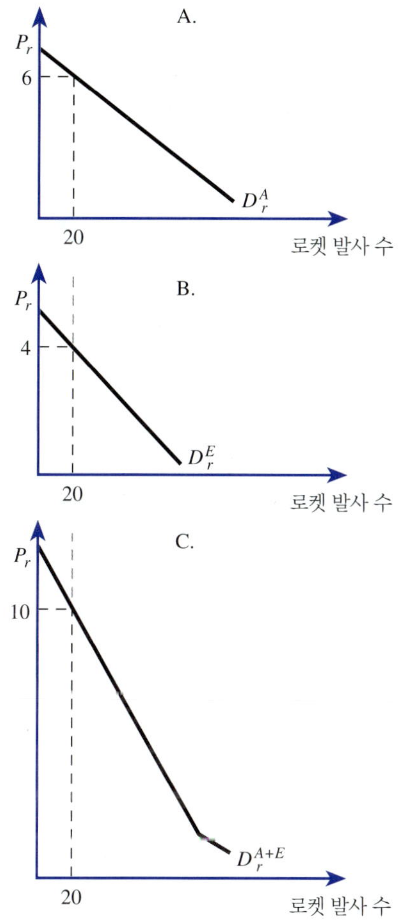

그림 4.3
수요곡선의 수직 합
공공재의 총수요곡선은 주어진 수량에 대해 각 사람들이 지불하고자 하는 가격을 더함으로써 도출된다. 예를 들어 아담은 20번째 로켓 발사에 대해 6달러를 지불하려 하고 이브는 20번째 로켓 발사에 대해 4달러를 지불하고자 한다면 20번째 로켓 발사에 대한 총 지불의사는 10달러이다.

양만큼 소비되어야 한다. 만약 아담이 20개의 로켓이 만드는 불꽃놀이를 소비한다면 이브 역시 똑같은 양의 불꽃놀이를 소비해야만 한다. 이런 상황에서 각 개인이 해당 가격에서 소비하는 공공재의 양을 합한다는 것은 의미가 없다.

대신 전체의 지불의사를 찾아내기 위해 우리는 주어진 수량에서 각자가 지불하고자 하는 가격을 더해야 한다. 〈그림 4.3A〉에서 수요곡선은 아담이 20번째 로켓에 대해 6달러를 지불하려 함을 보여준다. 이브는 4달러를 지불하려고 한다. 20번째 로켓에 대한 전체의 지불의사는 10달러이다. 따라서 우리는 〈그림 4.3C〉에서 D_r^{A+E}를 전체의 지불의사로 정의한다면 $r = 20$인 점에서 수평축과 D_r^{A+E}의 수직거리는 10이 되어야만 한다.[7] 이런 과정을 각 산출수준에 대해 반복하면 D_r^{A+E} 상의 다른 점들도 구할 수 있다. 공공재에 있어서 전체의 지불의사는 각 개인의 수요곡선의 **수직 합**(vertical summation)으로써 얻을 수 있다.

수직 합(vertical summation)
주어진 수량의 공공재에 대한 각 개인의 지불의사인 가격들을 더함으로써 공공재의 수요를 도출하는 과정.

7 D_r^{A+E}는 전통적인 의미에서 수요곡선은 아니다. 왜냐하면 각 가격에서 수요되는 수량을 보여주는 것은 아니기 때문이다. 그러나 그 개념은 사적 재화의 경우와 유사성을 잘 보여준다.

그림 4.4

공공재의 효율적 제공

효율적인 수량은 총지불의사(각 개인의 수요곡선을 수직으로 합하여 도출한 것)와 공급곡선이 만나는 곳에서 찾을 수 있다.

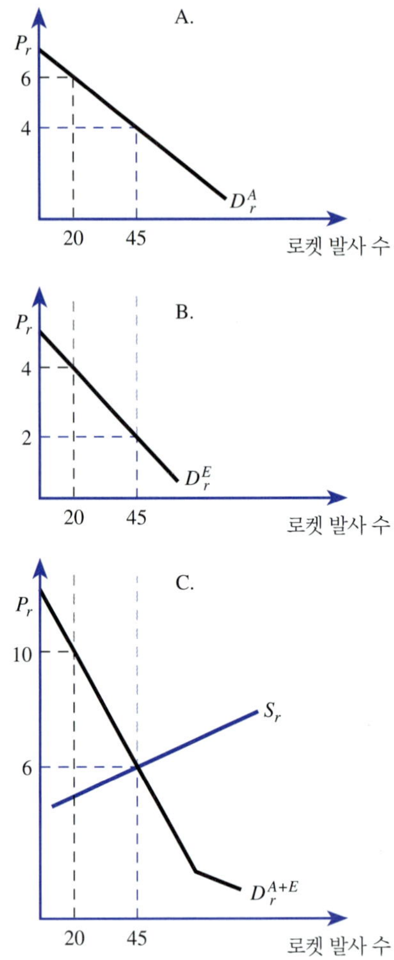

사적 재화와 공공재의 대칭성에 주목하기 바란다. 사적 재화에 있어 모든 사람은 같은 *MRS*를 갖지만 개인별로 다른 수량을 소비한다. 따라서 수요는 다른 수량을 수평으로 더한 것이 된다. 공공재에 있어 모든 사람이 같은 수량을 소비하지만 개인별로 다른 *MRS*를 갖는다. 달리 말하면 표준적인 사적 재화에서는 모든 사람이 같은 가격을 찾은 다음 각자가 얼마만큼을 원하는지를 결정한다. 공공재에 있어서는 모든 사람이 같은 수량을 보고 각자 얼마를 지불할지를 결정한다.

로켓의 효율적인 수량은 추가적인 단위에 대한 아담과 이브의 지불의사의 합과 그것을 생산하는 한계비용과 같은 곳에서 찾을 수 있다. 〈그림 4.4C〉에서 한계비용곡선 S_r이 전체의 지불의사인 D_r^{A+E}과 겹쳐져 있다.[8] 교차점은 산출량이 45인 곳인데 거기서 한계비용은 6달러이다.

8 이 분석은 공급곡선의 배후에 있는 생산가능곡선을 명시적으로 고려하고 있지는 않다. Samuelson[1955]을 보시오. 이 논문의 수학적 내용에 대한 개요는 이 장의 부록 B에서 제시한다.

여기서도 가격은 한계대체율이라는 측면에서 해석될 수 있다. 앞에서와 같은 논리로 아담의 로켓에 대한 한계지불의사는 그의 한계대체율이며(MRS_{ra}^{Adam}) 이브의 로켓에 대한 한계지불의사는 그녀의 한계대체율이다(MRS_{ra}^{Eve}). 따라서 그들이 지불하고자 하는 가격의 합은 $MRS_{ra}^{\text{Adam}} + MRS_{ra}^{\text{Eve}}$이다. 생산이라는 관점에서 가격은 여전히 한계변환율 MRT_{ra}을 대변한다. 따라서 〈그림 4.4C〉에서 균형은 사무엘슨 조건이라고 불리는 다음의 조건으로 특징지을 수 있다.

$$MRS_{ra}^{\text{Adam}} + MRS_{ra}^{\text{Eve}} = MRT_{ra} \tag{4.2}$$

이 조건과 식 (4.1)에서 보여준 사적 재화 효율 조건을 비교해보자. 사적 재화에 있어 효율성은 각 개인들의 한계대체율이 동일하며 이것이 한계변환율과 일치할 때 달성된다. 순수 공공재에 있어서는 한계대체율의 합은 한계변환율과 일치한다.[9] 모든 사람이 같은 양의 공공재를 소비해야 하기 때문에 효율적인 제공은 사람들이 제공되는 공공재의 마지막 단위에 대해 갖는 가치의 총합—즉 *MRS*들의 합—이 그것을 공급하기 위해 발생되는 사회적 비용의 증가, 즉 *MRT*와 같아야 한다.

4.2.2 효율성 달성과 관련된 문제점들

제3장에서도 강조했듯이, 받아들일 만한 일반적인 조건하에서 분권화된 시장체제는 사적 재화의 효율적 제공을 달성할 수 있다. 시장의 힘이 〈그림 4.4〉에서 공공재화가 효율적 수준(r = 45)을 달성할 수 있도록 만들 수 있을까? 그 답은 아담과 이브가 불꽃놀이에 대한 자기들의 선호를 어느 정도 진실하게 표출하는가에 달려 있다. 사적 재화가 경쟁적인 시장에서 거래될 때 개인들은 자신이 그 재화의 가치를 어떻게 평가하는가에 대해서 거짓말할 유인이 없다. 만약 이브가 무화과 잎을 현재 가격으로 살 의사가 있다면, 이에 대해서 거짓말을 함으로써 얻을 수 있는 이득이 없는 것이다.

그렇지만 사람들은 공공재에 대해서는 진실된 선호를 숨길 유인을 갖는다. 아담이 불꽃놀이가 그에게는 아무런 가치가 없다고 거짓으로 주장할 수도 있다. 이브가 전체 비용을 부담하도록 하고, 불꽃놀이가 공급된 이후에 아담은 여전히 불꽃놀이를 즐기면서 더 많은 돈을 사과나 무화과 잎을 사는 데 쓸 수 있는 것이다. 돈은 다른 사람이 지불하도록 하고 자신은 편익만 누리는 사람을 **무임승차자**(free rider)라고 한다. 물론 이브 역시 무임승차자가 되고 싶을 것이다. 따라서 시장에서 공공재는 효율적인 수준보다 낮은 수준으로 공급되게 된다. 〈그림 4.4〉에 표시된 공공재의 효율적인 배분을 달성하려는 자동적인 경향이 시장에는 존재하지 않는다.

무임승차자(free rider)
자신은 공공재의 편익을 누리면서 공공재에 대한 대가는 다른 사람들이 지불하도록 하는 유인.

배제적이라도 비경합적인 재화의 경우에도 시장에서 제공하는 것이 비효율적일 수 있다. 불꽃놀이가 배제적이라고 가정해보자. 이제 큰 경기장에 들어갈 표를 사지 않은 사람은 불꽃놀이를 볼 수 없으며, 이윤극대화를 하는 사업가가 표를 판다. 주어진 규모의 불꽃놀이 규모에 있어서 추가적으로 한 사람 더 불꽃놀이를 보는 데 드는 추가적인 비용은 0이다(왜냐하면 불꽃

9 이 분석은 공공재의 재원이 되는 세금을 사적 부문의 경제적 선택에 대한 왜곡 없이 거두어들일 수 있다고 가정한다. 그렇지 않은 경우에 효율성 조건은 변하게 된다. Kaplow[2008b]를 참조하시오.

놀이가 비경합적인 재화이기 때문이다). 한계비용이 0이기 때문에 효율성 원칙에 따르면 불꽃놀이의 가치를 0보다 크다고 생각하는 모든 사람들이 입장하여야 한다. 즉 효율성을 충족시키는 가격은 0이다.[10] 그렇지만 사업가가 모든 사람에게 0의 가격을 받는다면 그 사업가는 사업을 계속할 수가 없다.

이 문제를 해결할 수 있는 방법은 없을까? 다음 두 조건이 성립한다고 가정해보자. (1) 사업가가 모든 사람의 공공재 수요곡선을 안다. (2) 다른 사람에게 재화를 이전하는 것이 어렵거나 불가능하다. 이 두 조건하에서 사업가는 각자의 지불의사에 따라 개개인에게 해당하는 가격을 부과할 수 있는데 이런 과정을 **완전가격차별**(perfect price discrimination)이라고 한다. 불꽃놀이의 가치를 1센트라고 생각하는 사람들은 그만큼만 내면 되고, 그들은 소비에서 배제되지 않을 것이다. 따라서 불꽃놀이에 대해 양의 가치를 부여하는 모든 사람이 참석하게 되고 효율적인 결과를 얻게 될 것이다. 불꽃놀이에 높은 가치를 부여하는 사람은 높은 가격을 지불하게 될 것이기 때문에 사업가도 사업을 계속해나갈 수 있다. 이러한 논의는 모든 사람의 선호를 알고 있다는 첫 번째 조건이 만족되는 경우 완전가격차별이 문제를 해결할 수 있음을 의미한다. 그렇지만 개인의 수요곡선이 알려져 있다면 최적량을 선택해야 하는 문제 자체가 처음부터 발생하지 않았다.[11]

완전가격차별(perfect price discrimination)

주어진 수량의 공공재에 대한 각 개인의 지불의사인 가격들을 더함으로써 공공재의 수요를 도출하는 과정.

요약하면, 모든 사람들의 공공재 수요가 알려져 있지 않는 경우, 우리는 비경합적인 재화가 배제성이 있다고 하더라도 사적 공급은 비효율적일 수 있다.

현실 정책 보기 전자책

전자책(E-books)은 배제성은 있지만 경합성은 없는 좋은 예이다. 일단 전자책이 만들어지면 그것을 보관하고 보급하는 데 드는 한계 비용은 종이책에 비해 훨씬 낮다. 대부분의 국가에서 전자책은 자유시장에서 이윤을 극대화하는 기업들에 의해 양의 가격으로 팔리고 있다. 종이책이라는 생산품을 보호하기 위해 가격을 지불하지 않은 소비자들이 접근하지 못하게 하는 몇 가지 방법이 활용되고 있다. 그렇지만 많은 잠재 소비자들은 전자책을 가치 있게 생각하면서도 공급자가 설정한 가격보다는 덜 지불하기를 원한다. 따라서 소비자들이 전자책으로부터 누리는 혜택을 전혀 받지 못할 수도 있다. 이는 비효율성이라는 문제를 낳는다. 공공부문이 전자책을 공급한다면 이러한 손실을 막을 수도 있다.

여러 이유로 인해 터키에서 높은 질을 갖춘 전자 교과서의 공급은 제한되어 있다. 2013년에 과학 연구를 증진시키고 조정하는 정부기구인 터키의 과학기술연구위원회는 터키에서 전자책을 발전시키기 위한 계획을 제안하였다. 위원회는 개별 학자들과 대학 수준의 터키어 전자책 교재를 준비하기 위한 계약을 맺기 시작하였다. 터키 교육부도 초중등학교의 교재와 관련한 비슷한 계획을 가지고 있었다. 터키 정부는 2013년에 1,000만이 넘는 터키 학생들이 사용할 상호작용(interactive) 교재와 소프트웨어 준비를 위한 입찰을 실시하였다.

이론적으로 배제성은 있으나 경합성은 없는 재화를 공적으로 제공할 때 효율성 손실을 제거할 수 있지만, 시장의 힘에 의해 형성되는 규율 없이도 정부가 질 높고 낮은 비용의 재화를 제공할 수 있을지는 확실하지 않다.

10 이 결과는 효율적이다. 왜냐하면 한계적인 소비자가 지불하는 가격이 한계비용과 같기 때문이다.

11 사람들이 정부의 담당자에게 자신의 진정한 선호를 드러내도록 유도하는 몇 가지 메커니즘이 설계된 바 있다. 이 장의 부록 A를 보시오.

4.2.3 무임승차 문제

어떤 사람들은 무임승차 문제는 필연적으로 공공재의 비효율적인 배분으로 결과되기 때문에, 효율성 달성을 위해서는 정부가 공공재를 공급해야 한다고 주장한다. 이 주장은 정부가 어떤 방법으로든 모든 사람의 진정한 선호를 발견할 수 있으며, 정부의 강제력을 이용하여 모든 사람들이 공공재의 대가를 지불토록 강제할 수 있다는 것이다. 이 모든 것이 가능하다면 정부는 무임승차 문제를 해결하고 공공재의 효율적 제공을 달성할 수 있다.

무임승차라는 것이 사실(a fact)은 아니라는 점은 강조되어야 할 것이다. 무임승차란 사람들이 자신의 소비에만 의존하는 효용함수를 극대화한다는 가정하에서 유도되는 함의이다. 물론 사람들이 자신의 선호를 드러내지 않기 때문에 공공재가 제공되지 않는 예들이 많이 존재한다. 그러나 많은 경우에 개인들이 정부의 강제력 없이도 단체로 행동할 수 있고 실제로 행동하기도 한다. 예를 들어 지원자들이 모금운동을 통해 교회나 음악당, 도서관, 과학 실험실, 박물관, 병원 등의 시설을 세우고 유지한다. 고전적인 공공재라 할 수 있는 등대를 민간이 성공적으로 공급했던 예도 있다[Coase, 1974]. 유명한 경제학자 중 한 사람은 "나는 선호를 올바로 표출하는 것이 현실적으로 중요한 문제가 되었다는 것을 설득력 있게 보여주는 실증적 증거나 역사기록을 별로 많이 알지 못한다"고 주장하기도 했다.[12]

이런 주장들이 무임승차가 중요하지 않은 문제라는 것을 증명하는 것은 아니다. 공공재적 성격을 지닌 재화들 중에 사적으로 공급되는 것들도 있기는 하지만, (효율성을 기준으로 했을 때) 공급되어야 되는 재화들이 공급되지 않을 수도 있다. 더구나 사적으로 공급되는 공공재의 양이 충분치 않을 수도 있다. 중요한 점은 무임승차 문제의 중요성은 실증적으로 확인해야 할 문제로 그 답을 사전적으로 당연한 것으로 여겨서는 안 된다는 것이다.

무임승차 행위의 중요성을 탐구하기 위한 몇 개의 실험실 실험이 수행된 바 있다. 전형적인 실험에서 실험 대상이 되는 몇 사람들에게 개인 소유로 가지고 있거나 '단체 교환'을 위해 기부할 수 있는 교환권을 준다. 그가 가지고 있는 교환권을 자신이 그냥 가졌을 때에는 4달러의 보수를 받게 된다. 자신이 가지는 것 대신에 '단체 교환'에 기부할 때마다 기부자를 포함하여 그 단체에 속한 모든 사람들은 3달러의 보수를 각각 받게 된다. 분명 단체 내의 모든 사람이 단체에 기부하게 되면 모든 사람들이 더 좋아지게 된다. 그렇지만 단체에 기부하는 것은 비경합적이고 비배제적인 보수를 준다는 것을 주목하시오. 무임승차 이론에 따르면 실험 대상자들은 다른 사람의 기부로부터는 혜택을 받으려 하지만 자신은 기부를 하지 않으려 하므로 단체 교환에는 전혀 기부하지 않을 수도 있는 것이다.

실험 결과는 어떨까? 실험에 따라 결과도 달라지기는 하지만 몇 가지 일관된 경향들이 관찰된다.[13] 평균적으로 사람들은 그가 가진 재원의 약 50%를 공공재 공급에 기여한다. 실험 대상자들이 자신의 교환권 전체를 단체 교환에 기부하지는 않았다는 점에서 어느 정도의 무임승차는 존재한다. 반면 이 결과는 무임승차로 인해 공공재가 전혀 또는 아주 적게만 공급될 것이라

---

12 이와 관련된 논의에 대해서는 Johansen[1977, p. 147]을 참조하시오.

13 Cinyabuguma, Page, Putterman[2005]은 실험적 발견에 대한 개관을 제공한다.

는 주장과는 모순된다. 몇몇 다른 중요한 결과들은 다음과 같다. (1) 사람들이 이 실험을 더 많이 반복함에 따라 점점 덜 기부하게 된다. (2) 실험이 시작되기 전에 서로 의사소통할 기회가 제공되면 협력이 촉진된다. (3) 기부율은 기회비용이 증가함에 따라 (즉 자기가 교환권을 갖는 데 따른 보수가 증가함에 따라) 감소한다.

실험실 실험의 결과를 해석하는 데 있어 주의를 기울여야 하겠지만 이 결과들은 사람들이 편협한 이기심 추구를 상쇄하는 기부행위로부터의 따뜻하고 흐뭇한 만족감을 느끼고 있다고 해석될 수 있다.

4.3 민영화 논쟁

민영화(privatization)

정부에 의해 공급되는 서비스를 민간부문이 생산하거나 제공하도록 변화시키는 과정.

전 세계에 걸쳐 정부 기능을 민영화하는 것의 이득을 놓고 논쟁이 진행되고 있다. **민영화**(privatization)는 정부가 제공하고 있는 서비스를 민간부문에 넘겨 민간부문이 제공하거나 생산하도록 하는 것을 말한다. 이 절에서는 먼저 **제공**(provision)과 관련된 문제들을 논의한 후 **생산**(production)의 문제를 논하기로 한다.

4.3.1 공공제공 대 민간제공

때로는 공적으로 제공되는 서비스들을 사적으로 얻을 수 있다. 보호(혹은 경호)라고 하는 서비스는 공적으로 제공되는 경찰력을 통해 얻을 수 있다. 그렇지만 강력한 자물쇠나 경보시스템, 경호원 등을 통해 사적으로 일부 얻을 수 있기도 하다. 실제로 범죄율이 매우 높은 케냐 같은 나라에서는 민간 철야 경호원들을 고용하여 근로자들을 보호하고 있다[Economist, 2007c, p. 50]. 대저택의 넓은 뒷마당은 공원의 역할을 할 수 있다. 심지어는 공공 법정에서 제공되는 서비스에 대한 대체물도 사적으로 얻을 수 있다. 예를 들어 정부의 사법 시스템을 이용하는 데 엄청난 비용이 들기 때문에 어떤 회사들은 법정을 거치지 않고 서로가 동의한 중립적 중재인을 통해 분쟁을 해결하기도 한다.

시간이 지남에 따라 공적 제공과 사적 제공의 대상물과 비중은 상당히 많이 변하여왔다. 19세기에는 교육, 경찰, 도서관 등의 제공에 있어 현재보다는 훨씬 더 개인적인 책임이 강조되었다. 그렇지만 요즘은 공적으로 제공되는 재화나 용역들이라고 생각해왔던 것들을 민간이 제공토록 하는 추세가 더 강하게 나타나고 있다. 예를 들면 쓰레기 수거에 투입되던 예산의 삭감으로 인해 몇몇 도시의 사업가들은 서로 연합해서 쓰레기 수거원들을 고용하여 청결을 유지하기도 한다. 어떤 지역에서는 개별 집주인들이 소방서비스를 제공받기 위해 민간회사와 계약을 맺기도 한다. 실제로 덴마크에서는 소방서비스의 2/3를 민간회사들이 담당한다.

공공과 민간 제공의 적절한 혼합은 어떤 것일까? 이 질문에 올바로 접근하기 위해 공공재나 사적 재화 모두 사람들이 원하는 어떤 산출물을 낳기 위한 투입물이라고 생각해보자. 교사, 교실, 교재 그리고 가정교사 등은 우리가 교육의 질이라고 부를 수 있는 산출을 낳기 위한 투입물들이다. 사람들에게 궁극적으로 중요한 것은 교육의 질이라고 하는 산출물의 수준이지 그 산출물을 만들어내는 데 이용되는 특정 투입물은 아니라고 가정해보자. 각 투입물의 적정량을 찾아내려면 어떤 기준이 이용되어야 할까? 몇 가지 고려사항들이 있다.

상대임금과 재료비용 만약 공공부문과 민간부문이 생산에 투입된 노동이나 재료에 대해 다른 가격을 지불한다면 다른 조건이 동일할 때 효율성 측면에서 더 싼 부문이 선호되어야 할 것이다. 예를 들어 공립학교 교사들은 노조를 결성했지만 사립학교 교사들을 그렇지 않다면, 공립학교의 투입비용이 사립학교보다 높을 것이다.

행정비용 공적 제공의 경우 고정된 행정비용이 더 많은 사람들에게 분담될 수 있다. 모든 사람이 쓰레기 수거하는 측과 협상하고 의견조율을 하느라고 시간을 쓰는 대신에 한 사람의 공무원에 의해 협상이 이루어질 수 있다. 지역사회가 더 커질수록 이런 평균 행정비용 인하의 이득은 커진다. 유사한 예로 모든 학교에서 동일한 수준과 내용의 교육을 제공하는 공교육체제가 학교들이 어떤 교육을 제공하고 있는가를 알아내는 데 소요되는 부모들의 시간과 노력을 절감할 수 있다.

취향의 다양성 아이를 가진 가정과 그렇지 않은 가정은 양질의 교육의 필요성에 대한 견해가 상당히 다를 수 있다. 집에 보물을 잔뜩 가지고 있는 가정은 재산권 보호에 대해 그렇지 않은 사람에 비해 높은 가치를 둘 것이다. 이런 다양성이 존재하는 한 민간제공이 더 효율적이다. 왜냐하면 사람들이 자신의 취향에 따라 소비를 조정할 수 있기 때문이다. 레이건 대통령이 언급한 바와 같이 "민간제공 방식하에서는 정부의 관료에 의해서 결정되는 것이 아닌 소비자가 요구하는 서비스의 생산이 보장될 것이다." 물론 민간제공 방식을 이용하여 다양성이라는 편익을 누리기 위해서는 행정비용의 증가가 수반됨을 인식하여야 한다.

분배 문제 공동체적인 공정성 개념하에서는 일부 재화들이 모든 사람에게 가용하여야 한다고 생각하는데, 이런 관념을 **재화평등주의**(commodity egalitarianism)라고 한다. 예를 들어, 재화평등주의는 공공 공급 교육이 높은 호소력을 갖는 이유를 잘 설명해줄 수 있다. 사람들은 어떤 수준까지의 교육을 받을 수 있는 권리가 모든 사람에게 있다고 믿는다. 이러한 관념은 현재 의료서비스를 둘러싼 논쟁에서도 등장한다.

> **재화평등주의(commodity egalitarianism)**
> 어떤 재화는 모든 사람들이 이용할 수 있어야 한다는 관념.

4.3.2 공공공급 대 민간공급

9.11사태 이후 공항 보안은 중요한 관심사항이 되었다. 안전시스템이 처참하게 실패했으며 이를 강화해야 한다는 데에는 합의가 있었지만 어떤 방법으로 달성할 것인가에 대해서는 여러 의견이 제시되었다. 어떤 사람들은 공항안전요원들을 연방정부가 고용해야 한다고 주장한다. 다른 사람들은 정부가 공항안전을 위한 비용을 지불은 하되 운영은 민간회사가 하는 것이 가장 좋으며 민간회사는 적절한 감시를 받고 실수에 대해서는 책임을 져야 한다고 주장한다.

이 논쟁은 사람들이 어떤 품목들이 공공부문에서 제공되어야 한다는 데에는 동의하면서도 민간이 생산하는 것이 좋은지 공공부문이 생산하는 것이 좋은지에 대해서는 의견이 일치하지 않을 수도 있다는 사실을 잘 보여준다. 부분적으로 이런 논쟁은 정부가 경제에 어느 정도나 개입해야 하는가에 대한 근본적인 견해 차이에 뿌리를 두고 있다. 부분적으로는 민간공급과 공공공급의 상대적 비용에 대한 견해 차이에서 기인하기도 한다. 어떤 사람들은 공공부문의 운영자들이 민간부문 운영자들과는 달리 이윤을 내는 것이나 경영권 이전이나 파산의 피해자가 되는 것에 대해 신경을 쓰지 않는다고 주장한다. 따라서 공공부문의 운영자들은 그들 사업 활동을 주의 깊게 감시할 유인이 거의 없다는 것이다. 이런 관념은 아주 오래전부터 존재하였다. 1776년 아담 스미스는 다음과 같이 주장했다.

> 유럽의 큰 왕국마다 왕실의 땅을 팔면 매우 큰돈을 얻을 것이며 그것을 공공부채 상환에 이용한다면 왕실의 수입 중 공공부채의 담보로 잡혔던 부분이 풀어지므로 땅으로 인해 발생하는 수입이 증가하게 된다. … 왕실의 땅이 민간의 재산이 되었더라면 그 땅은 몇 년 안에 잘 개량되고 잘 경작되었을 것이다.[14]

이런 견해에 부합하는 일화(逸話)성 증거들은 매우 많다. 예를 들어 카트리나 태풍이 미시시피주의 세인트루이스에 있는 정부 소유의 자동차용 다리와 개인 소유의 기차용 다리를 모두 무너뜨렸을 때이다. 기차용 다리를 소유한 주인은 몇 주 만에 다리를 재건하기 시작했고 다리는 여섯 달 만에 재건되었다. 정부가 소유한 자동차용 다리는 태풍이 지나간 후 16개월이 지나도록 무너진 채 거의 변화가 없었다[Cooper, 2007]. 시카고시는 버려진 차들을 견인하기 위해 공무원들 대신 민간 견인회사를 이용하였는데, 그로부터 얻은 연간 절약액이 250만 달러에 달할 것으로 추정된다. 1998년에는 플로리다주에서 오랜 기간 동안 환자들이 좋지 못한 대접을 받아 버림받은 병원으로 생각되어온 남플로리다주 정신병원을 민간회사가 인수하였다. 정신질환을 앓는 사람들을 동정해온 많은 사람들이 이런 움직임에 대해 충격을 받았지만 1년이 지난 후에는 그들도 병원의 상황이 호전되었음을 인정하였다. 더구나 그 민간회사는 이윤도 올리고 있다.

민영화에 반대하는 사람들은 이런 예들이 민간 생산에 따른 비용절감을 과장하고 있다고 주장한다. 사실 민간 생산과 공공 생산의 비용에 있어 체계적인 차이가 있다는 증거는 놀랍게도 거의 없다. 그 이유 중 하나는 두 가지 방식에 의해 제공되는 서비스의 질(quality)이 다를 수 있는데 그것을 비교하기는 어렵기 때문이다. 예를 들어 민간병원이 공공부문에 비해 비용이 낮은 이유는 민간병원이 치료비용이 높은 환자는 받아들이지 않기 때문일 수도 있다. 여기서 민간 생산에 대한 반대 의견의 핵심을 찾을 수 있다. 민간 계약자들은 질 낮은 생산물을 생산한다는 것이다.

불완전 계약 이런 비판에 대해서 정부가 민간 공급자와 계약을 맺을 때 정부가 원하는 서비스의 질을 계약서에 완전히 명시하는 방법이 있다고 주장할 수도 있다. 그렇지만 Hart, Shleifer와 Vishny[1997]가 지적했듯이 완전이 아니라 완전에 가까운 계약조차도 만들어낸다는 것이 불가능한 경우가 대부분이다. 가능한 모든 계약 부대조건들을 계약서에 미리 명기하는 것은 불가능하기 때문이다. 예를 들어, “예견할 수 없는 우연성들이야말로 외교정책의 핵심적인 부분이기 때문에 정부는 외교정책을 민간에게 맡기는 계약을 할 수 없으며 민간 계약자들은 계약을 어기지 않고도 (예를 들면 군대를 필요한 곳에 보내기를 거부함으로써) 자신의 부를 극대화할 수 있는 막대한 권한을 갖게 될 것이다.” 다른 한편으로 일부 일상적인 활동(쓰레기 수거, 제설작업 등)에 대해서는 불완전 계약이라는 것이 민간 생산에 심각한 장애가 되지 않는다. 한

14 Sheshinski와 Lopez-Calva[1999]에 인용되어 있다.

현실 정책 보기 경찰 서비스의 민영화

보통 경찰 서비스는 주권을 가진 정부의 필수적인 요소로 간주된다. 하지만 많은 사람들이, 사적 시장의 장점으로 알려져 있는 서비스 수준 향상과 낮은 비용을 실현할 수 있다는 희망을 가지고, 경찰들이 수행하는 임무가 개인회사와의 계약을 통해서도 수행될 수 있다고 제안하고 있다. 개인 계약자들 간의 경쟁이 달러당 서비스 질을 극대화할 수 있도록 보장하는 한편으로 장기적으로는 서비스 질 향상과 비용 감소를 위한 혁신을 가져오리라는 것이다.

몇 개의 일화적인 증거들이 비용 측면에서 사적 기업의 우위를 지지하고 있다. 예를 들어 미국의 레민더빌(Reminderville)에서는 개인 경호 회사가 경찰에서 제공하는 연간 "18만 달러의 비용–45분 비상대응 시간" 패키지를 "9만 달러 비용–6분 대응"이라는 패키지로 앞선 바 있다[Gage, 1982]. 민영화 찬성론자들은 공공서비스 수혜자들이 민영화된 경찰 회사들에 대해 정치적이고 사법적인 시스템을 통해 공공 경찰을 통제하는 것보다 더 직접적으로 통제할 수 있다고 주장한다.

반대론자들은 만족할 만한 계약서를 작성하는 것은 불가능하며 개인 회사들이 경찰요원들을 훈련시키고 감시하는 것을 게을리할 것이라 주장한다. 서비스의 질은 악화될 것이고 경찰권의 남용이 증가할 것이라고도 주장한다. 다른 잠재적인 문제는 낮은 가격만 지불할 수 있으므로 자격을 덜 갖춘 회사밖에 고용할 수 없는 가난한 지역과 높은 가격을 지불하고 더 나은 자격을 갖춘 회사를 고용하는 부유한 지역 간의 서비스 격차이다.

많은 경찰 서비스들은 이미 사적으로 제공되고 있다. 경호회사들은 여러 방식으로 경찰을 보완하고 있다. 예를 들면 경고음이나 사적 경호 조합 공항 경호, 출입문이 있는 마을 등이 있다. 인도네시아의 관세 조사, 사우디아라비아의 공항, 나이지리아의 경찰 훈련 등 좀 더 극단적인 형태의 경찰 민영화도 있다[Lyons, 1996]. 최근에는 보완적인 역할을 대체적인 역할로 바꾸자는 논의도 일어나고 있다. 2012년에 영국의 두 지역 웨스트미들랜즈(West Midlands)와 서리(Surrey)의 정부관리들은 경찰 서비스를 민영화하는 계약 계획을 발표한 바 있다. 정부가 제안한 안에는 민간 경찰이 범죄를 조사하고, 용의자를 구금하고, 소를 제기하고, 사건에 대응하고, 조사하며, 순찰을 돌고, 첩보업무를 하는 활동 등이 포함되어 있다. 만약 계획이 실행되었다면 선진국 중에서 가장 광범위한 경찰 민영화가 되었을 것이다. 하지만 정부관리들은 막강한 반대에 부딪혀 이 계획을 더 진행시키지 않기로 했다.

마디로 민간부문의 비용이 공공부문보다 상대적으로 낮으며 상대적으로 완전한 계약이 가능한 경우에는 민간 생산이 보다 적합한 것이 된다.

민영화를 지지하는 사람들은 완전한 계약서를 작성하는 것이 불가능할지라도 민간회사들이 비용절감에 비효율적으로 임하는 행동을 제어할 수 있는 메커니즘이 있다고 믿는다. 소비자들이 직접 물건을 구입하고 수많은 공급자들이 있는 경우 소비자들은 질 낮은 서비스를 제공하는 현재 공급자를 다른 공급자로 바꿀 수 있다. 요양원이 하나의 예이다. 이에 더하여 명성 쌓기(reputation building)가 중요할 수도 있다. 미래에 더 많은 계약을 하기 원하는 민간 공급자는 현재 비용절감을 효율적으로 수행할 유인이 있다. Shleifer[1998]는 민간 교도소 운영자들에게 좋은 명성이 중요한 유인으로 작동하고 있음을 주장하였다.

시장 환경 민영화 논쟁에서 중요한 마지막 문제는 공공 혹은 민간 기업이 운영되는 시장 환경과 관련된 것이다. 사적으로 소유된 독점은 사회적 관점에서 보면 매우 비효율적인 결과를 낳을 수 있으며 공적으로 소유된 기관이라도 경쟁상태에 놓이면 꽤 효율적인 결과를 낳을 수도 있다. 후자의 가능성에 대해 애리조나주 피닉스시의 경우를 생각해보자. 공공사업국의 높은 비용과 낮은 성취도에 대한 불만으로 피닉스시는 여러 동네에서 민간기업이 쓰레기를 수거하는 계약을 맺도록 했다. 공공사업국 역시 계약에 응모할 수 있었다. 처음에는 공공사업국이 성공적이지 못했다. 왜냐하면 사적 기업들이 더 낮은 가격으로 보다 높은 성과를 보였기 때문이다.

그렇지만 시간이 지남에 따라 공공사업국은 운전자들의 쓰레기 수거 경로 개선을 위한 연구와 같은 생산효율성 개선에 노력하였고, 그 결과로 공공사업국이 계약 수주에 성공하였다.

피닉스시의 이야기는 경쟁의 존재 여부가 운영주체가 민간기관 또는 공공기관이냐보다 더 중요할 수 있음을 시사한다. 비슷한 맥락에서 민영화에 대한 국제 데이터를 분석한 Dewenter와 Malatesta[2001]는 정부기업의 이윤이 민간기업 이윤보다 낮지만, 민영화 그 자체가 수익성을 증가시켰다는 증거는 발견하지 못했다. 그들은 수익성 증가가 오히려 민영화되기 몇 년 전부터 나타나기 시작함을 발견했다. 민간부문에 기업이 팔리기 전에 이미 상당한 정도의 구조조정이 발생하는 것이다. 이런 발견에 대해 설명하기 위해 Dewenter와 Malatesta는 정부가 효율성을 증가시킬 능력은 있으나 정부에게는 효율성을 유지하기 위한 경쟁 압력이 없으므로 효율성을 증진시키는 능력이 시간이 지남에 따라 사라졌었던 것이라고 주장하였다. 만약 이것이 사실이라면 민영화의 진정한 혜택은 효율성 증가의 이득을 지속화시키는 것이라고 할 수 있다.

4.4 공공재와 공공선택

공공이라는 단어를 비경합적이며 비배제적인 성격을 가진 재화를 설명하는 데 사용하는 것은 그 재화가 공공부문에 의해 제공되어야만 하는가 하는 질문에 대해 미리 결론을 내리도록 하는 것 같다. 실제로 우리는 민간시장이 순수 공공재를 파레토 효율적인 양만큼 제공하지 못한다는 것을 보였다. 생산량을 결정하기 위해서는 어떤 집단적인 선택이 이루어져야만 한다. 국방과 같은 순수 공공재가 아닌 경우 때로는 공적으로 제공되는 재화를 대체할 수 있는 민간 생산 재화가 존재하기로 한다. 그렇지만 이러한 경우에도 어느 정도까지 공적 제공이 이루어져야 하는가를 결정하기 위한 또 다른 집단적인 선택이 필요하다. 따라서 공공재와 공공 선택이라는 주제는 매우 밀접히 연관되어 있다. 제6장에서는 공공 선택을 위한 몇 개의 메커니즘에 대해 논의하고 평가할 것이다.

심화 과정을 위한 추천 논문과 저서

대학원 수준에서 공공재와 외부성을 자세히 논한 교재로는 아래가 가장 널리 읽히고 있다.

- Cornes, Richard and Todd Sandler. 1996. *The Theory of Externalities, Public Goods and Club Goods*, 2nd edition. Cambridge, England: Cambridge University Press.

공공재에 대한 이론은 다음의 고전적인 논문들로부터 출발했다고 볼 수 있다.

- Samuelson, Paul A. 1955. "The Pure Theory of Public Expenditure." *Review of Economics and Statistics* 36: pp. 387–389.
- Lindahl, Erik. 1958/1919. "Just Taxation—A Positive Solution." *In Classics in the Theory of Public Finance*. R.A. Musgrave and A.T. Peacock (eds.). New York: St. Martin's Press.

부록 A에서도 소개되었지만 선호 시현 메커니즘은 다음의 논문을 직접 보기 바란다.

- Groves, Theodore and Martin Loeb. 1975. "Incentives and Public Inputs." *Journal of Public Economics* 4(3): pp. 211–226.

요약

- 공공재는 소비에 있어 비경합성과 비배제성으로 특징지을 수 있다. 따라서 각 사람들은 같은 양의 공공재를 소비하게 된다. 공공재의 양은 반드시 개인이 원하는 양만큼은 아닐 수도 있다.
- 효율적인 공공재 공급은 개인별 *MRS*들의 합이 *MRT*와 동일하게 될 것을 요구하는데 이는 각 개인의 *MRS*가 *MRT*와 동일한 사적 재화의 효율성 조건과는 다르다.
- 시장 메커니즘은 배제성이 있는 재화라도 경합성이 있는 재화를 효율적으로 공급하지 못한다.
- 일반적인 관측이나 실험실에서의 연구는 사람들이 무임승차의 가능성을 충분히 활용하지는 못함을 보여준다. 그렇지만 어떤 경우들에서는 무임승차가 심각한 문제이다.
- 공공재는 사적으로 민간이 제공할 수도 있으며 사적 재화가 공적으로 제공될 수도 있다.
- 재화의 공적 제공이 선택된 경우라도 민간이 생산할 것인가 공공부문에서 생산할 것인가에 대한 선택이 이루어져야 한다. 공공 생산과 민간 생산 중 어느 쪽이 더 효율적인가를 결정하는 가장 중요한 요인은 시장 환경이다. 또 다른 중요한 문제는 민간부문의 서비스 제공자들과 얼마만큼 완전한 계약을 만들어낼 수 있는가 하는 점이다.

연습문제

1. 다음 중 어떤 것을 순수 공공재 혹은 사적 재화라고 생각하는가? 그 이유는?

a. 야생 지역

b. 위성 TV

c. 의대 교육

d. 공영 TV 프로그램

e. 자동인출기(ATM)

2. 다음의 명제들이 참인지 거짓인지 아니면 판단할 수 없는지를 말하고 여러분의 답을 정당화하는 근거를 제시하시오.

a. 공공재의 효율적인 공급은 그 사회의 각 개인들이 최종 단위에 대해 동일한 가치를 매기는 수준에서 이루어진다.

b. 만약 재화가 비경합적이면서 배제성이 있다면 민간부문에서는 결코 생산되지 않을 것이다.

c. 도로는 한 사람이 이용한다고 해서 다른 사람이 그것을 이용하는 것을 감소시키지는 않기 때문에 경합성이 없다.

d. 더 큰 지역이 작은 지역보다 비경합적인 재화를 더 많이 소비하는 경향이 있다.

3. 타잔과 제인은 정글 속에서 둘만 살면서 치타를 훈련시켜 주변 경비도 서고 열대 과일도 딸 수 있게 했다. 치타는 1시간에 3파운드 과일을 모을 수 있고, 현재 6시간은 경비를 서며, 8시간은 과일을 따고, 10시간은 잔다.

a. 이 예에서 공공재와 사적 재화는 무엇인가?

b. 만약 타잔과 제인이 현재 경비시간 1시간을 줄여서 2파운드의 과일을 얻을 의사가 있다면 현재 치타의 시간 배분은 파레토 효율적인가? 경비를 더 서야 할까 덜 서야 할까?

4. 2012년에 유럽 정부는 10억 달러 이상을 유럽 원자력 연구소(European Organization for Nuclear Research, CERN)에 지출하였다. CERN에서의 연구는 과학자들이 우주의 기원에 대해 더 잘 이해하도록 도와줄 것이라고 믿는다. 그러한 연구는 공공재인가?

5. 펜실베이니아주에서 지난 80년간 술 가게는 주정부가 운영해왔다. 《뉴욕타임즈》 기사에 따르면 가게의 분위기는 황량하고 우울하며 소비자들은 수용소나 감옥소에 갇힌 죄수같이 와인과 독주를 자유시장에서 사는 상상을 할 뿐이다[Seelye, 2011]. 이 장에서 논의한 기준을 이용하여 술 가게가 민간에 의해 운영되어야 하는지 정부에 의해 운영되어야 하는지 논하시오.

6. 멕시코는 상당량의 원유를 가지고 있지만 최근에 석유 생산량은 떨어지고 있다. 펠리페 칼데론 대통령은 최근 국

영 석유회사 페멕스(Pemex)를 민영화하려 했다[Luhnow, 2008]. 많은 반대자들은 멕시코의 전화회사 텔멕스(Telmex)의 민영화가 해당 기업을 독점기업화하여 가격 상승을 초래하였음을 지적하고 있다. 페멕스가 민영화되어도 유사한 일이 벌어지리라 예상하는가? 여러분의 답을 민영화의 결과에 대해 평가할 때 시장 환경의 역할에 논의했던 바와 연결시켜 설명해보시오.

7. 민간이 운영하는 공항에서는 승객들이 비행기를 갈아타는 빈 시간에 잠시 눈을 붙일 수 있는 캡슐형 호텔 같은 시설을 제공한다. 이런 시설들은 보통 공공이 운용하는 공항에서는 이용할 수 없다. 이런 상황에서 여러분은 공항은 민간이 운영해야 한다고 주장할 수 있겠는가? 그렇지 않다면 어떤 다른 정보가 필요할까?

8. 터키에서 매해 공립학교들은 재원이 부족하다. 학교 운영위원회는 학부모들에게 학교에 기부하라는 압력을 주고 있다. 하지만 부유한 학부모들도 그런 기부는 피하려고 한다. 거의 매해 학교 운영위원회가 모금을 위해 폭력까지 행사한다는 비난이 이어지고 있다. 한편 좌절한 교육위원회는 학부모들이 책임감 없고 자녀의 복리를 생각하지 않는다고 비난한다. 무임승차라는 개념을 이용하여 이 딜레마에 대해 설명하시오.

9. 후원자들의 선호에 부응하기 위해서 페어팩스 지역 공공도서관에서는 2년 동안 대출되지 않았던 책들을 처분하여 좀 더 인기 있는 책들을 위한 공간을 마련한 바 있다[Miller, 2007]. 이러한 정책으로 인해 윌리엄 포크너(William Faulkner)와 토마스 하디(Thomas Hardy)의 작품들이 존 그리샴(John Grisham)이나 제임스 패터슨(James Patterson)의 작품에게 자리를 내주게 되었다. 인기 있는 책들을 소매상이나 온라인 서점을 통해 더 쉽게 구입할 수 있게 된 상황에 비추어 도서관에서 공공재를 공급한다고 이야기할 수 있을까? 도서관의 공공재적 측면은 대중을 위한 시장에서 호소력을 가진 책들의 제공과 문화적 보고나 고전 작품 제공 중 어디서 찾아야 할까?

10. 세금 징수는 주권이 있는 정부의 가장 근본적인 의무요 권리이다. 그렇지만 역사를 통해 많은 정부들은 세금 징수 업무를 민영화하는 방식을 선택했다. 이러한 방식 중 특정 방식이 '조세징수도급(tax farming)'이라는 것이다. 이 방식에서는 특정 지역의 세금을 징수할 권한을 개인 징수자들에게 경매한다. 프랑스, 이집트, 오스만 제국, 인도 등 많은 국가에서 과거에는 세금 농장 방식을 이용했다. 현대적 방식의 조세징수도급도 개발도상국과 선진국에서 지지를 얻고 있다. 조세징수도급과 계약의 역할에 대한 장단점을 논하시오.

11. 어떤 해안에서 고기를 잡는 자크와 야곱 두 어부가 있다고 해보자. 이들은 추가적으로 등대가 세워지면 각자가 혜택을 볼 수 있다. 등대를 세우는 한계비용은 100달러이다. 자크가 등대에서 얻는 한계편익은 $90 - Q$이고 야곱의 한계편익은 $40 - Q$이며 Q는 등대의 개수이다.

a. 이 해변에 효율적인 수의 등대가 세워지리라 기대할 수 없을지에 대해 설명하시오.

b. 효율적인 등대 수는 얼마인가? 효율적인 수의 등대가 세워졌을 때 자크와 야곱이 가지게 될 순편익은 얼마인가?

12. 한 사람의 목동이 목초지에서 1년간 10마리의 양을 먹일 수 있다. 목동 한 사람이 추가될 때마다 목동 1사람당 1마리의 양이 줄어들어야 한다. 4마리 이하의 양만 먹일 수 있다면 목초지에 가는 것보다는 집에 머무르는 것이 낫다면(즉, 목초지로 가는 기회비용이 양 4마리라면) 목초지에는 몇 사람의 목동이 있게 될까? 이로부터 사회가 얻게되는 순편익은 얼마인가? 목초지에 몇 명의 목동이 있는 것이 효율적일까? 목초지는 공공재인가?

13. 브리트니와 파리스는 이웃이다. 겨울에 제설차가 파리스의 집 앞을 치우기 전에는 브리트니의 집 앞을 치울 수 없다. 브리트니가 제설차 서비스에서 누리는 한계편익은 $12 - Z$이다(Z는 제설차 서비스 회수를 의미). 파리스의 한계편익은 $8 - 2Z$이다. 거리 제설의 한계비용은 16달러이다. 두 한계편익 곡선과 합계 한계편익 곡선을 그려보고 제설 서비스의 효율적 횟수를 찾아보시오.

14. [2001년 행정고시 재정학 2차 문제 응용] 현재 우리나라의 상수도는 공공기관인 각 지자체의 산하기관에 의해 공급되고 있다. 예를 들어, 서울시의 상수도는 서울시의 수도사업본부가 관장한다. 우리나라와는 달리, 어떤 국가에서는 민간기업이 상수도를 공급하고 다만 정부가 이를 규제하

는 형태를 띠기도 한다. 실제로 전 세계에는 아주 대규모의 민간 물기업이 존재하고 있으며, 민간기업에 의한 상수도 공급 비중이 지속적으로 증가하고 있다.

a. 민간기업이 상수도를 공급하고 자율적으로 요금을 결정하는 경우 어떠한 결과가 나타나게 되는가?(단, 규모의 경제가 존재한다고 가정하시오.)

b. 여전히 민간기업이 공급을 하나, 정부가 가격을 규제한다고 하자. 효율성만 고려한다면 가격이 어떤 수준에서 어떻게 결정되어야 하는가?

c. 이러한 네트워크 산업이 가지는 추가적인 문제는 시설에 대한 투자와 유지가 필요하다는 것이다. 단순한 상수도 공급에 덧붙여 최적인 상수도 시설투자까지 고려한다면 정부는 어떠한 규제 방식을 사용할 수 있을 것인가? 단기와 장기 계약, 시설 운영과 시설 투자, 기업 유인, 소비자 보호, 정태적 효율성과 동태적 효율성 등의 개념을 이용하여 설명하시오.

d. 만약 상수도 공급이 수계를 따라 이루어질 수밖에서 없어 3개 지역에서 이루어져야 하는 경우, 각 지역의 수도요금은 어떠한 원칙에 따라 결정되어야 하는가? 다른 상수도 요금의 적용이 바람직한가?(제16장 최적 사용자 요금을 참조하시오.)

e. 형평성과 재화 평등주의의 고려는 수도요금이 어떻게 결정되어야 함을 의미하는가?

15. 관중이 별로 없는 야구 경기장 근처를 지나던 준철이는 문득 이런 의문이 들게 되었다. "어차피 선수들은 똑같은 연봉을 받고 시합을 하는데 저렇게 관람석이 많이 빈 운동장을 그냥 놓아두는 것은 비효율적인 것 아닌가? 게임이 시작된 후 관람석이 비어 있다면 야구 경기 관람에 대해 0 이상의 가치를 갖는 사람들은 들여보내는 것이 더 효율적인 결과를 낳지 않을까? 그리고 추가적인 비용 없이 여러 사람들에게 제공될 수 있다면 야구 경기도 공공재의 성격을 가진 것은 아닐까?" 준철이의 이런 생각에 대해 공공재의 개념을 바탕으로 비판해보시오.

16. [입법고시 2차 2015년 기출문제] 공공재와 사용재, 두 재화가 있는 경제를 고려하자. 정부는 조세수입을 통하여 공공재를 공급하고, 조세수입 1단위당 공공재 1단위가 공급된다. 총 H명의 소비자들이 있고 소비자 $i(=1, 2, \cdots, H)$의 소득(사용재 단위)은 y_i로 주어지며, $y_1 < y_2 < \cdots < y_H$이다. (단, H는 홀수이다.) 소비자 의 효용함수는 $u_i(x_i, G) = x_i + \sqrt{G}$이고, 여기서 x_i는 i의 사용재 소비량을, G는 공공재 소비량을 나타낸다. 공공재의 공급비용은 평률 소득세로 조달된다. 공급량 G가 정해지면, 소득세율 t는 $t\sum_{i=1}^{H} = G$로 결정된다. 즉, 평균소득을 μ라 할 때, $t = \frac{G}{\mu H}$임을 알 수 있다. 한편, 소비자 i는 ty_i의 세금을 내고 $(1-t)y_i$단위의 사용재와 G의 공공재를 소비하여 $u_i = (1 - \frac{G}{\mu H})y_i + \sqrt{G}$의 효용을 얻는다. 따라서 각 소비자는 공공재의 공급량 G에 대하여 단봉형 선호를 갖는다.

a. 공공재의 효율적(최적) 공급 조건을 활용하여 최적 공급량을 도출하시오. (15점)

b. 중위투표자 정리를 활용하여 민주주의적인 의사결정에 따른 정부의 공공재 공급 규모에 대하여 설명하고 그것이 효율적이기 위한 조건을 a의 결과를 이용하여 기술하시오. (20점)

c. 경제가 성장하면 소득불평등이 심화되어 평균소득 대비 중위소득의 비율이 점차 감소한다고 한다. 중위투표자 정리를 활용하여 얻은 b의 공공재 공급 규모를 활용하여, 경제 성장과 정부의 규모 사이의 관계에 대하여 논하시오. (15점)

17. 다음 지문을 읽고 물음에 답하시오.

> 정부는 문화진흥을 위해 공연시설을 건설하기로 결정하였다. 공연시설이 건설되면 6만 명의 시민들이 누구나 자유롭게 사용할 수 있다. 또한 사용과정에서 경합이 이루어지지 않는다고 가정한다. 공연시설의 크기는 Q로 표시되며, 이는 좌석 수를 의미한다. 공연시설로 인해 시민들은 편익을 얻게 되는데, 이때 공연문화에 대한 태도에 따라 각 시민들이 얻게 되는 총편익은 크게 3가지로 구분된다.
>
> A유형: $2500Q - Q^2$
>
> B유형: $3400Q - Q^2$
>
> C유형: $3600Q - Q^2$
>
> 각 유형에 속하는 시민의 수는 2만 명이다.
>
> 공연시설을 조성하는 데 드는 한계비용은 $(1000 + 8Q) \times 1$만 원이다.

a. 공연시설의 수요와 공급을 구한 후, 이를 토대로 효율적인 공연시설의 크기를 구하시오.

b. 정부는 공연시설을 만들기 위해 좌석 1개당 1,000원의 세금을 시민에게 부과하며, 공연시설의 규모는 다수결로 결정하기로 하였다. 각 유형에 속하는 개인이 선호하는 공연시설의 규모를 구하시오. 그리고 모든 시민이 합리적이라는 가정하에 콩도르세(Condorcet) 승자방식으로 공연시설의 규모를 결정할 때 어떤 규모가 결정되는지를 구하시오.

c. 다수결에 의해 정해진 공연시설의 규모가 가지는 특징은 무엇인가? 이와 같은 과정을 거쳐 정해진 규모는 효율적인가? 또한 이러한 결과가 나온 이유는 무엇인가?

18. [입법고시 2차 2017년 기출문제]

> 농촌 마을 한가운데에 목초지가 있다. 이 마을의 각 가구는 염소를 최대 1마리씩 이 목초지에서 방목하여 사육할 수 있다. 마을에서 사육되는 염소로부터 얻는 가치는 $V = 25G - \frac{G^2}{2}$이며, G는 마을에서 사육하는 염소의 총수이다. 염소 1마리 구입에는 5원의 비용이 소요된다. 이 마을의 이장은 사육하는 염소 숫자를 결정하기 위해서 다음의 2가지 시나리오, S1과 S2를 검토하고 있다.
>
> - S1: 각 가구가 자유롭게 최대 1마리씩 목초지에서 염소를 사육하게 한다.
> - S2: 사육되는 염소의 순가치가 극대화되도록 사육되는 염소 수를 결정한다.

a. 시나리오 S1이 실시될 경우 이 목초지에서 사육되는 염소의 수 G_{s1}을 계산하고 그래프와 함께 설명하시오.

b. 시나리오 S2가 실시될 경우 이 목초지에서 사육되는 염소의 수 G_{s2}를 계산하고 그래프와 함께 설명하시오.

c. 위 a와 b의 결과에 왜 차이가 발생하는지 그 이유를 그래프와 함께 설명하시오. (8점)

d. 시나리오 S2에서 이장이 한 개인에게 목초지 소유권을 이전한다고 하면, 이장이 개인으로부터 소유권 이전 대가로 받을 수 있는 목초지의 가격은 얼마인지 계산하시오. 목초지 소유권자가 염소 사육 가구에게 목초지 입장료(사용료)를 부과할 경우 입장료와 사육 염소 수를 계산하고, 앞의 그래프와 함께 설명하시오.

Appendix A

A.1 선호 시현 메커니즘

시장에서 공공재가 공급될 경우 일반적으로 개인들이 공공재에 대한 자신의 진정한 선호를 드러내지 않는다. 따라서 가격 체계를 통해 공공재를 효율적인 수량만큼 제공할 수 없다. 그렇다면 진실을 말하도록 모든 사람이 거짓말 탐지기 시험을 거치도록 하는 방법은 없을까? 사람들이 자신의 진정한 선호를 드러내도록 만드는 몇몇 기제들이 제안된 바 있다. 이제 Groves와 Loeb[1975]의 논문에서 제안된 절차를 설명해본다.[1]

정부의 한 요원이 이브에게 다가가 다음과 같이 말했다고 하자. "몇 개의 로켓을 쏘아야 할지 여러분의 불꽃놀이 수요곡선을 내게 알려주세요. 나는 이 정보와 내가 아담으로부터 받은 정보를 합하여 파레토 효율적인 로켓 발사 수를 정하고 각자에게 세금을 부과할 것입니다. 그런데 여러분은 대답하기에 앞서 다음과 같은 방식으로 세금이 부과될 것이라는 것을 아셔야 합니다. 공공재 공급이 한 단위 증가할 때마다 그 한 단위 증가로 인한 비용에서 여러분 말고 다른 사람들이 그 마지막 단위에 부과한 가치의 합을 뺀 값만큼 여러분은 세금을 내게 됩니다."

그 요원이 떠난 후 이브가 제일 먼저 한 일은 수학적으로 세금 구조를 표현한 것이다. 만약 ΔT^{Eve}가 공공재 공급이 한 단위 증가했을 때 그녀가 내야 하는 세금 액수의 변화이고, MRT_{ra}는 그 한 단위를 생산하기 위한 비용의 증가이고 MRS_{ra}^{Total}은 추가 한 단위가 아담과 이브에게 주는 한계가치, 그리고 MRS_{ra}^{Eve}는 이브 혼자 느끼는 한계가치라고 하자. 그러면 다음 식이 성립된다.

$$\Delta T^{\text{Eve}} = MRT_{ra} - (MRS_{ra}^{\text{Total}} - MRS_{ra}^{\text{Eve}}) \qquad \textbf{(4A.1)}$$

식 (4A.1)이라는 조건하에 이브는 사실을 말할 것인가 말 것인가, 즉 그녀가 느끼는 진실한 한계가치를 드러낼 것인가를 결정해야 한다. 그녀는 자신의 효용극대화를 위해서는 로켓 발사 한 단위 추가 소비의 한계편익 MRS_{ra}^{Eve}과 그녀의 한계비용, 즉 세금의 증가가 같아지는 수준까지 공공재 공급이 이루어져야 한다는 사실을 안다. 따라서 이브는 다음과 같은 조건이 성립될 때까지 공공재 공급이 이루어지는 것을 원한다.

$$\Delta T^{\text{Eve}} = MRS_{ra}^{\text{Eve}} \qquad \textbf{(4A.2)}$$

식 (4A.1)을 이용해서 ΔT^{Eve}를 바꾸어주면 다음을 얻는다.

$$MRT_{ra} - (MRS_{ra}^{\text{Total}} - MRS_{ra}^{\text{Eve}}) = MRS_{ra}^{\text{Eve}}$$

양변에 $(MRS_{ra}^{\text{Total}} - MRS_{ra}^{\text{Eve}})$를 더하면 다음을 얻는다.

1 Tideman과 Tullock[1976]을 참조하시오.

$$MRT_{ra} = MRS_{ra}^{\text{Total}} \tag{4A.3}$$

식 (4A.2)와 (4A.3)이 같은 조건이므로 식 (4A.3)의 조건을 달성하기 위해 정부가 이브의 정보를 이용할 것이라는 것을 그녀가 안다면 이브로서는 사실을 말하는 것이 이득이 된다.

그러나 그녀는 이것이야말로 정부가 하고자 하는 것이라는 것을 안다. 왜일까? 정부 요원이 그가 받은 정보를 이용하여 파레토 효율을 이루는 공급을 하겠다고 약속한 것을 기억하자. 본문에서 그러한 조건은 식 (4.2)로 특징지어진다. 정의에 의해서 $MRS_{ra}^{\text{Total}} = MRS_{ra}^{\text{Adam}} + MRS_{ra}^{\text{Eve}}$이므로 식 (4A.3)과 식 (4.2)는 동일하다. 따라서 정부의 로켓 발사 공급은 식 (4A.3)을 충족시킬 것이며 이브는 진실을 말할 유인이 있다. 아담 또한 동일한 세금 구조를 가지고 있다면 그 또한 진실을 말할 것이다. 무임승차 문제는 해결된 것으로 보인다.

직관적으로 이 시스템이 어떻게 작동하는지를 알아보기 위해 이브의 세금이 정해지는 방식인 식 (4A.1)의 우변에 대해서 생각해보자. $(MRS_{ra}^{\text{Total}} - MRS_{ra}^{\text{Eve}})$는 이브를 제외한 다른 모든 사람들의 한계편익의 합이라는 사실에 주목하자. 따라서 생산이 한 단위 증가할 때 이브의 세금 증가는 자기 자신의 한계편익에는 의존하지 않게 되며 따라서 거짓말할 유인은 없게 된다.

이 메커니즘에는 몇 가지 문제점들이 있는데 이런 문제점들은 대부분 무임승차 문제를 풀기 위한 다른 방법들에도 공통적으로 적용된다. 첫째로 납세자들이 이 시스템에 대해 이해하지 못할 수도 있다(이게 별 문제가 아니라고 생각하는 사람은 경제학 수업을 들은 바가 없는 친구에게 이 메커니즘에 대해 설명해보시오). 둘째로 이런 방식을 이해시킬 수 있다고 하더라도 납세자들이 자신의 수요곡선을 계산해서 정부한테 보고하는 수고를 하여야 한다. 사람들이 그런 것은 시간낭비라고 생각할 수도 있다. 셋째로 정부의 선택에는 수백만 명의 사람이 간여하기 때문에 정보를 모으고 소화해내는 작업은 너무나도 큰 비용이 든다.[2] (몇 사람으로 이루어진 클럽과 같은 경우에는 이런 문제가 크지 않을 수도 있다.) 결론을 내리자면 이런 방식으로 선호를 드러내게 하는 메커니즘이 무임승차 문제의 구조를 이해하는 데 있어 흥미로운 통찰력을 주기는 하지만 공공부문의 선택에 있어서 무임승차 문제를 해결하는 실용적인 방법은 아니라고 할 수 있다.

---

2 추가적인 기술적 문제들이 더 있다. 징수된 세금이 필요한 지출보다 작을 수 있으며 이 시스템을 작동 못하게 하는 납세자들의 연합이 결성될 가능성도 있다. Tideman과 Tullock[1976]을 참조하시오.

B.1 사무엘슨 조건의 수학적 도출

본문에서 공공재의 효율적 제공을 달성하기 위한 조건은 사람들의 한계대체율의 합과 한계변환율이 일치하는 것이라고 배웠다. 공공재의 수요자가 A와 B 두 사람이라고 하면 이는 본문에서와 같이 $MRT = MRS^{A} + MRS^{B}$라고 쓸 수 있다(단순히 아담과 이브 대신 A, B라고 칭하는 것이다). 본문의 각주에서 언급했듯이 이 조건을 사무엘슨 조건이라고 하는데 본 부록에서는 최적화 문제를 구성하고 그 해를 제시함으로써 보다 엄밀하게 이 조건을 도출해보기로 한다. 이 부록을 읽는 독자들은 제약하에서 최적화 문제를 푸는 방법인 라그랑지 승수법을 알고 있다고 가정한다.

이 문제는 사회후생을 극대화하는 문제로 생각해볼 수 있다. 어떤 경제에 재화가 공공재(z)와 사적 재화(x) 2개가 있고, 앞서 언급한 대로 A와 B라는 두 소비자가 있다고 하자. 그리고 A와 B의 소비는 상첨자로 나타내기로 하자. 공공재의 정의상 두 사람의 공공재 소비량은 동일하다($z^{A} = z^{B} = z$). 그러나 사회의 사적 재화 생산량은 두 사람의 소비를 합한 것이 되어야 할 것이다($x^{A} + x^{B} = x$).

이제 A의 효용은 $U^{A} = U(x^{A}, z)$, B의 효용은 $U^{B} = U(x^{B}, z)$로 표현할 수 있다. 또한 공공재와 사적 재화의 생산함수를 음함수 형태인 $F(x, z) = 0$으로 표현할 수 있다고 하자.

이 사회의 후생을 극대화하는 문제는 A가 일정한 효용을 누릴 때($\overline{U^{A}} - U(x^{A}, z)$) 주어진 생산함수하에서($F(x, z) = 0$) B의 효용($U^{B} = U(x^{B}, z)$)을 극대화하는 것이라 할 수 있다. 물론 A와 B의 사적 재화 소비량의 합은 사회 전체의 사적 재화 생산량과 동일해야 한다($x^{A} + x^{B} = x$).

이제 사회후생 극대화 문제를 다음과 같은 제약의 극대화 문제로 표현할 수 있다.

$$\max_{x^{A}, x^{B}, z} \quad U^{B}(x^{B}, z) \ \ \text{s·t} \ \ \overline{U^{A}} = U^{A}(x^{A}, z),\ x^{A} + x^{B} = x,\ E(x, z) = 0$$

위의 문제는 다음과 같이 2개의 제약식을 갖는 라그랑지 함수로 재구성할 수 있다.

$$L = U^{B}(x^{B}, z) - \lambda_1(\overline{U^{A}} - U^{A}(x^{A}, z)) - \lambda_2 F(x^{A} + x^{B}, z)$$

이제 극대화 문제를 풀기 위한 일계조건을 구하면 다음과 같다.

$$\frac{\partial L}{\partial x^{A}} = \lambda_1 U_x^{A} - \lambda_2 F_x = 0 \qquad \textbf{(4A.4)}$$

$$\frac{\partial L}{\partial x^{B}} = U_x^{B} - \lambda_2 F_x = 0 \qquad \textbf{(4A.5)}$$

$$\frac{\partial L}{\partial z} = U_z^{B} + \lambda_1 U_z^{A} - \lambda_2 F_z = 0 \qquad \textbf{(4A.6)}$$

이제 식 (4A.6) ÷ (4A.5)를 하면 다음을 얻는다.

$$\frac{U_z^{\mathrm{B}}}{U_x^{\mathrm{B}}} + \lambda_1 \frac{U_z^{\mathrm{A}}}{U_x^{\mathrm{B}}} = \frac{F_z}{F_x} = MRT \qquad \textbf{(4A.7)}$$

또한 식 (4A.4)와 (4A.5)에서 $U_x^{\mathrm{B}} = \lambda_2 F_x = \lambda_1 U_x^{\mathrm{A}}$이므로, 식 (4A.7) 좌변의 두 번째 항은 $\lambda_1 U_z^{\mathrm{A}}/U_x^{\mathrm{B}} = \lambda_1 U_z^{\mathrm{A}}/\lambda_1 U_x^{\mathrm{A}} = U_z^{\mathrm{A}}/U_x^{\mathrm{A}}$가 된다. 이를 다시 식 (4A.7)에 넣고, 한계대체율과 한계변환율이 각각 한계효용의 비와 한계비용의 비와 같음을 고려하면 사무엘슨 조건($MRT = MRS^{\mathrm{A}} + MRS^{\mathrm{B}}$)이 도출된다.

한편 사무엘슨 조건은 직접 사회후생함수를 극대화하는 방식으로도 도출할 수 있다. 위와 동일한 조건을 가진 경제를 생각해보자. 제3장에서도 보았듯이 사회후생의 극대화는 두 사람의 효용의 함수이다. 그리고 각자의 효용은 소비하는 사적 재화와 공공재의 양에 의존하므로 사회후생함수는 $W[U^{\mathrm{A}}(x^{\mathrm{A}}, z), U^{\mathrm{B}}(x^{\mathrm{B}}, z)]$라고 표현할 수 있다. 이제 극대화 문제는 다음과 같이 이 사회후생함수를 극대화할 수 있는 사적 소비량과 공공재의 양을 결정하는 문제가 된다.

$$\max_{x^{\mathrm{A}}, x^{\mathrm{B}}, z} \; W[U^{\mathrm{A}}(x^{\mathrm{A}}, z), U^{\mathrm{B}}(x^{\mathrm{B}}, z)] \quad \mathrm{s{\cdot}t} \; x^{\mathrm{A}} + x^{\mathrm{B}} = x,\; F(x, z) = 0$$

위의 문제는 다음과 같은 라그랑지 함수로 표현할 수 있다.

이제 일계조건을 구하면 다음과 같다.

$$\frac{\partial L}{\partial x^{\mathrm{A}}} = \frac{\partial W}{\partial U^{\mathrm{A}}} U_x^{\mathrm{A}} - \lambda_1 F_x = 0 \qquad \textbf{(4A.8)}$$

$$\frac{\partial L}{\partial x^{\mathrm{B}}} = \frac{\partial W}{\partial U^{\mathrm{B}}} U_x^{\mathrm{B}} - \lambda_1 F_x = 0 \qquad \textbf{(4A.9)}$$

$$\frac{\partial L}{\partial z} = \frac{\partial W}{\partial U^{\mathrm{A}}} U_z^{\mathrm{A}} + \frac{\partial W}{\partial U^{\mathrm{B}}} U_z^{\mathrm{B}} - \lambda_1 F_z = 0 \qquad \textbf{(4A.10)}$$

식 (4A.8)과 (4A.9)를 (4A.10)에 대입하면 $\lambda_1 F_x MRS^{\mathrm{A}} + \lambda_1 F_x MRS^{\mathrm{B}} = \lambda_1 F_z$이 되고 이로부터 어렵지 않게 $MRT = MRS^{\mathrm{A}} + MRS^{\mathrm{B}}$이 성립함을 알 수 있다.

Chapter 5

외부성

> 우리는 번(earn) 것이 아닌 태운(burn) 것에 대해 과세해야 한다.
>
> — 앨 고어

종이 공장에서는 생산공정의 부산물로 화학물질 다이옥신이 만들어진다. 다이옥신은 목재 펄프를 하얗게 염색하는 데 쓰는 클로린이 펄프 속에 있는 물질들과 결합하여 만들어진다. 일단 다이옥신이 대기 중으로 방출되면 누군가의 지방세포에 들어가게 되며 수유하는 엄마의 모유에까지 들어가게 된다. 몇몇 과학자들에 따르면 다이옥신은 기형아와 암의 원인이 된다.

경제학자는 시장이 자원을 효율적으로 배분한다고 주장한다(제3장 참조). 다이옥신은 시장 작동의 산물이다. 그렇다면 이는 대기 중에 다이옥신을 갖는 것이 효율적이라는 말일까? 이 질문에 답하기 위해서는 사람들이 다른 사람의 후생에 영향을 미치는 여러 가지 다른 방식들을 구별하는 데서 시작하는 것이 도움이 된다.

예를 들어 도심 외곽에서 사는 많은 사람들이 도심에서 살기로 결정했다고 가정해보자. 그들이 도시로 옮겨옴에 따라 도시의 땅값은 상승한다. 도시의 재산 소유자들은 더 잘살게 될 것이나 이미 임대해서 살고 있는 사람들의 후생은 감소한다. 도시의 상인들은 수요 증가에 따라 이득을 보게 되지만 도심 외곽의 상인들은 손해를 본다. 경제가 새로운 균형에 이를 즈음이면 실질소득 분포에는 상당한 변화가 있게 된다.

이 이주의 예에서 모든 영향은 **시장가격의 변화를 통해** 전달된다. 사람들을 도시로 이동시키는 취향의 변화가 있기 전에 자원배분이 파레토 효율적이었다고 가정해보자. 수요곡선과 공급곡선의 이동은 상대가격을 변화시키지만 경쟁의 힘은 적절한 한계대체율하에서 새로운 등식이 성립하도록 보장해준다. 이리하여 어떤 사람의 행동이 다른 사람의 후생에 영향을 주는 것이 반드시 시장 실패를 일으키는 것은 아니다. 영향이 가격을 통해 전달된다면 시장은 효율적이다.[1]

1 물론 분배라는 관점에서 보면 사회 후생함수로 구현되는 도덕적 판단에 따라 새로운 가격 패턴이 더 바람직하거나 바람직하지 않을 수도 있다. 가격을 통해 전달되는 후생에 대한 영향은 금전적 외부성(pecuniary externalities)이라고 불리기도 한다. Mishan[1971]은 그런 효과들이 시장의 정상적인 기능의 일부이기 때문에 금전적 외부성은 혼란을 주는 용어임을 설득력 있게 주장한 바 있다. 여기서 금전적 외부성은 외부성의 개념에 대한 설명을 위해 언급되었을 뿐이며 앞으로의 논의에서는 무시하기로 한다.

다이옥신의 경우는 도심의 땅값과는 다른 종류의 상호작용을 나타내고 있다. 다이옥신 피해자들의 후생 감소는 가격 변화로 인한 결과가 아니다. 그보다는 종이 공장의 산출량 결정이 주변 사람들의 효용에 직접적인 영향을 준 것이다. 한 주체(개인이든 기업이든)의 활동이 다른 주체의 후생에 시장 메커니즘 이외의 방법으로 직접적인 영향을 줄 때 이 효과를 **외부성**(externality, 한 주체가 다른 주체의 후생에 시장 외부에서 직접적으로 영향을 줌)이라고 한다. 시장 가격을 통해 전달되는 효과와는 달리 외부성은 경제적 효율성에 부정적인 영향을 준다.

외부성(externality)

한 주체가 다른 주체의 후생에 시장 메커니즘을 거치지 않고 영향을 주는 행위.

이 장에서 우리는 이러한 비효율성과 그것에 대한 가능한 보완책에 대해 분석한다. 외부성 이론의 가장 중요한 적용 예는 환경의 질과 관련된 논쟁에서 발생한다. 논의의 많은 부분이 이 문제에 초점을 맞추어 진행될 것이다.

5.1 외부성의 본질

병태가 공장을 운영하면서 누구에게도 소유되지 않은 강에 쓰레기를 버린다고 가정해보자. 영자는 강에서 낚시를 하면서 살아간다. 병태의 행동은 가격 변화의 결과에 의한 것은 아니지만 직접적으로 영자의 후생을 감소시킨다. 시장을 거치지 않고 가격 변화도 없었기 때문에 영자에게 해를 끼친 것은 병태가 시장에서 하는 의사결정에 포함되어 있지 않다. 이 예에서 깨끗한 물은 병태의 생산 공정에서 하나의 투입물이다. 물은 다른 토지나 노동, 자본, 재료와 같은 다른 투입물들과 같이 이용되었다. 깨끗한 물은 또한 낚시나 수영과 같은 다른 사용처가 있는 희소한 자원이기도 하다. 그렇기 때문에 병태는 다른 활동에 이용될 수도 있는 희소한 자원이라는 측면에서 물의 가치를 반영한 가격을 지불해야만 한다. 그렇지만 병태는 물에 대해 0이라는 가격을 지불했으며 그 결과로 비효율적으로 너무 많은 양의 물을 이용하였다.

이런 방식으로 외부성 문제를 제시함으로써 외부성의 원천이 드러날 수 있다. 병태는 다른 투입물들은 효율적으로 이용하고 있다. 왜냐하면 그가 투입물을 이용하면서 그 소유자에게 해당 투입물이 다른 용도로 이용될 때의 가치를 반영하는 가격을 지불해야 하기 때문이다. 그렇지 않다면 투입물의 소유자는 그것을 다른 데 팔 것이다. 그렇지만 만약 아무도 강을 소유하고 있지 않다면 그것을 사용하는 시장도 존재하지 않으며 모든 사람은 공짜로 강물을 쓰게 된다. 그렇다면 외부성은 소유권을 설정할 능력이 없거나 소유권 설정에 실패하는 데서 오는 결과라고 할 수 있다. 만약 누군가 강을 소유하고 있다면 사람들은 그것을 이용하는 비용을 지불할 것이며 외부성은 나타나지 않을 것이다.

영자가 강을 소유한다고 가정해보자. 그녀는 병태에게 그녀의 어획고에서 본 손해를 반영한 오염비용을 청구할 수 있다. 병태는 이 비용을 생산 과정에서 고려해야 하고 물을 더 이상 비효율적으로 이용하지 않을 것이다. 반면 만약 병태가 강을 소유하고 있다면 그는 영자에게 강에서 낚시할 권리에 대한 값을 청구함으로써 돈을 벌 수 있다. 영자가 강에서 낚시할 권리를 얻기 위해 병태에게 지불하는 액수는 오염의 정도에 따라 다르게 된다. 따라서 병태는 지나친 오염은 방지하려는 유인을 갖게 된다. 그렇지 않으면 그는 영자로부터 많은 돈을 얻어낼 수 없기 때문이다.

"우리가 구름을 만들고, 구름은 비를 만들고, 비는 야구시합을 망쳐놓지.
그래서 사람들이 담배 피는 사람들을 싫어하는 거야!"

누군가 자원을 소유하고 있는 경우, 그 가격은 자원이 다른 용도로 이용될 때의 가치를 반영하게 되고 따라서 효율적으로 이용되게 된다(최소한 다른 시장 실패가 없다고 한다면 말이다). 이와는 대조적으로 공통으로 소유된 자원은 남용된다. 왜냐하면 아무도 그것을 효율적으로 이용할 유인을 갖지 않기 때문이다.

이 주제에 대해 좀 더 살펴보기 위해 다음과 같은 외부성의 특징에 주목하자.

외부성은 기업뿐만 아니라 소비자에 의해서도 생성된다 모든 외부성이 기업에 의해 생성되는 것은 아니다. 사람이 많은 방에서 담배를 피워서 공유자원인 신선한 공기를 써버리고 다른 사람의 효용을 낮추는 흡연자를 생각해보시오.

외부성은 본질적으로 상호관계를 내포한다 위의 예에서 자연스럽게 병태를 오염유발자로 생각할 것이다. 그렇지만 영자가 낚시를 통해 병태의 생산에 대해 사회적 비용을 증가시키는 오염유발자라고도 생각할 수도 있다. 사회적 관점에서 보았을 때 강을 낚시가 아니라 폐기물 처분을 위해 사용하는 것이 더 나쁘다는 것은 명백하지 않다. 뒤에 보듯이 어떤 행위가 사회적으로 더 나쁜지는 각 행위에 대한 대안의 비용(즉, 기회비용)에 의존하게 된다.

외부성은 양일 수도 있다 여러분이 테러리스트의 위협에 대응하여 천연두 예방주사를 맞았다고 해보자. 여기에는 비용이 들었다. 예방주사의 가격과 주사를 맞는 괴로움 등이다. 편익은 생화학 테러 공격을 받았을 때 병에 걸릴 확률이 낮아졌다는 것이다. 그런데 여러분은 지역의 다른 사람들에게도 혜택을 주고 있다. 다른 사람들이 여러분에게서 병을 옮아가지 않을 것이므로 그들이 병에 걸릴 확률이 낮아졌기 때문이다. 그렇지만 여러분이나 다른 사람 모두 주사 접종 여부를 결정하기 위해 비용과 편익을 저울질할 때 이런 외부적 효과는 염두에 두지 않는다. 따라서 공적인 개입이 없을 경우에는 충분한 사람이 백신 주사를 맞지 않는다.

그림 5.1
외부성 문제
생산의 사회적 한계비용은 병태의 사적 한계비용에다 영자에 대한 한계손실을 더한 것이다. 병태는 사적 한계비용과 한계편익이 일치하는 Q_1을 생산한다. 그러나 효율적인 생산량은 사회적 한계비용과 한계편익이 일치하는 Q^*이다.

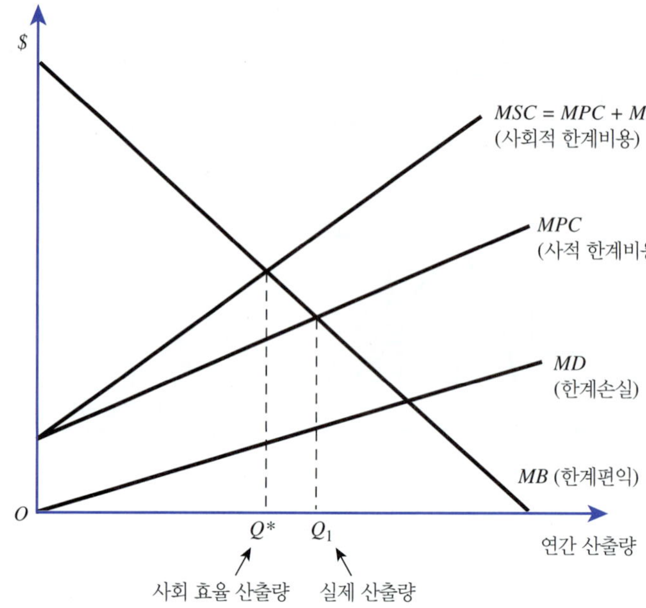

공공재는 특별한 종류의 외부성으로 볼 수도 있다 특히 한 개인이 양의 외부성을 만들어내고 그 효과를 경제 내의 모든 사람들이 느낄 수 있을 때 그런 외부성은 순수 공공재로 볼 수도 있다. 때때로 공공재와 외부성의 경계는 모호한 측면이 있다. 내가 집 뒤뜰에 모기를 잡는 전기장치를 설치했다고 하자. 만약 내가 사는 지역 내의 모든 모기를 그 전기장치가 잡아냈다면 나는 실질적으로 순수 공공재를 만들어낸 것이다. 만약 몇 사람의 이웃만 혜택을 보았다면 그것은 외부성이다. 양의 외부성과 공공재가 이론적인 측면에서는 매우 유사하지만, 현실적으로는 이들을 구별하는 것이 여전히 유용하다.

5.2 그래프 분석

〈그림 5.1〉은 병태와 영자 예를 분석하고 있다. 가로축은 병태 공장에서 생산되는 산출량 Q이며 세로축은 달러(가격)이다. *MB*라고 이름 붙인 선이 각 생산 수준에서 병태에게 돌아가는 한계편익이다. 한계편익은 산출이 증가함에 따라 감소한다고 가정한다.[2] 각 산출물 수준과 사적 한계비용(*MPC*)도 연계되어 있다. 사적 한계비용은 병태가 투입물에 대해 지불하는 것을 반영하는데 여기서는 산출량이 증가함에 따라 증가한다고 가정한다. 생산의 부산물로 공장은 영자의 후생을 감소시키는 환경오염을 만들어낸다. 산출물 한 단위당 오염물질의 양은 일정하다고 가정하자. 그러면 공장의 산출물이 증가함에 따라 오염의 양도 증가한다. 각 생산 단위에서 오

2 만약 병태가 공장의 모든 산출물을 소비한다면 감소하는 *MB*는 한계효용체감을 반영하는 것이다. 만약 병태가 자신의 생산물을 경쟁시장에 판다면 *MB*는 시장가격이라는 일정한 값을 갖는다.

염물질이 영자에게 주는 한계손실은 *MD*라고 표시한다. 오염물질이 증가함에 따라 영자의 후생이 체증하는 율로 감소한다는 사실을 반영하여 *MD*는 우상향하고 있다.

만약 병태가 이윤을 극대화하려면 얼마만큼을 생산해야 할까? 병태는 생산물 한 단위를 생산할 때 자신에게 돌아오는 한계편익이 자신에게 부과되는 비용보다 크다면 계속 생산할 것이다. 〈그림 5.1〉에서 그는 *MB*가 *MPC*보다 크면 생산을 하겠지만 *MPC*가 *MB*보다 크다면 생산하지 않을 것이다. 따라서 그는 *MPC*와 *MB*가 교차하는 Q_1까지 생산할 것이다.

사회적인 관점에서 보면 생산은 사회에 대한 한계편익이 사회에 대한 한계비용을 초과하는 한 계속되어야 할 것이다. 사회적 한계비용은 두 부분으로 나뉜다. 첫 번째는 병태가 사용하는 투입물의 비용이다. 그 가치는 *MPC*에 반영되어 있다. 두 번째는 영자에게 끼치는 한계손실로 *MD*에 반영되어 있다. 따라서 사회적 한계비용은 *MPC*와 *MD*를 더한 것이다. 그래프상으로 사회적 한계비용은 *MPC*와 *MD*의 높이를 더한 것으로 나타난다. 〈그림 5.1〉에서 *MSC*로 표현되어 있다. 구조상 *MSC*와 *MPC*의 수직적 차이가 *MD*이다($MSC = MPC + MD$이므로 $MSC - MPC = MD$이다).

사회적 관점에서의 효율성 조건은 *MB*가 *MSC*보다 커야 한다는 것이다. 따라서 최적 산출량은 두 곡선이 만나는 Q^*에서 이루어져야 한다.

5.2.1 시사점

위의 분석은 다음과 같은 결과를 암시한다. 첫째, 외부성이 없는 경우와는 달리, 사적 시장이 사회적으로 효율적인 생산량을 달성하지 못한다. 특히 재화가 음의 외부성을 창출한다면 사회적으로 효율적인 산출량에 비해 너무 많이 생산될 것이다.[3]

둘째, 이 모형은 Q_1에서 Q^*로 옮겨감에 따라 효율성이 증진된다는 사실뿐만 아니라 그렇게 함으로써 얻어지는 편익을 측정하는 방법까지도 제공해준다. 〈그림 5.2〉는 〈그림 5.1〉의 한계편익과 사적 한계비용과 사회적 한계비용을 그대로 가져왔다. 생산량이 Q_1에서 Q^*으로 줄어들 때 병태의 이윤은 감소된다. 그의 손실을 정확하게 계산하기 위해 각 생산 단위에서 한계이윤은 한계편익과 한계비용의 차이라는 사실을 기억하자. 만약 8번째 생산 단위의 사적 한계비용이 10달러고 한계편익이 12달러라면 한계이윤은 2달러이다. 그래프상에서 한계이윤은 *MB*와 *MPC*의 수직적 차이이다. 병태가 강제적으로라도 생산량을 Q_1에서 Q^*로 줄이게 된다면 그는 Q_1와 Q^* 사이의 모든 생산량에서 *MB*와 *MPC*의 차이만큼 손해를 보는 것이다. 이는 〈그림 5.2〉에서 *dcg*라는 면적으로 표시할 수 있다.

그렇지만 영자는 병태의 생산량 감소로 어획고가 증가할 수 있으므로 후생이 개선할 수 있다. 병태의 생산 단위 하나가 줄 때마다 영자는 그에 따른 한계손실 감소로 이득을 본다. 〈그림 5.2〉에서 영자가 한 단위의 생산 감소로 얻는 이득은 *MD*와 수평축 사이의 값이 된다. 따라서 Q_1에서 Q^*로 생산량이 줄어듦에 따라 영자가 얻는 이득은 Q^*과 Q_1 사이에서 한계손실 아

---

3 이 모형에서는 오염물질을 줄이는 유일한 방법이 산출량을 줄이는 것으로 가정했다. 만약 오염 제거 기술을 이용하는 것이 가능하다면 산출량은 유지하면서 오염을 줄일 수도 있다. 이 장 뒷부분에서는 그러한 오염 감소 방식도 살펴보게 된다. 그렇지만 일단은 두 방식이 기본적으로 같다는 것만을 지적하고자 한다. 왜냐하면 새로운 기술을 이용하려면 또 다른 자원을 이용해야 하기 때문이다(따라서 새 기술의 활용에도 추가적인 비용이 따른다).

그림 5.2
효율적인 생산수준으로 이동하는 데 따른 이득과 손실
생산량이 Q_1에서 Q^*로 감소하면 병태는 이윤에서 *dcg* 면적만큼의 손실을 얻는다. 그러나 병태의 생산량 감소는 영자의 후생을 *cdhg* 면적만큼 증가시킨다. 따라서 순사회적 이득은 *dhg*의 면적이 된다.

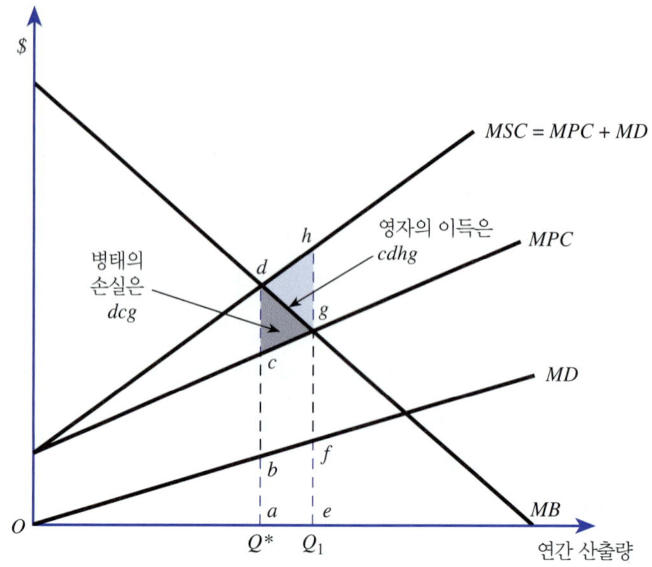

래의 면적인 *abfe*에 해당한다. *abfe*와 *cdhg*의 면적이 같음을 주목하자. 비용의 구조상 *MSC*와 *MPC* 사이의 거리가 *MD*이고 이는 *MD*와 수평축 사이의 거리와 같기 때문이다.

종합하면 생산량이 Q_1에서 Q^*로 줄면 병태는 *dcg*만큼의 손실을 보고 영자는 *cdhg*만큼 이득을 본다. 사회가 병태의 1달러와 영자의 1달러를 동일하게 본다고 하면 이는 Q_1에서 Q^*로 생산량이 줄어듦에 따라 *cdhg*와 *dcg* 면적의 차이인 *dhg*만큼의 사회적 순이득이 발생함을 의미한다.

셋째, 이 분석은 일반적으로 오염량이 0인 것이 사회적으로 바람직한 것은 아님을 암시하고 있다. 적합한 오염물질의 양을 찾기 위해서는 편익과 비용의 상충관계를 고려해야 하며 일반적으로 최적 상태에서는 오염물질의 양이 (0이 아닌) 양수가 된다. 거의 모든 생산활동이 약간의 오염을 일으키기 때문에 오염을 0으로 한다는 것은 모든 생산을 금지한다는 것과 동일한데 이는 분명 효율적인 방안은 아니다. 이런 논의가 대수롭지 않은 것으로 여겨질 것이다. 실제로 이런 논의는 상식적인 것으로 들린다. 그렇지만 미국 의회가 국가적인 목표를 "배가 지나다닐 수 있는 물에 쏟아지는 오염물질을 1985년까지는 완전히 제거한다"라고 결정했던 사실을 기억해보시오. 그렇게 불가능하고도 비효율적인 목표를 정하는 것은 어리석을 뿐 아니라, 뒤에서도 논의하듯이 실제로는 Q_1과 같은 비효율적인 생산량으로부터 이동하려는 움직임을 방해하게 된다.

마지막으로 〈그림 5.2〉와 같은 분석의 틀을 실제로 실천에 옮기려면 가상의 한계손실이나 한계비용곡선을 그리는 것 이상의 노력이 요구된다. 한계손실이나 한계비용의 실질적인 모양과 위치를 최소한 근사적으로라도 추정해야 하지만 오염손실의 가치를 찾아내는 것은 현실적으로 어려운 문제이다.

실증 증거 수질 오염이 건강에 미치는 영향은 무엇인가?

연구자들은 수질과 수인성 질병이나 여러 종류의 암을 포함하는 건강 사이의 연관을 발견해왔다. 그렇지만 수질 오염이 건강에 미치는 결정적인 인과관계를 규명하는 것은 어려운 일이었다. 윤리적이고 기술적인 이유로 인해 과학자들은 오염의 영향에 관한 통제된 임의할당 실험을 수행할 수 없었다. 따라서 그들은 관측 자료를 활용하는 창의적인 방법을 찾아내야 했다. 하지만 암 발병률에 영향을 미치는 다른 요인들을 통제하지 못한다면 인과관계를 규명한 것이 아니었다. 예를 들어 만약 어떤 지역의 수질이 오염되어 있다면 대기 오염 또한 심할 것이고 수질 오염과 암 발병률 사이에 보이는 관계는 완전한 인과관계라고 보기 어렵다. 연구자들이 직면하는 두 번째 문제는 암의 발병이 하루아침에 이루어지는 게 아니라 발암물질에 오랜 기간 노출되어야 암에 걸리게 된다는 것이다. 이 오랜 기간 중에 사람들이 여러 지역 간 이동을 할 수 있으므로 수질 오염이 암에 미치는 실증적 증거를 찾는 일은 어려운 것이다.

Ebenstein[2012]에 따르면 중국은 수질 오염과 소화기 암 사이의 관계를 관찰할 수 있는 매우 적절한 전후 사정을 보여준다. 대규모의 비료 사용과 공장의 폐수 투기는 중국의 몇 군데 수원을 심각하게 오염시켰다. 정부의 규제에 의해 중국에서는 주민의 이동이 극히 제한되어 있기 때문에 관측된 시점에서 주민이 거주한 지역의 정보가 평생 동안 수질 오염에 노출된 정보를 제공할 가능성이 높다. 추가적으로 외생적인 강수 패턴의 차이에 따라 지역 간 수질 오염의 정도가 매우 다르다. 수질 오염에 노출된 위치들을 비교하여 Ebenstein은 (6단계의 수질 오염도 중에서) 오염도가 1단계 증가할 때 소화기 계통의 암 발병률이 9.7% 증가한다고 추정하였다.

어떤 오염물질이 해가 되는가 앞의 예에서 병태의 공장이 영자의 어업을 방해하고 어획고를 줄이는 해를 끼친다는 사실은 명백한 것이다. 그렇지만 현실에서는 어떤 오염물질이 어느 정도 해가 되는지 측정하는 것은 일반적으로 어려운 일이다. 이 문제에 대한 실증적 접근 방법에 대해 논의해보자.

오염물질이 해를 끼친다는 사실이 확인되었더라도 정책 당국은 오염물질의 수준을 줄이는 것과 관련된 위험도 고려해야 한다. 예를 들어 휘발유 연소를 더 깨끗하게 함으로써 대기 오염을 줄이기 위해 정책 당국은 정유회사가 M.T.B.E.라고 불리는 화학물질을 휘발유에 첨가하도록 요구했다. 그렇지만 1999년 미국 환경보호국(Environmental Protection Agency)은 이런 요구를 거둘 수밖에 없었다. 과학자들이 M.T.B.E.가 누출될 경우 위험한 수질 오염의 원천이 될 수 있다는 사실을 발견했기 때문이다. 이런 측면에서 정부의 규제 대상이 아닌 일부 화학물질들이 규제 대상 화학물질보다 암 발생 위험을 더 높인다는 사실을 지적하는 것은 안타까운 일이다[Viscusi, 1995].

어떤 행위들이 오염물질을 발생시키는가 일단 유해 오염물질을 확인하고 나면 정책 당국은 어떤 생산과정이 그 물질들을 생성하는지도 확인해야 한다. 예를 들어 산성비는 많은 우려를 낳은 현상이다. 과학자들은 산성비가 황산과 질산이 대기 중으로 들어가서 수증기와 반응하면서 산이 발생하여 형성된다는 것을 보였다. 이 산이 눈과 비에 섞여 지상으로 떨어지며 산도를 높이는데, 이는 동식물들에게 잠재적인 해를 끼친다.

그렇지만 산성비 중에서 얼마만큼이 공장 생산활동 때문에 형성되며 얼마만큼이 식물의 부패나 화산활동 등의 자연현상에 비롯되는지는 알려져 있지 않다. 더구나 특정 지역에서 얼마만큼의 질소와 황의 배출이 산성비를 만들어내는지 판단하는 것도 어렵다. 산성비는 부분적으로는 지역 기후 조건과 그 지역에 다른 오염물질이 얼마나 존재하는지에도 의존한다. 이런 사실들은 어떤 생산활동이 산성비를 일으키기 때문에 정부의 규제 대상이 되어야 하는지를 판단하는 것이 어렵다는 사실을 명확히 보여준다.

손실의 가치는 얼마나 될까 한계손실은 산출량의 추가적인 증가에 따라 외부적인 피해가 얼마나 발생하는지를 화폐가치로 보여준다. 따라서 오염물질이 만들어내는 피해를 알아낸 후에는 그 피해의 화폐가치를 계산해야 한다. 경제학자들이 무엇인가의 가치를 측정할 때에는 대체적으로 사람들이 거기에 대해 얼마나 지불하려고 하는가를 생각한다(예외의 경우도 곧 설명할 것이다). 그렇다면 사람들이 오염물질 제거에 대해 얼마나 지불할지를 어떻게 측정할 수 있을까? 어떤 사람들은 주택가격을 연구함으로써 간접적인 증거를 얻으려고 한다. 사람들이 집을 사려고 할 때 그들은 주택 자체의 질뿐 아니라 주변의 특징들, 이를테면 거리의 청결 상태나 주변 학교의 질 등도 고려한다. 이사하려는 가구가 주변의 공기 오염 수준에도 신경을 쓴다고 가정하자. 두 채의 동일한 집이 한 집은 오염된 지역에, 다른 한 집은 오염이 안 된 지역에 위치한다는 차이만 있다고 해보자. 우리는 오염이 안 된 지역에 있는 집값이 더 높으리라 예상할 수 있다. 이런 가격의 차이는 깨끗한 공기에 대한 지불의사를 근사적으로 보여준다고 할 수 있다.

이런 관측은 사람들의 깨끗한 공기 지불의사를 추정하는 방법을 자연스럽게 제안해준다. 다중회귀분석을 이용하여 연구자들은 특정 지역에서 주택가격과 공기의 질 사이의 관계를 추정할 수 있다. 많은 경제학 연구들이 이런 방법을 이용했는데 그중 몇 가지 주요 결과를 정리한다.

공기의 질이 주택가격에 미치는 영향을 추정하는 어려움은 논외로 하더라도 깨끗한 공기에 대한 지불의사 측정의 유효성에는 보다 근본적인 문제가 있다. 사람들은 대기 오염이 자신들의 건강에 미치는 영향에 대해 무지할 수도 있으며 따라서 대기 오염 감소의 가치를 과소 측정

실증 증거 대기 오염이 주택가격에 미치는 영향

많은 연구자들이 대기 오염과 주택가격 사이의 관계를 분석하였지만 다른 여러 가지 잠재 요인들이 있기 때문에 양자 간의 인과관계를 발견하는 것은 어려운 일이었다. 예를 들어 산업시설이 밀집된 지역은 고용기회가 많기 때문에 (주택 수요가 많고) 주택가격이 높을 수 있다. 유사한 논리로 경기 하강 시에는 보통 대기 질이 개선되지만 주택을 포함하는 재화와 서비스 가격이 하락하기도 한다. 이러한 영향들은 대기 오염이 주택가격에 미치는 영향을 상쇄하는 작용을 한다.

Luechinger[2009]는 대기 오염이 주택가격에 미치는 영향을 연구할 수 있는 자연실험적 상황을 활용한 바 있다. 1980년대와 1990년대에 독일 정부는 발전소 소유자들에게 이산화황 절감장치 설치를 명령하였는데 그로 인해 인근지역의 이산화황 농도가 크게 감소하였다. 대기 중 이산화황의 증가는 심혈관과 호흡기 질환을 일으키기 때문에 이산화황의 감소는 주택가격을 상승시킬 것으로 기대된다. Luechinger는 주택임대가격이 이산화황 농도의 감소에 긍정적인 영향을 받는 것을 발견하였다. 그렇지만 그는 대기 오염의 진정한 비용은 이러한 추정이 암시하는 것보다 더 클 것이라고 지적하였다. 약간의 대기 질 개선이나 악화는 사람들의 거주 지역 이전을 유도하지 못하기 때문에 주택 임대 시장은 완전히 효율적이지 못하고 따라서 진정한 주택의 가치를 반영하지 못할 수 있다는 것이다. 그는 자신의 연구결과를 삶의 만족도 조사로 보완하면서 독일인들이 이산화황 밀도 10% 감소에 대해 자신의 소득 1% 이상을 지불할 의사가 있다고 추정하였다.

할 수 있다. 또한 지불의사 측정은 형평성 문제를 무시하고 있다. 종합하자면, 가치측정을 위한 계량경제학적 방법이 유망한 것이기는 하지만 피해의 가치를 확실히 결정해주지는 못한다.

5.2.2 결론

〈그림 5.2〉의 분석틀을 현실화하려면 오염과 관련된 한계손실을 측정해야 하고 그를 위해서는 생물학자, 공학자, 생태학자, 의사 등 다양한 전문가들의 지식과 기술이 동원되어야 한다. 오염 문제의 연구에는 학제간(interdisciplinary) 접근방식이 절대적으로 필요하다. 그렇지만 훌륭한 공학적 · 생물학적 데이터가 있다고 하더라도 한계분석이라고 하는 경제학적 도구 없이는 효율적인 선택을 할 수 없다는 점은 강조해야 할 것이다.

5.3 사적 대응

외부성이 존재할 때 아무런 행동 없이 그대로 놓아둔다면 비효율적인 자원배분이 이루어진다. 이 절에서는 어떤 조건하에서 개개인들이 자신을 위해 행동하면서 외부성 문제를 피해갈 수 있는지를 논의한다.

5.3.1 협상과 코즈 정리

우리가 앞에서 사용한 예에서 외부성과 관련된 비효율성의 근본 원인은 소유권의 부재에 있었음을 기억하자. 소유권이 할당된다면 개인들이 상호 협상을 통해 외부성에 대응할 수도 있다. 왜 그런지 알아보기 위해 강에 대한 소유권이 병태에게 주어졌다고 가정해보자. 또한 영자와 병태가 서로 협상하는 데 비용이 들지 않는다고 가정하자. 양자가 협상을 하여 생산량이 Q_1에서 줄어드는 결과를 얻어낼 수 있을까?

병태는 그가 생산 한 단위를 늘림으로써 얻는 추가적인 이득($MB - MPC$)을 초과하는 보상을 받지 않는 이상은 생산을 줄이려고 하지 않을 것이다. 반면 영자는 그녀에게 돌아오는 한계손실(MD)보다 더 작은 금액이라면 병태가 생산을 더 하지 않은 대가로 병태에게 지불하려 할 것이다. 영자가 병태에게 지불하려는 금액이 병태가 생산하지 않음으로써 발생하는 비용보다 더 크기만 하다면 협상의 기회가 생기게 된다. 수식으로 보면 이 조건은 $MD > (MB - MPC)$이다. 〈그림 5.3〉(이 그림은 〈그림 5.1〉과 동일한 것이다)은 산출량 Q_1에서 $MB - MPC$는 0이며 MD는 양수임을 보여준다. 따라서 MD는 $MB - MPC$보다 크다. 즉, 협상의 여지가 있는 것이다.

같은 논리로 Q^*의 오른쪽에 있는 모든 생산수준에서 영자가 지불하려는 금액은 $MB - MPC$보다 더 크다. 반면에 Q^*의 왼쪽에 있는 생산수준에서는 병태가 생산량을 줄이기 위해 요구하는 금액이 영자가 지불하려는 금액보다 더 크다. 따라서 영자는 병태가 생산량을 효율적 수준인 Q^*으로 줄이는 데까지는 지불할 것이다. 더 많은 정보 없이는 정확히 얼마만큼 영자가 병태에게 지불할지 알 수 없다. 그렇지만 총지불액이 최소한 *dcg*(병태가 생산량을 Q^*으로 줄임에 따라 잃게 되는 금액)보다는 크며 최대한 *cdhg*(병태가 생산량을 Q^*으로 줄임에 따라 영자가 얻게 되는 금액)보다는 작을 것임을 알 수 있다. 정확한 금액은 양자의 협상력에 달

그림 5.3 코즈 정리
만약 병태가 강에 대한 소유권을 갖는다면 그는 생산량을 증가시킴으로써 얻는 한계이윤 $MB-MPC$보다 그가 받는 보상액이 클 경우 생산을 줄이려고 할 것이다. 영자는 병태의 생산을 줄이기 위해 그녀가 지불하는 금액이 자신이 얻는 한계손실 MD보다 작다면 그 금액을 지불할 것이다. Q^*보다 높은 생산수준에서는 그들에게 협상할 여지가 있다.

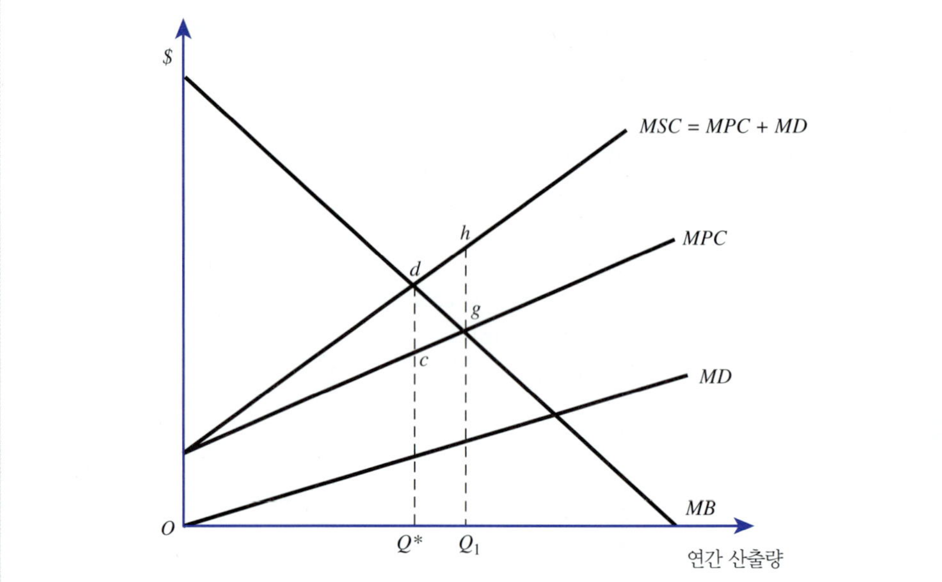

려 있다. 그렇지만 협상의 결과로 얻은 이익이 어떻게 나뉘는가에는 상관없이 생산량은 Q^*이 된다.

이제 다른 쪽, 즉 영자에게 소유권이 주어졌다고 해보자. 병태는 영자의 허락을 얻지 못하는 이상 생산을 할 수 없게 된다. 이제 협상 과정은 병태가 오염물질에 대한 영자의 허락을 얻어 내는 것이다. 영자는 그녀가 병태에게서 받는 금액이 병태의 생산 증가로 인해 그녀에게 돌아오는 한계손실보다 더 크다면 오염물질을 받아들일 것이다. 병태는 해당 생산 단위에서 영자에게 생산권리를 얻기 위해 지불해야 할 액수가 $MB-MPC$보다 작다면 그 금액을 지불하고 권리를 얻을 것이다. 첫 번째 생산 단위에서 그가 얻는 한계이윤 $MB-MPC$가 영자에게 끼치는 MD에 비해 훨씬 크다는 것을 주목하자. 따라서 병태가 그 첫 단위를 생산할 협상의 여지는 매우 크다. 이런 논리를 추가적인 생산 단위에 적용하면 영자가 병태에게 Q^*까지 생산할 권리를 인정해줄 유인이 있음을 알 수 있다.

앞의 분석에서 2가지 중요한 가정이 핵심적인 역할을 한다.

1. 양자가 협상하는 비용이 낮다.
2. 자원의 소유자는 자신의 재산에 대한 손실의 원천을 식별할 수 있으며 그 손실을 법적으로 막을 수 있다.

코즈 정리(Coase Theorem)
만약 거래 비용이 무시할 만큼 작다면 외부성 문제에 대한 효율적인 해결은 누구에게 재산권이 가는지와는 상관없이 어떤 사람에게라도 재산권을 부여함으로써 달성할 수 있다.

〈그림 5.3〉을 둘러싼 논의의 시사점은 위의 2가지 가정하에서 누가 소유권을 갖는지와는 관계없이 소유권이 누군가에게 부여만 된다면 효율적인 결과를 얻을 수 있다는 얻는 함의를 얻게 된다. 이 결과는 **코즈 정리**(Coase Theorem, 노벨상 수상자 로널드 코즈의 이름을 따왔음)라고 불리는데, 일단 소유권이 확립되면 외부성 문제를 다루는 데 있어 정부의 개입은 필요하지 않음을 시사한다[Coase, 1960].

이 2가지 가정이 항상 성립하는 것은 아니다. 예를 들어 대기 오염과 같은 외부성은 (오염자나 오염에 해를 입는 사람이나) 수백만 명의 사람이 관련되어 있다. 그 사람들을 모두 불러 충분히 낮은 비용으로 서로 협상하게 하는 것은 상상하기도 어려운 일이다.[4] 더 나아가 공기에 대한 소유권이 확립되더라도 그 소유자가 수천의 잠재적 오염자들 중에서 누가 공기를 오염시키고 있는지, 또 자신의 손실 중 어느 정도가 각각의 오염자 때문인지를 식별할 수 있는지도 분명치 않다.

코즈 정리는 외부성의 원천이 분명히 정해질 수 있고 관련된 당사자들의 수가 적을 때만 의미를 갖는다. 이런 조건들이 성립하더라도 누구에게 소유권이 할당되는가는 소득분배의 측면에서 의미가 있는 문제이다. 소유권은 가치 있는 것이다. 만약 영자가 강을 소유한다면 그녀의 소득이 병태의 소득에 비해서 증가할 것이며, 그 역도 성립한다.

코즈의 논의에 따른 소유권의 할당은 멸종 동식물과 같은 몇몇 중요한 환경 문제 해결에 도움이 될 수 있다. 예를 들어 아프리카의 코끼리 개체 수를 보존하기 위한 한 가지 방법으로 단순히 사냥을 금지하는 것이 있다. 하지만 마을 사람들에게는 이러한 금지에 순응할 유인이 없다. 마을 사람들은 금지조항과 상관없이 결국은 사냥을 하며(법을 제대로 집행하기는 어렵다), 그들에게 코끼리 사냥에 따른 한계비용은 실질적으로 0이다. 0이라는 가격은 엄청나게 과도한 사냥으로 이어진다. 다른 방법은 코끼리에 대한 소유권을 설정해주는 것이다. 이 경우 마을 사람들은 코끼리 무리를 보존할 유인을 가지게 되는데, 코끼리 사냥을 허가해주는 대가로 돈을 벌 수 있기 때문이다. Sugg[1996]에 따르면 케냐는 1977년에 모든 코끼리 사냥을 금지했는데 코끼리 개체 수가 167,000마리이던 것이 1989년에는 16,000마리로 줄었다. 이와는 대조적으로 짐바브웨는 토지 소유자들에게 야생동물에 대한 소유권을 부여하였다. 1995년에 이르러 코끼리 개체 수는 40,000마리에서 68,000마리로 증가한다. 자기 땅의 야생동물에 대해 소유권을 부여한다는 아이디어는 분명히 호응을 얻고 있다. 남아프리카에서 많은 사람들이 작물 재배를 그만두고 자기 땅을 자연 상태로 내버려두어 동물 구경을 하는 관광객들에게 요금을 받는 것이 더 이윤을 얻을 수 있다는 사실을 알아냈다. 남아프리카의 토지 중 18%는 이제 그와 같은 생태관광에 쓰이고 있다[Heal, 2003].

5.3.2 합병

외부성 문제를 다루는 방법 중 하나는 관련된 당사자들을 합함으로써 내부화(internalize)하는 것이다. 단순화를 위해 병태와 영자의 예에서처럼 오염자 한 사람과 피해자 한 사람만 있다고 해보자. 이미 강조했듯이 만약 병태가 자신이 영자의 어업에 끼치는 손실을 고려한다면 순이득을 얻는 것이 가능하다(〈그림 5.2〉를 상기하자). 달리 말하면 병태와 영자가 자신들의 행동을 조정한다면 합작한 사업의 이윤은 두 사람이 조정을 하지 않았을 때 각자의 이윤보다 더 커지게 된다. 실질적으로 서로 협력하지 않음으로써 두 사람은 돈을 날리고 있는 것이다!

시장은 두 기업이 통합할 강한 유인을 제공한다. 영자가 공장을 살 수도 있고 병태가 어업권

---

4 거래비용(transaction cost)이 협상을 통한 효율적인 결과를 낳지 못하게 할 수도 있으며 정부가 문제의 해결법을 제시하는 데 필요한 거래 비용 또한 만만치 않게 높을 수 있다.

을 살 수도 있고, 또는 제삼자가 둘 다 살 수도 있다. 두 기업이 통합한다면 외부성은 내부화된다. 외부성을 만들어낸 당사자들이 외부성을 고려하게 되는 것이다. 예를 들어 병태가 어업권을 산다면 그는 이전보다 생산량을 줄이려고 할 것이다. 왜냐하면 생산을 줄임으로써 어업에서 얻는 이윤의 증가가 공장에서 줄어드는 이윤의 감소보다 크기 때문이다. 결과적으로 외부효과가 존재하지 않게 되고 시장은 비효율적이지 않게 된다. 달리 표현하면 외부 관찰자는 외부성이라는 용어 자체를 쓸 수 없을 것이다. 왜냐하면 모든 선택이 하나의 기업에 의해 이루어지기 때문이다.

5.3.3 사회 관습

기업과는 달리 개인들은 외부성을 내부화하기 위한 통합을 할 수 없다. 그렇지만 일부 사회 관습들을 사람들이 자신이 만들어내는 외부성을 고려하도록 강제하려는 시도로 볼 수도 있다. 학생들은 주위를 어지럽히는 것이 좋지 못한 행위라고 배운다. 만약 교육이 효과적으로 이루어진다면 학생들은 사탕 껍질이나 바나나 껍질을 휴지통을 찾을 때까지 들고 다니는 것이 본인에게는 작은 비용이 되지만 그 비용은 쓰레기를 아무 데나 버림으로써 다른 사람들에게 부과하는 비용보다는 낮은 것이기 때문에 그 비용을 그대로 받아들여야 함을 배울 것이다. 황금률이라 할 수 있는 "다른 사람이 네게 해주었으면 하는 대로 다른 사람을 대하라(혹은 네가 대접받고 싶은 대로 남을 대접하라)"는 경구를 생각해보자. 이런 감정을 표현하는 덜 우아한 방식은 다음과 같은 것이다. "어떤 행동을 하기 전에 외부 한계편익과 외부 한계비용을 고려하라." 일부 도덕적 인식은 사람들이 타인과 공감하게 하고 따라서 자신의 행동이 만들어낼지도 모르는 외부성을 내부화한다. 결과적으로 이런 도덕적 인식은 시장의 부재를 바로잡는 것으로 볼 수 있다(일반적으로 '도덕'이라는 시장은 없다).

5.4 외부성에 대한 공적 대응: 세금과 보조금

개인들이 자신을 위해서만 행동하는 경우 효율적인 결과를 얻을 수 없을 때 정부는 일부 시장 활동에 세금이나 보조금을 부과할 수 있다.[5]

5.4.1 세금

병태는 그가 이용하는 투입물의 가격이 사회적 비용을 제대로 반영하지 못하기 때문에 비효율적인 양을 생산한다. 특히 그의 투입물 가격이 너무 낮기 때문에 그의 산출물 가격은 너무 낮게 된다. 자연스러운 해결책은 영국의 경제학자 A.C. 피구가 1930년대에 제안했듯이 오염자에게 세금을 부과하여 일부 투입물 가격이 너무 낮은 것을 보완하는 것이다. **피구 조세**(Pigouvian tax)는 오염자가 생산하는 산출물 한 단위당 효율적인 생산수준에서 그 생산물이 끼치는 한계손실의 양과 정확히 같은 양으로 부과되는 세금이다. 〈그림 5.4〉는 〈그림 5.2〉를

피구 조세(Pigouvian tax)

외부성을 창출자의 생산물 각 단위에 대해 효율적인 생산량 수준에서 한계손실과 일치하는 액수만큼 부과하는 세금.

5 이 절과 그다음 절에서 우리는 정부가 외부성을 처리하기 위해 시장에 개입하는 여러 방법에 대해 논의한다. 그러나 이 책에서 논의한 여러 방법들이 모든 것을 포괄하는 것은 결코 아니다. 몇 가지 대안에 대한 신중한 논의는 Stavins[2003]를 참조하시오.

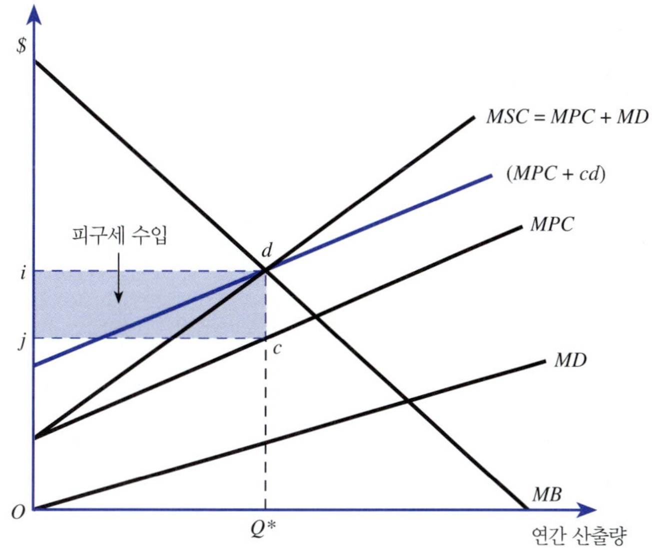

그림 5.4

피구 조세의 분석

피구 조세는 병태의 사적 한계비용곡선을 효율적인 생산수준에서 외부 한계손실과 같은 양인 *cd* 만큼 위로 이동시킨다. 이제 병태의 이윤극대화 점은 효율적 생산량인 Q^*이다.

재생한 것이다. 이 경우 효율적 생산량 Q^*에서 한계손실은 *cd*이다. 바로 이만큼이 피구 조세이다(*MSC*와 *MPC* 사이의 거리가 *MD*라는 사실을 기억하자).

병태는 산출물 한 단위당 *cd*만큼의 세금이 부과될 때 어떻게 반응할까? 세금은 병태의 실질적인 한계비용을 증가시킨다. 그가 생산해내는 한 단위마다 병태는 투입물 공급자에게도 (*MPC*만큼) 지불을 해야 하고 세금 징수자에게도 (*cd*만큼) 지불해야 하는 것이다. 그래프에서 병태의 새로운 한계비용곡선은 각 생산물 단위에서 *MPC*에 *cd*를 더한 것이 된다. 이는 *MPC*를 *cd*만큼 수직으로 올리는 효과가 있다.

이윤극대화는 병태가 한계편익과 한계비용이 일치하는 곳에서 이루어진다. 이는 *MB*와 $MPC + cd$가 교차하는 곳에서 발생하는데 바로 거기가 효율적인 생산량 Q^*이다. 실제로 세금은 병태가 그가 생성해내는 외부성이라는 비용을 고려하도록 함으로써 효율적으로 생산하도록 유도한다. 세금이 한 단위당 *cd*달러만큼의 수입을 *id*만큼의 생산 단위에 대해 만들어냄을 주목하라($id = OQ^*$). 따라서 세수입은 $cd \times id$이고 이는 〈그림 5.4〉에서 *ijcd*라는 사각형의 면적에 해당한다. 이 수입을 병태에게 세금 부과되기 이전보다 적기는 하지만 여전히 손해를 보고 있는 영자에게 보상하는 데 쓰고 싶다는 유혹을 느끼기 쉬울 것이다. 그렇지만 주의해야 한다. 만약 누구든지 낚시하는 사람들이 보상을 받을 수 있다는 사실이 알려지면 그러지 않았을 사람들도 낚시를 하겠다고 나설 것이다. 외부성의 상호성을 다시 기억하자. 보상은 낚시를 하는 사람들이 그들이 병태의 생산에 부과하는 비용을 무시하도록 만든다. 그 결과는 강에서 비효율적으로 많은 낚시가 이루어진다는 것이다. 오염 피해자에게 주어지는 보상이 반드시 효율성을 달성하는 것은 아니며 실제로 비효율적인 결과를 낳을 가능성이 있다는 사실을 인식하여야 한다.

피구 조세체제의 실현에는 현실적인 문제도 존재한다. 앞서 언급했던 한계손실 곡선 추정의 어려움을 생각한다면 정확한 세율을 찾는다는 것은 어려울 수밖에 없다. 그렇지만 합리적인 보상이 이루어질 수 있다. 자동차 매연에 의한 외부성을 생각해보자. 이론적으로는 주행거리에 따라 부과하는 세금이 효율성을 증가시킨다. 더 효율적인 세금은 주행거리에 따라 다르되 시간과 장소에 따라서도 다른 세금이 될 것이다. 왜냐하면 오염은 인구밀집지역에서, 그리고 교통 혼잡이 있는 시간에 발생할 때 더 해롭기 때문이다. 그렇지만 시간과 장소에 따라 다른 주행거리당 세금은 행정적 비용이 너무나도 크다. 정부는 그 대신에 (휘발유 소비 자체가 외부성의 크기를 결정하는 것은 아니지만) 휘발유세를 부과할 수 있다. 휘발유세가 가장 효율적인 결과를 낳지는 못할지 모르지만 세금이 없는 상태보다는 상당히 개선된 상황을 낳을 것이다.

5.4.2 보조금

오염물질을 발생시키는 기업의 수가 고정되어 있다고 가정하면 효율적인 생산량은 오염자가 오염을 하지 않도록 돈을 지불해줌으로써 달성할 수 있다. 이런 개념이 처음에는 이상하게 들릴지 모르나 사실 보조금은 세금과 유사한 방식으로 작동한다. 이는 오염물질을 만들지 않는 데 대한 보조금이 오염자의 실질적인 생산비용을 증가시키는 다른 방식이기 때문이다.

정부가 병태에게 Q_1 이하로 생산할 때 생산하지 않는 데 대해 단위당 cd만큼의 보조금을 지불한다고 발표했다고 하자. 병태는 어떻게 할까? 〈그림 5.5〉에서 생산량이 Q_1일 때 병태의 한계편익은 한계편익 MB와 가로축 사이의 거리인 ge이다. Q_1을 생산할 때의 한계비용은 병태가 그의 투입물에 대해 지불하는 액수의 합(MPC 곡선이라고 할 수 있다)에 생산을 함으로써 잃게 되는 보조금 cd를 합한 것이다. 그렇다면 병태가 인식하는 한계비용곡선은 $MPC + cd$가 된다. 생산량 Q_1에서 이것은 $ek(=eg + gk)$에 해당한다.

그림 5.5

피구 보조금 분석

병태가 생산량을 늘리지 않는 데 대한 피구 보조금은 그의 사적 한계비용을 단위당 보조금 cd만큼 상향이동시키고 그로 하여금 효율적인 산출량만큼 생산하도록 유도한다.

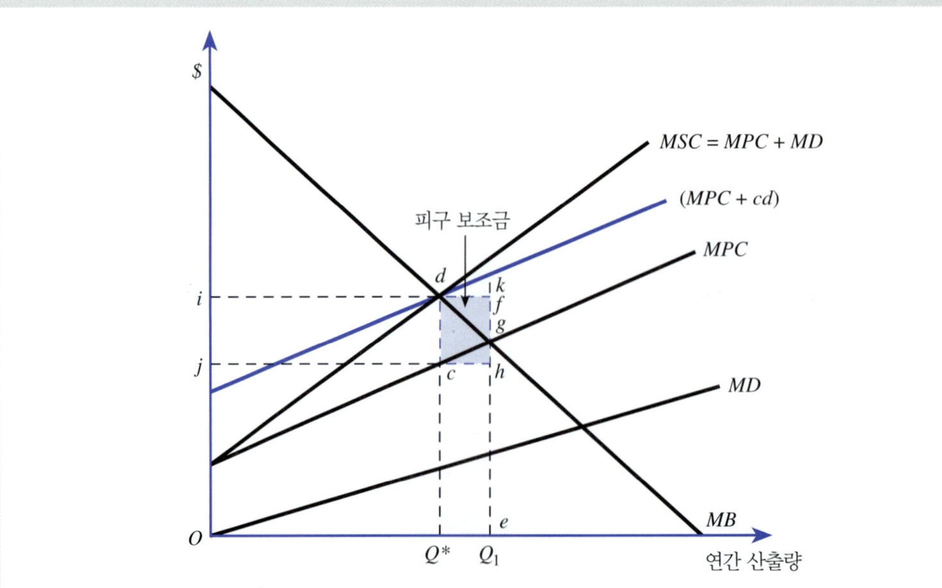

그런데 ek는 한계편익 ge보다 크다. 생산량 Q_1에서 한계비용이 한계편익보다 큰 이상 병태가 마지막 단위를 생산하는 것은 의미가 없다. 대신 그는 보조금을 받으면서 생산을 포기할 것이다. 같은 논리로 병태는 Q^*보다 많은 생산을 하지 않을 것이다. Q^*의 오른쪽에 있는 생산량에서 사적 한계비용과 보조금의 합은 한계편익을 초과한다. 반면 Q^*의 왼쪽에 있는 생산량에서는 보조금을 받지 않더라도 병태는 생산할 가치가 있는 것이다. 이런 생산량 수준에서 총기회비용 $MPC + cd$는 한계편익보다 작다. 따라서 보조금은 병태가 정확히 Q^*, 즉 효율적인 수량만큼 생산하도록 유도한다.

분배적인 측면에서는 세금과 보조금의 결과가 완전히 다르다. 〈그림 5.5〉에서 병태는 $ijcd$만큼의 세금을 내는 대신 포기한 생산량 ch에 단위당 보조금 cd를 곱한 $dfhc$만큼의 보조금을 받게 된다.[6] 효율적인 해결 방안들이 각기 다른 소득분배로 연결된다는 것은 놀라운 일이 아니다. 이는 제3장의 결과로부터 유추할 수 있다. 에지워스 상자에서 무한한 수의 효율적인 분배가 존재하는데 그 각각은 각기 다른 실질소득 분배와 관련을 맺고 있다.

보조금은 피구 조세와 관련된 문제 외에도 몇 개의 자체적 문제를 안고 있다. 우선 〈그림 5.5〉에서 고정된 수의 기업이 있다고 가정했음을 기억하자. 보조금은 높은 이윤을 유도하고, 따라서 장기적으로는 더 많은 기업이 강가에 자리 잡게 될 것이다. 보조금은 또한 너무 많은 기업들이 강가에 재배치되게 만듦으로써 총오염수준을 증가시킬 수도 있다.

두 번째로 보조금은 Mishan[1971, p. 25]이 언급한 바와 같이 노늬적으로 바람직하지 못하다.

> 시끄러운 자동차를 운전할 자유 또는 오염을 유발하는 공장을 운영할 자유는 다른 사람의 후생에 부수적인 피해를 주는 반면 깨끗하고 조용한 환경에 살고자 하는 자유는 그 자체로는 다른 사람의 후생을 감소시키지 않는다고 주장할 수 있다. 이런 주장을 지지할 수 있다면 오염자에게 법적 책임을 지우는 것은 정당하다.

5.5 외부성에 대한 공적 대응: 배출요금과 총량제한–배출권 거래

앞 절에서는 병태의 생산 각 단위에 대한 세금이 어떻게 사회적으로 효율적인 생산량으로 이끌 수 있는지를 설명했다. 이런 세금에 의한 접근법의 한 가지 문제점은 세금이 병태에게 생산량을 줄이는 것 이외의 방식으로 오염을 줄이려는 노력을 할 유인은 주지 못한다는 것이다. 오염 통제 설비를 설치하여 단위당 오염물질 배출량을 줄이더라도 세금은 똑같이 내야 한다면 병태가 왜 오염 통제설비를 설치하려 하겠는가?

이 문제에 대한 해결 방법 중 하나는 생산량이 아닌 배출량에 대해 피구 조세를 부과하는 것이다. 이런 세금을 **배출요금**(emission fee)이라고 한다. 이 세금을 살펴보기 위해 병태의 연간 오염 감소 수준이 가로축으로 표현된 〈그림 5.6〉을 생각해보자. 이 그림에서 MSB 곡선은

배출요금(emission fee)
오염물질 단위당 부과하는 세금.

6 〈그림 5.5〉에서 Q_1은 병태의 생산량 감소를 측정하는 기준이 되고 있다. 원칙적으로는 Q^* 오른쪽에 있는 모든 점이 기준이 될 수 있다. 보조금의 잠재적 문제 중 하나는 기업이 그들에게 할당된 기준을 증가시키는 비효율적인 활동을 할 수도 있다는 것이다. 예를 들어 기업이 미래의 기준이 현재의 생산에 의존할 수 있다고 믿는다면 기준을 과장하기 위해 효율적 생산량 이상으로 생산할 수도 있다.

그림 5.6
오염 감소 시장
효율성은 만약 오염 감소의 사회적 한계편익(MSB)이 한계비용(MC)보다 크다면 병태가 오염을 줄일 것을 요구한다. 따라서 e^*가 효율적인 오염 감소량이다.

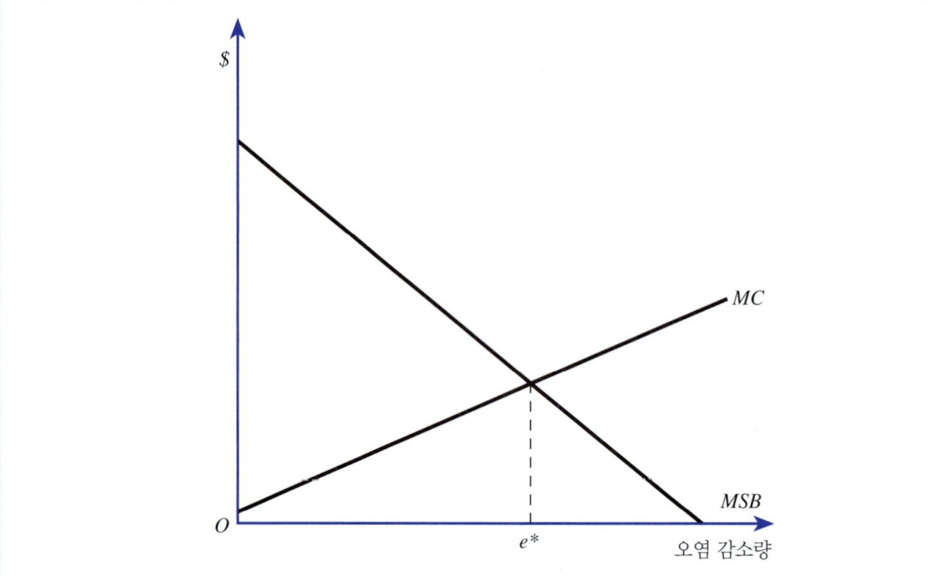

병태가 오염물질을 한 단위 감소시킴에 따라 영자에게 돌아가는 사회적 한계편익을 보여준다. 이 곡선은 우하향하는데, 이는 오염물질이 추가적으로 한 단위씩 증가함에 따라 영자에게 가는 손실이 체증한다는 가정을 반영한다. MC 곡선은 오염물질 한 단위 줄임에 따라 병태가 지불해야 할 한계비용을 보여준다. 병태가 오염물질을 줄이는 비용은 생산량의 감소로부터 올 수도 있고, 더 깨끗한 투입물을 이용하는 데서 올 수도 있으며, 오염물질을 통제하는 새로운 설비를 설치하는 데서 올 수도 있다. 이 곡선은 우상향하는 것으로 가정했는데 이는 병태가 오염물질을 줄이는 비용이 체증한다는 것을 암시한다.

만약 코즈(Coase)식 협상이 일어나지 않고 정부가 개입하지 않는다면 병태는 오염물질을 줄일 유인이 없고 오염 감소 수준은 원점 O가 될 것이다. 그렇지만 효율적인 결과는 오염물질 감소로 인한 병태의 한계비용이 영자의 한계편익과 일치하는 곳으로 점 e^*에 해당한다. 점 e^* 왼쪽에 있는 어떤 점에서라도 오염물질을 더 줄임으로써 얻게 되는 편익이 그 비용보다 크며 추가적인 감소는 효율성을 증진시킨다. 점 e^* 오른쪽에 있는 어떤 점에서도 오염물질 감소에서 오는 편익이 그 비용에 비해 가치가 낮으며 따라서 오염물질을 덜 줄이는 것이 효율성을 증가시킨다.

정부가 효율적인 오염 수준이라 할 수 있는 e^*라는 결과를 얻기 위해서 무엇을 해야 할까? 우리는 3가지 다른 접근방법을 살펴보게 될 것이다. 배출요금, 배출권 거래 규제, 명령과 통제에 의한 규제 등이 그것이다.

5.5.1 배출요금

배출요금은 앞서 살펴본 세금과 매우 유사한 방식으로 작동한다. 유일한 차이라면 세금이 생산량 단위에 대해 부과되는 것이 아니라 오염물질 단위에 대해 부과된다는 것이다. 〈그림 5.7〉은

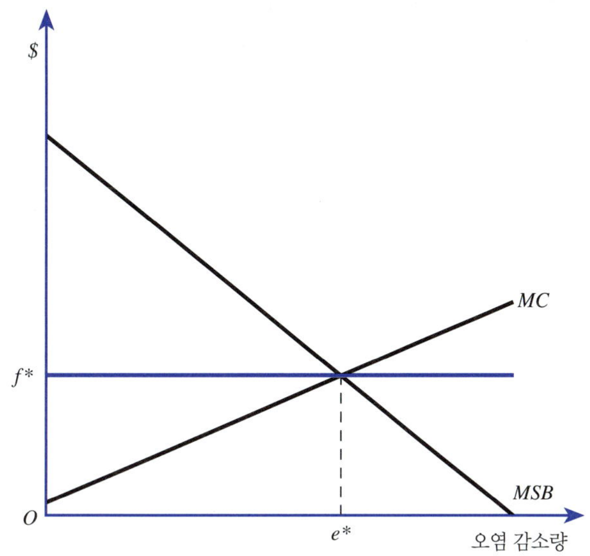

그림 5.7
효율적 오염 감소를 달성하기 위해 배출요금 이용하기
병태는 한계비용이 배출요금보다 낮다면 오염을 줄일 것이다. 따라서 f^*로 책정된 오염 요금은 효율적인 생산량 e^*로 이끌 것이다.

〈그림 5.6〉과 동일하다. 정부의 개입이 없다면 병태는 배출량을 줄이지 않고 점 O를 선택하리라는 것을 기억하자. 이제 정부가 오염물질 한 단위당 f^*만큼의 배출요금을 부과했다고 하자. f^*는 효율적 수준 e^*에서 오염 감소의 사회적 한계편익에 해당한다. 병태는 어떻게 반응할까?

병태는 배출 감소 한 단위당 MC라는 비용을 지게 된다. 그렇지만 배출요금이 부과되면 그가 지불해야 할 세금은 그가 오염물질을 한 단위 감소시킬 때 f^*만큼 감소한다. 만약 그가 오염물질을 줄임으로써 한 단위당 세금을 절약한 액수가 오염을 줄이는 데 드는 비용보다 크다면 병태는 오염물질을 줄일 것이다. 수식으로 표현하면 $f^* > MC$라면 그는 오염을 줄인다. 〈그림 5.7〉은 이 조건이 e^* 왼쪽에 있는 모든 점에 대해 성립함을 보여주며 따라서 병태는 효율적인 수준까지 오염물질을 줄일 것이다. 한계비용이 세금 절약액보다 크기 때문에 그 이상으로 오염물질을 줄이려 하지는 않을 것이다.

이 예는 정부가 오염 요금으로 원하는 양의 오염 감소를 달성할 수 있음을 보여준다. 물론 정부는 병태에게 오염수준을 e^*로 줄일 것을 요구함으로써 같은 결과를 얻을 수도 있다. 그렇지만 오염자가 한 사람 이상일 경우에는 배출요금 쪽에 확실한 장점이 있다.

병태 외에도 정우라는 사람이 영자가 낚시하는 강을 오염시킨다고 가정해보자. 또한 정우가 오염물질을 줄이는 데 드는 비용이 병태보다 더 높아서 정우의 한계비용이 높은 곳에 있다고 가정해보자. 〈그림 5.8〉은 병태의 한계비용곡선(MC_B)과 정우의 한계비용곡선(MC_H)을 보여준다. 최초에 각자가 연간 90단위의 오염물질을 배출하고 있었고 정부는 두 사람이 합해서 100만큼의 오염물질을 줄이는 것이 효율적이라고 추정했다고 하자. 즉, 총오염량이 연간 180에서 80으로 줄어야 하는 것이다.

이런 오염물질 감소가 병태와 정우 사이에 어떻게 배분되어야 할까? 하나의 방법은 정부가 각자에게 연간 50단위씩 오염물질을 줄일 것을 요구하는 것이다(즉, 각자가 연간 40단위씩만

그림 5.8 오염자들이 각기 같은 양만큼 오염물질을 줄이는 것은 비용 효율적이지 않다

만약 각 오염자들이 50단위씩 오염물질을 줄인다면 병태의 한계비용이 정우의 한계비용보다 낮다. 따라서 병태가 더 많이 줄이게 하고 정우가 덜 줄이게 하는 것이 같은 감소 목표를 더 낮은 비용으로 달성할 수 있다. 오염물질을 주어진 양만큼 줄이는 비용은 모든 오염자들 사이에 한계비용이 동일할 때 최소화된다.

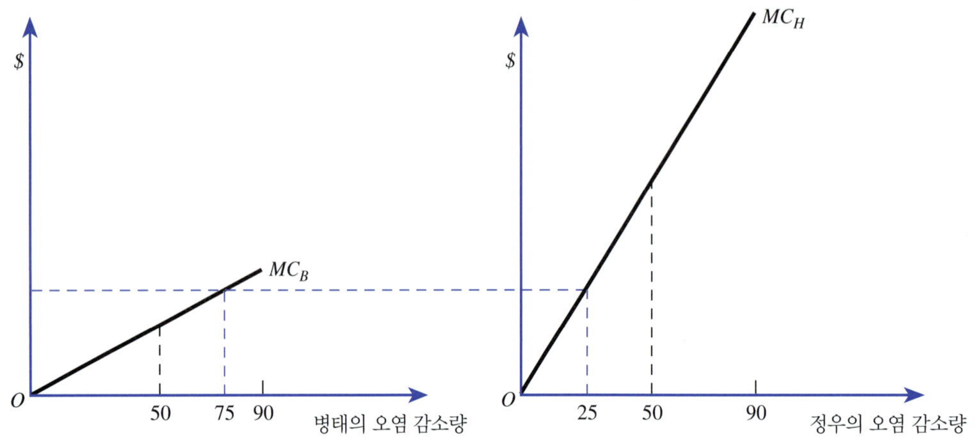

오염물질을 배출하게 하는 것이다). 이런 방식이 희망하는 오염 감소를 달성할 수는 있지만 필요 이상 높은 비용을 수반한다. 왜 그런지 알아보자. 〈그림 5.8〉에서 정우가 50번째 단위로 오염물질을 줄이는 한계비용이 병태가 50번째 단위로 줄이는 한계비용보다 높다는 사실을 주목하라(즉, $MC_H > MC_B$이다). 대신에 병태가 한 단위 더 줄이고 정우는 한 단위 덜 줄이도록 해보자. 총오염 배출 감소량은 여전히 100단위이다. 그렇지만 정우의 비용절약이 병태의 비용증가보다 크기 때문에 이런 변화는 100단위의 감소를 달성하기 위한 전체 비용을 절감한다. 한계비용이 서로 다르다면 두 오염자들의 총비용을 감소시키면서 양자 사이의 부담을 재분배할 수 있다. 달리 말하면 **총 오염 감소 비용은 모든 오염자들 사이에 한계비용이 동일할 때 최소화된다.** 가능한 최소한의 비용으로 원하는 결과가 달성될 때 **비용 효율적**(cost effective)이라고 한다. 〈그림 5.8〉에서 100단위의 감소를 비용 효율적으로 달성하는 방법은 병태가 오염수준을 75단위 줄이고 정우가 25단위 줄이는 것이다.

비용 효율적(cost effective)

주어진 양의 오염 감소를 가능한 최소의 비용으로 달성하는 정책.

어떤 사람은 비용 효율적인 결과가 불공평하다고 생각할 수도 있다. 왜냐하면 비용 효율성을 달성하자면 오염 감소에 있어 각기 다른 수준의 의무를 져야 하기 때문이다. 왜 정우가 오염 감소 비용이 높다는 이유로 더 낮은 오염 감소 부담을 져야 하는가?

그렇지만 배출요금제가 있다면 비용 효율적인 결과를 달성하면서 더 많은 오염 감소를 한 사람들을 보상해줄 수 있다. 왜 그런지 보기 위해 〈그림 5.8〉을 그대로 복사한 〈그림 5.9〉를 보자. 이제 배출요금이 f로 책정되었다고 하자. 단순화를 위해 f가 단위당 50달러에 해당한다고 하자. 배출요금이 있을 경우 오염자는 세금 절감에 따른 편익이 오염 감소의 한계비용보다 클 때 배출량을 감소시킨다는 사실을 기억하자(즉, $f' > MC$일 때). 이 배출요금에서 병태는 75단위를, 정우는 25단위를 줄이고 이것은 비용 효율적인 결과이다. 왜냐하면 각자의 한계비용이

그림 5.9 배출요금은 비용 효율적이다

배출요금은 각 오염자들이 오염 감소의 한계비용이 요금과 같은 수준까지 오염을 줄이도록 유도한다. 이는 오염자 간 한계비용이 동일해지는 결과를 낳는데 이는 곧 비용 효율적 결과이다.

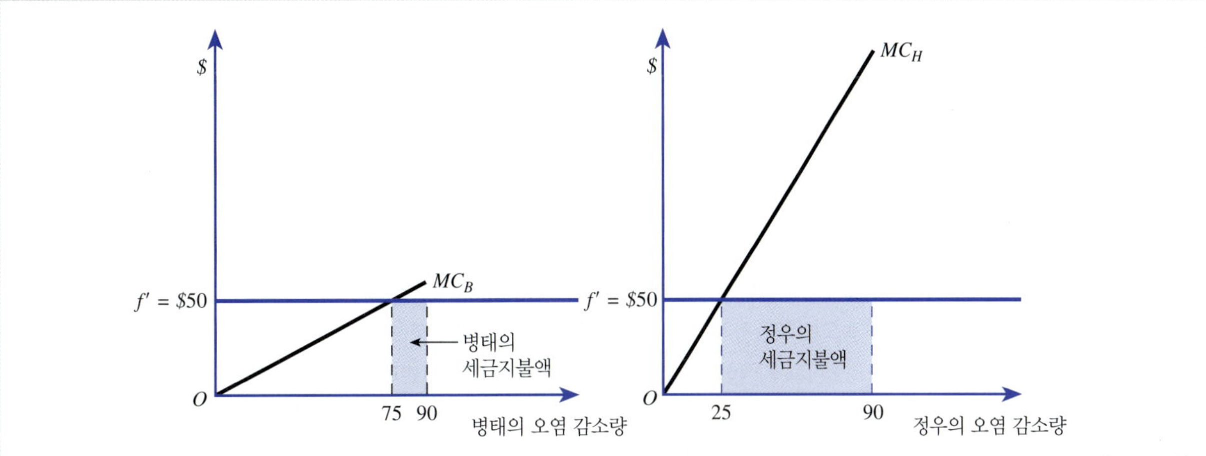

동일하기 때문이다. 형평성 관점에서 보면 정우는 보상을 받고 있지 않다. 왜냐하면 그가 계속 생산하려면 한 단위당 50달러를 지불해야 하기 때문이다. 오염량을 25단위 줄인 후 정우는 여전히 연간 65단위의 오염물질을 배출하고 따라서 연간 세금을 3,250달러(=\$50×65) 내야 한다. 병태는 그의 오염량을 75단위 줄였기 때문에 연간 세금 부과액이 750달러(=\$50×15)에 불과하다. 한마디로 오염을 덜 줄인 기업은 더 줄였을 때에 비해 더 많은 세금을 내야 하기 때문에 오염을 줄이지 않음으로써 실제로 얻는 것은 없다.

배출요금의 중요한 이점은 오염 감소를 가능한 최소한의 비용으로 달성한다는 것이다. 〈그림 5.9〉에서 어떤 배출요금하에서라도 오염 감소로 인한 병태와 정우의 한계비용은 동일하다는 사실을 주목하자(즉, $MC_B = MC_H$). 따라서 우리는 비용 효율적인 결과를 얻는다. 50달러보다 높은 요금은 연간 100단위 이상의 오염 감소로 이끌 것이고, 50달러 보다 낮은 요금은 연간 100단위 이하의 오염 감소로 이끌 것이다. 그러나 감소량과 관계없이 배출요금은 그 감소량을 가장 낮은 비용으로 달성한다.

우리가 배출요금에 대해 오염이라는 상황에 대해 논의했지만 배출요금은 다른 종류의 외부성을 다루는 데 있어서도 적절히 응용될 수 있다. 그런 예에 대해 논의해보자.

5.5.2 배출권 거래

정부의 대안적 정책은 병태와 정우에게 오염물질을 한 단위 배출할 때마다 정부가 발행한 허가증을 제출하도록 하는 것이다. 지금 들고 있는 예에서 오염물질을 180단위에서 80단위로 줄이려면 정부는 매해 80개의 허가증을 발행하면 된다. 병태와 정우가 달성하는 오염 감소 수준은 각자가 가지고 있는 허가증 수에 달려 있다. 병태와 정우에게 허가증을 배분하는 가장 좋은 방법은 무엇일까? 효율성의 관점에서 보자면 최초에 각자에게 몇 장의 허가증을 주는가는 결

현실 정책 보기 혼잡요금

혼잡한 도로나 고속도로에서 많은 운전자들은 다른 운전자들에게 혼잡 증가로 인한 비용을 부과하고 있다. 보통 운전자들은 다른 운전자들에게 미치는 이러한 영향을 고려하지 않는다. 이는 음의 외부성의 전형적인 예라고 할 수 있다. 경제 이론은 운전자들이 사회적으로 바람직한 수준, 혹은 효율적인 수준의 혼잡보다 더 많이, 자주 운전하는 경향이 있을 것이라고 말한다. 실제로 세계의 많은 도시들은 심한 교통 혼잡을 겪고 있다.

Leape[2006]는 런던의 교통 혼잡을 설명하려고 시도하면서 '**혼잡요금**(congestion pricing)'의 제도화를 탐구하였다. 그는 1990년대에 이르면 런던 시내의 평균 이동 속도는 자동차가 나타나기 전인 20세기 초반의 이동 속도보다 느려졌다고 지적하였다. 공공기관과 학계의 오랜 숙고를 거쳐 교통부는 혼잡 요금 제도를 시행하였다. 새로운 정책에 따르면 시 당국은 주중 오전 7시에서 오후 6시 사이에 혼잡지역을 운행하거나 혼잡지역에 주차하는 자동차에 대해 5파운드의 일일 요금(2011년에는 10파운드로 인상)을 부과하였다.

여러 형태의 차량 감시 기술들이 고려되었지만 결국 교통부는 비디오카메라를 이용하기로 했다. 카메라는 혼잡지역에 들어오고 나가는 차량의 영상을 포착해낸다. 그러면 차량번호 자동인식 장치가 차량번호를 식별해낸다. 운영과 제도 집행의 비용이 예상보다 더 높았지만 런던의 혼잡요금은 혼잡을 줄이는 데 실질적인 성공을 거두었다. 혼잡지역 내의 교통 지체는 30%가량 줄어들었다. 이러한 감소의 일부는 대중교통 이용의 증가로 기인한 것이고, 일부는 운전 행태의 변화에 기인한 것이었다. 더구나 이동시간의 표준편차 또한 30% 정도 줄어들었다. 도시 주민들이 인정하듯이 이러한 이동시간의 개선은 출퇴근자들의 후생 증가를 가져다주었다.

혼잡요금(congestion pricing)

주행으로 인해 다른 운전자에게 끼치는 한계 혼잡비용만큼 부과하는 세금.

배출권 거래(총량 제한과 배출권 거래, cap-and-trade)

적정한 오염수준에 맞추어 허가증의 수를 정한 후 오염에 대한 허가증을 주고 오염자들이 그 허가증을 거래할 수 있도록 해주는 정책.

과에 전혀 영향을 주지 않는다.[7] 코즈 정리에서 논의했던 바를 생각해보면 이런 결과는 놀라운 것도 아니다. 허가증을 배분함으로써 정부는 공기에 대한 소유권을 설정하는 것이다. 소유권의 할당은 분배에만 영향을 줄 뿐 효율성에 영향을 주는 것은 아니다. 병태와 정우가 허가증을 서로 교환할 수 있게만 된다면 궁극적인 결과는 비용 효율적이다. 오염배출권을 거래할 수 있는 시스템은 **배출권 거래**(cap-and-trade)로 알려져 있다.

배출권 거래 방법이 왜 초기의 허가증 배분과 상관없이 효율적인지를 알아보기 위해 〈그림 5.8〉의 한계비용곡선을 따온 〈그림 5.10〉을 보자. 단순화를 위해 병태가 혼자 80장의 허가증을 다 받았다고 가정해보자. 병태가 원래 연간 90단위를 배출하고 있었는데 80단위에 대해서만 허가를 받았기 때문에 오염물질을 10단위 줄이기만 하면 된다. 그 점은 〈그림 5.10〉에서 a로 나타난다. 반면 정우는 아무런 권리도 없기 때문에 오염물질을 완전히 제거해야 한다. 이는 90단위를 줄이는 것을 의미하며 〈그림 5.10〉에서 점 b에 해당한다. 결과적으로 MC_H는 MC_B를 크게 초과하므로 총 오염 감소 비용은 필요 이상으로 크게 된다. 따라서 이 배분은 비용 효율적이지 못하다.

그렇다면 거래가 이 결과를 어떻게 바꿀까? 만약 병태가 그의 허가증을 정우에게 판다면 병태는 오염을 추가로 제거해야 한다. 따라서 그는 허가증의 대가가 추가로 오염을 감소시키는 비용보다 커야만 그 허가증을 팔 것이다. 허가증을 사들임으로써 정우는 한 단위 더 오염물질을 배출할 수 있다. 따라서 그는 허가증의 가격이 오염을 한 단위 더 발생시키는 데서 얻는 이득보다 낮을 때에만 허가증을 살 것이다. 점 a에서 병태의 한계비용이 점 b에서 정우의 한계비용보다 더 작기 때문에 서로 협상할 여지가 생긴다. 그리고 병태는 정우에게 오염물질 한 단위

7 이는 허가증 시장이 경쟁적 시장일 때만 성립한다[Hahn, 1984 참조].

그림 5.10 배출권 거래 시스템은 비용 효율적이다

병태가 80장의 허가증을 모두 받는다. 하지만 병태와 정우 사이에는 협상의 여지가 있다. 병태는 한계비용이 동일해질 때까지 허가증을 정우에게 팔 것인데 이 결과는 비용 효율적이다.

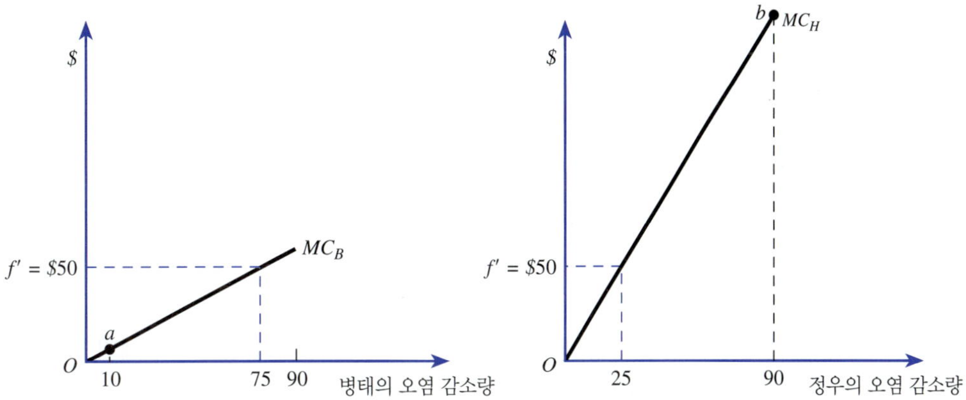

에 대한 허가증을 팔 것이다. 같은 논리로 병태는 $MC_B = MC_H$에 이를 때까지 정우에게 허가증을 팔 것이다. $MC_B = MC_H$는 비용 효율적인 결과라는 사실을 기억하자. 그렇다면 배출권 거래 방식은 비용 효율적인 정책이다. 또한 허가증의 시장가격은 앞에서 논의한 배출요금과 동일한 $f(=\$50)$이라는 사실을 주목하자.

정부가 최초에 허가증을 병태와 정우에게 어떻게 배분하든지 간에 같은 오염 감소가 이루어진다는 사실을 주목하자. 물론 각자가 허가증을 사기보다는 팔기를 바랄 것이므로 허가증의 배분이 소득분포에는 영향을 준다. 이 또한 놀랄 만한 사실은 아니다. 제3장의 후생경제학의 제2정리에 따르면 동일한 효율적 결과가 다양한 초기 분배 상태로부터 발생할 수 있다.

배출요금과 배출권 거래 시스템은 대칭적인 정책들이다. 이 예에서 f'으로 책정된 배출요금은 정부가 연간 80단위의 허가증을 발행하는 배출권 거래 프로그램과 동일한 오염 감소를 병태와 정우로부터 얻어낸다. 더 일반적으로, 이론적으로는 각각의 배출요금에 대하여 동일한 결과를 얻을 수 있는 배출권 거래 시스템이 존재하며 그 역도 마찬가지다. 그렇지만 현실적으로는 두 시스템의 성과에 약간의 차이가 있다.

5.5.3 배출요금 vs. 배출권 거래

이제 배출요금제와 배출권 거래 시스템의 몇 가지 현실적인 차이를 살펴보자.[8]

인플레이션에 대한 반응 앞의 예에서 정부가 단위당 배출요금을 50달러로 설정했음을 기억하자. 경제가 인플레이션을 겪고 있다고 가정해보자. 만약 요금이 물가수준 변동에 따라 조정되지 않는다면 실질적으로는 시간이 지남에 따라 비용은 감소하게 된다. 다른 말로 하면 인플레

8 여기서 제시한 항목들이 전부를 포괄하는 것은 아니다. 더 자세한 논의는 Gayer와 Horowitz[2006]을 참조하시오.

이션은 실질 배출요금을 낮춘다. 〈그림 5.9〉를 다시 살펴보면 우리는 낮은 배출요금이 오염 감소량을 줄인다는 것을 알 수 있다. 반면에 배출권 거래 시스템은 인플레이션과 관계없이 같은 수준의 오염 감소를 달성한다. 연간 오염 상한선 80이 정해지면 그만큼이 오염량이 된다. 물론 매해 인플레이션에 맞추어 배출요금이 조정된다면 같은 결과를 얻을 수 있다. 배출권 거래 방식의 이점은 법률이나 규제가 필요하지 않다는 것이다. 가격 조정은 (시장에서) 자동적으로 일어난다.

비용 변화에 대한 반응 오염 감소의 한계비용은 해마다 변할 것이다. 예를 들어 오염물질을 생성하는 기업의 제품에 대한 수요가 증가하여 생산수준을 낮추는 데 따른 기회비용이 증가한다면 오염 감소 비용은 증가할 것이다. 반면에 기업이 투입물을 보다 효율적으로 이용하는 방법을 알아냈다면 폐기물이 줄어들고 오염 감소 비용도 줄어들 것이다. 50달러의 배출 비용이 병태와 정우에게 부과되어 효율적인 수준의 오염 감소가 이루어진 상태라고 가정하고 비용 변화의 결과를 분석해보자. 배출요금이 부과된 후에 병태와 정우의 한계비용이 증가했다고 가정하자. 〈그림 5.9〉에서 50달러의 배출요금하에서는 한계비용의 증가가 오염 감소를 줄인다(즉, 오염이 증가한다). 그렇지만 배출요금제하에서 병태와 정우는 오염 감소를 위하여 50달러 이상의 배출요금은 지불할 필요가 없다. 오염 감소 비용이 얼마나 오르든지 간에 그들은 오염량을 줄이는 대신 단위당 50달러에 해당하는 오염 감소량을 선택할 것이다. 배출요금제에서는 오염 감소의 한계비용이 증가할 때 오염 감소량이 효율적 수준보다 줄어들게 된다(오염량이 효율적 수준보다 더 많게 된다).

대신 정부가 배출권 거래 프로그램을 실행하며 상한선은 효율적 수준에서 정해졌다고 하자. 만약 병태와 정우의 한계비용이 증가하면 〈그림 5.10〉에서 알 수 있듯이 오염 감소 수준에는 변화가 없다. 앞에서도 언급했듯이 배출권 거래 시스템은 오염량에 엄격한 한계선을 정해놓는다. 그리고 이 한계선은 경제상황 변화에 따라 변하는 것이 아니다. 그렇지만 배출요금과는 달리, 한계비용이 증가함에 따라 오염 감소 목표치를 달성하는 비용이 매우 높아질 수 있다. 한계비용곡선이 올라가면 허가증의 시장가격은 상승하고 따라서 병태와 정우에게 높은 비용을 부과하게 된다. 배출권 거래 시스템에서 한계비용이 증가한 후에는 오염량 감소가 효율적인 수준보다 더 많아진다.

종합하면 배출요금은 오염물질을 감소시키는 비용에 제한을 두지만 경제상황 변화에 따라 배출량에는 변화가 생길 수 있는 반면, 배출권 거래 시스템은 배출량에는 제한을 두지만 경제의 변화에 따라 오염 감소 비용에는 변화가 발생할 수 있다. 엄격한 제한을 오염 감소 비용에 두는 것과 오염총량에 두는 것 중 어느 것이 더 좋은지는 분명치 않다.

하나의 흥미로운 선택 가능성은 배출권 거래 시스템과 배출요금을 결합하는 것이다. 이 혼합적 접근방식에서 정부는 허용 가능한 오염총량을 고정해놓은 배출권 거래 시스템을 설정한다. 그렇지만 정부는 이미 정해놓은 가격에서 기업들이 요구하는 양만큼 허가증을 추가로 발행할 수 있음을 공지해준다. 이 가격은 **안전밸브가격**(safety valve price)이라고 알려져 있는데, 높게 책정되어서 오염 감소 비용이 예상했던 것보다 크게 올랐을 경우에만 이용되도록 해야 할 것이다. 실질적으로 안전밸브가격은 정책담당자들이 받아들일 수 있는 것보다 더 큰 오염

안전밸브가격(safety valve price)

배출권 거래 시스템 내에서 오염자가 상한선 이상의 허가증을 구입할 수 있도록 정해진 가격.

감소 한계비용의 증가가 있을 때를 대비해 오염량 제한을 완화해주는 것이다.

불확실성에 대한 반응도 중요한 환경 문제에 대응하는 비용이 얼마나 들지에 대해서는 커다란 불확실성이 존재한다. 유명한 예가 지구 온난화이다. 그런 불확실성이 존재할 때 배출요금과 배출권 거래 프로그램은 서로 다른 결과를 낳을 수 있다.[9]

단순화를 위해 오염자가 한 명만 있는 예를 생각해보자. 정부는 배출요금제와 배출권 거래 시스템 중 하나를 선택해서 실행해야 한다. 2가지 경우를 생각해보기로 한다. 하나는 사회적 한계편익이 비탄력적인 경우이고 다른 하나는 탄력적인 경우이다. 비탄력적인 경우 첫 번째 단위의 오염 감소는 매우 가치가 높지만 오염 감소가 더 이루어짐에 따라 한계적인 편익은 급격히 떨어진다. 탄력적인 경우 오염 감소의 한계가치는 감소량에 관계없이 거의 비슷하다.

비탄력적인 사회적 한계편익 〈그림 5.11〉은 비탄력적인 사회적 한계편익 곡선을 보여준다. 이제 정부가 이 오염물질 감소에 드는 한계비용에 대해 잘 모른다고 하자. 정부의 가장 정확한 추측은 한계비용이 MC^*라는 것인데 이 한계비용은 MC'처럼 높을 수도 있다.

가장 정확한 추측인 MC^*에 의거하여 정부가 배출권 거래 시스템을 이용하려 한다면 정부는 e^*만큼의 감소를 달성할 수 있을 만큼의 허가증을 발행해야 할 것이다. 만약 MC^*가 사실로 드러난다면 결과는 효율적이다. 배출권 거래 시스템에서 오염의 수준(즉, 오염 감소량)은

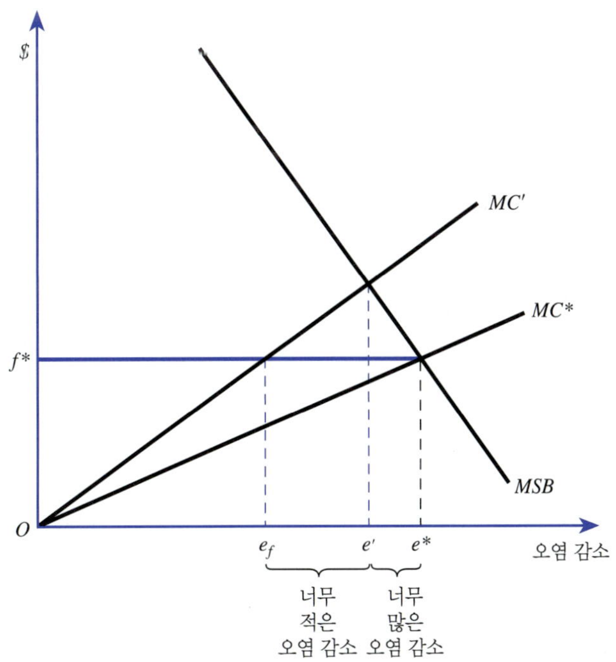

그림 5.11
사회적 한계편익이 비탄력적이고 비용이 불확실한 경우 배출권 거래와 배출요금

사회적 한계편익이 비탄력적이고 비용이 예상했던 것보다 높다면 배출권 거래 방식은 과다한 오염 감소를 가져오며 배출요금은 너무 적은 오염 감소를 가져온다. 그렇지만 배출권 거래가 더 효율적이다.

9 이 문제는 Weitzman[1974]이 처음으로 연구하였다.

비용에 상관없이 고정되어 있다는 사실을 기억하자. 그렇지만 진정한 한계비용곡선이 MC'인 것으로 드러났다면 그때의 효율적인 결과는 e'이며, 배출권 거래 방식은 너무나 많은 오염 감소를 유도한 것이 된다(즉, $e^* > e'$). 비용이 예상했던 것보다 높다면 배출권 거래 방식에서 나온 결과가 비효율적이긴 하지만 효율성 측면에서 아주 나쁜 것은 아니다. 왜냐하면 e^*와 e'는 꽤 가깝기 때문이다. 이 상황에서 만약 정부가 배출요금제를 이용한다면 어떻게 될까? 다시 〈그림 5.11〉을 보자. 가장 정확한 추측인 MC^*를 이용해서 정부는 e^*의 오염 감소를 달성하기 위해 f^*의 배출요금을 책정할 것이다. 앞에서와 마찬가지로 MC^*가 사실로 드러난다면 결과는 효율적이다. 배출요금에서 오염의 수준은(즉, 오염의 감소는) 한계비용의 변화에 따라 변한다는 것을 기억하자. 만약 진정한 한계비용곡선이 MC'인 것으로 드러났다면 배출요금제는 e_f의 결과를 낳는데 이때의 효율적인 결과는 e'이다.

중요한 점은 〈그림 5.11〉에서 비용이 예상보다 높을 때 배출권 거래 시스템의 결과가 효율적 수준에서 약간 떨어진 데 비하여 배출요금제의 결과는 (e가 e'보다 크게 낮은 수준이므로) 크게 비효율적이라는 것이다. 따라서 우리는 사회적 한계편익이 비탄력적이고 비용이 불확실할 때는 배출권 거래 시스템이 배출요금제보다 더 선호된다고 결론 내릴 수 있다. 직관적으로 사회적 한계편익이 비탄력적이면 비용의 변화가 최적의 오염 감소량에 작은 영향만 미칠 뿐이다. 따라서 (비용이 예상보다 높을 경우) 허용 가능한 오염량을 고정시키는 배출권 거래 시스템이 효율적 수준에서 크게 벗어나지 않을 것이다. 이 분석이 오염 감소의 사회적 한계비용이 예상보다 큰 경우에 대해서 초점을 맞추었지만 사회적 한계비용이 낮은 경우에 대해서도 유사한 결과를 유도할 수 있다(이 장 연습문제 11번 참조).

탄력적인 사회적 한계비용 〈그림 5.12〉는 〈그림 5.11〉의 한계비용을 그대로 따르고 있다. 그렇지만 이 그림에서 오염 감소의 사회적 한계편익이 상대적으로 더 탄력적인 것으로 그려져 있다. 앞에서 본 예와 같이 정부가 배출권 거래 시스템을 이용하자면 오염 감소량 e^*를 달성하기 위한 만큼의 허가증을 발행해야 할 것이다. 만약 진정한 한계비용곡선이 MC'로 밝혀진다면 효율적인 결과는 e'라야 하고 따라서 배출권 거래는 과다한 오염 감소를 낳는다(즉, $e^* > e'$).

〈그림 5.12〉는 배출요금의 결과도 보여준다. 앞에서와 마찬가지로 정부는 배출을 e^*만큼 줄이기 위해 f^*의 배출요금을 책정한다. 만약 MC^*가 진정한 비용으로 밝혀진다면 결과는 효율적이다. 만약 진정한 한계비용이 MC'로 밝혀진다면 e'가 효율적인 결과이지만 배출비용하에서는 e_f가 결과가 된다. 그렇지만 비탄력적인 사회적 한계비용의 경우와는 달리 여기서는 e_f가 배출권 거래의 결과인 e^*보다 효율적인 결과에 더 가깝다. 우리는 사회적 한계편익이 탄력적이고 비용이 불확실할 때는 배출요금이 배출권 거래 시스템보다 더 선호된다고 결론 내릴 수 있다. 직관적으로 사회적 한계비용이 탄력적일 때는 비용의 변화가 최적의 오염 감소량에 큰 영향을 미치게 된다. 따라서 (비용이 예상보다 높을 경우) 허용 가능한 오염량을 고정시키는 배출권 거래 시스템은 효율적인 수준에서 크게 벗어나게 된다.

이런 분석이 우리에게 말해주는 것은 무엇일까? 불확실한 세계에서 우리는 배출요금과 배출권 거래 시스템 중 어떤 것이 더 효율적인지 알 수 없다. 어느 것이 더 좋은지 여부는 다른 여러 가지 조건 외에도 오염 감소로 환경이 깨끗해짐에 따라 사회적 한계편익이 얼마만큼 빨

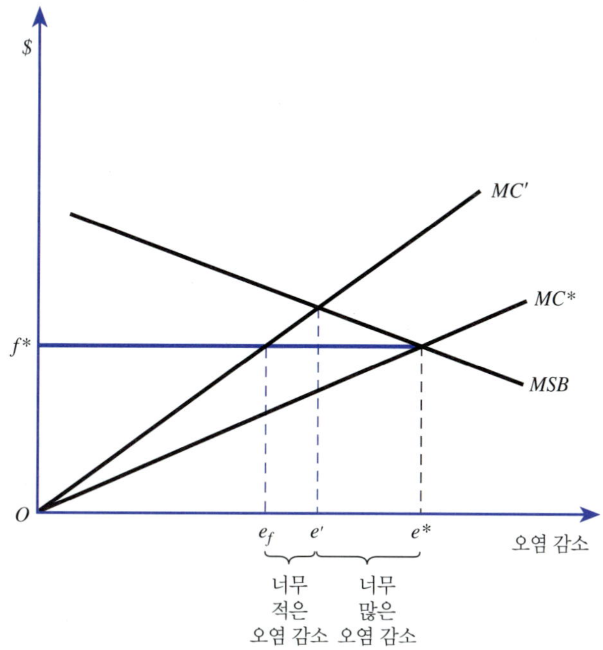

그림 5.12
사회적 한계편익이 탄력적이고 비용이 불확실한 경우 배출권 거래와 배출요금
사회적 한계편익이 탄력적이고 비용이 예상했던 것보다 높다면 배출권 거래 방식은 과다한 오염 감소를 가져오며 배출요금은 너무 적은 오염 감소를 가져온다. 그렇지만 배출요금 쪽이 더 효율적이다.

리 감소하느냐에 달려 있다. 합리적인 환경정책은 다양한 학문의 노력을 요구한다. 다양한 전공의 연구자들이 사회적 한계편익의 모양에 대한 정보를 포함한 여러 가지 기술적 관계들에 대한 정보를 제공해야 한다. 경제학이라는 도구는 이런 정보를 이용하여 환경 문제에 대한 효율적 해법을 찾을 수 있게 해준다.

분배 효과 불확실성이 없어서 배출권 거래 시스템이나 배출요금이 효율적 관점에서 동일한 경우라도 분배의 측면에서는 다른 결과를 낳는다. 배출요금에서는 오염자가 오염에 대한 세금을 지불해야 하며 그 수입은 정부에게 돌아간다. 배출권 거래 시스템에서는 오염권이 오염자들에게 직접적으로 무료로 배분될 때 정부는 아무런 수입도 얻지 못한다. 그렇지만 배출권 거래 시스템에서라도 허가증이 오염자에게 무료로 배분되지 않고 정부가 직접적으로 허가증을 판다면 정부 수입이 생길 수도 있다.

5.5.4 명령과 통제형 규제

배출요금이나 배출권 거래 시스템은 **유인 기반 규제**(incentive-based regulation)라고 부른다. 왜냐하면 오염자들에게 오염을 줄일 시장 유인을 제공하기 때문이다. 기본적으로 각 접근법은 오염의 기회비용을 증가시킴으로써 오염자들이 그들의 행동에 따른 외부 한계손실을 고려하도록 유도한다. 유인 기반 규제는 오염자들이 그들의 배출량을 줄이는 방법에 있어 커다란 융통성을 가질 수 있게 해준다. 병태에게는 생산량을 줄임으로써 오염을 감소시키는 것이 더 싼 방법일 수 있으며 정우에게는 오염을 줄이는 기술을 사들이는 것이 더 싼 방법일 수 있다. 유

> **유인 기반 규제(incentive-based regulation)**
> 오염자에게 오염을 줄일 재정적 유인을 제공하는 제도.

현실 정책 보기 기후 변화

CO_2, 메탄, 이산화질소를 포함하는 온실가스는 부분적으로 기후 변화의 원인으로 간주되고 있다. 많은 원인이 있지만 화석연료의 연소와 산림벌채가 대기 중 온실가스 수준 증가의 주요 원인으로 알려져 있다. 과학자들은 미래에는 기후 변화의 효과를 더 심각하게 느끼게 되리라고 예상하고 있다. 이를테면 강우 패턴의 변화와 빙하의 녹음, 가뭄, 태풍 강도의 상승, 농작물 수확량 감소, 일부 생물의 멸종, 전염병의 전파 등이 예견되는 결과들이다. 자연히 이러한 변화는 매우 큰 경제와 사회적 변화도 일으킬 것이다. Stavins[2011]는 현존하는 기후 변화에 대한 문헌들과 이 문제와 씨름할 수 있는 경제정책 도구들에 대해 검토하였다. 그는 경제적 · 기술적 불확실성과 방법론에 대한 서로 다른 견해들로 인해 제어되지 않는 기후 변화의 경제적 영향에 대한 추정치가 매우 다양하다고 보고하였다. 그는 이런 다양한 추정치들 사이에서도 합리적인 추정치에 따르면 이번 세기 중반쯤에 들면 그 효과가 세계 GDP의 1~3%에 이를 것이라고 주장한다. 이 효과를 경감시키기 위해서 2005년의 배출물 수준을 60~80% 줄이는 것이 필요하다[Metz et al., 2007].

기후 변화는 전형적인 음의 외부성 문제이다. 첫째로 온실가스는 발생 원천에 관계없이 지구 대기 중에 퍼지고 있다. 둘째, 일단 배출되고 나면 온실가스는 배출 원천이 사라지고 난 후에도 대기 중에 수십 년 동안 존재하게 된다. 따라서 음의 외부성 문제를 다루는 경제학적 도구들이 이 문제에도 활용될 수 있다. 많은 경제학자들은 잘 고안된 피구세나 배출권 거래제도가 온실가스 배출을 줄이는 데 사용될 수 있다고 믿는다. 기후변화에 관한 유엔기본협약(The United Nations Framework Convention on Climate Change)은 교토의정서를 통해 온실가스 배출을 줄이기 위한 국제적 시스템을 만들어내려고 했다. 하지만 배출 할당량과 예외규정을 결정하는 어려움은 매우 심각한 수준으로 드러났다. 선진국들 특히 미국과 같은 나라는 중국과 같은 나라들이 경감의 부담을 함께 지기를 원하는 반면 개발도상국들은 선진국이 그동안 누적적으로 배출해온 부담이 있기 때문에 그들이 가장 크게 부담해야 한다고 주장한다. 결국 이 협약은 최종 합의에 이르지 못했다.

명령과 통제형 규제(command-and-control regulations)
주어진 양의 오염 감소를 그 방법에 대해서는 유연성이 없거나 제한된 상태에서 요구하는 정책.

기술표준(technology standard)
명령과 통제 규제 방식의 하나로 기업들이 오염 감소를 위해 특정 기술을 이용할 것을 요구.

성과표준(performance standard)
명령과 통제 규제 방식의 하나로 개인에게 배출 목표를 설정해주고 그것을 달성하는 방법에는 어느 정도 유연성을 준다.

인 기반 규제하에서는 2가지 선택 대안이 모두 가능하다. 왜냐하면 유인 기반 규제라는 아이디어 자체가 오염을 감소시키는 가장 저렴한 방법을 찾으라는 것이기 때문이다. 오염 감소 방법에 대한 융통성에 더하여 누가 오염을 줄일까 하는 문제에서도 융통성이 있다. 예를 들어 병태가 오염을 줄이는 한계비용이 정우보다 더 낮다면 배출권 거래 시스템에서는 정우가 병태로부터 허가증을 사게 된다. 실질적으로 제도 자체에 내장된 융통성이 정우가 자기를 대신하여 병태가 오염을 줄이는 데 대한 대가를 지불할 수 있도록 해준다. 유사하게 배출요금제도하에서도 병태는 세금을 더 내기로 선택한 정우보다도 오염을 더 감소시킨다.

이런 융통성 있는 접근방식과 대조적으로 환경규제에 대한 전통적 접근 방식은 **명령과 통제형 규제**(command-and-control regulation)에 의존했다. 명령과 통제 규제는 여러 가지 형태를 취하지만 모두 유인 기반 규제에 비해서는 융통성이 작다. **기술표준**(technology standard)은 오염자가 배출물질을 정화하기 위해 특정 기술을 설치해야 하는 명령과 통제형 규제 방식이다. 오염자가 다른 수단을 통해 오염을 감소시키는 것은 법을 위반하는 것이 된다. 다른 수단이 아무리 효과적이라도 말이다. 예를 들어 수년 전 통과된 법안에서는 새로 건설하는 모든 발전소가 청정연료를 이용함으로써 배출물질을 깨끗하게 만들도록 하는 대신에 집진기를 설치하도록 요구했다. 법이 허락하지 않는데 왜 새로운 청정연료기술을 발전시키는 데 투자하겠는가? 따라서 기술 표준은 비용 효율적이지 않을 것이다.

성과표준(performance standard)은 각 오염자에게 배출 목표를 정하도록 하는 형식의 명령과 통제 규제이다. 오염자에게는 이 표준을 어떤 방식으로든 달성할 수 있는 융통성이 있으며 따라서 이 방식은 기술표준보다는 더 비용 효율적이다. 그러나 성과표준은 각 개별 기업에 대해 고정된 배출 목표를 정해놓기 때문에 오염을 감소시키는 부담이 한 기업으로부터 더 효율적인 다른 기업으로 이전될 수 없다. 결과적으로 성과표준도 비용 효율적일 것 같지 않다.

몇몇 실증연구들은 주어진 양의 오염 감소를 얻어내기 위해 비용 효율적인 방식과 명령과 통제 방식을 이용할 때 비용의 차이를 비교하고자 하였다. 개별적인 결과들은 어떤 유형의 오염이 고려되는가와 오염 지역에 따라 차이를 보인다. 이 발견들을 요약하면 명령과 통제 방식이 비용 효율적인 방식에 비해 1.07배에서 22배 더 비싼 것으로 나타난다[Economic Report of the President, 2003].

명령과 통제 방식의 비효율성을 보여주는 좋은 예가 연방정부가 모든 승용차에 대해 적용하였던 회사별 평균 연료 경제성(corporate average fuel economy, CAFE) 표준이다. 이 표준은 동일 회사 소유 전 차량의 평균 1마일당 휘발유 소비량을 지정하고 있다(2012년 기준, 승용차에 대해서는 1갤런당 32마일, SUV와 같은 경트럭의 경우는 1갤런당 25.2마일). 이 정책의 목적은 휘발유 소비를 감소시키는 것이다. CAFE 표준은 제한된 융통성만을 갖고 있다. 왜냐하면 생산자들이 전반적인 비용을 줄이기 위해 다른 생산자에게 부담을 이전시킬 수 없기 때문이다. 휘발유 소비를 줄이는 대안으로는 배출요금의 일종인 휘발유세가 있을 것이다. 최근 분석에서 미국 의회예산처는 같은 양의 휘발유 소비 감소를 달성하는 CAFE 표준 강화와 휘발유세 증가를 비교하였는데 그 결과는 CAFE 표준 강화가 연간 7억 달러 정도 비용이 더 든다는 것이었다[Congressional Budget Office, 2004b].

명령과 통제 방식이 더 좋을 수도 있는가 일정 조건하에서는 명령과 통제 방식이 유인 기반 방식에 비해 더 선호될 수 있다. 유인 기반 방식의 작동은 배출량을 감시할 수 있을 때만 가능하다. 만약 배출에 대해 감시하는 것이 불가능하거나 비용이 너무 많이 든다면 정부는 단위당 배출요금을 부과할 능력이 없으며 오염자가 자신의 배출량을 감당할 만큼의 허가증을 가지고 있는지도 알아낼 수 없다. 발전소의 황산(SO_2) 배출과 같은 일부 오염 형태는 비교적 쉽게 감시할 수 있다. 그러나 농촌에서 나오는 화학적 유수물, 침전물, 부유물과 같은 다른 형태의 오염들은 지속적으로 관찰하기가 어렵다. 그런 경우 기술표준이 더 효율적일 수 있다. 왜냐하면 농장이 그런 기술을 설치했는지를 감시하기는 상대적으로 쉽기 때문이다.

유인 기반 규제의 다른 잠재적 문제점은 이 규제로 인해 오염이 특정 지역에 집중될 수 있다는 것이다. 유인 기반 시스템은 모든 원천으로부터 오는 총배출량에 제한을 두기 때문에 특정 지역이 다른 지역에 비해 배출량이 많을 수 있다. 만약 배출이 한 지역에 집중된다면 널리 퍼질 때에 비해 더 큰 위험을 낳을 수 있다. 오염이 특정 지역에 집중되는 현상은 **오염 집중지역**(hot spot)으로 알려져 있다. 명령과 통제 방식은 개별 오염 원천의 배출량에 제한을 둠으로써 오염 집중지역의 발생을 피할 수 있다.[10]

오염 집중지역(hot spot)

오염물질 배출이 집중되는 지역.

10 유인 기반 방식이 위험 지역 문제도 처리할 수 있다. 예를 들어 배출요금은 오염원에 따라 다른 세금을 부과할 수 있다. 유사하게 배출권 거래 시스템에서도 일부 오염원에 대해서는 다른 오염원에 비해 동일한 단위의 배출량에 대해서 더 많은 허가증을 얻도록 요구할 수 있다. 그렇지만 이런 것들은 유인 기반 방식에 복잡함을 더하게 된다.

5.6 미국의 환경정책

현실세계에서 외부성 문제에 대한 대응을 이론에서 제안하는 해법과 어떻게 비교할까? 대기오염의 경우 주요 연방 법률은 청정공기법(Clean Air Act)인데 이 법은 몇 차례에 걸쳐 수정되었다.[11] 1970년 수정에서 의회는 환경보호국(Environmental Protection Agency, EPA)이 국가적으로 공기의 질에 대한 표준을 설정하도록 했다. 의회는 그 표준이 국가 전역에 대해 동일해야 하며 그 수준은 안전한 기준선으로부터도 충분한 여유를 두고 정할 것을 요구했다. 이런 조건들이 효율성에 기반을 둔 것은 아니었다. 효율적인 정책은 표준이 지역에 따라 다를 수 있도록 허용할 것이다. 왜냐하면 비용과 편익이 지역에 따라 다르고 따라서 순편익을 극대화하는 수준은 지역마다 다르기 때문이다. 실제로 법원은 EPA가 표준을 정하는 데 있어 비용을 고려하는 것마저도 금지했다.

1970년대의 주요 환경 규제들은 명령과 통제 방식에 의존했다. 예를 들어 1970년의 청정공기법 수정에서는 새로운 대기 오염 원천에 대해 기술표준과 성과표준을 설정했으며 자동차, 트럭, 버스에 대해 배출기준을 지정했다. 표준을 설정할 때 비용을 고려하지 못한 무능과 명령과 통제 규제에만 의존했다는 사실은 의심할 여지 없이 환경 목표 달성의 비용을 증가시켰다.

청정공기를 위한 법률들은 그 목표를 달성했을까? 비용 문제는 차치하고라도 기록으로 보면 그 결과는 혼란스럽고 해석하기도 어렵다. 청정공기법에 의해 규제되었던 6개의 주요 오염물질이 1970년 이후 모두 줄어들었다. 그렇지만 그런 결과를 환경 규제의 영향으로 돌리는 것은 성급한 결론이다. 예를 들면 공기의 질이 개선된 것은 기업들이 투입물을 더 효율적으로 이용하여 오염을 덜 발생시키도록 해준 기술적 진보 때문일 수도 있다. EPA의 데이터 분석은 청정공기법이 실질적으로 오염물질을 일정 수준 이하로 줄이는 중요한 도구였음을 시사한다[Freeman, 2002, p. 127]. 다른 한편으로 Goklany[1999]는 미국의 대기 오염이 청정공기법 제정 훨씬 전부터 줄어들고 있었다는 증거를 제시했다. 의견의 일치는 없지만 많은 분석가들은 규제가 환경을 개선하였지만 규제의 성취도는 실망스러웠다고 결론을 내린다.

우리는 이미 청정공기법과 같은 명령과 규제 방식이 비효율적이기 쉽다는 사실을 보았다. 그것이 효과도 없을 것 같은 이유는 무엇인가? Baumol[1976]은 규제의 효과가 규제당국의 철저함에 의존한다는 사실을 강조했다. 그 철저함이란 다음과 같은 것들이다.

> 명령의 신속성, 규정의 엄격함, 수정 요구에 대한 규제당국의 저항력, 위반을 발견하고 입증하는 규제당국의 효과성, 위반에 대해 기소하는 패기와 재판의 승리, 법적 절차에 따라 부과되는 벌칙의 엄격함[p. 445].

이는 규제당국이 정치적 압력하에서 활동해야 한다는 사실을 고려하면 충족하기 어려운 요구라 할 수 있다. 이와는 대조적으로 배출요금은 "규제당국의 철저한 감시에 의존하는 것이 아니라 세금 징수원의 믿음직한 끈기에 의존한다. 배출요금은 오염자가 자신을 위해 일부러 남겨둔 틈새, 즉 배출 감소를 활용하여 지불액을 줄이도록 유도하는 장점을 가지고 있다"

---

11 이 법안의 조항에 대한 훌륭한 요약은 Portney[2000]에 있다.

현실 정책 보기 유럽연합 배출권 거래계획

앞의 "현실 정책 보기"를 통해 온실가스 감축과 관련한 국제적 합의에 이르는 어려움에 대해 논의한 바 있다. 이러한 어려움은 유럽연합이 (전 세계적 시스템이 아닌) 자체적인 배출권 거래 시스템을 구축하도록 했다. 2005년에 EU는 유럽연합 배출권 거래계획(EU Emission Trading Scheme)을 출범하였다. 이산화탄소 1톤당 1단위의 배출권이 주어졌다. 각 회원국들은 자신의 배출 할당량을 가지고 있으며 이 할당량을 기업들에게 분배한다. 온실가스를 이 할당량 이상으로 배출하는 기업들은 추가 배출권을 구입해야 한다. 할당량 이하로 배출하는 기업들은 배출권을 팔 수 있다. 배출권의 가격은 시장에서 자유롭게 결정되는데 전형적인 주식시장이나 같은 원리이다. 배출권의 가격은 수요와 공급에 따라 변한다. 2005년에서 2012년까지 배출권의 가격은 12유로에서 36유로 사이에서 변동했다. 배출권 거래 시장은 매우 활발하게 운영되고 있으며 연간 거래량은 2005년의 3억 2,100만 톤에서 2011년의 79억 톤으로 증가하였다. Mansanet-Bataller 등[2007]은 배출권 가격의 패턴을 연구하였다. 그들은 석유 가격과 천연가스 가격의 증가가 배출권 가격을 인상시킨다는 것을 발견하였다. 또한 매우 춥거나 더운 날씨에 배출권 가격이 높다는 것도 발견하였다. 이런 결과들은 이번 장에서 제시한 이론적 예측과 잘 상응한다. 즉, 에너지 수요가 많아서 감소 비용이 높아지는 조건하에서 배출권 가격은 높을 것이다.

경제 이론은 배출권에 가격을 매기는 것은 사업가들나 발명가들이 배출 비용을 낮추는 새로운 방법을 찾기 위해 노력하도록 유도함으로써 배출비용을 감소시킬 것이라고 예측한다. EU 배출권 거래계획 측은 그들의 시스템이 교토의정서에서 목표로 삼은 배출감소를 EU GDP의 0.1%가 안 되는 비용으로 달성했다고 주장하였다.

다른 곳에서 적용되는 배출권 거래제와는 달리 EU의 배출권 거래제는 성공적이고 번창하고 있다. 2013년부터 EU는 배출권의 양을 각 연도별로 1.74%씩 감소시켜 2020년에는 배출권량을 2005년 수준에 비해 21% 낮추려 하고 있다. 나아가 EU는 이 시스템을 세계의 다른 시스템과 긴밀하게 결합하려 하고 있다.

[Baumol, 1976, p. 446].

이에 더하여 규제의 '그렇지 않으면'이란 접근 방식은 때때로 기대와 어긋난 결과를 낳는다. 궁극적인 위협은 오염 시설을 폐쇄하는 것이다. 그렇지만 많은 경우 그러한 폐쇄는 많은 근로자와 소비자에게 큰 혼란을 주며 따라서 정치적으로 실행되기 어렵다. 텍사스주 의회는 한 때 EPA의 규칙을 준수하여 자동차와 트럭의 초과 배출을 검사하는 것이 비용이 너무나 많이 든다고 결정한 바 있다. 주 의회는 새로운 시스템을 설치하라는 EPA의 명령에 불복했다. 이와 같은 맥락에서 인도 의회가 델리시 당국에게 1만 대의 버스에 대해 디젤에서 청정연료인 천연가스로 연료를 바꿀 것을 명령하였는데 이러한 명령은 결국은 실행되지 못했다. 시 당국은 죽을 때까지 단식투쟁하는 것을 비롯해 여러 수단을 강구하겠다는 버스 소유자들에게 대항할 의사가 없었다. 실제로 법원의 판결이 난 지 2년 후 델리시는 여전히 새로운 디젤 버스에 면허를 주고 있다[Dugger, 2001, p. A3].

이는 명령과 통제 규제가 전혀 쓸모없다고 말하는 것은 아니다. 앞서 논의했듯이 오염물질을 감시하기 어려울 때는 명령과 통제가 가장 좋은 해법일 수 있다. 그러나 일반적으로 환경정책에 있어 명령과 통제는 아마도 많은 문제의 원천일 것이다.

5.6.1 유인 기반 방식으로의 진보

명령과 통제 방식이 미국의 환경정책을 지배해왔지만 유인 기반 방식을 더 선호하는 경제학자들의 주장이 지지를 얻어가고 있다. 특히 몇 가지 중요한 배출권 거래 프로그램이 실현되었다.

이 절에서는 그중 한 가지에 대해 논한다.

황산 거래는 성공 사례로 널리 받아들여진다. 그렇지만 환경 문제를 다루는 데 있어 여전히 유인 기반 방법이 명령과 통제형 규제를 대체하는 정도는 미비하다. 하지만 전통적인 환경보호 프로그램의 비용이 지속적으로 증가함에 따라(벌써 GDP의 2%를 넘는 것으로 추산된다) 유인 기반 방식의 효율성에 대해 정책담당자들이 매력을 느끼고 있다.

5.7 소득분배에 대한 함의

지금까지 우리의 주된 관심은 외부성의 효율성 측면이었다. 후생경제학은 분배 측면도 고려해야 한다고 지적한다. 그렇지만 환경 개선의 분배적 함의를 평가하는 시도에는 몇 가지 어려운 문제가 있다.

5.7.1 누가 이득을 보는가?

우리의 간단한 모형에서 이득의 분배는 사소한 문제였다. 왜냐하면 오염의 유형도 하나이고 오염의 피해자도 한 명이었기 때문이다. 현실에서는 외부성에 의한 고통은 개인별로 정도가 다르다. 일부 증거들은 저소득층 주민들이 고소득층 주민들에 비해 대기 오염에 더 노출되어 있음을 시사한다[Gayer, 2000]. 만약 그것이 사실이라면 대기 오염 수준을 줄이는 것은 다른 조건이 일정할 때 실질소득의 분배를 더 공평하게 하는 것이다. 반면에 국립공원과 같은 휴양지를 개선하는 환경보호 프로그램은 그런 지역을 주로 방문하는 고소득층에게 더 혜택을 줄 것이다.

외부성으로부터 누가 피해를 보는지 알지라도 외부성이 제거될 때 그들에게 돌아가는 가치가 얼마인지는 알 수가 없다. 고소득층 가구들이 공기의 질 개선에 대해 저소득층보다 더 지불할 의사가 있다고 가정하자. 그렇다면 공기를 청결하게 하는 프로그램이 물리적으로는 고소득층보다 저소득층의 오염량을 더 줄여준다고 할지라도 금액 측면에서는 고소득층에게 더 혜택을 준 것이 된다.

5.7.2 누가 비용을 부담할 것인가?

다수의 오염유발 기업들이 정부정책으로 산출을 줄이게 되었다고 가정해보자. 이 기업들이 그들이 고용하는 투입물 수요를 줄임에 따라 투입물 소유자들의 후생은 감소한다.[12] 오염자들이 이전에 고용했던 근로자들은 단기적으로는 실업을 당하고, 장기적으로는 더 낮은 임금에서 일하게 될 수도 있다. 만약 이 근로자들의 소득이 낮았다면 환경개선은 소득불평등을 증가시키는 셈이다.

가난한 사람들이 어느 정도나 환경보호의 부담을 지는가 하는 것은 격렬한 논쟁의 대상이었다. 환경보호주의에 대한 비판자들은 도심에서 공장을 운영하지 못하게 막는 노력들이 도심에 사는 "가장 가난한 사람들에게 재앙이 되었다"고 주장한다[Ross, 1999, p. A26]. 환경보호

12 더 정확하게 말하면 일정 조건하에서 오염을 유발하는 재화 생산에 상대적으로 많이 쓰이는 투입물 가격이 하락한다. 제14장의 일반균형모형을 참조하시오.

론자들은 그런 주장에 대해 '일자리 협박'이라고 하면서 가난한 사람들이 정말로 해를 입는다는 증거는 없다고 믿는다.

다른 고려사항은 만약 오염유발 기업이 강제로 사회적 한계비용을 고려하게 된다면 그 생산품의 가격이 인상될 것이라는 점이다. 효율성의 관점에서 보면 이것은 매우 바람직한 일이다. 왜냐하면 그렇지 않을 경우 가격이 전체 비용에 대한 그릇된 신호를 줄 것이기 때문이다. 그럼에도 불구하고 이 재화를 사는 구매자들의 후생은 일반적으로 감소한다. 만약 재화가 고소득층에서 주로 구매된다면 다른 조건이 일정할 때 실질소득 분배는 좀 더 공평하게 되며, 그 역도 성립한다. 따라서 오염 감소의 분배적 함의를 평가하려면 오염을 유발하는 생산물의 수요 패턴을 알 필요가 있다.

오염 통제 비용의 소득에 따른 분포를 알아내는 것은 분명 매우 어려운 일이다. 한 연구에서 Walls와 Hanson[1999]은 자동차 배출요금 시스템을 실행하는 소득 대비 비용은 연간소득에 반비례함을(즉, 소득이 높을수록 비용이 낮음을) 발견했다. 그들은 이 정책의 비용이 소득분배의 최하위층에 있는 가구에 대해서는 소득의 2.6%인 반면 최상위층 가구에 대해서는 0.35%에 지나지 않는다고 계산했다. 이런 발견들이 다른 환경정책에도 일반화될 수 있다면 그것은 더 균등한 소득분배와 더 나은 환경 두 가지 모두를 추구하는 사람들에게 딜레마를 안겨주는 셈이다.

5.8 양의 외부성

지금까지 논의는 음의 외부성에 초점을 맞추었다. 그러나 우리는 일출효과(spillover effect)가 양일 수도 있다는 것을 실제로 관찰한다. 양의 외부성에 대한 분석은 음의 외부성과 대칭을 이룬다. 어떤 기업이 연구와 개발(R&D)을 할 때 사적 한계편익과 한계비용곡선이 〈그림 5.13〉과 같다고 가정해보자. 기업은 R&D 수준을 $MC = MPB$인 R_1으로 결정한다. 더 나아가 이 기업의 R&D가 다른 기업들이 좀 더 저렴하게 생산할 수 있도록 해주지만 다른 기업들은 이 기업이 발견한 과학적 결과가 일반적인 지식이 되었기 때문에 그 대가를 지불할 필요가 없다고 가정하자.[13] 〈그림 5.13〉에서 다른 기업에 대한 한계편익은 *MEB*(marginal external benefit, 즉 외부한계편익을 의미함)로 표시된다. 연구의 사회적 한계편익은 *MPB*와 *MEB*의 합인 *MSB*로 표시된다.

효율성은 한계비용과 사회적 한계편익이 일치할 것을 요구하며 이는 R^*에서 발생한다. 따라서 R&D는 과소하게 제공되고 있다. 음의 외부성이 피구 조세에 의해 교정될 수 있는 것처럼 양의 외부성은 피구 보조금으로 교정될 수 있다. 더 정확하게 만약 R&D를 수행하는 기업이 최적 점에서의 외부 한계편익과 일치하는 보조금을 받는다면—〈그림 5.13〉에서 *ab*에 해당한다—기업은 R&D를 효율적인 양만큼 수행할 것이다.[14] 이 분석이 주는 교훈은 명백하다. 개인이나 기업이 양의 외부성을 만들어내면 시장은 해당 활동이나 재화를 과소공급하게 되지

13 이런 상황이 발생하는 것은 부분적으로 특허법을 통해 방지할 수 있다. 그러나 많은 경우 순수 연구들은 상업적 용도에 이용되더라도 특허를 받을 수 없다.

14 $ab = a'b'$임을 주목하시오.

그림 5.13
양의 외부성
양의 외부성이 있으면 사회적 한계편익은 사적 한계편익에 외부 한계편익을 더한 값이 된다. 이윤을 극대화하는 기업은 사적 한계비용과 사적 한계편익이 일치하는 R_1까지 생산한다. 그러나 효율성은 한계비용이 사회적 한계편익과 일치할 때 달성되는데, 그것은 R^*에 해당한다.

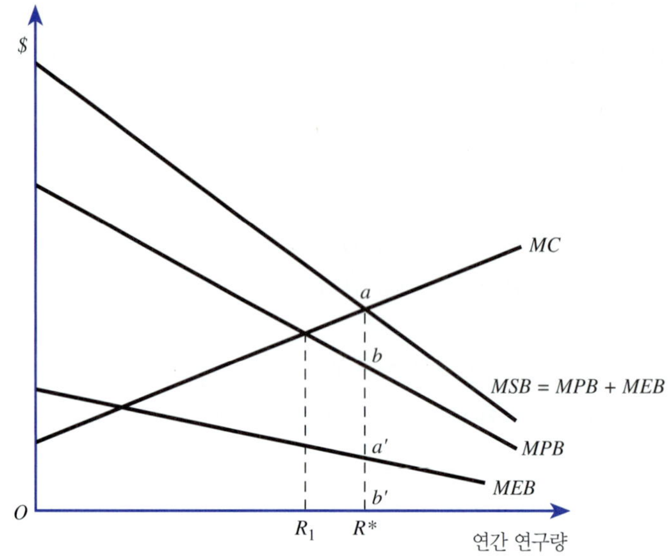

만 적절한 보조금이 상황을 교정할 수 있다. 물론 외부성의 가치와 양을 측정하는 모든 어려움은 여전히 남게 된다. 어떤 연구는 R&D의 사적인 수익률은 약 10%이며 사회적인 수익률은 약 50%라고 결론 내렸다. 만약 이 수치들이 맞는다면 R&D와 관련한 양의 외부성은 엄청난 것이다.

5.8.1 주의할 점

양의 외부성이라는 말을 들어보지 못한 많은 사람들도 그 개념과 정책적 함의에 대해서는 직관적으로 잘 이해하고 있다. 그들은 정부에게 자신들의 활동이 유익한 일출효과를 만들어낸다는 사실을 잘 납득시키면 국고를 열어 보조금을 받아낼 수 있으리라는 것을 이해하고 있는 것이다. 보조금을 받아내려는 요구에 대해서는 2가지 이유에서 신중해야 한다.

- 보조금이란 납세자들에게서 나온 재원으로부터 생겨난 것이다. 따라서 모든 보조금은 납세자로부터 보조금을 받는 사람에게로 소득을 재분배하는 것이다. 비록 보조금이 효율적인 결과를 낳을지라도 그 분배적 함의는 바람직하지 않을 수도 있다. 분배적 함의는 사회후생함수로 표현되는 가치판단에 의존한다.
- 어떤 활동이 유익하다는 것 자체로는 효율성을 위해 보조금이 필요하다는 것을 의미하지 않는다. 보조금은 시장이 그 활동을 하는 사람들에게 한계이득을 완전히 보상해주지 못할 때에만 적절한 것이다. 예를 들어 인류를 위해 선행을 하는 뛰어난 외과의사는 자신의 봉급이 본인의 서비스의 한계가치를 반영하는 한은 외부성을 창출하지 못하는 것이다.

다음에서는 이런 점들을 자가 소유 주택에 대한 공공정책이라는 맥락에서 논의할 것이다.

현실 정책 보기 소유자 점유 주택

대부분의 OECD 국가들에서 정부는 소유자가 거주하는 주택에 대해 세제상으로 우대하고 있다. 보통 거주자가 송자인 경우 귀속임대소득은 과세되지 않는다. 모기지의 이자도 소득공제 대상이다. 나아가 많은 국가들에서 거주 자산의 가치를 측정하는 시점은 시장 가치에 비해 훨씬 이전 시점으로 잡혀 있다[Andrews et al., 2011]. 이러한 보조의 이유로 양의 외부성이 논의되곤 한다. 주택 소유자는 임차인들에 비해 자기 재산을 더 잘 관리하는 경향이 있다. 나아가 주택 소유자들이 범죄를 예방하고 지방정부를 개선하는 시민의 의무를 더 잘 실천하는 경향이 있다고 주장하기도 한다[Hoff and Sen, 2005]. 이러한 주장에 따르면 자가 소유는 이웃에게 양의 외부성을 제공한다는 의미에서 보조를 받을 필요가 있다.

그렇지만 보조금에 대해서는 성급한 판단을 내리지 않도록 조심해야 한다. 이러한 이론적 외부성이 존재한다는 결정적 증거는 아직 발견되지 않았다. 만약 외부성이 밝혀진다 하더라도 우리는 보조금에 의한 의도치 않은 결과가 있다는 것을 잊어서는 안 된다. Andrews 등[2011]은 OECD 국가에서 자가 소유에 대한 보조금이 야기한 의도치 않은 결과를 보여주었다. 우선 Andrews 등은 모기지 이자에 대한 소득공제가 주택가격 상승에 의해 거의 완전히 상쇄된다고 지적하였다. 둘째로 주택에 대한 세금 우대는 주택가격의 변동성을 증가시키며 그에 따라 거시경제의 안정성을 악화시키는 경향이 있다. 셋째로 근로자의 이동은 효율적인 노동시장을 위해 중요한 요소인데 주택 소유자들은 보통 임차인에 비해 이동성이 떨어진다. 마지막으로 주택 소유자들은 평균적인 시민들에 비해 부유하다. 더 부유한 시민들에게 보조금을 주는 것은 본질적으로 나쁜 일은 아닐지라도, 매우 조심스럽게 평가해야만 한다.

심화 과정을 위한 추천 논문과 저서

공공재와 외부성에 대한 심도 깊은 논의는 다음의 단행본을 참조하기 바란다.

- Cornes, Richard and Todd Sandler. 1996. *The Theory of Externalities, Public Goods and Club Goods*, 2nd edition. Cambridge, England: Cambridge University Press.

본문에서 환경 문제로 외부성에 대한 논의를 끌어갔는데, 다음은 환경에 대한 경제학적 분석을 체계적으로 제시한 첫 번째 주요 저작이라 할 수 있다.

- Baumol, William J., Wallace E. Oates. 1988. *The Theory of Environmental Policy*, 2nd edition, Cambridge University Press.

코즈 정리에 대한 설명은 아래 논문에서 처음으로 제시되었다.

- Coase, Ronald H. 1974. "The Lighthouse in Economics." *Journal of Law and Economics* 17(2): pp. 357-376.

환경의 가치를 간접적으로 측정하는 실증연구로 다음을 참조할 만하다.

- Chay, Kenneth Y. and Michael Greenstone. 2005. "Does Air Quality Matter? Evidence from the Housing Market." *Journal of Political Economy* 113(2): pp. 376-424.

요약

- 외부성은 한 사람의 행동이 다른 사람에게 시장 메커니즘 밖에서 영향을 줄 때 발생한다. 외부성은 일반적으로 집행할 수 있는 재산권이 미비함에서 그 원인을 찾을 수 있다.
- 외부성은 시장가격과 사회적 비용의 차이를 야기하고, 이는 자원의 비효율적인 배분을 초래한다.
- 코즈 정리는 만약 소유권이 성립된다면 사적인 당사자들이 협상으로 효율적 결과를 얻을 수 있다고 지적한다. 그렇지만 협상 비용이 낮아야만 하며, 외부성의 원천이 쉽게 식별될 수 있다는 조건이 필요하다.
- 피구 조세는 오염에 대해서 효율적인 수준에서 사회적 한계 비용과 일치하는 양만큼 부과되는 세금이다. 그런 세금은 생산자들에게 효율적인 수준의 오염물질을 생성할 사적 유인을 제공한다.
- 오염을 일으키지 않은 데 대한 보조금을 통해서도 생산자들이 효율적 수준만큼 오염물질을 배출하게 할 수 있다. 그렇지만 보조금은 너무 많은 생산을 유도할 수도 있으며, 행정적으로 집행하기 어렵고, 어떤 사람들은 보조금이 윤리적으로도 설득력을 가지지 못하였다고 생각한다.
- 배출요금(오염 한 단위당 부과되는 세금)은 주어진 양의 오염 감축을 가장 낮은 비용으로 달성한다.
- 배출권 거래 시스템은 오염 배출권을 부여하고 배출권의 거래를 허용한다. 이 방식 역시 주어진 양의 오염 감축을 가장 낮은 비용으로 달성한다.
- 명령과 통제 방식의 규제는 유인에 기반을 둔 규제에 비해 신축적이지 못하며, 따라서 비용이 더 높을 가능성이 크다.
- 양의 외부성은 일반적으로 해당 활동이 과소공급되게 한다. 보조금이 문제를 바로잡을 수 있지만 낭비적인 보조금이 지급되지 않도록 주의를 기울여야만 한다.

연습문제

1. 항공회사들은 최근 들어 기내 휴대 수하물에는 요금을 부과하지는 않지만 공항에서 부치는 수하물에 대해서는 승객에게 요금을 부과하고 있다. 기내 수하물 보관소가 꽉 차게 되면 항공사는 수하물을 탑승구에서 무료로 실어준다. 이러한 시스템이 기내 수하물의 수와 크기에 미치는 영향과 기내 수하물 보관공간의 효율적 배분에 미치는 영향을 설명하시오.

2. 세계 여러나라에서 지역구획법(zoning law)에 의해 개인 소유 토지라도 건설에는 제한을 두고 있다. 보통 지방정부가 면적과 층수에 제한을 두고 있다. 이러한 개입의 배후에는 경제적 논리가 있는 것일까? 만약 그렇다면 원하는 결과를 달성하기 위한 다른 방법은 없을까?

3. 2008년의 민주당 캠페인 중에 빌 리처드슨 주지사는 자신은 배출권 거래 방식을 탄소세보다 더 선호하는데 그 이유는 탄소세가 소비자에게 전가되기 때문이며 그것이 좋지 않은 생각이라고 말한 바 있다. 버락 오바마 상원의원은 동의하지 않았다. 그는 탄소세와 배출권 거래 방식 모두 소비자에게는 더 높은 비용을 야기할 것이라고 말했다. 두 정책의 분배적 효과에 대해서 어떤 후보가 맞는 말을 한 걸까?

4. 다음 그림에서 카사노바 씨가 1달 동안 개최하는 파티 숫자가 가로축으로 표시되며, 그 파티에 드는 비용이 세로축에 표시되어 있다. MC_p는 파티를 공급하는 비용이고, MB_p는 카사노바 씨가 파티를 개최하는 데서 오는 한계편익이다.

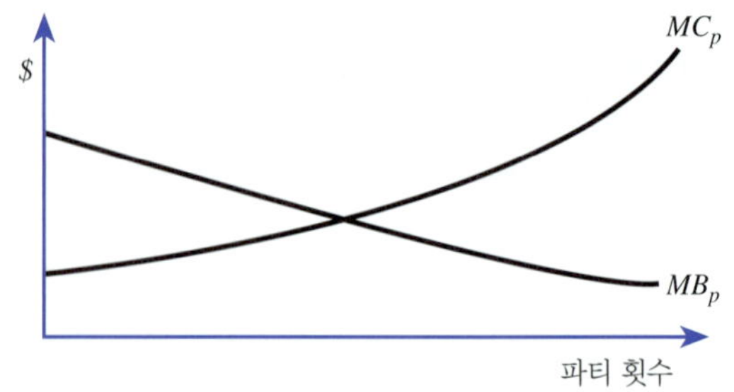

a. 그래프를 통해 카사노바 씨가 1달에 몇 번 파티를 열어야 하는지를 보이시오.

b. 만약 파티 한 번당 고정적인 외부 한계편익 b달러가 카사노바 씨 친구들에게 돌아간다고 할 때 이를 그래프에 표시해보시오.

c. 사회적으로 최적인 파티 수는 몇 번인가? (친구들로 구성된 위원회가 있어) 카사노바 씨가 그만큼의 파티를 개최하게 하려면 어떻게 해야 할까?

d. 그래프에 카사노바 씨에게 주어야 할 파티당 적정 보조금과 총보조금액을 표시해보시오. 누가 이익을 보고 누가 손해를 볼까?

5. 터키에서는 쇼핑몰 소유주들이 임차인에 대해 다른 임대료를 부과하고 있다. 지역적이고 이름이 덜 알려진 브랜드를 파는 가게에는 국제적이고 유명한 브랜드를 파는 가격보다 제곱미터당 더 높은 임대료를 부과하는 것이다. 지역 가게 소유자들은 이런 임대료 차별 시스템에 저항하고 있다. 쇼핑몰 소유주들이 다른 요금을 적용하게 하는 이유는 무엇일까?

6. 덴마크에서는 최근에 1kg의 포화지방당 약 3달러의 비만세를 도입하였다. 한 논평자는 이 세금이 건강의 산출이 아니라 투입에 과세하기 때문에 비효율적이라고 비판하였다[Sexton, 2011]. 이 비판을 평가해보시오. 답을 할 때 이 세금이 사람들로 하여금 건강에 이롭지 않은 다른 음식을 대신 섭취하게 될 가능성과 사람들이 건강을 위해 운동을 할 가능성, 어떤 사람은 음식물 섭취에 관계없이 유전적으로 건강할 가능성 등을 고려하시오.

7. 아래의 상황들에 대해 코즈 정리를 적용할 수 있을까? 그 이유도 설명하시오.

a. 유기농 옥수수를 재배하는 농민이 이웃에서 유전자 변이 옥수수를 재배하는 바람에 자신이 키우는 옥수수가 유전적으로 오염될 위험에 처해 있다.

b. 브라질에서 특정 열대어를 잡고 파는 것이 불법으로 되어 있다. 그렇지만 아마존강 깊숙한 곳에서는 수백 명의 잠수부들이 이국적인 열대어들을 잡아서 국제적인 암시장에 팔고 있다. 너무나 많은 잠수부들이 활동하고 있어 이국적 물고기들의 씨가 말라가고 있다.

c. 워싱턴주에서 많은 농민들이 추수 후 남은 밀 그루터기를 태워서 다음 해 농사를 준비하고 있다. 근처에 사는 도시 주민들은 오염이 발생한다며 불평하고 있다.

d. 인터넷 이용자들은 일반적으로 정보를 전달하는 데 드는 추가적인 비용이 거의 없다. 그 결과로 혼잡이 발생하고 늦은 속도로 사용자들은 불편을 겪고 있다.

8. 어떤 분석가들은 석유를 수입하는 것은 미국을 사우디아라비아와 다른 중동국가의 정책에 인질로 만든다고 주장해왔다. 이는 미국의 외교정책을 복잡하게 만든다.

a. 이 상황에서 왜 외부성이 문제가 있는지 설명해보시오.

b. 이런 외부성을 다룰 수 있는 피구 조세를 제시해보시오.

c. 일부 경제학자들은 미국 내 휘발유 소비를 줄이기를 원하지만 정부에게 현재보다 훨씬 더 많은 수입을 안겨주는 데 대해서는 경계하고 있다.* 대안으로 Feldstein [2006b, p. A10]은 휘발유 거래권(Tradable Gasoline Rights, TGR) 시스템을 제안했다. "휘발유 거래권 시스템에서 정부가 각각의 성인들에게 TGR 카드**라는 것을 준다. 현재 주유소에 있는 신용카드와 직불카드를 읽을 수 있는 기계들은 새로 도입된 TGR 카드도 읽을 수 있도록 개량한다. 휘발유를 사게 되면 돈을 지불할 뿐 아니라 휘발유 거래권도 쓰게 된다. 정부는 1년에 휘발유가 얼마만큼 소비되어야 할지와 휘발유 거래권의 총수를 결정한다. 2006년에 미국인들은 약 1,000억 갤런의 휘발유를 소비했다. 총소비를 5% 줄이려면 정부는 휘발유 거래권의 수를 1,045억 갤런으로 줄여야 한다." 휘발유 거래권의 가격이 어떻게 결정되는지를 보여주는 그래프를 그려보시오. 단위당 휘발유 거래권의 가격이 75센트라고 가정해보자. 이것이 휘발유를 사는 기회비용에 어떤 변화를 줄 것인가?

9. 인도에서는 병든 소를 치료하는 데 쓰는 약 때문에 죽은 가축을 먹는 독수리들이 많이 죽어가고 있다. 이들 독수리 수가 줄기 전에 독수리들은 뉴델리 공항에서 이륙하는 제

* 휘발유 소비를 줄이려면 그 가격을 올려야 하는데 그러면 세금을 많이 부과해야 하고 그 결과 세수입의 증대로 정부의 규모가 커지는 것을 바람직하지 않게 생각한다는 의미이다.

** 더 정확하게는 휘발유 거래권 직불카드이다. 직불카드(debit card)는 신용카드와는 달리 구매 즉시 통장에서 잔액이 빠져나가는 카드이다. 휘발유 거래권 직불카드는 정부가 일정량의 휘발유 거래액을 정해주고 카드에 그 정보를 입력하면 휘발유를 넣을 때마다 전체 거래 가능액수에서 주입한 휘발유 금액만큼이 차감되어나가는 형태의 카드이다.

트 비행기 엔진을 들이받아서 항공기 승객들에게 심각한 위험을 끼치곤 했다. 그렇지만 독수리 개체 수의 감소는 쥐와 들개의 개체 수를 크게 증가시켜서 이제 이들 짐승이 썩은 고기를 먹고 있다[Gentleman, 2006, p. A4]. 소에게 주는 약을 금지하자는 요구들이 있어왔다.

이 상황에서 나타나는 외부성을 찾아보시오. 약을 금지시키는 데 따른 효율성에 대해서 말해보시오. 여러분이라면 효율적인 결과를 얻기 위해 어떤 유인 기반 규제를 설계하겠는가?

10. 샌프란시스코에서는 주차 공간 점유 시간에 따른 주차요금제를 실험하였다. 주차 요금은 25센트 단위로 증가하거나 감소하지만 점유율이 65~85%가 되면 일정하다. 가격은 주로 25센트에서 6달러 사이에서 변동하며, 특별한 이벤트가 있을 경우에는 18달러까지 오를 수도 있다[Gordon, 2011]. 이런 계획이 운전 습관이나 경제 효율성에 어떤 영향을 주리라고 기대하는가?

11. 미국에서 도시 근교지역이 농촌지역으로 확대되고 있으며 동시에 돼지 농장의 규모가 커지고 있다[Economist, 2007d, p. 36]. 엄청난 양의 돼지 배설물에서 나오는 악취가 주택가치를 떨어뜨리고 있다. '아기돼지 농장(LP)'이 100개 가구 근처에 위치해 있다고 해보자. 아래의 표는 아기돼지 농장의 각 생산물 수준(즉, 돼지 수)에 대해 한계비용(MC)과 아기돼지 농장에게 주는 한계편익(MB), 그리고 근처 가구들에게 주는 한계피해액(MD)을 보여준다.

생산물 수준	*MC*	*MB*	*MD*
1	400	1,600	400
2	800	1,600	800
3	1,200	1,600	900
4	1,600	1,600	1,000
5	3,200	1,600	1,200
6	6,400	1,600	1,400

a. 아기돼지 농장은 돼지를 몇 마리 키울까?

b. 효율적인 돼지 마리 수는?

c. 아기돼지 농장 주인이 사료를 변화시킴으로써 한계피해액을 2/3로 줄일 수 있다고 한다. 변화된 사료는 돼지 한 마리당 한계비용을 100달러 올린다. 효율적인 수의 돼지는 몇 마리인가?

12. 재화 X의 사적 한계편익은 $10 - X$로 주어져 있다(X는 소비된 단위 수). 사적 한계비용은 5달러로 고정되어 있다. X가 한 단위 생산될 때마다 전체 사회 구성원들에게 외부비용 2달러가 부가된다. 정부의 간섭이 없다면 X는 얼마나 생산될까? 효율적인 X의 생산수준은 얼마인가? 비효율적인 생산수준에서 효율적인 생산수준으로 옮겨감에 따라 사회가 얻는 이득은 얼마인가? 효율적인 생산으로 이끌 피구 조세를 제시해보시오. 세수입은 얼마인가?

13. 교토의정서는 배출권 거래제를 통해 온실가스를 줄이는 국제적 시스템을 만들어내려 하고 있다. 지금까지는 매우 제한적인 성공만을 거두었을 뿐이다. 많은 나라들에서 실질적인 온실가스 배출량은 효율적인 수준을 한참 넘는 것으로 알려져 있다. 의정서를 작성하고 실천하는 과정에서 경험하게 될 도전들에 대해 생각해보시오. 코즈 정리에 따르면 배출 수준에 대해 어떤 예측을 할 수 있겠는가? 이러한 예측이 실현되지 않는 이유는 무엇인가? 배출의 한계비용이 매우 불확실하다고 가정해보자. 이 경우 여러분은 배출요금이나 배출권 거래에 대해 어떤 제안을 하겠는가?

14. 〈그림 5.11〉은 비용이 기대했던 것보다 더 높고 사회적 편익이 비탄력적인 경우에 '배출권 거래' 방식과 오염 요금 방식의 이용이 효율성에 대해 어떤 암시를 주는지를 보여준다. 〈그림 5.12〉는 사회적 편익이 탄력적이라고 가정하고 같은 내용을 보여준다. 이제 한계비용이 기대치보다 낮은 것으로 판명되었다고 해보자. 배출권 거래 방식과 오염요금 방식 각각에 대해 과다한 배출 감소가 있을지 과소한 감소가 있을지를 보시오. 한계 사회적 편익이 비탄력적일 경우와 탄력적일 경우 어떤 방식이 더 효율적인가?

15. 두 기업이 어떤 오염물질을 방출하고 있다고 가정해보자. 오염을 감소시키는 한계비용은 각 기업에 대해 다음과 같다. $MC_1 = 300e_1$, $MC_2 = 100e_2$. 여기서 e_1과 e_2는 각각 기업 1과 기업 2가 줄이는 오염물질 방출량이다. 정부의 간섭이 있기 전 기업 1은 100단위의 오염물질을, 기업 2는 80단위의 오염물질을 방출하고 있었다고 가정하자.

a. 규제 당국이 총오염량을 40단위 줄이기로 결정했다. 비

용 면에서 효율적이기 위해서 각 기업은 오염량을 얼마큼씩 줄여야 할까?

b. 비용 면에서 효율적인 결과를 얻으려면 오염 요금은 얼마가 부과되어야 할까? 각 기업은 얼마씩 세금으로 낼 것인가?

c. 오염 요금을 부과하는 대신에 정부가 거래가 가능한 배출권 시스템을 도입하고 140개의 배출권을 발행하였다. 배출권 하나당 1톤의 오염물질을 배출할 수 있다. 기업 1은 정치력을 발휘해서 규제 당국이 자신에게는 100단위의 배출권을 발행해주고, 기업 2에게는 40단위만 발행하도록 할 수 있었다. 만약 기업 1과 기업 2 사이에 거래가 있다면 얼마나 많은 배출권이 거래될까? 이 배출권들 거래에 필요한 최소한의 금액은 얼마인가? 결과적으로 각 기업은 얼마씩의 오염물질을 감소시켰는가?

16. [행정고시 2차 2010년 기출문제] 오염물질을 배출하는 두 기업 a, b는 다음과 같은 특성을 가지고 있다.

> 각 기업의 현재 오염물질 배출량 :
> $E_a = 4{,}500$톤, $E_b = 5{,}500$톤
>
> 각 기업의 한계저감비용함수 :
> $MAC_a = 4X_a$, $MAC_b = 2X_b$
>
> 오염의 사회적 한계피해함수 :
> $SMD = 2(E_a + E_b - X)$
>
> [단, E_a, E_b는 각 기업의 오염물질 배출량, MAC_a, MAC_b는 각 기업의 한계저감비용(marginal abatement cost), X_a, X_b는 각 기업의 오염물질 저감량, $X = X_a + X_b$는 사회의 총저감량을 의미한다.]

a. 사회적 최적오염 저감량(X^*)을 구하시오.

b. 정부가 기업의 부담을 덜어주기 위해 직접 오염 저감을 하려고 한다면, 최적오염 저감량(X^*)을 달성하기 위해 필요한 세금수입은 얼마인가? (단, 고정비용은 0이다.)

c. 오염자부담원칙에 따라 정부가 오염배출 기업에 배출부과금을 부과한다면, 최적오염 저감량(X^*)을 달성하기 위한 피구세는 톤당 얼마인가?

d. 정부가 배출부과금 대신 배출총량거래방식의 배출권 거래제도를 통해 기업의 최종 배출허용 총량을 $E_a = E_b = 2{,}000$톤으로 제한하고 오염 저감 명령과 함께 배출권 거래를 허용할 경우, 두 기업 간에 거래되는 배출권의 수량과 시장가격을 구하시오. (단, 두 기업은 이윤극대화를 추구하며, 배출권 거래시장은 완전경쟁시장으로 가정한다.)

17. [행정고시 2차 2013년 기출문제] 완전경쟁적인 시장에서 생산활동을 하고 있는 어떤 기업은 생산과정에서 나오는 오염물질을 하천에 방류하여 부정적인 외부효과를 초래하고 있다. 오염물질 방출량은 생산량이 많아질수록 더 커지고, 생산을 1단위 증가시킬 때 추가적으로 발생하는 오염물질로 인한 사회적 한계피해액은 생산수준이 높아짐에 따라 더 커진다고 가정하자. 다음 물음에 답하시오.

a. 기업의 관점에서 최적 산출량과 사회적 관점에서 최적 산출량은 어떻게 차이가 나는지 그래프를 이용하여 설명하시오.

b. 생산과정에서 발생하는 부정적인 외부효과를 줄이기 위해 정부가 활용할 수 있는 다양한 수단들의 장단점을 비교 설명하시오.

Chapter 6

공공선택과 정치경제학

> 나는 항상 이기고 싶다. 나는 이념에 목매지 않는다. 이기기 위해서 나는 무엇이든지 할 것이다.
>
> — 캘리포니아 주지사, 아놀드 슈왈제네거

시장실패를 교정하는 방식에 대한 교과서적인 논의는 독자로 하여금 정부에 대한 장밋빛 환상을 가지게 할 수 있다. 조세 또는 재정지출을 이용하여 정부는 모든 시장의 불완전성(market imperfection)을 교정하며, 그 과정에서 소득분배도 윤리적으로 합당한 방식으로 이루어지도록 항상 주의를 기울인다는 장밋빛 환상은 정부활동에 대한 불만족이 광범위하게 존재하는 현실과 배치된다. 일반인을 대상으로 한 여러 여론조사에서 일관되게 의회를 신뢰하고 있다는 답변이 응답자의 20%에 미치지 못하는 것으로 나타나고 있다. 풍자가 P. J. 오로크가 "정부에 대해 호의적인 느낌을 가지는 것은 재난의 밝은 면을 보는 것과 같다."라고 풍자한 데서도 이러한 정서가 묻어 있다. 재난의 긍정적인 면이 있든 없든 재난은 여전히 우리 곁에 머물고 있다.

이러한 풍자는 아마도 쓸모없는 푸념에 지나지 않을 수도 있다. 민주주의에 대한 정의에 따르면, 민주사회에서 우리는 우리가 원하는 정부를 가질 수 있기 때문이다. 그러나 또 다른 가능성은 민주적으로 선출된 정부조차도 국가의 이익에 합당한 행동을 하는 것을 본질적으로 기대하기 어려울 수 있다는 것이다. 이 장에서는 정치적 의사결정에 대해 경제학적 원리를 적용하여 분석하는 **정치에 대한 경제학적 분석**(political economy) 분야를 다루고자 한다. 정치에 대한 경제학적 분석(이하 '정치경제학'으로 지칭) 모형에서 개인들은 정부를 그들 자신의 이익을 극대화하는 도구로 취급한다고 가정한다. 이 가정과 관련하여 2가지 중요한 점을 상기할 필요가 있다.

정치에 대한 경제학적 분석(혹은 정치경제학)(political economy)
정치적 의사결정에 대해 경제학적 원리를 적용하여 분석하는 분야.

- 이기심이 항상 비효율적인 결과를 유발하는 것은 아니다. 제3장에서 익힌 바와 같이, 일정 조건에서 시장은 개개인의 이익 추구가 사회적 목적 달성에 기여하도록 하는 기능을 한다. 문제는 "어떠한 것이 정치시장에서 이러한 기능을 수행할 수 있느냐?" 하는 것이다.
- 자신의 이익을 극대화한다는 가정은 (정부가 시장실패를 교정하고 분배를 호전시키는 기능을 한다는) 전통적인 분석틀과 같이 현실을 정확하게 반영하는 것은 아니지만, 분석의 중요한 출발점이 될 수 있다.

이 장에서는 먼저 '직접민주주의'에 대해 살펴보고 직접민주주의가 사회구성원의 선호를 집단적 정치활동(collective action)에 얼마나 잘 반영하는지를 살펴볼 것이다. 다음으로 정치적 의사결정이 개개인에 의해 이루어지지 않고 선출된 대표자에 의해 이루어지는 '대의민주주의' 하에서 발생하는 문제에 대해 살펴볼 것이다.

6.1 직접민주주의

민주사회에서는 공공지출을 결정하기 위해 매우 다양한 투표과정을 거친다. 이 절에서는 대표적인 투표과정에 대해 살펴보자.

6.1.1 만장일치규칙

제4장의 논의에서 무임승차자 문제가 상황을 어떻게 교란하는지에 대해 살펴보았다. 사람들은 이기적이기 때문에, 비록 최적수준으로 공공재가 공급될 경우 모든 사람의 후생이 증진될 수 있음에도 불구하고, 공공재는 과소공급된다. 이러한 사실은 '역설적으로' 최적수준의 공공재를 공급하여야 할지에 대한 투표를 실시하는 상황에서, 공공재 공급의 재원 마련을 위한 합당한 조세시스템이 존재한다면 최소한 이론적으로는 모든 사람이 최적수준의 공공재 공급에 동의할 수 있는 가능성을 제시한다. 만장일치합의(unanimous agreement)가 가능하도록 하는 투표과정은 20세기 초반 Erik Lindahl[1958/1919]에 의해 제시되었다.

린달의 방식을 이해하기 위하여 다음과 같은 가정을 하자. 경제에는 아담과 이브 두 사람이 존재하고, 한 가지 공공재(불꽃놀이용 로켓)가 존재한다고 가정하자. 아담은 로켓 제공비용의 30%를 부담하여야 한다는 이야기를 들었다고 가정하자. 그러면 로켓 1기당 가격이 P_r이라고 한다면 로켓 1기당 아담이 지불하여야 하는 가격은 $0.30 \times P_r$이 된다. 이 가격과 더불어 다른 재화의 가격, 아담 자신의 선호와 소득 등이 주어지면, 아담이 소비하고자 하는 로켓의 양이 정해진다. 일반적인 상황을 상정하기 위해, 로켓 공급의 가격 중 아담이 부담하여야 하는 부분을 S^A로 표시하자. 일정 수준의 S^A가 주어지면, 아담의 로켓 수요량이 특정 수준으로 결정된다. 아담의 조세부담 비중(tax share)이 증가할수록 로켓은 아담에게 점점 비싸지고 수요량은 점점 줄어들게 된다.

〈그림 6.1〉의 수평축은 로켓의 양을 나타내고 점 O로부터 수직거리는 아담의 조세부담 비중을 나타낸다. 곡선 D_r^A은 아담의 조세 비중이 증가함에 따라 아담의 로켓 수요량이 감소하는 추이를 나타내고 있다.

똑같은 방식으로 S^E를 이브가 로켓 공급을 공급하기 위해 부담하여야 하는 조세 비중으로 정의하자(정의상 $S^A + S^E = 1$이다). S^E가 상승하면 이브의 수요량이 감소하게 된다. 〈그림 6.1〉에서 이브의 조세부담 비중은 점 O'으로부터 아래로 내려올수록 높아진다(따라서 점 O와 점 O' 사이의 거리는 1이 된다). 곡선 D_r^E는 이브의 수요곡선을 나타낸다. 이 수요곡선은 우상향하고 있는데, 이는 수직축상에서의 상향이동은 이브의 로켓 가격의 하락을 의미하기 때문이다.

린달 모형에서의 조세부담 비중은 통상의 수요이론에서의 시장가격과 매우 유사하다. 그러

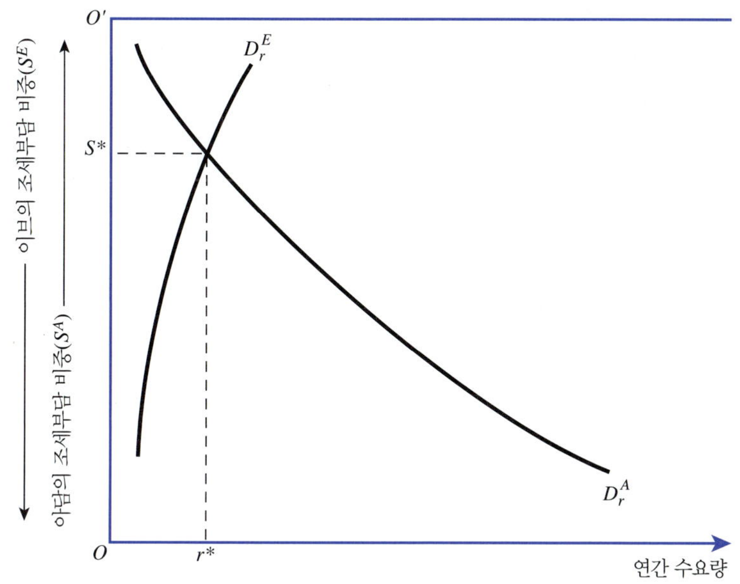

그림 6.1
린달 모형
아담의 조세부담 비중이 증가할수록 아담의 로켓에 대한 수요량이 감소하며, 동시에 이브의 로켓에 대한 수요량은 증가한다. 균형에서는 두 사람 모두 동일한 양의 로켓에 대해 투표한다.

나 둘 사이에는 명백한 차이가 존재한다. 통상의 수요이론에서 시장가격이 모든 사람에 대해 동일한 반면, 이 절에서의 상황은 각 개인이 공공재 1단위당 지불하여야 하는 가격이 각각의 조세부담 비중에 따라 개별화된다는 것이다. 이러한 가격을 **린달가격**(Lindahl prices)으로 지칭한다.

린달가격(Lindahl price)
공공재 1단위당 각 개인이 지불하여야 하는 조세 비중.

여기서 균형은 각 개인이 동일한 양의 공공재에 대해 투표하게 하는 린달가격으로 정의된다. 〈그림 6.1〉에서의 린달균형은 아담의 린달가격이 OS^*, 이브의 린달가격이 $O'S^*$이다. 이러한 린달가격하에서 두 사람은 r^* 수준의 로켓 공급에 동의하게 된다.

만장일치규칙의 실현 가능성 린달균형은 모든 사람이 동의하는 조세부담 비중과 공공재 수준을 보여준다. 문제는 어떻게 이 균형에 도달하는가 하는 것이다. 한 경매인이 처음에 조세부담 비중을 각 개인에게 제시하는 상황을 상정해보자. 아담과 이브는 각자의 수요함수에 따라 그들이 원하는 로켓 수에 투표를 한다. 이러한 과정은 두 사람이 동일한 로켓 수(〈그림 6.1〉의 r^*)에 동의할 때까지 계속된다. 공공재 공급량의 결정은 시장에서의 가격결정과정과 유사하다. 시장에서 이루어지는 자원배분과 같이 이 경우도 파레토 효율적이라는 것을 보일 수 있다.

공공재 공급을 위한 실용적인 방법 측면에서 린달의 과정은 2가지 문제가 있다. 먼저, 린달균형은 사람들이 자신의 선호를 정직하게 표현한다고 가정하고 있다. 만일 아담이 이브 입장에서 로켓이 전혀 없는 것보다 선호하는 로켓 양 중 최고수준을 짐작할 수 있다면, 아담은 이브로 하여금 이 수준의 로켓을 소비하도록 유도할 수 있을 것이다. 이브 입장에서 동일한 인센티브를 가질 것이다. 이러한 전략적인(strategic) 행동이 아담과 이브로 하여금 린달균형에 도달하지 못하도록 할 것이다.

린달균형의 수학적 이해

두 소비자인 아담과 이브의 효용함수와 부존자원을 각각 U^A, U^E, w^A, w^E라고 하자. 아담과 이브가 소비하는 재화에는 민간재 X와 공공재 Z(위 예의 로켓에 해당)가 있다. 논의의 단순화를 위하여 공공재와 민간재 상대가격을 1로 가정하자. 즉, $P_Z/P_X=1$이라고 하자. 또한 논의의 단순화를 위해 민간재의 가격도 1이라고 가정하자($P_X=1$). 아담과 이브가 각각 지불하여야 하는 공공재 가격은 $P_Z^A=S^AP_Z$와 $P_Z^E=S^EP_Z$이다. 아담과 이브는 각각 아래 최적화 문제를 풀어야 한다.

$$\max_{X^i,\,Z} U^i(X^i, Z) \quad \text{s.t.} \quad p_X X^i + p_Z^i Z = p_X w^i, \qquad i=A, E$$

이 최적화 문제의 일계 조건은 다음과 같다.

$$MRS_{ZX}^i = P_Z^i/P_X = P_Z^i, \quad i=A, E \tag{6.1}$$

민간재와 공공재는 이윤극대화를 추구하는 기업에 의해 생산되며, 이들 기업의 이윤극대화 조건은 다음과 같다.

$$P_j = MC_j, \quad j=X, Z \tag{6.2}$$

린달균형은 소비자와 생산자의 최적화 조건인 식 (6.1), (6.2)와 시장균형조건인 $P_Z^A+P_Z^E=1$로 정의된다.

린달균형에서는 $MRS_{ZX}^A+MRS_{ZX}^E=P_Z^A+P_Z^E=1=\frac{P_Z}{P_X}=\frac{MC_Z}{MC_X}=MRT_{ZX}$가 성립하여 린달균형에서의 자원배분은 파레토 효율적이 된다.

두 번째 문제는 상호 동의하는 조세부담 비중을 찾는 데 긴 시간이 필요하다는 것이다. 여기서 든 예는 이해당사자가 두 사람뿐이다. 거의 모든 중요한 사안에는 많은 이해당사자가 개입되어 있다. 모든 사람들의 동의를 구하는 것은 막대한 의사결정비용이 소요된다. 만장일치규칙이 이해당사자 아무도 손해를 보지 않을 것을 보증하더라도 이 규칙은 아무런 결론에 도달하지 못하는 상황을 종종 유발한다. 예를 들어, 156개 회원국 간 무역을 조정하는 규칙을 설정하는 세계무역기구(World Trade Organization, WTO)는 만장일치규칙을 채택하고 있다. WTO 회담을 취재한 한 기자는 이렇게 말한 적이 있다. 회담에서 발생할지도 모를 유일한 충격적인 사건은 회원국들 간에 "어떤 사안이든 합의에 도달하는 것이다"[Kahn, 2001, p. A3].

6.1.2 다수결투표규칙

다수결투표규칙(majority voting rule)

특정 의안이 승인받기 위해서는 이 의안에 대해 과반수를 초과하는 투표자의 찬성이 필요한 투표 방식.

만장일치에 도달하기 어렵기 때문에 이 규칙을 채택하지 않는 것이 바람직할 수 있다. **다수결투표규칙**(majority voting rule)하에서 결론에 도달하기 위해서는 과반수를 초과하는 투표자들이 특정 의안에 대해 찬성하여야 한다.

다수결투표 시행 과정은 매우 익숙하지만, 이에 대해 주의 깊게 살펴볼 필요가 있다. 한 공동체 사회에 미사일 배치 수준 A, B, C 3가지 대안 중 한 대안을 선택하여야 하는 브래드, 젠, 안젤리나 3명의 유권자가 있다고 가정하자. A는 낮은 수준, B는 중간 수준, C는 높은 수준을 의미한다. 이들 투표자의 선호는 〈표 6.1〉에 나타나 있다. 각 열은 각 투표자가 대안에 대해 어떻게 순위를 부여하는지를 보여주고 있다. 예를 들어, 젠은 C를 가장 선호하나, 만일 A와 B 중 선택하여야 한다면 B를 더 선호한다.

만일 A와 B 둘 중 하나를 선택하여야 한다면, 브래드는 A에 투표하는 반면 젠과 안젤리나는 B에 투표할 것이다. 따라서 B가 2:1 투표로 채택된다. 이와 유사하게, B와 C를 놓고 투표를 하면 B가 2:1 투표로 채택될 것이다. B수준은 다른 어떤 대안과 경합을 하여도 다수결투표

표 6.1 균형에 도달하게 하는 유권자의 선호

선택순위	유권자		
	브래드	젠	안젤리나
첫 번째	A	C	B
두 번째	B	B	C
세 번째	C	A	A

주어진 유권자의 선호하에서 A와 B 두 대안에 대해 투표하면 B가 채택되고, B와 C 두 대안에 대해 투표하면 B가 다시 채택된다. B는 어느 대안과 경합하여도 승리하므로, B는 다수결규칙에 의해 채택되는 대안이 된다.

에서 승리하여 채택되는 대안이다. 여기서 B수준은 투표의 순서에 관계없이 채택되는 점을 유의할 필요가 있다.

다수결투표는 항상 이와 같이 명쾌한 결론에 도달하게 하는 것은 아니다. 〈표 6.2〉에 제시되어 있는 유권자의 선호를 상정해보자. 다시 가장 선호되는 대안을 확정 짓기 위하여 2가지 대안에 대한 투표를 순차적으로 하는 상황을 상정해보자. A와 B 두 대안에 대해 투표를 하면 A가 2:1로 승리한다. B와 C 두 대안에 대해 투표하면 B가 2:1로 승리한다. 마지막으로 A와 C 두 대안에 대해 투표하면 C가 동일한 표차로 승리하게 된다. 이는 매우 당황스러운 결과이다. 첫 번째 투표에서는 A가 B보다 선호되고 두 번째 투표에서는 B가 C보다 선호되었다. '일관성(consistency)'에 대한 전통적인 관점에서 보면 A가 C보다 선호되어야 한다. 그러나 세 번째 선거에서 완전히 반대의 결과가 나타났다. 비록 개별유권자의 선호에 일관성이 있으나, 공동체의 선호는 일관성이 결여되어 있다. 이러한 현상을 '**투표의 역설**(voting paradox)'이라고 한다.

투표의 역설(voting paradox)

다수결투표하에서는 개별 유권자의 선호가 일관성이 있음에도 불구하고 공동체의 선호에 일관성이 없는 경우.

더욱이 〈표 6.2〉에 제시된 선호하에서는 투표의 궁극적인 결과는 투표 순서에 의해 결정된다. A와 B 두 대안에 대해 먼저 투표가 이루어지고 그다음 승자인 A가 C와 경합하면 C가 최종적으로 선택되는 대안이 된다. 반면 B와 C가 먼저 경합하고 승자인 B가 A와 경합하면 최종 승자는 A가 된다. 이러한 상황에서는 투표 순서(의사일정)를 결정할 수 있는 능력은 매우 큰 위력을 발휘하게 된다. **의사일정조작**(agenda manipulation)은 특정 집단이 선호하는 결과가 나타나게 하기 위하여 투표 순서를 조정하는 과정이다.

의사일정조작(agenda manipulation)

특정 집단이 선호하는 결과가 나타나게 하기 위하여 투표 순서를 조정하는 과정.

표 6.2 순환투표현상을 야기하는 유권자의 선호

선택순위	유권자		
	브래드	젠	안젤리나
첫 번째	A	C	B
두 번째	B	A	C
세 번째	C	B	A

이러한 투표자의 선호하에서는 A와 B 간의 투표에서는 A가 승리한다. B와 C 간의 투표에서는 B가 승리하며 A와 C 간의 투표에서는 C가 승리한다. 따라서 우리는 개별 투표자의 선호가 일치성이 있음에도 불구하고 집단의 선호가 일치성이 결여된 투표의 역설에 직면하게 된다.

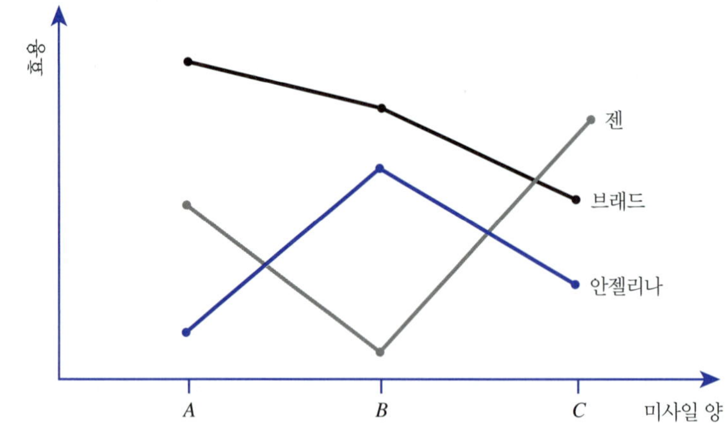

그림 6.2
〈표 6.2〉의 선호체계의 도식화
브래드와 안젤리나는 단일정점선호체계를 가지고 있다. 그러나 젠은 이중정점선호체계를 가지고 있다.

순환투표현상(cycling)
둘을 초과하는 대안 중 2가지 대안에 대한 투표를 순차적으로 실시할 때 결론이 나지 않고 투표가 무한히 지속되는 현상.

정점(peak)
특정 개인의 선호체계의 그래프상의 점으로서 이 점에 근접해있는 대안의 효용수준이 이 점에서의 효용수준보다 낮은 점.

단일정점선호체계(single-peaked preferences)
특정 개인이 가장 선호하는 점으로부터 멀어질수록 효용수준이 지속적으로 낮아지는 경우.

이중정점선호체계(double-peaked preferences)
특정 개인이 가장 선호하는 점으로부터 멀어질수록 효용수준이 낮아졌다가 다시 높아지는 현상이 발생하는 경우.

이와 관련된 문제점은 두 대안씩 투표를 할 경우 결론에 도달하지 않고 투표가 계속될 수 있다는 것이다. A와 B 간에 투표 결과 A가 승리한다. 만일 C가 A에 도전하면 C가 승리를 한다. 만일 B가 도전하면 B가 승리하게 된다. 이러한 과정이 무한히 계속될 수 있는데 이 현상을 **순환투표현상**(cycling)이라고 지칭한다. 순환투표의 좋은 예로 미국 상원의원을 직접선거로 선출하도록 한 미국헌법 17차 개정과정을 들 수 있다. 이 개정헌법의 채택은 순환투표현상으로 인해 수년간 지연된 바 있다.

물론 다수결투표가 항상 이러한 문제를 야기하는 것은 아니다. 〈표 6.1〉의 경우에서는 투표를 원만하게 하여 최종결과를 얻었다. 어떤 이유로 이러한 차이가 발생하는가? 이러한 현상은 미사일 배치 각 수준에 대한 개인의 선호체계 차이에서 발생한다. 〈표 6.2〉로 다시 돌아가보자. 브래드는 C보다는 B를, B보다는 A를 선호하는데 이는 B보다는 A가, C보다는 B가 더 높은 효용을 브래드에게 가져다준다는 것이다. 〈그림 6.2〉에 브래드로 표시된 선이 이러한 관계를 나타내고 있다. 젠과 안젤리나로 표시된 선도 각 대안에 대한 이들의 효용수준을 나타낸다.

여기서 '**정점**(peak)'이라는 개념을 정의하자. 이는 근접해 있는 대안이 정점보다 효용수준이 낮은 경우를 지칭한다.[1] 만일 특정 개인이 가장 선호하는 대안에서 멀어짐에 따라 효용수준이 지속적으로 낮아지면, 해당 개인은 **단일정점선호체계**(single-peaked preferences) 혹은 단봉선호체계를 가졌다고 정의한다. 만일 가장 선호하는 대안에서 멀어짐에 따라 효용수준이 낮아지다가 다시 높아지는 경우가 있으면 이 사람은 **이중정점선호체계**(double-peaked preferences) 혹은 쌍봉선호체계를 가지고 있다고 정의한다. 따라서 브래드는 A점에서 '단일정점'을 가지고 있으며, 안젤리나는 B점에서 단일정점을 가지고 있다. 그리고 젠은 A와 C점에서 2개의 정점을 가지고 있다. 젠의 이중정점선호체계가 '투표의 역설'을 유발한다. 만일 젠이 어떤 단일정점선호체계를 가지게 되면 다수결 투표는 일관성이 있는 의사결정이 가능해진다. 이것이 바로

1 이 사안에 대한 분석 시 각 대안으로부터 유발되는 효용의 절대적 수준은 전혀 중요하지 않다. 도표에서의 수직거리는 변화할 수 있다. 그러나 정점의 패턴이 변하지 않는다면 선거의 결과는 변화하지 않는다.

〈표 6.1〉에서 투표의 역설이 발생하지 않는 이유이다. 〈표 6.1〉의 예에서는 모든 투표자가 단일정점선호체계를 가지고 있다. 보다 일반적으로 이야기하면 만일 모든 투표자가 단일정점선호체계를 가지고 있으면, 투표의 역설이 발생하지 않는다고 할 수 있다.

다수정점선호체계 혹은 다봉선호체계(multipeaked preference)가 다수결투표 과정에 장애요인으로 작용하므로, 이것이 실제 상황에서 존재할 가능성을 살펴볼 필요가 있다. 〈표 6.2〉의 예에 있는 젠의 이중정점선호체계를 다시 생각해보자. 그녀는 미사일 관련 지출이 아주 높거나 아주 낮은 상황을 중간수준보다 더 선호한다. 이러한 선호체계가 반드시 비합리적이라고 할 수는 없으나, 다소 엉뚱하게 보일 수 있다. 아마도 젠은 미사일 배치 수가 중간수준이면 실질적으로 국방에 기여하지 못하므로, 미사일 관련 지출이 상당히 높지 않으면 지출수준을 0에 가깝게 하는 것이 더 낫다고 믿을지 모른다.

미사일 대신 투표자들이 공원에 대한 대체재가 존재하는 상황에서 공원에 대한 지출수준을 결정하여야 한다고 하자. 다음과 같은 가정을 해보자. 투표자 빈스는 만일 공원에 대한 지출수준이 낮거나 중간수준이면 사설 컨트리클럽에 가입하고, 지출수준이 높으면 공원을 이용할 것이라고 하자. 만일 공원의 규모가 커짐에 따라 빈스의 조세부담이 높아진다면, 그는 중간 수준의 공원보다 소규모의 공원을 더 선호할 것이다. 왜냐하면 두 대안 모두 빈스에게는 전혀 편익을 제공하지 않으므로 빈스의 입장에서는 적은 조세부담을 더 선호하기 때문이다. 그러나 빈스 입장에서 대규모의 공원 관련 지출을 가장 선호할 수 있나(이것의 여부는 공원과 관련된 조세부담과 컨트리클럽 회원가입비의 상대적 크기에 좌우된다). 이 경우 빈스는 중간 수준의 지출수준보다 낮은 수준 혹은 높은 수준의 공원 관련 지출을 더 선호할 수 있다. 따라서 정부에 의해 공급되는 재화와 대체관계에 있는 민간재가 존재하면 〈그림 6.2〉의 젠과 같이 다수정점선호체계가 쉽게 나타날 수 있다.

더욱이 사안이 일차원선에 순서를 정할 수 있는 것이 아닐 경우 다수정점선호체계는 매우 심각한 문제가 될 수 있다.[2] 어느 공동체에서 비어 있는 어떤 건물의 사용처에 대해 의사결정을 내린다고 하자. 대안 A는 낙태진료소로 사용하는 것, 대안 B는 성인도서 전문점으로 사용하는 것, 대안 C는 육군징병사무소로 사용하는 대안이라고 하자. 미사일 관련 지출수준 결정과 달리 이 사안에서 각 대안들은 단일한 특징을 가지고 있지 못하다. 따라서 '다수정점선호체계'가 쉽게 나타날 수 있다.

중위투표자정리 다시 모든 대안이 양이 많고 적은 특징을 가지는 단순한 예로 다시 돌아가자. 사람들은 각 대안을 이러한 특징에 대한 각자의 선호에 따라 순서를 매긴다. 한 예로 공공재를 얼마나 확보하는가에 대한 의사결정을 한다고 하자. 여기서 **중위투표자**(median voter)를 이 사람의 선호가 모든 투표자 선호의 한가운데에 있는 사람이라고 정의한다. 투표자의 절반은 중위투표자보다 더 많은 양의 공공재를 원하고, 나머지 절반의 투표자는 중위투표자보다 적은 양을 원한다. **중위투표자정리**(median voter theorem)는 다음과 같다. "모든 투표자의 선호가 단일정점선호라면 다수결투표의 결과는 항상 중위투표자의 선호를 반영한다." 만일 투표자의

> **중위투표자**(median voter)
> 선호가 모든 투표자 선호의 한가운데에 있는 사람이라고 정의한다. 투표자의 절반은 중위투표자보다 더 높은 수준을 원하고, 나머지 절반의 투표자는 중위투표자보다 낮은 수준을 원한다.

> **중위투표자정리**(median voter theorem)
> 모든 투표자의 선호가 단일정점선호라면 다수결투표의 결과는 항상 중위투표자의 선호를 반영한다.

2 Atkinson과 Stiglitz[1980, p. 306]는 정점의 개념을 일차원에서 다차원으로 일반화하는 방법에 대해 설명하고 있다.

표 6.3 파티 지출에 대한 선호수준

투표자	지출
도널드	$5
데이지	100
휴이	150
듀이	160
루이	700

모든 투표자가 단일정점신호체계를 가지고 있으면, 다수결투표 결과는 중간투표자의 선호를 반영한다. 이 경우 다수결에 의해 파티 지출 규모가 150달러로 결정된다.

수가 짝수라면 두 사람의 중위투표자가 존재하는데 이 경우 자의적인 방법으로라도 둘 중 하나를 선택하여야 한다.

이 정리를 설명하기 위하여 도널드, 데이지, 휴이, 듀이, 루이의 5명의 투표자가 있다고 가정하자. 그들은 파티 규모에 대해 결정을 내릴 예정이며, 이들은 모두 파티 규모에 대해 단일정점 선호체계를 가지고 있다고 가정하자. 이들이 가장 선호하는 파티 규모는 〈표 6.3〉에 제시되어 있다. 이들의 선호체계가 단일정점선호체계이므로, 각 투표자의 정점에 해당하는 지출수준에 가까울수록 더 선호되는 대안이 된다. 파티에 전혀 지출하지 않는 대안보다 파티의 규모를 0달러에서 5달러 수준으로 상향조정하는 것은 모든 투표자에 의해 지지를 받는다. 규모를 5달러에서 100달러로 상향조정하는 것은 데이지, 휴이, 듀이, 루이에 의해 지지를 받으며, 100달러에서 150달러로 상향조정하는 것은 휴이, 듀이, 루이에 의해 지지를 받는다. 그러나 150달러를 초과하는 규모로 상향조정할 경우 최소한 도널드, 데이지, 휴이 세 사람의 반대로 채택되지 못한다. 따라서 다수결투표에 의해 파티 규모는 150달러 규모로 결정된다. 이 규모는 중위투표자인 휴이가 선호하는 규모이다. 투표의 결과는 중위투표자의 선호를 반영한다.

요약하면 다음과 같다. 모든 사람의 선호가 단일정점선호체계이면, 다수결투표는 안정적인 투표결과를 낳으며, 선택된 대안은 중위투표자의 선호를 반영한다. 그러나 몇몇 투표자의 선호가 다수정점선호체계이면, '투표의 역설'이 발생할 수 있다.[3] 다수정점선호체계는 실제로 많은 경우에 나타날 수 있으므로, 일관성 있는 공공선택을 위하여 다수결투표방식에 항상 의존할 수는 없다. 더욱이 곧 논의되겠지만, 다수결투표가 일관성이 있는 의사결정을 가능하게 할 경우에도 이 투표방식에 입각한 자원배분에 따른 전반적인 편익이 비용을 능가하는지 여부를 기준으로 판단한 경우 다수결투표가 항상 효율적이라고 할 수는 없다.

6.1.3 투표거래

단순 다수결투표의 문제점 중의 하나는 이 방식하에서 투표자가 해당 사안에 대한 선호의 강도를 나타낼 수 없다는 것이다. 어떤 투표자가 대안 B에 비하여 대안 A를 조금 더 선호하는가

3 다수정점선호체계를 가진 사람이 한 명 혹은 몇 명 존재하는 것 자체가 투표의 역설을 유발하는 것은 아니다. 투표의 역설 발생 여부는 투표자의 수와 그들의 선호체계에 의해 결정된다. 이 장의 연습문제 1번의 논의를 참조하시오.

투표거래(logrolling, vote trading)

복수의 발의자가 제안한 의안들을 동시에 통과시키기 위해 투표자들이 다른 투표자가 선호하는 의안에 대해 서로 찬성표를 던지는 행위.

아니면 월등히 더 선호하는가는 단순 다수결투표결과에 영향을 미치지 못한다. 반면에, **투표거래**(logrolling, vote trading) 체제하에서는 투표자들이 투표를 거래하고, 이 과정을 통해서 각종 이슈에 대한 선호의 강도를 드러낸다. 예를 들어 설명해보자. 스미스와 존스는 미사일을 더 배치하지 않는 것을 선호하지만, 그러한 선호가 아주 강하지는 않다고 하자. 반면 브라운은 미사일 추가배치가 반드시 필요하다고 생각한다. 이 경우 브라운이 존스의 공장 옆을 지나가는 신규 도로건설에 찬성표를 던지는 조건으로 존스로 하여금 미사일 추가배치에 찬성하도록 거래할 수 있다.

투표거래는 논쟁거리가 되어왔다. 투표거래 찬성론자들은 시장에서의 상품거래가 효율적인 자원배분을 가능하게 하는 것과 마찬가지로 투표거래도 공공재 공급의 효율성을 증진시킬 수 있다고 주장한다. 또한 투표거래는 공공재에 대한 선호의 강도를 표출시키고 안정적인 균형을 달성할 수 있는 잠재력을 지니고 있다. 투표거래에서 암묵적으로 이루어지는 타협은 민주주의가 작동하는 데 필수적이라고 주장된다. 사회학자 제임스 Q. 윌슨[2000]은 "투표거래가 비록 '지역구 챙기기(pork barrels; 돼지고기 보관통)' 또는 '통나무 굴리기(logrolling)'로 불리기는 하지만, 이러한 거래는 경쟁관계에 있는 이해들의 균형 모색 과정에서 꼭 필요하다.[4] 투표거래와 지역구 챙기기는 강제력과 언어가 달성할 수 없는 것을 달성하는 데 필수적이다"라고 주장했다.

이러한 점을 명확하게 이해하기 위해, 구체적인 수치들이 가정된 예를 살펴보자. 한 공동체에서 병원, 도서관, 수영장 건설 등 3가지 사업을 고려하고 있다. 멜라니, 레트, 스칼렛 3명의 투표자가 있다고 하자. 〈표 6.4〉는 각 프로젝트로부터 얻는 각자의 편익을 보여준다. 음(−)의 값은 비용이 편익보다 높은 경우로 순손실을 의미한다.

〈표 6.4〉에서 제일 처음 눈에 띄는 것은 각 프로젝트의 순편익의 합이 양의 값이라는 것이다. 이는 각각의 프로젝트는 채택 시 사회전체의 후생을 증가시킴을 의미한다.[5] 그러나 각 프로젝트의 채택 여부를 하나씩 투표에 부치면 어떤 일이 벌어질까? 멜라니는 병원 건립으로부터 얻는 순편익이 (+)이므로 찬성표를 던지지만, 레트와 스칼렛은 순편익이 (−)이므로 반대표를 던질 것이다. 따라서 병원 건립은 부결된다. 이와 유사한 방식으로 도서관 건립안과 수영장 건립안도 부결될 것이다.

투표거래로 이러한 문제를 해결할 수 있다. 레트가 병원 건립안에 찬성표를 던지면, 멜라니가 그 대가로 도서관 건립안에 찬성표를 던진다고 하자. 이러한 거래로부터 멜라니는 160(=200 − 40)이라는 순편익을 얻고, 레트는 100(=150 − 50)이라는 순편익을 얻게 된다. 따라서 거래가 성사되고 병원과 도서관 건립안이 통과된다. 똑같은 방법으로 스칼렛이 병원 건립안에 찬성하는 대가로 멜라니가 수영장 건립안에 찬성하는 거래가 성립될 수 있다. 이들 간에 이루어진 두 거래를 통해 사회후생이 증진된다. 위의 두 거래는 3개의 프로젝트 중 2개의

4 '지역구 챙기기'는 특정 선거구만을 이롭게 하는 정부사업을 의미하고, '통나무 굴리기'는 통나무를 함께 굴리는 경기 이름에서 유래하여 의원들이 서로 협조하여 상대편의 안건에 찬성하는 것을 의미한다.

5 여기서 우리는 개개인의 비용 및 편익과 사회적 비용 및 편익 간의 괴리를 야기하는 외부성을 비롯한 다른 요소들은 존재하지 않는다고 가정한다.

표 6.4 투표거래는 후생을 증진시킬 수 있다

	투표자			사회전체의
프로젝트	멜라니	레트	스칼렛	순편익
병원	200	−50	−55	95
도서관	−40	150	−30	80
수영장	−120	−60	400	220

각 프로젝트가 사회적 순편익을 유발함에도 불구하고, 각 프로젝트가 따로 상정될 경우 모든 프로젝트가 채택되지 못한다. 그러나 투표거래를 통해서 모든 프로젝트가 채택될 수 있다.

프로젝트를 성사시킬 수 있다는 가능성을 제시하였다. 그러면 과연 3개의 프로젝트를 모두 성사시킬 수 있을까? 물론 가능하다. 단지 거래가 투표 자체를 통하지 않고 금전적인 대가(side payment)의 형태로 이루어질 때에 한해서 가능하다. 예를 들어 멜라니가 레트와 스칼렛에게 금전적인 대가를 지불하여 병원 설립에 찬성표를 던지게 할 수 있다. 물론 이 경우에 병원 설립에 따른 레트와 스칼렛의 손실을 보전할 수 있는 충분히 큰 금액을 지불하여야 할 것이다. 이러한 방식으로 레트는 도서관 건립을, 스칼렛은 수영장 건립을 성사시킬 수 있을 것이다.

반면에 투표거래를 반대하는 사람들은 투표거래를 통해 특정 이익집단에게만 이익을 주고 그 이익의 규모가 일반대중에게 미치는 불이익을 상쇄할 만큼 크지 않을 경우에도 정책이 시행될 수 있어 바람직하지 못하다고 주장한다. 예를 들어, 2011년 미국 의회를 통과한 법안으로 인해 수십억 달러를 특정 이익을 추구하는 단체에 지급하는 결과가 초래되었다. 이 법안의 수혜자들에는 농업 및 어업 종사자, 유틸리티 산업, 자동차 제조업자, 철강회사, 천연가스 탐사업체, 정유업체, 대학, 부동산 업자 등이 포함된다[Broder, 2009].

〈표 6.5〉는 투표거래가 바람직하지 않은 결과를 초래하는 상황을 예시하고 있다. 여기서는 〈표 6.4〉에서와 같은 투표자와 프로젝트가 제시되어 있으나, 각 프로젝트에 대한 각 투표자의 순편익이 다르게 제시되어 있다. 각 프로젝트가 사회 전체에 주는 순편익은 (−)의 값이다. 이들 프로젝트는 각 프로젝트 하나씩 상정하여 투표하여 나타나는 결과와 같이 모두 부결되어야 한다.

그러나 투표거래가 이루어질 경우 비효율적인 이들 프로젝트 중 일부 혹은 전부가 채택될

표 6.5 투표거래는 후생을 저해할 수 있다

	투표자			사회 전체의
프로젝트	멜라니	레트	스칼렛	순편익
병원	200	−110	−105	−15
도서관	−40	150	−120	−10
수영장	−270	−140	400	−10

각 프로젝트가 따로 상정될 경우 모든 프로젝트가 채택되지 못한다. 각 프로젝트의 사회적 순편익은 (−)이므로 이 투표결과는 효율적인 결과이다. 그러나 투표거래를 통해서 이들의 일부 혹은 전부가 채택되는 비효율적인 결과가 초래될 수 있다.

수 있다. 예를 들어, 레트의 병원 건립에 찬성표를 던지는 대가로 멜라니가 도서관 건립에 찬성표를 던지는 거래를 생각해보자. 이러한 거래는 성사될 것이다. 왜냐하면 멜라니는 이 거래로부터 160(=200 − 40)의 순편익을 얻으며, 레트는 40(=150 − 110)만큼의 순편익을 얻게 되기 때문이다. 멜라니와 레트의 찬성으로 두 프로젝트는 채택될 것이다. 똑같은 방식으로, 레트와 스칼렛은 수영장 건립과 도서관 건립에 대한 투표를 거래하고 따라서 두 프로젝트가 모두 채택될 것이다.

이러한 결과가 초래되는 원인을 이해하기 위하여 병원 건립과 도서관 건립과 관련된 멜라니와 레트의 투표거래에 대해 생각해보자. 이 경우 스칼렛은 두 프로젝트 결정과정에서 큰 손해를 본다는 점을 주목할 필요가 있다. 이 예는 투표거래를 통해서 다수의 투표자가 그들의 이익에 부합되나 그 프로젝트 수행 비용은 소수자가 부담하는 프로젝트에 투표하는 연합을 형성할 수 있는 가능성을 보인다. 따라서 특정 프로젝트가 과반수 투표자에게 순편익을 제공하는 경우에도 사회 전체로 보면 순비용이 발생하는 경우가 존재한다. 우리는 다음과 같은 결론을 내릴 수 있다. 투표거래가 다수결투표의 발생된 결과를 개선하는 경우가 가끔은 있지만 항상 개선시키는 것은 아니다. 그러나 이 경우에도 스칼렛은 레트와 멜라니에게 금전적인 대가를 지불함으로써 두 프로젝트를 무산시킬 수 있음을 주목할 필요가 있다.

6.1.4 애로의 불가능성 정리

우리는 지금까지 단순 다수결투표와 투표거래가 전적으로 바람직하지는 못함을 보였다. 이 외에도 여러 가지 다른 투표방식들이 고려되었으나, 이들 방식도 문제점을 가지고 있다.[6] 이러한 관련된 근본적인 질문은 개개인의 선호로부터 집단적 선호를 도출하는 '윤리적으로 수용 가능한' 여러 방식 중에 문제점이 없는 방식이 존재하느냐는 것이다. 이에 대한 답은 '윤리적으로 수용 가능한' 것이 무엇을 의미하느냐에 달려 있다. 노벨경제학상 수상자 케네스 애로[1951]는 민주주의 사회에서 집단적 의사결정규칙은 아래와 같은 기준을 만족시켜야 한다고 주장하였다.[7] 이 기준들은 '윤리적으로 수용 가능한'이 무엇을 의미하는가를 서술한 것이다.

1. 투표자의 선호가 어떠한 형태를 지니고 있더라도 의사결정규칙은 결론에 도달하여야 한다. 따라서 일부 유권자들이 다수정점선호체계를 지니고 있더라도 의사결정과정이 붕괴되지 않아야 한다.
2. 의사결정규칙은 모든 가능한 결과에 대해 순위를 정할 수 있어야 한다.
3. 개인들의 선호를 반영하여야 한다. 특히 모든 개인이 B보다 A를 선호하면 사회적으로도 B보다 A가 선호되어야 한다.

---

6 이들에는 **점수투표제**(point voting, 각 개인이 정해진 점수를 부여받고 이 점수를 각 대안에 배분하는 식), **최고득표투표제**(과반수가 안 되더라도 최고 득표하는 대안이 채택되는 방식), **보다(Borda) 계산방식**(대안이 각각의 투표자에 의해 순서가 매겨지고, 이들 순위를 합산하여 대안을 선택하는 방식), **콩도르세투표제**(Condorcet voting, 모든 대안과 짝을 지어 투표하여 궁극적으로 승리하는 대안을 채택하는 방식), **고갈투표제**(가장 많은 투표자에 의해 가장 덜 선호되는 대안들을 순차적으로 제거해나가는 방식) 등이 있다. 더 자세한 내용은 Levin과 Nalebuff[1995]를 참조하시오.

7 애로의 기준은 여러 방식으로 표현된다. 여기서는 Blair와 Pollack[1983]의 방식을 따르기로 한다.

4. 일관성이 있어야 한다. 즉, 사회가 B보다 A를 선호하고 또한 C보다 B를 선호하면, C보다 A가 선호되어야 한다.[8]
5. 사회 전체의 A와 B에 대한 선호순위는 개인들의 A와 B에 대한 선호순위에만 영향을 받는다. 따라서 유인 우주여행과 해외원조 간의 사회적 선호순위는 이들 대안과 AIDS 치료법 개발 간의 개인들의 선호순위와 전혀 상관성이 없다. 이 가정은 '**여타 대안들로부터의 독립**(independence of irrelevant alternatives)'이라고 불린다.
6. 독재는 배제되어야 한다. 사회적 선호체계가 단 한 사람의 선호만 반영해서는 안 된다.

여타 대안들로부터의 독립 (independence of irrelevant alternatives)

두 프로젝트의 사회적 선호순위는 해당 사안에 대한 사회 구성원들의 선호순위에만 영향을 받으며, 프로젝트와 여타 사안 간의 선호순위와는 무관하다.

전반적으로 보면, 이들 기준들은 타당해 보인다. 기본적으로 사회의 의사결정방식은 논리적이어야 하며 개인의 선호를 존중해야 한다. 불행히도 애로우의 분석의 결론은 매우 당혹스럽게도 이러한 모든 기준을 만족시키는 의사결정방식은 일반적으로 존재하지 않는다는 것이다.[9] 즉, 민주주의 사회에서는 일관성 있는 의사결정을 기대할 수 없다는 것이다.

애로의 '불가능성의 정리'라고 지칭되는 이 결과는 민주주의의 작동능력에 대한 회의를 갖게 한다. 당연히 이 정리는 많은 논쟁을 촉발하였는데, 이들 논쟁은 주로 어떤 기준들의 조합하에서 사회의 의사결정규칙이 형성될 수 있는가에 초점이 맞추어졌다. 애로가 제시한 6가지 기준들 중 하나만 배제하면 나머지 5가지 기준을 만족시키는 의사결정규칙은 형성될 수 있다는 것이 밝혀졌다. 그런데 배제될 하나의 기준이 6가지 기준 중 어느 것이어야 하는가는 윤리적 정당성(ethical validity)에 대한 각자의 관점에 따라 달라질 수 있다.

애로우의 불가능성의 정리는 일관성 있는 의사결정규칙을 찾아내는 것이 **필연적으로** 불가능함을 의미하는 것이 아니라 일관성 있는 의사결정규칙의 존재가 보장되지 못함을 의미한다. 개인들의 선호체계가 특정한 형태를 띠면 이러한 문제는 발생하지 않는다. 일관성 있는 의사결정규칙이 존재할 수 있는 알기 쉬운 예는 사회 구성원들이 동일한 선호체계를 가질 경우이다. 어떤 사람들은 애로의 정리의 진정한 의미는 이 정리가 민주주의가 작동하기 위해서는 사회를 구성하는 개인들의 선호체계가 동질성을 띠고 있어야 함을 보인 것이라고 주장하기도 한다. 그들은 또한 많은 기관(institution)들이 사람들의 선호체계를 동질화한다는 명시적인 목적을 가지고 있다고 주장한다. 하나의 예가 의무교육이다. 이러한 주장은 영국의 정치가 벤저민 디즈레일리의 다음과 같은 견해와 일맥상통한다. "소위 가부장적인 정부(paternal government)가 관찰되는 곳에서는 항상 국가교육이 관찰된다. 맹목적인 복종을 보장하는 가장 좋은 방법은 유아원에서 독재를 시작하는 것이다." Lott[1999]의 교육비 지출에 대한 국제비교 연구에 의하여 디즈레일리의 주장과 일맥상통하는 점이 발견되었다. 이 연구에 따르면 다른 조건이 동일하다면, 전체주의적 정부일수록 공공교육에 더 많은 투자를 하는 경향이 있다.

위의 논의와는 매우 상이하게, 애로의 정리는 사실 민주주의적 정치과정의 생존 가능성과 크게 상관없다는 견해가 있다. 또 다른 노벨경제학상 수상자인 제임스 뷰캐넌[1960]은 다수결 투표의 비일관성은 다음과 같은 유익한 측면이 있다고 믿었다.

8 보다 엄밀하게 말하면 더 선호되거나 최소한 무차별한 것을 의미한다.

9 이 정리의 증명을 위해 상당히 고급 수학이 사용된다. 증명의 대체적인 과정은 이 6가지 기준이 적용되면 투표의 역설과 같은 현상이 나타날 수 있다는 것을 보이는 것이다.

> 다수결투표방식은 자유사회에서 수용 가능하다. 이 방식은 만장일치규칙으로 선택하기 어려운 대안들 중 때로는 이 대안을, 때로는 다른 대안을 채택할 수 있는 여지를 주기 때문이다. … (중략) … 이 방식은 서로 경합하는 대안을 실험적으로, 임시적으로 채택하여 시험해보는 것을 가능하게 하며, 때로는 구성이 계속 변화하는 다수 집단이 찬성하는 또 다른 타협안에 의해 기존 대안이 교체되는 것을 가능하게 한다. 이것이 바로 민주적 선택과정이다[p. 83].

애로 정리와 관련하여 생기는 또 다른 중요한 의문은 사회후생함수의 사용과 관련된 것이다. 사회후생함수는 개인들의 효용수준 묶음이 사회적으로 얼마나 바람직한가를 측정하는 규칙이라는 제3장의 내용을 상기해보자. 민주주의 사회에서 사회후생함수는 사회 구성원들에 의해 집단적으로 선택되어야 한다. 그러나 애로의 정리에 의하면 사회후생함수를 선택하는 것은 불가능하며, 따라서 사회후생함수가 존재한다고 가정할 수가 없다. 만일 사회후생함수가 존재하지 않는다면, 각종 대안의 우선순위를 결정하기 위해 경제학자들이 어떻게 사회후생함수를 이용할 수 있을까? 어떤 경제학자는 사회후생함수를 이용할 수 없다고 주장한다. 그들은 사회후생함수는 가치판단을 도입하는 수단에 불과하며 사회의 선호체계를 대표하는 것은 아니라고 주장한다. 따라서 사회후생함수 자체로는 자원배분의 올바른 배분을 찾아낼 수 없다. 그러나 대부분의 경제학자들은 사회후생함수가 여전히 매우 유용한 도구라고 믿는다. 이 함수가 하나의 답을 제공하지는 못하지만 여러 가치판단들이 의미하는 바가 무엇인지를 찾아낼 수 있는 도구로 이용될 수 있다. 이러한 해석하에서 사회후생함수는 여전히 매우 가치 있는 통찰력을 제공하는 중요한 도구이다.

6.2 대의민주주의

지금까지 논의한 공공의사결정과정에 대한 논의가 중요한 의문사항을 이해하는 데 도움을 주는 것은 사실이지만, 논의가 "정부는 기본적으로 시민들로부터 그들의 선호를 끌어내고 이 정보를 이용하여 사회적 의사결정을 하는 거대한 컴퓨터와 같다"고 하는 정부에 대한 비현실적인 견해에 기초하고 있다. 국가는 그 자체로는 아무런 이해관계가 없으며, 그 자체가 중립적인 존재이다.

사실 통치(governing)는 정치인, 판사, 관료 등을 포함한 사람에 의해 수행된다. 현실적인 정치경제학 모형은 통치하는 사람들의 목표와 행태에 대해 연구하여야 한다. 이 절에서는 이에 대한 몇 가지 모형을 소개한다. 이들 모형에서는 정부를 구성하는 사람들도 다른 사람들과 같이 자신의 이익을 극대화하기 위한 의사결정을 한다고 가정한다.

6.2.1 선출직 정치인

지금까지의 직접민주주의에 대한 논의는 결국 중위투표자정리로 귀결된다. 개개인의 선호가 단일정점선호체계이고 선호가 일차원으로 표현될 수 있다면, 다수결투표의 결과는 중위투표자의 선호를 반영한다는 것이다. 현실에서는 재정 관련 사안에 대한 결정을 직접 국민투표로 결정하는 것은 매우 드물다. 시민들이 자신들의 이익을 대변하는 대리인을 선출하는 것이 보다 일반적이다. 일정한 가정하에서 중위투표자 이론은 이들의 대리인들이 어떻게 그들의 입장을 정하는가를 설명할 수 있다.

두 사람의 후보자 스미스와 존스 중 한 사람을 선출하는 선거를 상정해보자. 유권자들의 다양한 정치적 견해에 대한 선호가 단일정점선호체계라고 가정하자. 유권자들은 자신의 효용을 극대화하기 위해 투표권을 행사하며, 후보자들은 득표 수를 극대화한다고 하자.

이 경우 어떤 일이 벌어질까? 이 상황에서는 득표 수를 극대화하려는 정치인은 중위투표자—다시 말하면, 정치적 선호 분포의 중앙에 해당하는 정치적 선호를 가진 유권자—가 선호하는 공약을 제시하게 된다. 그 이유를 알아보기 위하여 유권자들의 정치적 입장이 좌측에 위치할수록 진보성향을, 우측에 위치할수록 보수성향을 나타내는 일차원 축에 표현될 수 있다고 하자. 〈그림 6.3〉은 정치적 스펙트럼상 각각의 정치적 입장을 가장 선호하는 유권자의 가상적인 분포를 보이고 있다. 이제, 예를 들어, 후보자 존스가 중간점인 점 *M*을 자신의 정치적 입장으로 선택하였다고 하자. 그리고 후보자 스미스는 중앙에서 보수성향으로 다소 치우친 점 *S*를 선택하였다고 하자. 모든 유권자가 단일정점선호체계를 가지고 있고 또한 자신의 효용을 극대화하려고 하기 때문에 유권자들은 자신들이 가장 선호하는 정치적 입장과 가장 근접한 정치적 성향을 가진 후보자에게 투표하게 된다. 이 경우 *S*보다 정치적 성향이 보다 보수적인 유권자는 모두 스미스에게 투표할 것이며, 점 *S*와 점 *M* 사이의 일정 부분의 유권자가 스미스에게 투표를 할 것이다. 점 *M*이 정치적 스펙트럼의 정중앙에 있기 때문에 *M*보다 진보적인 정치적 입장을 가진 유권자, 즉 전체 유권자의 50%의 유권자가 존스에게 투표를 할 것이다. 이들의 투표와 그리고 *M*보다 보수적인 성향의 일부 유권자의 지지를 얻게 되는 존스는 틀림없이 과반수를 확보할 수 있다. 스미스가 이러한 존스의 계책에 넘어가지 않을 수 있는 유일한 방법은 자신의 정치적 입장을 점 *M*으로 변경시키는 것이다. 따라서 후보자들은 자신의 정치적 성향을 중위투표자의 선호를 반영하는 점에 가능하면 가장 가깝게 보이려고 할 것이다.

이 모형은 2가지 명확한 시사점을 제공한다. 양당 체제는 양당이 모두 정치적 스펙트럼의 중앙에 가까운 정치적 입장을 취하려 하기 때문에 안정적으로 유지될 수 있다. 어떤 점에서는 이것이 미국 정치의 상황을 잘 나타내준다. 예를 들어, 1964년도 미국 대통령 선거에서의 배

그림 6.3

선거에서의 중위투표자정리

중도성향의 입장(*M*)을 취한 후보자는 보수성향의 입장(*S*)을 취한 후보자에게 승리할 것이다. 왜냐하면 중도보다 진보적인 입장의 모든 유권자뿐 아니라 *M*점과 *S*점 사이의 일부 유권자들도 중도성향 후보자를 지지할 것이기 때문이다.

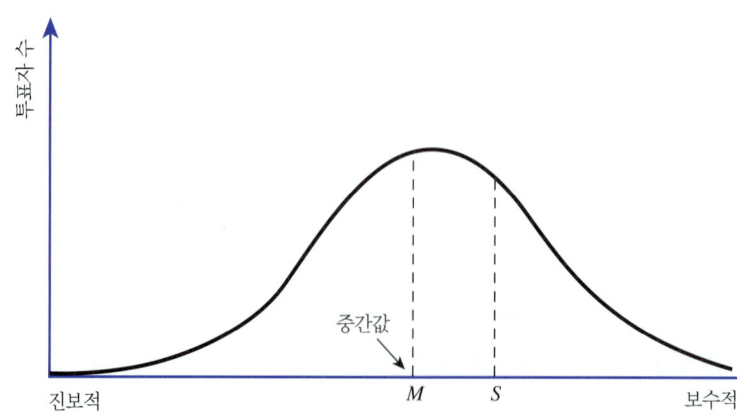

"아무래도 폐하께서 중도에서 통치하시는 것이 좋을 것 같습니다."

리 골드워터와 1972년 선거에서의 조지 맥거번과 같이 정치적 중도성향과 지나치게 동떨어져 있다고 인식된 대통령 후보들이 유권자들로부터 외면당하였다.[10] 2012년 공화당 대통령 후보 지명전이 끝나갈 즈음에 한 언론인은 롬니 주지사가 공화당 대통령 후보가 지명되기 이전에 그가 그간 보여왔던 강한 보수성향을 떠나 보다 중도적인 정강을 내놓을 것으로 예측하였다[Hurst, 2012]. 이러한 현상은 중위투표자 정리에 의하면 놀라운 현상이 아니다. 만화가 암시하는 것과 같이 정치인에게는 중도에서 멀어지는 것은 매우 위험한 일이 될 수 있다.

이러한 긍정적인 결과를 지나치게 신뢰하기 전에 다음 몇 가지 이슈를 주의 깊게 살펴볼 필요가 있다.

일차원상의 순위 매김 정치적 신념이 일차원상의 스펙트럼으로 순위를 정할 수 없으면, 중위투표자정리는 더 이상 작동하지 않는다. 그 이유는 중위투표자는 고려되는 사안에 따라 달라질 수 있기 때문이다. 소수자보호정책(affirmative action)에 있어서의 중위투표자가 국방 문제에 있어서의 중위투표자가 된다는 보장은 없다. 따라서 직접국민투표에서와 마찬가지로 선호가 단일정점선호체계가 아니라면 안정적인 선거균형이 존재하지 않을 수 있다.

10 골드워터의 선거유세 슬로건은 '모방이 아닌 스스로의 선택(A Choice, Not An Echo)'이었다. 중위투표자정리는 정치적 모방행위가 얼마나 큰 위력을 발휘하는지 잘 설명해준다.

이념 지금까지 논의한 모형에서는 정치인은 단순히 득표를 극대화하는 사람으로 가정되었다. 그러나 그들은 선거에서의 승리보다 다른 것을 더 소중하게 여길 수도 있다. 예를 들어, 이념이 중요한 요소가 될 수 있다. 1850년에 헨리 클레이는 이렇게 말하였다. "나는 대통령이 되기보다는 올바른 사람이 되고 싶습니다."

인간적인 매력 유권자의 판단이 정책적 이슈에 의해 결정된다는 가정이 비현실적일 수 있다. 때로는 인간적인 매력이 더 중요한 요소일 수 있다. 예를 들어, 혹자는 레이건의 인기는 많은 부분 그의 '아버지와 같은' 인간적 매력에 기인한다고 주장한다.

지도력 지금까지의 모형에서는 정치인이 수동적으로 유권자의 선호에 맞추어가는 것으로 되어 있다. 그러나 유권자의 선호는 정치인에 의해 영향을 받을 수 있다. 이는 정치인들이 리더십을 발휘하는 것을 다르게 표현한 것이다. 리더십이 선거결과를 어떻게 바꿀 수 있는지를 보여주는 흥미롭고도 극단적인 예를 실제로 정치인이 유권자들의 구성까지 바꾼 경우에서 찾을 수 있다. 예를 들어, 주 지지계층이 저소득층인 시장이 고소득층 유권자를 선거구 밖으로 내모는 정책을 실시하여 중위투표자 자체를 변경시킬 수도 있다. 이러한 예는 20세기 전반기에 보스턴시에서 발생하였으며, 20세기 후반기에는 디트로이트시에서 실제로 발생하였다[Glaeser and Shleifer, 2005].

투표 참여 여부에 대한 의사결정 지금까지의 분석에서는 투표권이 있는 모든 시민은 그들의 투표권을 항상 행사하는 것으로 가정하였다. 만일 두 후보자의 정치적 성향이 너무 유사하면, 일부 유권자는 이들에 대해 싫증을 느끼고 투표에 참가하지 않을 수 있다. 또한 지나치게 극단적인 성향을 지닌 사람들은 후보자들의 견해가 자신의 정치적 견해와 괴리되어 있어 투표를 포기하는 경우도 있다. 모형은 또한 정보 획득과 투표 자체와 관련된 비용을 전혀 고려하지 않고 있다. 모든 정보를 가진 유권자는 후보의 공약의 타당성과 이 후보자가 과연 자신의 공약을 지킬 능력이 있는지 그리고 그럴 의향이 있는지 등을 고려하여 투표 여부를 결정한다. 이 과정에서 소요되는 비용이 크고 또한 자신이 던지는 한 표가 선거결과에 큰 영향을 미치지 못한다는 회의 등으로 인해, 자신의 이익을 극대화하는 개인은 투표에 참가하지 않을 수 있다. 즉, 개별 유권자가 투표에 참가하지 않으려는 유인을 가지는 일종의 무임승차자 문제가 발생할 수 있다. 그러나 만일 상당수의 유권자가 투표에 참가하지 않는다면, 민주주의는 제대로 작동할 수 없다. 종종 투표참가율이 우려할 만큼 걱정되는 경우도 있으나(예를 들어, 2012년 실시된 대통령선거에서 투표가능연령층 인구의 54%만이 투표에 참가하였다), 실제로 정말 풀기 어려운 수수께끼는 참가율이 상당히 높다는 것이다. 공교육 시스템이 시민의 투표 의무가 편협한 이기심을 초월하여야 한다는 견해를 성공적으로 심어준 것이 이에 대한 부분적인 답이 될 수 있을 것이다.

6.2.2 관료

다음으로 우리가 생각해볼 집단은 공무원 혹은 관료(bureaucrats)로 불리는 집단이다. 이들의 역할을 이해하기 위해서는 선출직 정치인에 의해 제정된 법들의 내용이 종종 애매모호한 경우

현실 정책 보기 우리나라의 국민연금개혁은 왜 지연되는가?

우리나라의 국민연금제도는 저부담-고급여 체계로서 국민연금재정이 향후 급격히 악화되어 미래세대에게 큰 부담을 줄 것이라는 문제점이 제기되어왔다. 이러한 문제점은 1990년대 초반부터 제기되어왔는데도 불구하고 국민연금개혁이 오랜 기간 동안 이루어지지 않았다. 2007년 7월 3일 국민연금법이 개정되어, 연금재정 안정을 도모하기 위한 조치가 취해졌다. 현행제도하에서 평균적인 소득이 있는 자가 40년 가입할 경우, 급여수준이 현행제도하에서 평균소득액의 60%에서, 2008년에는 50%로 2009년부터 매년 0.5%P씩 낮아져 2028년에 40%로 인하된다. 이러한 조치가 분명히 연금재정을 안정시키는 효과가 있으나, 문제는 급여수준 하향 조정시기를 늦춤으로써 현재의 유권자들에게 지급될 연금급여수준에 큰 변동이 없어 미래세대에게 재정부담 경감 효과가 줄어들 가능성이 높다는 것이다.

이러한 현상이 벌어지는 이유는 무엇인가? 그 이유를 본 절에서 배운 중위투표자정리를 이용하여 설명할 수 있다. 〈그림 6.3〉의 수평축의 왼쪽으로 갈수록 높은 연금급여수준을 선호하는 것을 나타내고, 오른쪽으로 갈수록 낮은 연금급여수준을 선호하는 것을 나타낸다고 하자. 아마도 현재 생존하고 있는 세대들, 특히 연령이 높은 세대들은 수평축에서 왼쪽으로 가는 것을 더 선호할 것이다. 연금급여수준이 높은 시기가 오래 지속될수록 이들의 잔여생애 동안의 연금급여 수급액이 높게 유지되기 때문이다. 반면 연금급여의 수준이 오랜 기간 유지될수록 연금재정의 불균형이 심화될 것이고 이는 미래세대의 조세부담을 증가시킬 것이다. 미래세대는 현시점에서 연금급여수준을 하향조정하여 자신들의 조세부담을 경감하도록 하고 싶을 것이다. 따라서 미래세대는 수평축의 오른쪽에 해당하는 연금급여수준을 더 선호할 것이다. 만일 현재 생존하고 있는 세대와 미래세대, 즉 미래에 태어날 세대가 함께 투표를 할 수 있는 상황이라면 이들 중 중위투표자가 선호하는 수준의 연금개혁이 이루어질 수 있을 것이다. 문제는 미래세대가 국민연금개혁과 관련된 이해당사자임에도 불구하고 아직 태어나지 않았고 따라서 투표권이 부여되지 않은 관계로 투표에 참가하지 못한다는 점이다. 따라서 현시점에서의 중위투표자는 현재 생존하고 있는 세대들 중 어느 누구일 것이며, 따라서 이 중위투표자는 여전히 높은 수준의 연금급여를 선호할 것이다. 이러한 상황에서 연금개혁이 쉽사리 실행되기 어렵다.

2002년 국민연금 재정재계산[11] 결과를 반영하여 국민연금법 개정안이 2003년도부터 몇 차례 국회에 상정되고 그 이후 여러 차례 다양한 개정안이 국회에 상정되었음에도 불구하고 국민연금법 개정안이 최근까지 의결되지 못한 이유를 중위투표자정리를 이용하면 상당히 설득력 있게 설명할 수 있다. 더욱이 최근 국민연금급여를 오히려 높이려는 정치권의 시도는 인구의 고령화로 인한 중위투표자의 연령이 상승한 점을 통해 이해될 수 있을 것이다. 높은 연금급여를 선호하는 현시점의 고연령자들로부터의 정치적 지지를 얻기 위한 정치인들의 기도에서 이러한 현상이 발생하였다고 할 수 있다. 이러한 점들을 고려하면 재정안정화를 위한 국민연금제도 개편이 향후 점점 더 어려울 가능성이 높다.

가 있다는 점을 상기할 필요가 있다. 특정 프로그램의 실제 운영방식은 공무원의 손에 달려 있다. 예를 들어, 청정공기법(Clean Air Act)은 "정부는 공공의 건강을 보호하기 위해 필요한 기준을 정해야 한다. 그 기준은 안전을 위하여 필요한 최소의 수준보다 충분히 높은 수준이어야 한다"고 규정하고 있다[Clean Air Act, Section 104(b)(1)]. 건강상태는 어떻게 측정되어야 하는가? 충분히 높은 수준인지에 대한 판단은 어떠한 과학적 기준에서 이루어져야 하는가? 이러한 사안에 대해서 법은 아무런 구체적인 답을 제공하지 못한다. 이러한 괴리를 메우는 임무는 환경보호국 관료들의 몫이며, 이를 위하여 그들에게 많은 재량과 권한을 부여하고 있다. 이와 동일한 방식으로 기존의 의료서비스 체제를 뒤엎은 2010년 오바마의 의료개혁(Affordable Care Act)과 관련하여 1,563개 사안에 대해 보건 및 인적자원부 장관이 다양한 제도 개편방안

11 현행의 제도하에서는 5년마다 국민연금 재정의 유지 가능성에 대한 평가를 하게 되어 있다. 이 제도를 '재정재계산'제도라고 한다.

을 확정하여야 하였다. 이들 사안들 중 많은 것이 의료서비스 제공과 관련하여 중요한 효과를 발생시키는 사안들이었다[Wall Street Journal, 2011].

관료들은 매우 혹독한 비판을 받고 있다. 그들은 현안에 대해 둔감하며, 불필요한 형식적인 절차(red tape)[12]를 만들고, 시민의 사적 활동에 지나치게 개입한다는 비난을 받고 있다.

그러나 현대사회는 관료 없이는 유지되지 못한다. 관료는 정책 프로그램을 디자인하고 실행하는 데 탁월한 기술적 전문성을 제공한다. 이들의 근속기간은 종종 선출직 공직자보다 긴 경우가 많아 '조직의 기억소(institutional memory)' 역할을 수행하여 공공업무의 지속성을 가능하게 한다. 이러한 기능은 관료들의 권위의 원천이 된다. 예를 들어, 오랫동안 일본의 선출직 정치인들은 이 나라 관료의 권한을 축소하려고 노력하여왔다. 그러나 큰 성공을 거두지 못하였다. 그 이유는 무엇일까? 한 관찰자의 증언에 의하면, "관료들은 경험과 지식에서 막대한 우위를 점하고 있다. 이 경험과 지식은 여러 세대에 걸친 이들의 경험에 기인한 것이다."

관료의 또 다른 중요한 기능은 특정한 공공서비스로부터 모든 사람이 동등한 대접을 받게 하고 부패를 방지하기 위해 공공부문의 거래를 명확하게 문서로 정리하는 것이다. 그러나 관료의 유일한 목표가 유권자와 그들의 대표자의 희망을 수동적으로 인식하고 그 희망이 달성하는 것이라고 가정하는 것은 지나치게 순진한 발상이다. 그들은 자신이 속한 부서가 누리는 특권, 대중의 평판, 권한 그리고 관할권 등을 자신들의 목표로 삼는다. 이로 인해 공공지출이 공공지출을 하기 위한 한계비용이 이로 인한 한계편익보다 높은 수준까지 증가할 가능성이 있다.

6.2.3 이익집단

지금까지의 논의에서 정부정책에 영향력을 발휘하고자 하는 시민들은 개별 유권자로서만 활동할 수 있는 것으로 가정하였다. 실제로는 공통의 이해관계를 지닌 사람들은 함께 행동함으로써 훨씬 더 큰 영향력을 행사할 수 있다. 이들 집단의 영향력의 원천은 사회 구성원 전체보다 이들 집단의 투표참여율이 더 높다는 데서 찾을 수 있다. 또는 이들 집단의 구성원들은 선거운동에 자발적으로 기부할 의향이 있을 수 있으며, 혹은 동시에 뇌물과 같은 부정한 방법을 이용할 의향이 있을 수 있다. 한 예로 2008년 미국 대통령 선거 시 10억 달러 상당의 금액이 대통령 선거운동에 기부되었다.

어떠한 기반 위에 이러한 이익집단이 형성될 수 있을까? 여러 가능성을 찾을 수 있다.

소득의 원천: 자본 혹은 노동 전통적인 막시스트(Marxist)에 의하면 사람들의 정치적 이해관계는 자신이 자본가인지 혹은 노동자인지 여부에 의해 결정된다. 이러한 견해는 현재 미국의 이익집단 형성을 설명하기에는 지나치게 단순한 견해이다. 소득이 높은 사람들은 소득의 많은 부분을 자본으로부터 획득하는 것은 사실이지만 이들의 많은 소득이 노동으로부터 얻어진다. 따라서 특정인이 자본가인지 아니면 노동자인지 구분하는 것조차도 어려운 일이다. 실제로 미국과 다른 서구사회의 소득분배에 대한 연구들에 의하면 총소득의 불평등은 주로 노동소득의

12 '레드 테이프'라는 용어는 영국에서 공문서를 묶는 데 빨간 테이프를 사용한 것에서 유래한다. 빨간 테이프로 묶여 있는 불필요하게 복잡하고 두꺼운 공문서 묶음을 생각해보시오.

불평등에 기인한다고 한다[Lee, 2005].

소득수준 부자와 가난한 사람은 많은 경제정책에 대해서 서로 다른 의견을 가지고 있다. 예를 들어, 그들은 재분배를 위한 재정지출 프로그램의 이점에 대한 매우 상이한 견해를 지니고 있다. 이와 유사하게, 각 집단은 암묵적이든 명시적이든 자신들이 많이 소비하는 재화에 대한 보조금정책을 지지한다. 따라서 부자들은 자가주택에 대한 보조금정책을 지지하고 가난한 사람은 임대주택에 대한 지원정책을 지지한다.

소득의 원천: 종사상 산업에 따른 분류 노동자와 기업 소유자는 자신이 종사하는 산업에 대한 정부의 지원정책과 관련해서는 공통의 이해관계가 있다. 예를 들어, 철강, 섬유, 자동차 산업의 경우, 노동조합과 경영자들은 서로 협조해서 외국 업체와의 경쟁으로부터 자신들을 보호하기 위해서 정부에 로비활동을 벌인다.

지역 특정 지역에 거주하는 사람들은 종종 공통의 이해관계를 가진다. 예를 들어, 한국에서 행정도시 건설과 지방대학 육성 등 지역균형발전을 위한 정부사업에 대해서 지역별로 다른 이해관계가 표출되고 있다. 미국에서도 남부에 거주하는 시민들은 유류에 대한 조세특혜에 관심이 많으며, 중서부 지역 거주자들은 농산물 보조금에 대해 관심이 많으며, 북동부 거주자들은 도시개발과 관련된 정부지출을 위해 로비를 벌이는 경우가 많다.

인구학적 개인적 특성 노년층은 의료서비스에 대한 보조와 퇴직소득 보장정책을 선호하는 반면, 젊은 부부들은 좋은 학교와 낮은 사회보장세를 선호한다. 종교적 신념은 낙태를 위한 기금조성과 사립학교에 대한 주정부 보조정책에 큰 영향력을 행사한다. 여러 인종집단들은 두 언어 병행교육 프로그램에 대한 정부지출의 적절성에 대해 상이한 견해를 가지고 있다. 성별 차이도 이익집단 형성에 매우 중요한 토대가 된다. 2012년 미국 대통령 선거에서 여성 유권자들은 압도적으로 많은 표를 민주당 후보에게 투표하였으며, 공화당은 이러한 성집단별 득표율 차이에 대해 큰 우려를 표명하였다.

이익집단 발생 원인을 들자면 한도 끝도 없다. 이익집단이 형성되는 이유가 매우 다양하기 때문에, 특정 이슈에 대해 서로 반대 입장을 취하는 사람들이 또 다른 이슈에 대해서는 같은 견해를 가지는 것이 전혀 놀랄 만한 일이 아니다. "정치는 이상한 동료들을 만든다"라는 격언이 이러한 상황을 적절하게 묘사해준다.

지금까지는 공동의 이해관계를 가지고 있는 사람들이 실제로 이익집단을 어떻게 형성하는지에 대한 논의를 하지 않았다. 특정 집단에 속하기 위해서는 회원가입비, 활동시간 할애 등과 같은 비용을 부담하여야 한다. 개개인은 다른 사람이 활동을 하고 자신은 이들의 활동의 편익만 취하고자 하는 인센티브, 즉 무임승차자가 되고자 하는 인센티브를 가지고 있다. 이익집단이 실제로 형성되는 가능성은 가입자 수가 적어서 활동에 적극적으로 참여하지 않는 사람에 대해 제재를 가할 수 있을 때 높아진다. 그러나 어떤 경우에는 합리성과 금전적인 자기 이해관계로 설명되지 않는 경우가 있다. 낙태 지원을 위한 기금조성에 대한 논쟁은 이념과 정서가 특정 이익집단에 참가하는 데 상당한 영향력을 발휘하는 것을 잘 설명해준다.

그림 6.4

지대추구행위

만일 땅콩 산업이 성공적으로 (땅콩 경작을 위해 허가 취득을 의무화하든지 아니면 땅콩 쿼터를 설정하는 방법으로) 정부로 하여금 카르텔을 강제할 수 있다면, 현재 생산업자들은 인위적으로 높은 가격을 유지할 수 있으며 이를 통해 지대를 획득할 수 있다.

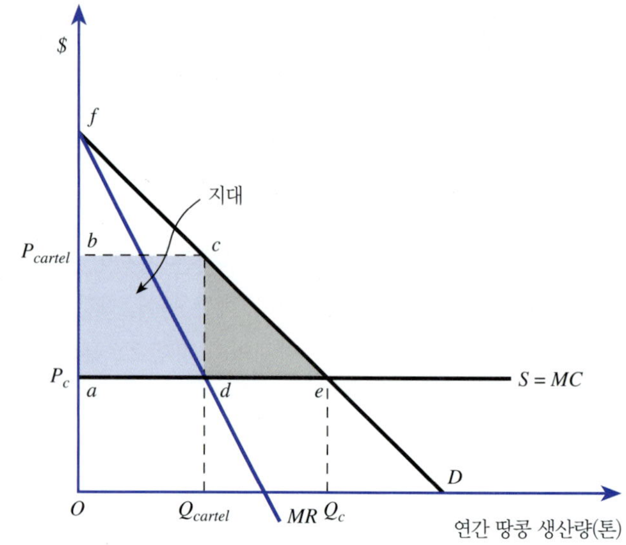

지대추구행위(rent-seeking)

정상 수익보다 높은 수익(즉 지대)을 얻기 위해 정부를 이용하는 행위.

지대추구행위 우리는 이미 시민의 특정 집단이 자기 자신에게 소득이 재분배되도록 정치 시스템을 조작할 수 있다는 점을 언급하였다. 이러한 행위를 포괄적으로 **지대추구행위**(rent-seeking)—정부를 이용하여 정상수익률보다 높은 수익, 즉 '지대'를 획득하고자 하는 행위—라고 지칭한다. 지대추구는 여러 형태를 띤다. 지대추구의 매우 중요한 형태는 생산자 집단들이 정부로 하여금 그들의 생산을 제한하도록 유도하는 형태로 나타난다. 예를 들어, 미국에서 땅콩을 경작하기 위해서는 정부에서 발행하는 면허가 있어야 하며, 그 면허가 있어도 150만 에이커의 토지만 땅콩 경작에 이용할 수 있다. 땅콩 경작에 이용할 수 있는 토지를 제한함으로써 정부는 땅콩 생산 감소를 유도할 수 있고 또한 생산자에게는 지대가 보장된다.

지대추구행위에 대한 분석을 위해 땅콩 시장을 묘사한 〈그림 6.4〉를 살펴보자. 수요곡선은 *D*이다. 분석을 단순화하기 위해 땅콩의 공급곡선 *S*는 수평이라고 가정하자. 정부의 개입이 없는 상태에서는 균형은 수요곡선과 공급곡선이 교차는 수준, 즉 생산량이 Q_c이고 가격이 P_c인 점에서 이루어진다(하첨자 *c*는 경쟁시장에서의 결과를 의미한다). 땅콩 생산자들 모두가 각자의 생산을 줄여서 시장가격을 높이는 데 합의할 수 있다면 모든 생산자에게 이익이 된다. 보다 엄밀하게 말하면 그들이 합의하여 산업 전체의 이윤을 극대화하고 여기서 획득한 총이윤을 적절히 나눈다면 땅콩 생산자들에게 이득이 될 것이다. 다시 말하면, **카르텔**(cartel), 즉 생산자들이 합의하여 생산을 줄이고 가격을 올리는 협약을 형성할 수 있다면 생산자 모두에게 이득이 될 것이다.

카르텔(cartel)

생산업자가 담합하여 생산을 줄이고 가격을 높이는 협정.

그러면 그들은 왜 카르텔을 형성하지 않는 것일까? 그 이유는 **집단 전체로** 보아서는 카르텔의 구성원이 되는 것은 그들에게 이득이 되지만 이것이 개개인의 이익에 부합되는 것을 의미하지는 않는다는 것이다. 카르텔이 시장가격을 올리면 개별 농장주들은 자신이 준수하겠다고 동의한 쿼터보다 많은 양을 생산하고자 하는 인센티브를 가지게 된다. 그런데 모든 농장이 이러한 인센티브를 가지게 되고 또 그들 모두가 생산을 늘리게 되므로, 시장가격은 경쟁시장에서의 균형가격으로 다시 낮아지게 된다. 여기서 바로 정부가 등장하게 된다. 만일 생산자들이 정부로 하여금 카르텔 형성을 강제하도록 할 수 있으면, 개별 생산자들은 다른 생산자들이 카르텔을 지키지 않을 걱정을 할 필요가 없이 높은 땅콩 가격을 유지할 수 있다. 땅콩 산업의 경우 수십 년간 정부가 카르텔을 강제하는 수단을 가지고 있었으며, 면허 없이 땅콩을 생산하는 것은 연방법상 범죄로 규정하였다. 더욱이 생산면허를 가지고 있다고 하더라도 땅콩 생산량은 정부가 정한 쿼터에 의해 결정되었다. 이 프로그램은 땅콩 생산자 입장에서는 매우 성공적인 프로그램이다. 땅콩의 미국 내 가격은 국제가격의 2배 수준이었으며, 이는 면허를 가지고 있는 생산자들에게 지대를 지불하는 역할을 했다. 2002년 면허제도가 폐지되었을 때 면허제도는 수십억 달러 규모의 직접보조금제도로 교체되었다[Riedl, 2002].

카르텔의 관점에서 최적가격은 어느 수준인가? 산업 전체의 이윤을 극대화하기 위해서 카르텔은 산업 전체의 한계비용(1톤의 땅콩을 생산하는 데 소요되는 추가적인 비용)과 산업 전체의 한계수입(1톤의 땅콩 판매로 얻을 수 있는 추가적인 수입)이 같은 생산수준에서 생산하여야 한다. 공급곡선은 한계비용(*MC*)을 나타내고 한계수입곡선은 *MR*로 표시된 선이다. 카르텔의 최적생산수준, Q_{cartel}은 두 선이 교차하는 점에서 결정되고, 가격은 P_{cartel} 수준에서 결정된다. 생산자들이 판매하는 *ad*단위의 땅콩에 대해서 공급가격보다 *ab*만큼 높은 가격으로 판매할 수 있으므로 땅콩 생산업자들은 *abcd* 넓이만큼의 지대를 얻을 수 있다.

생산면허를 유지하기 위해 생산업자들은 금전적인 비용이 소요된다. 예컨대, 그들은 영향력이 있는 의회의원들의 선거운동에 기부를 하고 로비스트를 고용하여야 할 것이다. 그들이 면허세노를 유지하기 위해 자발적으로 지불할 의향이 있는 최고의 금액은 얼마나 될까? 지대는 정상적인 수입을 초과하는 수입이므로 땅콩 생산업자들이 유리한 위치를 점하기 위해 지불할 의향이 있는 최고 금액은 지대총액인 *abcd*일 것이다.

지금까지는 지대추구행위가 단순히 (높은 가격을 지불하는) 소비자로부터 (지대를 획득하는) 생산자로의 이전을 유발하는 것으로 비쳤을지 모른다. 그러나 여기에 추가하여 고려되어야 할 점이 있다. 소비자 잉여는 소비자가 지불하는 가격수준과 수요곡선 사이의 면적에 해당한다는 점을 다시 상기해보자(이 책 마지막에 있는 부록을 참조하시오). 따라서 생산면허제도가 없는 상황에서 소비자 잉여는 *fae* 넓이에 해당된다. 비슷한 추론을 통해 면허제도가 시행되는 상황에서 소비자 잉여가 *fbc* 넓이에 해당한다. 따라서 소비자의 후생은 두 넓이의 차이인 *abce*만큼 줄어들게 된다. 이 중에서 *abcd*만큼은 생산자에게 이전되는 점을 상기해보자. 그러면 소비자 잉여의 감소분 중 *dce*만큼은 누구에게 이전되는가? 답은 아무에게도 이전되지 않는다는 것이다. 이것은 이 사회의 **경제적 순손실**(deadweight loss)로서 아무런 이익도 수반하지 않는 순수한 손실에 해당한다. 이러한 초과부담이 발생하는 이유는 땅콩 가격의 상승이 소비자의 땅콩과 여타 재화 간의 선택에 왜곡을 유발하기 때문이다.

> **경제적 순손실(deadweight loss)**
> 한계편익이 한계비용을 초과함에도 불구하고 거래가 이루어지지 않을 때 존재하는 낭비를 의미함.

독점산업에 대한 표준적인 분석에서는, 면적 *dce*가 유일한 초과부담이다. 그러나 지대추구행위 모형에서는 초과부담이 실제로 더 클 가능성이 있다. 이미 언급하였듯이 지대추구행위로 인해 자원이 낭비될 수 있다. 로비스트는 자신들의 시간을 입법의원들에게 영향을 미치는 데 소비하고, 참고인은 규제와 관련된 위원회 앞에서 증언을 하여야 하며, 홍보담당자는 대중들을 상대로 캠페인을 벌여야 한다. 새로운 재화와 서비스 생산에 사용될 수 있는 자원을 이미 생산된 재화와 서비스의 분배를 위한 교섭과정에 발생하는 갈등구조 속에서 낭비한다. 따라서 면적 *abcd*는 단순히 중립적인 자원 이전이 아니라 시장지배력을 유지하기 위해 사용되는 자원의 크기에 해당된다. 이러한 견해를 전적으로 수용하면 경제적 순손실은 *abcd*와 *dce* 면적의 합인 *abce*만큼의 면적에 해당된다. 지대추구행위와 관련된 비용은 상당히 클 가능성이 높다. 워싱턴 DC에서 활동하는 로비스트들에게 지불하는 비용에 대한 서베이에서 로비스트 단체의 89명 간부들의 연간수입이 100만 달러를 상회하는 것으로 나타났다. 제약산업을 위해 활동하는 로비스트 간부의 경우 450만 달러, 일부 산업 로비스트 간부는 550만 달러의 연간 수입을 얻고 있다[Wall Street Journal, 2010].

그러나 *abce* 면적만큼이 항상 손실액이 된다고 결론 내릴 수는 없다. 많은 경우 이 면적은 지대추구로 인한 후생비용을 과대평가할 수 있다. 예를 들어, 지대추구행위가 선거운동에 대한 기부금, 혹은 뇌물 형태의 이전을 유발한다면 이들은 단순한 이전에 해당하며 자원의 낭비를 유발하지 않는다. 그럼에도 불구하고 지대추구행위 모형의 중요한 공헌은 지대를 창출하기 위하여 정부의 권력에 의해 유발되는 자원 낭비 규모의 잠재적 수준에 대해 우리의 주의를 환기시킨 점이다.

마지막 의문점은 왜 지대추구행위가 없어지지 않고 계속 존재하는 것일까 하는 것이다. 〈그림 6.4〉에 의하면 소비자의 손실이 생산자의 이득보다 큰 것을 확인할 수 있다. 그러면 왜 소비자들은 면허제도를 폐지하라고 주장하지 않는 것일까?

이유는 이익집단은 매우 잘 조직되어 있고 많은 정보로 무장되어 있는 반면, 손실을 보는 소비자들은 잘 조직되어 있지 못할뿐더러 어떤 일이 벌어지고 있는지조차도 잘 모르고 있기 때문이다. 시민들이 자신이 지불하고 있는 비용에 대해 잘 알고 있다고 하더라도 상황을 바로잡기 위해 행동을 취할 가치가 없을 수도 있다. 왜냐하면 이 프로그램의 비용은 전 인구에 걸쳐 분산되어 있어 땅콩 소비자 각자가 부담하여야 하는 비용은 적기 때문에 이 프로그램에 저항하기 위해 시간과 노력을 들일 가치가 없을 수 있다. 이와는 대조적으로 편익은 상대적으로 집중되어 있으므로 정치적 조직을 구성하는 것이 잠재적 수혜자에게는 가치 있는 일이 될 수 있다.

6.2.4 여타 정치과정의 참여자

일일이 다 열거하지는 못하겠지만, 정부의 재정에 대한 의사결정에 영향을 미치는 몇몇 집단을 열거하고자 한다.

먼저, 법정의 판결을 통해 사법부는 정부지출에 큰 영향을 미친다. 사법부 판사들은 공립학교에서의 두 언어 병행교육 프로그램과 교도소 리모델링과 같이 다양한 항목에 대한 공공지출을 명령하기도 하였다. 최근 뉴저지 최고법원은 주지사의 교육예산삭감은 저소득지역 학교에 충분한 재원을 지급하라는 법원의 주정부에 대한 명령을 위반하였다고 판결하였다. 이 판결로 인해 5억 달러의 주정부 지출이 추가적으로 증가하였다[Cooper, 2011].

언론인들도 특정 이슈로 대중의 이목을 집중시키는 방법으로 재정활동에 영향을 미친다. 교량과 도로의 열악한 상황에 대해 대중의 이목이 집중되면, 사회기반시설에 대한 지출이 증가하는 결과가 발생한다. Gerber, Karlan과 Bergan[2006]의 연구에 의하면, 신문이 유권자의 투표에 영향을 미치는 것으로 나타났다. 무작위로 선정된 사람들 중 일부에게는 (일반적으로 진보성향이라고 알려져 있는) 워싱턴 포스트를, 혹은 (일반적으로 보수성향으로 알려져 있는) 워싱턴 타임즈를, 그리고 나머지 사람들에게는 어떠한 신문도 제공하지 않는 실험을 하였다. 그 연구에 의하면 워싱턴 포스트를 본 유권자가 민주당 주지사에게 투표하는 비율이 아무 신문도 받아보지 않은 사람들보다 8%P 높은 것으로 나타났다. 이 결과는 미디어가 사람들의 투표행위에 상당한 영향을 미치는 것을 나타낸다.

마지막으로, 정보가 권력의 중요한 원천이란 점을 감안하면, 전문가도 공공부문의 의사결정에 영향을 미친다. 특정 사안에 대한 전문적인 지식이 있는 의회의 전문 보좌관들은 법안을 입안하는 데 매우 중요한 역할을 한다. 물론 정부 밖에도 전문가들이 많다. 대학의 사회과학 교수들, 환경공학자들 그리고 다른 많은 전문가들이 그들의 전문성을 이용하여 경제정책에 영향을 미치고자 한다. 경제학자들은 존 메이너드 케인스[1965/1936, p. 383]의 유명한 금언을 즐겨 인용한다. "경제학자나 정치학자들의 아이디어는 그것이 옳든 틀리든 일반적으로 인식되는 것보다 훨씬 큰 영향력을 가진다. 실로 이것보다 세상에 큰 영향을 미치는 것은 거의 없다." 그러나 사회과학연구가 실제로 정책에 영향을 미치는지, 만일 그렇더라도 어떤 경로를 거쳐 영향을 미치는지 이해하는 것은 매우 어려운 일이다.

6.3 징부부문의 팽창에 대한 설명

6.3.1 정부부문의 팽창에 대한 이론들

정부부문의 팽창은 정치경제학 이슈에 대한 많은 관심을 촉발하였다. 제1장에서 기술한 바와 같이 미국의 공공부문 지출은 장기적으로 (그 절대적인 규모에서나 경제에서 차지하는 비중면에서도) 엄청난 규모로 증가하였다. 공공부문의 팽창은 미국에만 국한된 것은 아니다. 이는 〈표 6.6〉에 제시되어 있는 몇몇 서구국가들의 예에서도 찾아볼 수 있다. 따라서 우리는 공공부문 팽창의 원인에 대한 설명을 모색하는 과정에서 미국이 특이하게 경험한 사건들과 특이한 제도에 너무 집착해서는 안 된다. 여기서는 가장 대표적인 이론들을 소개하고자 한다. 이들 이론들은 전적으로 상호배제적이지는 않다. 어떤 이론도 모든 현상을 다 설명하지는 못한다. 이론들을 모두 다 모아보아도 여전히 설명되지 않는 부분이 있다.

시민의 선호 정부지출의 팽창은 시민들의 선호의 표출이다. 중위투표자의 공공부문의 재화와 서비스(G)에 대한 수요함수가 공공부문 재화 서비스의 상대가격(P)과 소득(I)의 함수 f로 표현된다고 가정하자.

$$G = f(P, I) \tag{6.1}$$

이러한 수요함수를 이용하여 소득의 더 많은 부분이 공공부문에서 이용되는 현상을 보이는

표 6.6 주요국가의 GDP 대비 정부지출 비중(%)

연도	캐나다	스위스	영국
1900	9.5	n.a.	14.4
1910	11.4	n.a.	12.7
1920	16.1	n.a.	26.2
1930	18.9	15.9	26.1
1940	23.1	19.2	30.0
1950	22.1	19.9	39.0
1960	29.7	17.7	31.9
1970	36.0	21.3	41.8
1980	41.6	29.3	45.2
1990	48.8	30.3	41.1
2000	41.1	35.1	39.1
2010	44.1	34.2	50.5

자료: 1970년 이전 연도 수치는 Pommerehne[1977]에서 인용. 1970년 이후 기간의 수치는 OECD(2012a)에서 인용.
注: N.A. = not available

방식은 여러 가지가 있다. 소득이 특정 비율 증가하였을 때 그 소득의 증가 비율보다 높은 비율로 공공부문의 재화와 서비스에 대한 수요량이 증가한다고 하자. 다시 말해서, 수요의 소득탄력성이 1보다 크다고 가정하자. 만일 이것이 사실이라면 (다른 조건이 동일하다면) 소득의 증가 자체가 소득 대비 정부부문의 산출물에 대한 소비가 증가하도록 한다.[13] 이와 유사하게, G의 가격탄력성이 1보다 작고 가격이 시간의 경과에 따라 상승하게 되면 정부부문의 비중이 증가하게 된다.

여기서 중요한 점은 정부의 상대적 규모가 증가하는 것 자체는 정치과정이 어떤 면에서 잘못 작동하고 있다는 것을 의미하는 것이 아니라는 것이다. 정부부문의 팽창은, 정부의 팽창으로 인해 민간부문에서의 소비를 포기하여야 하는 기회비용을 적절히 평가하여 합리적으로 판단하는 유권자의 희망의 결과로 나타나는 것이다. 여기서 생기는 의문점은 P와 I의 그간의 변화가 G의 역사적인 변천과정을 충분히 잘 설명하고 있는가 하는 것이다. 이 질문에 대한 해답을 얻기 위해 첫 번째로 P와 I의 실제 변화율을 계산하고, 이 변화율을 계량경제학적으로 추정된 G의 소득(I) 탄력성과 가격(P) 탄력성 추정치에 곱하여보자. 이렇게 계산해보면 G의 변화 중 순수하게 I와 P의 변화에 의해서 설명되는 부분을 추출해낼 수 있다. 다음으로 이 결과를 〈표 6.6〉의 수치와 비교해보자. 이러한 방법을 이용한 연구결과에 의하면 미국의 공공부문 예산 증가의 40% 정도만이 식 (6.1)로 설명이 가능하다고 한다(Holsey and Borcherding[1997] 참조). 이러한 계산은 다소 개략적이라고 할 수 있지만, 이 계산에 의한 결과는 단순한 중위투

13 정부서비스 증가가 소득의 증가보다 빠르다는 가설은 종종 이 가설을 정형화한 19세기 경제학자의 이름 아돌프 바그너를 따라서, '바그너의 법칙'이라고 지칭된다.

표자정리로 설명되지 않는 부분이 많다는 것을 나타낸다고 하겠다.

막시스트의 견해 막시스트 이론은 국가 지출의 증가가 정치경제 시스템에 이미 내재되어 있다고 주장한다. 막스경제학 모형에서는 민간부문이 과잉생산하는 경향이 있으므로, 자본가에 의해 지배되는 정부는 이러한 과잉생산을 흡수하기 위하여 지출을 증가시킬 수밖에 없다. 이러한 현상은 전형적으로 군비 증강으로 나타난다. 동시에 국가는 노동자의 불만을 완화하기 위하여 복지서비스에 대한 지출을 증가시킨다. 궁극적으로 이러한 지출의 증가는 조세수입 확보 능력을 넘어서고 정부는 붕괴하고 만다.

역사상 사실은 이러한 분석 내용과 다른 면을 보인다. 제2차 세계대전 이후 정부 규모의 범위가 괄목할 만큼 증가하였는데, 이러한 증가가 군비 재무장을 통해 이루어진 경우는 없다는 사실은 주목할 만하다. 막시스트 경제학자들의 분석의 가장 중요한 공헌은 경제시스템과 정치시스템의 상호관련성이 정부부문 팽창의 중요한 원인인 점을 인식하였다는 것이다.

돌발적인 사건들 정부부문 팽창을 불가피한 것으로 보는 이론들과 대조적으로 정부팽창을 돌발적인 사건의 결과로 해석하는 견해도 있다. 정상적인 시기에는 공공부문 지출이 미미한 속도로 증가한다. 그러나 때때로 외부로부터의 경제·사회 시스템에 큰 충격이 가해지면 정부지출이 더 높은 수준으로 증가하여야 하고 새로운 재원조달 방법이 강구되어야 한다. 이러한 충격이 시리진 이후에도 높은 수준으로 정부지출이 지속되는데 이는 일종의 관성이 작용하기 때문이다. 이러한 충격의 예로 한국의 경우 석유파동과 외환위기를 들 수 있으며, 미국의 경우 대공황, 제2차 세계대전, 위대한 사회(The Great Society)[14], 베트남 전쟁, 2008년의 글로벌 금융위기에서 비롯된 경기침체 등이 있다.

사회적 가치관의 변화 가끔 대중적인 논의를 보면, 개인의 독단적인 행동을 부추기는 사회적 분위기가 사람들로 하여금 정치시스템에 대해 과도하게 요구하게 할 수도 있다는 생각이 든다. 동시에 광범위하게 이루어지고 있는 TV 홍보가 사람들의 기대를 지나치게 높여놓은 경우가 있다. 다시 말하면, 사람들로 하여금 정부 사업에는 기회비용이 존재한다는 사실을 잊어버리게 하는 산타클로스식 사고방식을 가지게 한다는 것이다.

그러나 혹자는 사람들이 프로젝트 비용을 과소평가하기보다 정부 프로젝트의 편익을 과소평가한다고 주장하기도 한다. 이 경우 정부부문의 규모는 너무 큰 것이 아니라 너무 작다는 것이다. 그러나 보다 일반적으로는 최근의 사회현상이 정부지출의 증가를 설명해주는 경우도 있지만, 정부지출의 증가는 너무나 긴 기간 동안 그리고 너무나 많은 곳에서 이루어지고 있어 이러한 설명은 큰 신뢰를 얻지 못하고 있다.

소득재분배 정부 팽창의 원인을 저소득층 사람들이 정부로 하여금 자신들에게 소득을 재분배하도록 하는 데서 찾기도 한다. 이 이론의 아이디어는 정치인들이 중위투표자보다 높은 소득계층의 유권자들에게 비용을 지우는 각종 급여를 중위투표자보다 낮은 임금계층 사람들에게 지급함으로써 이들의 지지를 이끌어낸다는 것이다. 만일 평균소득수준이 중간소득수준보다

---

14 미국의 존슨 대통령이 1960년대에 추구한 빈곤추방정책 및 경제번영정책을 지칭한다.

높고, 소득재분배 메커니즘이 경제적 유인을 크게 저해하지만 않으면 정치인들은 정부가 소득분배에 미칠 수 있는 여지를 확대함으로써 유권자로부터 지지를 얻을 수 있을 것이다. 예를 들어, 5명의 유권자가 있다고 하자. 이들의 소득은 각각 5,000달러, 1만 달러, 1만 5,000달러, 2만 5,000달러, 4만 달러라고 하자. 중위투표자의 소득은 1만 5,000달러이며, 평균소득은 1만 9,000달러이다. 정치인이 소득이 2만 5,000달러 미만인 사람에게 소득을 이전하는 정부프로그램을 지지할 경우 다수결투표에서 승리할 것이다. 이 예가 의미하는 바는 중간소득과 평균소득의 차이가 클수록 정부에 의한 재분배가 커질 수 있다는 것이다. 다시 말하면, 소득이 고소득층에 집중되어 있을수록 중위투표자가 이전지출을 통한 소득재분배의 혜택을 볼 여지가 더 커진다는 것이다. Persson과 Tabellini[1999]의 기존 문헌조사에 의하면 이러한 이론이 선진국들의 소득이전정책의 특징을 잘 설명해주고 있다고 한다.

이 이론의 문제점은 〈표 1.11〉에 제시되어 있는 것과 같이 정부지출 비중이 점진적으로 증가하고 있는 현상을 설명하지 못한다는 것이다. 단번에 대규모로 고소득층의 소득을 징발해서 저소득층에 이전하지 않는 이유는 무엇일까? 그 이유는 서구국가에서 지난 세기 동안 투표권을 부여받기 위한 재산과 신분 기준이 점진적으로 완화되었기 때문이다. 미국의 경우 1960년대가 되어서야 그때까지 상당수 남아 있던 투표권 제한사항이 폐지되었다. 저소득층에 대한 투표권의 확대가 소득재분배정책을 약속하는 정치인을 지지하는 유권자의 비중을 증가시킨다. 따라서 투표권의 점진적인 확대로 인해 정부부문 비중을 단번에 큰 규모로 증가하지 않고 점진적으로 증가하게 하였다고 할 수 있다. 이러한 추측은 Husted와 Kenny[1997]의 1950년과 1958년 사이의 주정부 지출패턴의 분석에서 확인되었다. 이 기간 동안 많은 주에서 선거세(poll taxes)와 문자해독 기준을 폐지하였으며 이로 인해 특히 저소득층 유권자들을 포함한 유권자들의 투표참여율이 높아지게 되었다. 이들 주에서는 “이 기간 동안 복지지출규모가 크게 증가하였으며 다른 부문의 지출은 변화가 거의 없었다”[p. 54].

이 이론의 한계는 소득재분배를 위한 정부의 정책수단을 설명하지 못한다는 것이다. 만일 이 이론이 맞다면, 대부분의 소득재분배가 저소득층으로 이루어져야 하며, 이들의 후생을 극대화할 수 있는 방식, 다시 말하면 현금급여가 직접 지급되는 방식으로 이루어져야 한다. 그러나 제12장에서 논의하겠지만, 미국의 이전지출은 많은 경우 현물형태로 이루어지며, 많은 이전지출이 중산층에게도 지급되고 있다.

이와 대비되는 견해는 소득재분배는 주로 중간소득계층 사람을 겨냥한다는 것이다. “공공지출은 주로 중간소득계층에게 혜택을 주도록 만들어지며, 비용의 상당부분이 저소득층과 고소득층에 의해 부담된다.”[15] 또한 정부의 이전지출 프로그램 중에는 고소득층에도 혜택을 주는 경우도 있다. 그 예로 제10장에서 논의할 노인건강보험제도인 메디케어(Medicare)를 들 수 있다.

여러 소득계층에 혜택을 주는 이전지출 프로그램이 동시에 존재할 수 있으므로, 이러한 정부의 소득재분배정책에 대한 다양한 견해는 상호배타적인 것은 아니다. 여기서 중요한 점은 이들 견해가 보이고 있는 공통된 논지이다. 정치인, 지대추구 이익집단, 관료들 모두가 정부 프로그램의 지속적 증가에 찬성표를 던지고 있다는 것이다.

---

15 이 명제는 경제학자 아론 디렉터의 이름을 따서 ‘디렉터의 법칙’으로 지칭된다.

6.4 결론

공공정책에 대한 의사결정은 매우 복잡하며 아직도 모르는 부분이 많다. 민주주의에 대한 단순한 모형과 달리 중위투표자가 선호하는 수준보다 더 많은 지출을 하도록 하는 요인이 많이 존재한다. 그러나 현재의 정부재정이 공평하지 못하고 비효율적이라고 판단되더라도 이것이 제도로서의 정부 자체가 나쁘다는 것을 의미하지 않는다. 자원배분에 대한 시장지향적인 접근법을 선호하는 사람은 시장을 향상시키는 방법을 모색하기 마련이다. 정부의 경우도 이와 같이 정부의 기능을 향상시키는 노력이 필요할 것이다.

심화 과정을 위한 추천 논문과 저서

정치적 문제를 경제학적 분석으로 집대성한 아래 저술은 정치경제학의 중요한 전환점이 되는 저술이다.

- Buchanan, J. M. and G. Tullock, 1962, *The Calculus of Consent*, Ann Arbor: The University of Michigan Press.

박사과정 수준의 정치경제학에 대한 기존 연구에 대한 문헌조사는 다음 논문을 참조하시오. 아래 논문에는 정치과정에서 발생하는 재분배 문제를 '부자 vs. 가난한 자', '청년층 vs. 노년층', '자본 vs. 노동' 간의 정치적 의사결정 문제로 분석한 논문들과, 이익집단과 관련된 '로비', '입법과정상 교섭', '선거과정' 등의 관점에서 분석한 논문들을 소개하고 있다.

- Persson, Torsten, and Guido Tabillini, 2002. "Political Economics and Public Finance," Chapter 26 of *Handbook of Public Economics* Vol.3.

이 장에서는 투표방식 중 다수결투표방식에 대해 주로 논의하였다. 안건채택에 필요한 최적의 투표비율에 대해 분석하는 '최적다수 원칙'은 아래 자료를 참조하시오.

- Boadway, R. and Wildasin, D. [1984]. *Public Sector Economics*의 제6장. Boston.

이익집단에 대해 관심이 있는 독자는 이익집단과 관련된 정치경제학적 문제에 대한 분석틀로 널리 이용되고 있는 아래 논문을 참조하면 좋을 것이다.

- Persson, T., 1998, "Economic Policy and Special Interest Politics," *Economic Journal* 108, pp. 310–327.

한국은 최근 총액배분 자율편성(top-down 시스템), 국가재정운용계획(중기예산제도), 재정성과관리제도, 디지털예산회계시스템 등을 4개축으로 한 재정혁신을 추진하였다. 2007년에 시행된 국가재정법도 재정건전화 시도의 중요한 의미를 갖는다. 관련 내용을 기획재정부 홈페이지에서 찾을 수 있으며, 국가재정법은 법제처 홈페이지에서 찾아볼 수 있다.

요약

- 정치경제학은 정치적 의사결정과정을 경제학적 원리를 적용하여 분석하는 것이다.
- 경제학자들은 직접민주주의 체제하에서 공공재 수준을 결정하는 몇 가지 방법을 연구하였다.
  - 린달 가격설정은 효율적인 공공재 수준을 결정하는 만장일치 동의 상황을 가능하게 하지만, 린달균형 달성 여부는 개개인의 선호를 정직하게 밝히는지 여부에 달렸다.
  - 다수결투표방식은 일부 유권자들의 선호가 단일정점선호 체계가 아니면, 일관성이 결여된 의사결정을 유발한다.
  - 투표거래는 투표를 거래하는 과정에서 유권자들이 자신의 선호의 강도를 표현하는 것을 가능하게 한다. 그러나 이 경우 대중의 손실을 대가로 소수가 이득을 보는 경우가 발생할 수 있다.
- 애로의 불가능성 정리는 일반적으로 명확하게 합리적인 여러 기준을 만족시키는 의사결정방식은 존재하지 않음을 의미한다. 이것이 의미하는 바는 민주주의 체제하에서는 원래 일관성이 결여된 의사결정이 나타날 수 있다는 것이다.
- 대의민주주의 체제하에서 정부 행태를 설명하기 위해서는 정치인, 관료, 이익집단의 상호작용에 대해 연구하여야 한다.
- 제한된 가정하에서 정치인의 행동은 중위투표자의 희망과 유사하다.
- 관료들은 경제정책의 수립과 시행에 중요한 영향을 미친다. 한 이론에 따르면 관료는 자신이 속한 정부기관의 예산 규모를 극대화하려고 하며, 이로 인해 서비스의 과잉공급이 유발된다.
- 지대를 추구하는 시민들은 정부활동에 영향력을 행사하기 위해 이익집단을 형성한다. 이익집단들은 소득원천, 소득규모, 산업, 지역, 개인의 특성을 바탕으로 형성된다.
- 정부의 규모는 어떤 수치를 기준으로 하여도 빠르게 증가하여왔다. 이러한 현상을 설명하는 방식은 다음과 같은 것이 있다.
  - 시민들이 단순히 큰 정부를 원한다.
  - 공공부문은 민간부문의 과잉생산을 흡수하기 위해 규모가 팽창되어야 한다.
  - 전쟁과 같은 돌발적인 사건이 정부의 규모를 증가시키며, 일단 증가하면 일종의 관성이 작용하여 원래의 수준으로 돌아가지 않는다.
  - 정부프로그램의 기회비용을 전혀 고려하지 않은 비현실적인 기대가 정부서비스에 대한 수요를 증대시킨다.
  - 특정 집단이 정부로 하여금 소득을 자신들에게 재분배하도록 유도한다.

연습문제

1. 다섯 사람 1, 2, 3, 4, 5가 프로젝트 A, B, C, D에 대해 순위를 아래와 같이 정한다고 하자.

1	2	3	4	5
A	A	D	C	B
D	C	B	B	C
C	B	C	D	D
B	D	A	A	A

a. 〈그림 6.2〉와 같이 선호를 그림으로 나타내시오.

b. 어느 프로젝트가 다수결투표에 의해 선택될 수 있나? 만일 그렇다면 이유는? 만일 그렇지 못하면 그 이유는?

2. 2007년 입법에 의해 3,000억 달러의 예산을 부유한 농가와 이미 충분한 경제력을 가진 농민들에게 지출하게 되었다[Economist, 2008]. 의회는 도시 거주자로부터 이 법안에 대한 지지를 얻을 수 있었는데, 그 이유는 이 입법의 대가로 저소득층 가구에 대한 식품보조금('food stamps')을 약속하였기 때문이다. 이 장에서 공부한 정치적 의사결정 이론 중 어느 이론이 이 현상을 설명하는 데 가장 적합한 이론일까?

3. 3명의 투표자 A, B, C가 X, Y 사안에 대한 다수결투표를

실시한다. 두 이슈가 분리되어 표결에 부쳐진다. 각 사안이 채택될 경우 투표자들의 순편익의 변화는 표와 같다.

투표자	이슈 X	이슈 Y
A	+6	−3
B	−1	+4
C	−2	−3

a. X, Y 중 어느 사안이 다수결원칙에 의해 채택될까?

b. 투표거래가 존재할 경우 어느 사안이 채택될 수 있을까? 투표거래가 효율성을 증진시키는가?

c. 한 유권자가 다른 유권자에게 특정 사안에 대한 찬성 혹은 반대를 선택하는 대가로 금전적인 보상을 할 수 있다고 하자. 이때 b의 결과보다 더 효율적인 결과를 얻을 수 있을까?

d. 이러한 투표에 대한 금전적인 보상이 발생할 경우 실제 이루어지는 금전적 보상의 수준은?

4. 크리스티아나 자유도시는 코펜하겐시에 위치한 800명의 성인과 250명의 어린이로 구성된 공동체이다. 이 자유도시는 히피들과 이와 유사한 종류의 사람들에 의해 설립되었으며, 덴마크의 다른 지역과 동일한 법률이 적용되지 않는다. 이 지역을 관장하는 평의회(council)나 행정조직이 존재하지 않으며 모든 사안이 여론으로 결정된다. … 실제로 다른 거주자 집단 간에 공동체의 책임을 어떻게 나누느냐를 놓고 긴장이 높아지고 있다[Kinzer, 1996, p. A3]. 이 현상이 우리가 익힌 직접민주주의 체제하에서의 투표이론과 부합하는가? 크리스티아나를 위해 추천할 만한 투표방식에는 어떤 것이 있는가?

5. 2005년에 쿠웨이트 여성들은 의회의원 투표권을 획득했다. 실제로 쿠웨이트에서는 여성 유권자 수가 남성 유권자 수를 능가하게 되었다. 그 이유는 남성 유권자는 투표하기 위해 스스로 투표인 명부에 등록을 해야 하지만 여성은 자동적으로 등록되기 때문이다. 한 여성 유권자가 이렇게 말하였다. "의회의 관리들은 과거 우리의 권리에 반하는 투표를 하였다. 그러나 지금은 그들이 우리에게 그들을 지지해달라고 호소하고 있다"[Fattah, 2006]. 이 예는 중위투표자정리의 예측의 타당성과 관련하여 어떠한 의미가 있는가?

6. 1998년 푸에르토리코 국민은 다음 5가지 대안에 대한 국민투표를 실시하였다. ① 자치령 지위로 남아 있을 것, ② 미국의 주로 편입, ③ 완전한 독립, ④ '자유 연합'(독립적인 지위를 지니되 특정한 사안에 대해서는 미국에 위임하는 방식), ⑤ 그리고 위의 선택 중 아무것도 선택 않음. 이 다섯 대안에 대해 투표를 할 때 발생할 수 있는 문제점에 대해 논하시오.

7. 워싱턴 DC의 시의회의원들이 최근 택시를 운영하기 위해서는 면허를 부여하는 메달리온(medallion)을 취득하는 것을 의무화하는 법안을 제출하였다. 이 법안에는 메달리온 소자자의 수가 현시점의 택시의 총수보다 적어야 한다. 〈그림 6.4〉의 모형을 이용하여 이 법안이 택시요금과 (만일에 있다면) 후생비용에 미치는 효과를 설명하시오.

8. 우유의 수요함수가 $Q = 100 - 10P$로 주어졌다고 하자(여기서 Q는 수요량, P는 가격을 나타냄). 공급곡선은 수평으로서 공급가격은 2라고 하자.

a. 시장이 경쟁적이라고 가정하자. 우유의 균형가격과 판매량은?

b. 어떤 정치인들이 우유 생산업자들이 카르텔을 형성하고 유지할 수 있도록 하는 법적 장치를 만들었다고 하자. 이 카르텔의 가격과 판매량을 구하시오[힌트: 한계수입곡선(MR)은 $MR = 10 - Q/5$로 주어진다]. 또한 공급곡선이 각 산출량 수준에서의 한계비용 수준임을 상기하시오.

c. 이 카르텔과 관련된 지대의 수준은 얼마나 되는가?

d. 카르텔을 유지하기 위해 각 생산업자는 관련된 정치인에게 선거운동 헌금을 한다고 하자. 헌금의 최고수준은 어느 정도나 될까? 카르텔과 관련된 초과부담은 얼마나 되는가?

e. 정치헌금을 하는 대신 우유 생산자들이 로비스트와 변호사들을 고용하여 의회를 상대로 일하게 한다고 하자. 그러면 지대추구행위와 관련된 초과부담의 추정치에는 어떤 변화가 생기는가?

9. 담배 산업을 선도하는 필립모리스는 담배 광고를 금지하

는 식품의약국의 2009년 법안을 지지하였다. 이 장에서 논의한 이론 중 이 현상을 설명하는 데 가장 적합한 모형은?

10. 존, 엘리너, 아비가일 세 사람이 교육에 대한 정부 지출에 대해 다수결투표를 실시하는 한 사회를 상정해보자. 교육재정 수준에 대한 3가지 대안이 있다고 하자: H(높은 수준), M(중간 수준), L(낮은 수준). 세 사람은 3가지 대안에 대해 다음과 같이 순위를 매긴다고 하자.

순위	존	엘리너	아비가일
1	M	L	H
2	L	M	M
3	H	H	L

a. 이들 3가지 대안의 모든 가능한 짝을 생각해보자. M 대 H, H 대 L, L대 M. 각각의 짝을 상정하여 실시된 투표 결과는? 이 경우 교육재정에 대한 안정적인 다수결투표 결과를 얻을 수 있는가? 만일 그렇다면 어느 수준으로 결정되겠는가? 만일 한 사람에게 투표 순서를 정할 수 있는 권한을 부여할 경우 투표 결과에 어떠한 영향을 미치는가? 설명하시오.

b. 엘리너의 선호순위가 다음과 같이 변하였다고 하자. 1순위 = L, 2순위 = H, 3순위 = M. 다수결투표 결과에 영향을 미치는가? 만일 그렇다면 어느 대안이 선택되는가? 만일 한 사람에게 투표 순서를 정할 수 있는 권한을 부여할 경우 투표 결과에 어떠한 영향을 미치는가? 설명하시오.

11. [행정고시 2차 2012년 기출문제] 복지와 성장에 관한 정책을 1에서 9까지의 자연수로 나타내고, 그 값이 커질수록 성장에 더 높은 가중치가 부여된다고 하자. 유권자들은 최하소득계층 1에서 최고소득계층 9까지 소득 순서에 따라 9개의 계층으로 구성된다. 소득이 높을수록 성장을 더 중요시하며, 계층 k(단, $k = 1, 2, \cdots, 9$) 유권자는 정책 k를 가장 선호한다. 각 유권자의 선호체계는 단봉형이다.

a. 각 소득계층의 유권자 수가 균일하게 분포한다고 하자. 중위투표자정리를 기술하고, 이를 적용하여 과반수투표제하의 (직접)민주주의적인 의사결정에 따른 결과를 서술하시오.

b. 각 소득계층의 유권자 수가 균일하게 분포한다고 하자. ○○당과 △△당, 두 정당이 경쟁하는 다음과 같은 간접민주주의 제도를 고려하자.

- ○○당의 이념을 대변하는 정책은 1이고 △△당의 이념을 대변하는 정책은 9이다.
- 두 정당이 동시에 개별적으로 1에서 9까지 9가지 정책 중에서 하나를 공약으로 선택하고, 각 유권자들은 자신이 가장 선호하는 정책에 더 가까운 정당에 투표한다.
- 만약 두 정당의 정책이 같은 거리에 있으면 반반의 확률로 각 정당에 투표한다. 선거는 일인일표제이며 한 표라도 더 득표한 정당이 집권한다.
- 만약 두 정당이 똑같이 득표하면 반반의 확률로 집권하게 된다.
- 집권당은 자신의 선거공약을 실천한다.

각 정당의 목표가 이념 위치와 무관하게 집권 가능성을 극대화하는 것일 때 나타날 결과를 설명하시오. (단, 각 정당의 정책, 집권당, 그리고 실현되는 정책을 명시하여 내쉬균형을 찾고 균형이 되는 이유를 설명할 것)

c. 다른 모든 조건은 b와 같으나, 각 정당의 목표가 이념성취도를 극대화하는 것이라고 하자. 구체적으로, 선거 결과 집권당의 정책이 k일 때, ○○당의 이념성취도는 $10 - (k - 1)$이고 △△당의 이념성취도는 $10 - (9 - k)$이다. 이러한 이념적 정당들 간의 경쟁으로 나타날 결과를 설명하시오. (단, 각 정당의 정책, 집권당, 그리고 실현되는 정책을 명시하여 내쉬균형을 찾고 균형이 되는 이유를 설명할 것)

d. 어떤 소득분포하에서 소득의 중위값(중위소득)을 y_{med}로 나타내고 평균소득을 μ로 나타내자. 경제위기로 인하여 $1 - y_{med}/\mu$로 측정되는 소득불평등도가 악화될 때, 정부 정책에 나타날 변화를 설명하시오.

12. [행정고시 2차 2013년 기출문제] 주요 선진국들의 평균 GDP 대비 정부지출이 20세기 초에는 10% 이내였으나, 20세기 후반에는 40% 가까이로 급증하였다. 정부지출 증가는 경제 · 정치 · 사회 등 여러 요인들의 영향을 받는다고 알려져 있다. 정부지출의 팽창 요인들에 대해 다음 물음에 답하시오.

a. 이익집단과 정부관료의 측면에서 구체적으로 설명하시오.
b. 재정착각(fiscal illusion)의 측면에서 대표적 이론과 사례들을 이용하여 설명하시오.
c. 조세구조 효율성의 측면에서 설명하시오. (단, 정부지출과 조세수입은 같다고 가정한다.)

13. [행정고시 2차 2014년 기출문제] 각 지역의 중위투표자는 사적재와 지방공공재의 선택을 통해 예산제약하의 효용극대화를 추구한다. 무차별곡선을 이용하여 지방공공재 지출에 대한 무조건부 보조금과 조건부 (무한)대응보조금의 효과에 대한 다음 물음에 답하시오. (이 문제는 제22장 '지방재정'을 읽은 후 푸는 것을 권장함)

a. 지방공공재에 대한 조건부 대응보조금을 일대일 대응방식의 형태로 교부한다면 중위투표자의 선택은 어떻게 변화하는지 그래프를 이용하여 설명하시오.
b. a의 경우 교부된 대응보조금의 크기를 그래프에 표시하시오.
c. a와 같은 크기의 무조건부 보조금을 교부할 때 중위투표자의 선택의 변화를 표시하고, 2가지 경우의 경제적 효과를 비교 평가하시오.
d. 우리나라의 지방자치단체는 무조건부 보조금의 크기에 관계없이 지방세 세율을 일정하게 유지하는 경향이 있다. 이러한 경우 중위투표자의 선택의 결과를 그래프로 표시하고 이를 이용하여 끈끈이효과(flypaper effect)를 설명하시오.

Chapter 7

교육

> 모든 국가의 기본은 젊은이들을 교육시키는 것이다.
>
> — 디오게네스

이전 장들에서는 시장경제에서 정부 개입의 정당성을 판단하는 데 경제학자들이 이용하는 접근방법들에 대해 논의하였다. 이제 이러한 접근방법을 교육이라는 분야에 대해 적용할 것이다. 교육은 재정학 분석 도구를 응용하는 훌륭한 사례연구 대상일 뿐 아니라 엄청난 액수의 정부 지출이 이루어지는 분야라는 그 자체만으로도 흥미로운 대상이 된다.

우리나라의 정부지출에서도 교육은 매우 큰 비중을 차지하고 있다. 2019년 교육예산은 총 70.6조 원에 달하여 전체 예산의 15%에 달한다. 이 중 초중등 예산이 59.6조 원으로 총교육예산의 84%를 차지하며 고등교육 예산은 10.4조 원으로 14%를 차지하고 있다. 이런 정부의 교육예산으로 인해 초중등학교는 의무교육으로 해당 연령대에 이른 모든 아동과 청소년들에게 무상으로 제공되고 있으며 무상교육을 고등학교까지 확대하자는 의견도 강하게 제기되고 있다. 대학의 경우에도 상당한 액수의 국가장학금이 소득 8분위 가구에까지 제공되고 있으며, 공적 기관이 운영하는 학자금 대출제도도 실행 중이다.

이 장에서는 앞서 배운 재정학 이론들을 교육에 대한 분석에 활용해보며, 교육에 대한 경제학 연구가 어떻게 이루어지고 그것이 정책 논쟁에는 어떻게 반영되어왔는지 등을 살펴보기로 한다.

7.1 교육에 대한 정부 개입의 정당성

후생경제학적인 접근방식을 이용하여 교육 문제를 접근해보자. 왜 정부가 교육을 시장에 맡겨놓지 않고 교육에 그토록 폭넓게 개입하는가? 앞 장에서 보았듯이 공공재의 경우나 외부성이 발생하는 경우에는 시장에 의한 자원배분이 비효율적이다. 따라서 교육에 대한 정부 개입의 정당성을 살펴보기 위해서는 교육이 공공재와 외부성이라는 두 범주에 속하는지에 대해 생각해보아야 한다.

7.1.1 교육은 공공재인가?

공공재는 비경합적이며 비배제적임을 기억하자. 교육은 이 두 기준 중 어디에도 맞지 않는다. 교육은 소비에 있어 적어도 어느 정도는 경합적이다. 왜냐하면 교실에 학생 수가 증가하게 되면 각 학생은 선생님으로부터 개별적인 주목을 덜 받게 되고 교실이 붐비게 됨에 따라 교육기자재 이용에도 제약이 따르게 되기 때문이다. 비경합적인 재화와는 다르게, 교육 소비자 추가는 기존 소비자의 만족도에 영향을 미친다. 교육 소비로부터 어떤 학생을 배제하는 것이 가능하기 때문에 교육은 배제적이다. 한마디로 교육은 기본적으로 사적 재화이며 생계수단을 얻어내는 능력, 좀 더 일반적으로는 인생에 대처하는 능력을 증진시킴으로써 교육 소비자의 후생을 증진시킨다.

7.1.2 교육은 양의 외부성을 만들어내는가?

교육은 기본적으로 사적 재화이지만, 많은 사람들은 어린이들을 교육시키는 것은 사회의 다른 사람들에게도 도움이 된다고 주장한다.

교육에서 발생하는 양의 외부성의 한 예로 교육이 사회화의 기본 동력을 제공한다는 것을 들 수 있다. 그리스 역사가 플루타르크가 그의 『도덕론』에서 기술했듯이 "정직과 미덕의 뿌리와 원천은 교육에 있다." 민주 정부에 있어 교육은 투표권자들에게 그들의 정치적 선택의 기준을 어디다 두어야 하는지에 대해 가르쳐준다. 조지 워싱턴이 말했듯이 "정부의 구조가 여론에 기반하고 있는 만큼 여론을 교화하는 것이 필수적이다." 실제로 Glaeser, Ponzetto와 Shleifer [2006]는 국가별로 교육수준과 정부의 민주화 수준 사이에는 높은 상관관계가 있음을 발견하기도 했다.

그렇지만 이런 전통적인 견해와는 상이한 실증분석 결과가 보고되기도 한다. Acemoglu 등 [2005]은 교육 연수가 국가별 민주화 정도와 어떤 상관관계가 있는지를 연구하였다(그 나라가 공정한 선거를 하는가, 선출된 사람들이 실제로 통치하는가, 경쟁하는 정당들이 존재하는가 등과 같은 질문 항목을 근거로 민주화 정도를 측정한다). 예상한 바와 같이 그들은 양의 상관관계를 발견하였다. 즉 평균 교육 연수가 높은 나라들이 더 민주적이었다. 그렇지만 그들은 문화적·역사적 배경과 사회제도에서 국가 간 차이가 너무 크기 때문에 이런 횡단면 상관관계를 인과관계로 규정하는 것은 잘못일 수도 있음을 지적하였다. 따라서 그들은 각 나라별로 해당 국가에서 일어난 교육 연수의 **변화**가 민주화 지표를 변화시키는지에 연구의 초점을 맞추었다. 실제로 국가 내의 변화에 초점을 맞춤으로써 그들은 측정하기 어렵거나 불가능한 국가별 특징의 차이를 통제할 수 있었다. 분석결과 국가 내 변화에 주목하면 교육과 민주화의 상관관계가 더 이상 관찰되지 않았다. 논쟁의 여지는 있지만 그들의 결론은 실증적 근거들이 교육의 증진이 한 나라를 더 민주적으로 만들 것이라는 통념을 뒷받침하지 않는다는 것이다. 이러한 실증결과는 주의하여서 해석하여야 한다. 한 나라 안에서 다른 조건들이 변하고 있으며 이런 다른 조건들의 변화가 교육의 효과를 감추었을 수도 있다. 아무튼 이 연구는 우리가 당연한 것으로 여겼던 많은 명제들을 실증적으로 입증하기는 매우 어렵다는 사실을 일깨워준다.

고등교육의 경우 교육의 외부 편익(양의 외부성)의 크기는 교육수준에 따라 다를 것이다. 예를 들어 교육의 사회화 편익이 한계수익 체감을 보인다면 초중등교육이 고등교육보다 더 큰 외부 편익을 발생시킬 것이다. 이는 정부가 고등교육보다 초중등교육에 보다 적극적으로 개입해야 함을 의미한다.

앞서 언급한 바와 같이 우리나라 교육예산에서 고등교육이 차지하는 비중은 약 14%로 84%에 이르는 초중등교육에 비해서는 정부예산이 적게 투입되는 편이다. 특히 학생 수 기준으로 80%에 가까운 사립대학에 대한 정부 지원은 매우 적은 편이다. 향후 고등교육에 대한 정부의 예산지원이 크게 늘 것으로 예상되기는 하지만 교육부문에서 정부 재정투입의 우선순위는 초중등교육에 있는 것이 사실이다.[1]

어떤 사람들은 대학교육이 생산성을 증가시키기 때문에 보조금을 받아야 한다고 주장한다. 대학교육이 생산성을 증가시키는 것은 사실일 수도 있다. 그렇지만 대졸자들의 소득이 그들의 높은 생산성을 반영하는 한 외부성은 존재하지 않는다. 우리는 이후에 교육이 정말 높은 소득으로 연결되는지에 대해 살펴볼 것이다. 현재로서 중요한 점은 외부성 논의가 설득력을 가지려면 고등교육으로 인한 생산성 증진이 개인의 미래 소득 증가분 이상으로 나타나야 한다는 것이다.

또한 고등교육에 있어서의 양의 외부성이 자격이 되는 모든 학생들을 똑같은 비율로 보조하는 현행 정부 프로그램을 효율성 측면에서 정당화하는 것은 아니다. 모든 종류의 대학교육이 같은 정도의 외부효과를 유발하는가? 즉, 경제학, 경영학, 의학 과정들이 같은 정도의 외부성을 만들어내는가? 그렇지 않다면 효율성을 달성하기 위해서는 전공에 따라 다른 정도로 보조를 받아야 할 것이다.

보조금을 찬성하는 사람들은 만약 보조금이 없어질 경우 대학생 수가 감소할 것이라고 주장한다. 사실일지도 모른다. 왜냐하면 보조금을 제거하면 개인의 사적 비용이 증가할 것이기 때문이다. 그렇지만 그것만으로는 보조금이 정당화될 수 없다. 만약 자동차 정비소를 개점할 것을 원하는 젊은이들에게 보조금이 주어지다가 이 보조금이 삭감된다면 자동차 정비소의 수는 줄어들 것이다. 왜 잠재적인 자동차 정비공이 잠재적인 문학도와는 다른 대우를 받아야 하는가?

어떤 사람들은 이런 논의는 타당하지 않다고 주장한다. 왜냐하면 자본시장의 불완전성을 무시하고 있기 때문이다. **인적 자본**(human capital, 사람들이 생산성을 높이기 위해 자신에게 하는 투자)을 대부금에 대한 담보로 제공하는 것은 매우 어렵다. 따라서 인적자본을 담보로 활용할 수 있는 자본시장은 형성되지 못할 수도 있다. 그런 경우 고등교육의 편익이 비용을 초과하

인적 자본(human capital)

개인들이 자신의 생산성을 높이기 위해 교육, 훈련, 보건 등의 형태로 하는 투자.

1 미국의 연방정부도 고등교육보다는 초중등교육을 더 보조하고 있다. 그렇지만 연방정부는 1960년대 중반 이후로 고등교육에 대해 상당한 지원을 해왔다. 2011년에 미국 연방정부는 대략 380억 달러를 대학생들에 대한 직접보조와 대학생을 위한 직업-학습 프로그램에 지출하고 있다. 학생에 대한 연방지원도 1,170억 달러에 해당하는 대출 형태로 주어지고 있다. 2011년에는 3,500만 건의 연방정부장학금이나 대출이 이루어졌다[US Bureau of the Census, 2012, p. 186]. 더욱이 고등교육에 대한 일부 보조금이 개인소득세 체제에 포함되어 있기도 하다. 여기에는 American Opportunity 세금공제와 평생 학습 세금공제(2008년의 경우 정부 보조액이 160억 달러에 달함) 등과 학생 대출금 이자 공제, 일부 교육비 지출 및 장학금 등에 대한 소득공제(이들로 인해 2011년에 50억 달러의 세금이 공제됨) 등의 조세규정을 통해 고등교육에 보조금을 지불하고 있다[US Office of Management and Budget, 2012, p. 251].

는 학생들도 자금 부족으로 인해 대학진학을 못할 수가 있는데 그것은 비효율적인 결과이다. 이런 시장실패에 대한 가능한 처방은 정부가 모든 학생에 대해서 시장이자율로 대부를 하는 것이다. 이 정책에 대한 반대자들은 학생들이 대학에 다니기 위해 빚을 져서는 안 된다고 생각하는데, 그 이유는 빚에 대한 부담이 그들의 직업 선택을 왜곡하기 때문이다. 젊은이들은 "그들의 실질적인 관심(interest)에 따라 직업을 선택해야지, 그들의 이자율(interest rate)에 따라 직업을 선택해서는 안 된다"[Zimmerman, 2007]. 이와 대립되는 견해는 다음과 같다. "졸업 후에 무거운 빚에 대한 예측은 틀림없이 일부 학생들이 돈을 빌리지 않도록 할 것이다. 그렇지만 그것이야말로 가장 현명한 자세라고 할 수 있다. 누군가는 결국 빚을 갚아야 한다. 왜 그 빚을 갚는 사람이 학교 교육의 직접적인 수혜자가 아닌 납세자여야 하는가는 잘 이해가 되지 않는다"[Passell, 1985].

7.1.3 교육시장은 불평등한가?

정부의 간섭에 대한 앞의 논의는 주로 경제적 효율성에 초점을 맞추었다. 제3장에서 논의했듯이 후생경제학은 형평성도 고려하여야 하는데 국공교육기관과 보조금이 존재하는 고등교육에 있어 형평성 문제를 논의하자.

제4장에서 언급했던 재화평등주의를 기억하자. 재화평등주의는 어떤 재화가 모든 사람에게 이용 가능하게 되어야 공정한 것이라고 주장한다. 만약 교육이 정상재라면 우리는 시장경제에서 교육이 각기 다른 소득계층에 대해 다른 수준만큼 제공되며, 일부 저소득층은 교육을 거의 또는 전혀 못 받는 경우도 발생하리라고 예상할 수 있다. 하지만 재화평등주의는 교육이 모든 국민에게 그 혜택이나 비용에 관계없이 이용 가능하게 되어야 한다고 주장한다. 이런 견해는 특히 초중등교육에 있어서는 널리 퍼져 있다.

그러나 형평성 논의가 고등교육에 대한 정부의 보조를 정당화할 수 있을까? 대학생에 대한 보조는 납세자로부터 대학생에게 자금이 이전됨을 의미한다. 학생들을 그들이 자라온 가구의 일원으로 본다면 교육보조 프로그램은 소득 형평성을 증진시킬 것 같다. 연방 보조금을 받을 가능성은 가구소득이 증가할수록 낮아진다. 그렇지만 대부분의 대학생들은 이후 새로운 가정을 형성하고, 대졸자들의 생애소득이 일반국민보다는 높으리라는 사실을 기억하자. 따라서 보조금으로 인해 대학에 진학하지 못했을 사람들이 어떻게 해서든 대학에 진학했다고 한다면, 그만큼은 보조금이 소득 불평등도를 증가시켰다고 볼 수도 있다. 실제로 Cameron과 Heckman[2001]의 논문에서는 가구의 소득 그 자체는 대학 진학에 영향을 주지 않음을 보이고 있다. 소득은 아이들이 자라나는 장기적인 환경 내지 배경을 대변해주는 측정치라 할 수 있다. 대학 등록에 대한 그들의 통계적 분석에서, 능력에 대한 지표를 고려하였을 때 수업료와 가구소득이 대학 등록 여부를 설명하는 중요도는 크게 감소되었다.[2]

2 즉, 능력이라는 요소를 감안한다면 대학 등록 여부와 대학 수업료, 또한 대학 등록 여부와 가구소득 사이의 상관관계가 크지 않다는 발견이다. 이를 달리 표현하면 가난한 학생들이 비슷한 능력을 지닌 고소득층 가구의 학생들에 비해 대학 진학률이 크게 낮은 것은 아니므로 대학생에 대한 보조금이 소득 형평성에 기여하는 정도가 크지 않으리라는 의미가 된다. 이러한 사실이 우리나라에도 적용될 수 있을지를 밝히는 것은 향후 연구 과제라 할 수 있다.

7.2 교육에 대한 정부의 개입으로 무엇을 달성할 수 있는가?

만약 교육이 양의 외부성을 만들어낸다면 정부가 교육을 보조해야만 한다. 그렇지만 초중등교육을 무료로 그리고 의무화했을 때(즉, 교육비용이 납세자에 의해 조달되었다고 했을 때) 이는 단순한 보조를 넘어선 것이다. 많은 나라에서 공통적으로 발견되는 이러한 의무교육체제는 효율성이란 근거만으로는 합리화될 수 없다. 왜냐하면 효율성 논의에 따르면 교육은 그것이 양의 외부성을 만들어내는 정도로만 보조를 받아야 하기 때문이다. 학생들이 교육으로부터 사적인 혜택도 얻기 때문에 효율적인 정책이라면 학생들이 교육비용의 일부는 지불해야 한다. 그렇지만 의무교육 시스템과 무상교육은 모든 사람이 비용에 상관없이 일정 수준의 교육을 받아야 한다는 재화평등주의 견해에 의해 정당화될 수도 있다.

미국 교육시스템의 또 다른 특징은 교육 재원 마련에 더하여 정부가 그것을 생산도 한다는 것이다. 왜 그래야만 하는가? 하나의 이론은 사회가 특정한 양의 외부성을 얻도록 하기 위해 정부가 교육을 생산할 필요가 있다는 것이다. 교육은 생산성을 향상시키고 더 교양 있고 사회화가 잘된 시민을 만들어낸다. 생산성 증진은 개인이 교육을 얼마나 받을까를 선택하는 데 있어 고려되는 사안일 것이다. 그러나 더 교양 있는 시민이 되는 데서 오는 이득은 개별 학생들에게 상대적으로 크지 않다. 이 이론에 따르면 정부가 재원을 마련하고 교육을 생산하지 않는다면 학생들을 끌어들이기 위해 경쟁하는 사립학교들은 모든 수단을 다 해 생산성을 증가시키는 기술을 가르치지만 시민양식을 가르치지는 않을 것이다. 결론은 민주적 절차를 확립하기 위한 공동 책임 의식의 함양은 민간 경쟁으로부터 보호를 받는 공립학교 시스템에서 더 쉽게 수행되리라는 것이다. 하지만 이러한 주장의 유효성을 평가하기가 매우 어렵다.

7.2.1 정부 개입이 사적 교육을 구축하는가?

무상교육을 제공하는 근거가 무엇이든지 간에 경제이론에서 도출되는 놀라운 결과는 그런 시스템하에서 모든 사람이 사적 시장에 있을 때보다 더 많은 학교교육을 소비하게 되지는 않는다는 것이다. 아들 피노키오가 얼마나 교육을 소비해야만 하는지를 선택하는 제페토 할아버지의 예를 생각해보자. 〈그림 7.1A〉에 교육의 양은 가로축으로 측정되며 가구가 소비하는 다른 모든 재화의 양은 세로축으로 측정된다(편의상 교육의 양은 교실에서 보내는 시간이라고 생각하자. 더 복잡한 모형에서는 교육의 질적 측면을 포함시키기도 한다). 공립학교 시스템이 없다면 제페토 할아버지는 민간시장에서 주어진 가격하에서 선택한 만큼의 교육을 살 것인데 그의 선택 가능성은 예산선 AB로 요약된다. 이 예산 제약하에서 그는 (e_o, c_o)를 선택한다.

이제 공립학교가 문을 열었다고 해보자. 제페토 할아버지는 피노키오를 공립학교에 e_p시간만큼 아무 비용부담 없이 보낼 수 있다.[3] 이 가능성은 선이 아닌 하나의 점 x로 표현되는데 이 점에서 교육 소비량은 e_p이고 제페토 할아버지는 그의 모든 소득을 다른 재화 구입에 사용할 수 있다. 점 x를 지나는 무차별곡선 ii가 무차별곡선 i보다 위에 있기 때문에 제페토 할아버지는 피노키오를 사립학교에서 공립학교로 전학시킨다. 중요한 것은 e_p가 e_0보다 작다는 것이다.

3 제페토 할아버지의 세금 납부액은 그가 자녀를 공립학교에 보내는지 여부와는 관계없이 결정된다고 가정한다.

그림 7.1 공교육이 사적 교육을 구축할 것인가?

A에서 공립학교의 등장이 교육 소비를 덜 하게 해준다. B에서는 더 하게 해준다. C에서는 교육 소비에 변화가 없다.

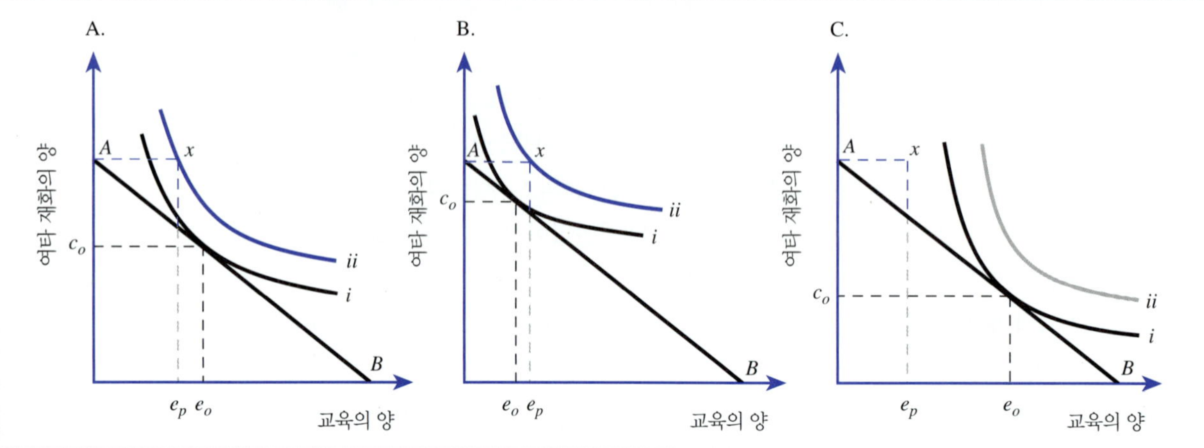

피노키오의 교육 소비는 줄어들었다. 직관적으로 설명하면 공적 교육이 존재하는 것이 사적 교육의 기회비용을 크게 증가시켜서 피노키오가 더 이상 사적 교육을 받지 않도록 만드는 것이다. 이런 방식으로 공립학교 시스템은 사적교육을 **구축**(crowd out)한다. 〈그림 7.1A〉에서는 공립학교를 '받아들일 것인가 말 것인가 하는 양자택일'의 선택으로 보았음에 주목하시오. 공립학교를 통해 제공되는 교육이 사적 교육에 의해 보완될 수 있다면 공립학교가 교육 소비량을 구축할 가능성은 적어진다.

구축(crowd out)

어떤 재화(여기서는 교육)에 대한 공적 제공이 사적 제공을 대체하는 경우. 구축이 있는 경우 정부가 공교육을 증가시킬 때 교육의 양의 순증가는 정부가 제공한 양보다 더 적다.

물론 다른 형태의 무차별곡선들하에서는 공교육이 제페토 할아버지가 가구의 교육 소비를 늘리도록 유도할 수도 있다. 이런 예는 공립학교가 문을 열었을 때 피노키오의 교육 수요가 e_0에서 e_p로 증가하는 〈그림 7.1B〉에 나와 있다. 〈그림 7.1C〉는 공립학교가 등장한 후에도 교육 수요에 변화가 없는 무차별곡선의 예를 보여준다. 이 분석은 정부의 무상교육 보급이 (교육 외의 다른 재화의 경우도 마찬가지이겠지만) 반드시 교육 소비를 증가시킨다고는 보장할 수 없다는 사실을 보여준다.

7.2.2 정부 지출이 교육성과를 개선시키는가?

우리가 교육에 있어 정부 개입을 지지하는 주장, 특히 정부가 공립학교를 운영해야 한다는 사실을 받아들였다고 하자. 이 경우에도 여전히 더 많은 지출이 실제로 더 나은 교육으로 연결될 수 있는가는 이슈로 남아 있다. 이는 본질적으로 어려운 문제이다. 왜냐하면 '좋은 교육'이 무엇인지 명확하지 않기 때문이다. 교육은 학생들의 인지력 향상, 다른 사람들과 어울려 지내면서 지켜야 할 의무에 대한 교육, 사회에 잘 적응하는 시민의 양성, 경제적·사회적 관점에서 피교육자의 삶의 질 향상 등 많은 목표를 가지고 있다. 이런 목표들을 하나의 지표로 요약해내는 것은 물론이고 이들을 수량화하는 것조차 어려운 일이다. 따라서 대부분의 연구들은 측정 가능하다는 장점을 갖춘 좁은 범위의 성과 측정치들에 초점을 두고 있다. 이들 성과 측정치에는

실증 증거 교육에 대한 지출이 학생들의 성적을 향상시키는가?

교육성취도 평가를 위한 국제연합(The International Association for the Evaluation of Educational Achievement, IEA)과 OECD는 회원국가 여타 참여국을 대상으로 국제비교 평가 시험을 치르고 있다. IEA의 시험인 TIMSS(Trends in International Mathematics and Science Study)는 참여국의 초등 및 중등 공통 커리큘럼을 바탕으로 8학년(우리나라 중학교 2학년) 생들의 역량을 측정하기 위해 설계되었다. OECD의 시험인 PISA(Programme in International Student Assessment)는 실생활 응용이라는 측면을 강조하고 있으며 수학, 과학, 읽기 능력 등의 과목을 포함한다. TIMSS가 교육과정을, PISA가 실생활 응용을 강조하는 등 서로 다른 측면을 강조하고 있기는 하지만 국가 단위에서 두 시험의 평균성적은 매우 높은 상관관계를 보이고 있다. 학생들이 이들 시험에서 보인 성적은 인적 자본의 좋은 대리변수로 받아들여지고 있다[Hanushek and Woessmann, 2010].

시험성적이 교육시스템의 성공 여부를(혹은 학생들의 미래 성공 여부를) 판단하는 완전한 측정치는 아니지만, 국제 비교가 가능한 자료에 대해서는 매스컴이나 정책담당자, 학자, 공공기관이 주목하게 되었다. 피상적인 분석상으로는 학생 1인당 지출과 시험점수 사이에는 관계가 없는 것으로 나타난다. 예를 들어 핀란드나 한국 같은 나라들은 미국이나 프랑스 같은 나라보다 교육에 대한 지출은 덜 하지만 국제 비교 시험에서 높은 점수를 얻고 있다. 그러나 지금껏 배워왔듯이 상관관계가 인과관계를 의미하지는 않는다. 누락 변수에 의한 편의나 역인과관계와 같은 문제를 다루기 위한 더 주의 깊은 분석이 필요하다. 많은 연구자들이 이런 문제들을 다루면서 시험점수에 영향을 주는 요인들을 분석해왔다. Hanushek과 Woessmann[2010]은 이러한 연구들을 주의 깊게 조사하였고 국가별 학생 1인당 지출액과 시험점수 사이에는 통계적으로 유의한 상관관계가 없다고 결론 내렸다. 이 결과는 교육의 성과에 영향을 주는 다른 요인들을 포함하는 분석에서도 성립하였던 것이다. 개인 수준에서 포함되는 가정배경이나 학교 수준에서 포함되는 학급 규모, 국가 수준에서는 성적책무성 제도 같은 요인들을 포함할 때도 교육비 지출이 성적 향상에 영향을 미치지 못한다는 결론은 변하지 않았다.

국가 수준에서 교육비 지출과 성적 사이에 관계가 발견되지 않는 이유에 대해 많은 사람들은 문화적인 요소를 고려하지 않았기 때문이라 주장한다. 한 사회의 유전적인 인지능력이 다른 사회보다 더 높을 것 같지는 않지만 '아시아적 가치'와 같은 교육에 대한 문화적인 요소가 성적에 영향을 줄 수도 있을 것이다. 일군의 연구자들은 한 국가의 시계열 자료를 통해 교육비 지출이 성적에 미치는 영향을 살펴보았다. 그들의 결론은 국가 간 비교에서 얻은 것과 상응한다. 즉 교육비 지출의 증가가 시험점수의 상승을 이끌지는 못했다는 것이다. 그렇지만 현재 이루어지는 연구들에서 몇몇 방법론적인 문제들은 충분히 다루어지지 않았다는 점도 지적해야겠다. 따라서 이 문제에 대해 판단을 내리기는 아직 이르다.

성적, 출석률, 중퇴율, 대학 진학률, 소득 등이 포함된다.

〈그림 7.2〉는 우리나라가 OECD에 속한 대부분의 선진국들과 비교할 때 결코 적지 않은 교육비 지출을 하고 있음을 보여준다. 2015년 OECD의 자료에 따르면 중등교육의 경우 우리나라는 OECD 평균을 넘어서는 지출을 하고 있다. 이는 꾸준한 정부 교육예산의 증가와 저출산으로 인한 학령 감소에 기인한 결과로 볼 수 있다. 하지만 정부 지출과 학생들의 성적이 비례하는 것은 아니다. 우리나라의 경우 1인당 교육비 지출이 더 많았던 2015년의 PISA(Programme for International Student Assessment) 성적이 2012년에 비해 더 낮아졌다.

한편 1인당 지출액이 가장 많은 나라 중 하나인 미국 학생들의 성적은 최상위권과는 거리가 멀다. 예를 들어 35개 선진국의 15세 학생들이 치른 PISA 시험에서 미국은 읽기 14위, 과학 17위, 수학 25위를 차지하고 있다. 이런 수치들은 미국을 중심으로 연구자들이 지출 증가가 성적에는 별 영향을 주지 못한다고 확신하게 만들었다. 이제 이 문제와 관련된 연구들을 검토해 본다.

그림 7.2 OECD 국가들의 중고등학교 학생 1인당 연간 교육비 지출(2015년)
중등교육의 경우 우리나라는 OECD 국가들의 평균을 넘어서는 1인당 지출을 하고 있으며, 2015년 현재 일본의 1인당 지출을 앞서 있다.

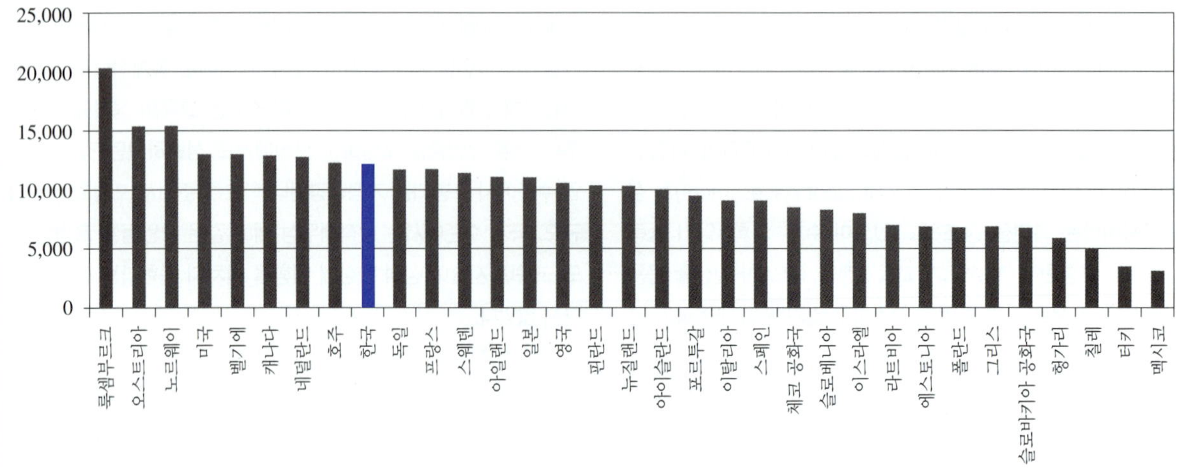

자료: OECD(2018), Education at a Glance.

7.2.3 공공 지출과 교육의 질

궁극적으로 교육비 지출을 증가시키는 것 자체가 목적은 아니다. 진정한 목적은 학생들의 학업 성취도를 향상시키는 것이다. 따라서 각종 교육비 지출 항목에 따라 그 효율성을 평가하는 것이 중요하다. 예를 들면 학생 대 교사 비율을 낮추는 것이 더 효과적일까, 경력과 교육수준이 높은 교사를 고용해서 임금을 올려주고 새로운 교재와 기자재를 제공하는 것이 효과적일까? 경제학 용어를 쓰자면, 어떤 투입요소가 교육성과에 더 큰 한계효과를 미칠 것인가? 다양한 투입요소들이 교육의 성과에 미치는 기여도를 측정한 많은 연구들이 있다.[4] 우리는 널리 알려진 학급 규모 감축이라는 정책 대안에 초점을 맞추기로 한다.

7.2.4 교육이 소득을 증가시키는가?

교육비 지출과 학교의 질이 시험 성적에 미치는 영향이 중요하고도 흥미로운 문제이지만 이런 질문이 또 다른 결정적인 변수인 미래의 소득에 대해서는 직접적인 증거를 제공해주지 못한다. 높은 교육비 지출이 성적을 올리지는 못할지라도 어른이 되고 난 후의 소득을 증가시켜준다면 크게 걱정할 바는 아닐 것이다. 마찬가지로 높은 교육비 지출이 성적은 올려주지만 소득에는

4 예를 들어 Aronson, Barrow, Sander[2003]와 Hanushek, Rivkin, Kain[2005]은 선생님의 질이 학생들의 성적에 영향을 줌을 발견하였다. 그렇지만 연구 결과들이 어떤 정책으로 선생님의 질을 향상시킬지에 대해서는 분명한 방안을 제시하지 못하고 있다.

실증 증거 학급 규모 감소가 학생들의 성적을 향상시키는가?

학급 규모 감축은 교육의 질 향상을 위한 간단한 방법인 것으로 여겨질 수도 있다. 하지만 학급 규모 감축이 교육성과에 미치는 영향을 측정하는 것은 쉽지 않다. 실증분석에서는 흔히 볼 수 있는 바와 같이 학급 규모와 교육성과 사이의 상관관계가 진정한 인과관계를 의미하는 것은 아니다. 학급 규모의 결정요인은 학생의 성취와 독립적이지 않다. 학생들이 특정 학교에 임의할당되는 것도 아니며, 같은 학교에서도 특정 학급에 임의할당되는 것은 아니다. 따라서 단순한 상관관계를 살펴보는 연구로는 편향된 결과를 얻을 수 있다. 예를 들어 교육기관의 행정담당자들이 열악한 환경에 놓인 학생들을 배려하는 의도로 인지적으로나 사회경제적 환경에 의해 많은 도전을 받는 학생들의 학급 규모를 감축해줄 수 있다. 반대로 행정담당자들이 능력이 더 우수한 학생들의 잠재력을 충분히 펼칠 수 있도록 성취도가 높은 학생들을 위해 학급 규모를 감축해줄 수도 있다. 더구나 자녀 교육에 관심이 많은 학부모들이 학급 규모가 작은 학교에 자녀들을 보낼 수도 있다. 지역적으로는 시골에 있는 학교가 대도시의 학교보다 학급 규모가 작을 가능성이 높다. 농어촌 지역이나 도심 한가운데에 있는 학생들은 다른 학생들과 체계적으로 다른 교육환경에 놓일 수 있으며 이러한 차이가 교육의 성과로 이어질 수 있다.

학급 규모 감축의 효과를 추정하기 위해 연구자들은 이러한 내생성이나 누락 변수 문제를 다룰 수 있는 방법들을 찾아야만 했다. West와 Woessmann[2006]은 서로 다른 학교의 학생 수가 다른 두 학년에서 보이는 임의적 변동을 활용했다. 그들은 같은 학교에서 같은 TIMSS 시험을 치른 7학년과 8학년의 성적 차이를 연구했다. 생년이 다른 아이들의 숫자가 변동함으로 인해 같은 학교에서 서로 다른 두 학년의 학생 수에 변동이 있다면 두 학년 간의 학급 규모도 다르리라고 가정할 수 있다. 만약 그런 가정이 성립한다면 같은 학교의 7학년과 8학년의 성적 차이는 학급 규모에 기인한 것일 수 있다. 그렇지만 그들이 연구한 11개 국가에서 그리스와 아이슬란드에서만 규모가 작은 학급이 긍정적인 효과를 보였다.

Altinok과 Kingdon[2012]은 다른 방법을 취했다. 학생들이 서로 다른 학교와 학급에 임의적이지 않은 방식으로 할당된다는 문제를 해결하기 위하여 그들은 같은 학생들이 다른 과목에서 거둔 TIMSS 성적 자료를 활용하였다. 많은 국가들에서 학생들은 서로 다른 과목을 다른 학급에서 듣기 때문에 과목별 학급당 학생 수는 크게 달라질 수 있다. 그들은 학생들의 태생적인 능력이 과목별로 다르지 않으리라고 가정하면, 서로 다른 과목의 성적은 학급 규모의 효과를 대변해줄 수 있다. 이런 방법을 활용하여 그들은 학급 규모가 성적에 미치는 영향을 추정하였다. 그들의 추정은 대체로 이전의 많은 연구들과 상응한다. 즉, 학급 규모는 학생들의 성취에 체계적이거나 큰 영향을 주지 않는다고 결론 내린다. 그렇지만 그들은 약하나마 작은 학급 규모가 칠레나 요르단 같은 개발도상국에서는 성적 향상에 유익하다는 증거를 찾아내기도 했다.

영향을 주지 못한다면 공공자금이 제대로 쓰였는지에 대해 의문을 제기해야 할지도 모른다.

교육에 투입되는 돈이 미래의 높은 소득으로 이어진다는 사실은 분명해 보인다. 만약 교육에 대한 지출이 교육의 질을 향상시킨다면 학생들은 미래에 더 생산성 높은 근로자가 될 것이다. 이런 '인적 자본'의 증가는 높은 임금으로 전환된다. 그렇지만 앞서 언급한 바와 같이 더 많은 지출이 (적어도 성적이라는 결과를 보자면) 더 나은 교육적 성과로 이어지는지가 모호한 상황에서 교육비 지출의 증가가 미래 소득 증가로 이어지는 것을 당연하게 여길 수는 없을 것이다. 초중등교육에 있어 교육비 지출의 한계적인 증가는 후일의 소득에 별 영향을 못 미치는 것으로 나타난다. 가장 낙관적인 추정치는 교육비 지출을 10% 증가시킬 때 후일의 소득은 단지 1~2% 정도 증가할 뿐임을 시사하고 있다[Heckman, 1999]. 그렇지만 교육에 대한 지출의 효율성은 관련된 학생들의 연령과 경제적 지위에 의존한다. 특히 Heckman[2008]은 초기 아동기에 불리한 여건을 가진 아이들에 대해 교육투자를 하는 것이 가장 높은 수익률을 보임을 주장한다.

이런 발견이 한계적인 지출과 관계된 것임을 주목해야 한다. 다시 말하면 추가적인 1달러를 교육비 지출에 쓰는 것이 미래의 소득에 큰 영향은 없을지 모르나, 이는 우리가 교육에 전혀 투자를 하지 않고 학교에 가지 않더라도 학교를 다닌 것과 동일한 소득을 올릴 수 있음을 의미하는 것은 아니다. 실제로 상당히 많은 실증 연구들이 학교 교육을 추가적으로 받는 것은 인적 자본을 증가시킴으로써 후일의 소득을 상당히 증가시킴을 시사한다.[5] 노동경제학자들은 1년 더 교육을 받으면 연간 소득이 5~13% 더 증가한다고 추정하고 있다[Card, 1999].

7.3 공교육의 새 방향

미국 교육시스템은 범재들만을 양산해서 나라를 경제적·사회적 위험에 처하게 만든다는 비판을 받아왔다. 교육정책에 대한 다른 많은 주장들이 그렇듯이 이 주장도 논쟁의 여지가 많다. SAT 점수가 1960년대 이후로 떨어지고 있지만 이것은 이 시험을 보는 학생들의 구성이 바뀌었기 때문일 수도 있다. 대학교육이 대중화됨에 따라 능력이 낮은 학생들이 더 많이 시험을 보게 되었을 것이다. 교육부가 운영하는 미국 교육과정평가원(The National Assessment of Educational Progress)은 일관되게 미국 학생들을 대표하는 표본에 대해 시험을 치르기 때문에 이러한 구성 편향의 영향을 덜 받는다. 이 시험 결과는 지난 35년간 4학년, 8학년, 12학년의 수학과 읽기 성적은 약간 상승했음을 시사한다[US Department of Education, 2009]. 그러나 이런 약간의 증가가 학생 1인당 교육비 지출이 크게 증가했다는 사실에 비추어 보면 충분한 향상이라고는 볼 수 없다고 비판받는다. 많은 비판자들은 공교육에 커다란 구조변화가 필요하다고 생각한다. 이제 몇 가지 선택 대안에 대해 논의할 것이다.

7.3.1 협약학교

만약 교육에 대한 지출을 증가시키는 것이 해결책이 아니라면 상황을 개선시킬 다른 방법을 없을까? 경제학자들은 어떤 시장이라도 문제에 처해 있을 경우 경쟁을 도입함으로써 상태가 개선될 것이라고 생각한다. 교육정책을 둘러싼 논의에서도 마찬가지이다. 어떤 경제학자들은 학교들이 서로 학생을 끌어들이기 위해 경쟁을 하면 더 좋아질 것이라고 믿고 있다. 이것이 **협약학교**(charter schools)를 지지하는 근거 중 하나이다. 협약학교란 정부가 일정 기준은 정해주지만 교육비 지출과 교사 고용 등에서 일정 정도 독립성을 지니며, 그 구체적인 내용은 정부와의 협약으로 명시하여 운영되는 공립학교이다. 41개 주가 현재 협약학교를 지원하는 법을 갖고 있다. 일반 공립학교들이 협약학교와 학생들을 놓고 경쟁하게 함으로써 공립학교들의 교육방법과 교육성과 개선 유인을 강화시키는 것이 주된 목적이다.

> **협약학교(charter schools)**
> 주정부와의 특별한 협약에 의해 운영되는 공립학교. 협약에 명시된 한도 내에서 교육에 있어 다양한 실험을 할 수가 있으며 교육비 지출과 교사 임용에서 일정한 독립성을 갖는다.

애리조나주는 현재 미국에서 가장 자유로운 협약법을 갖고 있는데 이곳에서 나온 일화(逸話)적인 증거는 협약학교가 선택의 다양성을 증가시켰음을 시사한다. 애리조나주에서 어떤 협

5 그렇지만 다른 이론에 의하면 교육을 몇 년 더 받는 것이 (특히 대학교 수준에서는) 더 능력 있는 사람을 식별하기 위한 선별 기제로만 기능할 뿐이라고 주장한다. 이 이론에 따르면 생산성이 높은 사람은 이것에 대한 신호를 고용주가 될 사람에게 보내야 한다. 그리고 그는 대입 시험이라는 관문을 통과하고 이어서 학위를 따냈다는 사실을 통해 이런 신호를 보낼 수 있다. 이 이론이 암시하는 바는 교육이 생산성을 높여 높은 임금을 얻도록 해주는 것이 아니라 이미 존재하는 능력에 대한 신호로만 작용한다는 것이다.

약학교는 '기본으로 돌아가자'는 자세를 취하고 있으며, 어떤 협약학교들은 공연 예술에 초점을 맞추고 있고, 어떤 학교는 임신한 학생들을 돌보는 식으로 특화를 통해 다양성을 제공한다. 이런 다양한 선택 대안들이 학생들의 성취도를 향상시킬 것인가? 협약학교에 다니는 것과 교육성 사이의 인과관계를 판단하는 것은 어려운 일이다. 왜냐하면 협약학교에 보낼지의 여부는 각 가정이 선택하는 것이기 때문에 가정환경의 차이가 학생 성취도의 차이를 가져올 수도 있기 때문이다.

그렇지만 준실험적 연구들은 협약학교가 학생들의 성취도를 증진시켰음을 시사한다. Hoxby와 Rockoff[2004]는 협약학교에 다닌 것이 수학과 읽기 성적에 미친 영향을 검토하였다. 그들은 시카고시 데이터를 사용하였는데, 시카고시에서는 어떤 협약학교라도 자기 학교에 다닐 학생을 추첨을 통해 선택한다. 결과적으로 이런 과정은 특정 협약학교에 무작위로 선택되어 들어간 학생들이 협약학교에 못 간 학생들과 비교될 수 있는 실험환경을 제공한다. Hoxby와 Rockoff는 초등학교부터 협약학교에 다닌 학생들이 수학과 읽기 성적을 더 잘 받았음을 발견했다.

다른 연구에서 Hoxby[2002b]는 협약학교의 등장으로 경쟁에 노출된 미시건주의 일반 공립학교에 어떤 일이 벌어졌는지를 살펴보았다. 그녀는 제2장에서 논의했던 이중차이법(DID 방법)을 적용했다. 협약학교와 많이 경쟁해야 하는 학군에 속한 공립학교에 다니는 학생들의 점수 변화와 협약학교와의 경쟁이 별로 없는 학군에 속한 공립학교에 다니는 학생들의 점수 변화를 비교하였다. Hoxby는 협약학교로부터 경쟁 압력을 받는 일반 학교에서 학생들의 성적이 그렇지 않은 학교에 비해 상대적으로 더 향상되었음을 발견했다. 게다가 경쟁 압력을 받는 학교들은 학생 1인당 지출 증가 없이 이러한 성과 개선을 달성한 것으로 보인다.

7.3.2 바우처

최근에 **학교 바우처**(school voucher) 시스템을 통해 선택의 폭을 크게 넓힘으로써 공립학교의 질을 향상시키겠다는 계획이 많은 주목을 받고 있다. 기본적인 접근방식은 재정적 지원을 학교에 직접 하는 것이 아니라 학생들에게 해주는 것이다. 예를 들어 학생들은 수업료 바우처를 받을 수 있는데 이 바우처를 지정된 사립학교들 중 어디라도 학생에게 가장 잘 맞는 곳에서 현금 대신 쓸 수 있다. 이는 1992년부터 스웨덴에서 실행되는 프로그램과 비슷한데, 스웨덴에서는 부모들이 정부가 정한 기본적인 규칙을 지키는 학교라면 어디에라도 공공 자금을 쓸 수 있다[Economist, 2007e]. 학교 바우처를 찬성하는 사람들은 사립학교들 사이의 (학생들을 끌어들이기 위한) 경쟁이 교육시장을 다른 시장들과 같이 건전하게 만들 것이라고 믿는다. 개혁을 거부하는 낮은 성과의 공립학교들에는 학생들이 등록하지 않을 것이고 어쩔 수 없이 문을 닫게 될 것이다. 이런 견해에 따르면 학생과 부모가 인식하는 선생님의 질—공립학교 시스템에서는 다소간 무시되고 있지만—이 좋지 않은 선생님들과 서투르게 운영되는 학교들을 탈락시키는 기준이 될 것이다. 더 나아가 등록금 바우처는 사업가들이 기존 학교들이 충실하지 못한 지역에 새로운 학교를 세우도록 하는 촉진제가 될 수도 있다. 그러나 바우처의 반대자들은 다음과 같은 문제점을 지적한다.

학교 바우처(school voucher)

자격을 갖춘 학교에 학생을 보내는 가구를 돕기 위한 바우처. 학교는 바우처를 현금처럼 받아들여야 한다.

- 교육시장의 수요자들은 전문적 지식을 갖고 있지 않기 때문에 경쟁의 결과가 전혀 만족스럽지 않을 수 있다. 이런 견해를 지지하는 사람들은 그 가치가 의심스러운 직업학교들이 연방정부의 학자금지원을 받는 학생들을 희생양으로 삼으면서 확산되어가는 현상을 지적한다.
- 사립학교들은 교육이 가질 수 있는 양의 외부성 부분보다는 사적 편익에 초점을 맞춘다. 학교들 사이에 경쟁이 격화되면 학교들은 사회적인 편익(예를 들면 학생들 사이에 공유되는 국가적 정체성 형성)을 가져다주는 교육 측면들은 무시하면서 학생들의 사적인 이득(예를 들면 더 많은 소득을 올릴 수 있는 잠재력)을 증가시키는 데 초점을 맞출 것이다.
- 상대적으로 우수한 학생들이 성과가 좋지 못한 공립학교를 벗어나기 위해 바우처를 이용할 것이며 이에 따라 공립학교에는 상대적으로 열등한 학생들만 남을 것이다. 교육의 질이 부분적으로는 동료 학생들의 질에 의존하기 때문에 성적이 나쁜 학생들에게 제공되는 교육의 질이 저하될 수 있다. 몇 년 전에 칠레에서 바우처 시스템을 도입했을 때 더 능력 있는 학생들이 더 높은 비율로 공립학교를 떠난 바 있다[Ladd, 2002, p. 19].
- 바우처 시스템은 불평등성을 높일 수도 있다. 바우처 시스템의 목적은 사립학교를 선택하기를 원하는 가정에게 그럴 수 있는 기회를 제공하는 것이다. 그렇지만 어떤 가정은 바우처 시스템이 없더라도 사립학교를 선택할 수 있었다. 따라서 그런 가정에게 바우처를 제공하는 것은 그들에게 보너스를 주는 것이며, 소득분포는 더욱 불공평해진다.

바우처를 지지하는 사람들은 이러한 단점의 대부분이 바우처 시스템을 적절히 설계함으로써 극복될 수 있다고 주장한다. 예를 들어 형평성 문제는 바우처의 대상을 저소득층 가구로 제한함으로써 할 수 있다. 어찌 되었건 이 논쟁에서 우리의 관심은 국가적인 바우처 시스템을 실행할 때 다루어야 할 구체적인 설계상의 문제들에 있다. 학교가 교과과정 편성에 있어 어느 정도의 자율성을 가져야 하는가? 학교가 자격증이 없는 선생님들도 고용할 수 있는가? 정원 이상으로 학생들이 지원하는 학교들은 어떤 기준으로 학생을 선발해야 하는가? 학부모들은 그들이 선택할 수 있는 각기 다른 학교들에 대한 정보를 어떻게 얻을 것인가? 부모들이 자신들이 선택한 학교에 기부하도록 허용하여야 하는가? 이것이 교육의 형평성이라는 기준을 위배하는 것인가? 교회가 운영하는 학교들도 이 바우처 시스템에 포함될 수 있는가?

몇몇 지역에서는 이미 바우처 프로그램에 대한 실험을 시작하였다. 그에 대한 연구는 다양한 효과를 보여주고 있다. 한 연구에서는 학군 내에 선택할 수 있는 공립학교가 더 많은 경우에 고등학교를 졸업할 가능성이 높아진다는 것을 발견하였다[Deming et al., 2011]. 바우처 프로그램에 의해 촉진된 경쟁이 근처에 있는 공립학교들의 성적 향상을 이끌었다는 연구도 있다[Figlio and Hart, 2010].

학교 성적 책무성(school accountability)

표준화된 시험을 실시하여 학교별 학생 성적에 대한 비교 보고서와 학생 성적 재정유인 연계를 통해 학교의 성과를 관리하는 시스템.

7.3.3 학교 성적 책무성

1990년대에 일부 주들은 **학교 성적 책무성**(school accountability)이라고 하는 다른 형태의 학교 개혁을 실험하기 시작했다. 이들 주에서는 학교들이 학생들의 성취도에 대해 책임을 지도록 하는 방안으로 학생들의 학업 성취도를 관찰하기 위한 표준화된 시험을 치르도록 요구하기 시작했다. 일부 주에서는 단순히 학교들의 성취도에 대한 '성적표(report card)'를 발간하는 데 그쳤지만 다른 주들에서는 성적결과를 특정한 보상이나 제재(制裁)와 결부시켰다. 2000년에 이르면 시험 방식 및 성적과 결부된 보상이나 제재 방식에는 차이가 있지만 39개 주가 학교 성적 책무성 시스템을 갖고 있다. 예를 들면 어떤 주는 시험 성적이 좋은 학교의 선생님들을 금전적으로 보상하며, 어떤 주는 성적이 좋지 않은 학교의 선생님들을 징계하고, 다른 주들은 성적이 나쁜 학교에 다니는 학생들이 다른 학교로 전학할 수 있도록 허락하고 있다.

2002년에 부시 대통령은 학교 성적 책무성을 모든 주로 확장하는 No Child Left Behind Act of 2001(NCLB)[6] 법안에 서명했다. NCLB는 각 주가 1년에 한 번씩 3학년에서 중학교 2학년까지를 대상으로 시험을 치르고 학교들이 자신의 성적과 다른 학교의 성적을 비교하는 성적표를 발간하도록 의무화하고 있다.[7] 연속해서 2년 동안 충분한 개선을 보이지 못한 학교들은 학생들이 다른 학교로 전학 가는 것을 허락해야 한다. 한 연구에서는 어떤 학군에서 NCLB 통지를 받은 학부모들 중 16%가 실제로 성적이 더 좋은 학교로 전학시켰음을 발견한 바 있다[Hastings and Weinstein, 2007]. 성적이 3년 연속으로 저조하거나 떨어진 학교들은 저소득층 학생들을 위한 개인교습비나 보충수업 학급의 비용을 지불해야 한다. 4년 연속으로 개선이 없는 경우에는 새로운 교직원들로 교체해야만 하며 새로운 교과과정을 편성실시하여야 한다.

학교 성적 책무성의 지지자들은 학교 성적 책무성이 학교 행정가들과 선생님들이 관료적 태도를 줄이고 학생들에게 핵심적인 교육적 기능을 제공할 유인을 강화한다고 믿는다. Rouse, Hannaway, Goldhaber와 Figlio[2007]는 학교 책무성이라는 압력을 받는 학교들이 교수방법에 의미 있는 변화를 주었음을 발견한 바 있다. Dee와 Jacob[2009]은 NCLB법이 시행되기 전부터 학교 책무성 제도를 운영했던 주와 그렇지 않은 주의 성적 변화를 통해 NCLB법의 효과를 살펴보았다. 그들은 NCLB법이 4학년과 8학년생의 수학 성적은 올렸지만 읽기 성적은 올리지 못했음을 발견하였다.

학교 성적 책임 정책에 대한 가장 흔한 비판은 표준화된 시험에만 너무 초점을 맞춰서 생기는 부작용이다. 우려되는 점은 선생님들이 창의성이나 문제 해결 능력, 사회화 능력 등을 양성할 유인이 약화되고 단지 시험 잘 보는 법에만 초점을 맞추게 된다는 것이다. Jacob[2005]은 실제로 시카고시의 학교 성적 책무성 제도가 선생님으로 하여금 이 제도와 관련된 시험을 잘 보게 하는 데에만 초점을 맞추도록 하였음을 발견했다. 흥미롭게도 이와 유사한 문제가 표준화된 시험에서 미국보다 훨씬 더 좋은 성적을 보이는 나라들에서 제기되었다. 특히 그런 나라의 일부 전문가는 그들의 교육시스템이 시험 성적에 너무 많이 의존하여 획일화되어 사회적·감성적 발전이나 창의력, 개성이라는 측면이 무시되고 있음을 걱정하였다[Lee, 2001].

비판자들은 또한 학교 성적 책임 시스템이 학생들에게 도움이 되지는 않으면서 시스템의 약점을 노리는 전략적 행동을 유도한다고 주장한다. 예를 들어 Jacob[2005]은 시카고시의 학교 성적 책임 시스템에서 일부 선생님들로 하여금 능력이 안 되는 학생들을 시험 실험군에서 빼내서 특수교육 대상자로 전환시켰다는 증거를 발견했다. Figlio[2005]의 연구는 학교가 시

6 굳이 우리말로 옮기자면 "어떤 아동도 뒤처지지 않게 하기 위해 2001년에 마련한 법안"이라고 할 수 있을 것이다. 이하에서 NCLB라는 약어를 사용하기로 한다.

7 NCLB는 각 주별로 학생들이 발전하고 있는지를 알아볼 수 있는 시험문제와 기준치를 설계하도록 허락하고 있다.

험 기간이 가까워지면 성적이 낮은 징계 대상 학생들을 정학시키는 것을 지적했다. Jacob과 Levitt[2003]은 시카고시의 학교 성적 책무성 시스템이 일부 선생님들이 학생들의 답안을 바꾸는 부정행위까지 유도했음을 보고하고 있다.

전반적으로 이러한 연구는 학교 책무성 제도를 설계하는 데 있어 내재하는 상충관계를 잘 보여주고 있다. 성취도에 따라 보상하고 제재를 가하는 정책은 학교가 변화할 유인을 제공한다. 그러나 이러한 제도는 제도를 악용하고 부정행위를 하는 유인을 제공하기도 한다. 하나의 대안은 학교 대신에 학생이나 가족에게 직접적인 유인을 제공하는 방식이다. 250개의 도시 주변 학교에 대한 임의할당 실험에서 Fryer[2010]는 학생이 숙제를 하고 독서를 하고 학교에 출석하는 데 대해 보상을 해주는 것이 학생의 성취도에 긍정적인 영향을 준다는 사실을 발견하였다. 다른 프로그램에서는 사회보장제도의 혜택을 받는 가정의 10대 자녀가 학교에 출석하지 않는 경우 사회보장비 지급액을 줄여보았더니 학생의 학교 등록과 출석이 증가하기도 했다[Dee, 2009]. 더 일반적으로 말하면 성적 책무성에 대한 경제학 문헌은 재정학에서 몇 번이고 되풀이되었던 명제를 예증하고 있다. 사람들은 유인(incentive)에 반응한다. 이 사실을 고려하지 않는다면 좋은 의도로 기획된 공공정책도 의도하지 않은 부정적 결과를 초래할 수 있다.

7.4 우리나라의 교육재정

지금까지 살펴본 교육재정에 대한 논의가 우리나라의 현실과는 상당히 다른 것처럼 여겨질 수 있다. 사실 우리나라의 교육재정은 매우 독특한 모습을 갖고 있다. 다른 한편 이 절에서 소개된 미국의 교육 개혁과 관련된 논의와 유사한 논의들이 우리나라에서도 이미 활발히 진행된 바 있으며 미국과는 다른 정책들이 시행되고 있기도 하다. 이 절에서는 우리나라의 교육재정 현황과 최근 교육정책과 관련된 사항들을 소개해본다.

7.4.1 우리나라의 초중등 교육재정

시도 단위에서 교육자치가 시행됨에 따라 초중등 교육재정의 지출에 대한 권한은 교사에 대한 인건비를 제외할 경우[8] 전적으로 주민의 선거에 의해 선출되는 시도 교육감이 지고 있다. 교육비 지출에 대해서는 교육감이 절대적인 권한을 갖지만 과세권은 가지고 있지 않기 때문에 초중등 교육재정의 세입은 주로 중앙정부 및 지방자치단체의 이전 재원에 의존하고 있다.

초중등 교육재정의 세입은 크게 중앙정부 이전수입, 지방자치단체 전입금, 교육청의 자체수입 등으로 구성된다. 중앙정부 이전수입이 가장 큰 비중을 차지하는데 중앙정부 이전수입은 내국세 총액의 20.27%인 내국세분 교부금과 교육세분 교부금으로 구성된다. 교육세는 여러 세원에 부과되고 있다.

지방자치단체에서 지방교육청으로 이전되는 재원은 법정전입금과 비법정전입금으로 크게 나눌 수 있다. 법정전입금 중 지방교육세는 몇 가지 지방세목에 부가되는 형식으로 부과된다. 이 외에도 지역에 따라 담배세와 보통 시도세의 일정 부분은 반드시 초중등교육에 쓰여야 한

8 초중등 교사들은 국가 공무원으로 그 정원을 결정할 권한을 중앙정부가 가지고 있다.

그림 7.3
한국의 지방교육재정(초중등교육)

- 지방교육재정
  - 중앙정부 이전수입
    - 지방교육재정 교부금 ① 보통교부금 (ⓐ의 97%+ⓑ) ② 특별교부금 (ⓐ의 3%)
      - ⓐ 내국세분 교부금: 내국세 총액의 11.8% → 13.0%('01) → 19.4%('05) → 20.0%('06) → 20.27%('10)
      - ⓑ 교육세분 교부금: 국세 교육세 전액: 금융·보험업자 수입금액의 0.5%, 개별소비세액의 30%(등·중유, 부탄 및 부산물 유류 15%), 교통에너지환경세액(휘발유·경유)의 15%, 주세액의 10%
    - 국고보조금: 국고사업(중앙·지방 교육 이해관계 사업)에 대한 지원금
  - 지방자치단체 전입금
    - 법정전입금
      - 지방교육세: 취득세액·등록면허세액·재산세액의 20%, 자동차세액 30%, 주민세 균등분 10~25%, 담배소비세액 43.99%, 레저세액의 40%
      - 담배소비세 전입금: 특별시·광역시 담배소비세액의 45%
      - 시·도세 전입금: 시·도세(보통세) 총액의 3.6~10%(서울시 10%, 광역시 및 경기도 5%, 제주특별자치도 5%, 기타 도 3.6%)
      - 학교용지 일반회계 부담금: 「학교용지 확보 등에 관한 특례법」의 규정에 의한 지방자치단체 일반회계 부담금
      - 교육급여 보조금: 「국민기초생활보장법」 제12조에 따라 지방자치단체가 지원하는 보조금: 교육급여
    - 비법정전입금: 「지방교육재정교부금법」 제11조에 제8항, 제9항에 의한 경비 보조: 학교급식시설·설비사업, 교육정보화사업, 교육시설개선사업 및 환경개선사업 등
  - 교육비 특별 회계 자체 수입 등 기타: 자산수입(토지·건물 매각, 임대), 교수학습활동비(학교 수업료 및 입학금 등 수입), 행정활동수입(사용료 등), 이자수입, 잡수입, 기타(이월금: 전년도 결산 순세계잉여금)
  - 기금: 시·도 교육감이 특정한 행정목적을 달성하기 위하여 「지방자치법」 제142조 또는 다른 법률에 따라 설치·운용하는 자금

다. 비법정전입금은 지방자치단체가 지방교육청에게 이전할 의무는 없으나 자발적으로 지원하는 이전 재원이다. 이런 이전 재원을 제외하면 교육청의 자체 수입은 극히 적은 편이며 주로 학생/학부모의 직접 부담에 의존하고 있다.

7.4.2 초중등교육에서 학생 선택권 확대 문제

초중등교육에서 논의되고 있는 문제 중 하나가 학교 선택권을 포함한 학생들의 선택권 확대이다. 이는 1970년대 이후 초중등교육정책의 중요한 근간이 되고 있는 평준화 정책에 대한 보완이라고도 볼 수 있다. 최근에는 다양한 수요에 비해 공급이 지나치게 제한되어 있음을 강조하면서 학교 선택권을 통해 학생과 학부모의 교육에 대한 다양한 수요를 흡수하자는 견해들이 제기되고 있다. 이는 앞서 살펴본 미국의 협약학교나 바우처제도와 유사한 맥락이라고 이해할 수 있다. 수요를 충족시키는 구체적인 방법으로는 자립형 사학, 특수목적고, 자율학교 등이 논의되어왔으며 실제로 이런 학교들이 운영되고 있다. 이렇게 학교가 학생을 선택하고 학생이 학교를 선택할 수 있는 고등학교가 확대됨에 따른 불평등 심화를 우려하여 저소득층 자녀 일정 비율 의무 입학과 등록금 상한제 실시와 같은 형평성 보완책이 함께 실행되기도 한다. 최근에는 자립형 사립고와 특수목적고의 폐지와 관련한 논쟁이 일어나고 있기도 하다.

새로운 형태의 학교 설치 이외에도 선택권 확대를 위한 방안으로 일방적인 학생 배정이 아니라 '선지원 후추첨제'와 같이 학부모와 학생들이 우선적으로 학교를 선택할 수 있는 제도도 도입된 바 있다. 또한 학교 내에서도 이동식 수업과 교과 교실제를 도입하여 일부 과목에 대하여 학생 수준별 학습이 이루어지고 있다.

7.4.3 최근의 고등교육 정책—등록금 경감 정책을 중심으로

고등교육의 비용을 누가 부담해야 하는가는 정답이 없는 문제이고 실제로 여러 나라에서 여러 형태로 정부와 수혜자들이 비용을 나누고 있다. 전적으로 정부가 부담하는 나라들도 있으며, 상대적으로 수혜자인 학생들이 부담이 높은 나라들도 있다. 대체로 유럽의 국가들에서는 고등교육비를 정부가 거의 전적으로 부담하는 경우가 많으며 영미계 국가들과 일본 같은 나라들은 학생들의 부담이 높은 편이다. 우리나라는 학생들의 부담이 가장 높은 편에 속한다. 이런 상황에서 2010년대 들어서는 학생들의 등록금 부담을 경감하려는 적극적인 노력들이 진행되고 있다. 고등교육에서 학생들의 부담을 덜어주는 것 자체가 목적이 되어야 하는지에 대해서는 근본적인 의문을 제기할 수 있지만 정부의 노력으로 비교적 단기간에 학생들의 부담을 큰 폭으로 줄인 것은 사실이다.

반값등록금 과거에도 대학 교육비용이 지나치게 비싸다는 지적은 많이 있어왔지만 반값등록금 정책이 현재와 같이 고등교육 정책의 전면에 나서게 된 것은 2006년 지방선거부터라고 할 수 있다. 당시 야당이던 한나라당에서 등록금 부담을 반으로 줄이는 정책을 발언한 것이 반값등록금의 시발점이 되었으며 2012년 총선과 대선의 중요한 이슈로 발전하였다. 2011년 5월, 당시 여당으로 바뀐 한나라당은 '무상·반값등록금 제도'를 추진하였다. 같은 해 6월 한나라당 지도부는 3년간 재정 6조 8,000억 원, 대학장학금 1조 5,000억 원을 투입하여 2014년까지 등록금을 최대 30% 이상 인하하는 방안을 제시하였다. 그러다 2011년 7월 21일 한나라당은 반값등록금에 대한 입장을 선회하여 당초 일괄적으로 등록금을 낮추는 방안에서 소득하위 70%에 한하여 차등적으로 지원하는 방식으로 당의 입장을 변경한다.

이어진 2012년 대선기간에 박근혜 대선후보는 한나라당의 반값등록금 대선공약을 제시하는데 대학생 모두에게 반값등록금을 동일하게 지원하는 것은 아니고 국가장학금 지원 대상을 8분위까지 확대하여 등록금의 평균 부담을 절반으로 줄이는 정책을 제시하게 된다. 한편 2012년 대선에서 민주당 문재인 대선후보는 반값등록금 추진을 위한 대선공약을 제시하면서 명목 대학등록금 자체를 반으로 낮추는 반값등록금 정책을 내놓았다.

박근혜 정부가 들어서면서 2012년 12월 새해 예산안 처리 시 반값등록금 공약관련 예산을 일부 반영하면서 2013년 초에 예산이 추가 투입되었다. 애초에 정부는 등록금 부담 완화를 위해 2013년 '반값등록금 예산을 2012년보다 5,000억 원 늘어난 2조 2,500억 원으로 산정하였으나 2013년 초 기존의 예산보다도 5,250억 원 늘어난 2조 7,750억 원의 예산을 국회에서 통과시켰다. 하지만 2013년 9월 26일 정부에서 발표된 2014년 예산안에서 반값등록금의 전면시행이 연기되고 시행 일정도 재조정된 바 있다. 예산부족으로 인하여 8,150억 원이 적게 반영되면서 소득연계형 반값등록금의 완성은 2015년으로 연기하는 것으로 일정이 조정된 것이다.

이후 집권한 문재인 정부는 '생애수요자 맞춤형 교육비 지원을 통해 교육비 줄이기' 공약 중 하나로 '대학 등록금 부담 획기적 경감'을 공약으로 내세웠으며, 세부 공약은 '반값등록금 추진', '대학 입학금 폐지', '학자금 대출 이자 부담 완화' 등이었다. 따라서 반값등록금 정책의 중요한 실행 축인 국가장학금 제도와 함께 반값등록금의 시행은 여전히 진행 중이라고 볼 여지가 있다.

취업 후 상환 학자금 대출제도의 도입 2010년 1학기부터 전통적인 방식으로 원금과 이자를 상환하는 것과는 달리 졸업 후 소득과 연계된 상환을 할 수 있도록 하는 학자금 대출제도가 '든든학자금'이라는 명칭을 가지고 전격적으로 도입되었다. 현재는 이 명칭 대신 제도의 취지를 명확히 밝히는 '취업 후 상환제도'라는 명칭이 사용되고 있다. 이 제도는 학자금이 필요한 대학생에게 대출을 해준다는 면에서는 일반적인 대출과 동일하나 원금과 이자의 상환은 소득이 일정 금액 이상 있을 때 이루어지는 방식으로 이루어진다. 이는 담보물이 없는 학생이 미래의 소득을 담보로 대출을 받는 제도라고 볼 수도 있다. 또한 일정 금액 이상의 소득을 올릴 때에만 상환이 시작되므로 소득이 없을 경우에도 대출 원리금을 상환해야 하는 부담을 덜 수 있다. 물론 이 제도가 차질 없이 운영되려면 소득 파악이 정확하게 이루어져야 할 것이다. 실제로 이 제도는 영국과 호주, 뉴질랜드 등에서 성공적으로 시행된 바 있는데, 이들 국가 모두 소득에 대한 정보를 가지고 있는 국세청이 징수에서 중요한 업무를 담당했다는 공통점을 가지고 있다.

이 제도는 고등교육의 재정 부담을 누가 할 것인가 하는 문제와도 깊은 관련이 있다. 실제로 이 제도는 영국, 호주, 뉴질랜드 등의 영연방 국가에서 고등교육이 무상에서 유상으로 전환되면서 도입된 제도이다. 즉, 고등교육 비용의 부담 주체를 정부에서 본인으로 바꾸면서 도입된 제도인 것이다. 비용 부담을 본인이 하되, 당장 필요한 교육 비용은 최대한 완화된 조건의 대출을 통해 충당함으로써 재정제약으로 고등교육의 기회를 놓치는 일이 없도록 하자는 취지이다.

표 7.1 소득분위별 국가장학금 지원액 (단위 : 만 원)

	기초	1분위	2분위	3분위	4분위	5분위	6분위	7분위	8분위
2012	450	225	135	90					
2013	450	450	270	180	135	112.5	90	67.5	67.5
2014	450	450	450	337.5	247.5	157.5	112.5	67.5	67.5
2015	480	480	480	360	264	168	120	67.5	67.5
2016	520	520	520	390	286	168	120	67.5	67.5
2017	520	520	520	390	286	168	120	67.5	67.5
2018	520	520	520	520	390	368	368	120	67.5

우리나라는 뒤에서 소개하는 국가장학금으로도 고등교육비 조달이 충분치 않은 경우, 상환의 부담을 덜면서 대학생활을 이어갈 수 있도록 하자는 취지에서 도입되었다.

국가장학금 제도 국가장학금 제도는 2012년에 도입되었으며 가구의 소득에 따라 각기 다른 금액을 지원하고 있다. 이는 대출제도와 달리 대학생에게 무상으로 주어지는 혜택이라고 볼 수 있다. 2012년 도입 당시에는 소득 3분위까지만 주어졌으나 이듬해부터 확대되어 소득 8분위까지 주어지고 있으며 지원액도 꾸준히 확대되어왔다. 장학금액의 변천은 〈표 7.1〉에 정리되어 있다. 가장 낮은 소득분위에게는 연 520만 원의 장학금이 지급되는데 이는 사립학교의 평균 등록금에는 미치지 못하지만 국공립대학 등록금은 충분히 감당할 수 있는 수준이다.

심화 과정을 위한 추천 논문과 저서

학생들의 성적에 대한 계량적 분석은 아래의 연구로부터 촉발되었다고 할 수 있다.

- Coleman, James S., Ernest Q. Campbell, Carol F. Hobson, James M. McPartland, Alexander M. Mood, Frederic D. Weinfield, and Robert L. York. 1966. *Equality of Educational Opportunity*. Washington, DC: US Office of Education.

교육과 관련한 경제학 연구 동향과 주요 연구결과들은 아래에 잘 정리되어 있다.

- Hanushek, Eric A. 2002. "Publicly Provided Education." In *Handbook of Public Economics*. Alan J. Auerbach and Martin Feldstein (eds.). Amsterdam: Elsevier: pp. 2045–2141.

본문에 소개되었지만 학급 규모 감축, 바우처제도, 협약학교, 학교 성적 책무성 등의 효과에 대한 계량경제학적 평가는 다음의 논문들을 참조하기 바란다.

- Rouse, Cecilia Elena. 1998. "Private School Vouchers and Student Achievement: An Evaluation of the Milwaukee Parental Choice Program." *Quarterly Journal of Economics* 113(2): pp. 553–602.
- Angrist, Joshua D. and Victor Lavy. 1999. "Using Maimonides' Rule to Estimate the Effect of Class Size on Scholastic Achievement." *Quarterly Journal of Economics* 114: pp. 533–575.
- Hanushek, Eric A. and Margaret E. Raymond. 2005. "Does School Accountability Lead to Improved Student Performance?" *Journal of Policy Analysis and Management* 24(2): pp. 297–327.

요약

- 교육은 일반적으로 공적으로 제공되지만 공공재는 아니다. 그렇지만 많은 사람들이 교육은 양의 외부성을 지니고 있다고 주장한다.
- 양의 외부성이 존재한다는 사실이 자격이 되는 모든 학생들을 같은 비율로 보조해주는 현재의 미 정부 고등교육 재원 프로그램의 구조를 정당화해주는 것은 아니다.
- 형평성에 대한 관심이 교육에 대한 정부 보조금을 정당화해 주기도 한다. 재화평등주의 연장선에서 어떤 사람들은 교육이 피교육자의 취향에 상관없이 모든 사람에게 제공되어야 한다고 주장한다.
- 교육의 공적 공급은 사적 공급을 구축할 수도 있다.
- 공교육에 대한 지출 증가가 평균 성적을 향상시킬지에 대한 증거는 그렇다는 것과 그렇지 않다는 것들이 섞여 있다.
- 실증 증거는 교육비 지출의 한계적 증가가 미래의 소득에 주는 영향은 거의 없다는 점을 시사한다. 추정값에 따르면 더 어리고 어려운 처지에 놓인 아동들에 대한 추가적인 지출의 효과가 상대적으로 큰 것으로 나타난다.
- 어떤 경제학자들은 공교육이 경쟁압력에 직면하게 되면 개선될 것이라고 주장한다. 이런 사고로부터 나온 하나의 제안은 협약학교를 이용하자는 것인데, 협약학교는 학교의 지출과 교사 고용의 선택에서 여러 가지 실험을 할 수 있는 자율권이 더 부여된 학교이다.
- 다른 제안은 학교 바우처를 도입하는 것인데 학교 바우처는 재정 지원이 직접 학교에 가는 것이 아니고 학생과 학부모에게 가는 것이다. 바우처는 학생과 학부모가 어떤 학교를 선택하든 사용할 수 있다.
- 최근의 개혁 노력은 학교 성적 책무성을 높이는 것인데 학교 성적 책무성 제도란 표준화된 시험을 통해 학교의 성취도를 점검하는 시스템이다. 정부는 학교가 성취도에 대한 (학부모들이 볼 수 있는) 통지서를 발간하도록 하거나 성적과 재정 지원을 연계시키기도 한다.
- 한국은 교육비 지출에 있어 OECD 국가 중 최고수준이다. 교육의 급속한 확대가 민간재원을 활용하여 달성되었다.
- 한국의 초중등교육 예산의 대부분은 지방정부가 아닌 중앙정부에 의해 조달된다. 최근 초중등교육에 있어 지방정부의 역할 강화에 대해서 논의가 진행되고 있다.
- 한국에서도 학교 선택권 확대, 저소득층 지원, 학교의 자율성과 책무성 제고, 교원인사제도 개선 등 경쟁압력 강화, 형평성 제고, 성과 인센티브 강화 방안들이 논의되고 있다.

연습문제

1. 정부가 교육을 제공하는 각기 다른 근거들은 무엇인가? 이런 근거들이 고등교육이나 초중등교육을 정부가 제공하는 데 대해서 각기 다른 시사점을 갖는가?
2. 많은 연구에서 교육의 질(흔히 시험점수로 측정됨)이 나라의 성장률을 높인다는 사실을 발견하고 있다[Jamison, Jamison, and Hanushek, 2006]. 이러한 발견이 교육에 대해 정부가 보조해야 할 것인가 아닌가 하는 문제에 대해 주는 시사점은 무엇인가?
3. 어떤 논평자는 정부가 고등교육을 위한 대출을 시행해야 한다고 주장하였다. 이 대출금은 대출자들에 대해 "생애를 통해 거두어들이는 소득에 대한 단일률의 십일조"라는 형식으로 회수됨으로써 "미래의 은행가가 초등교사보다 더 많이 갚도록" 설계되어야 한다는 것이다. 이런 프로그램이 효율적인지 논의하시오.
4. 2000년에 한국 정부는 GDP의 약 3.5%를 초중등교육에 지출했다. 한국의 가구는 추가적으로 GDP의 3%를 사교육에 지출하고 있다. 한국에서 사교육은 정규 학교교육을 보충하기 위해 흔히 이용되고 있다[Kim and Lee, 2010]. 〈그림 7.1〉과 관련된 분석에서 공립학교는 '받아들일 것인가 말 것인가 하는 양자택일'의 선택 사안이라고 가정하였

다. 즉, 개인들이 공교육을 보충하는 사적 교육은 받을 수 없는 것이다. 이런 상황에서 분석을 더 정교하게 하려면 여러분은 〈그림 7.1〉을 어떻게 수정하겠는가? 이 경우 공립학교가 교육을 구축할 수 있겠는가?

5. 홍콩에서는 만 3세에서 6세 사이의 아동이 유치원 바우처를 받을 수 있다. 그렇지만 바우처는 비영리 유치원에서만 사용할 수 있다. 비영리 유치원에서만 바우처를 사용할 수 있는 제한이 효율성에 어떤 영향을 줄지 논하시오.

6. 아이가 한 명인 가구가 1년에 5만 달러를 벌고 공적으로 제공되는 교육이 없는 지역에서 살고 있다.

a. 아이를 위한 교육의 양과 다른 모든 재화 사이의 상충관계를 보여주는 이 가구의 예산선을 그려보시오.

b. 이제 학생당 8,000달러에 달하는 무상교육이라는 선택이 가능하게 되었다. 이 변화에 따라 이 가구의 예산선은 어떻게 바뀌겠는가?

c. 이 가구는 무상교육 도입 후 교육에 대한 수요를 줄였다. b를 이용해서 이런 결과와 상응하는 무차별곡선을 그려보시오.

d. 이제 8,000달러에 해당하는 학교 바우처가 이 가구의 예산선을 어떻게 변화시킬지 보이시오. 이 가구가 구매하는 교육의 양에는 어떤 변화가 있겠는가?

7. 한 주에서 모든 공립학교 선생님들의 석사학위 의무화에 대해 고려 중이라고 가정해보자. 현재는 40%의 선생님들만 석사학위를 소지하고 있다.

a. 연구자가 석사학위를 소지한 선생님들이 가르치는 학생과 그렇지 않은 학생들의 성적을 비교하는 횡단면 분석을 수행한다. 연구자의 발견은 석사학위를 가진 교사에게 배운 학생들의 성적이 훨씬 높다는 것이었다. 이런 연구가 편향된 결과를 낳을 수도 있는 이유는 무엇인가?

b. 이제 다른 주에서 500명의 학생들이 석사학위가 있는 선생님의 반(실험군)과 그렇지 않은 선생님의 반(대조군)으로 무작위 할당되는 실험을 수행하였다고 가정해보자. 이 실험에서 실험군의 성적이 대조군보다 유의하게 높은 것을 발견하였다. 이런 실험이 석사학위 의무화 정책 도입을 고려하는 주에게 얼마나 유용한 정보를 제공해주는가?

Chapter 8

비용-편익 분석

> 파리는 한 번의 미사를 드릴 만한 충분한 가치가 있다.
>
> — 프랑스 앙리 4세의 말로 추정

여러분이 1991년에서 2007년 사이에 미국 보스턴을 방문한 적이 있다면, 아마도 그 도시의 중심가가 매우 혼잡하다는 것을 느꼈을 것이다. 중심가가 그토록 혼잡했던 이유는 'Big Dig'라고 불리는 146억 달러 규모의 공공건설 프로젝트 때문이다. 이 사업은 공항으로 가는 도로와 터널을 새로 건설하는 사업이다. 많은 사람들이 이 사업을 시행할 가치가 있는지에 대해 의아해하고 있다. 'Big Dig'와 같은 사회간접자본 확충 프로젝트는 유방암 검진에서부터 우주개발에 이르는 공공 프로젝트 예의 하나에 불과하다. 정부가 어떤 특정 프로젝트를 수행할지 여부를 어떠한 방법으로 결정할까? 후생경제학 이론은 이 질문에 대한 대답을 제공한다. 프로젝트 시행 이전과 이후의 사회후생함수를 평가하고 만일 사회후생이 증진된다면 프로젝트를 수행하는 것이다.

이러한 방식은 타당하기는 하지만 현실에서 전혀 쓸모가 없다. 사회후생함수를 정의하고 평가하기 위해서는 엄청나게 많은 정보가 필요하다. 사회후생함수는 어떤 관념적인 문제에 대한 사고를 위해서는 매우 가치 있는 개념이지만, 일상적으로 수행해야 하는 프로젝트에 대한 평가에는 별로 도움이 되지 못한다. 그러나 후생경제학은 여전히 공공지출 정책결정에 필요한 평가 절차의 집합으로 정의되는 **비용-편익 분석**(cost-benefit analysis)의 이론적 기반이 된다.[1]

비용-편익 분석(cost-benefit analysis)
공공지출 정책결정을 위해 필요한 평가 절차의 집합. 이 평가 절차는 후생경제학에 이론적 기반을 둠.

대부분의 정부 프로젝트와 정책은 민간부문에 희소한 상품들 중 어떤 상품의 생산과 소비를 증가시키고 다른 상품의 생산과 소비를 줄이는 영향을 미친다. 이러한 상품들의 가치를 평가하는 체계적인 절차가 비용-편익 분석의 가장 중요한 부분이다. 이러한 상품 가치의 평가를 바탕으로 전문가들이 이 프로젝트가 전체적으로 공공의 이익이 되는지를 판단할 수 있다. 비용-편익 분석은 정책입안자들로 하여금, 이상적으로 작동하는 시장에서 자동적으로 실행되고 있는 것, 다시 말하면 사회적 한계편익이 사회적 한계비용보다 높은 곳으로 자원을 배분하는 기능을 수행하는 것을 가능하게 한다.

1 Boardman 등[2006]은 후생경제학과 비용-편익 분석 간의 관련성에 대해 논의하였다.

8.1 현재가치

프로젝트에 대한 평가 시 다른 기간에 발생하는 비용과 편익을 비교하여야 하는 경우가 대부분이다. 예를 들어, 저소득층 가구의 취학 전 아동 교육을 위해서는 현시점에 많은 지출이 필요하지만 이 프로젝트의 편익은 미래에 발생한다. 이 절에서는 다른 기간에 발생하는 편익과 비용을 비교할 때 발생하는 이슈들에 대해 논의할 것이다.

8.1.1 현재의 달러가치를 미래가치로 환산

100달러를 은행에 가지고 가서 세후 5% 이자가 발생하는 계좌에 입금하였다고 하자. 1년 뒤에는 105달러[$= (1 + 0.05) \times \$100$]만큼, 즉 원금 100달러와 5달러의 이자를 돌려받을 것이다. 1년 더 계좌에 적립한다고 하자. 1년이 더 지나면, 110.25달러[$= (1 + 0.05) \times \$105$]를 돌려받게 된다. 이것을 다시 $(1 + 0.05) \times (1 + 0.05) \times 100 = (1 + 0.05)^2 \times 100$으로 표현할 수 있다. 이 돈을 3년 동안 적립해놓으면 3년 후에는 $(1 + 0.05)^3 \times \$100$만큼을 인출할 수 있다. 보다 일반적으로 말하면, R달러를 T년 동안 이자율 r로 예금하면 T년 후에는 $R \times (1 + r)^T$달러를 인출할 수 있다. 이 식은 현재 투자한 돈을 미래가치로 환산하는 방법을 나타낸다.

8.1.2 현재가치

이제 어떤 사람이 지금부터 1년 뒤에 여러분에게 100달러를 지불하겠다고 약속하는 계약을 제의하였다고 가정해보자. 이 사람은 신용이 있는 사람이어서 지불불이행(default)의 위험이 전혀 없는 사람이라고 가정하자(그리고 인플레이션이 발생하지 않는다고 가정하자). 이 약속을 받아들이는 조건으로 현시점에서 여러분이 그 사람에게 기꺼이 지불하고자 하는 최고금액은 어느 수준인지 생각해보자. 1년 뒤 100달러를 받을 약속이므로 지금 100달러를 지불할 가치가 있다고 생각할 수도 있다. 그러나 이것은 1년 동안 100달러가 지불되지 않고 1년을 기다려야 하며, 그동안 증식될 수 있는 이자가 있다는 사실을 간과한 결과이다. 은행에 100달러를 저축하면 1년 후에 105달러를 인출할 수 있는데, 1년 뒤에 100달러를 받기 위해 지금 100달러를 지불할 필요가 없다. 따라서 1년 뒤 받을 100달러의 가치는 현시점에는 100달러 미만이다. 미래 돈의 **현재가치**(present value)는 그 돈을 미래에 받을 권리를 사기 위해 현시점에 기꺼이 지불하고자 하는 최고수준의 금액을 의미한다.

> **현재가치(present value)**
> 미래에 지불하거나 받을 돈의 금액을 현시점에서 평가한 가치.

1년 뒤 100달러를 받기 위해 현시점에 기꺼이 포기하고자 하는 금액을 찾기 위해 $(1 + 0.05)$를 곱하여 100이 되는 수를 찾아야 한다. 그 수는 $\$100/(1 + 0.05)$이며 약 95.24달러가 된다. 따라서 이자율이 5%이면 1년 뒤 100달러의 현재가치는 $\$100/(1 + 0.05)$이다. 현재가치로 환산하는 방식은 현재의 돈을 미래가치로 환산하는 것과 대칭적인 형태를 띤다. 현재의 돈을 미래가치로 환산하기 위해서는 (1 + 이자율)을 곱해야 하며, 미래의 돈을 현재가치로 환산하기 위해서는 (1 + 이자율)로 나누어야 한다.

이제 2년 후에 100달러를 받는 약속을 생각해보자. 이 경우는 여러분이 지금 100달러를 투자하면 2년 뒤의 가치는 $\$100 \times (1 + 0.05)^2$가 되는 사실을 고려하여야 한다. 2년 후에 100달러를 받기 위해 현시점에서 지불할 용의가 있는 최고금액은 $(1 + 0.05)^2$을 곱하여 100이 되는

표 8.1 현재가치 계산법

지불액	지불까지의 경과 기간	할인요소	현재가치
R_0	0	1	R_0
R_1	1	$(1+r)$	$R_1/(1+r)$
R_2	2	$(1+r)^2$	$R_2/(1+r)^2$
.	.	.	.
.	.	.	.
.	.	.	.
R_T	T	$(1+r)^T$	$R_T/(1+r)^T$

소득흐름의 현재가치를 구하기 위해서는 각 연도 소득을 할인요소로 나누고 이를 모든 연도에 대해 더해야 한다.

수이다. 즉, $\$100/(1+0.05)^2$ 혹은 약 90.70달러이다.

일반적으로, 이자율이 r이면 T년 이후에 R달러만큼 지불한다는 약속의 현재가치는 $\$R/(1+r)^T$이다.[2] 따라서 인플레이션이 없는 상황에서도 미래의 1달러는 현시점에서 1달러가 되지 못하므로, 이자율과 돈이 지불되는 시기에 따라 결정되는 금액만큼 할인되어야 한다. 이러한 이유로 r은 종종 **할인율**(discount rate)로 불린다. 또한 $(1+r)^T$는 T년 이후 금액에 대한 **할인요소**(discount factor)라고 한다. 여기서 지불시기가 늦어질수록 (T가 더 커질수록) 현재가치가 낮아진다는 사실에 주목하여야 한다. 이를 직관적으로 말하면, 지불되기까지 더 많은 시간을 기다려야 한다면, 다른 조건이 동일한 상태에서 이 권리를 사기 위해 현재 기꺼이 지불하고자 하는 금액이 낮아진다는 것이다.

할인율(discount rate)
현재가치를 계산할 때 이용하는 이자율.

할인요소(discount factor)
어떤 값의 현재가치를 구하기 위하여 나누어야 하는 숫자. 만일 이자율이 r이면, T년 이후에 받을 소득에 대해서 적용되는 할인요소는 $(1+r)^T$이다.

마지막으로 현시점에 $\$R_0$, 1년 후에 $\$R_1$과 같이 T년 동안 소득이 발생하는 경우를 상정해보자. 이 경우 이 소득흐름의 가치는 얼마나 될까? 현재까지의 논의를 고려하면 $(\$R_0+\$R_1+\cdots+\$R_T)$은 미래의 1달러가 현시점에도 1달러 가치가 있다는 것을 의미하므로, 이는 잘못된 대답이다. 이 합에 어떤 수준의 할인요소를 나누는 것도 잘못된 것이다. 각 연도의 소득을 단순히 합하여 동일한 할인요소를 나누는 것은 마치 사과와 오렌지를 섞어서 동일한 가격으로 평가하는 것과 같기 때문이다. 정확한 답은 각 연도에 지급될 금액의 현재가치를 구하고 이들을 더하는 것이다.

〈표 8.1〉은 각 연도 소득의 현재가치를 보이고 있다. 현금 흐름, $\$R_0, \$R_1, \$R_2, \ldots, \$R_T$의 현재가치($PV$)를 구하기 위해 표의 마지막 열에 있는 수를 더하여야 한다.

$$PV = R_0 + \frac{R_1}{(1+r)} + \frac{R_2}{(1+r)^2} + \cdots + \frac{R_T}{(1+r)^T} \tag{8.1}$$

현재가치 계산의 중요성을 과소평가해서는 안 된다. 만일 현재가치를 무시하면 매우 심각한 오류를 범할 수 있다. 특히 현재가치를 적절하게 계산하지 않으면 벤처산업의 수익을 실제보다 과대평가할 것이다. 예를 들어 20년 후에 100만 달러의 수익이 발생하는 프로젝트의 현재

2 여기서는 이자율이 고정되어 있다고 가정하였다. 만일 이자율이 시간의 경과에 따라 변화하여 첫 번째 연도에는 r_1, 두 번째 연도에는 r_2와 같이 변화한다고 가정하자. 이 경우 T년 이후에 $\$R_T$만큼 지불한다는 약속의 현재가치는 $\$R_T/[(1+r_1)\times(1+r_2)\times\cdots\times(1+r_T)]$이다.

가치는 376,889달러[= \$1,000,000/(1.05)^{20}]이다. 만일 r = 10%이면, 현재가치는 148,644달러 [= \$1,000,000/(1.10)^{20}]에 불과하다.

8.1.3 인플레이션

미래의 물가수준이 높아진다면 현재가치를 구하는 방식은 어떻게 변해야 할까? 먼저 각 연도에 동일한 수익(\$$R_0$)이 발행하는 프로젝트를 상정해보자. 인플레이션율은 연간 3%라고 달러로 표시한 가격은 모든 가격이 동일하게 상승하는 것으로 가정하자. 그러면 달러표시 가격은 1년 후에 \$$\tilde{R}_1$은 $(1.03) \times R_0$가 되고 2년 후 달러표시 가격은 \$$\tilde{R}_2 = (1.03)^2 \times R_0$이 된다. T년도가 지나면 달러표시 금액은 \$$\tilde{R}_T = (1 + 0.03)^T \times R_0$이 된다.

명목금액(nominal amount)
(소득)금액이 주어지는 시점의 가격에 따라 평가되는 돈의 금액.

실질금액(real amount)
일반 물가수준에 의한 가격 변화를 조정한 돈의 금액.

이러한 달러표시 가치, \$$\tilde{R}_0$, \$$\tilde{R}_1$, \$$\tilde{R}_2$,..., \$$\tilde{R}_T$를 **명목금액**(nominal amount)이라고 한다. 명목금액은 소득이 발생하는 연도의 가격수준에 따라 평가되는 금액이다. 금액의 가치를 특정연도 가격으로 환산하여 평가하는 금액을 **실질금액**(real amount)이라고 한다. 실질금액은 단순한 물가수준의 변동을 반영하지 않은 금액이다. 조금 전 제시한 예에서는 각 연도에 발생하는 소득의 실질금액이 변하지 않는 상황을 상정하였다. 보다 일반적인 예로 현시점의 가격으로 평가한 각 연도의 소득이 \$$\tilde{R}_0$, \$$\tilde{R}_1$, \$$\tilde{R}_2$,..., \$$\tilde{R}_T$이고, 인플레이션율이 π이면, 이들의 명목금액은 \$$R_0$, \$$R_1 \times (1 + \pi)$, \$$R_2 \times (1 + \pi)^2$,..., \$$R_T \times (1 + \pi)^T$이 된다.

그러나 이것이 이야기의 끝이 아니다. 물가수준이 상승할 것이라고 예상되면, 대부자(lender)는 더 이상 물가가 안정적일 때 적용하는 이자율 수준 r로 대부를 하지 않으려 할 것이다. 대부자들은 이자율을 조정하지 않으면, 가치가 낮아진 금액을 상환받을 위험을 인식하고, 상환금액의 실질가치를 보전하기 위해 1년이 지나서 상환받을 금액을 $(1 + \pi)$ 비율만큼 높일 것이다. 이와 유사하게, 2년이 지나서 상환되는 금액에 대해서는 $(1 + \pi)^2$ 비율을 적용할 것이다. 다시 말하면 시장이자율은 예상되는 인플레이션만큼, 즉 r에서 $r + \pi$로 상향조정될 것이다.[3]

따라서 만일 인플레이션이 예상되면, 수익의 흐름과 할인율이 **동시**에 높아지게 된다. 수익금액이 **명목금액**으로 표시되면, 소득흐름의 현재가치는 다음과 같이 계산된다.

$$PV = R_0 + \frac{(1+\pi)R_1}{(1+\pi)(1+r)} + \frac{(1+\pi)^2 R_2}{(1+\pi)^2(1+r)^2} + \cdots + \frac{(1+\pi)^T R_T}{(1+\pi)^T(1+r)^T} \qquad (8.2)$$

식 (8.2)를 살펴보면, 이 식에서 $(1 + \pi)$은 모두 약분이 되어서 식 (8.2)는 결국 식 (8.1)과 동일해지는 것을 알 수 있다. 이 사실이 의미하는 바는 명목가치를 사용하든 실질가치를 사용하든 동일한 답을 얻게 된다는 것이다. 그러나 명심해야 할 점은 금액과 할인율 사용에 있어 일관성을 유지해야 한다는 점이다. 만일 소득흐름으로 실질금액이 사용되면, 할인율도 실질이자율(= 명목시장이자율 − 인플레이션율)을 사용하여야 한다는 것이다. 또한 소득흐름이 명목금액으로 평가되면, 할인율도 명목시장이자율을 사용하여야 한다.

3 $(1 + r)$과 $(1 + \pi)$의 곱은 $1 + r + \pi + r\pi$이다. 따라서 명목이자율은 실질이자율보다 $\pi + r\pi$만큼 높다. 그러나 일반적인 예에서는 $r\pi$가 매우 작기 때문에 $r + \pi$는 명목이자율의 상당히 근접한 값이 된다. 어떤 상황하에서는 명목이자율이 인플레이션율과 동일한 폭만큼 커지지 않는 경우도 있다. 이에 대한 예는 제17장 '조세와 인플레이션'절을 참조하시오.

8.2 민간부문의 프로젝트 평가

이 장 첫머리에서 언급하였듯이, 비용-편익 분석의 가장 중요한 문제는 정부 프로젝트의 투입과 산출의 가치에 대한 분석이다. 가장 유용한 출발점은 민간기업의 관점에서 이 문제를 생각해보는 것이다.

정부가 별개의 2가지 프로젝트 X와 Y를 고려하고 있다고 하자. 프로젝트 X의 실질편익과 비용은 B^X, C^X이고, 프로젝트 Y의 실질편익과 비용을 B^Y, C^Y라고 하자. 두 프로젝트 모두 편익과 비용이 즉시 실현된다고 하자. 이 기업은 2가지 문제에 대한 답을 찾아야 한다. 먼저, 이들 프로젝트가 실행할 만한 것들인가? (기업은 두 프로젝트 모두 실행한 가치가 없을 수도 있다.) 둘째, 만일 두 프로젝트 모두 실행할 만한 가치가 있다면, 어느 프로젝트에 우선순위를 두어야 하는가? 두 프로젝트의 편익과 비용이 즉시 실현되므로, 이들 문제는 매우 단순하게 해결될 수 있다. 프로젝트 X의 순편익 $B^X - C^X$와 프로젝트 Y의 순편익 $B^Y - C^Y$를 비교하는 것이다. 프로젝트의 순편익이 양의 값을 가지면 실행할 만한 프로젝트로 평가한다. 두 프로젝트 모두 실행가능하다고 평가되면, 순편익의 크기가 더 큰 값을 가진 프로젝트에 우선순위를 부여한다.

현실 세계에서 대부분의 프로젝트는 실질편익과 수익이 즉시 실현되지 않고 오랜 시간에 걸쳐 실현되는 경우가 많다. 프로젝트 시행 처음에 편익과 비용이 각각 B_0^X, C_0^X이고, 1년 후 실현될 편익과 비용이 B_1^X, C_1^X, 그리고 마지막 사업연도의 편익과 비용이 B_T^X, C_T^X라고 하자. 프로젝트 X는 다음과 같은 순편익의 흐름(이들 중에는 음의 순편익도 있음)으로 파악될 수 있다.

$$(B_0^X - C_0^X), (B_1^X - C_1^X), (B_2^X - C_2^X), \ldots, (B_T^X - C_T^X)$$

이 소득흐름의 현재가치(PV^X)는

$$PV^X = B_0^X - C_0^X + \frac{B_1^X - C_1^X}{(1+r)} + \frac{B_2^X - C_2^X}{(1+r)^2} + \cdots + \frac{B_T^X - C_T^X}{(1+r)^T}$$

여기서 r은 민간 프로젝트에 적합한 할인율이라고 하자(할인율의 선택에 관해서는 곧 논의할 것이다).

이와 유사하게, 프로젝트 Y가 T'년 동안 편익과 비용의 흐름, B^Y, C^Y을 유발한다고 가정하자(여기서 T와 T'이 같을 필요는 없다). 프로젝트 Y의 현재가치는 다음과 같다.

$$PV^Y = B_0^Y - C_0^Y + \frac{B_1^Y - C_1^Y}{(1+r)} + \frac{B_2^Y - C_2^Y}{(1+r)^2} + \cdots + \frac{B_{T'}^Y - C_{T'}^Y}{(1+r)^{T'}}$$

두 프로젝트 모두 현재가치로 평가되므로, 비용과 편익이 즉시 실현되는 이전의 예에서 적용한 원칙을 적용할 수 있다. 사업 평가를 위한 **현재가치 기준**(present value criteria)은,

- 현재가치가 양의 값이면, 실행할 가치가 있다고 평가한다.
- 두 사업이 상호관련성이 없는 별개의 사업이면, 현재가치가 높은 사업에 우선순위를 둔다.

현재가치 기준(present value criteria)

프로젝트를 평가하는 규칙으로서 내용은 다음과 같다. (1) 순편익의 현재가치가 양의 값인 경우만 실행함. (2) 상호관련성이 없는 두 프로젝트가 모두 실행 필요성이 있으면, 현재가치가 높은 쪽을 실행함.

표 8.2 두 사업의 현재가치 비교

	연간 순편익			PV	
연도	연구개발	홍보	할인율(r)	연구개발	홍보
0	−$1,000	−$1,000	0	$150	$200
1	600	0	0.01	128	165
2	0	0	0.03	86	98
3	550	1,200	0.05	46	37
			0.07	10	−21

할인율의 선택이 두 산업의 현재가치 비교에 영향을 미친다. 낮은 수준의 할인율을 사용할 경우는 홍보가 보다 매력적인 사업인 데 반해, 높은 수준의 할인율을 사용하면 연구개발 사업이 더 매력적인 사업으로 평가된다.

여기서 할인율의 선택이 매우 중요하다. 다른 수준의 r을 사용하면 실행 필요성과 두 프로젝트 간 우선순위 선정에 있어 다른 결론을 내릴 수도 있다.

〈표 8.2〉에 제시되어 있는 두 사업(연구개발과 홍보)의 예를 보자. 두 사업 모두 초기에 1,000달러 수준의 지출을 한다. 연구개발은 시행 1년이 지난 연도에 600달러 수익이 발생하고 3년이 지난 연도에 550달러 수익이 발생한다. 반면 홍보는 3년 후에 1,200달러 수익이 발생한다.

두 사업의 현재가치를 평가해보면 할인율의 선택이 매우 중요하다는 것을 알 수 있다. 할인율 r의 값을 낮게 잡으면, 홍보가 연구개발보다 더 매력적인 프로젝트가 되는 반면, 높은 할인율을 선정하면 수익이 먼 미래에 발생하는 홍보의 현재가치를 낮추게 되며 심지어 현재가치가 음이 되기도 한다.

따라서 할인율의 선정에 있어 이 값이 되도록 기업 자금조달의 실제 기회비용에 근접하도록 하여야 한다. 만일 할인율을 너무 높게 잡으면, 먼 미래에 수익이 많이 발생하는 프로젝트의 현재가치를 과소평가하게 되고, 할인율이 너무 낮으면 이 프로젝트의 현재가치를 과대평가하게 된다. 기업이 지불하는 조세도 아울러 고려하여야 한다. 만일 시장 수익률이 10%이고 기업이 직면하는 세율이 25%이면, 세후수익률은 7.5%가 된다. 세후수익률이 기업의 기회비용이므로, 이 수치가 할인율로 사용되어야 한다.

현재가치 기준 이외 다른 기준도 사업 평가에 이용된다. 그것들은 가끔 잘못된 결론을 유도하기 때문에 현재가치 기준이 가장 바람직한 기준이라고 할 수 있다. 그러나 이들 기준도 널리 사용되고 있으므로 그 개념과 문제점을 이해할 필요가 있다.

8.2.1 내부수익률

한 기업이 다음과 같은 사업을 고려하고 있다고 하자. 현시점에 컴퓨터 네트워크 구축에 100만 달러를 지출하고, 1년 후에 104만 달러의 수입이 발생한다고 하자. 컴퓨터 네트워크의 수익률이 얼마나 되는가 질문을 받으면 아마도 여러분은 4%라고 대답할 것이다. 암묵적으로 여러분은 다음의 방정식을 ρ에 대해서 푼 것이 된다.

$$-\$1{,}000{,}000+\frac{\$1{,}040{,}000}{(1+\rho)}=0$$

우리는 이러한 과정을 다음과 같이 일반화할 수 있다. 만일 어떤 프로젝트의 편익(B)과 비용(C)이 T년 동안 발생한다면, **내부수익률**(internal rate of return)은 아래 방정식을 ρ에 대해서 푼 것이 된다.

내부수익률(internal rate of return)
프로젝트의 현재가치가 0이 되도록 하는 할인율 수준.

$$B_0-C_0+\frac{B_1-C_1}{(1+\rho)}+\frac{B_2-C_2}{(1+\rho)^2}+\cdots+\frac{B_T-C_T}{(1+\rho)^T}=0 \quad (8.3)$$

내부수익률은 프로젝트의 현재가치를 0으로 만드는 할인율이다.

프로젝트 수행 여부를 판단하는 명확한 기준은 만일 ρ가 기업 자금조달의 기회비용 r보다 높은 경우 사업을 채택하는 것이다. 예를 들어, 만일 이 프로젝트로의 내부수익률이 4%이고 다른 투자로부터 수익률이 3%라면 이 프로젝트를 채택하여야 한다. 만일 상호관련성이 없는 두 프로젝트 모두 채택가능하다면 내부수익률이 더 높은 프로젝트를 채택하여야 한다.

그러나 내부수익률에 입각하여 프로젝트를 선정하면 잘못된 결정을 하는 경우가 있다. 프로젝트 X는 현시점에 100달러의 비용이 소요되고 1년 후 110달러의 수익이 발생하여 내부수익률이 10%가 된다. 프로젝트 Y는 현시점에 1,000달러 비용이 소요되고 1년 후 1,080달러 수익이 발생하므로, 내부수익률은 8%가 된다(여기서 두 프로젝트를 동시에 여러 번 시행할 수 없다고 가정하자). 이 기업은 6% 이자율로 차입과 대부를 자유로이 할 수 있다고 가정하자.

내부수익률을 기준으로 판단하면, Y에 우선하여 X를 채택하여야 한다. 그러나 프로젝트 X로부터 4달러의 이윤(= \$10 − 이자 \$6)을 획득하는 반면 프로젝트 Y로부터 20달러의 이윤(= \$80 − 이자 \$60)을 획득하게 된다. 내부수익률에 입각한 결론과 달리 더 많은 이윤을 창출하는 프로젝트 Y를 채택하여야 한다. 따라서 만일 프로젝트의 규모가 다를 경우 내부수익률에 입각하여 프로젝트를 선정할 경우 잘못된 결정을 할 경우가 있다는 것을 알 수 있다.[4] 반면, 현재가치 기준을 이용할 경우 프로젝트 규모에 차이가 있어도 정확한 답을 얻을 수 있다. X의 현재가치는 $-100+110/1.06=3.77$인 반면, Y의 현재가치는 $-1{,}000+1{,}080/1.06=18.87$이 된다. 현재가치 기준에 의하면 X보다 Y에 높은 우선순위를 부여하여야 한다.

8.2.2 편익-비용 비율

어떤 프로젝트의 수익흐름이 $B_0, B_1, B_2, \ldots, B_T$이고, 비용 흐름이 $C_0, C_1, C_2, \ldots, C_T$이라고 하자. 이때 편익의 현재가치 B와 C는 다음과 같다.

$$B=B_0+\frac{B_1}{(1+r)}+\frac{B_2}{(1+r)^2}+\cdots+\frac{B_T}{(1-r)^T}$$

$$C=C_0+\frac{C_1}{(1+r)}+\frac{C_2}{(1+r)^2}+\cdots+\frac{C_T}{(1+r)^T} \quad (8.4)$$

4 이 결론은 이들 프로젝트를 동시에 여러 번 시행할 수 없다고 가정할 때 성립된다. 만일 프로젝트 X를 10번 동일하게 시행하면 이윤이 100달러가 되고 따라서 프로젝트 Y의 이윤 80달러를 상회한다.

편익-비용 비율(benefit-cost ratio)

특정 프로젝트의 편익흐름의 현재가치와 비용흐름의 현재가치의 비율.

편익-비용 비율(benefit-cost ratio)은 B/C로 정의된다.

프로젝트의 채택 여부는 편익-비용 비율이 1보다 큰지 여부에 달려 있다. 이 규칙을 이용하면 하나의 프로젝트를 채택할지 여부에 대해서는 항상 정확한 판단을 할 수 있다. 이유는 $B/C > 1$은 항상 $B - C > 0$을 의미하며, 따라서 현재가치 기준과 동일한 판단을 하게 한다.

그러나 채택 가능한 두 대안을 비교할 때 편익-비용 비율은 거의 쓸모가 없다. 어떤 주정부가 독성폐기물을 처리하는 2가지 방법을 비교한다고 하자. 방법 I은 이 폐기물을 그냥 버리는 것으로서 B는 2억 5,000만 달러이고 C는 1억 달러여서 편익-비용 비율은 2.5가 된다. 방법 II는 로켓으로 폐기물을 토성으로 보내는 방법으로서 B는 2억 달러이고 C는 1억 달러로서 편익-비용 비율은 2가 된다. 이 경우 주정부는 B/C가 높은 방법 I을 채택할 것이다. 여기서 방법 I에서 폐기물이 농작물에 스며들어 농산물 수확이 4,000만 달러 줄어드는 효과를 무시한 것을 발견하였다고 하자. 만일 이 4,000만 달러를 편익의 감소로 간주하면 B/C 비율은 \$210/\$100 = 2.1이 되어, 주정부는 이 방법을 여전히 더 선호할 것이다. 그러나 만일 4,000만 달러를 비용의 상승분으로 간주하면 B/C 비율은 \$250/\$140 = 1.79가 되며, 이제는 방법 II를 채택해야 할 것이다.

우리는 편익-비용 비율의 개념적 모호성에 대한 예를 살펴보았다. 편익은 항상 음의 비용이 될 수 있으며 비용은 항상 음의 편익이 된다. 따라서 편익과 비용을 어떻게 분류하느냐에 따라 편익-비용 비율이 자의적으로 높아질 수 있다. 이와는 대조적으로 식 (8.1)을 보면, 현재가치 기준을 이용할 경우 이러한 속임수는 통하지 않는다. 왜냐하면 이 기준에서는 편익과 비용의 비율을 이용하지 않고 편익과 비용의 차이를 이용하기 때문이다.

결론적으로 내부수익률과 편익-비용 비율은 잘못된 판단을 유발할 수 있다. 따라서 현재가치 기준이 가장 신뢰할 수 있는 기준이라고 할 수 있다.

8.3 정부 프로젝트에 적용되는 할인율

분별력 있는 의사결정을 위해서 정부도 현재가치를 산출하여야 한다. 그러나 공공부문은 편익, 비용 그리고 할인율을 민간부문과 다른 방법으로 계산하여야 한다. 이 절에서는 공공부문 할인율 선택의 문제에 대해 논의할 것이다. 할인율에 대한 논의 이후 비용과 편익의 평가에 대해 살펴볼 것이다.

이미 언급한 바와 같이, 민간 경제주체들에 의해 선택된 할인율은 대안적인 투자에서 획득 가능한 수익률을 반영하여야 한다. 비록 실제로 어떤 수익률을 선택하여야 하는지는 어려운 일이지만, 기업 자금의 기회비용의 개념은 최소한 개념적 관점에서는 합당한 할인율 선택의 기준이 된다.

정부 프로젝트에 대한 할인율에 대해서는 개념적으로도 의견일치가 이루어지지 않은 상태이다. 여기서 몇 가지 가능성에 대해 논의할 것이다.[5]

5 할인율에 대한 대안적인 관점에 대해서는 Tresch[2002, Chapter 24]를 참조하시오.

8.3.1 민간부문의 수익률을 이용한 할인율

민간 투자 중 마지막 투자분 1,000달러로부터 수익률이 16%라고 가정하자. 정부가 민간부문으로부터 1,000달러를 가져와서 정부 프로젝트에 지출한다고 하자. 이 경우 정부 프로젝트에 1,000달러 지출은 민간투자 1,000달러의 감소로 가능하다. 사회는 민간부문에 투입되었더라면 얻을 수 있었던 160달러를 잃게 된다. 따라서 정부 프로젝트의 기회비용은 민간부문 수익률 16%가 된다. 이 수익률은 기회비용을 측정한 것이므로 합당한 할인율이라고 할 수 있다. 여기서 주의해야 할 점은 이 수익에 조세가 부과되는지 여부는 전혀 상관이 없다는 것이다. 조세가 징수되어 이 조세만큼의 수익이 민간에서 정부로 이전되더라도 수익은 여전히 사회 내에 남아 있기 때문에, 민간자금이 사회를 위해 발생시키는 가치는 세전수익률에 의해 측정될 수 있다.

실제로는 정부사업은 다양한 조세를 통해 재원이 조달된다. 이제까지의 가정과 달리 정부사업의 재원은 민간의 투자가 아니라 소비의 감소로 조달된다고 가정하자. 그러면 소비의 감소로 조달된 재원의 기회비용은 무엇인가? 올해의 소비와 저축에 대한 의사결정을 하는 케니를 생각해보자. 케니가 올해 소비하는 1달러당 그는 다음 해 소비가 1달러와 저축으로부터 획득하는 이자율의 합만큼 줄어든다. 따라서 케니가 1달러 소비함에 따라 발생하는 기회비용은 그가 1달러 저축함으로써 얻을 수 있는 수익으로 측정되어야 한다. 만일 케니가 16% 세전수익률로 투자할 기회가 있으나 이 수익에 대해 50% 세율로 조세가 부과된다고 가정하자. 케니가 추가적인 1달러 소비를 하기 위해 포기하여야 하는 수익은 세후이자율 8%가 된다. 세후이자율이 소비의 감소로 인한 개인들의 손해를 소비의 감소로 조달되는 정부의 재원은 세후이자율로 할인되어야 한다.

공공부문의 자금은 민간부문의 소비와 투자의 감소로 조달되므로, 가장 자연스러운 답은 세전이자율과 세후이자율의 가중평균을 할인율로 사용하는 것이다. 여기서 가중치는 투자의 감소로 조달된 공공자금 비중과 소비의 감소로 조달된 공공자금의 비중이 되어야 할 것이다. 만일 1/4의 자금이 투자의 감소에 기인하고 나머지 3/4의 자금이 소비의 감소에 기인한다면, 공공부문의 할인율은 10%($=1/4\times16\%+3/4\times8\%$)가 되어야 한다. 불행히도 어느 특정 정부사업을 위해 조달되는 자금이 실제로 어느 정도의 소비 감소와 어느 정도의 투자 감소에 기인하는지를 파악하는 것은 매우 어렵다. 그리고 조세가 소비와 투자에 미치는 영향에 대한 정보가 있다고 하더라도 어느 조세가 어느 프로젝트에 자금을 제공하는지를 파악하는 것은 매우 어렵다. 소비와 투자의 가중치를 실제로 결정하기 어렵기 때문에, 할인율 결정에 대한 현실적인 가이드라인으로서의 이러한 접근방법의 실효성은 높지 못하다.

8.3.2 사회적 할인율

시장수익률을 이용하는 방법에 대한 대안으로서, 공공지출에 대한 평가에서 사회가 현재 포기하는 소비에 부여하는 가치를 측정하는 **사회적 할인율**(social rate of discount)을 사용하여야 한다는 견해가 있다. 그러면 왜 사회적 관점에서 본 소비 감소의 기회비용이 민간시장의 수익률로 추정되는 기회비용과 달라야 하는가? 사회적 할인율은 다음의 몇 가지 이유로 인해 더 낮을 수 있다.

사회적 할인율(social rate of discount)

사회가 미래의 소비를 위하여 현재 소비를 어느 정도 줄일 용의가 있는지를 측정하는 할인율.

정부의 온정주의 사람들의 편협하고 이기적인 관점에서도, 사람들은 미래에 발생할 편익에 대해 충분한 가중치를 둘 만큼 장기적인 안목을 가지고 있지 못할지도 모른다. 따라서 그들은 미래의 편익에 대해 지나치게 높은 할인율을 적용할 수도 있다. 정부는 사람들이 미래에 발생할 편익에 대해 충분히 알고 있다면 사용하였을 할인율을 사용하여야 한다. 이것이 정부의 온정주의에 입각한 주장이다. 정부가 시민들로 하여금 현재 소비를 줄이게 하면, 그 대가로 시민들은 미래에 더 많은 것을 가지게 된다. 이때 시민들은 정부의 장기적인 안목에 대해 감사할 것이라는 주장이다. 다른 모든 온정적인 정부의 주장과 같이 이 문제에서도 어떤 경우 정부의 선호가 개인의 선호보다 우선할 수 있는가라는 근본적이며 철학적인 질문이 제기될 수 있다.

이와 관련하여 민간부문에 의해 결정된 이자율은 미래세대의 이익을 반영하지 못한다는 주장이 있다. 따라서 정부는 미래의 국민들에게 영향을 미치는 프로젝트에 대해서는 낮은 할인율을 적용하여야 한다는 것이다. 그러나 이러한 주장에 대해서 미래세대 이익의 보호자로서의 정부를 상정하는 것은 정부가 보유하고 있는 지식과 온정적인 경향을 지나치게 과도한 수준으로 가정하는 것일 수 있다는 비판도 존재한다. 더욱이, 전적으로 이기적인 개인이 미래세대의 이익을 증진시키는 프로젝트에 참가하는 경우도 종종 있다. 만일 미래세대가 어떤 프로젝트로부터 이득을 볼 것으로 예상된다면, 예상되는 이윤이 높을 것이며, 이로 인해 현시점의 투자가 증진될 것이다. 예를 들어, 민간 기업은 수년 뒤에나 실현될 목재 판매를 위해 나무를 심는 경우도 있다.[6]

시장의 비효율성 기업이 투자를 하게 되면, 투자 자체가 다른 기업들에게 도움이 되는 지식과 기술적 노하우를 창출한다. 투자는 양의 외부성(positive externality)을 창출하고, 따라서 시장에서 과소투자가 이루어지게 된다(제5장 참조). 정부는 시장이자율보다 낮은 할인율을 적용함으로써 이러한 비효율성을 교정할 수 있다. 실제 적용과정에서 나타나는 큰 문제점은 외부성의 규모를 측정하는 것이다. 외부성에 관한 이론에 의하면 정부는 사회적 최적점에서 한계외부 편익의 규모를 추정하고 이 규모만큼 보조금을 지불하여야 한다(제5장 참조).

시장이자율이 아닌 사회적 할인율을 사용해야 한다는 견해들은 구체적으로 어떤 할인율을 사용해야 한다는 가이드라인을 제시하지 못하고 있다. 그러면 우리는 어떻게 하여야 하는가? 민간시장에서의 세전수익률과 세후수익률 사이의 어느 수준을 할인율로 이용하여야 한다는 주장에 대해 강한 반론을 제기하기가 어렵다. 현실적인 방법 중 하나는 일정 범위의 여러 가지 할인율을 이용하여 프로젝트의 현재가치를 평가해보고 합리적인 범위의 할인율하에서 현재가치가 양의 값에 머물러 있는지 확인해보는 방법일 것이다. 만일 그렇다면 분석자들은 그들의 결론이 할인율의 변화에 민감하게 변화하지 않는다는 자신감을 가지게 될 것이다. 민감도 분석(sensitivity analysis)은 합리적인 여러 가정하에서 비용-편익 분석을 수행하여 중요한 결과가 가정에 따라 얼마만큼 변하는지 확인하는 과정이다.

---

6 왜 사람들이 자신의 사망 이후에나 수익이 발생하는 프로젝트에 투자를 하는가? 왜냐하면 사람들은 미래에 발생할 이윤에 대한 권리를 젊은 세대에게 팔 수 있으며, 따라서 자신의 생애 동안 예상되는 이윤 중 자신의 지분만큼 소비할 수 있기 때문이다.

8.3.3 기후변화와 관련된 할인율과 경제학

민간의 할인율 대신 사회적 할인율을 사용하여야 한다고 주장하는 사람들은 민간부문에 의해 사용되는 할인율들은 미래세대의 이익을 반영하기에는 너무 높다고 주장한다. 이에 반대하는 사람들은 민간의 할인율이 적합한 수준이라고 주장한다. 미래세대의 이익을 어떻게 반영하여야 하는지에 대한 논쟁은 지구온난화에 따른 기후변화에 대한 정책을 논의할 때 전형적으로 나타난다. 예를 들어 영국의 경제학자 니콜라스 스턴은 영국 정부를 위해 보고서를 작성하였는데, 그 보고서에서 그는 기후변화에 대한 미래의 비용의 현재가치가 매우 높은 수준이므로 정부는 현시점에 큰 금액을 들여 온실가스를 줄이는 조치를 취해야 한다고 주장하였다[Stern, 2006]. 스턴이 추천한 정책을 실시하기 위해서는 현시점에서 27조 원이 소요될 것이다[Nordhaus, 2008].

이 수치는 많은 경제학자들이 신뢰하는 연구들의 결과에서 도출된 수준보다 매우 높다. 그 이유는 무엇일까? 기후변화로 인해 발생할 것으로 예상되는 미래 피해의 현재가치를 계산함에 있어 스턴은 0에 가까운 할인율을 사용하였다. 이러한 낮은 수준의 할인율하에서 스턴의 결과는 놀라운 것이 아니다. 그 비용이 아무리 작다고 하더라도 그 비용이 먼 미래까지 지속적으로 발생할 경우, 그 비용의 현재가치는 매우 높을 수밖에 없다. 만일 스턴이 민간부문에서 사용하는 할인율을 사용하였다면, 스턴의 분석결과는 완전히 달라졌을지도 모른다.

> 기후변화의 경제학에 있어서 가장 큰 불확실성은 할인율로 사용할 이자율 수준에 대한 불확실성이라고 해도 과언은 아니다. 이러한 비밀은 기후변화의 경제학을 연구하는 사람들에게는 이미 공공연한 비밀이지만, 이는 다른 경제학자들에 의해 보다 광범위하게 인식되어야 할 사실이다[Weitzman, 2007, p. 705].

8.3.4 실제로 사용되고 있는 정부의 할인율

한국에서 실행되고 있는 대표적인 비용-편익 분석인 예비타당성 조사에 사용되는 사회적 할인율은 5.5%이다[7](예비타당성 조사에 대한 구체적인 내용은 이 장의 8.9절 참조).

미국에서는 정부기관과 사업의 성격에 따라 다양한 종류의 할인율을 사용해왔다. 최근 미국의 OMB(Office of Management and Budget)[2003]가 정한 규칙에 의하면, 연방정부기관은 자신들의 프로젝트에 대해 평가할 때 2가지 분석을 따로 하여야 한다. 하나는 7% 실질 할인율을 이용한 분석이고, 다른 하나는 3% 실질 할인율을 이용한 분석이다. 이 관례는 이 장에서 이미 논의한 경제학적 논리와 직접 연결된다. 7%는 민간시장에서의 투자수익률의 추정치이며, 민간투자 자금이 공공프로젝트의 재원으로 전환된 경우 적합한 할인율이다. 3%는 사회의 미래소비에 대한 할인율의 추정치이며, 따라서 정부 프로젝트 재원이 민간의 소비로부터 조달될 때 사용하는 것이 적합한 할인율이다. 정부 프로젝트 재원이 민간의 투자로부터 조달되는지 아니면 민간소비로부터 조달되는지 명확하지 않기 때문에 OMB의 권고사항은 2가지 할인율을 사용함으로써 민감도 분석을 하여야 한다는 것이다. 또한 미래세대에게 영향을 미치는 정부 프로젝트는 할인율 1~3%를 추가적으로 이용하여 평가하는 것을 권고하고 있다. 이 권고사

7 사업기간 최초 30년까지는 5.5%를 그 이후 20년간은 4.5%를 적용한다.

항은 이미 논의한 바와 같이 사회적 할인율은 민간시장의 수익률보다 낮을지도 모른다는 견해와 일맥상통한다.

연방정부의 예산편성계획에서 지금까지의 논의와 일관성을 가지지 못하는 할인율이 사용되기도 한다. 새로운 조세 혹은 지출 프로그램이 도입될 때, 해당 프로그램이 예산 상태를 더 악화시킬 것인지 판단하기 위해서 이 프로그램이 향후 5년 동안의 예산에 미치는 영향에 대한 분석결과를 제시하게 되어 있다.[8] 이 목적을 위하여 향후 5년간의 해당 조세와 지출액의 단순 합만 평가하게 되어 있다. 다시 말하면, 미래의 흐름에 대해 적용되는 할인율은 0%라는 말이다. 예를 들어, 어떤 정책이 현시점에서 10억 달러의 지출이 필요하고 그 재원은 5년 뒤 같은 금액의 조세로 충당하는 것이라면, 이 관례하에서는 이 정책이 정부의 재정에 전혀 영향을 미치지 않는 것으로 평가된다. 실제로 현재가치로 평가하면 이 정책은 정부의 재정을 악화시키는 것으로 평가되어야 한다.

또한 5년 이후에 나타나는 정책의 재정에 대한 효과는 전혀 무시된다. 결과적으로 5년 경과 이후의 재정수입과 지출에 대한 영향에 적용되는 할인율은 무한대가 된다. 정책 시행 처음 5년 동안 50억 달러의 정부수입이 증대되고 10년 후에 정부의 수입이 200억 달러 감축되는 정책을 상정해보자. 현행의 예산편성 규칙하에서 이 정책은 잉여를 창출하는 것으로 평가된다. 그러나 실제로 합당한 수준의 어느 할인율을 이용하더라도 이 정책은 정부 재정을 악화시킨다고 평가될 것이다. 실제로 이러한 이상한 할인방법으로 인해 정부의 의사결정이 단기적으로 정부 수입을 창출하지만 장기적으로는 정부 재정을 악화시키는 방식으로 왜곡되고 있다는 실증분석 결과가 제시되고 있다[Bazelon and Smetters, 1999].

8.4 공공정책의 편익과 비용에 대한 평가

공공정책 평가의 다음 단계는 편익과 비용을 계산하는 것이다. 민간기업의 관점에서 이러한 계산은 상대적으로 간단하다. 프로젝트로부터의 편익은 기업 수입의 증대일 것이며, 비용은 투입요소에 대한 지불비용일 것이며, 2가지 모두 시장가격으로 평가하면 된다. 공공부문 프로젝트의 평가는 상대적으로 복잡하다. 왜냐하면 시장가격들이 사회적 편익과 비용을 제대로 반영하지 않는 경우가 있기 때문이다. 예를 들어 환경에 악영향을 끼치는 고속도로 확장 사업을 상정해보자. 민간부문과 공공부문 모두 이 프로젝트를 수행한다고 상상할 수 있으나, 민간부문과 공공부문의 비용-편익 분석은 상당히 다른 방법으로 이루어질 것이다. 왜냐하면 공공부문은 외부성을 포함한 '사회적 비용'을 고려하여야 하기 때문이다.

여기서는 공공부문 프로젝트의 편익과 비용을 측정하는 몇 가지 방법에 대해 논의할 것이다.

8.4.1 시장가격

제3장에서 언급한 바와 같이 정상적으로 작동하는 경쟁적인 경제에서는 재화의 가격이 생산의 사회적 한계비용과 소비자에 대한 한계편익을 동시에 반영한다. 만일 정부가 시장에서 거래되

8 어떤 다른 목적을 위해서는 상원이 10년 동안의 예산흐름에 대한 평가를 요구하는 경우도 있다.

고 있는 투입요소를 이용하고 시장에서 거래되는 상품을 생산한다면 시장가격이 가치평가를 위해 사용되어야 한다.

문제는 현실의 시장에는 독점, 외부성과 같은 많은 종류의 불완전 경쟁요소가 있다는 것이다. 따라서 시장가격이 항상 사회적 한계 비용과 편익을 반영하는 것은 아니다. 그러나 이와 관련된 적절한 의문은 시장가격이 완벽한 지표인가 하는 점이 아니라, 다른 대안적인 가치 지표보다 시장가격이 더 나은 가치 지표인가 하는 점이다. 이러한 대안적인 가치 지표는 매우 복잡하고 또한 의문의 여지가 많은 경제모형으로부터 만들어지거나 유도될 수밖에 없다. 이에 반하여, 시장가격이 문제가 많은 것은 사실이나 아주 낮은 비용으로 많은 정보를 제공해준다. 대부분의 경제학자들은 시장의 불완전성이 지나치지만 않다면, 시장가격이 공공의 편익과 비용을 계산하는 데 이용되어야 한다고 믿는다.

8.4.2 조정된 시장가격

불완전 경쟁시장에서 거래되는 재화의 가격은 일반적으로 사회적 한계비용을 제대로 반영하지 못한다.[9] 이 재화의 **잠재가격**(shadow price)이 실제 사회적 한계비용이다. 비록 불완전 경쟁시장에서 재화의 시장가격이 사회적 한계비용과 차이가 있지만, 어떤 경우에는 시장가격을 이용하여 잠재가격을 추정할 수 있다. 우리는 이와 관련된 몇 가지 상황에 대해 논의할 것이다. 각 상황에서 핵심 사항은 잠재가격이 경제가 정부의 개입에 어떻게 반응하는가에 의존하여 결정된다는 사실이다.

잠재가격(shadow price)

재화의 실제 사회적 한계비용.

독점 남아프리카 공화국에서 맥주 생산은 '남아프리카 양조 주식회사'에 의해 독점되고 있다. 교육부에서 대학생의 맥주 소비가 학업 성취도에 미치는 영향에 대한 통제된 실험에 사용하기 위해 맥주 구입을 고려하고 있다고 상상해보자. 이 프로젝트에 대한 비용-편익 분석에서 투입요소가 독점적으로 생산되고 있다는 사실을 어떻게 고려하여야 하는가?

시장가격이 한계비용과 동일한 완전경쟁시장과는 달리 독점기업의 가격은 한계비용보다 높다(제3장 참조). 정부는 맥주의 가치를 (소비자의 가치평가인) **시장가격**으로 평가하여야 하는가? 혹은 (추가적으로 생산에 투입된 자원의 비용인) **한계생산비용**으로 평가하여야 하는가?

이 질문에 대한 답은 정부의 구매가 시장에 어떠한 영향을 미쳤느냐에 달려 있다. 만일 정부의 구매량과 동일한 양만큼 생산이 증가할 것으로 예상되면, **사회적 기회비용**은 생산에 추가적으로 사용된 자원의 가치, 즉 **한계생산비용**이다. 반면, 맥주 생산량이 전혀 변동하지 않았다면, 정부의 맥주 사용은 수요가격으로 맥주를 평가한 민간소비자의 소비 감소로 충당되었다고 할 수 있다. 일부는 소비 감소로 그리고 나머지는 생산 증가로 충당되었다면, 가격과 한계비용의 가중평균이 합당한 가치 기준이다(이와 같은 방식은 할인율에서 논의한 방식과 유사하다).

조세의 존재 만일 투입요소에 판매세가 부과되면 투입요소의 생산자가 얻는 가격은 구매자에 의해서 지불되는 가격보다 낮은 수준이다. 이는 소비자 가격의 일부분이 조세로 납부되어야 하기 때문이다. 만일 정부가 판매세가 부과되는 제품을 구입하여 투입요소로 이용할 경우, 소

9 더 자세한 논의는 Boardman 등[2006]을 참조하시오.

비자 가격과 생산자 가격 중 어느 가격을 비용 계산을 위해 사용하여야 하는가? 기본적인 원리는 독점의 경우와 동일하다. 만일 정부의 구매로 인해 생산이 증가할 것으로 예측되면 **공급자 가격**이 적합한 가격이다. 만일 생산이 변하지 않을 경우 소비자 가격이 이용되어야 한다. 만일 정부구매의 일부만 생산의 증가로 충당되었을 경우는 **소비자 가격**과 생산자 가격의 가중평균이 이용되어야 한다.

실업의 존재 공공프로젝트에 고용되는 근로자가 민간부문에 종사하던 사람이 옮겨온 경우, 사회의 기회비용은 이 근로자가 민간부문에서 받던 **임금률**이 된다. 이 임금률은 이 근로자가 민간부문에서 생산에 기여한 가치를 반영하기 때문이다. 만일 이 근로자가 민간부문에서 비자발적으로 실업상태에 있었다면 문제는 조금 복잡해진다. 실업자를 고용할 경우 민간부문의 생산을 감소시키지 않기 때문에 정부가 이 근로자에게 지불하는 임금은 기회비용을 의미하지 않는다. 사회 전체적으로 없어지는 것은 이 근로자가 소비하였던 여가의 가치밖에 없다. 실업자의 여가의 가치는 아마도 매우 낮을 것이다. 그러나 여기에 2가지 문제점이 있다. (1) 만일 정부가 고용률을 일정 수준에서 안정시키고자 하는 안정화 정책을 시행하고 있다면 실업 노동자를 정부가 고용한다는 것은 경제의 다른 부문의 고용을 감소시키는 것을 의미한다. 이 경우 이 근로자 고용의 사회적 비용은 그의 임금수준이라고 보아야 한다. (2) 근로자가 정부 프로젝트 시행 당시에 비자발적 실업상태에 있었다고 하더라도 이 근로자가 평생 동안 실업상태로 있지는 않을 것이다. 그러나 이 사람의 고용기회에 대해 예측하는 것은 매우 어려운 일이다. 실업의 원인과 본질에 대한 의견일치가 부족한 상황에서, 실업자 고용의 기회비용을 산정하는 문제는 아직 의견일치가 되지 않은 문제로 남아 있다. 심각한 경기침체가 없는 한 실업 노동력의 가치를 임금수준으로 산정하는 것은 여러 실질적인 목적에 합당한 좋은 근사치가 될 수 있을 것이다.

8.4.3 소비자 잉여 측정

민간기업은 일반적으로 경제규모에 비하여 상대적으로 규모가 작기 때문에 그 기업의 생산량 변화가 시장가격 변화를 유발하지 않는다. 이와는 대조적으로 공공부문 프로젝트들은 규모가 매우 커서 시장가격을 변화시키고, 이것은 이 프로젝트의 편익 산정 방식을 변화시킨다. 예를 들어 정부의 관계시설 확충은 농업 생산의 한계비용을 낮추어 식료품 가격을 낮추는 효과가 있다. 그러나 만일 시장가격이 변하였다면, 증가한 식료품의 가치는 관계시설 프로젝트 시행 이전 높았던 가격으로 측정되어야 하는가? 프로젝트 시행 이후 가격을 이용하여야 하는가? 그것도 아니면 두 가격 사이의 어느 가격수준에서 측정되어야 하는가?

아보카도를 재배하는 지역의 상황이 〈그림 8.1〉에 묘사되어 있다. 수평축은 아보카도의 양을 파운드 단위로 나타내고, 수직축은 파운드당 가격을 나타내고, D_a는 아보카도의 수요곡선을 나타낸다. 관개수로 개선 프로젝트가 시작되기 이전의 공급곡선은 S_a이고 아보카도의 시장 가격과 거래량은 각각 2.89달러와 A_0이다(논의를 단순화하기 위해 공급곡선을 수평으로 가정하였다. 우상향하는 공급곡선을 상정해도 핵심적인 결과는 동일하다).

관개수로 사업으로 더 많은 땅이 경작되어 공급곡선이 S_a'으로 이동하였다고 하자. 새로운

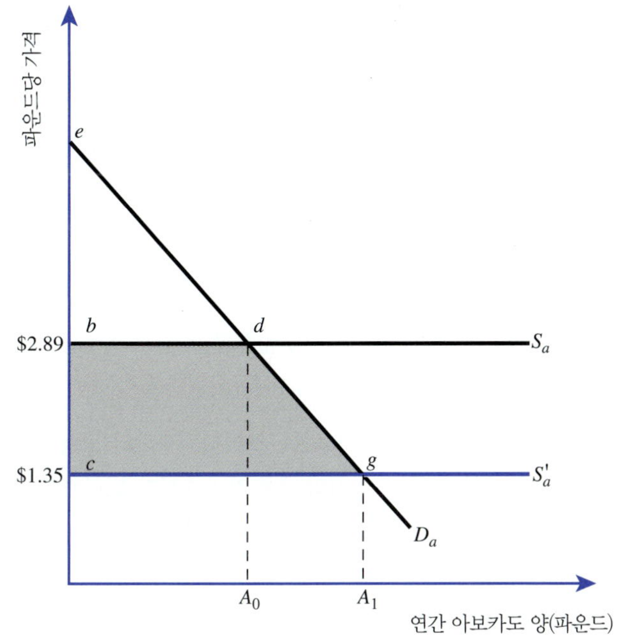

그림 8.1
소비자 잉여 변화 측정
정부의 관개시설 확충 프로젝트는 아보카도 나무 재배의 비용을 감소시킨다. 따라서 공급곡선이 S_a'으로 이동하게 된다. 가격의 하락은 소비자 잉여를 *bcgd*만큼 증가시킨다.

균형에서는 가격이 1.35달러로 하락하고 아보카도 생산은 A_1으로 증가하였다. 소비자의 후생복리는 어느 정도 증진되었는가? 이 질문을 다른 방법으로 표현하면 "소비자들이 2.89달러로 A_0만큼 소비하는 대신 1.35달러로 A_1만큼 소비하는 특권을 누리는 대가로 얼마 정도의 금액을 지불할 용의가 있는가?"로 표현할 수 있다.

이 질문에 대하여 **소비자 잉여**(consumer surplus)라는 경제학적 개념으로 대답을 할 수 있다. 소비자 잉여는 소비자들이 자발적으로 지불하고자 하는 금액에서 실제로 지불한 금액을 뺀 금액으로 정의된다. 이 책 끝의 부록에서 볼 수 있듯이, 소비자 잉여는 수요곡선과 시장가격 수준에서 그은 수평선 사이의 면적으로 측정된다. 따라서 시장가격이 2.89달러이면, 소비자 잉여는 *ebd*이다.

소비자 잉여(consumer surplus)
특정 상품에 대해 소비자가 자발적으로 지불하고자 하는 금액과 소비자가 실제로 지불하여야 하는 금액의 차이.

관개수로 프로젝트로 인해 가격이 1.35달러로 낮아지더라도 소비자 잉여는 여전히 수요곡선과 이 가격수준에서 그은 수평선 사이의 면적이다. 그러나 가격이 1.35달러이므로, 해당 면적은 *ecg*가 된다. 소비자 잉여는 면적 *ecg*와 면적 *ebd*의 차이만큼 증가한다. 따라서 두 가격과 수요곡선으로 그릴 수 있는 사각형의 넓이가 아보카도 가격이 낮아짐에 따라 소비자가 얻는 후생의 규모가 된다. 만일 프로젝트 입안자가 이 수요곡선의 모양을 추정할 수 있으면, 이 프로젝트의 편익의 규모를 측정할 수 있을 것이다.

만일 공급곡선이 우상향하면, 여기에 생산자 잉여 개념(이 책 마지막에 있는 부록 참조)이 추가로 고려되어야 한다. 예를 들어, 임대료 통제정책의 비용-편익 분석을 위해서는 건물 소유자의 생산자 잉여를 공급함수에 대한 정보를 이용하여 추정할 수 있다.

8.4.4 경제적 행동으로부터 추론하는 방법

지금까지 시장에서 축적된 데이터를 이용하여 사회적 비용과 편익의 가치를 평가하는 방법에 대해 논의하였다. 종종 분석되어야 하는 상품이 시장에서 명시적으로 거래되지 않아, 시장 자체가 형성되지 않는 경우가 있다. 여기서는 상품의 소비를 위해 자발적으로 지불할 용의가 있는 금액(willingness to pay)을 추정하는 2가지 방법에 대해 논의할 것이다.

시간의 가치 이 장 첫머리에 제시되었던 보스턴의 'Big Dig' 프로젝트의 중요한 부분은 65억 달러가 소요되는 3.5마일 고속도로 연장사업이다. 이 고속도로가 건설되면, 보스턴 중심가에서 공항까지 소요시간이 현재 45분에서 8분으로 줄어들 것이라고 추정되고 있다. 이 사업은 남는 장사인가? "시간은 돈이다"라는 것이 맞기는 하지만, 비용-편익 분석을 하기 위해서는 시간이 어느 정도 가치가 있는지를 알 필요가 있다. 시간의 가치를 추정하기 위해 널리 이용되고 있는 방법 중 하나는 여가-소비 선택 이론을 이용하는 것이다. 자신의 노동시간을 결정할 수 있는 사람이라면, 자신의 여가에 대한 주관적 가치와 추가적인 1시간 노동으로부터 얻을 수 있는 이득, 즉 세후임금률이 동일해지는 노동시간을 선택할 것이다. 따라서 세후임금을 절약되는 시간의 가치 평가에 이용할 수 있다.[10]

이 접근법이 매우 유용하지만, 여기에는 2가지 중요한 문제가 있다. (1) 어떤 사람들은 자신의 노동시간을 스스로 선택하지 못한다. 비자발적 실업이 극단적인 하나의 예이다. (2) 노동 이외의 시간이 모두 같은 가치를 가지고 있는 것이 아니다. 예를 들어, 운전을 싫어하는 사람은 도로에서 낭비하는 시간을 줄이기 위해서 자신의 임금보다 더 높은 금액을 지불하려고 할 것이다. 반면, 주말에 드라이브를 즐기기 위해 도로를 이용하는 사람은 시간에 대한 기회비용에 대해 별로 생각하지 않을 것이다. 특히 주말 동안 일을 하지 않는다면, 더욱 그럴 것이다.

어떤 연구자들은 사람들의 통행 수단 선택 행위를 통해서 시간의 가치를 추정하였다. 한 지역에 거주하는 사람들이 버스 혹은 기차를 이용하여 통근을 할 수 있다고 가정하자. 기차가 시간이 덜 소요되지만 운임이 더 비싸다고 하자. 기차를 타기 위해 추가적으로 지불하고자 하는 금액을 통근시간을 줄이기 위해 지불할 용의가 있는 금액으로 생각할 수 있으며, 이 금액을 시간의 가치의 추정치로 사용할 수 있다. 물론 소득과 같은 사람들의 다른 특성이 교통수단의 선택에 영향을 미칠 수 있다. 제2장에서 설명된 통계학적 기술을 이용하여 이러한 요소들을 통제할 수 있다. 몇 가지 이러한 유형의 연구결과를 종합하면, 교통비용의 실제 비용은 세후소득의 약 50% 수준인 것으로 추정된다(Winston[2010] 참조).

생명의 가치 9월 11일 테러 희생자 가족에 대한 보상금 결정을 다룬 2007년 기사에서 《뉴욕타임즈》는 희생자 각자의 생명의 가치를 부여하는 것은 불가능하며 생각조차도 할 수 없는 것이라고 주장하였다(2007년 3월). 우리의 종교적 · 문화적 관점에서 보자면 생명은 무한한 가치를 가진 것이다. 수년 전에 칠레의 외딴 광산의 갱도가 무너져 800미터 지하에 33명의 광부가 69일 동안 고립되어 있었던 사건을 상기해보자. 미국의 NASA는 추출캡슐(extraction capsule)

10 더 자세한 논의는 제18장의 노동공급 관련 논의를 참조하시오.

을 지원하였으며, 일본, 독일을 비롯한 여러 나라들도 구조를 위해 필수적인 기술을 제공하였다. 이 사건을 전달하는 뉴스에서 아무도 광부들의 목숨을 구하는 것이 소요되는 비용만큼 가치 있는 것인가에 대해 의문을 제기하지 않았다. 그들의 생명을 구하는 것이 너무 비싸다고 주장하는 것을 상상할 수도 없었다. 만일 당신의 생명의 가치가 얼마나 되느냐는 질문을 받았을 때 생명의 한계가 하늘이라고 대답한다고 해도 아무도 놀라지 않을 것이다.

이러한 태도는 비용-편익 분석을 어렵게 한다. 만일 생명의 가치가 무한하다면, 단 한 명의 생명을 구하는 프로젝트의 현재가치는 무한대가 될 것이다. 이러한 방식은 사업의 타당성을 평가하는 데 아무런 도움이 되지 못한다. 만일 미국에 있는 도로가 모두 왕복 4차선 고속도로라면 교통사고 사망자 수가 엄청나게 줄어들 것이다. 그렇다고 이 프로젝트가 타당한 프로젝트일까? 이와 유사하게, 한 사람의 생명이라도 희생하여야 할 위험이 있는 프로젝트는 매우 낮은 현재가치를 가질 것이다. 이러한 맥락에서, 정부가 제시한 연료 효율 기준을 준수하기 위해서는 자동차의 무게를 줄여야 하는 사실을 상기해보자. 가벼운 자동차일수록 교통사고 사망률이 높은 경향이 있다. 그러면 연료 효율 기준 지정은 자동적으로 비용-편익 분석을 통과하지 못해야 하는 것일까?

경제학자들은 사람의 생명에 유한한 값을 배정하는 2가지 방법을 고려한 바 있다. 하나의 방법은 소득의 상실 규모를 기준으로 설정되었고, 다른 하나는 사망확률을 기준으로 설정되었다.

소득의 상실 규모 소득상실 규모 기준 방식하에서는 한 사람의 생명의 가치는 그 사람이 평생 동안 획득하는 소득의 현재가치이다. 만일 이 사람이 어떤 프로젝트 시행 결과로 사망할 경우 사회가 부담하여야 하는 비용은 그 사람이 계속 생존하여 생산하였을 생산물의 현재가치가 된다. 이 방법은 법정에서 사고 사망자의 친척들에 대한 보상금 산정 시 많이 사용되는 방법이다. 이 기준을 글자 그대로 해석하면, 노인과 심각한 장애가 있는 사람들이 즉시 사망해도 아무런 손실이 없다고도 할 수 있다. 이러한 문제점으로 인해 이 기준은 대부분의 경제학자들에 의해 거부되고 있다.

사망확률 두 번째 방식은 다음과 같은 견해에서 출발한다. 대부분의 프로젝트가 어떤 사람의 생명에 미치는 영향에 대해 확실하게 말할 수 없다는 것이다. 대신 어떤 사람의 사망확률에 영향을 미친다는 것이다. 예를 들어 암 연구가 여러분의 생명을 구할 수 있을지 여부는 알 수 없다. 우리가 알 수 있는 것은 이 연구가 여러분의 사망 가능성을 줄일 수 있다는 것이다. 이러한 구분이 필요한 이유는 사람들이 자신의 생명이 무한한 가치를 가지고 있다고 생각함에도 불구하고 유한한 금액의 돈을 벌거나 아끼기 위하여 사망확률을 높이는 일을 지속적으로 하고 있기 때문이다. 다른 조건이 동일하면, 무거운 차를 타고 있는 사람보다도 가벼운 차를 운전하는 사람의 교통사고 사망확률이 높다. 사람들은 가벼운 차를 구입함으로써 절약할 수 있는 돈 때문에 더 높은 사망확률을 기꺼이 감수한다.

사람들이 자신의 위험에 대한 선호를 드러내는 다른 방법은 직업의 선택과정에서 나타난다. 어떤 일은 다른 일에 비하여 사망확률이 훨씬 높다. 노동력의 특성(교육, 경험 등)이 동일한 두 사람 중 한 사람이 다른 사람보다 더 위험한 직업에 종사하는 상황을 상정해보자. 위험한 직업에 종사하는 사람은 사망 가능성이 높아지는 대신 더 높은 임금을 받을 것으로 기대할 것이다. 두 사람의 임금의 차이가 사망 위험 상승에 대한 평가의 추정치가 될 수 있다.[11]

같은 맥락에서, 사망확률을 감소시키는 안전 장치(예: 화재경보기)의 구입을 위하여 자발적으로 지불하고자 하는 금액을 이용하여 생명에 대한 가치를 추정하는 연구가 많이 있다. 연구에 따라 추정치에 상당한 차이가 있기는 하지만, 대체적으로 생명의 가치는 400만 달러에서 1,000만 달러 사이로 추정되고 있다[Viscusi, 2006]. 추정치의 범위가 너무 넓어서 아무런 쓸모가 없는 것같이 보일 수 있다. 그러나 이 추정치들은 무분별한 프로젝트들을 배제하는 데는 충분히 쓸모가 있다. 예를 들어 상업 항공기에 비상 안내등을 설치하도록 의무화하는 것은 한 사람의 생명을 구하는 데 약 90만 달러가 소요된다. 이 규제는 적합성 판정 기준을 통과할 수 있다. 반면, 정부의 '석면 제거 규칙'은 한 사람의 생명을 구하는 데 1억 달러의 비용이 소요된다.

생명의 가치를 평가하는 이러한 확률적 접근법은 다른 분야에서 많은 성과를 거두고 있는 지불용의 가격 기준(willingness-to-pay)에 기반을 두고 있다는 점에서 주목할 만하다. 그러나 이러한 접근법에 대해서 여전히 논쟁이 이루어지고 있다. 이에 대해 비판적인 사람들은 어떤 사람들의 생명이 위태롭다는 것을 용인하는 그 자체로, 확률적 접근법은 타당하지 못하다고 주장한다. 어떤 사람이 죽을지에 대해 우리가 모른다는 것이 생명의 가치를 평가해도 된다는 것을 의미하지 않는다고 주장한다. 이러한 견해는 우리를 인간의 생명에 영향을 미치는 프로젝트를 전혀 평가할 수 없는 상태로 되돌아가게 한다.

이러한 학술적 논쟁은 정부의 안전 및 환경 규제가 비용-편익 분석의 대상이 되고 있기 때문에 일반인의 관심사항이 되었다. 일각에서는 비용-편익 분석에서 생명의 가치를 추정하는 것에 대해 합당하지 않다고 주장한다. 그 이유는 "생명의 가격은 무한하며 측정이 불가능하기 때문이라는 것이다"[Ackerman and Heinzerling, 2004]. 불행히도 자원이 희소한 세상에 살고 있는 우리로서는 이 사안과 관련해서 선택의 여지가 없다. 우리가 관심을 가져야 하는 유일한 문제는 가격을 책정하는 방법이 적합한지 여부이다.

8.4.5 무형의 가치에 대한 평가

조사자가 아무리 유능하다고 하더라도, 어떤 종류의 편익과 비용에 가치를 부여하는 자체가 불가능한 경우가 있다. 우주왕복선 프로젝트에서 얻을 수 있는 편익 중의 하나는 국가의 지위를 향상시키는 것이다. 실제로 부시 대통령은 이렇게 말한 적이 있다. "우주 개발은 인간의 마음에 새겨져 있는 욕망이다." 국립공원 설치는 많은 사람에게 아름다운 경치를 보여주는 효과가 있다. 이런 상품에 대해 어떻게 가치를 부여할 수 있을까? 이러한 무형의 가치가 이 프로젝트의 중요한 부분을 차지하는 경우 다음 3가지 점을 염두에 두어야 한다.

먼저, 무형의 가치는 비용-편익 분석을 무용지물로 만들 수 있다. 무형의 가치가 크다고 주장함으로써, 어떤 사업도 채택되게 할 수 있다. 예를 들어 NASA의 관리자에 의하면, 미국의 우주개발 프로그램을 합리화할 수 있는 가장 중요한 이유들은 매우 감성적이거나 특정 가치지

---

11 이러한 추정치에 대한 더 자세한 논의는 Viscusi와 Aldy[2003]를 참조하시오.

향적이며, 그리고 계산서에 반영하기 어려운 것들이다[Griffin, 2007]. 그러나 특정 프로젝트를 선호하는 사람이라면, 이러한 감성적인 영향력을 토대로 그 프로젝트를 관철시킬 수 있다. 이러한 방식으로 사업선정이 이루어지면 적절하지 못한 사업이 선정될 가능성이 커진다. 두 번째, 비용-편익 분석의 도구를 적절히 이용하면, 무형의 가치의 한계를 찾아낼 수도 있다. 예를 들어 2007년에 의회는 차에 후방주시 카메라 장착을 의무화하는 법안을 통과시켰다. 이 법은 차도를 향하여 후진하던 아버지의 차에 깔려 사망한 2살배기 아이를 기리는 이름으로 명명되었다. 국립고속도로교통안전청(National Highway Traffic Safety Administration)은 이 법안이 생명을 구하지만 10억 달러 이상의 비용이 소요된다는 사실을 발견하였다. 이 사실은 특정 규제정책이 시행되기 위해 무형의 가치가 어느 정도 인정되어야 하는가에 대한 중요한 정보를 제공한다.

마지막으로, 이러한 편익의 측정이 불가능하다고 하더라도 다른 방법을 이용하여 타당성을 평가할 수 있다. 다양한 대안의 비용을 상호 비교하여 가장 낮은 비용이 소요되는 방법을 찾을 수 있다. 이 방법을 **비용-효과 분석**(cost-effectiveness analysis)이라고 한다. 국가안전보장에 대해 달러 가치를 부여하지는 못하지만, 안전보장을 위한 여러 종류의 무기 시스템을 구축하는 비용을 상호 비교할 수는 있다.

비용-효과 분석(cost-effectiveness analysis)

유사한 편익을 얻기 위한 다양한 대안들의 비용을 비교하여 가장 비용이 낮은 대안을 찾는 접근법.

8.5 비용-편익 분석가들이 자주 이용하는 속임수

이미 논의한 문제점 이외에도 Tresch[2002]는 비용-편익 분석에서 나타나는 공통적인 오류에 대해 논의하였다.

8.5.1 연쇄반응론

어떤 제안을 옹호하는 사람은 이 제안의 이차적인 효과를 편익의 한 부분으로 간주하여 그 제안을 매력적으로 보이게 할 수 있다. 만일 정부가 도로를 건설하면, 일차적인 효과는 사람과 기업이 부담하는 수송비용의 절감이다. 그러나 동시에 그 지역의 음식점, 모텔 그리고 주유소의 이윤도 증가하게 된다. 이는 다시 지역의 음식, 숙박업 그리고 휘발유 생산 산업의 이윤 증대로 이어진다. 만일 이러한 이차적인 효과가 충분히 많이 편익 측면에 더해지면, 어떤 프로젝트에 대해서도 양의 현재가치가 얻어질 수 있다.

이러한 접근법은 이 프로젝트로 인해 이윤의 증가뿐만 아니라 이윤의 감소도 유발된다는 사실을 무시하고 있다. 도로가 건설되면, 기차 회사의 고객이 자동차를 이용하게 되므로 기차 회사의 이윤이 줄어든다. 자동차 이용의 증가는 휘발유 가격의 상승을 유발하고, 따라서 많은 휘발유 소비자들의 후생을 감소시킨다.

요약하면, 연쇄반응론의 문제점은 단순한 자원의 이전을 편익의 증가로 계산하는 것이다. 휘발유 가격의 상승은 휘발유 소비자로부터 휘발유 생산자로의 소득이전에 불과하며, 이 프로젝트의 순편익이 아니다. 다음에서 언급하겠지만, 분배적 측면이 의사결정자에게는 중요한 요소가 될 수 있다. 만일 그렇다고 하더라도, 이차적인 편익이 계산에 포함되면 이차적인 비용도 함께 포함되어야 한다.

8.5.2 고용증대론

2012년 캘리포니아 주정부는 로스앤젤레스와 샌프란시스코를 연결하는 고속철도 건설을 위한 수십억 달러가 소요되는 프로젝트를 승인하였다. 캘리포니아 주지사 제리 브라운은 "이 프로젝트는 캘리포니아 거주자들에게 일자리를 제공할 것이다"라고 주장하였다.[12] 그의 주장은 어떤 프로젝트가 고용을 창출하기 때문에 수행되어야 한다고 주장하는 전형적인 예이다. 본질적으로 노동자에게 지급하는 임금이 이 프로젝트의 편익이라고 보는 것이다. 이것은 터무니없는 주장이다. 왜냐하면 임금은 편익 측면이 아니라 비용 측면에서 계산되어야 하기 때문이다. 물론 이미 언급한 바 있듯이, 비자발적 실업상태에 있는 노동자가 이 프로젝트에 투입되면, 사회적 비용은 이들의 임금보다 낮은 수준이다. 실업률이 매우 높은 지역에서도 이 프로젝트에 실업자들만이 투입되는 것은 아니다. 또한 그 사람들 모두가 오랜 기간 실업상태에 있을 사람이라고 보기 어렵다.

8.5.3 이중계산법

정부가 지금 경작되고 있지 않은 토지에 수로를 건설하는 프로젝트를 고려하고 있다고 하자. 그리고 정부가 이 프로젝트의 편익을 다음 2가지의 합으로 간주한다고 하자. (1) 토지 가격의 상승, (2) 농업생산력 증대로 인한 순소득 증가의 현재가치. 문제는 농부가 토지를 경작하여 수확의 이익을 취하는 대안과 토지를 다른 사람에게 매각하는 대안 중 하나만 선택할 수 있다는 것이다. 수로가 완성되면, 토지의 판매 가격은 농작물 재배로 인해 발생하는 순소득의 현재가치와 동일하게 될 것이다. 농민은 이것들을 동시에 할 수 없으므로, (1)과 (2)를 모두 계산하는 것은 편익을 이중계산하는 것이 된다.

이러한 실수는 너무나 멍청한 실수이므로 아무도 이 실수를 저지르지 않을 것으로 생각하기 쉽다. 그러나 Tresch[2002, p. 825]는 한때 이러한 이중계산이 미국 내무부 간척사업국의 공식 규정이었던 사실을 지적하였다. 과거 이 부서의 지침은 수로건설의 편익이 토지가격의 상승액과 경작으로부터 발생하는 순소득의 현재가치의 합으로 계산되어야 한다고 규정하였다.

8.6 분배 측면의 고려사항

민간부문에서는 보통 프로젝트의 편익을 누가 취하고 비용은 누가 부담하는지에 대해서 고려하지 않는다. 누구와 관련되더라도 1달러는 1달러 외에 아무것도 아니다. 어떤 경제학자들은 공공사업 분석에서도 이와 똑같은 방법으로 접근하여야 한다고 주장한다. 만일 프로젝트의 현재가치가 양(+)이면, 누가 이익을 보고 누가 손해를 보는가에 상관없이 프로젝트는 추진되어야 한다는 것이다. 왜냐하면 현재가치가 양이면 이익을 보는 사람이 손해를 보는 사람에게 보상하고 나서도 본인의 효용이 증가할 것이기 때문이다. 이러한 견해를 **힉스-칼도 기준**(Hicks-Kaldor criterion)[13]이라고 하고, 이는 잠재적 파레토 향상(potential Pareto improvement)이 가

힉스-칼도 기준(Hicks-Kaldor criterion)

분배적 결과와 상관없이 현재가치가 양이면 그 프로젝트가 수행되어야 한다는 기준.

12 Judy Lin, "California high-speed rail gets green light," Associated Press, 2012년 7월 7일.

13 이 용어는 John Hicks와 Nicholas Kaldor의 이름을 따라서 만들어졌다.

능한지 여부에 따라 프로젝트가 선정되어야 한다는 견해이다. 이 기준하에서는 실제 보상이 이루어지는지의 여부는 고려할 필요가 없다. 다시 말하면, 어떤 프로젝트가 사회의 일부 구성원에게 비용을 부담시키더라도, 프로젝트가 다른 사람들에게 더 큰 순편익을 줄 수 있으면 이 프로젝트는 추진되어야 한다는 것이다.

다른 사람들은 정부의 목표가 사회후생을 극대화하는 것이므로, 사업의 분배적 측면도 고려되어야 한다고 주장한다. 더욱이, 편익과 비용의 실제 배분이 중요한 사안이므로, 힉스-칼도 기준은 분배적 관점을 회피하기 위해 이용될 수 있는 충분한 논거가 되지 못한다.

분배 문제를 회피하기 위한 다른 방법으로 정부가 아무런 비용 없이 사업으로 인해 이익을 보는 사람으로부터 손해 보는 사람으로 소득이전을 하여 분배 문제를 해결할 수 있다고 가정하는 것을 들 수 있다.[14] 정부는 지속적으로 배후에서 소득분배가 최적상태에 머무르도록 하는 역할을 하므로, 비용-편익 분석 담당자들은 사업의 현재가치만 제대로 계산하면 된다는 것이다. 그러나 이러한 가정도 현실적이지 못하다. 정부는 소득분배를 최적상태로 유지할 수 있는 권력도 능력도 없을 수 있다(제12장 참조).[15]

정책입안자가 전체 인구 중 특정 집단의 후생에 더 많은 가치를 둘 필요가 있다고 생각한다고 하자. 이러한 분배상의 선호는 이 집단에게 귀속되는 1달러의 사회적 가치는 다른 집단에 귀속되는 1달러의 가치보다 높다고 가정하는 것을 의미한다. 물론 정책입안자의 이러한 선호하에서는 이 집단에게 많은 혜택을 주는 사업의 선정 가능성이 높아질 것이다. 분배 측면의 이슈는 보통 소득을 기준으로 분류된 집단 간의 문제로 논의되는 경우가 많지만, 인종, 민족 그리고 성별로 분류된 집단 간 분배도 논의의 대상이 될 수 있다.

특정 집단의 후생이 상대적으로 중요하다는 점을 인정하고 나서도, 이 집단에게 다른 집단에 비하여 어느 정도 높은 가중치를 부여할지의 문제가 여전히 남아 있다. 가난한 사람의 1달러는 부자의 1달러보다 2배의 가치를 부여하여야 하는가? 아니면 50배 더 높은 가치를 부여하여야 하는가? 이 문제의 해결은 가치판단에 의존할 수밖에 없다. 분석 담당자가 할 수 있는 일은 정책입안자로 하여금 그의 가치판단을 명시적으로 천명하고 가치판단의 의미를 제대로 이해하도록 도와주는 것밖에 없다.

분배적 측면을 분석에 도입할 때 발생할 수 있는 잠재적 위험은 정치적 고려가 비용-편익 분석을 완전히 좌우할 가능성이 높다는 것이다. 가중치의 선택에 따라 아무리 비효율적인 프로젝트에도 양의 현재가치를 부여할 수 있다. 뿐만 아니라 분배적 측면을 고려하기 위해서는 비용-편익 분석을 위해 필요한 정보의 양이 엄청나게 증가한다. 분석 담당자는 편익과 비용의 크기뿐만 아니라 그 분포에 대한 정보도 필요하다. 제12장에서 논의하겠지만, 재정 활동의 분배적 함의를 평가하는 것은 매우 어려운 일이다.

---

14 여기서 '아무런 비용 없이'의 의미는 소득이전 시스템은 관리운영비용이 소요되지 않고, 소득이전이 사람들의 행동을 왜곡시키지 않는 방법으로 이루어진다는 것이다(제15장 참조).

15 더욱이, 정부가 소득분배의 변화를 시도함에 따라 상대가격이 변할 것이다. 상대가격이 변하면, 편익과 비용의 계산도 달라져야 한다. 따라서 효율과 공평성의 문제는 여기서 기술하듯이 완전히 분리될 수 없는 문제이다.

8.7 불확실성

2005년 허리케인 '카트리나'로 인해 뉴올리언스의 제방이 무너져 큰 홍수 재난이 발생하였다. 이 재난은 공공 프로젝트의 결과가 불확실하다는 사실을 되새겨주는 예이다. 많은 프로젝트 제안들에 대한 논쟁은 그 프로젝트의 결과가 불확실하기 때문에 발생한다. 예들 들어 직업훈련이 복지급여 수급자들의 소득을 얼마나 증가시킬까? 혹은 첨단기술 병기가 실제 전투 상황에서 제 기능을 발휘할 수 있을까? 이러한 것들은 확실하지 않다.

2가지 사업이 고려되고 있다고 가정하자. 두 사업의 비용은 동일하고 카일이라는 한 사람에게만 영향을 준다고 하자. 사업 *X*는 이 사람에게 1,000달러의 편익을 보장한다. 반면, 사업 *Y*는 1/2 확률로 이 사람에게 아무런 편익을 제공하지 못하고 1/2 확률로 2,000달러의 혜택을 제공한다고 하자. 이 경우 카일은 어느 사업을 선호할까?

평균적으로 사업 *X*와 *Y*는 동일한 혜택을 부여한다. 왜냐하면 사업 *Y*의 기대편익은 $1/2 \times \$0 + 1/2 \times \$2{,}000 = \$1{,}000$이기 때문이다. 그럼에도 불구하고 카일이 위험회피자라면, *Y*보다는 *X*를 더 선호할 것이다. 왜냐하면 *Y*는 카일에게 위험부담을 지게 하지만, *X*는 전혀 위험이 없기 때문이다. 다시 말하면, 카일이 위험회피자라면, 그는 사업 *Y*를 1,000달러보다 낮은 가격으로 거래하려 한다는 것이다. 안정성을 확보하기 위하여 소득의 일부를 기꺼이 포기할 것이다. 사람들이 위험을 회피하기 위하여 실제로 일정 수준의 금액을 지불하려고 한다는 가장 명확한 증거는 다양한 종류의 보험플랜을 많은 사람들이 보유하고 있다는 것이다(제9장 참조). 따라서 특정 사업의 편익과 비용의 실현이 불확실할 경우, 이들 편익과 비용은, 한 개인이 사업으로 인해 발생하는 불확실한 결과와 교환하고자 하는 고정된 금액으로 정의되는, **동등확정가치**(certainty equivalents)로 환산하여 평가하여야 한다. 동등확정가치를 산출하기 위해서는 프로젝트 수익의 분포뿐만 아니라 관련된 사람의 위험회피도에 대한 정보도 필요하다. 동등확정가치를 계산하는 방법은 이 장의 부록에 설명되어 있다.

> **동등확정가치(certainty equivalents)**
> 불확실한 결과를 초래하는 프로젝트의 가치를, 한 개인이 프로젝트로 인해 발생하는 불확실한 결과를 포기하기 위해 기꺼이 지불하고자 하는 금액으로 측정한 값.

동등확정가치의 계산을 위해서는 비용과 편익의 분포가 미리 알려져 있어야 한다. 어떤 경우에는 이러한 가정을 받아들일 수 있다. 예를 들어, 기술과 기후 데이터를 이용하여 제방 건설이 홍수 재난 발생의 확률을 얼마나 줄일 수 있을지 추정할 수 있을 것이다. 그러나 많은 경우, 다양한 결과가 발생할 확률을 산정하는 것은 매우 어려운 일이다. 예를 들어, 원자로가 오작동할 개연성을 측정할 만한 충분한 데이터가 축적되어 있지 못하다. 또한 새로운 AIDS 백신이 효과를 발휘할 확률은 어떻게 추정할 수 있을까? 다른 경우와 마찬가지로 분석 담당자가 할 수 있는 최선은 자신이 설정한 가정을 명시적으로 기술하고, 가정이 변함에 따라 중요한 결과가 어느 정도 영향을 받는지 살펴보는 것이다.

8.8 분석 사례: 학급당 학생 수 감소에 대한 비용-편익 분석

제7장에서는 학급 규모(학급당 학생 수)가 학생들의 시험 성적에 미치는 영향에 대한 연구에 대해 논의한 바 있다. 이와 관련된 연구로, 다른 조건이 동일할 경우, 학급의 규모가 작은 학교에서 교육받은 학생들이 어른이 되었을 때 더 높은 소득을 획득하는지 여부에 대한 연구가 있

다. 학급 규모와 소득 간의 관련성에 대한 한 계량경제학적 분석[Card and Krueger, 1996]의 추정결과 학급 규모가 10% 줄어들 때마다 미래의 연간소득이 0.4%에서 1.1% 증가하는 것으로 나타났다. 만일 이것이 타당한 결과라면, 학급 규모의 감소는 실제로 금전적인 편익을 유발한다고 보아야 한다.

그러나 이것만으로 학급 규모를 줄이는 것이 타당한 정책이라고 결론 내릴 수 없다. 왜냐하면 학급 규모를 줄이는 데는 비용이 소요되기 때문이다. 더 많은 교사가 고용되어야 하며, 교실을 추가적으로 지어야 하는 등의 사업에 비용이 소요된다. 문제는 학급 규모 감소의 편익이 비용보다 큰가이다. Peltzman[1997]은 비용-편익 분석 기법을 이용하여 이 문제를 분석하였다. 그의 분석은 이 장에서 제기된 여러 가지 이슈에 대한 분석의 좋은 사례를 제공한다.

비용-편익 분석을 위해서는 할인율의 선택, 각 연도의 비용과 편익을 분류하여야 한다. 지금부터 순차적으로 Peltzman이 이러한 문제들을 어떻게 다루었는지 논의할 것이다.

8.8.1 할인율

이론적 분석으로 할인율을 확정할 수는 없다. Peltzman은 일반적으로 받아들여지고 있는 관행에 따라 2가지 할인율(실질 할인율 3%와 7%)을 상정하고 할인율의 변동에 따라 핵심적인 결과가 영향을 받는지를 검토하였다.

8.8.2 비용

Peltzman은 학급 규모를 10% 줄이기 위해서는 모든 공립학교 교육에 투입되는 모든 생산요소(교사 수, 교실 공간, 집기 등)의 양이 10% 증가되어야 하는 것으로 가정하였다. 따라서 학급 규모가 영구적으로 10% 감소할 경우 연간 비용이 10% 증가하여야 한다. 1994년에는 미국 공립학교 학생 1인당 연간 약 6,500달러의 비용이 소요되었으므로, 이 금액의 10%는 650달러이다. 이 비용은 각 학생이 학교에서 교육받는 기간인 13년 동안 발생하는 비용이다. 이러한 비용은 시간의 경과에 따라 매년 발생하는 비용이므로, 할인된 값으로 평가되어야 한다. 〈표 8.3〉의 (1)행은 할인율 $r = 3\%$와 $r = 7\%$하에서 13년 동안 매년 650달러의 비용의 현재가치를 보이고 있다. 이들 숫자들(현재가치)은 우리가 이전에 사용한 부호 C로 나타내던 것으로서 각

표 8.3 학급 규모 10% 감소에 다른 비용과 편익

	현재가치	
	$r = 7\%$	$r = 3\%$
(1) 비용(1994년부터 2006년까지 연간 650달러)	\$5,813	\$7,120
(2) 편익(2007년부터 2056년까지 연간 225달러)	\$1,379	\$4,060
(3) 편익 − 비용	−\$4,434	−\$3,060

자료: Peltzman[1997]의 방법을 이용한 계산
추정치에 의하면 학급 규모를 10% 줄이는 데 소요되는 비용이 편익보다 많은 것으로 나타남. 이 결과는 할인율 3%와 7%하에서 모두 나타남.

각의 할인율하에서의 (학생당) 비용의 현재가치에 해당된다.

*C*의 계산과정에서 여러 형태로 상황을 단순화시켰다. 가장 중요한 단순화는 매년 학생교육 비용이 동일하다고 가정한 것이다. 실제로 학생당 비용은 초등학교 학생보다 고등학교 학생의 경우가 더 높은 경향이 있다. 만일 높은 비중의 비용을 미래 기간에 배정하면 현재가치가 낮아질 것이다.

8.8.3 편익

이미 언급하였듯이, Card와 Krueger[1996]는 학급 규모 10% 감소는 0.4%에서 1.1% 소득 증가를 유발한다는 추정치를 제시하였다. Peltzman은 이 구간의 중간점인 0.75%의 소득 증가를 가정하였다. 그는 각 개인들이 고등학교를 졸업하는 즉시 취업하여 그로부터 50년 동안 일을 하는 것으로 가정하였다. 따라서 학급 규모 감소로 인해 이들의 소득이 50년 동안 0.75% 증가하는 것으로 가정하였다. 1994년의 25세 이상 남성 근로자의 연간 중간소득은 3만 달러였다. 이 금액의 0.75%는 연간 225달러이며, 50년 동안 이 금액만큼 소득이 증가하는 것으로 가정하였다. 비용의 경우와 같이 편익도 할인된 금액으로 평가되어야 한다. 첫 번째 편익은 13년 후에 225달러만큼 나타나므로 이 금액의 현재가치는 $\$225/(1+r)^{13}$이 된다. 2가지 할인율하에서의 학생 1인당 편익은 〈표 8.3〉의 (2)행에 제시되어 있다.

비용 측면과 마찬가지로, 편익 계산을 위하여 상황을 여러 형태로 단순화시켰다. 남자는 일반적으로 여자보다 소득이 높은 경향이 있다. 따라서 남성근로자의 중간소득을 사용하면 편익이 과대평가된다. 또 다른 이슈는 소득은 고정되어 있지 않고 시간의 경과에 따라 증가하는 경향이 있다는 것이다. 더욱이 이 분석은 교육의 비금전적 편익(예를 들어, 범죄율의 감소와 선거에서 보다 분별력 있는 대표자를 선출할 가능성 상승 등)을 무시하였다. 이러한 효과가 존재하는 한 Peltzman의 사회적 편익은 과소평가되었다고 볼 수 있다.

8.8.4 기본 가정하에서의 결과와 평가

이러한 가정하에서 이 프로젝트의 현재가치를 쉽게 계산할 수 있다. 각각의 할인율하에서 계산된 편익의 현재가치(표 8.3의 (2)행)에서 비용의 현재가치(표 8.3의 (1)행)를 뺀 값(표 8.3의 (3)행)이 바로 프로젝트의 현재가치이다. 할인율이 7%인 경우 이 프로젝트의 비용이 편익을 4,434달러 넘고, 할인율이 3%인 경우 3,060달러 넘는 것으로 나타났다. 따라서 두 할인율하에서 모두 $(B-C)$가 0보다 작으며, 따라서 학급 규모를 10% 감소하는 프로젝트 추진은 타당하지 못하다는 결론을 얻을 수 있다. Peltzman은 이 결과를 바탕으로, 학급 규모를 10% 증가시키고, 각 학생에게 시장이자율 수준의 수익이 발생하는 채권 형태로 정부가 대신 저축해주는 것이 학생의 후생복리를 오히려 증진시킬 것이라는 (농담 섞인) 결론을 내렸다[p. 226].

학급 규모에 대한 분석은 비용-편익 분석의 중요한 측면을 보여준다.

- 비용-편익 분석은 많은 경우 학제적인(interdisciplinary) 측면이 강하다. 왜냐하면 경제학자들만으로는 모든 종류의 비용과 편익을 평가할 수 있는 전문지식이 부족하기 때문이다. 예들 들어, 학급 규모를 10% 줄이는 데 필요한 지출을 산정하기 위해서는 공학적 연구가

필요하다. 또한 범죄 감소효과를 편익에 포함시키고자 한다면, 범죄사회학자에게 조언을 구해야 한다.

- 비용과 편익의 평가, 특히 미래에 발생하는 비용과 편익을 평가하기 위해서는 종종 자의적인 가정이 필요하다. 예들 들어 시간이 경과하여도 소득수준이 변하지 않는다는 Peltzman의 가정은 분명히 현실적이지는 못하다. 그러나 보다 현실적인 가정을 하기 위해서는 소득이 시간의 경과에 따라 얼마나 빨리 증가하는가에 대한 가정이 필요하며, 현실적인 소득 증가율을 선택하는 것도 용이하지 않다.
- 불확실성이 많이 개입되어 있는 상황에서 분배적 측면을 고려하는 것은 큰 부담이 된다. 예들 들어, 학급 규모가 소득수준 전반에 미치는 영향에 대해 정확하게 예측하지도 못하는 조사자가 편익의 소득계층별 분포를 추정하는 것은 거의 기대하기 어렵다.
- 여러 한계점에도 불구하고 비용-편익 분석은 결과를 정리하는 데 매우 유용한 방법이다. 또한 이 분석은 분석 담당자로 하여금 자신이 가정한 상황에 대해 명확하게 기술하고, 정책 제언의 이유에 대해 명확하게 기술하도록 한다. Peltzman의 학급 규모에 대한 분석에서 몇 가지 가정에 대해 논란의 여지가 있기 때문에, 그가 내린 결론이 궁극적으로 정확하지 못하다고 판명될지도 모른다. 그럼에도 불구하고 이러한 분석은 매우 가치 있는 분석이다. 왜냐하면 이러한 분석은 중요한 이슈에 관한 향후의 논의를 가능하게 하는 합리적인 분석의 틀을 형성해주기 때문이다.

8.9 비용-편익 분석을 정부가 적극적으로 활용하고 있는가?

이 장에서는 비용-편익 분석이 모든 문제에 과학적 해결책을 제시해주는 만병통치약이 아니라는 점을 명확히 하였다. 그럼에도 불구하고 비용-편익 분석은 합당한 이슈들에 초점을 맞추고 있는 의사결정의 일관성을 유지하게 하는 데 도움이 된다. 그러면 이러한 분석방법이 정부에 의해 적극적으로 이용되고 있는가? 1930년대 이후 미국의 연방정부는 다양한 사업 시행 전에 비용-편익 분석을 하도록 규정하고 있다. 레이건, 부시, 클린턴, 오바마 대통령이 중요한 모든 규제에 대해 비용-편익 분석을 하도록 행정 명령을 내린 바 있다.

그러나 종종 민주당이나 공화당 정부 모두 비용-편익 분석을 아예 하지 않거나 적당히 꾸며서 내는 경우가 있으며, 의회도 역시 적극적으로 나서서 이 분석을 행하게 하고 있지는 않다. 연방정부기관들은 일반적으로 비용-편익 분석을 해야 한다는 지침을 잘 지키지 않고 있으며 비용-편익 분석을 하여도 대충 하는 경향이 있다. Hahn과 Dudley[2007]는 연방환경규제와 관련된 74개 비용-편익 분석을 조사하였는데, 그중 많은 분석들이 기본적인 경제적 정보, 예를 들어 순편익과 정책대안에 대해 밝히지 않았다는 점을 발견하였다. 또 다른 문제는 비용-편익 분석의 결과가 뒤집히는 경우가 많다는 것이다. 특히 측정하기 어려운 가치가 개입되는 경우는 더욱 그러하다. 예를 들어, 오바마 대통령은 행정명령을 통하여 정부기관은 '형평성, 인간으로서의 존엄, 공평성'과 같은 무형의 특성을 비용-편익분석에 반영하도록 하였다.

왜 비용-편익 분석이 정부의 의사결정 방식에 큰 영향을 미치지 못하는가? 이는 부분적으로 비용-편익 분석을 행하는 데 많은 실질적인 어려움이 있다는 사실에 기인한다. 특히 정부의 목표에 대한 의견일치가 없는 경우에 더욱 그러하다. 또한 많은 관료들이 이 분석을 할 능력과 의향을 갖고 있지 않기 때문이다. 특히 자기 자신이 관장하는 프로그램에 대해서는 더욱 그러하다. 그리고 정치인들도 자신들의 이해관계가 개입되어 있는 프로젝트가 조사대상이 되는 것을 좋아하지 않기도 하다.

비용-편익 분석이 꼭 필요한 분야에 비용-편익 분석이 명시적으로 금지되어 있는 사실을 감안하면 상황은 더 나빠 보인다.

- 공기청정기준을 설정할 때 이 기준을 달성하기 위해 소요되어야 하는 비용에 대해 고려하지 않도록 '청정공기법(Clean Air Act)'은 명시적으로 규정하고 있다. 1997년에 대통령 환경수석 보좌관은 환경규제와 관련된 비용이 편익을 수백억 달러 초과하는 점에 대한 비판에 대하여 그녀는 이렇게 답변하였다. "그것은 돈에 관한 문제가 아닙니다. … 그것은 건강과 관련된 기준입니다"[Cushman, 1997, p. 28]. 이와 다른 입장을 취하는 것 자체가 불법으로 취급된다.
- 청정공기법은 또한 설치가 가능한 모든 공해방지 설비를 의무화하고 있다. 이 설치 의무는 이로 인한 편익이 아무리 작아도, 그리고 설치 운영비용이 아무리 많아도 준수되어야 한다.
- 멸종위기생물보호법(Endangered Species Act)은 어류 및 야생동물 보호청은 어떠한 비용을 치르더라도 멸종위기에 있는 생물을 보호하여야 한다고 규정하고 있다.
- 식품약품화장품법(Food, Drug, and Cosmetic Act)은 동물과 사람에게 암을 유발하는 어떠한 첨가물도 식품에 첨가하는 것을 금지하고 있다. 이 금지 규정은 암 발생 위험이 아무리 작아도, 그리고 이 첨가물의 편익이 아무리 커도 준수되어야 한다.

1995년에 몇 명의 의회의원들이 이 법을 개정하는 시도를 하였으나 실패하였다. 더욱이 2001년에는 연방대법원이 청정공기법이 비용-편익 분석을 금지하는 조항이 합헌이라는 판결을 내린 바 있다. 이 판결이 법적인 관점에서 올바른 결정인지는 모르지만, 정책적 관점에서는 매우 불행한 일이다. 비용-편익 분석이 분명히 불완전한 방법론이기는 하지만, 이 분석은 일관성 있는 결정을 위해 필요한 유일한 사고체계이다. 비용-편익 분석을 금지하는 것은 분별력 있는 의사결정을 불법화하는 것과 같다.

8.9.1 한국에서의 비용-편익 분석의 활용

한국에서 이루어지고 있는 비용-편익 분석의 대표적인 예로 예비타당성 조사를 들 수 있다. 정부의 모든 정책이 원칙적으로는 비용-편익 분석의 대상이 될 수 있지만, 이러한 분석이 비교적 활발히 이루어지고 있는 분야는 공공투자사업이다. 예비타당성 조사는 대규모 공공투자사업에 대한 신규투자를 우선순위에 입각하여 투명하고 공정하게 결정함으로써 재정의 효율성을 제고하기 위해, 1999년 4월 예산회계법 시행령을 개정하여 제도가 도입되었다. 예비타당성 조사의 전문성 및 중립성을 확보하기 위해 한국개발연구원(KDI) 내 공공투자관리센터를 중심으로 조사용역 형태로 조사가 수행되고 있다.

예비타당성 조사 대상사업의 범위와 요건은 다음과 같다. 먼저, 조사 대상 사업은 추정된 총사업비의 총액이 500억 원 이상인 예산 또는 기금 사업으로서 건설공사가 포함된 대규모 개발사업으로 규정되어 있다.[16] 여기서 총사업비에는 설계비, 보상비, 공사비 등 사업추진과 관련된 모든 경비를 합한 것으로 국고뿐만 아니라 지자체 지원, 민자유치 등도 포함된다. 둘째, 조사 대상사업에는 국가 직접시행사업, 국가대행사업뿐만 아니라 지자체 사업에 대해서도 정부예산 또는 기금 지원이 전제되는 한 예비타당성 조사가 실시된다. 민자유치 예정사업도 정부예산 또는 기금지원이 전제된 경우 예비타당성 조사를 실시하는데, 다만 민간제안 사업은 제외된다. 셋째, 그동안 설계비 등 국고지원이 없었던 신규추진 예정사업에 대해서도 예비타당성 조사를 실시한다. 그러나 설계비 등 국고가 지원된 이후에 총사업비가 500억 원을 초과하게 된 경우에는 「2004년도 총사업비 관리지침」('04.3, 기획예산처)에 따라 원칙적으로 예비타당성 조사에 준하는 타당성 재검증 절차를 거쳐야 한다. 마지막으로, 예비타당성 분석은 원칙적으로 개별사업을 대상으로 실시한다. 여러 개의 개별사업으로 구성된 집단사업(Package Project)의 경우에는 위의 요건을 충족하는 개별사업별로 예비타당성 조사를 실시하는데, 다만 집단사업 중 국도 · 국도대체우회도로 · 국가지원지방도 중장기 건설계획은 계획 전체를 대상으로 예비타당성 조사를 실시한다.

예비타당성 조사는 경제성 분석과 정책적 분석으로 구성되어 있다. 경제성 분석(B/C)은 대상사업의 비용과 편익을 비교해서 투자 적합성을 분석하고, 편익 비용 비율(B/C)이 1보다 클 경우 경제적 타당성이 있는 것으로 인정한다.[17] 정책적 분석은 경제성 분석에는 포함되기 어려운 지역균형발전, 정책추진의지, 사업추진상의 위험요인 등을 분석한다. 이러한 경제성 분석과 정책적 분석결과를 종합 고려하여 사업추진 여부에 대한 종합적 평가(Analytic Hierarchy Process, AHP)를 하게 된다. 종합적 평가는 '지역균형발전', '정책의 일관성 및 추진의지', '사업추진상의 위험요인', '사업특수 평가'로 구분하여 이루어진다. AHP 기법을 활용하여 사업시행의 적절성을 계량화된 수치로 도출하고 이 수치를 기준으로 사업시행 여부를 결정한다.

16 여기서 대상사업에는 토목 · 건축 등의 건설사업뿐만 아니라 건설사업이 주종을 이루는 지역개발 및 관광지개발 등의 공공개발사업도 포함되어 있다.

17 이 장에서 언급하였듯이 편익-비용 비율에 의한 평가에서 편익과 비용이 엄밀히 정의되어 있지 않은 경우, 사업의 우선순위가 잘못 결정되는 문제점이 있다. 이러한 문제점을 방지하기 위해 평가지침서에 엄밀히 편익과 비용 항목을 분류하였다.

심화 과정을 위한 추천 논문과 저서

박사과정 수준의 비용-편익 분석의 이론적 논의는 아래 논문에 매우 자세하게 기술되어 있다.

- Jean Dreze and Nicholas Stern, The Theory of Cost-Benefit Analysis, Chapter 14 of *Handbook of Public Economics* Vol. 2 (Auerbach, Alan J. and Martin Feldstein eds.)

공공 프로젝트에서 상용되는 '사회적 할인율'에 대한 고전적인 논문은 아래와 같은 것들이 있다.

- Feldstein, M.S., 1954. "The Social Time Preference Discount Rate in Cost Benefit Analysis," *Economic Journal* 74, pp. 360-379.
- Marglin, S. A., 1963. "The Social Rate of Discount and the Optimum rate of Investment," *Quarterly Journal of Economics* 77, pp. 95-111.

불확실성과 공공투자에 대한 평가 문제에 대한 보다 자세한 논의는 아래 논문을 참조하면 도움이 될 것이다.

- Arrow, K. and R. Lind, June 1997. "Uncertainty and the Evaluation of Public Investment Decisions," *American Economic Review* 87, pp. 364-378.

한국개발연구원의 공공투자관리센터가 1999년 이후 정부의 사회간접자본 투자사업에 대한 예비타당성 분석을 수행하고 있다. 이러한 비용-편익 분석이 한국에서 어떠한 가정과 방식으로 이루어지는가는 아래 지침서에 잘 정리되어 있다.

- 한국개발연구원[2004]. 도로 · 철도 부문사업의 예비타당성조사 표준지침 수정 · 보완 연구.

요약

- 비용-편익 분석은 후생경제학을 사업 평가에 실제 적용하는 것이다.
- 다른 연도에 발생하는 순편익을 평가하기 위해서 이들의 현재가치를 계산하여야 한다.
- 내부수익률과 편익-비용 비율을 이용한 평가는 잘못된 판단을 유발할 수도 있다.
- 할인율의 선택은 비용-편익 분석에서 매우 중요한 사안이다. 공공부문의 분석에서는 다음 3가지 가능한 대안이 있다: (1) 세전수익률, (2) 세후수익률, (3) 사회적 할인율. 이들 중 어느 것을 선택하여야 할지는 관련 프로젝트가 민간부문의 투자를 구축하는지 혹은 소비를 구축하는지, 또한 민간 시장이 사회적 선호를 반영하는 정도에 따라 달라질 수 있다.
- 실제로 미국 정부는 할인율의 선택에 일관성이 결여되어 있다.
- 공공부문 프로젝트의 편익과 비용은 여러 가지 방법으로 측정될 수 있다.
  - 시장가격이 사회적 비용과 괴리되어 있다는 명확한 증거가 없는 한 시장가격은 신뢰할 만한 기준이다.
  - 잠재가격은 시장의 불완전성으로 인해 시장가격이 사회적 비용과 괴리될 때 이를 조정하는 역할을 한다.
  - 공공프로젝트에 고용될 노동이 현시점에 실업상태에 있고 프로젝트가 진행되는 기간 동안 이 프로젝트에 고용되지 않으면 계속 실업상태에 있을 것으로 예상된다면, 이 노동력을 고용하는 기회비용은 낮다고 보아야 한다.
  - 만일 대형 정부 프로젝트가 시장가격을 변동시키면, 소비자 잉여가 편익을 측정하기 위해 이용될 수 있다.
  - 시장에서 거래되지 않은 상품의 가치는 종종 사람들의 행동을 관찰하여 추론할 수 있다. 이와 관련된 예로 시간 절약과 사망확률 하락의 편익을 측정하는 과정을 들 수 있다.

- 어떤 종류의 무형의 편익과 비용은 측정 자체가 불가능할 때가 있다. 이에 대한 가장 안전한 접근 방법은 비용-편익 분석을 하지 않고, 사업 시행 여부에 대한 결정을 뒤집으려 하면 관련 비용 혹은 편익이 얼마나 커야 하는지를 계산하는 방법이다.
- 비용-편익 분석은 가끔 몇 가지 함정에 빠질 수 있다.
  - 연쇄반응론: 이차적인 편익을 편익에 포함하면서 이와 관련된 이차적인 비용을 비용에서 제외하여 프로젝트의 가치가 높은 것처럼 보이게 하는 방식
  - 고용증대론: 임금을 프로젝트의 비용이 아닌 편익으로 보는 방식
  - 이중계산법: 편익을 두 번 포함시키는 오류
- 분배적인 측면을 비용-편익 분석에서 고려하는 것은 논쟁의 여지가 많다. 어떤 분석 담당자는 모든 사람의 편익을 동일하게 계산하는 반면, 다른 분석 담당자는 전체 인구에서 특정 집단에 더 높은 비중을 부여하기도 한다.
- 다른 조건이 동일하면, 사람들은 위험이 작은 프로젝트를 선호한다. 일반적으로 불확실한 비용과 편익은 동등확정가치로 환산하여 평가한다.
- 한국에서는 1999년에 예비타당성 조사제도가 도입되어 사회기반시설을 중심으로 한 공공투자사업에 대해 편익-비용 분석을 행하고 있다.

연습문제

1. 여러분이 정부 정책 담당자라면, 어린이의 잠옷을 모두 내화성으로 바꾸는 규제가 비용-효과적인지 여부에 대한 의문을 가지겠는가? 아니면 아무런 의심 없이 생산자에게 이 규제를 적용하겠는가? 유아용 침대 생산업자가 침대 둘레 난간에 안전대를 보다 촘게 배치하는 데 비용이 많이 소요되어 안전대 규정을 완화해달라는 청원을 하였다면 [Herbert, 1995] 어떤 의사결정을 하겠는가?

2. 2006년에 인디애나 주정부는 자동차 안전국의 모든 지사에서 고객의 대기시간을 평균 61분에서 7분으로 줄이는 조치를 취하였다. 이 정보를 비용-편익 분석에 어떻게 반영할 것인지에 대해 논하시오.

3. 어떤 프로젝트는 다음 해부터 무한한 기간 동안 연간 25달러의 편익을 제공한다고 하자. 만일 이자율이 10%이면 이 편익의 현재가치는? [힌트: 등비수열의 합 $x + x^2 + x^3 + \cdots$은 $x/(1-x)$이다. 단 x는 1보다 작아야 한다.] 여러분의 답을 이자율이 r이고 무한한 기간 동안 연간 편익 B가 발생할 경우 이 편익의 현재가치가 B/r임을 보이시오.

4. 여러분이 1년 동안 자전거로 미국을 횡단하는 계획을 세우고 있다고 하자. 어떤 사람이 500달러에 새 자전거를 여러분에게 팔 의향이 있다고 하자. 1년 뒤에 이 자전거를 팔아서 350달러를 받을 수 있다고 하자. 이 자전거를 이용함으로써 얻을 수 있는 편익이 170달러와 동일한 가치가 있다고 하자.

a. 내부수익률은 어느 수준인가?

b. 만일 이자율이 5%이면, 여러분은 그 자전거를 구하겠는가?

5. 빌은 지하철을 한번 탈 때마다 75센트를 지불한다. 그러나 만일 지하철 운임이 이 수준보다 높아진다면, 더 이상 지하철을 타지 않을 것이다. 그의 유일한 대안은 버스인데, 시간은 5분 더 걸리지만 버스 운임은 50센트에 불과하다. 그는 1년에 교통수단을 10번 이용한다. 시정부는 1회 이용당 시간이 10분씩 단축시키는 지하철 보수를 계획하고 있다. 지하철 보수에 소요되는 비용을 조달하기 위해서는 지하철 운임을 40센트 인상하여야 한다. 지하철 이용 시간 단축과 운임 인상은 지금부터 1년 후부터 무한한 기간 동안 이루어진다. 이자율은 25%이다.

a. 빌의 입장에서 이 프로젝트의 현재가치는 얼마인가?

b. 이 도시의 인구는 빌과 동일한 55,000명의 중산층 인구와 5,000명의 빈곤층 인구로 구성된다. 빈곤층 인구는 실업상태에 있거나 혹은 자기 집 근처에 있는 직장에 다니므로, 이들은 공공교통수단을 전혀 이용하지 않는다. 시정부 프로젝트의 전체 편익과 비용을 평가하시오.

이 프로젝트의 현재가치는?

c. 몇 사람의 시의원들이 중산층 시민 1인당 1.25달러의 조세를 징수하여 저소득층에 대한 무료 법률서비스를 향후 2년간 제공하는 프로젝트를 제안하였다고 하자. 이 법률서비스를 제공하기 위하여 연간 62,500달러가 소요된다고 하자(이 금액은 매년 연말에 지급된다고 가정하자). 이 프로젝트의 현재가치는?

d. 시정부가 지하철 프로젝트와 법률상담 프로젝트 중 어느 프로젝트를 선택하는 것이 바람직한가?

e. 두 프로젝트의 현재가치를 동일하게 하려면 가난한 사람에게 주어지는 1달러에 어느 정도의 가중치가 부여되어야 하는가? 다시 말하면, 빈곤층 소득의 1달러는 중산층 소득 1달러보다 어느 정도 높은 가치가 부여되어야 하는가? 여러분의 답의 의미를 해석하시오.

6. 정부는 기후변화에 대처하기 위해 1,000억 달러를 지출하여야 할지 여부에 대해 논쟁을 하고 있다. 이 대책이 시행되면 7,000억 달러 규모의 피해를 줄일 수 있으나, 이 편익은 지금부터 100년 후에 실현된다고 한다. 이 제안을 비판하는 한 사람이 이 대책을 시행하는 대신 지금 1,000억 달러를 연간 5% 수익이 있는 자산을 구입하여 운영하고, 100년 후에 원리금을 인출하여 그 당시의 기후변화로 인한 피해 복구에 사용하자는 주장을 하였다. 이러한 비판은 타당한 것인가?

7. 국제정거장이 2~3년 내에 궤도를 이탈하여 수명을 다할 것으로 예상되고 있다. 이 우주정거장을 정비하여 계속 사용하자고 주장하는 사람들은 과거에 이 우주정거장을 유지하는 데 들어간 비용을 고려하여야 한다고 주장한다. 상원의원 빌 넬슨은 이 우주정거장에 수천만 달러를 이미 지출하였다면 2015년에 이 기구를 폐쇄하여서는 안 된다고 주장하였다[Achenbach, 2009]. 이 상원의원의 논리에 대해 논평하시오. 이 우주정거장의 폐쇄 여부에 대한 판단은 어떤 방식으로 이루어져야 할까?

8. 최근 풍자적인 수필에서 모든 택시 회사가 택시를 사람의 힘으로 끄는 이륜 운송수단인 릭쇼로 전환하여 운영하는 방안을 지지하였다. 지지 근거는 이 방안이 실현되면 릭쇼 운전과 생산을 위한 고용이 증대될 것이며, 또한 공해를 유발하지 않은 녹색 직업이 될 것이기 때문이라고 하였다 [Brookes and Foster, 2009]. 이 장에서 논의한 '고용증대론'을 통한 비용-편익 분석 조작과 관련시켜 이 주장에 대해 평가하시오.

9. Viscusi와 Gayer[2005]에 의하면 미국의 규제정책들에서 규정하는 인명피해비용 감축금액이 매우 다르다는 사실을 보였다. 예를 들어 차량에 수동억제 장치를 설치하여야 한다는 규제에서는 한 사람의 인명을 구할 경우 그 가치는 60만 달러라고 하는 반면 작업장에서 석면을 제거하여야 한다는 규제에서는 그 가치가 1억 8,000만 달러라고 규정한다. 이러한 사실을 감안하여 어느 프로젝트가 시행이 될 수 있을지 설명하시오. 이로 인한 자원의 재분배에 대해 설명하시오.

10. [행정고시 2차 2009년 기출문제] 우리나라의 '예비타당성 조사 운용지침'에 의하면 총사업비 500억 원 이상으로서 정부예산이 투입되는 투자사업은 예비타당성 조사를 거쳐야 한다. 예비타당성 조사에서는 공공사업에 대한 재무분석과 비용-편익 분석을 통해 사업의 시행 여부를 종합적으로 판단하고 있다.

a. 공공사업에 대한 재무분석(financial analysis)과 비용-편익 분석의 차이를 비교 설명하시오.

b. 공공사업은 편익과 비용이 민간사업에 비해 장기에 걸쳐 발생하기 때문에 추진과정에서 불확실성이라는 문제가 발생하게 된다. 불확실성을 제대로 반영하기 위해서는 위험성이 전혀 없는 사업보다 높은 할인율을 적용해야 한다는 주장과 불확실성과 같은 위험성을 시간할인율로 조정하기보다는 확실대등액(certainty equivalent, 동등확정가치*)을 사용하는 것이 타당하다는 주장이 있다. 이 두 주장을 비교 설명하시오.

11. [입법고시 2차 2015년 기출문제] 공공투자사업의 경제적 타당성 평가는 편익-비용 분석을 통해 이루어진다. 대규모의 자본이 투입되어 오랫동안 지속되는 공공투자사업은 그 특성상 사업이 발생시키는 편익과 비용이 동일 시점에 발생하지 않는다. 공공투자사업이 발생시키는 편익

* 역자 사용 용어

과 비용의 흐름은 상이한 패턴으로 나타나는데, 대체로 비용은 구조물 등이 건설되는 사업초기에 대규모로 발생하며 완공 이후에는 소규모의 유지 · 운영비만 발생한다. 반면, 편익은 완공 이후 시간이 흐름에 따라 점증하게 되며 일정 시점 이후부터는 증가율이 정체된다. 편익-비용 분석에서는 분석기간(일반적으로 완공 후 30년) 동안 발생하는 편익과 비용을 분석기준 시점의 현재가치로 전환한 후 이를 비교하는 방법으로 수행된다. 사회적 할인율은 이와 같은 현재가치화 과정에 적용되는 개념이며, 해당 경제가 처한 환경이나 여건을 반영하여 조정될 수 있다. 이를 기초로 사회적 할인율과 관련된 다음 질문에 답하시오.

a. 사회적 할인율이 그 경제의 경제상황에 비해 지나치게 높게 설정되었다면, 편익-비용 분석 결과 및 국가재정에 어떠한 영향을 미칠 수 있겠는가? 위에서 설명된 편익과 비용의 발생흐름을 토대로 논의를 전개해보시오.

b. 현재 대부분의 경제적 타당성 평가는 완공 후 30년(1세대)을 기본 분석기간으로 설정하고 있지만, 경우에 따라서는 보다 장기적인 분석이 필요할 때도 있다. 이제 분석기간이 기존보다 훨씬 긴 세대 간 분석이 필요한 경우를 가정하고, 세대 간 형평성 관점에서 보다 적절한 사회적 할인율에 대해 '직관적'으로 논의하시오(단, 분석기간 증가에 따른 편익과 비용의 발생흐름은 앞서 설명한 패턴이 계속 연장된다고 가정한다).

Appendix A

A.1 동등확정가치 계산방법

이 부록에서는 불확실한 프로젝트의 동등확정가치를 계산하는 방법에 대해 논의한다. 이 논의는 제9장에서 자세하게 논의할 예정인 불확실성의 경제학을 소개하는 의미가 있다.

현재 E달러 소득이 있는 존스라는 사람이 있다고 하자. 그는 자신의 미래소득에 대해 어떤 영향을 미칠지 불확실한 직업훈련 프로그램에 참가하고 있다. 이 프로그램은 1/2의 확률로 소득을 전혀 상승시키지 못할 가능성이 있다. 그리고 1/2 확률로 소득을 y달러만큼 상승시킬 가능성이 있다고 하자.[1] 이 프로그램의 편익은 존스가 이 프로그램에 참가하기 위해 지불할 용의가 있는 금액이다. 따라서 여기서 가장 중요한 문제는 그 금액을 찾는 것이다. 제시될 수 있는 하나의 답은 소득증가의 기댓값인 $y/2$달러일 것이다.[2] 그러나 이 값은 너무 높은 값이다. 왜냐하면 이 값은 결과가 불확실하여 존스가 위험에 직면한다는 사실을 감안하지 않았기 때문이다. 만일 존스가 위험회피적이라면, 소득금액을 확정하는 대가로 일정 금액의 소득을 포기할 의향이 있을 것이다. 어떤 프로젝트의 편익과 비용이 불확실한 경우는 이들을, 사람들이 이 프로젝트의 불확실한 결과와 교환하기 위해 자발적으로 지불하려고 하는 금액, 즉 '동등확정가치'로 환산하여 평가하여야 한다.

동등확정가치의 개념은 〈그림 8.A〉에 설명되어 있다. 가로축은 존스의 소득을 나타내고, 세로축은 효용수준을 나타낸다. 곡선 OU는 각 소득수준의 효용수준을 나타내는 존스의 효용함수이다. I 수준에서의 효용수준을 $U(I)$로 표시하기로 하자. 이 효용함수는 효용에 대한 일반적인 가정을 반영하고 있다. 소득이 증가함에 따라 효용은 증가하지만, 증가속도는 느려진다. 즉, 한계효용체감의 법칙이 성립한다.

각 소득수준에서의 효용수준을 찾기 위해서는 가로축에서 곡선 OU로 올라가서 세로축의 값을 확인하면 된다. 예들 들어 직업훈련 프로젝트가 실패하면, 존스의 소득은 E가 되고 그러면 효용수준은 $U(E)$가 된다. 또한 프로젝트가 성공하여 존스의 소득이 y만큼 증가하면 그의 총소득은 $(E+y)$가 되고, 효용수준은 $U(E+y)$가 된다.

각각의 결과가 실현될 확률이 1/2이므로, 존스의 기대소득은 $E+y/2$가 된다. 이 값은 E와 $(E+y)$ 사이에 있는 값으로 $\bar{I}$로 표시되어 있다. 그러나 존스의 관심의 대상은 기대소득이 아니라 기대효용이다.[3] 기대효용은 두 결과의 효용의 평균, 즉 $1/2U(E)+1/2U(E+y)$에 해당한다. 기하학적으로 표현하면, 기대효용은 $U(E)$와 $U(E+y)$의 중간점으로 $\bar{U}$로 표시되어 있다.

이제 우리는 이 직업훈련 프로그램이 존스에게 확정된 금액으로 환산하여 얼마나 가치 있

1 확률 1/2을 선택한 것은 논의의 단순화를 위한 것이다. 다른 확률을 상정하여도 일반적인 결과는 변하지 않는다.

2 기댓값은 실현될 결과와 이 결과가 나타날 확률을 곱한 값을 모두 더하여 구해진다: $(1/2\times 0)+(1/2\times y)=y/2$.

3 불확실성의 경제학에 대해 잘 알고 있는 사람들은, 사람들의 효용을 'von Neumann-Morgenstern 효용함수'로 나타낸다는 암묵적인 가정을 파악할 수 있을 것이다.

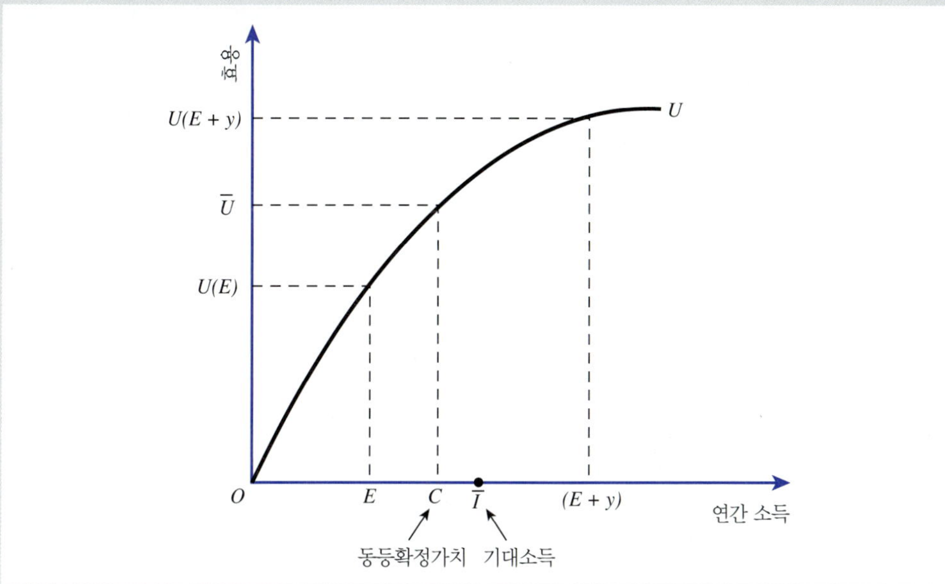

그림 8.A
불확실한 프로젝트의 동등 확정가치 계산

는 것인지 찾아낼 수 있다. 우리가 하여야 할 것은 효용수준이 $\bar{U}$인 소득수준을 찾아내는 것이다. 이 금액은 수평축의 점 C이며 이 수준의 소득을 '동등확정가치(certainty equivalent)'로 정의한다. 여기서 C가 $\bar{I}$보다 낮은 수준이라는 점을 주목할 필요가 있다. 직업훈련의 동등확정가치는 기대소득보다 낮다. 이 점은 이미 소개된 직관적 설명과 일맥상통한다. 존스는 소득 위험을 제거하기 위해 $(\bar{I} - C)$ 수준의 프리미엄을 지불할 용의가 있다는 것이다. 즉, 불확실한 프로젝트의 비용과 편익을 적절히 평가하기 위해서는 그 프로젝트의 기댓값에서 위험 프리미엄을 공제한 금액을 기준으로 환산하여야 한다는 것이다. 그리고 이 **위험 프리미엄**은 각 개인의 효용함수의 형태에 따라 달라질 수 있다.

어떤 면에서 이것은 매우 실망스러운 결과이다. 왜냐하면 동등확정가치보다 기댓값의 계산이 훨씬 쉽기 때문이다. 다행히 기댓값의 계산으로 충분히 상황을 평가할 수 있는 경우가 많다는 점이 밝혀졌다. 예를 들어 새로운 폭격기 프로젝트가 고려되고 있다고 하자. 그리고 관련 기술이 완전히 이해되지 않은 관계로 분석 담당자가 궁극적으로 소요될 비용에 대해 잘 모르고 있다고 하자. 비용은 가구당 15달러 혹은 25달러가 되고 각 결과가 실현될 확률이 각각 1/2이라고 하자. 비록 전체 비용의 규모는 크지만, 가구당 금액으로 환산하면 전체 소득에 비하여 매우 작은 금액이다. 〈그림 8.A〉의 관점에서 보면, 2가지 결과하에서 가구당 소득이 매우 근접해 있다고 할 수 있다. 효용곡선 OU 위에서 두 점이 서로 근접함에 따라 기댓값과 동등확정가치가 거의 같아진다. 이를 직관적으로 말하면, 사람들은 아주 적은 금액을 놓고 도박을 할 경우 위험 프리미엄에 신경을 쓰지 않는다는 것이다.

따라서 위험을 많은 사람에게 분산하는 프로젝트의 경우는 편익과 비용의 기댓값이 이들의 동등확정가치의 좋은 기준이 될 수 있다. 그러나 위험의 크기가 개인들의 소득수준과 비교하여 상당히 큰 규모이면 동등가치가 반드시 계산되어야 한다.

Part 3

공공지출: 사회보험과 소득 보전프로그램

보험기능을 제공하는 정부 프로그램 지출이 정부 예산에서 차지하는 비중은 매우 높을 뿐만 아니라 지속적으로 높아지고 있다. 제3부에서는 후생경제학 분석을 이용하여 '사회보험'이라고 지칭되는 이러한 정부 프로그램에 대해 분석할 것이다. 제9장에서는 보건의료 서비스의 예를 이용하여 보험시장의 작동원리와 보험시장에서 효율적이고 공평한 자원배분이 불가능하게 만드는 요인들에 대해 논의할 것이다. 이러한 토대 위에 제10장에서는 보건의료시장에 대한 정부의 활동과 그 역할에 대해 평가할 것이다. 제11장에서는 은퇴노인들이 사망 이전에 보유자산을 모두 소진하여 궁핍한 생활을 하게 되는 위험으로부터 이들을 보호하기 위해 시행되고 있는 공적연금제도에 대해 살펴볼 것이다.

어떤 의미에서는 소득을 재분배하는 정부 프로그램도, 사람들을 가난으로부터 보호하는 기능을 수행한다는 측면에서 보험의 기능을 수행한다고 볼 수 있다. 제12장은 후생경제학 이론에 입각하여 소득재분배의 논리적 기초에 대해 논의하고, 제13장에서는 한국과 미국의 주요한 빈곤대책 프로그램에 대해 분석할 것이다.

Chapter 9

보건의료시장

> 행운이 당신의 것이기를 기원합니다.
>
> — 영화 〈헝거게임〉에서

9.1 보건의료가 중요한 이유는 무엇인가?

오랜 기간 동안 보건의료가 미국의 공공정책에서 매우 중요한 자리를 차지하였다. 이러한 현상은 부분적으로 보건의료가 매우 특이한 성격을 가지고 있는 문제여서 이 문제를 민간시장의 정상적인 작동에만 맡겨서는 안 된다는 믿음에 기반을 두고 있다. 물론 보건의료는 생(生)과 사(死)의 문제와 직결되기 때문에 스마트폰과 전자책과는 상당히 다른 성격을 지니고 있다. 반면에 식품과 주거지도 생존에 필수적이지만, 국가 전체가 민간시장이 식품과 주거지를 제공하는 좋은 방식인지에 대한 논쟁을 하지는 않는다.

보건의료에 대중의 관심이 집중되고 있는 또 다른 이유는 대중의 의료비 지출 규모가 매우 크고 또한 매우 빠르게 증가해오고 있다는 사실에서도 찾을 수 있다. 〈그림 9.1〉에 의하면 GDP 대비 의료비 지출액 비중이 매우 빠른 속도로 증가했음을 알 수 있다. 1960년도에는 의료비 지출액이 GDP의 5%였던 것이 2010년에 와서는 18%로 증가하였다. 현재 미국인들은 의식주보다 의료비에 더 많은 지출을 하고 있다.

보건의료비용이 빠른 속도로 증가하고 있는 사실 자체는 큰 문제라고 할 수 없다. 유기농산물과 스마트폰의 소비가 최근 빠른 속도로 증가하고 있으나, 아무도 이에 대해 과도하게 걱정하지 않는다. 노벨경제학상 수상자인 로버트 포겔에 의하면 총소득 중에서 의료비에 지출하는 비중이 증가하였다는 사실 자체는 '재난'이 아니며, 오히려 우리 시대의 경제적 · 사회적 진보의 표상(表象)이라고 할 수 있다[Fogel, 2004, p. 107].

그러면 보건의료의 어떠한 특성이 정부의 시장개입을 합리화할 수 있는 것인가?

9.1.1 보험의 역할

인생은 불확실성으로 가득 차 있다. 우리의 인생에서 만나는 불운은 영화 〈헝거게임〉에 등장하는 생존게임 참가자들의 불운에 비길 수는 없으나, 불운과 불확실성은 여전히 유쾌한 것은 아니다. 보험의 목적은 사람들로 하여금 불확실성으로 인한 위험을 제거하거나 최소한 줄이

그림 9.1 미국의 항목별 소비 지출액(GDP 대비 비율, %, 1960~2010)

미국의 보건의료비용은 1960년 이래 매우 빠른 속도로 증가하였다. 현재 미국인들은 의식주보다 보건의료에 더 많은 지출을 하고 있다.

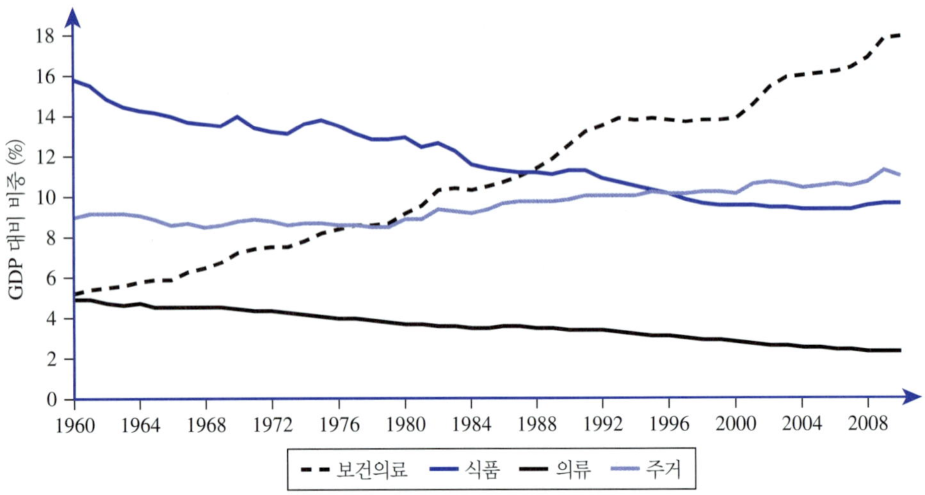

자료: Centers for Medicare & Medicaid Services, National Health Expenditure Data, and National Income and Product Accounts(www.bea.gov/national/nipaweb/index.asp).

사회보험(social insurance)
사람들을 다양한 종류의 위험으로부터 보호하기 위해 정부가 제공하는 보험제도.

보험료(insurance premium)
특정한 위해(adverse event)가 발생할 경우 보험회사가 일정 수준의 보험금 지급을 보장하는 대가로 보험가입자가 보험회사에 지불하는 금액.

기댓값(expected value)
불확실한 모든 가능한 결과에 대한 평균값으로서, 이때의 가중치는 각 결과가 발생할 확률임.

는 것이다. 보건의료의 특이한 측면들을 이해하기 위해서는 먼저 보험의 일반적인 역할에 대해 이해할 필요가 있다. 보험에 대한 이론을 이해할 수 있다면, 보건의료와 관련된 여러 이슈들을 이해할 수 있으며, 이 이론은 사람들로 하여금 다양한 종류의 위험으로부터 보호하기 위해 도입된 정부 정책을 분석하는 데도 도움이 된다. 이러한 정부 프로그램들을 통틀어서 **사회보험**(social insurance)이라고 지칭한다. 이에 대해서는 앞으로 여러 장에서 논의할 것이다.

의료보험이 작동하는 방식은 보험구매자가 **보험료**(insurance premium)라고 불리는 돈을 보험자(providers of insurance)에게 지불하고, 보험자는 이 대가로 질병과 같은 건강상의 위해가 발생하면 보험구매자에게 일정액의 보험금을 지급하는 약정을 하는 것이다. 만일 다른 조건이 같으면 보험료가 높을수록 질병 발생 시 지급받는 보험금이 높아지게 된다.

사람들이 보험에 가입하는 이유를 이해하기 위해서 수치적 예를 들어보자. 에밀리라는 사람의 연간소득이 5만 달러라고 가정하자. 그리고 1/10 확률로 앞으로 1년 동안 질병을 얻게 되고 그때 질병 치료와 결근으로 인해 잃게 되는 임금비용을 포함하여 전체 비용이 3만 달러여서 질병이 발생하면 가처분소득이 2만 달러로 줄어든다고 가정하자.

에밀리가 선택할 수 있는 대안들을 평가하기 위해서는 **기댓값**(expected value)이라는 통계학적 개념을 이해할 필요가 있다. 기댓값은 특정 개인이 불확실성에 직면해 있을 때, 평균적으로 기대할 수 있는 금액을 의미한다. 기댓값은 불확실성이 존재할 때 발생할 수 있는 결과들에 대한 일종의 가중평균인데, 이때 가중치는 해당 결과가 발생할 확률이 된다. 이를 수학적으로 표현하면 다음과 같다.

표 9.1 왜 보험에 가입하는가?

대안	소득	건강을 유지할 확률	질병을 얻을 확률	질병을 얻을 경우 잃게 되는 소득	(A) 건강을 유지할 경우 가처분소득	(B) 질병을 얻을 경우 가처분소득	(C) 기댓값
대안 1: 보험에 가입하지 않는 것	\$50,000	9/10	1/10	\$30,000	\$50,000	\$20,000	\$47,000
대안 2: 보험에 가입	\$50,000	9/10	1/10	\$30,000	\$47,000	\$47,000	\$47,000

보험수리적으로 공평한 보험을 구입할 경우 보험을 구입하지 않은 경우와 소득의 기댓값은 같다. 그러나 만일 이 사람이 위험회피적이라면, 보험에 가입하는 것이 이 사람의 후생복리를 증진시킬 수 있다.

$$\text{기댓값}(EV) = (\text{결과 1이 발생할 확률} \times \text{결과 1이 발생할 때 값}) + (\text{결과 2가 발생할 확률} \times \text{결과 2가 발생할 때 값}) \quad (9.1)$$

예를 들어 카드 한 벌에서 하트 모양 카드를 꺼내면 12달러를 받고 다른 종류의 카드(스페이드, 다이아몬드, 혹은 클로버)를 꺼내면 4달러를 잃는다고 하고 하자. 하트 모양 카드를 뽑는 확률은 1/4이고 다른 종류의 카드를 뽑을 확률은 3/4이다. 따라서 기댓값은 다음과 같이 계산할 수 있다.

$$EV = (1/4)(\$12) + (3/4)(-\$4) = \$0$$

불확실성하에서 기댓값은 0으로서 이는 평균적으로 돈을 따지도 못하고 잃지도 않는다는 것을 의미한다.

다시 에밀리가 직면하고 있는 문제로 돌아가보자. 〈표 9.1〉은 에밀리가 선택할 수 있는 2가지 대안을 제시한다. 첫 번째 대안은 아무것도 하지 않는 것이다. 즉, 소득 5만 달러를 그대로 보유하고 질병이 발생하면 3만 달러를 잃게 된다. 이 대안을 선택하면 2가지 결과가 가능하다. 질병이 발생하지 않으면 5만 달러 소득이 그대로 남게 되고(A열), 질병이 발생하면 2만 달러의 소득을 보유하게 된다(B열). 첫 번째 결과가 발생할 확률은 9/10이고 두 번째 결과가 발생할 확률은 1/10이다. 식 (9.1)을 이용하여 기댓값(C열)을 구하면 다음과 같다.

$$EV(\text{대안 1}) = (9/10)(\$50{,}000) + (1/10)(\$20{,}000) = \$47{,}000 \quad (9.2)$$

보험수리적으로 공평한 보험료(actuarially fair insurance premium)
주어진 기간 동안 납부해야 하는 보험료가 동일 기간 동안 지급받을 보험금의 기댓값과 동일한 경우 보험료 수준.

이제 대안 2를 살펴보자. 질병 발생 시 2만 달러의 소득만 확보하는 것 대신 에밀리는 질병 발생 시 보험회사가 일정수준의 보험금을 지급하는 조건으로 보험회사에 매년 일정수준의 보험료를 지급한다. 보험을 가입하기 위해 어느 정도의 비용이 소요될까? **보험수리적으로 공평한 보험료**(actuarially fair insurance premium)는 보험자가 지불하여야 하는 보험금의 기댓값과 같은 수준이다. 다시 말하면, 보험수리적으로 공평한 보험료는 보험가입자가 입는 손실의 기댓값에 해당하며, 따라서 보험회사는 손해도 보지 않으며 또한 이윤도 획득되지 않은 수준에 해당한다(실제로 보험회사는 유지관리비용을 조달하기 위하여 보험수리적으로 공평한 보험료를 초과하는 보험료를 요구할 것이다. 그러나 여기서는 논의를 단순화하기 위해 유지관리비용이 없다고 가정한다). 에밀리는 9/10의 확률로 소득이 그대로 보전되고 1/10 확률로 3만 달러의 손실을 보게 된다. 이때 손실의 기댓값은 3,000달러가 된다[(9/10)($0) + (1/10)($30,000) = $3,000]. 따라서 보험수리적으로 공평한 보험료는 연간 3,000달러가 된다. 이것을 보험회사의 관점에서 보면, 1/10의 확률로 3만 달러가 소요되는 질병이 발생하는 사람 10명에게 매년 3,000달러의 보험료를 받으면 매년 3만 달러의 보험료 수입이 확보되고 이 금액은 매년 보험금 지불액의 기댓값과 동일한 수준이다. 질병 발생 위험이 높아지면 보험회사가 부과하여야 하는 보험료 수준이 높아지게 된다.

대안 2에서 에밀리는 질병이 발생하든 하지 않든 매년 3,000달러의 보험료를 지불한다. 질병이 발생하지 않으면 가처분소득은 47,000달러가 되며(A열), 질병이 발생하면 여전히 보험료는 지불하지만 질병에 의해 발생하는 비용 3만 달러를 보험회사로부터 보상받게 된다(B열). 따라서 그녀의 가처분소득은 여전히 47,000달러가 된다. 즉, 대안 2에서는 질병이 발생하든 하지 않든 에밀리의 가처분소득은 47,000달러로 일정한 수준을 유지하게 된다.

동일한 기댓값을 제공하는 대안 1과 2에 대해 에밀리가 무차별하다고 생각할지도 모른다. 그러나 이 논리는 대안 2가 에밀리에게 47,000달러를 (질병이 발생하든 하지 않든) 확실하게 보장해주는 반면, 대안 1은 평균적으로 47,000달러를 보장해주는 것이라는 양 대안 간의 차이점을 간과한 것이다. 우리는 일반적으로 에밀리가 대안 2를 더 선호한다는 것을 보일 수 있다. 그 이유는 대안 2가 확실하게 같은 수준의 가처분소득을 보장해주기 때문이다.[1]

그 이유에 대해 알아보기 위해 다음의 경제학의 표준적인 가정을 상기해보자. 사람들은 소득이 적은 것보다 많은 것을 선호하지만, 추가적인 1단위 소득의 상승이 효용의 상승에 기여하는 규모가 점점 줄어든다는 것이다. 이러한 한계효용체감의 법칙은 한 단위의 추가적인 소득의 획득이 주는 즐거움보다 추가적인 소득의 손실에 의한 고통이 더 크다는 것을 의미한다.

에밀리의 문제는 〈그림 9.2〉에 제시되어 있다. 가로축은 (가처분)소득을 나타내고 세로축은 소득수준에 따른 효용수준을 나타낸다. 이 효용함수를 U로 표시하고 있는데 한계효용체감의 법칙을 반영하여 오목한 형태를 취하고 있다. 만일 질병이 발생하면 에밀리는 A점에 위치하여 효용수준은 U_A가 되고, 만일 질병이 발생하지 않으면 B점에 위치하여 효용수준이 U_B가 된다. 이러한 위험에 직면하는 사람의 행태를 분석하는 합리적인 방법은 그 사람이 기대효용, 즉 평균적인 효용수준을 극대화한다고 가정하는 것이다. **기대효용**(expected utility)을 계산하는 방법은 기댓값을 계산하는 것과 기본적으로 같다. 각 결과가 발생할 때의 효용수준을 그 결과가 발생할 확률을 가중치로 하여 가중평균을 계산하는 것이다. 따라서,

기대효용(expected utility)
불확실한 모든 결과에서 발생하는 효용의 가중평균으로서, 가중치는 각 결과가 발생할 확률이다.

$$\text{에밀리의 기대효용}(EU) = (9/10)U(\$50{,}000) + (1/10)U(\$20{,}000) \qquad \textbf{(9.3)}$$

1 확실성의 가치에 대해서는 제8장의 부록에서 논의한 바 있다.

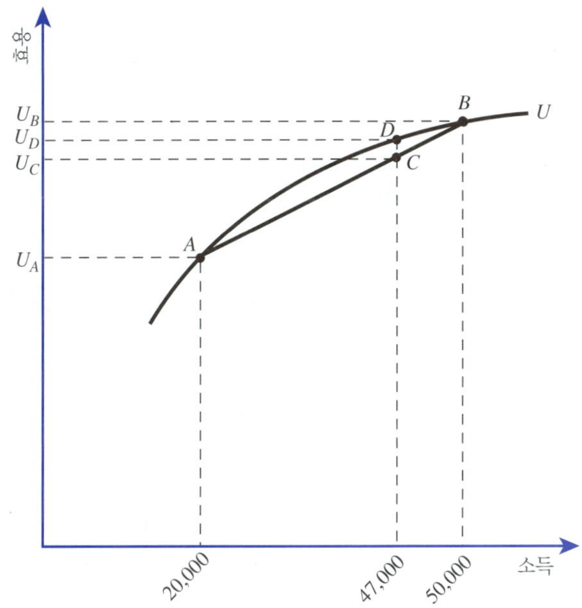

그림 9.2
사람들은 왜 보험에 가입하는가?
에밀리의 기대소득은 보험수리적으로 공평한 보험료를 지불하고 보험에 가입하든(D) 하지 않든(C) 동일하다. 그러나 소득의 한계효용이 체감하는 경우 보험에 가입하는 것이 후생복리를 증진시킨다.

여기서 $U(\$50,000)$와 $U(\$20,000)$는 각각 (가처분)소득 5만 달러, 2만 달러 수준에서의 효용수준을 나타낸다.

그림(〈그림 9.2〉)으로 표현하면, 식 (9.3)은 수직축의 U_A에서 U_B로 90% 이동하고, 혹은 소득 2만 달러에서 5만 달러로 90% 이동하여, 점 A와 점 B를 연결하는 선 위의 점 C에 위치하는 것에 해당된다. 따라서 에밀리가 만일 대안 1을 선택하여 보험에 가입하지 않으면, 그녀는 점 C에 위치하고 기대효용수준은 U_C에 해당된다. 그러나 만일 보험을 구입하면 질병이 발생하든 하지 않든 소득수준이 확실하게 47,000달러를 유지하는 점 D에 위치하여 기대효용수준은 U_D가 된다. 이 효용수준은 보험을 구입하지 않은 경우의 기대효용수준보다 높다. 따라서 두 가지 대안하에서 소득의 기댓값은 동일하지만, 가처분소득이 변화하지 않고 확실하게 보장되는 대안의 효용수준이 더 높다. 따라서 한계효용이 체감하므로, 사람들은 위해(危害) 발생 시 소득의 감소폭을 줄이기 위해 소득이 많은 시기에 가처분소득을 줄이는 경향인 **위험분산**(risk smoothing)을 선호한다.

위험분산(risk smoothing)

사람들이 위해(危害) 발생 시 일정 수준의 소득수준을 보장받기 위해 소득이 많은 시기에 가처분소득을 기꺼이 줄이려는 경향.

이 예는 근본적인 결과를 잘 설명하고 있다. 즉, 한계효용체감이라는 표준적인 가정하에서는 보험수리적으로 공평한 보험을 가입하라는 제의를 받으면 사람들은 질병 등 위해가 발생할 경우 감수하여야 하는 손실에 대비하여 보험에 가입할 것이라는 것이다.[2]

그런데 만일 보험회사가 보험수리적으로 공평한 보험료를 제시하지 않으면 어떻게 될까?

2 이 결과는 질병 발생 시 사람의 효용함수가 변화하지 않는다는 가정에 기초한다. 만일 질병 발생 시 소득의 한계효용이 높아지면 완전보험보다 더 높은 수준의 보험, 즉 질병 발생 시의 비용보다 더 높은 수준의 급여를 지급하는 보험에 가입할 것이다. 만일 질병 발생이 소득의 한계효용을 감소시키면, 완전보험보다 낮은 수준의 보험에 가입하게 된다[Viscusi, 1992].

그림 9.3 부가보험료가 있을 경우 사람들은 보험에 가입할까?

에밀리의 위험회피도가 높을수록 완전보험에 가입하기 위해 더 높은 보험료를 지불하려고 할 것이다. 그림 A의 경우는 3,500달러까지 지불할 용의가 있는 반면, 그림 B의 경우는 1만 달러까지 지불할 용의가 있다.

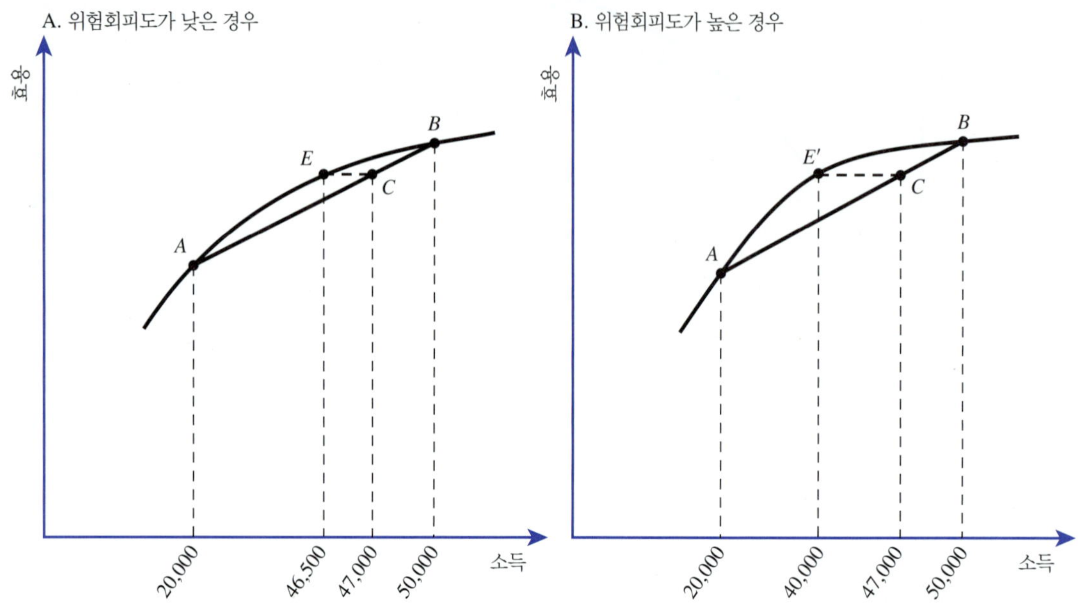

〈그림 9.2〉가 제시하는 예, 즉 보험수리적으로 공평한 보험료가 3,000달러인 경우를 다시 한 번 살펴보자. 만일 보험수리적으로 공평한 보험료 수준보다 높은 4,000달러의 보험료를 제시하면 어떻게 될까? 에밀리는 보험에 가입하지 않게 될까? 꼭 그런 것만은 아니다.

〈그림 9.3〉에 의하면 그 답은 그녀의 효용함수의 모양에 따라 달라질 수 있다. 만일 그녀의 효용함수가 그림 A의 모양을 가지고 있으면, 그녀는 보험에 가입하지 않을 것이다. 만일 보험에 가입하지 않으면 기대소득이 47,000달러 수준으로 점 *C*이다. 이 점은 점 *E*와 무차별하다. 즉, 점 *C*와 점 *E*에서 기대효용이 동일하다. 점 *E*는 에밀리가 가처분소득 46,500달러를 확실하게 보장받는 것에 해당된다. 다시 말하면, 이러한 상태는 그녀가 3,500달러를 내고 위험 발생 시 손실분 총액을 지급받는 '완전보험'에 가입하는 것에 해당한다. 따라서 그녀는 보험에 가입하지 않는 것보다 3,500달러 수준까지 보험료를 내고 보험에 가입할 것이다. 만일 보험회사가 보험료를 4,000달러로 책정하면 그녀는 보험에 가입하지 않을 것이다.

만일 에밀리의 효용함수가 그림 B와 같이 생겼으면, 그녀는 완전보험을 구입하기 위해 1만 달러 수준까지 보험료를 지불할 의사가 있다(점 *E*′에 해당). 보험회사가 4,000달러의 보험료를 제시하였으므로 그녀는 보험에 가입하지 않는 것보다 보험에 가입함으로써 더 높은 효용수준에 이르게 된다.

그림 A와 B의 차이점은 그림 B에서의 효용함수가 굴곡이 심하다는 것이다. 이 차이점은 매우 중요한 결과를 보이고 있다. 즉, 보험에 대한 수요는 소득에 대한 효용함수의 굴곡의 정도,

즉 위험회피도에 의해 결정된다. 위험회피도가 더 높은 사람이 위험을 회피하기 위해 더 높은 **위험할증액**(risk premium)을 지불할 용의가 있다는 것이다. 이러한 결과는 우리의 직관과 매우 잘 맞아떨어진다. 효용함수의 굴곡이 심할수록 소득의 한계효용의 감소 속도가 빠르다. 즉, **위험회피**(risk aversion)도가 높을수록 소득 감소에 따른 손실이 상대적으로 크며, 따라서 이 손실에 대비하여 더 적극적으로 보험을 구입하려고 한다.

보험수리적으로 공평한 수준보다 더 높은 보험료를 부과할 수 있다는 것 자체가 사람들이 위험회피적이라는 것을 의미한다. 완전경쟁시장에서도 보험회사는 보험수리적으로 공평한 수준보다도 더 높은 보험료를 부과할 수 있고 따라서 관리비용과 조세납부를 위한 재원을 조달할 수 있다. 보험회사가 부과하는 보험료와 보험수리적으로 공평한 보험료 사이의 차이를 **부가보험료**(loading fee)라고 한다. 부가보험료를 측정하는 방법은 보험료의 시장가격을 보험금의 가치로 나누는 방법이다. 오늘날 민간보험회사의 평균 부가보험료 비율(loading ratio)은 약 1.20이다[Phelps, 2010].

위험할증액(risk premium)

위해 발생 시 일정 수준의 급여를 보장받기 위해 보험가입자가 지불할 용의가 있는 보험료 중 보험수리적으로 공평한 수준을 초과하는 부분.

위험회피(risk aversion)

위해 발생 시 일정 수준의 급여를 보장받기 위해 보험수리적으로 공평한 수준보다 더 높은 보험료를 지불하려고 하는 선호체계.

부가보험료(loading fee)

보험회사가 부과하는 보험료와 보험수리적으로 공평한 보험료 간의 차이.

9.1.2 위험공유의 역할

지금까지 든 예는 위험에 직면하고 있는 사람들을 포괄하는 보험회사의 역할을 이해하는 데 매우 유용하다. 상황을 단순화하여 먼저, 보험회사가 에밀리 한 사람에게만 보험가입을 허용하는 경우를 생각해보자. 에밀리는 이 회사로부터 보험을 구입하여 위험을 제거할 수 있지만, 이번에는 보험회사가 위험에 직면하게 된다. 사회적 관점에서 볼 때 위험은 전혀 줄어들지 않았고, 단순히 에밀리로부터 보험회사로 이전된다.

이번에는 보험회사가 10명에게 보험상품을 판매한다고 하자. 만일 보험회사가 이들에게 보험수리적으로 공평한 보험료를 부과하면, 가입자 10명 중 1명꼴로 매년 질병이 발생하고 보험료 수입은 질병 발생 비용을 충당할 수 있게 된다. 가입자들 중 누구에게 질병이 발생할 것인지는 아무도 모르지만, 보험회사는 보험금 지급액에 대한 추계를 상당히 잘하는 경향이 있다. 이 경우 위험이 상당 수준 감소하게 된다. 그러나 만일 두 사람에게 질병이 발생하여 보험회사의 자금이 보험금 지급수준의 50%밖에 되지 않을 가능성도 있다. 만일 10명 대신 10만 명에게 보험상품을 판매하였다면, 전 가입자의 1/10 이상에게 질병이 발생할 가능성은 크게 줄어들 것이다. 룰렛게임에 검은 칸과 빨간 칸이 같은 수로 있는데, 여러분이 운이 좋아서 검은 칸에 연속으로 3번 구슬이 안착하여 돈을 딸 수는 있지만, 게임 횟수가 증가할수록 검은 칸에 구슬이 안착하는 비율은 50%에 수렴하게 된다. 이것은 보험회사의 경우에도 똑같이 적용된다. 더 많은 사람이 보험에 가입할수록 보험금 지출액의 예측이 더 정확해진다. 예측이 더 정확해질수록 보험회사의 비용에 필요한 보험료 산정이 쉬워진다. 결과적으로 개인의 위험을 공유함으로써 보험회사는 실제로 사회적 관점에서의 위험을 감소시킨다.[3]

3 보험의 풀이 커질수록 위험을 제거하는 것이 더 쉬워지기는 하지만, 이러한 현상은 보험의 풀에 포함되는 개인들의 위험이 서로 독립적일 경우에 기대할 수 있다. 예를 들어, 북부 캘리포니아에 지진이 발생하였다면, 이 지역 거주민들의 위험은 더 이상 독립적이지 못하다. 한 집이 파손되면 같은 지역의 다른 집도 파손될 가능성이 높다. 이 경우 보험회사는 모든 사람에게 보험금을 지급하지 못한다. 그러나 보건의료의 경우 전염병을 제외하고는 이러한 현상이 벌어질 가능성은 크지 않다.

9.1.3 보건의료시장에서의 역선택

의료보험에 대한 기초적인 지식을 습득하였으므로, 이 장의 처음에 제기한 문제로 다시 돌아가보자. "보건의료시장에는 무엇이 특별한가?" 보험회사가 의료보험을 제공할 유인이 존재한다면, 즉 완전경쟁시장에서 보험회사가 부가보험료를 부과하여 정상이윤을 획득할 기회가 있다면, 왜 정부가 이 시장에 개입하여야 하는가?

비대칭적 정보(asymmetric information)

거래 당사자 중 한편이 상대편보다 거래되고 있는 재화와 서비스에 대해 더 좋은 정보를 가지고 있는 상황.

첫 번째 문제는 제3장에서 논의한 **비대칭적 정보**(asymmetric information)에서 유발된 시장실패에서 발생한다. 비대칭적 정보 문제는 특정 거래 시 거래당사자 한편이 알고 있는 정보가 다른 편에는 없는 경우 발생한다. 정보의 비대칭성은 특히 의료보험시장에 큰 문제를 유발한다. 이 문제를 살펴보기 위해 보험회사와 가입자 간에 보험료 3,000달러로 질병 발생 시 비용을 모두 보상해주는 거래가 성사되는 이전의 예로 다시 돌아가보자.

여기서는 에밀리와 함께 다른 9명을 더 상정해보자. 질병 발생 시 이들도 에밀리와 같이 3만 달러의 비용이 발생한다. 그러나 이들 중 일부의 경우 질병이 발생할 확률이 1/10이 아니라 1/5이라고 하자. 또한 각 개인들은 자신에게 질병이 발생할 확률을 알고 있다고 가정하자(개인들은 가족병력, 건강 관련 습관, 직무상 스트레스 등을 알고 있으나, 보험회사는 이러한 정보가 부족하다). 〈표 9.2〉를 이용하여 이 상황을 분석해보자. 〈표 9.2〉에서는 10명 중 5명의 질병 발생률이 1/5이라고 가정하였다. C열에서 확인할 수 있듯이 질병 발생률이 높은 사람들의 질병 발생으로 인한 손실의 기댓값이 6,000달러이며, 질병 발생률이 낮은 사람들의 소득손실의 기댓값은 3,000달러이다. 만일 보험회사가 10명 중 누가 질병 발생률이 높은 사람인지 안다면, 높은 보험료를 부과하여 보험금 지급 비용을 조달할 수 있을 것이다(D열). 문제는 보험회사가 누구의 질병 발생률이 높은지 모른다는 것이다. 개인들은 자신의 건강상태에 대해 보험회사보다 더 많은 정보를 가지고 있다. 보험회사는 이 경우 모든 사람에게 동일한 보험료를 부과할 수밖에 없다. 만일 보험회사가 모든 사람에게 3,000달러의 보험료를 부과하면(E열) 질병 발생률이 1/5인 첫 번째부터 다섯 번째 사람에게는 매우 좋을 거래가 될 것이다. 이유는 이들의 보험금의 기댓값은 6,000달러이기 때문이다. 그러나 이 수준의 보험료로는 이들의 보험금 지급에 충분한 수입을 확보하지 못하여, 보험회사에게는 연간 15,000달러의 손실이 발생한다. 기대손실이 예상되는 보험회사는 시장에 오랫동안 머무르지 못한다.

이러한 손실에 직면한 보험회사가 모든 사람에게 4,500달러의 보험료를 부과하였다고 하자(F열). 이 금액은 10명 전체의 소득손실의 기댓값의 평균에 해당된다. 10명이 지불하는 보험료 총액은 45,000달러이며, 또한 보험금 지급액의 기댓값도 45,000달러이다. 따라서 보험회사는 시장에 계속 머물러 있을 수 있다(분석의 편의상 부가보험료는 무시한다).

그러나 이렇게 하여도 여전히 문제가 존재한다. 4,500달러 보험료 부과는 질병 발생률이 높은 사람에게는 좋은 거래가 된다. 왜냐하면 이들에게 지급될 보험금의 기댓값은 6,000달러인데 비하여 보험료는 4,500달러에 머무르기 때문이다. 반면, 발병률이 낮은 사람에게 지급되는 보험금의 기댓값은 3,000달러인 반면 보험료는 4,500달러여서 이들에게는 좋은 거래가 되지 못한다. 결과적으로 발병률이 높은 사람들을 보험의 풀에 끌어들일 수 있으나, 발병률이 낮은 건강한 사람은 이 보험상품을 구입하지 않을 것이다. 요약하면 정보 비대칭성의 문제로 인

표 9.2 정보의 비대칭성은 어떻게 보험시장에서의 시장실패를 유발하는가?

보험가입자	(A) 질병 발생률	(B) 질병 발생 시 소득손실	(C) 소득손실의 기댓값	(D) 기대편익 (−) 보험료 (차등보험료)	(E) 기대편익 (−) 보험료 (보험료 = 3,000달러)	(F) 기대편익 (−) 보험료 (보험료 = 4,500달러)
에밀리	1/5(고위험)	$30,000	$6,000	$0	$3,000	$1,500
제이콥	1/5(고위험)	30,000	6,000	0	3,000	1,500
엠마	1/5(고위험)	30,000	6,000	0	3,000	1,500
마이클	1/5(고위험)	30,000	6,000	0	3,000	1,500
매디슨	1/5(고위험)	30,000	6,000	0	3,000	1,500
조슈아	1/10(저위험)	30,000	3,000	0	0	−1,500
올리비아	1/10(저위험)	30,000	3,000	0	0	−1,500
매튜	1/10(저위험)	30,000	3,000	0	0	−1,500
한나	1/10(저위험)	30,000	3,000	0	0	−1,500
에단	1/10(저위험)	30,000	3,000	0	0	−1,500
보험회사의 순이윤				0	−15,000	0

만일 보험회사가 각 개인의 질병위험 정도를 알고 있다면 각자에게 보험수리적으로 공평한 보험료를 부과하여 수지균형을 맞출 수 있다(D열). 그러나 만일 질병 발생률이 높은 사람과 낮은 사람을 구별하지 못하면 모든 사람에게 동일한 보험료를 부과할 수밖에 없다. 만일 보험료를 3,000달러로 부과하면 보험회사는 손실을 보게 된다(E열). 두 집단의 보험수리적으로 공평한 보험료의 평균 수준의 보험료를 부과하면 보험회사의 수지균형은 맞출 수 있으나, 질병 발생률이 낮은 사람은 보험의 풀에서 빠져나갈 유인이 존재하며, 이들이 보험가입을 탈퇴하면 보험회사는 결국 손실을 보게 된다.

해 보험회사의 입장에서 좋지 못한 사람만 고객으로 유치할 수 있다는 것이다. 이 현상을 **역선택**(adverse selection)이라고 한다. 보다 일반적으로 말하면, 역선택은 보험회사가 모든 사람의 평균적인 위험을 기준으로 보험료를 부과하여 위험이 낮은 사람들이 보험상품을 사지 않게 되고 이로 인해 보험회사가 손실을 볼 때 발생하는 현상이다.

역선택(adverse selection)

정보가 적은 거래당사자는 자신에게 불리한 거래상대자들하고만 거래하는 현상을 말함(다시 말하면, 정보가 많은 측의 사람들 중 나쁜 특성을 가진 사람들하고만 거래가 형성된다는 것이다).

문제는 여기서 끝나지 않는다. 만일 10명 중 5명이 보험에 가입하지 않기로 결정하면, 보험료 4,500달러는 더 이상 보험회사의 수지균형 유지에 충분하지 않다. 보험회사는 보험료를 높여야 한다. 만일 남아 있는 가입자의 건강상태가 다르다면, 보험회사는 다시 상대적으로 위험이 작은 사람들의 추가적인 탈퇴를 예상할 수 있다. 요약하면, 보험회사가 고객이 직면하는 위험에 대해 고객보다 정보가 적으면, 고객의 평균적인 위험을 포괄하는 수준의 보험료를 부과하여야 하고, 이 경우 상대적으로 위험이 적은 고객이 시장을 떠나게 된다는 것이다. 정보의 비대칭성이 없다면 보험수리적으로 공평한 보험료를 지불하고 보험에 가입할 수 있었던 사람들이 정보의 비대칭성이 있으면 더 이상 보험에 가입하지 않게 된다. 점점 더 많은 사람들이 시장을 떠나게 되면 보험시장은 더 이상 제대로 작동할 수 없다. 이러한 현상은 종종 '죽음의 소용돌이(death spiral)'라는 선정적인 용어로 지칭된다.

이제까지 우리는 정보의 비대칭성이 시장을 소멸시키는 현상을 보였다. 그러나 이러한 현상이 항상 발생하는 것은 아니다. 〈그림 9.3〉을 상기해보자. 위험회피도가 높은 사람일수록 보험수리적으로 공평하지 않은 보험상품을 구입할 가능성이 더 높다. 보험회사가 발병률이 높은 사람에게 보험수리적으로 공평한 보험료를 모든 사람에게 부과하면, 발병률이 낮은 사람에게 불리한 거래가 되는 것은 사실이다. 그러나 대부분의 사람들이 위험회피적이라면 사람들은 여전히 보험상품을 구입하려고 할 것이다. 만일 그렇다면, 보험회사가 위험이 적은 사람들에게 충분한 보험 서비스를 제공하지 않은 경우가 발생하더라도 보험시장이 붕괴되는 현상이 발생하지는 않을 것이다. 결국에는 정부의 비대칭성이 시장실패를 유발할 것인지는 실증분석에 의해 검토되어야 하는 문제이다.

지금까지의 역선택에 대한 논의는 주어진 보험료하에서 높은 위험군에 속하는 사람일수록 보험상품을 구입할 가능성이 높다는 전제하에서 이루어졌다. 그러나 상대적으로 위험회피 성향이 높은 사람일수록 보험을 구입할 가능성이 높다는 사실을 상기해보자. 위험회피도가 높은 사람일수록 흡연 같은 위험한 행위를 피하는 경향이 있기 때문에 의료비용의 기댓값이 낮은 경향이 있다고 가정해보자. 만일 이 가정이 실제 상황을 잘 반영한다면, 주어진 보험료 수준하에서 저위험군에 속하는 사람들이 오히려 의료보험에 가입할 가능성이 더 높을 수 있을 것이다. 이러한 현상을 '우위선택(advantageous selection)'이라고 하는데, 이는 고위험군이 보험에 가입할 가능성이 높다는 '역선택'에 상반되는 현상이다. 최근의 실증연구에 의하면 보험시장

실증 증거 하버드대학에서 '죽음의 소용돌이' 현상이 발생하였는가?

역선택이 발생할 가능성이 있는 상태에서, 만일 보험회사가 보험료를 사회의 평균적인 건강위험을 기준으로 책정을 하면, 상대적으로 건강한 사람의 보험가입이 줄어들 것이다. 상대적으로 건강한 사람이 시장에서 빠져나가면 보험료는 더 높아질 수밖에 없고 따라서 이러한 죽음의 소용돌이는 시장을 붕괴시킬 것이다. 이러한 현상이 현실 세계에서도 실제로 발행하고 있는가?

Cutler와 Reber[1998]는 하버드대학 종사자들의 의료보험 가입실태에 대해 조사한 바 있다. 하버드대학 종사자에 대한 의료보험 프로그램이 변경되기 이전에는, 하버드대학 종사자가 보험료를 조금만 더 납부하면 여타 보험프로그램에서 제공하는 급여보다 훨씬 더 많은 급여를 보장하는 의료보험 프로그램에 가입할 수 있었다. 다시 말하면 하버드대학이 종사자들에게 상당 수준의 보조금을 지급하였다. 예산 문제로 인하여 1995년 하버드대학은 대학 종사자 여부를 불문하고 동일한 보험료를 납부하게 하는 내용의 개편을 단행하였다. 이러한 개편이 단행됨에 따라 대학 종사자들은 의료보험에서 자신들이 선택한 옵션에 상응하는 보험료를 추가적으로 납부하게 되었다. 결과적으로 많은 급여가 보장되는 프로그램을 선택하기 위해서는 연간 추가로 납부하여야 하는 보험료가 700달러에 달했다.

따라서 대학 종사자들은 이전에 선택했던 보험 패키지에 가입하기 위해서 갑자기 많은 부담을 안게 되었다. 경제이론이 예측하는 바와 같이, 많은 사람들이 보험급여가 적은 프로그램으로 옮겨갔다. 그런데 문제는 이 프로그램으로 옮겨간 사람들이 동질적인 특성을 가지고 있지 않았다는 것이다. 특히 젊은 (아마도 상대적으로 건강한) 사람들이 새로운 프로그램으로 많이 옮겨갔고, 나이가 많은 사람들이 기존의 급여가 많은 프로그램에 그대로 머물러 있는 경향을 보였다. 이러한 현상은 역선택 이론에서 예측하는 그대로의 현상이다. 당연히, 급여수준이 높은 보험 패키지의 보험료가 증가된 보험급여 지급비용을 충당하기 위하여 1년 뒤 (2배까지) 급상승하였다. 보험료의 급상승은 다시 상대적으로 젊은 사람들로 하여금 다른 보험상품으로 옮겨가게 하였다. 그 후 1년 뒤 이 보험 패키지는 더 이상 제공되지 않았다. 따라서 제도 변경 후 2년 만에 역선택은 기존의 혜택이 많은 보험상품을 시장으로부터 퇴출시켰다.

에서 건강훼손이라는 위험을 감수하고자 하는 태도가 다르다는 증거, 즉 우위선택을 지지하는 증거가 제시되고 있다. 따라서 역선택으로 인해 발생하는 문제가 기존의 논의에서 이루어지던 것보다 그 심각성이 덜하다고 생각할 수도 있을 것이다(Einav와 Finkelstein, 2011).

9.1.4 역선택이 정부의 개입을 정당화할 수 있는가?

역선택이 의료보험 공급의 비효율성을 유발한다는 점을 인정한다면, 다음과 같은 의문이 생길 수 있다. "역선택을 초래하는 정보의 비대칭성을 제거할 수 있는 방법은 없는가?" 만일 민간시장이 정보의 비대칭성을 제거할 수 있다면, 정부의 개입은 필요 없다. 사실 민간시장이 정보의 비대칭성을 완화하기 위한 몇 가지 조치를 취할 수는 있다. 몇몇 보험시장의 예를 살펴보면 보험회사가 역선택의 문제를 제거하기에 충분한 고객 정보를 획득하고 있는 점을 발견할 수 있다는 연구결과가 제시된 바 있다.[4]

의료보험의 맥락하에서는 보험회사가 고객들을 스크린하여 각 고객들에게 그들의 질병위험 특성을 감안하여 다른 보험료를 부과할 수 있다. 이러한 관행을 **경험요율제도**(experience rating)라고 한다. 실제로 보험회사가 가입을 희망하는 사람의 가입을 허용하지 않거나 혹은 제한된 급여만 제공하는 보험 패키지에만 가입을 허용하고, 또한 건강상태가 좋지 않거나 혹은 병력(病歷)이 많은 사람에게 높은 보험료를 부과하는 경우를 많이 볼 수 있다. 보험회사가 고객의 건강에 대한 더 많은 정보를 획득할수록 역선택이라는 비효율성을 극복할 가능성이 높다.

경험요율제도(experience rating)

보험상품 구매자가 잠재적으로 지니고 있는 위험에 따라 다른 수준의 보험료를 지불하는 관행.

보다 많은 정보를 회득하여 보험시장의 효율성을 증진시키는 방식과 관련하여 공평성의 관점에서 중요한 이슈가 제기된다. 정보의 비대칭성이 존재하지 않더라도 심각한 문제가 발생할 수 있다. 왜냐하면 유전적으로 질병에 쉽게 노출되는 특성을 타고난 사람은 보험에 가입하기 위해 높은 수준의 보험료를 지불하여야 하고 극단적인 경우에는 시장에서 퇴출될 수 있다.

정부는 전 국민에게(혹은 일부 국민에게), 가입이 강제되고 또한 모든 사람에게 동일한 보험료를 부과하는 보편적인 의료보험 프로그램을 제공함으로써 이러한 공평성의 문제를 해결할 수 있다. 고용주에 의해 제공되는 의료보험 프로그램도, 특히 건강 관련 위험의 특성이 상이한 많은 종업원을 동일한 의료보험에 가입하게 하는 의료보험 프로그램은 이러한 목표를 성취할 수 있다. 사회를 구성하고 있는 개인들에게 그들의 건강 관련 위험이 상이하더라도 동일한 수준의 보험료를 부과하는 방식을 **공동체요율제도**(community rating)라고 한다. 공동체요율방식은 비효율적이다. 어떤 사람은 필요한 것보다 더 많은 보험료를 지급하여야 하며, 어떤 사람은 보다 많은 서비스를 제공하는 보험을 구입하기 위하여 더 많은 보험료를 지급할 의사가 있음에도 그렇게 하지 못하는 경우가 있다. 그럼에도 불구하고 공동체요율제도는 건강 관련 위험에 의해 분류되어 사람들이 차별당하는 불공평의 문제를 제거할 수 있다. 문제는 과연 이러한 공평성 제고 효과가 이 방식으로 인해 유발되는 효율성의 상실 효과를 능가하는가 하는 것이다.

공동체요율제도(community rating)

사회를 구성하고 있는 개인들에게 그들의 건강 관련 위험이 상이하더라도 동일한 수준의 보험료를 부과하는 방식. 이 방식하에서는 건강 관련 위험이 적은 사람이 위험이 많은 사람에게 보조금을 지급하는 효과가 발생한다.

4 Chiappori와 Salanie[2000]는 프랑스의 자동차 보험시장에서 역선택이 발생한다는 증거를 찾을 수가 없으며, Cawley와 Philipson[1999]은 생명보험시장에서, Cardon과 Hendel[2002]은 의료보험시장에서 역선택이 발생한다는 증거가 없다고 주장하였다.

경험요율제도를 지지하는 사람들은 공동체요율제도가 그다지 공평하지 않다고 주장한다. 공동체요율제도가 공평하지 않은 이유는 이 제도가 건강한 생활을 영위하는 사람들에게 충분한 보상을 해주지 못하기 때문이다. 어쨌든 몇몇 연구에 의하면 현실의 민간의료보험시장에서 경험요율제도는 그다지 잘 운영되고 있지 못하다고 한다. Pauly와 Herring[1999]의 연구는 과연 민간보험회사가 질병위험의 정도에 따라 그에 적합한 보험료를 부과할 수 있는 가능성 자체에 의문을 제기하고 있다. 그들의 연구에 의하면 보험회사들이 개별 보험가입자의 예상되는 의료비용에 따라 보험료율을 완전하게 조정하지 않는 것으로 나타났다. 실제로 2배의 비용이 예상되는 고객에게 기껏해야 20~40%의 할증보험료를 부과하는 것이 고작이다. 이러한 현상이 발생하는 이유에 대해 두 연구자들은 다음과 같은 추측을 하였다. 개별 보험구매자들이 보다 낮은 보험요율을 찾기 위해 많은 탐색을 하고 또한 종종 장기보험으로서 갱신 가능한 프로그램을 선택하는 방식을 채택하고 있다는 것이다. 이러한 경우 질병위험이 높아지더라도 보험요율이 비례적으로 상향조정될 필요가 없을 수 있다.

그럼에도 불구하고 정부의 가능한 역할은 역선택으로 인한 효율성의 감소와 건강상의 위험 정도에 따라 상이한 보험료가 부과되었을 때 발생하는 공평성의 문제를 해결하는 사이에서 균형을 유지하는 것이라는 점을 인정하여야 한다.

9.1.5 보험과 도덕적 해이

역선택은 보험회사, 즉 '보험자'가 보험가입자에 대한 정보가 완전하지 못해서 발생하는 문제이다. 정보의 비대칭성으로 인해 발생하는 또 다른 형태의 문제는 특정 개인이 보험에 가입하면 자신의 행동을 변화시키는데, 이러한 행동의 변화가 보험자에 의해 제대로 포착되지 않는 데서 발생하는 문제이다.

모든 사람의 질병 발생률이 동일한 상황을 상정한 예로 다시 돌아가보자. 모든 사람에게 보험수리적으로 공평한 보험료(부가보험료는 무시하기로 하자)가 부과되는 시장이 있다고 하자. 사람들은 기대효용을 극대화하기 위해 위험을 분산한다. 그러나 위험분산의 편익은 효율성의 상실을 수반한다. 질병 발생 시 소요되는 비용이 완전히 보상되므로, 보험가입자는 더욱 더 위험한 행동, 예를 들어 건강에 좋지 못한 음식을 먹고 운동을 하지 않고 담배까지 피우는 행동을 할 가능성이 높다. 위험을 유발하는 행위로부터 발생할 손실을 보험이 다 보전해주기 때문에 위험유발행위를 증가시킨다는 것이다. 이러한 유인구조의 문제를 **도덕적 해이**(moral hazard)라고 한다. 예를 들어 도난 시 발생하는 모든 손실을 보전해주는 보험에 가입하면 현관문을 잠그지 않고 나들이하는 횟수가 증가할 수 있다는 것이다. 이러한 문제는 정보의 비대칭성 때문에 발생한다. 다시 말하면 보험회사는 보험가입자가 위험을 유발하는 행위를 어느 정도 하는지에 대한 가정에 입각하여 보험의 커버리지에 대한 보험료를 부과하지만 정작 보험가입자가 주어진 보험커버리지 내에서 어느 정도로 심각하게 위험한 행동을 하는지에 대해 알 수 없다는 것이다. 도덕적 해이의 존재는 보험정책 수립상 매우 근본적인 문제를 야기한다. 보험이 보건의료비용을 보상하여 위험을 분산시키는 정도가 높을수록, 위험유발 행위가 증가하고 이로 인해 보건의료 서비스의 과잉소비가 더 많이 발생한다.

> **도덕적 해이(moral hazard)**
> 위해 발생에 대비해 보험에 들게 되면 보험가입자의 행동에 변화가 생겨서 그 위해가 발생할 가능성을 높이는 현상.

보험자가 의료 서비스 소비에 따른 추가적 비용의 일부 혹은 전부를 의료 서비스 이용자 대신 지급하기 때문에 보험시장과 관련된 또 다른 효율성 문제가 발생한다. 보험에 가입한 사람은, 의료보험이 비용의 상당부분 혹은 모두를 부담하여 보험가입자 자신에게는 추가적인 비용이 많이 소요되지 않기 때문에 더욱 많은 보건의료 서비스를 구매할 유인[예를 들어 MRI (magnetic resonance imaging) 사용 증가]을 가지게 된다. 도덕적 해이의 결과를 살펴보기 위해 먼저 의료보험의 기본적인 구조에 대해 살펴볼 필요가 있다. 보험은 어떠한 위해가 발생할 경우 일정 수준의 보상을 해주는 것을 보장하는 조건으로 보험료(보통의 경우 매월 단위)를 납부하게 한다. 대부분의 보험 패키지는 보건의료비용의 일부를 보험가입자 자신이 부담하도록 한다. 보험가입자가 비용을 부담하는 형태로 **최소부담분**(deductible)이 있다. 보험의 최소부담분은 보험자가 진료비를 지급하기 이전에 개인이 연간 부담하여야 하는 금액을 의미한다. 예를 들어 최소부담분이 1,000달러라는 것은 질병치료비용 발생 시 최초 발생한 1,000달러는 가입자가 직접 지불하고 1,000달러를 초과하는 부분에 대해 보험회사가 급여를 지급하는 것을 의미한다.

> **최소부담분(deductible)**
> 진료비 청구 금액 중 보험가입자가 보험회사로부터 진료비를 보상받기 위해서 자기 자신이 부담하여야 하는 최소한의 비용.

최소부담분 이외에도 보험가입자는 의료비 명세의 일정 부분을 더 부담하여야 한다. 보험자 부담금액은 2가지 형태가 있다. 첫 번째 형태는 **정액 본인부담액**(copayment)으로서 진료에 대해서 일정 금액을 부담하는 것이다. 예를 들어 보험회사가 20달러의 정액 본인부담액을 요구하는 것은 병원에 한 번 방문할 때마다 20달러씩 지불하여야 한다는 것을 의미한다. 두 번째 형태는 **비례본인부담금**(coinsurance)인데 이것은 진료비의 일정 부분을 부담하는 것이다. 예를 들어 본인부담금률(coinsurance rate)이 20%라고 한다면, 진료비 200달러 중 40달러는 보험가입자가 비례본인부담금으로 자신이 부담하여야 한다.

> **정액 본인부담액 (copayment)**
> 보건의료 서비스를 구매할 때마다 보험가입자 자신이 지불하여야 하는 일정 금액.

> **비례본인부담금 (coinsurance)**
> 진료비 청구금액 중 보험가입자 자신이 청구금액에 비례하여 부담하여야 하는 부분.

이제 우리는 표준적인 수요–공급 곡선을 이용하여 도덕적 해이 문제를 분석할 수 있다. 〈그림 9.4〉에서 보건의료 서비스에 대한 수요곡선은 D_m이다. 분석의 단순화를 위해 보건의료공급의 단위 비용이 P_0로 일정하다고 가정하자. 따라서 공급곡선은 S_m으로 수평이 되며 균형은 수요곡선과 공급곡선이 교차하는 점에서 이루어진다. 균형가격과 균형거래량은 각각 P_0와 M_0이다. 의료비 총액은 가격(OP_0)과 진료량(OM_0)의 곱으로서 직사각형 P_0OM_0a의 넓이에 해당한다.

이 상황에서 보험이 도입되면 어떤 일이 벌어질까? 논의를 단순화하기 위해서 최소부담분이 없고 비례본인부담분 20%만 존재한다고 가정하자. 즉, 보험가입자는 1년간 발생하는 진료비 총액 중 20%만을 지불하면 된다. 물론 보험에 가입하기 위해 보험료를 지불하여야 하지만, 보험료가 일단 지불되면 진료비에 대한 한계비용은 진료비의 20%가 된다.

의료보험의 효과에 대한 분석 시 가장 중요한 점은 20% 비례본인부담금 비율이 의미하는 바는 환자가 직면하는 의료비 가격의 80%를 공제해준다는 것이다. 만일 하루 입원비가 800달러이면 환자 자신의 부담은 160달러이다. 〈그림 9.4〉에서 환자가 지불하여야 하는 가격은 더 이상 P_0가 아니라 $0.2 \times P_0$이다. 진료가격이 낮아짐에 따라 수요량은 M_1으로 증가해서 총진료비가 $OjhM_1$이 된다.

새로운 균형에서는 환자가 지불하는 단위당 가격이 $0.2P_0$이지만 의료 서비스 공급의 한계비용이 P_0이므로 이 둘의 차이인 $0.8P_0$는 보험회사에 의해 지불된다. 따라서 총의료비 지출액은 $OP_0 \times OM_1$, 혹은 직사각형 P_0OM_1b가 된다. 따라서 보험으로 인해 총의료비가 P_0OM_0a에

그림 9.4

보험으로 인해 발생하는 의료 서비스 과잉소비

비례본인부담금 비율이 20%인 보험 패키지는 보건의료 서비스에 대한 수요를 증가시킨다. 이 보험 패키지하에서의 총비용은 P_0OM_1b인데, 이것은 보험 패키지가 없을 때에 비하여 보건의료비용이 aM_0M_1b만큼 증가한 것에 해당한다. 새로운 균형에서는 보건의료 서비스의 한계편익이 한계비용과 같은 점보다 더 많은 의료 서비스가 구매되어 비효율적인 자원배분이 이루어진다.

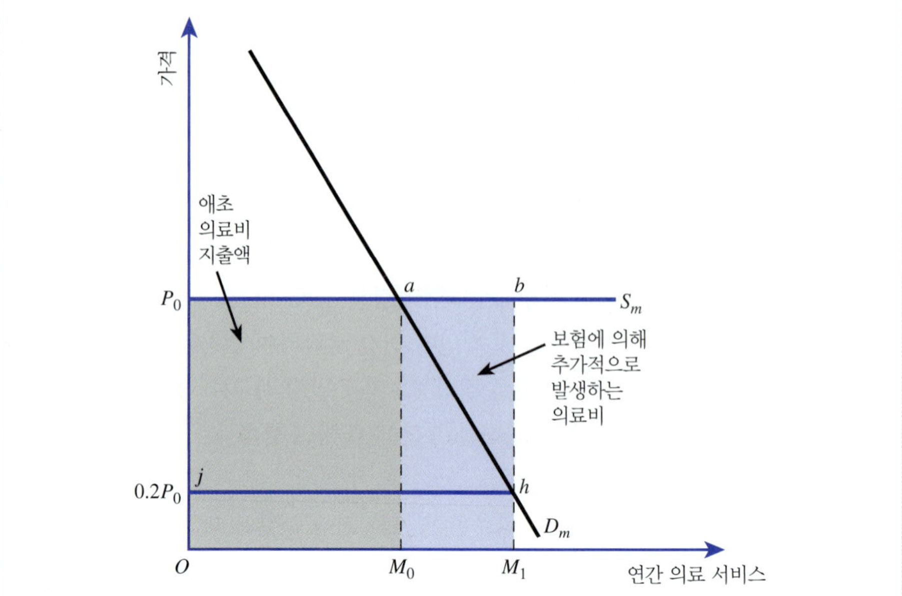

서 P_0OM_1b로 증가하게 된다.

여기서 문제가 되는 것은 개별 소비자가 의료 서비스의 한계편익과 한계비용이 같은 점보다 더 많은 의료 서비스를 소비한다는 것이다. 이러한 자원배분은 비효율적이다. M_0보다 높은 수준에서는 한 단위 추가적인 의료 서비스 공급의 비용이 추가적으로 발생하는 편익[5](이 편익은 소비자들이 자발적으로 지불하고자 하는 가격으로 측정되며 수요함수와 수평축 간의 거리가 이에 해당된다)을 상회한다. 우리는 이러한 비효율의 규모를 **경제적 순손실**(deadweight loss)이라는 개념을 이용하여 측정할 수 있다. 〈그림 9.4〉의 예에서 초과부담은 한계비용과 한계편익의 차이를 보건의료 서비스 M_0와 M_1 수준 사이 구간에 걸쳐 합한 것과 같다. 다시 말하면 삼각형의 넓이 abh에 해당한다.

경제적 순손실(deadweight loss)

거래 시 발생하는 한계비용이 한계편익보다 크거나 혹은 작은 경우 발생하는 자원의 낭비.

이 예에서는 도덕적 해이로 인해 연간 보건의료 서비스 구매를 M_1 수준으로 상승시켰으나, 이 수준에서의 한계편익은 거의 0에 가깝다. 이 수준의 보건의료 서비스 수준에서는 추가적인 보건의료 서비스가 창출하는 편익은 매우 작다. 이 수준의 의료 서비스를 보건의료 서비스가 추가적으로 제공되더라도 건강에 미미한 효과만 미치는 **효능-소진-의료 서비스**(flat-of-the-curve medicine)라는 현상이 발생한다. 그러나 유념하여야 할 점은 우리가 효능-소진-의료 서비스 상태에 있다고 하더라도 그것이 보건의료가 중요한 편익을 전혀 제공하고 있지 않다는 것은 아니다. 다만 추가적인 보건의료 서비스의 편익이 작다는 점을 의미한다.

효능-소진-의료 서비스(flat-of-the-curve medicine)

의료 서비스 제공수준이 일정 수준에 도달하면 의료 서비스를 증가시키더라도 추가적인 효과가 매우 적은 상태.

미국이 효능-소진-의료 서비스 상태에 있다고 보아야 하는가? 그렇다고 믿는 사람들은 미국이 다른 어느 선진국들보다도 보건의료비 지출이 많음에도 불구하고 미국 국민들이 다른 나라들보다 좋은 건강상태를 유지하지 못하고 있다는 점을 지적한다. 미국의 1인당 보건의료비

5 소비자 잉여에 대한 논의는 이 책 끝부분의 부록을 참조하시오.

지출이 전 세계에서 1위이며 선진국들의 평균수준의 2.5배에 달하고 또한 의료비 지출액 2위 국가보다도 50%나 더 많이 의료비를 지출하고 있다. 그러나 평균기대수명과 유아사망률 수준은 평균수준에 머무르고 있다[OECD, 2012]. 그러나 이러한 국가 간 단순 비교 시에 매우 주의할 요소가 있다. 의료비 지출의 국가 간 차이는 각 나라가 의료기술에 대한 연구개발에 얼마나 많은 재원을 투입하는가에 부분적으로 영향을 받으며, 의료기술개발은 모든 나라에 걸쳐 편익을 제공한다. 또한 건강상태는 생활양식, 문화 그리고 소득분배상태에 의해서도 상당한 영향을 받는다. 예를 들어, 미국인에 비해 캐나다인의 기대수명이 높은 것은 미국의 높은 비만율, 사고율, 살인율과 같은 생활양식의 차이에서 부분적으로 기인한다[O'Neill and O'Neill, 2007]. 마지막으로 기대수명과 유아사망률이 건강에 대한 중요한 지표이기는 하지만, 이들은 보건의료 서비스의 질적 측면을 설명하지 못한다는 점에서 정교한 지표가 되지는 못한다. 예를 들어 두 나라의 기대수명이 동일하다고 하더라도 한 나라에서는 엉덩이 교체 성형수술 기술이 없다면 두 나라의 건상상태가 동일하다고 보기 어렵다.

보건의료 서비스 수요의 탄력성 〈그림 9.4〉에 의하면 보건의료비 지출 증가는 수요곡선의 모양에 따라 결정된다. 수요곡선이 우하향하는 모양을 지니고 있다는 것은 보건의료 서비스 가격이 상승하면 수요가 줄어든다는 것을 가정하고 있는 셈이다. 그러나 사람이 아플 때에는 가격에 상관없이 의사의 지시에 따르는 것이 일반적이다. 맹장염으로 인한 통증이 오고 있는데, 외과의사의 가격을 흥정할 여유가 있을까? 이러한 관점이 의미하는 바는 보건의료 서비스에 대한 수요곡선이 거의 수직에 가깝다는 것이며, 그러면 의료보험의 존재가 의료비 지출을 증가시킨다고 볼 수 없다. 그러나 이러한 논리는 많은 경우 진료를 받거나 그렇게 하지 않을 결정이 환자의 재량에 의해 이루어지고 있다는 점을 간과하고 있다. 환자가 진료행위에 대해 스스로 비용을 지불하여야 하면 의사들이 권하는 진단검사의 일부를 받지 않고 진단서를 구입하지 않기로 결정하는 경우가 많다.

궁극적으로 가격의 변화에 따른 보건의료 서비스 지출의 변화는 실증분석의 문제이다. 그러면 수요의 탄력성을 어떻게 추정할 수 있을까? 하나의 방법은 보험료에 비하여 많은 보험급여를 제공하는 보험 패키지에 가입한 사람과 상대적으로 적은 보험급여를 제공하는 보험 패키지에 가입한 사람들의 보건의료 서비스 소비를 비교하는 것이다. 그러나 이러한 방법으로는 두 종류의 보험 패키지에 가입한 사람들의 특성이 다르기 때문에 신뢰할 수 있는 결과를 얻기 어렵다. 예를 들어 보건의료 서비스에 대한 수요가 많은 사람이 보험료가 낮고 많은 보험 서비스를 제공하는 보험에 가입할 가능성이 높다. 그렇다면 이들의 많은 의료 서비스 구매가 이들이 타고난 특성에 의해 유발된 것이지 꼭 낮은 비용부담으로 인해 유발된 것이라고 보기 어렵다.

1970년대 말부터 1980년대 초반까지 RAND 연구소는 '무작위 실험(randomized experiment)'이라는 보다 나은 방법을 이용하여 보건의료 서비스에 대한 수요탄력성을 추정하였다. 미국의 6개 도시로부터 무작위로 추출된 약 2,000명의 사람을 보건의료 서비스에 대한 본인부담금액 수준을 달리 책정하는 14개 보험 패키지에 무작위로 배정하였다. 이들 보험 패키지의 차이점들은 본인부담률(0, 25, 50, 95%)과 본인부담금액 한도(가구소득의 5, 10, 15%이며 최고 상한금액은 1,000달러)의 차이에서 발견할 수 있다. 사람들을 무작위로 보험 패키지에 배당하였으므로, 보험 패키지별 의료 서비스 구매의 차이는 보험 패키지의 특성에 의해 유발된 것이며, 보험가입자들의 특성에 의해 유발된 것이 아니다. 실증분석 결과는 의료 서비스 가격 10% 증가가 의료 서비스 구매를 2% 감소시킨다는 것이다[Newhouse et al., 1993]. 의료 서비스에 대한 수요는 가격에 반응하며, 따라서 보험의 존재가 보험가입자의 도덕적 해이를 유발하여 상당수준의 비효율을 유발할 것이다. 또한 RAND 연구소의 연구과정에서 보험료에 비해 상대적으로 많은 서비스를 제공하는 보험 패키지에 가입한 사람들의 건강상태가 다른 보험 패키지에 가입한 사람들보다 그렇게 더 좋지 못하다는 것을 발견하였다. 이러한 결과는 효능-소진-의료 서비스 상태와 일맥상통하는 것이라고 할 수 있다[Newhouse et al., 1993].

최근 한 준실험적 연구(quasi-experimental study)는 이전에 부모님의 보험 패키지의 혜택을 받았다가 연령 상승으로 인해 보험 커버리지를 잃어버리게 된 젊은 청년의 의료 서비스 변화를 관찰하였다[Anderson, Dobkin, and Gross, 2010]. 이 연구는 이들 청년들의 의료 서비스 소비가 대폭 줄어들었다는 사실을 발견하였다. 응급실 방문은 40%, 병원입원은 61% 감소하였다는 것이다. 이 연구결과는 현재 의료보험으로 커버되지 않는 사람들에게 보험급여 혜택이 확대되면 이들의 의료 서비스에 대한 수요가 대폭 증가할 것이라는 점을 시사한다.

도덕적 해이가 정부의 개입을 합리화할 수 있는가 도덕적 해이가 우리에게 주는 시사점은 환자가 진료비 전체를 부담하지 않으면 의료비 지출이 비효율적으로 높아진다는 것이다. 그러나 이미 논의한 바와 같이, 사람들이 위험회피적이라면 과도한 보건의료비용으로부터 보호를 받음으로써 후생복리를 향상시킬 수 있다. 따라서 우리는 다음과 같은 상충관계에 직면해 있다. 즉, 보험 패키지가 비용에 비해 후한 서비스를 제공할수록 질병 발생으로 인한 금전상의 위험으로부터 더 많은 보호를 받을 수 있으나, 동시에 도덕적 해이의 가능성은 더 커진다. 다시 말하면 위험을 분산시킴으로써 얻는 효율성의 증진은 도덕적 해이로 인한 효율성의 감소에 의해 일부 혹은 전부, 극단적인 경우에는 더 큰 규모로 상쇄된다는 것이다.

정부의 개입이 이러한 상충관계와 도덕적 해이를 완화할 수 있을까? 도덕적 해이에 의해 유발된 비효율성이 민간보험시장에서만 발생하는 것은 아니다. 이러한 현상은 **제3자**(third party)가 보건의료비의 전부 혹은 일부를 대신 지급할 경우 항상 발생하는 문제이다. 앞의 예에서는 보험회사가 제3자로서 의료비용의 80%를 지급하였다. 의료보험이 공공부문에 의해 제공되면 정부가 제3자가 되는데, 그 경우에도 동일한 효과가 발생한다. 〈표 9.3〉에 의하면 민간의료보험과 공공의료보험을 모두 감안하면 제3자 지불액 규모가 시간의 경과에 따라 증가해왔다. 의료 서비스 소비자 자신이 지불한 진료비의 비중은 점차 낮아져서 총진료비의 12%만이 소비자 자신이 직접 지불하는 것으로 나타났다.

> **제3자 지불(third-party payment)**
> 서비스에 대해서 소비자 자신이 아닌 다른 사람이 비용을 지불하는 것.

여기서 중요한 점은 민간의료보험이든 공공의료보험이든 동일한 도덕적 해이 문제에 직면하게 된다는 것이다. 이유는 공공의료보험도 환자가 지불하여야 하는 가격을 경감시켜주기 때문이다. 제10장에서 논의하겠지만, 민간의료보험과 공공의료보험 모두 소비자의 선택을 제한함으로써 도덕적 해이 문제를 해결하려고 시도한 바 있다. 그러나 두 보험 모두 성공적이지 못했다. 역선택의 경우와 달리 도덕적 해이 문제를 해결하기 위해 정부의 개입이 필요하다는 주장의 이론적 근거조차 찾기 어렵다.

표 9.3 환자 본인부담분 규모(미국)

전체 의료비에서 차지하는 본인부담분 비중(%)					
1960	1970	1980	1990	2000	2010
47.8%	33.4%	22.8%	19.1%	14.7%	11.6%

의료 서비스별 본인부담분 비중(%)	
병원서비스	3.2%
의사 및 진료소 서비스	9.6
치과진료	41.3
처방전 발급비용	18.8
요양소(nursing home) 서비스	28.2

자료: Centers for Medicare and Medicaid Services [2012c].
미국의 환자본인부담분은 1960년도 이래 급격하게 감소했다. 특히 병원서비스와 의사 및 진료소 서비스의 경우 매우 낮다.

9.1.6 보건의료시장과 관련된 다른 형태의 정보 문제

보건의료시장에 존재하는 다른 형태의 정보 문제는 사람들이 그들이 구매하는 상품에 대한 상세한 정보가 없다는 것이다. 평면 스크린 TV의 경우는 소비자들이 해당 제품의 기능과 다른 제품과의 차별성에 대해 쉽게 알 수 있다. 그러나 보건의료 서비스의 경우는 상황이 매우 복잡하다. 폐암을 치료하는 최선의 방법을 알아내는 것은 TV를 선택하는 것보다 훨씬 어렵다. 따라서 환자들은 의사들의 전문성에 의존할 수밖에 없다. 보건의료시장은 서비스 공급자의 조언에 소비자가 전적으로 의존할 수밖에 없는 유일한 시장이다. 더욱이, 환자들이 그들의 주치의가 정말 훌륭한 의사인지조차도 판단할 만한 충분한 정보를 가지고 있지 못하다는 점을 감안하면 문제가 매우 심각하다고 할 수 있다.

이러한 정보상의 문제가 정부의 개입을 합리화할 수 있는가 정보에 대한 환자의 불리한 지위는 많은 종류의 규제의 이유가 될 수 있다. 예를 들어 의사가 의료행위를 하기 위해서는 허가 받은 의과대학에서 의학 학위를 받아야 하며 의과대학에 대한 허가는 정부가 부여한다. 이러한 관행이 이루어지고 있는 이유는 환자 자신이 자격 없는 의사를 구별하는 능력이 없으므로 정부가 자격 있는 의사만 배출하도록 의과대학을 심사하여 허가권을 부여한다는 것이다. 그러나 여기서도 상충관계가 존재한다. 이러한 규제를 통해 의사의 공급을 통제할 수 있다. 의사의 공급이 제한되면 의사들의 소득은 경쟁시장에서 실현될 수 있는 수준보다 높게 유지될 수 있으며, 따라서 비효율성이 유발된다. 의사들이 자신의 소득수준을 조절할 수 있는 능력을 이용하여 그들의 소득수준을 높이 유지하고 있다는 통계학적 증가가 제시되고 있다. 예를 들어 Anderson 등[2000]은 대체의학(alternative medicine)을 허용하지 않은 주들에서 의사들의 소득수준이 더 높다는 결과를 제시하였다. Kleiner와 Kudrle[2000]은 치과의사면허가 보다 까다로운 주에서 치과의사의 소득수준이 더 높은 경향이 있음을 보였다. 결국 상충관계가 존재한다는 것이다. 의료 서비스 제공자들은 의료 서비스를 어떻게 제공하여야 하는지에 대한 정보를 가장 많이 가지고 있으나, 정부가 이들에게 시장작동 원칙을 정할 권한을 부여한다면, 이 권한을 자신들의 소득을 높이는 데 이용할 수도 있다.

9.1.7 의료 서비스에서 발생하는 외부성

의료보험시장은 정보의 비대칭성이 없더라도 비효율이 발생한다. 보건의료 서비스를 구입하는 자체가 외부성을 유발하는데 외부경제(external economy)와 외부불경제(external dis-economy)를 동시에 유발한다. 여러분이 독감 백신주사를 맞으면, 외부경제가 발생하는데 이 행위가 여러분 이웃의 감염을 감소시킬 수 있다. 반면, 항생제를 남용하면 면역체계가 약해져서 새로운 세균의 공격에 취약해질 수 있다. 제5장에서 논의한 통상적인 논의는 외부성이 존재할 경우 정부의 개입은 효율성을 증진시킨다. 많은 경우 의료 서비스는 항상 외부성을 유발하지 않는다. 예를 들어 팔뼈가 부러졌을 때 치료를 받아도 다른 사람의 건강과 후생복리에는 영향을 미치지 않는다.

9.2 과연 우리는 효율적인 공공의료 서비스를 원하는가?

지금까지 우리는 민간보건의료시장이 비효율성을 유발하는 이유에 대해 논의하였다. 그러나 만일 민간시장이 효율적으로 작동한다고 하더라도 공평성의 문제가 여전히 남는다. 의료보험시장이 효율적이라고 하더라도 사람마다 보험에서 제공하는 서비스가 다를 것이며, 특히 소득수준에 따라 상이한 수준의 보험혜택을 받을 것이다. 이러한 차이는 보험에 가입할 여유가 없는 사람들에 대한 우려를 낳게 한다. 아래에서는 정부의 개입을 정당화할 수 있는 공평성의 문제에 대해 논의한다.

9.2.1 정부의 온정주의

효율적인 의료보험시장에서 사람들은 상이한 수준의 보험을 구입하는데, 어떤 사람은 보험을 전혀 구입하지 않는 경우가 있다. 이들이 보험을 구입하지 않은 이유는(옳든 옳지 않든) 자신이 질병 발생률이 높지 않다고 생각하거나, 이들이 전혀 위험회피적이지 않기 때문이다. 온정주의적 관점에서의 정부는 이들이 잘못된 선호체계를 가지고 있거나(사람들이 위험회피적이어야 하는데 그렇지 못한 점), 혹은 잘못된 예상을 하고 있다는 생각(정부는 이들이 질병 발생 가능성에 더 많은 가치를 두어야 한다고 생각함)을 가지고 있다. 두 경우 모두, 온정주의적 관점에서는 사람들이 강제적으로 의료보험에 가입하여야 하며, 보다 일반적으로는 보건의료와 관련된 의사결정이 매우 복잡하여 개인의 재량에 맡겨서는 안 된다는 것이다. Krugman[2006a]의 주장에 따르면 사람들이 자신의 보건의료비용 전부를 지불한다고 하여도 사람들은 보건의료 서비스 구매에 대한 합당한 의사결정을 할 능력이 없다고 한다.

9.2.2 보험미가입자의 문제

또한 어떤 사람들은 소득수준이 너무 낮고 가입비용이 너무 높아 보험에 가입할 여유가 없는 경우도 있다. 이 문제와 정부의 온정주의와 관련된 문제 간의 차이점을 주의 깊게 보아야 한다.

이 경우는 사람들이 올바른 선호체계를 가지고 있고 또한 위험에 대한 타당한 평가를 하고 있음에도 불구하고 보험가입비용이 너무 높아 보험에 가입하지 않는 경우이다. 최근의 빠른 보건의료비용 증가는 이러한 염려에 대해 많은 관심을 집중시켰다. 미국에서는 전 인구의 16%의 사람(4,700만 명)이 민간보험이든 공공보험이든 의료보험에 가입하지 않은 상태이다. 제10장에서 논의하겠지만 저소득층과 노인은 공공의료보험인 '메디케어'에 의해 커버가 되고 있다(그러나 1,400만 명에 이르는 사람이 이러한 의료 서비스에 대한 보조를 받을 자격이 있지만 등록을 하지 않은 실정이다). 보험에 가입하지 않은 사람들에는 주로 비정규직 근로자, 저임금근로자 그리고 자영업자가 많다. Cutler[2003]는 최근 보험미가입자의 급격한 증가는 고용주가 근로자에게 제공하는 '민간의료보험'의 보험료가 크게 상승한 데 기인한다는 점을 발견하였다. 1980년대 말에는 평균적인 사람이 보험에 가입하기 위해서는 연간 190달러를 지급하는 것으로 충분했으나, 최근에는 연간 950달러 수준으로 상승하였다[Kaiser, 2012].

어떤 사람들이 보험에 가입하지 않는가 보험에 가입하지 않은 집단은 매우 다양한 집단에 속한 사람들이다. 연령, 소득, 인종, 이민상 지위 그리고 고용상태에 따라 상이한 특성이 있다. 18세 미만 인구 중 10.0%가, 18세에서 24세 사이의 인구 중 30.4%가 의료보험에 가입하지 않고 있다. 이들 두 집단이 보험미가입자 집단에서 차지하는 비중은 32.4%에 이른다. 가구소득이 빈곤선 미만인 사람들의 약 32%가 보험에 가입하지 않고 있다. 그러나 연간소득이 7만 5,000달러를 초과하는 사람들의 9.1%만이 보험에 가입하지 않고 있다. 실제로 소득이 5만 달러 이상인 사람들이 보험미가입자 집단에서 차지하는 비중은 39%에 이른다. 백인의 16%, 흑인의 21%, 남미계통 미국인의 32%가 보험에 가입하지 않고 있다[US Bureau of the Census, 2012c, p. 111]

시민권이 없는 사람의 약 20%가 보험미가입 상태이며 또한 제시되고 있는 어떠한 의료개혁안하에서도 이들이 보험혜택을 보지 못할 것이다. 고용상 지위 측면에서 보면, 미가입자의 27%가 실업자, 27%가 시간제 근로자, 그리고 31%가 전일제 노동자이다[US Bureau of the Census, 2012a]. 기업이 제공하는 의료보험이 있는 확률은 기업의 규모가 커질수록 높아진다. 종업원의 수가 증가할수록 종업원 1인당 보험관리 비용이 줄어든다. 이는 질병위험을 더 많은 종업원들 간에 공유하여 위험을 분산할 여지가 많고 따라서 보험료 수준도 낮아질 수 있다.

분명히 미국의 보건의료와 관련하여 보험미가입자의 존재가 염려되는 바이기는 하다. 그러나 여기서 주의하여야 하는 점은 의료보험에 가입하지 않은 것과 보건의료 서비스를 받지 못하고 살아간다는 것은 다른 문제라는 것이다. 어떤 사람들은 자신이 보건의료 서비스 비용을 모두 부담하더라도 보건의료 서비스를 이용하고 있다. 그러나 평균적으로 보험미가입자의 경우 진료비의 35%만 지불하는 것으로 알려져 있다. 무료로 제공되는 진료는 주로 병원을 통해 이루어지고 있는데, 이는 기술적으로 진보되어 있는 병원에서 전문성을 요하지 않는 일상적인 진료를 떠안게 되어 비효율성이 야기된다. 2008년에는 보험에 가입하지 않은 사람들이 560억 달러에 달하는 진료비를 지불하지 않고 진료를 받았는데, 미국의 병원들은 이러한 의료 서비스의 약 61%를 제공하였다. 이 금액은 정부가 다른 사람으로부터 징수한 재원으로 조달되었다[Hadley et al., 2008]. 그럼에도 불구하고 일반적으로 보험이 없는 사람이 보험이 있는 사람보

실증 증거 의료보험이 건강을 증진시키는가?

미국 의료보험 시스템의 큰 문제점은 4,700만에 이르는 미국인이 보험에 가입하지 않고 있다는 것이다. 이러한 우려는 보험에 가입하지 않은 사람들이 건강상태가 좋지 못하다는 믿음에 기초한다. 이러한 관계가 당연한 것같이 보이지만 실제로 의료보험 미가입과 건강상태 악화 간의 인과관계를 규명하는 것은 매우 어렵다. 인과관계를 규명하기 어려운 이유는 의료보험에 가입하지 않은 사람들과 가입한 사람들 간에는 거의 확실히 건강상태가 차이 있다. 예를 들어 젊은 성인의 경우 보험에 더 많이 가입하지 않은 경향이 있는데, 이들은 대체적으로 더 건강한 경향이 있다. 관찰을 통해 축적된 데이터를 이용하여 이에 대한 분석을 시도한 연구 결과에 의하면 이들 간의 인과관계가 명확하지 않다. 이러한 결과가 나오는 이유는 무엇보다도 건강에 영향을 미치는 요소, 특히 보험 미가입자와 가입자 간에 차이점이 있는 요소들을 적절히 통제하기 어렵기 때문이다[Brown et al., 1998].

양자 간의 인과관계를 규명하는 데 더 좋은 방법은 사람들을 무작위로 보험가입자와 보험미가입자로 배정하여 실험을 행하는 것이다. 이러한 접근법은 윤리적인 문제로 인해 본격적으로 채택되고 있지 못하다. 그러나 RAND 연구소에 의해 이러한 실험이 행해진 바 있으나 보다 많은 보험혜택을 주는 보험에 가입한 사람이라고 건강상태가 더 좋아진다는 결론을 내리지 못하였다. 다만 시력이 약하거나 혈압이 높은 사람들의 건강상태를 다소 개선시키는 효과가 있는 것으로 나타났다.

완전 무작위 배정에 의한 시험의 실시가 어려운 점을 감안하여 몇 가지 연구가 연방법 혹은 주정부법의 개정으로 인해 의료보험이 제공해주는 혜택이 변화하였을 때 기존의 가입자들이 어떠한 행태를 보였는지를 관찰하는, 일종의 준실험적 방법을 채택하였다. 예를 들어 Lurie 등[1986]은 캘리포니아주 보험정책의 개편으로 인해 일부 사람들이 주정부가 제공하는 의료보험에 더 이상 가입하지 못하는 반면 어떤 사람은 그대로 의료보험에 계속 가입하는 현상을 이용하여 분석하였다. 그들의 연구에 의하면 보험에서 탈퇴한 사람의 경우 심장확장기에 고혈압 증상이 악화되는 것을 통계학적으로 규명하였다.

Finkelstein과 McKnight[2005]의 연구는 고령자에 대해 정부가 제공하는 메디케어(Medicare)의 도입이 고령자의 사망률에 영향을 미치는 정도를 추정하였다. 건강에 영향을 미치는 다른 요소들을 통제하기 위하여 그들은 메디케어가 커버하는 고령인구계층과 연령이 높기는 하지만 공공의료보험이 커버할 만큼 나이가 많지 않은 연령층 간의 행태 변화 차이를 살펴보았다. 이 두 집단의 특성은 상당히 유사하므로 이 두 집단의 건강상태의 차이는 공공의료보험 적용 여부에 기인한다고 해석할 수 있다. 그들은 또한 공공의료보험의 혜택이 많은 주와 그렇지 않은 주의 노인 사망률도 비교하였다. 두 경우 모두 건강상태에 대한 의료보험의 명확한 효과를 발견하지 못했다.

Levy와 Meltzer[2004]는 양자 간의 인과관계에 대한 기존의 연구를 실험적 방법이나 준실험적 방법에 입각한 연구를 위주로 조사하였다. 그들에 따르면 소규모의 의료보험 포괄범위의 변화는 건강상태에 큰 영향을 미치지 못하나, 연방정부 수준의 대규모의 정책 변화는 (비록 특정 질병에 대한 효과가 생각보다 작은 경우가 있었으나) 양자 간의 인과관계가 보다 명확하다는 결과를 제시하였다. 그들은 의료보험이 건강을 향상시킬 수 있으나, 의료보험의 커버리지를 확장시키고 지역병원, 영양개선을 위한 홍보 등과 같은 공공지출을 증가시키는 것이 필요한지에 대해서는 명확한 결론을 내리지 못하였다.

다 보건의료 서비스를 적게 소비하는 경향이 있는 것으로 나타났다. 그러나 놀랍게도, 보험에 가입하지 않은 사실이 보험미가입자들의 건강에 어느 정도 악영향을 미치는지는 아직도 명확하지 않다.

9.2.3 높은 보건의료비용

〈그림 9.5〉는 미국의 의료비 지출액을 다른 나라와 비교하고 있다. 미국의 GDP 대비 의료비 지출은 다른 선진국들(호주, 캐나다, 프랑스, 독일, 일본, 영국)보다 매우 높다. 그러나 흥미로운 점은 미국의 GDP 대비 의료비 지출 비중이 높으나, 장기 증가속도는 다른 나라와 크게

그림 9.5 GDP 대비 보건의료비 지출 비중(국가비교)(1960~2009)

다른 선진국들에 비하여 미국의 GDP 대비 의료지출 비중이 매우 높다. 그러나 증가율은 다른 나라와 비슷하다.

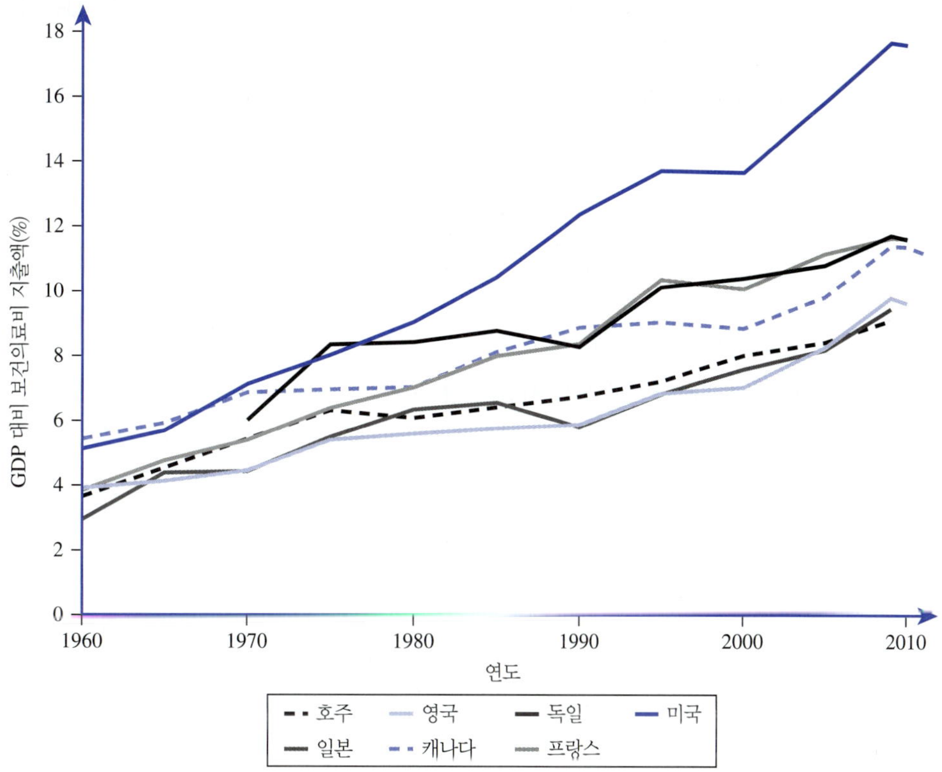

자료: Organization for Economic Cooperation and Development [2012a].

다르지 않다는 것이다. 선진국들의 경우 의료비의 GDP 대비 비중이 1960년 4.2%이던 것이 2009년에는 11.5%로 상승하였다. 이들 6개국들의 보건의료시스템은 미국과 다른 형태를 지니고 있다.

왜 이렇게 보건의료비용이 빠르게 증가하는 것일까? 이미 논의한 바와 같이 제3자에 의한 의료비 지불로 인해 도덕적 해이가 발생하여 의료비 지출이 증가하는 사실을 상기해보자. 그러나 제3자에 의한 의료비 지불이 진짜 원인이라면 각 국가에서의 의료보험 가입률이 증가해왔어야 한다. 보험가입이 과거에 비하여 증가한 것은 사실이지만 보험가입자 수의 변화가 의료비 지출액 증가를 충분히 설명하지 못하고 있다고 한다. 이 사실은 다른 요소들이 여기에 개입되어 있음을 시사한다. 여기서는 몇 가지 가능성을 타진해보고자 한다. 특히 전 세계적으로 의료비 지출이 증가해온 점을 감안하면, 특정 국가에서만 발생하는 요소만 살펴보아서는 곤란하며, 전 세계에 걸쳐 나타나는 현상에 주목할 필요가 있다.

미국 인구의 고령화 1980년 현재 미국의 65세 인구 비중은 11.3%였으나, 현재는 그 비율이

13.0% 수준이다. 그리고 동일한 기간 동안 85세가 넘는 인구의 비중이 1.0%에서 1.8%로 증가하였다[US Bureau of the Census, 2012c, p. 11]. 인구 고령화에 따라 보건의료비 지출이 증가하는 것은 쉽게 예측할 수 있다. 이유는 노년층들이 보건의료 서비스에 대한 수요가 더 많기 때문이다. 인구의 고령화가 의료비 상승을 얼마나 설명할 수 있는가? 최근의 실증연구는 인구의 고령화가 의료비 증가의 아주 작은 부분만 설명하고 있다는 연구결과를 제시하였다. Struck과 Ginsburg[2002]에 의하면 인구의 고령화는 의료비 지출 증가의 10% 정도를 설명하는 것으로 나타났다.

소득의 상승 1960년 이래 미국의 1인당 실질소득은 거의 3배가 되었다. 소득이 상승함에 따라 의료비가 상승한다면 의료비 증가를 소득의 상승으로 설명할 수 있다. Acemoglu, Finkelstein, Notowidiglo[2009]의 추정치에 의하면 보건의료 서비스의 소득탄력성이 0.7인 것으로 나타났다. 이것이 의미하는 바는 소득 10% 증가는 7%의 의료 서비스 수요 증가를 유발한다는 것이다. 이 탄력성을 시간의 경과에 따른 소득 증가율에 곱하여 분석한 결과 이들은 소득의 상승이 의료비 지출의 큰 부분을 설명하지 못하는 것으로 나타났다.

의료 서비스의 질적 향상 노벨경제학상 수상자인 케네스 애로는 최근 미국의 의료비 증가의 가장 중요한 원인은 의료기술의 발달이라고 주장하였다.

의료비용이 증가하는 가장 기본적인 이유는 의료 서비스가 '좋은 것(a good thing)'이기도 하고 의료 서비스의 선택의 폭이 늘어났기 때문이다. 진단과 관련된 예를 들어보자. CT촬영, X-레이, MRI, 그리고 양성자 동력을 이용한 여러 기구들을 생각해보자. 사이즈로 보면 축구경기장만 한 것도 있고, 그 가격이 5,000만 달러인 것도 있으며, 여러 기능의 강력한 진단기능을 발휘하고 있다. 이 장치들을 이용함으로써 이전에 진단할 수 없었던 것들을 진단할 수 있게 한다. 진단방식이 향상되었다는 것은 의심할 여지가 없다. 기술이 진보하였으므로 이러한 진단방식의 비용이 높아질 수밖에 없다.

의료진 교육, 의료기술, 의료장비 모두 향상되었다. 지난 수십 년간 의료기술의 눈부신 발전이 있었다. 애로가 시사한 바와 같이, 기술의 발전으로 인해 진단기술, 시술방식, 넓은 범위의 질환의 치료방법이 향상되었다.

심장마비와 관련된 진료행위를 상정해보자. 오늘날 이 진료행위는 수십 년 전에 비하여 매우 비싸졌다. 그러나 오늘날의 치료방법이 1950년대의 방법과 동일한 것은 아니다. 1955년에 아이젠하워 대통령이 심장발작을 일으켰을 때 이에 대처하는 표준적인 방법은 편히 쉬게 하고 모르핀을 주사하고 산소공급을 하는 데 그쳤다[Cutler, 2004]. 지금의 치료방법은 많이 변했다. 아이젠하워 생존시기 이래 심혈관계통의 질병으로 인한 사망률이 반으로 줄었으며, 심장발작으로 인한 사망확률이 거의 3/4가량 감소하였다[Cutler, 2004]. Cutler와 Kadiyala[2001]의 연구에 의하면, 이러한 급격한 변화는 3가지 요소에 기인한다고 한다. (1) 심장발작과 마비에 대한 처치방법의 발달, (2) 고혈압, 당뇨병, 고콜레스테롤증 등 만성 질병에 대한 비급성 약물치료방법의 개선, (3) 흡연과 같은 행태의 변화로 구분된다. 따라서 심장수술방법과 처치 기술의 발달은 환자 1인당 의료비 지출을 증가시켰으나, 실제로 이러한 기술의 발달은 다양한 건강상태를 달성하기 위한 비용, 예를 들어 심장발작으로 인한 입원치료 비용 등과 같은 비용을 오히려 감소시켰다고 보아야 한다[Newhouse, 2001].

의료 서비스의 질적 향상의 다른 예로 저체중 미숙아와 관련된 기술발달을 들 수 있다[Cutler, 2004]. 수정 이후 28일밖에 되지 않은 미숙아 사망률이 1950년 1,000명당 20.5명에서 2002년에는 4.7명으로 낮아졌다. 이들 아기의 출생 후 11개월까지 사망할 확률은 1,000명당 8.7명에서 2.3명으로 낮아졌다[Centers for Disease Control and Prevention, 2005, 표 22].

이러한 비용 증가를 기술발달로 설명하는 이론은 의료보험 재원조달방식과 진료시스템이 상당히 다른 나라들에서 동일하게 대규모의 비용 증가가 발생한 사실을 잘 설명할 수 있다(〈그림 9.5〉 참조). 이들 나라들의 의료전달 시스템이 상당히 다르지만 최소한 하나의 공통점은 존재한다. 그 공통점이란 이들 나라들이 매우 비싼 기술적인 혁신에 똑같이 노출되어 있었던 것이다.

요약하면 의료기술의 발전이 보건의료 서비스의 질적 향상을 가져왔으며, 보건의료비 증가가 필연적으로 비효율성이나 시장실패를 의미하는 것은 아니라는 점이다. 기술발전에 기반을 둔 이론의 등장은 의료비용 조달과 관련해서 새로운 관점을 제시하였다. 만일 비용 상승이 대부분 의료 서비스의 질적 향상에 기인한다면, 과연 이것이 나쁜 것인가? 여기서 제기할 수 있는 핵심적인 의문은 사람들이 이러한 혁신을 사회의 한계비용 수준에서 제대로 평가하는가 하는 것이다. Cutler와 McClellan[2001]은 5가지 질병 진료 기술 진보의 가치를 조사하였다. 그들의 연구에 의하면 4가지 질병(심장발작, 저체중 미숙아, 우울증, 백내장)의 경우 기술발전의 편익이 비용보다 높은 것으로 조사되었으며, 나머지 하나의 질병인 유방암 치료에 대한 기술 진보의 편익은 비용과 거의 동일한 것으로 나타났다. Cutler[2007]는 심장발작을 치료하기 위해 이용되는 우회시술법과 혈관성형술은 매우 비용효과적인 치료법으로서 4만 달러의 비용으로 기대수명을 1년 연장시킬 수 있다는 사실을 발견하였다. Newhouse[1992]는 의료기술발전과 관련하여 매우 자극적인 발언을 하였다. "만일 많은 소비자들이 새로운 기술이 그 가격에 비하여 가치가 없다고 생각했다면 많은 기업들이 1960년대 치료방법을 그 당시의 가격으로 제공하는 보험 패키지를 종업원들에게 제공하는 예가 많아야 하나 실제로 전혀 없다는 사실은 매우 이례적인 현상으로 해석되어야 할 것이다"[p. 16].

이러한 주장을 지지하기 위해서 Murphy와 Topel[2000]은 1970년과 1990년 사이의 기대수명의 증가가 1992년 불변가격으로 미국의 국부를 연간 2조 8,000억 달러를 증가시킨 효과와 같다는 추계치를 제시하였다. 이러한 추계를 해석하는 데 주의를 기울여야 한다. 첫 번째 이유는, 수명 1년 연장의 가치를 달러로 표현하는 방법이 명확하지 않다. Murphy와 Topel은 수명 연장의 가치로 순직할 수 있는 위험이 상대적으로 높은 직장에서 일하기 위해서 최소한 받아야 하는 임금의 증가분에 대한 통계학적 추정치를 이용하였다. 이 접근방식은 제8장에 설명되어 있다. 두 번째 이유는, 기대수명의 연장이 보건의료 서비스의 향상에서 비롯되었다는 점에 확신을 가지기 어렵다. 그들은 연간 2조 8,000억 달러 증가 중 1조 5,000억 달러는 심장발작에 의한 사망률의 감소에 기인한다고 하였다. 즉, 예방과 급성질환에 대한 치료 기술이 큰 폭으로 발전하였다는 것이다[p. 24]. 세 번째 이유는, 기대수명을 연장하는 것 외에도 의료 서비스의 진보가 생활의 질을 향상시키는 경우가 많으며, 이것도 큰 가치를 지닌다. 엉덩이 교체 수술, 비아그라, 궤양치료제 그리고 내시경 수술방식을 상정해보자. 이러한 진보의 편익을 달러 단위로 측정하는 것은 매우 어렵거나 불가능하지만, 이러한 치료방법의 편익은 상당할 것이다. 따라서 비록 Murphy와 Topel의 추계결과의 해석 시 주의는 필요하지만 그들의 추계가 주는 중요한 시사점은 의료 서비스에 대한 지출이 매우 큰 편익을 제공한다는 것이다.

이제까지 논의의 초점은 보건의료 지출의 증가가 기술진보에 의해 유발된 것인지 여부였다. 그러나 매우 흥미로운 가능성은 인과관계가 반대방향으로 작용할 수 있다는 점이다. 즉, 의료비 지출의 증가가 질병치료상 혁신의 채산성을 향상시키고, 기술진보를 촉진할 수 있다는 것이다. 이러한 명제는 검증하기가 매우 어렵다. 그러나 몇몇 연구에 의하면 이럴 가능성이 충분히 있다. Blume-Kohout와 Sood[2008]는 처방약품보험이 도입된 이후 제약산업의 연구개발이 증가하였다는 사실을 발견하였다.

재화평등주의(commodity egalitarianism)
특정 상품의 소비가 모든 사람들에게 보장되어야 한다는 견해.

보건의료 서비스 가격과 보험가입 비용이 높아져서 많은 사람들이 의료보험에 가입하지 못하는 상태가 유발된다면, 그 사회는 사회의 공평성을 증진하기 위해서 어느 정도의 효율성을 희생하여야 할지 판단을 내려야 한다. 제4장과 제7장에서 논의한 **재화평등주의**(commodity egalitarianism)적 견해를 가지고 있는 사람들은 특정한 상품들은 어떠한 환경하에서든 그리고 그 상품의 소비에서 유발되는 순편익의 규모가 어느 정도인지를 막론하고 모든 사람에게 소비의 기회가 부여되어야 한다고 주장한다. 실제로 최소한의 보건의료 서비스가 사회의 모든 사람들에게 보장되어야 한다는 점에 대한 여론은 사회구성원들 사이에서 강하게 형성되어 있는 듯하다. 제10장에서는 보건의료 서비스에 대한 접근성을 증진하기 위한 다양한 정부 프로그램에 대해 논의하고 이들 프로그램들을 개선하기 위한 정책대안에 대해 논의할 것이다.

심화 과정을 위한 추천 논문과 저서

본문에서 논의한 미국의 의료비 상승요인에 관심이 있는 사람들은 아래 보고서와 논문을 참고하면 좋을 것이다.

- U.S. Congressional Budget Office, *Rising Health Care Costs: Causes, Implications, and Strategies*, Washington, D.C. : U.S. Government Printing Office, April, 1991.
- Goodman, John C, and Gerald L. Musgrave, 1992. Patient Power, Washington, D.C.: Cato Institute.
- Newhouse, Joseph P, 1992, "Medical Care Costs: How Much Welfare Loss?," *Journal of Economic Perspectives* 6: p. 3 [summer 1992].

이와 더불어 아래의 논문은 고용주 제공 의료보험제공과 개인의 의료보험에 대한 수요의 가격탄력성에 대한 연구와 본인부담금 변화가 의료보험변경에 미치는 효과에 대한 최근의 연구를 대표한다.

- Finkelstein, A, 2002. "The Effect of Tax Subsidies to Employer-Provided Supplementary Health Insurance: Evidence from Canada," *Journal of Public Economics* 84, pp. 305-339.
- Cutler and Reber, 1988. "Paying for Health Insurance: the Trade-off between Competition and Adverse Selection," *Quarterly Journal of Economics* 113, pp. 433-466.
- Royalty, A.B. and N. Solomon, 1999. "Health Plan Choice: Price Elasticities in a Managed Competition Setting," *Journal of Human Resources* 34, pp. 1-41.

요약

- 사회보험이라고 지칭되는 정부의 보험제도는 미국 연방예산의 큰 부분을 차지하고 있으며 그 비중도 증가하고 있다.
- 위험회피적인 사람들에게 보험수리적으로 공평한 보험료를 부과하는 보험 패키지는 기대효용을 높이는 효과가 있다. 이는 이 보험제도가 위험분산을 가능하게 하기 때문이다.
- 위험회피도가 높은 사람일수록 보험가입을 위해 더 많은 재원을 투입하려고 한다.
- 많은 사람들을 보험프로그램에 포괄함으로써 보험회사는 사회적 관점에서의 위험을 줄일 수 있다.
- 역선택은 보험가입자가 보험회사보다 자신의 건강 관련 위험에 대해 더 많은 정보를 가지고 있을 때 발생한다. 역선택으로 인해 보험회사로 하여금 보험가입자의 위험 정도에 따라 다른 수준의 보험료를 부과하는 것이 불가능해진다. 만일 보험회사가 보험가입자에게 (보험가입자의 평균적인 위험수준에 맞게) 동일한 수준의 보험료를 부과한다면, 건강 관련 위험이 적은 사람들이 보험에서 탈퇴할 것이며, 이는 보험회사의 손실을 유발할 것이다.
- 정부는 사회구성원들에게 동일한 보험료를 부과하는 보편적 의료보험을 도입함으로써 역선택의 문제를 해결할 수 있다. 이러한 방식은 비효율적이기는 하지만 위험에 따른 차별을 방지할 수 있다.
- 도덕적 해이는 보험에 가입하는 것이 가입자의 행동을 좋지 못한 결과를 초래하도록 왜곡하는 현상을 말한다. 민간보험뿐만 아니라 공공의료보험도 의료비용을 지불하는 제3자가 되므로 도덕적 해이 현상을 유발한다.
- 다음과 같은 상충관계가 존재한다. 보험 패키지가 많은 혜택을 부여하면, 질병 발생으로 인한 금전적인 위험을 줄일 수 있으나, 보험가입자의 도덕적 해이를 더 부추기는 문제가 있다. 효율적인 보험은 위험 감소로 인한 이득과 도덕적 해이 문제 간의 균형을 유지하는 것이다. 이를 위하여 낮은 비용이 소요되는 보건의료 서비스에 대해서는 가입자의 본인부담을 높이고 높은 비용이 소요되는 보건의료 서비스에 대해서는 많은 혜택을 부여하여야 한다.
- 미국 인구의 16% 정도가 의료보험에 가입하지 않고 있다. 65세 이상 인구의 보험미가입자 비중이 점점 증가하고 있다.
- 미국의 보건의료비 지출액의 GDP 대비 비중이 계속 증가해왔다. 현시점에서의 그 비중은 18%에 이르고 있다. 이러한 증가의 원인으로 고령화, 소득의 증가, 제3자 지불제도, 기술진보를 들 수 있다. 이 중 기술진보가 가장 중요한 원인으로 밝혀지고 있다.

연습문제

1. 아래의 인용문을 주의 깊게 생각해보시오.

"경제학자들은 항상 보건의료 서비스의 비용에 대해 이야기할 때 마치 의료비 지출이 나쁜 것인 양 이야기하는 것 같다. 그렇다면 지출된 그 돈이 어디로 가는 걸까? 의사에게, 간호사들에게 그리고 의료 서비스 공급자에게 가는 것일까? 그들은 기저귀, 파스타, 승용차를 구매하지 않는가? 카세트 라디오를 더 많이 사용하고 페니실린을 덜 소비하고, 항세균성 연고를 덜 사용하고 매니큐어를 더 많이 소비한다고 국민의 후생복리가 증진되는가? 재원이 어디에 소비된다고 무슨 차이가 있는가? 돈의 주인이 바뀔 뿐이며 이렇게 되더라도 고용은 증가하는데"[New York Times Magazine, December 12, 1993, p. 28].

a. 경제학자들이 실제로 보건의료비 지출이 나쁜 것이라고 보고 있는가?

b. 마지막 부분에, 의료비 지출을 평가하는 기준에 대해 언급하고 있다. 경제학자들이 이용하는 기준은 어떤 것인가?

2. 연방법에 의하면 근로자가 다른 직장으로 이직하여도 이전 직장에서 가입하던 의료보험 커버리지를 그대로 가져올 수 있다. 그러나 해당 근로자는 이전에 고용주가 부담하던 보험료를 포함한 의료보험료 전액을 자신이 부담하여야 한다. 여기에 또한 2%의 관리운영비도 따로 지불하

여야 한다. 이러한 의료보험 커버리지의 높은 가격은 건강한 사람으로 하여금 보험가입을 포기하게 만들었다. 보험회사들은 이로 인해 이윤이 감소하였다고 보고하였다. 이 장에서 논의한 개념을 이용하여 이 현상을 설명하시오.

3. 네덜란드 드라흐턴(Drachten)시에서 신호등을 모두 없앤 이후 교통사고로 인한 사망이 감소하였다. 신호등이 있을 때에는 3년에 1명꼴로 도로에서 사망하는 사람이 있었는데, 7년 후 신호등을 제거한 이후 이런 일이 한 번도 없었다. 시의 교통정책 담당관이 말하기를, 교통사고로 인한 사망이 감소한 이유는 신호등 제거 이후 도로교통이 매우 위험해졌기 때문이며, 이것이 바로 우리가 원하던 것이다[Millward, 2006]. 이 장에서 습득한 개념을 이용하여 이런 현상을 설명하시오.

4. 최근 연구에 의하면 의료 서비스의 가격탄력성은 −2.3이라고 한다[Kowalski, 2009]. 만일 이 추정치가 정확하다면, 비례본인부담분 20%의 보험 패키지가 의료 서비스 수요에 미치는 영향에 대해 설명하시오. 이와 관련된 효율성의 문제에 대해 논하시오.

5. 테네시주는 연간 의료 서비스 비용을 25,000달러까지 보험 적용시켜주는 의료보험을 제공한다. 25,000달러 중 병원 비용이 지급되는 한도는 15,000달러이다. 이 비용을 초과하는 비용에 대해서는 주 의료보험 주보험에 의해 지급되지 않는다. 테네시주의 의료보험이 효율적인 보험에 관한 이론에 합당한 제도인지 설명하시오.

6. 어떤 사람의 연간 병원 방문에 대한 수요곡선이 $P = 100 - 25Q$로 표현된다고 하자. 여기서 Q는 연간 병원 방문 수, 그리고 P는 방문당 비용을 의미한다. 그리고 병원 방문의 한계비용이 50달러라고 가정하자.

a. 가장 효율적인 연간 병원 방문 수는? 이때 보건의료비용은?

b. 이 사람이 의료보험에 가입하였다고 하자. 최소부담분은 없으며 본인부담금률이 50%라고 하자. 이 상황에서 연간 병원 방문횟수는 어느 수준에서 결정될까? 이 사람이 직접 부담하여야 하는 본인부담분은 어느 수준일까? 보험회사가 지불하여야 하는 금액은 어느 수준인가?

c. 이 상황에서 발생하는 초과부담의 규모는?

d. 만일 병원 방문 1회당 외부경제효과가 50달러라면 초과부담의 규모는?

7. 소득에 대한 효용함수가 다음과 같다고 하자. $U = \ln(4I)$, 여기서 I는 연간소득을 나타낸다. 이 사람의 연간소득이 3만 달러라고 하자. 다음 연도에 5%의 확률로 질병이 발생하고 치료를 위해 2만 달러를 소비하여야 한다고 가정하자.

a. 보험에 가입하지 않을 경우 기대효용수준을 구하시오.

b. 질병 발생에 대비하여 보험에 가입할 수 있다고 가정하자. 이때 보험수리적으로 공평한 보험료 수준은? 이 보험료 수준으로 보험에 가입할 경우 기대효용수준은?

c. 이 보험에 가입하기 위해 이 사람이 지불할 용의가 있는 최고수준의 보험료 수준은?

*8. 여러분이 살고 있는 시의 정부가 쓰레기 투기(쓰레기를 몰래 버리는 행위)를 줄이려 한다고 하자. 이러한 행위에 대해 100달러의 벌과금을 부과하며 쓰레기 투기가 적발될 확률이 10%라고 하자. 시정부는 아래 2가지 대안 중 하나를 선택할 예정이다. (1) 쓰레기 투기를 감시하는 경찰관을 늘려서 쓰레기 투기 적발률을 10%에서 20%로 높이는 대안, (2) 쓰레기 투기 모니터링은 현재 수준으로 유지하고 벌과금을 100달러에서 200달러로 높이는 대안(두 대안 하에서 쓰레기 투기 비용의 기댓값은 동일하다는 점에 주목하시오). 만일 쓰레기 투기자가 위험회피자라면 어느 대안이 쓰레기 투기를 더 많이 줄일 수 있을까? 만일 쓰레기 투기자가 위험선호자라면 (효용함수가 볼록하여서 동일한 기댓값을 유발하는 두 대안 중 불확실성이 없는 것보다 불확실성이 있는 대안을 선호하는 경우) 어느 대안이 쓰레기 투기를 더 많이 줄일 수 있을까?

9. Biggs[2009]에 의하면 애완동물에 대한 의료비 지출 수준은 사람에 대한 의료비 지출 수준보다 낮으나 의료비 증가율은 양자가 거의 같다고 한다. 지출의 절대수준은 다르지만, 의료비 증가율이 유사한 사실을 어떻게 설명할 수 있을까?

* 어려운 문제임

Chapter 10

정부와 보건의료시장

의료비의 상승으로 인해 너무도 많은 이 나라의 가정과 사업체가 금전적으로 망가지고 또한 보험미가입자들이 너무도 많은 상황에 도달하였습니다. 민주당원, 공화당원, 소규모 자영업자, 대기업 경영자 모두 동의한 운영방식은 더 이상 유지할 수도 없어져 버렸습니다.

— 전 미국 대통령 버락 오바마

우리 의료 서비스 시스템의 몇 가지 문제점은 너무나 잘 알려져 있습니다. 높은 비용과 높은 비용 증가율, 많은 보험미가입자, 의료 서비스의 질과 효율의 두드러진 격차가 이에 속합니다.

— 2012년 대통령 후보 미트 롬니

제9장에서는 후생경제학이론을 보건의료시장에 적용하여 시장경제가 여러 가지 방법으로 효율적이지 못하고 공평하지도 못한 결과를 초래할 수 있음을 확인하였다. 이러한 토대 위에 이 장에서는 미국 보건의료시장과 이 시장에 대한 정부 개입방식의 주요 특징에 대해서 논의할 것이나.

미국 보건의료산업의 규모는 매우 크다. 보건의료산업 참여자에는 안경, 약품, 인공 팔다리와 그 밖의 보조기기 생산자들뿐만 아니라 병원, 요양소, 의사, 간호사 그리고 치과의사도 포함된다. 이 산업에는 1,400만 명이 고용되어 있으며, 연간 매출액은 약 2조 6,000억 달러로서 GDP의 18%에 이른다.

〈그림 10.1〉은 의료비 지출의 용도를 나타낸다. 가장 큰 2가지 용도는 병원진료비(31%)와 의사진료 및 진료소 방문 비용(20%)이다. 〈그림 10.2〉는 보건의료비 지출의 재원을 나타낸다. 소비자들은 진료비의 약 12%를 본인이 부담하고 있다. 나머지는 제3자에 의해 지불되는데 제3자는 민간보험회사와 자선단체와 같은 다른 민간기관이 약 39%를 지급하고, 정부는 노인건강보험(메디케어)과 의료급여(메디케이드)제도를 통해 진료비의 50%를 지급하고 있다.[1] 민간의료보험회사와 정부로부터의 의료비 지급의 재원은 보험료와 정부의 조세수입에서 충당된다. 이들에 의한 의료비 지급은 '제3자 지급방식'이라고 지칭되는데 그 이유는 의료 서비스 구입 시 소비자들은 의료 서비스의 총비용을 모두 지불하지 않기 때문이다.

1 한국 제도와의 구별을 위하여 노인건강보험(Medicare)과 의료급여(Medicaid)는 이하에서는 각각 '메디케어'와 '메디케이드'로 지칭함.

그림 10.1
의료비 지출 용도(미국, 2010)

병원진료가 미국 의료비 지출의 31%를 차지하여 가장 비중이 높다. 그 다음 비중이 높은 것으로 의사 및 의원 진료가 20%를 차지한다.

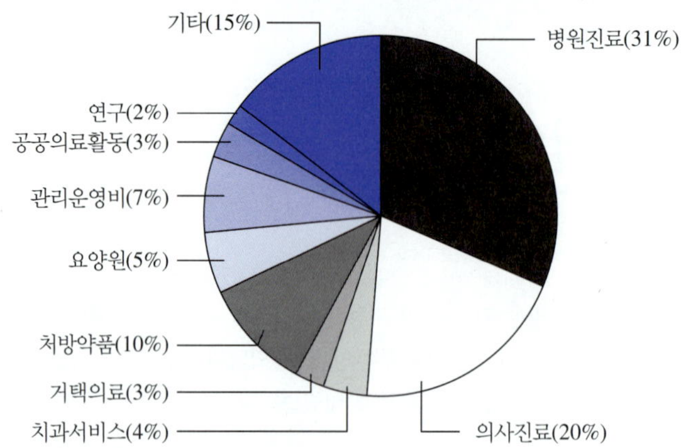

자료: Centers for Medicare and Medicaid Services [2012c].

그림 10.2
의료비 지출 재원(미국, 2010)

소비자의 본인부담분 비중은 11%에 불과하다. 나머지는 민간의료보험회사, 그리고 메디케어와 메디케이드 같은 정부에 의한 제3자 지불에 의해 조달되고 있다.

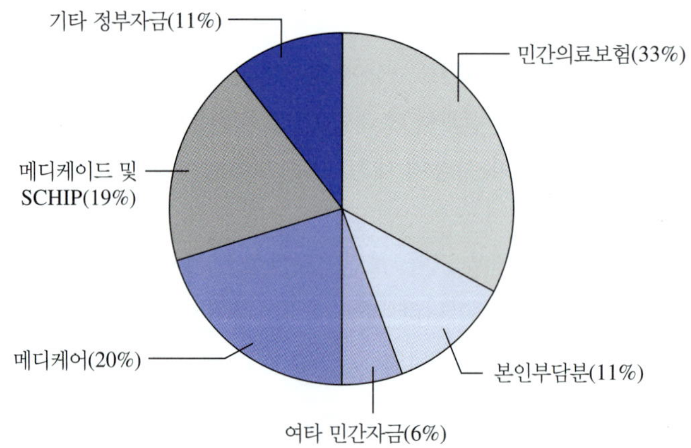

자료: Centers for Medicare and Medicaid Services [2012].

2011년 현재 미국 인구의 약 84%가 의료보험 적용을 받고 있다. 인구의 약 64%가 민간의료보험에 적용되고 있으며, 32% 정도가 '메디케어'나 '메디케이드'를 통해 공공의료보험에 적용되고 있다[US Bureau of the Census, 2012a]. 이들 중 일부는 민간의료보험과 공공의료보험에 동시에 적용받고 있다. 지금부터 민간의료보험과 정부의료보험 시장에 대해 차례로 논의할 것이다.

10.1 민간의료보험

미국 민간의료보험시장의 특징은 대부분의 민간의료보험(65세 미만 인구에 대해서는 91%)이 종업원에 대한 부가급여 형태로 고용주에 의해 제공된다는 것이다.

10.1.1 고용주제공 보험에 대한 암묵적 보조

왜 그렇게 많은 미국인들이 고용주를 통해서 의료보험에 가입하는가? 우리는 식료품이나 의류를 자신의 직장을 통해 구입하지 않는다. 이러한 현상은 부분적으로 제2차 세계대전 기간 동안 제도화된 임금과 가격에 대한 정부의 통제정책의 부산물이라고 할 수 있다. 고용주가 종업원에게 지급하는 임금수준에 대해 이러한 통제가 가해지는 반면, 의료비 지출에 대한 부가급여와 같은 현물형태의 급여지출은 이러한 통제가 가해지지 않았다. 이러한 상황하에서는 당연히 경쟁적인 노동시장에서 고용주가 근로자를 고용하기 위해서는 의료보험이나 다른 형태의 부가급여를 제시할 것이다. 1940년부터 1950년 사이 민간의료보험에 가입한 미국인의 비중이 9.1%에서 50.3%로 급격히 증가하였다[Santerre and Neun, 2004, p. 314].

고용주제공 의료보험을 촉진하는 가장 중요한 요소는 연방조세제도이다. 임금형태의 소득은 과세가 되지만, 고용주가 지급하는 의료보험료는 과세대상에서 제외된다. 결과적으로 연방조세제도는 실질적으로 고용주제공 의료보험에 대해 보조하는 효과가 있다. 예를 들어 찬드라의 연간 임금이 5만 달러이며 35%의 세율로 과세된다고 하자. 그녀의 고용주가 의료보험을 제공하지 않고 그녀 자신이 매년 5,000달러의 보험료를 지불하는 보험에 가입한다고 가정하자.

이러한 상황에서 찬드라의 고용주가 그녀의 임금에서 5,000달러를 차감하고 그녀의 의료보험료를 대신 지불하겠다는 제의를 한다고 하자. 고용주의 입장에서는 현재 계약조건과 새로이 제안한 조건이 다를 바가 없다. 그러나 찬드라의 입장은 다르다. 그녀의 임금이 5,000달러 삭감된다고 하더라도 그녀의 가처분소득이 5,000달러 줄어드는 것이 아니다. 왜냐하면 5,000달러 중에서 1,750달러(0.35 × $5,000)가 조세로 납부되어야 하며, 따라서 가처분소득의 감소는 3,250달러(= $5,000 − $1,750)이기 때문이다. 따라서 찬드라는 임금이 3,250달러 삭감되는 대신 의료보험료로 지출되어야 하는 5,000달러를 절약할 수 있다. 그녀 입장에서는 상당히 좋은 거래라고 할 수 있다. 따라서 고용주제공 의료보험에 대한 비과세는 임금으로 환산한 의료보험 제공의 기회비용을 낮추는 효과가 있다. 이러한 방식으로 고용주제공 의료보험에 대한 보조가 이루어지고 있다. 다른 기업들도 이러한 의료보험을 제공할 인센티브가 있다. 의료보험을 제공하지 않으면 그들의 종업원을 다른 기업에 빼앗기기 때문이다.

이러한 고용주제공 의료보험에 대한 암묵적 보조 규모는 매우 크다. Burman, Garrett, Khitatrakun[2008]에 의하면, 조세지원이 고용주제공 의료보험 비용을 약 30% 감소시키는 효과가 있다고 한다. 고용주제공 의료보험과 고용주에 의한 의료비 보조에 대한 조세감면이 연간 1,090억 달러의 조세수입을 감소시키는 것으로 나타났다[Joint Committee on Taxation, 2012, p. 42].

다른 상품과 마찬가지로 보험에 대한 수요는 가격이 낮아질수록 증가한다. 따라서 이러한 암묵적 보조로 인해 근로자들은 그들의 급여 중 더 많은 부분을 의료보험 패키지 형태로 제공

받기를 원하게 된다. 결과적으로 의료보험 패키지는 더욱더 많은 혜택을 제공하는 형태로 바뀌게 된다. 최소부담금이 감소하고, 또한 의료보험이 제공하는 급여에 시력보호, 침술 그리고 일상적인 치과진료비 지급 등이 포함되게 된다.

의료보험을 구입하는 것 자체는 아무런 문제가 없다. 제9장에서 논의한 바와 같이 의료보험 구매는 질병 발생으로 야기되는 금전적 위험으로부터 사람들을 보호할 수 있다. 그러나 이와 동시에 도덕적 해이를 유발한다. 사람들은 더 많은 의료보험을 구입하게 되고 따라서 보건의료 서비스의 과잉소비가 유발된다. 많은 전문가들이 고용주제공 의료보험료에 대해 소득세가 과세되어야 한다고 주장하고 있지만, 이 개편안은 정치적인 지지를 받기 어렵다. 노동조합의 한 간부는 이렇게 말하였다. "우리는 고용주제공 의료보험의 혜택에 영향을 미치는 어떠한 개편안에 대해 강력히 반대한다. 이러한 개편안들은 우리가 유지하고자 하는 현행 제도의 존립에 큰 위험이 된다"[Pear, 2009]. 이러한 반대에도 불구하고 2010년 Affordable Care Act에서는 고용주제공 의료보험에 대한 조세지원 폐지가 시도되었다. 이 법은 다음과 같은 사항을 명시하고 있다. 2018년부터 10,200달러를 초과하는 개인에 대한 보험 커버리지와 27,500달러를 초과하는 가족에 대한 보험 커버리지에 대해서는 40%의 세율이 부과된다.

10.1.2 고용주제공 의료보험의 장점

위험공유의 범위 확대 제9장에서 보험회사가 많은 사람들을 보험에 가입하도록 유도함으로써 위험을 줄일 수 있는 방법에 대해 논의하였다. 보험의 풀(pool) 속에 속하는 사람이 많을수록, 보험회사의 입장에서는 결과에 대한 예측이 더 정확해지고, 따라서 위험을 줄일 수 있다는 것이다. 고용주 입장에서 고용주제공 의료보험의 이점 중의 하나는 한 보험플랜에 많은 사람을 가입하게 할 수 있다는 점이다. 물론 보험회사가 다른 고용주에게 고용된 사람들에게도 같은 보험 패키지를 제안하여 보험 풀을 확대할 수는 있다. 그러나 이 경우 만일 건강 관련 위험이 낮은 사람들이 가입하지 않으면 역선택의 상황을 유발할 수도 있다.

역선택 여지의 감소 고용주제공 의료보험과 같이 집단적으로 의료보험에 가입하는 것은 역선택의 문제점을 완화할 수 있다. 제9장에서 공동체요율제도[2]를 채택하는 의료보험시장에서는 건강 관련 위험이 상대적으로 작은 사람들이 보험시장으로부터 탈퇴하도록 유발하기 때문에 시장실패가 야기된다는 점에 대해 논의한 바 있다. 한 기업에 고용되어 있는 모든 근로자들에게 동일한 보험 패키지를 판매함으로써 보험회사는 역선택의 문제에 대해 크게 염려할 필요가 없다. 따라서 보험회사는 보험가입 희망자를 스크리닝하는 데 많은 시간과 자금을 낭비할 필요가 없다.

그러나 이런 상황은 근로자의 직장 선택이 자신의 건강상태와 상관없이 이루어진다는 조건이 충족되어야 벌어질 수 있다. 그러나 이러한 조건이 충족되지 않는 경우도 있다. 그 이유를 알아보기 위해서, 의료보험은 근로자 급여의 단지 한 부분에 불과하다는 것을 상기할 필요가

2 공동체요율제도하에서는 사회를 구성하고 있는 개인들에게 그들의 건강 관련 위험이 상이하더라도 동일한 수준의 보험료가 부과된다. 이 방식하에서는 건강 관련 위험이 적은 사람이 위험이 많은 사람에게 보조금을 지급하는 효과가 발생한다.

있다. 다른 조건이 동일하다면, 기업은 종업원에게 혜택이 적은 의료보험을 제공하는 대신 보다 높은 임금수준을 제시할 수 있다. 건강상태가 양호한 종업원에게는 혜택이 적은 의료보험을 제공하더라도 (혹은 전혀 의료보험을 제공하지 않더라도) 높은 임금을 지급하는 고용조건을 선택할 인센티브가 분명히 있다. 기업이 혜택이 많은 의료보험을 제공할 경우 건강 관련 위험이 평균적인 수준보다 높은 종업원들의 비중이 높아질 수 있다. 건강 관련 위험이 높은 집단의 보험료를 지급하기 위해서 고용주는 임금을 삭감할 수밖에 없으므로 이 직장은 건강 관련 위험이 높은 사람들에게만 매력적인 직장이 될 것이다. 이것은 역선택의 전형적인 형태이며, 이로 인해 효율적인 의료보험을 제공하는 기업이 점점 줄어들 것이다. 요약하면, 고용주제공 의료보험은 역선택의 문제를 완화하는 다소의 효과가 있으나, 완전히 제거하지는 못한다.

낮은 관리운영비용 고용주제공 의료보험과 같은 집단의료보험의 또 다른 장점은 관리운영비용을 절감할 수 있다는 것이다. 보험상품의 개발과 마케팅에 고정비용이 소요되는데 많은 사람들이 이 보험상품을 구매하면 고정비용이 분산되는 효과가 있다. 이 사실을 감안하면, 집단의료보험이 개인의료보험보다 낮은 부가보험료(loading fee)를 부과하는 것은 전혀 놀랄 만한 일이 아니다. 2000년 시점에서 집단보험의 보험료수준은 보험금 지급액보다 약 19% 더 높은 반면, 개인보험의 경우는 약 50% 더 높은 것으로 나타났다. 그리고 보험금 지급액 대비 보험료 비율은 가입자가 많아질수록 낮아지는 경향이 있다[Phelps, 2010, p. 349].

10.1.3 고용주제공 의료보험과 직장동결효과

고용주제공 의료보험이 있는 직장을 떠나게 되면 이와 동시에 의료보험혜택을 포기하게 된다. 이 사실은 현재의 체제가 개인들이 자신의 직장을 떠나는 가능성을 줄이는 역할을 할 가능성을 제기한다. 이러한 현상을 **직장동결효과**(job lock)라고 한다. 직장동결로 인해 근로자가 자신이 가장 생산적일 수 있는 직장으로 옮겨가지 못하게 할 경우, 경제의 효율성을 저해할 수 있다.

직장동결효과(job lock)

근로자들이 고용주제공 의료보험 혜택을 계속 받기 위하여 직장을 떠나지 않는 경향.

직장동결효과가 존재하는지를 추정하는 것은 매우 어려운 일이다. 왜냐하면 의료보험을 제공하는 직장을 선택하는 사람과 의료보험이 제공되지 않는 직장을 선택하는 사람들의 특성은 상당히 다른데, 그 차이점들은 잘 관찰되지 않기 때문이다. 따라서 두 집단 간의 직장 이동성을 단순히 비교하는 것은 적절하지 않다. 이에 대한 대안으로 특정 주정부는 특정 기업을 사직한 근로자에게도 최소한 일정 기간 동안 그 기업이 보험혜택을 부여하여야 한다는 법을 제정한 바 있는데, 이들 주의 케이스를 관찰하는 것이다. 만일 이들 주에서 직장이동성이 다른 주에 비하여 높으면, 이 사실은 직장동결효과의 존재를 입증하는 근거가 될 수 있다. 그러나 조사결과는 확정적이지 못하다. 어떤 연구에 의하면 직장동결효과가 존재하며, 이는 직장 이동성을 25%에서 50%까지 감소시킨다는 결과를 제시하였다[Madrian, 2006, p. 19].

10.1.4 비용관리와 민간보험

1980년대까지 대부분의 보험제도는 의료 서비스 공급자들에게 환자진료의 실제 비용에 입각하여 진료비를 지불하였다. 이러한 진료보상 방식을 **행위별 수가제**(cost-based reimbursement or fee-for-service)라고 한다. 제9장에서 논의한 바와 같이 행위별 수가제와 같은 제3자 지불제

행위별 수가제(cost-based reimbursement or fee-for-service)

의료 서비스 제공자가 제공하는 의료 서비스에 대해 비용을 모두 지급받는 체제.

도는 의료 서비스 공급자에게 비용이 덜 드는 방식으로 의료 서비스를 제공하도록 하는 인센티브를 제공하지 못하고, 이로 인해 도덕적 해이를 유발할 수 있다. 반면 환자 치료에 더 많은 자원이 투입되면 의료 서비스 공급자는 더 많은 진료보상을 받게 된다.

비용관리-서비스 공급체제 (managed care)

의료 서비스 공급 측면에서 의료 서비스 사용과 가격 통제가 이루어질 수 있도록 하는 의료 서비스 공급체제.

높은 의료비와 빠른 의료비 지출 증가에 대응하여, 고용주들은 수요 측면보다 공급 측면에서 의료 서비스 이용을 통제하고 서비스 비용을 낮게 유지하도록 하는 보험 패키지를 모색하게 되었다. 일반적으로 **비용관리-서비스 공급체제**(managed care)로 지칭되는 이러한 체제하에서는 의료 서비스 공급자들은 서비스 공급 비용을 낮게 유지하는 인센티브 구조를 가지게 된다. 하나의 예로 **인두제**(capitation-based reimbursement)를 들 수 있는데, 이는 의료 서비스 제공자에 대한 진료비가 환자에게 제공된 의료 서비스의 양과 상관없이 환자 1인당 연간 비용이 고정되어 지급되는 되는 체제이다.

인두제(capitation-based reimbursement)

의료 서비스 제공자에 대한 진료비가 환자에게 제공된 의료 서비스의 양과 상관없이 환자 1인당 연간 비용이 고정되어 지급되는 체제.

매우 다양한 형태의 비용관리-서비스 체제가 존재한다. **HMO**(Health Maintenance Organizations) 체제하에서는 특정 의사집단을 특정 보험플랜에 소속하게 한다. 환자들이 이 집단에 속한 의사에게 진료를 받기 위해서는 이 보험플랜에 가입하여야 한다. 따라서 HMO는 보험가입자로 하여금 그들이 지불한 보험료의 대가로 의료 서비스를 제공받게 함으로써, 의료 서비스 제공과 재원조달을 한 조직에 결합시키는 효과를 거둘 수 있다. HMO 체제하에서는 1차 의료 서비스 제공자(primary care provider)가 환자들을 진료하고 필요시 전문 의사에게 소개하는 형식을 취하고 있다.

HMO(Health Maintenance Organization)

보험가입자들의 진료 전반을 특정 의료 서비스 공급자 집단이 담당하도록 하는 의료 서비스 공급체제. 때로는 환자 1인당 진료비를 고정하여 의료 서비스 공급자에게 지급하기도 함.

PPOs(Preferred Provider Organizations) 체제하에서는 특정 의사 집단이 PPOs라는 네트워크가 환자진료를 지속적으로 보장한다는 조건하에 낮은 진료비를 지급받도록 하고 있다. 특정 의사집단에 진료하도록 배정된 환자들은 다른 의료 서비스 제공자에게 진료를 받은 경우 최소부담분과 본인부담분을 더 많이 내게 하여 이들로 하여금 배정된 의사집단에게 진료를 받도록 유도하고 있다. **POS**(point-of-service) 체제하에서는 환자를 의사에게 배정한다는 면에서 PPOs와 유사하지만, 다른 점은 각 환자를 문지기(gatekeeper) 기능을 하는 특정 의사에게 배정한다는 점이다.

PPO(Preferred Provider Organization)

특정 의료 서비스 공급 집단에게 보험자가 지속적인 환자 진료를 보장하는 조건으로 진료비를 낮은 수준으로 유지하도록 하고, 보험가입자들에게는 이 의료 서비스 공급 집단 이외의 공급자에게 진료를 할 경우 본인부담분 수준을 높여 배정된 의료 서비스 공급자에게 진료를 받도록 유도하는 체제.

이러한 체제와 유사한 여러 행태의 비용관리-서비스 체제가 존재한다. 1980년에 미국 보험가입자의 약 5%만이 비용관리-서비스 체제에 속하던 것이 오늘날에는 99%가 어떤 형태든 비용관리-서비스 체제에 속한다. 이러한 증가는 많은 부분 PPOs와 POS의 성장에 기인한다. PPOs 등록률은 1988년 보험가입 근로자의 11%이던 것이 2012년에는 56%로 증가하였다. POS 등록률은 1993년 7%이던 것이 1999년 24%로 증가하였고 그 이후 2012년까지 9%로 하락하였다[Kaiser Family Foundation, 2012, Exhibit 5.1].

비용관리-서비스 체제가 의료비 지출을 억제시키는 효과가 있었는가? 1990년대에는 이러한 효과가 있었던 것으로 보인다. 〈그림 9.1〉에서 볼 수 있듯이 1990년대에는 의료비 증가가 정체되어 있었다. 그러나 이러한 비용관리에 대한 성공은 오래가지 못하고 2000년대에 다시 상승하는 것으로 나타났다. 이러한 현상이 발생한 이유 중의 하나는 비용관리-서비스 체제는 의료비를 한 시점에서 일정 수준 낮추는 효과는 있으나 지속적으로 의료비를 통제하는 기능은 부족하다는 것이다. 의료기술의 발전이 계속되고 이에 따라 의료비 지출이 증가하게 된다.

POS(point-of-service plan)

PPO와 유사하지만 각 보험가입자에게 특정 의료 서비스 공급자를 지정하여 운영하는 체제라는 점이 다르다.

비용관리-서비스 체제의 문제점은 비용을 덜 지출하도록 유도함으로써 의료 서비스의 질이 낮아질 수 있다는 것이다. 의료 서비스의 질에 상관없이 진료비 보상금이 동일하기 때문이다. 그러나 이에 대한 실증연구에 의하면 상황이 꼭 이런 것만은 아닌 듯하다. 예를 들어 Cutler [2002]에 의하면 다른 조건이 동일하다면 비용관리-서비스 체제의 보험에 가입한 사람들의 건강상태가 악화되지 않은 것으로 나타났다.

10.2 공공의료보험체제: 메디케어와 메디케이드

미국 정부는 보건의료 서비스 공급에 중요한 역할을 하고 있다. 몇 가지 예만 들더라도 의사면허증 발급, 의료 서비스 공급 상황에 대한 모니터링, 공공병원 운영, 질병과 예방에 관한 연구 지원, 어린이 예방접종사업 수행 등을 들 수 있다. 이미 언급한 바와 같이 정부는 고용주제공 의료보험에 대해 암묵적 지원을 하고 있다. 이 절에서 우리가 논의하고자 하는 것은 미국의 연방정부가 직접 제공하는 의료 서비스 체제이다. 중요한 2가지 제도가 메디케어와 메디케이드이다.

10.2.1 메디케어: 제도 개관

가입자격 조건 1965년에 도입된 **메디케어**(Medicare)는 65세 이상 노인과 장애자에 대한 공공의료보험제도이다. 이 제도의 일차적인 목적은 노인들에게 질 높은 보건의료 서비스를 제공하는 것이다. 연방정부 프로그램 중 급여지출 규모는 공적연금제도(Social Security) 다음으로 큰 규모이다. 〈그림 10.3〉은 시간의 경과에 따른 메디케어 지출 수준(실질치)과 GDP 대비 비율을 보여준다. 2010년에는 지출 수준이 5,250억 달러이며 이는 GDP의 3.6%에 해당된다. 메디케어 지출은 향후 빠른 속도로 증가할 것으로 추계되고 있다. 2040년에 GDP 대비 6.0%로 증가하고 2085년에는 6.7%까지 증가할 것으로 추계되고 있다[Centers for Medicare and Medicaid Services, 2012].

> **메디케어(Medicare)**
> 연방정부에 의해 재원이 조달되는 프로그램으로서 65세 이상 노인과 장애자에게 제공되는 공공의료보험제도.

메디케어는 65세 이상 노인의 대부분을 포괄하는 제도로서 소득 및 자산에 대한 경제적 능력 검사(means test)를 거치지 않고 모든 노인에게 제공된다. 유일한 가입자격 조건은 특정 개인 혹은 그의 배우자가 65세 이전에 취업상태에 있었으며 최소한 10년 동안 급여세를 납부하였어야 한다는 것이다. 공적연금제도와 달리, 65세 이전에는 메디케어 급여를 수급하지 못하도록 되어 있다. 현재 65세 이상 인구 약 4,000만 명이 이 프로그램에 등록되어 있다[Centers for Medicare and Medicaid Services, 2012].[3] 이 프로그램은 연방정부에 의해 운영되고 있으며, 가입자격 조건은 모든 주에서 동일하다.

급여 정부가 보건의료분야에 참가할 경우 아래와 같은 근본적인 문제에 대한 결정을 하여야 한다. 보건의료 서비스 공급이 정부에 의해 이루어져야 하는가 혹은 민간부문에 의해 이루어져야 하는가? 많은 나라들이 상이한 결정을 내리고 있다. 예를 들어, 영국의 경우 정부가 모든 병원을 소유하고 운영하고 있는 반면, 미국의 경우 보건의료 서비스는 주로 민간부문에 의해

3 메디케어는 2년 이상 장애가 지속된 사람과 치명적인 신장질환을 가진 사람도 혜택을 받을 수 있다. 이러한 가입자가 약 700만 명에 이르고 있다.

그림 10.3
메디케어 지출(1966~2010)
메디케어는 미국 국내 지출 프로그램으로서 공적연금제도 다음으로 지출 규모가 크다. 2010년에는 지출 규모가 5,250억 달러로서 GDP의 3.6%에 해당한다.

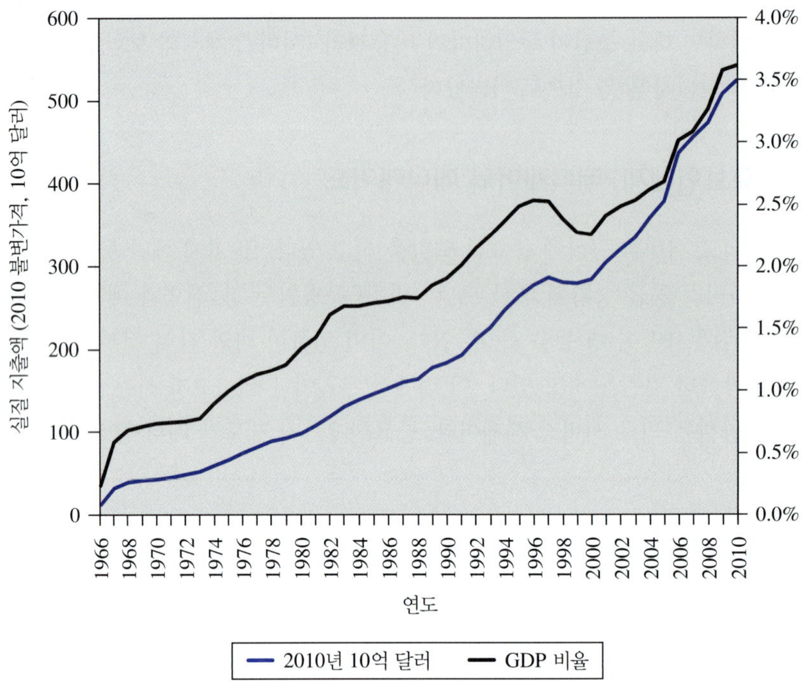

자료: Centers for Medicare and Medicaid Services [2012c].

공급되고 있다. 따라서 메디케어는 보건의료 서비스의 직접생산이 아닌 서비스에 대한 재원조달을 담당한다.

병원보험(Hospital Insurance, HI)
메디케어의 Part A 프로그램으로서, 가입자의 병원 입원비를 지불하는 프로그램. 재원은 급여세로 조달.

메디케어 프로그램에서 가장 큰 부분을 차지하고 있는 것은 Part A와 Part B 프로그램이다(다른 구성요소 Part D는 다음에 논의하기로 하자). Part A 프로그램은 2011년 현재 2,570억 달러를 급여로 지출하는 **병원보험**(Hospital Insurance, HI)이다[Centers for Medicare and Medicaid Services, 2012, p. 10]. HI 프로그램은 강제가입 프로그램이다. 이 프로그램은 병원 입원자에 대해 진료비를 지급하는 제도이다. 입원환자는 최초입원 60일에 대해 1,156달러의 최소비용분을 지불하고 60일 이하 입원비에 대해서는 이 금액을 상회하는 금액을 모두 지불한다. 61일부터 90일까지의 입원에 대해서 입원환자는 매일 289달러를 지불하여야 한다. 90일 이후에는 HI는 더 이상의 입원비를 지불하지 않는다. 그러나 HI 가입자는 여기에 평생 60일 추가 사용가능분(60-day lifetime reserve)을 이용할 수 있다. 따라서 91일째부터 150일까지 추가적으로 병원입원비 급여를 받을 수 있으며 이때 환자는 매일 578달러를 본인부담분으로 지불하여야 한다. HI 가입자는 매일 128달러만 지불하면 여기에 평생 100일 전문적 요양시설 사용가능분도 이용할 수 있다.[4]

4 여기서 언급한 최소지불액과 본인부담분은 2008년도 현재 수준이다.

2007년 현재 연간 2,250억 달러를 지출하는 Part B 프로그램은 **보조의료보험**(supplementary medical insurance, SMI)이라고 지칭된다[Centers for Medicare and Medicaid Services, 2012, p. 10]. 이 프로그램은 의사에 대한 진료비 지불액, 의사에 의해 주문된 의료기구 및 약품, 그리고 병원 이외의 장소에서 이루어진 의료 서비스에 대한 진료비를 지불한다.[5] HI와 달리 SMI 가입은 임의가입이다. 가입자는 매년 부과되는 보험료를 매달 지불하여야 하는데 2012년 현재 월별 보험료 수준은 99.90달러이다. 매년 8만 5,000달러(부부의 경우 17만 달러) 이상의 소득이 있는 사람은 소득수준에 따라 차등보험료를 지불하여야 한다. 또한 연간 최소 부담액 140달러를 지불하여야 하며, 또한 진료비의 20%에 해당하는 본인부담분을 지불하여야 한다. SMI에 가입자격이 있는 인구의 약 92%가 이 프로그램에 가입하고 있다.

보조의료보험(supplementary medical insurance, SMI)

메디케어의 Part B 프로그램으로서, 의사에 대한 진료비 지불액, 의사에 의해 주문된 의료기구 및 약품, 그리고 병원 이외의 장소에서 이루어진 의료 서비스에 대한 진료비를 지불함. 재원은 가입자가 매달 지불하는 보험료와 일반재정에서 조달함.

재원조달 HI 지출의 재원은 근로자들의 임금에 대한 급여세로 조달된다. 급여세율은 고용주와 근로자에게 각각 1.45%로 총세율은 2.90%가 적용된다. 급여세가 적용 소득의 상한선 없이 모든 임금(보다 엄밀하게 말하면 사업소득을 포함한 비자산소득을 의미)에 대해 적용된다. 2013년부터 소득세 개별과세를 선택한 납세자의 경우 20만 달러, 부부합산 과세자의 경우 25만 달러를 초과하는 임금에 대해서는 0.9%의 급여세가 추가로 부과되며, 임금이 20만 달러(개별과세) 혹은 25만 달러(부부합산과세)를 초과하는 사람의 투자소득(investment income)에 대해서도 3.8%의 세율로 조세가 부과된다. 급여세 수입은 HI 기금에 적립되고 이 적립금으로 의료 서비스 제공자에게 진료비가 지불된다. 따라서 메디케어는 부과방식(pay-as-you-go)으로 재정이 운영되었다. 퇴직자의 병원진료비의 약 76%가 현재 취업 중인 근로자에 의해 지불되고 있다.

HI는 향후 재정상 큰 문제에 직면하게 될 것이다. 최근 이루어지고 있는 재정추계에 의하면 HI 지출은 가까운 장래에 급여세 수입액보다 커지고 적자 규모도 점점 커질 것으로 보인다. 장기적으로 HI는 대규모의 적자가 예상되고 적자폭도 점점 더 커질 것으로 예상되고 있다.

HI와 달리 SMI는 재원을 주로 일반재정에서 조달하고 있다.[6] 향후 10년 동안 SMI 급여 지출액은 연간 6.4% 수준으로 증가할 것으로 예상되고 있다[Center for Medicare and Medicaid Services, 2012, p. 101]. 주요 재원이 일반재원이므로 기금재정 문제가 발생하지 않는다. 제 11장에서 논의할 예정이지만, 기금은 회계 편의상 운영되고 있는 도구에 불과하므로 기금재정 문제가 발생하지 않는다고 문제가 전혀 없다고 할 수 없다. HI 급여지출액과 같이 SMI 지출액도 정부 수입금액을 다른 용도에 사용할 수 있는 여지를 줄이므로 이에 따른 기회비용이 발생한다.

약품 처방전 급여 1960년대 메디케어가 도입될 당시에는 진료비 중 약품 사용액은 큰 부분을 차지하지 않았던 관계로 메디케어에서 약품 처방에 대한 급여를 지급하지 않았다. 그러나 이

5 한국과 달리 미국에서는 환자가 병원입원비와 진료의사에 대한 진료비를 따로 지불하여야 한다.

6 SMI도 가입자들이 매달 지불하는 보험료로 재원을 조달하기도 한다. 이 보험료는 가입자의 사회보장급여(공적연금급여)에서 공제된다. 애초에는 보험료 수입으로 50% 정도의 지출 재원을 조달할 계획이었으나, 현재 시점에서는 SMI 지출의 약 25%만 보험료로 조달하고 있다.

"여보게, 메디케어가 엉망이 되기 전에 우리가 여기 있는 것이 기쁘지 않나?"

후 의약품에 대한 지출 비중이 점점 커지게 되었다. 2010년 미국인은 2,660억 달러를 처방약품 구입에 지출하였고 처방전 작성 건수도 36억 건에 이르고 있다[Centers for Medicare and Medicaid Services, 2012]. 이에 따라 2003년 입법으로 처방 약품에 대한 급여 프로그램(Part D)이 새로이 2006년 1월 1일부터 실시되고 있다.

미국 정부는 2012년 현재 3,600만 명의 노인들이 메디케어 약제비 지급 프로그램에 가입하였고, 671억 달러가 이들을 위해 지출되었다[Centers for Medicare and Medicaid Services, 2012, p. 10]. 2021년에는 4,800만 명의 노인이 가입하고, 1,559억 달러가 지출될 것으로 예상된다. 보다 장기적으로 보면, 지출금액이 2011년 GDP의 0.44%에서 2085년에는 1.5%로 증가할 것으로 예상된다[Centers for Medicare and Medicaid Services, 2012, pp. 122 & 128]. 이와 관련된 중요한 질문은 약품에 대한 급여가 과연 노인들의 약품에 대한 보험급여 커버리지를 증가시키는가 하는 것이다. Engelhardt와 Gruber[2010]에 의하면 공공의료보험에서 약품에 대한 급여를 증가시키면 노인들은 민간보험의 약품 급여 커버리지를 줄이는 것으로 나타났다. 이것도 제7장에서 논의한 공교육 확충이 사교육을 줄이는 구축효과(crowding-out)의 일종이라고 보아야 할 것이다.

사후적 지불체제 (retrospective payment system)

메디케어 H가 과거에 사용하던 제도로서, 의료행위가 완료된 이후에 진료비가 지불되는 체제. 따라서 이 제도는 의료서비스 제공자들로 하여금 진료 비용을 절감하는 인센티브를 제공하지 못함.

10.2.2 메디케어하에서의 비용관리

사전적 지불체제(PPSs) 제9장에서 논의한 바와 같이, 의료비 지출은 1965년 메디케어 도입 이후 큰 폭으로 증가하였다. 이러한 비용 증가는 메디케어에 의해 채택되고 있는 **사후적 지불체제**(retrospective payment system)에 의해 더욱 가속화되었다. 사후적 지불체제하에서는 병원이 메디케어(Part A) 수급자에게 진료를 한 이후 제공한 진료 서비스에 대한 비용을 사후적으로 청구한다. 이러한 제3자 지불체제하에서는 의료 서비스 제공자가 의료 서비스 공급비용을 절감할 인센티브가 전혀 존재하지 않는다.

빠른 비용 상승에 직면한 메디케어 제도는 1983년 진료비 지불체제를 **사전적 지불체제**(prospective payment system, PPS)로 변경하였다. 사전적 지불체제는 의료 서비스가 제공되기 이전 사전적으로 진료비가 결정되어 있다. 메디케어의 사전적 지불은 구체적으로 **포괄수가제**(diagnosis related groups, DRGs)를 통해 이루어진다. 포괄수가제하에서 질병군을 약 500가지로 분류하고, 메디케어 Part A 환자가 병원에 입원하자마자 질병군이 정해지고, 이에 따라 사전적으로 정해져 있는 진료비가 병원에 지급된다. 각 질병군에 대한 진료비는 그 질병군을 치료하는 데 소요되는 비용에 대한 전국적인 표준수준으로 결정되며, 이와 함께 각 병원의 비용구조를 상이하게 하는 요소를 가미하여 결정된다.

사전적 지불체제(prospective payment system)

현재 메디케어 HI에서 채택하고 있는 제도로서, 진료비 지불수준이 진료행위가 이루어지기 이전 사전적으로 정해져 있는 체제임. 따라서 의료 서비스 공급자가 진료비를 절감할 인센티브가 존재함.

민간의료보험에 대해 인두제를 적용하는 것과 같이, 이러한 체제는 병원으로 하여금 진료비를 절감하도록 하는 인센티브를 제공한다. 만일 병원이 사전에 정해져 있는 진료비 보상액보다 비용을 덜 지출하면 진료비 보상액과 실제 소요비용 간의 차액은 병원의 이윤으로 귀착이 되지만, 만일 진료비 보상액이 실제 소요비용보다 적으면 그 차액은 병원의 손실이 된다. 실제로 PPS가 도입된 이후 입원기간이 줄어들었다는 증거가 제시되고 있다. PPS가 도입되기 이전인 1981년 시점의 메디케어 환자의 단기입원병원에서의 평균입원기간이 10.5일이던 것이, PPS가 도입되어 정착되기 이전인 1984년에는 평균입원기간이 9.1일, 그리고 완전히 정착된 시기인 1985년에는 8.5일로 줄어들었다.[7] 이러한 입원기간의 감소는 건강상태를 더 악화시키지는 않은 것으로 보인다. 이러한 결론의 근거는 재입원이나 환자의 사망률이 증가하지 않았기 때문이다[Phelps, 2010].

포괄수가제(diagnosis related groups)

질병군을 약 500가지로 분류하고 메디케어 Part A 환자가 병원에 입원하자마자 질병군이 정해지고 이에 따라 사전적으로 정해져 있는 진료비가 병원에 지급된다.

PPS는 시행초기에는 메디케어 급여지출의 증가율을 감소시켰으나 시간이 지남에 따라 지출은 다시 증가하기 시작하였다. 이러한 패턴은 민간보험의 비용관리-서비스 체제하에서 똑같이 관찰되던 패턴이다. 즉, 일시적인 의료비 증가의 둔화 이후 얼마 되지 않아 다시 의료비가 증가하는 패턴이 관찰되었다. 비용관리-서비스 체제에서와 같이 이 현상은 부분적으로 기술진보에 기인한다고 보아야 한다. 또 다른 이유는 병원들이 이 DRG시스템을 이용하는 방법을 터득하였다는 것이다. 병원들은 환자들의 질병이 속한 질병군을 선택함에 있어 보다 많은 진료비를 보상하는 질병군으로 보고하고 이 질병군에 배정된 진료비를 수급하는 방법을 쓰기 시작하였다. 예를 들어 바이러스성 폐렴을 세균성 폐렴으로 분류하여 병원은 더 많은 진료비를 청구한다.

메디케어 Part B의 비용을 제한하기 위하여 1989년 미국 의회는 의사진료에 대한 지불보상제도를 개편하였다. 이 시스템은 **상대투입가치체제**(resource-relative value scale system)라고도 지칭된다. 이 체제는 각 의료행위에 대한 상대가치체제로 구성되어 있는데, 이 상대가치는 각종 의료행위에 투입되어야 하는 의사의 시간과 노력을 기준으로 정해진다. 의사에 대한 진

상대투입가치체제(resource-relative value scale system)

각 의료행위에 대한 상대가치체제로 구성되어 있는데, 이 상대가치는 각종 의료행위에 투입되어야 하는 의사의 시간과 노력을 기준으로 정해짐. 메디케어 Part B가 지급하는 의사에 대한 진료비는 이러한 상대가치에 의해 정해짐.

7 PPS가 정착되기 이전 단계라는 의미는 사전적 지불제도(PPS)가 도입된 이후 과도기적으로 사후적 지불제도가 적용되는 환자가 혼재하는 시기를 의미함.

료비 보상은 이 상대가치에 의해 이루어지는데, 이 체제의 취지는 의사로 하여금 진료비용을 낮추는 인센티브를 주고자 하는 것이다. 이러한 체제가 사전적 진료비 지불제도로 나아가는 첫 걸음이라고 할 수는 있으나, 이 체제도 기본적으로 행위별 수가체계의 범주에 속하고 따라서 의사로 하여금 진료비를 줄이는 인센티브를 주지는 못한다.

실질적으로 상대투입가치체제는 가격통제라고 할 수 있다. 시장이 아닌 정부에 의해 의료서비스의 가격이 정해지는 체제이다. 실제로 1980년대 이래 환자를 진료하는 의사에 대한 가격 통제는 메디케어 비용을 절감하는 정부의 가장 중요한 방법이었다. 예를 들어, 메디케어 Part B는 오랜 기간 동안 의사진료비용을 동결하였으며, 그 기간 이후에도 의사들의 진료비 청구금액 증가율에 대한 표준을 정하여 이 표준을 위반할 경우 벌칙을 가하는 형태로 관리되어 왔다. 이러한 형태의 가격 통제는 매우 복잡하고(이와 관련된 규제는 10만 쪽이 넘는 내용을 담고 있다), 부작용을 유발하는 경향이 있다. 대표적인 부작용은 의료 서비스 공급자들이 메디케어 환자들을 진료하는 것을 기피하는 것이다. 예를 들어 2002년 메디케어가 모든 진료에 대해 5.4% 진료비를 삭감한다고 발표한 후, 상당히 많은 의사 진료소가 메디케어 환자에 대한 진료를 거부하였다. 이와 관련하여 널리 알려진 예는 플로리다주 잭슨빌의 메이오 클리닉의 지점에서 벌어진 사건이다[Rosenberg, 2002, p. 11]. 또한 가격 통제는 의료 서비스의 질을 향상시키는 새로운 의료기술 개발을 저해하기도 한다. 제9장에서 언급하였듯이 의료비 상승이 그 자체로 나쁜 것만은 아니다. 만일 의료비 상승이 의료기술 발전에 따른 의료 서비스의 질을 향상시키고 이에 따라 의료 서비스에 대해 소비자들이 더 높은 가격을 지불할 용의가 있는 한도 내에서 의료 서비스 가격 상승은 큰 문제가 되지 않는다.

10.2.3 메디케어: 의료비 지출과 건강에 대한 효과

우리는 지금까지 메디케어는 큰 비용이 소요되는 정부의 프로그램이며 비용 통제를 위한 다양한 시도를 하였지만 비용 상승은 지속되고 있음을 보였다. 이러한 비용지출은 어떠한 편익을 유발하였는가?

이 질문에 대한 대답을 찾기 위해 제일 먼저 제기되어야 할 문제는 메디케어가 실제로 노인 의료비를 증가시켰느냐 하는 것이다. 이에 대한 대답을 찾는 가장 자연스러운 방법은 메디케어가 도입되기 이전과 이후 노인의료비를 비교하는 것이다. 그러나 이러한 단순 비교로 상황을 제대로 파악하지 못할 수 있다. 왜냐하면 다른 요소도 같이 변화하여 메디케어 도입 이전과 이후의 변화를 유발할 수 있기 때문이다. 예를 들어, 이 기간 동안의 기술발전이 의료비 상승을 유발할 수 있다.

보다 나은 답을 찾기 위해 Finkelstein[2005]은 메디케어 도입 이전에 지역별로 민간의료보험가입자 비율에 상당한 차이가 있었다는 점을 이용하였다. 예를 들어, 뉴잉글랜드 지방이 노인 중 약 50%가 메디케어 도입 이전 민간의료보험에 가입하고 있었던 반면, 동남부 주들에서는 노인의 민간의료보험가입률이 12%에 불과하였다. 이 사실이 의미하는 바는 특정 주의 경우 메디케어 도입에 의해 의료보험가입률이 큰 폭으로 증가한 반면, 다른 지방에서는 가입비율에 큰 변화가 없었다는 것을 의미한다. Finkelstein은 이러한 차이를 이용하여 메디케어 도입이 각종 의료 서비스 소비에 미친 영향에 대해 분석하였다. 만일 메디케어로 인해 노인의료보험가입률에 가장 큰 폭의 변화가 있었던 지역에서 의료비 증가가 가장 큰 폭으로 증가하였다면, 의료비 증가의 상당부분이 메디케어로 인해 유발된 것이라고 해석할 수 있다. 그녀는 이 연구를 통해 메디케어의 도입이 의료비 지출 증가에 상당히 기여하였다는 점을 보였다. 예를 들어 이 제도가 도입된 처음 5년 동안 병원진료비가 23% 상승한 것으로 나타났다.

그다음으로 중요한 이슈는 과연 이러한 의료비 증가로 인해 건강상태가 호전되었는가 하는 것이다. 대표적인 연구로 Finkelstein과 McKnight[2005]가 있는데, 이 연구에서도 메디케어 도입 이전의 지역별 민간보험가입률의 차이를 이용하였다. 이들은 메디케어의 도입이 노인의 사망률에 전혀 영향을 미치지 못했다는 매우 놀라운 연구결과를 제시하였다. 이러한 연구결과는 제9장에서 논의한 바 있는 민간의료보험가입율과 건강상태와 큰 관련성이 없다는 연구결과를 상기하면 그리 놀랄 만한 것이 못 된다. Finkelstein과 McKnight는 그들의 연구결과를 뒷받침하기 위해 메디케어가 도입되기 이전에도 생명에 치명적인 질환을 가진 사람이 보건의료 서비스를 구입하였다는 증거를 제시하였다. Skinner, Fisher, Wennberg[2005]도 메디케어와 건강상태 간의 인과관계가 미미하다는 증거를 추가적으로 제시하였다. 그들의 연구결과에 의하면 메디케어 지출이 상당히 다른 지역 간에 차이를 보이고 있는 반면, 메디케어 지출이 많은 지역의 노인들이 더 건강하다는 증거가 없다고 한다. 이들의 연구결과는 메디케어 지출의 약 20%는 생존확률 향상 측면에서 전혀 효과가 없음을 의미한다.

메디케어 지출이 건강상태에 거의 영향을 미치지 않는다고 해서 메디케어의 편익이 전혀 없는 것인가? 그렇지 않다. 제9장에서 논의한 바와 같이 위험을 제거하거나 줄이는 것 자체로 사람들의 후생복리가 향상될 수 있다는 사실을 상기해보자. Finkelstein과 McKnight의 추산에 의하면 메디케어는 수혜자의 의료비 부담에 대한 위험을 줄임으로써 수혜자 1인당 연간 500달러 상당의 편익을 유발하고 편익총액은 연간 100억 달러에 달한다고 한다(2000년 불변가격 기준). 이와 관련된 연구로 McClellan과 Skinner[2005]가 있는데, 위험 감소에 따른 편익은 저소득층에 더 많이 귀속되는 것으로 나타났으며, 이는 메디케어가 소득재분배 기능도 수행하고 있다는 것을 의미한다. 이러한 연구결과를 종합하건대, 메디케어의 편익은 노인층의 건강 관련 지출에서의 위험을 감소시키는 데서 발생하며 건강상태 자체를 향상시키는 데서 발생한다고 보기 어렵다.

10.2.4 메디케이드: 제도 개관

수급자격 **메디케이드**(Medicaid)는 정부의 저소득층 지원 프로그램 중 가장 큰 규모의 프로그램이다. 이 제도는 연방정부와 주정부가 함께 운용하는 제도로서 1965년 도입 당시에는 현금급여를 수급하는 사람들에게 의료보험을 제공하기 위해 도입되었다. 그러나 1980년대의 입법을 통해 수혜자 범위가 확대되었다(확대 범위는 주로 편부모 가정에 대한 지원프로그램 수혜자로 구성된다).[8] 저소득층 지원 프로그램 수혜자의 상당부분을 포함할 뿐만 아니라 양친이 모

메디케이드(Medicaid)

저소득층에 대한 의료보험제도로서 미국의 연방정부와 주정부가 함께 운용하는 제도.

8 이러한 프로그램으로 1996년 이전에는 AFDC(Aid to Families with Dependent Children)와 1996년 사회복지개혁으로 도입된 TANF(Temporary Aid to Needy Families)가 있다.

그림 10.4 메디케이드 지출 수준(1966~2010)

메디케이드 프로그램은 지속적으로 확대되어왔다. 특히 이러한 확대는 1990년대에 대폭적으로 이루어졌다. 2010년 현재 연방정부와 주정부의 메디케이드와 SCHIP 지출은 4,130억 달러로서 이는 GDP의 2.8%에 해당된다.

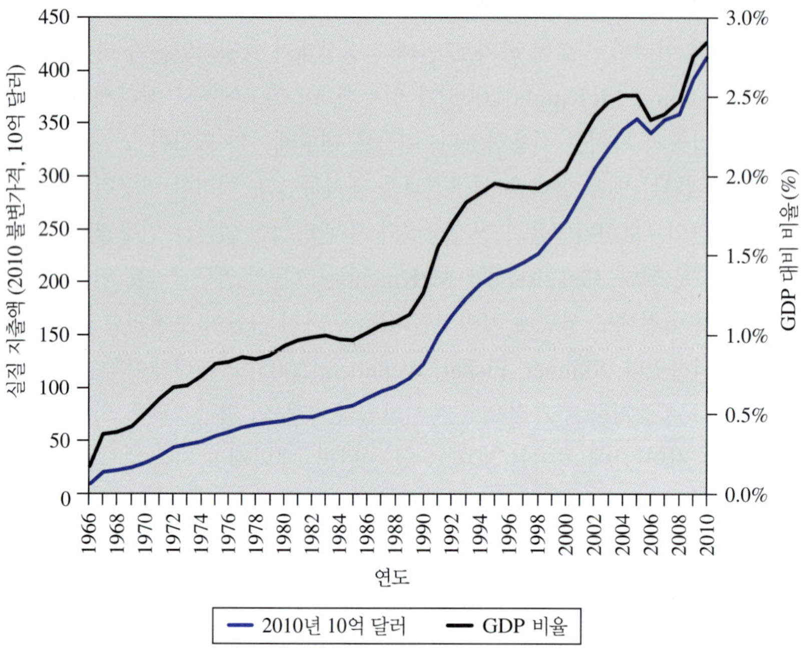

자료: Centers for Medicare and Medicaid Services [2012c].

두 있는 저소득층 가구의 어린이도 수혜자에 포함된다. 뿐만 아니라 가구소득이 빈곤선보다 상당히 높은 가구의 어린이와 임산부에게도 제도의 혜택이 부여된다.

주정부 어린이 의료보험프로그램(State Children's Health Insurance Program, SCHIP)

메디케이드 수급자격을 기존의 메디케이드 수급자격 기준 가구소득보다 높은 가구의 어린이에게도 확대하여 설치된 의료보험 프로그램.

1997년 미국 의회는 **주정부 어린이 의료보험프로그램**(State Children's Health Insurance Program, SCHIP)법을 제정하여 주정부로 하여금 메디케이드 수급자격을 기존의 메디케이드 수급자격 기준 가구소득보다 높은 가구의 어린이에게도 확대하는 것을 허용하였다. 각 주정부는, 의료보험 혜택을 보지 못하는 어린이의 수를 줄이기 위한 주정부 의료보험 프로그램을 시행하기만 하면 SCHIP 기금을 설치할 수 있다. 주정부들은 이를 위해 기존의 메디케이드 프로그램을 확대하거나 혹은 새로운 의료보험 프로그램의 설치 및 운영에 대한 결정을 할 재량권이 부여되어 있다.

1980년대와 1990년대의 수급대상 확대는 수급대상자 수를 대폭적으로 증가시켰다. 1990년 현재 수급자 수가 2,290만 명이던 것이 2009년에는 그 수가 6,240만 명으로 증가하였으며(SCHIP 포함), 그중 48%가 어린이로 구성된다[Centers for Medicare and Medicaid Services, 2012]. 수급자 수의 증가는 메디케이드 지출액의 상승을 수반하였다. 〈그림 10.4〉는 연방정부와 주정부 메디케이드 프로그램과 SCHIP 지출액과 GDP 대비 비율의 변화추이를 보이고 있다. 2010년에는 지출액 수준이 4,130억 달러로서 이는 GDP의 2.8%에 해당한다[Centers for Medicare and Medicaid Services, 2012c].

재원조달 및 관리운영 메디케이드의 재원은 연방정부와 주정부에 의해 조달된다. 연방정부는 주정부에 대해 매칭펀드 형식으로 메디케이드 비용에 대한 지원을 한다. 메디케이드 지출 총액 대비 연방정부 지원액 비율은 최소 50%로부터 재정상태가 열악한 주에 대해서는 더 높은 비율(최고수준은 83%에 이름)로 행한다. 연방정부의 재원은 일반재정에서 조달된다.

메디케이드는 개별 주정부에 의해 운영된다. 연방정부의 자금지원을 받기 위해서는 특정 집단을 메디케이드 지원 대상에 포함시켜야 한다. 이 지원 대상에는 대부분의 연방정부 복지지출 수혜대상자는 물론, 가구소득이 빈곤선 133% 이하인 가구의 어린이와 임산부 그리고 가구소득이 빈곤선 이하인 가구의 19세 미만인 모든 어린이가 포함되어야 한다. 그러나 주정부는 지원 자격을 확대하는 재량권이 부여되어 있으며 이로 인해 주별로 수혜대상에 상당한 차이를 보이고 있다. 2010년 의료관련 법 개정은 각 주정부가 메디케이드의 수혜대상을 빈곤선의 133% 이하의 모든 개인에게 확대하도록 하는 유인을 증가시켰다고 평가되고 있다.

급여 각 주정부는 수혜대상자에게 병원 입원비, 의사 진료비, 산전 의료 서비스 그리고 어린이를 위한 예방접종과 같은 중요한 의료 서비스에 대한 일정 수준의 급여를 보장하여야 한다. 주정부는 또한 더 후한 혜택을 부여할 수 있는데, 대부분의 주정부에서는 넓은 범위의 의료 서비스에 대해 진료비를 지불하며, 수혜자는 본인부담분이 거의 없이 진료를 받을 수 있는 경우가 많다.

주정부에게는 메디케이드 운영방식에 대해 일정 수준의 재량권이 부여되어 있다. 예를 들어, 주정부는 '인두제' 방식의 진료비 보상제도를 운영할 수 있다. 이 제도하에서는 특정 개인이나 특정 집단의 개인을 비용관리-서비스 체제와 연결시켜 진료하도록 하고 이들 서비스 체제에 매달 일정액을 정부가 지불한다. 이미 언급한 바와 같이 이러한 방식을 채택하는 이유는 비용을 통제하기 위해서이다. 그러나 만일 이러한 새로운 체제를 선택하는 사람이 기존의 메디케이드 프로그램에 그대로 머물러 있었을 때의 운영비용보다 비용관리-서비스 체제에 지불하는 금액이 더 많을 경우 정부의 비용이 절약된다고 보기 어렵다. 이러한 비용을 추정하는 것은 매우 어려운 일이다. 그 이유는 새로운 체제로 옮겨가는 사람들의 특성과 기존의 메디케이드 프로그램에 머물러 있는 사람들의 특성은 상당히 다르며, 더욱 중요한 것은 두 집단의 차이를 결정하는 요인에 대해 알기가 어렵기 때문이다.

이 문제를 규명하기 위해서 Duggan[2004]은 캘리포니아 메디케이드 시스템의 개편을 통한 자연적 실험을 이용하였다. 캘리포니아의 몇몇 카운티 정부는 모든 메디케이드 수혜자가 의무적으로 비용관리-서비스 체제로 전환하도록 하였다. 이 경우 새로운 체제로 이동하는 사람들의 특성과 기존 제도에 남아 있는 사람들의 특성 차이에 대해 고려할 필요가 없다. Duggan은 새로운 제도가 도입되기 이전과 이후의 1인당 메디케이드 지출액을 비교해본 결과 비용관리-서비스 체제로의 이행이 정부의 메디케이드 비용을 절감하는 효과가 전혀 없었으며, 오히려 비용을 상승시킨 효과가 있었다는 사실을 발견하였다.

그림 10.5 공공의료보험이 민간보험을 구축하는가?
그림 A의 경우, 공공의료보험제도의 도입이 민간보험가입자 수에 전혀 영향을 미치지 못한다. 그림 B의 경우, 공공의료보험제도의 도입은 민간보험을 구축하는 효과가 있다. 그림 C는 공공의료보험제도가 도입되기 이전에는 민간보험에 전혀 가입하지 않던 사람이 민간의료보험 도입으로 인해 의료보험의 수혜자가 되는 경우에 해당한다.

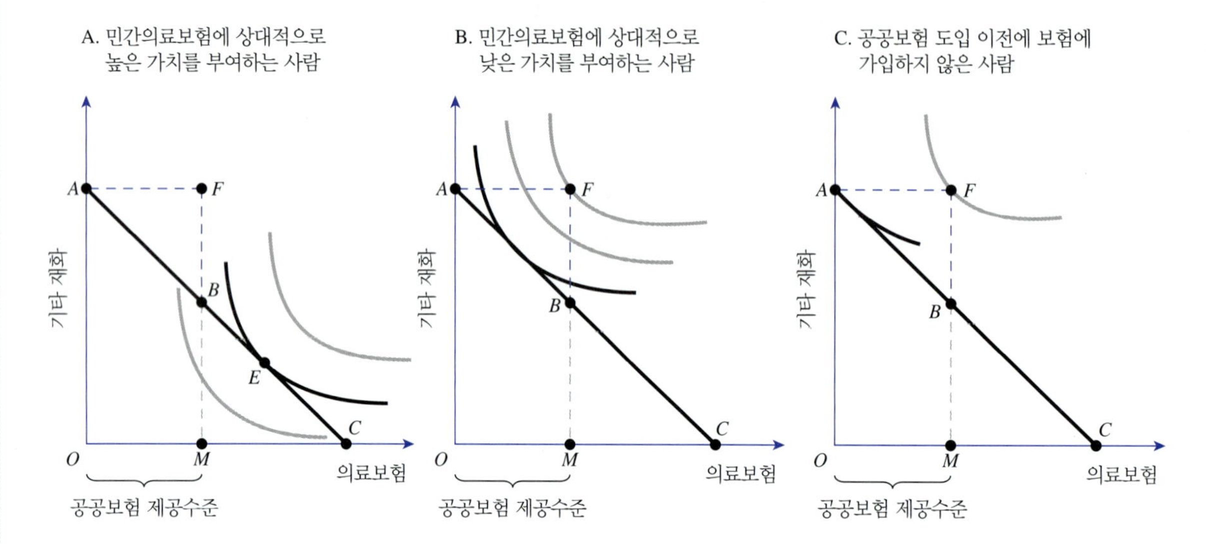

10.2.5 메디케이드: 건강에 대한 영향

우리는 지금까지 메디케이드 수혜대상자와 비용이 증가해왔다는 사실을 확인하였다. 그러면 이러한 증가가 저소득층의 건강을 증진시킨 효과가 있었다고 할 수 있는가?

구축효과(crowd out)
공공의료보험제도가 민간보험을 대체하여 의료보험 가입자 수가 전혀 변화하지 않은 현상.

구축효과 메디케이드 등록자 수가 증가하더라도, 이러한 증가가 저소득층 의료보험가입자의 일대일 증가를 의미하지는 않는다. 이미 민간의료보험에 가입한 사람이 메디케이드 수혜 자격을 획득하였다면, 의료보험가입자 수에는 전혀 변화가 없다. 결과적으로 공공의료보호제도가 민간의료보험을 **구축**(crowd out)한 것이라고 보아야 할 것이다. 이러한 가능성을 확인하기 위하여 〈그림 10.5〉를 살펴보자. 〈그림 10.5〉는 의료보험급여 범위와 다른 재화 간 소비자의 선택을 나타내고 있다. 여기서 의료보험에 대한 선택은 얼마나 넓은 범위의 급여를 제공하는 의료보험에 가입하는가이다.[9] 공공의료보험이 도입되기 이전의 예산선은 *AC*이다.

여기서 정부가 무료로 공공의료보험제도를 제공하고 이를 시장에서 재판매하는 행위를 금지한다고 가정하자. 정부의료보험은 보험 커버리지를 *M* 단위만큼 제공한다고 하자. 또한 여기서 정부의료보험 수혜를 받는 사람이 민간보조의료보험을 구입하여 더 많은 보험혜택을 받는 가능성이 배제되어 있다고 가정하자. 이 경우 예산선에는 어떠한 변화가 생길까? 메디케이드 수혜자는 민간보조의료보험을 구할 수가 없으므로 정부의료보험제도의 수혜를 받는 사람

9 이 그림은 Cutler와 Gruber[1996]의 논문에서 인용하였다.

은 정확히 M 단위의 보험을 획득하게 된다. 이는 점 F로 표현되는 소비조합을 선택하는 것을 의미한다. 즉, M 단위의 보험을 무상으로 획득하고 모든 소득을 여타 재화의 구입에 지출하게 된다. 만일 이 수준 이상의 보험을 원할 경우 M 단위의 정부의료보험은 정부로 반환하여야 하고 이때 예산선은 원래의 AC가 된다. 따라서 공공의료보험이 도입된 이후 예산선은 $AFBC$가 된다.

이러한 새로운 예산선은 의료보험 가입에 어떠한 영향을 미치게 될까? 그림 A의 경우, 민간의료보험에 많은 가치를 두는 사람의 예로서 보다 많은 급여를 제공하는 민간의료보험에 가입하기 위하여 많은 양의 여타 재화를 포기한다. 이 경우 공공의료보험의 도입은 이 사람의 의사결정에 아무런 영향을 미치지 못한다. 왜냐하면 공공의료보험이 도입되든 안 되든 이 사람은 점 E를 선택하기 때문이다. 그러나 그림 B 경우, 민간보험에 큰 가치를 두지 않는 사람의 예를 제시하고 있다. 이 사람은 M 단위의 공공의료보험이 무료로 제공되면 민간의료보험을 포기하게 된다. 이 경우 공공의료보험은 민간의료보험을 구축하게 된다. 마지막으로 그림 C는 민간의료보험에 가입하지 않던 사람이 공공의료보험의 도입으로 의료보험가입자로 편입되는 경우를 보이고 있다.

메디케이드 프로그램이 무료로 제공되는 점을 감안하면 어느 정도의 구축효과는 감수하여야 한다. 여기서 중요한 문제는 그림 B의 상황이 일반적인 상황이냐는 것이다. 메디케이드 프로그램이 처음 도입된 당시는 상황이 그렇지 않았다. 그 당시 메디케이드 수혜자는 극빈층에 국한되어 있었기 때문이다. 그러나 메디케이드의 수혜 범위가 확대되어감에 따라 구축효과의 문제는 점점 더 심각한 문제로 부각되었다. 메디케이드의 목표가 빈곤층에 대해 의료보험을 확대하는 것이기 때문에 구축효과는 수혜자 확대 시 고려되어야 하는 사항이다. 그러나 이러한 구축효과가 꼭 나쁜 것만은 아니다. 이유는 저소득층의 가처분소득을 증가시켜 이들에게 필요한 다른 재화 소비를 통해 더 양질의 영양섭취와 주거환경을 제공할 수 있고, 이것이 이들의 건강을 증진시킬 수 있기 때문이다.

실증 증거 메디케이드 수급자 확대는 실질적인 효과가 있었는가?

구축효과는 중요한 고려대상이 되어야 하는가? 1980년대 이래 메디케이드 등록이 증가하고 민간의료보험 가입이 줄어들었다. 이 사실은 구축효과가 의미하는 상황과 맞아떨어지지만, 인과관계는 명확하지 않다. 이유는 이 기간 동안 미국 경제상황의 변화가 메디케이드 등록과 민간의료보험 감소를 유발하였을 수 있기 때문이다. 예를 들어 (고용주에 의해 비교적 혜택이 많은 민간의료보험 패키지가 제공되던) 제조업의 고용 비중이 감소하였다는 사실은 이러한 의구심을 가지도록 하는 근거가 될 수 있다.

구축효과의 정도를 추정하기 위하여 몇 가지 연구가 메디케이드 수혜대상 변화 과정을 이용한 준실험적인 방법을 사용하였다. 준실험적 방법이 아닌 자연적 실험이 이루어진 경우로 Finkelstein 등[2010]이 있다. 오리건주는 메디케이드 혜택을 신청하고 기다리는 사람들을 대상으로 추첨을 하여 그 대상자를 선정하였다. 이러한 방식은 메디케어 혜택을 무작위로 배정하는 효과가 있다. 이러한 무작위 배정은 미국에서 처음 시도된 것이었다. 논문의 저자들은 메디케이 커버리지를 얻지 못한 사람들과 비교하여 수급권을 얻은 사람들은 의료 서비스 이용도가 상당수준 높았으며, 본인부담분 지출이 감소하였으며, 의료부채, 즉 미지급 의료비가 감소하였으며, 자신의 건강상태에 대해 보다 긍정적인 인식을 하게 되었다는 분석결과를 제시하였다.

10.3 2010년 ACA

이 장에서는 의료보험에 대한 접근성 제고와 의료비 통제라는 두 목적을 동시에 달성하고자 하는 미국에서의 다양한 노력에 대해 논의하였다. 우리는 이러한 노력이 효율성의 관점과 충돌하고 따라서 이러한 상충관계는 사회의 큰 부담이 되었다는 점도 확인하였다. 여러 제도개편이 시도되었으나 많은 논객들은 의료비는 여전히 빠른 속도로 증가하고 있으며, 의료보험에 대한 접근성은 충분히 향상되지 않았으며, 의료시스템은 여전히 비효율적이고 형평성도 결여되어 있다고 비판한다. 2010년에 오바마 대통령은 Affordable Care Act(ACA)에 서명하였는데, 이 법안은 모든 사람에게 의료보험 구입을 의무화할 뿐만 아니라 현존하는 공공제도도 확대하는 것을 그 내용으로 한다.

보험미가입자의 문제를 해결하기 위해 ACA법은 모든 시민과 영주권자들의 보험 가입을 의무화하였다. 이를 위하여 50인 이상 근로자를 고용하고 있는 기업이 의료보험을 근로자에게 제공하지 않으면 고용주에게 조세를 부과하고 또한 의료보험에 가입하지 않은 개인에게 벌과금을 부과하도록 규정하였다. 또한 ACA법에 기반하여 의료보험거래제도(heath insurance exchanges, HIE)가 설립되었다. 이 거래제도는 연방정부의 규정에 입각하여 주정부에 의해 규제받는 표준화된 민간의료보험플랜으로 구성된다. 소득이 빈곤선의 133%와 400% 사이인 개인이 HIE를 통해 보험에 가입한 경우 세액공제 형태의 보조금을 지급하도록 하였다. 빈곤선의 133% 미만 소득자에게 의료보험혜택을 확대하기 위하여 ACA법은 각 주로 하여금 메디케이드의 수혜대상을 확대하도록 재정지원을 확대하였다. 재정지원의 규모는 2014년과 2016년의 경우는 소요금액 100%를 지원하고 지원규모를 2020년까지 90%까지 줄여나가도록 하였다. 미국 대법원 판결에 의하면 주정부의 메디케이드를 의무적으로 확대 개편할 필요는 없다.

마지막으로 ACA는 메디케어 지출 증가율에 상한선을 설정하였다. 증가율의 상한선은 인플레이션율보다 1%P 높은 수준으로 설정되었다. 이 규정을 위반하면 ACA는 독립적 지불 권고위원회(Independent Payment Advisory Board)가 의료비 지출 증가속도를 통제하기 위한 권고안을 제출하도록 하였다.

ACA는 매우 복잡하고 긴 법안이며(2,700쪽 이상), 정치적으로 논쟁의 여지가 매우 많은 법안이다. 법의 핵심사항은 2014년이 되어서야 발효되며, 또한 이들이 어떠한 방식으로 정책에 반영될지에 대한 불확실성이 여전히 존재한다. 따라서 경제학자들이 이 법안이 의료보험 접근성, 보험 확대 비용, 그리고 연방정부 예산에 미치는 영향에 대한 분석을 하기에는 아직 이르다.

10.4 한국의 국민건강보험

앞에서 미국의 민간의료보험제도와 공공의료보험제도에 대해 살펴보았다. 여기서는 한국의 의료보험제도를 공적의료보험제도를 중심으로 소개하고자 한다. 한국의 의료보험제도가 미국의 제도와 대비되는 가장 큰 특징은 한국에서는 공적의료보험인 '국민건강보험제도'가 의료보험의 근간을 이루고 있다는 점이다. 최근 수년간 '질병보험', '암보험', '어린이보험', '간병보험',

'입원진료에 대한 특약', '실손형 보험' 등 민간의료보험이 시장에서 거래되고 그 규모가 증가하고 있다. 보건사회연구원의 「2009년 한국의료패널기초분석보고서」에 의하면 민간보험에 가입한 가구의 비중은 2009년 현재 77.8%이며, 가구당 평균 가입 수는 3.62개인 것으로 조사되었다. 가구당 월평균 보험료 납입액은 213,626원으로 나타났다. 의료보험상품 도입초기 의료보험상품은 이 장에서 논의한 미국의 민간의료보험과 같이 실제 진료비를 지급하는 '실손형' 보험상품보다는 질병 발생 시 일정 금액을 지급하는 '정액형' 보험이 대부분을 차지하였다. 그러나 최근 들어 '실손형' 보험상품은 거래 규모가 빠른 속도로 증가하고 있다.

한국 의료보험의 근간을 이루고 있는 공공의료보험은 크게 '국민건강보험제도'와 '의료급여제도'이다.[10] 국민건강보험제도는 미국의 메디케어와 같은 공공의료보험제도가 전 국민에 걸쳐 적용되고 있는 상태로 해석할 수 있다. 국민건강보험제도는 1963년 처음 근거법이 제정되었으나 본격적으로 실시된 것은 1977년 근로자에 대해 강제 적용되기 시작하면서부터라고 할 수 있다. 이 공공의료보험은 '직장의료보험'이라는 이름으로 대기업부터 점차적으로 소규모기업으로 확대 실시되었다. 1979년에는 공무원 · 교직원 의료보험이 실시되어 공무원과 교직원에 대해서도 의료보험이 적용되기 시작하였다. 자영업자에 대한 의료보험은 1988년 농어촌 지역의료보험이 전국으로 확대 실시되고 1989년 7월 1일 도시지역 의료보험이 전국적으로 확대 실시되어 전 국민에 대해 의료보험이 실시되고 있다. 2000년 7월에는 그 이전에 의료보험제도가 직장의료보험조합, 공무원 · 교직원 의료보험조합, 지역의료보험으로 각각 분리되어 운영되고 있던 것이 이 시점에 단일 프로그램으로 통합되고 명칭도 현재의 명칭인 '국민건강보험'으로 개칭되었다.

국민건강보험제도 참여자는 보험가입자(국민), 보험자(국민건강보험공단) 그리고 의료 서비스 공급자로 구성된다. 국민건강보험제도의 첫 번째 특징은 국민건강보험공단이 유일한 보험자로서 역할을 담당하고 있다는 것이다. 캐나다와 EU국가들에서의 단일보험자 방식(영국 등)과 다른 점은 한국의 경우 전적으로 조세수입으로 재원이 조달되고 있지 않다는 것이다.[11] 건강보험제도의 주요 재원은 보험료(근로자의 경우 고용주와 근로자가 반씩 보험료를 부담하고 자영업자의 경우 본인이 보험료 전액을 부담), 중앙정부 재정에서의 재정지원(보험재정국고지원금), 국민건강증진기금으로부터의 전입금[12]으로 구성되는데, 이 중 가장 큰 비중을 차지하고 있는 것은 보험료 수입으로서 2017년 전체 수입 중 약 85.7%를 차지하고 있다. 그다음 높은 비중을 차지하고 있는 것은 중앙정부 일반재정에서의 보험재정국고지원이며(8.3%), 국민건강증진기금으로부터의 전입금의 비중은 2009년 현재 약 3.2%를 차지하고 있다.

EU국가의 제도와 또 다른 차이점은 의료 서비스 공급이 주로 민간의료기관에 의해 이루어진다는 것이다. 영국과 같은 나라에서는 의료 서비스 공급이 전적으로 공공의료기관에 의해

10 이 장에서 사용한 '의료보험'이라는 용어는 사회보험방식의 공공의료보험뿐만 아니라 저소득층에 의료 서비스를 보장하는 '의료보호'제도를 모두 포함하는 개념이다. 이러한 분류와 일관성을 유지하기 위하여 '의료급여'에 대한 논의도 포함하였다.

11 캐나다와 EU국가의 단일보험자방식은 이 장 10.5절에서 언급될 것임.

12 국민건강증진기금은 질병예방 사업 실시를 목적으로 설립된 기금이다. 기금의 주요 수입원은 담배 소비에 부과되는 담배부담금인데 담배부담금 수입의 일부를 국민건강보험 재정지원에 사용하고 있다.

그림 10.6
건강보험 수입구조
(단위: %)

건강보험수입 중 가장 큰 비중을 차지하는 것은 '보험료' 수입이고, '보험재정국고지원금'과 '국민건강증진기금으로부터의 전입금'이 2017년 현재 약 11.5%를 차지한다.

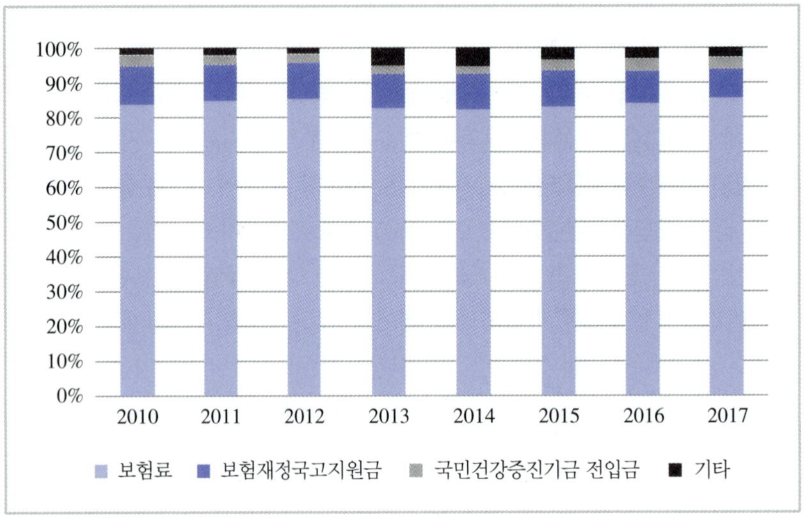

자료: 2017 건강보험통계연보.

이루어지는 상황과 대비된다(10.5절 참조).

보험가입자에 대한 급여는 건강보험 적용 대상 진료에 대해 보험자(국민연금관리공단)가 일정 부분의 진료비(약제비 포함)를 지급하는 형식으로 지급된다. 2017년 현재 건강보험적용 대상 진료에 대해 진료비 중 국민건강보험공단 부담 비중은 약 74.9%이다.[13] 건강보험급여지출 총액은 2017년 현재 약 54조 6,000억 원으로서 당시 GDP의 2.97%에 해당한다. 나머지 진료비는 환자본인부담분에 의해 지불된다. 미국과 달리 한국에서는 최소부담분이 없다. 미국 상황과의 또 다른 차이점은 미국의 경우 병원진료비와 의사진료비를 따로 지급하지만 한국에서는 진료비를 따로 지급하지 않고 병원 혹은 의원에 함께 지급한다는 것이다. 따라서 의료보험체제도 미국의 메디케어 제도하에서 병원보험(HI)과 보조의료보험(SMI)은 각각 병원진료비와 의사진료비 지급 기능을 담당하는 체제와 달리 단일제도하에서 운영되고 있다.

의료 서비스 제공자에 대한 진료비 보상은 행위별 수가제도(fee-for-service)를 통해 이루어지고 있다. 다시 말하면, 의료 서비스 공급자가 제공한 진료행위에 대해 사후에 진료비를 청구하는 방식인 사후적 진료비 청구방식을 채택하고 있다. 의료비 증가를 억제하기 위해 사전적 진료비 청구방식인 포괄수가제(DRG)가 7개 질병군[14]의 병원진료에 대해 부분적으로 실시되고 있으나 전반적으로 제도가 시행되지 않고 있다.

13 국민건강보험은 모든 종류의 질병에 대해 보험을 적용하는 것은 아니다. 여기서 제시한 공단부담비율은 보험적용 대상 진료의 총진료비 대비 비율에 해당한다. 국민건강보험급여 대상이 되지 않는 비급여 진료비를 포함하면 이 비율은 상당 수준 낮아진다.

14 백내장수술(수정체 수술), 편도수술 및 아데노이드 수술, 항문수술(치질 등), 탈장수술(서혜 및 대퇴부), 맹장수술(충수절제술), 제왕절개분만, 자궁 및 자궁부속기(난소, 난관 등) 수술(악성종양 제외)이 이 질병군에 속한다.

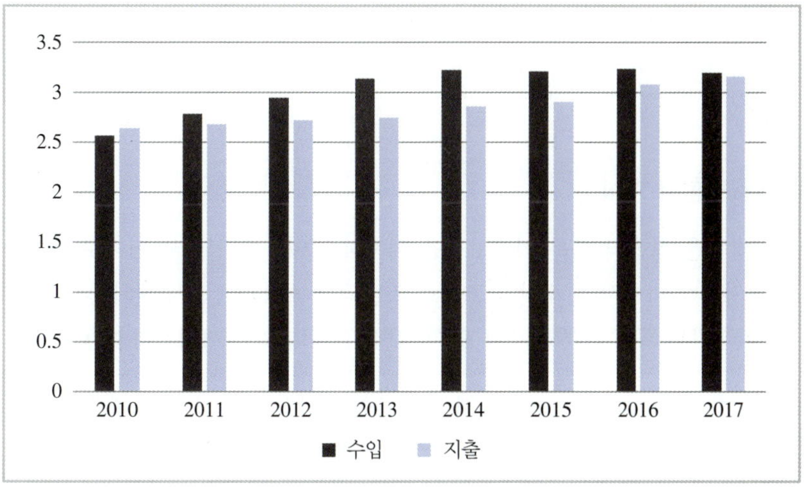

그림 10.7

건강보험 수입 및 지출(단위: GDP 대비 %)

건강보험료 수입과 지출의 GDP 대비 비중은 상승추세를 보인다. 최근에는 건강보험 급여 확대로 지출이 더 빠른 속도로 증가하고 있다.

자료: 2017 건강보험통계연보.

한국도 미국과 마찬가지로 의료비가 급속히 증가하고 있다. 이로 인해 건강보험급여도 증가하고 있다. 2010년대 초반에 건강보험 지출[15]이 지속적으로 증가하고 있다. 2010년 이후 건강보험료 수입 증대를 통해 수입이 지출을 상회하였으나 최근 건강보험급여 대상 확대, 보험급여 상향조정 등으로 인해 수입과 지출의 폭이 축소되고 있다.

저소득층에 대한 의료 서비스 제공을 목적으로 하는 '의료급여제도'의 주요 수혜대상자는 가구소득이 빈곤선 미만인 국민기초생활보장제도 수혜자를 비롯하여 차상위 계층 중 만성 · 희귀난치성 질환자에서 2005년 차상위 계층 12세 미만 아동과 국내에 입양된 18세 미만 아동에게로 확대되었고, 2006년에는 차상위계층 18세 미만 아동에게로 확대되었다. 의료급여 대상자 수는 2009년 현재 약 168만 명으로서 전 인구의 약 3.4%에 해당한다.

의료급여 대상자는 소득수준과 근로능력 유무에 따라 1종 대상자와 2종 대상자로 나누고 급여수준도 종별로 차등 적용하고 있다. 국민기초생활보장제도 수혜자이면서 근로능력이 없는 1종 대상자에게는 진료 서비스가 전액 무료로 제공되고 국민기초생활보장제도 수혜자이면서 근로능력이 있거나, 차상위계층에 속하는 2종 대상자에게는 다소의 본인부담금이 부과된다.

의료급여 대상자에 대한 의료 서비스 제공은 국민건강보험가입자와 동일하게 의료 서비스 공급자에 의해 이루어지며, 진료비 수가체계도 과거 일반 환자와 상당한 차이가 있으나 현재는 거의 동일한 수가가 적용되고 있다. 국민건강보험과의 가장 큰 차이점은 재원조달 방식이다. 재원조달은 중앙정부와 지방정부의 일반재정에서 조달하는데, 2017년 현재 의료급여 총지출액이 7조 6,354억 원(GDP의 약 0.42%에 해당) 정도이다.

15 건강보험지출에는 건강보험급여, 관리운영비, 그리고 기타 지출이 포함된다.

10.5 보건의료제도 개혁을 위한 대안들

ACA법 통과가 의료보험 개혁을 종식시킨 것은 아니다. 오히려 이와 관련된 논쟁이 더욱 뜨거워졌다고 할 수 있다. 여기서는 현재 논의되고 있는 2가지 대안적인 접근법에 대해 논의하고자 한다.

10.5.1 단일보험자 방식

단일보험자 방식은 현행의 모든 의료보험을 폐지하고 이를 단일한 보험자로 대체하는 방식이다. 단일보험자 방식하에서는 재원이 조세로 조달되고 소득과 건강상태와 상관없이 모든 사람에게 아주 낮은 비용 혹은 아무런 비용 없이, 일정 종류의 의료 서비스가 제공된다.

외국의 경험 캐나다와 유럽 몇 개국에서 단일보험자 방식이 여러 가지 형태로 실시되고 있다. 캐나다에서는 의료 서비스가 민간부문에서 생산되고 공급되는데, 진료비에 대한 보상은 정부와 의료부문 간의 협상에 의해 결정된다. 영국에서는 National Health Service(NHS)를 통해 공공부문이 의료 서비스를 생산한다. 미국에서 단일보험자 방식을 적용하는 가장 단순한 방법은 현행의 메디케어를 전 국민에 확대하는 것이다.

단일보험자 방식하에서 각 개인들이 의료 서비스 구입을 위해 추가적인 비용을 지불하지 않아도 된다는 사실은 이 제도의 지지자들에게는 장점으로, 반대하는 사람에게는 치명적인 단점으로 부각될 것이다. 이 방식을 지지하는 사람은, 시장지향적인 접근방식은 윤리적이지 못하다고 주장한다. 아픈 사람으로 하여금 의료 서비스를 구입할 때 발생하는 비용과 편익을 비교하여 의료 서비스 구입 여부를 결정하게 해서는 안 된다는 것이다. 또한 이들은 이 제도에 모든 사람이 접근할 수 있다는 점에 큰 매력을 느끼고 있다. 이러한 입장은 어떠한 비용을 치르더라도 모든 사람에게 의료 서비스에 대한 접근성이 보장되어야 한다는 재화평등주의와 일맥상통한다.

단일보험자 방식하에서 환자들은 의료비를 지불하지 않거나 지불하더라도 그 금액이 미미하므로 가격시스템이 작동하지 않는다. 따라서 의료 서비스를 할당하는 다른 방식이 필요하다. 영국과 캐나다에서는 의료 서비스 할당이 공급 측면에서의 제한을 통해 이루어지고 있다. 영국에서는 환자가 병원에 가기 전에 먼저 일반의(general practitioner)에게 진료를 받아야 하며, 일반의의 추천 없이는 병원에서 진료를 받을 수 없다. 이때 일반의는 정부로부터 진료대상 환자의 수에 따라 급여를 지급받는다. 따라서 영국에서 일반의는 환자가 병원에서 진료를 더 받아야 하는지를 결정하는 일종의 문지기(gatekeeper) 역할을 한다고 할 수 있다. 병원에 간 환자들에게는 병원이 의료 서비스를 제공한다. 영국에서의 진료 서비스 할당은 각 개인들이 일차보건의료와 응급의료 서비스에 쉽게 접근하도록 하는 장점이 있으나, 전문 진료와 새로운 기술을 이용한 진료를 받기 위해서는 오래 기다려야 하고 또한 충분히 진료를 받지 못하는 문제점이 있다[Folland, Goodman, and Stano, 2006].

캐나다의 의료 서비스는 대부분 민간의료기관에서 제공되고 진료비는 행위별 수가제도에 의해 지급된다. 그러나 진료비는 지방정부에 의해 통제되고 있다. 실제로 캐나다의 단일보험자 방식은 직접적인 가격 통제로 비용 상승을 억제하고 있다. 그러나 영국과 캐나다 모두 의료비

표 10.1 의료 서비스 비용과 건강상태(캐나다, 영국, 미국)

	캐나다	영국	미국
의료비 지출(1인당 금액, 달러)	$4,445	$3,433	$8,233
관리운영비(1인당 금액, 달러)	$144	$74	$570
MRI 수(인구 100만 명당)	8.2	5.9	31.6
수술대기 4개월 초과 환자(수술이 필요한 환자 수 대비)	25%	21%	7%
출생 시 기대수명(연수)	80.8	80.6	78.7
유아사망률(신생아 1천 명당)	5.1	4.2	6.1

자료: OECD 2012b, Commonwealth Fund[2010].
수치는 영국의 경우(1999년 자료)를 제외하고 2008년과 2010년이며, 모든 수는 2010년 현재 실질가치이다.
미국의 경우 1인당 의료비지출과 관리운영비는 영국과 캐나다에 비하여 월등히 높으나, 혁신적 기술을 이용한 의료 서비스에 대한 접근성이 높다. 그럼에도 불구하고 미국의 기대수명과 유아사망률은 영국과 캐나다에 비하여 낮다.

를 적절하게 통제하고 있지는 못하다. 제9장에서 보았듯이, 미국뿐만 아니라 이들 나라에서도 의료비가 지속적으로 상승하고 있다.

단일보험자 방식하에서는 의료 서비스 할당과 관련하여 환자나 의사가 아닌 정부가 어떤 의료 서비스가 제공되어야 하는지를 결정하는 문제가 있다는 비판을 받을 수밖에 없다. 예를 들어, 전립선암 검사를 받은 남자들의 비율은 미국의 경우 스웨덴과 프랑스에 비하여 비교할 수 없을 정도로 높다[Preston and Ho, 2009]. 최근 캐나다 의료시스템에 대한 최근 논문에 의하면 "진단과 수술을 받기 위해 오랫동안 기다려야만 하는 상황에 대한 불만이 증가하고 있고 … (중략) … 이로 인해 캐나다의 국립의료시스템에 대한 일반인의 신뢰가 훼손되고 있다." 한 연구에 의하면 비응급수술을 기다리면서 감수하여야 하는 임금의 상실분이 환자 1인당 3,500달러 정도가 된다고 한다[Prior, 2012]. 결과적으로 "점점 더 많은 사람들이 보다 신속한 의료 서비스를 받기 위해 민간의료기관으로 이동하는 경향이 증가하고 있다"[Krauss, 2003, p. A3].

미국 제도와 비교하여 영국과 캐나다 제도의 장점과 단점이 〈표 10.1〉에 나타나 있다. 미국 인구 1인당 의료비 지출은 영국과 캐나다의 약 2배에 달한다. 관리운영비도 미국에서 훨씬 더 높다. 그러나 미국의 제도하에서는 혁신적인 기술을 이용한 의료 서비스에 대한 접근성이 훨씬 더 높다. 예를 들어 MRI 시스템에 대한 접근성은 영국이나 캐나다에 비하여 미국에서 3배가량 높다. 또한 미국의 경우 환자의 7%만이 수술을 받기 위해 4개월 이상 기다린 반면, 영국과 캐나다에서는 이 비율이 각각 21%와 25%에 이르고 있다.

단일보험자 방식을 지지하는 사람들은 미국의 시스템하에서 혁신적인 기술을 이용한 의료 서비스에 대한 접근성이 높고 전문 진료를 받기 위한 대기시간이 짧지만 여전히 미국인의 건강상태는 좋지 못하다는 점을 지적한다. 〈표 10.1〉에서 볼 수 있듯이 기대수명은 영국과 캐나다에 비하여 짧고 유아사망률은 더 높다. 물론 제9장에서 언급한 바와 같이 각국의 건강상태는 의료비 지출뿐만 아니라 문화적 측면과 행태적 측면에 의해 영향을 받는다. 이러한 점들 때문에 의료시스템을 비교하는 데 어려움이 있다.

10.5.2 시장친화적 개편

시장친화적 개편의 목표는 경쟁을 부추김으로써 의료보험 가입률 제고와 의료비 증가를 통제하는 2가지 목표를 동시에 달성하는 것이다. 이와 관련하여 많은 개편안이 제시되었다. 이들 개편안의 공통점은 일정 수준의 정부보조금이 지급되고 소비자들이 이 재원을 이용하여 민간기업으로부터 의료보험을 구입할 수 있게 하는 것이다. 예를 들어 각 개인은 세액공제를 통해 개인소득세 감면 형태로 보조금을 받고 이 재원을 활용하여 민간의료보험 상품을 구입하게 한다는 것이다.

만일 보조금보다 많은 비용이 소요되는 의료보험 상품을 구입하고자 하면 보조금과 해당 보험상품 비용의 차이만큼을 개인이 부담하여야 한다. 보험료가 낮은 의료보험 상품에 가입하는 사람들도 이와 동일한 방식으로 자신의 저축에서 재원을 조달하여야 한다. 이 개편안은 현재 이루어지고 있는 고용주제공 의료보험에 대한 연방정부 조세지원을 대체한다고 볼 수 있다. 이 안을 지지하는 사람들은 기존의 고용주제공 의료보험에 대한 보조를 개인에 대한 직접적인 보조로 대체하면 많은 사람들이 보다 낮은 최소부담분과 보다 높은 본인부담분을 요구하는 보험상품에 가입할 것이라고 주장한다. 소비자들은 가격에 보다 민감하게 반응할 것이며 이로 인해 의료비용이 줄어드는 경향이 발견될 것이라는 것이다. 이에 더하여 지지자들은 의료보험에서 선택의 폭이 넓어지고, 이로 인해 의료보험 공급자가 경쟁을 촉진하며, 결과적으로 비용이 감소하고 의료 서비스 공급을 위한 혁신이 유발될 것이라고 주장한다.

유사한 방식을 메디케어 개혁에도 원용할 수 있다. 정부가 특정 금액을 '보험료 보조' 방식을 개인들에게 지급하고 이 보조금 수혜자들은 여러 보험상품 중 하나의 상품을 선택하여 구입하게 하는 것이다. 보험료 보조 수준은 정부가 사전에 규정하는 일정 수준의 급여를 제공하는 기존의 메디케어 혜택을 제공할 수 있는 수준의 보험상품을 구입할 수 있는 수준이 되어야 한다. 세액공제와 같이 보험료 보조를 받은 사람도 주어진 자신의 재원을 이용하여 최선의 선택을 하게 될 것이다.

의료시스템에 경쟁요소를 주입하는 데 반대하는 사람들은 각 개인들이 합리적 선택을 하기 위해 필요한 정보가 부족하므로 합당한 선택을 할 수 없다고 반박하였다. 시장지향적 개편과 관련하여 직면하게 되는 또 다른 문제는 선재질병(pre-existing conditions) 보유자의 문제이다. 이윤극대화를 추구하는 보험회사는 이러한 사람들에게 보험상품을 판매하지 않거나 도저히 보험상품을 구입할 수 없을 정도의 높은 보험료를 부과할 것이다. 이 문제를 해결하기 위해 여러 종류의 해결책이 제시되었다. 하나의 해결책은 보험회사에게 기존의 고용주제공 의료보험에서 개인의료보험으로 전환할 때 기존의 의료보험에서 보장하는 수준의 의료보험급여를 제공하는 의무를 부과하는 것이다. 또 다른 방식은 선재질병 보유자에 대한 보험료 상한선을 설정하고 이를 초과하여 발생하는 비용을 정부가 보험회사에 보조하는 방식이다. 어떠한 방안이 제시되더라도 이에 대한 다양한 의문이 제기될 수 있다. 선재질병의 범위는 어디까지 할 것인지, 보조금의 규모는 어떻게 결정되어야 하는지 등의 문제가 제기될 수 있다. 시장지향적 개편안을 비판하는 사람들은 이 문제는 도저히 해결할 수 없다고 주장하는 반면 지지자들은 이 문제를 적절히 해결할 수 있다고 주장한다. 이에 대한 논쟁은 계속될 것이다.

10.5.3 최종 고려사항

지금까지 논의한 의료시스템 개혁에 대한 논쟁을 감안하면, 다음과 같은 몇 가지 점들을 강조할 필요가 있다.

- 의료보험 개혁안을 찾는 것은 매우 어려운 일이다. 이유는 사회보험 프로그램을 디자인할 때와 동일한 딜레마가 존재하기 때문이다. 즉, 도덕적 해이로 인해, 사회적 안정성 확보의 목표는 효율성의 확보 목표와 충돌할 가능성이 높다.
- 세상에는 아무런 비용 없이 이루어지는 것이 없다. 보편적 서비스 보장과 비용 절감은 서로 상충되는 목표이다. 우리는 수백만의 사람들에게 의료 서비스를 보장하는 동시에 비용을 감축할 수는 없다. 또한 규제를 늘리지 않고 보편적 서비스를 보장하지 못한다. 왜냐하면 질병위험이 높으면서도 민간의료보험시장에서 보험에 가입하지 못하는 사람들이 있기 마련이기 때문이다. 이 사실이 보편적 서비스 제공이 적절하지 못한 목표라는 점을 의미하는 것은 아니다. 다만 그것을 달성하기 위하여 무엇이 필요한지에 대해서 현실적으로 생각할 필요가 있다는 것을 의미한다.
- 이 장에서의 주요 관심사항은 의료보험이었지만, 우리가 궁극적으로 추구하여야 하는 것은 국민의 건강이다. 이 2가지가 서로 관련성이 있으나, 통계학적으로 보면 이 2가지 사이의 관련성이 생각보다 매우 약하다. 많은 비평가들은 선진국에서 의료 서비스에 대한 지출을 증대시킨다고 하더라도 반드시 기대수명 연장과 같이 건강을 증진시키는 것은 아니라고 주장한다. 흡연, 식습관, 운동과 같은 것이 건강을 증진시키는 더 중요한 요소들일 수 있다[Fuchs, 2000].

심화 과정을 위한 추천 논문과 저서

박사과정 학생 중 공공의료시스템에 대해 관심이 있는 학생은 아래 논문을 자세히 읽을 필요가 있다. 이 논문에는 도덕적 해이와 역선택 등 의료시장 실패에 대한 이론적 실증적 분석, 의료시스템 운영에서의 민간부문과 공공부문 간 역할 분담, 저소득층에 대한 의료보호와 관련된 공평성의 문제 등 다양한 측면의 이론적, 실증적 논의가 정리되어 있다.

- Cutler, David M., 2002. "Health Care and The Public Sector," Chapter 31 of *Handbook of Public Economics* Vol. 4 (Arrow Kenneth J., and Michael D. Intriligator eds.)

공공의료보험이 민간의료보험 구축효과에 대한 비교적 최근의 연구는 다음과 같다.

- Shore-Sheppard, L. D., T. C. Buchmuelller and G.A. Jensen, 2000. "Medicaid and Crowding-out of Private Insurance: Re-Examination Using Firm Level Data," *Journal of Health Economics* 19, pp. 59–77.
- Blumberg, L. J., L. Dubay and S.A. Norton, 2000. "Did the Medicaid Expansions for Children Displace Private Insurance? An Analysis using the SIPP," *Journal of Health Economics* 19, pp. 33–60.

공공의료보험이 건강에 미치는 영향에 대한 최근의 연구에는 다음과 같은 논문이 있다.

- Dafny, L. and J. Gruber, 2005. "Does Public Insurance Improve the Efficiency of Medical Care? Medicaid Expansions and Avoidable Hospitalizations," *Journal of Public Economics* 89(1), pp. 109–129.
- Kaestner, R., T. Joyce and A. Racine, 2001. "Medicaid Eligibility and the Incidence of Ambulatory Care Sensitive Hospitalization for Children," *Social Science and Medicine* 52, pp. 305–313.
- Currie, J., and J. Gruber, 2001. "Public Health Insurance and Medical Treatment: the Equalizing Effect of the Medicaid Expansions," *Journal of Public Economics* 82(1), pp. 63–89.

요약

- 미국의 보건의료비 지출은 연간 2조 6,000억 달러로서 이는 GDP의 18%에 해당된다.
- 의료 서비스 소비자들은 서비스 비용의 12%만 본인이 직접 부담한다. 민간보험회사와 다른 민간부문 원천(예: 자선단체 등)에서 39%를 부담하고, 정부가 50%를 부담한다. 미국 인구의 약 84%가 어떤 형태이든 의료보험 혜택을 보고 있다.
- 미국의 대부분의 민간의료보험은 종업원에 대한 부가급여 형태로 고용주에 의해 제공된다.
- 고용주제공 의료보험에 대해서는 연방소득세가 부과되지 않는다. 이 규정은 연간 1,090억 달러 규모의 조세지원이 의료보험에 제공되는 효과가 있다.
- 개인이 개별적으로 보험에 가입하는 대신 고용주제공 의료보험에 가입하는 것의 이점은 위험공유의 범위를 늘리고, 역선택을 줄이며, 관리운영비를 줄일 수 있다는 것이다.
- 고용주제공 의료보험은 근로자들의 직장이동을 방해할 수 있다. 이 현상을 '직장동결효과'라고 한다.
- 메디케어는 65세 이상 노인에게 의료보험을 제공하는 프로그램이다. 이 제도는 병원치료비를 지불하는 HI와 의사와 진료소 진료비를 제공하는 SMI로 구성된다.
- HI는 근로자의 임금에 부과되는 급여세로 재원이 마련되는데, 급여세는 근로자에게 1.45%, 고용주에게 1.45% 각각 부과된다. SMI의 재원은 일반 조세수입에서 조달된다. 현재의 추세가 지속되면 머지않아 지출이 수입을 초과할 것으로 예상된다.
- 약품조제에 대한 급여 서비스도 2006년에 메디케어 프로그램에 추가되었다.
- 수년 동안 미국 정부는 진료비 보상제도를 사후적 보상제도에서 사전적 보상제도로 전환하고 또한 비용관리 방식을 메디케어에 도입함으로써 비용을 절감하고자 하는 노력을 하였다.
- 메디케어는 노인들의 건강상태를 대폭 향상시킨 것은 아니지만, 중증질환 발생 시 소요되는 경제적 손실과 위험을 줄임으로써 이들의 후생을 증진시키는 역할을 하였다.
- 메디케이드 프로그램은 저소득층에게 의료보험을 제공하는 프로그램이다. 지난 수십 년 동안 이 프로그램의 수혜대상이 확대되어 (빈곤선 이하) 저소득 양부모가정의 어린이와 빈곤선 이상의 어린이와 임산부에게까지 혜택을 주고 있다.
- 메디케이드 프로그램이 민간보험을 구축하는 문제가 있기는 하나, 이 프로그램은 전반적으로 저소득층 가구원의 건강을 증진시켰다고 평가되고 있다.
- 2010년 제정된 ACA는 모든 미국 시민권자와 영주권자로 하여금 의료보험에 가입하는 것을 의무화하였다. 이 의무를 준수하지 않은 50인 이상 근로자를 고용하는 기업과 개인들에게 각각 50%의 조세와 일정 수준의 벌과금을 부과한다.
- ACA와 관련하여 여전히 논쟁의 여지가 많다. 이에 대한 대안으로 단일보험자 방식이 있다. 정부가 유일한 의료보험 공

급자가 되며 그 재원은 조세수입을 충당하는 방식이다. 이에 대한 대안으로 제시되고 있는 것은 의료보험시장에 경쟁적 요소를 증가시키는 것이다. 개인에게 일정 수준의 보조금을 지급하고 이들이 민간보험시장에서 보험상품을 구입하게 하는 방식이다.

연습문제

1. 1997년에 HMO 주식이 큰 폭으로 떨어진 적이 있다. 한 신문은 이렇게 보도하였다. "HMO가 치솟는 의료비라는 해결하기 어려워 보이던 문제에 대한 해결책을 제공하는 것 같았던 그 시기에 이미 HMO의 토대가 무너졌다. 의료시장에서 중요한 위치를 차지하던 HMO에게 손실이 발생하고 진료비 청구비가 예상외로 치솟고 … (중략) … 소비자, 의사, 그리고 정부로부터의 비난에 움찔하고 있다" [Anders and Winslow, 1997].

HMO가 비용절감에 실패한 이유가 무엇이라고 생각하는가? HMO상 어떠한 구조적 문제가 소비자들의 불만을 유발하였다고 생각하는가?

2. 체코 공화국에서는 국민이 의사진료와 병원입원에 대해 진료비를 지불하지 않는다. 이 나라의 헌법에 의하면 시민은 공공보험을 통하여 법이 정하는 조건하에서 무상의료와 의료지원을 받을 권리를 지닌다. 그럼에도 불구하고 체코 정부는 최근 의사진료 한 번에 대하여 1.85달러와 하루 병원입원에 대하여 4달러를 부과하는 제도를 도입하였다[Kulish, 2008, p. A9]. 이러한 제도가 체코 공화국의 의료서비스의 효율성 증진에 미치는 효과에 대해 설명하시오.

3. 플로리다주 보카레이턴에서는 의사들이 점심식사를 위해 외출할 때 진료소 문을 잠그고 가는 경우가 많다. 이유는 자신이 없는 동안 메디케어 환자들이 자신의 진료소에 밀고 들어오는 것을 방지하기 위해서이다. 한 의사는 이렇게 말한다. "이들 환자들은 심각한 질환이 거의 없다. 대신 의사들을 방문하는 것이 일종의 사회활동이 되었다. 환자들은 자신의 일상을 배우자와 함께 의사 진료 예약에 연계하여 계획하곤 한다"[Kolata, 2003]. 이러한 현상은 메디케어의 어떠한 구조적 문제점과 관련된 것인가?

4. 메디케어 프로그램에 약제 처방비에 대한 급여 도입안이 심의될 때 어떤 사람은 개인들에게 메디케어 프로그램에 등록할 때 이 급여를 인정할 것인지에 대한 결정을 하고 이 결정을 번복하지 못하게 하여야 한다고 주장하였다. 다시 말하면, 각 개인은 처방비 급여를 인정하고 제도 가입 즉시 보험료를 지불할 것인지 아니면 메디케어 프로그램에 가입하지 않을 것인지 둘 중 하나를 선택하여야 한다는 것이다. 이러한 주장의 근거를 효율성의 관점에서 설명하시오.

5. 메디케어 가입자는 Medigap insurance로 지칭되는 보조 민간연금을, 메디케어에서 제공되지 않는 서비스 혜택을 보기 위해 구입할 수 있다. 보조 민간연금이 커버하는 것은 메디케어에서 커버되지 않는 정액본인부담금(copayment), 최소부담분 그리고 약품처방전 급여 등이 포함된다. 정부는 수년 전에 Medigap 패키지가 준수하여야 하는 최저한의 요건을 규정하는 규제책을 입법화하였다. 이 규제책은 Medigap 패키지의 가격을 상승시켰다. 결과적으로 이 패키지를 살 수 있었던 노인들 중 25%가 이 패키지를 구입하지 않았다[Finkelstein, 2004].

'보험'과 '그 이외의 상품'을 구입하는 소비자를 상정하자. Medigap을 구입하는 비용은 1달러이고 다른 상품의 가격도 1달러라고 하자. 예산제약과 무차별곡선을 이용하여 다음과 같은 상황을 묘사해보시오.

"규제가 없는 시장에서는 소득이 3만 달러인 사람은 5,000달러만큼의 소득을 Medigap 구입에 사용한다. Medigap에 대한 정부의 규제로 인해 Medigap의 최소가격이 8,000달러로 상승하였다고 하자. 이로 인해 사람들은 Medigap을 구입하지 않게 되었다."

6. 〈그림 10.5〉에 제시된 문제에 대한 분석 시, 사람들이 정부의료보험에 가입하기 위해서는 (Medigap과 같은) 보조 민간의료보험을 구입하지 못한다고 가정하였다. 만일 개인들이 정부의료보험 이외에 민간의료보험을 구입할 수

있다고 한다면 〈그림 10.5〉의 그림들이 어떻게 수정되어야 하는가? 또 다른 가정은 정부의료보험 가입에 비용이 전혀 소요되지 않는다는 것이었다. 즉 정부의료보험에 가입하더라도 조세를 추가적으로 납부하지 않아도 된다는 가정을 하였다. 만일 정부의 의료보험의 자금이 조세수입으로 충당된다면 모형이 어떻게 변화되어야 하는가?

7. 〈그림 10.5〉는 정부가 무상의료보험을 제공할 경우 의료보험구입이 증가하거나 동일한 수준을 유지하는 상황을 보였다. 정부의 무상의료보험에 의해 의료보험 구입액이 감소하는 경우를 그림으로 그려보시오.

Chapter 11

공적연금제도[1]

> 내가 64세가 되어도, 내가 너한테 여전히 필요한 존재일까? 그때도 네가 여전히 나를 먹여 살릴 수 있을까?
>
> — 존 레논과 폴 매카트니

당시 상원의원이던 버락 오바마 대통령 후보는 2008년 대선 기간에 이렇게 말했다. "우리가 공적연금을 중요하게 생각하고, 우리 세대뿐만 아니라 다음 세대에도 그 제도가 존속하기를 바란다면, 우리는 그 제도를 안정화하는 방법을 찾아내야 할 의무가 있다." 4년 후 공화당 대통령 후보 롬니 주지사는 다음과 같이 말했다. "내가 가장 우선적으로 추진할 것은 공적연금의 재정안정성을 확보하여 다음 세대도 이 제도의 혜택을 받도록 보장하는 것이다." 분명히 공화당원이든 민주당원이든 공적연금제도가 중요하다는 것을 인정하고 있다. 실제로 이 제도는 미국 국내 정부지출 중 지출 규모가 가장 큰 프로그램이다. 〈그림 11.1〉은 공적연금 지출의 실질가치 달러와 GDP 내비 비중의 증가 추이를 보이고 있다. 2011년에는 지출 규모가 7,361억 달러로 GDP의 4.9%에 이르고 있다. 두 연설로 알 수 있는 다른 문제는 미국의 공적연금제도가 상당히 곤경에 처해 있다는 것이다. 이 장에서는 공적연금제도가 어떻게 실시되고 있고, 이 제도가 직면하고 있는 문제점에 대해 논의하고자 한다.

11.1 공적연금제도가 왜 필요한가?

이 장에서는 미국에서는 공식적으로 '노령－유족－장애 연금[Old Age Survivors, and Disability Insurance(OASDI)]'으로 지칭되는 공적연금제도를 후생경제학적 관점에서 살펴보고자 한다. 이러한 맥락에서 중요한 문제는 공적연금제도의 도입을 통해 치유하여야 하는 시장실패가 존재하는가 하는 것이다.

1 미국 공적연금제도의 명칭은 '사회보장제도(social security)'이다. 보다 엄밀하게 말하면, 미국의 공적연금제도는 전 국민에 적용되는 사회보장제도와 일부 국민, 특히 공무원에 적용되는 몇 가지 다른 종류의 공적연금이 있다. 이 장에서는 '사회보장제도'라는 용어가 '사회복지제도'와 개념상의 혼동을 유발할 가능성을 감안하여, 별도의 언급이 없으면 미국의 사회보장제도를 '공적연금제도'로 지칭할 것이다.

그림 11.1 공적연금지출(1939~2011)
공적연금제도는 미국의 국내 정부지출 중 지출 규모가 가장 큰 프로그램이다. 2011년에는 지출 규모가 7,361억 달러로 GDP의 4.9%에 이르고 있다.

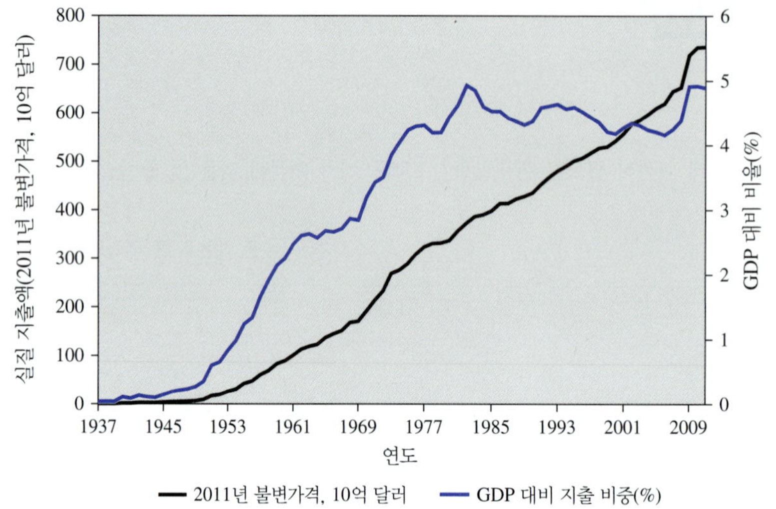

자료: Social Security Trustees [2012].

11.1.1 소비 평탄화와 연금시장

미국의 OASDI는 다음과 같이 시행되고 있다. 이 제도에 가입한 사람들은 생산가능연령기에 그들의 고용주와 분담하여 급여세 형태로 연금기여금을 납부하며, 퇴직을 하게 되면 매월 연금을 지급받을 자격을 획득하게 되는데, 이 자격은 부분적으로 가입기간 동안의 기여금 납부 실적에 영향을 받는다. 민간연금에서 찾아보기 힘든 중요한 특징은 연금급여의 실질가치를 인플레이션에 대해 보전하는 제도적 장치가 있다는 것이다. 결과적으로 공적연금제도는 각 개인이 당초 예상보다 오래 생존하여 사망 이전에 노후소비를 위해 축적한 자산이 소진되어 경제적 어려움을 겪는 위험에 대한 보험을 제공한다.[2] 이러한 정부의 사회보험 존재 이유를 이해하기 위해서는 먼저 사람들이 왜 이러한 제도를 원하는지 논의할 필요가 있다.

아마도 모든 사람들은 조기 사망 시 가족들에게 충분한 재원을 남기지 못하는 위험이 존재한다는 것을 잘 인식하고 있을 것이다. 그러나 너무 오래 사는 위험도 존재한다는 것을 모든 사람이 인식하고 있지는 않을 것이다. 래리의 사례를 살펴보자. 그는 107세까지 생존하여 자신의 저축을 모두 써버리고 빈털터리가 되었다[Brown, 2009].

> **연금(annuity)**
> 일정 수준의 보험료를 부과하고 그 대가로 상품 구매자가 생존하는 한 일정 주기로 일정 금액의 연금을 지급하는 것을 약정하는 보험상품.

래리는 이러한 위험으로부터 자신을 어떻게 보호할 수 있을까? 그는 **연금**(annuity)이라는 아주 특별한 보험상품을 구입할 수 있다. 연금상품을 구입하기 위해서 래리는 일정한 금액의

2 공적연금제도는 장해근로자에 대해 급여를 지급하고, 또한 장해근로자와 은퇴근로자 사망 시 이들의 유족에도 급여를 지급한다.

보험료를 보험회사에 지불하여야 한다. 이 보험료 대가로 그는 생존기간 동안 고정된 금액의 연금을 보험회사로부터 지급받게 된다.[3] 다른 조건이 같다면, 보험료 수준이 높을수록 미래의 연금지급액이 높아진다. 연금상품과 생명보험은 유사한 점이 많다. 생명보험을 구입하게 되면, 생존기간 동안 일정 금액의 보험료를 보험회사에 지급하고, 사망 시 일시금으로 보험금을 지급받게 된다. 연금상품의 경우는 상품 구매자가 보험회사에게 일시금의 보험료를 지급하고 그 대가로 보험회사는 생존기간 동안 일정 금액의 연금을 지속적으로 가입자에게 지급한다. 생명보험상품과 연금상품은 기본적으로 같은 기능을 한다. 이들 상품들은 사람들로 하여금 **소비 평탄화**(consumption smoothing)를 가능하게 한다. 여기서 소비 평탄화는 소득수준이 낮을 때 소비가 급격히 줄어드는 것을 방지하기 위해 소득수준이 높은 시기에 소비를 줄이는 것을 말한다. 위험회피적인 사람이라면, 자신의 사망 시 가족들에게 일정 수준의 소비를 보장하기 위해서 자신의 소비를 줄여 생명보험상품을 구매할 것이다. 이와 유사하게 자신의 은퇴 후 소득수준을 일정 수준으로 유지시키기 위해 자신의 소비를 줄여 연금보험상품을 자발적으로 구입할 것이다.[4]

소비 평탄화(consumption smoothing)

소득수준이 낮을 때 소비가 급격히 줄어드는 것을 방지하기 위해 소득수준이 높은 시기에 소비를 줄이는 것.

11.1.2 역선택과 보험시장

이 절 첫머리에 제기하였던 의문을 다시 상기해보자. "공적연금제도가 수급자에게 연금을 지급하고 이를 위하여 이들의 생산가능연령기에 급여세를 징수한다. 정부 대신 민간시장이 이러한 기능할 수행할 수 없는 이유는 무엇인가?" 가능한 이유는 **비대칭적 정보**(asymmetric information)로 인해 연금시장에 시장실패가 존재한다는 것이다. 연금상품 판매자의 이윤은 연금상품 구매자의 기대여명에 의해 결정된다. 구매자가 오래 살수록 연금상품 판매자의 채산성은 악화된다. 이것은 연금상품 구매자의 기대수명이 높을수록 더 높은 보험료가 책정되어야 한다는 것을 의미한다. 문제는 연금상품의 구매자가 자신의 기대수명에 대해 판매자보다 더 많이 알고 있다는 데서 발생한다. 만일 판매자가 구매자들의 기대수명의 평균을 기준으로 보험료를 책정하면, 기대수명이 평균보다 짧은 사람들에게는 손실이 발생할 것이며, 기대수명이 평균보다 높은 사람들에게는 이익이 발생할 것이다. 자신의 기대수명이 평균 수명보다 낮다고 생각하는 사람이 연금상품을 구입하지 않으면, 상품 판매자는 상대적으로 건강한 사람에게만 상품을 판매할 수 있고 따라서 연금급여 지출비용을 충분히 확보하기 위하여 보험료를 상향조정하여야 한다. 보험료가 상승하게 되면, 연금가입자 중 상대적으로 수명이 짧은 사람이 다시 탈퇴하게 된다. 따라서 연금상품 판매자는 **역선택**(adverse selection)의 문제에 직면하게 되고 따라서 연금시장은 제9장에서 논의한 바 있는 '죽음의 소용돌이' 현상에 빠지게 된다. 따라서 공적연금제도의 존재 이유를, 시장에서 발생하는 역선택의 문제를 모든 사람들로 하여금 정부가 제공하는 공적보험에 가입하게 함으로써 해결할 수 있다는 데서 찾을 수 있다.

비대칭적 정보(asymmetric information)

거래당사자 중 한편이 다른 편보다 거래되는 재화나 서비스에 대해 더 많은 정보를 가지고 있는 상태.

역선택(adverse selection)

정보가 적은 거래당사자는 자신에게 불리한 거래상대자들하고만 거래하는 현상을 말함(다시 말하면, 정보가 많은 측의 사람들 중 나쁜 특성을 가진 사람들하고만 거래가 형성된다는 것이다).

---

3 현실세계에서는 연금계약이 보다 복잡할 수 있다. 예를 들어 어떤 보험상품은 고정연금을 지급하고 다른 연금상품은 변동연금을 지급할 수 있다.

4 여기서는 제8장에서 논의한 현재가치 개념을 감안하지 않았다. 다시 말하면, 오늘의 소비 한 단위가 미래 시점의 소비 한 단위보다 더 가치가 있다는 점을 감안하지 않았다. 보다 엄밀하게 말하면, 소비 평탄화는 기간 간 소비의 현재가치를 균등화하는 경향을 의미한다.

제9장에서 강조하였듯이 역선택이 효율성을 저해할 가능성이 있다고 해서 실제로 그러한 현상이 발생하는 것은 아니다. 우리는 연금시장에서 역선택이 공적연금의 존재를 합리화할 만큼 심각하게 일어나고 있는지를 실증적으로 검증할 필요가 있다. 이 문제는 논쟁의 여지가 많은 이슈이다. 미국의 연금시장은 생명보험시장에 비하여 규모가 매우 작으며 또한 많이 발달되지 못한 것이 사실이다. 이 현상을 시장실패의 증거로 보는 사람도 있다. 위험회피자들에 의한 상당 수준의 연금상품에 대한 수요가 존재함에도 불구하고 연금시장이 활성화하지 못한 것은 시장실패에 기인한다는 것이다. 그러나 다른 한편으로는 모든 사람들이 동일한 사망률 추계에 입각하여 자신들의 기대여명에 대한 평가를 내리므로 연금시장에서의 역선택 문제는 생명보험시장에 비하여 심각하지 않을 것이라고 주장한다. 공적연금 도입 시기에 연금시장 규모가 매우 작았지만, 아마도 연금시장이 더 발달하지 못한 것은 공적연금제도가 민간연금을 구축한 결과일 것이다. 다시 말하면, 많은 잠재적 민간연금 구매자가 실제로 이미 공적연금에 가입한 상태이므로 민간연금을 굳이 구매할 필요성을 느끼지 못했을 것이다.

11.1.3 다른 측면에서의 필요성

역선택 이외의 다른 측면에서 공적연금의 필요성이 제기될 수 있다.

사람들의 근시안적인 태도와 정부의 온정주의 어떤 사람은 대부분의 사람들이, 은퇴 후 적정 소비수준을 유지하기 위해 필요한 자산을 충분히 축적하지 않은 경우가 많다고 주장한다. 여기서 자산을 충분히 축적하지 못한다는 것은 이미 언급한 바 있는 기대수명의 불확실성에 기인하는 것, 다시 말하면 예상보다 오래 살아 노후에 소비를 위한 재원이 부족한 것이 아니라, 노후에 대비한 저축의 필요성을 인식하지 못한 데 기인한 것이다. 이러한 현상은 사람들이 미래에 대해 적절한 계획을 세울 만큼 시계가 충분히 길지 않기 때문에 발생한다. 만일 시계가 충분히 길다고 하더라도 단순히 그들의 선호가 사회적으로 적정하다고 인식되는 수준보다 훨씬 낮은 수준으로 노후를 대비한 저축을 하게 하는 경우도 이러한 현상이 발생할 수 있다. 어떤 경우든, 온정적인 정부는 강제로 사람들로 하여금 저축을 하게 하여야 하며, 강제저축 수단에 의한 재원으로 이들의 은퇴기간에 필요한 소비재원을 지급하는 공적연금제도를 실시하여야 한다는 것이다.

이 주장에 대해서 2가지 이슈가 제기될 수 있다. 첫 번째 이슈는 과연 사람들이 공적연금제도가 없으면 저축을 충분히 하지 않는가 하는 것이다. 이를 규명하기 위해서 공적연금이 없는 상황에서 사람들이 어떻게 행동하는가를 살펴보아야 한다. 다음에서 논의하겠지만 이를 규명하는 것은 쉬운 일이 아니다. 두 번째 이슈는 사람들이 노후를 위해 충분히 저축을 하지 않는다고 하더라도, 정부가 꼭 개입할 필요가 있는가 하는 것이다. 개인주의적 견해를 가진 사람들은 개인의 의사결정이 가끔은 실책을 유발하기는 하지만 경제활동에 대한 개인의 의사결정을 존중하여야 한다고 주장한다. 다른 사람은 노인 빈곤이 노인 자신들의 실수에 기인하더라도 이에 대해 사회가 관심을 두지 않는 것은 타당하지 못하다고 주장하기도 한다.

도덕적 해이 정부의 온정주의와 관련된 이슈로 다음과 같은 문제점이 제기될 수 있다. 사람들이 만일 자신이 노후에 심각한 빈곤상태에 있게 되면 정부가 개입하여 자신의 노후생활을 보조할 것이라고 믿는다면, 이들은 스스로 은퇴 이후를 위해 저축을 충분히 하지 않을 것이라는 점이다. 정부가 노후에 자신들의 생활을 보조할 것이라고 믿는다면, 이들은 근로활동기에 고의로 저축을 충분히 하지 않거나, 연금상품을 구입하지 않을 것이다. 따라서 노인에 대한 정부 생계보조의 가능성은 사람들로 하여금 개인저축을 줄이도록 하는 결과를 초래할 수 있다는 것이다. 이는 보험의 존재(혹은 향후 존재할 가능성)가 사람의 행동을 바꾸어 좋지 못한 결과를 초래할 가능성을 높인다는 의미에서 **도덕적 해이**(moral hazard)의 일종이라고 할 수 있다(제9장 참조). 공적연금 존재의 필요성의 또 다른 이유를 도덕적 해이에 의해 유발되는 낮은 수준의 저축을 교정한다는 점에서도 찾을 수 있다.

> 도덕적 해이(moral hazard)
>
> 나쁜 상황에 대비하여 보험상품을 제공하면, 이것이 사람들의 행동을 바꾸어 오히려 나쁜 상황의 도래 가능성을 높이는 현상.

의사결정 비용과 관리비용의 절약 잔여생애 동안 소득 평탄화를 위해서는 아주 복잡한 의사결정을 하여야 한다. 은퇴 이후를 대비하여 얼마나 저축을 하여야 할지, 자산의 구성은 어떻게 하여야 할지, 어느 연금상품을 구입하여야 할지의 문제는 자신의 기대수명에 영향을 받는다. 이러한 의사결정은 매우 복잡하며, 많은 시간과 노력이 필요하다. 만일 정부가 모든 사람에게 적합한 연금 프로그램을 대신 선택해준다면 개인들 자신의 의사결정을 위해 투입되어야 하는 자원을 절약할 수 있을 것이다. 이에 대한 반론으로 정부가 합당한 정책을 제공할 것이라고 전적으로 믿기 어렵다고 주장하는 이가 있다. 사람마다 선호가 다르며, 따라서 개인들이 스스로 선택하도록 하는 것이 더 낫다는 것이다.

시장의 공급 측면에서 보면 민간연금을 유지하기 위한 관리운영비가 높을 가능성이 높다. 이미 논의한 바와 같이 민간연금보험회사가 연금보험료를 연금상품 구매자에 맞게 책정하기 위해서는 구매자에 대해 매우 상세한 정보를 수집하여야 한다. 또한 연금상품 구매자를 접촉하고 상품을 직접 판매한 영업사원에게 상당수준의 커미션을 지급하여야 한다. 따라서 민간보험회사의 유지관리비용이 높아질 수밖에 없다. 모든 사람들을 공적연금에 가입하게 하고, 연금과 관련된 부가옵션을 제한함으로써 공적연금제도의 유지관리비용을 줄일 수 있다. 이에 대한 반론으로 공적연금제도의 실시가 의사결정비용을 절약할 수 있다는 주장에 대한 반론을 그대로 적용할 수 있다. 연금 구매자에 대해 상이한 수준의 연금보험료를 부과하고 다양한 옵션을 제공하는 데 비용이 소요되기는 하지만, 이것이 전혀 필요하지 않다고 할 수는 없다. 이러한 다양성의 필요성은 사람들이 각자의 보험상품을 자신이 디자인함으로써 얻어지는 편익이 어느 정도인지에 달려 있다.

소득재분배 공적연금제도하에서는 평생소득이 높은 사람들은 평생소득이 낮은 사람들에 비하여 연금보험료 납부액 대비 연금급여 수준이 상대적으로 낮다. 따라서 공적연금제도는 민간연금에서 없는 소득재분배 기능을 한다. 이 현상은 공적연금제도가 강제가입보험이 되어야 하는 이유를 부분적으로 설명해준다. 강제가입이 아니면 공적연금제도로부터 낮은 수익률을 보장받을 경우 이 제도에서 탈퇴하여 민간연금에 가입할 것이다.

노인층의 경제적 지위 향상 공적연금제도의 가장 중요한 목적 중의 하나는 노인층의 소득을 일정 수준으로 유지하는 것이다. 이 프로그램이 이러한 목적을 달성하였다고 보아야 하는가? 몇몇 수치들은 상황이 매우 낙관적임을 보이고 있다. 노인층은 과거에 상대적으로 빈곤한 계층이었다. 1970년 현재 노인의 1/4이 빈곤계층으로 분류되었다. 현시점에서는 1970년대보다 노인층 빈곤율이 하락하였을 뿐만 아니라 이들의 빈곤율이 전체 인구의 빈곤율보다도 오히려 낮은 수준이 되었다. 2011년 현재 65세 이상 인구의 빈곤율이 8.7%인 반면, 비노인 연령 성인의 빈곤율은 13.7%, 그리고 미성년 연령층의 빈곤율은 21.9%에 이르고 있다. 지난 수십 년 동안 노인층의 소득은 다른 연령계층보다 빠른 속도로 증가하였다. 1974년과 2011년 기간 동안 15세 이상 인구 전체의 중위소득은 약 9% 증가한 반면 65세 이상 인구의 소득은 52% 증가하였다[US Bureau of the Census, 2012a].

이와 관련하여 몇 가지 주의할 점이 있다. 먼저, 공적연금이 노년층의 빈곤을 감소시키기는 하였으나, 완전히 제거하지는 못하였다는 것이다. 노년층 여성, 특히 미망인들은 경제적 어려움을 겪는 경우가 많다. 둘째, 공적연금이 노년층의 생활수준에 미치는 영향을 추정하기가 매우 어렵다. 조금 전에 언급하였듯이 공적연금 지출이 증가함에 따라 노인 빈곤율이 감소한 것이 사실이다. 그러나 두 현상 간의 인과관계에 대해 언급함에 있어 주의가 필요하다. 불행히도, 공적연금이 미국 전역에 걸쳐 동시에 실시되었던 관계로, 인과관계를 규명하기 위한 준실험적 방법을 적용하기가 매우 어렵다. Engelhardt와 Gruber[2004]는 공적연금급여가 급격한 변화를 겪었던 시기의 실적자료를 이용하여 공적연금이 노인층 빈곤율에 미친 영향을 분석하였으며, 그들의 분석결과에 의하면 공적연금이 실제로 빈곤율을 감소시킨 것으로 나타났다.

비록 공적연금소득이 노인 가구 소득의 37%를 차지하고 있기는 하지만, 공적연금급여가 실제로 노인 가구의 자원을 필연적으로 증가시켰다고 보기는 어렵다[Social Security Administration, 2012]. 각 개인들은 공적연금급여를 예상하고 저축을 줄였을 수도 있으며, 혹은 연금급여 수급자격을 얻기 위해 일자리를 그만두었을 수도 있다. 공적연금제도가 각 개인의 의사결정에 어떠한 영향을 미쳤는지에 대한 문제는 이 제도의 효과를 평가하는 데 가장 중요한 문제이다. 이 점에 대해 이 장의 뒷부분에서 논의할 것이다.

11.2 미국 공적연금의 구조

공적연금의 필요성에 대한 논쟁에도 불구하고, 오늘날에는 거의 모든 미국인들이 사회보장제도(social security)인 공적연금제도에 가입하고 있으며, 일부 공무원의 경우 다른 종류의 공적연금에 가입하고 있다. 이들 제도는 상당히 복잡하다. 제도의 중요한 요소에 대해 아래에서 설명할 것이다.[5]

11.2.1 기본요소들

부과방식에 의한 재원조달 1935년 미국에 처음 공적연금제도가 도입되었을 당시에는 제도가 민간연금과 유사하였다. 근로활동기에 각 개인들은 소득의 일부를 기금에 적립하는 체제였다. 시간의 경과에 따라 기금에 이자수입이 쌓이게 되고, 근로자가 은퇴하는 즉시 근로자 기여금의 원금과 이자를 재원으로 하여 퇴직연금급여가 지급되게 되어 있었다. 이러한 체제를 **완전적**

완전적립방식(fully funded)

연금급여 지급이 급여수급자가 근로활동기에 납부한 보험료와 이로부터 발생한 수익금으로 형성된 기금으로부터 지급되는 연금제도.

5 자세한 내용은 www.ssa.gov를 참조하시오.

립방식(fully funded)이라고 한다. 이러한 체제는 오래가지 못하였다.

1939년에 제도는 **부과방식**(pay-as-you-go)으로 전환되었다. 이 방식하에서는 은퇴자들의 연금급여가 당시 근로자들의 연금보험료로 충당된다. 따라서 은퇴자 세대들은 자신들이 근로 활동기에 기여한 연금보험료에 의해서가 아니라, 근로자 세대들의 연금보험료 기여에 의해 부양되는 구조이다. 부과방식으로 전환된 중요한 이유는 당시 많은 노인들이 대공황을 거치면서 자신의 자산을 소진하였고, 따라서 이들이 연금보험료 납부기간이 비록 짧기는 하지만 이들의 연금기여금의 가치보다도 더 높은 수준으로 부양될 필요성이 있었기 때문이다. 또 다른 이유는 일부 정치인들이 완전적립방식하에서 기금이 큰 규모로 적립되면 정부에 의해 비효율적으로 사용될 수 있다는 위험을 인식하였기 때문이다. 예를 들어 연금가입자들에게 약속한 연금급여 이외의 다른 정부 프로그램에 사용할 위험성이 있을 수 있다는 것이다.

부과방식(pay-as-you-go)

현시점의 은퇴자에 대한 연금급여 지급의 재원이 현시점에서의 근로자에 부과된 보험료로 충당되는 연금제도.

부과방식 체제는 1983년에 다시 변경되어, 오늘날에는 부분적립방식으로 운영되고 있다. 현시점의 공적연금은 지출보다 많은 연금보험료를 징수하여 잉여수입을 기금에 적립하고 있다. 따라서 모든 수입이 은퇴자에게 지출되는 체제가 더 이상 아니다. 그러나 다시 논의하겠지만, 기금은 단순히 회계관리 방식에 불과하다. 따라서 현시점에서도 실질적으로는 미국의 공적연금제도는 부과방식으로 운영되고 있다고 보아야 한다.

사회복지급여 요소들 1939년 미국 공적연금 개편의 중요한 부분은 이 프로그램 적용대상이 확대되었다는 것이다. 1935년에 도입된 제도는 65세 이상 가입자들에 대해 매달 급여를 지급하는 것으로 규정되어 있었다. 1939년에는 급여지급 대상자가 확대되어 가입 근로자의 부양가족과 유족에게도 급여가 지급될 수 있게 됨에 따라 공적연금제도는 예상보다 오래 살아 자신이 축적한 노후대비 저축보다 더 많은 재원이 필요한 위험에 대한 보험 기능을 수행할 뿐만 아니라 개인 간 소득을 이전하는 기능까지 수행하게 되었다. 이러한 소득이전 기능은 계속 강화되어 1972년에 **보조소득보장제도**(Supplemental Security Income, SSI)가 도입되었다. SSI가 미국 사회보장청에 의해 운영되기는 하지만, 이 제도는 전통적 의미의 보험기능을 수행하지는 않는다. 이 제도는 노인과 장애인에게 연방정부가 규정하는 최저소득을 보장하는 복지제도이다. 이 제도에 대해서는 제13장에서 다른 복지제도와 함께 논의할 것이다.

보조소득보장제도(Supplemental Security Income, SSI)

노년층과 장애인에게 최저소득을 보장하는 복지제도.

급여구조 급여수급자의 급여는 해당 개인의 근로기간 동안의 소득기록과 연령, 그리고 다른 개인적 특성에 의해 결정된다. 급여 산정을 위한 첫 번째 단계는 **평균조정월소득**(average indexed monthly earnings, AIME)을 계산하는 것이다. 여기서 AIME는 근로기간 중 월소득이 가장 높은 35년간의 월소득 평균을 의미한다. 월평균 소득이 상이한 각 연도의 개인소득을 퇴직시점에 조정하는데, 개인의 각 연도 소득을 바로 AIME 산정에 이용하지 않고, 이 소득에 퇴직시점과 소득 발생연도 간의 평균임금의 비율을 곱하여(즉, 개인의 각 연도 소득$\times\frac{\text{퇴직연도 평균소득(임금)}}{\text{해당 연도의 평균소득(임금)}}$) AIME 산정에 이용한다.[6]

평균조정월소득(average indexed monthly earnings)

근로기간 중 월소득이 가장 높은 35년간의 월소득 평균으로서 공적연금급여 산정의 기본이 됨. 월평균 소득이 상이한 각 연도의 개인소득을 퇴직시점에서 조정하는데, 개인의 각 연도 소득은 퇴직시점과 소득 발생연도 간의 평균임금의 비율을 곱하여 AIME 산정에 이용함.

AIME 산정 시 계상되는 연간 임금의 한도가 설정되어 한도 이하의 임금만 포함하여

6 평균소득(임금) 대신 물가지수에 연동하여 소득을 조정하고 개편방안이 최근 제시된 바 있다. 이 장의 연금개혁방안에서 논의될 것이다.

AIME가 산정된다. 또한 한도 이하의 임금에만 사회보장급여세(social security payroll tax)가 적용된다.

기본보험급여(primary insurance amount, PIA)

정상연금수급연령에 도달하거나 장애자가 된 사람들에게 지급되는 기본연금.

다음 단계는 AIME와 급여산식을 이용하여, '정상퇴직연령(normal retirement age)'에 도달하거나 장애자가 된 사람들에게 지급되는 기본연금인 **기본보험급여**(primary insurance amount, PIA)를 산정하는 것이다. 이 금액은 은퇴자(혹은 장애자)에게 월별로 지급되는 (물가상승에 의한 급여의 실질가치 하락은 CPI에 연동하여 보전해줌) 연금액으로서 사망 시까지 지급된다.

연금급여산식은 월급여가 낮은 수준의 AIME에 대해 더 높은 수준의 산입비율이 적용되는 형태로 이루어져 있다. 2012년 현재 PIA는 다음의 세 부분을 합산하여 산정된다.

0~767달러 사이 금액의 90%
767달러~4,624달러 사이 금액의 32%
4,624달러 초과금액의 15%

따라서 2012년 은퇴자의 AIME가 200달러이면, PIA는 180달러(AIME의 90%)인 반면, AIME가 1,600달러이면, PIA는 957달러(AIME의 60%)에 불과하다.[7] 연금급여산식상 규정되어 있는 767달러와 4,624달러는 경계금액(bend points)이라고 하는데, 이 금액은 매년 평균임금 상승률에 연동되어 조정된다. 전형적인 저소득자(소득이 평균임금의 45%)가 2012년에 65세가 되어 은퇴하면, 급여가 은퇴 전 소득의 약 55.0% 수준이 되며, 평균소득자의 경우 40.8% 그리고 고소득자(소득이 사회보장세 부과 대상 소득의 상한)의 경우 33.8%가 된다[Social Security Trustees, 2012, pp. 111 & 142].

은퇴 이후 소비자물가지수로 측정된 물가상승률을 기초로 급여의 실질가치를 보전해주는데, 민간시장에서는 극히 소수의 금융자산만이 물가상승으로 인한 실질가치 손실분을 보전해준다.

정상퇴직연령(normal retirement age)

공적연금의 완전퇴직연금 수급 자격을 획득하는 연령으로서, 공적연금 도입 초기 65세이던 것이 점진적으로 상향조정되어 현재 67세임.

수급개시연령 공적연금의 완전퇴직연금(full Social Security retirement benefits) 수급 자격을 획득하는 연령을 **정상퇴직연령**(normal retirement age)이라고 한다.[8] 1937년 혹은 그 이전 출생자의 경우 정상퇴직연령은 65세이다. 그러나 1980년대 법개정으로 정상퇴직연령은 점진적으로 상향조정되었다. 1938년과 1942년 출생자의 경우 출생연도가 1년 늦어질수록 정상퇴직연령이 두 달씩 늦어진다. 1943년과 1954년 사이 출생자의 경우 정상퇴직연령이 66세가 되고, 그 이후 출생자의 경우 출생연도가 1년 늦어질수록 정상퇴직연령이 두 달씩 늦어져서 1960년도 혹은 그 이후 출생자의 정상퇴직연령은 67세가 되었다.

62세부터 연금급여를 지급받을 수는 있으나 이 경우 월별 급여수준이 낮아진다. 수급개시부터 정상퇴직연령이 되기 이전 36개월 동안은 개시연령이 1개월 빨라질수록 급여수준은 1%의 5/9 수준이 감액된다. 예를 들어, 정상퇴직연령인 65세가 아니라 62세에 은퇴한 사람의 급여수준은 정상퇴직연령에 은퇴한 사람보다 20% 낮다. 만일 정상퇴직연령이 67세가 되면, 62

7 장기 저임금 근로자에게는 급여산식에 의해 산정된 금액보다 높은 수준의 최저 급여수준을 보장하는 '최저연금급여제'가 시행되고 있다.

8 공적연금급여를 지급받기 위한 최소한의 가입기간은 40분기(10년)이다.

세에 은퇴한 사람의 급여수준은 30%가 감소한다.[9] 급여삭감률은 기대수명이 평균수준인 사람이 급여수급개시연령이 낮아지더라도 평생 동안 수급할 연금급여의 현재가치가 동일하게 되는 수준이 되도록 조정된다.

정상퇴직연령보다 높은 연령부터 연금급여를 지급받기 시작하는 사람들에 대해서도 동일한 방법으로 연금급여가 상향조정된다. 연금수급개시연령 지연 시 1년 지연당 8% 연금급여수준이 상향조정된다.[10]

수급자 가족의 지위 독신근로자가 정상퇴직연령부터 연금급여를 수급하기 시작하면, 연금급여액은 PIA와 같은 수준이다. 퇴직근로자가 배우자 혹은 자녀가 있는 경우, PIA의 50%가 추가적으로 지급된다. 다시 말하면, 공적연금급여 수급자의 배우자는 자신의 PIA 수준 혹은 배우자의 PIA의 50% 중 더 높은 금액에 해당하는 연금급여를 받을 수 있다. 연금수급자가 사망하면, 유족배우자는 사망배우자의 PIA 혹은 자신의 PIA 중 더 큰 금액의 연금을 받을 수 있다.

소득조사 및 연금급여에 대한 과세 정상퇴직연령에 도달하지 않은 공적연금 수급자의 경우 연간 임금이 14,640달러(이 기준은 평균임금상승률과 연동하여 조정됨)를 초과하는 금액 2달러당 1달러의 연금급여가 삭감된다. 이 규정을 소득조사(earnings test)라고 한다. 그러나 소득조사에 의해 삭감된 금액과 이에 대한 이자에 해당되는 금액만큼 일정 기간 경과 후 연금급여액이 상향조정된다[Biggs, 2008].

이와 함께 연금급여에 대해 연방소득세가 부과된다. 일정 수준의 기준금액을 초과하는 결합소득[11]이 있는 사람에 대해서는 연금소득의 85%에 대해 연방소득세가 부과되는데, 과세대상 기준금액은 독신자와 개별신고자의 경우 25,000달러이며, 부분합산신고자의 경우는 32,000달러이다.

재원조달방식 공적연금제도의 재원은 급여세로 충당된다. 이 조세의 세율은 근로자의 (일정 한도 이하의) 총임금의 일정 비율로 고정되어 있다. 급여세 부담은 고용주와 근로자가 반씩 부담한다. 이러한 제도의 취지는 이 프로그램의 비용을 고용주와 근로자가 반씩 부담하는 것이지만, 실제로는 고용주가 근로자의 임금을 낮추는 방법으로 그들 부담의 부분 혹은 전부를 근로자에게 전가할 수 있다. 이러한 조세전가가 실제로 발생하고 있는지는 매우 복잡한 문제이며, 이에 대해서는 제14장에서 논의하기로 한다. 여기서는 다만 이 프로그램 비용이 50대 50으로 균등하게 배분되기는 어렵다는 점만 밝혀두고자 한다.

급여지출이 증가함에 따라 급여세율도 상향조정되었다. 〈표 11.1〉에서 볼 수 있듯이, 급여세율은 12.4%(이 중 고용주가 6.2%, 근로자가 6.2% 부담) 수준인데, 이는 제도 도입 초기의 약 6배에 해당한다. 1977년 법개정으로 급여세 과세대상 소득 상한이 임금상승률에 연동되어 자동적으로 조정되게 되었다. 2012년 현재소득 상한은 110,100달러이다.

---

9 정상퇴직연령보다 36개월 이전기간에 대해서는 1개월당 1%의 5/12의 급여가 삭감된다.

10 69세부터는 수급개시연령 지연에 따른 연금급여 추가상승은 허용되지 않는다.

11 결합소득(combined income)은 조정총소득(adjusted gross income)에 비과세 이자소득과 공적연금소득의 50%를 합산한 금액이다.

표 11.1 사회보장급여세율

연도	급여세 적용 최고 소득수준(달러)	세율(고용주 부담 + 근로자 부담, %)
1937	$ 3,000	2.00%
1950	3,000	3.00
1960	4,800	6.00
1970	7,800	8.40
1980	29,700	10.16
1990	51,300	12.40
2000	76,200	12.40
2010	106,800	12.40
2012	110,100	12.40

자료: Office of the Chief Actually, Social Security Administration [www.ssa.gov].
급여세율은 상향조정되어왔다. 현시점에서의 수준은 12.4%로서 제도 도입 초기 수준의 약 6배에 해당된다. 2012년 시점에서 급여세 부과 상한소득은 110,100달러이다.

〈표 11.1〉의 급여세율은 메디케어 재원조달을 위해 부과되는 급여세가 포함되어 있지 않다. 이 급여세는 고용자와 근로자에 각각 1.45% 부과된다. 1993년부터 이 급여세가 적용되는 소득상한이 폐지되었다. 따라서 공적연금적용 소득상한 이하 소득자에게 공적연금과 메디케어 급여세 총액은 15.3%[$= 2 \times (6.2 + 1.45)$]이다.

여기서 당연히 공적연금제도가 왜 일반 세수가 아니라 급여세로 충당되어야 하는가 하는 의문이 생길 수 있다. 실제로 1999년에 클린턴 대통령은 일반재정을 공적연금 재정에 투입하고자 하였으나 실현되지 못했다. 급여세로 재원을 충당하는 방식은 경제학적 이유보다는 정치적 이유에서 찾을 수 있다. 기본적인 아이디어는 조세와 급여 간의 연결고리가 정부에게 급여를 약속하는 이러한 제도를 유지하여야 한다는 임무를 부여하는 데 편리하다는 것이다. 이와 관련하여 프랭클린 루스벨트 대통령은 다음과 같이 말한 바 있다.

> 어떤 조세로 충당하는 것은 경제학의 문제가 아니다. 그것은 전적으로 정치적 문제이다. 우리는 급여세 납부자에게 연금급여 수급에 대한 법적, 도덕적 그리고 정치적 권리를 부여한 것이다. 이러한 조세가 존재하는 한 어떠한 정치세력도 나의 공적연금 프로그램을 없앨 수 없을 것이다.

그러나 최근 루스벨트의 금언에 위배되는 사태가 발생하였다. 2010년 12월, 1년 동안 한시적으로 (결국 기한이 연장되었지만) 근로자 부담 급여세 부담이 2%P 경감되는 법이 통과되었다. 이로 인해 공적연금기금의 수입이 감소하게 되었으며 이로 인한 부족분은 일반재정에서 충당되었다. 어떤 논객들은 이 조치가 정치적 측면에서 장기적으로 공적연금의 지위를 약화시키는 결과를 초래할 것이라고 주장했다. 그 이유는 사회보장세 납부와 연금급여 간 연결고리가 약화됨으로 인해 공적연금을 단지 한 종류의 복지급여 지급제도로 인식하게 되고 따라서 연금급여 삭감이 더 용이해질 것이기 때문이라고 했다.

11.2.2 분배적 측면의 이슈

미국의 현행 공적연금제도는 순수한 퇴직연금보험으로 보기 어렵다. 만일 퇴직연금제도 실시가 공적연금제도의 유일한 목표였다면, 모든 개인들은 자신의 기여금 수익과 거의 같은 수준의 수익이 보장되어야 할 것이다. 구체적으로 말하면, 각 개인에게 평균적으로 보험수리적으로 공평한 수익이 보장되어야 한다. 여기서 **보험수리적으로 공평한 수익**(actuarially fair return)이란 연금급여 수급액이 보험료 지급액의 가치와 평균적으로 같아야 한다는 것을 의미한다(보험수리적으로 공평한 수익이 사회전체 평균으로 설정되는 이유는 각 개인의 수명을 사전적으로 알 수 없기 때문이다). 실제로 미국의 공적연금제도를 살펴보면 특정 집단에 속한 사람들은 다른 사람들보다 높은 수익을 보장받고 있음을 알 수 있다. 지금부터 공적연금제도가 세대 간 그리고 동일 세대 내의 다른 집단 간 소득재분배를 유발한다는 사실에 대해 기술할 것이다.

> **보험수리적으로 공평한 수익 (actuarially fair return)**
> 평균적으로 보험료를 납부한 만큼 보험금을 지급하는 보험을 말함.

세대 간 재분배 공적연금제도가 세대 간 소득재분배를 유발하는 방식을 이해하기 위해 순수한 의미의 부가방식 연금제도, 즉 특정 연도 현재 은퇴자들에게 지급되는 연금급여 지출액이 동일 시점의 근로자가 부담하는 급여세액과 동일한 상황을 상정해보자. 만일 N_b가 연금급여 수급자이고 B가 평균연금액이라면 연금급여 지출액은 $N_b \times B$가 된다. 근로자가 지불한 급여세액은 급여세율(t), 연금가입 근로자 수(N_w), 그리고 이들의 평균임금(w)의 곱이다($t \times N_w \times w$). 따라서 연금급여 지출 총액과 급여세 수입 총액이 같으므로 다음과 같은 관계식을 얻을 수 있다.

$$N_b \times B = t \times N_w \times w \tag{11.1}$$

평균연금지급액은 다음과 같다.

$$B = t \times \frac{N_w}{N_b} \times w \tag{11.2}$$

식 (11.2)는 매우 중요한 의미를 가지고 있다. 먼저, 만일 세율이 고정되어 있으면 평균연금급여액은 임금수준이 상승하거나 혹은 연금수급자 대비 가입근로자 비율이 상승할 때(다시 말하면 인구가 증가할 때)만 증가할 수 있다. 만일 그렇지 못하면 퇴직자는 자신이 과거 납부한 급여세와 동일한 금액의 연금급여를 지급받게 된다. 즉, 연금으로부터의 암묵적 수익률(implicit rate of return)이 0이 되는 셈이다(여기서 '암묵적 수익률'이라는 용어를 사용하는 이유는 자본재에 투자하여 얻는 수익과 구별하기 위해서이다). 그러나 만일 임금과 인구가 일정한 율로 상승한다면 퇴직자들은 공적연금으로부터 양(+)의 암묵적 수익을 얻게 되며, 그 수익률은 임금상승률과 인구증가율의 합과 동일하다. 예를 들어 임금상승률이 1.5%이고 인구증가율이 1%이면 암묵적 수익률은 2.5%이다.[12] (이 장에서 급여수급자 대비 가입 근로자 비율의 감소 시 발생하는 문제점에 대해 논의할 것이다.) 여기서 꼭 기억해야 할 사항은 부과방식제도하에서의 암묵적 수익률은 임금상승과 인구증가에 의해 결정된다는 것이다.

식 (11.2)에 의하면 퇴직자의 평균급여수준을 높이기 위한 또 다른 방법은 급여세율을 높이는 것이다. 그러나 이 방법으로는 암묵적 수익률을 영구적으로 높일 수는 없다. 현시점의 퇴직

12 보다 엄밀하게 말하면, 수익률은 2.515%[=100×(1.015×1.01)−1]이다.

자의 경우 자신들의 근로활동기에 낮은 수준의 세율로 급여세를 납부하였음에도 불구하고 현 시점에서 높은 수준의 연금급여를 지급받기 때문에 이들의 암묵적 수익률이 높아지는 것은 사실이다. 그러나 미래에 은퇴할 세대들의 상황이 더 나아지지 않는다. 다시 말하면, 이들의 연금급여수준과 함께 급여세 부담도 높아지기 때문에 이들의 암묵적 수익률은 개선되지 않는다. 즉, 부과방식하에서 지속적인 암묵적 수익률 제고는 인구증가 혹은 임금상승에 의해서만 가능하다.

부과방식하에서 엄청나게 높은 수익률을 보장받는 극단적인 퇴직자 세대의 예는 제도 도입 직후에서 나타난다. 제도가 도입되었을 때, 퇴직자들은 식 (11.2)의 우변과 같은 수준의 연금급여를 지급받았으나, 이들의 근로활동기에는 급여세를 전혀 납부한 바가 없다. 이 경우 수익률은 무한대가 된다. 실제로 미국연금제도의 최초 연금수급자인 이다 메이 풀러라는 사람은 제도가 도입된 이후 3년간만 근로활동을 하면서 24.75달러만 급여세로 납부하였다. 그녀가 65세가 된 1940년부터 99세에 사망하기까지 그녀가 지급받은 연금급여액은 20,897달러에 달한다.

제도 도입 당시 퇴직자가 막대한 이득을 보는 것과 대조적으로, 특정 시점에 부과방식 연금제도를 폐지하여야 한다면, 그 당시 퇴직자는 매우 나쁜 상황에 처할 것이다. 그들은 근로활동기에 급여세를 납부하였음에도 불구하고 연금급여를 전혀 지급받지 못할 것이다.

실제로는 임금상승률과 인구증가율이 항상 변하고 급여세율도 변하므로 공적연금제도에 의한 세대 간 재분배 현상에 대해 확정적으로 말하기는 어렵다. 이 분배 문제를 살펴보는 가장 직접적인 방법은 각 세대의 대표적인 개인들의 **공적연금자산**(Social Security wealth)을 계산해보는 것이다. 공적연금자산은 공적연금제도로부터 평생 동안 얻을 것으로 예상하는 순편익의 가치를 의미한다. 이를 구체적으로 말하면, 공적연금자산은 미래에 예상되는 연금급여의 현재가치에서 미래에 납부하여야 하는 급여세의 현재가치를 뺀 금액이다.[13]

> **공적연금자산(Social Security wealth)**
>
> 연금가입자가 예상하는 연금급여에서 급여세를 뺀 순연금급여의 현재가치.

〈그림 11.2〉의 각 그림은 각 세대의 네 종류의 대표적인 개인들의 공적연금자산의 변화추이를 보이고 있다. 네 종류의 대표적 개인들은 임금수준이 평균임금의 45%인 '저소득자', 임금이 평균수준인 '평균소득자', 임금이 평균임금의 160%인 '고소득자', 그리고 임금이 사회보장세 적용대상 소득 상한인 '적용최고소득자'로 구성된다. 4개의 그림은 각각 '독신 남성', '독신 여성', '홑벌이 부부', '맞벌이 부부'의 경우를 나타내고 있다. 이들 그림들은 모두 고연령 세대들의 공적연금자산이 최근 출생한 세대들보다 더 높은 사실을 보이고 있다. 미국의 공적연금제도는 노년세대로 소득을 재분배하고 있다는 것이다. 예를 들어 소득수준이 평균소득수준인 두 사람의 독신 남성, 한 사람은 1980년도에 은퇴하였고 다른 사람은 2015년에 은퇴할 사람을 상정해보자. 전자의 경우 공적연금자산은 94,104달러인 반면, 후자의 경우는 공적연금자산가치가 −89,343달러이다.

동일 세대 내의 재분배 〈그림 11.2〉는 공적연금제도의 동일 세대 내에 속하는 소득계층 간 재분배효과도 보여주고 있다. 최근 은퇴하였거나 미래에 은퇴할 세대의 경우, 일반적으로 소득수준이 높을수록 공적연금제도로부터 적은 혜택을 보는 경향이 있다. 예를 들어 2015년에 은퇴

---

13 공적연금급여 수급액은 각 개인의 수명에 의해 영향을 받으므로 실제 수급액은 사전적으로 알 수 없으며, 평균적인 수준 혹은 기대가치를 산정하기 위해 보험수리표(actuarial tables)를 이용하여야 한다. 또한 연금급여와 급여세 부담은 시간의 경과에 따라 지속적으로 발생하므로, 이들 금액을 제8장에서 논의한 개념인 현재가치로 환산하여야 한다.

그림 11.2 대표적 개인들의 공적연금자산

현시점에서는 공적연금의 순편익이 고소득자보다 저소득자의 경우가 더 높으며, 맞벌이 부부보다 홑벌이 부부가 더 높고 그리고 남성보다 여성의 경우가 더 높다. 공적연금의 순편익은 시간의 경과에 따라 낮아지는 경향이 있다.

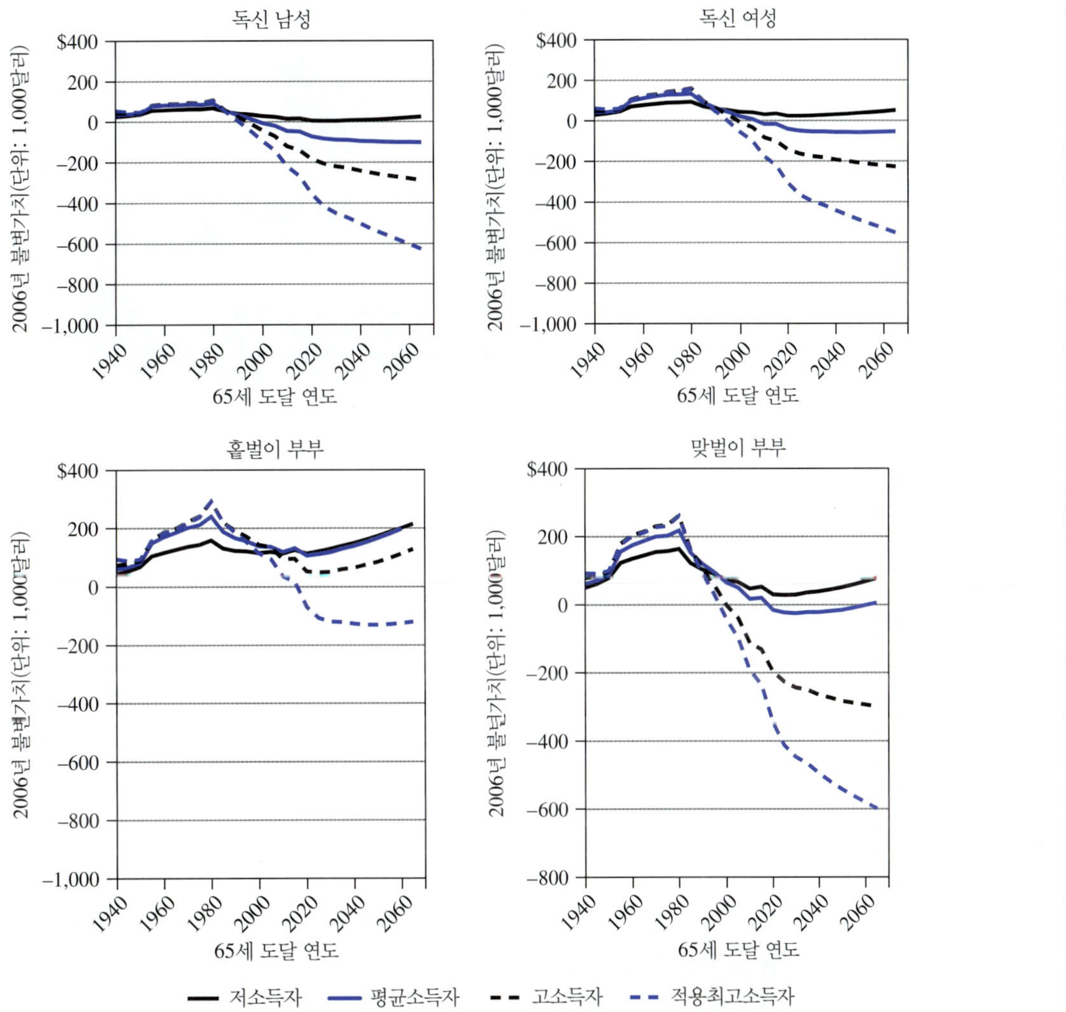

자료: Steuerle과 Bakija[1994]에 제시된 표를 C. Eugene Steuerle과 Adam Carasso[2006]가 최신연도를 추가한 표를 이용.
주: 모든 가치는 2006년 불변가격 기준임.

할 독신 남성의 경우, 고소득자는 공적연금에 가입함으로써 196,350달러만큼 자산 손실을 경험하는 데 비하여 저소득자의 손실액은 8,605달러에 불과하다.

그러나 저소득층에 속하는 모든 집단의 사람들이 항상 공적연금제도로부터 상대적으로 더 많은 혜택을 보는 것은 아니다. 이것은 각 개인이 평생 동안 공적연금제도로부터 받은 혜택이 연간 급여수준뿐만 아니라 연금수급 기간에도 영향을 받기 때문이다. 따라서 기대수명이 짧은 사람들(예를 들어 흑인들)의 경우 공적연금제도로부터 많은 혜택을 받지 못하는 경향이 있다.

"그런데, 샘! 앞으로 네가 내 연금수급을 위해 세금을 부담하여야 한단다. 미리 고맙다는 말을 하고 싶구나."

예를 들어 Liebman[2001]이 1990년대에 은퇴한 흑인들의 공적연금자산을 추계한 결과에 의하면 이들의 공적연금자산수준은 −2,514달러인 반면, 백인의 경우는 +250달러로 나타났다. 그러나 만일 흑인들의 수명과 교육수준이 미국 인구의 다른 집단과 같다면, 이들의 공적연금자산은 +18,259달러로 증가하게 된다. 이러한 측면들로 인해 공적연금제도의 누진성(저소득층일수록 제도 혜택을 더 많이 보고 고소득층일수록 혜택이 적은 점)이 줄어드는 측면이 있다[Congressional Budget Office, 2006]. 기대수명의 차이는 공적연금자산의 성별 차이도 유발한다. 여성이 남성보다 더 오래 사는 경향이 있기 때문이다. Liebman의 추계에 따르면, 1990년대에 은퇴한 사람들의 경우 여성들의 평균 공적연금자산은 3만 7,000달러 앞선 반면, 남성의 평균 공적연금자산은 4만 3,000달러 뒤처진 것으로 나타났다.

공적연금제도는 생활양식에 대한 선택으로 인해 소득재분배가 유발되기도 한다. 다른 조건이 동일하다면, 배우자가 공적연금에 가입하지 않은 부부의 암묵적 수익률이 독신자보다 더 높은 경향이 있다. 예를 들어 2015년 은퇴하는 평균소득 독신 남성은 동일 연도에 은퇴하고 소득수준이 동일한 홑벌이 부부에 비하여 공적연금제도로부터 얻는 순편익이 13만 8,000달러 더 적다. 이러한 현상이 나타나는 이유는 기혼자의 경우 자신의 연금급여뿐만 아니라 이 연금급여수준의 50%만큼 배우자에 대한 연금급여가 아울러 지급되기 때문이다. 더욱이 이 사람이 사망할 경우 배우자에 대한 급여수준이 사망자의 생존 시 연금의 50%가 아닌 100%로 상승하게 된다.

홑벌이 부부가 맞벌이 부부에 비해서도 공적연금으로부터 더 많은 혜택을 보는 경향이 있다. 예를 들어 부인의 평생소득이 남편보다 더 높은 가구를 상정해보자. 남편의 가입기간 소득을 바탕으로 산정한 연금급여가 부인의 연금급여의 50%보다 낮을 경우 남편에게 보장되는 연금급여는 부인의 연금급여의 50%가 되는데 이 수준의 연금은 남편이 일을 하지 않는 경우에도 지급받게 되어 있다. 만일 남편의 연금급여 산정액이 부인의 50%를 상회하더라도 이 사람의 추가적인 편익은 자신의 연금급여 산정액과 부인의 연금급여의 50% 간의 차이에 불과하다. 따라서 이 사람이 근로활동기에 급여세를 부담하였음에도 불구하고 추가적인 편익은 크지 못하다. 2015년에 은퇴한 평균소득수준의 맞벌이 부부의 공적연금자산 규모는 동일한 특성을 가진 홑벌이 부부보다 11만 4,000달러 적은 것으로 나타났다.

과연 이러한 소득재분배가 바람직한 것인가? 이 질문에 대한 대답은 부분적으로 가치판단에 의해 좌우될 수밖에 없다. 예를 들어 대공황과 제2차 세계대전을 겪었던 세대에게 젊은 세대가 어느 정도 지원하는 것이 타당하다고 주장할 수 있다. 만일 이 주장을 받아들인다면, 〈그림 11.2〉에 제시된 세대 간 소득재분배가 타당하다고 보아야 할 것이다. 반면, 생활양식이 상이한 집단 간에 소득재분배가 필요하다는 주장에 대한 합당한 근거를 제시하기는 매우 어렵다.

공적연금제도에 의해 암묵적으로 이루어지는 소득 이전에 대한 일반인의 논의가 있기는 하였으나, 많은 관심을 끌지는 못했다. 공적연금에 의한 소득이전 규모가 매우 큰 것은 사실이다. 만일 이 규모의 소득이전이 재정지출을 통해 직접적으로 이루어졌다면 아마도 이에 대한 논의가 매우 활발하게 이루어졌을 것이다. 그러나 공적연금시스템의 운영이 매우 모호한 방식으로 이루어지기 때문에 이 상황에 대한 일반인의 인지도가 높지 않다.

11.2.3 공적연금기금

1980년대에 급여세는 인상되고 급여수준은 하향조정되었다. 그 이후 공적연금수입은 지출을 상회하였으며, 이러한 상황은 2010년까지 지속되었다. 이러한 조치가 필요했던 이유는 베이비붐 세대의 은퇴 후 이들에게 지급하여야 하는 급여액이 매우 크기 때문에 이에 대비하여 단기적으로 연금재정흑자를 유지하여야 하기 때문이다. 연금재정흑자로 정부채권을 구입하고 이를 **공적연금기금**(Social Security Trust Fund)에 '적립'하고 있다. '적립'이라는 단어에 따옴표 표시한 이유는 이 단어가 정부의 거대한 저축계정인 것 같은 인상을 주기 때문이다. 실제로 기금(trust fund)은 공적연금흑자를 기록하는 회계 관리수단에 불과하다. 기금은 그 자체로 정부의 미래 연금급여 지불능력의 향상을 의미하지 않는다.

공적연금기금(Social Security Trust Fund)
미래의 공적연금급여 지출에 대비하여 공적연금 흑자를 적립하는 기금.

그 이유를 이해하기 위해서 변화하지 않은 사실을 인식하여야 한다. 미래의 어느 시점에서도 은퇴자와 근로자의 소비는 그해의 생산에서 비롯된다는 것이다. 따라서 기금이 미래 은퇴자의 소비를 증진시키는 여지는 기금이 그 당시의 경제적 산출물을 증대시키는 한도 내에 국한된다. 그리고 기금이 미래의 생산을 증진시키는 유일한 방법은 현시점에서 자본스톡을 증가시키는 것밖에 없다. 왜냐하면 자본스톡의 증가는 미래 노동자의 생산성을 높이기 때문이다. 이를 다른 방식으로 표현하면 기금이 대규모로 적립되더라도 이것이 국민저축의 증가로 연결되지 않으면, 미래의 연금급여 지급능력 제고를 기대할 수 없다는 것이다.

공적연금재정이 100억 달러의 흑자를 기록하여 이 금액이 공적연금기금에 적립되었다고 하자. 만일 이 100억 달러가 저축으로 연결되면 미래의 생산성을 높일 것이며, 이로 인해 임금이 상승하고 미래 연금급여 수급자에 대한 연금지급의 재원이 되는 연금재정 수입이 증가할 것이다. 만일 연금재정흑자가 의회로 하여금 정부지출을 흑자금액만큼 증가시킨다고 가정하자. 이 경우 기금의 수입으로 100억 달러가 계상된다. 이 금액은 재무부에 대해 100억 달러만큼의 상환을 요구할 수 있는 있는 권리를 의미하며, 재무부는 이 금액의 상환을 위해서 미래에 조세수입을 증가시키거나, 부채를 늘리거나 혹은 재정지출을 늘려야 한다. 그러나 이 100억 달러는 국민저축을 증가시키지 못하였다. 그 이유는 이 금액만큼 정부지출이 증가하였기 때문이다. 따라서 실제로 미래 연금급여 지급능력을 제고하는 어떠한 효과도 기대할 수 없다.

따라서 관건이 되는 문제는 기금수입의 증가가 새로운 저축의 증가를 의미하는지 혹은 정부의 다른 지출의 증가로 인해 새로운 저축을 유발하지 못하는지 여부이다. 미국법에 의하면, 기금은 **예산외 항목**(off-budget items)으로 분류되어 있다. 이것이 의미하는 바는 의회가 매년 지출을 계획함에 있어 기금수입을 재원으로 인식하지 않아야 한다는 것이다. 그러나 정부는 매년 **통합예산**(unified budget)을 의회에 보고하는데, 여기에는 기금의 흑자 항목도 포함된다. 만일 정책입안자가 통합예산을 기준으로 정부지출을 결정한다면, 아마도 기금수입의 증가는 새로운 저축의 증가로 연결되기 어려울 것이다. 그들은 공적연금 수입을 다른 원천으로부터의 수입과 마찬가지로 다양한 형태의 정부지출의 재원으로 인식할 것이다. 몇몇 계량경제학적 분석에 의하면 1980년대 중반부터 큰 규모의 공적연금기금 흑자가 발생하였음에도 불구하고 이 흑자는 대부분 연방정부의 다른 부문의 예산적자의 증가로 상쇄된 것으로 나타났다[Nataraj and Shoven, 2004]. 그러나 기금이 정부지출에 미치는 영향을 다른 요소를 통제하고 순수하게 기금의 영향만을 분리하는 것은 어려운 일이며 또한 논쟁의 여지가 많은 이슈이다. 이에 대해서는 공적연금개혁 방안에 대한 논의에서 다시 짚어볼 것이다.

예산외 항목(off-budget items)
법에 의해 예산총액으로부터 제외된 연방정부 지출과 수입 항목들.

통합예산(unified budget)
예산외 항목을 포함한 연방정부의 모든 지출과 수입 항목을 포함한 예산서.

11.3 한국의 공적연금제도

한국의 공적연금제도는 '국민연금'과 '특수직역연금'으로 분류된다. 특수직역연금은 다시 '공무원연금', '사립학교교직원연금(이하 '사학연금'으로 지칭)', 그리고 '군인연금'으로 구성된다. 한국의 공적연금은 특수직역연금이 먼저 도입되었다. 1960년 공무원과 군인을 대상으로 공무원연금제도가 처음 실시되었으며 2년 후인 1962년에는 공무원연금에서 군인연금이 독립되어 군인에 대한 독립된 연금제도를 형성하였다. 1973년에는 사립학교교원연금법이 제정되고 1975년부터 사학연금제도가 실시되기 시작하였다. 공무원, 사립학교 교직원, 군인을 제외한 일반국민을 적용대상으로 하는 국민연금은 1988년에 10인 이상 사업장 근로자와 고용주에게 처음 적용된 이후 1992년 5~9인 사업장 근로자와 고용주로 적용대상이 확대되었다. 1995년에는 농어민이 적용대상에 편입하였으며, 1999년에는 5인 미만 사업장의 근로자와 고용주, 그리고 도시지역 자영업자에게까지 적용대상이 확대되어 전 국민(엄밀하게 말하면 모든 소득획득자)에게 제도가 확대되었다. 2017년 현재 국민연금 가입자 수는 약 2,183만 명, 공무원연금과 사학연금 가입자는 각각 123만 명과 31만 7,000명에 이르고 있으며, 이들 공적연금 가입자 합계는 경제활동인구의 약 85.2%에 해당된다.

한국의 공적연금제도와 미국의 공적연금제도의 근본적인 차이점은 미국의 재정운영방식이 '부과방식'인 반면, 한국의 경우는 '적립방식'을 채택하고 있다는 것이다. 이는 미국이 공적연금제도 도입 당시(1935년)에는 적립방식으로 시작하였다가 4년 만에 부과방식으로 전환한 것과 대조적이다. 한국의 공적연금제도가 적립방식으로 운영되고는 있으나 연금급여 수급자에게 지급되는 연금급여의 재원이 이들 자신이 근로활동기간에 기여한 연금보험료와 여기에서 발생한 수익으로 전적으로 조달되는 '완전적립방식'이 아니다. 왜냐하면 연금급여 수준이 연금보험료와 수익금보다 더 높은 수준으로 규정되어 있기 때문이다. 이러한 운영방식을 '수정적립방식'이라고 한다.

국민연금 수급자격요건은 국민연금보험료를 최소한 10년 이상 납부하여야 하며, 연령이 60세에 도달하여야 한다.[14] 국민연금급여 수급개시연령은 향후 상향조정되어 2034년까지 점진적으로 65세까지 상향조정될 예정이다. 우리나라도 미국과 같이 연금수급개시연령 이전에도 55세부터는 연금급여를 받을 기회를 부여하고 있다. 이 경우 연금급여를 '조기노령연금'이라고 하는데 연금여수급액은 정상적인 연금수급개시연령부터 받을 때보다 감액된다. 또한 미국과 같이 자발적으로 수급연령을 늦출 경우 연간급여액이 상향조정되는 '노령연금 연기제도'도 최근 도입되었다. 연금급여 수급 연기는 1회에 한하여 최대 5년간 가능하며 1년 연기당 연금액이 7.2% 상향조정된다.

특수직역연금 급여수급개시연령이 1996년 이전 임용자와 이후 임용자에 대해 상이하게 규정되어 있다. 1996년 이전 임용자의 경우는 퇴직직후부터 연금급여를 지급받을 수 있어 국민연금제도에 비하여 연금수급기간이 길다.[15] 1996년 이후 임용자의 경우 현재 60세인데 2033년까지 단계적으로 65세까지 상향조정될 예정이다. 연금급여 수급을 위해 연금보험료를 납부하여야 하는 기간은 10년이다.[16] 납부기간이 10년보다 짧으면 일시금으로 지급받아야 한다.[17] 연금급여 수급자격이 있다고 하더라도 급여의 일부를 일시금으로 받을 수 있는 선택권이 부여된다.

연금급여 산정방식에 있어서도 국민연금과 특수직역연금은 다르다. 국민연금급여(완전노령연금) 산정식은 다음과 같다.

$$\text{연간 국민연금급여} = 0.2/40 \times (A + B) \times n$$

A: 연금수급 전 3년간 전체 가입자의 연평균소득(= 평균소득월액 × 12)

B: 가입자 개인의 가입기간 중 연평균소득[보다 엄밀하게 말하면, 각 개인의 (연간소득 × 연금수급 전 3년간의 전체 가입자 평균소득/소득이 발생한 연도의 전체 가입자의 평균소득)의 평균을 의미]

n: 가입연수

14 수급개시연령인 60세에 도달할 때까지 국민연금보험료를 10년 이상 납부하지 못한 사람은 연금급여 대신 '반환일시금'을 받는다. 반환일시금은 은퇴자가 기여한 연금보험료와 이 기여금에서 발생한 수익금의 합계에 해당된다.

15 군인연금의 경우는 직업의 특성상 조기 은퇴의 빈도가 높다. 군인연금 지급은 현행제도하에서도 군인의 은퇴와 함께 개시된다.

16 국민연금과 특수직역연금 가입자가 은퇴 후 연금급여를 수급하기 위해서는 10년 이상 가입이 의무화되어 있다. 특정 개인이 특정 기간 동안 국민연금과 특수직역연금에 각각 가입하였는데, 각각의 연금제도 가입기간이 10년에 미달하나 두 기간의 합산이 10년 이상일 경우가 있을 수 있다. 이 경우 두 연금제도로부터 연금급여를 수급할 수 없다. 이러한 문제를 해결하기 위해 최근 '공적연금합산제도'가 도입되었다. 이 제도로 인해 두 가입기간의 합산이 10년 이상일 경우 두 연금제도로부터 연금급여를 수급할 수 있다.

17 연금 대신 일시금으로 급여를 받을 경우 이 일시금의 수준은 연금으로 지급받을 때의 연금자산, 즉 잔여생애 동안 지급받을 연금급여액의 현재 가치보다 낮은 수준이다.

국민연금급여는 기초연금 및 소득비례연금, 두 부분으로 구성된다. 기초연금은 동일연도에 은퇴한 사람들에게 동일하게 적용되는 급여로서 연금수급 전 3년간 전체가입자의 연평균소득(A)에 의해 결정된다. 소득비례연금은 가입자 개인의 가입기간 중 연평균소득에 의해 결정된다. 미국의 AIME 산정 시와 같이 한국의 소득비례연금 산정 시 기준소득인 가입자 개인의 가입기간 중 연평균소득은 시간의 경과에 따른 임금수준의 변화분을 조정해주는 장치가 있다. 예를 들어 소득이 발생한 연도보다 은퇴 이전 3년간 소득이 높은 경우 양자의 비율만큼을 반영하여 가입기간 중 평균소득을 산정한다. 국민연금 급여가 기초연금과 소득비례연금 두 부분으로 구성되어 있어 가입자의 소득이 높을수록 소득대체율이 낮아지는 경향이 있다. 따라서 한국의 국민연금급여도 미국의 경우와 같이 소득재분배 요소가 강하다. 위의 연금급여 산식은 2028년부터 적용될 수준으로서 평균소득자의 임금대체율은 40% 수준이다. 2019년 현재 평균소득자의 임금대체율을 50%이며 2028년까지 점진적으로 40% 수준으로 하향조정될 예정이다. 소득재분배 기능을 가능하게 하는 또 다른 요소는 연금급여 산정 시 적용되는 소득상한이 존재한다는 사실이다. 현시점에서 소득상한은 월 450만 원이다. 이 소득상한은 보험료 산정 시에도 동일하게 적용된다.

여기서 설명한 국민연금급여산식은 가입기간(연금보험료 납부기간)이 20년 이상인 '완전노령연금' 수급자에게 지급되는 연금을 산정하는 방식이다. 가입기간이 연금수급 자격요건인 10년 이상이나 20년에 미치지 못하는 경우는 '감액노령연금'을 지급받는다. 감액노령연금은 가입기간 10년일 경우 완전노령연금 산정식으로 산정한 연금(기본연금액)의 47.5%가 지급되며, 가입 기간 1년 증가 시마다 기본연금액의 5%씩 증가한다. 정상적인 연금수급개시 연령인 60세부터 5년 동안의 기간에 연금수급자가 노동소득 혹은 사업소득이 있을 경우 연금이 감액되는데 이 경우 '재직자노령연금'이라고 한다. 연금급여 수준은 60세에는 완전노령연금(혹은 감액노령연금)의 50%이고, 1세 상승 시마다 완전노령연금(혹은 감액노령연금)의 10%씩 증가하여 65세가 되면 완전노령연금수준에 도달한다.[18]

한국의 국민연금제도에서는 미국의 제도에서 수급자 가족의 구성에 따라 연금급여수준이 달라지는 제도가 존재하지 않는다. 미국의 경우 연금수급자의 배우자는 연금수급자의 연금급여의 50%를 추가적으로 지급받을 수 있는 반면, 한국의 경우 이런 제도가 없다. 다만, 부부 이혼 시 연금수급자의 배우자가 연금수급자의 연금의 1/2을 분할 요구할 수 있는 '분할연금'제도가 있다.

특수직역연금(퇴직연금)의 급여산정식은 다음과 같다.

연간 특수직역연금급여

= 평균기준소득월액 × 재직기간별 적용비율 × 재직연수 × 연금지급률

위의 급여산식은 2035년부터 적용될 산식으로서 연금지급률 2016년 현재 1.878%인데 이 비율이 점전적으로 하향조정되어 2035년에는 1.7%가 될 예정이다. 재직기간별 적용비율이 규

18 미국의 경우도 이와 유사한 제도가 있다. 그러나 미국의 경우 감액된 만큼의 연금급여와 이 금액에서 발생할 수 있는 이자의 합계만큼의 가치를 차후 연금급여의 상향조정을 통해 보전해주는 반면 한국에서는 가치보전을 해주지 않고 있다.

정되어 있는 이유는 지난 10여 년간 두 차례의 공무원연금제도 개편이 있었기 때문이다. 이로 인해 2010년 이전 기간, 2010~2015년 기간 2015년 이후 기간에 대해 상이한 연금지급률[각 기간에 대해 2.0%, 1.9%, 1.7%(2035년)]이 규정되기 때문이다. 해당 연금수급자의 각 기간의 재직기간 비율을 적용하여 연금급여를 산정한다. 특수직역연금의 급여산정식이 국민연금급여 산정식과 다른 점은 소득재분배 요소가 강하지 않다는 것이다. 재직기간 30년까지는 소득재분배 요소가 적용되지 않으며 30년을 초과하는 기간에 대해서는 연금지급률 1.7% 중 1%에 대해 소득재분배 요소가 적용된다. 특수직역연금의 또 다른 특징은 급여산정 시 적용되는 재직연수에 한계가 존재한다는 것이다. 재직기간 36년을 초과하는 재직기간에 대해서는 급여산정 시 재직연수에 포함되지 않는다. 예를 들어 재직기간 40년일 경우 재직기간 36년만 적용되어 연금급여 수준은 (연금지급률 1.7% 적용 시) 최종 3년간 연간 평균보수 수준의 약 61%이다. 특수직역연금 산정 시 적용되는 재직기간에 제한이 있기는 하나, 전반적인 임금대체율은 특수직역연금이 더 높다.

국민연금급여에 비하여 특수직역연금급여 수준을 더 높이는 요인이 추가적으로 존재하였다. 이 요인은 연금개시 이후 연금급여 실질가치 보전방식에서 찾을 수 있었다. 국민연금의 경우 소비자물가지수(CPI)에 연동하여 연금급여가 조정되는 반면, 특수직역연금급여는 평균임금상승률과 소비자물가지수 사이의 값으로 연금급여가 조정되었다. 평균임금상승률이 일반적으로 소비자물가지수보다 높은 점을 감안하면 특수직역연금급여에 더 많은 가치보전이 이루어졌다고 할 수 있다. 2009년 공무원연금법 개정으로 연금급여 조정이 CPI와 연동하여 조정되게 되어, 2010년부터는 연금의 실질가치보전방식이 국민연금과 같은 방식으로 이루어지고 있다. 2017년 현재 국민연금, 공무원연금, 그리고 사학연금의 (연금과 일시금을 모두 포함한) 급여 총액은 약 38조 2,520억 원(국민연금 19조 869억 원, 공무원연금 14조 9,817억 원, 사학연금 4조 9,817억 원)으로서 이는 GDP의 약 2.1%에 해당한다.

국민연금과 특수직역연금의 급여수급대상자는 은퇴자로 국한되어 있지 않고 이들의 사망 시 유족들에게도 은퇴자의 급여의 일정 부분에 해당하는 '유족연금'이 지급된다. 또한 미국의 경우와 같이 연금급여에 대해서 소득세가 과세된다. 현행의 연금에 대한 과세체제는 연금보험료 기여에 대해서는 고용주와 근로자에게 소득공제를 허용하고, 연금기금 증식단계에서 발생하는 소득에 대해서는 소득세를 면세하고, 연금급여 지급 시 과세하는 EET(Exempt, Exempt, Taxed)체제이다(미국의 연금과세체제도 이와 동일하다).

공적연금의 재원조달은 기본적으로 연금보험료 수입으로 충당된다. 국민연금의 경우, 근로자 본인이 임금의 4.5%, 고용주가 4.5%의 보험료를 부담하며, 특수직역연금의 경우도 보험료의 반은 가입자가 부담하고 나머지 반은 고용주와 국가가 부담한다. 특수직역연금의 보험료 전체는 보수의 17%로서 이 중 8.5%는 가입자 자신이 부담한다. 공무원연금과 군인연금의 경우 고용주가 곧 국가이므로 국가가 나머지 8.5%를 부담한다. 사학연금의 경우는 이와 달리 교원의 경우 고용주(학교)가 5% 부담하고, 3.5%는 국가가 부담하며, 사무직원인 경우는 8.5%를 고용주가 부담한다. 이 보험료율은 2020년까지 점진적으로 상향조정되어 9%가 될 예정이다. 국민연금의 경우 급여산정 시와 같이 연금보험료 납부 시 적용되는 소득상한(월 450만 원)이 존재한다. 공무원연금을 비롯한 특수직역연금의 경우도 소득상한이 존재하는데 국민연금과 같이 일정 금액으로 규정되지 않고 특수직역 종사자 전체 기준소득월액 평균의 160%로 규정되어 있다. 2017년 현재 국민연금, 공무원연금, 사학연금의 보험료 수입 총액은 약 57조 원(국민연금 40조 143억 원, 공무원연금 10조 382억 원, 사학연금 6조 4,750억 원)으로서 이는 GDP의 약 3.3%에 해당한다.

2017년 시점에서 보면 국민연금, 공무원연금, 사학연금 중 공무원 연금을 제외하고는 모두 재정흑자를 보이고 있어 연금재정이 안정되어 있는 것 같은 인상을 줄 수 있다. 특히 국민연금의 경우 2017년 현재 연금급여지출액보다 연금보험료 수입이 약 18조 7,480억 원가량 더 많은 것으로 나타나고 있고, 국민연금기금은 2017년 말 현재 691조 원에 이르고 있다. 그러나 이러한 현상은 한국의 국민연금제도가 적립방식으로 운영되고 있는 데서 나타나는 일시적인 현상이다. 1988년 국민연금이 도입된 이후 연금급여수급권을 획득한 사람의 수가 적은 관계로 연금급여 지출수준이 매우 낮았던 반면, 연금보험료 수입은 이 기간 동안에도 계속 발생하였다. 2008년부터 국민연금의 완전노령연금이 지급되면서부터 연금급여 지출액이 빠른 속도로 증가하고 있다. 더욱이 한국의 공적연금은 급여수준에 비하여 보험료 수준이 낮아 연금재정의 불안정성 문제가 오래전부터 제기되어왔다. 군인연금의 경우 이미 연금기금이 고갈된 상태이며, 공무원연금재정은 적자가 이미 발생하고 있어 이미 정부의 재정지원으로 연금기금이 일정 수준으로 유지되고 있다. 사학연금의 경우도 머지않은 장래에 연금재정이 적자로 돌아설 전망이다. 공적연금의 재정위기를 극복하기 위한 여러 정책대안이 제시되고 있음에도 불구하고 이를 해결하기 위한 제도 개편이 오랜 기간 이루어지지 못하였다.

2007년에 국민연금 재정안정화 방안을 반영한 국민연금법 개정이 있었다. 국민연금법 개정의 주요 내용은 평균적인 소득이 있는 자가 40년 동안 가입할 경우 지급하는 연금급여수준을 종전 제도하에서 평균소득의 60%이던 것을 2008년에는 50%로, 2009년부터 매년 0.5%P씩 낮춰 2028년에 40%로 인하한다는 것이다. 단, (공무원연금급여 산정 시 재직기간별 적용률을 적용하듯이) 기존 수급자와 기존 가입기간에 대하여는 종전대로 기득권을 보장한다. 이 국민연금법 개정은 국민연금의 장기재정 안정화에 어느 정도 기여할 것이다. 그러나 연금급여 하향조정시기가 상당기간 지연되어 있어 연금재정에 기여하는 정도가 장기 재정안정화를 달성하기에 충분하지 않으며, 이로 인해 추가적인 재정안정화 방안이 모색되어야 할 것이다. 국민연금관리공단의 추계에 의하면 2007년 국민연금법 개정의 효과를 반영하여도 2060년대 이전에 연금기금이 완전히 고갈될 전망이다.

이미 언급한 바와 같이 2009년과 2015년 두 차례에 걸쳐 공무원연금, 사학연금 등 특수직연금관련법의 개정을 통해 급여산식과 보험료율 수준이 조정되었다. 2009년 법개정으로 보험료 부과의 기준과 연금산정 기준이 되는 소득이 기존의 평균보수월액에서 '기준소득월액'으로 변경되었다. '기준소득월액'은 '일정 기간 재직하고 얻은 소득에서 비과세소득을 제외한 금액의 연지급액을 12개월로 평균한 금액'을 의미한다. 따라서 과거보다 보험료 부과와 연금산정 기준이 되는 소득의 범위가 확대되었다.

특수직역연금급여산식과 관련된 중요한 변화는 다음과 같다. 먼저, 임금대체율이 재직기간 33년 기준으로 기존의 76%에서 약 61%로 하향조정되었다. 다음으로 급여신정기준이 기존의 3년간 평균보수월액 평균에서 재직기간 동안 평균 기준소득으로 변경되었다. 공무원의 임금구조의 특성상 재직연수가 높을수록 급여수준이 높은 점을 감안하면, 이러한 급여산정기준 변경은 급여수준을 낮출 수도 있다. 그러나 기존의 평균소득월액에 비하여 기준소득월액이 월등히 높다면, 임금대체율의 하향조정 및 급여산정기준의 변경의 효과를 상당부분 상쇄할 가능성도 있다. 다시 말하면 평균소득월액보다 기준소득월액의 범위가 넓으므로 급여 산정기준이 기준소득월액으로 변경된 것이 실질적으로 연금급여수준을 높이는 역할을 할 수도 있다. 마지막으로 이미 언급한 바와 같이 재직기간 30년 초과 기간의 연금급여 산정 시 소득재분배가 적용된다는 것이다. 그러나 소득재분배 요소가 30년 초과기간에 대해서만 적용되므로 소득재분배 기능이 매우 제한적일 것으로 예상된다.

한국의 공적연금의 다른 문제점 중의 하나는 연금혜택을 보지 못하는 사각지대가 광범위하게 존재한다는 것이다. 현행의 공적연금제도가 소득이 있는 사람에게만 적용되고 있고 또한 연금재정 운영방식이 적립방식인 관계로 공적연금에 가입할 기회가 없었던 현시점의 노인에게는 연금제도의 혜택이 제공되지 못하고 있다. 2007년 4월 입법으로 도입된 '기초노령연금제도'는 연금사각지대에 있는 노인들에게 일정 수준의 연금을 지급하는 제도이다. 2008년부터 시행되고 있는 이 제도는 노인의 (소득이 상대적으로 낮은) 약 70%에게 현행의 국민연금급여수준에 연동하여 산정된 금액을 지급한다. 급여산식은 다음과 같다.

$$\text{기초연금액} = \text{국민연금급여} - 2/3 \times A\text{급여}$$

여기서 A급여는 국민연금급여 산정 시 사용되는 연금수급 전 3년간 전체 가입자의 연평균소득을 의미한다.

기초노령연금과 관련하여 재정부담 문제가 제기되고 있다. 1인당 급여수준은 낮으나 수급대상자 수가 많고 향후 인구의 고령화가 진전됨에 따라 수급자 수가 더욱 증가할 전망이다. 따라서 기초노령연금 지출액이 빠른 속도로 증가할 전망이다.

11.4 경제적 행위에 대한 공적연금의 영향

어떤 경제학자들은 공적연금제도가 사람들의 행동을 왜곡하고 경제적 효율성을 저해한다고 주장한다. 이와 관련된 거의 대부분의 논의는 저축행위와 노동공급에 대한 의사결정에 초점이 맞추어져 있다.

11.4.1 저축행위

공적연금제도와 저축행위에 대한 대부분의 연구의 출발점은 **저축에 대한 생애주기 이론**(life-cycle theory of savings)이다. 이 이론에 의하면 각 개인의 소비와 저축에 대한 의사결정은 평생에 걸친 계획에 의해 결정된다고 한다. 근로활동기에 사람들이 소득의 일정 부분을 은퇴 후의 소비에 대비하기 위하여 저축을 한다.[19] 이러한 자금은 이 자금의 지출이 필요할 때까지

저축에 대한 생애주기 이론
(life-cycle theory of savings)

특정 연도의 각 개인의 소비와 저축이 전 생애에 걸친 환경을 고려한 계획의 결과로 나타난다는 이론.

19 물론 저축은 다른 동기에 의해 이루어지기도 한다. 예를 들어, 내구재 구입, 자녀의 고등교육을 위해 저축을 하기도 한다. 생애주기적 이론에 대한 보다 자세한 논의는 Modigliani[1986]을 참조하시오.

투자되며, 이로 인해 사회의 자본스톡이 증가하게 된다. 이미 논의한 바와 같이 체감하는 한계효용을 가진 사람은, 다른 조건이 동일하다면, 소비를 기간별로 분산하여 평탄화하는 것을 선호한다. 저축은 소비를 근로가능기에서 은퇴기로 이동시킴으로써 이러한 목적 달성을 가능하게 한다. 공적연금제도의 도입은 이러한 생애 동안의 저축행위를 변화시킬 수 있다. 저축행위의 변화는 다음 3가지 효과의 결과로 나타난다. (1) 자산대체효과, (2) 은퇴효과, (3) 유산상속효과.

자산대체효과(wealth substitution effect) 공적연금제도의 존재로 인해 민간저축이 구축되는 현상.

자산대체효과 생애주기적 이론에 의하면, 근로자들은 공적연금기여금(사회보장 급여세)을 납부하는 대신 은퇴 후에 일정 수준의 연금지급을 보장받는다는 사실을 인식한다는 것이다. 만일 그들이 사회보장급여세를 일종의 저축으로 간주한다면, 그들의 다른 자발적인 저축을 줄일 것이다. 결과적으로 공적연금은 민간저축을 구축하게 될 것이다. 이러한 현상을 **자산대체효과**(wealth substitution effect)라고 한다. 이미 강조한 바와 같이 부과방식하에서는 근로자들의 기여금이 곧바로 은퇴자의 연금급여 지급에 충당된다. 따라서 민간저축을 상쇄할 만한 공공저축의 증가가 발생하지 않으며, 경제의 자본 규모는 감소하게 된다.

〈그림 11.3〉은 생애주기모형의 틀에서 자산대체효과를 분석하고 있다. 예를 들어 리앙의 생애를 두 기간[현재(기간 0)와 미래(기간 1)]으로 나누어보자. 리앙의 기간 0의 소득은 I_0이고 기간 1의 소득은 I_1이라고 하자(여기서 '현재'를 근로활동기라고 하고 '미래'를 은퇴 후 기간이라고 한다면, I_0는 '노동소득'이고 I_1은 '연금소득'이라고 할 수 있다). 여기서 리앙이 선택하여야 하는 것은 각 기간에 어느 정도의 소비를 하느냐 하는 것이다. 소비수준을 선택하면 동시에 얼마나 저축을 할지 혹은 어느 정도 차입할지가 결정된다. 만일 현재소비가 현재소득을 초과하면 차입을 하게 된다. 만일 현재소비가 현재소득보다 적으면 저축을 하게 된다.

저축에 대한 의사결정에 대해 분석하는 첫 번째 단계는 리앙이 선택할 수 있는 현재소비와 미래소비의 조합(예산제약)을 그려보는 것이다. 〈그림 11.3〉에서는 현재소비수준을 X축으로, 미래소비수준을 Y축으로 나타나고 있다. 리앙이 선택할 수 있는 옵션은 각 기간에 발생하는 소득만큼 소비하는 것이다. 현재기간 동안 I_0를, 미래기간 동안 I_1을 소비할 수 있다. 이 소비조합은 〈그림 11.3〉의 A에 해당하며 이를 **부존자원점**(endowment point)이라고 한다. 부존점에서 리앙은 저축도 차입도 하지 않는다.

부존자원점(endowment point) 개인이 저축과 차입을 하지 않을 경우의 소비조합.

리앙이 선택할 수 있는 다른 옵션은 미래소비를 늘리기 위하여 현재소득 일부를 저축하는 것이다. 예를 들어 S달러만큼 저축을 하기로 결정하였다고 하자. 만일 그의 저축을 수익률이 r인 자산에 투자한다면, 미래소비는 원금 S와 이자 rS를 합하여 $(1 + r)S$만큼 증가할 것이다. 이를 그림으로 나타내면 부존점 A에서 왼쪽으로 S달러만큼 이동하고 위로 $(1 + r)S$만큼 이동하여 점 D에 이르는 것을 의미한다.

저축하는 대신 리앙은 현재소비를 I_0보다 더 많이 하기 위해 미래소득으로 상환하는 조건으로 차입을 할 수 있다. 리앙이 저축이자율과 동일한 수준의 이자율 r로 차입을 할 수 있다고 가정하자. 만일 그가 B만큼 차입하여 현재소비를 늘렸다면, 그의 미래소비는 얼마나 줄어들어야 하는가? 미래기간이 도래하면 리앙은 원금 B와 이자 rB를 상환하여야 한다. 따라서 리앙은 미래소비를 $B(1 + r)$만큼 기꺼이 줄일 의향이 있어야 현재소비를 B만큼 증가시킬 수 있다. 이를

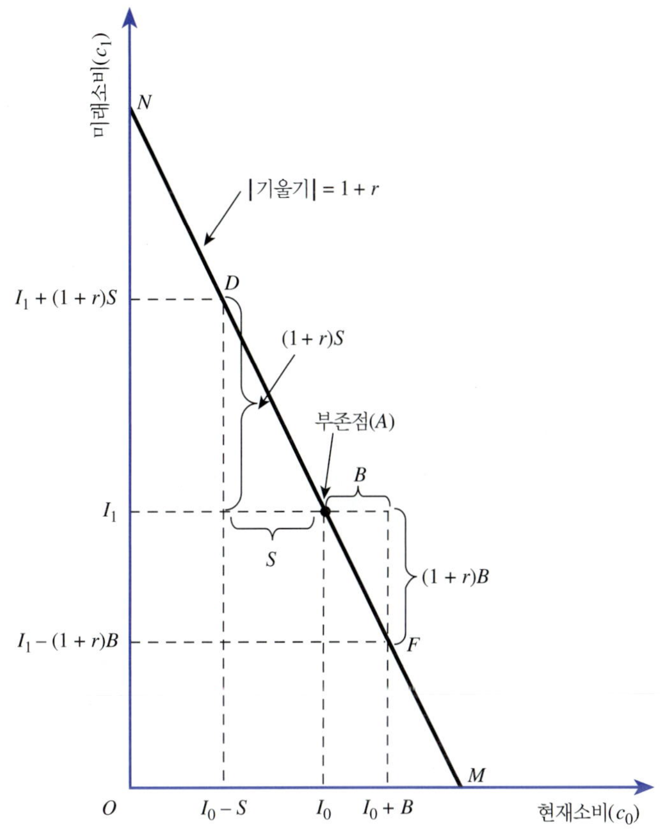

그림 11.3

현재와 미래 소비에 대한 예산 제약

예산제약 MN은 리앙의 현재 소비와 미래소비 간의 상충 관계를 나타낸다. 리앙은 소득이 발생한 시점에서 모든 소득을 소비할 수 있다. 다시 말하면, 현시점에서 I_0만큼 소비하고 미래에 I_1만큼 소비할 수 있다. 이 상황은 부존점 A에 해당된다. 만일 현시점에서 현재소득보다 S달러만큼 덜 소비하기로 결정하면 미래소비를 $(1+r)S$달러만큼 증가시킬 수 있다(점 D). 만일 현재소득보다 B만큼 더 소비하고자 한다면, 미래소비는 $(1+r)B$달러만큼 줄어들어야 한다(점 F). 수요와 공급이 일치할 때 시장은 균형을 이룬다.

그림으로 나타내면 점 A에서 B만큼 오른쪽으로 이동하고 아래로 $B(1+r)$만큼 이동하여 점 F에 이르는 것을 의미한다.

S와 B에 대해 여러 값을 적용하여 현재소비수준의 변화에 따른 미래소비의 가능액을 산정할 수 있다. 이러한 과정을 거쳐 부존점을 지나고 기울기의 절댓값이 $(1+r)$인 예산선 MN을 그릴 수 있다. 예산선의 기울기는 보통 때와 마찬가지로 한 재화를 소비하는 대신 다른 재화를 소비하는 기회비용을 의미한다. 기울기 $1+r$이 의미하는 것은 현재소비 1달러의 증가는 미래소비 $1+r$달러를 감소시킨다는 것을 의미한다.[20] 예산선 MN은 기간 간 소비의 상충관계를 나타내므로 **기간 간 예산제약**(intertemporal budget constraint)이라고 지칭된다.

기간 간 예산제약 (intertemporal budget constraint)

각 기간의 가능한 소비조합의 집합.

예산선 MN 위에서 어떤 소비조합을 리앙이 선택할 것인지를 알아보기 위해 〈그림 11.4〉에 제시되어 있는 무차별곡선으로 표현되는 리앙의 선호를 도입해보자. 이 그림에는 리앙의 예산

20 리앙의 예산선을 수식으로 유도하기 위해서 그가 직면하고 있는 예산제약을 상기해보자. 그의 예산제약은 그의 소비의 현재가치가 소득의 현재가치와 동일하여야 한다는 것이다(현재가치에 대한 설명은 제8장 참조). 소비의 현재가치는 $c_0 + c_1/(1+r)$이며, 소득 흐름의 현재가치는 $I_0 + I_1/(1+r)$이다. 따라서 c_0와 c_1을 선택함에 있어 $c_0 + c_1/(1+r) = I_0 + I_1/(1+r)$을 만족하여야 한다. 이 예산제약식은 점 (I_0, I_1)를 지나고 기울기가 $-(1+r)$인 선으로 나타낼 수 있다.

그림 11.4

효용극대화를 위한 현재소비와 미래소비의 선택

리앙은 $I_0 - c_0$*만큼 저축하고 미래 기간에 c_1*만큼 소비함으로써 효용을 극대화한다.

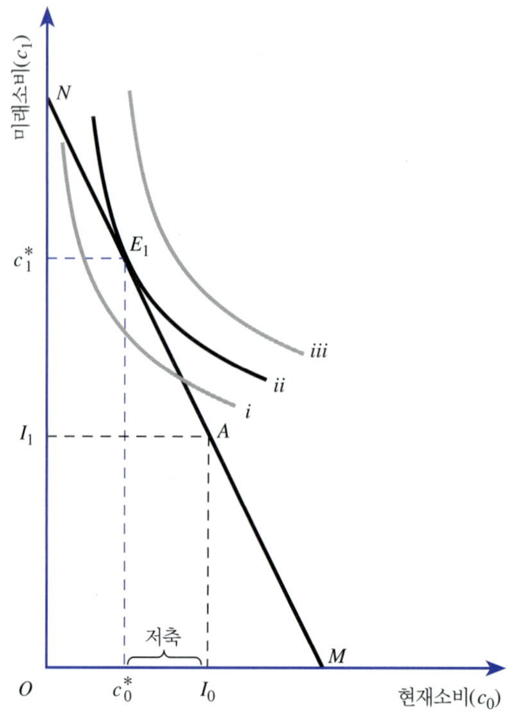

제약에 무차별곡선 *i*, *ii*, *iii*가 겹쳐 있다. 만일 적은 소비보다 많은 소비를 선호한다면 우상향 방향으로 갈수록 높은 효용수준의 무차별곡선이 된다.

예산제약 *MN*하에서 리앙의 효용극대점은 E_1으로서, 이 점은 현재소비를 c_0*만큼, 미래소비는 c_1*만큼 하는 점이다. 리앙의 저축액은 쉽게 구할 수 있다. 현재소득 I_0는 현재소비 보다 높으므로 저축액은 $I_0 - c_0$*이다. 물론 항상 저축을 하는 것이 합리적인 것만은 아니다. 만일 효용수준이 가장 높은 무차별곡선이 점 *A* 아래의 어느 점에서 접하게 되면 현재소비는 현재소득 I_0보다 더 크고 따라서 리앙은 차입을 하여야 한다.

이제 공적연금의 도입이 민간저축에 대한 의사결정에 어떠한 영향을 미치는지 살펴보자. 논의를 단순화하기 위해 공적연금의 암묵적 수익률이 시장이자율과 동일하다고 가정하자. 만일 리앙이 사회보장세를 *T*달러 납부하였다면, 은퇴 후 공적연금급여는 $(1 + r)T$달러가 된다고 가정하자는 것이다(이 장 뒷부분에 있는 연습문제 중에는 공적연금의 암묵적 수익률과 시장이자율이 다른 상황을 상정하는 문제가 있다).

공적연금제도의 도입이 리앙의 저축에 대한 의사결정에 어떠한 영향을 미쳤는가? 〈그림 11.5〉에는 〈그림 11.4〉의 예산제약 *MN*이 제시되어 있다. 공적연금의 도입으로 인해 부존점은 점 *A*로부터 왼쪽으로 *T*만큼 이동하게 하는데 이는 현재소비를 위한 재원을 *T*만큼 감소시키는 것을 의미한다. 그러나 동시에 공적연금은 소비조합을 위로 $(1 + r)T$만큼 이동시켜 미래소비를 위한 재원을 $(1 + r)T$만큼 증가시킨다. 결국 공적연금의 도입은 조세와 미래의 연금급여의 조

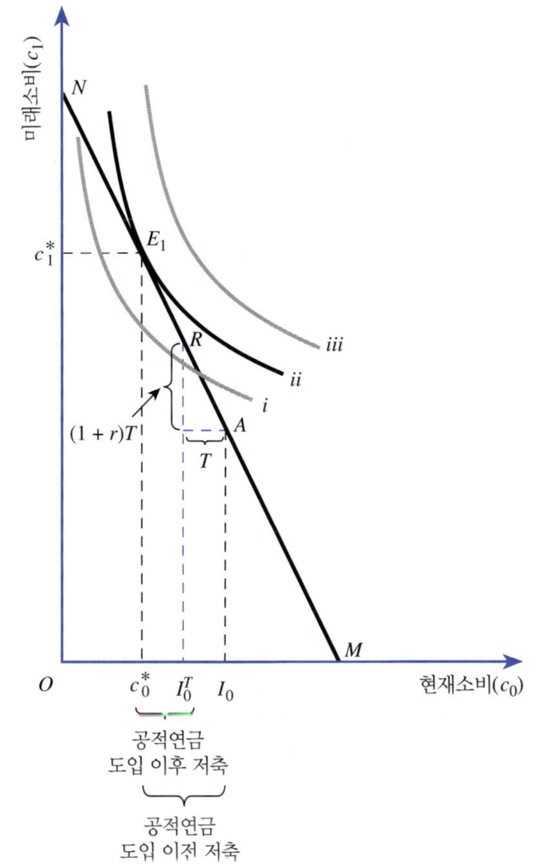

그림 11.5
공적연금에 의한 민간저축 구축

사회보장세는 리앙의 현재소비를 T달러만큼 줄이고 미래소비를 $(1 + r)T$만큼 증가시킨다. 리앙은 이제 최적소비 조합을 선택하기 위해 $I_0^T - c_0^*$만큼만 저축하면 된다. 이 금액은 공적연금제도가 도입되기 이전보다 작다. 따라서 공적연금은 민간저축을 구축한다.

합은 초기 부존점을 예산제약 MN 위에 있는 점 R로 이동시킨다. 리앙이 여전히 저축과 차입을 할 수 있다면 예산제약은 MN으로 변함이 없다. 예산제약이 동일하므로 리앙의 최적소비조합은 여전히 E_1이다. 리앙의 소비패턴은 변하지 않았지만, 리앙의 행태에 중요한 변화가 발생하였다. 소비조합 E_1을 달성하기 위해서 리앙은 공적연금제도 도입 이전의 저축수준보다 낮은 $I_0^T - c_0^*$만큼만 저축하면 된다. 다시 말하면 리앙은 사회보장세를 일종의 저축으로 보고, 자발적인 저축을 줄이게 된다. 따라서 공적연금은 민간저축을 구축하는 효과가 있다. 이것이 '자산대체효과'이다. 부과방식하에서는 사회보장세가 자본스톡 축적으로 연결되지 않기 때문에 공공저축이 증가하여 민간저축의 감소를 상쇄하는 효과가 나타나지 않는다.

은퇴효과 공적연금제도가 저축에 미치는 효과는 다음 절에서 논의할 사안과 관련성이 있다. 공적연금은 조기은퇴를 유발할 수 있다. 은퇴기간이 길어진다는 것은 근로활동기간이 줄어드는 것을 의미하며, 따라서 노후 소비의 재원을 마련할 수 있는 기간이 줄어들게 된다. 따라서 **은퇴효과**(retirement effect)는 저축을 증대시키는 경향이 있다.

은퇴효과(retirement effect)

사람들이 공적연금제도로 인해 조기에 은퇴하면 길어지는 은퇴기간에 대비하여 저축을 늘린다는 이론.

유산상속효과 저축의 중요한 동기 중의 하나는 자녀에게 유산을 남기고자 하는 '유산상속 동기'이다. 〈그림 11.2〉에서 볼 수 있듯이, 공적연금제도는 자녀(근로자/납세자)로부터 부모(은퇴자/연금수급자)에게 소득을 이전시킨다. 이 상황에서 부모는 공적연금의 소득재분배 효과를 상쇄하기 위해 자녀에게 더 많은 유산을 남기기고자 하며 이로 인해 저축이 증가할 것이다. 결국 사람들은 공적연금의 자녀 소득에 대한 충격을 상쇄하기 위해 저축을 증가시킨다는 것이다. 이 효과를 **유산상속효과**(bequest effect)라고 한다.

유산상속효과(bequest effect)

사람들이 공적연금제도에 의해 발생한 세대 간 재분배 효과를 상쇄하기 위해 자녀에게 더 큰 규모의 유산을 남기기 위해 저축을 늘린다는 이론.

11.4.2 은퇴에 대한 의사결정

1930년에는 65세 남성의 경제활동참가율이 54%였다. 1950년이 되어서는 이들의 경제활동참가율이 45.8%로 감소하였으며, 2011년에는 22.8%로 하락하였다[Bureau of Labor Statistics, 2012]. 이러한 변화를 유발한 요인으로 소득의 증가, 기대수명의 변화, 직업구성의 변화 등 몇 가지를 들 수 있다. 또한 많은 연구자들은 공적연금제도가 은퇴패턴을 결정하는 데 매우 중요한 요인이라고 믿고 있다.

공적연금제도와 관련된 은퇴 유인을 이해하기 위해서 공적연금자산의 개념을 상기해보자. 공적연금자산은 각 개인이 수급권을 확보한 연금급여의 순가치(연금급여−사회보장급여세)의

실증 증거 공적연금제도가 민간저축을 감소시키는 효과가 있는가?

자산대체효과는 저축의 감소를, 은퇴효과와 유산상속효과는 저축의 증가를 암시하므로 이론만으로 공적연금제도가 민간저축에 어떠한 영향을 미치는지 결론을 내릴 수 없다. 불행히도 공적연금제도의 저축에 대한 효과를 실증적으로 밝히는 것은 매우 어렵다. 왜냐하면 이 제도가 미국 전역에 동시에 도입되었기 때문이다. 공적연금급여가 확대되어왔다는 점을 이용하여 시간의 경과에 따른 저축 패턴의 변화를 살펴볼 수도 있겠지만, 공적연금 이외의 다른 요소들이 저축 패턴을 변화시켰을 수도 있다.

다른 방법은 횡단면 자료를 이용하여 순공적연금자산과 개인저축 간의 관계를 살펴보는 것이다. 이 방법을 이용한 대부분의 연구들은 두 변수 간의 음의 관계의 존재를 보였으나 소수의 연구에서는 양의 관계를 보인 경우도 있다. 횡단면 자료를 이용한 연구 사이에서 추정치의 차이가 크게 나타난다는 것은 놀라운 사실이 아니다. 횡단면 자료에 있는 개인들의 특성(성별, 결혼 여부 등)에 의해 차이를 보일 것이며 이것 자체가 추정치의 크기에 영향을 미칠 것이다. 따라서 횡단면 분석으로 공적연금과 저축에 대한 관계를 솎아내기는 어려울 수 있다.[21]

최근의 연구들은 외국의 공적연금개편 중 공적연금에 의한 순편익의 변화가 사람에 따라 다르게 나타나는 사례를 선정하여 준실험적 방식을 이용한 분석을 시도하였다. 예를 들어 Attanasio와 Brugiavini[2003]는 1992년 이탈리아의 공적연금 개혁의 효과를 분석하였다. 이 공적연금개편은 퇴직연금급여를 큰 규모로 감소시켰는데, 이 감소 규모가 가계에 따라 달리 나타나도록 개편이 이루어졌다. 따라서 그들은 차이의 차이 분석(difference-in-differences analysis)을 시도할 수 있었다. 그들은 공적연금개편의 영향이 미약한 가구와 공적연금의 편익이 상당히 많이 변화한 가구의 저축행위를 비교하였다. 그들의 분석에 의하면, 공적연금자산은 민간저축에 매우 큰 영향을 미치는 것으로 나타났다. 공적연금자산 100달러당 민간저축은 40달러 줄어드는 것으로 나타났다.[22] 기존의 연구결과로 볼 때 공적연금제도는 민간저축을 감소시키는 경향이 있으나, 감소 규모에 대해서는 아직 확정적인 결론을 내리기 어렵다고 할 수 있다.

21 미국 의회예산처[1998]가 주제에 대한 기존 연구결과를 정리하였다.

22 Attanasio와 Rohwedder[2003]는 차이의 차이(DID) 방법을 이용하여 영국의 공적연금개편의 효과를 분석한 결과 민간저축에 대한 감소효과가 더욱 크다는 결과를 제시하였다.

현재가치로 정의된다. 그리고 미국의 공적연금제도 도입기에는 연금지급개시연령이 62세였음을 상기해보자. 62세가 된 키티가 1년 더 일을 할지 은퇴를 할지 결정해야 한다고 하자. 만일 그녀가 은퇴를 1년 미루고 1년 더 일을 할 경우 공적연금자산에 어떠한 변화가 생기는가? 만일 이로 인해 그녀의 공적연금자산이 증가하면, 이 증가액이 노동으로부터 획득되는 (세후) 임금에 더해져서 그녀의 가용자원이 증가할 것이다. 이 경우 그녀에게는 계속 일을 할 인센티브가 있다. 만일 공적연금자산이 줄어든다면, 1년 더 일을 할 유인은 감소할 것이다.

계속 일을 하고 공적연금급여 수급을 미루면, 아디바는 1년 더 사회보장급여세를 납부하여야 하고, 1년분의 연금급여를 잃게 되며, 이로 인해 공적연금자산이 줄어든다. 그러나 1년 더 일하고 공적연금급여를 포기하면 많은 경우 당해 임금수준이 이전에 산정된 AIME 값, 즉 35년간 가장 높은 월임금의 평균값보다 높아 AIME를 높이고 또한 연급수급개시 시기를 늦추면 차후에 지급받을 연금급여월액이 높아진다. 이 두 요소는 공적연금자산을 높이는 역할을 한다. 마지막으로 은퇴를 1년 늦춤으로써 얻을 수 있는 순편익은 아디바의 기대수명에 의해서도 영향을 받는다. 기대수명이 길수록 은퇴를 1년 늦춤으로써 연금급여월액이 높아져서 얻는 편익이 더 커진다.

이론적인 관점에서는 공적연금제도가 62세 근로자의 은퇴유인에 미치는 영향을 판단하기 어렵다. 개인마다 혹은 상황에 따라서 공적연금자산을 계산하여 과연 은퇴기간 지연이 공적연금자산을 증가시키는지 아니면 줄이는지 확인해보아야 한다. 이러한 계산을 통해서 Diamond와 Gruber[1999]는 평균적으로 62세부터 65세에 이르는 연령에서는 공적연금이 은퇴를 촉진하거나 혹은 늦추는 효과가 없다는 결론을 얻었다. 다시 말하면, 은퇴 지연과 이에 따른 급여 조정은 이들 연령대에서는 '보험수리적으로 공평'하게 이루어지고 있다는 것이다. 그러나 65세 이후에는 일을 하고 연금급여 수급을 늦추는 효과가 더 이상 존재하지 않는다. 이유는 65세 이후 연령에서는 은퇴시기 지연에 따른 수급기간 단축효과와 추가적으로 납부하여야 하는 사회보장급여세 증가효과를 충분히 상쇄할 만큼 연금월급여액의 증가효과가 크지 않기 때문이다.

그러면 사람들이 이러한 노동저해 효과에 얼마나 민감하게 반응하는가? 몇 개의 계량경제학적 연구가 공적연금의 조기은퇴효과를 분석하였다. 예를 들어 Gruber와 Wise[2004]는 12개 산업국가의 공적연금제도에 대한 연구를 통해 연금수급개시연령이 은퇴에 상당히 큰 영향을 미친다는 분석결과를 제시한 바 있다.

11.4.3 시사점

지금까지의 연구결과에 의하면, 공적연금제도가 민간저축 감소를 유발하고 근로유인을 줄이는 경향이 있다. 그러나 이 프로그램에 대한 준실험적 검증이 어려운 점을 감안하면 이에 대해 명확한 결론은 내리기 어렵다. 공적연금제도가 경제활동에 대한 의사결정을 왜곡시키더라도 이것이 공적연금제도가 나쁜 제도라는 것을 의미하지는 않는다. 만일 이 제도를 통해 노인들에 대한 소득안정성이 어느 정도 달성된다면, 다소간의 효율성이 저해되더라도 이러한 비용은 소득안정성을 확보하기 위해 마땅히 지불되어야 할 것이다. 그러나 지금 제도하에서보다 더 적은 경제적 비효율성을 감수해도 동일한 편익을 제공할 수 있는 방법이 있다면 마땅히 제도가 그러한 방향으로 개편되어야 한다.

그림 11.6 공적연금 수입 및 지출 추계(GDP 대비 비중)
2010년부터 연간급여지출액이 사회보장급여세 수입을 초과하였다. 연금재정적자는 그 이후 지속될 것이며 적자폭은 확대될 것으로 전망된다.

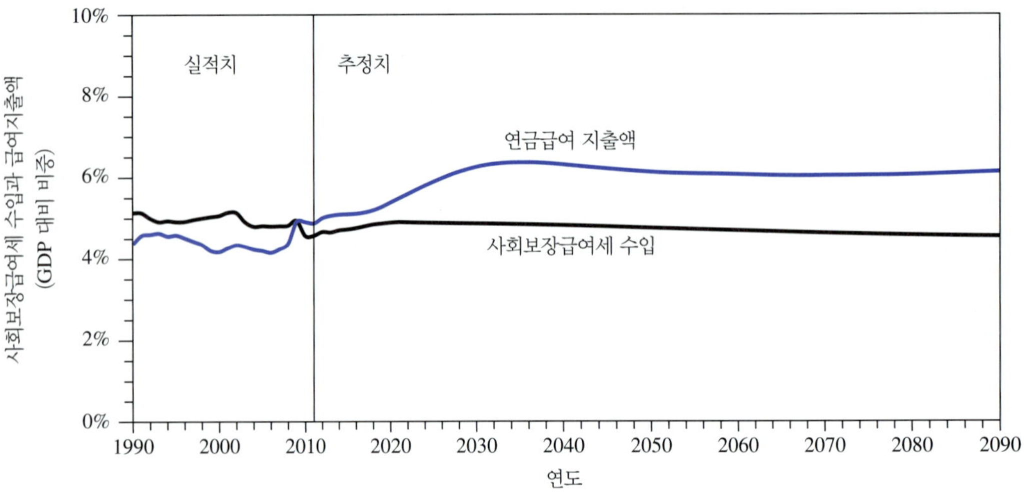

자료: Social Security Trustees [2012].

11.5 공적연금의 장기재정 문제

이미 논의한 바와 같이 2010년부터 연금급여지출액이 사회보장급여세 수입보다 많아짐에 따라 적립금을 인출하여 적자를 메우고 있다. 연금기금 적립금을 상환하여 연금급여를 지급하기 위하여 정부는 조세를 인상하든지, 다른 정부를 지출하든지 아니면 차입을 통해 재원을 조달하여야 한다. 사람들이 연금기금을 큰 규모의 저축구좌로 착각하는 경우가 많은데, 상황은 그렇게 낙관적이지 못하다. 최근 추계에 의하면 2033년에는 기금이 완전히 고갈될 것으로 예상하고 있다[Social Security Trustees, 2012].

〈그림 11.6〉은 급여세 수입과 연금급여 지출액의 추이를 보이고 있다. 〈그림 11.6〉에는 향후 75년간 수입과 지출액 규모가 GDP 대비 비율로 제시되어 있다. 적자는 2017년부터 발생하여 그 이후 기간에도 지속될 것으로 예상되며, 적자폭도 더 커질 것으로 예상된다. 따라서 현행 제도를 그대로 유지하면 공적연금재정은 매우 불안정한 상태에 빠지게 된다.

부양비(dependency ratio)
가입 근로자 대비 연금수급자 비율.

임금대체율(replacement ratio)
평균임금수준 대비 연금급여 수준 비율.

문제의 소재를 파악하기 위해, 연금급여지출액이 급여세 수입과 동일한 상태가 유지되는 부과방식 공적연금제도를 반영한 식 (11.1)로 다시 돌아가보자. 이 식은 아래와 같이 정리될 수 있다.

$$t = \frac{N_b}{N_w} \times \frac{B}{w} \tag{11.3}$$

우변의 첫 번째 항은 **부양비**(dependency ratio)로서 가입 근로자 대비 연금급여 수급자 비율을 의미한다. 두 번째 항은 **임금대체율**(replacement ratio)로서 평균임금 대비 연금급여수준의 비율을 의미한다. 미국의 공적연금의 장기 재정 문제는 인구의 고령화로 인해 부양비가 높아지고 있는 점에서 찾을 수 있다. 현시점에서는 부양비가 0.35이다. 이는 1명의 은퇴자를 2.9명의 근로자가 부양하는 것을 의미한다. 베이비붐 세대가 정상퇴직연령에 도달하게 되는 2030년에는 부양비가 0.48로 상승하여 1명의 은퇴자를 2.1명의 근로자가 부양하여야 한다[Social Security Trustees, 2012].

식 (11.3)은 부양비가 높아지고 있는 상황에서 부과방식 연금제도를 유지하기 위한 몇 가지 방법을 제시하고 있다. 첫 번째 방법은 평균임금을 상승시키는 것이다. 그러나 임금을 상승시키기 위해서는 자본스톡의 증가를 통해 노동생산성이 높아져야 한다. 그러나 현재 미국의 낮은 저축률을 감안하여 임금상승률을 추계한 결과들을 보면, 부양비 상승에 따른 급여지출액 증가만큼 노동생산성이 상승하는 것이 가능할 것 같지 않다. 이러한 상황에서는 세율을 높이거나 급여를 삭감하는 방식을 채택할 수밖에 없다. 미국 이외의 많은 나라들도 똑같은 문제에 직면해 있다. 중국, 캐나다, 호주 그리고 유럽, 라틴아메리카 그리고 아시아의 대부분의 나라에서 부양비가 상승하고 있다[Congressional Budget Office, 2005a].

11.6 공적연금개혁

공적연금 재정 문제는 많은 사람의 관심의 대상이 되고 있다. 현 상태가 장기적으로 유지가능하지 못하다는 점을 인식하여, 이 제도를 어떻게 개편하여야 할지에 대해 활발한 논의가 벌어지고 있다.

각계에서 제시되고 있는 개편안에 대해 논의하기 전에 먼저 해결하여야 하는 문제가 있다. 그 문제는 "제도의 재정적 유지가능성(solvency of the system)을 평가함에 있어 얼마나 긴 기간이 고려되어야 하는가?"이다. 어떤 사람들은 향후 75년간을 고려하면 충분하다고 주장한다. 과연 이 기간이 충분히 긴 기간인가? 75년이 매우 긴 기간이기는 하지만, 이 기간 동안 재정적 유지가능성을 확보하는 제도 개편은 단지 1년간만 유효하다. 이는 〈그림 11.5〉에서 볼 수 있듯이, 연간 지출액이 연간 급여세 수입액을 미래의 무한기간 동안 상회할 것이기 때문이다. 따라서 제도가 개편된 후 1년이 경과하여 새로 75년간의 기간 동안의 재정적 유지가능성을 평가하면 추계결과는 향후 75년간 연금재정이 유지가능하지 않다는 결과를 얻을 수밖에 없다. 따라서 대부분의 전문가들은 공적연금제도 개편안은 향후 무한 기간 동안의 공적연금의 재정의 유지가능성을 확보하는 개편안이어야 한다는 점에 의견을 같이하고 있다. 무한기간 동안 연금재정 안정성을 확보된 상태를 '**지속적인 재정적 유지가능성**(sustainable solvency)'이라고 한다.

> 지속적인 재정적 유지가능성 (sustainable solvency)
> 향후 무한기간 동안의 수입과 지출의 현재가치가 동일한 상태.

풍자적인 소설 〈붐스데이〉에서 작가 크리스토퍼 버클리는 미국 공적연금제도의 문제점을 해결하기 위해서는 베이비붐 세대의 1/5이 자살하도록 설득해야 한다고 했다. 좀 덜 극단적인 옵션들이 있는 것을 다행스럽게 생각한다.

11.6.1 현행 체계 유지를 전제로 한 개편방안

미국의 공적연금제도를 보는 시각 중의 하나는 현재 상황이 위기상황이 아니라는 것이다. Diamond와 Orszag[2005, p. 11]는 "미국 공적연금제도의 장기 재정건전성은 근본적으로 수술

뿐만 아니라 미세한 조정으로도 달성할 수 있다는 견해가 있다. 이들의 시각에서는 근본적인 수술은 정당하지도 바람직하지도 않다는 것이다. 지속적인 재정적 유지가능성의 확보와 사회보험기능의 제고는 다소의 급여삭감과 조세 증가로 구성된 점진적인 개편으로 달성될 수 있다는 것이다"라고 언급하였다. 이러한 논리하에서 제시되고 있는 몇 가지 개편방안에 대해 논의해보자.

급여세의 상향조정 Social Security Trustees[2012]에 의하면, 지속적인 재정적 유지가능성은 급여세의 3.9%P 상승으로 확보될 수 있다고 한다. 그리고 향후 75년 기간 동안의 유지가능성을 달성하기 위해서는 급여세의 2.52%P 상승되어야 한다.

급여세 및 급여 산정 시 적용소득 상한 상향조정 (물가상승을 조정한 금액을 기준으로) 연간 110,100달러를 초과하는 소득에 대해서는 사회보장급여세가 과세되지 않은 점을 상기해보자. 만일 소득상한을 없애고 급여세가 전체 임금에 대해 과세된다면, 급여세 수입과 급여지출액이 모두 증가할 것이다. 그러나 누진적인 급여구조를 감안하면 향후의 급여지출 증가액은 급여세 수입 증가액보다 적을 것이며, 따라서 연금재정적자 규모를 줄일 것이다. 이와 유사한 개편안으로 급여세 적용소득 상한은 폐지하되 급여소득 상한선은 폐지하지 않는 방안이 있다. 이 방안이 실행되면, 급여지출의 변화 없이 급여세 수입은 급여세율 2.34%P 인상을 통한 수입 증가 규모와 동일한 규모로 증가할 것으로 예상된다.

연금수급개시연령 상향조정 공적연금 재정의 문제는 부분적으로 제도 도입 이후 기대수명이 대폭적으로 늘어났기 때문이다. 수명이 늘어난다는 것은 연금급여 수급기간이 길어지는 것을 의미한다. 이미 논의한 바와 같이 1983년 개편이 이 문제를 인식하고 정상퇴직연령을 점진적으로 상향조정하여 1960년과 그 이후 출생자의 경우 정상퇴직연령이 67세로 높아졌다. 수급연령을 추가적으로 상향조정하여 1949년 출생자부터 정상퇴직연령을 67세로 상향조정하면, 이는 급여세율을 0.15%P 상향조정하는 것과 동일한 효과를 기대할 수 있다. (1960년생이 아니라) 1947년 출생자의 연금수급개시연령을 67세로 하고 출생연도가 2년 늦어짐에 따라 1개월씩 수급개시시점을 늦추어 수급개시연령이 68세가 되도록 조정하면, 이는 급여세를 0.32%P 상향조정하는 것과 동일한 효과를 기대할 수 있다.[23] 이러한 조정의 효과가 상당히 크다고 볼 수는 있으나, 지속적인 재정적 유지가능성을 달성하기 위해서는 3.9%P 급여세율 상향조정이 추가적으로 필요하다는 사실에 주목할 필요가 있다.

생계비 조정 폭의 하향 조정 현행의 제도하에서는 은퇴자의 급여가 소비자물가지수로 측정된 생계비의 상승을 매년 보전해준다. 생계비 조정 폭을 줄이면 급여지출액이 줄어들고 따라서 재정 유지가능성에 다소 접근하는 효과를 기대할 수 있다. 예를 들어, 생계비 조정을 1%P 줄이면 급여세율을 1.64%P 상승시키는 것과 동일한 효과를 기대할 수 있다. 일부 경제학자들은 CPI가 노년층이 직면하는 물가상승을 과대평가하는 경향이 있다고 주장하고 있다. 따라서 소

---

23 이 절에서 제시된 추계치는 미국 사회보장청의 수석계리사(Chief Actuary)의 추계에서 인용된 것이다. 자세한 추계치는 http://www.ssa.gov/OACT/solvency/provisions/index.html을 참조하시오.

비수준을 일정 수준으로 유지하기 위해서는 생계비 조정을 CPI 상승 폭보다 덜 조정하여도 충분하다는 것이다[Boskin et al., 1998].

연금급여산식 변경 급여지출 삭감은 여러 가지 방법으로 가능하다. 예를 들어 AIME는 소득이 가장 높았던 35년간의 소득평균으로 산출된다는 점을 상기해보자. 만일 38년 대신 소득이 가장 높았던 38년간의 소득평균으로 AIME를 산정하면 AIME가 하락할 것이며 따라서 급여수준도 낮아질 것이다. 이 개편안이 채택되면 급여세를 0.29%P 높이는 것과 동일한 효과를 기대할 수 있다.

35년 기간 동안 각 연도의 전체 근로자 평균임금수준과 퇴직시점의 전체 근로자 평균임금수준 간의 차이를 반영하여 각 연도의 소득을 퇴직시점의 전반적인 임금수준으로 조정해주는 사실을 상기해보자. 이러한 조정을 임금상승폭 대신 소비자 물가지수 증가폭으로 조정해주면 AIME는 낮아질 것이다. 왜냐하면 일반적으로 임금상승률이 물가상승률보다 높은 경향이 있기 때문이다. 따라서 급여지출액이 감소할 것이며 재정상태는 호전될 것이다. 임금상승 연동조정 대신 물가상승 연동방식을 채택하면 재정상태가 대폭적으로 호전될 것이다. 이와 유사한 아이디어로 AIME 분포에서 하위 30%의 계층에 대해서는 임금상승 연동방식을 적용하고 그 외 계층에 대해서는 임금상승 연동방식과 물가상승 연동방식의 조합을 적용하는 방안이 제시되기도 하였다. 이 방식이 채택되면 최저소득계층의 연금급여 수준에는 전혀 영향을 미치지 않게 된다[Pozen et al., 2004].

대안들 간 비교 현행 제도의 틀을 유지하고자 한다면, 재정건전성을 회복하기 위해 다양한 방식이 채택될 수 있다. 이러한 대안들을 비교함에 있어 주의할 점이 있다. 왜냐하면 재정건전성 회복 면에서 동일한 효과가 있다고 하더라도 각 대안이 경제에 미치는 영향은 다르기 때문이다. 제15장에서 논의하겠지만, 조세부담의 상향조정은 재정에 동일한 효과가 미치는 급여삭감 시 발생하지 않았을 왜곡을 유발할 수 있다. 또한 동일한 재원을 조달하는 여러 방법이 분배측면에서 다른 효과를 발휘할 수 있다. 요약하면 재정건전성에 미치는 영향은 개편안을 평가하는 측도들 중 하나에 불과하다는 것이다. 이에 대해서는 보다 근본적인 구조개혁 방안에 대한 논의 시 다시 언급할 것이다.

11.6.2 공적연금의 민영화

최근 정책입안자와 학자들 사이에서 공적연금제도의 민영화 가능성에 대해 심각하게 논의되고 있다. 여기서 말하는 민영화된 제도는 근로자와 고용주의 기여금이 **개인계좌**(personal accounts)로 직접 연결되는 공통된 특징을 지니는 다양한 형태의 연금제도를 지칭한다. 근로자들은 각자의 계좌에 조성된 자금을 다양한 형태의 자산에 투자하게 된다. 특히 엄선된 주식과 채권의 조합으로 구성되는 뮤추얼 펀드에 많이 투자하게 될 것이다. 근로자가 은퇴하게 되면, 개인계좌에서 조성된 자금을 인출하여 사용한다. 원칙적으로 계좌를 보유하고 있는 사람의 사망 시까지 사용하지 못한 자금의 유산상속이 가능하다. 실질적으로는 민영화는 현행의 부과방식에서 완전적립방식으로 이행하는 것이라고 할 수 있다.

개인계좌(personal accounts)

공적연금의 민영화 방안의 부분으로서 개인에 의해 관리되는 퇴직저축계좌임. '개별계좌(individual accounts)' 혹은 '개인저축계좌(personal savings accounts)'로도 지칭됨.

현행 제도의 틀을 유지하고 점진적으로 개편하는 방식과 같이 민영화도 여러 방식으로 실현될 수 있다. 실제로 최근에는 영국, 스웨덴, 칠레, 호주, 멕시코, 아르헨티나와 같은 나라에서 다양한 방식으로 민영화 방안이 실행되고 있다. 최근 미국에서 이목을 집중시킨 민영화 방안이 부시 행정부에 의해 제시된 바 있다.

공적연금제도 민영화의 장점과 단점에 대해 논의해보자.

재정건전성에 대한 효과 많은 사람들이 민영화에 대해 매력을 느끼는 이유는 장기 증권에 투자함으로써 공적연금제도로부터 기대할 수 있는 암묵적 수익률보다 높은 수익률을 기대할 수 있기 때문이다. 만일 사회보장급여세 수입이 민간시장에 투자된다면 현재의 근로자에게 높은 세율을 부과하지 않더라도 은퇴자에게 높은 수익률을 보장할 수 있다는 것이다. 또한 재정건전성은 아무런 고통 없이 달성될 수 있다는 것이다.

이 주장의 진위를 평가하기 위해 급여세 납부액의 일부를 개인계좌에 적립하는 부분적 민영화 방안을 상정해보자. 개인계좌에 자금을 적립하는 근로자는 전통적인 부과방식 공적연금에 이전에 비해 적은 기여금을 납부하게 된다. 기존의 부과방식 공적연금제도의 운영방식을 감안하면, 현시점에서 은퇴한 사람들에게 지급할 연금급여의 재원이 줄어들게 된다. 이러한 손실을 보충하기 위해서 개인계좌에 적립한 자금만큼 이 근로자에게는 전통적인 공적연금으로부터 은퇴 후 지급받을 연금급여가 삭감되어야 할 것이다. 공적연금재정이 전반적으로 호전될 수 있을지 여부는 장기적으로 삭감될 연금급여의 가치가 현시점에서 감소할 조세수입의 가치를 상회하는지 여부에 달려 있다. 만일 연금급여 삭감의 현재가치가 조세수입의 감소 규모와 동일하다면, 연금재정에 미치는 영향은 전혀 없다. 만일 전자가 후자보다 작다면 연금재정은 오히려 악화될 것이다.

따라서 민영화만으로 재정건전성을 제고할 수 있다고 할 수 없다. 재정건전성 제고 여부는 미래의 연금급여가 얼마나 빠른 속도로 감소할 수 있는가에 달렸다. 똑같은 논리로 민영화가 공적연금제도의 재정건전성을 훼손할 것이라는 주장도 타당하지 못하다고 할 수 있다. 재정건전성에 대한 영향은 구체적인 개편안에서 미래의 공적연금 급여를 어떻게 취급할지에 달려 있다.

저축에 대한 영향 이 장에서 이미 강조한 바와 같이 일정 시점의 은퇴자와 근로자의 소비는 당해 연도의 생산으로부터 나오며, 따라서 미래 은퇴자의 소비를 증가시키기 위해서는 미래의 생산을 증가시키는 방법밖에 없다. 미래 생산을 증가시키는 유일한 방법은 미래의 저축을 증가시키는 것이다. 따라서 민영화가 국민저축을 증가시키는지 여부가 매우 중요한 논의의 대상이 될 수밖에 없다. 민영화가 저축에 미치는 영향에 대해 살펴보기 위해, 정부가 지출을 충당하기 위해 여러 가지 방법으로 재원을 조달하여야 한다는 사실에 주목할 필요가 있다. 현재의 방식은 예산지출의 재원이 연금기금흑자로부터 차입하여 충당되는 방식이다. 다시 말하면 연금기금은 정부채권을 구입하고 있다는 것이다. 채권의 구입은 미래에 이자를 받을 조건으로 정부에 대부하는 것을 의미한다. 만일 개인계좌의 도입으로 인해 연금기금 적립금이 줄어들어도 정부가 여전히 지출을 줄이지 않는 한 지출재원을 충당하기 위해 채권을 민간투자자에게 팔아야 한다. 민간투자자들로 하여금 (민영화가 되지 않았다면 연금기금에 의해 구입될 수도 있었던) 정부채권을 사도록 하기 위해서는 정부채권 수익률이 높아지거나, 민간보유 증권 수익률이 낮아지거나 혹은 두 현상이 모두 발생하여야 한다. 궁극적으로는 정부증권과 민간증권 간의 스왑이 발생한 것 이외에 아무것도 발생하지 않는다. 다시 말하면 민영화가 새로운 저축을 전혀 창출하지 못한다는 것이다.

어떤 경제학자들은 이러한 논리는 정치경제학적 관점에서 중요한 점을 간과하고 있다고 주장한다. 그들은 실제 예산편성과정에서 민영화가 국민저축을 증가시킬 것이라고 믿는다. 이러한 주장의 근거는 공적연금재정흑자가 통합재정에 포함된다는 것이다. 공적연금재정흑자액이 정부의 관할에서 벗어나 개인저축계좌에 적립되면, 통합재정적자는 더 커진다. 정책입안자의 의사결정이 통합재정 규모에 의해 좌우된다면, 통합재정적자 규모의 증가는 정부지출 감소로 이어지고 이로 인해 국민저축이 증가한다는 것이다. 이 견해에 의하면 개인계좌는 정부로부터 자금을 차단하고 재정지출 재원 조달을 위한 차입능력을 제한한다는 것이다. 실제로 공적연금 기금 흑자가 정부 지출을 증가시켰다는 증거가 있기는 하다. 따라서 이 견해가 전혀 잘못된 것은 아니다[Nataraj and Shoven, 2004]. 그러나 이러한 효과가 의미가 있을 만큼 큰지에 대해서는 아직 확실한 증거가 없다.

국민저축의 증가가 미래 은퇴자를 부양하는 수단을 제공하므로, 어떤 민영화 방안은 자금이 급여세로부터 개인계좌 적립금으로 전환된 경우[이 계좌를 **분리계좌**(carve-out account)라고 한다] 근로자 자신이 추가적으로 자금을 개인계좌에 적립하여야 한다는 규정을 제시한 경우[이 계좌를 **부가계좌**(add-on account)라고 한다]도 있다. 예를 들어 Liebman 등[2005]은 근로자 임금의 3%를 개인퇴직계좌에 적립함으로써 결과적으로 이 계좌에 적립되는 금액의 반은 급여세 수입에서 나머지 반은 근로자 자신의 기여금으로 충당되는 방안을 제시한 바 있다. 그들의 주장에 의하면 근로자가 직접 기여하는 자금은 최소한 부분적으로는 새로운 저축을 형성할 것이며, 새로운 저축은 자본스톡의 증가로 이어져 미래 생산 증가를 유발하는 것이다.

분리계좌(carve-out accounts)

사회보장급여세 수입 중 일부를 전통적인 공적연금제도로부터 분리한 자금이 적립되는 개인계좌.

부가계좌(add-on accounts)

급여세 수입으로부터 적립되는 것이 아니라 근로자가 직접 적립하는 개인계좌.

투자위험 이미 논의한 바와 같이 대부분의 민영화 방안은 개인계좌에 적립하는 자금의 규모와 연동하여 기존의 공적연금제도로부터 지급되는 급여를 줄이는 방식을 채택하고 있다. 민영화를 지지하는 사람들은 개인계좌에 투자할 경우 연금급여액이 증가할 것이라고 주장한다. 그 이유는 자금이 공적연금제도의 암묵적 수익률보다 수익률이 높은 증권에 투자하기 때문이다. 그러나 기대수익률이 높을수록 높은 위험에 직면하기 마련이다. 2008년과 2009년 글로벌 금융위기 기간 동안 경험한 주식시장 붕괴는 주식가격이 오르는 것만이 아니라 떨어질 수도 있음을 생생히 보여주었다. 민영화의 단점 중의 하나는 개인들에게 더 많은 위험에 직면하게 한다는 것이다. 이러한 비판에 대하여 민영화 지지자들은 분산투자를 통하여 이러한 위험을 관리 가능한 수준으로 낮출 수 있다고 주장한다. 실제로 어떤 민영화 방안은 개인계좌 자금을 여러 자산에 분산하여 투자하는 뮤추얼 펀드에만 투자하도록 하는 방안을 제시하기도 하였다.

또한 민영화 지지자들은 식 (11.3)이 의미하는 도전에 직면하게 되는 현행 제도는 그대로 유지될 수 없으므로 미래의 입법자들이 연금급여를 하향조정할 수밖에 없다고 주장한다. 실제로 미국을 포함한 많은 나라들이 이미 현시점의 저연령층과 중년층의 은퇴 시 이들에게 지급될 연금급여를 삭감하는 제도 개편을 단행한 바 있다[Shoven and Slavov, 2006]. 민영화 지지자들은 민영화에 따라 위험이 증가할 것이라는 주장에 대하여 오히려 민영화가 현행의 제도보다 위험하지 않고 더 안전한 시스템이라고 주장하고 있다.

관리운영방식 세상에 어떤 연금제도도 관리운영비용이 소요된다. 자금을 모으고 기록을 관리하며, 자산을 운영하고, 급여를 계산하는 등의 일을 위해 인력을 고용하여야 한다. 공적연금제도가 민영화되면 관리운영비용이 매우 높아질 것이라는 우려가 있다. 이러한 우려의 사실 여부를 판단하기 위해 실제로 퇴직저축을 판매하고 은퇴자에게 급여를 지급하는 업무를 실제로 수행하고 있는 민간기관의 유지관리비용에 대해 조사해볼 필요가 있다. 유지관리비용 수준은 당연히 그 시스템의 세부사항들에 의해 영향을 받는다. 투자자들에게 선택의 여지를 많이 부여할수록 그리고 더욱 많은 종류의 서비스가 제공될수록 관리운영비용이 높은 경향이 있다. 예를 들어 투자처를 자주 변경하면 할수록 관리운영비가 높은 경향이 있다. 신축성을 다소 희생하는 문제는 있으나, 투자처 변경횟수를 일정 수준으로 제한하여 관리운영비용을 절감하는 것이 가능할 것이다. 또한 투자 가능한 자산의 종류와 금융기관의 투자자에 대한 보고의무를 완화함으로써 관리운영비용을 절감할 수도 있을 것이다. 핵심사항은 이 제도가 얼마나 다양한 서비스를 제공할 것인지에 대해 합리적인 수준에서 타협할 수 있다면 민영화된 연금제도는 상당히 낮은 수준의 비용으로 관리 운영될 수 있을 것으로 보인다[Congressional Budget Office, 2004a].

분배 문제 공적연금제도가 보험이라고 지칭되기는 하지만 소득재분배가 이 제도의 중요한 기능 중의 하나이다. 현행의 제도는 이 2가지 기능을 모두 수행하고 있다. 사람들로 하여금 근로활동기로부터 은퇴기로 소득을 재배분하게 하는 동시에, 노후 소비를 위한 재원이 부족한 사람들에게 소득을 재배분하는 기능을 수행하고 있다. 공적연금제도의 많은 문제점이 급여와 조세구조만 가지고 이 2가지 기능을 동시에 수행하고자 하는 데서 발생한다.

많은 민영화 방안은 이 2가지 목적을 분리해서 달성하고자 한다. 노후소득보장 기능은 주로 개인들의 저축계좌에 자금을 축적함으로써 수행할 수 있다. 일반적으로 개인계좌는 소득재분배 기능이 없다. 은퇴자에게 지급되는 금액은 그 계좌에 적립된 금액과 수익금으로 결정되기 때문이다. 만일 개인계좌를 통해 소득재분배를 하려고 한다면, 정부가 저소득 근로자 계좌에 매칭 펀드 형식으로 자금을 적립하는 방법을 이용할 수 있다[Feldstein and Samwick, 2002].

소득재분배 목적은 개인계좌를 통해서 사회적으로 적합하다고 인식되는 노후소득수준을 조달할 수 없는 사람들에게 별도의 이전지출제도를 이용하여 달성될 수도 있다. 일반재정에서 재원이 조달되는 보조소득보장제도(제13장에서 논의됨)는 이미 이러한 기능을 수행하고 있는 제도이다. 이 제도에 의한 노년빈곤층 지원수준을 사회가 합의하는 수준으로 확대할 수도 있을 것이다.

민영화의 중요한 결과 중의 하나는 가족의 구조가 개인의 연금자산 가치에 영향을 미치지 않는다는 것이다. 만일 홑벌이 부부와 맞벌이 부부가 동일한 금액을 개인계좌에 적립한다면, 동일한 수준의 급여를 받게 된다. 근로활동을 하지 않는 배우자를 부양하는 문제는 부부가 계좌에 적립하는 금액 반씩 나누어 각자에게 크레딧을 부여하는 방법으로 해결할 수 있다. 만일 이 부부가 이혼을 하더라도 이러한 방법으로 각자에게 급여가 지급될 수 있도록 할 수 있다.

물론 공적연금제도가 수행하고 있는 저소득층에 대한 재분배 기능에 대해 일반재정을 투입하는 문제는 정부의 다른 정책과 정책우선순위를 평가하여 결정되어야 한다. 정책입안자와 일반인들이 사회의 다른 목적에 대해 상대적으로 노년층에 대한 이전지출이 얼마나 가치 있는 일인지를 결정하여야 한다. 민영화를 반대하는 사람들은 민영화가 궁극적으로 공적연금제도가 훼손될 것이라고 주장하는 반면[Munnell, 1999], 민영화 지지자들은 이에 대해 동의하지 않고 있다.

11.7 결론

공적연금제도는 미국의 국내 지출프로그램 중 가장 큰 프로그램이다. 후생경제학적 관점에서 보면, 이 제도의 주요 목적은 수명이 예상보다 길어질 경우 소비재원이 부족한 상황에 직면하는 위험에 대한 보험기능을 제공하는 것이다. 이 제도는 노년층의 생활수준을 상당수준 향상시킨 것으로 평가되고 있다. 그럼에도 불구하고 이 제도는 의도하지 않는 많은 문제점을 가지고 있다. 이 제도의 창시자들이 의도하지 않았던 결혼 여부 및 가족 내의 소득자 수에 따른 대규모의 소득재분배가 그 예이다. 또한 공적연금제도는 국민저축 감소를 유발하여 생산성 증가에 저해 요소로 작용하고 있다.

인구의 고령화로 인해 노인부양비가 상승함에 따라 미국의 공적연금제도는 재정위기에 직면해 있다. 이 문제를 해결하기 위해서는 연금급여를 낮추거나 혹은 사회보장 급여세를 높여야 한다. 그러나 이 두 방법은 정치적으로 지지를 받기 어렵다. 왜냐하면 1930년대에 도입된 이래 이 제도는 이미 신성불가침적인 지위를 획득했기 때문이다. 그러나 인구의 고령화가 급속히 시속되고 있는 상황에서 정책입안자들은 조만간 현행 제도를 손질하지 않을 수 없을 것이다. 따라서 앞으로 수년간 이 문제에 대한 활발한 논쟁이 이루어질 것이다.

심화 과정을 위한 추천 논문과 저서

공적연금제도에 대한 고전적인 연구는 다음 논문으로 대표된다. 본문에서 논의된 부가방식의 공적연금이 가입자의 후생복리와 세대 간 재분배에 미치는 영향에 대한 논의에 아래 책이 기여한 바 크다.

- Aaron, Henry J., 1982, *Economic Effects of Social Security*, Washington, D.C.: The Brookings Institution

아래 책은 미국의 공적연금의 재정위기와 재정건전성 회복을 위한 논의를 집대성한 저술이다. 이 책은 비교적 오래되었으나, 본문에서 논의한 재정건전성 관련 논의가 보다 자세하게 그리고 비교적 쉬운 방법으로 기술되어 있어 독자들에게 많은 도움을 줄 것이다.

- Aaron, Henry J., Barry P. Bosworth and Gary Burtless, 1989, *Can America Afford to Grow Old?*, Washington, D.C.: The Brookings Institution

공적연금의 경제적 효과(저축, 노동공급)와 관련하여 본문에서도 많은 연구가 소개되어 있으나, 비교적 최근에 이용되고 있는 일반균형계산모형(Computable General Equilibrium Model, CGE)을 이용한 분석의 예로 아래 논문들이 있다. CGE 모형은 다양한 정책대안의 효과를 비교하는 데 유용한 방법으로 널리 이용되고 있다.

- Auerbach, Alan J. and Laurence Kotlikoff, 1987, "Social Security," Chapter 10 of *Dynamic Fiscal Policy* (by Auerbach, Alan J. and Laurence Kotlikoff)
- Auerbach, Alan J. and Laurence Kotlikoff, 1985, "Simulating Alternative Social Security Responses to The Demographic Transition," *National Tax Journal* 38, pp. 158–168.

요약

- 미국의 공적연금제도는 국내 지출정책 중 가장 큰 규모의 프로그램이다. 2011년의 공적연금 지출액은 약 7,361억 달러로서 GDP의 4.9%에 이르고 있다.
- 공적연금제도는 수명이 예상보다 길어질 경우 소비 재원이 부족한 상황에 직면하는 위험에 대한 보험기능을 제공한다. 이 기능의 수행을 위하여 이 제도는 연금급여를 노인층에게 지급하고, 이들의 소비 평탄화를 가능하게 하여 후생을 증진시킨다.
- 공적연금제도의 존재 이유는 역선택으로 인한 민간연금시장 실패에서 찾을 수 있다. 또 다른 이유는 사람들이 근시안적이어서 노후에 대비하여 충분한 수준의 저축을 하지 않는다는 점에서 찾을 수 있다.
- 현행의 미국 공적연금제도는 부과방식으로 운영된다. 부과방식하에서 연금수급자의 급여 재원은 그 시점의 근로자들의 소득으로부터 조달된다. 반면 완전적립방식하에서는 수급자의 급여는 자신의 근로활동기 동안의 기여금과 이로부터 발생한 수익금 규모에 의해 결정된다.
- 공적연금급여 산정은 두 단계로 이루어진다. 먼저 평균조정월소득(average indexed monthly earnings, AIME)을 근로기간 동안의 소득내역을 이용하여 산출하고 다음 단계로 '기본보험급여(primary insurance amount, PIA)'를 산출한다. 실제 연금급여액은 퇴직연령, 가족상황 그리고 다른 소득 등에 의해 영향을 받는다.
- 공적연금제도의 재원은 12.4% 세율의 급여세(적용소득 상한은 110,100달러임)로 충당된다. 급여세의 반은 고용주가 그리고 나머지 반은 근로자 자신이 부담한다.
- 대체적으로 공적연금제도는 고소득층에서 저소득층으로, 남성으로부터 여성으로, 저연령층에서 고연령층으로 소득을 이전하는 효과가 있다. 홑벌이 부부는 맞벌이 부부 혹은 독신자에 비해 더 많은 혜택을 받는다.
- 1980년대부터 현시점까지 연간 사회보장급여세 수입이 급여지출액보다 많아, 흑자분이 연금기금에 적립되어왔다. 기금은 회계관리 수단에 불과하며, 그 자체로 미래 은퇴자를 보호하는 수단이 되지 못한다.
- 노인의 경제적 지위는 지속적으로 향상되었다. 이 과정에서 공적연금제도가 중요한 역할을 하였다는 실증적인 증거가 존재한다.
- 공적연금제도는 자산대체효과를 통해 저축을 줄일 수 있고, 은퇴효과와 유산상속효과를 통해 저축을 늘릴 수도 있다. 계량경제학적 분석결과들은 대체적으로 공적연금제도로 인해 저축이 감소하였다는 결론을 내리고 있다. 그러나 저축감소 규모에 대해서는 명확한 결론을 내리지 못하고 있다.
- 공적연금제도가 도입된 이후 노인층 근로자의 은퇴가 큰 규모로 증가하였다. 이러한 현상은 부분적으로 공적연금제도에 기인한다.
- 현재 사회보장세 수입은 연금지출액보다 낮은 수준에 머무르고 있다. 이러한 재정적자는 이후 무한히 지속될 것이며, 따라서 공적연금재정은 유지가능하지 못하다.
- 재정 문제에 대응하는 방식 중의 하나는 재정의 유지가능성을 확보하기 위해 현행 제도의 틀을 유지하고 급여세 인상과 급여삭감을 조합하여 시행하는 것이다.
- 다른 대응방식은 제도를 민영화하는 것이다. 이는 개인들로 하여금 공적연금에 대한 기여금의 일부 혹은 전부를 개인계좌에 적립하는 방식이다. 민영화가 재정의 유지가능성에 기여하는지 여부는 개인계좌에 적립되는 기여금 규모에 비하여 미래에 이들에게 지급될 연금급여 규모가 얼마나 줄어드느냐에 달려 있다.
- 미래의 노인들에게 연금을 지급하는 부담을 완화하기 위해서는 연금제도 개편안이 저축 증가를 유도하여야 한다. 민영화가 저축을 증가시킬지 여부는 개편안의 구조에 따라 결정된다.

연습문제

1. 프랑스 자동차 보험시장에서 정보의 비대칭성이 존재하는지에 대한 검정에서 Chiappori와 Salanié[2000]는 각 개인의 보험플랜이 커버하는 범위와 플랜당 보험금 지급액 실적 간의 관련성을 조사하였다. 즉, 커버 범위가 넓을수록 보험금 지급액 실적이 높아지는지를 검정하였다. 이 가설을 뒷받침하는 논리를 설명하시오(가설검증 결과 정보의 비대칭성이 존재하지 않는 것으로 나타났다).

2. 공적연금 민영화 방안을 제시하면서, 노벨경제학상 수상자인 에드워드 프레스콧은 개인저축계좌 설치를 강제하여야 한다고 주장하였다. 계좌 설치를 강제화하지 않으면, 합리적인 개인들은 고의로 저축을 적게 하는 도덕적 해이에 빠질 가능성이 있기 때문이다[Prescott, 2004]. 공적연금제도가 임의 개인저축계좌에 의해 대체될 경우, 도덕적 해이에 의해 사람들이 저축을 적게 하게 되는 이유를 설명하시오.

3. 1990년도 영국에서는 20세와 64세 사이의 인구 수 대비 65세 이상 인구 수 비율이 26.7%였다. 2050년에는 이 비율이 45.8%로 높아질 것으로 예상된다. 순수한 부과방식 연금제도를 상정한 상태에서 1990년도의 임금대체율을 유지하기 위해서는 급여세가 어느 정도 높아져야 하는가? 급여세율을 고정할 경우 임금대체율은 얼마나 조정되어야 하는가?

4. 브라질에서는 최근 비아그라가 도입된 이후 나이 든 남성이 젊은 여성과 결혼하는 사례가 증가하였다. 미국의 제도와 같이 브라질의 공적연금제도하에서도 남편이 사망한 이후에도 노동소득이 없는 배우자에게 연금이 계속 지급된다. 최근 비아그라의 도입이 브라질 공적연금재정 건전성에 미치는 영향에 대해 설명하시오(식 11.3을 이용하시오).

5. 소설 〈센스 앤 센서빌리티〉에서 제인 오스틴은 이런 문장을 남겼다. "연금을 지급받은 사람들은 모두 영원히 사는 것 같아." 이 문장을 연금시장에서의 역선택 문제와 연결시켜 설명하시오.

6. 식 (11.1)과 관련된 논의에서 노인부양비가 높아지는 상황에서 임금대체율을 유지하려고 할 경우 발생하는 문제에 대해 언급하였다. 임금대체율을 유지하는 대신 공공정책의 목표가 급여의 절대적인 수준을 유지하는 것으로 변경되었다고 가정하자. 생산성의 상승으로 임금이 지속적으로 상승한다면 인구부양비 증가가 유발하는 현상에 대한 견해가 어떻게 변할 수 있는지 설명하시오.

7. 다음 문장에 대해 논평하시오. "장기적 관점에서 보면 주식의 수익률이 채권 수익률보다 일반적으로 높은 경향이 있다. 따라서 연금기금 자산을 정부 채권으로 운용하지 않고 주식으로 운영하면 미래 은퇴자를 부양하는 데 더 도움이 될 것이다."

8. 다음과 같은 모형을 상정해보자. 어떤 사람이 두 기간(기간 1, 기간 2) 동안 생존하고, 소비의 한계효용이 체감하는 선호를 가지고 있다고 하자. 기간 1에서 소득이 2만 달러이고 기간 2에서의 소득이 5,000달러이다. 민간 금융시장에서의 이자율은 기간당 10%이고 이 이자율로 저축과 차입을 할 수 있다. 이 사람은 평생 동안 벌어들인 소득을 모두 소비하고자 한다고 가정하자(다시 말하면 자녀에게 상속을 전혀 남길 의향이 없다고 가정하자).
   a. 공적연금제도가 없는 상황을 상정하여 두 기간의 최적 소비수준을 구하시오.
   b. 기간 1에서 3,000달러를 공적연금제도에 기여하고 기간 2에 공적연금제도가 이 금액의 원금과 이자를 이 사람에게 지급한다고 가정하자. 이 사람의 저축에 미치는 영향은?

9. 〈그림 11.5〉에서는 공적연금제도가 보장하는 암묵적 수익률이 민간시장에서의 이자율과 동일하다고 가정하였다. 만일 공적연금의 암묵적 수익률이 민간시장의 이자율보다 낮다면, 공적연금제도의 도입에 따라 예산제약이 어떻게 변화할까? 그리고 저축에 어떠한 영향을 미칠까?

10. 다음 인용문의 내용에 대해 논평하시오. "공적연금연금 지출 재원을 전적으로 급여세에 의존하던 것을 부분적으로 소득세 수입에서 확보하거나 … 급여세 대신 전적으로 일반재정, 즉 일반조세 수입에서 충당한다면 이는 근로자의 기여에 따른 급여 결정이라는 오랜 관행에 종언을 고하는 것이다"[Blahous, 2011].

11. 공적연금개편안에서 현재 청년층 근로자들은 1,000달러 한도 내에서 급여세 중 일부를 개인계좌에 적립할 수 있다고 하자. 그러나 자금을 적립하면 적립자금만큼 은퇴 시 지급받는 확정급부형 연금급여가 삭감된다고 하자. 삭감되는 연금급여의 가치(상쇄율로 지칭되는 이자율로 할인한 현재가치)는 개인계좌에 적립한 금액과 동일하다고 하자. 부과방식의 연금급여 산정식을 이용하여 이러한 개편안이 연금재정에 어떠한 영향을 미치는지 설명하시오. 또, 선택된 상쇄율과 이 근로자의 잔여생애 동안의 가용자원 간에 어떠한 관계가 있는지 설명하시오.

12. [2015년 시행 5급(행정) 공채 제2차시험] 다음 질문에 답하시오.

a. 은퇴 전후의 소비평탄화 문제를 개인에게 전적으로 맡기지 않고 국가가 공적연금제도를 도입 · 운용하는 여러 이유와 근거를 열거하고 간략하게 설명하시오.

b. 다양한 실증연구에 따르면, 국민연금과 같은 공적연금제도가 사적인 저축을 감소시킬 수도 있고, 아무런 영향을 미치지 않을 수도 있으며, 때로는 증가시킬 수도 있다. 공적연금제도가 사적 저축에 영향을 미치는 다양한 방식들을 설명한 후, 그 영향을 논하시오

c. 경제주체는 노동시간 중 공적연금 납부한 기여금을 은퇴 후 연금급여로 다시 받게 된다. 이때 여가는 정상재이고 연금급여는 기여금보다 실질가치가 더 높은 것으로 가정하자. 생애주기 차원에서 기여금 납부가 경제주체의 노동공급에 미치는 소득효과와 대체효과로 구분하여 논하시오.

Chapter 12

소득재분배: 개념적 문제들

> 가난한 자들을 위한 적절한 보조는 문명화의 진정한 시금석이 될 것이다.
>
> — 새뮤얼 존슨

"일반적으로 정부의 역할은 시민의 한 부류로부터 가능한 많은 재원을 조달하여 다른 부류로 이전해주는 데 있다." 볼테르의 이러한 주장이 다소 과장된 주장일지라도 사실상 모든 중요한 정치적 이슈는 소득의 재분배를 수반하고 있다. 비록 암묵적일지라도, 누가 손해를 보고 이득을 보는지에 대한 질문이 공공정책의 논의에서 항시 저변에 깔려 있다. 이 장은 정부의 소득재분배정책의 규범적 그리고 실증적 측면에 대해서 고찰하는 분석틀을 제시하고자 한다. 이러한 분석틀을 제13장에서 저소득층의 소득을 보전하는 데 유용한 주요 정책프로그램들에 대해 적용·분석하기로 한다.

시작하기 전에 과연 경제학자들이 소득분배 문제를 다루어야만 하는지에 대해 논의할 필요가 있다. 결코 모든 사람이 그렇게 생각하고 있지는 않다. '올바른' 소득분배의 개념은 정의 그 자체 내에 가치판단을 수반한다. 그리고 윤리적 문제에 대한 여러 가지 차이를 해결할 만한 과학적 접근이 가능한 것도 아니다. 따라서 분배 문제에 대한 논의는 경제학의 객관성 유지에 저해가 된다고 보기도 하며 따라서 경제학자는 사회적 문제 중에서 효율성의 측면에만 국한하여 분석해야 한다고 주장하기도 한다.

이러한 시각은 2가지 문제를 안고 있다. 첫째, 제3장에서 강조하였듯이 후생경제학 이론은 효율성 그 자체만으로 규범적 기준의 전부가 되기에는 부족하다는 점을 지적할 수 있다. 효율성 이외의 다른 기준도 여러 자원배분을 비교하는 데 고려되어야만 한다. 물론 효율성 자체만이 중요하다고 주장할 수 있겠지만 이 또한 가치판단의 하나일 것이다.

둘째, 정책입안자는 정책의 분배적 함의에 대해 고려하여야 한다. 만약에 경제학자들이 이를 무시한다면, 정책입안자는 경제학자들을 무시할 것이다. 정책입안자는 분배의 문제에만 집중할 수도 있으며 효율성에는 전혀 관심을 두지 않을 수도 있다. 체계적으로 분배 문제를 다루는 경제학자는 효율성과 분배의 문제 모두를 정책입안자들이 인식하도록 일깨워줄 수 있다. 비록 경제학 학습과정이 윤리적 판단능력을 배양해주는 것은 아니라고 하더라도, 경제학자란 여러 다른 대안적 가치체계의 함의를 도출하는 데 충분히 훈련되어 있으며, 동시에 다양한 윤리적 목표를 달성하는 비용을 측정하는 데 전문성을 지니고 있다.

또 하나의 관련된 질문으로서 정부가 소득분배를 바꾸는 데 역할을 해야만 하는가이다. 제1장에서 보았듯이, 정부가 재분배에서 중요한 역할을 수행해서는 안 된다고 생각하는 정치철학적 전통도 존재한다. 그러나 가장 작은 정부조차 소득분배에 대해 영향을 미치고 있다. 예를 들어 정부가 공공재 공급을 위해 중간재를 구매할 경우 어떤 기업만을 선택하여 계약을 체결한다면 계약을 수주한 기업의 소득은 증가할 것이다. 좀 더 일반적으로 정부의 조세부과 및 지출행위는 실질소득의 분배를 바꾸게 되어 있다.

12.1 우리나라의 소득분배

한국의 소득분배에 대한 논의로부터 출발하자. 〈그림 12.1〉은 2003~2016년 사이 한국의 소득 10분위 각각의 소득점유율을 정리한 그래프로 한국보건사회연구원의 「2018년 빈곤통계연보」에 기초하여 그린 것이다. 전 가구를 대상으로 시장소득 소득점유율에 관한 2003년부터 2016년 연간자료와 2017년과 2018년의 경우 분기별 자료의 접근이 가능하여 이를 연도별 자료에 이어 붙여 작성한 것이다. 전반적 양상은 2000년대 이후에 큰 변화 없이 유지되어오다가 최근 1, 2분위 소득점유율이 9, 10분위 점유율에 비해 하락하는 모습이 보인다. 그림에는 나타

그림 12.1 한국의 10분위 소득점유율 추이(2003~2018)

외환위기 이후 하위 1, 2분위 소득점유율이 줄고 상위 9, 10분위 소득점유율이 증가하는 양상이 지속되었고, 2000년대 이후에 큰 변화 없이 유지되어오다가 최근 다시 증가하는 모습이 보인다.

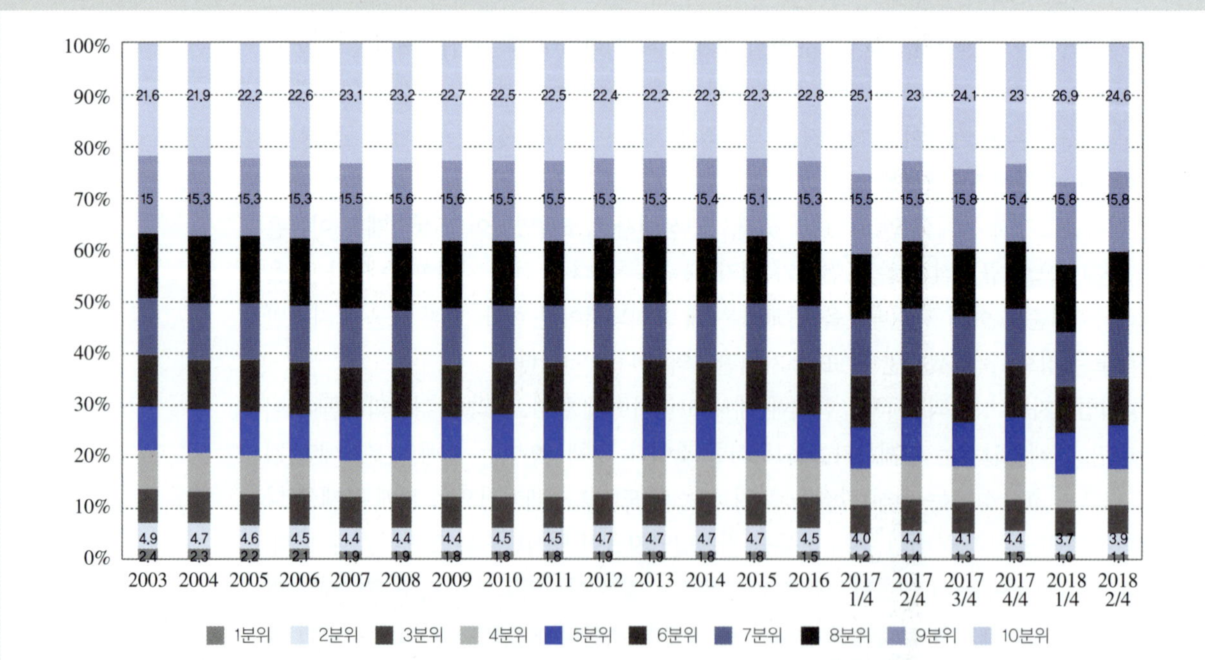

자료: 한국보건사회연구원, 「2018년 빈곤통계연보」 122페이지. 전 가구 대상, 시장소득 소득점유율에 대해 2003년부터 2016년까지 자료 사용.

그림 12.2 한국 지니계수의 추이(1990~2015)

외환위기 이후 지니계수가 높아진 이후 약간의 등락을 보이다가 2003~2008년 기간 동안 계속 악화되는 양상이 보인다. 그 후 2015년까지 불평등이 호전되는 추세가 이어지다가 그림에는 나타나지 않았지만 2016년 다시 악화되는 조짐이 보인다.

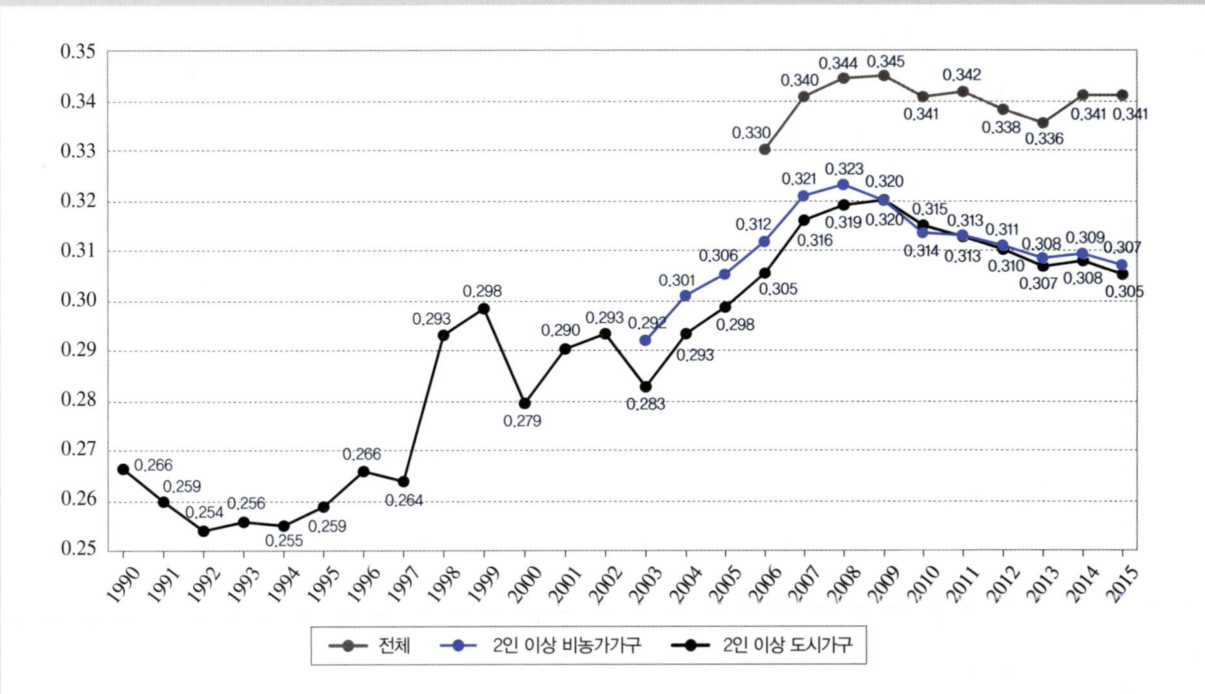

자료: 통계청, 「가계동향조사」 각 년도.

나지 않으나 그 이전 1992년에서 외환위기 이전까지는 소득분포가 안정적이었다가, 외환위기로 인해 저소득층의 소득점유율은 낮아지고 고소득층의 소득점유율이 높아지는 현상이 처음 발생한 바 있다.

지니계수에 대한 분석에서도 유사한 경향이 발견된다.[1] 〈그림 12.2〉는 2인 이상 도시가구, 2인 이상 비농가가구 그리고 전체 가구에 관한 지니계수의 추이를 보여준다. 먼저, 외환위기 전후에 지니계수가 0.26에서 0.30 수준으로 대폭 증가하였고, 이후에는 약간의 등락을 보이다가 2003~2008년 기간 동안 계속 악화되는 조짐이 보인다. 그 후 2015년까지 불평등이 호전되는 추세가 이어지다가 그림에 나타나지는 않았지만 잠정적 분석에 따르면 2016년 다시 악화되는 양상이 나타나고 있다. 통계청의 가계조사 자료가 2003년에 도시가구에서 도시와 농촌을 포함한 전국의 가구로 확대되었는데, 이러한 확대된 가계조사 자료를 이용하여 자료가 접근가능한

---

1 지니계수를 계산하는 방식을 간략히 설명하면 다음과 같다. 표본 내 개인들을 소득(또는 관심 있는 어떤 변수)순으로 나열한 후 가로축에 개인들의 누적비율을 0에서 100까지 그리고, 세로축에 그에 상응하는 소득의 누적비율을 0에서 100까지 놓는다. 이러한 두 누적비율 간의 관계를 로렌스 곡선이라고 한다. 45도선과 로렌스 곡선 간의 면적을 45도선과 가로축과 세로축 사이의 삼각형 면적으로 나눈 비율이 지니계수이다. 지니계수는 0과 1 사이의 값을 가지며, 값이 커질수록 소득이 불평등함을 의미한다.

2006년 이후의 전체 가구에 대해서 계산된 지니계수 또한 유사한 양상을 지지하고 있다.

성명재 · 김종면[2004]은 보다 표준화된 표본에 대해서 보다 장기적으로 우리나라의 지니계수 추이를 살펴보았다. 이 연구에 따르면 1980년대~1990년대 초에는 지니계수가 하락추세를 보여 소득격차가 축소되었다. 이후 1990년대 중반까지 지니계수가 저점에서 안정세를 보였다. 1997년 외환위기 이래 우리나라의 소득분배 구조는 상당히 악화되는 양상을 보여 2000년도 초까지 상대소득 격차가 다시 완화되지 않는 모습을 보여준다. 이 연구에서는 아주 장기적으로 보면, 외환위기기간의 예외적인 움직임을 제외한다면 1990년대 중반 이후 지니계수가 추세적으로 상승하였던 것으로 보고 있다. 한 연구에 따르면 외환위기 이후 약 10년의 기간(1998~2008) 동안, 유례없는 급격한 소득격차가 발생하였음에 주목하고 그 이유를 숙련편향적 기술의 진보에서 찾고 있다(예: Kim and Lee, 2020).

이러한 소득분배 상황의 변화가 어떠한 원인에서 나타났는가를 분석하는 일은 매우 중요하다. 이러한 원인 분석을 통해서만 향후 소득분배 변화를 예측하고, 효과적으로 분배 개선하는 정책에 대한 생산적인 논의가 가능하기 때문이다. 많은 연구자들은 최근의 이러한 분배추세를 만들어낸 요인으로서, 경제위기 이후 구조조정 및 산업구조의 급변, 실업률 상승, 장기실업 추세의 확산과 같은 경제구조의 변화와 1인가구의 급증, 여성의 노동시장 참여 증가, 고령화 등의 인구구조의 변화 그리고 비정규직의 증가, 숙련 노동에 대한 보수 증가, 직업의 양극화 등 최근 발생한 기술진보의 구조 및 특성을 꼽고 있다. 시기별로 보면, 외환위기 이전의 소득불평등도 개선은 주로 국민들의 학력수준 향상에 기인하는 것으로 보이며, 외환위기 이후에는 구조조정으로 인한 실업 발생이라는 다소 단기적인 변화와 숙련노동에 대한 보수의 상대적인 빠른 증가에 이은 컴퓨터에 의한 구조화된 노동력의 대체현상이 소득분배 악화의 원인이 되고 있다.

12.2 미국의 소득분배 추이

이제 미국의 소득분배 추이를 살펴보자. 〈표 12.1〉은 1960년 이래 수년에 걸쳐 미국 소득분배에 관한 센서스 자료를 보여준다. 이 표는 상당한 소득의 편차를 보여준다. 2010년도에 5분위 중 최상위 분위가 전체 소득의 50%를 벌었으나, 5분위 중 최하위 분위는 전체 소득의 3% 조금 넘는 정도를 벌었다. 본 표는 소득의 불평등성이 시간이 지남에 따라 증가했음을 보여주고 있다. 5분위 중 하위 1, 2분위(차상위)의 소득 비중이 과거 수십 년 동안 하락하고 있음이 보고되고 있다. 더욱 흥미로운 것은, 소득불평등성의 증가가 미국에만 국한되지 않고 있다는 것이다. 정도가 약하기는 하지만, 이러한 현상이 모든 선진국들에서 관찰되고 있다[Glaeser, 2005].

> **빈곤선(poverty line)**
> 최소한도의 생활수준을 가능케 하는 실질소득수준.

소득분포를 평가하기 위한 또 하나의 방식은 **빈곤선**(poverty line) 이하 사람의 숫자를 계산하는 것이다. 여기서 빈곤선이라 함은 최소한의 적정 삶의 수준을 가능케 하는 실질소득에 해당한다. 비록 어떠한 방식이 적정한지 결정하는 데는 자의성이 따르겠지만, 빈곤선의 개념은 유용한 출발점이 됨에 틀림없다.[2] 2011년에 4인 가족의 빈곤선은 약 23,021달러인데, 같은 연

2 미국에서 빈곤선을 계산하기 위해 먼저 적절한 영양기준의 식단에 소요되는 최소비용을 추정한 다음, 그다음 다른 크기의 가구들에서 음식에 지출되는 소득의 비율을 찾아낸다. 그 후 식단에 들어가는 적절한 비용에다가 이 비율의 역수를 곱함으로써 빈곤선을 구한다.

표 12.1 가구 분위별 화폐소득의 분포

	소득점유율(백분율)					
연도	최하위 1/5	차상위 2/5	중간 3/5	제4분위 4/5	최상위 5/5	최상위 5%
1967	4.0	10.8	17.3	24.2	43.6	17.2
1977	4.2	10.2	16.9	24.7	44.0	16.8
1982	4.0	10.0	16.5	24.5	45.0	17.0
1987	3.8	9.6	16.1	24.3	46.2	18.2
1992	3.8	9.4	15.8	24.2	46.9	18.6
1997	3.6	8.9	15.0	23.2	49.4	21.7
2002	3.5	8.8	14.8	23.3	49.7	21.7
2007	3.4	8.7	14.8	23.4	49.7	21.2
2010	3.3	8.5	14.6	23.4	50.2	23.1

자료: US Bureau of the Census [2011a, Table H-2].
주: 이 수치에는 현물이전은 포함되지 않음.
소득불평등도가 계속 증가하여왔다. 1967년도 소득의 상위 20%가 전체소득의 43.6%를 점유하였고 하위 20%가 4%를 가져갔으나, 2010년도에는 각각 50.2%와 3.3%로 변하였다. 우리나라도 이러한 추세와 크게 다르지 않다.

표 12.2 누가 가난한가?

그룹	빈곤율	그룹	빈곤율
모든 사람	15.0%	18세 이하	21.9%
백인	9.8	65세 이상	8.7
흑인	27.6	남편이 없는 여성 가구	31.2
중남미계통	25.3		

자료: US Bureau of the Census [2012a].
주: 2011년 수치임.
빈곤율이 인구통계적 특성에 따라 많은 차이를 보이고 있다.

도에 중위소득(median income)은 62,273달러에 이른다. 2011년에 4,620만 명이 빈곤선 아래에 처해 있는데, 전체 인구의 약 15.0%에 달한다[US Bureau of the census, 2012a].

〈표 12.2〉는 여러 가지 인구그룹별로 빈곤층 이하 인구 비중을 보여주고 있다. 특히 남편이 없는 편모(single mother) 가구에서 빈곤율이 높게 나타나고 있는데 31.2%에 달한다. 흑인 그리고 히스패닉 출신들의 빈곤율이 인구전체의 빈곤율보다 훨씬 높게 나타나고 있다.

〈그림 12.3〉은 빈곤율의 시간적 변화를 보여준다. 그림에 있는 숫자들은 반세기 전에 비해 미국의 빈곤 발생이 상당 폭 낮아지고 있음을 보여주나, 그 추세가 지속적으로 하락하지는 않았다.

소득에 있어서 격차가 왜 발생하는지에 관한 질문이 경제학에서 논의된 지 상당한 시간이

그림 12.3
빈곤율(1959~2011)
빈곤율이 50년 이전보다 낮지만 추세에 있어 계속적으로 낮아진 것은 아니다.

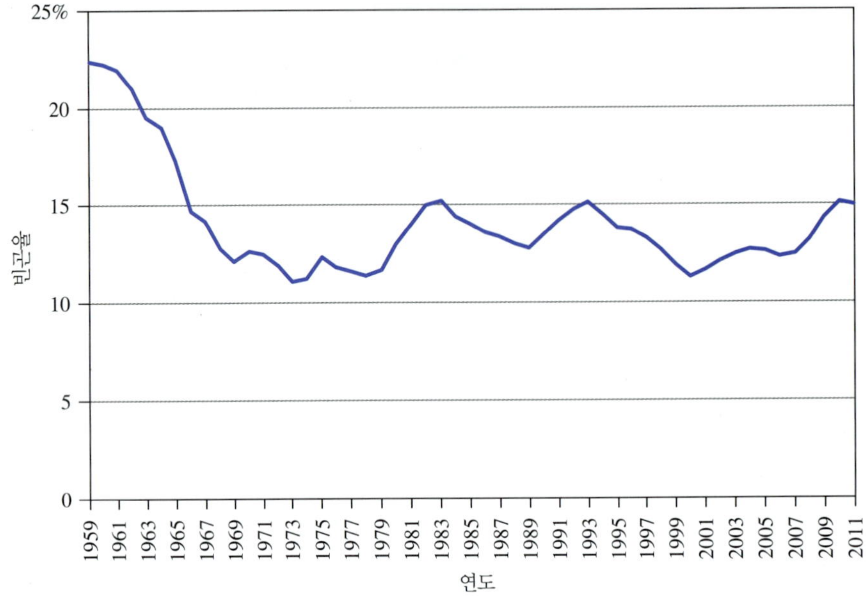

자료: US Bureau of the Census [2012a].

흘렀지만 아직도 확실히 확립된 결론이 제시되지 못하고 있다.[3] 미국 그리고 여타 서구 선진국들에서 소득불평등성의 가장 중요한 이유는 가구주 근로소득의 격차이다. 자산소득(이자, 배당 등)의 격차는 소득 불평등성의 작은 부분만을 설명한다. 이러한 관찰은 매우 중요한 것이며, 근로소득 불평등의 원인에 대한 심층적인 연구가 필요함을 의미한다. 근로소득은 육체적 힘, 지적 능력, 노력, 건강, 교육, 결혼 결정, 인종 및 성에 대한 차별, 공적부조제도 및 운 등과 같은 다양한 요인에 의존한다. 많은 경제학자들은 최근 소득불평등성 증가의 가장 중요한 요인은 교육에 대한 수익률의 증가인 것으로 판단하고 있다. 근로현장에서의 광범위한 컴퓨터 사용으로 인하여 대학교육 이수 근로자들의 소득이 다른 근로자들에 비하여 보다 빠르게 증가하고 있는 것으로 보인다. 그러나 어떠한 하나의 요인이 모든 빈곤을 설명할 수는 없다. 이후에 보다 자세히 논의하겠지만, 이러한 사실은 의미 있는 소득재분배정책 수립을 더욱 복잡하고 어렵게 만들고 있다.

12.2.1 분배 자료의 해석

소득분포 및 빈곤에 대한 미국 인구조사자료는 정책논의의 주요 대상이 되고 있다. 그러나 이들 추정치는 논란의 대상이 되기도 한다. 많은 경제학자들이 다음의 비평에 대해 동의하는 경향이 있다. "공식 추정치들이 더 이상 현실과 부합하지 않는다. 이는 등식의 좌우 양변 모두에 해당한다. 누구도 자료에 대해 완전히 신뢰하지 않는다"[DeParle, Gebeloff, and Tavernise,

3 Hoynes 등[2006]에서는 다양한 소득분배 결정요인들을 연구하고 있다.

2011]. 따라서 이들 수치의 산정 방식과 한계를 이해하는 것이 필요하다.

인구조사의 소득은 가구의 현금수령액만으로 구성되어 있다 이러한 사실의 중요성을 이해하기 위해 먼저 소득의 정의를 상기하자. 한 개인의 주어진 기간 동안의 소득은 그 기간 동안 소비된 금액과 저축된 금액의 합이다(좀 더 자세한 논의는 제17장을 참조하시오). 한 가구의 소득은 가구가 받은 현금뿐만 아니라 **현물이전**(in-kind transfer)—즉 현금이 아니라 재화 또는 서비스로 받은 지급액—에도 의존하므로, 현물소득을 제외한 정의는 빈곤율의 추산을 그릇되게 유도할 수도 있다. 예를 들어 여러분의 지역사회가 가난한 사람들에게 최고의 호텔에서 살게 해주고 마을에서 최고의 식당에서 식사하게 한다고 상상해보자. 공식적인 빈곤율은 여전히 바뀌지 않을 것이다. 정부가 사치품들을 극빈자에게 나누어주지 않겠지만, 식품구매권, 저소득층 주거보조 프로그램 그리고 의료보호혜택을 제공할 수 있다. 미국 인구조사국[2011b]의 추정치에 따르면, 정부로부터 받은 다양한 비현금혜택은 빈곤율을 14.3%에서 9.7%로 낮출 수 있다고 한다.

현물이전(in-kind transfers)

정부가 현금이 아니라 재화 또는 서비스 등 현물형태로 개인에게 제공하는 이전지출.

현물소득의 중요한 형태로 성인이 집에서 보낸 시간의 가치를 들 수 있다. 공식적 자료는 편부모 대비 양부모가구 그리고 부모 둘 다 일하는 가구와 한 명만 일하는 가구 간에 존재하는 사용가능한 경제적 자원에서의 차이를 간과하고 있다. 현물소득은 내구재에 의해서도 제공된다. 가장 중요한 예는 주택인데 이것은 소유주에게 주거서비스의 흐름을 제공한다. 이러한 서비스들의 가치는 상응하는 주택을 임대하여 받을 수 있는 임대료가 된다. 따라서 한 가구가 연간 5,000달러의 임대료를 내야 하는 주택을 소유하고 살고 있다면 이 5,000달러를 가구 소득에 포함시켜야 한다. 연간 15,000달러 이하의 소득을 갖고 있는 가구의 30%가 주택을 소유하고 있기 때문에, 이러한 관찰은 현실적으로 매우 중요한 의미를 갖는다

공식 수치는 세금을 간과하고 있다 구체적으로 모든 소득자료들은 세전(before tax) 자료라 볼 수 있다. 따라서 소득세시스템이 저소득층보다는 고소득층으로부터 훨씬 높은 비율의 소득세를 걷고 있다는 사실이 이러한 수치에 포함되어 있지 않다. 가난한 이들에게 소득을 재분배해주는 가장 중요한 프로그램 중 하나인 근로장려세제(earned income tax credit, EITC)는 소득세제 내에서 시행되고 있다(본 프로그램은 제13장에 논의된다). EITC 제도는 600억 달러 규모의 돈을 저소득 가구들에게 이전해주고 있는데, 이러한 이전소득이 빈곤관련 통계 작성 시 고려되지 못하고 있다.

소득이 연단위로 측정된다 소득은 주어진 기간에 대해서 측정된다. 소득 측정 시 여러 다른 기간이 사용되지만, 하루 또는 한 주 단위로 측정된 소득은 의미 있는 수치로 볼 수 없다. 이는 부유한 개인조차도 아주 짧은 시간 동안에는 소득이 전혀 없을 수도 있기 때문이다. 공식통계들이 그러하듯이, 연 단위로 소득의 흐름을 측정하는 것이 훨씬 더 의미를 지닐 수 있다. 그러나 심지어 연 단위 수치들조차 어떤 개인의 진정한 경제적 상황을 반영하지 못할 수도 있다. 이는 소득이 해마다 상당히 변동할 수 있기 때문이다. 이론적 관점에서 생애소득이 이상적일 수 있으나, 실제로 이를 추산하는 작업은 매우 어렵다.

측정 기간을 달리하는 소득에 대해서 구분하여 논의하는 것이 단순한 학문적 호기심으로

보일 수도 있겠지만, 사실 중요한 문제이다. 사람들은 젊을 때 낮은 소득을 버는 경향이 있고, 중년이 되면 보다 더 벌고 또 노령에 이르러 다시 낮은 소득에 직면한다. 따라서 생애소득에 있어서 동일한 소득을 버는 사람들도 생애주기의 서로 다른 점에서 보자면 현재 마치 다른 소득을 벌고 있는 것처럼 보인다. 〈표 12.1〉과 〈표 12.2〉와 같이 연소득에 기초한 수치들은 좀 더 적절한 생애주기 소득을 이용하여 계산된 소득불평등성 수치들보다 더 불평등하게 나타남을 의미한다. 연간소득이 아니라 좀 더 장기적인 후생 지표를 사용하면 빈곤가구의 비중이 3~4% 정도 감소하게 된다[Jorgenson, 1998].

소비 자료가 후생을 보다 적절하게 반영할 수도 있다 공식적 빈곤율과 분배자료는 모두 소득에 기초해 있다. 어떤 연구자들은 소비에 기초한 측정이 개념적으로 보다 우월하다고 주장하고 있는데, 개인의 후생은 소득이 아니라 소비에 기초하기 때문이다[Hagopian and Ohanian, 2012]. 소득과 소비가 빈곤한 자들의 삶의 수준에 관해 상당히 다른 그림을 제공하기 때문에 이 점이 중요하다. 예를 들어 편모 가구의 소비지출과 소득분포에 대해 생각해보자. Meyer와 Sullivan[2009]에 따르면 최하위 5%의 소비수준이 소득에 비해 50% 정도 높음을 발견하였다. 어떻게 이렇게 소비와 소득이 편모 가구에 대해서 다르다는 것인가? 저자들은 이러한 차이를 대부분 소득의 하향보고, 특히 복지수혜금, 음식바우처 등의 이전지출을 낮게 보고한 것으로 보고 있다.

이러한 점은 소비 대신 소득에 기초하여 불평등의 변화에 대해 추론하는 것이 잘못된 정보를 줄 수 있음을 암시한다. Meyer와 Sullivan[2007]의 1990년대 편모 가구의 경제적 상태에 대한 연구를 살펴보자. 최하위 5분위의 소득이 거의 15% 감소하였고, 최상위 분위의 소득은 15% 이상 증가하였음이 관찰되었다. 이러한 결과는 소득에 있어서 불평등도가 증가하였음을 의미한다. 하지만 소비에 있어서는 하위 분위의 경우 5% 증가하였고, 최상위층의 경우 거의 그대로 유지되었음이 관찰되었다. 즉, 분포상 최상위와 최하위 가구들 간 소비에서의 비율로 볼 때 불평등에서 변화가 없었다는 것이다.

관측 단위의 정의에도 문제가 있다 대부분의 사람들이 다른 사람들과 함께 살아가고 있거나, 적어도 어느 정도까지 공동의 의사결정을 한다. 소득분포가 개인단위 또는 가구단위로 측정되어야 하는가? 공동 주거로 인한 비용 절약(경제성)을 고려하여야 하는가?[4] 그러나 이러한 가구 규모에 따른 비용 절약에 대한 적당한 조정계수를 찾는 것이 쉬운 일은 아니다. 예를 들어, 3만 달러를 가진 2명의 가구원을 둔 가구와 홀로 1.5만 달러를 버는 단독가구가 동일한 수준으로 잘산다고 볼 수 있나? 2명이 1명만큼 적은 비용으로 살 수는 없지만 아마도 1.5배 정도 싸게 살 수는 있을 것이다. 그렇다면 2명 가구원이 실질적으로 더 잘산다고 할 수 있을 것이다. 이러한 맥락에서 〈표 12.2〉에는 남편이 없는 여성 가구라는 항목이 별도로 제시되어 있다. 그런데 Bauman[1999]의 계산에 따르면 가구의 법적 구성원이 아닌 실제 가구 구성원(예를 들어 혼인

4 예를 들어 2인 가구가 3만 달러를 번다면 이들이 1만 5,000달러를 버는 단독가구보다는 잘살고 있는 것으로 보아야 하지 않은가? 2인이 1인보다 더 적은 비용을 치르고 살 수는 없겠지만, 아마도 1인 가구에 비해 2배가 아닌 1.5배 정도 더 비용을 들이고 살고 있다고 볼 수 있다. 만약에 그렇다면, 2인 가구의 구성원들이 실질 단위로 보자면 더 잘살고 있다고 하겠다.

신고를 하지 않은 동거인으로 남편 없는 여성 가구들 중 이러한 동거인과 거주하는 경우가 많음)의 소득을 포함하면 공식적 정의에 의해 빈곤으로 분류된 사람들 중에서 55% 정도가 실제로는 빈곤자가 아닌 것으로 추정된다.

관련된 문제가 가구 구성의 변화로부터도 발생한다. 예를 들어 전반적인 소득증가 추세하에서 성인이 된 자식들과 함께 살지 않고 독립 생활하는 할아버지-할머니 가구가 증가하고 있을 때 어떠한 문제가 발생하는지 생각해보자. 이는 저소득의 할아버지-할머니 노령가구가 증가함을 의미한다. 이러한 가구 구성의 변화는 평균소득 감소와 표준편차의 증가를 초래하여 공식 소득분배 통계를 악화시킬 것이다. 그러나 아마도 노령화에 따라 새로운 삶의 방식을 찾아 조정해가는 과정에서 모든 개인들이 예전보다 더 높은 만족을 누리고 있을 수도 있다.

소득분배와 빈곤에 관한 표준적 측정도구들이 유용한 정보를 주고는 있지만 이 수치들을 주의하여 해석해야 한다. 특히 여러 시점의 수치들을 비교분석할 때는 더욱 그러하다.

12.3 소득재분배의 정당성

현실의 소득분포가 불평등하다는 데에는 이견이 없지만, 정부가 소득재분배정책을 실시해야 하는지에 대해 많은 사람들이 견해를 달리하고 있다. 이 장은 본 문제에 관한 여러 다른 견해들을 비교하여 논의한다.

12.3.1 단순 공리주의 견해

전통적인 후생경제학에 따르면 사회후생은 구성원들의 효용에 의존한다. 수리적으로 n명의 개인들이 한 사회에 존재하고 i번째 개인의 효용이 U_i라면 사회후생 W는 사회구성원인 개인들의 효용의 함수 $F(\cdot)$가 된다.[5]

$$W = F(U_1, U_2, \ldots, U_n) \tag{12.1}$$

식 (12.1)은 종종 **공리주의 사회후생함수**(utilitarian social welfare function)라고 불리는데 19세기 공리주의적 사회철학자와의 연관성 때문에 그렇게 칭한다.[6] 다른 조건이 동일하다면, U_i들 중 어느 하나라도 증가하면 사회후생은 증가한다고 가정하자.

> **공리주의 사회후생함수**
> (utilitarian social welfare function)
> 사회후생을 개인 효용의 함수로 표시한 수식.

공리주의 사상이 과연 정부가 소득을 재분배해야 하는지에 대해 무엇을 말해주고 있을까? 그 해답은 단순명료하지만 그렇게 많은 정보를 주지는 못하고 있다. 소득을 재분배해주되 사회후생을 증진하는 조건하에서만 그렇게 하라는 것이다. 보다 구체적 의미를 얻기 위해 식 (12.1)의 특수한 경우에 대해서 논의하자.

$$W = U_1 + U_2 + \ldots + U_n \tag{12.2}$$

5 이러한 논의는 사회구성원들이 사회후생함수에 대해 동의하지 않을 때 발생하는 문제를 고려하지 않고 있다. 제6장의 직접민주주의에 대한 절을 참조하시오.

6 사실 공리주의자들은 사회후생이 식 (12.2)처럼 개별 효용의 합이라고 가정하였으나 본 이름은 좀 더 일반적인 식 (12.1)을 기술하는 데 종종 사용된다.

단순합산 사회후생함수 (additive social welfare function)

사회후생을 개인 효용의 합으로 표시한 식.

여기서 사회후생이란 개인 효용의 합이 된다. 이것은 **단순합산 사회후생함수**(additive social welfare function)라고도 불린다.

정부의 목표가 식 (12.2)에서 주어진 W의 값을 극대화하는 것이라 가정하자. 이러한 사회후생함수는 몇 가지 가정과 결부되면 상당히 강력한 결과를 가져온다. 다음을 가정하자.

1. 개인들은 오직 그들의 소득에만 의존하는 효용함수를 갖고 있다.
2. 효용함수는 소득의 한계효용이 체감하는 구조를 갖고 있다. 즉 소득이 증가하면 효용이 증가하지만, 증가속도는 줄어든다.
3. 가용한 소득의 총량은 정해져 있다.

단순합산 사회후생함수와 위의 3가지 가정하에서, 정부는 완전한 평등(모든 사람들의 소득이 동일)을 달성하기 위해 소득을 재분배해야 한다는 명제가 성립한다.

본 결과를 증명하기 위해 한 사회가 피터와 폴 두 사람으로만 구성되어 있다고 가정하자(이러한 결과를 다수의 구성원을 지닌 사회로 일반화하는 것은 어렵지 않다). 〈그림 12.4〉에서 선분 OO'은 사회에 접근 가능한 전체 소득금액을 측정한다. 폴의 소득은 O에서 오른쪽 방향으로 측정되며, 피터의 소득은 O'에서 왼쪽으로 방향으로 측정된다. 따라서 OO' 선상에서 있는 점은 폴과 피터 사이에 소득의 분배를 나타낸다. 문제는 '최선'의 배분을 찾아내는 것이다.

폴의 소득의 한계효용은 O에서 시작하는 높이에 의해 측정되는데 가정 2를 따르자면 폴의 소득수준에 대한 소득의 한계효용은 우하향한다. 그리고 이것이 MU_{Paul}로 표시된다(수평선의 왼쪽 방향으로 움직일 경우 피터의 소득의 증가를 의미함을 기억하자). 피터와 폴 모두 동일한 효용함수를 갖고 있으므로 MU_{Peter}는 MU_{Paul}의 한계효용함수 그래프에 대해 정확히 대칭 형태

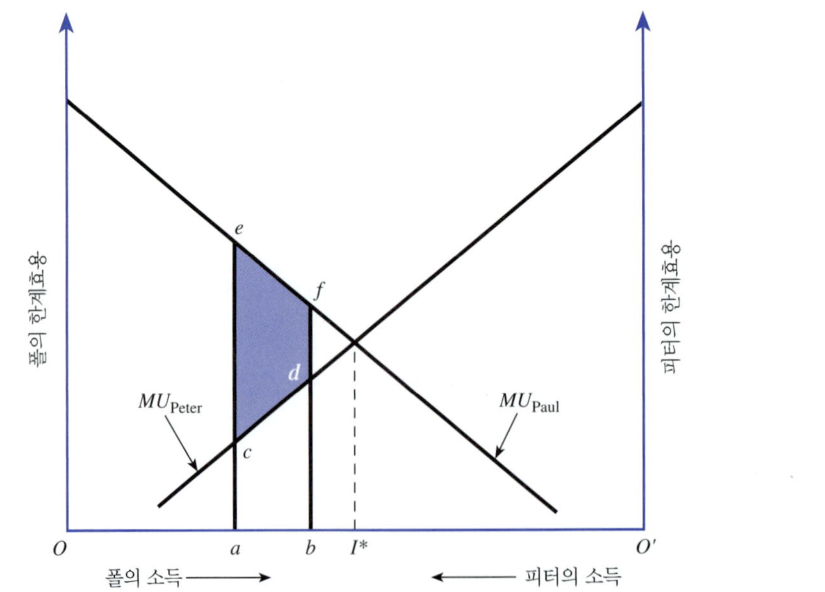

그림 12.4

소득의 최적분배 모형

만약에 폴과 피터의 효용함수가 정확히 같고 소득에만 효용이 의존하고, 한계효용이 체감하며 소득의 총액이 고정되어 있다면 소득이 균등하게 나누어질 때 효용이 극대화된다.

를 띠고 있다.

초기에 폴의 소득이 O_a이고 피터의 소득은 $O'a$이다. 폴과 피터 사이의 소득의 재배분을 통해 사회후생을 증가시키는 것이 가능한가? 다시 말해, 폴과 피터의 효용의 합이 증가할 수 있는가? *ab*달러만큼의 소득을 피터로부터 빼앗아 폴에게 나누어준다고 하자. 당연히 이러한 재분배가 피터의 효용을 낮추고 폴의 효용을 높일 것이다. 그러나 여기에서 중요한 질문은 이들 둘의 효용의 합이 어떻게 변하는가이다. 피터가 폴보다 잘살기 때문에 피터의 효용의 감소가 폴의 효용의 증가보다 작다. 따라서 이들 후생의 합은 증가한다. 기하학적으로 각자의 한계효용 아래에 있는 면적은 소득의 변화에 수반되는 효용의 변화분을 측정하게 된다. *ab*달러를 폴에게 재분배함으로써 그의 효용을 *abfe*만큼 증대시킬 수 있다. 반면 피터에게는 *abdc*만큼 효용을 감소시키게 된다. 이들 후생의 합은 결과적으로 음영으로 표시된 *cefd*만큼 증가한다.

이와 같은 논리를 따르면, 소득이 불평등한 이상 한계효용이 다르게 되며 이 경우 저소득자에게로 소득을 재분배함으로써 효용의 합을 증가시킬 수 있다. 오직 점 I^*에서만이 소득과 한계효용이 두 개인에 대해서 일치하게 되고 사회후생이 극대화된다. 소득재분배를 통한 완전한 소득의 일치가 추구되어야 한다.

이러한 정책적 시사점은 매우 놀라운 것으로, 이러한 결론이 도출되게 만든 가정들을 보다 엄밀히 살펴보아야 한다.

가정 1 개인들이 모두 동일한 효용함수를 갖고 있는지 판별해내는 것은 근본적으로 불가능하다. 만족감을 객관적으로 측정할 수 없기 때문에, 개인들이 재화의 소비로부터 동일한 만족감을 얻고 있는지 아닌지를 판별해내는 것은 불가능하다. 그럼에도 불구하고 가정 1은 다음의 2가지 점에서 정당화될 수도 있다.

첫째, 사람들이 동일한 소득으로 동일한 만족감을 얻는지 증명하기 불가능할지라도, 그렇게 생각하는 것이 합리적 추측일 수는 있다. 결국 사람들이 일반적으로 몸무게, 키와 같은 관측 가능한 특성에서 크게 다르지 않다면 그들의 효용함수 구조도 특별히 다르지 않을 수도 있다. 더욱이 노벨경제학상 수상자인 아마르티아 센[1999, p. 358]이 주장하듯이, "자기 자신이 생각하고 느끼는 방식에 대해 관조해봄으로써 남들이 생각하고 느끼는 방식에 대해 알게 되는 것이 일반적이다. 이러한 비교가 매우 정확한 것이 아닐지라도 개인 간 체계적 비교를 하기 위해 매우 정교한 비교가 필요하지 않을 수 있다."

둘째, 본 가정을 심리적 가정이라기보다는 윤리적 가정으로 이해할 수 있다. 구체적으로 재분배정책을 구상하는 데 있어서 정부는 개인들이 실제로는 서로 다를지라도 마치 동일한 효용함수를 가지고 있는 것으로 가정하고 정책을 구상하는 것이 타당할 것이다.

하지만 위의 2가지 주장은 가정 1에 대해 회의적 시각을 지닌 사람들을 설득해낼 만큼 설득력이 높아 보이지는 않으며, 가정 1을 쉽게 받아들이기는 여전히 어렵다.

가정 2 가정 1에 대한 반론보다 좀 더 기술적이지만 같은 정도의 중요성을 지닌 반론이 가정 2에 대해서 제기될 수 있다. 어떠한 특정 재화에 대해서 한계효용의 감소가 나타나겠지만, 전체소득에 대한 한계효용이 감소할 것인지는 명백하지 않다. 〈그림 12.4〉에서는 한계효용이 감소하는 모양이 아니라면 결과는 완전히 달라진다. 소득의 한계효용이 모든 소득에 대해 고정이라고 하자. 그러면 MU_{Peter}과 MU_{Paul}은 모두 동일한 수평선에 해당한다. 피터로부터 1달러를 빼앗아 폴에게 주는 경우 피터의 손실과 폴의 이득이 서로 정확히 상쇄한다. 따라서 이들 효용의 합은 소득의 분포와 무관하게 된다. 이는 정부의 재분배정책이 사회후생을 바꿀 수 없음을 의미한다.

가정 3 본 가정은 사회의 소득 총량이 이미 정해져 있음을 의미하여, 거리 OO'가 고정되어 있음을 뜻한다. 정부가 파이를 어떻게 갈라주든지 간에 전체 파이의 크기는 이미 결정된 것이다. 자 이제, 개인들의 효용이 소득뿐만 아니라 여가에도 의존하는 경우를 상정해보자. 그리고 각 개인이 효용을 극대화하기 위해 얼마나 여가를 포기하고 노동을 하는가를 스스로 결정할 수 있다고 하자. 소득재분배를 위해 법제화된 조세와 보조금은 일반적으로 개인들의 근로 결정을 변화시키게 되고 총실질소득을 감소시키게 된다. 이러한 경우 효용의 합을 극대화시키려는 사회의 목표가 피할 수 없는 딜레마에 빠지게 된다. 균등한 소득의 분포를 선호하지만, 이를 위한 소득재분배 과정에서 소득의 총량이 줄어들게 된다. 따라서 최적소득분배를 도출함에 있어, 형평성을 얻기 위한 (실질소득 감소라는) 비용이 존재함을 인식하여야 한다. 이러한 비용이 상당한 규모에 이르고 있다는 연구결과들이 보고되고 있다. Cushing과 McGarvey[2003]는 고소득자에서 저소득자에게로의 가상적인 소득이전 프로그램을 분석하였는데, 이러한 정책으로부터 손실자의 후생손실이 이득자의 후생증가에 비해 1.11배에서 10.97배 정도 더 큰 것으로 추정하고 있다. 그러나 이러한 주제에 대한 연구는 아직 초기단계이다.

지금까지의 가정 3에 대한 논의는 동일한 효용함수를 가정하는 경우에도 완전균등소득의 달성이 정부 소득재분배정책의 목표가 아닐 수 있음을 의미한다. 재분배 수단이 개인들의 행위에 영향을 주게 됨으로써 발생하는 재분배정책의 비용으로 인해 최적분배가 완전균등분배와는 달라진다.

12.3.2 최소극대화 기준

공리주의적 틀하에서는 사회후생함수의 형태가 적정한 정부의 재분배정책을 결정하는 데 중요한 역할을 함을 살펴보았다. 지금까지 식 (12.2)의 단순합산 사회후생함수를 검토하였는데, 효용의 합만 동일하다면 사회에서 누가 어떤 수준의 효용을 가지고 있는가는 중요하지 않음이 가정되어 있다.[7] 단순합산 사회후생함수하에서는 한 단위의 효용이 어느 한 개인으로부터 다른 개인에게 이전될 경우 전체 효용의 합은 변화하지 않으므로 정의상 사회후생 또한 변하지 않는다.

이러한 함의는 다른 형태의 공리주의 사회후생함수하에서는 도출되지 않으며, 이는 정책처방도 가정된 사회후생함수의 형태에 따라 다르게 됨을 의미한다. 다음과 같은 사회후생함수를 상정해보자.

$$W = \text{Minimum}(U_1, U_2, \ldots, U_n) \quad (12.3)$$

7 앞의 절에서 설명되었듯이 식 (12.2)에서 사회가 소득의 분배에 무관심하다는 것을 의미하지는 않는다.

식 (12.3)에 따르면, 사회후생은 가장 낮은 후생을 갖는 개인의 효용수준에만 의존한다. 이러한 사회적 목표는 최소한의 효용을 가진 개인의 효용 그 자체를 극대화하는 것이기 때문에 종종 **최소극대화 기준**(maximin criterion)이라고 불린다. 이러한 기준은 동등한 분배로부터 벗어나는 것이 가장 어려운 형편에 처한 사람의 효용을 증진시키는 경우를 제외하고는 소득분배가 완전히 동등해야 한다는 의미를 지니고 있다. 보다 부유한 자 피터가 가난한 자 폴을 고용하고 있는 두 사람의 사회를 상정해보자. 정부가 피터에게 세금을 부과하고 이를 폴에게 분배한다고 하자. 그러나 피터가 세금에 직면할 때, 생산을 줄이고 폴을 해고한다고 하자. 더욱이 폴이 정부로부터 받은 소득이 피터에게 고용 시 얻었던 소득보다 낮다고 하자. 이러한 가상적 경제에서 최소극대화 기준은 소득의 격차를 허용하게 될 것이다.

최소극대화 기준(maximin criterion)

사회후생이 한 사회에서 가장 낮은 효용을 가진 사람의 효용수준에만 의존한다.

최소극대화 기준은 많은 주목을 받아왔는데, 철학자 존 롤스[1971]의 이러한 기준이 윤리적 정당성을 지니고 있다고 주장하였다. 롤스의 주장은 **원초적 상태**(original position) 개념에 의존하고 있는데 여기서 원초적 상태란 자신이 사회에서 차지할 위치가 어디가 될지를 모르는 가상의 상태를 의미한다. 자신이 부자가 될지 또는 가난한 자가 될지를 모르기 때문에, 롤스는 이러한 원초적 상태하에서는 사람들의 분배 목표에 대한 견해는 공평하고 치우치지 않았을 것이라고 믿었다. 롤스는 사람들이 이러한 원초적 상태하에서 최악의 결과에 대해 보험을 제공해주는 바로 최소극대화 사회후생함수를 받아들일 것이라고 주장한다. 사람들은 자신이 소득분배 최하위에 속하게 될 수도 있다는 위험에 직면하여, 최저소득을 최대화하기를 원하게 된다.

원초적 상태(original position)

사람들이 자신의 미래 경제적 지위에 대해서 모르는 가상적 상황을 의미.

롤스의 분석은 많은 논란을 가져왔다. 가장 중요한 이슈로서 원초적 상태에서 내리는 결정이 과연 윤리적 정당성을 지니게 되는가에 있다. 왜 원초적 상태에서 사람들이 갖는 (윤리와 무관하거나) 이기적인 견해가 특별한 도덕적 중요성을 지닌 것으로 받아들여져야 하는가? 원초적 상태에 관한 윤리적 정당성을 받아들인다고 할지라도, 개인의 사적 이득의 합리적 추구가 반드시 최소극대화 기준으로 연결된다는 것도 그렇게 명백하지 않다. 롤스의 주장에서 의사결정자들이 지나치게 위험회피적이어서 어떠한 모험도 감수하지 않는다. 하지만 일반적으로 사람들은 높은 소득을 얻을 상당한 가능성을 추구하는 데 따르는 대가로 가난하게 살 낮은 확률을 기꺼이 받아들일 것 같다.

마지막으로 일부 비판가들은 최소극대화 기준의 특이한 함의를 지적한다. Feldstein[1976, p. 84]은 다음과 같은 시나리오를 고려한다. "가장 불운한 사람의 효용을 조금 상승시키고, 아주 부유한 소수의 사람만을 제외하고 거의 대부분의 사람들에 상당한 손실을 끼치게 되는 어떤 정책이 있다고 하자." 가장 어려운 자의 효용만이 중요하기 때문에 최소극대화 기준은 이러한 정책을 실시하여야 함을 의미한다. 직관적으로 이러한 정책을 실시하는 것은 별로 설득력이 없다.

12.3.3 파레토 효율적인 소득분배

단순합산 사회후생함수 그리고 최소극대화 사회후생함수에 대한 지금까지의 논의에서는 재분배가 어떤 사람에게는 후생을 높이되 그 나머지 사람들에게는 후생을 낮추게 된다는 가정을 한 셈이다. 즉, 재분배는 결코 파레토 개선—현 상태보다 모든 사람이 나아지거나 적어도 현상은 유지하는 변화—이 될 수 없었다. 이것은 개별 경제주체의 효용이 자신의 소득에만 의존하기 때문이다. 반대로, 고소득자가 이타적이어서 그들의 효용이 자신의 소득뿐만 아니라 저소득층의 소득에도 의존하고 있다고 생각해보자. 이러한 상황에서는 재분배가 파레토 개선이 될 수도 있다.

부유한 피터가 가난한 폴에게 1달러의 소득을 이전하는 것을 생각해보자. 먼저 이러한 자선행위로부터의 효용 증가가 소비 1달러의 감소로 인한 피터 자신의 효용 감소보다 크다고 가정하자. 동시에 폴 또한 1달러의 소득을 얻음으로써 효용이 증가한다고 가정하자. 이러한 경우 두 사람 모두의 효용이 이러한 소득이전으로 증가하게 된다. 이때 효율성 조건은 피터의 자선행위로부터의 효용증가분이 자신의 소비감소로부터 발생하는 효용감소분과 같아지는 것이다. 피터가 가난한 사람을 식별해낼 수 없는 정보가 부족하여 소득이전을 제대로 실행할 수 없는 경우, 정부가 비용을 추가적으로 발생시키지 않고 소득이전을 대행하여준다면 효율성이 증진된다.

좀 더 엄밀한 의미에서 볼 때, 이것은 일종의 외부성 문제이다. 폴의 행위(소비)가 시장을 통하지 않고 피터의 효용에 영향을 주고 있다. 이러한 논리를 극단적으로 확장할 경우, 소득분배를 일종의 공공재로 간주할 수도 있다. 이는 모든 개개인의 효용이 소득분배의 불평등도에 의해 영향을 받을 수도 있기 때문이다. 모든 개인이 소득분배가 공평할수록 더 큰 만족감을 느낀다고 가정하자. 공공재의 특성을 고려한다면, 가난한 자에게로의 자발적인 소득이전이 사회적 최적인 양까지 이루어지지는 못할 것이다. 이러한 경우 정부가 공권력을 사용하여 가난한 자에게 소득을 재분배하도록 강제할 수 있다면 경제적 효율성도 증진될 수 있다.[8]

이타심이 인간행위에 있어서 중요한 역할을 하지만, 이러한 사실이 이타적 동기가 정부의 재분배정책의 대부분을 설명할 수 있음을 의미하는 것은 아니다. 이타심이 정부의 재분배정책을 전적으로 설명하기 위해서는 민간의 자발적인 소득이전 규모가 효율적 수준보다 낮다는 것이 가정되어야 한다. 하지만 사람들이 가난한 자들에게 소득을 나누어주기를 원하여 정말로 그렇게 하고 있는 것처럼 보이기도 한다. 매년 수십억 달러의 금액이 자선기금으로 모금되고 있기 때문이다.

자신의 이익을 쫓는 이기적 동기가 소득재분배를 선호할 수도 있다는 몇 가지 이유가 있다. 그중 하나는, 자신이 조절할 수 없는 상황 때문에 자신도 가난해질 가능성이 항시 존재하기 때문이다. 소득분배정책은 일종의 보험과 같은 역할을 한다. 여러분이 윤택한 삶을 살 때 현재 어려운 자들에게 세금의 형식으로 '보험료'를 지급하고, 어려울 때 보험의 혜택을 받는 것이다. 정부가 사회안전망을 제공해야 한다는 아이디어는 이미 오래전에 등장하였다. 17세기 정치가 토머스 홉스는 "사람들에게 자신의 노동으로 삶을 유지하기 어려운 상황이 어쩔 수 없이 발생하게 되면 그들이 민간의 자선에만 맡겨져서는 곤란하고 생존에 필요한 만큼 영국 국법에 의하여 지원이 이루어져야 한다"고 주장한 바 있다.

추가적으로 소득재분배정책들이 사회의 안정을 돕는다고 보는 이도 있다. 이러한 관점의

8 제4장과 제5장에서 배운 공공재와 외부성에 관한 논의를 참조하기 바란다. 소득분배가 개선되는 것이 좋다고 생각하기는 하지만, 모두들 무임승차하려는 성향 또한 존재함을 상기하자.

기초는 경제적, 사회적 격차에 대한 인식이 사회적 불안정성을 낳는다는 것이다[International Labour Organization, 2011]. 사회 안정과 소득분배 간의 연결고리가 완전히 명확하지는 않다. 어떤 사회평론가들은 적어도 미국의 경우 시민들의 개인주의적 성향 때문에 소득의 분배가 별로 정치적 중요성을 갖고 있지 못하다고 말하고 있다[Kristol, 1997].

12.3.4 비개인주의적 견해들

지금까지 논의한 소득분배에 관한 견해들은 상당히 서로 다른 시사점을 갖고 있지만, 공리주의적 특성을 공유하고 있다. 이들 견해들 모두에서 사회후생은 개인들의 효용의 함수이고 이러한 사회후생함수로부터 최적의 재분배정책이 도출되었다. 어떤 사상가들은 개인들의 선호와는 무관하게 바람직한 소득분배를 설정하여 문제에 접근하기도 한다. 예를 들어 플라톤은 바람직한 사회에서는 부자의 소득 대비 가난한 사람들의 소득 비율이 최고 4 대 1을 넘지 않아야 한다고 주장하였다. 물론 이러한 주장은 소득의 불평등성 그 자체가 바람직하지 못하다는 생각과 깊이 연관되어 있다. 예를 들어, 저소득자의 소득을 낮추지 않으면서 고소득자의 소득이 증가하였다고 하자. 표준적인 공리주의적 견해에서는 이것이 사회를 위해 좋은 것이라고 보겠지만, 소득불평등이 나쁜 것이라고 보는 이들은 이를 바람직하지 못한 현상으로 이해할 것이다. 후자의 견해를 따르는 이들은 소득이 균등하게 배분되어야 함을 가장 중요한 원칙으로 믿고 있다.[9]

이보다 덜 극단적으로, 몇몇 특별한 재화들만이 균등하게 배분되어야 한다고 믿고 있는 견해가 있는데, 이러한 견해는 **재화평등주의**(commodity egalitarianism)라고 불린다. 어떤 경우에서는 이러한 견해가 상당한 설득력을 지니고 있다. 대부분의 사람들은 전시에는 필수적 식료품들의 소비가 균등하게 분배되어야 하고, 투표권은 모든 이에게 균등하게 분배되어야 한다고 믿는다. 어떤 다른 유형의 재화평등주의는 좀 더 논쟁거리가 된다. 예를 들어 모든 미국 어린이들이 동질의 초등학교 교육을 받아야 하는가 아니면 어떤 가정에서는 좀 더 높은 교육을 받도록 허락해야 하는가? 모든 사람이 동일한 의료서비스를 받아야 하는가? 이러한 특별한 소비재들을 어느 범위까지 규정할 것인가는 분명히 어려운 일이다.

재화평등주의(commodity egalitarianism)

몇 가지 재화에 대해서 모든 사람들에게 균등하게 소비되어야 한다고 믿는 견해.

흥미롭게도 재화 평등주의와 매우 유사한 명제가 일정 조건하에서 전통적인 후생경제학하에서도 합리화될 수도 있다. 헨리가 캐서린의 효용수준에 관심을 갖는다고 가정하자. 구체적으로 헨리의 효용은 자신의 소득뿐만 아니라 캐서린의 (소득이 아니라) 음식 소비량에도 의존하고 있다고 하자. 실제로 캐서린의 음식소비는 외부성을 창출하고 있으며, 제5장의 내용에 따르면, 캐서린의 음식소비에 대해 보조금이 지급되면 또는 음식이 그녀에게 직접 제공된다면 효율성이 증진될 수 있다. 요약하면, 기부자가 수혜자의 특정 소비에 관심을 가진다면, 이러한 재화를 통한 소득재분배정책은 외부성을 보정하려는 시도로 볼 수 있다. 이러한 재화를 통한 소득재분배정책은 물론 재화평등주의에 기반을 둔 것으로 해석될 수도 있다.

9 본 견해는 롤스의 견해보다 상당히 강한데 롤스의 견해에서는 가장 어려운 자의 효용을 상승시켜주기만 하면 소득불평등도 용인할 수 있다는 것이다.

12.3.5 기타 고려사항

과정 대 결과 앞에서 논의된 견해하에서는 사회가 적절하다고 판단한 경우 개인의 소득이란 당연히 재분배될 수 있는 공동의 재산으로 볼 수 있다고 생각되고 있다. 이러한 견해들하에서는 최초 소득분배 상태가 결정되는 과정의 정당성이나 소득재분배 시 사용되는 절차의 정당성에 대한 고려는 없었다. 이러한 소득결정 과정이나 소득재분배 절차에 있어서의 정당성을 강조하는 사람들이 있다. 어떤 사람들은 공정한 소득분배는 소득분배를 결정하는 과정에 의해서 정의된다고 주장한다. 예를 들어 미국에서 많은 사람들은 만약 균등한 기회가 모든 이에게 주어진다면 소득분배가 어떠한 형태로 나타나든 간에 그 소득분배를 공정한 것으로 볼 수 있다고 믿는다. 따라서 소득창출 과정이 공정하고 정당하다면 정부에 의한 소득재분배정책이 사실상 필요 없게 된다.

이러한 맥락에서 철학자 로버트 노직[1974]은 소득분배의 변화를 정당화하기 위해 사용되는 공리주의를 비판하고 있다. 그는 '사회' 그 자체란 분배할 소득을 갖지 못하기 때문에 사회가 소득을 어떻게 재분배할 것인가에 대해 논의하는 것은 무의미하다고 주장한다. 오직 사람만이 소득을 벌수 있으며, 그래서 정부의 재분배 행위가 정당화될 수 있으려면 자산의 보유 및 분배가 부적절했다는 사유가 있어야 한다고 보았다. 노직의 접근방식하에서는 논의의 초점은 좋은 사회후생함수를 찾는 것이 아니라 한 사회의 작동을 지배하는 '합리적' 규칙들을 찾아내는 것이다. 이러한 경우 문제가 되는 것은 사회적 과정을 어떻게 평가할 것인가이다. 하지만 나타난 결과와 무관하게 과정을 평가하기는 어렵다. 만약에 좋은 규칙들이 바람직해 보이지 않는 결과를 지속적으로 산출해낸다면 과연 그 규칙들이 좋다고 말할 수 있겠는가? 어떤 사람들은 시장에 의해 나타난 소득의 분배가 사실 일반적인 정의의 개념과 상당히 일치하고 있다고 주장한다. "시장은 노력, 근면성, 정직성, 근검절약 등에 대해 우대하므로 보통의 정의의 개념과 부합한다. … 강조하고자 하는 점은 … 시장분배가 완벽하게 정당하다고 주장하는 것은 아니지만, 다른 대안들에 비해 대부분 사람들이 생각하고 있는 정의의 개념과 근접해 있다는 점이다"[Browning, 2002, p. 511].

이동성 정부의 재분배정책에 반대하는 또 하나의 주장은 충분한 사회이동성이 있을 경우 소득분배는 더 이상 윤리적 관심의 대상이 아닐 수도 있다는 것이다. 소득분배의 최하위에 있는 사람의 경제적 지위가 대폭적으로 상승하면서 동시에 다른 사람은 상대적인 경제적 지위에 있어서 하락하여 전체적인 소득분배 분포는 별다른 변화가 없었다고 하자. 이러한 경우 분배통계 수치는 변화하지 않을지라도, 분배통계 수치가 소득분배 내에서 상당한 뒤바뀜을 반영하지 못하고 있다. 최하위 계층이 매우 가난할지라도, 최하층에 속하는 사람이 시간에 따라 높은 소득을 받게 된다면 소득분배가 사회 문제로 되지 않을 가능성이 높다. 흥미롭게도 이러한 생각은 사람들의 소득재분배에 대한 태도에 대한 설문조사 결과에서 확인되고 있다. 사회에서 상향이동 가능성이 존재한다는 인식 정도에 비례하여 심지어 매우 가난한 설문응답자들도 소득재분배정책에 대해 지지하지 않고 있음이 보고되고 있다[Alesina and La Ferrara, 2005].

지금까지 소득이동성에 관한 많은 연구가 있어왔다. Gottschalk와 Spolaore[2002]의 계산에 따르면, 1984년에 소득의 하위 20% 이하에 해당하는 자 중에서 40%만이 1993년에 그 상태에 머물러 있고 나머지는 상향 이동하였다. 보다 최근의 Auten과 Gee[2009]의 분석에 따르면, 하위 20%의 소득자들 중 대략 반 정도가 10년 내 상위소득 구간으로 이동하였음을 보이고 있다. 세대 간 소득이동성에 대한 증거들도 제시되고 있다. Hertz[2006]에 따르면, 60년대 후반에 소득의 하위 20% 이하에 해당하는 가구의 자녀 중에서 60% 가까이가 1990년대에 어른이 되었을 때 상위 소득 그룹으로 이동하였음을 발견하였다. 미국은 명확히 계층 간 이동성이 단절되고 층화된(stratified) 사회는 아니다. 반면, 소득의 불평등도가 중요하지 않다고 할 만큼 충분히 이동성이 높은 것도 아니다. Lee와 Solon[2009]의 장기 패널분석에 따르면, 70년대 중반 이후 소득분배의 악화에 대한 우려가 많았지만, 실제로 세대 간 소득의 이동성에서 큰 변화가 없었음을 보여준다.

부패 소득재분배를 지지하는 한 주장은 극단적인 소득불평등이 법적, 정치적 그리고 규제제도의 총체적 파괴를 초래할 수도 있다는 점에 근거하고 있다. 어떤 사회라도 사유재산권이 확립되어 있지 못하면 경제적으로 융성할 수 없다. 이것은 성장은 투자를 필요로 하기 때문인데, 만약에 재산권이 타인 또는 정부에 의해 빼앗길 것을 두려워한다면 사람들이 투자에 나서지 않을 것임은 자명하다. 극단적 소득불평등도 투자와 성장을 저해시키는 유사한 결과를 낳을 수 있다. 예를 들어, 소수의 부자가 자신의 돈을 이용하여 사법부와 정치인을 부패시켜 처벌받지 않고 다른 이들로부터 재산을 강탈할 수 있게 된다면, 투자와 경제적 번영은 저해될 수밖에 없다. You와 Khagram[2004]은 불평등과 부패 간의 양의 상관관계를 발견했다. Glaeser, Scheinkman, Shleifer[2003]는 법치주의가 약한 국가들(예: 동구권의 이행기 경제들)에서 불평등이 경제성장에 악영향을 미친다는 실증분석 결과를 보고하고 있다.

12.4 지출의 귀착효과

앞에서는 소득재분배정책의 당위성에 대해서 논의하였다. 이제는 현실의 재분배정책을 어떻게 수리적으로 평가할 것인가에 대해서 논의하자. 지출정책의 실질소득 분배에 대한 효과는 **지출의 귀착**(expenditure incidence)이라고 불린다. 정부는 지출정책뿐만 아니라 조세를 통해 소득분배에 영향을 준다. 조세의 소득분배 효과에 대한 논의는 제14장으로 잠시 미루기로 하고 지금부터 지출의 귀착효과에 대해 다루기로 한다.

지출의 귀착(expenditure incidence)

정부의 지출행위가 실질소득의 분배에 미치는 효과.

12.4.1 상대가격효과

정부가 저소득층 주거의 소비에 대해 보조하기로 했다고 하자. 이것이 소득의 분배에 어떤 영향을 미치겠는가? 처음 드는 생각은 보조를 받은 사람은 이득을 보고 이를 위해 세금을 납부한 사람은 손해를 보게 된다는 것이다. 만약에 세금을 내는 사람이 보조를 받는 수혜자에 비해 부유하다면 이를 통해 소득분배가 보다 형평해질 수 있다.

그러나 불행히도, 이러한 단순한 이야기가 사실을 오도할 수 있다. 보조금 지급으로 인해 생산자 가격과 소비자 가격은 보조금만큼 차이가 나게 된다. 보조금 지급 후 생산자 가격은 보조금 지급 전 (생산자 가격이며 동시에 소비자 가격인) 균형가격보다 높아질 수 있다. 이는 보조금의 모든 효과가 수요자인 저소득층에게 주어지지 않고 임대주에게도 일부 혜택이 돌아가게 됨을 의미한다. 이론만으로 주택가격이 얼마나 상승할지는 알 수 없다. 제14장에서 논의되는 바와 같이 가격상승 정도는 수요곡선과 공급곡선의 형태에 의존하여 결정된다.

주거보조정책은 주택건설에 사용되는 생산요소를 공급하는 경제주체의 소득에도 영향을 주게 될 것이다. 따라서 건물거래와 관련된 분야에 종사하는 근로자들의 임금도 건축자재의 가격과 함께 오르게 될 것이다. 이러한 생산요소들의 소유자들이 중·상위 계층에 속한다면 이러한 효과는 분배를 보다 악화시킨다.

보다 일반적으로, 정부프로그램은 매우 복잡한 방식으로 가격에 영향을 주고 이러한 가격변화는 소비자로서 그리고 요소의 공급자로서 역할하는 경제주체들의 소득에 영향을 주게 된다. 소비하고 있는 재화의 상대가격을 상승시키는 지출정책이 있다면 다른 조건이 일정할 때 해당 소비자의 후생은 낮아질 것이다. 유사한 맥락에서 생산요소의 가격을 상승시켜주는 정책은 생산요소 소유자의 후생을 반대로 높이게 될 것이다. 문제는 정책으로부터 창출되는 복잡다기한 가격변화들을 모두 추적해내기는 어렵다는 사실이다. 실제적으로 경제학자들은 주어진 정책이 수혜자들에게만 영향을 주고 다른 가격변화의 소득분배효과는 미미하다고 통상적으로 가정하는데, 이는 경우에 따라 적절한 가정이 되기도 한다.

12.4.2 공공재

상당한 규모의 정부지출은 공공재—한 사람 이상에 의해 동시에 소비될 수 있는 재화—를 위한 지출이다. 제4장에서 보았듯이 시장에서는 사람들이 공공재에 대해 얼마나 가치를 부여하는지는 잘 드러나지 않는다. 개별 가구들이 공공재에 대해 얼마나 가치를 부여하는지를 파악할 수 없다고 한다면, 공공재의 소득분배에 대한 효과를 알아내기는 더욱더 어려울 것이다. 한국 정부는 2005년에 약 22조 원을 국방비에 사용하였다. 이러한 국방비 지출이 화폐금액으로 얼마만큼 개별 가구의 실질소득을 증가시켰을까? 모두가 같은 금액만큼 혜택을 누렸을까? 그렇지 않다면 가난한 가구가 부유한 가구에 비해 더 누렸을까? 또는 그 역일까?

이러한 질문들에 대해 확정적으로 답하기는 거의 불가능하다. 불행히도, 유사한 정도로 타당해 보이는 여러 다른 가정들하에서 도출되는 결론들이 매우 상이하게 나타나고 있다. Chamberlain과 Prante[2007]는 다음과 같은 2가지 가정하에서 국방과 같은 공공재 지출이 갖고 있는 분배적 함의를 연구하였다. (a) 공공재에 대한 지출이 가구에 주는 혜택은 가구의 부(자산)에 비례한다, (b) 각각의 가구가 동일한 공공재 혜택을 받는다. 가정 (a)하에서 5분위 중 최상분위의 사람들이 공공재 지출의 27%만큼 가져가는 반면, 가정 (b)하에서는 17.1%만큼 가져가는 것으로 분석되었다. 즉 분석 결과가 가정에 따라 매우 민감하게 변화하고 있는 것이다.

12.4.3 현물 이전지출의 가치 측정

지난 수십 년간 미국 정부는 30억 달러 이상 규모의 치즈, 버터, 분유 등을 가난한 미국 시민에게 무상으로 지급하였다. 이러한 잉여 식품프로그램은 현물이전 프로그램의 하나의 예이다. 우리는 대개 현물이전 프로그램을 저소득층을 위한 것으로 생각하는 경향이 있다. 즉, 식품구매

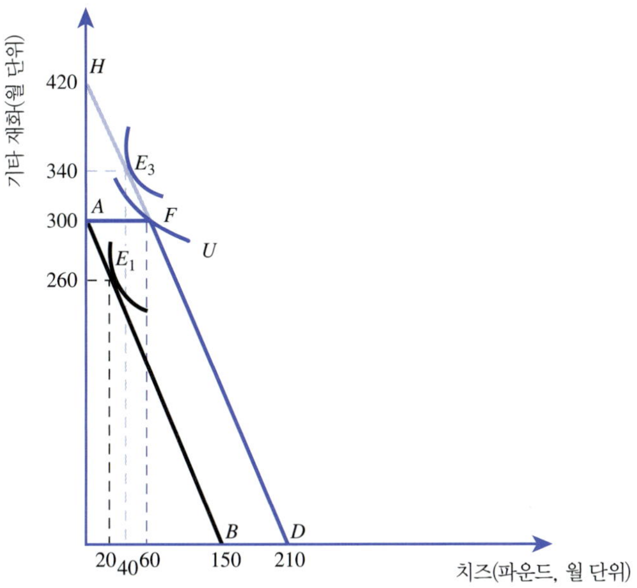

그림 12.5

현물이전이 현금이전에 비해 낮은 효용을 가져온다

60파운드의 치즈 이전은 예산제약선 *AFD*를 유도하고 이 경우 존스는 점 *F*에서 효용극대화를 한다. 현금이전(120달러)은 *HD*의 예산제약을 가져오고 E_3에서 효용을 극대화하게 하므로 현물이전에서 현금보다 낮은 효용을 얻게 된다.

권, 의료보호제도, 공공주거 등의 경우 그러한 예이다. 그러나 중산층과 고소득층도 현물이전에 의한 혜택을 받고 있다. 이에 대한 중요한 사례가 교육이다.

공공재와 달리 현물지급은 모든 사람들에 의해 함께 소비되지 않고 지급을 받은 사람에 의해서 소비된다. 하지만 현물지급이 수혜자들에게 얼마만큼의 가치를 가지게 되는가를 추정하는 것은 여전히 어려운 문제이다. 가장 단순하고 편리한 가정은 정부에 의한 1달러의 현물급여가 수혜자의 소득을 1달러만큼 상승시켜준다고 보는 것이다. 그러나 불행히도 1달러의 현물지급이 수혜자에게 1달러의 가치를 갖는다고 생각할 수 있는 근거는 없다.

왜 그런지 살펴보기 위해 월 300달러의 소득을 치즈와 다른 기타 재화에 나누어 지출하며 정부의 공적부조 혜택을 받고 있는 전형적인 존스라는 개인을 상정해보자. 치즈의 시장가격은 파운드당 2달러이고 다른 재화는 단위당 1달러가 되도록 단위가 정해져 있다고 가정하자. 〈그림 12.5〉에서 보듯이 존스의 치즈 소비는 가로축으로 측정되고 있고 기타 재화의 소비는 세로축으로 측정된다고 하자. 존스의 예산제약식은 *AB*가 된다.[10] 존스가 효용극대화 행위를 한다면 E_1을 선택할 것이고 이는 곧 260단위의 기타 재화와 20파운드의 치즈를 소비하는 것이 된다.

이제 정부가 한 달에 치즈 60파운드를 존스에게 준다고 가정하자. 그리고 재판매는 불법으로 금지되어 있다고 하자. 이러한 치즈보조 프로그램의 도입이 어떠한 변화를 가져오겠는가? 모든 기타 재화의 소비수준에 대해 존스는 여전히 60파운드의 치즈를 더 소비할 수 있다. 기하학적으로 존스의 새로운 예산제약은 *AB*의 각 점을 오른쪽으로 60단위만큼 옮긴 것인 *AFD*가

10 예산제약식을 어떻게 그려넣는지 궁금한 독자들은 이 책 마지막의 부록을 참조하시오.

그림 12.6

현물이전이 현금이전과 동일한 수준의 효용을 가져온다

스미스의 무차별곡선의 구조상 현물이전이 현금이전과 동일한 수준의 효용을 가져온다.

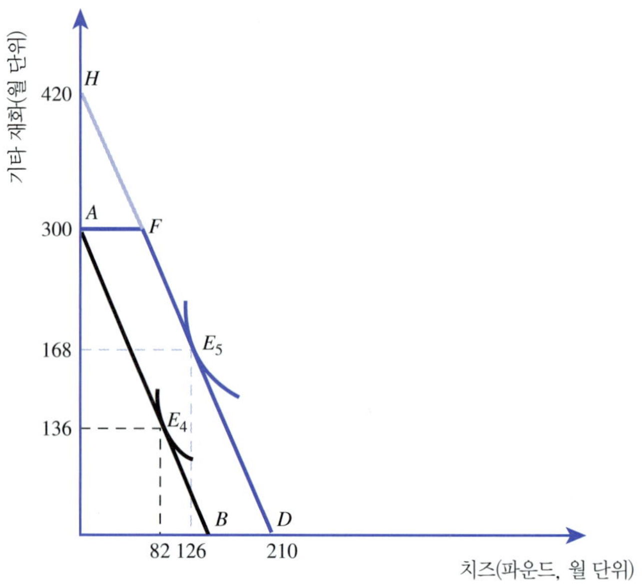

된다. 가장 높은 효용을 가져오는 무차별곡선은 〈그림 12.5〉의 U에 해당한다. 이것은 점 F에서 예산제약식을 만나게 된다. 여기서 60단위의 치즈와 기타 재화 300단위를 소비하게 된다.

최초 소비점에 비해 치즈와 기타 재화 모두 소비가 증가하여 효용이 증가하게 된다. 이는 정부가 치즈를 무료로 나누어줌으로써 치즈 살 돈으로 기타 재화를 구입할 수 있기 때문인 것이다.

여기서 치즈를 직접 주기보다는 치즈값에 해당하는 만큼을 돈으로 주는 경우를 생각해보자. 즉, 120달러(=60파운드×파운드당 2달러)를 현금으로 준다고 하자. 120달러의 현금증가는 모든 점에서 AB 위로 120달러만큼을 올려주게 되어 새로운 예산선은 HD가 된다. 현금이전 프로그램하에서 존스가 선분 HF상의 소비점들도 소비가 가능해졌음에 주목하자. 현물보조 프로그램하에서는 치즈의 재판매를 금하고 있었기 때문에 선분 HF상의 소비점들은 선택이 불가능하였다.

예산선 HD에 직면한 존스로서는 E_3에서 효용을 극대화하게 되는데 이 점에서 340단위의 기타 재화와 치즈 40파운드를 소비하게 된다. 점 E_3과 점 F를 비교해보면, 다음과 같은 결론에 도달한다. 첫째, 현금보조 프로그램하에서는 치즈를 적게 소비하는 대신 기타 재화를 더 소비하게 된다. 둘째, 120달러만큼의 치즈가 120달러의 소득만큼 효용을 올려주지 못한다. 현금보조 프로그램하의 선택점 E_3의 효용수준이 현물보조 프로그램하의 선택점 F의 효용수준보다 높다. 직관적으로 현물보조 프로그램의 근본적인 문제점은 존스가 치즈를 60파운드 모두를 소비하도록 강요하고 있다는 점이다. 그는 치즈 중 일부를 팔아서 그 돈으로 다른 재화에 사용하는 것을 더 선호했는데 이러한 일이 현물보조 프로그램하에서는 불가능하였다.

현물이전이 현금이전보다 더 열등한 프로그램인가? 반드시 그렇지만은 않다. 〈그림 12.6〉은 스미스의 상황을 묘사하는데, 존스의 소득과 같으며 따라서 동일한 예산제약에 직면하고 있다. 그러나 스미스의 선호체계는 존스의 것과는 상이하며, 이러한 상이한 선호는 다른 무차별곡선으로 표현되어 있다. 보조 이전에는 스미스는 E_4점에서 효용극대화를 하는데 136단위의 기타 재화와 82파운드의 치즈를 소비한다. 보조 이후에는 168단위의 기타 재화와 126파운드의 치즈를 소비하게 된다. 스미스는 현금보조 프로그램으로 더 나아지지 않는데, *HD* 선상에서 얻을 수 있는 최대의 효용을 현물보조 프로그램하에서도 이미 달성할 수 있기 때문이다. 스미스가 60파운드 이상의 치즈를 기꺼이 소비하기 원하므로 60파운드만큼의 제약은 사실상 제약이 아니게 된다.

따라서 현물지원이 직접적 현금지급보다 가치에 있어서 열등한 것인 확실히 알지 못하게 된다. 궁극적으로 답은 실증분석 연구에 의해서 얻을 수 있다. 예를 들어 식품구매권 1달러어치의 가치는 현금 80센트와 같다는 연구 결과가 보고되어 있다[Whitmore, 2002].

또 하나의 현물이전 프로그램의 문제는 종종 상당히 높은 행정비용을 수반한다는 것이다. 위에서 논의한 치즈 현물이전 프로그램의 경우 치즈의 보관, 운송 그리고 분배의 과정에서 상당한 비용이 수반된다. 실제로 이러한 행정비용이 너무 높아 몇몇 지역에서는 이러한 프로그램에 참여하지 않고 있다. 유사하게 식품구매권 프로그램의 행정비용 또한 식품 지급 대신 현금을 지급함으로써 낮출 수 있다.

12.4.4 현물보조의 이유

제13장에서 보게 되듯이, 식품, 주거 그리고 의료서비스를 수반하는 현물이전 프로그램들은 미국의 소득유지정책에서 중요한 역할을 하고 있다. 만약에 현물이전 프로그램이 현금이전 프로그램에 비해 수혜자에게 덜 만족스럽고 행정비용도 많이 든다면 왜 실제로 존재하는 것일까? 이에 대해 많은 이유가 제시되고 있다. 그중에서 몇 가지 이유는 앞에서 논의한 규범적 문제와 관련이 있다. 특히 재화평등주의가 분배에 있어서 중요한 역할을 하고 있다. 예를 들어, 미국 의회는 한때 '모든 미국인 가구들에게 알맞은 주거와 적당한 주거 환경의 제공'이 국가 목표의 하나임을 명시화하기도 하였다. 이러한 목표와 '모든 가구가 알맞은 집에 살 수 있는 충분한 소득의 제공'과는 다른 것인데, 제시된 목표에 있어서 현물과 현금의 차이에 주목하자.

또한 현물이전제도는 부정수급 문제를 완화시킬 수 있다. 지금까지의 논의에서 누가 이전을 받을 자격이 있고 누가 없는지 구별하는데 아무런 문제가 없다고 암묵적으로 가정되어왔다. 그러나 현실에서 이것은 사실이 아니며, 무자격자들이 수혜자로 거짓 등록하여 수급을 받기도 한다. 현물이전제도는 무자격자의 부정수급을 감소시키는데, 이는 어떤 중산층 가구의 경우 지급되는 현물이 특별히 소비하고 싶은 재화가 아니라면 거짓말까지 하면서 수혜자가 되려고 하지 않을 것이기 때문이다. 현물이전되는 재화가 공공임대주택과 같이 재판매가 어려운 재화라면, 이러한 논의의 설득력은 더욱 높아진다. 유사한 방식으로 사회복지혜택을 받기 위해 겪어야 할 번거로움(긴 줄에서 기다려야 하거나 복잡한 문서를 작성 · 제출하는 등)은 진정으로 지원할 필요가 있지는 않은 사람들의 수혜 유인을 낮춘다. 따라서 일종의 상충효과가 존재한다. 한편에서는 500달러의 현금이 500달러의 공공주거의 가치(현물)보다 선호되지만, 현물보조프로그램이 보다 부정수급을 방지하기 때문에 좀 더 많은 재원이 진정으로 도움이 필요한 자에게 이전될 수 있다. 그러나 많은 이들은 정부가 적절한 수준 이상으로 복지지원자들에게 행정적 번거로움을 만들어놓았다고 불평한다. 예를 들어 2003년도에 부시 행정부는 무료 학교급식을 받기 위해 학생들이 부모의 소득명세서를 제출하도록 하는 부담(즉, 진정으로 저소득인지 확인을 위해)을 새로이 부과시켰는데, 많은 사람들은 이러한 조치가 아동에게 부당한 부담을 지게 한다고 주장한다.

마지막으로 현물급여가 정치적으로 매우 매력적인 수단이 되는데, 이는 수혜자뿐만 아니라 해당 재화의 생산자 또한 혜택을 받기 때문이다. 주택의 수요를 증가시키는 이전 프로그램은 건설산업에도 혜택을 주게 되기 때문에, 건설산업은 이러한 이전 프로그램을 지지하는 정치적 연합을 지원한다. 유사하게, 농업 이익단체들은 지속적으로 식품구매권 제도의 강력한 지지자 역할을 해왔다. 오리건주의 경우 식품구매권(현물이전) 프로그램을 현금보조 프로그램으로 변경하려는 시도를 했으나, 농업을 기반으로 하는 선거구의 의원들의 반대로 무산되었다. 유사하게, 현물이전을 관장하는 공공부문 근로자들 또한 이러한 이전정책의 정치적 지지자가 된다. 예를 들어 주거 및 도시개발부서의 공무원들은 낮은 가격의 공공주택 프로그램을 단순 현금보조로 전환하려는 계획에 대해 맹렬히 반대한 바 있다.

이러한 현물급여 프로그램에 대한 설명들이 상호 배타적이지 않지만, 아마도 모두 정책수립에 영향을 주었을 것이다.

12.5 결론

정부의 명시적인 소득재분배 프로그램들의 타당성과 관련한 여러 견해들을 비교 분석하였다. 정부가 완벽하게 평등한 소득을 달성하자는 견해부터 아무것도 하지 않아야 한다는 것까지 광범위한 견해가 존재한다. 이러한 견해의 불일치는 놀라운 것이 아니다. 분배에 관한 목표를 정하는 것은 사회가 어떠해야 하는가에 대한 자신의 견해를 정형화하는 것과 같으므로 논란이 될 수밖에 없다. 최적 소득배분에 관한 이론은 현실적인 논의라기보다는 규범적 논의에 보다 가깝다. 제13장에서 보듯이 어떠한 일관된 규범적 이론이 현실 미국의 소득분배정책과 부합하는지는 명확하지 않다.

심화 과정을 위한 추천 논문과 저서

우리나라의 소득분배 관련 연구로서, 아래의 성명재·김종면의 연구보고서는 단순히 지니계수를 연도별로 계산하는 시도에서 더 나아가 과연 어떠한 요인들이 지니계수의 변화를 가져왔는지에 대해 신뢰할 만한 설명을 제시하고 있다.

- "부문별, 가구유형별 소득분배 구조 고찰 및 소득재분배 기능 제고방안 모색에 관한 연구," 2004, 한국조세연구원 연구보고서.

미국의 소득분배 관련 논의에 대해서 아래 논문을 참조하면 도움이 될 수 있다.

- Hoynes, Hilary, Marianne Page, and Ann Stevens. 2006. "Poverty in America: Trends and Explanations." *Journal of Economic Perspectives* 20(1): pp. 47–68.

소득분배의 악화관련 가장 신빙성 있는 이유의 하나로 알려진 숙련노동에 대한 보수의 증가(rising skill premium)에 대한 전통적 논의를 보려면 다음 첫 번째 논문을 참조하시오. 최근 직업을 단순노동, 구조화된 노동, 추상적/창의적 노동으로 숙련도의 순서를 구분한 후, 구조화된 노동, 즉 중간정도의 숙련도를 지닌 노동력이 인공지능을 포함하여 컴퓨터의 활용에 따라 가장 빈번하게 대체되는 현상에 주목하고 이것이 90년대 이후 임금 양극화의 원인을 주장하는 흥미로운 연구가 두 번째 논문에서 제시되고 있다.

- Bound, John, and George Johnson. 1992. "Changes in the Structure of Wages in the 1980's: An Evaluation of Alternative Explanations." *American Economic Review*, 82(3): pp. 371-392.
- Autor, D., and A. Salomons, "Is Automation Labor-Displacing? Productivity Growth, Employment, and the Labor Share" *Working paper*, 2018.

한편, 소득분배 그 자체보다는 보다 동태적인 측면에서 소득의 이동성을 중심적 개념으로 보는 연구가 보다 관심을 끌고 있는데, 부모세대에서 자식세대로 세대 간 소득수준이 그대로 이어지는 경우가 드물기 때문이다. 교과서에 제대로 소개되지 않았지만, 대표적인 연구로서 다음을 참조하기 바란다.

- Solon, Gary. "Intergenerational Mobility in the Labor Market," in Orley C. Ashenfelter and David Card, eds., *Handbook of labor economics*, Vol.3A. Amsterdam: North-Holland, 1999, pp. 761-800.
- Lee, Chul-In and Gary Solon. "Trends in Intergenerational Income Mobility," *Review of Economics and Statistics* 91(4), 2009, pp. 766-772.

요약

- 빈곤을 측정하는 것은 어렵다. 정부의 공식빈곤수치들의 문제점으로 다음을 들 수 있다 (1) 현금 금액만을 포함하고 있다, (2) 세금을 고려하지 않고 있다, (3) 연단위 소득측정에 기초하고 있다, (4) 가구 구성의 변화를 무시하고 있다.
- 만약에 (1) 사회후생이 동일한 효용함수를 가진 개인들의 효용의 합으로 정해져 있으며 효용이 소득에만 의존하고, (2) 소득의 한계효용이 감소하며, (3) 소득의 총합이 고정되어 있을 경우, 소득은 균등하게 분배되어야 한다. 이러한 강한 가정들이 완화될 경우 결론은 매우 달라진다.
- 최소극대화의 기준은 최저효용을 얻고 있는 자의 효용을 극대화시켜주는 것이 최선의 소득분배라고 보고 있다. 이러한 주장의 윤리적 정당성은 논란의 대상이 되고 있다.
- 소득분배는 공공재처럼 접근할 수 있다. 소득이 균등하게 분배된다는 사실 자체로부터 효용을 느끼게 되는 경우 그러하다. 그러나 재분배를 위해 정부의 강제가 필요하다. 파레토 효율적 재분배는 이러한 이전으로부터 누구도 피해를 보지 않을 때 발생한다.
- 소득분배에 대한 다른 견해들은 공리주의적 틀을 받아들이지 않는다. 소득 또는 적어도 특정 재화가 공평하게 배분되는 것이 우선적 기준이 되어야 한다고 믿는 이들도 있다. 또 다른 견해는 공정한 과정을 통해서 분배가 이루어진 경우 소득(재)분배란 무의미한 것이라고 주장한다.
- 정부의 정책프로그램은 상대가격을 변화시킴으로써 사람들에게 이득과 손해를 끼치게 된다. 이러한 가격들의 변화를 모두 추적하는 것이 어렵기 때문에 직접적으로 영향을 받는 시장에서의 가격에만 초점을 맞추는 경향이 있다.
- 사람들이 공공재에 대해 얼마나 가치를 부여하는지 드러내지 않기 때문에 공공재가 실질소득에 어떻게 영향을 주고 있는지 결정하기 어렵다.
- 여러 정부프로그램이 현금이 아닌 재화와 용역과 같은 현물이전의 형태를 띤다. 수혜자가 이전받은 현물을 되파는 것이 법적으로 허용되지 않는다. 수혜자가 적게 소비하는 것을 선호한다면 현물이전의 가치는 시장가치보다 작게 된다.
- 현물이전정책의 존재는 아마도 정부의 온정적 간섭주의, 재화평등주의, 행정적 용이성, 정치적 매력 때문일 수 있다.

연습문제

1. "부자들이 정말 얼마나 부유한지 나는 별로 신경 쓰고 싶지 않아. 그러나 난 그들이 비윤리적인 방식으로 부자가 되었는지 또는 그들이 부를 저속하거나 역겨운 방식으로 사용하는지에 관심이 있어. 난 그들이 부를 잃든 세금을 엄청나게 내든 간여할 바 아니야. 또 부를 어떻게 유지 관리하는지에 대해서도 알 바 아니야. 그러나 난 가장 가난한 자의 빈곤엔 마음이 아파. … 그러한 상황은 가장 많은 관심을 받아야 해. 내 생각으로는 난 소득불평등에 관한 너무 많은 관심 때문에 가장 가난한 자의 빈곤에 대한 국가적 관심을 약하게 만든 것 같아"[Stein, 1996, p. A14]. 여러분은 이러한 주장에 동의하는가? 이 견해가 공리주의와 일치하는가?

2. 오직 두 사람 사이먼과 채러티로 구성된 사회가 있다고 하자. 이들은 100달러의 확정된 소득을 나누어야 한다. 사이먼에게 소득의 한계효용은,

$$MU_s = 400 - 2I_s$$

이고 채러티에게는

$$MU_c = 400 - 6I_c$$

이고 I_s와 I_c는 사이먼과 채러티의 소득을 의미한다.

   a. 단순합산 사회후생함수하에서 최적소득분배는 어떠한 것인가?
   b. 사회가 오직 채러티의 효용에만 가치를 두고 있다면 최적소득분배는 어떠한 것인가? 반대인 경우는 어떠한가? 답에 대해서 설명해보시오.
   c. 마지막으로 두 사람의 한계효용이 서로 같고 고정된 다음과 같은 형태라면 답이 어떻게 바뀌는지 설명해보시오.

$$MU_c = 400 \quad MU_s = 400$$

3. 러시아의 대통령 푸틴은 무료 교통과 무료 임대주택과 같은 현물이전 프로그램을 현금 20달러에서 120달러 정도를 지급하는 현금이전 프로그램으로 대체할 것을 제안하였다. 이러한 제안에 대해 많은 불만이 제기되었는데, 대부분 별로 지원 금액이 크지 않다는 것이다. 무차별곡선 분석을 이용하여 현물이전 프로그램과 동일한 효과를 가지는 현금이전프로그램을 표현하여보시오.

4. 인구조사국에서 최근 새로운 보조 빈곤측정도구를 개발하였는데 이는 빈곤선을 미국인의 가장 빈곤한 세 번째 사람이 식품, 의류, 주거 및 전기 등에 지불하는 화폐량을 이용하여 정의한다. 저널리스트인 Robert Samuelson[2010]은 이러한 제안을 하였다. 만약에 모든 미국인들이 내일 자신의 소득이 2배로 된다면 그리고 식품, 의류, 주거 및 전기 등에 지불하는 화폐량 또한 그 결과 2배로 증가한다고 하자. 이러한 새 보조 빈곤측정도구에 따르면 빈곤에 처한 사람의 숫자가 어떻게 되겠는가? 새 측정도구를 어떻게 평가하겠는가?

5. Razin과 Wahba[2011]의 연구는 유럽연합국가들에서 이민과 복지정책 간의 상호작용에 대해 분석하였다. 그들에 따르면 복지정책이 후할수록 이민자의 숙련도가 낮게 나타남을 발견하였다. 왜 이러한 현상이 발생하며 어떠한 결과가 예상되는가?

6. 중산층으로부터 저소득층 및 고소득층으로 소득을 재분배해주는 정부정책이 최소극대화의 사회후생함수하에서 지지될 수 있겠는가?

7. 린과 조나단으로 이루어진 사회를 상정해보시오.
   a. 사회후생함수가

$$W = U_L + U_J$$

   라고 하자. 이 사회는 린의 1달러를 조나단에게 주는 것에 대해 무차별하다. 이를 평가하시오.
   b. 사회후생함수가

$$W = U_L + 8U_J$$

   라고 하자. 이 사회는 린보다 조나단의 행복을 보다 높게 평가한다. 이를 평가하시오.
   c. 사회후생함수가

$$W = \min[U_L, U_J]$$

   라고 하자. 이 사회에서는 완전 평등한 소득의 분배가 최적이다. 이를 평가하시오.

8. 멕시코의 한 정부 프로그램은 무작위로 식료품 박스와 이와 동일한 가치를 지니는 현금이전을 개별 마을에 제공하

고 있다. Cunha 등[2011]에 따르면, 식료품 박스가 분배된 마을에서는 식품 가격이 하락하나 현금을 받은 마을에서는 그러하지 않음을 발견하였다. 〈그림 12.5〉를 적절히 변형시켜서 현금과 현물이전을 비교해보시오.

9. 〈그림 12.5〉에 있는 현물급여프로그램을 생각해보자. 치즈 수혜자가 이를 되파는 것은 불법이다. 그럼에도 불구하고 불법시장이 존재하여 파운드당 1달러에 팔 수 있다고 하자. 불법시장의 존재가 개인의 예산제약식을 어떻게 바꾸는지 보이시오. 수혜자들이 불법시장의 존재로 효용이 더 높아지는가?

10. 쉐리의 효용이 U_s이고 소득은 Y_s라 하자. 마샤의 효용이 U_M이고 소득은 Y_M이라 하자.

$$U_S = 100Y_S^{1/2} \qquad U_M = 100Y_M^{1/2} + 0.8U_S$$

라고 하자. 파레토 효율적 재분배를 정의하시오. 이 상황에서 왜 그러한 개념이 적절한지 설명하시오. 쉐리와 마샤가 각각 100달러의 소득을 갖고 있다고 하자. 단순합산 사회후생함수하에서 36달러가 마샤로부터 쉐리로 이전되었을 때 사회후생이 어떻게 변하는가?

11. [행정고시 2차 2011년 기출문제] 다음 지문을 읽고 물음에 답하시오.

> 2000년 0.286이었던 도시가구 지니계수가 2008년에는 0.325로 상승하였다. 지니계수는 1에 가까울수록 불평등 정도가 심하다는 점을 감안할 때, 매년 지속적으로 상승한 지니계수가 경기침체 여파로 이제 '상당히 불평등한 단계'로 접어들었음을 의미한다.
>
> 특히 세계경제의 통합으로 경쟁이 심해지면서 부가가치 생산성이 높은 근로자는 높은 임금을 받게 되고, 생산성이 낮은 근로자들의 고용은 감소하여 이들 사이의 소득격차가 크게 증가할 것이다. 이에 따라 지니계수도 더욱 상승할 것으로 예상된다. 이러한 소득격차 증가는 지니계수 외에도 다양한 지표들(A)을 통하여 알 수 있다.
>
> 소득불평등은 다양한 사회갈등의 주요 원인으로 작용하며 사회통합을 가로막아 안정적인 국가운영에 큰 부담으로 돌아온다. 글로벌 경제위기의 최대 피해자인 서민층이 회생 불가능한 나락으로 떨어지지 않도록 소득재분배 대책(B)을 강화하여야 할 것이다.

a. (A)에서 말하고 있는 소득 불평등도를 측정하는 방법에는 어떠한 것들이 있는지 설명하고 이들의 장단점을 비교 설명하시오.

b. 사회에 자본만 보유하고 있는 사람들과 노동만 보유하고 있는 사람들 두 부류만 존재하고 자본가의 소득이 노동자의 소득보다 크며, 상당한 격차가 있다고 가정하자. 만약 미시경제학에서 말하는 것처럼 한계생산성에 따라 소득이 분배되는 경우 자본의 가격(r) 대비 임금(w)의 비율이 증가하면, 위에서 언급하고 있는 노동시장의 구조변화를 감안할 때 소득분배는 어떻게 될 것인가를 설명하시오.

c. 자신이 (B)와 관련한 정책당국자일 때 현실적으로 고려할 수 있는 정책대안으로 어떠한 것들이 있는지 제시하고, 이들 정책의 장단점을 비교 설명하시오.

12. [입법고시 2차 2018년 기출문제]

> 앳킨슨(A. Atkinson)의 사회후생함수는 $\frac{1}{1-\alpha}\sum_{i=1}^{n} U_i^{1-\alpha}$이고, $\alpha \geqq 0$이다. $\alpha = 0$이면 앳킨슨 사회후생함수는 벤담(J. Bentham)의 공리주의 사회후생함수와 동일해진다. 그리고 앳킨슨의 소득불평등지수는 $1 - \left[\sum_{i=1}^{n}\left(\frac{Y_i}{\bar{Y}}\right)^{1-\alpha} f_i\right]^{\frac{1}{1-\alpha}}$이다. Y_i는 i번째 소득계층에 속하는 사람들의 평균소득이고 $\bar{Y}$는 전체 평균소득, f_i는 i번째 소득계층에 속하는 사람들이 전체 인구에서 차지하는 비율을 뜻한다.

a. 앳킨슨의 사회후생함수와 소득불평등지수에서 α는 무엇을 의미하며, 사회후생과 소득불평등을 측정하는 데 어떤 역할을 하는지 설명하시오.

b. 스턴(N. Stern)의 최적선형누진세모형에서 α가 최적소득세율에 어떤 영향을 미치는지 설명하시오.

c. 위험 회피(risk aversion)의 개념과 α가 어떻게 연결될 수 있는지 롤스(J. Rawls)가 말하는 원초적 상황(original position)을 매개로 설명하시오.

13. [행정고시 2차 2019년 기출문제] 갑은 저소득층으로 소득이 적어 쌀(x)과 옷(y) 2가지 재화만 소비한다. 농촌인구 감소로 벼 재배면적이 줄어들어 쌀 생산이 감소함에 따라 포대당 20만 원이던 쌀 가격이 포대당 25만 원으로 상승하였다. 정부는 갑에게 쌀 포대당 가격이 20만 원일 때의 효

용수준으로 누리도록 지원하고자 한다. 이때 정부에서 이용 가능한 정책수단은 현금을 지원하는 방법, 쌀 가격을 지원하는 방법, 직접 쌀을 지원하는 방법이다. 다음 물음에 답하시오. [단, 옷 가격(P_y)은 5만 원, 가구의 소득(M)은 2,000만 원, 갑의 효용함수는 $U(x, y) = xy$이고, 옷의 단위는 벌, 쌀의 단위는 포대이다.]

a. 정부에서 현금을 지원할 때의 현금 보조액과 직접 쌀을 지원할 때의 지원량을 각각 구하고, 그림으로 설명하시오.

b. 정부에서 쌀 가격을 지원할 때의 이전지출액과 현금을 지원할 때의 현금보조액의 크기를 비교하고, 그림으로 설명하시오.

Chapter 13

빈곤계층을 위한 지출프로그램

그리고 저희가 각 사람의 필요에 따라 나눠 줌이러라.

— 사도행전 4장 35절

사람들 사이에서 정부가 가난한 자들을 도와주어야 한다는 강한 사회적 합의가 있는 것이 사실이지만, 과연 어떠한 형식으로 도움을 주어야 하는가에 대해서 많은 논쟁이 존재하는 것이 현실이다. 이 장은 가난한 자들을 위해 고안된 주요 재정지출 사업들에 대해서 알아보기로 한다.

13.1 우리나라의 사회보장제도

먼저 우리나라의 사회보장제도의 추이와 현황을 살펴보자. 우리나라 사회보장제도의 효시는 1961년 도입된 거택 및 시설 보호대상자에 대한 생활보호와 국가보훈사업이다. 이후 점차 사회안전망에 대한 수요가 증가함에 따라 관련 지출이 확대되어왔다. 1964년 산재보험의 도입과 1977년 의료보험의 도입을 거쳐, 1980년대 중반 이후 고도성장기에는 노령 및 실업에 대한 사회보험을 도입하였다. 외환위기가 사회안전망 제도의 획기적 확대와 정립의 전기가 되었는데, 경제위기로 인한 각종 사회보험제도의 가입자 · 대상자의 대폭적인 확대와 함께 저소득층을 위한 복지제도인 국민기초생활보장제도가 도입되었다. 2000년대 중반 이후에는 근로형 복지제도가 추구되고 있는데, 2007년 시범 도입된 근로장려세제(EITC)제도가 2008년 이후 전면 실시되고 있다(다음 〈표 13.1〉 참조). 2008년 글로벌 금융위기 이후에는 교육, 아동돌봄, 의료 등에 있어 사회적 책무를 높이는 사회서비스 도입이 활발히 논의되고 있다.

사회보장제도는 넓게 또는 좁게 정의된다. 광의의 사회보장제도는 '모든 국민을 노령, 질병, 실업, 산업재해, 빈곤 등의 사회적 위험으로부터 보호하기 위한 제도적 장치'를 의미한다. 광의의 사회보장제도에는 사회보험, 공적부조, 사회서비스가 모두 포함되는데, 이 중 사회보험은 일차 사회안전망, 공적부조는 이차 사회안전망으로 불린다. 이러한 광의의 사회보장제도 정의와 달리, 협의의 사회보장제도는 자신의 소득으로 기본적인 생계가 힘든 저소득층에 국한한 각종 사회적 지원제도로 공적부조제도를 의미한다. 공적부조는 의식주와 같은 인간의 기본권

표 13.1 사회보장제도의 범위

사회보장제도	사회보험제도 (4대보험)	국민연금
		건강보험
		고용보험
		산재보험
	공적부조제도	국민기초생활보장제도 (전통적 복지제도)
		근로장려세제(EITC)제도 (근로형 복지제도)
	사회서비스	의무교육, 아동돌봄, 기초노령연금, 건강보험 보장성 강화 등

유지를 위해 필요한 기본생계조차 누리기 어려운 절대빈곤계층이나 취약계층에 대해 공공재정 투입을 통하여 보호하는 제도이다.

우리나라에서는 시기상으로 보면 공적부조제도가 사회보험제도보다 먼저 도입되었다. 최근 외환위기 이후 큰 변화를 보이고 있는 분야는 공적부조제도이다. 우리나라 공적부조제도의 확대 과정을 살펴보면, 1961년 처음 거택 및 시설 보호대상자에 대한 생활보호와 국가보훈사업을 시작한 이래 1962년 재해보호, 1977년 의료보호제도를 도입하였고, 1983년에는 생활보호사업을 자활 생활보호대상자로 확대하였다. 그리고 2000년 10월에는 국민기초생활보호제도가 도입되었다.

자산조사 프로그램(means-tested program)

자산이 일정 수준 이하인 자에게만 수혜금액이 지급되는 지출프로그램을 지칭함.

생활보호사업이 근로능력이 없는 생활보호대상자만을 대상으로 하고 근로능력이 있는 경우 자활대상자로 분류하여 의료보호, 자녀 학자금보조, 자활자금 융자 등을 제외하고는 기본적으로 현금지원을 하지 않았던 것과는 달리, 국민기초생활보장제도는 **자산조사**(means test)에 입각하여 근로능력이 있는 경우라도 소득수준이 최저생계비에 못 미칠 경우 그 차액만큼을 보전해주는 (현금이전) 보충급여제도의 형식을 취하고 있다. 이러한 제도적 특성이 자칫 근로의욕에 부정적 영향을 미칠 수 있어 개선 필요성이 지속적으로 제기되고 있다. 최근 근로연계 소득지원제도를 통해 근로유인을 제고하면서 탈빈곤을 지원하기 위한 근로장려세제(EITC)제도가 도입되었다. 이에 대해서는 제5절의 '현실 정책 보기'를 참조하기 바란다.

사회보험제도는 공적연금, 의료보험, 고용보험, 산재보험 등 4대 보험체제로 이루어져 있다. 공적연금제도와 의료보험제도는 이미 제11장과 제9장에서 각각 논의하였으므로, 여기에서는 산재보험과 고용보험제도에 대해 간략히 소개하고자 한다.

산재보험제도는 사업주가 부담하는 보험료를 재원으로 근로자의 업무상 재해를 보상하기 위한 보험으로서, 1964년부터 500인 이상 사업장에 대해서 의무보험형태로 도입되었는데, 다른 사회보험제도와 마찬가지로 점차 적용범위가 확대되어 2000년에 1인 이상 고용사업장으로 다시 말해 전 사업장으로 확대되었다. 1989년 이후 중증장애자에 대한 급부가 연금화됨에 따라 선진국에서처럼 생계보장에서 생활보장으로 변해가는 추세를 보이고 있다. 이 제도의 근거법은 「산업재해보상법」이며, 1994년 12월 이후에는 집행업무는 근로복지공단에 의해 수행되고 있다.

고용보험제도는 실직근로자에게 실업급여를 지급하는 전통적인 의미의 실업보험뿐만 아니라 실업예방을 위한 고용안정사업과 근로자의 직업능력 배양을 위한 직업능력개발사업 등을 포괄하고 있다. 고용보험제도는 1995년부터 시행되었으며, 점차로 가입범위가 확대되어 1998년 10월 이후에는 1인 이상의 모든 사업장으로 확대되었다. 외환위기 시기 발생한 대규모 실업에 대응하여 매우 중요한 역할을 수행하였으며, 현재 모성보호(출산 및 보육에 대한 지원) 관련 사업에까지 이르는 노동정책의 핵심적 재정사업으로 자리 잡고 있다. 단, 이러한 사업의 확대에 수반되는 보험요율의 인상에 따르는 고용비용 상승으로 고용이 오히려 위축되는 효과도 있으므로 향후 많은 실증연구가 필요한 분야이다.

향후 확대일변도의 각종 사회보험 및 보장제도의 내실화에 대한 논의가 본격화될 것으로 예상되는데, 보험요율 및 급여수준의 적정성, 제도 간 중복성, 소득파악기능의 미비, 제도 간 시너지 효과 및 규모의 경제 활용 미비, 도덕적 해이 문제 등에 대한 많은 연구와 정책논의가 필요하다. 특히 4대 사회보험제도가 운용되고 있으나 아직도 제도의 취지와 달리 영세사업장을 중심으로 근로자의 보험가입이 현실적으로 미진한 것으로 파악되고 있다. 이처럼 제도의 수혜대상에서 제외된 '사각지대'에 놓인 취약계층 근로자들의 제도 가입이 필요하다. 또한 복지제도의 경우, 부처 간 중복이 발생하고 있으며 중앙정부와 지방정부 간의 정책조율, 복지제도 전달체계의 불투명성 등이 시급히 개선되어야 할 과제로 판단된다.

13.2 복지지출에 대한 검토

미국에서의 '복지(welfare)'란 저소득 개인들을 위해 급여를 제공하는 많은 프로그램을 통틀어서 부르는 단어가 되고 있다. 이러한 프로그램들은 자산조사를 거쳐서 시행되는데, 복지급여를 받기 위해서는 개인들의 금융자산의 총액이 어느 수준 이하여야 수급자격이 발생한다. 정부의 자산조사를 통한 지원이 2009년도 현재 5.1%에 이르고 있다[Spar, 2011]. 정부 이전지출프로그램들에서 대부분의 팽창은 현물지원의 형태를 띠고 있다. 1968년에 현금급여가 자산조사를 거친 프로그램의 44%에 이르렀으나, 현재 약 18% 정도에 그치고 있다[Spar, 2006, 2011]. 비중 면에서 보면 노인, 장애자, 무자녀 가정에 대한 지원의 비중이 증가하였고, 편모 혹은 편부 가정과 양부모 가정에 대한 지원비중이 줄어들었다[Moffit and Scholz, 2009].

현물급여의 중요성은 복지지출의 여러 가지 항목을 보여주는 〈표 13.2〉에 나타나 있다. 물론 〈표 13.2〉가 적절한 요약을 해주고는 있지만, 빈곤예산에 대한 종합적인 정보를 주지는 못한다. 이것은 명목상으로는 재분배가 목적이 아닌 프로그램들도 실질적으로 많은 이전을 저소득층에게 해주기 때문이다. 연금제도는 재분배프로그램으로 분류되지 않고 보험제도로 보지만, 약 20%의 수혜자들에게는 연금지급액이 유일한 소득이 되고 있는 실정이다. 유사하게 빈곤층은 실업급여 및 전쟁참가자(군인)연금을 받고 있다. 추가적으로 빈곤선 위에 있는 가구들도 빈곤계층을 위한 각종 프로그램들의 혜택을 받고 있다. 예를 들어, 식품구매권을 받는 가구들의 15%를 약간 넘는 정도가 빈곤선의 소득을 넘고 있다[US Department of Agriculture, 2011].

표 13.2 자산조사를 거친 프로그램들의 지출액 규모(2009)

프로그램	연방정부
보건	$319.3
현금지원	129.6
식료품 보조	77.5
주거급여	59.9
교육급여	58.2
사회서비스	44.3
에너지 비용 보조	10.3
고용 및 직업훈련	8.6

자료: Spar [2011, p. 9]
주: 2009년 지출액이 이례적으로 많을 수 있다. 경기부양을 위해 2009년 2월 재정된 American Recovery and Reinvestment Act(ARRA)의 영향으로 볼 수 있다. 자산조사 프로그램 중 메디케이드 지출 규모가 가장 크다.

13.3 TANF

AFDC(Aid to Families with Dependent Children)

1935년부터 1996년까지 현금을 이전해주는 프로그램으로서 소득이 일정 수준 이하이고 여러 가지 자격요건을 충족할 경우 현금지원의 혜택을 영구히 받을 수 있었던 제도.

빈곤가구를 위한 한시적 지원 프로그램(Temporary Assistance for Needy Families, TANF)

1996년에 통과된 복지제도로서 현금지원이 한시적으로 일정 조건하에서만 가능.

1935년부터 1996년까지 미국 정부의 가장 중요한 현금이전 프로그램으로 **AFDC**(Aid to Families with Dependent Children, 자녀가 있는 가구에 대한 지원)가 시행된 바 있다. 이름이 의미하듯이, 이 프로그램은 부양자녀가 있는 가구에 국한된 제도였다. 또한 일반적으로 부모 중 한쪽이 없는 경우를 중심으로 수혜의 자격이 부여되는 경향이 있었다. 연방정부와 주정부가 함께 제도를 행정적으로 뒷받침하였으며, 개별 주(state)들은 연방정부가 정하는 광의의 조건/규정을 따르면서도 각각의 수혜금액의 수준과 자격조건을 결정하였다. 연방법은 소액을 제외하고는 AFDC 급여에서 개인이 번 돈만큼 차감하는 정책을 취하였다.

1996년에는 개인책임 및 근로기회를 위한 법안(the Personal Responsibility and Work Opportunity Reconciliation Act)의 통과에 따라 AFDC 제도가 폐지되기에 이르렀다. 본 법안은 새로운 복지프로그램의 탄생을 잉태하였는데, **빈곤가구를 위한 한시적 지원 프로그램**(Temporary Assistance for Needy Families, TANF)이다. 중요한 기능은 다음과 같다.[1]

- **수급권 보장프로그램**(entitlement)**이 아님**: AFDC 제도하에서 누구라도 일정 수준의 소득에 이르지 못하고 몇 가지 다른 조건을 만족하게 되면 기간에 있어서 무한정으로 현금급여를 받을 수 있었으나, TANF로 인하여 이러한 항구적인 현금지원이 종료하게 되었다. TANF의 T가 의미하는 바는 바로 본 제도가 항구적이 아니라 한시적으로만 조건부로 혜택이 주어진다는 것이다.
- **시간제약**: 일반적으로 개인들은 5년 이상 현금지원을 받을 수 없다(물론 주정부가 본 규칙에도 불구하고 20%까지 수혜건수를 늘릴 수 있다). 개별 주들은 좀 더 짧은 시간을 선택할 수도 있다.

1 자세한 사항은 Spar[2006]을 참조하시오.

- **근로요건**: 일을 하지 않거나 근로지원프로그램에 참여하지 않는 편모 수혜자가 50%를 넘거나 근로지원프로그램에 참여하지 않는 양부모 가구가 90%를 넘을 경우 해당 주들은 예산상 불이익을 받게 된다.
- **주에 대한 총괄보조금**: AFDC 제도하에서는 연방정부지출에 대한 정해진 한도가 없었으나 TANF하에서는 개별 주정부가 연방정부로부터 복지지출을 조달할 수 있는 기여금을 받는데, 이 기여금의 액수가 사전적으로 정해져 있다. 개별 주들은 그들이 합당하다고 생각하는 범위 내에서 연방정부의 기여금 금액과 자신들이 갹출하는 금액을 합하여 제도를 운영할 수 있다. 주들은 사실상 복지제도를 자율적으로 운영하게 되는데 어떠한 가구를 도와줄 것인지에 관한 결정도 포함한다. 주정부는 현금급여, 직업훈련 프로그램들, 10대 임신을 막고 결혼을 장려하는 등의 프로그램 운영을 위해 이러한 재원을 지출한다(그러나 근로요건 및 지출금액의 한도 등은 완화할 수 없다).
- **수혜금액인하율**: 복지프로그램의 구조를 결정할 권한과 함께 유사한 차원에서 주정부는 복지 수혜자가 소득을 벌 때 TANF 급여를 얼마만큼 줄일 것인가에 대한 결정 권한도 갖는다. AFDC 프로그램하에서는 이러한 삭감액이 사실상 일대일에 가까웠다. 아직도 몇몇 주들은 이러한 삭감률을 고수하고 있는데, 네브라스카의 경우 1달러의 소득에 대해 80센트를 삭감한 채 급여를 주고 있다. 반면 일리노이의 경우 삭감률이 33%밖에 되지 않고, 캘리포니아의 경우, 월 225달러만큼은 그냥 가실 수 있도록 허용하되, 225달러를 넘는 금액에 대해서는 50%를 삭감한 금액을 주고 있다. 각 주들은 유효세율에서도 다르지만 무소득가구들에 대해서 지급하는 금액도 다르다. 3명의 편부모 가구에서 이 숫자가 앨라배마에서는 215달러인데, 메인주에서는 1,023달러이다. 요약하면, 복지수혜자들이 소득은 정책에 따라 변동한다[Office of Family Assistance, 2012].

13.4 소득보전과 근로인센티브

복지제도가 근로의욕을 줄이고 정부에 의존하는 경향을 증가시키는지에 대한 논란이 복지제도의 정책에 대한 논의에서 최근 몇 년간 지속적으로 등장하고 있다. 이 절에서는 TANF가 어떻게 수혜자의 근로의욕에 영향을 주는지를 살펴보자.

13.4.1 기본적 상충관계

만약에 TANF의 많은 복잡한 부분을 빼고 논의한다면, 2가지 변수를 중심으로 주정부의 정책을 기술해낼 수 있다. 첫 번째는 개인이 전혀 일을 하지 않을 때 받게 되는 기본액수가 되는데 이를 G라 하자. 두 번째 부분은 수혜자가 돈을 벌게 될 때 줄어들도록 수혜금액의 비율 t가 된다. 예를 들어, 어느 주정부가 한 달에 300달러를 복지수혜자에게 지급하나 본인이 번 소득에 대해서 1달러당 25센트씩 차감한다고 하자. 이 경우 $G=300$이고 $t=0.25$가 된다. 만약에 어느 개인이 500달러를 번다면 복지수당은 125달러($=0.25\times\$500$)만큼 줄어들게 되므로 정부로부터 175달러를 받게 되어 전체소득은 675달러가 된다. 여기서 복지수당이 줄어들게 되는 비율은 사실상 노동소득에 대한 조세와 같게 되는데 이러한 이유 때문에 기호 t(즉, tax)를 사용한

현실 정책 보기 국민기초생활보장제도

미국의 TANF제도와 유사한 한국제도로 '국민기초생활보장제도(기초생보)'가 있다. 이 제도의 도입 취지는 저소득가구에게 기초생계비를 보장함으로써 인간다운 생활을 영위할 수 있도록 하는 것이다. 2000년도에 제도가 도입되어 현재 공적부조 형태의 복지제도의 근간을 이루고 있다.

제도의 작동방식은 다음과 같다. 먼저 정부가 기초생계비를 추정한다. 기초생계비 추정방식은 제도도입 초기부터 최근까지 정부에 의해 추계된 금액을 사용하였다. 인간다운 생활을 영위하기 위해서 지출해야 하는 식료품비, 의료비, 교육비, 문화비 등을 추계하고 이를 합산하는 방식을 따랐다. 이러한 방식은 2015년 7월부터 절대액을 정하는 방식에서 가구의 중위소득을 기준으로 산정하는 방식으로 전환하였다.

수혜가구는 해당 가구의 소득인정액(=근로소득+사업소득+재산의 소득환산액)이 정부가 정한 기초생계비에 미달하는 가구이다. 여기서 재산의 소득환산액은 보유 자산(주택, 자동차, 금융자산 등)에 일정 비율의 수익률을 적용하여 환산한 금액이다. 수혜가구가 수급할 급여는 기초생계비−소득인정액으로 결정된다. 기초생보급여는 '생계급여', '주거급여', '의료급여', '해산급여', '장제급여', '교육급여', '자활급여'로 분류된다. 이들 중 가장 기본적인 급여는 '생계급여'와 '의료급여'이다. 의료급여는 수혜가구에게 무상의료 혜택을 부여하는 것이며, '생계급여'는 생계비 보조의 성격을 띤다. 여타 급여는 해당 현물급여와 관련된 사건이 발생할 경우 지급된다. 2015년 7월 이전에는 기초생보 수급가구에게 모든 급여의 수급권이 부여되는 '통합급여'방식이 유지되었으나, 그 이후부터는 개별 급여의 수급여부와 급여액이 개별적으로 결정되는 '개별급여' 방식으로 전환되었다.

이 제도를 미국의 TANF와 비교하면 다음과 같은 차이가 있다. 먼저, 기초생보는 수급기간 제한이 없다. 다음으로 근로의무조항이 없다. 다시 말하면 기초생보는 근로참여 그리고 근로능력 여부에 관계없이 수급권이 보장된다. 또한 중앙정부의 재정지원방식은 매칭펀드 방식으로 이루어진다. 예를 들어 기초생보 지급액의 80%를 중앙정부가 지급하는 방식을 취하고 있다. 마지막으로 수혜금액인하율, 혹은 암묵적 소득세 한계세율이 100%이다. 정부가 제공하는 자활사업에 참여하는 조건으로 지급되는 '자활급여'의 경우 수혜금액 인하율이 70%이지만 자활사업 실적이 미미하므로 큰 의미가 없다고 할 수 있다.

미국의 TANF제도가 저소득가구의 근로참여를 유도함으로써 이들의 경제적 독립을 촉진하고자 하는 요소가 많은 반면 한국의 기초생보제도의 경우 생계비 보장의 요소가 더 강하다고 할 수 있다. 이러한 점으로 인해 (최소한 이론적으로는) 한국의 제도에서 저소득 가구 구성원들의 근로의욕 저해효과가 더 크게 나타날 가능성이 높다.

것이다. 만약에 어떤 점에서 수혜자의 소득이 너무 높아서 복지수당을 전혀 받지 못하게 된다고 하자. 우리의 예에서 1,200달러를 벌게 될 때 바로 이러한 상황이 되는데 복지수당이 줄어든 만큼이 정확히 복지수당 300달러와 일치될 때가 된다. 이 점을 지나면 복지수당이 이미 0이 되므로 t가 더 이상 적용되지 않는다.

수리적으로 순복지수당 수령액 B가 기본적 복지수당 G, 세율 t 그리고 번 소득 E에 의존하게 되는데 다음과 같다.

$$B = G - tE$$

만약에 순복지수당 수령액이 0이라면($B = 0$) 이것은

$$E = \frac{G}{t}$$

또는 이보다 큰 수준의 소득에서 발생하게 된다.

이 두 식은 소득보조정책을 디자인하는 데 있어서 관련되는 근본적 딜레마를 보여준다. 첫 번째 식은 주어진 프로그램 비용하에서(즉, B고정) 기본 복지수당의 규모가 클수록 세율이 커

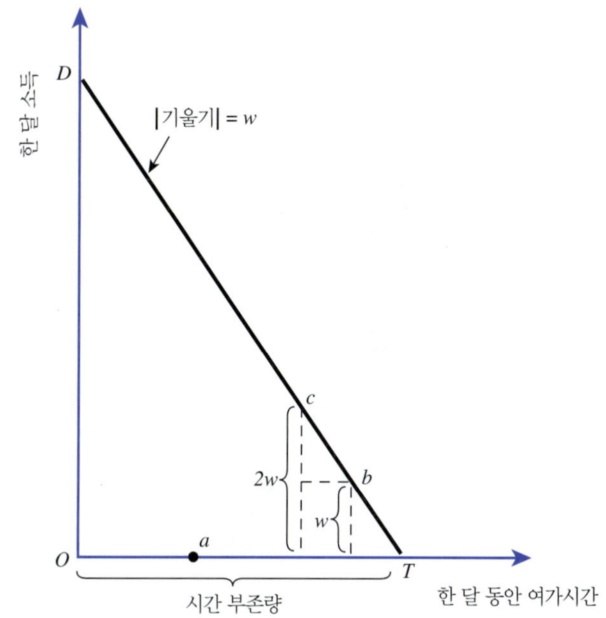

그림 13.1

여가와 소득선택에 관한 예산제약

마지의 예산제약선은 여가시간과 소득 간의 선택에 있어서 어느 하나를 포기해야만 다른 하나를 얻을 수 있음을 보여준다. 복지제도가 없어 마지가 일을 하지 않는다면 그녀의 소득은 0이 될 것이다. 근로시간에 따라 시간당 임금 w달러를 받는다.

져야 함을 보여준다. 즉, 근로의욕을 제고하는 프로그램(즉, 세율이 낮은 프로그램)은 근로능력이 없는 이들에게 거의 지원을 해주지 못함을 의미한다. 두 번째 식은 주어진 기본수당에 대해(즉, G고정) 세율이 낮을수록 순복지수당 수령액이 0이 되기 위한 노동소득은 상승해야 함을 보여준다. 그러나 순복지수당 수령액이 0이 되기 위한 노동소득이 상승할 때 복지에 의존할 자격이 있는 사람들의 숫자가 증가한다면 전체 프로그램의 운영비용을 상승시키게 된다.

13.4.2 근로유인 분석

여가와 소득 간에 개인 선택문제를 무차별곡선을 통해 분석하면 TANF의 노동공급효과를 잘 파악해낼 수 있다. 우리는 마지라는 여성이 한 달이라는 시간을 근로와 비근로(여기서는 여가라고 하자)에 어떻게 시간을 배분하는가에 대해 알아보자. 〈그림 13.1〉에서 수평선은 여가, 수직선은 소득을 나타낸다. 마지가 일하지 않을지라도, 그녀가 소비할 수 있는 여가의 상한이 있는데, 한 달에 상응하는 시간의 제약이 있기 때문이다. 이러한 시간수를 우리는 보통 **시간 부존량**(time endowment)이라고 하며 그림에서 OT로 표시된다. 우리는 모든 시간이 여가에 소비되지 않고 근로에도 사용되는 경우를 살펴본다. 수평선의 어떠한 점이 있다면 그 점은 여가와 근로시간을 동시에 나타내게 된다. 예를 들어, 점 a라면 Oa가 여가에 사용되고, aT는 근로시간이 된다.

시간 부존량(time endowment)

개인이 주어진 기간 동안 일할 수 있는 최대한의 시간.

우리의 첫 번째 문제는 마지의 소득을 보여주는 것인데, 이것은 일하는 시간에 따라 수직선상에 표시된다. 시간당 임금이 w라고 하고, 또한 잠시 동안 복지수당이 주어지지 않는다고 가정하자. 이때, 근로시간에 대한 소득은 단순히 w 곱하기 근로시간이 된다. 예를 들어, 전혀 근

그림 13.2

효용극대화를 하는 여가와 소득 선택

마지가 점 E_1에서 효용을 극대화하는데, 이 점에서 FT시간 근로를 하며 소득 OG를 얻는다.

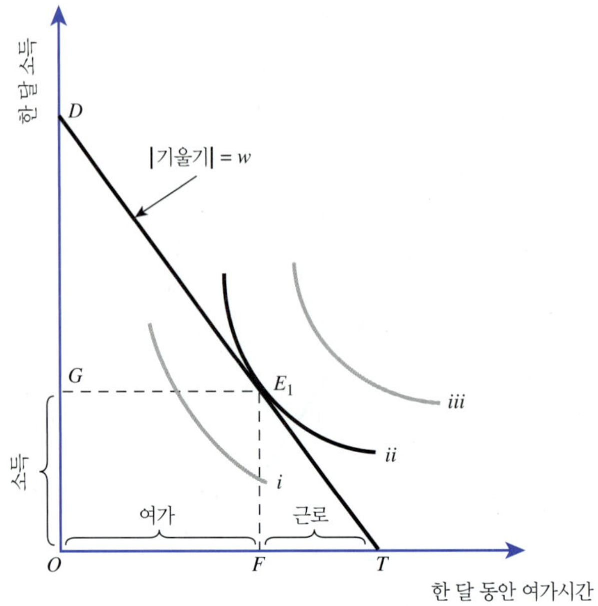

로를 하지 않으면, 소득은 단순히 0이 된다. 0의 근로와 0의 소득에 해당하는 상황은 점 T로 표시된다.

만약에 마지가 주당 1시간을 일한다면, 그녀의 여가소비량은 전체 시간보유량 1시간이 된다. 이 점은 수평선상의 T에서 왼쪽으로 1시간 옮겨가는 상황이 되고 소득 w를 얻게 되는데 점 b로 표시된다. 만약에 마지가 주당 2시간을 일한다면, 그녀의 여가소비량은 (전체 시간 부존량 − 2시간)이 된다. 이 점은 수평선상의 T에서 왼쪽으로 2시간 옮겨가는 상황이 되고 소득은 $2 \times w$를 얻게 된다. 이 점은 c로 표시된다. 이러한 방식으로 모든 근로시간에 대해 유사한 방식으로 소득을 계산하게 되면 주어진 시간당 임금하에서 모든 여가−소득의 조합을 얻어낼 수 있는데 이는 TD로 표시된다. 이것은 마치 2재화 모형에서의 예산제약선과 비슷한데, 여기서는 소득과 여가에 대해서 그린 것이다. 여가 1시간의 가격은 여가의 기회비용이므로, 1시간 동안 일하지 않음으로써 포기한 가치, 즉 임금이 된다.

마지의 선택을 TD 선상에서 결정하기 위해 우리는 그녀의 선호에 대해 알 필요가 있다. 〈그림 13.2〉에서는 예산제약식을 다시 그려보았고 여기에다가 여가와 소득 간의 선호가 통상적인 원점에서 볼록한 무차별곡선을 표시해보았다. 무차별곡선을 *i*, *ii*, *iii*로 여러 개를 표시해보았는데, 마지는 무차별곡선 *ii*의 점 E_1에서 OF만큼 여가를 취하고 FT만큼 일을 하는 결정을 선택하였고 그 대가로 OG만큼의 소득을 얻는다.

이제 마지가 TANF에 참여하였다고 하자. 그리고 그녀가 사는 주에서는 100달러만큼 복지수당을 제공하며, 세율은 25%라 하자. TANF가 예산제약선을 어떻게 바꾸는가? 〈그림 13.3〉이 이러한 상황을 기술해주고 있다. 전처럼 복지가 없는 상황에서 마지는 FT만큼 일하고 OG

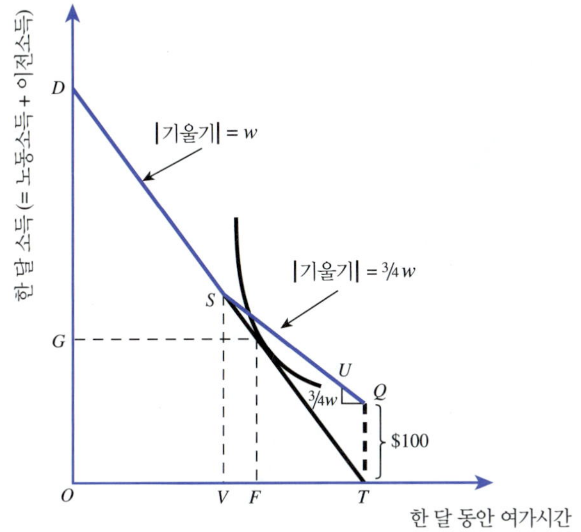

그림 13.3
TANF하에서의 예산제약
마지가 월 100달러의 TANF 수당을 받을 자격이 있고 암묵적 조세 25%에 직면한다면, 그녀의 새로운 예산제약선은 *QSD*가 된다.

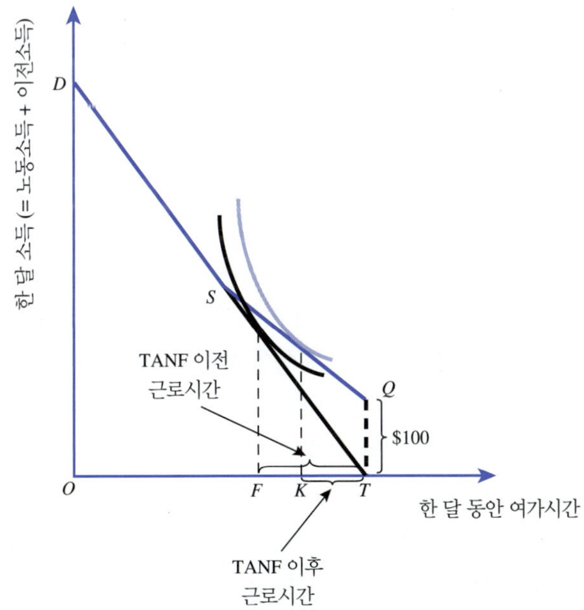

그림 13.4
TANF하에서의 노동공급 결정
마지의 무차별곡선을 고려하면, TANF의 도입이 근로를 줄이도록 유인한다. *KT*만큼의 근로를 하며 TANF 이전의 *FT*보다 적다.

만큼 소득을 벌 것이다. 그러나 TANF하에서는 하나의 대안으로서 점 *Q*를 생각해볼 수 있겠다. 이 점에서는 근로를 전혀 하지 않고 100달러의 복지수당을 받는 것이다. 마지가 1시간 일을 한다면, 고용주로부터 *w*를 얻지만, 동시에 복지수당을 (1/4)*w*만큼 잃게 되며 결과적으로

그림 13.5
추가적 소득에 대해 100% 세율을 적용하는 복지제도 하의 예산제약선
100%의 암묵적 한계세율을 갖는 복지제도가 예산제약선 *PRD*를 만들어 낸다.

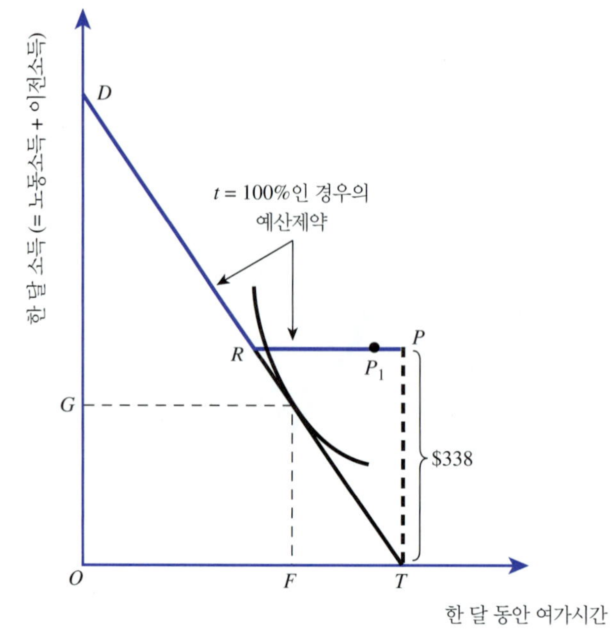

(3/4)w만큼 얻게 된다. 따라서 예산제약선 *U*의 어떠한 점에서건 *VT*만큼 일하게 될 때까지 결과적으로 (3/4)w만큼 얻게 된다. *VT*를 넘어서면 소득이 너무 높아 복지수당을 받을 자격을 상실한다. 따라서 예산제약선이 점 *S*에서 꺾이게 되어 *QSD* 선이 되는데 *QS* 구간에서는 기울기가 (3/4)w이 된다.

항상 그러하듯이, 궁극적인 근로결정은 무차별곡선의 모양에 따라 결정된다. 〈그림 13.4〉에 나타나듯이 마지는 TANF가 도입되기 전보다 일을 적게 하여 *KT*만큼만 할 것이다.

이미 보았듯이, 몇몇 주들은 복지수당에 대해 사실상 100%의 세율을 갖고 있다. 따라서 이러한 특수한 경우에 대한 분석도 흥미로운 작업일 것이다. 보다 현실적인 경우를 분석하기 위해 338달러의 금액을 복지수당으로 받는 경우를 상정해보자.[2] 〈그림 13.5〉에서 보듯이 마지에게는 점 *P*에서 전혀 근로를 하지 않으며 소득 338달러를 취할 수 있는 기회가 주어진다. 그림에서 점 *P*에서 왼쪽으로 1시간 옮겨가는 상황이 되면 소득 w를 얻게 되는데, 이때 동시에 복지수당이 동일한 금액 w만큼 줄어들게 된다. 즉 일을 해도 아무런 소득이 추가적으로 주어지지 않게 되어 순소득은 여전히 338달러가 된다. 이 점은 P_1으로 표시된다. 이러한 상황이 점 *R*까지 계속된다. *R*을 넘어서는 추가적인 근로한 시간이 w만큼 소득을 상승시켜주게 된다.[3] 따라서 예산제약선이 *PRD*로 꺾인 선이 된다. 선분 *PR*은 기울기가 영(0)이고 선분 *RD*에서는 기울기가 절댓값에서 w가 된다.

2 이 금액이 2002년 델라웨어주에서 소득이 없고 두 자녀를 가진 편부모 가구에 지원된 금액이다.

3 단순화를 위해 마지의 근로소득이 급여세와 소득세에 의해 과세된다는 사실을 무시하기로 한다.

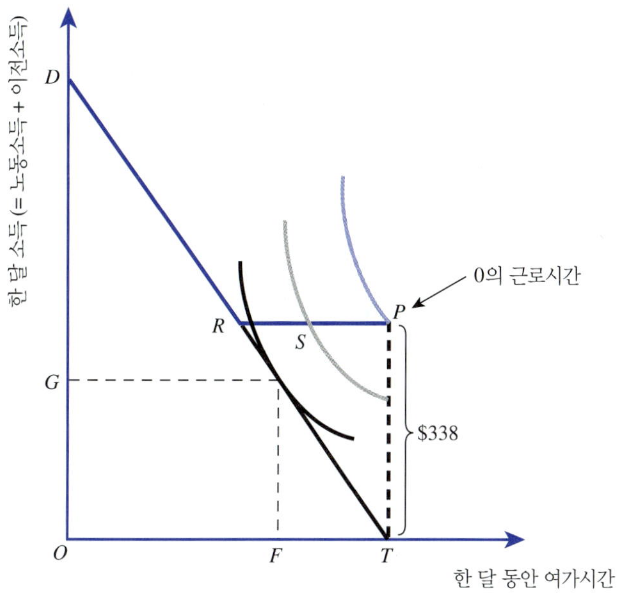

그림 13.6

추가적 소득에 대해 100% 세율을 적용하는 복지제도 하의 근로결정

주어진 무차별곡선하에서 100%의 암묵적 한계세율을 갖는 복지제도는 0의 근로시간을 유도한다.

그렇다면 마지가 이러한 인센티브에 어떻게 반응할 것인가? 〈그림 13.6〉은 하나의 명확한 가능성을 보여주고 있다. 그녀는 점 P에서 효용극대화를 할 것인데 이 점에서 노동공급은 전혀 없다. 어떠한 경우에서든지, 합리적 개인이라면 0과 PR 사이의 근로시간을 선택하지 않을 것이다. 누가 동일한 소득을 얻으면서 더 일하려고 하겠는가![4]

물론 세율이 100%인 복지제도가 반드시 근로를 멈추게 하지는 않을 것이다. 〈그림 13.7〉은 마지와 동일한 예산제약선에 당면하고 있는 존스의 여가-소득 선택을 기술하고 있다. 그러나 존스는 점 E_2에서 효용을 극대화하는데 MT만큼의 일을 하고 있다.

〈그림 13.6〉에서 적시된 부정적 근로의욕에 대한 효과는 AFDC 프로그램의 가장 중요한 비판 중의 하나였다. AFDC가 심각하게 수혜자의 근로유인을 감퇴시켰다는 많은 증거가 있다. Moffitt[2003]은 AFDC가 복지수혜자들의 노동공급을 10%에서 50% 정도까지 감퇴시켰다고 보고 있다.

위에서 살펴보았듯이, 아직도 몇몇 주들은 1996년의 TANF 제도의 통과 이후에도 암묵적으로 100%의 세율을 유지하고 있기는 하지만, 숫자에서 훨씬 줄어든 것은 분명하다. 이러한 세율의 실질적 감소가 복지수혜자들의 노동공급행태에 많은 영향을 주었는가? 편모 가장들의 경제활동참가율이 1980년대에서부터 1990년대 중반까지 크게 변화하지 않았으나, 1994년부터 2001년 사이에 44%에서 66%가량 상승한 것으로 나타났다. 2001년에 복지수혜건수가 1994년의 40% 정도의 수준에 불과하다[Blank, 2005]. 그러나 이러한 변화들을 단순히 암묵적 세율의

4 좀 더 복잡한 모형에서는 PR 선상에서 선택을 할 수 있는데, 기술을 배워 자질이 우수하고 지속적인 고용이력을 보임으로써 미래의 고용주에게 긍정적인 신호를 보낼 수 있기 때문이다.

그림 13.7
추가적 소득에 대해 100% 세율을 적용하는 복지제도하에서도 근로를 선택한 개인
주어진 무차별곡선하에서 100%의 암묵적 한계세율을 갖는 복지제도도 본 개인의 근로결정에 영향을 주지 못한다.

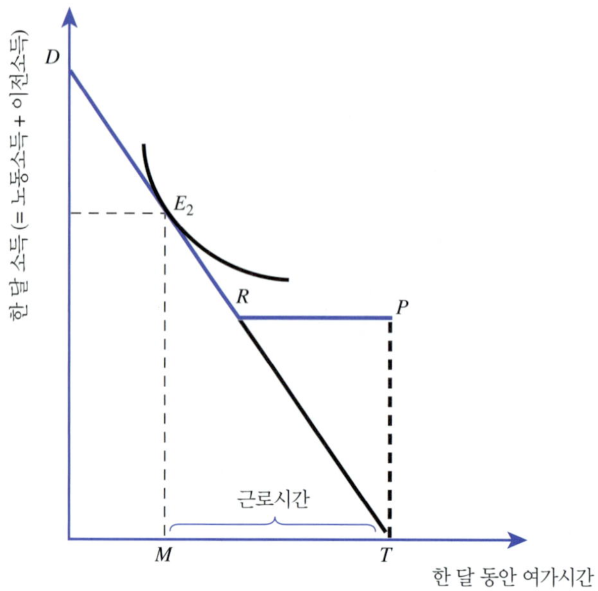

감소에서 기인했다고 주장하는 것은 주의를 요한다. 첫째, 이미 말했듯이 TANF는 근로의무조항을 포함하여 복지제도의 여러 가지 다른 측면에서의 변화를 추진하고 있다. 둘째, 미국경제가 1990년대 말에 사상 유례없는 호황을 누리고 있어서 모든 계층에 대해서 고용기회의 증가를 가져왔다. Blank[2002]의 문헌조사에 따르면, TANF의 한계세율 감축이 근로의욕을 제고하였으나, 그 크기에 대해서는 아직 공감대를 형성하기에는 시기적으로 이른 것으로 보고 있다.

13.4.3 근로의무조항

지금까지의 분석은 복지수혜자가 근로시간을 선택할 수 있다는 것을 가정하고 있다. 복지수혜자가 된 이후에 일하지 않는다면 그것으로 그만이었다. 하나의 대안적 제도로 **근로복지**(workfare)를 들 수 있다. 근로능력이 있는 자가 정부의 이전지출을 받으려면 근로와 관련된 행위에 참가하거나 고용기회를 받아들이는 데 동의해야 한다. 근로복지는 노동공급 선택모형의 맥락에서 이해될 수 있다. 〈그림 13.6〉으로 돌아가서 제약에 전혀 해당하지 않는 개인은 *RP* 구간에 해당하는 점을 선택하지 않는다는 것을 상기해보자. 근로의무조항은 점 *S*를 선택하지 않으면 어떠한 복지수당도 받지 못하도록 하여 *SP*만큼 일하도록 강제하는 것이다.

근로복지(workfare)
소득지원제도의 수급자격이 있되 근로능력이 있는 개인은 근로 관련 행위에 참여할 경우에만 혜택을 받을 수 있도록 한 복지제도.

TANF하에서는 대부분의 수혜자들이 일종의 근로행위에 참가해야만 한다. 이러한 '강제적' 근로가 복지수혜자들에게 어떠한 영향을 주었겠는가? 많은 주들이 이 질문에 답하기 위해 많은 실험을 실시하였다. 어떤 수혜자들은 복지제도에 참가하도록 하고 또 다른 수혜자들은 참가하지 않도록 하였다. Blank[2002]의 문헌조사에 따르면 거의 모든 프로그램들에서 고용 및 소득에 있어서 상당한 증가를 가져왔으며 복지제도에 의존하는 경우가 줄어들었다고 한다. 그러나 불행히도 근로강제규정이 소득의 총합을 그리 크게 늘려주지는 못했다는 것으로 나타났다. 즉, 수혜자들의 근로소득은 증가했으나, 복지수당의 감소보다 약간 더 증가한 정도였다[Blank, 2006]. Kaushal, Gao, Waldfogel[2006]의 연구에 따르면, TANF가 근로와 관련된 소비지출(예: 교통비, 의류비용 등)을 늘리는 방향으로 소비 패턴에서 변화를 초래하고 있음을 보이고 있다.

이러한 결과들을 보면 복지수혜자들이 얼마나 일을 해야 하는가에 대한 사람들의 견해가 왠지 모르게 잘못되지 않았는가 하는 의문을 갖게 된다. 사실, 복지제도의 중요한 측면은 제도에 내재되어 있는 유인구조에 관한 것이다. 많은 사람들이 근로라는 것이 개인의 삶의 의미를 일깨우는 중요한 역할을 하기 때문에 근로에 특별한 의미를 두고 있다. 그러나 복지정책의 목표가 근로의욕을 극대화하는 것뿐이라면 가난한 사람들을 단순히 공장으로 반강제적으로라도 보내서 일을 하도록 해야 할 것이다. 1834년의 영국 빈민법이 그랬던 것처럼 말이다. 그렇게 할 수 없는 이상 훌륭한 소득이전 제도를 설계하기 위해 근로유인과 형평성에 대한 균형 잡힌 고려가 필요할 것이다.

13.4.4 수혜 횟수 제약

TANF 제도의 가장 드라마틱한 측면 중의 하나로서 수혜 횟수 제약의 도입을 들 수 있다. 개인들이 일생 동안 5년분의 수혜(즉, 1년씩 5번에 한정)만을 복지제도로부터 받을 수 있도록 제한한 것이다. 이러한 정책이 개인들이 복지제도로부터 떠나서 자립하도록 하는 데 성공하고 있는가? 이 질문에 대한 답은 TANF와 관련된 가장 충격적인 통계자료에 대한 설명으로 시작하는 것이 좋을 것 같다. 1996년에서 2007년 사이에 미국의 2008년도 자료를 보면 수혜건수가 60% 이상 감소하였다는 것이다[US Department of Health and Human Services, 2008]. 물론 1990년대 동안 호황을 누렸기 때문에 수혜건수의 감소를 모두 TANF로만 돌리기에는 무리라는 것을 감안해야 한다. 즉, 호황 시 대개 고용기회가 많아 복지제도에 의지하는 경향이 아무래도 줄어들 것이기 때문이다. 그래도 많은 분석에 따르면 TANF와 본 제도의 시간제약이 중요한 역할을 한 것으로 보고 있다.

Grogger[2003]의 흥미로운 연구에 따르면, 시간제약이 정말로 중요한 요인이라면 어린 자녀를 둔 가정이 나이가 든 자녀를 둔 가정에 비해 보다 영향을 받을 것이라고 보았다. 왜 그러한가? TANF의 자격조건이 가구의 가장 어린 자녀가 18세에 이르면 종료되기 때문이다. 여러분의 자녀가 13세 또는 그 이상이라면 제도의 수혜를 5년 동안 끝까지 누릴 수 있겠지만, 13세 이하라면 가능한 한 복지제도로부터 벗어나 있다가 미래에 당면할 어려운 시기를 대비하여, 마치 은행에 잔여기회를 저금해두듯이 하는 경향이 발생할 것이다. Grogger의 자료 분석에 따르면 시간제약이 정말로 중요하며 약 12% 정도의 복지수혜건수를 줄이는 것으로 보고 있다.

13.4.5 가구구조

1996년의 TANF 통과의 가장 중요한 이유 중의 하나는 AFDC 제도가 저소득 여성들이 결혼하지 않고 자녀를 출산하려는 유인을 발생시키고 있다는 믿음 때문이었다. 기본적 아이디어로서 복지자격조건을 부여 받음으로써 저소득층 여성들이 미혼모로서 살아갈 수 있도록 하고 있다는 점이다. 이러한 경향은 많은 주들에서 결혼 시 복지수혜자가 될 수 없다는 사실과 맞물려 나타나고 있다는 것이다. 따라서 시간제약은 이러한 행위를 막을 수 있다는 희망하에 도입되었다고도 볼 수 있다. 동시에 많은 주들에서 10대들이 '엄마'가 되는 유인을 줄이기 위한 프로그램도 개발하고 있었다. 일례로서 10대 엄마들이 복지제도의 혜택을 받으려면 부모와 함께 살아야 한다는 것이다.

TANF가 저소득가구들의 구조에 영향을 미쳤는가? 불행히도 경험적 결과는 명확하게 나타나지 않고 있다. 몇몇 연구들은 TANF의 긍정적 효과를 보고하고 있는데, TANF로 인해 전보다 결혼한 부모 아래에서 자라는 어린이들이 늘어났다는 것이다. 반면 거의 아무런 효과도 얻지 못하는 연구도 있다. 이처럼 결과가 확정적이지 않은 것은 그리 놀랄 만한 일이 아니다. 결혼과 출산 패턴은 아마도 천천히 반응/적응하기 쉽다. 아마도 TANF가 가구구조를 어떻게 바꾸어 놓았는지를 알기에 너무 이른 것 같다.

13.4.6 국가적 차원의 행정 대 주정부 차원의 행정

TANF에 대한 논의를 하는 도중에 한 가지 중대한 염려가 제기되었다. 복지제도를 주정부로 이양하는 과정에서 복지제도의 하향평준화(racing to the bottom)가 발생하지 않을까 하는 우려였다. 즉, 관대한 복지제도를 유지하는 주의 경우 다른 주들의 빈곤자들로 넘쳐나서 이러한 주는 결국에는 복지수당을 줄이지 않을 수 없으리라는 것이다. 물론 이러한 견해는 그럴듯한 것이며 실제로 TANF 조항들의 주별 차이로 인해 교육을 많이 받지 못한 저숙련 여성들의 지역 간 이동을 초래했다는 연구결과도 있다[Kaestner et al., 2003]. 그러나 잠정적인 결과는 하향평준화가 별로 발생하지 않았다는 것이다. 대부분의 주에서는 복지급여 수준을 이전과 같은 수준으로 유지하였으며, 몇몇 주에서는 오히려 급여수준은 높인 예도 있다[Gallagher et al., 1998]. 물론 TANF가 도입된 시기가 호황이었다는 점을 감안해야 할 것이며 불황 시 몇몇 주들이 달리 반응할 수도 있을 것이다.

어떠한 경우든 간에, 주들이 매우 다른 복지시스템을 구축할 수 있다는 것을 실질적 이득으로 보는 이도 있다. "어떠한 주정부도 워싱턴주보다 더 나을 수는 없겠지만, 다양한 전자가 후자의 지나친 획일성을 보완할 수 있다. 한 주 내에서 업무수행기구들은 시 또는 구 단위 수준에 있게 되겠지만 이들이 일반인들의 목소리에 더 다가섬으로써, 삶의 질을 높이는 일이 보다 잘 수행될 것이다"[Wilson, 1994, p. A10].

물론 TANF하에서의 빈곤한 사람들의 후생은 다른 복지프로그램에도 의존할 것이다. 이하 다른 프로그램들에 대해서도 알아보기로 한다.

13.5 근로장려세제(EITC)

근로장려세제(earned income tax credit, EITC)

저소득층 개인에 대한 조세환급제도.

저소득층을 위한 가장 큰 현금급여 프로그램이 복지제도를 통해 실시된 것이 아니라 조세제도를 통해 이루어졌음은 놀라운 일이다. **근로장려세제**(earned income tax credit, EITC)란 저소득층의 소득에 대한 보조금이다. 근로를 하지만 빈곤한 자들만이 EITC를 받을 수 있으며, 이러한 의미에서 TANF의 복지제도를 근로와 연계시키는 것과 철저하게 같은 맥락하에 있다. 이

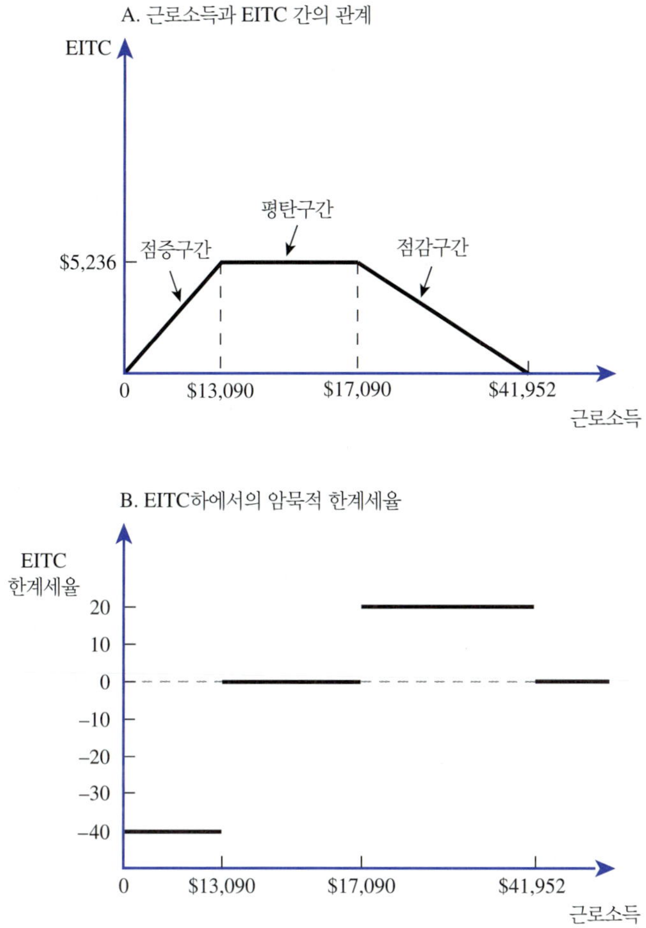

그림 13.8
근로장려세제(EITC)
본 예는 2012년도 2자녀를 가진 편부모 가구에 관한 것이다. 그림 A에서는 각 소득수준에 따른 EITC 수혜금을 보여주고 있으며, 그림 B에서는 EITC와 관련한 암묵적 세율을 보여주고 있다.

름이 의미하듯이, 본 보조금이 세액공제를 통해 이루어지고 있어서, 내야 할 세금을 낮추어주는 방식으로 작동한다. 예를 들어, 여러분이 정부에게 1,000달러를 세금으로 내야 하나 세액공제 600달러를 받고 있다면, 400달러만 정부에 납부하면 그만이다. 만약에 EITC 금액이 납부할 세액을 앞지르게 되면, 그 차액이 여러분에게 환급되게 된다. 정부가 여러분에게 수표를 발행해준다. 실제로 이것은 현금과 같다. 현재 EITC 시행의 연간비용은 590억 달러에 이른다 [Joint Committee on Taxation, 2012].

보조금의 규모는 가구의 아동수에 의존한다. 여기서는 2명 이상의 자녀를 가진 가구에 대해 적용해보자. 2012년도에 이러한 가구가 13,090달러까지의 임금에 대해서 40%의 조세환급을 받을 수 있도록 되어 있다. 따라서 최대액은 5,236달러(=0.40×13,090달러)가 된다. 오직 빈곤층만이 혜택을 받게 하기 위해, 소득이 17,090달러와 41,952달러 사이에서 점차 혜택이 점감(phase out)되도록 설계되어 있다. 이러한 '점감구간'에서는 소득 1달러에 대하여 혜택이 21.06센트씩 감소하도록 되어 있다. 41,952달러의 소득에서 본 세액공제혜택이 완전히 사라지도록

현실 정책 보기 한국의 근로장려세제

한국에서도 2006년 세법개정으로 2008년부터 근로장려세제(이하 EITC로 지칭)가 실시되고 있다. EITC의 도입은 저소득층 근로자에 대해 근로소득의 일정 부분을 마치 '근로장려금'과 같이 조세를 환급해주는 지원제도로서 조세제도와 복지제도를 통합하여 운영하는 첫 시도라는 데에서 그 의의를 찾을 수 있으며, 과거 복지(welfare)에 맞추어진 초점을 복지와 노동을 결합한 복지(workfare)로 옮기는 점에서 그 의의를 강조할 수 있다.

우리나라에서 실시되고 있는 현행 근로장려세제의 몇 가지 중요한 사항을 정리하면 다음과 같다. 먼저, 시행 초기에는 소득파악 정도, 재정여건 등을 감안하여 적용대상과 급여수준이 가급적 작은 수준에서 시작하여 점진적으로 확대되었다. 시행 초기 소득파악률이 상대적으로 높은 (자영업자가 아닌) 근로자 가구부터 적용하였으나 2015년부터 적용대상을 사업소득자인 자영업자로 확대하였다. 시행 초기 2008년도 소득을 기준으로 하여 무주택자이며 아동 2인 이상 가구에서 시작하여 2012년부터는 무자녀 가구에도 제도가 적용되었으며, 2014년부터는 가구요건이 단독가구와 가족가구(홑벌이, 맞벌이 가구)로 변경되었다. 단독가구에 대해서는 연령요건이 적용되는데 2016년 이전에는 60세 이상의 단독가구에만 적용되던 것이 대상이 확대되어 2019년부터는 30세 미만 단독가구에도 적용되어 연령요건이 폐지되었다.

소득요건도 지속적으로 완화되었다. 당해 연도 총소득이 1,700만 원에서 점진적으로 상향조정되어 2019년부터는 단독가구, 홑벌이 가구, 맞벌이 가구에 대해 2,000만 원, 3,000만 원, 3,600만 원의 소득요건이 적용되고 있다. 최대지급액도 상향조정되었다. 2009년까지 연 80만 원, 2012년 이전까지 최대지급액이 연 120만 원이었으나, 2019년부터는 홑벌이 가구, 맞벌이 가구에 대해 150만 원, 260만 원, 300만 원으로 금액이 증가하였다. 여기서 EITC 적용 여부 결정기준이 되는 총소득은 소득세법상 비과세소득을 제외한 과세대상소득만 합산하여 산정하는데, 총소득에는 사업·근로소득 등 종합과세되는 소득과 이자·배당소득 등 분리과세되는 소득 및 사업소득 성격인 산림소득이 포함되지만, 분리과세되는 퇴직소득·양도소득은 제외한다. 재산요건도 완화되었다. 제도 도입 초기 무주택자이고 일반재산 합계액이 1억 원 미만인 가구라는 요건을 모두 충족시키는 가구에 국한한 재산요건의 경우 무주택자 요건이 폐지되고 일반재산 합계액이 단독가구의 경우 2억 원 미만으로 구정되었으며 가족가구의 경우 1.4억 이상 시 근로장려금 지급액이 50% 감액되는 것으로 변경되었다.

2005년부터 본격적으로 제도 도입이 논의되는 과정에서 EITC 제도 자체와 그 외 관련제도에 대한 논의가 있었는데, 제도 도입 시기, EITC 적용대상 범위, 저소득층 소득파악 및 수혜자 관리, EITC 급여 수준 및 급여 구조, 국민기초생활보장제도의 관련성 등에 대한 논의가 있었다. 특히 국민기초생활보장제도와의 제도 간 관계정립이 제대로 이루어지지 못한 가운데, 새로운 제도가 도입되는 데 대한 우려가 많았다. 제도 도입 초기에는 국민기초생활보장급여수급자는 근로장려금을 수급할 수 없었으나, 2015년부터는 수급이 가능하게 되었다.

EITC 급여산정 시 가구단위로 근로소득과 사업소득을 합산한 금액을 기준으로 한다. EITC 급여는 아래와 같이 점증-평탄-점감 형태의 미국식 EITC 모형을 채택하는데, 각 구간의 금액은 합산소득이 단독가구(홑벌이 가구, 맞벌이 가구)에 대해 각각 400(700, 800)만 원 이하, 400~900(700~1,400, 800~1,700)만 원, 900(1,400, 1,700)만 원 이상의 세 경우로 구분되어 최대 150(260, 300)만 원까지 수혜가능하다. 소득구간별로 점증률과 점감률이 각각 아래 표와 같이 차등화된다.

신청·지급절차에 있어서, 일반조세의 환급(세금을 납세자에게 돌려주는 행위)제도와 같이 관할 세무서에 신청한 경우에 한하여 지급한다. 즉, 국세기본법상 환급절차에 의해 지급하고 조세지출로 처리하는데, EITC는 세액공제의 일종으로 일반조세 환급절차와 동일하게 운영한다. 단, 부정수급을 막고자, 지급조서 등 근로소득을 입증할 수 있는 객관적인 증빙자료 제출이 요구되며, 신청자가 제출한 신청내용과 사용자가 제출한 지급조서 등이 상호 일치하여 확인되는 경우에만 정당한 신청으로 인정한다.

2018년도 근로장려세제의 구조

		점증 구간		평탄 구간	점감 구간	
	최대 급여	종료 소득	점증률	종료 소득	종료 소득	점감률
1인	150	400	37.50%	900	2,000	13.60%
3인 (홑벌이)	260	700	37.10%	1,400	3,000	16.30%
3인 (맞벌이)	300	800	37.50%	1,700	3,600	15.80%

그림 13.9 한국의 근로장려세제 급여구조

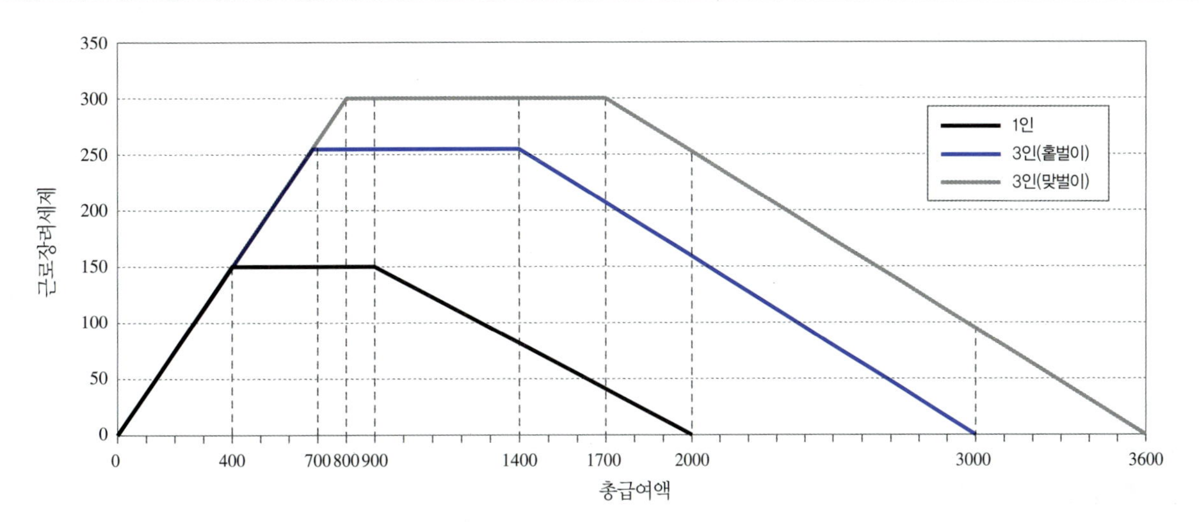

주: 1인 가구, 홑벌이 3인 가구, 맞벌이 3인 가구에 대해서 각각 급여구조를 보여주고 있다.

되어 있다.[5] 이 제도가 〈그림 13.8A〉에 요약되어 있는데 소득수준에 따른 혜택의 규모를 보여주고 있다. EITC 제도의 정당성은 빈곤층에 대한 근로의욕을 증진시켜준다는 점이다. 점증구간에서는 연방정부가 개인이 번 소득 1달러에 대해 40센트씩 더해주고 있다. 효과 면에서 이는 소득에 대해 40%의 음(−)의 한계세율을 적용함을 의미한다. 그러나 세액공제혜택이 점자 사라진다는 측면에서 점감구간에서는 양(+)의 암묵적 한계세율을 의미한다—소득에 대해 21.06%의 비율로 혜택이 감소하고 있다. 효과 면에서 21.06%의 한계세율에 해당한다[〈그림 13.8B〉 참조]. 이것은 보통 최저소득 구간에 적용되는 통상적인 10%의 소득세율보다 높은 것이다.

따라서 EITC에 의한 인센티브란 개인들이 처한 상황에 따라 달라진다. EITC가 도입되기 이전에 일하지 않던 개인은 이제 경제활동에 참가한다면 더 낮은 한계세율에 직면하게 되어, EITC가 근로의욕을 제고하게 되는 것이다. 이미 근로를 하고 있는 저소득 근로자의 경우 만약에 점감구간에 속하고 있다면 더 높은 세율에 직면하게 되어 근로시간을 줄이게 될 것이다. 한편, 이미 근로를 하고 있으며 점증구간에 속하고 있는 개인이라면 다소 복잡한 근로유인을 갖게 된다. 이들은 더 낮은 한계세율에 직면하게 되어 근로시간을 더 늘리게 될 유인을 갖는다. 동시에 보조금이 소득을 증가시켜주므로 여가가 정상재라면 여가를 늘리고 근로를 적게 하게 할 유인도 갖는다. 즉, 실증분석 없이는 어느 효과가 더 큰지 알 수 없으며 이 경우 EITC의 근로유인효과는 불확실한 것이다.[6]

5 2009년도 법안에 따르면, 3명 이상의 자녀가 있는 가구에 대해서 EITC를 40%에서 45%로 늘렸고, 부부합산신고 시 점감구간을 확대하였다. 본 법안은 2009년도와 2010년도에 대해서만 적용되었다.

6 좀 더 기술적인 용어를 사용하면, EITC의 점감구간에서 대체효과는 근로자가 더 많은 일을 하도록 유도하고 소득효과는 그 반대의 효과를 갖는다. 소득효과와 대체효과에 관해서는 부록을 참조하시오.

실증 증거 EITC의 노동공급에 대한 효과

EITC에 관한 풍부한 연구를 통해 EITC의 경제활동참가와 노동공급시간에 대한 효과가 분석되었다.[7] EITC 효과를 추정하기 위해, 많은 연구들이 개인들의 특성(예: 가구 구성, 가구 크기, 소득수준)에 따른 EITC 수당의 변화를 주목하여 연구하였다. EITC 수당의 크기가 달라짐에 따라 노동공급행태가 어떻게 달라지는지를 추정하려 하였다. 추가적으로 1990년대의 정책 변화는 훌륭한 자연적 정책실험 기회를 제공하고 있다. 혜택의 수준이 확연히 증가하였고, 개인별로도 매우 다르게 증가하였다는 것이다. 예를 들어, 2명 이상의 자녀를 가진 가구들은 1명 자녀 가구에 비해 더 높은 EITC를 받았는데, 이 격차가 1990년대를 통해 증가하였다는 것이다. 이러한 상황변화는 차이의 차이(difference in differences)를 이용한 추정치를 계산하는 훌륭한 기회를 제공하였다. 구체적으로 정책 변화 전후로 하여 2명 이상의 자녀 가구의 고용변화에 주목하였다. 그다음 이러한 변화를 1명 자녀 가구들의 고용변화와 비교함으로써 정책 변화 후에 고용률이 2명 이상의 자녀 가구에서 1명 자녀 가구들에 비하여 1.2%에서 3.2%P만큼 증가하였음을 보이고 있다[Hotz et al., 2006].

실증 분석결과들은 EITC 제도가 독신여성 및 편모들이 노동시장에 참여하는 유인을 제공하고 있다고 보고 있으며, 이는 이론과도 부합한다. Meyer와 Rosenbaum[2001]의 연구는 1984년부터 1996년 사이에 편모 가구의 8.7% 고용증가 중에서 60% 정도가 EITC에 의한 변화라고 보고하고 있다. 더욱이, 1992년도에서 1996년 사이에 노동시장참가율 증가의 35%가 EITC에 기인한다고 보았다. 한편, EITC 제도가 이미 근로에 임하고 있는 저소득층의 근로시간에 미치는 영향은 거의 없는 것으로 보고하고 있다. 이 결과는 점증구간에 있는 개인들의 근로시간의 증대가 점감구간에 있는 개인들의 근로시간 감소로 상쇄되는 것으로 해석한다면 그리 어렵지 않게 이해할 수 있는 결과로 판단된다.

비록 EITC가 여성 가구의 노동시장참여를 독려하지만, 결혼한 여성들에 대해서는 근로 저해효과를 가져오고 있다. 이것은 EITC 혜택이 가구소득에 의존하기 때문이다. 예를 들어, 남편이 일을 하고 있을 때, 여성배우자가 근로를 시작하면 가구의 EITC 혜택이 줄어들 가능성이 높은데, 아마도 점감구간으로 가구소득을 밀어낼 가능성 때문이다. Elssa와 Hoynes[2006]는 EITC가 팽창한 1993년 전후의 자료를 이용하여 결혼한 여성의 노동시장참가율이 1%P 정도 감소하였음을 보여주었다. 그럼에도 불구하고 EITC가 전반적으로 고용을 증진시켰음을 보여주고 있는데, 특히 독신 여성 및 편모들을 중심으로 한 변화라고 관련 문헌은 보고하고 있다.

13.6 보조소득보장제도

보조소득보장제도(supplemental security income, SSI)는 1972년도에 도입된 연방정부 차원의 제도인데 노령자들, 시각장애자들, 또는 장애인들에 대해 월단위로 보조금을 지급하는 제도이다. 2010년도에 노령자들에 대한 평균 월별지급액은 400달러 정도이다[US Social Security Administration, 2012, p. 7.1]. 보조소득보장제도 수혜자들의 자산은 일정한 한도를 넘을 수 없다. 개인당 2,000달러 또는 부부 합산하여 3,000달러가 한도이다.[8] 보조소득보장제도 수혜자들은 수혜금액의 감소 없이 월 65달러까지 벌 수 있다. 그 이후 소득에 대해서 50%만큼 수혜금액이 감소한다.

보조소득보장제도와 여타 다른 종류의 복지제도 수혜자 간에는 많은 차이가 존재한다. 첫째, 보조소득보장제도에는 다른 제도와 달리 일정한 최소한도의 확정금액이 존재한다.[9] 둘째, 보조소득보장제도 금액이 다른 제도들의 평균에 비해 높은 편이다. 셋째, 많은 주에서 보조소

7 문헌 조사는 Hotz와 Scholtz[2003]를 참조하시오.

8 이것은 집, 자동차 그리고 생명보험의 가치를 제외한 것이다.

9 그러나 선택에 따라 주정부는 연방급여를 보조할 수 있다.

득보장제도하에서의 근로유인이 다른 제도에 비하여 보다 높은 편이다. 암묵적 세율이 50%에 지나지 않기 때문이다. 근로강제규정은 없다.

시각장애자나 노인 혹은 장애자 등에게 혜택을 주는 다른 형태의 복지제도와 SSI 간 제도의 차이점에는 다음과 같은 것들이 있다. 먼저, SSI는 다른 형태의 복지제도와 달리 연방정부에서 전국적으로 동일한 수준으로 규정된 최저보장소득이 적용된다. 두 번째로 다른 복지제도에 비하여 급여수준이 상당히 높다. 세 번째로, SSI제도는 다른 제도에 비하여 근로의욕 상실의 문제가 덜 심각하다. 추가적인 소득에 대한 암묵적 한계세율은 50% 정도로서 다른 복지제도보다 낮은 편이다. 마지막으로 노동참여의무가 부과되고 있지 않다.

13.7 메디케이드(의료보호제도)

의료보호제도(medicaid)는 저소득층 개인들을 위한 가장 큰 지출제도이다. 제10장에서 의료보호제도의 구조 및 의료보호제도가 사적의료보험제도를 구축하고 있는지에 대해 자세히 논의하였다. 제10장에서 다루지 못한 주제로서 과연 의료보호제도가 근로의욕에 미치는지에 대한 효과가 있다. 이 장 초반부에 언급하였듯이, 지금까지 어떠한 가구든지 간에 복지제도로부터 벗어날 때 의료보호제도의 혜택을 받을 수 없게 된다. 이러한 혜택의 잠재적 손실은 암묵적 한계세율을 100% 이상으로 늘릴 수 있으며, 따라서 복지로부터 벗어나기 어렵게 하는 유인이 되고 있다. 그러나 TANF하에서는 충분히 소득을 벌어서 복지로부터 벗어날 때 12달 동안 의료보호제도의 혜택을 누릴 수 있도록 해주고 있다. 더욱이 1980년대와 1990년대의 의료보호제도 팽창은 복지제도와 연관이 없는 어린이 및 임산부에게도 수혜를 허용하도록 변화하였다. 예를 들어, 6세 이하 아동은 가구소득이 빈곤선의 33% 이하일 경우 의료보호제도의 혜택을 누릴 수 있다.

의료보호제도 수혜상실은 근로의욕을 심각하게 낮출 수도 있는데 이를 여가−소득모형을 이용하여 분석할 수 있다. 〈그림 13.10〉은 이를 보여주고 있다. *DT*는 의료보호제도 도입 이전 마지의 예산제약선이다. 이제 새로이 의료보호제도 프로그램이 도입되었다고 하자. 마지가 3세의 유아를 양육하고 있는데 이 아이가 의료보호제도에 수혜자격이 있다고 하자. 소득이 *Z*달러 이상이 될 때 의료보호제도의 혜택을 더 이상 받을 수 없게 된다. 다른 사항들에는 변화가 없다고 가정하고 단지 의료보호제도만을 고려할 때 예산제약이 어떻게 변화하는가? 새로운 예산제약선상에 있는 한 점은 점 *T* 위에 있는 정확히 1,000달러가 되는 점인데, 일을 전혀 하지 않고도 현물급여 1,000달러를 받는다. 이 점은 점 *N*으로 표시된다. 점 *N*의 왼쪽으로 갈수록 마지의 소득은 시간당 임금에 따라 상승한다. *XT*의 근로에 대해 그녀의 소득은 *Z*가 된다. 이 점(이상)에서 의료보호제도의 수혜를 더 이상 받지 못하게 되는 데, 사실상 1,000달러를 빼앗아 가는 것과 다름없다. 즉, *R*에서 *S*로 이동하는 것이 되고 *S*의 왼쪽으로 가면서 소득이 증가하면서 *DS*의 예산선을 다시 만들어낸다.

이러한 점들을 모두 합하면 의료보호제도하에서 마지의 예산선은 *NRSD*가 된다. 이 예산선을 보면서 왜 의료보호제도의 근로유인효과가 뾰족한 점에 의해 묘사되는지 알 수 있을 것이다. 마지가 얼마나 일할 것인가? 매우 유력한 대안으로서 점 *R*에서 근로를 결정하기 쉬울 것이

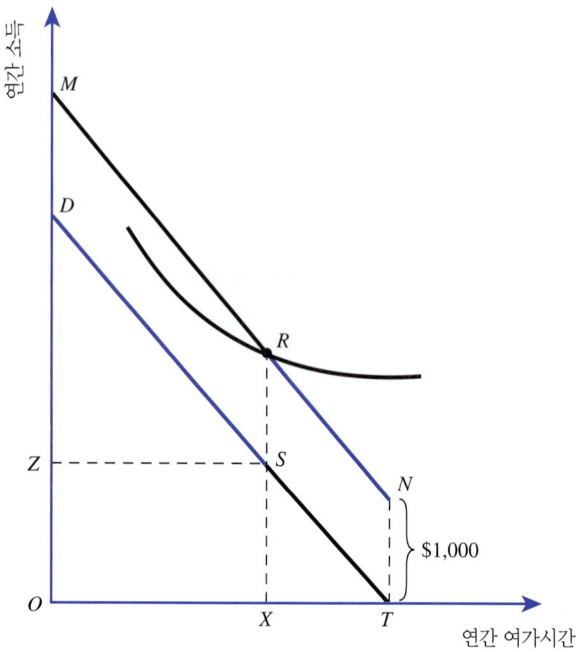

그림 13.10
메디케이드로 인한 톱니 모양 예산선
메디케이드가 없었다면 마지의 예산제약선은 *DT*가 된다. 메디케이드가 존재한다면 마지는 이것의 가치를 1,000달러로 간주하고 따라서 예산제약선이 1,000달러만큼 위로 올라간다. 그러나 *XT*만큼의 근로시간 후 메디케이드 자격을 상실하게 되고 따라서 점 *R*에서 점 *S*로 옮겨가게 된다. 따라서 예산제약선은 *NRSD*가 된다.

다. 이러한 점은 상식적으로 납득할 만한데, 의료보호제도로 인해 대부분의 저소득층의 소득이 임계점(cut-off point) 바로 아래에 몰려 있기 쉬울 것이다.

13.8 실업보험

미 의회가 1935년도에 주정부가 실업보험제도를 확립하도록 하는 입법안을 통과시켰는데, 이는 연금제도 도입과 동일한 연도이다. 본 제도의 의의는 실업으로 인해 상실된 소득을 일부 보존하는 데 있다. 사실상 모든 임금근로자들이 2011년 현재 가입되어 있고 950만 명의 개인들이 첫 주분의 실업보험금을 받았다. 평균 주당 수당은 300달러이다[US Department of Labor, 2011].

왜 실업가능성에 대한 보험이 정부에 의해 제공되고 있는가? 제9장에서 역선택과 도덕적 해이가 중요한 상황하에서는 시장에 의해서 적정 수준의 보험이 제공될 수 없음을 보였다. 실업 또한 이러한 조건에 해당한다. 실직 확률이 높은 사람들이 주로 실업보험의 주 수요자가 될 것이기 때문이다(역선택). 따라서 이러한 보험을 제공하려는 민간기업은 높은 보험료를 매기려 할 것이고, 이에 따라 잠재적 수요자들이 보험을 사려 하지 않게 되어 문제가 될 것이다. 동시에 보험에 가입한 사람들은 가입하기 전에 비해 실직할 가능성이 높아질 수도 있는데, 왜냐하면 보험회사 입장에서 해고가 발생하면 이것이 근로자의 문제인지 아니면 경제 여건의 악화 때문인지 구별하는 것도 그리 쉽지 않기 때문에 도덕적 해이가 발생할 수 있다. 이러한 점 때문에 보험회사가 거짓으로 보험금을 타가려는 것을 방지하려 높은 비용을 들일 것이다. 종합하면 민간보험이 충분히 이윤이 확보되는 사업이 되기 어렵다는 것이다. 역선택 때문에 기업 또한 피고용자에 대해 실업보험을 제공하기 어려운데 주로 장기 고용에 관심이 덜한 근로자들을 유인할 가능성이 있기 때문이다.

강제적 정부프로그램은 역선택 문제를 해결할 수 있다. 따라서 정부에 의한 실업보험 제공이 효율성을 증진할 가능성을 갖고 있는 것이다. 그러나 정부프로그램이 도덕적 해이를 항상 줄일 수 있는 것은 아니다. 제9장에서 기술된 바에 의하면 보험으로부터 유발되는 도덕적 해이가 최소부담분(deductibles)과 비례본인부담분(coinsurance)을 이용할 경우 완화될 수 있다고 하였다. 실업과 관련된 최소부담분은 실업이 시작된 최기 몇 주 동안 실업급여를 지급하지 않는 것으로 디자인될 수 있을 것이다. 비례본인부담분은 실업으로 인해 상실된 소득의 일부분을 보전해주는 것으로 디자인될 수 있을 것이다. 실업보험제도는 이 요소들을 일부 반영하고 있다. 최소부담분은 제도에 반영되고 있지 않지만 비례본인부담 요소는 제도에 반영되어 있다고 할 수 있다.

13.8.1 실업급여

실업급여를 받는 기간은 근로경력과 거주 주에 따라 복잡한 산식에 의해 결정된다. 대부분의 주들에서는 26주 정도를 최대 횟수로 정하고 있다. 그러나 이 기간은 주의 실업률이 일정 수준을 넘어서면 20주까지 추가 연장되기도 한다. 그러나 의회는 종종 이에 더하여 추가적인 기간 연장을 허용하기도 한다. 2008년부터 수급기간이 99주까지 연장된 경우도 있다. 대부분의 주들에서 실업보험금 공식은 **총소득대체율**(gross replacement rate)이 대략 50% 정도가 되도록 하고 있다(물론 최저한도 및 최고한도가 있어서 공식이 복잡해지고 있다). 실업급여는 연방정부와 소득세 대상이나, 사회보장세의 대상은 아니다.

총소득대체율(gross replacement rate)
세전소득 대비 실업보험제도에 의해 보전되는 실업수당의 비율.

13.8.2 재원조달

실업보험은 개인소득세에 의해 조달된다. 사회보장세와는 달리 대부분의 주에서 고용주에 의해서만 지불되는데, 근로자와 고용주가 반반씩 내는 방식이 아니다.[10] 근로자에 대한 고용주의 실업보험에 대한 세부담이란 실업보험세 t_u에 실업보험세의 대상이 되는 소득을 곱하면 되는데, 최대한도를 넘어서는 소득에는 최대한도의 소득에 정해진 실업보험세율을 곱하면 되는 것이다. 연방정부법에 따르면 실업보험세의 기초가 되는 소득으로서 적어도 첫 7,000달러는 포함하여야 한다는 것이다. 1개 주를 제외한 모든 주가 현재 연방정부의 기초 수준 이상으로 실업보험세를 징수하고 있으며, 과세되는 소득의 수준이 하와이의 경우 38,800달러에 달하고 있다.

개인소득세의 중요한 측면은 t_u가 고용주마다 다르다는 것인데, 이는 실업보험제도가 **경험요율**(experience rated)을 따르고 있기 때문이다. 즉 t_u가 기업의 해고실적에 따라 다르다는 것이다. 많은 피고용자를 해고한 기업들은 실업보험제도를 많이 수요하고 있으므로 높은 세율에 직면하게 된다. 그러나 근로자가 해고될 경우, t_u의 증가에 따른 비용증가가 근로자가 받은 수혜금액 실업수당에 비해 적다. 바로 이러한 현상 때문에 실업보험제도의 경험요율이 "불완전하다"고 불린다.

경험요율제도(experience rated)
보험가입자의 과거 실적, 위험 등에 기초하여 차별적으로 보험료를 부과하는 방식의 요율 결정 제도.

10 제14장에서 논의할 예정인데, 조세를 고용주가 납부하더라도 일부는 피고용자에게 전가된다.

13.8.3 실업에 미치는 영향

제도의 시작부터, 실업보험제도가 실업을 오히려 증가시킬 것이라는 염려를 낳은 바 있다. 하나의 이유로서 경험요율이 '불완전하다'라는 데 있다. 왜 그러한지를 보기 위해, 기업의 제품에 대한 수요가 잠시 낮아 일시해고(temporary layoff)를 고려한다고 하자. 불완전 경험요율 때문에 t_u의 증가에 따른 비용증가가 근로자가 받은 수혜금액인 실업수당에 비해 적다. 따라서 근로자 · 기업 모두에게 일시해고를 하는 것이 상호 도움이 된다는 결론을 얻게 된다. 만약에 완전한 경험요율이 실시된다면 t_u의 증가에 따른 비용증가가 근로자가 받은 수혜금액인 실업수당과 정확히 같게 되어 이러한 일시해고 인센티브 문제는 발생하지 않는다.

많은 학술적 그리고 정치적 논의가 상대적으로 높은 실업수당의 소득대체율에 집중해 있다. 한 개인의 고용상태는 자신의 노력 여하에 따라 결정되기도 한다. 근로자의 직업에 있어서의 행태가 직업을 잃게 될 확률을 결정할 수 있다는 것이다. 유사한 맥락에서 실업된 개인이 직업을 찾게 될 확률 또한 자신의 노력에 상당부분 의존하게 된다. 실업보험의 존재는 장래의 실업위험이 높은 직종/산업에서도 일하도록 유인하는 효과도 있을 수 있다. 추가적으로 실업보험으로 인해 실직자들이 직업탐색에 보다 많은 시간을 들일 가능성도 있다.

도덕적 해이 문제가 과연 심각한가? 본 질문에 대한 많은 경험적 연구가 있었는데, 상당수의 연구가 준실험적(quasi-experimental) 접근을 하고 있다(제2장 참조). 예를 들어, 특정 소득계층에 대해서 실업급여의 인상이 있었고 다른 소득계층의 실업급여에 변화가 없었다고 하자. 차이의 차이를 이용한 분석방법(DID, 이중차감법)을 이용한 연구는 이러한 변화를 경험한 주(실험군)의 특정 소득계층의 실업기간을 그렇지 않은 주(대조군)의 대응하는 소득계층의 실업기간과 비교함으로써 효과를 추정하고 있다. Meyer와 Mok[2007]의 연구는 뉴욕주에서 고소득 근로자에 대한 실업보험금이 36%나 증가한 정책 변화의 효과파악을 위해 유사한 방식의 DID 분석을 실시한 결과, 실업급여 수령자 수의 많은 증가와 실업기간의 상승으로 이어졌음을 보이고 있다. 실업급여의 증가가 실업을 증가시키는 효과가 당시의 실업률에 의해 영향을 받을 수 있다. 실업률이 높아지고 있는 경기후퇴기에는 개인들은 근로로 복귀하는 기회가 아무래도 줄어들 것이다. Rothstein[2009]은 이 점에 착안하여 분석한 결과 불경기에는 실업급여가 실업자의 노동복귀를 줄이는 효과가 감소하는 현상을 보였다.

실업보험제도가 실업기간을 증가시킨다는 것이 반드시 나쁜 것만은 아니다. 근로자들이 직업탐색에 보다 많은 시간을 들인다면 그들의 직업숙련도 및 기술에 보다 적합한 직업을 찾을 수 있을 것이므로 효율성을 증진시킬 수 있다. 이 주장은 실업보험이 없을 때에 탐색시간이 효율적이지 못하다는 것을 의미한다. 이러한 주장은 직업탐색을 하는 동안 충분한 소비수준을 유지하기 위해 금융시장에서 차입할 수 있는 기회가 없다면 일리 있는 주장이 될 것이다. 좀 더 일반적으로, 비자발적으로 실업된 사람들이 소비수준을 유지하는 것이 가치 있는 일이라는 사회적 합의가 존재할 경우, 그 사회는 자발적으로 소폭 증가된 실업이라는 비용을 부담할 수 있어야 한다는 것이다.

이 이슈는 장기적으로 전국적인 고실업률이 지속되고 있는 상황에서 더욱 중요하다. 경기침체기에 정책입안자는 실업급여 수급기간 연장 여부를 고민할 것이다. 이때 2가지 상충된 사항을 고려하여야 한다. 장기실업자의 생활안정과 실업급여 기간연장으로 인한 실업률 상승을 아울러 고려하여야 한다. 이미 언급한 바와 같이 실업급여의 최적구조는 실업시간 초기 몇 주 동안 실업급여를 지급하지 않고(최소부담분 요소), 실업으로 인한 임금상실의 일부분만을 보전해주는 것이다. 그러면 실업급여 최장 지급 기간은? 이에 대한 대답은 명확하지 않다. 노벨경제학상 수상자인 베커 교수는 경기침체기에는 실업급여 지급기간이 최대 9개월까지 연장되어야 한다고 주장한 바 있다[Becker, 2010].

13.9 보조영양지원제도

과거 식품구매권제도로 알려져 있는 보조영양지원제도(Supplemental Nutrition Assistance Program, SNAP)는 식품의 구입에만 활용할 수 있는 정부가 발행한 바우처제도라 할 수 있다. 본 식품구매권을 이용하여 동물 사료, 술, 담배 그리고 수입식품 등은 살 수가 없다. 2011년도에 한 달 평균, 4,200만 명이 식품구매권을 받았으며 전체 수혜액이 780억 달러에 이른다[Congressional Budget Office, 2012c]. 본 제도의 직접 비용은 연방정부에 의해 조달되고 있으나 쿠폰의 전달과 같은 프로그램의 행정은 주정부에 의해 대행되고 있다.

사실상 모든 빈곤층이 식품구매권을 받을 수 있는데 아동이 없는 가난한 가구, 독신남녀 모두 수혜자격이 있다. 한 가구의 식품구매권의 한 달 수혜량은 가구의 크기와 소득에 따라 결정된다. 2010년에 평균적인 가구당 식품구매권 할당량은 약 287달러 정도에 달한다[Congressional Budget Office, 2012c]. 물론 할당량은 소득이 상승할수록 줄어들도록 고안되어 있으나, 암묵적 세율은 30% 정도밖에 되지 않는다.[11]

SNAP가 식품 이외에 어떠한 것에도 사용될 수 없으므로 동일한 가치의 현금보다 유용성에서 못하다고 예상할 수 있다. 소수의 실증분석결과에 따르면 식품구매권 수혜자들의 일부에게 현금을 주고 이들의 소비행태를 일반적인 식품구매권 수혜자와 비교하였는데, 수혜자들이 현금을 받는 경우 식품소비가 20~30% 정도 줄어드는 것으로 나타났다[Whitmore, 2002].

식품구매권제도에 의해 사람들이 보다 많은 식품을 소비한다는 사실은 긍정적인 것인가 아니면 부정적인 것인가? 제12장의 현물이전 급여프로그램의 분석에 따르면 이러한 결과는 비효율적임을 암시한다. 즉 만약에 현금이 지급되었다면 추가적 비용 없이 수혜자들 삶이 더 나아질 수 있다고 할 수 있기 때문이다. 사실 Whitmore의 연구에 따르면 식품구매권을 받은 사람들은 식품구매권의 현금가치의 80%만을 인정하고 있다는 것이다. 다른 한편, 사회적으로 빈곤한 자들이 그대로 방치될 경우 충분한 음식을 소비하지 못하게 된다고 믿는 정도에 따라, 소비를 할 수 있도록 유도하는 것이 바람직할 수 있을 것이다. 추가적으로 정치적 관점에서 굶주림/기근을 제거하는 프로그램을 옹호하는 것이 단순히 현금을 지급하는 것보다는 더 많은 지지를 이끌어낼 수 있을 것이다. 흥미롭게도 식품사용 일지로부터 얻은 자료를 분석한 결과, 식품구매권을 현금으로 대체한다고 해서 영양 면에서 부정적 효과가 있지는 않다고 보고하고 있다. 식품소비 감소의 많은 부분이 탄산음료 및 부실한 식품(소위 정크푸드)의 소비가 줄어듦으

11 추가적으로 30%의 조세를 적용하기 전에 일정액의 공제를 허용하고 있다.

로써 발생하고 있다.

식품구매권제도의 중요한 측면은 자격이 있는 가구의 오직 70% 정도만이 실제로 참여하고 있다는 것이다. 왜 사람들이 충분히 이 제도를 활용하지 않는가? 한 가지 가능성은 사람들이 자신이 자격이 있는지 잘 모르고 있을 수 있다는 것이다. 또 하나의 가능성은 식품구매권제도의 참가로부터 느끼는 오명효과(stigma effect), 즉 식품구매권제도 참가 그 자체가 효용을 줄이는 것이다. 사실 이러한 오명효과의 존재 때문에 정부가 바로 현금을 지급하지 않는 하나의 이유가 된다. 식품구매권제도에 적을 올려놓는 행위가 사람들을 당혹스럽게 만들 수 있으므로 사람들이 참여하는 데 주저하게 만들 수 있다는 것이며 바로 이러한 이유로 제도 운영비용이 하락한다는 것이다. 그럼에도 불구하고 오명효과가 이 제도를 활용하지 않는 가장 중요한 이유가 되지 못한다고 Currie[2004]의 연구는 제시하고 있다.

13.10 주거지원

미국에서는 빈곤층에 대해 주거를 보조해주는 프로그램이 1937년부터 시작되었다. 최근까지 가장 큰 프로그램은 공공주택정책이었다. 한 지역에 몇몇 개의 지역을 통합하여 운영하는 지방정부에 의해 공공주거지역들이 개발, 소유, 운영되고 있다. 정부가 건설비용과 세입자가 지불하는 임대료의 일정 부분, 양자를 지원해주고 있다. 현재 약 120만 채의 공공주택이 존재한다.

수혜자들에 대한 공공주거정책의 한 달간 보조 가치는 현금가치의 약 90%에 해당한다. 공공주택프로그램에 참여하기 위한 소득의 상한선은 지역별로 정해진다. 다른 복지제도와는 달리, 자산조사에 통과하는 것 그 자체가 공공주택에 자동적으로 수혜를 받도록 보장해주지는 못한다. 이미 언급하였듯이, 4,600만 명이 빈곤선 이하의 소득을 갖는 데 반해, 오직 120만 채의 공공주택이 존재한다. 즉 훨씬 더 많은 사람들이 공공주택을 원한다는 것이다. 수혜자에게 높은 가치를 부여하는 공공주택프로그램이지만, 대부분의 가난한 사람들이 직접적으로 전혀 수혜를 받지 못하고 있다. 더욱이 공공주택은 범죄 및 다른 사회병리현상을 야기한다는 오명을 안고 있어서 연방정부에 의한 공공주택건설은 1970년대 이후 사실상 사라지게 되었다.

많은 경제학자들은 주거보조금제도가 있다면, 공공주택의 공급이 필요불가결한 것이 아닐 수 있다고 보고 있다. 보조금이 민간주택에 사용된다면 공공부문이 공공아파트의 건설과 유지에 간여할 필요가 없다는 것이다. 추가적으로, 주거보조금제도가 시행될 경우 보조금 수혜자들이 더 이상 지역적으로 집중되거나 공공주택으로 각인되지 않게 된다.

이와 다소 유사한 맥락에서 시작된 2가지 연방정부차원의 프로그램이 있는데, Section 8 certificate와 바우처 프로그램으로서 각각 1974년과 1983년에 시행되었다.[12] 약 300만 가구를 지원하는 이들 프로그램하에서는 수혜자들이 스스로 주택을 찾아 나서게 되는데, 주거형태가 일정한 삶의 질을 충족하면서 임대료가 정부기준에 의거하여 적절하다고 판단되면 집주인에게 정부가 직접 지원해주는 제도인데 세입자의 임대료 지불액은 가구소득의 일정 부분(예: 현재 30%)으로 고정되어 있다. 기존의 공공주택과는 달리 Section 8 제도는 새로이 집을 공급하

12 본 제도들의 시행에 관련하여 자세한 것은 Olsen[2003]을 참조하시오.

는 것이 아니라 현존하는 주택총량에 가난한 가구들이 접근할 수 있도록 도와주는 것이다. 그러나 Section 8 제도의 수혜자들은 주거의 선택에서 보다 제한적이며 소득의 40% 이상을 주택에 지출할 수 없는 규제가 적용된다.

공공주택과 저소득층의 주거보조정책이 주택의 총량을 실제로 증가시켰는가? 위에서 설명한 주택정책들이 민간에 의해 공급될 수도 있는 저소득층을 위한 주택을 대체하는 정도에 지나지 않았다면 주택정책들이 가난한 자들의 주택소비에 거의 영향을 주지 않았을 것이다. 이것은 이전에 보았던 구축효과의 또 다른 형태의 하나일 것이다. Sinai와 Waldfogel[2002]의 연구는 좀 더 공공주택이 많거나 주거보조정책이 활발히 적용된 지역의 주택의 총량을 살펴본 결과, 주택의 수요부분을 충분히 통제하고 난 후 정부정책이 주택의 총량을 실제로 증가시켰으나 일대일로 증가시키지는 못했음을 보고하고 있다. 즉, 3채의 정부지원을 받는 주택이 증가할 경우 민간부문에 의해 지어질 주택이 2채 감소함을 보였다. 따라서 구축효과는 존재한다는 것이다. 이들은 또한 Section 8 제도가 직접 주택을 공급하는 정책에 비해 구축효과가 작음을 보여주고 있어 전자의 정책이 보다 의미 있음을 암시하고 있다. 우리나라에 관한 Lee[2007]의 연구는 구축효과 0.8에 이를 정도로 크게 나타나 공공주택 공급 일변도 정책에서 탈피하여 바우처제도에 대한 고려도 필요함을 보이고 있다.

최근에는 주택관련 정책이 거주자의 경제적 자립에 어떠한 영향을 미치는지에 관심이 집중되고 있다. 이러한 영향이 발생하는 여러 가지 방식을 생각해볼 수 있다. 아마도 공공주택이 고용기회로부터 너무 멀리 떨어져 있다면 세입자가 직업을 잡는 데 어려움이 가중될 것이다. 공공주택이 매우 빈곤한 지역에 위치해 있다면 노동시장에 참가하는 청년층의 경우 적절한 모범적 사례와 직업에 대한 정보를 접하기 어렵게 된다. 또는 공공주택에 의해 제공되는 물리적 환경이 개인의 건강에도 좋지 않을 수 있어 자립하는 데 제약이 될 수도 있는 것이다.

만약에 공공주택이 이러한 부정적 효과를 창출하고 있다면 바우처 프로그램은 저소득가구들이 보다 나은 환경에 처할 수 있도록 하므로 더 긍정적일 것이다. 흥미로운 실험적 연구로서 저소득가구들 중에서 무작위로 일부는 Section 8 주택바우처 프로그램에 혜택을 보도록 하고 일부는 공공주택에 거주하도록 하는 실험을 하였는데 이러한 무작위 선정작업 후 4년에서 7년이 경과한 후 이들의 행위를 비교하여 보았다. 바우처제도의 수혜자들에 대해서 경제적 자립도, 아동의 시험성적 또는 육체적 건강에서 통계적으로 유의한 개선을 발견하지 못하였다[Sanbonmatsu et al., 2006; Kling et al., 2007]. 그러나 공공주택에 거주한 자들에 비해 빈곤율이 낮은 보다 안정적인 지역에서 거주하였음을 파악할 수 있었다[Kling et al., 2007]. 따라서 바우처제도의 전체적인 효과성에 관한 증거는 완전히 긍정적이라기보다는 단점 또한 존재함을 보이고 있다.

13.11 소득 증진을 위한 제도

대부분의 빈곤층을 위한 지출은 현재의 소비수준을 증가시키도록 고안되었다고 볼 수 있다. 반면 몇몇 프로그램들은 이들의 미래소득을 증가시킴으로써 스스로 능력을 키우도록 고안되어왔다. 이러한 것들로서 교육과 직업훈련 프로그램을 들 수 있다.

13.11.1 교육

잘 알려진 이론에 따르면 미국에서의 대부분의 빈곤은 극빈가구 자녀들의 인지적 능력함양 그리고 사회성 증진을 위한 교육의 부족 때문이다. 이 주장은 좀 더 풍부하고 양질의 교육을 시킴으로써, 개인들이 많은 소득을 벌게 되고 빈곤으로부터 벗어날 확률이 증가한다는 것이다. 노벨상 수상자 제임스 헤크먼[2008]에 따르면 이러한 자녀들의 초기 아동기에 정부가 인지능력 및 사회성 개발에 개입함으로써 장기 경제적 능력 및 건강을 개선시키는 데 효과가 있음을 보이며, 교사 대 학생비율 개선 또는 직업훈련에 대한 지원보다 더 높은 수익률을 가져옴을 주장하고 있다(제7장의 내용을 상기하라).

1965년에 통과된 법률하에서 연방정부가 개별 학군에 빈곤층 자녀들의 초중등학교 수준의 지원을 제공할 것을 결정하였다. 가장 잘 알려진 사례로서 'Head Start 프로그램'(빈민층 아동을 위한 조기 교육 프로그램)에서는 빈곤한 배경을 가진 4, 5세 아동들에게 유치원 교육을 제공하는 것이었다. 이렇게 함으로써 이들이 초등학교에 진학할 시점에는 부유한 계층의 자녀들과 동등한 수준에서 출발할 수 있도록 하게 하기 위한 것이다. 'Head Start 프로그램'의 연구에 대한 문헌조사를 한 Ludwig과 Phillips[2007]는 이 프로그램이 수혜자에게 장기효과가 있으며 이 효과는 비용보다 크다는 결론을 내렸다.

13.11.2 고용과 직업훈련

연방정부의 직업훈련 프로그램들은 또 다른 빈곤의 원인인 직업에 필요한 기술/기능의 부족에 대해 주목한다. 만약에 가난한 자들이 차별 대우나 주거지 근방에 직업기회가 없음으로 인해 좋은 훈련을 제공해주는 직업을 구하지 못하였다고 하자. 이러한 프로그램들의 목표는 정부가 직업에 필요한, 즉 시장에서 통용될 수 있는 기능을 개발할 수 있도록 기회를 제공하는 것이다.

이러한 프로그램들이 잘 작동하고 있는가? 헤크먼[2000]에 의하면 그다지 효과적이지 않다는 것이다. 복지에 의존하고 있던 성인여성들에게는 소득증가를 가져옴으로써 이러한 이득이 제도의 운영비용을 초과한다. 그러나 직업훈련 참가자들이 가난으로부터 벗어나게 할 만큼 충분하지는 않다. 남성들에게는 직업탐색에 도움을 제공하는 프로그램들이 제도에 사용된 비용을 초과하는 임금인상을 가져오고 있어 일단 긍정적이나 삶의 질을 향상시킬 만큼 높은 임금의 증가를 가져오지 못하는 것으로 나타났다. 헤크먼의 요지는 "가장 믿을 만한 증거에 따르면, 직업훈련 프로그램들은 저숙련 성인근로자들에게 비효율적인 이전 메커니즘이고 비효율적인 투자정책이다."라는 것이다.

13.12 총평

복지제도를 평가하기 위한 합리적 방법은 빈곤율에 미치는 효과를 분석하는 것이다. 이러한 효과는 상당하다. 각종 프로그램들은 빈곤율을 50% 정도 낮추고 있다[Ben-Shalom, Moffitt, and Scholz, 2011]. 이러한 수치는 물론 복지제도가 없었다면 소득이 더 높을 수도 있다는 점을 감안한 것이 아니다. 그러나 '사회안전망'이라는 은유를 활용해서 말하면 이 망에 걸리지 못해 혜택을 못 받는 사람들이 있는가 하면 이 망에 걸려서 혜택을 받는 사람들도 있다는 것이다. 이런 맥락에서 최근 경기침체기에 수급기간제한과 근로참여의무로 인해 TANF 제도 확대가 사실상 어려운 상황하에서 현물급여인 SNAP 급여가 증가하였다는 것은 매우 흥미로운 사실이다[Bitler and Hoynes, 2010]. TANF에 대한 논쟁과정에서 많은 논객들이 수급기간 제한과 근로참여 의무규정으로 인해 정부가 경기침체기에 저소득자들에게 복지급여를 증가시키는 능력이 한계에 달했다고 주장한 점을 고려하면, 이러한 현상은 매우 의미 있는 현상이라고 할 수 있다.

이러한 맥락에서 중요한 질문은 소득을 재분배하는 과정에서 근로의욕이 어떻게 영향을 받았는가이다. 이것은 몇 가지 이유 때문에 매우 복잡한 질문이 된다. 첫째, EITC 제도는 어떤 근로자에게는 소득을 지원하지만 또 다른 근로자에게는 세금을 더 걷게 되기 때문이다. 둘째, 앞에서 강조하였듯이 개별 주들이 프로그램의 운영과 관련하여 많은 재량을 갖고 있어서 암묵적 세율을 정하는 데 있어 상당한 자율성을 갖기 때문이다. 셋째, 이 장에서 우리의 초점이 복지제도와 관련된 암묵적 세율에 집중되어 있었지만, 주 및 연방 정부들의 명시적인 소득세가 근로인센티브에 영향을 주기 때문이다. 이러한 점을 고려하면, 개인들이 직면하는 근로인센티브는 살고 있는 주와 소득분포에서의 자신의 위치에 의존한다.

통상적인 복지수혜자를 가상적으로 상정하여, 다음과 같은 예시적 계산을 살펴보는 것이 유용할 수 있다. 〈그림 13.11〉은 Holt[2005]가 2000년 위스콘신주의 2명의 아동을 가진 편부모의 소득에 대해 계산한 한계세율을 보여주고 있다. 이것은 연방과 주 세금들 그리고 식품구매권, TANF, 의료보호혜택 그리고 본 주의 아동지원 및 건강보험 프로그램까지 모두 고려한 것이다. 소득의 분포의 바닥에 해당하는 구간에서 음(−)의 한계세율은 EITC에 의한 보조를 의미한다. 그러나 이 수치들은 곧 암묵적 그리고 명시적 한계세율들에 의해 압도되고 있음을 보여준다. 실제로 소득수준에 따른 식품구매권의 감소와 EITC 점감구간이 서로 연계될 경우

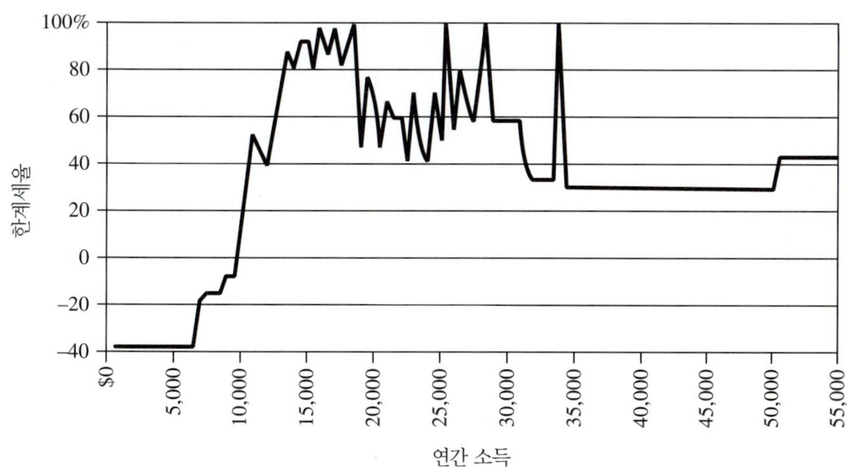

그림 13.11
위스콘신주에서 편부모−2자녀 가구에 대한 추정된 한계세율(2000)
여러 가지 연방정부와 주정부 복지프로그램 및 조세의 누적적 효과가 매우 높은 유효한계세율을 만들어냄을 보여준다.

자료: Holt [2005, Part D, Figure 1].

100%의 한계세율에 이르게 된다! 즉, 다양한 복지프로그램들이 조세와 연계될 경우의 누적적 효과는 근로의욕을 결코 제고하지 못함을 알 수 있다.

수년간 미국의 복지제도는 근로인센티브와 무관한 이유로 그다지 인기를 얻지 못하고 있다. 보수적이건 진보적이건 간에 경제학계에서는 일관성이 결여되고 복잡한 현행제도에 많은 비판을 제기한다. 몇몇 프로그램은 현금을 지원하고, 또 몇몇은 현물을, 또 몇몇은 자격조건에 의존하고, 또 몇몇은 빈곤선 아래에 있어도 지원을 받을 수 없기도 한다. 뿐만 아니라 행정적 책임과 재원조달이 연방정부, 주정부 그리고 소규모 지방자치단체에 분산되어 있고 각각의 프로그램이 각자의 규칙하에서 운영되고 있다.

왜 현행의 프로그램들을 현금급여 제도로 바꾸지 않는가? Murray[2006]에 따르면, 차라리 현행 복잡한 프로그램을 없애고 21세 이상의 성인들에게 1만 달러씩 1년치 현금을 나누어는 주는 것이 낫다고 주장한다. 이것이 행정적으로 단순하고 빈곤을 퇴치하는 데 더 효과적이므로 효율성을 증진시킨다고 주장한다.

이러한 제안들도 몇 가지 문제를 안고 있다. 첫째, 본 장 초반부에 언급하였듯이, 정치적으로 실현가능하지 못할 것이다. 둘째, 효율성의 관점에서 '범주(category)에 기초를 둔 프로그램'으로 이루어진 복지제도(소위, 개별급여제도)가 상당한 이점을 갖고 있다. 노동공급인센티브가 별로 중요하지 않은 그룹의 개인들(예: 장애자)에게 많은 양의 지원이 이루어진다면, 제도의 전반적인 효율성이 증진될 수 있다. 따라서 현행 제도가 결코 이상적이지 않더라도 범주적 구조 그 자체가 치명적인 결함을 가지고 있는 것은 아니다.

아마도 현행 제도와 관련하여 가장 논란의 여지가 있는 질문은 수혜금액이 충분히 높은가이다. 표준적인 후생경제학에 따르면 답은 개인의 형평성에 대한 선호의 강도와 제도에 의해 유도된 인센티브에서의 왜곡에 의존한다. 매우 다른 시각에 의하면 빈곤이란 도덕적, 정신적 뿌리를 갖고 있으므로 이러한 점을 감안하지 못하면 실패할 수밖에 없다고 본다. 최근 몇 년간 신앙에 기초한 사회서비스에 대한 실험이 있었는데 여기서 정부는 재원을 교회 및 신앙에 기반을 둔 기관에 지원하였고 이들 기관이 제도 행정을 담당하였다. 실제로 신앙에 기초한 프로그램들에 좀 더 많은 연방정부 지원을 하는 것이 부시 대통령의 입법안 중에 중요한 것이었다. 몇 가지 사례를 통한 증거에 따르면 몇몇 프로그램들은 효과적이었으나 체계적 분석에 의한 것은 아니었다.

현 시스템에 대한 극단적인 비판으로, 제도가 정신적인 요인들을 고려하지 않는다는 사실에 부분적으로 기인한 다음과 같은 견해가 있다. 사람들은 자존심 또는 자긍심 없이 진정으로 행복할 수 없는데, (만일 자립할 능력이 있다면) 실업수당(dole)에 의존하여 살아갈 경우 자존심을 가지는 것은 대단히 어렵다[Browning, 2002, p. 527]. 가난한 자들에 대한 이전지출에 대해 찬성하는 자들은 가난한 자들만이 공공의 재원을 받는 것이 아니라는 견해를 강력히 제기할 것이다. 많은 정부 지출과 조세 프로그램들의 수혜자가 중산층 및 고소득층도 됨을 지적할 것이다. 정부에 의한 연구 개발에 대한 지원은 과학자들의 소득을 증가시키고[Goolsbee, 1998], 에너지 생산에 대한 보조금은 석유 유정을 가지고 있는 자들에 대한 소득지원이 될 수 있으며, 국방프로그램들은 무기생산업자들을 도와주는 것이라는 주장이다. 종종 명확한 목적을 가진 사업들조차 특수한 이익집단의 소득을 늘려주는 소득분배 프로그램에 지나지 않을 수 있다는 것이다. 예를 들어, 대부분의 경제학자들이 설탕, 땅콩과 같은 많은 재화에 대한 수입할당 쿼터가 효율성에 관한 특정 목표를 지니지 않는다고 보지만, 사실상 정치적으로 힘이 강한 농업, 보다 구체적으로, 대규모 농장을 가진 부유한 소유자에게 소득을 이전하는 의미를 지닌다는 것이다. 그러나 부자에 대한 복지제도라는 '딱지'가 붙어 있지 않기 때문에 마치 별 문제가 없는 것으로 보이기 쉽다는 것이다.

심화 과정을 위한 추천 논문과 저서

과거 사회학자 또는 사회복지학자들에 의해 주로 연구되던 '빈곤계층을 위한 지출프로그램'의 경제적 효과가 1980년대 이후 본격적으로 경제학의 영역에 등장하고 있는데, 사실상 최근 재정학의 가장 큰 영역이 되고 있다. 여러 학자들 중에서 Robert Moffitt이 계량경제학적 기법을 이용하여 관련문헌에 많은 공헌을 한 바 있다. 다음의 논문 및 이 논문의 참고문헌에 있는 관련 연구를 참조하기 바란다.

- Moffitt, Robert A. 2003. "The Temporary Assistance for Needy Families Program." In *Means-Tested Transfer Programs in the US*. Robert A. Moffitt (ed.). Chicago: University of Chicago Press.

유사한 맥락에서 최근 EITC 제도가 많은 관심의 대상이 되고 있는데, Eissa의 연구를 참조하기 바라며, 우리나라의 특수성 및 맥락을 포함한 연구로서 전영준의 공공경제 2007년 1호를 참조하기 바란다.

- Eissa, Nada. 2001. "Taxation and Labor Supply of Married Women: The Tax Reform Act of 1986 as a Natural Experiment." Working Paper No. 5023. Cambridge, MA: National Bureau of Economic Research.
- 전영준. 2007. "비자발적 실업위험 존재 시 근로촉진 복지정책의 경제적 효과분석: 한국의 공적부조제도 개편 효과를 중심으로," 공공경제, 12(1).

학부수준이지만 사회보장제도에서 발생하는 정보의 비대칭성 문제에 대해 상세하고 흥미로운 논의를 해주고 있는 책으로 다음을 고려할 수 있다.

- 강태진 · 유정식 · 홍종학, 2005. 미시적 경제분석, 제17장, 박영사, 제3판.

실업보험관련 논의는 다음 논문에 잘 요약되어 있다.

- Meyer, Bruce D. 1990. Unemployment Insurance and Unemployment Spells, Econometrica 58, pp.757–782.
- Lee, Chul–In. 2000. "The Impact of Taxing Unemployment Insurance Benefits on Unemployment Duration and Post–Unemployment Earnings," *International Tax and Public Finance*, 7(4).

주거지원관련 논의는 공공주택의 건설과 일종의 바우처제도인 Section 8 certificate에 집중되어 있는데, 다음을 참조할 수 있다. 우리나라의 경우 아직 바우처제도는 본격적으로 실시되지 않고 주로 공공주택의 건설에 집중되어 있는데, 이에 대한 평가는 Lee(2007)의 논문을 참조하기 바란다.

- Sinai, Todd and Joel Waldfogel. 2002. "Do Low–Income Housing Subsidies Increase Housing Consumption?" Working Paper No. 8709. Cambridge, MA: National Bureau of Economic Research.
- Lee, Chul–In. 2007. "Does Provision of Public Rental Housing Crowd Out Private Housing Investment?: A panel VAR approach," *Journal of Housing Economics*, 16(1).

요약

- 자산조사를 거치는 소득이전지출프로그램은 일정 소득 이하의 사람들에게 재원을 이전 · 전달한다. 정부의 자산조사에 기초한 사업은 GDP의 5% 정도에 달한다.
- 현재의 현금지원제도로서 TANF가 있는데 1996년도부터 시행되었다. 수혜자는 5년 이상 현금수혜를 받을 수 없고 지원받은 지 2년 후에는 근로와 관련된 행위에 참여해야 한다.
- TANF하에서는 주들은 복지제도의 구조에 대해 실질적으로 모든 관할권을 갖게 된다. 주들은 수혜자들이 소득을 갖게 될 때 TANF 지원금을 얼마만큼 줄일 것인가에 대한 암묵적 세율에 있어서 매우 다양한 결정을 하고 있다.
- 모든 소득 보전정책들은 적절한 지원과 근로의욕 제고, 복지 의존성, 근로의무, 주와 연방정부 간의 행정조정 등의 여러 가지 상충하는 문제들을 적절히 다룰 수 있어야 한다.
- EITC 제도는 자격이 있는 저소득층 개인들에게 보조를 해 주는 정책이다. 소득이 일정 임계점을 넘어선 후에 당면하는 점감구간은 소득에 대해서 높은 암묵적 세율을 부과하는 구조를 갖고 있다. 조세제도를 통하여 행정이 이루어지고 있지만 가난한 자들에 대한 가장 큰 현금급여 프로그램이다.
- 보조소득보장제도(SSI)는 노령자, 시각장애자 및 장애자에게 현금을 지급하는 제도이다.
- 의료보호제도는 가난한 자들을 위한 가장 큰 프로그램인데 의료 서비스를 일정 범위 한도에서 무료로 제공하고 있다.
- 실업보험제도는 고용주에게 불완전 경험요율을 적용하고 있다. 더욱이 본 제도의 보험금은 실업 전 소득의 상당한 부분이 되고 있다. 위 두 요인은 실업을 늘리는 역할을 한다.
- SNAP는 식품의 구입을 위해서만 사용되는 바우처 프로그램이다. 식품구매권은 상응하는 현금보다 식품 소비를 더 늘리는 역할을 하고 있다.
- 과거에는 주거지원이 공공주택의 건설에만 초점을 두고 있었는데, Section 8 프로그램은 소수의 주거 바우처를 지닌 수혜자 자신들이 고른 주거에 대한 임대료를 지불해주고 있다.
- 교육과 직업훈련 프로그램들의 목표는 능력을 증진시킴으로써 미래 자신들을 스스로 잘 돌볼 수 있도록 하는 것이다. 직업훈련의 효과성은 별로 크지 않은 것으로 보인다. Head Start 프로그램의 경우 교육성과와 교육 그 자체에서 장기적 개선을 가져오는 것으로 나타났다.

연습문제

1. 캘리포니아에서는 복지수혜자가 한 달에 225달러를 복지수혜금의 감소 없이 그대로 획득할 수 있다. 225달러 이상에 대해서는 수혜금이 소득 1달러당 50센트씩 깎이도록 설계되어 있다. 캘리포니아주의 거주자인 엘리자베스가 시간당 10달러를 벌 수 있다고 하자. 만약에 그녀가 전혀 일을 하지 않는다면 복지수혜금 645달러를 받을 수 있다고 하자.

a. 그녀가 10시간을 일한다면 근로소득이 얼마가 되는가? 복지수혜금은 그리고 그녀의 소득은?

b. 엘리자베스가 얼마나 일을 한다면, 복지수당을 전혀 받을 수 없는가? 이때의 근로시간을 구하시오.

c. a, b에서의 답을 이용하여 그녀의 예산제약선을 그려보시오.

d. 노동시장에 참여하는 경우에 상응하는 무차별곡선을 그려보시오.

2. 여러분이 Head Start 프로그램에 참여한 사실이 미래의 근로소득에 어떠한 영향을 미치는지 계량경제학적으로 분석하려 한다고 하자. 여러분이 실험군을 Head Start 프로그램에 참여한 자들로 두고, Head Start 프로그램에 참여하지는 않았지만 유사한 가족배경을 지닌 자들을 이용하여 대조군을 구성하였다고 하자. 왜 이러한 분석이 잘못된 분석결과를 가져올 수 있다고 보는가? 추정에 있어서 좀 더 신뢰성을 높이는 방법이 있는가?

3. 최근 한 논객이 다음과 같은 복지제도개혁안을 제시하였다. "기존의 모든 복지제도를 폐지한다. … 모든 사람에게

일정 수준의 기본소득을 보장한다. 다음으로 모든 사람들이 열심히 일하도록 조세유인을 확보하기 위해 조세법을 단순화한다." 이 개혁안을 평가하시오. (힌트: 제도가 유지가능하기 위해서는 소득이 일정 수준을 넘어서면 기본소득 보장급여액이 서서히 감소되어야 한다. 이 사항이 근로의욕에 어떠한 영향을 미칠까?)

5. SNAP의 혜택은 주별로 상이하며 복잡한 방식으로 소득이 상승함에 따라 사라지게 되는 구조를 지니고 있다. 그러나 빈곤선 근방의 어떠한 점에서 1,250달러의 식품구매권 가치가 갑자기 사라지게 된다. 다른 조세 및 이전지출제도를 무시하고 본 제도의 소득-여가 예산제약선을 그려보시오. (다른 세부적인 면은 신경 쓰지 말고 일반적인 모양 그 자체만을 그려보시오.)

6. 〈그림 13.4〉의 TANF 제도의 근로유인 분석에서 복지혜택을 받으면서 근로를 계속해서 할 수 있음을 배웠다. 예산제약선을 다시 그려보시오. 그리고 복지혜택을 받으면서 근로를 하지 않는 경우를 그려보시오.

7. 주거지원을 위한 Section 8 프로그램이 사실상 주어진 마을에서 저소득층 주택에 대한 수요를 증가시킬 수 있다. 다음의 결과와 상응하는 수요-공급 곡선을 그려보시오.

a. 주택의 총량은 변화가 없는데 저소득층 주택가격만이 오르는 경우

b. 주택가격에 변화는 없는데 주택의 총량만이 증가하는 경우

c. 둘 다 증가하는 경우

여기서 어떠한 경우가 Sinai와 Waldfogel의 연구결과와 가장 부합하는가?

8. 〈그림 13.8〉에서 기술한 EITC 제도에 수혜자격이 있는 엘리너가 시간당 8달러를 벌 수 있다고 하자. EITC를 고려하되 나머지 조세-이전지출 제도를 고려하지 않을 경우 다음 문제에 대해 답하시오.

a. 노동공급이 연간 0에서 1,000으로 증가할 때 근로소득이 얼마나 증가하는가?

b. 노동공급이 연간 1,000에서 1,500으로 증가할 때 근로소득이 얼마나 증가하는가?

c. 노동공급이 1,500에서 2,000으로 증가할 때 근로소득이 얼마나 증가하는가? 각각의 경우에 대해서 근로하려는 노력에 있어서의 증가와 관련된 소득의 추가적 증가금액을 계산하시오. EITC 제도에 내재되어 있는 암묵적 한계세율에 대해서도 여러분의 답을 제시하시오.

9. 1980년대 이래 실업급여는 소득세과세 대상이었다(사회보장세 과세대상은 아님). 그러나 2009년에 특정 개인들에게 실업급여에 대한 소득세 과세가 일시적으로 유예된 바 있다. 왕의 근로소득에 대해서 개인소득세에 의해 15% 세금이 징수되고, 사회보장세와 의료보험제도에 의해 7.45% 또한 징수된다고 하자. 왕이 실직하였을 경우 실업보험이 세전 소득의 50%를 대체해준다고 하자.

a. 2009년 이전에는 왕의 세후소득의 몇 %가 실업급여에 의해 대체되었는가? 2009년 입법에 의해 임금대체율에 어떠한 변화가 생겼는가? 실업급여가 실업에 미치는 영향에 어떠한 변화가 생길까?

b. 두 상황(실업급여를 받을 때, 받지 않을 때)을 상정하여 왕이 직면하는 예산제약선을 주당 소득과 주당 여가시간 평면에 그려보시오. 만일 실업급여가 2주 제한을 넘어서 확대되었다면 주당 근로시간에 어떠한 변화가 발생할까?

10. 2010년도 Affordable Care Act하에서 가구소득이 빈곤선의 134%와 400%인 가구에 대해서는 보조금을 지급하도록 되어 있다. 예를 들어 4인가족의 가장인 55세 가장이 (연방정부 기준 빈곤선의 134%인) 31,289달러의 임금소득이 있으면 22,740달러의 보조금을 받게 되어 있다. 유사한 가구의 소득이 (빈곤선의 400%) 93,699달러이면 보조금을 14,799달러 받게 된다. 만일 소득이 이에서 1달러라도 증가하면 보조금을 전혀 받지 못한다. 여가-소득 평면에 이 상황을 나타내는 예산집합을 그리시오. 그리고 노동공급에 대한 함의를 설명하시오.

11. [2014년 제30회 입법고시 제2차시험] 전통적인 소득-여가 선택모형의 틀 속에서 정상적인 무차별곡선을 이용하여 소득재분배 수단들인 최저소득보장제도(quaranteed minimum income program), 부의 소득세(negative income tax) 제도 및 임금보조금(wage subsidy)제도의 경제적 효과를 ① 노동공급, ② 소득, ③ 효용수준에 대한 효과로 구분하여 원래 상태와 3가지 제도의 효과의 크기를 상호 비

교 분석해보시오. [단, 주어진 총여가시간은 L^0, 시간당 임금률은 w, 임금소득세율은 t, 최저보장소득은 M^0, 부의 조세(보조금)는 TS, 부의 소득세를 실시할 때와 같은 비용이 드는 임금보조율은 s라고 가정하자.]

a. 노동공급에 대한 경제적 효과의 크기를 비교 분석하시오.

b. 소득에 대한 경제적 효과의 크기를 비교 분석하시오.

c. 효용수준에 대한 경제적 효과의 크기를 비교, 분석해보시오.

12. [행정고시 2차 2012년 기출문제] 협의의 사회안전망이라고 불리는 공적부조제도에 대하여 다음 물음에 답하시오.

a. 공적부조제도와 사회보험제도의 기본적인 차이점을 설명하시오.

b. 우리나라에서 공적부조제도에 해당하는 것을 나열하고, 그 경제적 효과를 설명하시오.

c. 공적부조제도의 문제점을 극복하기 위한 제도들을 설명하시오.

13. [입법고시 2차 2018년 기출문제] 소득이 빈곤선 이하인 개인에게 빈곤선까지의 소득을 보장해주는 현금복지제도를 생각해보자. 단, 빈곤선은 연 1,000만 원이다.

a. 급여감액률*이 100%일 때 발생할 수 있는 문제점을 설명하시오. (단, 그래프를 이용하여 설명하시오.)

b. 급여감액률을 50%로 낮출 경우 a의 결과는 어떻게 달라지는지 설명하시오. (단, 그래프를 이용하여 설명하시오.)

* 급여감액률(benefit reduction rate): 소득 증가에 따라 복지 급여액이 줄어드는 비율

Part 4

조세이론: 귀착, 초과부담, 최적조세

1899년 미국 연방대법원은 "과세권은 국가 전체 구조를 떠받치고 있는 하나의 최고 권력이다. 인간에게 호흡할 공기가 필요한 것만큼 과세권은 한 국가의 생존과 번영을 위해 필요하다. 이것은 파괴할 수 있는 힘이며 동시에 생존을 유지할 수 있는 힘이다."라고 선언하였다[Nicol v. Ames, 1899]. 정치인도 경제학자도 이미 오래전부터 과세의 중요성을 인식하고 조세정책의 길잡이 역할을 할 수 있는 원칙을 찾아왔다. 17세기 프랑스 정치인 콜베르(Jean-Baptiste Colbert)는 "과세의 예술은 비명을 최소화하고 털 수확을 최대로 하는 거위 깃털뽑기와 같은 것이다."라고 언급하였다[Armitage-Smith, 1907, p. 36]. 현대 경제학은 이러한 언급보다는 덜 냉소적인 접근방식을 취한다. 현대 재정학은 경제적 효율성을 제고하면서 공정한 소득분배를 증진시키기 위해서는 과세가 어떻게 이루어져야 하는가에 초점을 둔다. 이것이 바로 제14장(귀착), 제15장(초과부담), 제16장(최적조세)의 주제이다. 제4부의 목표는 조세정책을 생각할 수 있는 이론적인 분석틀을 만들어 내는 것에 있다. 현실의 조세제도에 대한 자세한 논의는 이후 제5부에서 이루어질 것이다.

Chapter 14

조세와 소득분배

> 아무리 노력하고 고심하여 과세하여도 장사꾼들은 자신의 이익을 위해 과세를 피해갈 것이다.
>
> — 존 로크

한국과 미국의 조세제도에 대한 대부분의 정책논쟁에서 조세부담이 공평하게 배분되었는가가 핵심적인 사안이 되고 있다. 이러한 규범적(normative) 주제에 대한 합리적 논의를 위해서는 우선 조세가 소득분배에 어떠한 영향을 주는가에 대한 실증적인(positive) 질문에 대한 이해가 필요하다. 조세가 소득분배를 어떻게 변화시키는지를 알기 위한 손쉬운 방법은 설문조사를 통해 사람들에게 매년 조세당국에 얼마나 많은 세금을 납부하는지를 파악하는 것일 것이다. 이는 단순하기는 하지만 보통 잘못된 접근방식이 된다. 아래에서 조세부담의 정확한 평가가 훨씬 더 복잡함을 예시한다.

컴퓨터 1대의 가격이 100만 원이라고 하자. 국세청이 대당 10만 원씩 세금을 부과하고 다음과 같은 방식으로 징세한다고 하자. 국세청 직원이 가게에 기다리고 있다가 컴퓨터 1대가 판매될 때마다 금전등록기에 돈이 들어가기 전에 정확히 10만 원을 컴퓨터 판매자로부터 뺏어간다. 이러한 경우, 겉으로 보기에 컴퓨터 판매자가 세금을 납부하고 또 부담하는 것처럼 보인다.

그러나 과세가 된 지 몇 주가 지난 후 컴퓨터 가격이 대당 110만 원으로 인상되었다고 하자. 판매자는 과세 이전과 동일한 100만 원을 금전등록기에 넣을 수 있기 때문에 조세로 인해 판매자의 후생 감소는 없다. 모든 세부담은 높아진 가격을 통해 소비자들에게 지워진다. 이제 조세부과 이후 가격이 103만 원으로 인상되었다고 가정해보자. 이 경우 판매자는 93만 원을 받게 되고, 따라서 과세 이전에 비하여 대당 7만 원의 손실을 입게 된다. 소비자 또한 대당 3만 원씩 과거보다 더 높은 가격을 지불하게 되어 조세부담의 일부를 지게 된다.[1] 또 다른 가능성은 컴퓨터 가격이 과세 이후에도 여전히 대당 100만 원이 유지되는 것인데, 이 경우 판매자가 모든 세부담을 지게 된다.

법적 귀착(statutory incidence)은 누가 세금을 법적으로 지불하게 되어 있는가를 의미한다. 위 문단에서 논의된 3가지 경우에서 모두 법적 부담은 판매자에게 있다는 점에서 동일하다. 그

법적 귀착(statutory incidence)

누가 법적으로 조세를 납부할 의무가 있는지를 의미함.

1 사실 소비자와 공급자 가격의 변화는 과세로 인해 발생하는 효과의 일부이다. 이러한 귀착에 덧붙여, 조세로 인해 경제적 의사결정의 왜곡과 부담 발생도 조세의 중요한 효과이다. 제15장을 참조하시오.

러나 이 3가지 경우는 누가 실제적인 부담을 지는가에 있어서는 매우 다르다. 가격이 조세에 따라 변화할 수도 있으므로 법적 귀착만으로는 실질적으로 누가 진정으로 조세부담을 지는가는 전혀 알 수 없다. 반면에 조세의 **경제적 귀착**(economic incidence)은 조세에 의해 야기된 민간 실질소득의 분포의 변화를 의미한다. 본 장에서의 초점은 법적인 귀착과 경제적 귀착 간의 차이인 **조세전가**(tax shifting)의 규모가 무엇에 의하여 결정되는가에 있다.

경제적 귀착(economic incidence) 조세에 의해 유도된 실질소득 분포에서의 변화.

조세전가(tax shifting) 법적 귀착과 경제적 귀착 간의 차이.

14.1 조세귀착: 일반적인 특징

조세가 소득분포에 어떠한 영향을 주는가에 대한 논의에 있어서 다음과 같은 점들이 먼저 고려되어야 한다.

14.1.1 사람만이 조세를 부담할 수 있다

국회에서 심의되었던 조세법안에 관한 논쟁에 대해서 《월 스트리트 저널》의 칼럼니스트는 "상원의회가 법인기업에만 초점을 둔 대규모 조세개혁을 인준하기로 하였으나, 반면 하원에서는 많은 개인들에게 혜택을 주는 중요한 개혁을 인준하였다"고 적고 있다. 법인과 사람을 극명히 구별함으로써 결과적으로 위의 언급은 보편적인 오류 하나를 범하고 있다—즉, 기업이 조세를 부담할 독립적 능력을 지니고 있다고 보는 것이다. 사실 대부분의 국가는 법인과 같은 기관들을 마치 사람과 같이 취급하고 있다. 많은 목적에 따라 이것이 편리한 가정에 해당하지만 이는 종종 많은 혼동을 자아내기도 한다. 경제학자의 견해에 따르면, 주식보유자, 근로자, 토지보유자/임대업자, 소비자와 같은 '사람'이 세부담을 지게 된다. 법인은 세부담을 질 수 없다.

오직 사람만이 세부담을 진다고 한다면, 귀착에 관한 분석에서 사람들을 어떻게 분류하는 것이 좋을 것인가? 생산에서 그들의 역할—생산과정에서 어떠한 투입요소를 공급하였는가—에 따라 분류될 수 있다. 초점은 조세체제가 자본가, 노동자 그리고 토지보유자 간 소득의 분배에 어떠한 영향을 주는가에 있는데, 이러한 분류방식은 **기능별 소득분배**(functional distribution of income)라고 불린다.

기능별 소득분배(functional distribution of income) 생산과정에 공급된 투입요소에 따라 사람들을 분류할 때, 사람들 간에 소득이 분배되는 방식(예: 토지소유자, 자본가, 노동자).

위의 방식으로 사람들을 분류하여 조세귀착을 분석을 하는 것은 다소 오래된 방식에 해당한다. 아마도 18세기 영국의 토지소유자들은 일을 전혀 하지 않았고 노동자들은 아무런 자산을 소유하지 않았다. 그러나 현재 우리나라를 포함한 많은 나라에서는 많은 사람들이 그들의 소득을 노동으로부터 얻고 있으며 또한 이들은 저축계좌와 주식을 소유하고 있다. 종종 이러한 자산들이 연금의 형태로 소유되고 있다. 유사하게, 어떤 사람들은 많은 자본을 갖고 있으며 동시에 상근형태의 근로도 한다. 이러한 변화는 기능별 소득분배의 중요성이 낮아지고, 사람들 간 전체소득이 배분되는 방식, 즉 소득계층별 소득분배 구조에 조세가 어떻게 영향을 주는지를 연구하는 것이 보다 중요해짐을 의미한다. 자본, 토지 그리고 노동으로부터의 소득 비중을 안다면, 기능별 배분에서의 변화는 **계층별 소득분배**(size distribution of income)에서의 변화로 쉽게 전환될 수 있을 것이다. 예를 들어, 자본에 대한 상대적 수익을 낮추는 조세는 소득분포에서의 최상위 소득자들에게 손실을 초래할 것으로 해석될 수 있는데, 이는 고소득자들은 소득

계층별 소득분배(size distribution of income) 총소득이 소득계층 간(예: 1분위) 분배되는 방식.

의 높은 비율을 자본으로부터 얻기 때문이다.[2]

또 다른 분류방식이 어떤 특정 문제를 다루는 데 보다 의미를 지닐 수 있다. 담배세 인상 제안에서 지역별 귀착이 많은 관심의 대상이 된다. 이는 담배세 인상으로 담배를 주로 생산하는 지역에 더 큰 피해를 줄 수 있기 때문이다. 또 다른 예로, 도시지역에서의 토지과세를 변화시키는 세법이 상정된다면, 분석자들은 종종 인종별로 귀착을 보기도 한다. 또한 성별, 나이 등에 따라 조세의 귀착이 중요해지는 많은 예를 생각해볼 수 있다.

14.1.2 소득의 원천과 사용 측면 모두를 고려하여야 한다

이전의 컴퓨터 과세 예에서, 조세의 분배효과가 사람들의 지출패턴에 결정적으로 의존한다고 가정하는 것이 자연스러운 것이다. 컴퓨터의 가격이 상승하는 정도에 따라 컴퓨터를 많이 소비하는 자들은 보다 많은 손해를 입게 된다. 만약 조세가 컴퓨터에 대한 수요를 감소시킨다면, 컴퓨터 생산에 고용된 생산요소들도 소득 손실을 경험할 것이다. 따라서 조세란 소득의 원천에 대한 영향을 통해서도 소득분포를 변화시키게 된다. 만약에 가난한 사람들이 소득의 많은 부분을 컴퓨터 구입에 사용한다고 하자. 그러나 컴퓨터 공장은 부유한 사람들에게 소유되었다고 하자. 소득의 사용 측면에서 보면, 조세는 소득을 가난한 자들로부터 재분배하는 셈인데, 그러나 원천의 측면에서는 부자들로부터 재분배하는 것이다. 전체적인 귀착에서는 소득의 원천과 사용 모두가 어떻게 영향을 받았는지에 의존한다.

이러한 구분은 플로리다 에버글레이즈(Everglades) 지역을 청정지역으로 하자는 전 부통령 고어의 제안에 대한 논쟁을 이해하는 데 중요하다. 에버글레이즈 지역의 생태계가 설탕재배지로부터 나온 폐기물로 오염되었을 때, 그는 설탕 생산에 대해 조세를 부과해야 한다고 주장하면서, 이로부터 얻은 수입은 생태계 복원에 사용되어야 한다고 주장하였다. 이에 대한 반대의견이 설탕을 사용하는 제품을 소비하는 소비자들뿐만 아니라 플로리다 근로자들로부터도 나오게 되었는데, 이 근로자들은 설탕에 대한 수요가 감소하면 결국 그들의 소득도 감소하게 됨을 알고 있는 것이다.

실제로, 경제학자들은 상품에 대한 과세 분석 시 소득 원천 측면에서 발생하는 효과는 무시하게 되는 경향이 있고, 생산요소에 대한 과세 분석 시 소득 사용(지출)에서의 효과를 무시하는 경향이 있다. 만약에 상품에 대한 과세의 효과가 소득의 사용 측면에만 국한되고 생산요소에 대한 과세의 효과가 소득의 원천 측면에만 있다면 이러한 시각은 적절하다. 이 같은 가정은 분석을 단순화하는 장점을 가지지만 과연 이것이 옳은가는 경우에 따라 달라지므로 세심한 고려가 필요하다.

14.1.3 귀착은 가격이 어떻게 결정되는가에 의존한다

귀착 문제란 근본적으로 조세가 가격을 어떻게 변화시키는지에 관한 것임을 강조한 바 있다. 분명히, 가격결정에 대한 여러 다른 모형은 누가 조세를 부담하는지에 대해 매우 상이한 답을 제공하고 있다. 이 장은 몇 가지 다른 모형의 결과를 비교 분석할 것이다.

---

2 그러나 저소득으로 분류되는 은퇴자들이 실상 (노동소득은 없고) 자본으로부터 많은 소득을 얻고 있다.

관련된 주제로서, 분석 시 시간 차원을 고려할 필요가 있다. 귀착이란 가격의 변화에 의존하며, 가격 변화에는 시간이 소요된다. 대부분의 경우, 효과는 단기보다 장기에 있어서 크게 나타난다. 따라서 조세의 단기 및 장기 귀착은 달라질 수 있고 주어진 정책 질문에 대해 적절한 시간 단위가 구체적으로 제시되어 있어야 한다.

14.1.4 귀착은 조세수입을 어떻게 사용할 것인가에도 의존한다

균형예산 조세귀착(balanced-budget incidence)은 조세를 부과하고 이로부터 조달된 정부지출에 의해 발생하는 귀착까지 합쳐진 효과를 계산하는 것이다. 일반적으로, 조세의 분배효과는 정부가 돈을 어떻게 지출하는가에 달려 있다. 에이즈 연구에 대한 지출은 학교에 다니는 학생들에게 따뜻한 도시락을 제공하는 지출과는 매우 다른 분배효과를 가지고 있다. 어떤 연구들은 개인이 돈을 받으면 지출하는 식의 형태로 정부가 세수를 사용한다고 가정한다. 이는 곧 세수를 정액 보조금 형태로 개인에게 돌려주고 개인은 이를 지출하는 것으로 가정하는 것과 같다.

조세수입은 통상적으로 특정한 지출에 사용되도록 꼬리표가 붙어 있지는 않다. 따라서 정부가 세수를 어디에 사용할 것인가라는 질문을 분리해내고 이를 조세 분석 시 고려하지 않는 것이 더 바람직할 수도 있다. 이러한 맥락에서 정부예산제약하에서 한 조세가 다른 조세로 대체될 때 귀착이 어떻게 달라지는지를 분석하는 것이 중요할 수 있다. 이러한 분석은 **차별적 조세귀착**(differential tax incidence)이라고 불린다.[3] 차별적 조세귀착은 조세의 변화를 분석하기 때문에 기준점이 되는 조세가 필요할 것이다. 가상적으로 비교의 대상이 되는 '다른 세금'으로는 **정액세**(lump sum tax)가 주로 가정된다. 정액세란 개인의 세부담이 해당 개인의 경제행위에 의존하여 결정되지 않는 세금이다(예를 들어, 10%의 소득세는 정액세가 아닌데, 왜냐하면 이는 개인의 소득에 의존하기 때문이다. 그러나 소득에 의존하지 않고 1인당 500달러로 결정되어 있는 인두세는 정액세이다).

> **정액세(lump sum tax)**
> 개인의 행위와 무관하게 매겨지는 조세.

마지막으로, **절대적 조세귀착**(absolute tax incidence)은 다른 조세 또는 정부 지출에서의 변화가 없을 때 어느 한 조세의 효과를 조사하는 것이다. 절대적 귀착이란 조세수준이 경기안정의 목표를 달성하기 위해 변하는 거시경제모형에서 가장 흥미 있는 주제일 것이다.

14.1.5 조세 누진성은 여러 가지 방식으로 측정될 수 있다

한 연구자가 앞에서 정의된 경제적 귀착을 엄밀히 적용하여 경제주체별로 어떤 특정 조세의 실질 부담의 비율을 엄청난 노력 끝에 계산해내었다고 하자. 이러한 연구에 있어서 최종적으로 얻고자 하는 것은, 많은 경우에 있어서 해당 조세가 비례적인지, 누진적인지 아니면 역진적인지를 기술하는 것이 된다. **비례적**(proportional)이라는 것의 정의는 자명하다. 소득에 대한 조세의 비율이 소득수준에 상관없이 일정한 경우에 해당한다.[4]

> **비례적 조세(proportional tax)**
> 개인의 평균세율이 소득수준과 무관하게 동일한 조세제도.

3 귀착 문제뿐 아니라 조세의 경제행위에 대한 분석에서도 차별적인 조세 변화가 주된 분석대상이 된다. 세수 변동 없이 기존의 조세를 새로운 조세로 대체하는 것을 세수중립적(revenue neutral) 조세 변화라고 부른다.

4 그러나 제17장에서 보겠지만, 소득의 정의가 그리 명확한 것은 아니다.

표 14.1 가상적 조세제도하에서 납부해야 할 조세

소득	납부해야 할 조세	평균세율	한계세율
$ 2,000	$ −200	−0.10	0.2
3,000	0	0	0.2
5,000	400	0.08	0.2
10,000	1,400	0.14	0.2
30,000	5,400	0.18	0.2

가상적 조세제도하에서 각 개인은 소득으로부터 3,000달러를 공제하고 차액에 20%를 곱함으로써 조세납부액을 계산한다. 한계세율은 20%이지만, 평균세율은 소득이 증가함에 따라 상승하는데 이는 누진적 조세임을 의미한다.

누진적인가 역진적인가를 정의하는 것은 쉽지 않은데, 불행히도 이러한 모호성은 정책 논의에서 때때로 혼동을 일으킨다. 이러한 용어의 가장 자연스러운 정의는 평균세율에 의거하는 것이다. 즉, 주어진 소득에 대비하여 지불된 조세의 비중인 **평균세율**(average tax rate)이 소득에 따라 증가한다면 조세시스템은 **누진적**(progressive)이 된다. 만약에 감소한다면 조세는 **역진적**(regressive)이 된다.

평균세율(average tax rate)
소득 대비 조세의 비율.

누진적 조세(progressive tax)
소득이 증가함에 따라 평균세율이 증가하는 조세제도.

역진적 조세(regressive tax)
소득이 증가함에 따라 평균세율이 감소하는 조세제도.

한계세율(marginal tax rate)
추가적인 소득 한 단위 증가에 대해서 정부가 과세하는 조세의 비율.

여기서 혼동이 발생할 수 있는데, 어떤 사람들이 누진성을 **한계세율**(marginal tax rate)—소득의 한 단위 변화에 대한 조세의 변화—에 의거하여 생각하기 때문이다. 차이를 설명하기 위해 다음과 같은 매우 단순한 소득세 구조를 가정해보자. 각 개인이 소득으로부터 3,000달러를 공제한 후 나머지 금액의 20%만큼 세금을 납부한다고 한다. 만약에 공제 후 나머지 금액이 음수라면 각 개인은 이것의 20%를 돌려받는다. 〈표 14.1〉은 이러한 소득세하에서 여러 소늑에 대해서 납부세액, 평균세율 그리고 한계세율을 계산하여 보고하고 있다. 이러한 소득세하에서 평균세율은 소득에 따라 증가한다. 그러나 한계세율은 20%로 일정하다. 사람들은 소득수준에 관계없이 추가적인 소득 1달러에 대해 20센트씩 추가적인 세금부담을 하고 있다. 사람들은 이러한 조세체제의 누진성에 대해 동의하지 않을 수 있고, 각각의 주장은 나름대로의 합리성을 가지고 있다. 이러한 애매성의 존재로 인해 역진성 또는 누진성에 대한 용어 정의를 명확히 하여야 한다. 지금부터 우리는 평균세율에 의거하여 누진성을 정의하여 사용한다.

조세체제가 얼마나 누진적인지 측정하는 것은 누진성을 정의하는 것보다 훨씬 더 어려운 작업이다. 여러 합리적 대안들이 제시되었지만 우리는 다음과 같은 단순한 경우를 고려하기로 한다. 첫째는 소득이 증가함에 따라 평균세율이 더 증가한다면 이를 더 누진적인 조세체제로 보기로 한다. 수식을 사용하여 설명해보자. 소득수준 I_0와 I_1에 대한 (법정 세부담이 아닌) 실제 세부담이 T_0와 T_1이라고 하자. 여기에서 $I_1 > I_0$라 가정할 때 누진성 v_1은 아래와 같다.

$$v_1 = \frac{\frac{T_1}{I_1} - \frac{T_0}{I_0}}{I_1 - I_0} \tag{14.1}$$

분석자가 T_1과 T_0의 값을 계산하고 이를 식 (14.1)에 대입하면 더 높은 값의 v_1을 가진 조세제도가 보다 더 누진적이라 할 수 있다.

두 번째 가능성은 소득에 대한 조세수입의 탄력성이 높은 조세체제를 누진적이라고 정의하는 것이다. 여기서 이러한 정의를 v_2라 하는데 이는 구체적으로 다음과 같다.

$$v_2 = \frac{T_1 - T_0}{T_0} \div \frac{I_1 - I_0}{I_0} \tag{14.2}$$

이제 다음과 같은 제안을 생각해보자. 모든 사람들의 세부담을 현재 지불하고 있는 규모에 비해 20% 증가시켜, 기존에 T_0를 납부하고 있는 개인의 세부담을 $1.2 \times T_0$로, 기존의 T_1를 납부하고 있는 개인의 세부담은 $1.2 \times T_1$으로 증가되었다고 하자. 국회의원 A는 이러한 제안으로 인해 누진도가 상승하였다고 하고 국회의원 B는 이러한 제안으로 누진도에 아무런 변화를 주지 않았다고 주장한다. 누가 옳은가? 이것은 누진성에 대한 정의에 의존한다. $1.2 \times T_0$와 $1.2 \times T_1$을 T_0와 T_1에 대해 대입하면 정의 v_1은 20% 증가한다. 따라서 본 제안으로 인해 누진도가 상승하였다고 하겠다. 그러나 본 대입에 대해 정의 v_2는 변화하지 않는다(분모와 분자 모두 1.2로 곱해지므로 양자는 상쇄된다). 여기서 얻은 교훈은 직관적으로 설득력 있는 누진도 측정지표를 사용하더라도 다른 답이 나올 수 있다는 것이다.[5] 따라서 보다 생산적인 정책 논의를 위해서는 사람들이 정의를 보다 명확히 하는 것이 필요하다.

14.2 부분균형모형

기본 개념을 다룬 제1절을 통해 우리는 이제 이 장에서 다루고자 하는 근본적 문제에 대한 논의를 시작할 수 있는 준비가 되었다. 조세가 소득분배에 어떻게 영향을 미치는가? 문제의 핵심이 조세가 상대가격의 변화를 초래함에 있기 때문에, 우선 가격이 어떻게 결정되는지를 알아야 한다. 본 절에서는 가격결정에 관한 **부분균형모형**(partial equilibrium models)을 사용할 것이다. 부분균형모형하에서는 나머지 시장에서의 효과들은 무시하고 조세가 부과된 시장만을 분석한다. 이러한 종류의 분석은 과세된 재화가 전체 경제에 비하면 매우 작은 부분에 지나지 않을 때 유용하다. 우리는 완전경쟁하에서의 수요–공급모형을 사용할 것이다.

부분균형모형(partial equilibrium models)

오직 하나의 시장만을 고려하는 모형으로서 다른 시장으로의 파급효과를 고려하지 않음.

14.2.1 재화에 대한 종량세

단위당 일정 금액을 과세하는 **종량세**(unit tax)의 귀착을 알아보기로 하자. 예를 들어, 연방정부가 샴페인에 갤런당 3.40달러의 세금을 부과하고, 담배 한 갑당 1.01달러의 세금을 부과하였다고 하자. 샴페인의 가격과 수량이 수요(D_c)와 공급(S_c)에 의해 〈그림 14.1〉에서와 같이 결정된다고 하자. 과세 이전에는 수요량과 가격이 각각 Q_0와 P_0이다.

종량세(unit tax)

재화 한 단위당 일정액으로 부과되는 조세.

이제 샴페인에 갤런당 u달러만큼 구입 시 세금을 내야 한다고 하자. 그리고 법적 귀착의 부담은 소비자에게 있다고 하자. 귀착분석의 중요한 단계는 조세가 존재할 경우 수요자가 지불한 가격과 공급자가 받은 가격이 달라진다는 점이다. 과세 전에는 수요–공급 분석을 통해 하나의 시장가격을 찾아낼 수 있었지만, 과세 후 수요–공급 분석에서는 소비자 가격과 공급자

5 v_1과 v_2가 일반적으로 소득수준에 의존한다. 즉, 하나의 세율만을 가진 조세제도에서도 v_1과 v_2가 일반적으로 상수가 되지 못한다. 이러한 사실은 누진도에 관한 논의를 더욱 어렵게 만든다.

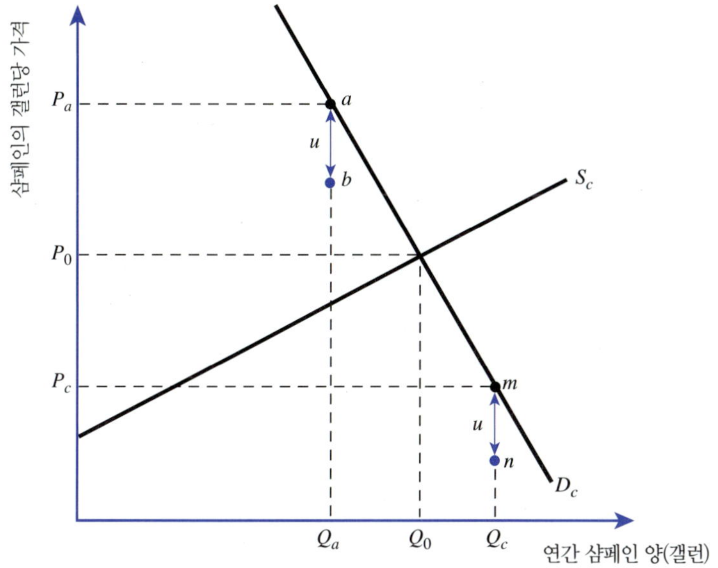

그림 14.1
세전 가격과 수량
종량세 u가 갤런당 부과되면 공급자에게 인식되는 수요곡선은 u만큼 아래로 이동한다. 예를 들어 Q_a 수량에 대해 기꺼이 지불하려는 최대액은 P_a인데 공급자는 $P_a - u$로 인식하게 되어 점 b에 해당한다.

가격이라는 2가지 가격을 포함하도록 모형이 변형되어야 한다.

여기서 조세가 어떻게 수요곡선에 영향을 주는지를 살펴보자. 수요곡선상의 임의의 점 a를 상정해보자. Q_a갤런에 대해 사람들이 기꺼이 지불하려는 갤런당 최대가격이 P_a라고 하자. 종량세 u가 과세된 이후에도, Q_a에 대해 사람들이 지출하려고 하는 최대는 P_a가 된다. 조세가 사람들이 샴페인에 두고 있는 본질적 가치를 바꾸는 것은 아니다. 그러나 과세 이후 사람들이 단위당 P_a를 지불한다면, 생산자가 더 이상 이 금액 전부를 가져가지 못한다. 대신에 그들은 $P_a - u$만큼만을 가져가게 되는데, 이것이 〈그림 14.1〉에 점 b로 표현되어 있다. 다시 말하면, 종량세가 부과된 후, 공급자에게 인식되기로는 점 a가 더 이상 수요곡선상의 점이 되지 못한다. 공급자에게는 소비자가 갤런당 얼마를 지불하는가는 중요한 것이 아니다. 중요한 것은 공급자가 갤런당 받게 되는 금액이 된다.

물론, 점 a가 임의로 선택되었다. 수요곡선상의 어떠한 점에서도 동일한 논의가 전개된다. 따라서 조세가 부과된 후, 생산 Q_c에 대해 공급자가 받게 되는 가격은 점 n이 되는데 이는 점 m으로부터 u만큼 차감할 때 나타난다. 이러한 과정을 수요곡선상의 모든 점에 대해 반복하면, 우리는 새로운 수요곡선이 이전 수요곡선에서 정확히 u달러만큼 아래에 위치하게 됨을 알 수 있다. 〈그림 14.2〉에서 이렇게 얻어진 수요곡선이 D_c'으로 표시되어 있다. 바로 이 곡선이 공급자에게 중요하게 되는데 왜냐하면 판매당 얼마나 받게 되는가를 결정하기 때문이다. 이러한 D_c'은 공급자 가격의 함수로 표현된 수요곡선으로 이해될 수 있다.

이제 종량세 부과 후 균형 샴페인 거래량을 찾을 수 있게 된다. 균형은 공급량이 공급자에 의해 인식되는 수요량과 일치할 때인 〈그림 14.2〉의 Q_1에서 발생한다. 따라서 조세는 거래량을 Q_0에서 Q_1으로 감소시킨다.

그림 14.2

수요 측면에 부과된 종량세의 귀착

소비자에게 종량세가 부과된 후, 균형수량은 Q_1이 된다. 생산자가 받은 가격은 P_n이고 소비자가 지불한 가격은 $P_n + u$로서 점 P_g에 해당한다.

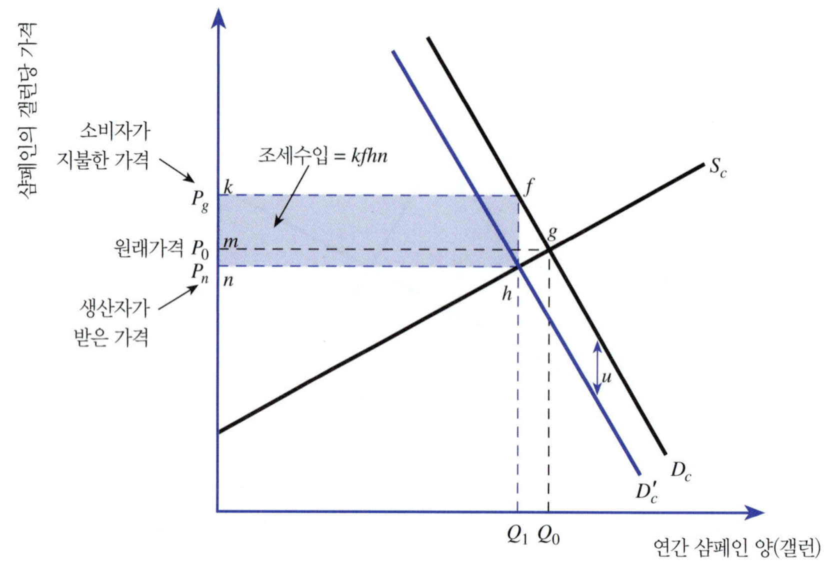

다음 단계는 새로운 균형가격을 찾는 것이다. 이미 앞에서 보았듯이, 2가지 가격, 즉 공급자 가격과 수요자 가격이 있는데, 생산자에 의해 받게 되는 가격은 유효수요–공급곡선이 만나는 P_n에서 결정되게 된다. 이때 D_c와 D_c' 간의 차이는 u이고, 소비자가 지불하는 가격은 $P_n + u$가 된다. 그래프상에서 소비자가 지불한 가격을 찾으려면 D_c'과 S_c가 만난 점으로부터 수직으로 원래 수요곡선 D_c로 올라가야 한다. 가격은 따라서 P_g가 된다. P_g가 조세를 포함하고 있으므로 조세를 포함한 세전가격이 되고 P_n은 세후가격이 된다.

조세는 소비자들에게 손해를 끼치게 되는데, 왜냐하면 새로운 가격 P_g가 과세 전 가격 P_0보다 높기 때문이다. 그러나 소비자 가격은 u보다는 작게 상승하는데, $(P_g - P_0)$만큼 오르기 때문이다. 생산자 또한 낮아진 생산자 가격으로 부담을 지게 된다. 과세후 생산자 가격은 P_n로 과세전 가격 P_0에 비하여 낮아진다. 따라서 조세는 생산자와 소비자 모두에게 손해를 끼친다.[6] 여기서 조세의 부담 u가 소비자와 생산자 각각에 $(P_g - P_0)$와 $(P_0 - P_n)$만큼 나누어지게 된다.

정의상, 징수된 세수가 구매량 Q_1과 종량세 u의 곱이 된다. 기하학적으로 수량 Q_1과 세율 u을 곱한 사각형 *kfhn*의 넓이가 세수가 된다.

지금까지의 분석은 2가지 중요한 함의를 갖고 있다.

종량세의 귀착은 소비자 또는 생산자 누구에게 부과되었는지와 무관하다 동일한 조세 u가 소비자 대신에 샴페인 공급자에게 부과되었다고 하자. 〈그림 14.3〉에서 원래 공급곡선상의 임의의 점 P_i를 생각해보자. 공급곡선이란 공급자가 Q_i를 생산하기 위해 단위당 적어도 P_i를 받아야

6 잉여의 크기에 대해서 소비자들은 *mkfg*만큼 손실을 입고 생산자는 *mghn*만큼 잃게 된다. 전체잉여의 감소는 조세수입을 삼각형 *fhg*만큼 초과한다. 이것은 조세의 초과부담이며 제15장에서 다룬다. 소비자 및 생산자 잉여를 위해 부록을 참조하시오.

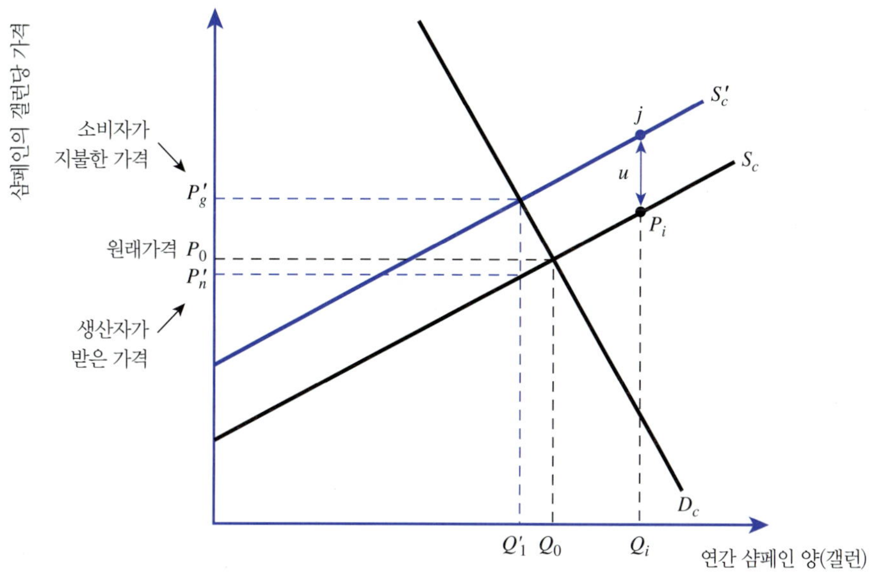

그림 14.3
공급 측면에 부과된 종량세의 귀착
공급자에게 종량세가 부과되면 소비자 가격으로 표시된 공급곡선이 그만큼 상향 이동한다. 세후 균형수량과 소비자 가격 그리고 공급자 가격은 법적 조세부담이 소비자에게 있을 때와 정확히 일치한다.

함을 보여준다. 종량세 부과 후 공급자가 P_i만큼 받기 위해서는 소비자 가격은 $P_i + u$가 되어야 한다. 이것은 그림에서 점 j로 표시되어 있다. 이제 이러한 논의로 무엇을 말하려는지 명확해졌을 것이다. 수요자에게 인식되는 공급곡선을 찾기 위해, S_c는 종량세만큼 상승해야 한다. 수요자 가격의 함수로 표현된 공급곡선은 S_c'으로 표시되어 있다. 세후 균형은 S_c'과 D_c가 만나는 Q_1'에서 이루어진다. P_g'에서 가격은 소비자가 지불하는 가격이다. 생산자가 받는 가격을 찾기 위해 우리는 P_g'에서 u를 차감해야 하는데 결국 P_n'을 얻게 된다. 〈그림 14.2〉를 다시 살펴보면, $Q_1' = Q_1$, $P_g' = P_g$ 그리고 $P_n' = P_n$이 됨을 알 수 있다. 따라서 종량세의 귀착은 수요자와 공급자 중 누구에게 과세되었는가와는 무관하게 된다.

이것이 바로 경제적 귀착이 법적 귀착과는 무관하다는 것을 보여주는 중요한 결과에 해당한다. 조세징수자가 소비자 바로 옆에 서서 소비자가 샴페인을 구매하는 즉시 종량세 u를 징수하는 것과 판매자 바로 옆에 서서 공급자가 샴페인을 판매하는 즉시 종량세 u를 징수하는 것과 아무런 차이가 없다는 것이다. 〈그림 14.2〉와 〈그림 14.3〉은 결국 중요한 것은 조세로 인해 발생하는 소비자 지불금액과 공급 수령금액 간의 격차 크기이며, 어느 쪽에 이러한 격차가 도입되었는가(즉 조세가 누구에게 부과되었는가)는 중요하지 않다는 것이다. 조세로 인해 도입된 이러한 소비자 가격 대 공급자 가격의 격차를 **조세격차**(tax wedge)라고 부른다.

> **조세격차**(tax wedge)
> 조세에 의해 유도된 소비자 가격과 공급자 가격 간의 차이.

종량세의 귀착은 수요곡선과 공급곡선의 탄력성에 의존한다 〈그림 14.2〉에서 소비자가 대부분의 부담을 지게 된다. 즉, 소비자가 지불하는 금액의 상승이 공급자가 받는 금액의 하락보다 규모에서 더 크다. 이러한 결과는 순전히 수요－공급곡선의 모양에 따라 달라진다. 일반적으로 수요곡선이 보다 탄력적일수록 다른 조건이 동일할 때 소비자의 조세부담이 줄어든다. 유사한 맥락에서, 공급곡선이 보다 탄력적일수록 다른 조건이 동일할 때 공급자의 조세부담이 더 줄

그림 14.4

공급이 완전히 비탄력적일 때 조세귀착

종량세가 공급이 완전히 비탄력적인 재화에 부과되었을 때 생산자 가격은 정확히 조세만큼 하락한다. 따라서 생산자가 모든 조세부담을 지게 된다.

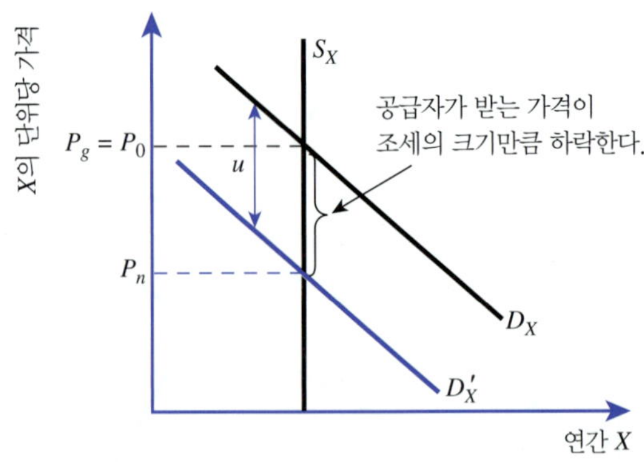

그림 14.5

공급이 완전히 탄력적일 때 조세귀착

종량세가 공급이 완전히 탄력적인 재화에 부과되었을 때 소비자 가격은 정확히 조세만큼 상승한다. 따라서 소비자가 모든 조세부담을 지게 된다.

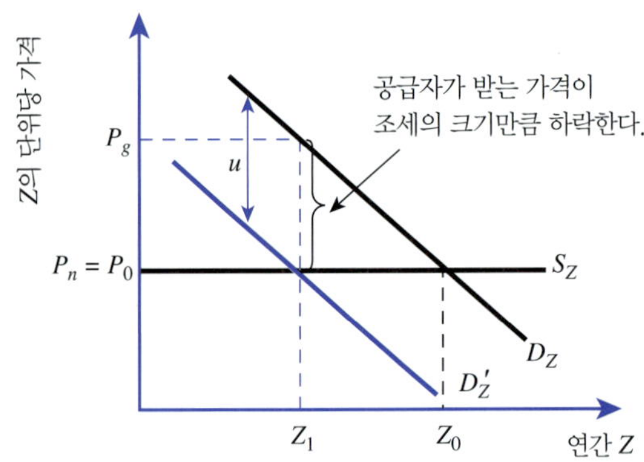

어든다. 직관적으로 탄력성이란 경제주체가 조세를 회피할 수 있는 능력을 측정하는 것으로 볼 수 있다. 수요가 보다 탄력적이라면, 소비자는 가격이 상승했을 때 다른 재화로 옮겨가기 쉬워지고 따라서 대부분의 조세부담이 공급자에게 지워지는 것이다. 역으로 소비자가 가격과 상관없이 동일한 수량을 수요한다면, 모든 조세부담이 소비자에게 지워지게 된다. 유사한 논의가 공급에 대해서도 적용된다.

극단적인 경우들에 대한 설명이 〈그림 14.4〉와 〈그림 14.5〉에 전개되고 있다. 〈그림 14.4〉에서는 재화 X가 완전 비탄력적으로 공급되고 있다. 종량세가 부과될 때, 공급자 가격의 함수로 표현된 유효수요곡선은 D_x'이 된다. 전과 마찬가지로 생산자가 받는 가격 P_n은 S_x와 D_x'과 교차하는 곳에서 정해진다. P_n이 P_0보다 정확히 u만큼 작다. 따라서 생산자가 받는 가격은 정확히 조세만큼 하락한다. 동시에 소비자에 의해 지불되는 가격 $P_g(=P_n+u)$는 P_0에서 그대로 유지된다. 공급이 완전 비탄력적일 경우 생산자가 모든 부담을 지게 된다. 그러나 〈그림 14.5〉는 정반대의 상황을 보여준다. 재화 Z의 공급이 완전 탄력적이다. 종량세의 부과는 수요곡선을 D_z'이 되게 하며, 새로운 균형에서는 수요량이 Z_1이 되고 생산자 가격 P_n은 P_0에 머물게 된다. 소비자가 지불하는 가격 P_g는 따라서 $P_0 + u$가 된다. 이 경우 소비자가 모든 조세부담을 지게 된다.[7]

이러한 분석의 이면에 있는 중요한 가정으로서 소비자들이 그들이 직면하고 있는 가격에 대해 정확히 이해하고 있다는 것이다. 그러나 조세의 소비자 인식은 조세의 두드러짐 또는 **확연성**(salience)에 의존하고 있다는 실증분석이 있다. 예를 들어, 편의점에 있는 어떠한 상품에 조세가 부과되고 있다고 하자. Chetty, Looney, Kroft[2009]의 연구는 제품이 진열된 곳에 세금이 적혀 있을 때(즉, 미리 세금을 알 때) 계산대에서 가격이 비로소 영수증에 찍힐 때(즉, 상대적으로 미리 세금에 대해 인지하지 못할 가능성이 높을 때)보다 수요량이 크게 반응함을 발견하였다. 이러한 사례가 일반화되는 취지하에서 조세의 귀착을 평가할 때, 확연하지 않은 조세의 수요탄력성에 대한 효과가 작게 나타날 것이다.

확연성(salience)

확연히 구별되어 인식되는 정도를 뜻하며 인간의 뇌 구조상 고려하지 않을 수 없이 중요한 정도를 지칭한다.

담배세 논쟁 얼마 전 한국과 미국에서는 담배과세에 대한 논쟁이 공공의 관심사가 된 적이 있다. 한국에서는 각종 세금과 부담금이 담배가격에서 차지하는 비중이 2015년 74%에 이르고 있으며, 소위 '증세 없는 복지 확충' 기조하에서 개별 소비품목인 담배에 부과되는 건강증진 부담금을 추가적으로 인상하자는 주장이 제기되었고 결국 2015년도 평균 약 2,000원에 달하는 큰 폭의 담배세 인상이 있었다. 미국에서는 2009년도에 갑당 39센트에서 1.01달러로 연방담배세가 큰 폭으로 인상되었다. 더 높은 과세를 지지하는 사람 중 어떤 사람들은 가격상승으로 인한 금연효과에 관심을, 그리고 다른 어떤 사람들은 담배 생산업자들을 징벌하거나 또는 서소득층 흡연자에 귀결되는 세부담에 관심을 두었다. 금연효과에 관심 있는 사람들은 과세가 소비자 가격을 상승시키는 것으로, 담배 생산업자들을 징벌하는 것에 관심 있는 사람들은 과세가 생산자 가격을 인하하는 것으로 가정하고 있는 것이다. 어떠한 가정이 어느 정도까지 올바른 것인가? 지금까지 논의한 조세귀착 모형은 우리가 이러한 질문에 답하기 위해서는 담배시장에서 수요와 공급의 탄력성을 알아내야 함을 의미한다.

14.2.2 종가세

이제 지금부터 종가세의 귀착에 대해서 알아보자. **종가세**(ad valorem tax)란 가격의 일정 비율로 과세하는 세금을 의미한다. 예를 들어, 한국에서는 상품의 생산과 유통 각 단계에서 발생하는 부가가치의 10%만큼 부가가치세를 납세하여야 한다. 미국의 주별로 존재하는 일반상품세도 종가세의 형태를 띠고 있다.

종가세(ad valorem tax)

구입가치의 일정 비율로 과세되는 조세.

다행히도 종가세의 분석은 종량세의 분석과 사실상 동일하다. 기본적 접근방식은 조세가 유효수요에 어떻게 영향을 미치는지 알아내어 새로운 균형을 찾아내는 것이다. 다만, 종량세하에서 각 수량에 대해서 일정 액수만큼 곡선을 아래로 이동시켰던 것 대신, 종가세하에서는 각 수량에 대해서 동일한 비율로 아래로 옮기는 것이다. 이것을 〈그림 14.6〉을 이용하여 설명하여보자. 조세가 없었을 경우, 균형가격과 수량은 P_0와 Q_0가 된다. 여기서 세전가격의 25%만큼

7 생산요소의 가격이 일정하다면, 경쟁적 시장에서의 장기공급곡선은 〈그림 14.5〉에서처럼 수평선이 된다. 이러한 조건하에서 장기에서는 소비자가 모든 세부담을 지게 된다.

그림 14.6

종가세의 도입

소비자에 부과된 종가세는 수요곡선을 모든 산출량에 대해 같은 비율로 수요곡선을 하락시킨다.

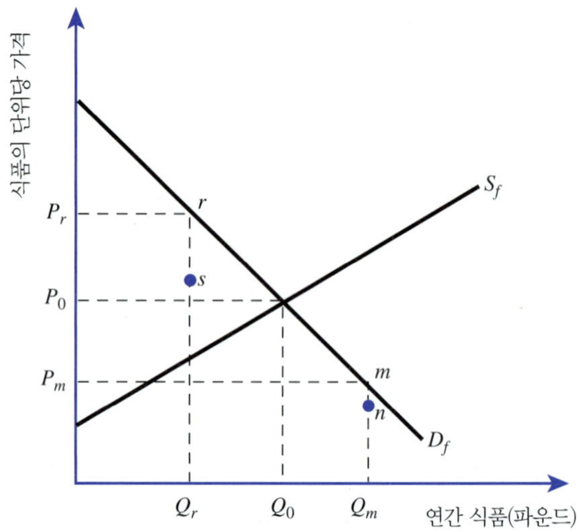

의 조세를 부과할 경우,[8] 곡선 D_f 상의 점 m에서 25%만큼 내려간 n에서 새로운 수요가 형성된다고 공급자는 인식할 것이다. 유사한 방식으로 점 r에 대해서도 25%만큼 내려간 s에서 새로운 수요가 형성된다고 공급자는 인식할 것이다. 세전 수요곡선 D_f의 모든 점에 대해 이러한 조정을 하고 나면 공급자가 직면한 수요곡선은 〈그림 14.7〉의 D_f'로 표시될 수 있다. 이 이후부터는 종량세의 경우와 동일한 방식으로 논의를 전개하면 된다. 균형은 S_f와 D_f'이 서로 만나게 되는 곳에서 형성되는데 균형수요량은 Q_1이 되고, 균형수요자가격은 P_g 그리고 균형공급자가격은 P_n이 된다. 앞에서처럼 조세의 귀착은 수요와 공급곡선의 탄력성에 따라 결정된다.

이러한 분석은 여러 상황에 적용될 수 있다. 〈그림 14.7〉이 식품시장 대신에 임대주택시장의 상황을 나타내주고 있는 것으로 생각할 수도 있다. 이 경우 조세(재산세 또는 종합부동산세)의 귀착은 집주인 또는 세입자 중 누가 세금을 세무서에 납부하는가와 무관하게 결정된다. 이것은 집주인이 재산세를 직접 납부하기 때문에 세부담은 집주인에게 지워진다는 일반적 믿음과 분명히 배치되는 사실이다.

14.2.3 생산요소에 대한 과세

지금까지 우리는 재화에 대한 세금에 대해 논의하였다. 하지만 이러한 분석은 생산요소에 대한 세금에도 적용될 수 있다.

급여세(payroll tax)[9] 공적연금의 재원을 조달하기 위해 조세가 사용된다고 해보자. 제11장에서

---

8 여기서 25%란 소비자가 지불하는 '소비자 가격 1달러'에 대해 25%를 의미한다. 본 예에서 생산자가 받아가는 생산자 가격은 75센트가 되는데, 이를 기준으로 보면 33%(즉, 75 중의 25)의 조세로 볼 수도 있어 기준에 따라 달라질 수 있다. 본문에서는 소비자 가격을 기준으로 논의를 통일하였다.

9 봉급세 또는 고용세라고 불리기도 한다.

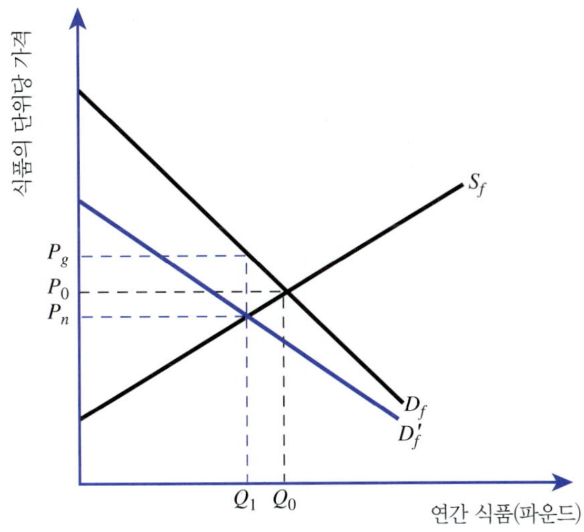

그림 14.7
종가세의 귀착
종가세의 부과 이후 새로운 균형수량은 Q_1이 된다. 생산자 가격은 P_n이고 수요자가 지불하는 가격은 P_g이다.

보았듯이, 미국에서는 근로자 봉급의 7.65%에 상응하는 조세가 고용주에 의해 지불되어야 하며 이만큼이 동시에 근로자에 의해서도 지불되어야 한다. 따라서 전체 15.3%의 부담이 된다.[10] 이러한 양분은 오랜 전통에 기초해 있는데, 급여에 대한 조세가 근로자와 사용자 모두에 균등하게 나뉘어야 한다는 법률입안자의 믿음 때문이다. 그러나 근로자와 사용자 간의 법적인 구분은 조세귀착에 있어서 아무런 의미가 없게 된다. 앞에서 분석한 바와 같이, 이러한 조세귀착은 궁극적으로 근로자가 받는 금액과 사용자가 지불하는 금액 간의 조세격차에만 의존하기 때문이다.

이러한 점이 〈그림 14.8〉에 기술되고 있다. 여기서 D_L은 노동에 대한 수요이고, S_L은 노동의 공급이다. 논의의 전달을 쉽게 하기 위해, S_L이 완전 비탄력적이라고 가정하고 과세 이전에 임금은 W_0라고 하자. 노동에 대한 종가세는 수요곡선을 D_L'으로 옮기게 된다. 항상 그러하듯이, D_L'과 D_L 간의 거리는 노동의 수요자인 기업/사용자가 지불한 가격과 노동의 공급자인 근로자가 지불한 가격 간의 격차를 의미한다. 조세가 부과된 후, 근로자가 실제로 받아가는 임금은 w_n으로 감소하는, 반면 사용자가 지불하는 가격은 w_g로서 w_0와 같게 된다. 이러한 예에서 알 수 있듯이, 법적으로 조세의 부담을 양분하였지만, 근로자가 받은 임금은 정확히 조세만큼 하락하여, 결국 근로자가 모든 조세부담을 지게 된다.

물론 완전 탄력적인 공급을 가정함으로써 정확히 반대의 결과를 도출할 수도 있다. 귀착에 관한 어떠한 것도 관련된 행위(여기서는 노동공급 및 노동수요)의 탄력성을 모르고서는 이야기할 수 없다는 사실을 상기하자. 사실 노동공급의 탄력성에 대한 추정치들은 상당히 다양한데 많은 경제학자들은 이것이 거의 0에 가깝다고 보고 있다[Fuchs et al., 1998]. 이는 적어도 단기적으로는 부담을 나누려는 노력에도 불구하고 노동이 급여세 부담의 대부분을 지게 될 것임을 의미한다.

10 일정 수준 이상의 근로소득에 대해서는 적용되는 급여세율이 낮아진다. 제11장을 참조하시오.

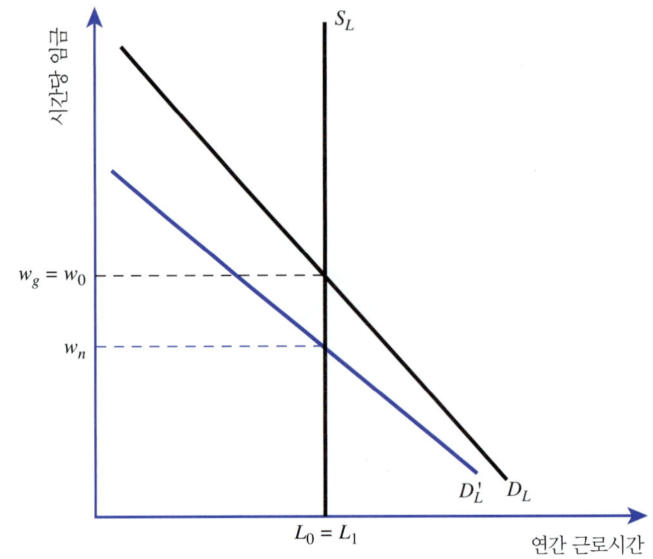

그림 14.8
비탄력적 노동공급하에서 급여세의 귀착
노동공급이 완벽히 비탄력적이면, 급여세에 의해 근로자가 받는 임금이 조세의 크기만큼 하락한다. 결국 근로자가 모든 조세부담을 지게 된다.

세계화된 경제에서의 자본과세 자본에 대한 조세를 분석하기 위해서는 노동에 대한 조세와 유사한 방식으로 접근해야 할 것이다. 즉, 수요와 공급곡선을 그리고 조세 크기에 따라 곡선들을 이동시키고, 조세부과 이전의 균형과 이후의 균형을 비교하는 작업이 필요하다. 국제무역이 없는 경제에서는 수요곡선이 우하향한다고 보는 것이 적절할 것이다(기업은 자본가격이 상승할 경우 자본을 적게 수요한다). 반면 자본의 공급곡선은 양의 기울기를 갖게 되는데, 저축에 대한 대가가 높아진다면 사람들은 더 많이 저축함으로써 보다 많은 자본을 시장에 공급하게 된다.[11] 이러한 경우 자본의 소유자가 지게 되는 조세부담의 정확한 크기는 수요와 공급곡선의 탄력성에 의존한다.

이제 경제가 개방되고 자본이 국가 간 완전히 자유로이 이동한다고 하자. 이것은 결국 단 하나의 자본시장이 존재한다는 것과 같은 의미이고 자본의 공급자들이 어떤 한 국가에서 세계 자본시장의 수익률보다 낮은 수익률을 얻게 되면 자본을 그 국가로부터 다른 국가로 이동시킬 것이다. 수요–공급 분석틀하에서 이해하자면, 어떤 한 국가에서의 자본의 공급은 완전 탄력적이라 하겠다. 이 국가의 국민들은 세계시장가격에서 얼마든지 원하는 만큼의 자본을 구입할 수 있으나, 이보다 낮은 가격에서는 전혀 구입할 수 없게 된다. 이러한 상황이 가져오는 자본에 대한 조세귀착의 함의는 매우 놀랍다. 〈그림 14.5〉에서 보듯이 자본의 사용자들에 의해 지불되는 세전가격이 정확히 조세의 크기만큼 상승하게 된다. 그리고 자본의 공급자는 전혀 부담을 지지 않게 된다. 직관적으로 조세부담을 조금이라도 지게 된다면, 자본은 단순히 외국으로 옮겨가게 된다. 따라서 세전수익률은 상승해야만 한다.

현대의 고도로 통합된 세계경제에서도 자본이 국가 간에 완전히 자유롭게 이동하는 것은 아

11 그러나 제18장에서 보듯이 수익률의 증가에 따라 저축이 반드시 증가하지 않을 수도 있다.

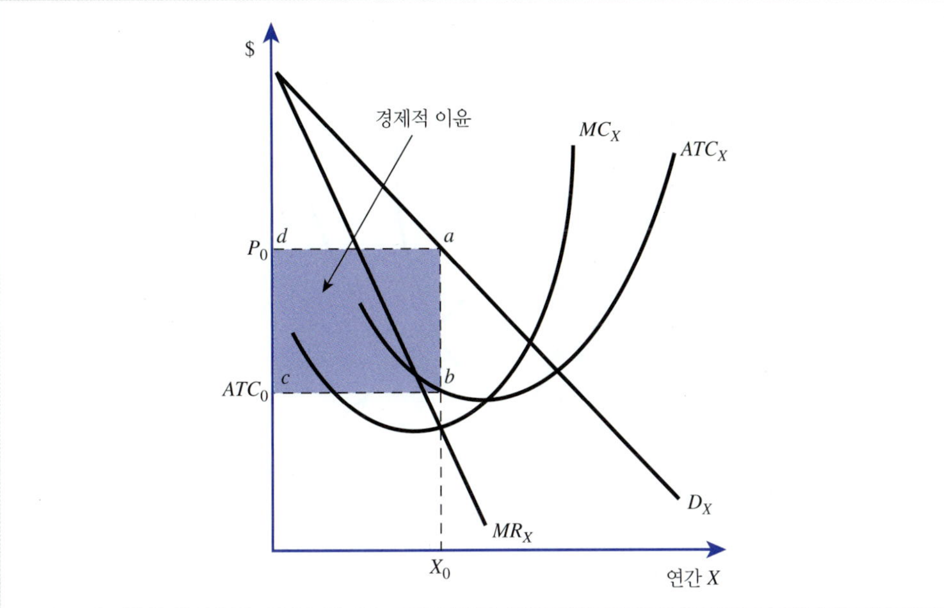

그림 14.9
독점생산자의 균형
독점기업이 연간 X_0만큼 생산하고, P_0를 가격으로 하고, 이윤을 $abcd$만큼 받는다.

니다. 더욱이 자본시장이 세계시장에 비해 비교적 큰 규모인 미국과 같은 국가에서는 자본의 공급곡선이 완전히 수평이라고 보기 어렵다. 그럼에도 불구하고 세계화를 무시하는 정책입안자들은 조세의 부담을 자본의 소유자들에게 지울 수 있다고 과신하는 경향이 있다. 자본의 국제 간 이동성이 높은 만큼 자본가에 대한 과세는 다른 사람들에게 전가되기가 용이해졌다. 그리고 현실 조세제도에 있어서 명백해 보이는 자본과세의 누진성은 사실이 아닌 착각일 수 있다.

14.2.4 불완전 경쟁시장 재화에 대한 과세

경쟁적 시장의 가정은 지금까지의 분석에서 중요한 역할을 해왔다. 지금부터 이러한 결과들이 대안적 시장구조하에서 어떻게 변화할 것인지를 논의해보자.

독점 경쟁의 정반대 상황은 독점(즉 하나의 판매자)이라 할 수 있다. 〈그림 14.9〉에서는 재화 X를 생산하는 독점적 생산자를 보여주고 있다. 과세이전에 수요곡선은 D_X이고, 관련된 한계수입곡선은 MR_X이다. 재화 X에 대한 한계비용곡선은 MC_X이고, 평균비용곡선은 ATC_X이다. 항상 그러하듯이, 이윤극대화를 위한 생산 조건은 한계수입과 한계비용이 같다는 것인데, 그림에서는 이윤극대화 생산량은 X_0가 되고 가격은 P_0가 된다. 단위당 경제적 이윤은 평균수입과 평균총비용 간의 차이, 여기서는 거리 ab가 된다. 판매량은 db이기 때문에, 전체 이윤은 판매량과 평균이윤의 곱인 사각형 $abcd$가 된다.

이제 단위당 조세 u가 X에 부과되었다고 하자. 전과 동일한 이유로 생산자가 직면하는 유효수요곡선은 수직으로 u만큼 아래로 이동하게 된다.[12] 〈그림 14.10〉에서 이는 D_x'으로 표시된

12 이것 대신에 한계비용곡선이 u만큼 상승하는 것으로 생각할 수도 있다. 결론은 동일하다.

그림 14.10
독점생산자에 대한 종량세의 부과
독점기업에 대한 종량세의 부과가 유효수요곡선을 아래로 이동시키게 되고 따라서 한계수입곡선 또한 아래로 움직이게 된다. 조세가 균형수량을 X_0에서 X_1으로 줄이게 되고, 소비자 가격을 P_0에서 P_g로 올리며, 생산자 가격을 P_0에서 P_n으로 낮춘다. 그리고 독점이윤을 *abcd*에서 *fghi*로 낮춘다.

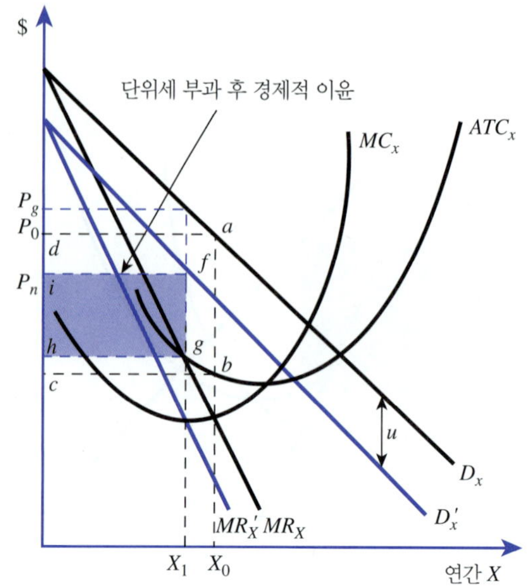

다. 이와 동시에 한계수입곡선도 u만큼 아래로 이동하는데 이는 조세가 기업의 추가적 수입을 감소시키기 때문이다. 새로운 한계수입곡선은 MR_x'이 된다.

이윤극대화의 생산량 X_1은 MR_x'과 MC_X가 만나는 곳에서 이루어진다. 산출량 X_1을 이용하여 독점자가 실제로 받는 가격이 D_X' 선상의 한 점이 되고, 이러한 경우 가격은 P_n이 된다. 소비자가 지불하는 가격은 P_n에다가 u를 더한 금액이 되는데 그림상 P_g에 해당한다. 단위당 세후 이윤은 독점자가 받는 가격과 평균비용 간의 격차 f_g가 된다. 판매된 수량은 i_f가 된다. 따라서 독점자의 경제적 이윤은 *fghi*가 된다.

조세의 효과가 무엇인가? 수요량이 감소하고($X_1 < X_0$), 소비자가 지불하는 가격은 상승하고($P_g > P_0$), 그리고 독점자가 받게 되는 가격이 감소하게 된다($P_n < P_0$). 독점이윤은 조세로 인하여 감소하는데 〈그림 14.10〉에서 *fghi*가 〈그림 14.9〉에서 *abcd*보다 작다. 시장 지배력에도 불구하고 독점사업자가 일반적으로 조세에 의해 손해를 보게 된다. 공적인 논의에서 시장 지배력을 가진 기업은 단순히 모든 조세부담을 소비자에게 전가시킨다고 주장되는데, 위의 분석은 심지어 탐욕스런 독점업자도 얼마 간의 세부담을 지게 됨을 의미한다. 전처럼, 소비자가 지게 되는 세부담은 수요곡선의 탄력성에 의존하게 된다.

종가세에 관한 분석도 사실상 동일한 것으로서 결론에 있어서 변화는 없다. 종가세의 경우는 독자들에게 연습문제로 남겨두기로 한다.

과점 완전경쟁과 독점의 양극단 사이에 어떤 소수의 판매자로 이루어진 과점시장이 존재한다. 불행히도, 과점에 관한 정립된 귀착이론은 존재하지 않는다. 이러한 당혹스런 사실에 대한 이유는 단순하다. 귀착은 본질적으로 조세의 부과 이후 상대가격이 어떻게 변하는가에 달려 있는데, 과점시장에서는 정립된 가격결정이론이 존재하지 않기 때문이다.

우리는 과점시장에서 기업이 당면하는 문제를 상상해봄으로써 관련된 문제에 대한 직관을 얻을 수 있다. 기업의 관점에서 이상적인 상황은 그들이 담합하여 전체 산업의 이윤을 극대화하는 산출량을 생산하는 것이다. 이러한 산출량 수준을 우리는 **카르텔 산출량**이라고 부른다(카르텔이란 이윤극대화를 위해 함께 생산을 결정하는 생산업자 그룹을 지칭하는데, 석유산유국 모임인 OPEC이 가장 대표적인 예이다). 카르텔하에서 이윤을 극대화하는 방식은 개별 기업의 생산을 줄이도록 함으로써 가격을 높이는 것이다. 그러나 이러한 카르텔 산출량을 달성하기 어려운데, 왜냐하면 생산량에 대해 합의하더라도, 이를 개별 기업이 합의된 생산량을 지키지 않았을 때 얻게 되는 이득이 더 크기 때문이다. OPEC을 생각해보면, 가장 중요한 문제는 산유국들의 '과다' 석유 생산을 방지하기가 어렵다는 점이다. 따라서 과점시장에서의 생산이 보통 카르텔 산출량보다 높게 된다. 만약에 모든 과점기업들이 생산을 줄이도록 하는 어떤 기재가 존재한다면 해당 기업들의 이윤은 커지게 될 것이다.

과점산업에 과세하는 경우 어떠한 일이 발생하게 되는가? 경쟁과 독점시장에서처럼 생산을 줄이게 된다. 그러나 다른 시장과 달리 과점시장에서의 과세는 반드시 과점업자에게 나쁜 결과를 가져오는 것은 아니다. 물론 주어진 세전이윤에 대해서 보면, 세금 납부는 기업에게 손해이다. 하지만 세전이윤 자체가 과세로 인해 변화할 수도 있다. 과세로 인해 기업이 생산을 줄일 때 결과적으로 카르텔 산출량과 보다 가까워질 수 있으므로 세전이윤은 오히려 증가할 수도 있다. 세전이윤이 상승하는 경우 세후이윤도 증가할 가능성도 존재한다[Delipalla and O'Donnell, 2001]. 당연히 반대의 경우, 즉 과세 전보다 기업이 손해를 보는 경우도 존재한다. 보다 명확한 답을 위해서는 과세 후 과점기업들이 얼마나 생산량을 감소시킬지를 알아야 한다.

과점의 경제적 행위에 대한 이해가 증진됨에 따라 보다 개선된 귀착이론이 개발될 것이다. 이렇게 되기 전까지는 비록 근사치일지라도, 대부분의 경제학자들은 경쟁적 시장모형에서 얻어낸 결과와 직관에 의존하여 과점시장을 분석할 것이다.

14.2.5 이윤세

지금까지 기업의 판매에 기반을 둔 조세에 대해 논의하였다. 기업에 대한 세금은 **경제적 이윤**(economic profit)에 부과될 수도 있다. 여기서 경제적 이윤이란 생산에 투입된 요소에 대한 기회비용을 초과하여 기업의 소유자에게 돌아가는 수입을 의미한다(종종 경제적 이윤을 **초과이윤**이라 부른다). 이윤극대화 기업에 있어서 초과이윤에 대한 조세는 전가될 수 없음을 보이고자 한다. 즉 기업의 소유자가 모두 세부담을 지게 된다는 것이다.

> **경제적 이윤(economic profit)**
> 생산에 사용된 모든 요소의 기회비용을 초과하는 부분으로서 기업소유자에게 돌아감. 초과이윤이라고 불리기도 함.

단기균형 상태에 있는 경쟁적 기업을 상정해보자. 기업의 산출물이 한계비용과 한계수입이 교차하는 곳에서 결정된다. 이윤에 대한 비례적 조세(즉, 일정 비율을 세금으로 내는 조세)는 한계비용과 한계수입에 전혀 영향을 주지 않는다. 따라서 기업이 생산결정을 변경하지 않는다. 산출량이 변화하지 않으므로 소비자가 지불한 가격도 변하지 않으며 따라서 소비자들의 후생에는 아무런 변화가 없다. 이는 조세가 전적으로 기업에게만 부담됨을 의미한다. 이를 다른 방법으로 설명해보자. 기업의 목적은 세후이윤을 극대화하는 것이다. 세후이윤을 수식적으로 표현해보자. 이윤에 대한 세율이 t_p로, 세전이윤을 Π로 표기하면, 세후이윤은 $(1 - t_p)\Pi$로 표현된다. 여기서 단순히 산술적으로 세전이윤 Π을 극대화하는 산출량은 세후이윤 $(1 - t_p)\Pi$을 극대화하는 산출량과 동일함을 알 수 있다. 따라서 산출물과 소비자가 지불한 가격 모두 변하지 않으며 기업이 모든 조세부담을 지게 된다.

장기 경쟁균형에서 이윤에 대한 조세는 아무런 결과를 가져오지 못하는데, 왜냐하면 경제적 이윤은 경쟁에 의해 사라져버리기 때문이다. 독점기업의 경우 장기에서도 이윤이 존재할 수 있다. 그러나 앞 문단에서 설명했듯이 조세부담은 독점기업 소유자에게 지워진다. 만약에 이윤세가 부과되기 전에 기업이 이윤을 극대화하고 있었다면 조세가 전가될 수 없다.[13]

이윤세가 경제적 의사결정에 왜곡을 초래하지 않기 때문에 매력적인 정책수단이 될 수 있다. 2008년에 일부 미국 국회의원들이 석유회사의 이윤에 대한 과세를 주장한 바 있다. 그러나 재정학자들로부터 이윤세가 그리 많은 지지를 받지 못하였는데, 가장 중요한 이유는 경제적 이윤이라는 개념을 현실에 적용하기 어렵기 때문이다. 보통 경제적 이윤이란 기업이 자본으로부터 얻는 수익률을 살펴보고 이를 정부가 준거로 사용하는 '기본' 수익률 등과 비교해봄으로써 얻게 된다. 분명히 자본이 어떻게 측정되는가가 중요하다. 이때 자본의 구입비용 아니면 주어진 자본을 대체하는 데 소요되는 대체비용이 사용되어야 하는가? 그리고 수익률이 높은 것이 초과이윤 때문이 아니라 기업이 원래 위험한 사업을 수행하여 투자자들이 위험에 대해 보상을 요구하기 때문이라면 어찌하겠는가? 이러한 고려들은 행정과 시행에서 많은 문제를 야기할 것이다.

14.2.6 조세귀착과 자본화

수년 전에 캘리포니아주 포트 와이니미(Port Hueneme)라는 해변도시에서 지방정부가 해변재산에 대해 특수한 세금을 부과하였다. 그 세금은 부분적으로 해변재산이 바다로부터 얼마나 가까운가에 의해 결정되었다. 바다에 가까운 해변재산의 소유자에게는 연간 192달러의 세금이 추가적으로 부과되었다. 이에 대해 해변에 재산을 소유한 자들은 격렬히 항의하였다.

이러한 사례는 토지에 과세할 때 발생할 수 있는 특수한 문제가 있음을 시사한다. 토지의 특징적인 성격은 공급에 있어서 고정되어 있으며 내구적이라는 것이다. 토지에 대한 연간 임대료가 R_0달러라고 하자. 내년에는 R_1, 내후년에는 R_2 등이라는 것이 알려져 있다고 하자. 그렇다면 토지에 대해 과연 얼마나 기꺼이 돈을 지불하겠는가? 토지에 대한 시장이 경쟁적이라면, 가격은 임대료 흐름의 현재가치와 같게 될 것이다. 따라서 이자율이 r이라면 토지의 가격은 다음과 같다.

$$P_R = \$R_0 + \frac{\$R_1}{1+r} + \frac{\$R_2}{(1+r)^2} + \cdots + \frac{\$R_T}{(1+r)^T} \tag{14.3}$$

여기서 T는 토지로부터 서비스가 제공되는 마지막 기간(아마도 무한히 먼 미래)이다.

이제 이번 기에 u_0, 그다음 기에는 u_1, 그다음에는 u_2 등 일련의 세금이 토지에 부과되었다고 하자. 〈그림 14.4〉로부터 토지가 공급에 있어서 고정되어 있으므로, 소유자가 받게 되는 연간 임대료가 조세만큼 하락함을 알 수 있다. 따라서 집주인의 임대 수입이 초기에는 $(R_0 - u_0)$

13 기업이 다른 목표를 추구한다면 이윤세에 대해 가격을 증가시킬 수도 있다. 예를 들어 이윤극대화 대신 수입극대화를 하고 있다면, 기업은 적당한 수준의 수익률을 감안하여 가능한 한 많은 판매를 추구할 수 있다.

달러로 감소하고, 1년 이후에 $(R_1 - u_1)$달러로 감소하고, 2년 이후에 $(R_2 - u_2)$달러로 감소한다. 토지 구입자들은 토지구입이 미래 수익 흐름뿐 아니라 미래 세부담 흐름도 가져오는 경제행위임을 인식한다. 따라서 조세가 공표된 이후 토지에 대한 최대 지불용의 가격은 아래와 같다.

식 (14.4)와 (14.3)을 비교하면 조세의 영향으로 토지의 가격이 아래만큼 하락한다.

$$P_R' = \$(R_0 - u_0) + \frac{\$(R_1 - u_1)}{1 - r} + \frac{\$(R_2 - u_2)}{(1+r)^2} + \cdots + \frac{\$(R_T - u_T)}{(1+r)^T} \quad (14.4)$$

따라서 조세가 부과되는 시점에 토지의 가격은 모든 미래의 조세부담액만큼 현재가치가 감소하게 된다. 이처럼 조세의 흐름이 자산의 가격에 반영되는 과정을 **자본화**(capitalization)라고 한다.

자본화(capitalization)

조세의 흐름이 자산의 가격에 반영되는 과정.

자본화로 인해 영구히 조세부담을 짊어지게 되는 사람은 조세가 부과되는 시점의 집주인이 되는 것이다. 확실히 미래의 집주인이 조세당국에 세금을 납부하겠지만, 이러한 지불액은 사실 '부담'이 아니다. 왜냐하면 이러한 '부담'이 이미 구입 시의 낮은 가격으로 보상되었기 때문이다.[14] 자본화란 공급이 고정된 내구재화에 대한 조세의 귀착을 평가하는 시도를 복잡하게 하고 있다. 현재 집주인을 파악하는 것은 불충분하며, 조세가 부과되었던 시점에서의 집주인을 알아내야 한다. 말할 필요도 없이 포트 와이니미의 해변 소유자들이 항의하는 것은 당연하다.

지금까지의 논의에서는 완전 비탄력적인 공급을 가정하여, 재산세 부과 이후 임차인이 지불하는 임대료 R에는 변동이 없으며 모든 재산세는 재산소유자에 귀착되었다. 하지만 임대주택시장에서 공급의 탄력성이 높아지게 되는 만큼 재산세의 일부는 임대료 상승을 통해 임차인에게 전가될 것이다. 이러한 경우 재산의 가격 하락폭은 임대료 상승의 현재가치만큼 줄어들게 될 것이다. 실제로 최근 한국에서 종합부동산세 과세 이후 전세값 상승과 부동산값 하락이 동시에 관찰되고 있다.

14.3 일반균형모형

부분균형모형의 매력은 단순성에 있다. 한 번에 하나의 시장만을 살펴보는 것이 상대적으로 덜 복잡하다. 하지만 어떤 경우에는 다른 시장에 미치는 파급효과를 무시하는 것이 조세귀착에서 불완전한 분석이 되기 쉽다. 예를 들어, 담배에 대한 세율이 상승했다고 하자. 담배 수요가 감소한 만큼 담배 생산의 중간재인 잎담배에 대한 수요도 감소한다. 잎담배를 재배하는 농부는 다른 작물, 예를 들어, 목화 생산으로 전환할 수 있다. 목화의 공급이 상승함에 따라 가격이 떨어지고 목화를 재배하는 사람들에게 손해를 가져올 수 있다. 이러한 일련의 조정과정으로 인하여 담배세 부담의 일부를 목화생산업자들이 지게 될 수 있다.

일반균형분석(general equilibrium analysis)

다양한 시장들이 어떻게 상호 연관되어 있는지를 분석하는 연구.

좀 더 일반적으로, 전체 경제에 비해 상대적으로 큰 부문에 조세가 부과될 경우 해당 시장 하나만을 살펴보는 것이 충분하지 못할 수 있다. **일반균형분석**(general equilibrium analysis)은

14 토지세가 실제 집행되기 이전에 예상되었다면, 이야기는 좀 더 복잡하게 된다. 예상이 사람들 사이에 공유된 시점에서의 토지소유자도 얼마의 귀착을 경험하게 될 것이다. 따라서 조세부과시점에서의 토지소유자를 파악한다고 해서 모든 귀착분석이 명확해지는 것은 아니다.

다양한 시장들이 상호 연관되어 있는 방식을 고려한다.

부분균형분석의 또 다른 문제점은 재화의 생산자가 누구인가에 충분한 주의를 기울이지 못한다는 것이다. 담배세에 대한 예에서, 정책입안자들이 담배산업에 대한 징벌적 수단으로 담배세를 부과하였다고 하자. 오직 사람들만이 조세를 부담할 수 있음을 상기하자. 여기서 담배생산업자들이란 담배산업 자본의 재원을 조달하는 주주, 잎담배 경작 토지를 소유한 농민, 공장에서 일하는 노동자 등이다. 세부담이 이들 집단별로 어떻게 나누어지는가가 중요한 문제인데, 일반균형분석만이 이를 위한 분석틀을 제공할 수 있다.

일반균형분석에 대한 구체적인 논의에 들어가기에 앞서, 부분균형분석의 중요한 교훈이 일반균형모형에서도 성립한다는 것을 인식하자. 상대가격의 조정으로 인해, 누가 실질적으로 세부담을 지게 되는가(경제적 귀착)는 조세의 법적 부담이 누구에게 있는가(법적 귀착)와는 무관하다는 점을 상기하자.

14.3.1 조세 간 동등관계들

일반균형분석 틀에서 조세귀착을 다루는 것은 너무 어려운 것으로 보일 수 있다. 결국 수천 개의 재화와 생산요소들이 경제에서 거래된다. 어떻게 복잡한 모든 관계들을 누락시키지 않고 모두 고려할 수 있겠는가? 다행히도 일반균형이론의 유용한 주요 결론들이 단순화된 2재화−2요소 그리고 저축이 없는 모형으로부터 도출될 수 있다. 두 재화는 식품(F)과 공산품(M)이고, 두 생산요소는 자본(K)과 노동(L)이라고 하자. 이러한 모형에는 9개의 가능한 종가세가 존재한다.

t_{KF} = 식품 생산에 사용되는 자본에 대한 조세
t_{KM} = 공산품 생산에 사용되는 자본에 대한 조세
t_{LF} = 식품 생산에 사용되는 노동에 대한 조세
t_{LM} = 공산품 생산에 사용되는 노동에 대한 조세
t_F = 식품 소비에 대한 조세
t_M = 공산품 소비에 대한 조세
t_K = 양 부문의 자본에 대한 조세
t_L = 양 부문의 노동에 대한 조세
t = 일반적 소득세

부분 요소세(partial factor tax)

어떤 특정 부문에서 사용되는 생산요소에 대한 과세.

처음 4개의 조세는 어떤 특정 부문에서 사용되는 생산요소에 과세되므로 **부분 요소세**(partial factor tax)라고 불린다.

이 조세들의 어떤 조합은 다른 조세와 결과적으로 동등하게 된다. 이러한 동등관계 중 하나는 소비자이론으로부터 이미 잘 알려진 것으로,[15] 식품과 공산품에 대한 동일 세율의 과세(t_F와 t_M)는 소득에 대한 과세(t)와 동등하다.[16] 모든 재화에 대한 동일 세율의 과세와 비례소득세는 둘 다 예산선을 안쪽으로 평행이동시킴을 생각해보면, 이러한 동등관계는 쉽게 이해될 수 있다.

15 소비자이론이 이 책 마지막에 있는 부록에 요약되어 있다.

16 모든 소득이 소비에 쓰인다고 하면 소득세는 소비지출에 관한 조세와 동등하다.

표 14.2 몇 가지 동등한 조세 관계들

t_{KF}	and	t_{LF}	are equivalent to	t_F
and		and		and
t_{KM}	and	t_{LM}	are equivalent to	t_M
are		are		are
equivalent		equivalent		equivalent
to		to		to
t_K	and	t_L	are equivalent to	t

자료: McLure[1971, p. 29].
상대가격에서 동일한 변화를 만들어내는 2가지 조세의 결합은 동일한 귀착효과를 가져온다. 예를 들어 자본(t_K)과 노동(t_L)에 대한 비례세는 소득세(t)와 상응하게 된다.

노동과 자본에 대한 비례적 조세(t_L과 t_K)를 생각해보자. 본 모형에서는 모든 소득이 자본 또는 노동으로부터 발생하기 때문에, 모든 생산요소를 같은 세율로 과세하는 것은 소득에 과세(t)하는 것과 동등하게 된다.

아마도 당연하게 들리지는 않겠지만, 식품부문에서 자본과 노동에 대한 동일 세율의 과세가 식품에 대한 소비세(t_F)와 동등하게 됨($t_{KF} = t_{LF}$)을 살펴보자. 식품 생산에서 자본과 노동만이 사용되기 때문에, 이들 생산요소 각각을 동일 비율로 비싸게 만드는 것은 식품 자체를 같은 비율로 비싸게 만드는 것과 동등하다.

보다 일반적으로, 만약 어떤 2가지 조세 조합이 동일한 상대가격 변화를 야기한다면, 이 조세 조합들은 동일한 귀착효과를 가진다. 이러한 논리에 의거하여 유도될 수 있는 모든 동등관계들이 〈표 14.2〉에 요약되어 있다. 동등관계들이 표의 행 또는 열을 따라 표시되어 있다. 어떤 열 또는 행 하나에 있는 3가지 조세가 모두 부과된 경우의 조세귀착은 이 중 2가지 조세만을 자세히 분석하면 알아낼 수 있다. 세 번째 조세의 효과는 다른 2개의 조세의 효과를 합하거나 뺌으로써 찾아낼 수 있다. 예를 들어 3번째 행에서 자본과 노동에 대한 조세의 귀착을 알게 되면 우리는 소득에 대한 조세의 귀착도 알아낼 수 있다.

다음 절에서는 식품세(t_F), 소득세(t), 노동에 대한 일반세(t_L) 그리고 공산품에 사용되는 자본에 관한 부분요소세(t_{KM}) 등 4가지 조세의 귀착을 알아보기로 한다. 이러한 4가지 조세에 대한 결과에 기초하여, 〈표 14.2〉를 이용하여 다른 5가지 조세의 귀착을 알아낼 수 있다.

14.3.2 하버거 모형

Harberger[1974]는 일반균형모형을 조세귀착에 처음으로 적용한 선도적인 연구자이다. 하버거 모형의 중요한 가정은 다음과 같다.

1. **기술.** 각 부문의 기업들은 자본과 노동을 사용하여 산출물을 생산하는데 모두 일차동차의 생산함수, 즉 투입을 2배로 하면 산출도 2배가 되는 함수를 갖는다. 생산기술은 부문별로 다를 수 있다. 일반적으로 생산기술은 노동을 자본으로 대체할 수 있는 용이도

대체탄력성(elasticity of substitution)

한 생산요소가 다른 생산요소로 대체되는 정도의 용이성에 대한 측정 지표.

자본집약적 산업(capital intensive industry)

노동투입에 비해 자본투입의 비율이 상대적으로 높은 산업.

노동집약적 산업(labor intensive industry)

노동투입에 비해 자본투입의 비율이 상대적으로 낮은 산업.

[**대체탄력성**(elasticity of substitution)]와 자본과 노동이 투입되는 비율에서 다르게 된다. 예를 들어, 미국에서 식품 생산의 자본-노동 비율이 의류 생산의 자본-노동 비율의 2배에 이르고 있다[Congressional Budget Office, 1997]. 자본-노동 비율이 상대적으로 높은 부문을 **자본집약적**(capital intensive), 그리고 비율이 상대적으로 낮은 부문을 **노동집약적**(labor intensive)이라고 부른다.

2. 요소공급행태. 자본과 노동의 공급자들은 총수익을 극대화한다. 더욱이 자본과 노동의 이동은 완전히 자유로워서 두 부문 중 어디라도 소유자가 원하는 곳으로 옮겨갈 수 있다. 자유로운 이동으로 자본(노동)의 순한계수익은 두 부문에서 같아야 한다. 그렇지 않은 경우 노동과 자본의 부문 간 재배분을 통해 총순수익을 증가시키는 것이 가능하다.[17]
3. 시장구조. 기업은 경쟁적이고 이윤을 극대화하며 모든 가격이 완전히 신축적이다. 따라서 요소들이 완전 고용되어 있고 각 생산요소에 지불되는 대가는 한계생산물의 가치(생산요소의 마지막 단위에 의해 생산된 산출물의 가치)와 같아진다.
4. 총요소공급. 경제 내의 자본과 노동의 총량은 고정되어 있다. 그러나 앞에서 언급한 바와 같이 두 요소의 부문 간 이동은 완전히 자유롭다.
5. 소비자 선호. 소비자들은 동일한 선호를 가지고 있다. 따라서 모두 동일한 소비 형태를 보일 것이고, 이는 조세가 사람들의 소득 사용에 영향을 미침으로써 분배효과를 가져올 수 없음을 의미한다. 이러한 가정은 분석의 초점을 소득 원천에 대한 조세의 효과에 두기 위함이다.
6. 조세귀착의 분석틀. 분석틀은 '차별적 조세귀착'이다. 우리는 다른 조세 대신 어느 특정 조세를 사용하는 경우에 발생하는 귀착을 고려한다. 따라서 과세 전이나 과세 후에 대략적으로 동일한 양의 소득을 갖게 되므로, 전체 소득 변화의 수요와 생산요소 가격에 대한 효과를 고려할 필요가 없음을 의미한다.

분명히 이러한 가정들은 다소 제약적이지만, 분석을 상당히 단순화해준다. 이 장의 마지막 부분에서 이러한 가정이 완화될 경우 어떠한 결과가 나타날 것인가에 대해 논의한다. 이제 하버거 모형을 이용하여 몇 가지 다른 조세들의 효과를 분석하자.

14.3.3 조세 효과 분석

소비세(t_F) 식품에 대해서 과세할 경우 식품의 상대가격이 상승하며, 소비자들은 식품보다는 공산품 구입을 선호할 것이다. 결과적으로 더 적은 식품과 더 많은 공산품이 생산된다. 식품 생산이 감소함에 따라 식품 생산에 사용되던 자본과 노동의 일부가 공산품 부문으로 이전되어 고용되어야 한다. 부문 간에 자본-노동비율의 차이가 존재하므로, 공산품 부문이 식품 부문으로부터 방출된 생산요소를 흡수·고용하기 위해서는 생산요소의 상대가격이 조정되어야 한다. 예를 들어, 식품 생산 부문이 더 자본집약적이라면(실제로 미국의 경우 그러하다!), 공산품 부문에서 상대적으로 덜 필요하지만 식품 부문으로부터 상대적으로 더 많이 방출되는 자본을 흡

17 책의 마지막의 부록에서는 한계수익의 일치가 왜 최적화의 조건이 되는가를 설명한다.

수해야 할 것이다. 이러한 고용이 이루어지기 위한 유일한 방법은 공산품 부문에서 이미 사용되고 있는 자본을 포함한 모든 자본의 상대가격이 하락하는 것이다. 새로운 균형에서 자본은 전보다 손실을 입게 된다. 일반적으로 특정 부문의 산출물에 대한 과세는 그 부문에서 집중적으로 사용되는 생산요소의 상대가격을 인하시키는 결과를 가져온다.

이러한 정성적 논의를 넘어서기 위해서는 추가적 정보가 필요하다. 식품에 대한 수요가 보다 탄력적일수록 식품으로부터 공산품으로의 대체가 보다 큰 폭으로 발생한다. 식품과 공산품 간의 요소집약도 차이가 클수록 공산품 생산으로 흡수되어야 할 자본 가격의 하락폭이 커지게 될 것이다. 마지막으로 노동을 자본으로 대체하는 것이 어려울수록 자본 가격의 하락폭이 커지게 될 것이다.

소득의 원천 측면에서, 식품에 대한 과세는 자본 소득 비중이 높은 사람들에게 더 큰 손실을 초래할 것이다. 모든 사람의 선호가 같으므로(가정 5), 소득의 지출 측면에서 흥미로운 효과는 발생하지 않는다. 그러나 이 가정을 없앤다면, 식품 지출 비중이 높은 사람들의 부담이 상대적으로 증가할 것이다. 이 경우 식품에 대한 조세의 귀착은 소득의 원천과 지출의 2가지 측면에 모두 의존하게 될 것이다. 예를 들어 식품에 많은 지출을 하는 자본소유자는 소득의 원천과 지출 측면에서 모두 손실을 보게 될 것이다. 그러나 식품에 많은 지출을 하는 노동자는 지출 측면에서 손실을 보게 될 것이나 소득의 원천에서는 이득을 보게 될 것이다.

소득세(t) 앞에서 이미 보았듯이, 소득세는 자본과 노동에 대한 동일 세율 과세와 동등하다. 생산요소 공급이 완전히 고정되어 있기(가정 4) 때문에 소득세의 부담이 다른 곳으로 전가될 수 없다. 조세부담이 사람들의 초기소득에 비례하여 지워진다. 이러한 결과의 이면에 있는 직관은 부분균형모형 분석에서 얻었던 직관과 유사하다. 생산요소가 세부담을 '회피'할 수 없다면[18] 모든 부담을 지게 된다.

노동에 대한 일반 조세(t_L) 노동에 대한 조세가 식품과 공산품 생산에서의 노동의 모든 사용에 대해 부과된다. 결과적으로 부문 간 노동을 이동시킬 유인이 없다. 더욱이 요소공급이 완전히 고정되어 있다고 가정되어 있기 때문에 노동이 모든 부담을 지게 된다.

부분요소세(t_{KM}) 공산품 생산에 사용되는 자본에만 과세된다면, 2가지 초기효과가 발생한다.

1. **산출효과**(output effect). 공산품 가격이 상승함에 따라 소비자의 수요가 줄어든다.
2. **요소대체효과**(factor substitution effect). 공산품 부문에서 자본의 가격이 상승함에 따라 생산자들이 자본보다 노동을 더 사용하려 한다.

〈그림 14.11〉에 있는 흐름도는 2가지 효과의 결과를 보여주고 있다.

산출효과는 왼쪽에 기술되어 있다. 명칭이 의미하듯이, 산출효과는 공산품 부문에서 생산의 감소로 나타난다. 공산품 가격이 상승함에 따라 수요가 감소하고 이에 따라 공산품 부문에서 생산 감소가 이어진다. 이때 공산품 부문의 생산 감소는 이 부문에 고용된 노동과 자본의 방출

18 고용되지 않기를 선택하는 것이 일종의 조세 '회피'인데, 이러한 가능성은 가정에 의해 배제되어 있다.

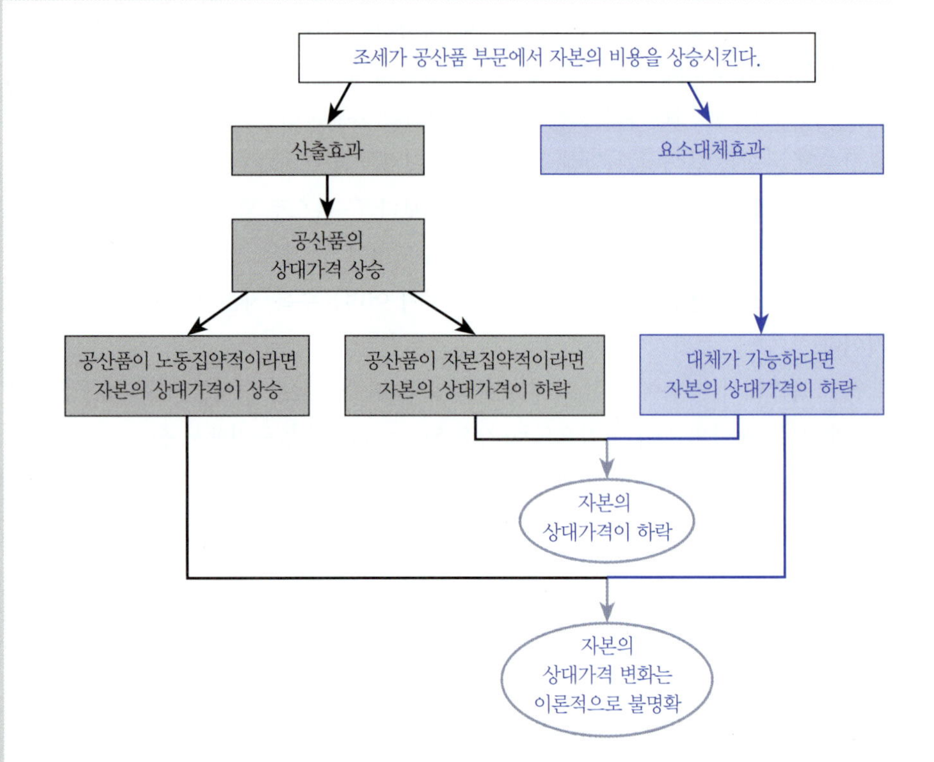

그림 14.11

일반균형모형에서 부분요소세의 귀착

공산품 부문에서 자본에 대한 조세는 산출효과로 이어지고 또한 요소대체효과를 낳는다. 산출효과는 공산품 가격에서의 증가로 이어지고 공산품 부문에서의 자본과 노동의 사용량을 줄이게 된다. 공산품 부문이 자본집약적이라면 자본의 상대가격이 하락한다. 만약에 노동집약적이라면 자본의 상대가격은 상승한다. 요소대체효과는 생산자들이 자본을 적게 쓰고 노동을 많이 사용하도록 함으로써 자본의 상대가격을 하락시키게 된다.

로 이어지고 이렇게 방출된 요소가 식품 부문에서 고용되어야 한다. 그러나 공산품 부문이 보다 노동집약적이므로 노동의 방출이 보다 큰 규모로 발생하고, 노동의 자본에 대한 상대가격은 하락한다(자본의 노동에 대한 상대가격은 상승한다). 만약에 공산품 부문이 자본집약적이라면 반대의 결과가 유도될 것이다. 따라서 산출효과는 해당 산업의 상대적인 요소집약도에 의존하며, 이러한 측면에서 자본과 노동에 대한 상대가격에 미치는 최종 효과는 불확정적이다.

그러나 이러한 애매성이 요소대체효과에 있어서는 존재하지 않는다(〈그림 14.11〉의 오른쪽 부분 참조). 자본과 노동에 대한 대체가 가능하기만 하다면, 자본의 가격 상승은 공산품 생산업자가 자본을 덜 쓰고 노동을 더 쓰도록 하는 변화를 초래하기 때문이다. 따라서 자본에 대한 수요를 줄이고 상대가격을 하락시킨다.

이러한 두 효과를 합해보면, 공산품이 보다 자본집약적이라면 두 효과가 같은 방향으로 나타나므로, 자본의 상대가격은 반드시 하락한다. 그러나 공산품 부문이 보다 노동집약적이라면, 최종효과는 불확정적이 된다. 비록 자본에 대해 과세가 이루어졌지만, 노동이 더 손해를 보게 될 수도 있다. 좀 더 일반적으로 생산요소의 부문 간 이동이 자유로울 때, 어느 특정 부문의 생산요소에 대한 과세는 두 부문에서 사용되는 두 생산요소의 생산요소 수익에 대해 영향을 미치게 된다. 이러한 직관은 부분균형모형에서는 가능하지 않았다.

일반균형모형을 이용한 귀착에 대한 응용연구 중 다수는 법인소득세의 효과에 초점을 두고 있다. 이러한 연구에서는 법인부문과 비법인부문을 가정하고 종가세 형태의 법인세가 법인부문에 부과되었을 때의 효과를 분석하고 있다. 위에서 살펴보았듯이 자본 수요에 대한 부분요소세의 효과가 이론적으로 확정적이지 않기 때문에, 귀착을 알아내기 위해서는 실증연구가 필요하다. 상당히 다양한 실증연구가 상이한 결과를 보고하고 있지만, 문헌 서베이에 기초해서 미국 국회예산처[2012a]는 75%의 세부담이 모든 자본의 소유자에게로 그리고 25% 정도가 노동에 귀착됨이 가장 합리적인 결론으로 보고 있다.

14.3.4 몇 가지 추가적 논의

일반균형모형의 가정들을 바꾸게 되면 귀착에 대한 결과도 다음과 같이 영향을 받게 된다.

개인 간 선호 차이 가정 5에 따르면 모든 소비자가 두 재화에 대해 같은 선호를 갖고 있다. 선호가 다를 경우 조세로 인한 소득분배의 변화가 총지출에 관한 의사결정을 변경시키고 상대가격과 소득도 변하게 된다. 예를 들어 법인부문 자본에 대한 과세를 고려해보자. 이미 앞에서 언급했듯이, 대부분의 연구들에서 상당부분의 세부담이 자본의 소유자로 귀착된다고 보고 있다. 그리고 자본이 고소득 개인에게 상대적으로 보다 중요한 소득의 원천이 되기 때문에 조세가 누진적으로 보일 것이다. 그러나 Fullerton과 Rogers[1997]에 따르면, 조세가 농업이나 정유산업과 같은 자본집약적 산업에 의해 생산된 산출물의 상대가격을 상승시키는데, 이 제품들에 대한 저소득층의 지출 비중이 높기 때문에 조세가 생각보다는 덜 누진적인 효과를 가진다.

이동성이 결여된 생산요소 가정 2에 따르면 생산요소들이 보다 높은 수익률을 찾아 두 부문 간에 자유로이 움직일 수 있다고 보았다. 그러나 제도적 또는 기술적 요인으로 인해 어떤 생산요소의 이동성이 거의 완전히 제약되기도 한다. 예를 들어 어떤 토지는 주거용으로만 규제되어 있을 수 있다. 이 경우, 수익률이 어떠하건 간에 이 토지는 공산품 생산에 사용될 수 없는 것이다. 생산요소의 완전이동성을 포기하게 되면, 조세의 귀착이 상당폭 달라진다. 예를 들어 생산요소의 이동이 자유로울 경우, 몇 가지 서로 상충되는 효과로 부분요소세의 귀착이 불명확해진다. 그러나 이동이 자유롭지 않으면 논의는 명확해진다. 조세가 부과된 요소가 모든 부담을 지게 된다. 직관적으로 이는 생산요소가 다른 부문으로 이전해감으로써 조세를 '회피'하는 것이 불가능하기 때문이다. 이동성이 없는 요소에 대한 과세로 요소수입이 과세액만큼 감소하게 되므로 모든 귀착이 해당 생산요소에만 한정되고, 과세된 부문의 산출물의 가격은 변화하지 않는다. 또한 조세가 부과되지 않는 부문의 자본과 노동의 가격도 변화하지 않는다.

가변적 생산요소 공급 가정 4에 따르면 양 요소의 총공급이 고정되어 있다. 그러나 장기에서는 경제의 자본과 노동의 공급이 가변적이다. 성장을 허용하게 되면 정태적 모형의 결과와는 완전히 달라진다. 자본에 대한 일반요소세를 생각해보자. 자본량이 고정되어 있을 때, 조세가 자본의 소유자에게 전적으로 귀착된다. 그러나 장기적으로 조세 때문에 적은 자본이 공급될 수 있다.[19] 이러한 일이 발생한다면 경제의 자본-노동 비율이 하락하고 노동에 대한 수익률은 감소한다. 따라서 자본에 대한 일반요소세가 노동에게 손실을 초래할 수 있다.

---

19 자본의 공급이 반드시 줄어들지 않을 수도 있다. 제18장을 참조하시오.

표 14.3 평균연방세율과 소득분위별 연방세의 비중(2009)

소득 범주	연방정부세율	연방조세부담
최하위	1.0%	0.3%
차하위	6.8	3.8
세 번째 분위	11.1	9.4
네 번째 분위	15.1	18.3
가장 높은 분위	23.2	67.9
모든 분위	17.4	100.0
최상위 1%	28.9	22.3

자료: Congressional Budget Office [2012a].
본 연구에 따르면, 평균적 세율은 가장 낮은 분위에서 1.0%, 그리고 최상위 1%에 있는 계층에서 28.9%에 달한다. 또한 최고위 1%에 있는 계층이 모든 연방세금의 22.3%를 부담하고 있다.

장기가 얼마나 긴 기간일지 모르기 때문에, 단기적 효과가 중요하다. 그러나 올바른 정책의 수립을 위해서는 과세의 장기적 귀착을 고려해야 한다.

14.3.5 귀착에 관한 응용 연구

조세귀착의 이론은 한 국가의 조세제도가 소득분포에 어떻게 영향을 미치고 있는가를 추정할 수 있는 분석틀을 제공하고 있다. 〈표 14.3〉은 미국 국회예산처[2012a]에 의한 모든 연방조세의 소득분위별 귀착을 추정하는 최신 연구결과를 보고하고 있다. 평균 세율은 5분위 중 최하분위에서 1.0%, 그리고 최상위 1%에서 28.9%인 것으로 추정되었다. 그리고 최상위 1%에 있는 계층이 모든 연방세금의 22.3%를 납부하고 있다. 이러한 수치들은 연방조세제도가 상당히 누진적임을 보여준다.

귀착에 대한 모든 연구 결과들이 몇 가지 가정에 결정적으로 의존한다는 사실을 간과해서는 안 된다. 위의 연구는 개인소득세에 있어서 조세 전가가 발생하지 않고, 급여세가 근로자에게 모두 부담되고, 소비세가 소비 비중에 비례하여 소비자에게 부담되는 것으로 가정하고 있다. 이러한 가정들은 문제를 상당히 단순화한다. 그러나 조세귀착이론은 이러한 가정들이 특히 장기에 있어서 문제가 있음을 의미한다.

또 다른 연구의 한계점은 본 연구가 연간소득에 기초하고 있는 것이다. 생애소득을 사용하는 것이 보다 적절한 연구가 될 것이며, 이 경우 상당히 다른 결과가 도출될 수도 있다. 왜 이러한가를 살펴보기 위해, 먼저 상당수의 실증연구들이 사람들의 소비결정이 특정한 한 해의 소득의 가치보다는 생애소득 지표에 훨씬 강하게 의존함을 보고하고 있음에 주목하자. 이는 개인의 소득이 특정 연도에 한시적으로 높거나 낮다는 것이 그 개인이 얼마나 소비하는지에 대해 별로 많은 영향을 주지 않기 때문이다.

재화 X의 소비가 생애소득에 비례한다고 하자. 그리고 X재의 공급곡선이 수평선이므로 소비자가 X재에 대한 조세 부담을 모두 진다고 하자. 이때 X재에 대한 조세는 생애소득에 비례할 수 있다. 그러나 어떤 특정 연도에 어떤 사람은 항상소득(permanent income)보다 높은 소득을 얻고 있고, 또 어떤 다른 사람은 낮은 소득을 얻고 있다. 어떤 특정 연도에 항상소득보다 더 번 사람은 연간소득에 대비한 *X*재에 지출이 적어지게 되는데, 이는 소비가 일시적 소득 상승에 반응하지 않기 때문이다. 유사하게 어떤 특정 연도에 항상 소득보다 적게 번 사람은 연간소득에 대비한 *X*재 지출의 비중이 높아지게 되는데, 소비가 일시적인 낮은 소득 상승에 반응하지 않고 항상소득에 기초하기 때문이다. 요약하자면, 연간소득를 기준으로 보면 *X*재 지출의 예산 대비 비중은 연간소득 증가에 따라 감소하는 것으로 나타난다는 점이다. 이러한 예측과 부합하는 실증분석 결과를 얻고 있는데, 예를 들어, Hasset, Mathur, Metcalf[2007]는 탄소에 대한 과세 생애소득을 기준으로 할 때보다 연간소득을 기준으로 할 때 역진적일 수 있음을 실증분석 결과로서 보이고 있다. 이러한 연구결과는 연간소득을 이용한 연구 결과를 해석함에 있어서 주의하여야 함을 의미한다.

14.4 결론

이 장은 누가 조세부담을 지는가라는 매우 단순한 질문으로부터 출발하였다. 가격의 변화가 조세부담을 파악하는 데 중요한 열쇠가 되며 가격변화는 시장구조, 수요와 공급의 탄력성, 생산요소의 이동성 등을 포함한 여러 요인에 의존함을 보였다. 이 시점에서 의미 있는 질문은 "우리가 조세에 대해 얼마나 알고 있는가?"이다.

여타 조세와 분리해서 해당 조세만을 분석하는 것이 합리적일 수 있는 조세들에 대해서는 이러한 질문에 대한 답변은 "상당히 알고 있다"가 될 수 있다. 부분균형 귀착분석을 위해 필요한 정보는 단지 시장구조, 수요곡선 그리고 공급곡선이다. 분석 결과가 명백한 독점 이외의 시장구조에 대한 분석에서는, 경쟁적 시장의 결과가 논의의 중요한 출발점이 되고 있다. 공급과 수요곡선의 추정치들이 제2장에서 논의된 실증분석 방법을 이용하여 얻을 수 있다. 이러한 부분균형 귀착분석은 튼튼한 기초 위에 놓여 있다.

일반균형모형에서도 생산요소의 이동이 제한적이라면 귀착분석은 매우 간결하고 명확하다. 과세되는 생산요소에 모든 조세가 귀착된다. 보다 일반적으로, 조세가 여러 시장에 영향을 줄 경우, 조세의 귀착은 여러 재화와 생산요소의 수요곡선과 공급곡선이 어떻게 상호 반응하는가에 의존하게 된다. 따라서 답은 덜 명확해진다.

불행히도, 법인세와 같은 여러 중요한 조세들이 명확한 답을 얻기 어려운 이러한 범주에 속하고 있는 것으로 보인다. 왜 그러한가? 이것은 바로 조세귀착을 알아내기 어렵게 만드는 이유와 동일한 이유 때문이다(어떤 중요한 집단에게 명백히 해를 끼치는 조세가 존재할 수 있는 정치적 가능성은 얼마나 될까?). 복잡한 조세는 사실 정치인들에게는 매우 쉽게 보일 수 있는데, 이는 이러한 복잡한 조세를 누가 실제 부담하게 되는지 아무도 모르기 때문이다.

어찌되었든 이 장의 귀착모형은 조세의 귀착을 파악하기 위해 어떠한 정보가 필요한지를 말해주고 있다. 이러한 정보가 아직은 가용하지 않은 만큼 이러한 귀착모형들은 조세귀착에 대한 우리의 무지를 보여주지만 이러한 무지가 나쁜 것만은 아니다. 성서학자 성 예로니모가 말했듯이 "무지하다는 것을 모르는 것이 더 나쁜 것"이기 때문이다.

심화 과정을 위한 추천 논문과 저서

부분균형모형에서의 조세귀착은 초급수준의 미시경제학 내용을 잘 이해한 후 적용하면 될 것이나, 일반균형모형에서의 조세귀착은 다소 복잡한 면이 있다. 이에 대한 가장 고전이 되는 논문으로서 Harberger의 연구를 참조하기 바란다. 좀 더 현대적 연구기법이 적용된 일반균형분석으로서 Fullerton과 Rogers(1997)의 연구를 참조하기 바라며, 우리나라에 이를 적용한 사례로서 김승래(2006)의 연구를 보면 좋을 것이다. 2018년도 우리나라에서도 최고 법인세율이 25%로 인상되는 등 큰 변화가 있었으며, 미국의 트럼프 행정부하에서 2018년도부터 35%에서 21%로 큰 폭의 법인세 인하가 있어 이러한 정책의 효과를 개략적으로 분석해볼 수 있을 것이다. 과거보다 좀 더 이질적 경제주체를 포괄한 거시모형을 이용하여 귀착을 파악해보려는 새로운 세대의 연구가 진행 중인 것으로 보이는바 아마도 현재 학부생들이 대학원에서 계속 공부해볼 만한 주제로 생각된다.

- Harberger, Arnold C. 1974. "The Incidence of the Corporation Income Tax." In *Taxation and Welfare*. Arnold C Harberger (ed.). Boston: Little, Brown.
- Fullerton, Don and Diane Lim Rogers. 1997. "Neglected Effects on the Uses Side: Even a Uniform Tax Would Change Relative Goods Prices." *American Economic Review* 87: pp. 120–125.
- 김승래. 2006. 한국의 조세 재정정책 평가 모형: 조세의 일반균형 귀착효과, 한국조세연구원 연구보고서.

요약

- 법적 귀착은 조세를 납부해야 하는 법률적 채무인 반면, 경제적 귀착은 조세의 실제 부담을 의미한다. 경제적 귀착은 사실 법적 귀착과 무관하다.
- 경제적 귀착은 조세에 의해 유도된 가격 변화에 의해 결정되며 사람들의 소득의 원천과 소득의 사용 모두에 의존한다.
- 균형예산 조세귀착, 차별적 조세귀착, 절대적 조세귀착 중 어느 접근방식이 적절한가는 논의되고 있는 정책에 의존한다.
- 부분균형 경쟁모형에서의 조세귀착은 수요와 공급의 탄력성에 의존한다. 동일한 일반적 접근이 독점화된 시장에도 적용될 수 있다. 하지만 과점에 대해서는 조세분석을 위한 정립된 분석틀은 아직 존재하지 않는다.
- 자본화로 인해 미래 조세부담이 비탄력적으로 공급되는 내구재(예: 토지)의 현재 소유자에게 지워질 수 있다.
- 일반균형 귀착분석은 종종 2부문-2요소 모형을 이용한다. 이러한 분석틀은 9가지의 조세를 포함할 수 있다. 이 조세들의 어떤 조합은 다른 조세와 결과적으로 동등하게 된다.
- 일반균형모형에서, 특정 부문에서 사용되는 한 생산요소에 대한 과세는 모든 부문의 모든 요소들의 수익에 영향을 줄 수 있다.
- 조세귀착에 관한 한 연구에서, 연방조세제도가 매우 누진적이라고 분석되었다. 그러나 이러한 연구는 문제의 소지가 있는 여러 가정에 의존하고 있음을 알 필요가 있다.

연습문제

1. 텍사스주는 최근 누드클럽에 대해 고객 1인당 5달러의 세금을 징수하도록 하였다[Fernandez, 2011]. 이러한 조세의 귀착에 대해 논의해보시오. 논의의 적절한 그래프를 그려가며 논의해보시오.
2. 부자와 가난한 자 2명(2명은 모두 같은 효용함수를 갖는다고 하자)으로만 구성된 사회를 상정해보자. 효용함수가 한계효용체감의 법칙을 따르고 있다고 하자. 만약에 조세로 인해 각각이 잃게 되는 효용의 총량이 갖도록 조세가 정해졌다고 하자. 이때 조세는 누진적인가?
3. 재화 X의 평균비용이 모든 산출에 대해서 한계비용과 같

다고 하자. 재화 X시장이 경쟁적이고 수요곡선이 우하향하는 직선이라고 가정하고, 종량세 u가 부과될 경우의 효과를 분석하시오. 만약에 시장이 독점적이라면 결과가 어떻게 바뀌는지 논하시오.

4. 메디케어에 관한 진실과 거짓이라는 한 기고문에서 《뉴욕타임즈》지는 2010년도 감내할 만한 보호 법안에 대해 논의하면서 다음과 같이 적고 있다. "추가적 수입의 큰 부분은 분담금 또는 제약회사, 의료기구 생산자와 보험회사에 부과한 조세로부터 나온다. 분담금은 분명히 감내할 만한데 왜냐하면 보험에 가입되지 못한자들을 위한 확대된 보장이 시장과 수입을 팽창시킬 것이기 때문이다."

a. 의료기기의 생산을 독점기업이 담당하고 있다고 하자. 10% 조세가 기업의 판매에 부과되고 있다고 하자. 본 기고문이 본 조세의 귀착에 대해서 암묵적으로 어떠한 점을 가정하고 있는가?

b. 기업이 선형 평균수입곡선 및 한계수입곡선을 갖고 있으며 일정한 양의 한계비용을 부담하며 생산한다고 하자. 조세부과 전후 의료기기 수요자가 지불하는 가격과 기업의 이윤에 대해 보여주시오. (힌트: 10% 조세가 AR, MR 곡선 둘 다 일정 방향으로 돌리게 되는 점을 상기하자. 그리고 돌아간 곡선과 한계비용곡선의 교차점에 대해 생각해보자.)

c. 위 문제를 풀었으면, 기고문 저자가 조세의 귀착에 대해 제대로 이해하지 못한 부분을 보여준 것이다. 이러한 오류에 대해 설명해보시오.

5. 술 소비를 줄이기 위해, 정부가 술 1갤런당 1달러의 세금을 부과할 것을 고려하고 있다. 조세가 생산자에게 부과되었다고 하자. 수요곡선이 $Q^D = 500{,}000 - 20{,}000P$($Q^D$는 술 수요량, P는 갤런당 가격), 그리고 공급곡선은 $Q^S = 30{,}000P$이다.

a. 소비자가 지불하는 가격과 공급자가 받는 가격을 구하시오.

b. 정부가 얼마의 조세수입을 얻게 되는가? 이 중 얼마만큼이 소비자로부터, 또 얼마만큼이 생산자로부터 오는가?

c. 술에 대한 수요가 노령인구보다 젊은 층에서 탄력적이라고 가정해보시오. 술에 대한 조세가 젊은 층 음주를 줄이는 데 보다 효과적인가? 설명해보시오.

6. 특정 재화에 대한 수요곡선이 $Q^D = a - bP$라 하자. 그리고 공급곡선은 $Q^S = c + dP$라 하자. 균형가격과 수량을 a, b, c, d의 함수로 나타내시오.

종량세 u달러가 재화에 부과되었다고 하자. 조세가 수요자 또는 공급자에게 부과되더라도 결과가 동일함을 보이시오.

7. 호주 정부의 한 보고서[Australia's Future Tax System, 2009]에 따르면 소득세율의 개정을 권고하고 있다. 이에 대한 아래 표는 현재 체제와 권고된 체제의 세율들을 보여주고 있다. 식 (14.2)를 이용하여 본 개정이 누진도를 증가시키는지 아니면 감소시키는지 평가해보시오. 계산 시 소득수준 3만에서 10만 달러까지만 이용하시오.

현재 체제

소득구간	한계세율
0~6,000	0%
6,001~37,000	15%
37,001~80,000	30%
80,001~180,000	37%
180,001+	45%

권고된 체제

소득구간	한계세율
0~25,000	0%
25,001~180,000	35%
180,001+	45%

8. 어느 국가에서 조세수입 T가 소득에 다음과 같은 방식으로 의존한다고 하자.

$$T = -4{,}000 + 0.2I$$

따라서 50,000달러의 소득을 버는 가구에 대해서 $(-4{,}000 + 0.2) \times 50{,}000$, 또는 6,000달러의 세금을 걷는다. 이것이 누진적인가?

이제 본 세율구조를 다음과 같이 일반화해보자.

$$T = a + tI$$

여기서 a와 t는 상수이다. 평균세율을 소득수준의 함수로 표시해 보이시오. 조세제도가 a가 음수이면 누진적이고 a가 양수이면 역진적임을 보이시오(힌트: 평균세율은 T/I).

9. 2011년에 뉴터키 정부는 고급 신차(2.0리터 엔진 이상을 보유한 차) 판매에 대한 조세를 84%에서 130%로 인상하였다. 고급신차와 고급중고차에 대해 본 조세인상의 효과를 보여주시오. 본 조세인상으로 즐거워할 사람이 있는가? 탄력성에 대한 여러분의 가정들을 명시적으로 적으시오.

10. 2011년 쿠바 정부는 8% 조세를 부동산 구입에 부과하는 개혁을 단행하였는데 조세가 구매자와 판매자 간에 양분되도록 하였다. 실제로 정확히 반반씩 조세가 부담될 수 있는가? 그래프를 그려서 논의를 보강해보시오.

11. 최근 Kleven, Landais, Saez[2010]의 연구에 따르면, 최고연봉 유럽 축구선수들의 국제간 이주결정은 소득세율에 매우 민감한 것으로 나타났다. 즉, 자국에서 당면하는 세율이 인상되면 다른 나라로 이주한다는 것이다. 본 결과가 이러한 선수들에 대한 소득세의 귀착에 대해 어떠한 함의를 지니는가? 그래프를 그려 여러분의 답을 정당화해보시오.

12. 1999년 일본 정부는 최고소득자들에 대한 소득세율을 50%에서 37%로 인하하였다[Yamada, 2011]. 대부분의 노동경제학자들은 남성 노동공급이 매우 비탄력적이라 믿고 있다. 이러한 소득세율 인하가 남성근로자들의 세후소득과 (노동의 수요자로서) 기업의 비용구조에 대해 어떻게 영향을 미칠 것인가? 본 개혁안의 효과를 남성노동시장과 여성노동시장 각각에 대해 나누어 비교해보시오. 단, 노동소득이 유일한 소득원이라고 가정하자.

13. 오직 2명으로만 구성된 사회가 있다고 하자. 한 명은 20만 달러 소득을 버는 부자이고 다른 한 명은 2만 달러를 버는 상대적으로 가난한 사람이다. 현행 소득세제하에서는 부자는 5만 달러의 세금을, 빈자는 1,000달러의 세금을 납부한다고 하자. 의회에서 부자의 세금을 2,000달러 그리고 빈자의 세금을 200달러 감세해주는 법안을 통과시켰다고 하자. 식 (14.1)과 (14.2)를 이용하여 본 조세개혁안이 누진도를 어떻게 변화시켰는지 논의해보시오.

14. [2015년 5급(행정) 공채 2차시험 재정학(필수)] 어떤 재화의 수요와 공급이 각각 다음과 같다.

> 수요 : $D = a - bP,\ a>0,\ b>0$
> 공급 : $S = cP,\ c>0$
> (단, P는 시장가격, D는 수요량, S는 공급량)

이 재화에 대해 정부가 물품세 t를 새롭게 부과했다. 부분균형 관점에서 다음 물음에 답하시오.

a. 정부가 부과한 물품세의 조세귀착을 그래프로 설명하고, 소비자들과 생산자들이 물품세 t 중 각각 얼마를 부담하는지 구하시오.

b. a에서 구한 물품세의 조세귀착이 수요와 공급의 가격탄력성과 어떻게 연관되어 있는지를 논하시오.

c. 이 물품세가 유발하는 초과부담의 의미를 그래프로 설명하고, 위에서 제시된 수요함수와 공급함수를 이용하여 초과부담의 크기를 계산하시오.

15. [2014년 제 30회 입법고시 제2차시험 재정학 문제] 소비자 A와 B로만 구성되어 있는 경제를 가정하자. 이 소비자들이 소비하는 어떤 재화에 대한 각 소비자의 개별수요 함수와 총비용 함수는 다음과 같이 표시된다고 한다.

> ■ 개별수요 함수 : $Q_a = 700 - 5P_a$
> $Q_b = 1{,}000 - 5P_b$
> (단, Q_a, Q_b: P_a, P_b는 A와 B의 개별수요량 및 개별가격)
> ■ 총비용 함수 : $C = 100Q^s$
> (단, C는 총비용, Q^s는 생산량)

이 재화가 완전경쟁시장에서 거래되는 순수민간재(pure private good)라고 가정하자.

a. 이 재화에 대한 시장수요(market demand) 함수를 P(가격)와 Q(수량)의 관계식으로 나타내시오.

b. 이 재화의 시장균형 상황을 그래프로 나타내고(각 축 절편 값 및 교차점 값 명시) 균형거래량(Q^*)과 균형가격(P^*)을 구하시오.

c. 균형상태에서 소비자 A와 B의 효용극대화 소비량(Q_a^*, Q_b^*)은 각각 얼마나 되는가?

Chapter 15

조세와 효율성

> 배는 등급도 많고 도별로 다르니, 규칙에 따라 배를 점검하고, 배에 대한 세금을 중복되게 징수하는 일이 없어야 한다.
>
> — 정약용의 『목민심서』(1818)

조세는 납세자에게 비용을 초래한다. 납세자에게 발생하는 비용을 단순히 조세당국에게 납부한 조세액으로 생각하기 쉬우나, 아래의 이야기는 납부한 세금 이상의 비용이 발생하고 있음을 잘 보여준다.

한 주에 1달러짜리 콘 아이스크림을 10개씩 소비하는 한 소비자의 사례를 분석해보자. 이제 정부가 그의 아이스크림 소비에 대해서 25%의 종가세를 부과하여, 아이스크림의 가격이 1달러 25센트로 인상되었다고 하자.[1] 이러한 가격 상승으로, 이 소비자는 아이스크림의 소비를 0으로 줄이고, 아이스크림 소비에 사용하던 10달러를 다른 상품의 소비에 지출하고 있다고 하자. 이 경우 아이스크림에 대한 과세로부터의 조세수입은 당연히 0이 된다. 이 소비자가 납부한 조세액이 0이기 때문에 그에게 있어 조세의 비용은 0인가? 물론, 아니다. 이 소비자는 과세로 인해 덜 선호하는 상품묶음을 소비하게 되었기 때문에 그의 경제적 후생은 명백히 감소하였다. 아이스크림을 하나도 소비하지 않는 선택은 과세 전에도 가능했었으나 그는 이 소비점을 선택하지 않고 주당 10개씩의 아이스크림 소비를 선택하였었다. 이러한 사실은 세금 부과로 인해 덜 선호하는 상품묶음을 선택하도록 강요되었음을 의미한다. 따라서 세수가 0임에도 불구하고, 이 종가세 형태의 소비세는 이 소비자의 후생수준을 낮추는 경제적 비용을 발생시킨다.

현실에 존재하는 여러 조세들은 납부한 세금 이상의 비용을 납부자들에게 부담시키고 있다. 예를 들어, 미국의 여러 도시들은 공항에서 대여되는 렌터카에 대해서 높은 세금을 부과하여 다른 도시에서 온 여행객들로부터 세수를 확보하려고 한다[Johnson, 2005]. 렌터카 대여에 부과되는 이러한 높은 세금을 피하기 위해, 자주 여행하는 한 여행자는 더 이상 보스턴 공항으로 가지 않고 대신 인근 도시의 다른 공항을 이용한다고 한다. 또 다른 한 여행자는 공항 렌터카 대여에 대한 높은 과세를 피하기 위해 택시를 이용하여 시내로 이동한 후 렌터카를 임대한다. 명백히 이러한 여행자들이 공항 대여 렌터카에 대한 조세를 지불하지는 않지만, 이들 여행

1 제14장에서 강조한 바와 같이, 일반적으로 세금부과 후 소비자가 지불한 가격은 세금액수만큼 증가하지는 않는다. 공급이 완전탄력적인 경우 소비자 가격은 세금액수만큼 증가하게 되는데, 위의 예에서 편의상 이러한 경우로 가정하자.

객의 후생은 조세로 인해 감소하였다.

앞의 2가지 예에서 납세자들은 조세에 대해서 극단적인 반응을 보이고 있다. 보통의 경우, 가격의 상승이 수요량의 감소를 초래하지만 극단적으로 소비량을 0으로 만들지는 않을 것이다. 그럼에도 불구하고 위의 예에서 나타난 주요한 결론은 여전히 성립한다. 조세는 경제적 의사결정을 왜곡하여 **초과부담**(excess burden)을 발생시킨다. 초과부담은 세수를 초과하여 발생하는 후생 감소분으로 정의된다. 이 장에서는 초과부담에 대한 이론들을 살펴보고, 초과부담을 어떻게 측정할 것인가에 대해서 논의하고, 현실의 조세체제를 평가함에 있어서 초과부담 이론의 중요성에 대해서 설명할 것이다.

초과부담(excess burden)
세수를 초과하여 발생하는 후생감소분으로, 후생비용 또는 경제적 순손실이라고도 함.

15.1 초과부담의 정의

초과부담은 조세 부과로 인한 후생 감소분 중 세수를 초과하는 부분으로 정의되며, 후생비용(welfare cost) 또는 경제적 순손실(deadweight loss)이라고 불리기도 한다.[2] 보리와 옥수수를 소비하는 루스의 선택을 통해 초과부담을 분석하자.[3] 루스는 I달러의 고정소득을 가지고 있으며, 이 소득으로 보리와 옥수수 2개의 상품을 소비하는데, 보리의 가격은 P_b이고, 옥수수의 가격은 P_c이다. 현재 조세는 없고, 경제 내에 외부성이나 독점과 같은 '왜곡'은 존재하지 않아 상품의 가격이 사회적 한계비용을 반영하고 있다고 하자. 그리고 편의상 사회적 한계비용이 수량에 따라 변화하지 않는 일정한 상수라고 가정하자. 〈그림 15.1〉에서 루스의 보리 소비는 가로축에, 옥수수 소비는 세로축에 표시되어 있다. 그의 예산제약은 AD선으로 표시되어 있는데, 예산선의 기울기는 $-P_b/P_c$이며, x절편은 I/P_b이고 y절편은 I/P_c이다.[4] 루스가 효용을 극대화한다고 가정하면, 그는 B_1단위의 보리와 C_1단위의 옥수수를 소비하는 무차별곡선 i상의 E_1점을 선택할 것이다.

이제 정부가 보리에 t_b의 종가세를 부과하여 그에게 있어서 보리의 가격이 $(1 + t_b)P_b$가 되었다고 하자(여기에서 보리의 사회적 한계비용이 일정한 상수라는 가정으로 인해 보리의 세전가격은 변화하지 않고 P_b를 유지한다). 조세의 부과로 인해 루스의 예산선은 변경된다.[5] 이제 예

2 일부 정부 지출사업에서 발생하는 경제적 순손실에 대해서는 제6장과 제9장을 참조하기 바란다.

3 본 교재의 초과부담 분석은 한 시장에서의 수요－공급을 이용한 부분균형적 분석이 아닌 소비자선택 모형 내의 동등변화와 세수를 이용한 일반균형적 분석으로부터 시작하고 있다. 이는 소비자선택 모형을 이용한 초과부담 분석이 보통수요와 공급을 이용한 부분균형 분석에 비하여 몇 가지 추가적인 직관을 제공하고 있기 때문이다. 첫째로, 초과부담이 상대가격 변화로 인해 발생하는 것이라는 사실이 보다 명백해진다. 조세효과를 소득효과와 대체효과로 분리하면, 대체효과로 인해 초과부담이 발생하는 것이 명백해진다. 둘째로, 수요－공급을 이용한 분석에서 수요곡선은 보통수요곡선이 아니라 보상수요곡선을 사용하여야 함이 명백해진다. 셋째로, 조세부과 후 해당 재화의 소비가 변화하지 않는 경우에도 다른 재화의 소비에 대한 왜곡으로 초과부담이 발생하고 있다는 사실이 명백해진다. 다른 한편으로, 수요－공급 모형을 이용한 초과부담 분석도 중요한 시사점을 지니고 있는데, 가장 중요한 시사점은 초과부담이 수요의 가격탄력성과 공급탄력성이 높아짐에 따라 커진다는 점을 명시적으로 보여준다는 것이다.

4 예산제약의 의미, 예산선의 기울기, 예산선의 절편 등에 대해서는 이 책 마지막에 있는 부록을 참조하기 바란다.

5 조세의 부과(또는 보조금의 지급)는 대상자의 예산선을 변화시킨다. 따라서 조세 또는 보조금 부과에 대한 효과 분석은 변화된 예산선을 그리는 것으로부터 시작하면 된다.

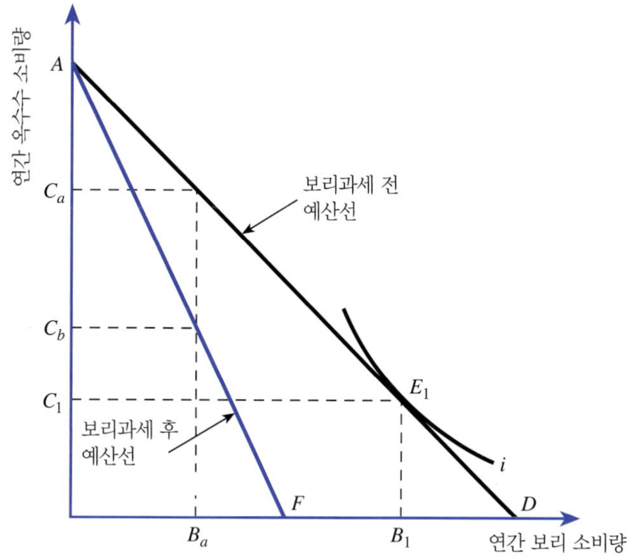

그림 15.1

조세의 예산선 변화 효과

예산선 AD하에서 루스는 소비점 E_1을 선택하여 효용을 극대화하고 있다. 보리에 대한 조세는 보리의 가격을 인상시키고 그의 예산선을 AF로 바꾼다.

산선의 기울기는 $-[(1+t_b)P_b/P_c]$가 되고 x절편은 $I/[(1+t_b)P_b]$가 된다. 〈그림 15.1〉에서 AF는 세후 예산선을 나타내준다(옥수수의 가격 변화는 없기 때문에 세전 예산선인 AD와 세후 예산선 AF의 y절편은 동일하다).

주어진 보리의 소비수준에 대해서 AD와 AF 간의 수직 격차가 옥수수의 단위로 표시된 루스의 조세납부액이다. 이를 보리 소비량이 B_a인 경우를 통해 보다 자세히 설명하자. 루스는 조세부과 전 보리 B_a와 옥수수 C_a를 소비할 수 있었으나, 조세부과 후에는 보리 B_a단위를 소비하면 최대로 구입이 가능한 옥수수의 양은 C_b로 줄어들게 된다. 따라서 C_a와 C_b 간의 차이가 옥수수 단위로 표시된 정부의 세수가 된다. 여기에서 $(C_a - C_b)$에 옥수수의 가격인 P_c를 곱하면 금액으로 표시된 세수를 얻을 수 있다. 편의상 P_c가 1달러라고 한다면, $(C_a - C_b)$가 옥수수 단위로 또는 금액으로 표시된 세수를 나타내준다.

지금까지는 세후 예산선 AF만을 나타내고 최적 소비점을 표시하지 않았다. 〈그림 15.2〉에서 무차별곡선 ii상의 E_2점은 과세 후의 최적선택점이며, 이때 보리 소비량은 B_2, 옥수수 소비량은 C_2이며, 납부세액은 예산선 AD와 예산선 AF 사이의 수직거리 차이인 GE_2이다. 명백히 세금으로 인해 최적소비점은 E_1에서 E_2로 바뀌었으며, 그의 후생수준은 감소하였다. 어떠한 조세라도 그로 하여금 세금부과 전보다 낮은 효용수준을 지닌 무차별곡선상의 점을 선택하도록 만들었을 것이다.[6] 여기에서 중요한 질문은 “보리에 대한 조세가 세수 GE_2 규모 이상의 효용 감소를 초래하였는가?”이다. 이러한 질문은 “효용 감소폭은 작으면서 같은 규모의 세수를 지닌 다른 조세가 존재하는가?”와 동일한 질문이다. 이러한 질문에 대한 답이 ‘그렇다’라면, 보리에 대한 조세는 초과부담을 발생시키고 있는 것이다.

6 이러한 논의는 조세를 통해 재원이 조달된 재정지출의 효과를 고려하지 않은 것이다.

그림 15.2

조세의 최적 소비묶음에 대한 효과

조세부과 후, 루스는 소비점 E_2을 선택하여 효용을 극대화한다. 옥수수 단위로 표시된 그의 조세부담액은 AD와 AF 사이의 수직거리 차이로 나타나는데, 보리를 B_2만큼 소비하는 경우 이는 GE_2로 표시될 수 있다.

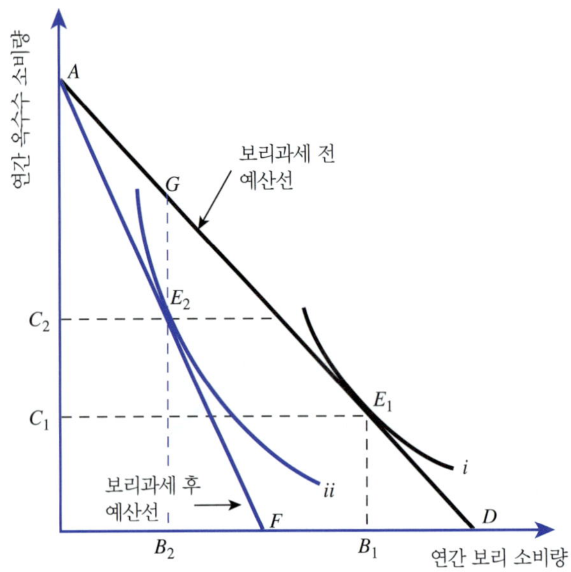

이러한 문제를 분석하기 위해서는 먼저 루스가 무차별곡선 i에서 ii로의 효용 감소를 금전단위로 표시하여야 한다. 이러한 효용 감소를 측정하는 방법은 (조세부과 전 상대가격이 유지된 상태하에서) 루스가 무차별곡선 i에서 무차별곡선 ii로 이전하게 만드는 소득 감소분인 **동등변화**(equivalent variation)를 이용하는 것이다. 동등변화는 세금부과로 인해 발생하는 효용수준 감소와 동등한 효과를 갖는 소득의 감소로 정의한다.

동등변화(equivalent variation)

어떤 상품에 있어서 가격 변화와 동일한 크기의 효용 변화를 초래하는 소득의 변화.

동등변화를 그래프로 표현하기 위해, 먼저 소득의 감소가 납세자의 예산선을 아래로 평행이동시킨다는 점을 상기하자. 〈그림 15.3〉에서 AD와 같은 기울기를 가지면서 무차별곡선 ii와 접하는 예산선 HI가 표시되어 있는데, 예산선 AD와 HI 간의 차이가 바로 동등변화의 크기이다. 따라서 AD와 HI 간의 수직거리 차이인 ME_3가 동등변화의 크기로 볼 수 있으며, 루스는 ME_3만큼의 소득 감소와 보리조세 부과에 대해서 무차별하다.

동등변화 ME_3가 조세수입 GE_2보다 크다는 점에 유의하자. 이는 AD와 HI가 평행이기 때문에 이 두 평행선 간의 거리인 ME_3와 GN이 동일함을 인식하면, 동등변화가 조세수입보다 크다는 사실은 그래프에서 쉽게 확인될 수 있다. 동등변화와 조세수입 간의 차이는 E_2N로 표시되며 이것이 바로 초과부담의 크기이다.

모든 조세가 초과부담을 초래하는가? **정액세**(lump sum tax)는 납세자의 경제적 행위와 상관없이 지불되어야 하는 일정액의 조세로 정의된다. 만약 100달러의 정액세를 루스에게 부과하는 경우, 그는 나라를 떠나거나 죽는 방법 이외에는 100달러를 납부하지 않을 수단이 없다. 이와 반하여, 앞에서 논의한 보리에 대한 조세는 세액이 루스의 보리 소비액에 의존하고 있기 때문에 정액세가 아니다.

정액세(lump sum tax)

납세자의 경제적 행위에 의존하지 않는 세부담을 가진 조세.

보리에 대한 조세와 동일한 후생감소 효과를 갖는 정액세를 분석하여보자. 정액세 부과 후

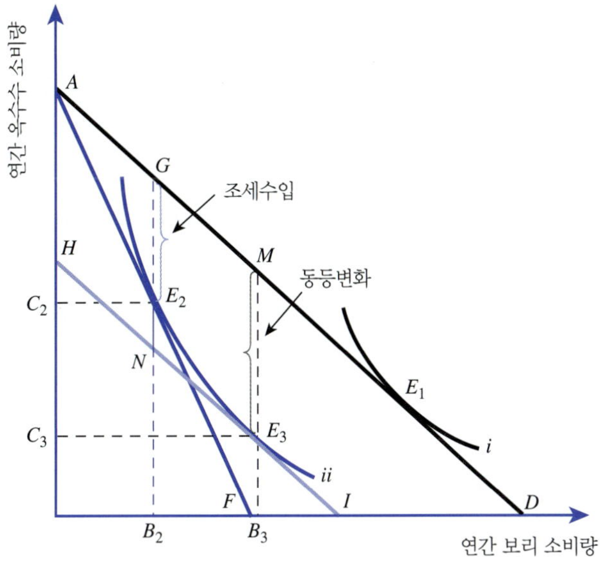

그림 15.3

보리에 대한 과세의 초과부담

수직거리 ME_3는 보리 조세와 동등한 효과를 가지는 소득변화이다. 루스는 ME_3만큼의 금액 손실과 보리에 대한 과세에 대해 무차별하다. 초과부담은 동등변화와 보리조세수입의 차이만큼인 E_2N이 된다.

의 예산선은 다음의 2가지 성질을 만족하여야 한다. 첫째로, 정액세 후 예산선은 세전 예산선과 평행하여야 한다(정액세는 옥수수 간의 상대가격을 변화시키지 않은 채로 루스로부터 단순히 돈을 뺏어오는 것이기 때문에 예산선의 기울기 변화는 없다). 둘째로, 보리에 대한 과세와 동일한 효용수준을 유지하기 위해 정액세 후 예산선이 무차별곡선 *ii*에 접하여야 한다.

〈그림 15.3〉에서 E_3점에서 무차별곡선 *ii*에 접하고 있는 예산선 *HI*는 이러한 2가지 조건을 만족시킨다. 이러한 예산선에 직면하고 있는 루스는 B_3 단위의 보리와 C_3 단위의 옥수수를 소비할 것이다. 이러한 정액세로부터의 세수는 세전 예산선과 E_3 간의 수직거리 차이인 ME_3로 표현될 수 있다. 그런데, ME_3는 우리가 앞에서 보인 바와 같이 또한 무차별곡선 i에서 ii로의 동등변화 크기이다. 정액세는 상대가격을 변경시키지 않고 예산선을 단순히 평행 이동시키게 되어, 정액세의 세수 크기가 동등변화와 동일하게 된다. 이는 **정액세는 초과부담을 발생시키지 않는다**는 것을 의미한다.

동일한 양의 후생 감소를 초래하는 보리에 대한 조세와 정액세를 비교하면, 정액세로부터의 세수가 보리에 대한 과세의 세수보다 크게 된다. 다른 한편, 동일한 세수를 가지는 보리에 대한 과세와 정액세를 비교하면, 루스의 세후 후생수준은 정액세의 경우 더 높게 된다.

지금까지 분석이 〈그림 15.3〉에 그려져 있는 무차별곡선이 특이한 형태를 띠고 있음으로 나타난 결과로 의심할 수도 있다. 하지만 일반적인 형태의 무차별곡선하에서, 상대가격을 변화시키는 조세는 초과부담을 초래한다는 명제는 증명될 수 있다.[7] 조세로 인한 개인의 효용 감소분이 세수보다 크다는 의미에서, 상대가격을 변화시키는 조세는 비효율적인 조세가 된다.

7 이미 언급한 바와 같이 이러한 명제는 경제 내에 다른 왜곡이 없다는 가정하에 성립하는 것이다. 이러한 명제의 증명은 Kaplow[2008b]를 참조하기 바란다.

15.1.1 몇 가지 질문과 답변

초과부담에 대한 지금까지의 논의는 몇 가지 중요한 질문을 제기한다.

정액세가 그렇게 효율적인 것이라면, 왜 현실에서는 사용되지 못하는가 정액세는 몇 가지 이유에서 매력적인 정책 대안이 되지 못한다. 정부가 모든 개인의 조세부담이 한 해에 200만 원이라고 발표했다고 가정하자. 이 조세는 정액세로 볼 수 있는데, 대부분의 사람들은 이러한 200만 원의 조세가 부자인 사람보다 가난한 사람에게 더 큰 부담을 주기 때문에 공평하지 않다고 생각할 것이다. 영국의 대처 정부는 1989년에 어떤 의미에서 정액세와 유사한 조세를 도입하였다. 지방정부의 재산세가 인두세로 대체되었고, 각 지방정부의 인두세액은 해당 지역 내의 주민 1인당 세수 필요에 따라 책정되었다. 이러한 조세는 납부자의 세금부담이 그의 소득이나 소유재산에 의존하지 않는다는 점에서 일정액의 조세이며, 다만 납부액 자체는 거주 지역에 따라 다르게 되어 있다. 대처 정부가 도입한 이러한 인두세는 공평하지 못한 것으로 인식되었으며, 이러한 여론은 1990년 대처가 총리에게 물러나게 된 주요 원인 중 하나였으며 후임 존 메이어 총리에 의해 1991년 폐지되었다. 이후 정액세를 부과하는 주요한 사례는 관찰되지 않았다.

보다 공평한 결과를 유도하기 위해서, 납세자 소득에 의존하여 납부액을 정하는 정액세를 고려할 수 있다. 예를 들어, 부자인 사람은 자신의 경제적 의사결정과 관계없이 매년 2,000만 원의 세금을 납부하도록 하고 가난한 사람은 단지 50만 원의 세금을 납부하게 만들 수 있다. 이러한 조세가 지닌 문제점은 노동시장에 진입하는 사람들이 그들의 궁극적인 조세부담이 그들의 소득에 의존하게 된다는 점을 깨닫고 이에 상응하도록 노동과 저축에 대한 결정을 하게 된다는 것이다. 요점은 개인이 벌어들이는 소득이 최소한 부분적으로는 자신의 통제하에 있기 때문에 소득에 기반을 둔 조세는 정액세가 될 수 없다는 것이다.

궁극적으로 정액세를 통한 형평한 조세체제를 위해서 각자의 소득 잠재력을 나타내줄 수 있는 어떤 근원적인 '능력'에 기반하여 과세되어야 한다. 이러한 방식을 통해 높은 또는 낮은 소득 잠재력을 지닌 사람들에게 차등적인 과세가 가능해진다. 과세기반이 잠재력이기 때문에 납세자의 세부담은 경제행위에 의존하지 않게 된다. 다시 말해 납부세액은 경제행위에 대해서 독립적이다. 하지만 이러한 정액세가 지닌 큰 문제점은 이러한 잠재력 지표가 존재하지 않는다는 것이다. 설사 이러한 소득 잠재력 지표가 존재한다고 하더라고, 조세당국에 의해서 관찰될 가능성은 거의 없다. 이러한 이유로 인해 정액세는 현실적인 정책 대안이 되지 못하고, 효율성의 기준으로만 사용되고 있다. 흥미롭게도 소득과 강한 상관관계를 가지는 개인의 관찰 가능한 특성은 신장이다. 키가 큰 사람들이 보다 높은 소득을 가지는 경향이 있다. 이러한 근거에 기반하여 Mankiw와 Weinzierl[2010]은 신장을 과세기반으로 한 조세가 누진적이며 효율적이라는 주장을 하였다. 고소득자들에게 비례보다 더 많은 과세가 이루어진다는 측면에서 누진적이고, 사람들의 경제행위를 왜곡하지 않는다는 점에서 효율적이다(사람들은 조세에 대응하여 그들의 신장을 바꿀 수 없다). 하지만 이 주장을 실제 정책제안으로 심각하게 받아들일 필요는 없다. Mankiw와 Weinzierl이 실제로 신장기반 과세를 주장한 것은 아니고, 최적조세 이론이 가지는 정책적 함의를 보다 명료화하기 위해서 이러한 주장을 한 것으로 보아야 하기 때문이다.

초과부담의 존재 이유를 설명할 수 있는 후생경제학 이론이 있는가 이미 제3장에서 논의한 바와 같이, 파레토 효율 자원배분의 필요조건은 옥수수를 보리로의 한계대체율(MRS_{bc})이 옥수수를 보리로의 한계변환율(MRT_{bc})과 같아야 한다는 것이다. 보리에 대한 과세 이후 보리의 소비자 가격은 $(1 + t_b)P_b$가 된다. 따라서 소비자의 효용극대화는 다음 식을 의미한다.

$$MRS_{bc} = \frac{(1+t_b)P_b}{P_c} \quad (15.1)$$

식 (15.1)은 〈그림 15.3〉의 균형점 E_2를 수식으로 표현한 것이다.

생산자는 한계변환율이 그들이 받게 되는 가격의 비와 같도록 하는 생산점을 선택할 것이다. 루스가 보리 한 단위당 $(1 + t_b)P_b$이라는 가격을 지불하지만 보리 생산자들은 단지 P_b만을 받게 된다. 과세로 인한 가장 중요한 변화는 소비자와 생산자 가격이 달라질 수 있다는 것이다. 물론 소비자와 생산자 가격 간의 차이는 조세당국의 몫이 된다. 생산자의 이윤극대화는 다음 식을 의미한다.

$$MRT_{bc} = \frac{P_b}{P_c} \quad (15.2)$$

명백하게 t_b가 0이 아닌 한, MRS_{bc}는 MRT_{bc}보다 크게 되고 자원배분의 효율성 조건이 성립하지 못한다.

MRS_{bc}가 MRT_{bc}보다 큰 경우 소비자가 옥수수 소비를 보리 소비로 대체함으로써 얻게 되는 추가적 효용이 생산자가 옥수수 생산을 보리 생산으로 변경함으로써 발생하게 되는 추가적 비용보다 크게 된다.[8] 따라서 이러한 경우 보리의 소비를 늘리는 것이 사회적 후생을 증가시킬 것이다. 하지만 보리에 대한 조세가 부과되어 있는 한 이러한 조정을 할 금전적인 유인은 존재하지 않기 때문에 이러한 효율성 개선이 이루어지지 못한다. 이러한 효용손실을 측정하는 지표가 바로 초과부담이며, 효용손실의 발생은 조세로 인해 소비자가 지불하는 가격과 생산자가 받는 가격 간의 격차(wedge)에 기인하는 것이다. 정액세의 경우에는 조세부과 후에도 소비자와 공급자가 직면한 상대가격은 여전히 동일하여 가격 격차가 존재하지 않기 때문에 파레토 효율성 필요조건이 계속해서 만족된다.

소득세는 초과부담을 초래하는가 이 질문에 대한 대답은 일반적으로 '그렇다'인데, 그 이유를 생각해보자. 〈그림 15.3〉은 정액세의 부과로 예산선이 AD에서 HI로 평행이동하였음을 나타내주고 있다. 이러한 예산선의 변화는 루스의 소득에 비례하는 세금을 부과하였을 경우에도 나타나게 된다. 정액세 부과의 경우와 유사하게, 소득세 부과로 인한 소득의 감소는 예산선의 기울기는 변동시키지 않고 예산선의 절편들을 원점에 가깝도록 이동시킨다. 그렇다면 정액세

8 한계대체율(MRS_{bc})은 효용을 일정 수준으로 유지한 상태에서 보리 한 단위를 얻기 위해 포기할 용의가 있는 옥수수의 양인 $-\Delta c/\Delta b$로 정의된다. 무차별곡선상에서의 이동에서 보리와 옥수수의 소비량의 변화가 효용 변화를 초래하지 않아야 한다는 조건인 $MUb\Delta b + MU_c\Delta c = 0$을 사용하면, MRS가 한계효용의 비(MU_b/MU_c)와 같아야 함이 쉽게 도출될 수 있다. 여기에서, 한계효용의 비는 $1/MU_c \times MU_b$로 쓸 수 있는데, 보리 한 단위 소비 증가 시 효용의 증가분(MU_b)에 효용 한 단위 증가 시 포기할 수 있는 옥수수의 양을 곱한 것으로 보리 한 단위 소비 증가 시 포기할 수 있는 옥수수 양으로 해석될 수 있다. 물론 이러한 해석은 MRS의 정의와 일치되는 것이다. 한계변환율(MRT_{bc})도 유사하게 MC_b/MC_c로 표현될 수 있고, 한계비용의 비는 보리 한 단위 생산 증가 시 포기할 수 있는 옥수수의 양으로 해석될 수 있다.

와 소득세는 동등한 것인가? 사실상 소득이 외생적으로 고정되어 있는 것이라면 소득세는 정액세가 된다. 하지만 납세자의 선택이 그들의 소득에 영향을 준다면, 소득세는 일반적으로 정액세가 되지 못한다.

이제는 루스가 보리, 옥수수, 여가라는 3가지 재화를 소비하고 있는 것으로 생각하자. 루스는 보리와 옥수수 소비에 사용할 소득을 얻기 위해 여가를 포기(노동을 공급)하고 있다. 루스의 노동은 이들 두 재화를 생산하기 위해 투입된 생산요소이고, 노동 한 단위 투입은 바로 여가 한 단위의 감소를 의미한다. 따라서 생산에 있어서 여가와 보리(옥수수) 간의 한계변환율은 노동 투입과 보리(옥수수) 생산량 간의 관계를 의존한다. 효용극대화하에서 두 상품 간의 한계대체율이 가격의 비와 같아지는 것과 마찬가지로, 여가와 한 상품 간의 한계대체율은 임금(여가의 가격)과 그 상품의 가격 비와 같아진다.

후생경제학의 이론에 따르면, 3가지 상품이 존재하는 경제에서의 파레토 효율 자원배분의 필요조건은 다음과 같다.

$$
\begin{aligned}
MRS_{lb} &= MRT_{lb} \\
MRS_{lc} &= MRT_{lc} \\
MRS_{bc} &= MRT_{bc}
\end{aligned}
$$

보리와 옥수수에 대한 동률의 소비세를 부과하는 것과 비례소득세를 부과하는 것은 동등한 효과를 가진다.[9] 이러한 동률의 소비세나 비례소득세하에서 세 번째 등식은 여전히 만족된다. 이는 이들 조세가 보리와 옥수수의 가격을 같은 비율로 인상시키기 때문에 소비자와 생산자에게 있어 보리와 옥수수 간 상대가격의 변화를 초래하지 않기 때문이다. 하지만 동률의 소비세 또는 비례소득세는 첫 번째와 두 번째 조건에 조세 격차를 발생시켜 등식이 더 이상 성립되지 않게 된다. 이를 보다 자세히 살펴보자. 루스의 고용주가 세전 임금 w를 지급하고, 소득세율이 t라고 가정하자. 이러한 경우 루스는 그의 세후 임금인 $(1-t)w$를 고려하여 경제적 의사결정을 할 것으로 $MRS_{lb}=(1+t)w/P_b$가 성립하는 자원배분을 선택할 것이다. 다른 한편으로, 생산자의 고용 결정은 세후 임금률이 아닌 세전 임금률을 고려하여 이루어질 것이기 때문에 생산자는 $MRT_{lb}=w/P_b$가 성립하는 자원배분을 선택할 것이다. 결과적으로 MRS_{lb}는 MRT_{lb}와 다르게 되고, 같은 논리에 따라 MRS_{lc}와 MRT_{lc}도 다르게 된다. 지금까지 논의된 비례소득세나 동률의 소비세와 달리, 정액세하에서는 위의 세 등식이 여전히 성립할 것이며, 이는 비례소득세가 정액세가 아님을 의미하는 것이다.

보리와 옥수수에 대해 다른 세율로 과세하는 **차별상품세**(differential commodity taxation) 하에서 효율성 조건 3개가 모두 위반되고, 비례소득세하에서 효율성 조건 2개만이 위반된다는 사실은 어느 조세체제가 보다 효율적인가를 판별하는 데 별다른 의미를 가지지 못한다. 효율성 조건 중 어느 하나라도 성립하지 않는다면 효율성 비용은 발생하게 된다. 조세로 인한 후생감소 규모는 발생한 조세 격차의 수에 비례하지는 않는다. 각 조세체제의 효율성을 비교하기

---

9 루스의 예산선이 보리와 옥수수에 대한 동률의 소비세 부과 후 $(1+t)P_b b+(1+t)P_c c=w\,l$로 변화하고, 소득에 대해서 조세를 부과하는 경우 $P_b b+P_c c=(1-t_w)\,w\,l$로 변화하기 때문에 t_w를 $t/(1+t)$와 같도록 하면 이 2가지 조세는 동등하게 된다.

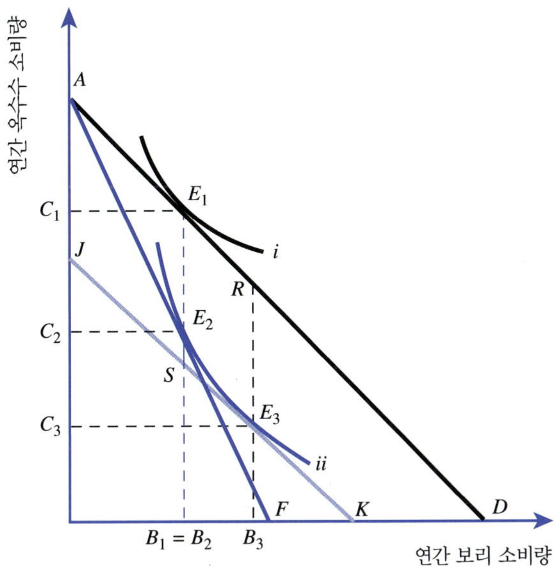

그림 15.4

완전 비탄력적인 보통수요 곡선을 지닌 상품에 대한 과세로 인한 초과부담

나오미는 조세 전이나 과세 후에 동일한 양의 보리를 구입하고 있다. 그럼에도 불구하고 조세는 여전히 E_2S만큼의 초과부담을 초래한다.

위해서는 각 조세체제에 대해서 초과부담의 총규모가 계산되어야 하고 이렇게 계산된 초과부담의 총규모가 비교되어야 한다. 차별상품세하에서 나타나는 조세 격차의 수가 더 많다고 해서 소득세보다 더 비효율적이라고 단언할 수 없다. 차별상품세와 소득세 중 어느 조세가 더 효율적인가라는 질문은 조세이론만으로 답할 수 없는 문제로 실증분석을 필요로 한다.

과세 후 수요가 변화하지 않는다면 초과부담이 없다는 뜻인가 초과부담에 대한 가장 중요한 직관은 초과부담이 경제적 의사결정의 왜곡으로 인해 발생한다는 것이다. 조세부과 후 과세된 상품의 수요가 변화하지 않은 경우 초과부담이 발생하지 않았다고 성급히 결론지으려 할 수도 있다. 이러한 경우를 〈그림 15.4〉에서 분석하고 있다. 납세자 나오미가 앞에서 논의한 루스와 동일한 소득을 가지고 있으며, 직면한 가격과 조세도 동일하다고 하자. 그림에서 과세 전 예산선은 AD, 보리에 대한 과세 이후 예산선은 AF이다. 루스의 경우와는 다르게, 나오미는 과세 후에도 보리 소비를 과세전과 동일하게 유지하여 세후 보리 소비 B_2가 세전 보리 소비 B_1과 동일하다고 하자. 이 경우 조세수입은 E_1E_2로 표현될 수 있다. 이러한 경우 초과부담이 발생하지 않았는가? 보리에 대한 조세에 상응하는 동등변화은 RE_3이고, 동등변화는 세수인 E_1E_2보다 E_2S만큼 더 큼을 알 수 있다. 따라서 나오미의 과세 후 보리 소비가 과세 전 소비와 동일하다고 하더라도, 여전히 E_2S만큼의 초과부담이 발생하고 있음을 확인할 수 있다.

겉보기에 모순처럼 보이는 이러한 결과는 나오미의 보리 소비가 변화하지 않았지만 그의 옥수수 소비가 C_1에서 C_2로 변화하였다는 사실을 인식하면 쉽게 이해될 수 있다. 보리 조세가 보리의 상대가격을 바꾸었고, 이로 인해 최적소비점에서의 한계대체율이 변화되었고 최적소비조합이 변화하게 된 것이다.

이러한 나오미의 예는 초과부담 분석에 있어서 일반균형분석이 필요하며 보통수요가 아닌 보상수요가 사용되어야 함을 잘 나타내준다. 보리 조세의 효과를 부분균형적으로 보리시장에만 국한하여 분석하였다면 과세 후 보리 소비가 변화하지 않았기 때문에 초과부담이 발생하지 않았다고 오해할 수도 있다. 이러한 오해는 보통수요곡선을 사용하는 부분균형적 분석이 보리 조세의 옥수수 소비에 대한 영향을 고려하지 못하는 제약점에 기인하는 것이다. 보리시장만을 분석하는 경우에도 이러한 잘못된 분석을 피할 수 있는 방법이 있는데, 이는 초과부담 분석에서 보통수요곡선이 아닌 보상수요곡선을 사용하는 것이다.

좀 더 자세히 설명하기 위해서는 보리 조세에 대한 반응을 2가지로 구분하여야 한다. E_1에서 E_2로의 이동은 **비보상반응**(uncompensated response)이다. 이러한 변화는 조세로 인해 소비가 최종적으로 어떻게 변화하였는가를 보여주고 있으며, 소득 감소와 상대가격 변화의 효과를 모두 포함하고 있다. 이제 E_1에서 E_2로의 변화를 E_1에서 E_3로의 변화와 E_3에서 E_2로의 변화로 구분하여 분석하여보자. E_1에서 E_3로의 변화는 정액세의 소비에 대한 효과를 나타내주고 있다. **소득효과**(income effect)는 상대가격 변화효과를 배제하고 소득 변화의 효과만을 측정하는 것이다. 이와 반하여 E_3에서 E_2로의 변화는 상대가격의 변화만으로 인해 나타난 것으로, 보리 가격이 조세로 상승하였지만 나오미에게 무차별곡선 *ii*에 머물러 있을 수 있도록 충분한 소득이 보상되었을 경우 나타날 변화이다. 보리 가격 상승에 대해서 보상을 받았을 경우를 상정하고 있기 때문에 E_3에서 E_2로의 이동을 **보상반응**(compensated response)이라고 한다. 이러한 보상반응은 **대체효과**(substitution effect)라고도 하는데, 소득효과, 대체효과, 보상수요곡선 등에 대해서는 책의 마지막에 있는 부록을 참조하기 바란다.

소득효과(income effect)

가격의 변화가 상품의 수요량에 미치는 효과 중 소비자의 소득의 변화를 통해 발생하는 효과를 의미함.

대체효과(substitution effect)

상대가격이 하락한 상품을 더 소비하고 상대가격이 상승한 상품을 덜 소비하게 만드는 상대가격의 소비에 대한 효과.

초과부담 계산에 있어서 보상 변화가 가지는 의미를 보다 자세히 살펴보자. 먼저 무차별곡선 *ii*상의 E_2와 E_3의 세수를 계산하여 그 차이를 구하면 바로 초과부담이 됨을 인식하자. 보상 변화인 무차별곡선 *ii*상의 E_3에서 E_2로의 이동 시 한계대체율이 변화하고 있음을 주목하자. 이미 앞에서 논의한 바와 같이 한계대체율이 파레토 효율 배분의 필요조건이 더 이상 만족되지 못하고 초과부담이 발생하게 되는 것이다.

보통수요곡선(ordinary demand curve)은 가격 변화에 따른 비보상 수요량의 변화를 나타내준다. 이와 반하여, **보상수요곡선**(compensated demand curve)은 가격이 변화하면서 동시에 동일한 무차별곡선에 머물러 있도록 소득이 보상되는 경우의 수요량의 변화를 나타낸다. 지금까지 논의의 요점은 초과부담의 발생 여부와 그 크기는 보통수요곡선이 아닌 보상수요곡선상의 이동에 의존하고 있다는 점이다.

보상수요곡선(compensated demand curve)

효용수준이 일정하게 유지된 상태에서 가격과 소비량 간의 관계를 나타내는 수요곡선.

지금까지의 논의는 이론적인 세밀함만을 위한 것으로 보일 수도 있으나, 정책적으로도 매우 중요한 의미를 지닌다. 조세가 경제행위의 변화를 초래하지 않았다면 심각한 효율성 문제는 없다고 잘못 생각하고, 관찰된 경제행위의 변경 여부에 조세정책 논의의 초점을 두는 경우가 있다. 예를 들어, 어떤 사람들은 소득세 부과 이후 근로시간이 변화하지 않았다면 소득세로 인한 효율성 감소는 발생하지 않았다고 주장한다. 우리는 이러한 주장이 잘못된 것임을 보였으며, 조세에 대한 비보상 변화가 0일지라도 대규모의 초과부담이 발생했을 수 있다.

해당 재화가격 변화로 발생하는 소득효과의 크기가 미미한 재화의 경우 보상수요와 보통수요의 차이가 크지 않다. 따라서 소득에서 차지하는 소비 비중이 작고 소득 변화에 따른 소비량 변화의 크기가 크지 않은 (대부분의) 재화에 있어서는 보통수요함수를 사용하여 초과부담을 추

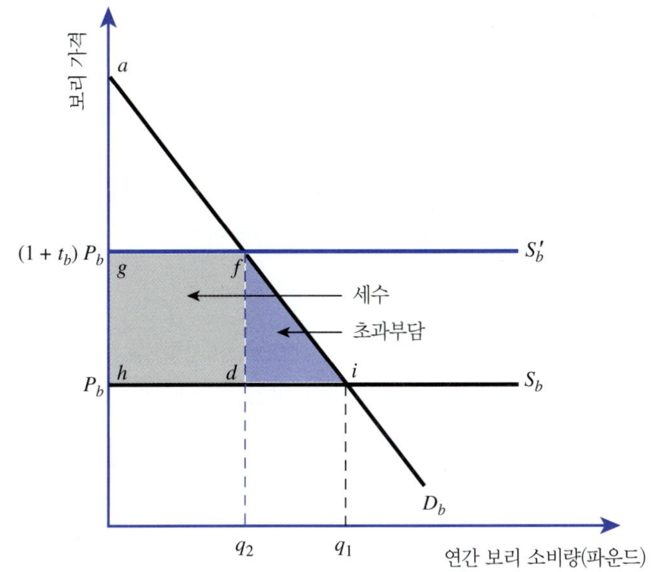

그림 15.5
상품세의 초과부담
조세로 인해 소비자 잉여가 *gfih*만큼 감소하고, 조세수입은 *gfdh*만큼 발생한다. 소비자 잉여의 감소분과 조세수입 발생분의 차이가 바로 상품세의 초과부담이다.

정해도 오차가 크지 않을 것이다. 반대로 여가와 같이 소득효과가 클 가능성이 있는 재화의 경우에는 보상수요를 사용하지 않고 초과부담을 추정하는 경우 매우 큰 오차가 발생할 것이다.

15.2 수요곡선을 이용한 초과부담의 측정

(보상) 수요곡선을 이용하여 초과부담의 개념을 재해석하여보자. 수요곡선을 이용한 초과부담 접근은 '소비자 잉여'를 기반으로 하고 있다. 책의 마지막 부분에 있는 부록에서 논의되고 있는 바와 같이, 소비자 잉여는 소비자의 지불의사액과 실제지불액의 차이의 합으로 정의된다. 그래프상에서 소비자 잉여는 수요곡선, 시장가격에서의 수평선, 세로축으로 만들어지는 삼각형의 면적으로 표시될 수 있다.

〈그림 15.5〉에서 보리에 대한 보상수요곡선이 우하향하는 직선 D_b이라고 가정하자. 분석의 단순성을 위해 보리의 사회적 한계비용이 상수로 P_b이며 공급곡선이 수평선인 S_b라고 가정하자.[10] 균형에서 보리 q_1단위가 소비되고 있으며, 삼각형 *aih*는 과세 전 소비자 잉여를 나타낸다.

전과 동일하게 보리에 대한 종가세가 t_b의 세율로 부과되고 있어 공급곡선 S_b'에 대응하는 새로운 소비자 가격이 $(1+t_b)P_b$라고 하자.[11] 새로운 균형은 다음과 같은 성질들을 만족한다.

---

10 분석은 쉽게 공급곡선이 우상향하는 경우로 확장될 수 있다. 다음의 각주 12를 참조하시오.

11 조세 이후 공급곡선의 이동은 (생산요소 가격 변화, 기술 변화, 공급자 수와 같은) 공급을 결정하는 요인의 변화 없이 단지 공급곡선을 수요자가 지불하는 가격으로 표현함으로써 나타나는 이동이다. 세금부과 전에는 공급자가 받는 가격 P_s와 수요자가 내는 가격 P_d는 동일하고 균형 조건은 $D(P_d)=S(P_s)$였으나, 조세부과 후에는 P_d는 $(1+t_b)P_s$와 같아지고 P_d로 표현된 균형조건은 $D(P_d)=S[P_d/(1+t_b)]$가 된다. 위의 예에서는 P_s가 상수인 P_b이었기 때문에 P_d로 표현된 공급곡선은 $(1+t_b)P_b$에서의 수평선이 된다.

- 소비자 잉여는 수요와 S'_b 사이의 면적인 삼각형 *afg*로 감소한다.
- 보리에 대한 과세로부터의 조세수입은 직사각형 *gfdh*이다. 이는 조세수입이 거래수량인 *hd*와 세율인 $(1+t_b)P_b - P_b = gh$의 곱이기 때문이다.
- 과세 후 소비자 잉여와 조세수입의 합인 사다리꼴 *hafd*는 과세 전 소비자 잉여인 *aih*보다 작아지게 되고 감소한 부분이 바로 *fid*이다. 사실, 우리가 보리 조세수입 전부를 소비자에게 정액 형태로 돌려준다고 하여도 소비자의 후생은 삼각형 *fid*만큼 감소하게 된다. 하버거(Harberger) 삼각형이라고도 불리는 바로 이 삼각형의 면적이 바로 초과부담의 크기인 것이다.

위의 분석을 이용하여 초과부담의 규모를 금액으로 표시할 수 있다. 초과부담을 표현하는 삼각형의 면적은 1/2×(조세로 인한 거래수량의 변화)×(단위당 조세)로 계산될 수 있다. 간단한 수식을 이용하면 이러한 면적은 아래와 같이 표현될 수 있다.

$$\tfrac{1}{2}\eta P_b q_1 t_b^2 \qquad \textbf{(15.3)}$$

위의 식에서 η(그리스어로 에타)는 보리 수요의 보상 가격탄력성의 절댓값이다.[12] (증명은 본 장 끝의 부록 A에 있다.)

식 (15.3)은 몇 가지 중요한 의미를 담고 있다. 첫째, 이 수식은 수요의 보상 가격탄력성이 높을수록 초과부담이 커지게 됨을 의미한다. η가 높다는 것은 보상수요가 가격 변화에 매우 민감하다는 것을 의미한다. 위의 수식에 η가 포함된 것은 직관적으로 이해하자면, 조세의 (보상) 소비결정에 대한 왜곡이 클수록 초과부담이 커지게 된다는 것이다. 둘째로, $P_b \times q_1$은 과세 전 거래금액으로, 거래금액이 클수록 초과부담이 커지게 됨을 의미하는 것이다.

셋째로, 식 (15.3)은 소수 상품에 대해서 높은 세율로 과세하는 것보다는 다수 상품에 대해서 낮은 세율로 과세하는 것이 바람직함을 의미한다. 다시 말해, '넓은 세원 낮은 세율'의 조세가 그 반대 형식의 조세보다 초과부담이 적음을 의미한다. 이러한 결론은 초과부담 규모 수식에 t_b^2가 포함되어 있어, 초과부담은 세율이 아닌 세율의 제곱에 비례하여 증가하기 때문이다. 다른 조건이 동일하다면, 세율을 2배 증가시키면 초과부담은 4배 증가하게 된다. 따라서 동일한 세수를 가지는 낮은 세율의 두 상품에 대한 과세가 높은 세율의 한 상품에 대한 과세보다 초과부담을 적게 초래한다.

초과부담이 세율의 제곱에 비례하여 증가함은 한계초과부담이 평균초과부담보다 커지게 됨을 의미한다. 다시 말해, 100원의 추가 세수를 위한 한계초과부담이 총세수에 대비한 전체 초과부담의 비율보다 커지게 된다. 이러한 사실은 비용-편익 분석에 대해서 중요한 시사점을

---

12 위의 수식은 다른 왜곡이 없는 상태에서 아주 미세한 규모의 조세가 부과되었을 경우에만 엄밀히 성립하는 근사치이다. 만약 공급곡선이 수평선이 아닌 우상향하는 경우, 초과부담 삼각형은 소비자 잉여뿐 아니라 생산자 잉여도 포함하고 있게 된다. 이 경우의 초과부담은 수요의 가격탄력성뿐 아니라 공급탄력성에도 의존하게 되며, 수식으로 표현하면

$$\tfrac{1}{2}\frac{P_b q}{\frac{1}{\eta}+\frac{1}{\varepsilon}}t_b^2$$

가 된다. 이 수식에서 ε은 공급탄력성이다. 만약 〈그림 15.5〉와 같이 공급이 무한탄력적인 경우(ε가 ∞인 경우)에 이 수식은 식 (15.3)을 의미하게 된다.

지니고 있다. 예를 들어, 100원의 세수를 위한 평균초과부담이 12원이나, 100원 추가 세수를 위한 한계초과부담은 27원이 될 수 있다[Jorgenson and Yun, 2001, p. 302]. 한계초과부담에 대한 이러한 추정치는 주어진 공공 투자 사업을 위한 100원 수입의 사회적 비용이 100원이 아닌 127원임을 의미한다. 이러한 한계초과부담을 고려한다면 공공 투자 사업이 사회적 후생을 개선하기 위해서는 한계편익이 한계비용 100원당 127원 이상이 되어야 한다.

넷째로, 식 (15.3)을 이용하면 조세수입에 대비한 평균 초과부담 비율은 $1/2\frac{\eta t_b}{(1-\eta t_b)}$로 표현될 수 있다.[13] 이 수식을 이용하여 세수에 대비한 초과부담 비율 간략하게 추정할 수 있다.[14]

비행기표에 대한 과세 현실의 사례를 사용하여 식 (15.3)의 의미를 살펴보자. 미국의 연방정부는 비행기표에 대해서 10%의 세율로 과세하고 있다. 이러한 조세의 초과부담의 규모는 얼마나 될 것인가? 식 (15.3)은 이러한 질문에 답하기 위해서 수요의 가격탄력성이 필요함을 의미하고 있다. Yan과 Winston[2012]에 따르면 비행기표 수요의 가격탄력성에 대한 합리적인 가정은 대략 1.1 정도이다. 비행기표의 단위당 가격과 비행기표 판매량의 곱인 비행기표 거래액 규모는 매년 약 910억 달러이다[US Bureau of the Census, 2012c, p. 677]. 이러한 정보들을 식 (15.3)에 대입하면 비행기표에 대한 과세로 인해 발생하는 초과부담은 약 5억 100만 달러 $[= 1/2 \times 1.1 \times 91 \times (0.10)^2]$가 된다.[15]

15.2.1 기존의 왜곡이 존재하는 경우의 초과부담

지금까지의 분석에서 조세 이외의 다른 왜곡은 존재하지 않는다고 가정해왔다. 그렇지만 현실에서, 독점, 외부성, 기존의 조세 등의 왜곡이 이미 존재하는 경우가 일반적이다. 이러한 기존의 왜곡은 초과부담의 분석을 더 어렵게 만든다.

소비자들은 진과 럼을 대체재로 생각하고 있다고 하자. 럼에 대해서는 이미 과세가 되고 있어, 〈그림 15.5〉의 초과부담 '삼각형'이 이미 존재한다고 가정하자. 진에 대해서도 과세가 이루어진다면, 초과부담을 어떻게 될 것인가? 진에 대한 과세는 소비자가 지불하는 진 가격과 공급자가 받는 진 가격 사이의 가격 격차를 초래한다. 지금까지의 분석에서와 같이 이러한 가격 격차는 초과부담을 초래한다. 하지만 분석은 여기서 끝나지는 않는다. 만약 진과 럼이 대체재라면, 진에 대한 과세로 인한 진의 소비자 가격의 상승이 럼의 수요를 증가시키게 된다. 처음부터 과세되고 있었던 럼은 조세로 인해 '너무 적게' 소비가 되고 있었는데, 진에 대한 과세로 인한 럼 수요의 증가는 효율적 거래량 수준으로의 방향으로 럼의 소비량을 증가시킨다. 이는 진 시

13 평균 초과부담은 $\frac{\text{초과부담}}{\text{세수}} = \frac{1/2\eta P_b q_1 t_b^2}{t_b P_b q_2} = \frac{1/2\eta P_b q_1 t_b^2}{t_b P_b (q_1 - \Delta q)} = \frac{1/2\eta P_b q_1 t_b^2}{t_b P_b q_1 (1-\eta t_b)} = 1/2\frac{\eta t_b}{(1-\eta t_b)}$가 된다. 만약 평균 초과부담을 추정하는 데 있어 q_1대신 q_2를 사용할 경우 $1/2\eta t_b$로 실제 값보다 과소 추정되게 된다.

14 이러한 평균 초과부담을 세율에 대해서 미분하면 그 부호가 양수가 되는데, 이는 평균 초과부담이 세율 증가에 따라 증가하고 있음을 의미한다. 한계가 평균보다 큰 경우 평균이 증가한다는 한계와 평균에 존재하는 일반적인 관계를 이용하면, 이러한 평균 초과부담의 증가는 한계초과부담이 평균 초과부담이 더 크다는 것을 의미한다.

15 초과부담 계산에 있어서 사용하는 거래량은 조세부과 전의 거래량이어야 한다. 만약 위에 제시된 거래금액이 조세부과 후 거래금액이라고 한다면 $q_1 = \frac{q_2}{(1-\eta t_b)}$인 관계를 이용하여 [$q_2$는 $q_1 + D_q$이고 부록의 식 (15A.5)를 이용하여 D_q를 정리하면 q_1과 q_2 간의 관계가 도출된다.] 조세부과 전 거래금액은 약 1,016억 달러로 추정된다. 이때 초과부담의 크기는 약 5억 6,000만 달러가 된다.

장에서 발생하는 초과부담이 럼 시장에서의 효율성 개선으로 일부 상쇄될 수 있음을 의미한다. 이론적으로, 진에 대한 조세는 경제 전체의 초과부담을 낮출 수도 있다. 이는 **차선이론**(theory of the second best)의 한 예이다. 차선이론은 기존 왜곡이 존재하는 경우, 독립적으로 그 자체만으로는 효율성을 개선(악화)시키는 정책이 경제전체의 효율성을 반대로 감소(증가)시킬 수 있다는 것이다(장 끝에 있는 부록에서 이러한 현상을 그래프를 이용하여 설명하고 있다).

차선이론(theory of the second best)

기존의 왜곡이 존재하는 경우, 독립적으로 그 자체만으로는 효율성을 개선(악화)하는 정책이 경제전체의 효율성을 반대로 감소(증가)시킬 수 있음.

이미 설명한 바와 같이, 조세나 보조금의 효율성 효과는 해당 시장만을 분석하는 부분시장 분석으로는 부족하다. 왜곡을 지닌 다른 시장이 존재하는 만큼 그리고 다른 상품이 분석대상 상품과 대체재 또는 보완재의 관계를 가지고 있는 만큼, 전체적인 효율성 효과는 이들 모든 시장에서 무슨 일이 나타날 것인가에 의존하게 된다. 일반적으로 각각의 시장에서의 초과부담을 계산한 후 단순 합산한 값은 전체적인 효율성 비용과는 다르게 된다. 전체 효율성 손실 규모는 '개별 효율성 손실 규모들의 합'과는 같지 않게 된다.

이러한 결과는 어떠한 조세나 보조금의 효율성 효과를 엄밀히 평가하기 위해서는 경제 내 모든 시장을 모두 분석해야 함을 의미하는 것이다. 하지만 대부분의 분석에서 분석대상 상품과 다른 상품 간의 관계의 정도가 충분히 작아서 이들 시장 간의 연관 효과들을 무시해도 된다고 가정한다. 이러한 가정은 물론 매우 편리한 가정이지만, 이러한 가정의 합리성은 꼼꼼히 따져보아야 한다.

환경경제학에서의 한 논쟁은 기존 왜곡 존재의 중요성을 잘 보여준다. 제5장에서 음의 외부성이 존재하는 경우 한계외부비용의 크기로 설정된 조세(즉, 피구 조세)로 효율적 자원배분을 달성할 수 있음을 보였다. 하지만 이러한 결과는 외부성이 발생한 시장만을 고려한 부분시장 분석이고 노동시장으로의 효율성 효과를 무시하고 있다. 환경 개선을 위한 피구 조세는 에너지와 운송비용을 상승시켜 근로자의 실질임금을 낮추는 파급효과를 가지게 된다. 피구 조세로 인한 실질임금 하락은 기존의 소득세에 덧붙여져서 노동시장의 초과부담을 증폭시킨다. 이러한 **조세의 상호작용 효과**(tax-interaction effect)로 인해 피구 조세의 효율성은 낮아지게 된다. 요약하자면, 피구 조세는 효율성 개선과 효율성 악화 효과를 동시에 가진다. 불행히도 아직 개선과 악화 중 어떤 효과가 더 중요한지를 명확하게 분석되지는 못했다.

조세의 상호작용 효과(tax-interaction effect)

피구 조세로 인해 야기된 실질임금의 하락으로 초래된 노동시장에서의 초과부담 상승.

추가적인 세수가 소득세와 같은 비효율적인 조세의 세율을 낮추는 데 사용되는 경우 피구 조세의 상호작용 효과로 인한 비효율성은 감소될 수도 있다. 이러한 아이디어는 **이중배당가설**(double-dividend hypothesis)이라고 불린다. 예를 들어, Metcalf[2007]는 탄소배출세를 부과하고 이로부터 발생하는 추가적인 세수를 급여세를 낮추는 데 사용할 것을 제안하고 있다. 피구 조세의 전체적인 효율성은 오염유발 재화시장에서의 효율성 개선, 조세의 상호작용 효과로 인한 노동시장의 효율성 악화, 세수를 왜곡적 조세의 세율을 낮추는 데 사용함으로써 나타나는 효율성 개선의 합으로 계산될 수 있다.

이중배당가설(double-dividend hypothesis)

피구 조세의 세수가 소득세율 인하에 사용되는 경우, 양 시장의 효율성이 개선될 수 있음. 이러한 논리는 피구 조세가 노동시장의 기존 왜곡을 악화시킴으로써 성립되지 않을 수도 있음.

15.2.2 보조금으로 인한 초과부담

여러 국가에서 상품에 대한 보조금이 널리 사용되고 있다. 음의 조세로 볼 수 있는 보조금은 조세와 마찬가지로 초과부담을 발생시킨다. 보조금으로 인한 초과부담을 미국의 자가주택에 대한 보조금의 예를 통하여 분석하여보자(이와 관련한 자세한 법률적인 내용은 제18장을 참조

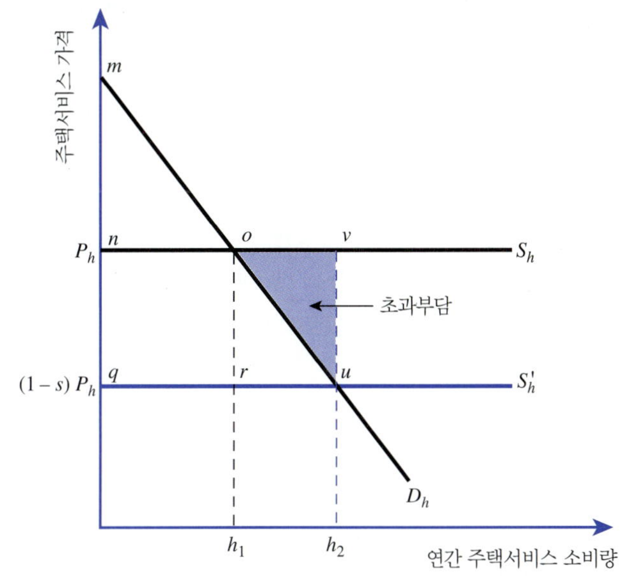

그림 15.6

주택보조금의 초과부담

주택보조금은 소비자 잉여를 *nouq*만큼 증가시킨다. 하지만 이러한 소비자 잉여 증가분은 정부 보조금 비용 *nvuq*보다 작게 되고, 그 차이만큼이 바로 보조금으로 인해 발생한 초과부담이다.

하기 바란다). 2008년과 2009년에 발생한 글로벌 금융위기를 촉발하였던 미국의 서브프라임 모기지 사태가 주택에 대한 정부의 과다한 보조금으로 인해 발생되었다는 주장이 있음을 감안한다면, 이러한 주택 보조금 효과 분석은 매우 중요하다.

자가주택 서비스에 대한 수요가 〈그림 15.6〉에 표시된 직선 D_h로 주어졌다고 하자. 논의의 단순성을 위해 주택서비스 생산의 사회적 한계비용이 P_h이고 공급은 이 가격에서 수평선이라고 하자. 최초의 균형 거래량은 h_1이었다. 이제 정부가 주택공급자에게 s%의 보조금을 지급한다고 하자. 이제 주택서비스의 소비자 가격은 $(1 - s)P_h$로 감소하고 소비자 가격으로 표시한 공급곡선은 S_h'가 된다. 보조금 지급 후 균형거래량은 h_2로 증가한다. 만약 보조금 지급의 목적이 거래량 증가에 있었다면 이러한 목적은 성공적으로 달성되고 있다. 그렇지만 사회적 후생을 극대화하는 것이 목적이었다면, 보조금정책이 이러한 목적을 달성하고 있는가?

보조금 지급 이전의 소비자 잉여는 삼각형 *mno*과 같다. 보조금 지급 이후에 소비자 잉여는 삼각형 *mqu*로 증가한다. 보조금의 소비자에 대한 후생효과는 소비자 잉여의 증가분 사다리꼴 *nouq*로 표시될 수 있다. 보조금 지급액은 주택서비스 소비량 *qu*에 단위당 보조금 *nq*를 곱한 값인 직사각형 *nvuq*로 표시될 수 있다. 보조금 지급액과 보조금으로 인해 발생한 편익과의 차이인 삼각형 *ovu*가 바로 보조금으로 인한 초과부담을 나타내주고 있다. 50만 달러짜리 주택을 소유한 주택보유자에게 있어서 대략적인 연간 초과부담은 약 1,600달러로 추정된다.[16]

주택과 같은 사회적으로 바람직한 재화에 대한 보조금이 어떻게 해서 비효율적일 수 있는가? 이러한 질문에 대해 답하기 위해, 먼저 수요곡선이 수량과 그에 대응하는 한계편익 간의

16 이러한 추정치는 한계세율이 0.35, 보상 가격탄력성이 0.8, 명목이자율이 5%, 재산세가 주택가치의 2.5%, 주택투자의 위험 프리미엄이 주택가치의 4%, 유지비와 감가상각비가 주택가치의 2%라는 가정하에서 계산된 것이다.

관계를 나타내주고 있다는 점을 상기하자. h_1보다 더 많은 거래량의 경우 소비자가 추가적인 주택서비스 소비로부터 효용을 얻고 있기는 하지만, 추가적인 효용의 가치가 공급에 소요되는 추가적인 비용인 P_h보다 낮다는 점이다. 다시 말하자면, 보조금은 편익이 비용보다 낮아지는 수량까지 주택서비스를 소비하게 유도하며, 이로 인해 비효율성이 발생하고 있는 것이다.[17]

이러한 분석의 중요한 정책적 시사점을 살펴보자. 특정 집단에게 도움을 주기 위해 이들 집단이 소비하는 상품에 대해서 대폭적인 보조금을 지급하자는 주장이 자주 제기된다. 우리는 위에서 이러한 상품 보조금 방식의 지원이 비효율적임을 설명하였다. 소득 지원은 상품에 대한 보조금 지원보다는 적은 비용으로 동일한 후생 개선 효과를 가질 수 있다. 상품 보조금보다 직접적인 소득이전이 바람직한 것은 상품세보다 정액세가 보다 효율적이라는 점과 일맥상통한다. 〈그림 15.6〉에서 *nvuq* 크기의 주택 보조금과 *nouq* 크기의 소득이전에 대해서 사람들은 무차별할 것이나, 발생하는 비용은 소득지원 비용이 주택보조금 비용보다 작다.[18] 보다 적은 비용으로 같은 효과를 가질 수 있다는 점에서, 경제학자들은 직접적인 소득이전을 상품 보조금보다 선호한다.

15.2.3 소득세의 초과부담

초과부담 이론은 상품뿐만 아니라 생산요소시장 분석에도 잘 적용된다. 〈그림 15.7〉은 제이콥의 노동공급을 분석하고 있다. 제이콥의 보상 노동공급 S_L은 노동시간과 그 노동시간의 마지막 한 단위 시간을 일하도록 유도하기 위해 필요한 최소한의 임금 간의 관계를 나타내주고 있다. 조세부과 이전 제이콥의 임금이 w이고 노동시간은 L_1이었다. 소비자 잉여가 수요곡선과 균형가격으로 만들어진 삼각형의 면적이었던 것과 유사하게, 노동공급으로 발생하는 생산자 잉여는 공급곡선과 균형가격으로 만들어진 삼각형의 면적으로 표현될 수 있다. 임금이 w인 경우, 제이콥의 생산자 잉여는 삼각형 adf의 면적이 된다.

이제 세율 t의 근로소득세가 부과되었다고 하자. 세후 임금률은 $(1-t)w$가 되며, 주어진 공급곡선 S_L하에서 노동공급량은 L_2시간으로 감소하게 된다. 조세로 인해 제이콥의 잉여는 삼각형 agh로 감소하게 되고, 조세수입은 직사각형 *fihg*만큼 발생하게 된다. 조세가 근로시간 선택을 왜곡시킴으로써 발생하는 초과부담은 제이콥의 후생 감소분 *fdhg*에서 조세수입 *fihg*를 뺀 삼각형 *hid*의 면적으로 표현될 수 있다. 식 (15.3)과 유사하게 면적 *hid*는 근사적으로 아래 식으로 표현될 수 있다.

$$\tfrac{1}{2}\varepsilon \omega L_1 t^2 \qquad \textbf{(15.4)}$$

위의 식에서 ε는 근로시간의 임금 보상 탄력성이다.

미국 남성 근로자의 임금 보상 탄력성에 대한 합리적인 추정치는 대략 0.2이다. 제이콥이 조

17 한계대체율과 한계변환율이 보조금 지급으로 인해 불일치하게 된다는 것으로 비효율성 발생을 설명할 수도 있다. 보조금 지급 이후 소비에 있어서 한계대체율은 $(1-s)P_h$에 의존하나, 생산에 있어서의 한계변환율은 P_h에 의존하게 되어 한계대체율과 한계변환율이 불일치하게 되어 비효율적인 자원배분이 발생하게 된다.

18 이러한 결과는 제12장에서 현물보조 분석에서 얻어진 결론과 매우 유사하다. 제12장에서는 이러한 제약점에도 불구하고 현물보조가 왜 여전히 정치적으로 선호되는가도 설명하였다.

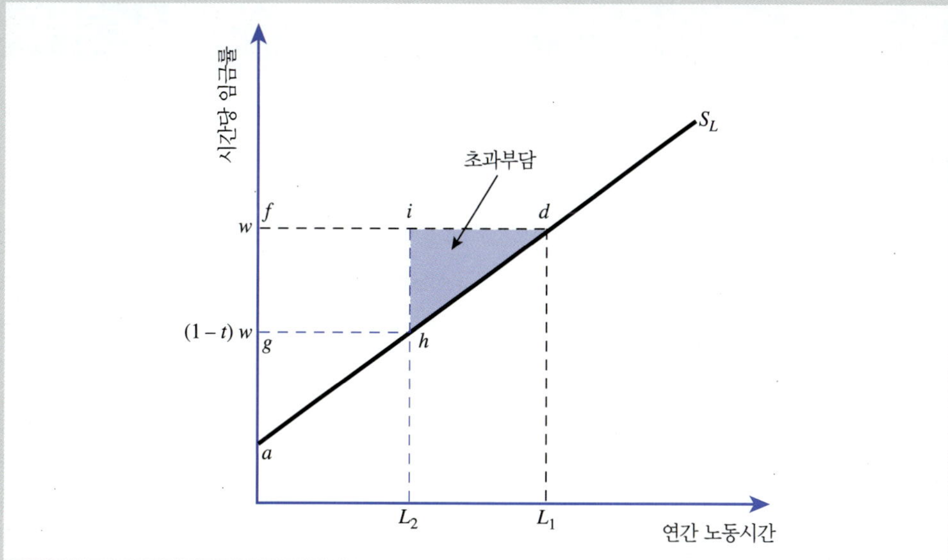

그림 15.7
근로소득세의 초과부담
근로소득세가 초과부담 *hid*를 초래하고 있다.

세부과 전에 시간당 임금률 20달러하에서 1년에 2,000시간을 근로하고 있었다고 가정하자. 이제 세율이 40%인 소득세가 부과되었다고 하자. 이러한 수치들을 식 (15.4)에 대입하면 초과부담은 연간 약 640달러로 계산된다. 이러한 수치의 의미를 좀 더 음미하기 위해 평균 초과부담을 계산하면, 초과부담이 세수의 약 4% 정도를 차지하고 있는 것으로 계산된다.[19]

물론 임금률, 세율, 탄력성 등은 근로자 집단별로 매우 상이할 수 있으며, 이로 인해 발생하는 초과부담이 집단별로 매우 다를 것이다. 더욱이 근로소득세의 초과부담은 다른 생산요소에 대한 조세에도 의존하고 있다. Feldstein[2006a]은 개인소득세로 인한 모든 초과부담금의 합이 세수 100달러에 대비하여 76달러인 것으로 추정하였다. 제18장에서 상술될 것인데, 주요 탄력성들의 크기에 대해서는 아직까지 논란이 많으며, 이에 유의하여야 한다. 하지만, 앞에서 논의한 추정치는 여전히 전체적인 초과부담의 크기를 대략적으로 추측하는 유의미한 숫자로 볼 수 있다.

15.3 생산요소에 대한 차별적인 조세

위의 소득세 예에서, 우리는 모든 분야의 근로소득에 동일한 세율이 적용되고 있다고 가정하였다. 하지만 어떤 경우에는 어떤 분야에 고용되어 있는 생산요소인가에 따라 다른 세목과 세율이 적용되는 경우들이 있다. 예를 들어, 법인소득세로 인해, 법인부문에서 사용되고 있는 자본에 대해서는 비법인부문에 비하여 높은 과세가 이루어지고 있다. 또 다른 예로, 시장부문과 가사부문의 근로에 대해서 차별적인 조세가 적용되고 있다. 만약 어떤 사람이 집에서 일하면, 가

19 평균 초과부담을 계산하는 다른 방식은 평균 초과부담 식인 $1/2\frac{\varepsilon t}{(1-\varepsilon t)}$에 추정치들을 직접 대입하는 것으로 이러한 계산에 의해서도 평균 초과부담은 4%[$=1/2\times0.04\times0.2/(1-0.04\times0.2)$]로 계산된다.

미국인의 삶을 바꾸는 조세제도

유머작가 러셀 베이커(Russel Baker)는 아래의 칼럼에서 조세가 삶에 미치는 영향과 초과부담 현상을 훌륭하게 묘사하고 있다.

피그(Figg)라는 가상인물은 도심에서 집을 임대하여 살기를 원하는 소시민이었다. 하지만 정부가 여러 가지 조세를 통해 그의 삶의 방식을 바꾸어, 원하지 않았던 근교에서, 원하지 않았던 주택 구입을 하고, 원하지 않았던 모기지를 하고, 원하지 않았던 기업가들을 친구로 만들어 친교하고, 원하지 않았던 사업을 하고, 원하지 않았던 방식으로 투자를 하게 되었다. 피그를 이렇게 만든 것은 바로 도시의 높은 판매세, 자가주택에 대한 높은 재산세, 모기지 이자에 대한 소득 공제, 특정 사업에 대한 낮은 조세, 특정 투자에 대한 높은 감가상각이었던 것이다. 이와 같이 여러 조세가 사람들이 사는 방식에 개입하여 사람들이 원하지 않았던 방식으로 삶의 방식을 바꾸고 초과부담을 발생시키고 있는 것이다.

치 있는 서비스가 창출되지만 과세는 되지 않는다.[20] (가사생산의 가치는 매우 크다. Bridgman 등[2012]에 따르면, 미국에서 가사생산의 가치는 GDP의 약 1/4 수준으로 추정된다.) 하지만 동일한 개인이 시장 부문에서 일한다면, 근로 서비스는 근로소득세와 급여세의 과세 대상이 된다. 분야별로 과세 또는 비과세가 됨은 노동 분야 선택에 있어 왜곡을 발생시키게 된다.

〈그림 15.8〉을 통해 효율성 비용을 분석하여보자. 수평거리 OO'는 사회에 가용한 전체 노동량을 나타내주고 있다. 가사 노동량은 O점을 원점으로 오른쪽으로 감에 따라 증가하는 것으로 표현되어 있고, 시장 노동량은 O'점을 원점으로 왼쪽으로 감에 따라 증가하는 것으로 표현되어 있다. 따라서 OO' 사이의 점은 전체 노동량이 가사 노동과 시장 노동 간에 어떻게 배분되고 있는가를 표현한다.

이제 가사 노동의 **한계생산가치**(value of marginal product, VMP_{home})를 1시간 가사 노동에 따라 추가적으로 생산된 생산물의 화폐단위로 표현된 가치라고 정의하자. 〈그림 15.8〉에서 VMP_{home}는 우하향하는 것으로 그려져 있는데, 이는 가사 노동시간이 증가함에 따라 노동시간의 추가적인 가치가 감소한다는 합리적인 가정에 근거한 것으로, 한계생산물 체감 법칙을 반영한 것이다. 유사하게 VMP_{mkt}는 시장 노동시간의 한계생산가치를 나타내주고 있다(x축에서 왼쪽으로 움직이는 것이 시장 노동에 배분된 시간이 증가함을 의미한다는 것을 상기하자). 이 두 한계생산가치가 체감할 것이지만, 체감하는 정도는 다를 수 있기 때문에 이 한계생산가치 곡선들을 대칭적으로 그리지는 않았다.

가사 노동과 시장 노동 간의 시간 배분은 어떻게 결정될 것인가? 개인들이 그들의 총소득을 극대화시키는 가사와 시장에의 노동시간 배분을 선택한다고 가정하자. 총소득 극대화 시간 배분은 노동의 한계생산가치가 가사와 시장에서 일치하는 곳에서 달성될 것이다. 왜냐하면 한계생산가치가 일치하지 않는 경우 낮은 한계생산가치를 지닌 부문에서 높은 한계생산가치를 지닌 부문으로 노동시간을 재배분함으로써 총소득을 증가시킬 수 있기 때문이다.[21] 〈그림 15.8〉

20 가사의 가치에 대해서는 성서에 잘 묘사된 구절이 있다. 성서가 써진 시대에서는 여성이 가사를 주로 담당하였었다. 잠언 31절은 여성이 행할 가사에 대해서 상세히 기술하면서, "그녀의 가치는 루비보다 월등히 높다."라고 결론 내리고 있다. 불행히도 성서시대의 루비 가격에 대한 데이터가 가용하지 않다.

21 좀 더 자세한 관련 논의는 이 책의 마지막에 있는 부록을 참조하기 바란다.

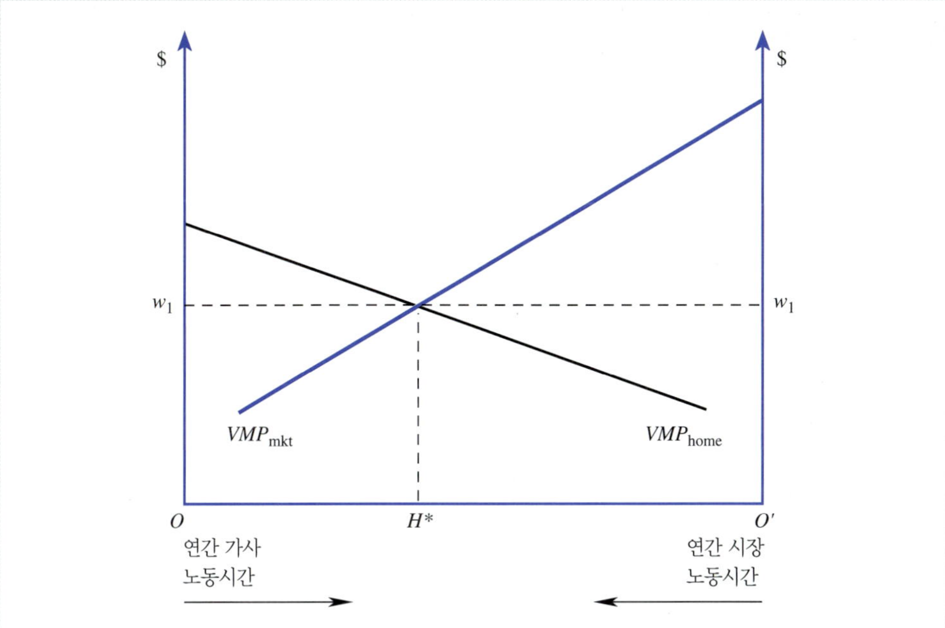

그림 15.8

가사부문과 시장부문 간의 시간 배분

수평거리 OO'는 사회에 가용한 총노동량을 표시하고 있다. 개인들은 노동의 한계생산가치가 가사와 시장에서 일치하는 시간 배분인 H^*를 선택할 것이다.

에서 OH^*시간을 가사 노동에 투입하고, $O'H^*$만큼은 시장 노동에 투입하는 곳이 균형이 된다. 이 경우 양 부문에서의 노동의 한계생산가치는 w_1로 동일하게 된다. 시장 내의 경쟁이 시장부문이 임금이 노동의 한계생산가치와 같아지도록 만들 것이다.

이제 시장부문의 노동에 대해서만 세율 t로 과세가 되었다고 하자. 시장노동에 대한 과세로 인해 한계생산가치와 임금 간의 격차가 발생하게 된다. 예를 들어, 한계생산가치가 10달러이고 세율이 25%인 경우에 근로자가 받아가게 되는 세후임금은 7.50달러에 불과하게 될 것이다. 일반적인 경우에 있어서 시장임금에 대해서 세율 t의 과세가 이루어지는 경우 임금률은 VMP_{mkt}에서 $(1-t)VMP_{mkt}$로 낮아지게 될 것이다. 〈그림 15.9〉에 이러한 조세로 인한 한계생산가치의 변화를 표시하면, 각 노동시간에 대응하는 VMP_{mkt}가 각각 t%만큼씩 낮아지게 된다. 비례세는 한계생산가치가 높은 경우 세후 소득의 감소폭이 더 크게됨을 의미한다. 최초의 균형점 H^*에서 VMP_{home}이 $(1-t)VMP_{mkt}$보다 크기 때문에, H^*은 더 이상 균형이 되지 못한다. H*에서 가사 노동의 한계생산가치가 시장 노동의 한계생산가치보다 크기 때문에 사람들은 가사 노동을 늘리고 시장 노동을 줄이는 반응을 보이게 될 것이다. 새로운 균형은 세후 시장 노동의 한계생산가치가 가사 노동의 한계생산가치와 같아지는 H_t에서 이루어지게 될 것이고, 가사 노동시간은 OH_t로 증가하고 시장 노동시간은 $O'H_t$로 감소하게 된다.

새로운 균형점에서 두 부문의 세후 한계생산가치는 $(1-t)w_2$로 일치하게 된다. 하지만 시장 노동의 세전 한계생산가치인 w_2는 가사 노동의 한계생산가치보다는 높아지게 된다. 이는 시장부문에 노동이 추가 공급되었다면 시장에서 발생하였을 소득의 증가분 w_2가 가사부문에서 발생하였을 소득의 감소분 $(1-t)w_2$보다 크며, 가사에서 시장으로 노동이 재배분되면 사회 전체의 후생이 증가할 수 있음을 의미한다. 하지만 경제주체들은 이러한 재배분의 경제적 유인을

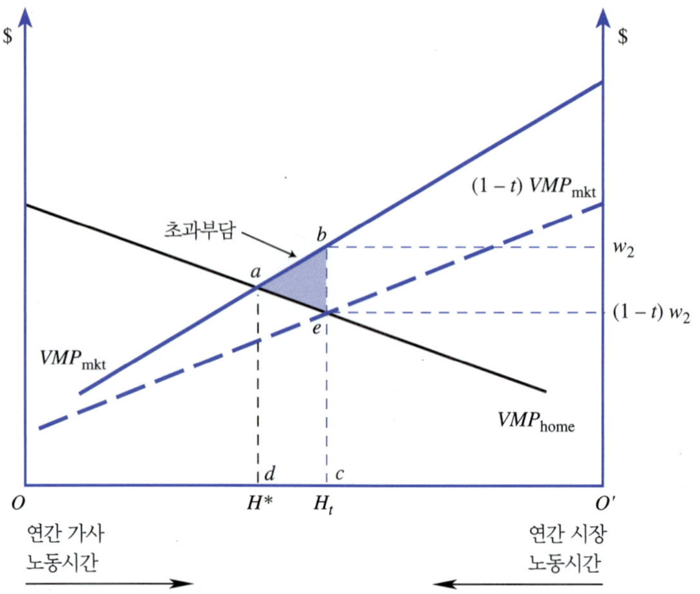

그림 15.9
생산요소에 대한 차별적 조세의 초과부담
시장임금에 대한 t세율의 과세는 임금률을 VMP_{mkt}에서 $(1-t)VMP_{mkt}$으로 낮추게 될 것이다. 결과적으로 사람들은 H_t를 선택하여 시장부문에서의 노동을 줄이고 가사부문에서 더 노동을 하게 될 것이다. 이때 발생하는 초과부담은 abe이다.

지니지 못하였는데, 이는 경제주체들이 고려하는 수익률은 세후 수익률로 이미 현재의 시간배분 H_t에서 두 부문의 세후 수익률은 동일하기 때문이다. 따라서 조세는 '너무 많은 가사 노동'과 '너무 적은 시장 노동'을 초래하게 된다. 다시 말하면, 조세는 생산성이 가장 높은 곳에 생산요소 고용이 이루어지려는 경제적 유인을 왜곡하여 자원배분의 비효율성을 초래하고 있는 것이다. 결과적으로 나타나는 실질소득의 감소는 조세의 초과부담을 의미한다.

초과부담의 측정을 위해서 보다 자세히 〈그림 15.9〉를 분석하여보자. 먼저 시장에서 노동이 감소함에 따라 시장 산출물의 가치가 노동공급 감소분(H^*-H_t)의 VMP_{mkt} 아래 면적인 $abcd$만큼 감소하게 된다.[22] 한편, 가사부문 노동이 증가함에 따라 가사 산출물의 가치가 노동공급 증가분(H_t-H^*)의 VMP_{home} 아래 면적인 $aecd$만큼 증가하게 된다. 따라서 사회 전체적으로 $abcd$에서 $aecd$를 뺀 삼각형 abe만큼 생산물 가치의 손실이 나타나게 되고, 이것이 조세로 인한 초과부담이다. 이 삼각형의 밑변은 단순히 조세 격차$(=w_2-[(1-t)w_2]=tw_2)$가 되고, 삼각형의 높이는 가사 노동에 추가 배분된 시간인 $\Delta H(=H_t-H^*)$가 된다. 이러한 초과부담 삼각형의 면적을 계산하면

$$1/2(\Delta H)tw_2$$

가 된다. 노동 배분의 변화(ΔH)가 클수록, 그리고 조세 격차(tw_2)가 클수록, 초과부담의 크기가 커지게 된다. 일반적으로 생산요소에 대해서 부문에 따라 차별적인 조세가 부과되게 되면 부문 간 생산요소 배분이 왜곡되고 초과부담이 발생한다.

---

22 주어진 생산요소 수준에 대해서 x축에서 VMP까지의 수직거리는 한계생산가치를 나타낸다. 주어진 생산요소 수준까지 이 한계생산가치를 합하면 해당되는 총생산의 가치가 되기 때문에 VMP의 아래 면적은 총생산 가치와 같아진다.

15.4 효율적 조세의 중요성

매년 정부의 재정지출과 조세의 상세 내역에 대한 다수의 출판물이 출간된다. 하지만 이러한 여러 출판물에, 재정정책의 왜곡효과를 기술한 '초과부담 예산'에 대한 기술은 찾을 수 없다. 초과부담이 논의되지 않는 이유는 자명하다. 초과부담은 누구의 회계장부에도 등장하지 않는다. 초과부담은 개념적으로 매우 미묘하며, 그 값을 계산해내기도 매우 어렵다. 조세로 인한 경제행위의 변화로 초래된 실질소득의 감소인 초과부담은 숨겨져 있지만 실체적 사실이며, 여러 추정결과에 따르면 그 규모도 매우 크다. 이미 여러 차례 강조한 바와 같이, 효율성만을 고려하여 조세정책을 결정하여서는 안 된다. 그렇지만 조세정책의 논의에서 효율성 자체가 완전히 무시되는 것은 더더욱 바람직하지 못하다.

조세가 초과부담을 초래한다는 사실 자체는 조세가 나쁜 것임을 의미하는 것은 아니다. 다만, 의도된 편익이 비용을 정당화할 만큼 큰가를 판별할 때, 초과부담이 사회적 비용의 일부로 포함되어야 한다. 더욱이 제16장에서 논의될 바와 같이, 초과부담은 여러 조세체제들을 비교하는 데 있어서 매우 유용하다. 초과부담을 추정하는 것은 경제학자들의 주요한 임무 중 하나이다.

심화 과정을 위한 추천 논문과 저서

높은 수준의 수학을 이용한 조세의 초과부담에 대한 분석은 아래의 논문에서 찾을 수 있다. *Handbook of Public Economics*는 재정학의 주요 이슈들을 대학원 수준에서 접근하고 있는 저서이다.

- Auerbach, Alan J. and James R. Hines, Jr. 2002. "Taxation and Economic Efficiency." *Handbook of Public Economics*, Volume 3, Part 2. Alan J. Auerbach and Martin Feldstein (eds.). Amsterdam: North Holland.

초과부담 추정에 대한 방법론과 미국 데이터를 이용한 추정 결과의 예는 다음의 저서에서 찾을 수 있다. 이 저서는 교재에서 여러 번 인용된다.

- Jorgenson, Dale W. and Kun-Young Yun. 2001. Investment, Volume 3, *Lifting the Burden: Tax Reform, the Cost of Capital, and US Economic Growth*. Cambridge, MA: MIT Press.

환경세의 이중배당 가능성을 엄밀히 분석하여, 노동시장에 추가 발생하는 초과부담이 외부성 시정을 통한 효율성 개선보다 클 수 있음을 아래의 논문이 보이고 있다.

- Parry, Ian W. H. and Wallace E. Oates. 2000. "Policy Analysis in the Presence of Distorting Taxes." *Journal of Policy Analysis and Management* 19: pp. 603-613.

왜곡적인 조세와 경제성장에 대한 실증분석 결과는 아래의 두 논문에서 찾을 수 있다. 두 번째 논문은 법인세의 경제성장에 대한 영향을 1970~1997년 사이의 경제성장률에 대해서 70개국의 자료를 사용하여 실증분석하였다. 분석 결과 법인세율이 10%P 낮아질 경우 성장률이 1~2%P가량 높아질 것으로 추정되었다.

- Kneller, Richard, Michael F. Bleaney, and Norman Gemmell. 1999. "Fiscal Policy and Growth: Evidence from OECD Countries." *Journal of Public Economics* 74(2): pp. 171-190.
- Lee, Young and Roger Gordon. June 2005. "Tax Structure and Economic Growth". *Journal of Public Economics*. Vol 89 no. 5-6, pp. 1027-1043.

요약

- 조세는 일반적으로 초과부담(=조세 부과로 인한 후생 감소분−세수)을 발생시킨다.
- 초과부담은 조세로 인한 경제행위의 왜곡으로부터 발생된다. 초과부담은 무차별곡선 또는 보상수요곡선을 이용하여 분석될 수 있다.
- 정액세는 경제행위를 왜곡하지 않아 매우 바람직하나, 유효한 정책대안은 되지 못한다. 하지만 정액세는 다른 조세들의 초과부담을 측정할 수 있는 기준으로 사용된다.
- 초과부담은 관찰된 행위가 변화하지 않은 경우에도 발생할 수 있다. 이는 관찰되는 보통수요가 아닌 관찰되지 않는 보상수요가 초과부담의 크기를 결정하기 때문이다.
- 어떤 조세로 인한 초과부담은 수요의 보상 탄력성과 세율의 제곱에 비례한다.
- 초과부담 계산에 있어서 일반적으로 다른 왜곡이 없다고 가정한다. 만약 다른 왜곡이 존재한다면, 새로운 조세로 인한 추가적인 초과부담은 해당 조세의 다른 시장으로의 영향에도 의존한다.
- 보조금도 초과부담을 발생시킨다. 이는 보조금이 사람들로 하여금 한계편익이 사회적 한계비용보다 낮아지는 수준까지 소비하도록 유도하기 때문이다.
- 부문별로 생산요소에 대해서 차별적인 조세를 부과하면 초과부담이 발생한다. 과세부문에서는 생산요소가 과소 고용되고, 비과세부문에서는 생산요소가 과다 고용된다.

연습문제

1. 2005년에 미시간은 일반판매세를 낮추고, 보험과 같은 특정 산출물에 대한 조세를 높이는 것을 고려하였다. 식 (15.3)을 이용하여 이러한 제안이 효율성을 높일지 또는 낮출지에 대해 논의하시오.

2. "식 (15.3)에 주어진 초과부담식에서 세율은 1보다 작다. 따라서 이것이 제곱이 되었을 때 결과는 더 작아진다. 따라서 식에 t가 아닌 t^2이 포함된 것으로 인해 조세의 중요성이 낮아진다."라는 주장에 대해서 논의하시오.

3. 왜곡적인 조세에 대한 의존도가 높은 국가가 있고, 낮은 국가가 있다. 최근 계량분석에 따르면 후자에 속하는 국가에서 경제성장이 보다 빠른 경향이 있다[Kneller et al., 1999]. 〈그림 15.9〉를 이용하여 이러한 현상을 논의하시오.

4. 영국에서, TV를 소유한 가계들은 한 해에 233달러의 강제 부담금을 납부하여야 한다. 납부된 부담금은 한 해 약 70억 달러에 이르며, 이 금액은 영국방송공사(BBC)에 지불된다. 이러한 부담금으로 인해 발생하는 초과부담은 부담금 총액에 비하여 매우 클 것인가? 논의하시오(한국에서도 유사한 형태가 발견된다).

5. 2004년에 미국 의회는 제조업 분야의 자본재 구입에 대해서 보조금을 지불하기로 결정하였다. 비제조업들은 이러한 보조금 지급대상으로 포함되지 않았다. 〈그림 15.8〉을 이용하여 왜 이러한 보조금이 제조업과 비제조업 간의 자본 배분의 비효율성을 초래하는가를 설명하시오(힌트: 경제 내 총자본량을 가로축에 놓고, 2개의 곡선을 각 부문의 자본의 한계생산가치를 측정하고 있는 것으로 생각하시오). 또한 그래프상에 제조업에 대한 보조금으로 인해 발생하는 초과부담을 표시하시오.

6. 한국과 미국 조세제도하에서 법인부문 고용 자본에 대한 세율은 비법인부문 고용 자본에 대한 세율보다 높다.

법인부문 자본의 한계생산가치, VMP_c는 $100 - K_c$와 같다고 하자. 앞의 수식에서 K_c는 법인부문의 자본의 양이다. 비법인부문 자본의 한계생산가치는 VMP_n은 $80 - 2K_n$으로 주어졌다고 하자. 그리고 사회 내에 50단위의 자본이 존재한다고 하자.

a. 조세가 없을 경우 얼마만큼의 자본이 법인부문과 비법인부문에 고용되어야 하는가? (힌트: 〈그림 15.9〉와 같은 그림을 머릿속에 그려 보이시오.)

b. 법인부문의 자본에 대해서 단위당 6의 조세가 부과되었

다고 하자. 조세부과 후 법인과 비법인 부문의 자본고 용량은 얼마가 될 것인가? 그리고 초과부담은 얼마가 될 것인가?

7. 주류 소비량을 감소시키기 위해 정부가 주류 1단위당 1원의 세금을 부과할 것을 검토하고 있다고 하자. 조세의 납부는 생산자가 한다고 하자. 주류 공급곡선은 $Q = 30{,}000P$로, 주류 수요곡선은 $Q = 500{,}000 - 20{,}000P$로 주어졌다고 하자.

a. 수요와 공급곡선을 그리고 초과부담을 그래프로 표현하시오. 수식을 이용하여 초과부담을 계산하시오(힌트: 소비자 잉여와 생산자 잉여의 감소분과 세수를 비교하시오).

b. 주류 한 단위 소비가 음의 외부비용 0.5원을 초래한다고 하자. 이러한 경우 주류 과세로 인한 초과부담이 어떻게 바뀌게 되는가?

8. 동등변화를 이용하여 초과부담을 분석하는 것에 대한 문제이다. 경제 내에는 옷과 컴퓨터의 두 재화가 존재하며 옷과 컴퓨터의 공급은 모두 완전 탄력적이다. 정부가 컴퓨터에 대해서 보조금을 지급하려고 한다. 단, 그래프는 가로축에 컴퓨터, 세로축에 옷을 놓고 작성하시오.

a. 먼저 우하향하고 볼록한 일반적인 형태의 무차별곡선과 예산선을 이용하여 컴퓨터에 보조금을 지급하였을 경우의 소비자 선택의 변화를 그래프상에 표시하시오. 보조금, 동등변화, 초과부담을 그래프상에 표시하고 논의하시오.

b. 옷과 컴퓨터가 완전보완재라고 가정하고 컴퓨터에 대한 보조금 지급의 효과를 분석하시오. 보조금, 동등변화, 초과부담을 그래프상에 표시하고 논의하시오. 대체효과가 발생하는가?

c. 옷과 컴퓨터가 완전대체재라고 가정하고 컴퓨터에 대한 보조금 지급의 효과를 분석하시오. 보조금, 동등변화, 초과부담을 그래프에 표시하고 논의하시오. 단, 물품세 부과 전 예산선의 기울기가 무차별곡선의 기울기보다 가파르다가, 물품세 부과 후 예산선의 기울기가 무차별곡선의 기울기보다 평평하게 된 것으로 가정하시오.

9. 이란 정부는 휘발유에 대한 보조금을 지급하여, 소비자 가격이 원래의 균형가격의 1/5 수준에 불과하다[Economist, 2007a, pp. 52–53]. 〈그림 15.6〉을 이용하여 이러한 정책의 효율성 효과를 논의하시오.

10. 다음 보기 중 가장 큰 초과부담을 발생시킬 것은? 그 이유를 논의하시오.

a. 토지에 대한 조세

b. 핸드폰 사용에 대한 24% 조세(캘리포니아, 뉴욕, 플로리다에 존재하는 대략적인 핸드폰 사용관련 조세)

c. 기술집약 산업에 대한 투자 보조금

d. 병이나 캔이 아닌 컵이나 잔으로 팔리는 단신음료에 대한 과세(시카고에 이러한 조세가 존재)

e. 54장보다 적은 수의 카드가 든 카드묶음에 대한 10% 과세(앨라배마주에 이러한 조세가 존재)

f. 블루베리에 대한 조세(메인주에 이러한 조세가 존재)

11. [입법고시 2차 2015년 기출문제] 2000년 《National Tax Journal》에 발표된 한 논문에 따르면, 미국의 무선정보통신 서비스 과세에 따른 사중손실의 크기는 정부 세수 1달러당 평균 53센트로 매우 큰 것으로 나타났다. 특히 뉴욕주, 캘리포니아주, 플로리다주의 사중손실이 큰 것으로 나타났다. 이로부터 미국의 무선정보통신 서비스 과세에 따른 사중손실이 큰 이유를 유추하여 설명하시오.

Appendix A

A.1 초과부담 수식의 도출

부록 A는 〈그림 15.5〉상의 초과부담 삼각형 *fdi*를 보상 수요탄력성을 이용하여 수식으로 표현하는 것을 설명한다. 먼저 삼각형 *A*의 면적은 아래 식으로 계산될 수 있다.

$$\begin{aligned} A &= \tfrac{1}{2} \times \text{밑변} \times \text{높이} \\ &= \tfrac{1}{2} \times (di) \times (fd) \end{aligned} \qquad \textbf{(15A.1)}$$

*fd*는 총가격과 순가격의 차이인 ΔP_b이다.

$$fd = \Delta P_b = (1 + t_b) \times P_b - P_b = t_b \times P_b \qquad \textbf{(15A.2)}$$

*di*는 가격인상에 따른 수량의 변화인 Δq이다.

$$di = (\Delta q) \qquad \textbf{(15A.3)}$$

이제 가격탄력성의 정의가 $\eta = \dfrac{\Delta q P_b}{\Delta P_b q}$이기 때문에 아래의 식이 성립한다.

$$\Delta q = \eta \left(\frac{q}{P_b} \right) \Delta P_b \qquad \textbf{(15A.4)}$$

이제 식 (15A.2)를 이용하면 $\Delta P_b = t_b \times P_b$가 성립되기 때문에 식 (15A.4)는 아래와 같이 정리될 수 있다.

$$\Delta q = \eta \times \frac{q}{P_b} \times (t_b P_b) = \eta \times q \times t_b \qquad \textbf{(15A.5)}$$

최종적으로 $di = \Delta q$이기 때문에 식 (15A.5)와 식 (15A.2)를 식 (15A.1)에 대입하면 본문의 식이 도출된다.

$$\begin{aligned} A &= \tfrac{1}{2}(di)(fd) \\ &= \tfrac{1}{2}(\eta q t_b) \times (t_b P_b) \\ &= \tfrac{1}{2} \times \eta \times P_b \times q \times (t_b)^2 \end{aligned}$$

Appendix B

B.1 다수 조세하의 차선의 이론

부록 B에서는 이미 기존의 왜곡이 존재하는 상태에서 조세가 도입된 경우의 초과부담에 대해 논의한다.

〈그림 15.B〉에서 우리는 진과 럼의 2개 상품을 분석하였다. 이 그림에서 진과 럼의 수요는 D_g와 D_r로, 세전 가격은 P_g와 P_r로 각각 표시되어 있다(사회적 한계비용이 상수라고 가정되었고, 세전 가격은 바로 이러한 사회적 한계비용을 반영하고 있다). 럼은 현재 t_r%의 세율로 조세가 부과되고 있어 가격이 $(1 + t_r)P_r$로 인상되었다. 이러한 조세 격차는 삼각형 abc로 표현된 초과부담을 초래하고 있다. 이제 진에 대한 t_g%의 조세가 도입되어 진 생산자와 진 소비자의 가격 사이에 격차가 발생되었다고 하자. 진에 대한 과세로 인해 진 시장에서 efd의 초과부담이 발생한다. 하지만 이것으로 분석이 끝나지 않는다. 만약 진과 럼이 대체재라면, 진 시장에서의 소비자 가격 상승은 럼 시장의 수요를 D_r'로 증가시키게 될 것이다. 결과적으로 럼 거래량이 r_2에서 r_3로 cg만큼 증가하게 될 것이다. r_2와 r_3 사이의 추가적인 럼 구입량에 대한 소비자의 단위당 지불가격은 럼 생산의 사회적 비용(P_r)보다 cb만큼 높은 $(1 + t_r)P_r$이 될 것이다. 따라서 진에 대한 과세로 인해 럼 시장에서 발생하는 추가적인 사회적 잉여는 단위당 잉여 cb에 추가적인 거래량 cg를 곱한 직사각형 $cbhg$의 면적이 될 것이다.

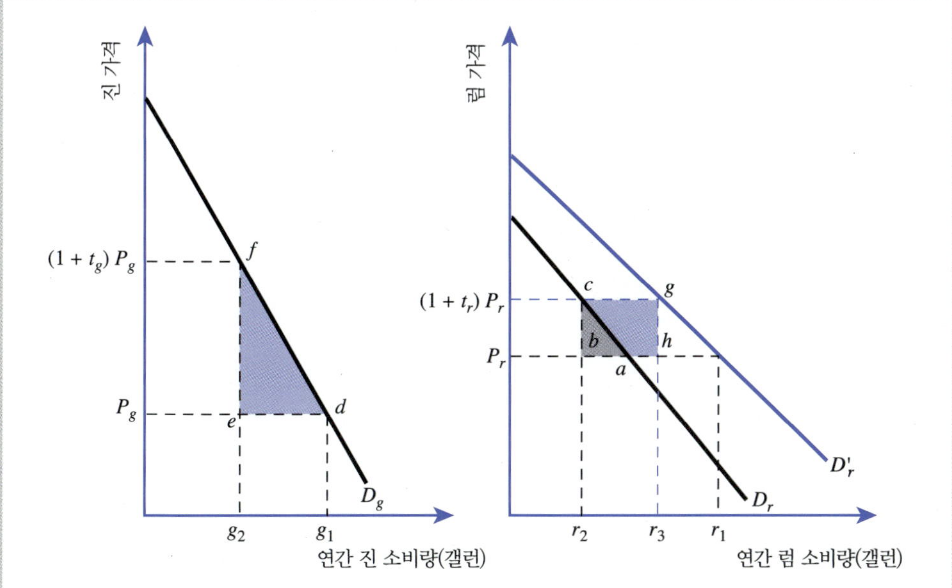

그림 15.B

다른 조세가 존재하는 경우의 과세로 인해 발생하는 초과부담

진에 대한 과세는 efd만큼의 초과부담을 초래할 것이다. 진 가격의 상승은 대체재인 럼의 수요를 오른쪽으로 이동시킬 것이다. 럼 수요의 증가는 럼에 대한 기존 조세로 인한 초과부담을 $cbhg$만큼 감소시킬 것이다.

요약하자면, 럼에 대한 조세가 이미 존재하는 상태하에서 진에 대한 세금이 도입되게 되면 진 시장에서의 *efd*만큼의 초과부담이 증가함과 동시에 럼 시장에서 *cbhg*만큼 초과부담이 감소하게 된다. 만약 *cbhg*가 충분히 크다면, 진에 대한 과세가 오히려 전체적인 초과부담을 감소시킬 수도 있다. 진과 럼 시장에 대한 지금까지의 논의는 기존의 왜곡이 존재하는 경우에 그 자체만을 보았을 경우 효율성을 높이는(낮추는) 정책이 오히려 전체적인 효율성을 낮출(높일) 수도 있다는 차선이론(theory of the second best)의 좋은 예로 볼 수 있다.

위의 논의는 여러 조세가 함께 존재하는 경우의 초과부담이 이들 여러 상품 간의 대체와 보완 정도뿐만 아니라 관련된 모든 세율에 의존하게 된다는 명제의 한 특수한 경우로 볼 수 있다. 경제 내에 과세가 가능한 n개의 상품이 존재한다고 하자. 그리고 i번째 재화의 세전 가격을 P_i, 종가세율을 t_i 그리고 j번째 재화 가격에 대한 i번째 상품 수요량의 보상 변화를 S_{ij}라고 하자. 이러한 경우 조세체제로 인해 발생하는 총초과부담은 아래 식과 같다.

$$-\frac{1}{2}\sum_{i=1}^{n}\sum_{j=1}^{n} t_i P_i t_j P_j S_{ij}$$

위의 식을 이용하면, g와 r의 두 재화가 존재하는 경우의 초과부담은 아래 식과 같이 표현할 수 있다.

$$-\frac{1}{2}(t_r^2 P_r^2 S_{rr} + 2t_r P_r t_g P_g S_{rg} + t_g^2 P_g^2 S_{gg})$$

Chapter 16

효율적 형평 조세

> 조세는 2가지 방식으로 국가를 몰락시키는 요인이 될 수 있다. 첫째는, 조세 규모가 국가의 권력에 비해 과도하고, 국민의 부에 비례하지 않는 경우이다. 둘째는, 조세 규모가 전체적으로 국가 권력에 비례하지만, 조세의 구성이 잘못된 경우이다.
>
> — 피에트로 베리, 18세기 이탈리아 경제학자

한국과 미국을 포함하여 거의 모든 국가에서 조세체제는 항상 비난의 대상이다. 비판자들은 조세체제가 비효율적이고, 공정하지 못하며, 쓸데없이 복잡하다고 주장한다. 그렇지만 이러한 비판자들이 개혁안을 만들어 제시하는 경우, 그들의 아이디어도 여러 가지 이유에서 추궁을 받게 된다. 새로운 조세체제를 선택하는 기준은 어떠해야 하는가? 제16장의 목적은 현실의 조세체제를 평가하기 위한 기준을 제시하는 것이다. 우리는 전통적인 후생경제학 분석틀에서 쉽게 논의가 될 수 있는 효율성과 형평성 고려에 대해서 논의를 시작할 것이다. 이후 기존의 후생경제학 분석틀에 포함시켜 논의하기는 어렵지만, 중요한 여러 다른 기준들도 살펴볼 것이다.

16.1 최적 상품세

플로리다에서는 면세대상인 식료품을 제외하고 대부분의 상품에 대해서는 6%의 세금이 부과되는데, 특이하게도 휴대전화기 사용액에 대해서 16.23%의 세금이 부과된다. 휴대전화기 사용에 대해서 다른 상품과 달리 더 높은 세율을 적용해야 하는 근거가 있는가? 있다면 그것이 무엇인가? 이러한 질문은 "상품과 서비스에 대한 과세의 경우, 어떠한 세율 수준과 구조가 바람직한가?"라는 매우 일반적이고 중요한 정책적 질문의 구체적인 예로 볼 수 있다. 최적상품세 이론은 이러한 질문에 대한 답변을 모색하기 위한 분석틀이다.

적합한 조세체제를 찾기 위해서는 물론 정부의 목적이 무엇인지를 알아야 한다. 정부의 목적이 초과부담 수준을 최소화하면서 필요한 정부의 지출을 조달할 수 있는 최적 조세조합을 찾아내는 것이라고 가정하자. 최적조세 분석에서 정액세를 선택 가능한 조세라고 생각하면 정액세가 당연히 최적조세가 될 것이기 때문에 정액세는 가용하지 않다고 가정한다. 효율성뿐만 아니라 형평성까지도 고려하는 경우 어떠한 이슈가 등장하게 되는가는 이후에 살펴볼 것이다.

시간 부존량(time endowment)

주어진 기간 동안 개인이 일할 수 있는 최대 시간.

먼저, X, Y, 그리고 여가(l)를 소비하는 대표적인 시민인 스텔라의 경제적 의사결정을 분석해보자. 재화 X의 가격은 P_x, 재화 Y의 가격은 P_y 그리고 여가의 가격인 임금률은 w라고 하자. 매년 스텔라가 최대로 일할 수 있는 시간인 **시간 부존량**(time endowment)은 고정된 값인 $\overline{T}$라고 하자. 이러한 시간 부존량은 총시간에서 수면시간을 뺀 것으로 생각할 수 있다. 자신이 가진 시간 부존량에서 여가시간을 뺀 나머지 모든 시간에는 노동을 한다고 가정하기 때문에, 노동시간은 시간 부존량에서 여가시간을 뺀, $(\overline{T}-l)$과 같게 된다. 스텔라가 그의 소득 전체를 재화 X와 재화 Y에 사용한다고 가정하면(저축은 없다고 가정하면), 그의 예산제약식은 아래와 같다.

$$w(T-l) = P_xX = P_yY \tag{16.1}$$

식 (16.1)의 좌변은 전체 소득을, 우변은 소득이 어떻게 지출되었는가를 나타내준다.

식 (16.1)은 아래의 식으로 정리될 수 있다.

$$w\overline{T} = P_xX + P_yY + wl \tag{16.2}$$

식 (16.2)의 좌변은 스텔라가 시간 부존량 모두를 노동에 사용하였다면 얻게 되었을 소득으로 시간 부존량의 가치를 나타내고 있다. 식 (16.2)의 우변은 이러한 소득을 재화 X, 재화 Y, 여가 l에 지출하고 있음을 나타내주고 있으며, 수식 구조는 여가의 가격이 임금률임을 잘 나타내주고 있다.

이제 X, Y 그리고 l에 대해서 동률 t의 종가세가 과세되었다고 하자. 이러한 종가세는 X재화의 가격을 $(1+t)P_x$로, Y재화의 가격을 $(1+t)P_y$로, 그리고 l의 가격을 $(1+t)w$로 증가시키게 된다. 이러한 경우의 예산제약식은 다음과 같다.

$$w\overline{T} = (1+t)P_xX + (1+t)P_yY + (1+t)wl \tag{16.3}$$

식 (16.3)의 양변을 $(1+t)$로 나누면 다음 식이 도출된다.

$$\frac{1}{1+t}w\overline{T} = P_xX + P_yY + wl \tag{16.4}$$

식 (16.3)과 식 (16.4)를 비교하면, **여가를 포함한** 모든 재화에 대한 동률의 조세는 시간 부존량의 가치를 $w\overline{T}$에서 $[1/(1+t)]\times w\overline{T}$로 낮추는 조세와 동등하게 된다는 사실이 명확해진다. 예를 들어, 재화 X, Y, l에 대한 25%의 조세는 시간 부존량을 20% 감소시키는 것과 동등한 효과를 가진다. 여기에서 임금률과 시간 부존량 자원이 외생적으로 주어졌기 때문에 어떠한 경제적 의사결정하에서도 시간 부존량의 가치인 $w\overline{T}$가 변화하지 않는다는 점에 주목하자. 이러한 경우 시간 부존량의 가치에 조세를 부과하게 되면 경제적 의사결정의 변화가 나타나지 않아 사실상 정액세가 된다. 여가를 포함한 모든 상품에 대한 동률의 상품세는 정액세와 동등하게 되고 초과부담이 발생하지 않게 된다. 제15장으로부터 우리는 정액세가 초과부담을 유발하지 않는다는 사실을 알고 있다.

이러한 상품세는 매우 좋은 상품세로 보인다. 하지만 문제는 여가에 대한 과세가 현실적으로 불가능하다는 것이다. 현실에서 가능한 과세수단들은 재화 X와 Y에 대한 조세들뿐이다. 이는 여가에 대한 과세가 불가능한 경우 불가피하게 초과부담이 발생하게 됨을 의미한다. 최

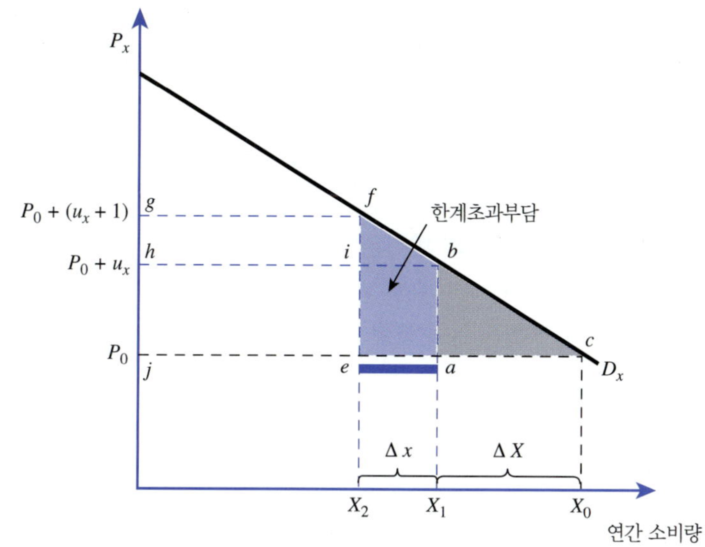

그림 16.1
한계초과부담
종량세를 u_x에서 $(u_x + 1)$로 인상하는 경우 한계초과부담은 *fbae*이고, 세수의 규모는 $(gfih - bae)$이다.

적 상품세의 목표는 최소한의 초과부담으로 필요한 세수를 거두어들일 수 있는 재화 *X*와 재화 *Y*에 대한 세율을 찾아내는 것이다. 각 상품을 동일한 세율로 과세하는 **중립과세**(neutral taxation)가 정답일 것으로 생각될 수 있지만 실제로 중립과세는 일반적으로 효율적이지 않다. 이에 대해서 상세히 논의하여보자.

중립과세(neutral taxation)
각 상품을 동률로 과세하는 것.

16.1.1 램지 원칙

초과부담을 최소화하면서 필요한 세수를 거두기 위해서, 재화 *X*와 재화 *Y*에 대한 과세는 어떠한 형태를 띠어야 하는가? 초과부담을 최소화하기 위해서, 각 상품에 대한 마지막 단위 세수 1달러에 대한 한계초과부담이 동일하여야 한다.[1] 만약 동일하지 않다면, 낮은 한계초과부담을 지닌 상품에 대한 과세를 높이고 높은 한계부담을 지닌 상품에 대한 과세를 낮춤으로써 동일한 세수를 보다 낮은 초과부담으로 거둘 수 있게 될 것이다. 초과부담을 최소화하면서 필요한 세수를 거두기 위해서는, 각 상품의 마지막 세수 1단위로 인한 한계초과부담이 동일해야 한다는 이러한 결론은 경제학에서 널리 사용되는 한계 분석의 전형적인 결과로 생각할 수 있다.

분석의 단순성을 위해 우리가 분석하고 있는 대표적인 소비자에게 있어서, 재화 *X*와 재화 *Y*는 보완재도 대체재도 아닌 상호 연관성이 없는 재화라고 가정하자. 이러한 경우 각 상품의 가격 변화는 해당 재화 자체의 수요에는 영향을 미치지만 다른 상품의 수요에는 영향을 미치지 않는다. 〈그림 16.1〉에서 스텔라의 재화 *X*에 대한 보상수요가 D_x로 표시되어 있다. 재화 *X*의 공급

1 세수 1단위에 대한 한계 초과부담이 동일해야 한다는 조건 $\left(\frac{MEB_x}{R_x} = \frac{MEB_y}{R_y}\right)$은 소비자 이론에서 지출 1단위에 대한 한계효용이 동일해야 한다는 조건 $\left(\frac{MU_x}{P_x} = \frac{MU_y}{P_y}\right)$과 매우 유사한 형태를 띠고 있으며, 유사한 방식으로 해석될 수 있다. 실제로 소비자이론에서의 주어진 효용하의 지출극소화 문제는 여기서 분석하고 있는 주어진 세수하의 초과부담 극소화 문제와 동일한 구조를 가지고 있다.

곡선이 P_0에서 수평선이서 재화 X는 원하는 만큼 P_0의 가격으로 구입이 가능하다고 가정하자.

재화 X에 대해 종량세 u_x가 부과되었고 이로 인해 수요가 X_0에서 X_1으로 ΔX만큼 감소하였다고 하자. 제15장에서 논의된 바와 같이, 이러한 조세로 인한 초과부담은 삼각형 abc의 면적과 동일하게 된다. 이제 추가적으로 조세를 1단위 더 높여서 조세가 $(u_x + 1)$로 높아지고, 가격은 $P_0 + (u_x + 1)$로 상승하며, 수요량은 추가적으로 Δx만큼 감소하여 X_2가 되고, 초과부담은 결과적으로 삼각형 fec가 된다. 한계초과부담은 두 초과부담 삼각형의 차이로 사다리꼴 $fbae$의 면적으로 표시될 수 있다. 사다리꼴의 면적은 높이인 Δx에 윗변과 아랫변의 합의 1/2을 곱한 것이기 때문에, $1/2\Delta x[u_x + (u_x + 1)]$로 표현될 수 있다.

이 식을 좀 더 정리하면, 우리는 초과 한계부담이 ΔX와 같다는 것을 보일 수 있다.[2]

$$\Delta X = \text{한계초과부담} \tag{16.5}$$

초과부담 최소화 조건이 최종 세수 1단위를 위한 한계초과부담이 같아야 한다는 것이었음을 상기하자. 이미 한계초과부담이 ΔX와 같다는 것을 알아내었기 때문에, 이제 필요한 것은 관련된 세수 증가분을 계산하여 한계초과부담을 세수 증가분으로 나누어 세수 1단위 증가로 인한 한계초과부담을 도출하는 것이다.

단위세액을 u_x에서 $u_x + 1$로 증가시킴에 따른 세수 증가분을 계산하여보자. 먼저 단위세액 u_x하의 세수가 세율과 거래량의 곱인 u_xX_1(직사각형 $hbaj$의 면적)이 된다. 유사하게 단위세액 $u_x + 1$하의 세수는 직사각형 $gfej$의 면적이 된다. 이 두 직사각형 면적의 차이가 바로 세수 변화분으로, 세율을 1단위 증가시킴에 따라 정부의 세수는 $gfih$만큼 증가하고 $ibae$만큼 감소한다. 이를 수식으로 정리하면, $X_2 - (X_1 - X_2)u_x$가 되며 이를 조금 더 정리하면[3] 세수 변화분의 근사치는 다음과 같이 정리될 수 있다.

$$X_1 - \Delta X = \text{한계세수} \tag{16.6}$$

따라서 최종 세수 1단위에 대한 한계초과부담은 식 (16.5)를 식 (16.6)으로 나눈 아래 식과 동일하게 된다.

$$\frac{\Delta X}{X_1 - \Delta X}$$

동일한 논리에 따라 상품 Y에 대한 종량세 u_y의 최종 세수 1단위에 대한 한계초과부담은 아래 식으로 표현될 수 있다.

$$\frac{\Delta Y}{Y_1 - \Delta Y}$$

---

2 위의 식을 조금 더 정리하면 $\Delta xu_x + 1/2\Delta x$가 된다. 여기에서 삼각형 fib의 면적에 대응하는 두 번째 항은 매우 작으며 무시할 수 있기 때문에 한계초과부담을 나타내는 사다리꼴 면적은 Δxu_x로 근사될 수 있다. 이제 $1/\Delta x$와 $u_x/\Delta X$가 수요곡선의 기울기를 나타내고 있어 이 두 값이 동일하다는 사실을 이용하면, 한계초과부담은 $\Delta x \times u_x = \Delta X/u_x \times u_x = \Delta X$가 된다.

3 이러한 한계세수는 $X_2(u_x + 1) - X_1u_x = X_2 + u_x(X_2 - X_1)$와 같다. 〈그림 16.1〉에서 $X_2 = X_1 - \Delta x$이기 때문에, 이를 위의 한계세수식에 대입하면 $X_1 - \Delta x - u_x\Delta x$가 된다. 앞의 각주에서 이미 논의된 바와 같이 $\Delta x = \Delta X/u_x$이기 때문에, 한계세수는 $X_1 - \Delta X(1 + u_x)/u_x$가 된다. u_x가 충분히 1보다 크다면, 이 수식은 $X_1 - \Delta X$가 된다.

전체 초과부담을 최소화하기 위한 조건은 각 상품의 한계초과부담이 동일해야 한다는 것이기 때문에, 최적 상품세의 조건은 아래와 같다.

$$\frac{\Delta X}{X_1 - \Delta X} = \frac{\Delta Y}{Y_1 - \Delta Y}$$

위의 식을 정리하면 램지 원칙이 도출된다.

$$\frac{\Delta X}{X_1} = \frac{\Delta Y}{Y_1} \tag{16.7}$$

총량으로 변화량을 나눈 것은 % 변화률로 해석할 수 있기 때문에, 식 (16.7)은 **총초과부담을 최소화하기 위해서는 조세로 인한 각 상품의 수요 감소 변화율이 동일하도록 세율을 정하여야 한다는** 것으로 해석될 수 있다. 이러한 결과는 최초의 발견자인 프랭크 램지[1927]의 이름 따라서 **램지 원칙**(Ramsey rule)이라고 명명되었으며, 재화 X, 재화 Y, 여가 l 등이 서로 대체재나 보완재 관계를 가진 경우에도 성립한다.

> **램지 원칙(Ramsey rule)**
> 총초과부담을 최소화하기 위해서는 조세로 인해 초래되는 각 재화 수요량의 감소 비율이 동일하도록 세율구조가 결정되어야 한다.

왜 효율적인 조세가 가격이 아닌 수요량이 동일한 율로 감소하게 되기를 요구하는 것일까? 이는 초과부담이 수량에 있어서의 왜곡으로 인해 나타나는 결과이기 때문이다. 초과부담 최소화를 위해 이러한 수량의 변화가 동일한 비율로 나타나야 하는 것이다.

램지 원칙의 재해석 램지 원칙을 수요의 가격탄력성을 포함한 식으로 표현함으로써 탄력성과 세율 간의 관계에 대한 원칙을 도출할 수 있다. 재화 X의 보상수요 가격탄력성을 η_x라고 하고, 이제 종량세가 아닌 종가세가 부과되었고 그 세율이 t_x라고 하자.[4] 이제 종가세하에서 $\Delta P_x = (1 + t_x)P_x - P_x = t_x P_x$가 되기 때문에 t_x는 조세로 인해 발생하는 가격의 증가율 $\left(\frac{\Delta P_x}{P_x}\right)$과 같다. 따라서 $t_x\eta_x$는 가격의 증가율에 가격 1% 증가함에 따른 수요량의 변화율을 곱한 것으로 해석될 수 있으며, 재화 X와 재화 Y가 서로 연관되어 있지 않다는 조건하에서 재화 X의 수요량이 변화율을 의미한다(수식적으로 표현하면, $t_x\eta_x = \Delta P_x/P_x \times \frac{\Delta X/X}{\Delta P_x/P_x} = \frac{\Delta X}{X}$). 유사하게 t_y와 η_y를 정의하면, $t_y\eta_y$가 조세로 인한 재화 Y의 변화율이 된다. 따라서 초과부담의 최소화를 위해 조세로 인한 수요량의 변화율이 같아야 한다는 램지 원칙을 탄력성으로 표현하면 다음 식이 된다.

$$t_x\eta_x = t_y\eta_y \tag{16.8}$$

이제 식 (16.8)의 양변을 $t_y\eta_x$로 나누면, 다음 식이 성립한다.

$$\frac{t_x}{t_y} = \frac{\eta_y}{\eta_x} \tag{16.9}$$

> **역탄력성 원칙(inverse elasticity rule)**
> 소비에 있어서 연관되지 않은 재화들에 대해서 효율성 조건은 세율들이 탄력성에 반비례하게 정해져야 함을 의미한다.

식 (16.9)가 바로 **역탄력성 원칙**(inverse elasticity rule)이다. 이 수식은 재화들이 소비에 있어서 연관된 상품이 아닌 경우, 탄력성에 반비례해서 세율이 정해져야 함을 의미한다. 다시 말

4 완전경쟁시장하에서 어떠한 종량세도 동등한 효과를 가지는 종가세로 표현할 수 있으며 그 역도 또한 성립한다. 예를 들어, 종량세 5원이 부가되어 소비자 가격이 50원이 되었다면, 그 결과로 나타나는 초과부담의 크기는 세후 가격의 10%로 부가되는 종가세에 의한 초과부담과 동일하게 된다.

해서, η_y가 η_x에 비하여 상대적으로 클수록, 세율 t_y는 t_x에 비하여 상대적으로 낮아야 한다. 효율적인 조세가 동률의 조세를 의미하지 않는다는 점에 유의하여야 한다. 역탄력성 원칙의 수학적인 도출은 이 장 마지막의 부록을 참조하기 바란다. 부록은 세수제약하의 초과부담 최소화 문제를 통해 역탄력성 원칙을 도출하고 있다.

역탄력성 원칙이 제시하는 직관은 매우 명확하다. 효율적인 조세는 초래하는 경제적 의사결정 왜곡이 작아야 한다. 왜곡 가능성은 해당 상품의 수요가 탄력적일수록 더 커지게 되기 때문에 효율적 과세가 되기 위해서는 상대적으로 비탄력적인 상품에 높은 세율의 과세가 이루어져야 한다.

콜렛-헤이그 조세원칙 Corlett과 Hague[1953]는 램지 원칙의 흥미로운 정책적 함의를 찾아내었다. 2개의 재화가 존재하는 경우, 여가와 보완관계를 가진 재화에 대해 보다 높은 과세를 하는 것이 효율적인 조세가 된다는 것을 보였다. 이러한 결과의 직관을 이해하기 위해서 만약 여가에 대해서 과세가 가능한 경우 여가를 포함한 모든 재화에 동률의 과세를 함으로써 초과부담 발생 없이 세수 조달이 가능한 '최선'의 결과가 나타날 수 있다는 점을 상기하자. 조세당국이 여가에 대해서 직접적으로 과세할 수는 없지만, 여가와 함께 소비되는 경향이 있는 상품들에 대한 과세를 통해 간접적으로 여가에 대해서 과세하는 것은 일반적으로 가능하다. 컴퓨터 게임에 대해서 높은 과세가 이루어지는 경우 사람들은 컴퓨터 게임을 덜 구입하고 컴퓨터 게임을 이용한 여가 소비를 줄이게 될 것이다. 여가의 보완재에 대한 높은 과세는 여가에 대한 간접적인 방식의 과세로, 이를 통해 여가 과세가 가능할 경우에 도달 가능한 완전 효율적 결과에 조금 더 다가갈 수 있게 되는 것이다(제15장의 연습문제 9번을 참조하시오).

16.1.2 형평성 고려

효율적 조세에 대한 이론은 불편한 정책적 함의를 가지고 있다. 역탄력성 원칙은 비탄력적인 수요에 대해서 높은 세율이 적용되어야 함을 의미한다. 이러한 조세는 공정한 것인가? 우리는 인슐린에 대한 과세로부터 상당 규모의 세수를 거두는 조세체제를 진정 원하는가?

이에 대한 대답은 물론 '아니다'이다. 효율성은 조세체제를 평가하는 기준 중 하나에 불과하며, 공정성이 또 다른 중요한 평가기준이 되고 있다. 공정성 가운데 특히, 조세체제가 **수직적 형평성**(vertical equity)을 지니고 있어야 한다는 점은 널리 받아들여지고 있다. 수직적 형평성은 상이한 지불능력을 지닌 납세자들 간에 조세부담이 공정하게 배분되어 있어야 함을 의미한다.

> 수직적 형평성(vertical equity)
>
> 상이한 지불능력을 지닌 납세자들 간에 조세부담이 공정하게 배분되어 있어야 한다.

조세의 소득분배 효과를 고려하도록 수정된 램지 원칙은 이미 도출되어 있다. 소득 대비 재화 X에 대한 지출금액이 고소득자보다 저소득자에게 있어 더 높으며, 재화 Y에 대해서 역이 성립한다고 하자. 예컨대, 재화 X는 빵, 재화 Y는 철갑상어알일 수 있다. 사회후생함수에서 저소득자의 효용에 대한 가중치가 고소득자의 효용에 대한 가중치보다 높다고 가정하자. 이러한 경우 재화 X가 재화 Y에 비하여 보다 비탄력적이라고 하더라도, 형평성을 고려한 최적조세하에서 재화 X에 대한 세율이 재화 Y에 대한 세율보다 낮을 수도 있다. 재화 Y에 대한 과세는 상대적으로 더 큰 초과부담을 초래하지만 동시에 형평성을 개선하는 효과가 발생한다. 어떤 사회는 소득 형평성 개선을 위해 보다 높은 초과부담이라는 가격을 지불할 용의가 있을 수 있다.

일반적으로 최적조세가 램지 원칙으로부터 얼마만큼 벗어나는가는 2가지 조건에 의존하고 있다. 첫째로, 사회가 얼마나 형평성을 선호하는가이다. 만약 고소득자와 저소득자에게 있어 소득 1단위의 가치가 동일한 것으로 사회적으로 인식되고 단지 효율성만이 고려된다면, 램지 원칙을 엄격히 준용하는 것이 최선의 조세정책이 될 것이다. 둘째로, 부자와 가난한 사람들의 소비가 얼마나 다른가에도 의존한다. 만약 부자와 가난한 사람들이 동일한 재화를 동일한 비율로 소비하고 있다면, 상품에 따라 세율을 차별적으로 적용하는 상품세는 소득분배에 영향을 미치지 못할 것이다. 이러한 경우 사회가 소득분배 목표를 가지고 있더라도, 이러한 분배개선 목표는 차별적인 상품세로는 달성될 수 없다.

16.1.3 요약

만약 정액세가 활용 가능하다면 초과부담을 초래하지 않는 과세가 가능하다. 이러한 경우 최적조세는 분배 측면만을 고려하면 된다. 만약 정액세가 가용하지 않다면, 이제는 최소한의 초과부담으로 주어진 세수를 어떻게 조달할 수 있는가가 중요한 이슈가 된다. 일반적으로 초과부담 최소화를 위해서는 각 상품의 (보상) 수요량을 비례적으로 감소시키도록 과세하면 된다. 연관되어 있지 않은 재화들의 경우에는 이러한 원칙은 수요탄력성에 반비례하여 세율을 결정함을 의미한다. 하지만 사회가 소득분배 목표를 가지고 있는 경우에는 이러한 램지 원칙과 역탄력성 원칙이라는 효율적 과세 원칙에서 벗어나는 것이 바람직할 수 있다

16.1.4 응용: 가구 단위의 과세

소득세 과세의 근본적인 단위가 개인인 우리나라와는 달리, 미국 연방소득세에 있어서 과세의 근본적 단위는 가구이다.[5] 미국에서는 남편과 부인은 그들의 합산된 소득에 대해서 과세된다. 가구단위 과세하에서는 남편의 소득이든 부인의 소득이든 간에 추가적인 소득에 대해 적용되는 한계세율은 동일하게 된다. 이러한 과세가 효율적인가? 다시 말해서, 가구의 초과부담이 남편과 부인의 소득에 대해서 동일한 세율로 과세하는 경우 최소화되는가?

가구를 총가구 소비, 남편의 노동시간, 부인의 노동시간 등 3가지 '상품'의 수량에 의해 효용수준이 결정되는 경제 단위로 가정하자. 가구 효용은 가구 소비가 증가함에 따라 그리고 남편과 부인의 노동시간이 감소함에 따라 증가한다고 가정하자. 남편과 부인의 노동시간은 각각이 직면한 임금률과 여러 다른 요인들에 의해 결정될 것이다. 소득에 대한 과세는 노동 의사결정을 왜곡할 것이며, 초과부담을 초래하게 될 것이다(제15장의 〈그림 15.7〉을 참조하시오). 이러한 경우 초과부담을 최소화하기 위해서 세율구조는 어떠해야 하는가?

분석의 단순성을 위해 남편과 부인의 노동시간은 대략적으로 '독립 재화'라고 단순 가정하자. 독립 재화라 함은 남편의 임금률 상승이 부인의 노동시간 결정에 거의 영향을 미치지 않으며, 역도 성립하는 것을 의미한다. 참고로 이러한 가정과 일치되는 결과들이 여러 관련 실증분석에서 보고되고 있다. 역탄력성 원칙에 따르면, 상대적으로 비탄력적으로 공급되고 있는 재화에 보다 높은 과세가 이루어져야 한다. 따라서 효율성 제고를 위해서는 부부 중 누구든 간에

---

5 여기의 설명은 Boskin과 Sheshinski[1983]에 근거하고 있다.

보다 비탄력적인 노동공급을 가진 사람에 대해 보다 높은 과세가 이루어져야 한다. 여러 계량분석 결과들은 남편의 노동공급이 부인의 노동공급보다 비탄력적임을 일관되게 보고하고 있음을 고려하면, 남편에게 상대적으로 높은 과세가 되어야 효율성이 높아질 것이다.[6]

지금까지의 가구단위 소득세 과세의 적정성 논의에서 우리는 효율성에만 초점을 두고 정책적 함의를 논의하였는데, 흥미롭게도 형평성에 대한 고려도 유사한 정책적 함의를 가질 수 있다. 예를 들어, 부인의 근로소득에 대한 낮은 과세는 효율성뿐 아니라 형평성에 대한 고려와도 부합되는 것이다. 제17장에서 미국에서 부부들에 대한 과세가 실제로 어떻게 이루어지는가에 대해 논의할 것이다.

16.1.5 응용: 한국에서의 소득세와 종합부동산세의 과세단위

우리나라 소득세 과세의 기본 단위는 가구가 아닌 개인이다. 소득세가 개인단위로 부과되는 경우 역탄력성 원칙의 적용이 가능하게 되는데, 누진적인 소득세는 비탄력적 노동공급을 지닌 주소득원에 대한 높은 과세가 이루어지고 있음을 의미한다.

과거 우리나라 과세대상 소득 중 일부가 개인단위가 아닌 가구단위로 합산되어 과세되기도 하였다. 2002년 8월 부부의 자산소득 합산과세가 위헌이라는 헌법재판소의 결정이 있기 전까지는 부부의 자산소득은 합산 과세되어 남편과 부인의 추가 자산소득에 대해서는 동일한 한계세율이 적용되었었다.

종합부동산세 과세에 있어서 과세 단위가 주요한 사안으로 종종 등장하였다. 2005년 도입된 종합부동산세는 2006년에 과세대상 합산 방식을 인별에서 세대별로 변경하였다. 이러한 변경은 부부간에 부동산 소유권 이전을 통해 과세 대상에서 제외시키거나 누진구조를 이용하여 납세액을 낮추는 절세 행위를 방지하기 위한 것이었다. 2008년 헌법재판소의 결정에 의해 종합부동산세 과세 대상 합산 방식은 다시 인별로 변경되었다.

지금까지의 논의는 해당 소득이 개인의 지불능력을 나타내고 부부간의 소득이전이 용이하지 않은 경우 역탄력성 원칙에 따른 개인별 과세가 바람직하고, 반대로 해당 소득이 각자의 지불능력을 나타내는 정도가 낮고 부부간의 소득이전이 매우 용이한 경우에는 가구별 과세가 바람직함을 의미한다.

16.2 최적 사용자요금

사용자요금(user fee)

정부생산 재화나 서비스에 대해 사용자들이 지불하는 요금.

지금까지 분석에서는 모든 생산이 민간부문에서 이루어진다고 가정하고, 정부의 역할을 단지 소비자 가격에 영향을 미치는 세율을 정하는 것에 국한하였다. 때로는 정부가 어떤 재화나 서비스를 직접 생산하기도 한다. 이러한 경우 정부가 생산한 재화나 서비스에 대해 사용자들이 지불하는 가격인 **사용자요금**(user fee)을 정부가 직접 정하여야 한다. 지금까지의 접근방식을 이용하여, 우리는 최적의 사용자요금을 분석할 것이다. 분석적으로 최적조세와 최적 사용자요

6 여기에서 중요한 구분은 남편과 부인의 구분이 아니라 주 소득원과 부소득원의 구분이다. 부인의 노동공급 탄력성이 상대적으로 더 낮다면, 효율성 조건은 부인에 대한 보다 높은 과세를 의미한다. 남성과 여성의 노동공급 탄성력에 대한 실증분석 결과는 제18장 제1절을 참조하시오.

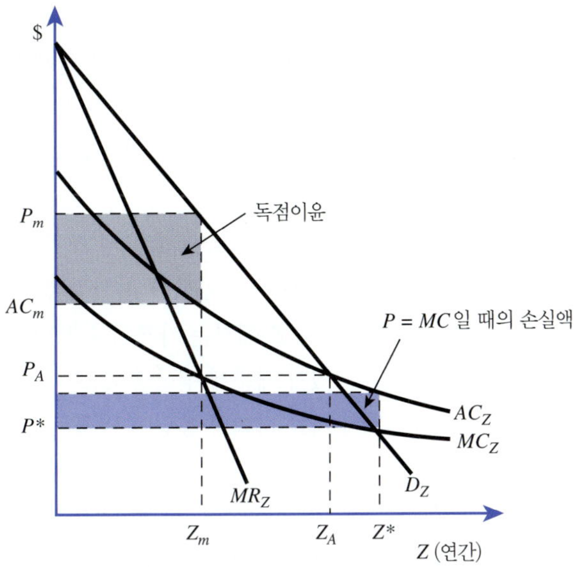

그림 16.2
자연독점하에서의 2가지 가격설정
자연독점의 평균비용은 지속적으로 감소한다. 자연독점의 이윤극대화 생산량과 가격은 Z_m, P_m이다. 효율적 생산량 Z^*에 비해서 가격이 너무 낮아 손실이 나타난다.

금은 매우 긴밀히 연결되어 있다. 조세와 사용자요금이 두 경우 모두에서, 정부는 소비자가 지불하는 최종가격을 결정하는 역할을 한다. 다만 조세와 사용자요금에 있어서 작은 차이점은 최적조세 문제에 있어서는 조세를 통해서 간접적으로, 최적 사용자요금의 경우 직접적으로 정부가 소비자 최종가격을 결정하고 있는 것이다.

어떠한 경우에 정부가 민간부문에서 구매하는 것 대신 직접 재화를 생산하기로 결정해야 하는가? 생산량이 증가함에 따라 단위당 비용이 감소하는, 다시 말해 장기평균비용이 지속적으로 감소하는 재화나 서비스의 경우 정부가 생산하는 것이 적합할 수도 있다. 장기평균비용이 지속적으로 감소하는 경우 해당 시장이 경쟁적일 가능성은 거의 없으며, 하나의 기업이 규모의 경제로 발생하는 이득을 누리면서 전체 산업 또는 최소한 대규모 지역을 포괄하는 생산량을 생산하고 있을 것이다. 이러한 현상은 **자연독점**(natural monopoly)이라고 불린다. 자연독점의 예에는 다리, 전기, 케이블 TV 등이 있다. 다리와 같이 정부가 직접 생산하여 공급하는 것도 있지만, 전기에서와 같이 민간이 생산하고 정부가 규제만을 행하는 경우도 있다. 우리는 여기에서 정부가 직접 생산하는 경우를 분석하고 있지만, 분석에서 얻어진 여러 중요한 통찰력들은 민간 독점이 생산하고 이를 정부가 규제하는 경우에도 적용될 수 있다.

자연독점(natural monopoly)
생산과정의 특성으로 인해 단일 기업이 전체산업을 포괄하는 산출량을 공급하는 상황.

〈그림 16.2〉는 자연독점 Z의 생산량을 가로축에 그리고, 금액을 세로축에 나타낸 그래프이다. 곡선 AC_Z로 표시된 평균비용은 우리가 관심 있는 생산량 범위 내에서는 지속적으로 감소하고 있다. 평균비용이 감소하고 있음은 한계비용은 평균비용보다 작아야 함을 의미하기 때문에, 마지막 한 단위 생산을 위한 추가적인 비용을 나타내는 한계비용곡선(MC_Z)은 평균비용곡선 AC_Z보다 아래쪽에 놓여 있다. 산출물 Z에 대한 수요는 D_z로 표시되어 있고, 이에 대응하는 한계수입은 MR_z로 표시되어 있다. 한계수입은 Z 생산 한 단위로 인한 추가적인 수입을 나타내준다.

평균비용이 체감하는 경우 정부 생산이나 규제된 민간 생산이 나타나게 됨을 설명하기 위해, 반대로 규제가 되지 않은 독점기업일 경우 어떠한 일이 벌어지게 되는가를 먼저 살펴보자. 〈그림 16.2〉에서 이윤극대화를 추구하는 독점기업은 한계수입과 한계비용이 같아지는 생산량 Z_m를 생산할 것이다. 독점기업은 생산된 Z_m을 이에 대응하는 소비자의 지불용의가격인 P_m에 판매할 것이고, 이때 이윤은 단위당 이윤에 생산량을 곱한 것으로 옅은 음영으로 표시된 직사각형의 면적이 될 것이다.

생산량 Z_m은 효율적인가? 후생경제학 이론에 따르면, 효율성 조건은 가격이 한계비용과 같아야 한다는 것이다. 즉, 사람들이 재화에 부여하는 가치가 사회적 한계비용과 같아야 효율성이 달성되게 된다. 독점의 이윤극대화 생산량 Z_m에서는 가격이 한계비용보다 높고, 이 경우 생산량 증가를 통해 사회적 잉여를 높일 수 있기 때문에 생산량 Z_m은 비효율적인 것이다. 이러한 비효율성과 더불어 발생하는 독점이윤에 대한 사회적 용인이 어렵다는 점은 민간 대신 정부가 재화 Z의 생산을 담당할 근거가 된다.

명백한 정책대안은 정부가 생산을 담당하고, 가격과 한계비용이 일치하는 생산량을 생산하는 것이다. 〈그림 16.2〉에서 $P = MC$가 성립하는 생산량은 Z^*로 표시되어 있으며, 그때의 가격은 P^*가 된다. 하지만 여기에서 가격이 평균비용보다 낮아진다는 문제가 발생한다. 다시 말해서, 가격 P^*가 너무 낮아 판매수입으로 생산비용을 감당할 수 없게 되고 손실이 발생하게 된다. 단위당 손실은 생산량 Z^*에 대응하는 수요곡선상의 점인 평균가격과 평균비용 AC_z 간의 수직거리 차이로 표시될 수 있음을 감안하면, 총손실액은 짙은 직사각형의 면적이 된다.

이러한 딜레마를 정부는 어떻게 해결할 수 있을 것인가? 몇 가지 해결방식이 제안되어왔다.

평균비용 가격 정의상 가격이 평균비용과 같을 때, 이익도 손실도 발생하지 않고 기업은 정확히 손익분기점에 있게 된다. 이러한 경우 더 이상 손실에 대해서 걱정할 필요가 없게 된다. 그래프상에 평균비용 가격은 수요곡선과 평균비용곡선이 만나는 곳의 가격인 P_A으로 표현될 수 있으며, 이때의 생산량은 Z_A가 된다. 평균비용가격하에서 생산량이 이윤극대화 점보다는 커지게 되지만, 여전히 효율적 생산량보다는 작기 때문에 사회적 효율성이 달성되지 못하고 있다.

보조금과 결합된 한계비용 가격 한계비용과 수요곡선이 만나는 곳에 가격을 정하고 발생한 손실액만큼을 보조금을 지급하는 경우를 살펴보자. $P = MC$인 곳에 가격을 책정함으로써 효율성은 보장되며, 발생하는 손실액은 다른 부문에서 징수된 정액세를 재원으로 한 보조금을 통해 보전해줌으로써 추가적인 비효율성 발생 없이 문제를 해결할 수 있다. 하지만 이러한 해결책에는 2가지 문제가 있다.

첫째로, 이미 앞에서 언급한 바와 같이, 정액세는 일반적으로 가용하지 않다. 손실을 보전하기 위한 보조금은 소득세나 상품세와 같은 왜곡적인 조세에 의해서 재원이 마련될 수밖에 없다. 이러한 경우 다른 분야에서의 조세로 인한 왜곡이 재화 Z 시장에서의 효율성 개선보다 더 클 수도 있다.

> **응익 원칙(benefit-received principle, 편익 원칙 또는 수혜 원칙)**
> 공공서비스의 수요자가 그것에 대한 대가를 지불해야 한다.

둘째로, 공정성을 위해서는 공공서비스의 소비자가 해당 서비스에 대해서 대가를 지불해야 한다는 생각이 널리 받아들여지고 있다. 이러한 **응익 원칙**(benefit-received principle)을 충실히 받아들인다면, 일반적인 조세를 통해서 공공서비스 공급에서 발생한 손실을 보전하는 것은 공정하지 못한 것이 된다. 해안경비대가 거친 파도가 이는 바다에서 나를 구해주었다면, 왜 여러분이 이에 대한 비용을 지불해야 하는가?

램지 해결법 지금까지는 정부기업이 하나만 존재한다고 가정해왔다. 만약에 정부가 여러 기업을 운영하고 있으며, 각 개별 기업은 손실을 볼 수 있으나 그룹 전체로는 손실을 보아서는 안 된다고 가정하자. 또한 정부가 서비스 사용자에 부과한 요금으로 운영재원을 마련해야 한다고 하자. 이러한 경우 각 개별 서비스에 있어서 사용자요금이 한계비용보다 얼마만큼 초과하여야 하는가?

이러한 질문이 어디에선가 들어본 듯하지 않은가? 이러한 분석은 기본적으로 최적조세 분석과 동일하게 된다. 사실상 한계비용과 사용자비용 간의 차이를 정부가 상품에 부과하는 '조세'라고 볼 수 있다. 그리고 최적조세 문제에서와 마찬가지로, 정부는 외생적으로 주어진 크기의 조세수입을 거두어들여야 하는데, 이 경우에 있어서 이는 그룹 전체로서는 손익분기점에 있어야 한다는 제약조건이 바로 이에 대응하는 것이다. 따라서 램지 원칙을 준용할 수 있고, 램지 원칙에 따르면 각 상품의 수요가 비례적으로 감소하도록 사용자 비용을 부과하여야 한다. 그런데 이러한 논리 전개는 경제학 이론의 매력적인 특징 중 하나를 잘 예시해준다. 경제학에서는 종종 하나의 문제를 분석하기 위해 개발된 분석틀이 외관상으로는 전혀 달라 보이는 다른 문제의 분석에 활용될 수 있다.

평균비용 감소 현상에 대한 정책의 현실 평균비용 감소에 대응하기 위한 여러 대안 중에서 한국과 미국은 어떠한 것들을 선택하였는가? 공공기업 생산방식이나 민간기업 생산 후 규제방식을 취하든 간에 대부분의 경우에 있어서, 한계비용 가격설정이 아닌 평균비용 가격설정이 선택되고 있다. 평균비용 가격설정이 비효율적이기는 하나, 이것은 합리적인 타협점이 될 수 있다. 왜냐하면 평균비용 가격설정은 상당히 간단하기도 하며, 널리 받아들여지는 응익 원칙을 준수하고 있다. 어떤 경제학자들은 보다 광범위한 램지 가격설정의 적용이 바람직하다고 주장하고 있다.

16.3 최적소득세

지금까지는 상품과 생산요소에 대한 과세들을 분석해왔는데, 이제 소득세에 대해서 분석하고자 한다. 보다 구체적으로, 소득세가 얼마나 누진적이어야 하는가를 다룰 것인데, 이러한 문제는 재정학에서 가장 많은 논란이 있는 문제 중 하나이다. 2017년 한국에서는 개인소득세 최고세율을 5억 원 이상에 대해 42%로 인상하는 안에 대해서 논쟁이 벌어졌다. 최고세율 인상을 주장하는 사람들은 최고세율 인상이 지불능력원칙에 부합함을 강조하고 있으며, 세율 유지를 주장하는 사람들은 세율 인상이 초과부담을 높일 것임을 근거로 제시한다. 19세기 경제학자로 누진과세를 반대했던 존 매컬러는 "일단 비례세를 버리게 되면 망망대해에서 나침반과 방향타 없이 항해하는 것과 같고, 너무나 큰 불공정성과 어리석음을 저지르게 될 위험에 놓이게 된다."라고 주장했다. 최적소득세 이론의 목표는 형평성과 효율성 간의 상충관계를 제대로 분석할 수 있는 체계적인 방법—다시 말해서 방향타—을 제공하는 것에 있다.

16.3.1 에지워스 모형

19세기 말에, 에지워스(1845~1926)는 아래와 같은 가정들에 기초한 단순한 모형을 이용하여 최적소득세 문제를 분석하였다.

1. 주어진 세수를 충족시키면서 개인들의 효용의 합을 극대화하는 것이 목적이다. 수학적으로 i번째 개인의 효용을 U_i로, 사회적 후생을 W로 표시하면, 조세체제의 목적은 아래의 식을 극대화하는 데 있다. 아래 식에서 n은 사회에 존재하는 개인의 수를 나타낸다.

$$W = U_1 + U_2 + \cdots + U_n \tag{16.10}$$

2. 개인들은 소득에만 의존하는 동일한 효용함수를 가졌다. 효용함수는 한계효용 체감의 특성을 나타내고 있는데, 이는 소득이 증가함에 따라 개인의 후생이 증가하기는 하나 증가율 자체는 감소함을 의미한다.
3. 전체 가용한 소득의 양은 고정되어 있다.

이러한 에지워스의 가정은 제12장의 '소득재분배의 합리성'에서 사용되었던 최적 소득재분배 모형에서 사용되었던 가정과 동일하다. 그곳에서 이러한 가정하에서 사회후생함수가 극대화되기 위해서는 각 개인에 있어 소득의 한계효용이 같아야 함을 도출하였다. 효용함수가 동일하고 한계효용이 체감한다면, 한계효용은 소득이 동일한 경우에만 동일해진다. 따라서 조세정책에 대한 정책적 함의는 매우 명료하다. 세후 소득분배가 동일해지도록 과세가 이루어져야 한다. 특히 과세는 처음에 부자에게 이루어져야 하는데, 이는 부자에 대한 과세로부터 발생하는 한계효용 상실이 가난한 사람에 대한 과세로부터 발생하는 한계효용 상실보다 작기 때문이다. 만약 정부가 완전한 소득의 동등화 이후에도 추가적인 세수가 필요하다면, 추가적인 세수는 동일한 비율로 사람들에게 나누어 부과되어야 한다.

따라서 에지워스 모형은 완전한 동등화가 달성될 때까지 세후소득이 부자부터 낮아져야 한다는 매우 급진적인 누진조세구조를 의미한다. 사실상 부자에 대한 한계세율은 100%가 된다. 하지만 제12장에서 강조한 바와 같이, 분석에 사용된 가정들에는 여러 문제점이 존재한다. 최근 수십 년 동안 위의 여러 가정들을 완화하였을 때 결과가 어떻게 바뀌게 되는가가 연구되어 왔다.

16.3.2 최근 연구

에지워스 분석에 있어서 가장 문제가 있는 가정은 사회의 총소득량이 고정되어 있다는 것이다. 이러한 가정에 따르면 몰수적인 성격의 과세도 생산량에는 영향을 미치지 않는다. 보다 현실적으로, 개인의 효용이 소득뿐 아니라 여가에도 의존하고 있다고 하자. 그러한 경우 소득세가 노동 의사결정을 왜곡하게 되고 초과부담이 발생하게 된다(제15장 참조). 이러한 경우 개인효용함수의 합의 형태로 되어 있는 사회후생함수를 지닌 사회에서는 피할 수 없는 딜레마가 발생한다. 세후 소득분배가 동일하게 만들도록 과세하고자 하는데, 이렇게 하는 과정에서 가용한 실질소득의 총량이 감소하는 비용이 발생하게 된다. 따라서 사회후생함수를 극대화하는 최적소득세체제는 평등성 달성을 위해 발생하는 비용인 초과부담을 고려하여서 결정되어야 한

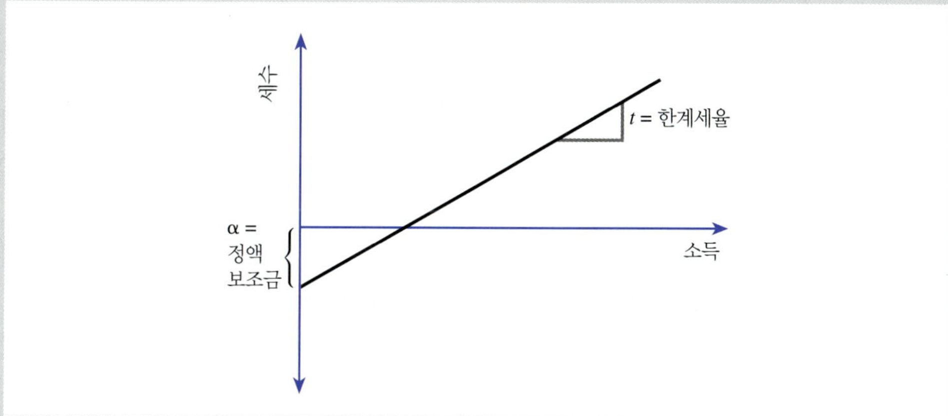

그림 16.3
선형소득세제
선형소득세제하에서 소득이 0인 경우 세수는 $-\alpha$이고, 소득 한 단위 증가에 따라 세수가 t만큼씩 증가한다.

다. 에지워스 모형에서는 보다 평등한 소득분배를 달성하는 비용이 0이었는데, 이러한 0의 소득재분배 비용이 바로 완전평등 결과를 만들어내는 요인이었던 것이다.

근로유인을 고려하였을 경우 에지워스 모형의 결과가 어떻게 바뀌게 되는가? Stern[1987]과 Mankiw, Weinzierl, Yagan[2009]은 개인의 여가와 노동 간 선택을 추가한 점을 제외하고는 에지워스 모형과 매우 유사한 모형을 분석하였다. 분석의 단순성을 위해 Stern의 최적소득세 모형에서는 한 개인으로부터의 조세수입이 아래와 같다고 가정되었다.

$$\text{조세수입} = -\alpha + t \times \text{소득} \tag{16.11}$$

위의 식에서 α와 t는 양수이다. 예를 들어, α가 300만 원이고 t가 0.25라면, 2,000만 원의 소득을 지닌 개인에게 있어서 조세부담액은 200만 원($= -300 + 0.25 \times 2{,}000$)이 된다. 600만 원의 소득을 지닌 개인에게 있어서는 조세부담액은 음수인 -150만 원이 되며 이는 이 개인이 정부로부터 150만 원의 보조금을 받게 됨을 의미한다.

식 (16.11)을 〈그림 16.3〉에서 x축에 소득을 놓고 y축에 세수를 놓은 평면 위에 그래프로 표현하였다. 소득이 0인 경우 조세부담액은 $-\alpha$가 되어 정부로부터 α만큼의 보조금을 받게 된다. 이후 1원의 소득 증가마다 t만큼의 세금을 정부에 납부하여야 하기 때문에 t가 한계세율을 나타내준다. 식 (16.11)을 소득−납세액 평면에 표현하면 그 관계가 직선이 되기 때문에 이러한 조세를 **선형소득세제**(linear income tax schedule)라고 부른다. 일반적인 논의에서 선형소득세제는 종종 **평률소득세제**(flat income tax schedule)라고 불리기도 한다. 선형소득세제에서 한계세율이 일정하기는 하지만 소득이 증가함에 따라 소득에 대비한 납세액의 비중이 증가한다는 의미에서 이 세제는 누진세이다(제14장 참조). 얼마나 누진적인가는 α와 t 값에 의존하게 된다. t 값이 증가함에 따라 더욱 누진적인 조세가 되며 동시에 초과부담의 크기도 커지게 된다. 최적소득세 문제는 이제 주어진 세수제약하에서 식 (16.10)에 표현된 사회후생을 극대화하는 '최선'의 α와 t의 조합을 찾아내는 것으로 볼 수 있다.

선형소득세제(linear income tax schedule)
평률소득세제의 정의를 참조하시오.

평률소득세제(flat income tax schedule)
한계세율이 전체 소득에 대해서 상수로 일정한 소득세제.

Stern[1987]은 여가와 소득 간에 대체관계가 약하게 존재하며, 필요한 세수가 소득의 약 20%라는 가정하에서 사회후생을 극대화하는 t의 값이 약 19%인 것으로 추산하였다. Mankiw,

Weinzierl, Yagan[2009]은 최적 한계세율이 48~50%인 것으로, 최적 정액보조금의 규모(모델에서 α)는 미국의 근로자 평균소득의 60%를 조금 넘는 것으로 추산하였다. 이러한 세율들은 에지워스의 분석에서 의미하는 100% 세율보다 월등히 낮은 것이다. 이는 조그마한 유인효과 도입도 최적한계세율을 대폭적으로 변화시킬 수 있음을 보여주는 것이다. 현재 선진국들에서 관찰되는 세율에 비교하면, Stern의 최적세율은 매우 낮고, Mankiw, Weinzierl, Yagan[2009]의 최적세율은 유사한 값을 보인다.

보다 일반적으로, Stern은 다른 조건이 동일하다면 노동 공급탄력성이 높아짐에 따라 최적 세율 t가 낮아짐을 보였다. 직관적으로 재배분의 비용은 재배분에 수반되는 초과부담이며, 노동 공급탄력성이 높아짐에 따라 초과부담이 높아지기 때문에[식 (15.4) 참조] 최적 t가 낮아지는 것이다. 다시 말해, 보다 탄력적인 노동 공급은 재배분 비용이 더 높음을 의미하기 때문에 재배분의 규모가 작아져야 한다.

Stern은 부자와 가난한 사람에게 주어지는 사회적 가중치의 효과에 초점을 두면서 여러 다른 사회후생함수가 어떠한 효과를 가지는가도 분석하였다. 식 (16.10)에 표현된 사회후생함수에서는 부자와 가난한 사람에게 동일한 가중치가 주어졌는데, 이보다 더욱 평등주의적인 사회적 선호에서는 상대적으로 가난한 사람의 효용에 보다 높은 가중치가 주어지게 된다. 흥미로운 경우는 가장 낮은 효용수준의 사람에게만 가중치가 주어져 이 사람의 효용만을 고려하게 되는 최소극대기준(maximin criterion)이 적용되는 경우이다. 최소극대기준하에서 최적 한계세율은 약 80%인 것으로 계산되었다. 평등주의적인 목표를 지닌 사회에서 보다 높은 한계세율이 최적이 된다는 것은 별로 놀라운 일이 아니다. 하지만 심지어 이러한 경우에 있어서도 세율이 100% 미만이라는 것은 주목할 만하다.

Stern의 분석이 지닌 제약점 중에 하나는 소득세율이 하나만 있을 수 있다고 제약을 한 것이다. Gruber와 Saez[2002]는 4개의 한계세율 적용이 가능한 보다 일반적인 모형을 분석하였다. 이들 분석에서 가장 흥미로운 결과는 높은 소득구간의 사람들에게 낮은 소득구간의 사람들보다 낮은 한계세율이 적용되어야 한다는 발견이다. 이러한 결과에 대한 직관적인 설명은 고소득자의 한계세율을 낮춤으로써 그들이 보다 노동공급을 늘리게 되어 세수가 증가하며 이러한 세수를 저소득층의 세금부담을 낮추는 데 사용하여 사회후생을 증가시킬 수 있다는 것이다(이러한 논리를 이 장 연습문제 7번을 통해 그래프를 이용하여 확인하여보라). 중요한 점은 한계세율이 소득이 증가함에 따라 낮아지고 있지만, 여전히 평균세율은 소득이 증가함에 따라 증가하고 있으며, 이는 최적소득세제가 여전히 누진적이라는 사실이다. 최근에 스위스의 한 주에서 고소득자들에게 낮은 한계세율을 적용하는 세제를 도입하였다[Rabushka, 2003].

지금까지 최적소득세에 대한 주요 논문들의 결과들을 정리하여 소개한 것을 보고 경제학자들이 이미 매우 정밀하게 최적조세체제를 도출해내었다고 오해해서는 안 된다. 두 가지 주요한 문제점이 있다. 먼저 사회후생함수를 개인들의 효용의 합으로 가정하였는데, 이러한 가정에는 논쟁거리가 될 수 있는 가치판단이 이미 내재되어 있다. 둘째로, 제18장에서 설명할 것과 같이 효율과 형평 간의 상충관계를 분석하는 데 결정적인 역할을 하는 주요 경제행위의 탄력성의 크기가 얼마이며 집단별로 어떻게 다르며 어떻게 전체 경제에 대한 추정치를 계산해낼 수 있는지 등에 대해 아직 잘 알지 못한다. 그럼에도 불구하고 특정한 가정하에서 최적조세율을 명시적으로 추산한 것은 아주 유익한 작업이다. 최적조세에 대한 문헌들의 가장 주요한 공헌들은 체계적으로 여러 다른 윤리적 또는 행동적 가정들의 함의를 찾아내어 일관성 있는 조세정책 논의를 체계적으로 이끌어내는 데 있는 것이다.

16.4 정치와 시간 비일관성 문제

최적조세 이론은 순수하게 규범적인 이론이다. 최적조세 이론의 취지는 현실의 조세제도가 어떠한 모습이며 어떻게 이러한 모습으로 형성되었는가를 예측하는 것에 있지 않으며, 조세정책이 형성되는 제도적 · 정치적 환경에 대해서는 거의 관심을 기울이지 않는다. 최적조세 이론이 제도적 · 정치적 환경을 고려하지 않음으로 인해, 현실의 정치제도하에서는 최적조세 논리에 근거한 정책 제안이 실제로 후생의 감소로 연결될 수도 있다[Holcombe, 2002].

어떤 사회에 *X*, *Y*, 여가라는 3가지 재화가 존재한다고 가정하자. 그리고 노동의 공급은 고정되어 있고, *X*에 대해서 현재 과세가 이루어지고 있으며, 헌법에 의하여 *Y*에 대한 과세는 금지되어 있다고 하자. 이러한 상황을 보고 최적조세를 공부하고 있는 학생이 "여러분은 매우 비효율적인 세제를 운영하고 있습니다. 노동공급이 완전히 고정되어 있기 때문에 *X*와 *Y*에 대해서 동률의 조세를 부과하면 소득세와 동등해질 것이고, 이러한 조세로 인한 초과부담은 0이 될 것입니다. 따라서 저는 *X*에 대한 세율을 낮추고, *X*와 *Y*에 대해서 동률의 과세를 할 것을 제안합니다. 그리고 세율은 조세개혁 전 세수와 동일한 규모의 세수를 거둘 수 있는 수준으로 결정하십시오."라고 주장할 수도 있다.

하지만 국민들은 *Y*에 대해서 과세를 허용하는 경우 정치인들이 *X*에 대한 과세를 낮추지 않을 수도 있다고 의심할 수 있다. 정치인들은 오히려 새로운 과세의 기회를 이용하여 세수를 증대시키려고 할 수도 있다. 우리가 제6장에서 본 바와 같이, 어떤 공공부문 이론들은 정부운영자들이 시민들의 바람과는 달리 세수 극대화를 추구할 가능성이 있고, 그리고 그렇게 할 것이라고 주장하고 있다. 이러한 경우 *Y*에 대한 과세를 헌법으로 금지시킴으로써, 시민들은 비효율적으로 과도한 규모의 공공부문의 출현을 합리적으로 방지하고 있는 것이다. 바꾸어 말하면, 만약 시민들이 정부를 신뢰하지 않는다면, 최적 상품세의 관점에서 보면 비효율적으로 보이는 조세체제가 정치적 환경까지 고려한 보다 넓은 관점에서 효율적인 조세체제가 될 수도 있는 것이다.[7] 실제로 효율적인 조세체제를 지닌 정부에 비하여 초과부담이 큰 조세체제에 의존하는 정부의 규모 증가 속도가 느리다는 실증분석 결과가 보고되고 있다[Becker and Mulligan, 2003]. 이러한 실증증거는 작은 정부를 원하는 납세자들은 오히려 초과부담이 큰 조세체제에 의존하는 정치적 결정을 내릴 수도 있음을 의미하는 것이다.

지금까지의 논의는 인터넷 구매에 대한 과세 여부에 대한 최근의 논쟁을 이해하는 데 도움을 줄 수 있다. 인터넷 구매에 대한 과세를 찬성하는 사람들은 가게에서 구입된 물건이나 인터넷상에서 구매된 물건은 기본적으로 동일한 물건이기 때문에 전자는 과세하고 후자는 비과세

7 Winer와 Hettich[2004]는 최적조세 이론에 기반한 접근과 정치적 고려까지 포함한 접근에 대해서 비교 정리하고 있다.

하는 경우 2가지 구매 방식 간의 선택에 왜곡이 발생하고 이에 따른 초과부담이 발생할 것이라고 주장한다. 반대론자들은 인터넷 판매에 대한 과세는 이미 비효율적으로 비대해져 있는 공공부문의 확대를 유도하게 될 것이기 때문에 인터넷 판매에 대한 과세는 바람직하지 않다고 주장한다.

최적정책의 시간 비일관성(time inconsistency of optimal policy)

현재의 최적조세정책이 향후 정부 유인구조와 부합되지 않으며 이러한 사실을 납세자들이 인식하고 있어서 최적조세정책을 실행할 수 없는 상황.

이러한 논쟁은 **최적정책의 시간 비일관성**(time inconsistency of optimal policy)과 관련되어 있다. 최적정책의 시간 비일관성이란 이미 발표된 정책이 이후 정부의 유인구조와는 부합되지 않게 되어 정부가 더 이상 최적정책을 실행할 수 없게 되는 상황을 일컫는다. 2012년도에 영국 국무부총리가 정부가 제안한 개혁안을 예로 살펴보자. 재정적자를 줄이기 위하여, 그는 고소득자의 부에 대한 과세를 제안하였다[Frank, 2010]. 여기에서 중요한 점은 자본에 대한 과세가 단 한 차례만 이루어지며, 미래에 있어 추가적인 과세가 없을 것이라는 점이다. 만약 발표대로 일회성의 과세가 이루어진다면, 이는 이미 축적된 자본에 대한 과세가 되며, 향후에 추가적인 과세가 이루지지 않을 것이기 때문에 미래의 저축 유인에는 영향을 미치지 않을 것이다. 물론 자본가들은 이러한 세금을 납부해야 한다는 것에 대해 불만을 가질 것이지만, 이러한 세금은 사실상 정액세가 되며 가장 효율적인 조세가 된다.

하지만 이러한 조세 제안에는 문제가 있다. 영국 정부는 다음 해에 과세가 단 한 번만 이루어질 것이라는 약속을 어기고 이러한 조세를 또 다시 부과하려는 유인을 지니게 된다. 이는 입안된 효율적인 조세가 다음 해의 정부의 유인과는 부합하지 않게 되는 것이다. 더욱 심각한 문제는 자본가들은 정부가 약속을 어길 유인을 지니고 있다는 것을 인식하게 된다는 사실이다. 자본가들은 그들이 저축을 더 많이 하면 다음 해의 세금부담이 증가할 것이라는 인식하에서 그들의 저축을 줄일 것이다. 이는 기대된 조세 변화가 경제행위를 변화시켰기 때문에, 비효율성이 발생하게 됨을 의미한다.

요약하면, 정부가 정책을 지속적으로 시행할 것에 대해 신뢰성 있는 약속을 할 수 없다면, 가장 효율적인 조세정책을 실시할 수 없다는 것이다. 이러한 시간 비일관성 문제를 해결하기 위해서는 정부가 미래에 어떤 특정한 방식으로 행동할 것임을 분명히 할 수 있어야 한다. 어떻게 이러한 일을 할 수 있을 것인가? 한 가지 가능한 방식은 정부가 정책 수정을 금지하는 헌법 조항을 법제화하는 것이다. 하지만 정부가 약속을 어기고자 하는 인센티브가 존재하는 한 의심은 남아 있을 것이고 효율적 정책을 실시하지 못하게 될 것이다. 지금까지의 논의는 최적조세에 따른 정책방안의 도출에 있어 정치체제의 신뢰성이 고려되어야 함을 의미한다.

16.5 조세체제 구상에 있어서 다른 기준들

우리가 지금까지 논의한 바와 같이, 최적조세는 '효율성(efficiency)'과 '공정성(fairness)' 간의 상충관계의 영향을 받는다. 이러한 최적조세 이론에 있어서 효율성과 공정성이란 용어는 우리가 보통 이들 용어를 사용할 때의 의미와 정확히 맞아떨어지는 것은 아니다. 최적조세 이론에서 공정한 조세란 조세부담이 사회적으로 바람직하게 배분되는 조세를 의미하며, 효율적인 조세란 최소한의 초과부담을 초래하는 조세를 의미한다. 다른 한편으로, 일반적인 논의에서 공정한 조세는 동일한 지불능력을 지닌 납세자의 동일한 세부담을 의미하는 것으로 종종 이해되며, 효율적인 조세체제는 행정과 조세순응 비용(compliance cost)이 낮은 조세를 의미한다. 이 절은 공정성과 효율성에 대한 이러한 여러 다른 개념들에 대해서 논의한다.

16.5.1 수평적 형평성

미국의 희극인 윌 로저스는 "사람들은 낮은 세금을 원하는 것보다 공정한 세금을 더 원한다. 그들은 각자가 자신의 부에 따라 비례적인 부담을 하고 있는가에 대해서 알고 싶어 한다."라고 언급한 바 있다. 이러한 방식으로 조세를 평가하는 기준은 수평적 형평성이라는 개념으로 이해할 수 있다. **수평적 형평성**(horizontal equity)은 동일한 위치에 있는 사람들을 동일하게 취급해야 함을 의미한다. 이러한 수평적 형평성이 진정 현실에 적용될 수 있는 개념이 되기 위해서는 '동일한 위치'가 무엇을 의미하는가를 정확히 정의하여야 한다. 로저스는 부를 지불능력의 지표로 제안한 것인데, 소득이나 지출도 지불능력의 지표로 사용될 수 있다.

수평적 형평성(horizontal equity)

동일한 위치에 있는 사람들을 동일하게 취급하는 것.

불행히도, 위에서 언급된 지표들은 사람들의 경제적 의사결정의 결과를 반영하게 되며 이러한 의미에서 적합한 동일한 위치의 개념으로 볼 수 없다. 1시간에 1만 원을 벌고 있는 두 사람을 생각해보자. A라는 사람은 매년 1,500시간을 일하기로 결정하였고, B라는 사람은 매년 2,200시간을 일하기로 결정하였다면, 소득기준으로 보면 이들 A와 B는 '동일한 위치'에 있지 않게 된다. 하지만 그들의 잠재적인 소득 능력에 있어서 동일하기 때문에 어떤 중요한 의미에 있어서 A와 B는 동일하나, 단지 B가 좀 더 일을 열심히 하고 있을 뿐이다. 따라서 노동의 강도와 시간이 최소한 어느 정도까지는 사람들이 선택할 수 있는 대상이기 때문에, 소득이 다르기는 하나 소득 잠재력에 있어서 A와 B는 동일한 위치에 있는 것이다. 지출 또는 부를 동일한 위치의 기준으로 사용하는 것에 대해서 유사한 비판이 가능하다.

지금까지의 논의는 개인의 소득이 아닌 개인의 임금률이 동일한 위치를 측정하는 지표의 후보가 될 수 있음을 의미한다. 하지만 이러한 생각에도 문제점이 있다. 첫째로, 교육, 직업훈련, 건강 유지와 같은 인적 자본에 대한 투자가 임금률에 영향을 미칠 수 있다. 만약 B가 고교 졸업 후 받게 되는 임금률을 얻기 위해서는 A는 대학을 졸업하여야 한다면, 이들 A와 B를 동일하게 취급하는 것이 공정한 것인가? 둘째로, 임금률을 계산하기 위해서는 총소득을 총근로시간으로 나누어야 하는데, 후자가 측정하기 매우 어려운 지표라는 문제점이 있다. 커피휴식에 보내진 시간을 어떻게 측정할 수 있는가? 만약 임금률에 비례하여 세금을 부과한다면, 주어진 소득에 대해서 근로자는 근로시간을 과장 보고하여 임금률을 낮추어 세금부담을 축소시키려는 유인도 존재한다. 아마도 직장 상사들도 절감된 조세액의 일부를 나누어 받으면서 고용인들이 임금률을 과소 보고하는 데 협조할 것이다.

소득 또는 임금률로 동일한 위치를 측정하는 것 대신에 Feldstein[1976]은 효용을 근거로 수평적 형평성을 정의하는 것을 제안하였다. **효용에 근거한 수평적 형평성 정의**(utility definition of horizontal equity)는 다음의 2가지 원칙에 근거하고 있다. 먼저, (a) 조세부과 전 두 개인이 동일한 효용을 지니고 있었다면, 조세부과 후에도 동일한 효용을 누리고 있어야 한다, (b) 효용 크기에 따른 개인의 순서가 조세로 인해 변화되어서는 안 된다. 다시 말해 조세 전 A가 B보다 더 높은 만족도를 가지고 있었다면 조세 후에도 A가 여전히 더 높은 만족도를 누리고 있어야 한다.

효용에 근거한 수평적 형평성 정의(utility definition of horizontal equity)

효용수준이 동일한 사람을 동일하게 취급하는 것. 다시 말해서 효용수준으로 '동일한 위치'를 정의한 수평적 형평성.

Feldstein의 수평적 형평성 정의가 지니는 함의를 평가해보자. 먼저, 모든 개인이 동일한 선호, 다시 말해 동일한 효용함수를 지니고 있다고 가정하자. 이러한 경우 여가를 포함하여 동일한 상품을 소비하고 있는 개인은 동일한 또는 동등한 조세를 납부하고 있어야 하며, 동일한 세율구조가 모든 개인에게 적용되고 있어야 한다. 만약 이렇지 않다면 조세 전 동일한 효용을 누리고 있던 개인의 세후 효용수준이 달라지게 되어 위에 제시된 원칙을 위배하게 된다.

이제 사람들이 다양한 기호를 지니고 있다고 하자. 예를 들어, 미식가와 운동애호가의 2가지 유형의 개인들이 존재한다고 하자. 이들 두 유형은 모두 음식과 여가를 소비하는데, 미식가는 음식에 상대적으로 높은 가치를, 운동애호가는 여가에 상대적으로 높은 가치를 두고 있다고 하자. 또한 조세 이전에 미식가와 운동애호가가 동일한 효용수준을 달성하고 있었다고 하자. 만약 비례 소득세가 모든 개인들에게 부과되었다면, 미식가들의 후생수준이 운동애호가의 후생수준보다 낮아지게 된다. 이는 미식가들이 자신들의 음식소비 습관으로 인해 상대적으로 노동을 더 많이 하고 있기 때문이다. 따라서 전통적인 수평적 형평성 개념에서는 완전히 공정한 것으로 평가될 수 있는 이러한 소득세는 효용정의에 따를 경우 공정하지 못한 조세가 된다. 실제로 여가에 대한 기호가 다르면, 어떠한 소득세도 효용에 근거하여 정의된 수평적 형평성을 위배함을 보일 수 있다.

물론 개인의 효용수준을 현실에서 측정하기 어렵기 때문에 효용에 대한 세금 부과는 불가능하다. 그럼에도 불구하고 효용에 근거하여 정의된 수평적 형평성은 강력한 정책적 함의를 지니고 있다. 앞의 논의에서처럼 모든 개인들이 동일한 효용함수를 지니고 있다고 가정하자. 이러한 경우 개인들이 그들의 경제행위와 지출을 선택할 수 있는 자유가 있다면 기존의 어떠한 조세구조도 효용에 근거하여 정의된 수평적 형평성을 위배하지 않는다.

왜 이러한가를 살피기 위해, 보상의 형태가 상이한 2가지 직업을 생각해보자. 먼저 한 직업의 보상의 상당한 정도가 조세부과가 불가능한 편의시설(편리한 사무실, 수영장 사용 등) 제공을 통해 이루어지고 있다고 하자. 이와 반하여 다른 직업에 있어서의 보상은 모두 과세가 되는 금전적 형태를 띠고 있다고 하자. 금전적 소득에 대한 소득세는 여러 편의시설이 제공되는 직업을 선택한 개인들의 조세부담을 상대적으로 낮게 만들기 때문에 전통적인 정의의 수평적 형평성을 위배하고 있다. 하지만 이러한 2가지 직업이 공존하고 있고 개인들이 이 두 직업 중 본인이 원하는 직업을 선택할 수 있었다면, 편의시설까지 포함한 세후 순보상이 두 직업에서 동일한 곳에서 균형이 나타나게 된다. 왜 그러한가를 살펴보기 위해 세후 순보상이 편의시설 제공 직업에서 더 높았다고 가정해보자. 이러한 경우 편의시설 제공 직업이 지니는 이점을 누리기 위해 개인들은 편의시설 제공 직업으로 이전할 것이다. 이러한 이전은 노동공급을 증가시켜 임금을 하락시킬 것이다. 이러한 조정은 두 직업의 순수익이 같아질 때까지 지속될 것이다. 요약하자면, 여러 다른 직업에 종사하는 사람들이 다른 크기의 조세를 납부하고 있지만 세전 임금이 조정됨으로써 세후 순보상이 동일하게 되어 Feldstein 정의에 따른 수평적 불형평성은 발생하지 않고 있는 것이다.

어떤 사람들은 부자들이 활용할 수 있는 어떤 조세상의 유리한 규정들은 수평적 불형평성의 중요한 한 원인이라고 주장한다. 효용에 근거하여 정의된 수평적 형평성에 따르면, 이러한 주장은 잘못된 것이다. 만약 이러한 조세상의 유리함이 모든 고소득자에게 선택 가능한 것이었으며 모든 고소득자가 동일한 선호를 가지고 있었다면, 조세상의 유리함은 조세의 누진성을 낮추기는 하지만 수평적 형평성에는 아무런 영향을 주지 않는다.

우리는 놀라운 결론을 도출하였다. 선호가 동일하다면 기존의 조세체제는 효용근거 수평적 형평성을 만족한다. 수평적 불형평성은 기존의 조세체제가 아닌 세법의 변화에 의해 야기된다. 세법 변화가 수평적 불형평성을 초래하는 것은 개인이 기존의 세법에 순응하여 수정이 어렵거나 불가능한 경제적 의사결정을 이미 해놓았기 때문이다. 예를 들어, 사람들은 자가소유 주택에 대한 우호적인 세제로 인해 이미 큰 집을 구입했을 수도 있다. 관련 세법이 변경되는 경우, 그들의 후생은 감소되고 수평적 형평성은 훼손되게 된다. 이러한 맥락에서 미국의 한 국회의원이 "신뢰를 가지고 어떤 일을 행한 사람들에게 관련법을 변경하는 것은 불공정한 것"이라고 지적한 바 있다.[8] 이러한 관찰은 "좋은 조세는 기존의 조세뿐이다."라는 주장으로 연결된다.

세법 변화가 수평적 불형평성을 야기할 수도 있다는 사실이 세법 변화 불가를 반드시 의미하는 것은 아니다. 세법 변화는 효율성, 수직적 형평성 또는 2가지 모두를 개선할 수 있기 때문에 경우에 따라서는 다소간의 수평적 불형평성의 훼손이 용인될 수도 있다. 어찌 되었든 위의 논의는 새로운 조세체제로의 이행은 순차적이어야 한다는 정책적 함의를 지닌다. 예를 들어, 조세개혁이 세법 통과 이후 즉시가 아니라 몇 년의 유예기간 이후 발효된다면, 과거 조세구조에 맞추어 경제행위를 결정했던 사람들에게 최소한 어느 정도의 조정을 할 수 있는 시간적 여유가 제공되게 된다. 조세체제 개혁에 있어서 공정한 과정은 어떠한 것인가라는 **이행 형평성**(transitional equity) 문제는 매우 분석하기 어려운 사안으로 아직까지는 관련 연구결과가 많이 축적되어 있지 않다.

이행 형평성(transitional equity)
조세체제 변화에 있어서 형평성 문제.

효용에 근거한 수평적 형평성 정의에 있어서 암묵적으로 세전의 기존질서(status quo)가 윤리적 타당성을 지니고 있다는 관점을 가지고 있기 때문에(그렇지 않았다면, 효용 크기에 따른 개인들의 서열의 변화에 대해서 신경을 쓰지 않았을 것이다), 이러한 수평적 형평성 정의에서 도출되는 보수적인 정책적 함의는 놀라운 것은 아니다. 여기에서 왜 기존질서가 꼭 지켜져야만 하는가에 대한 이유는 명백하지 않다. 효용에 근거한 수평적 형평성 정의가 가지는 보다 일반적인 특징은 과세의 결과에 대해 논의의 초점을 두고 있다는 점이다. 어떤 연구자들은 수평적 형평성의 핵심이 효용 근거 수평적 형평성 정의에 따른 논의에서와 같이 조세로 인해 결과적으로 나타나는 효과를 판단하기 위한 기준이 아니라, 정부가 조세를 선택하는 원칙에 대한 제약을 가하는 데 있다고 주장하기도 한다. 이러한 개념의 수평적 형평성은 자주 바뀌는 조세나 중요하지 않은 납세자 특성에 근거한 과세를 반대한다. 예를 들어, 정부가 빨간 머리를 가진 사람들에 대해서 특별한 정액세를 부과하거나, 어떤 특정한 카스테라 빵과 초콜릿 케이크에 대해서 차별적인 조세를 부과하는 경우를 생각해보자. 이러한 조세들이 효율성 또는 분배 측면에서 매우 바람직하다고 할지라도 **원칙에 근거한 수평적 형평성**(rule definition of horizontal equity)에는 부합되지 못한다. 미국 헌법은 어떤 특정한 형태의 과세를 금지하고 있는데, 이는 수평적 형평성을 보장하기 위한 것으로 해석될 수 있다(제1장 참조).

원칙에 근거한 수평적 형평성(rule definition of horizontal equity)
조세의 선택을 결정하는 원칙이 공정성을 판단함에 있어 조세 부과의 결과보다 더 중요함.

어떠한 것들이 과세 가능 특성인가를 알아내는 데에는 몇 가지 어려운 점이 존재한다. 대부

8 Rosenbaum[1986]을 참조하시오.

분의 사람들은 종교나 인종이 세금부담을 결정하는 요인이 되어서는 안 된다는 데 동의한다. 이와 달리, 결혼 여부가 조세부담의 결정요인이 되는 것에 대해서는 상당한 의견 차이가 존재한다(제17장 참조). 어떤 특성이 적법한 차별적 과세의 기준이 될 수 있다고 동의하는 경우에도, 얼마만큼의 차별적인 과세를 해야 하는가에 대해서는 의견이 매우 다를 수 있다. 모든 사람은 심각한 신체장애의 존재를 개인의 세금부담 결정 시 고려해야 한다는 데 동의할 것이다. 하지만 얼마만큼 시력이 나빠야 시력상실자에 대한 특별 조세감면 자격을 획득하게 되는가 그리고 얼마만큼의 세금 감면 혜택을 주어야 하는가에 대해서는 여전히 논란이 있을 수 있다.

우리는 수평적 형평성이라는 개념은 어떠한 근거로 정의되던 간에 다소 모호하다고 결론지을 수밖에 없다. 하지만 수평적 형평성은 조세 구상의 원칙으로 강한 호소력을 가지고 있다. 개념적인 모호성에도 불구하고 동일한 사람들 간의 공평성이라는 개념은 조세정책의 발전에 있어서 중요한 역할을 할 것이다.

16.5.2 조세체제의 운영비용

지금까지 살펴본 모형에서 암묵적인 가정 중 하나는 조세 징수에 비용이 수반되지 않는다는 것이다. 물론 이러한 가정은 잘못된 것이다. 조세당국은 조세행정 수행을 위해 여러 가지 물자와 재원이 필요하다. 납세자에게도 비용이 발생하는데, 회계사나 조세 법률가에게 지불한 비용뿐만 아니라 세금 양식들을 작성하고 영수증을 모아놓는 데 소요되는 시간 비용이 발생한다.

한국과 미국에서 개인 소득세와 관련된 행정비용은 매우 낮은 것으로 보고되고 있다. 예를 들어, 우리나라는 2004년의 경우 징수세액 100원당 징세비가 0.86원으로 추산되었으며[국세청, 국세통계 연보], 미국 국세청(IRS)은 100달러의 조세를 징수하는 데 44센트만의 행정비용을 발생하고 있다고 한다. 행정비용과 달리, 조세순응비용(compliance cost)은 상당히 큰 것으로 추정된다. 조세순응비용은 세금 양식 작성에 소요된 시간과 조세 전문가 고용에 소요된 비용이다. 미국의 설문조사 결과에 따르면, 2008년 미국에서의 개인소득세의 조세순응비용은 세수의 약 10%인 1,220억 달러에 이르는 것으로 추정되고 있다[Kaplow, 2008a].

명백히, 조세와 보조금제도의 선택에 있어서 조세체제의 운영비용(즉, 행정비용과 순응비용의 합)을 고려하여야 한다. 공정하고 효율적인 조세제도라고 할지라도 지나치게 복잡하여 과도한 행정적인 비용을 수반한 경우 바람직하지 못할 수도 있다. 청소, 아기 돌보기 등과 같은 가사 산출물에 대한 과세 가능성을 생각해보자. 제15장에서 논의된 바와 같이 시장 노동은 과세하고 가사 노동은 비과세하는 것은 노동의 배분에 있어서 상당한 왜곡을 초래하고 있다. 더욱이 일하는 장소의 선택에 따른 차별적인 과세는 수평적 형평성의 개념에도 위배된다. 이러한 효율성 비용이나 수평적 불형평성에도 불구하고, 가정 산출물에 대한 과세는 가정 생산물 가치 측정의 어려움으로 인해 매우 큰 행정비용을 수반하며 거의 실행 불가능한 것이 된다.

불행히도 사람들은 조세 행정비용에 필요한 만큼의 주의를 기울이지 않는다. 전형적인 예는 1990년도에 미국에서 입법화된 보석에 대한 연방사치세이다. 이 조세는 장식을 위해 사용된 새로운 보석을 대상으로 1만 달러 초과 가격에 대해서만 적용되었다. 어떤 전문가가 지적한 바와 같이, 이 조세의 행정적 처리는 거의 악몽 수준이다. 이러한 연방사치세에 대해서 "보석만 따로 있는 경우와 수리한 경우는 과세대상이 아닙니다. 그리고 만약 여러분의 조모가 물려주신 보석을 리모델링하게 되면 과세가 될 수도 있습니다. 그리고 반지에서 잃어버린 다이아몬드를 새로 구입해서 넣는 경우는 수리이기 때문에 과세대상이 아닐 수도 있습니다."라는 복잡한 설명이 필요했었다. 이러한 연방사치세의 행정비용은 세수보다도 오히려 크다는 지적도 있었고, 도입된 지 3년 만인 1993년에 폐지되었다.

당연히 행정비용이 전혀 들지 않는 세금은 존재하지 않기 때문에, 초과부담과 행정비용 간에 존재하는 상충관계를 고려하여 최적 조세를 찾아내는 것이 필요하다. 예를 들어, 램지 원칙에 따라 각 개별 상품별로 차별적인 세율의 상품세제를 도입했다면, 이러한 세제의 행정비용은 매우 높았을 것이다. 적정한 차별적 상품세 구상에 있어서, 상품별로 세율을 차별화함으로써 얻어지는 초과부담의 감소분과 행정비용의 추가분을 비교하여 결정하여야 한다.

16.5.3 탈세

조세행정당국이 직면하고 있는 가장 중요한 문제 중 하나인 탈세에 대해서 논의하자. 먼저 탈세와 **절세**(tax avoidance)를 정확히 구분하여야 한다. 경제학자 존 메이너드 케인스가 "보상이 있는 단 하나의 지적 추구"라고 표현했던 절세는 세금부담을 낮추기 위해 경제적 행위를 변경시키는 것을 의미한다. 절세에는 불법적인 요소는 전혀 담겨 있지 않다.

> **절세(tax avoidance)**
> 법적인 세금부담을 낮추기 위해 경제적 행위를 변경시키는 것.

> 법정 판결은 세금부담을 가능한 한 낮추기 위한 규정을 준수하는 일처리에는 아무런 불법성이 없음을 반복해서 언급하고 있다. 부자이든 가난한 사람이든, 모든 사람들은 그렇게 행동한다. 이러한 것은 합법적인 것으로 누구도 법적으로 정해진 액수 이상으로 세금을 납부할 공적 의무를 가지고 있지 않다. … 도덕성이라는 이름하에 좀 더 세금을 납부하도록 강요하는 것은 위선일 뿐이다[Judge Learned Hand, Commissioner v. Newman, 1947].

절세와 반하여, **탈세**(tax evasion)는 법적으로 납부해야 하는 세금을 납부하지 않는 것을 의미한다. 사과에 대한 과세 이후 여러분이 사과를 덜 팔았다면 이것은 절세이다. 만약 사과 판매량을 세무당국에 보고하지 않거나 속여서 낮추어 보고하였다면 이것은 탈세이다. 탈세는 새로운 문제가 아니다. 수 세기 전에 철학자 플라톤은 "만약 소득세가 존재한다면 동일한 소득에 대해 공명정대한 사람은 더 많이, 그리고 그렇지 못한 사람은 더 적게 세금을 납부할 것이다."라고 관찰하였다. 2011년 한국에서는 조세피난처와 스위스은행을 이용하여 탈세를 한 여러 개인들에 대한 조사와 소송이 진행되고 있다.

> **탈세(tax evasion)**
> 법적으로 납부해야 하는 세금을 납부하지 않는 것.

탈세 규모를 추정하는 것은 매우 어려운 작업이다. 미국 국세청은 납세자들이 납부해야 할 소득세 중 80% 정도만을 자발적으로 납부하는 것으로 추정하고 있다. 이러한 추정치가 옳다면, 탈세는 매우 중요한 사안이다.

사람들은 아래와 같은 여러 가지 형태로 부정한 탈세를 한다.

- 이중장부: 장부 중 하나는 실제적인 사업 운영을, 다른 하나는 세무당국 보고용으로 작성한다. 어떤 탈세자는 2개의 금전등록기를 사용하기도 한다.
- 현금 소득 부업: 부업 자체는 물론 합법적인 것이다. 하지만 현금 소득이 발생한 경우 법적인 기록이 없어 현금 소득을 세무당국에 보고하지 않고 탈세하는 경우가 종종 있다.

현실 정책 보기 절세와 건축

사람들은 세금부담을 낮추는 데 있어서 매우 창의적이다. 예를 들어, 영국의 윌리엄 3세가 국가 재정의 확충이 필요하다고 결정했던 1696년에 일어났던 일들을 살펴보자. 그 당시 소득세가 개인의 자유를 침해한다고 인식되고 있었기 때문에 소득세가 사용될 수는 없었다. 대신 그는 창문에 대한 세금을 선택하였다. 부유한 사람들이 다수의 창문을 가진 큰 집을 소유하고 있었기 때문에 창문에 대한 조세는 부자들을 대상으로 한 것이었다. 절세를 할 수 있는 손쉬운 방법으로 창문을 막아버릴 수 있었다는 것을 윌리엄 3세는 알지 못하였었는지도 모른다. 17세기에 나타난 절세의 예는 아직도 영국의 여러 고가에서 찾아볼 수 있다.

절세를 위해 고안된 다른 형태의 건축물들도 존재한다. 예를 들어, 18세기 브라질 정부는 완성된 교회에 대해서 과세를 하였다. 이러한 조세를 회피하기 위해 몇몇 교회들은 교회탑 중 하나를 완성시키지 않았다. 예측할 수 있으나 여전히 이상한 건축물의 또 다른 예는 17세기 네덜란드에서 찾아볼 수 있다. 건물의 너비에 비례하여 과세하였기 때문에, 그 당시 암스테르담에 살고 있는 사람들은 좁고 높고 긴 건물을 건축하여 절세하였다.

기이한 건축물들을 절세의 예로 제시하는 것은 별난 것이기는 하지만 중요한 정책적 함의를 지니고 있다. 정책입안자들은 납세자들이 과세에 대해서 피동적인 태도를 보일 것을 예상하여서는 안 된다. 납세자들은 세금부담을 피하거나 낮추기 위해서 여러 가지 창의적인 방법들을 찾아내어 실행할 것이다. 예를 들어, 우크라이나의 일부 자동차 수입상은 자동차 수입 시 의도적으로 차량을 2조각으로 나누어서 수입한다. 이와 같은 행동은 자동차 부품에 대한 관세가 자동차에 대한 관세보다 낮음을 절세수단으로 활용하기 위한 것이다.

절세를 위해 종탑을 고의로 미완으로 둔 18세기 브라질의 교회
(Photo courtesy of Jonathan Meer)

절세를 위해 창문을 막아버린 17세기 영국 건축물
(Courtesy of Chloe Kang)

절세를 위해 건물 너비를 좁게 만든 17세기 네덜란드 건물
(Courtesy of Chloe Kang)

- 소득의 과소보고: 소득을 과소보고하는 것은 탈세의 일반적인 형태이다. 소득의 과소보고가 특히 자영업자들 사이에 더 많이 나타나는 것으로 알려져 있다. 한국에서는 과세형평성 차원에서, 세원이 보다 투명하게 드러나는 근로소득자들에게 추가적인 소득공제와 세액공제 혜택이 주어지고 있다.
- 현금 거래: 현금 거래를 추적하기는 매우 어렵다.

과거에는 탈세하면 스위스 비밀은행 계좌에 자산을 숨겨놓은 백만장자의 이미지가 떠올랐다. 최근의 탈세자 이미지는 세무당국에 수입으로 보고하지 않은 '비공식적인' 소득을 지닌 수선공과 육아도우미에게 지불한 임금에 대해서 탈세를 하는 부모들도 포함한다.[9] 다른 사람들도 다 납부하지 않기 때문에 나도 그렇게 해도 상관없다는 생각이 널리 퍼져 있다.

이하에서 우리는 먼저 탈세에 대한 실증적 이론(positive theory)을 소개한 이후, 정책적으로 탈세를 어떻게 해야 하는가라는 규범적인 문제(normative question)를 다룰 것이다.

탈세이론 기대소득을 극대화하는 알의 경제행위를 분석해보자. 그의 소득은 외생적으로 주어져 있으며 소득 중에서 세무당국에게 보고하지 않을 금액 R을 선택한다고 하자. 알의 한계소득세율은 0.3이기 때문에 1달러를 보고하지 않을 경우 30센트씩의 세액이 감소한다고 하자. 이러한 30센트가 세무당국에 1달러를 보고하지 않음으로부터 오는 한계편익이 된다. 좀 더 일반적으로, 소득보고액 1달러 감소의 한계편익은 납세자가 직면하고 있는 세율 t가 된다.

세무당국은 알의 실제 소득을 알지 못하고 있으며, 무작위로 세무감사를 할 수 있다고 하자. 결과적으로 알이 세무조사를 받을 가능성이 r로 주어졌다고 하자(한국에서 소득세가 국세청의 세무조사를 받을 확률은 약 0.21%이고, 미국에서 연방소득세가 세무조사를 받을 확률은 0.77%이다). 탈세가 적발되면 벌과금이 소득보고 누락액 R에 체증하는 비율로 부과된다고 하자. 만약 알의 행위를 매 순간마다 감시 감독하는 것이 가능하다면, 탈세의 가능성은 존재하지 않는다. 완전한 감시가 불가능하다는 사실이 문제 발생의 근본적인 원인이다.

알이 r값과 벌과금체제를 알고 있다고 가정하자. 그는 소득보고 누락의 한계비용과 한계편익을 비교하여 탈세행위를 결정할 것이다. 〈그림 16.4〉에서 가로축에 소득보고 누락액이 그리고 세로축에는 금액이 표시되어 있다. 소득보고 누락액 1달러당 한계편익(MB)은 그로 인한 조세절감액인 t이다. 소득보고 누락의 기대 한계비용(MC)은 탈세의 한계 벌과금에 발각 확률을 곱한 것과 같다. 예를 들어, 소득보고 시 한계벌과금이 1.50달러이고 3번 중 1번꼴로 발각이 된다면, 기대 한계벌과는 50센트가 된다. '최적' 누락액은 한계편익곡선과 한계비용곡선이 만나는 곳인 R^*에서 결정된다. R^*는 평균적으로 알의 소득을 극대화하는 소득보고 누락액이라는 의미에서 최적이 된다. 경제학에서 일반적으로 불확실성하에서의 개인행동을 기댓값 극대화로 접근한다. 전혀 탈세를 하지 않는 것이 최적이 될 수도 있다. 〈그림 16.5〉에 표현되어 있는 납세자의 경우 모든 양의 누락액에 대해서 소득 누락의 한계비용이 한계편익보다 크기 때

9 실제로 미국에서는 가정부, 육아도우미, 그리고 다른 여러 가사 고용인들에 대해서 연간 1,500달러 이상을 지불한 경우 이들을 위한 사회보장세를 납부하여야 하는 법적 의무가 있다. 이러한 법적 의무에도 불구하고, 실제로 '유모세'를 납부하는 가정은 0.25%에 불과하다[Herman, 2004b].

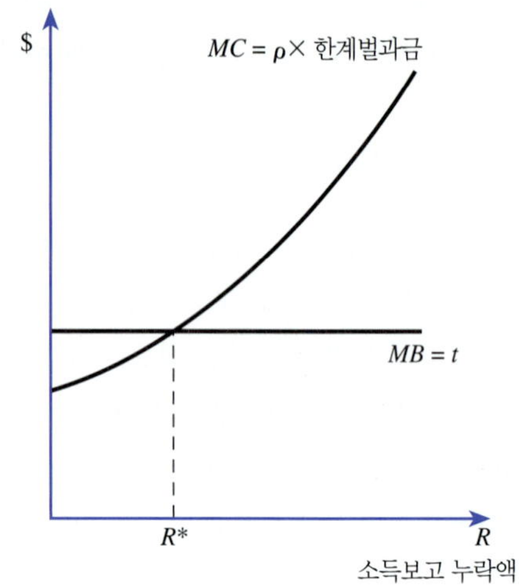

그림 16.4
탈세 규모가 양임
주어진 세율, 적발 확률, 탈세 적발 시 벌과금체제 하에서 최적 소득보고 누락액이 양수인 R^*이다.

문에, 최적 누락액은 0이 된다.

탈세 모형하에서 한계세율이 낮아짐에 따라 탈세가 줄어들 것으로 예측된다. 이는 낮은 t값이 탈세의 편익을 낮추어 한계편익 곡선을 아래로 이동시켜 최적 소득보고 누락액이 낮아질 것이기 때문이다. 이러한 예측은 현실의 사례들과 잘 부합한다. 예를 들어, 발틱의 에스토니아 공화국은 최근 고세율의 누진소득세체제를 26%의 평률조세(flat tax)로 대체하는 조세개혁을 단행하였다. 에스토니아의 전 총리 마트 라르는 "현실에서 부자들은 높은 세금을 회피할 수 있는 방법들을 찾아냅니다. 평률세 도입과 함께 그들은 소득 은폐에 대해 더 이상 신경 쓰지 않으며, 지하경제에서 일하는 것도 중단하였습니다."라면서 평률세 도입으로 탈세가 급격히 감소하였음 지적하였다[Tierney, 2006]. 계량분석에서도 탈세모형의 예측과 부합되는 결과들이 보고되고 있다. 예를 들어, Fisman과 Wei[2004]는 중국의 고율 관세로 인해 상당한 규모의 탈세가 발생하고 있는 것을 발견하였다. 그들은 수입품에 대한 1%의 세율 인상이 탈세액을 3% 증가시키는 것으로 추정하였다.

위의 탈세에 대한 단순한 모형은 유용한 통찰력을 제공하기는 하지만 잠재적으로 중요한 몇 가지 사항을 고려하지 못하고 있다.

탈세의 심리적 비용 간단히 말해서, 탈세의 심리적 비용이란 사람들은 탈세에 대해서 죄책감을 느낀다는 것이다. 이러한 현상을 모형에 포함하는 방법은 한계비용에 심리적 비용을 추가하는 것이다. 매우 정직한 사람에게 있어서, 기대 한계벌과금이 0인 경우에도 심리적 비용이 너무 높아 탈세를 하지 않을 수도 있다.

위험회피 〈그림 16.4〉와 〈그림 16.5〉에서의 분석에서 위험중립적인 납세자가 가정되어 기대소득만이 만족도에 영향을 주고 있다. 탈세행위는 기본적으로 도박과 유사한 행위임을 고려한다면, 개인들이 위험회피적인 만큼 탈세에 참여하려는 유인은 낮아지게 된다(불확실성하의 선

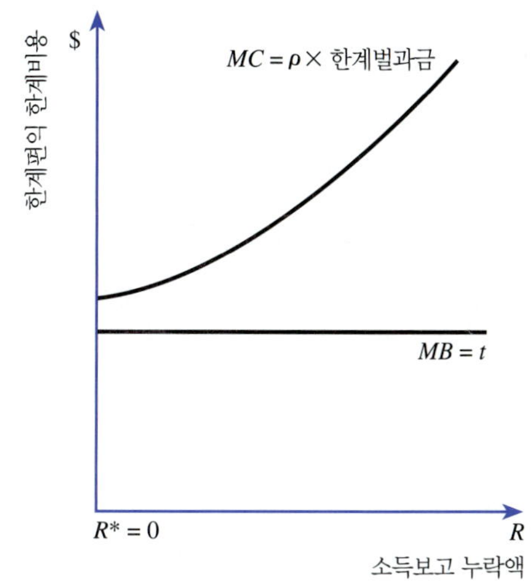

그림 16.5
탈세 규모가 0임
주어진 세율, 적발 확률, 탈세 적발 시 벌과금체제 하에서 최적 소득보고 누락액은 0으로 결정된다.

택에 대해서는 제9장을 참조하시오).

노동결정 위의 모형에서는 보고 소득만이 유일한 선택변수이며, 직업 유형과 세전 소득은 외생적으로 주어진 것으로 가정되었다. 조세체제는 노동시간과 직업선택에 영향을 미칠 것이다. 예를 들어, 한계세율이 높을 경우 사람들은 탈세의 기회가 높은 **지하경제**(underground economy)에서 취업하려는 유인을 가지게 된다. 지하경제란 합법적이기는 하나 과세당국에게 숨기기 쉬운 집수리와 같은 경제활동으로부터 매춘이나 마약 매매와 같은 그 자체가 불법적인 행위들을 포함한다. 지하경제의 규모는 본질적으로 측정하기 매우 어렵다. Friedman 등[2000]에 따르면, 1990년대 초반의 GDP 대비 지하경제의 규모는 한국의 경우 약 20%, 미국의 경우 14%, 영국의 경우 7%, 러시아의 경우 42%로 추정되었다. Davis와 Henrekson[2004]은 선진국들의 1990년대 데이터를 이용하여 한계세율이 증가함에 따라 지하경제 참여 확률이 높아지는 것을 보였다. 이러한 실증분석 결과는 뉴욕시의 담배세 인상으로 인해 담배가격이 7.50달러로 증가한 후 벌어진 일에 대한 기사 내용과도 부합한다. 뉴욕시의 담배세 인상은 다른 주로부터 유입되는 저가 담배 암시장을 더욱 크게 만들었다. 블룸버그 뉴욕시장은 "불법 담배로 인해 수십억 달러의 비용이 발생하고 있다"고 밝혔다[Parker, 2011].

지하경제(underground economy)
세무당국에게는 감추어진 불법 또는 합법적인 경제활동.

세무조사 확률의 변화 위의 단순 모형에서 세무조사의 확률은 탈세액이나 보고액에 의존하지 않은 상수로 가정되었다. 하지만 여러 선진국에서의 세무조사는 납세자의 직업과 보고된 소득액수에 의존하여 결정된다. 이에 대한 고려는 모형을 복잡하게 만들기는 하지만 핵심적인 내용이 변화하지는 않는다.

명백히, 탈세는 〈그림 16.4〉나 〈그림 16.5〉에 표현된 것보다는 상당히 더 복잡한 현상이다. 그럼에도 불구하고 위의 모형은 탈세 의사결정에 있어서 영향을 미치는 요인들에 대한 유용한 분석틀을 제공한다. 이미 언급한 바와 같이, 탈세에 대한 실증분석은 매우 어렵다. 결과적으로 탈세 방지를 위한 효과적인 방법이 벌금액을 높이는 것인지 세무조사를 자주 하는 것인지는 아직 불명확하다. 여러 관련 계량분석 결과에서 나타나는 잠정적인 결론은 대부분의 집단에 있어서 세무조사의 위협을 높이는 것이 보고 소득을 높인다는 것이다. 다만, 그 효과의 크기는 작은 것으로 추정되었다[Blumenthal et al., 2001].

탈세에 대한 규범적 분석 지하경제에 대한 대부분의 논의에서 지하경제는 나쁜 것이며, 지하경제의 규모 축소를 위한 정책이 구상·실시되어야 하는 것으로 가정되고 있다. 이러한 생각이 옳을 가능성이 높지만, 그래도 이러한 생각을 자세히 고찰해보는 것이 필요하다.

여기에서 중요한 질문은 탈세자의 후생을 배려해야 하는가이다. 후생경제학의 용어를 사용하여 표현하자면, 이 질문은 지하경제 참여자의 후생을 사회후생함수에 포함시켜야 하는가라는 것이다. 일단은 이렇게 해야 한다고 가정하고 논의를 전개하자. 지하경제 참여자의 후생을 배려하면 어떤 특정한 조건하에서 지하경제의 존재가 사회후생을 증가시킨다는 결론을 도출할 수 있다. 예를 들어, 노동공급이 정규경제에 비해 지하경제에서 보다 탄력적이라면, 최적조세 이론은 지하경제 부문의 노동공급에 대해 상대적으로 낮은 과세를 해야 함을 의미한다. 이러한 결과는 식 (16.9)에 정리된 역탄력성 원칙이 적용된 예로 생각될 수 있다. 노동공급 탄력성의 상이성 대신, 지하경제 참여자가 정규경제 참여자보다 가난하다고 가정해보자. 사실 많은 전문가들은 도심에서 지하경제가 삶의 매우 중요한 부분이 되어 있다고 믿고 있다. 한 사회가 평등주의적인 소득재분배를 목표로 하고 있는 만큼, 이러한 경우 지하경제를 그대로 놔두는 것이 보다 바람직할 수 있다.

이제 사회후생함수에서 탈세자들의 후생에는 가중치가 주어지지 않은 경우를 생각해보자. 이 경우 목표는 가능한 한 낮은 행정비용으로 탈세를 방지하는 것이 된다. 탈세의 기대 한계비용은 벌과금과 적발확률의 곱이 됨을 상기하자. 적발확률은 조세행정에 투입된 자원의 규모에 의존하게 된다. 만약 국세청에 대규모의 재원을 투입한다면 많은 탈세자들을 적발해낼 수 있을 것이다. 하지만 세무당국의 제약된 예산으로 적발확률이 낮은 상태라고 하더라도, 벌과금을 충분히 높여 여전히 탈세의 한계비용을 높이는 것이 가능하다. 만약 한 해에 단지 1명의 탈세자만이 적발되지만 이 탈세자에게 공개 교수형이 내려진다면, 탈세의 높은 기대비용이 많은 사람들의 탈세를 방지할 것이다. 하지만 이러한 종류의 엄중처벌 방안이 정책논의에서 심각하게 제안된 적이 없다. 이는 공리주의적인 분석틀에서의 가정들과는 달리, 사회는 단지 최종 결과(탈세자들을 제거하는 것)뿐 아니라 결과를 달성하는 과정에도 관심을 지니고 있음을 의미하는 것이다.

16.6 종합

조세체제에 대한 전통적인 분석에서 몇 가지 조세구상의 '원칙'들이 제시되었다. 조세는 수평적으로 수직적으로 형평해야 하며, 경제적 유인에 대해서 '중립적'이어야 하며, 행정적으로 집행이 용이하여야 한다. 재정학자들은 이러한 다소는 불명확한 가이드라인들을 후생경제학의 원칙들과 결합시키고 있다. 최적조세에 대한 문헌들은 사회후생함수를 근거로 하여 바람직한 조세를 위한 기준들을 도출하고 있다.

어떤 경우에 있어서는 최적조세 분석이 과거 분석의 오류들을 수정하였다. 예를 들어, 동률 세율의 상품세가 효율적인 것이 아닐 수도 있음을 보였다. 또한 최적조세 이론은 조세 구상에 있어서 효율성과 형평성 간의 상충관계를 보다 명료하게 나타내줄 수 있다. 부산물로서, 여러 가지 '형평성'에 대한 정의들이 정밀히 분석되었다.

하지만 이러한 최적조세 이론을 통해 조세체제를 만드는 청사진이 마련된 것은 아니다. 최적조세 이론을 형성하는 기초가 되는 경제이론 자체에도 문제점이 존재한다. 이와 관련하여 2가지 점을 언급하고자 한다. (1) 일반적으로 최적조세 이론은 정치적·사회적 제도를 고려하지 못하고 있다. 이로 인해 최적조세가 아주 쉽게 정치인에 의해 망쳐질 수도 있으며, 너무 큰 비용을 수반하고 있음으로 인해 실현 불가능할 수도 있다. (2) 수평적 형평성은 작동 가능한 개념으로 만들기는 어렵지만, 동일한 사람들의 동일한 취급이라는 것은 윤리적 개념으로 강한 호소력을 지니고 있다. 이러한 수평적 형평성을 (과정보다는 결과에 초점을 두고 있는) 최적조세 이론의 분석틀 안에 통합하기 어렵다.

최적조세 이론은 후생경제학 도구들을 이용하여 전통적인 조세구상 논의에 분석력을 가미하였다. 이러한 공헌에도 불구하고 경제학의 공리주의적인 후생분석 접근방식을 고집하고 있기 때문에, 윤리체계에 대한 고려가 불충분하다는 비판을 받을 수 있다.

심화 과정을 위한 추천 논문과 저서

아래는 이제는 램지 원칙이라고 불리는 최적소비세 이론이 제시된 논문이다. 수학자로 경제학에도 깊은 관심을 가졌던 램지(1903~1930)는 시대를 앞선 3개의 경제학 논문만을 남기고 불행히도 요절하였다.

- Ramsey, Frank P. 1927. "A Contribution to the Theory of Taxation." *Economic Journal* 37: pp. 47–61.

최적소득세 분야에서 선도적인 논문은 아래의 논문이다.

- Stern, Nicholas. 1987. "The Theory of Optimal Commodity and Income Taxation: An Introduction." In *The Theory of Taxation for Developing Countries*. David Newbery and Nicholas Stern (eds.). New York: Oxford University Press: pp. 22–59.

최적소득세를 여러 개의 세율구간이 있는 경우로의 확장은 아래의 논문에서 이루어졌다.

- Gruber, Jonathan and Emmanuel Saez. 2002. "The Elasticity of Taxable Income: Evidence and Implications." *Journal of Public Economics* 84: pp. 1–33.

지하경제의 추정 방식과 지하경제의 결정요인은 아래의 논문을 보면 된다.

- Friedman, Eric, Simon Johnson, Daniel Kaufmann, and Pablo Zoido-Lobaton. 2000. "Dodging the Grabbing Hand: The Determinants of Unofficial Activity in 69 Countries." *Journal of Public Economics* 76: pp. 495–520.

요약

- 효율적 상품세이론은 초과부담을 최소화하면서 주어진 세수를 거두어들일 수 있는 과세방식을 모색한다.
- 램지 원칙에 따르면, 초과부담을 최소화하기 위해 과세되는 상품들의 수요량이 비례적으로 감소하도록 세율들이 정해져야 한다.
- 소비에 있어서 상품들이 연관되어 있지 않다면, 램지 원칙은 보상수요 탄력성에 반비례하여 상대적인 세율이 정해져야 함을 의미하는 것으로 변형된다.
- 정부 서비스에 대한 최적 사용자요금을 결정하는 문제는 최적조세 선택 문제와 매우 유사하다.
- 소득 과세는 선진국에 있어서 주요한 세원이다. 에지워스의 최적소득세에 대한 분석은 세후 소득이 동일해야 함을 의미하는 것이었다. 하지만 여가-소득 상충관계의 왜곡으로 인한 초과부담을 고려하게 되면, 최적 한계세율은 100%보다 매우 낮은 수준이 된다.
- 조세체제는 이러한 최적조세 이론 외의 다른 기준으로 평가될 수도 있다. 수평적 형평성, 행정비용, 탈세 유인 그리고 정치적 제약 등이 조세체제의 구상에 영향을 미친다.
- 전통적인 수평적 형평성 개념은 소득을 사회 내 '동일한 위치'를 나타내주는 지표로 취급한다. 하지만 일반적인 방식으로 측정된 소득은 이러한 지표로 사용되기 어렵다. 효용에 근거한 수평적 형평성 정의는 보다 엄밀하나, 전혀 다른 정책적 함의를 지니고 있으며, 기존 질서 유지로의 태생적인 편향을 가지고 있다. 또 다른 방식의 수평적 형평성 정의는 조세가 선택되는 원칙에 초점을 두고 있다.
- 조세체제를 운영하는 비용은 대부분의 이론분석에서 무시되고 있다. 하지만 행정비용과 조세순응비용은 과표와 세율의 선택 그리고 탈세 규모에 영향을 미치게 된다.

연습문제

1. Goolsbee와 Petrin[2004]의 추정치에 따르면, 기본적인 케이블 TV 서비스에 대한 수요 탄력성은 −0.51이고 위성방송에 대한 수요 탄력성은 −7.40이다. 지방정부가 주어진 세수를 케이블 TV와 위성방송에 대한 과세를 통해 조달해야 한다고 하자. 만약 지방정부의 목표가 주어진 세수를 가장 효율적인 형태의 조세로 조달하는 것에 있다면, 케이블에 대한 세율과 위성방송에 대한 세율 간의 비는 어떠해야 하는가? 여러분의 계산에 사용된 가정에 대해서 간략히 논의하시오.

2. "피터 대제는 턱수염에 대해서 한때 과세한 적이 있다. 그는 턱수염은 불필요하고 쓸데없는 장식에 불과하다고 주장하였다. 세금은 턱수염의 길이에 비례하여, 사회적 지위에 누진적으로 부과되었다"[Grove, 1946, p. 51]. 최적조세 관점에서 그리고 수평적 형평성 관점에서 피터 대제의 턱수염세를 논의하시오.

3. 자연독점하의 시장 상황을 그래프에 표현하고, 그래프상에 독점기업이 이윤극대화 생산량을 생산할 경우 발생하는 초과부담을 표시하시오. 이제 평균비용 가격 설정이 사용되었을 경우의 초과부담을 표시하시오.

4. 위험중립적인 샤린이 직면하고 있는 한계소득세율이 35%이고, 만약 소득을 누락보고하였을 경우 적발될 가능성이 2%라고 가정하자. 또한 탈세에 대한 한계벌과금이 10×소득 누락보고액 I라고 하자. 샤린이 얼마만큼의 소득을 누락보고할 것인가? 만약 적발될 가능성이 4%로 증가하였다고 하자. 이러한 경우 샤린이 얼마만큼의 소득을 누락보고할 것인가?

5. 정부는 특허권을 통해 제약회사에 몇 년간 높은 가격에 새로 개발된 신약을 판매하는 것을 허용하고 있다. 만약 한 제약회사가 효과적인 약품의 개발에 성공하였다면, 낮은 한계비용으로 특허권 보호는 높은 이윤을 보장해주게 된다. 어떤 사람이 정부가 이러한 제약사의 이윤에 대해서 일회만 과세할 것을 제안하였다고 하자. 이러한 조세가 효율적인 조세가 될 것인가? '최적정책의 시간 비일관성'이라는 개념을 이용하여 논하시오.

6. 가로축에 여가, 세로축에 소득을 놓은 소비자선택 문제를 이용하여 비례소득세와 누진소득세의 효과를 비교하는 문제이다.

   a. 먼저 조세부과 전 최적 선택점을 표시하시오.

   b. $\overline{Y}_d$만큼의 소득공제가 있고 이후 t세율로 소득세가 부과되는 누진소득세하의 최적 선택점을 표시하시오.

   c. 위의 누진소득세와 동일한 세수를 지니는 비례소득세하의 최적점을 표시하시오. 동일한 세수를 지니는 비례세와 누진세 중 어느 조세하에서 소비자의 후생이 크게 되는가?

   d. 위의 분석결과를 초과부담 규모가 세율의 제곱에 비례하게 됨과 연관 지어 논의하시오. 이러한 논의가 '낮은 세율, 넓은 세원'의 원칙과는 어떻게 연관되는가?

7. 가로축에 여가, 세로축에 소득을 놓고, 과표에 따라 한계세율이 증가하는 누진소득세하의 예산제약선을 그리시오 [곽태원 · 현진권, 2007, p. 250]. (힌트: 〈그림 18.4〉를 참조하시오.)

   a. 두 번째 세율구간에서 누진소득세하의 최적선택점이 존재한다는 가정하에 최적선택점을 그래프상에 예시하시오.

   b. 만약 이러한 최적선택점 이상의 소득에 대해서 한계세율을 0으로 하는 경우 예산선이 어떻게 바뀔 것인가? 이러한 경우 세수와 최적선택점은 어떻게 변화할 것이며, 납세자의 후생은 어떻게 될 것인가?

   c. 만약 최초 누진소득세하의 최적선택점의 소득보다 α만큼 소득이 더 큰 곳부터 한계세율을 0으로 하였다고 하자. 이러한 경우 세수와 최적선택점은 어떻게 될 것인가? 세수가 커지면서 동시에 최적선택하의 납세자의 후생이 증가시키는 α값의 설정이 가능한가?

   d. 위의 논의를 높은 소득구간의 사람들에게 낮은 세율구간의 사람들보다 낮은 한계세율이 적용되어야 한다는 Gruber와 Saez[2004]의 발견과 연계하여 논의하시오.

8. 담배에 대한 각종 부담금과 세금을 올리자는 주장이 자주 제기된다. 부담금과 세금이 올라가는 경우 담배 밀수가 증가할 것이라는 주장을 〈그림 16.5〉를 이용하여 설명하시오.

9. [행정고시 2차 2016년 기출문제] 다음 기사를 읽고 물음에 답하시오.

> 승용차의 개별소비세 30% 인하 정책이 끝나면서 차급별로 희비가 엇갈리고 있다. 개별소비세가 환원됨에 따라 차량 가격이 다시 수십만 원씩 올라 개별소비세 인하 혜택을 받던 차량들의 판매량은 크게 떨어졌다. 하지만 원래부터 개별소비세가 면제되는 경차는 도리어 판매가 늘어나며 기세를 올리고 있다. 다시 경차시대가 열릴까?

   a. 위 기사는 개별소비세 부과 여부에 따라 차량의 판매량이 상당한 변화를 보이고 있음을 보여주고 있다. 개별소비세 환원이 중형차를 구매하려는 개별 소비자의 선택에 미치는 영향을 경제학적인 개념을 사용하여 설명하시오.

   b. 개별소비세 환원이 중형차 시장에 미치는 효과를 경제적 효율성 개념으로 설명하고 그 계산공식을 도출하시오.

   c. 만약 경차 수요의 가격탄력성이 중형차보다 크다고 가정할 경우, 램지 법칙의 측면에서 개별소비세 환원 결정을 평가하시오.

10. [행정고시 2차 2017년 기출문제] 다음 글을 읽고 물음에 답하시오.

> 어떤 독점 기업이 있고, 이 기업은 한계비용 $MC = c$를 지니고 있다고 한다.
>
> 또한 이 기업은 수요곡선 $Q = -\frac{2}{b}P + \frac{2a}{b}$에 직면하고 있다.
>
> P: 상품 가격, Q : 산출량(생산량), $a>0$, $b>0$, $c>0$, $a>c$를 만족하며, 후생은 소비자 잉여, 생산자 잉여, 정부조세수입의 합으로 평가한다.

   a. 이와 같은 독점시장에서 정부 개입의 근거를 자원배분의 효율성 측면에서 설명하되, 완전경쟁시장과의 후생 비교를 통해 설명하시오.

   b. 독점시장이 지니는 자원배분의 효율성 문제를 해결하기 위해 정부가 해당 독점 기업에게 물품세(t)를 부과한 이후 자원배분의 효율성을 물품세 부과 이전과 비교하여 분석하시오. (단, 물품세는 종량세를 가정한다.)

   c. 정부가 물품세(t)를 해당 독점기업이 아닌 소비자에게 부과할 경우, 자원배분의 효율성을 물품세 부과 이전과 비교하여 분석하시오. (단, 물품세는 종량세를 가정한다.)

11. [행정고시 2차 2010년 기출문제] 모든 개인이 스키장비(x), 식료품(y) 그리고 여가(z)의 세 재화만으로 효용을 얻는 경제가 있다. 소비자의 효용이 모두에게 알려져 있는 것은 아니지만 세 재화에 대한 수요함수를 추정한 결과는 다음과 같다.

$$\Delta \log x = -2.5\Delta \log p_x + 0.5\Delta \log p_y - 1.5\Delta \log p_z + 2\Delta \log M$$

$$\Delta \log y = 0.5\Delta \log p_x - 0.8\Delta \log p_y + 1.0\Delta \log p_z + 0.5\Delta \log M$$

$$\Delta \log z = -1.5\Delta \log p_x + 1.0\Delta \log p_y - 1.0\Delta \log p_z - 0.8\Delta \log M$$

(단, p_x, p_y, p_z는 각 재화의 가격, M은 근로소득을 나타낸다.)

a. 근로소득세를 부과하는 경우 노동공급에 미치는 영향을 설명하시오.

b. 일정한 세수를 확보하기 위한 최적물품세 징수방안에 대해 설명하시오.

12. [행정고시 2차 2019년 기출문제] 우리나라 철도운송산업은 일부 고속철노선(SRT)을 제외하고는 코레일의 독점체제로 운영되고 있다. 다음 물음에 답하시오.

a. 철도운송서비스가 공공재에 해당하는지 여부를 경제이론적 근거로 설명하시오.

b. 철도운송서비스를 공기업이 독점하도록 한 경제이론적 근거를 논하시오.

c. 코레일은 수요가 높지 않은 낙후지역의 철도서비스에 대해 원가보다 낮은 요금을 책정하고 있다. 이러한 요금 책정 방식을 사회후생 관점에서 논하시오.

13. [입법고시 2차 2018년 기출문제]

어부 20명이 조업하는 두 어장 A와 B가 있다. 어장 A의 어획량은 $F_A = 10L_A - 0.5L_A^2$, 어장 B의 어획량은 $F_B = 5L_B$로 주어져 있다. 여기서 L_A는 어장 A에서 조업하는 어부의 수이고, L_B는 어장 B에서 조업하는 어부의 수를 나타낸다.

a. 각 어부는 어느 어장에서도 조업이 가능하다. 두 어장의 평균 어획량을 같도록 유지할 때, 총어획량을 구하시오.

b. 두 어장의 총책임자 갑은 어장 A에서 조업이 허용되는 어부의 수를 제한함으로써 총어획량을 증가시킬 수 있다고 확신하고 있다. 이런 상황에서 총어획량을 극대화시키는 어장 A에서 조업하는 어부의 수와 총어획량을 각각 구하시오.

c. 이제 두 어장의 총책임자 갑은 (2)에서 제시한 강제적인 방안보다는 어장 A에서 조업하기 위한 면허를 판매하는 방안을 사용하기로 하였다. 면허 비용을 얼마로 책정해야 어부의 최적 배분을 달성할 수 있을지 구하시오. (단, 면허 비용은 물고기의 수로 표시한다.)

14. [입법고시 2차 2017년 기출문제]

어떤 재화를 생산하는 기업 A의 평균비용함수는 $AC(Q) = \frac{1}{a^2}(Q-a)^2$으로 주어져 있고 그 재화에 대한 수요함수는 $Q = \frac{1+2a}{4} - P$로 알려져 있다. (단, $a>5$)

a. 이 상황을 근거로 정부가격규제가 필요하다는 의견서를 본인이 작성하고자 할 때, 주어진 함수들의 그래프를 이용하고 한계비용, 평균비용, 수요, 한계수입 등의 개념을 모두 사용하여 의견서 내용을 작성하시오.

b. 정부가격규제의 대표적인 두 방식인 한계비용 가격설정(marginal cost pricing)과 평균비용 가격설정(average cost pricing)을 이 상황에 적용하여 기술하고, 장단점을 비교 설명하시오.

c. 이 재화를 제공하는 A기업의 CEO 경영성과를 '수입과 비용의 차이'로 설정하면 종종 가격차별화를 통해 '수입과 비용의 차이'를 극대화하고자 한다. 이러한 가격차별화에 해당하는 사례를 2개 제시하고 각각의 사례가 적절한지에 대한 근거도 제시하시오.

Appendix A

A.1 세수제약하의 초과부담 최소화 문제를 통한 역탄력성 원칙의 도출

식 (15.3)에 따르면, 재화 X와 재화 Y에 대한 종가세로 발생하는 초과부담은 각각 $^1/_2\eta_x P_x X t_x^2$, $^1/_2\eta_y P_y Y t_y^2$가 된다. 만약 재화 X와 재화 Y가 서로 연관되어 있지 않고 독립적이라고 단순 가정하면, 총초과부담은 각각의 초과부담의 단순합인 $^1/_2\eta_x P_x X t_x^2 + {}^1/_2\eta_y P_y Y t_y^2$이 된다. 이제 필요한 세수 규모가 R이라고 하면, 세율 t_x와 t_y는 $P_x X t_x + P_y Y t_y = R$을 만족시켜야 한다. 지금까지 논의한 문제를 수학적으로 표현하면 아래와 같다.

$$\underset{t_x,\, t_y}{\text{Min}} \quad {}^1/_2\eta_x P_x X t_x^2 + {}^1/_2\eta_y P_y Y t_y^2 \ \text{ s.t. } \ P_x X t_x + P_y Y t_y = R$$

이러한 극소화 문제의 라그랑지안은 다음과 같다.

$$\mathcal{L} = {}^1/_2\eta_x P_x X t_x^2 + {}^1/_2\eta_y P_y Y t_y^2 + \lambda(R - P_x X t_x - P_y Y t_y)$$

여기에서 일계조건들은 $\frac{\partial \mathcal{L}}{\partial t_x} = \eta_x P_x X t_x - \lambda P_x X = 0$, $\frac{\partial \mathcal{L}}{\partial t_y} = \eta_y P_y X t_y - \lambda P_y Y = 0$가 된다. 일계 조건들을 λ에 대해 정리하면 $\lambda = \eta_x t_x = \eta_y t_y$가 되어 역탄력성 원칙 $\frac{t_x}{t_y} = \frac{\eta_y}{\eta_x}$이 도출된다.

종가세가 아닌 종량세를 가정하는 경우 $\Delta P = t$가 됨을 고려하면, 총초과부담 극소화 문제의 라그랑지안은 아래와 같다.

$$\mathcal{L} = {}^1/_2\eta_x \frac{X}{P_x} t_x^2 + {}^1/_2\eta_y \frac{Y}{P_y} t_y^2 + \lambda(R - X t_x - Y t_y)$$

여기에서 일계조건은 $\frac{\partial \mathcal{L}}{\partial t_x} = \eta_x \frac{X}{P_x} t_x - \lambda X = 0$, $\frac{\partial \mathcal{L}}{\partial t_y} = \eta_y \frac{X}{P_y} t_y - \lambda Y = 0$가 되어 종량세로 표현된 역탄력성 원칙은 $\frac{t_x/P_x}{t_y/P_y} = \frac{\eta_y}{\eta_x}$가 된다.

Part 5

정부의 재원조달: 현실과 이론

이후 5개의 장은 소득세, 법인세, 소비세, 자산세, 재정적자 등 주요 재원조달 방안에 대해서 설명하고 분석한다. 이러한 재원조달 방안에 대한 논의에는 나쁜 면과 좋은 면이 있다. 먼저, 나쁜 면은 현실의 조세제도는 매우 복잡할 뿐 아니라 자주 변화하고 있어서, 현실의 조세제도에 대한 자료를 얼마만큼 포함해야 할지 알기 어렵다는 것이다. 다른 한편으로, 좋은 면은 재정학의 여러 도구들이 현실 조세제도 분석에 어떻게 사용될 수 있는가를 일단 한 번 이해하고 나면, 향후 도입 가능성이 있는 조세제도의 효과 분석에도 쉽게 응용될 수 있다는 것이다. 더욱이 다음의 5개 장에서는 현실 조세뿐 아니라, 현재 논의되고 있는 주요 조세개혁 제안에 대해서도 분석하고 있다.

현실의 여러 조세들을 설명하기 위해서, 각각의 조세에 대한 각론적인 접근방법을 취할 수밖에 없다. 하지만 이들 여러 조세들이 서로 상호작용한다는 것을 잊어서는 안 된다. 예를 들어 배당에 대한 조세는 개인소득세와 법인세에 모두 의존하고 있다. 여러 조세를 종합적으로 고려하지 않고 조세 각각을 개별적으로 분석하는 것은 조세부담의 전체적인 규모에 대해서 잘못 인식하게 만들 수도 있다.

Chapter 17

개인소득세

> 미국인들이여, 다시 소득세 시간이 되었습니다. 영수증을 모으고, 세금양식을 꺼내서, 연필을 깎고, 자신의 대동맥을 찌를 시간입니다.
>
> — 데이브 배리

몇 년 전, 미국 하원의 세입위원회 위원장인 빌 아처는 "현재의 소득세법을 뿌리째 뽑아 던져 버려서 다시는 자랄 수 없게 만들었으면 좋겠다"고 언급했다. 하지만 아처와 다른 수백만 명의 미국인들을 너무나 짜증 나게 만드는 개인소득세는 미국 연방정부 수입 중 가장 중요한 부분이다. 2011년에 1억 6,700만 건의 소득세 신고가 이루어졌으며, 연방세수의 47%인 1조 920억 달러의 세수가 소득세로 조달되었다[Cogressional Budget Office, 2012b]. 2017년 한국에 있어서도 중앙정부 총국세수입 265조 원의 28%인 75조 원이 소득세를 통해 조달되었다.

이 장은 개인소득세제도와 관련한 여러 문제점을 논의하고, 한국과 미국의 개인소득세의 효율성과 형평성에 대해서 분석하며, 어떠한 이유에서 많은 사람들이 개인소득세 개혁을 주장하고 있는가에 대해서 논의할 것이다.

한국에서는 1966년 국세청이 설립되어 현대적인 조세체제의 기틀이 마련된 이후, 세율 · 소득공제 · 세액공제 등의 조정, 조세행정 변화 등 소득세제도가 지속적으로 변화하여왔다. 한국에서는 1945년 소득세법이 제정된 이후, 1974년 종합과세체제가 정립되고, 1996년에는 금융소득 과세 강화(외환위기로 유보되었다가 2001년에 재실시)와 최고세율 인하와 세율구분 단순화가 이루어졌고, 2002년 금융소득 합산과세제도가 폐지되었고, 2009년을 기점으로 하여 개인소득세율 인하 추이가 최고세율 인상과 적용 구간 확대 추이로 변화되었다. 2017년 소득세 최고세율을 42%로 강화하는 등 현재도 중요한 조세제도 변화와 개혁들이 논의 중이다. 미국의 경우 개인소득세가 1913년에 도입된 이후 주요 조세개혁이 1986년, 1990년, 1993년, 1997년, 2001년, 2003년, 2009년, 2013년에 실시되었다. 이후 논의에 있어서 한국과 미국에서 최근 이루어진 개인소득세 개혁에 초점을 두고 논의를 전개할 것이다.

17.1 한국 개인소득세의 기본 구조

우리나라 개인소득세의 기본적인 특징은 다음의 4가지로 정리될 수 있다[조세개요, 2018]. 첫째로, 이자소득 · 배당소득 · 사업소득 · 근로소득 · 연금소득 · 기타소득 · 퇴직소득 · 양도소득 등의 8가지 소득을 제한적으로 과세소득으로 열거함으로써 열거되지 아니한 소득에 대하여는 과세하지 않음을 원칙으로 하는 열거주의에 기반하고 있다.[1] 다만, 2002년부터 이자 · 배당소득에 대해서는 유형별 포괄주의를 도입하였다. 둘째로, 과세대상 8개 소득 중 일시적 성격의 퇴직소득 · 양도소득 등을 제외한 나머지 6개 소득을 인별로 종합하여 과세소득을 계산한다. 셋째로, 개인을 단위로 하여 과세를 하고 있다. 개인소득세를 개인단위로 또는 가구단위로 과세하는가는 국가별로 매우 상이하다. 과세단위에 대한 자세한 논의는 이 장의 제9절을 참조하기 바란다. 넷째로, 이자소득 · 배당소득 · 근로소득 · 기타소득에 대해서는 소득발생 단계에서 원천징수가 이루어지며, 납세의무자가 과세기간의 다음 연도 5월 중에 확정신고를 함으로써 소득세의 납세의무가 확정되는 신고납부제도를 운영하고 있다.

한국의 개인소득세의 납부세액 결정과정은 조세개요의 내용을 정리한 〈그림 17.1〉에 제시되어 있다. 납부세액 결정의 첫 번째 단계는 먼저 6개 소득을 합하여 종합소득금액을 계산하는 것이다. 소득 획득에 필요경비가 소요되는 경우 이를 공제하여 종합소득금액을 계산한다. 근로소득금액은 총급여액에서 근로소득공제를 뺀 것으로 산정되는데, 근로소득공제는 500만 원 이하 70% 공제로부터 1억 원 초과 2%까지 공제가 이루어진다. 납부세액 결정의 두 번째 단계는 인적공제와 특별공제를 종합소득에서 공제하여 과세표준을 산출하는 과정이다. 인적공제에는 기본공제와 추가공제가 있고, 특별소득공제에는 연금, 건강보험료, 주택자금 등이 공제된다.

다음 단계는 과세표준에 대해서 세율을 적용하여 산출세액을 계산하는 단계인데, 현재 6~42%의 한계세율이 7단계로 나누어진 세율구간에 적용되고 있다. 1980년대 초 60%에 이르렀던 한국의 개인소득세의 최고 한계세율은 이후 1983년 55%, 1989년 50%, 1994년 45%, 1996년 40%, 2002년 36%, 2005년 35%로 낮아지다가 2012년 33%로의 추가 인하가 유보된 이후 소폭의 인상이 이루어져 2017년에는 5억 원 초과 42%로 인상되었다. 납부세액을 결정하는 최종단계는 산출세액에서 세액공제하여 결정세액을 계산하는 것이다. 근로소득의 경우에도 근로소득세액공제가 이루어지는데, 2018년 현재 산출세액 130만 원 이하분의 55%, 초과분에 대해서 30% 공제되며, 근로소득세액공제액에 상한액이 설정되어 있다. 보다 자세한 소득세 산정과정은 기획재정부의 조세개요나 국세청 홈페이지(www.nts.go.kr)를 참조하기 바란다.

종합소득금액 또는 조정총소득(adjusted gross income, AGI)

모든 과세기반 소득에서 소득 획득 과정에 발생한 필요경비를 제한 것.

17.2 미국 개인소득세의 기본 구조

미국인들은 매년 지난해 소득에 대한 세액을 계산하는 세무신고를 한다. 이러한 세무신고의 기한은 매년 4월 15일이다. 납부세액을 계산하기 위해서는 여러 단계의 계산을 하여야 하는데, 이러한 일련의 계산과정이 〈그림 17.2〉에 요약되어 있다. 첫 단계는 한국의 종합소득에 대

---

1 2007년에 기존의 일시재산소득이 기타소득으로, 그리고 산림소득이 사업소득으로 통합되어 소득세 대상으로 열거된 소득 종류가 11개에서 9개로 감소하였다.

그림 17.1 한국의 개인소득세 산정

열거주의, 종합과세, 개인별 과세, 원천징수에 기반을 둔 한국의 개인소득세는 다음과 같은 과정을 통해 산정된다.

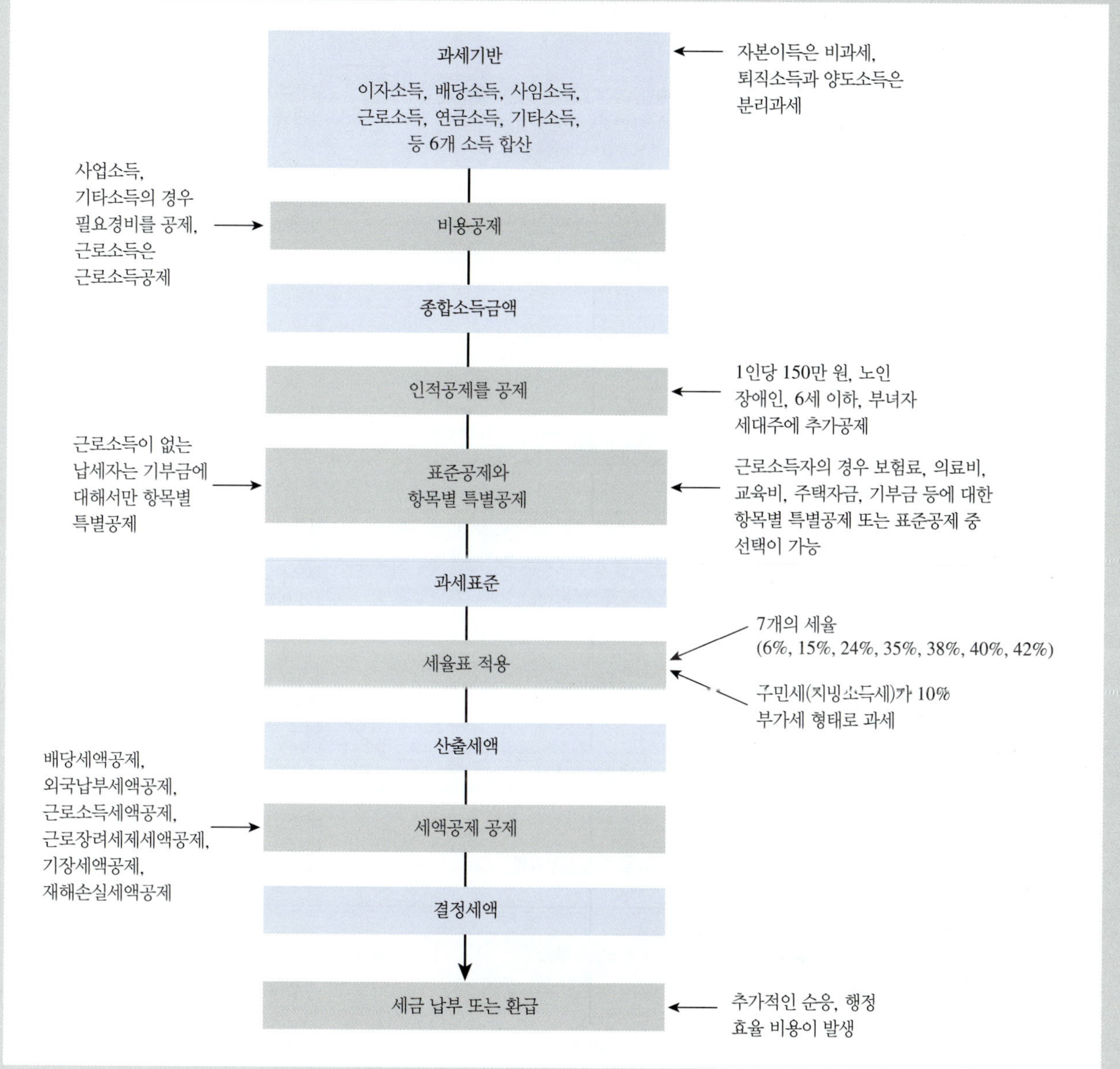

자료: 조세개요. 2010.

응하는 **조정총소득**(adjusted gross income)을 계산하는 것이다. 조정총소득은 모든 과세대상 소득에서 특정 필요경비(above-the-line, 총액계산 전 공제라고도 불림)를 뺀 것으로 계산된다. 과세대상 소득에는 임금, 배당, 이자, 사업소득, 농업소득, 임대, 특허 · 저작권 사용료, 상금, 소송 배상금 등이 포함된다.

모든 조정총소득이 과세대상이 되는 것은 아니다. 다음 단계는 조정총소득에서 **인적공제**

> **인적공제(exemption)**
> 종합소득에서 공제액을 빼어 과세표준을 계산하는 단계에서 납세자와 부양가족의 수에 따라 공제하여주는 금액.

그림 17.2 미국 연방 개인소득세의 산정

납세자들은 그들의 세부담액을 계산하기 위해 복잡한 과정을 따라야 한다.

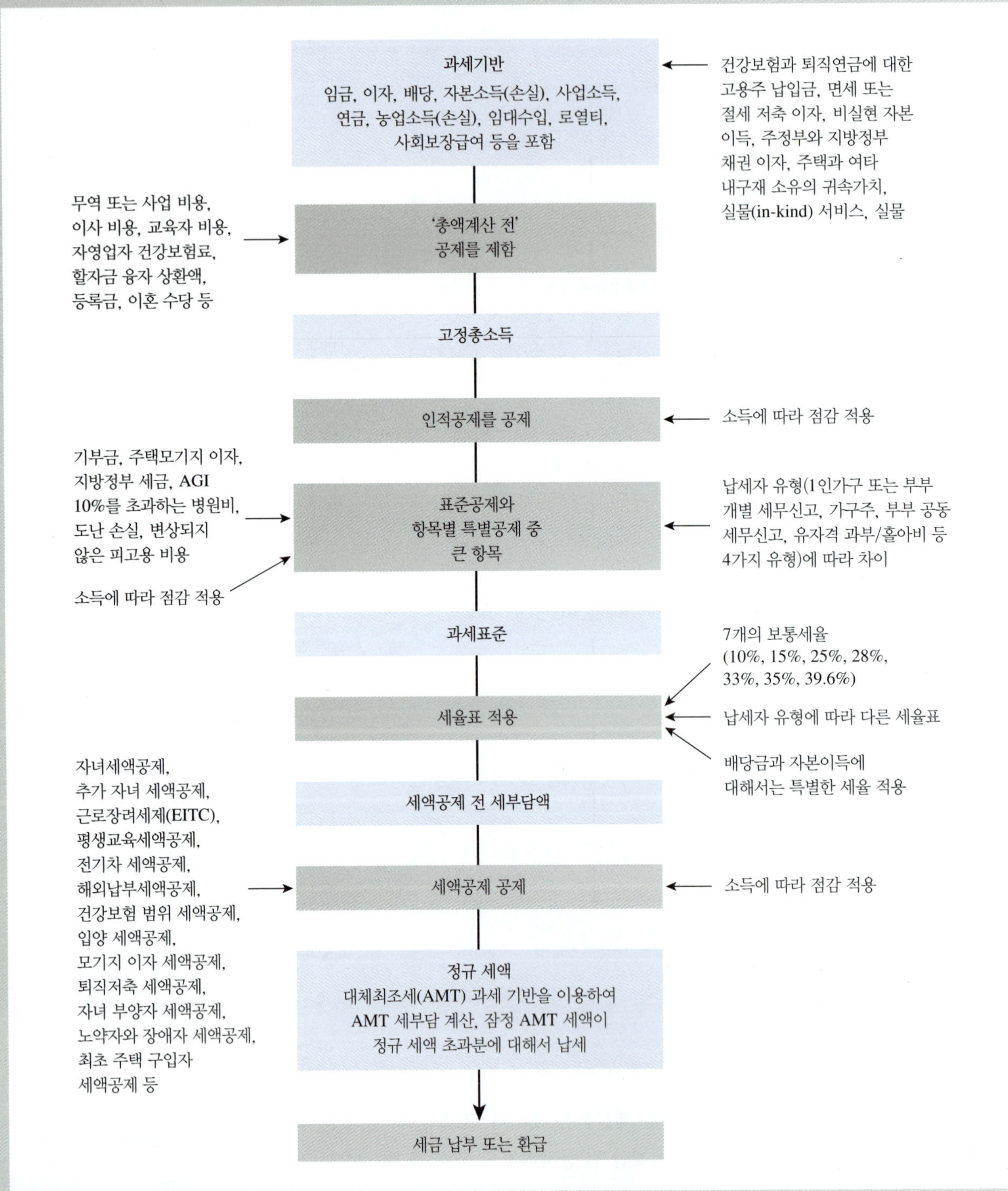

자료: President's Advisory Panel on Federal Tax Reform [2005, p. 24].

(exemption)와 **특별공제**(deduction)를 공제하여 세금부과 대상이 되는 과세표준을 계산하는 것이다.

그다음 단계는 **과세표준**(taxable income)을 세율표에 적용하여 세액을 계산하는 것이다. 세율구조는 납세자 유형에 따라 다르게 되어 있다. 예를 들어, 부부소득을 합산하여 공동으로 세무신고를 하는 부부에게 적용되는 세율표는 1인 세대에 적용되는 **세율표**(tax schedule)와는 다르다. 최종 단계는 세액공제를 공제하여 우리나라의 결정세액에 해당되는 정규세부담액(regular tax liability)을 계산하는 단계이다.

대부분의 납세자에게 있어서 세금은 봉급에서 이미 원천징수된다. 4월 15일에 납부하는 금액은 세액과 총원천징수세액 간의 차이이다. 만약 원천징수액에 세액보다 크다면, 납세자는 환급을 받게 된다.

세부담 계산 과정은 매우 명확한 것처럼 보이나, 현실에서는 세부담 계산의 각 단계에서 복잡성이 발생한다. 이제 한국과 미국의 개인소득세 집행에서 나타나는 몇 가지 중요한 문제들을 논의하여보자.

특별공제(deduction)

종합소득에서 공제액을 빼어 과세표준을 계산하는 단계에서 공제될 수 있는 특별한 항목의 비용.

과세표준(taxable income)

과세대상이 되는 소득.

세율표(tax schedule)

과세표준 각 수준에 대응하는 세금부담액을 나타내는 표.

17.3 소득 정의

소득세제를 유영하기 위해서는 당연히 무엇이 '소득'인가를 식별하여야 한다. 소득 정의의 출발점은 세법상의 소득 정의를 논의하고 평가하는 것일 것이다. 한국에서는 과세대상 소득이 9개로 열거되어 정의되어 있는 데 반하여, 미국의 세법상에는 소득이 정의되어 있지 않다. 미국 헌법에는 단순히 "의회는 어떠한 원천이든지 소득에 대해서 세금을 부과하고 징수할 수 있는 권한을 가지고 있다."라고 규정되어 있다. 미국 세법에 임금과 봉급, 임대료, 배당금 등 소득의 예들이 나열되어 있기는 하나, 헌법상의 '어떠한 원천이든지'라는 표현은 어떤 항목들이 과세에서 제외되는 것이 합당한가를 정할 수 있는 유용한 기준이 되지 못한다.

재정학에서는 전통적인 **헤이그-사이먼**[Haig-Simons(H-S)] 기준을 사용하여 소득을 정의한다. H-S 기준에 따르면 소득은 주어진 기간 동안 나타난 개인의 소비력(power to consume) 순증가의 화폐가치로 정의된다.[2] H-S 소득은 주어진 기간 안의 실제 소비와 부의 순증가분의 합과 같게 된다. 부의 순증가분(저축)은 잠재 소비의 증가를 의미하기 때문에 소득에 포함된다.[3]

중요한 점은 소비가 실제적으로 발생하였는지에 상관없이, 그리고 소비가 어떠한 형태로 이루어졌는가에 상관없이, 소비의 잠재적 증가의 모든 원천이 H-S 소득 정의에 포함된다는 것이다. H-S 소득 정의에서는 또한 개인의 소비 잠재력의 감소분은 공제되어야 한다. 예를 들어 소득을 획득하는 과정에서 발생한 비용은 공제되어야 한다. 만약 줄리엣 잎담배가게의 총수입이 10만 달러이나, 임대료와 잎담배 구입비용이 9만 5,000달러였다면, 줄리엣의 잠재소비는 단지 5,000달러만큼만 상승한 것이다.

헤이그-사이먼 소득 정의 [Haig-Simons(H-S) definition of income]

주어진 기간 동안 개인의 소비력 순증가의 화폐가치.

2 H-S 소득 정의는 20세기 전반기에 활동하였던 경제학자 로버트 M. 헤이그와 헨리 C. 사이먼의 이름을 딴 것이다.

3 H-S 기준 소득은 위에서 논의한 바와 같이 소비 측면으로 보면 (실제소비 + 발생한 잠재 소비력의 증가인 부의 순증가)와 같고, 소득 측면에서 보면 (소득 − 필요경비 + 부에서 발생한 자본이득)과 같아진다.

17.3.1 H-S 소득에 포함된 항목

H-S 소득 정의에는 임금과 봉급, 사업이윤, 임대료, 특허 · 저작권 사용료, 배당금, 이자 등 우리가 보편적으로 생각하는 소득이 모두 포함된다. 이에 부가하여, H-S 소득 정의는 비전형적인 다음의 항목들도 포함한다.

연금과 보험에 대한 고용주 기여금 연금에 대한 고용주 기여금은 고용인에게 직접적으로 지불이 되는 것은 아니나, 고용인의 잠재 소비력을 증가시키기 때문에 소득에 포함되어야 한다. 유사하게, 근로자에게 현금이 아닌 보험증권과 같은 실물로 이루어진 보수도 소득의 일부로 보아야 한다.

사회보장 퇴직 연금 급여, 실업보험 급여, 복지 급여 등을 포함한 이전소득 이러한 이전소득들은 정부 지급이든 고용주 지급이든 간에 소득에 포함되어야 한다.

자본이득(손실)(capital gain (loss))

자산가치의 상승(하락).

자본이득 자산가치의 증가분은 **자본이득**(capital gain), 감소분은 **자본손실**(capital loss)이라고 불린다. 브루투스가 마이크로소프트사의 주식을 소유하고 있는데, 이 주식의 가치가 지난해 1만 달러에서 1만 2,500달러로 증가하였다고 하자. 이러한 경우 그는 2,500달러의 자본이득을 누리게 되었으며, 이러한 2,500달러는 잠재 소비력의 증가를 의미하기 때문에 소득에 포함되어야 한다.[4] 만약 브루투스가 연말에 마이크로소프트사 주식을 실제로 팔았다면 이때 자본이득은 **실현**(realized)되었다고 하고, 그렇지 않은 경우를 **미실현**(unrealized)되었다고 한다. H-S 소득 정의 관점에서는 자본이득의 실현 또는 미실현이 문제 되지 않는다. 자본이득은 소비 잠재력을 의미하기 때문에 소득이다. 미실현 자본이득은 발생한 자본이득을 실현하고 이를 해당 주식에 다시 재투자한 의사결정과 동일한 것으로 볼 수도 있다. H-S 기준에서는 소득을 어떠한 용도에 사용하였는가는 중요하지 않기 때문에 브루투스의 재투자 결정(미실현 자본이득)도 소득 포함 여부에는 영향이 없다. 자본이득을 소득에 포함하여야 한다는 지금까지의 논의는 자본손실은 공제되어야 함을 의미한다. 만약 카스카의 디즈니 주식의 가치가 어떤 해에 4,200달러 감소하였다면, 이러한 4,200달러는 소득에서 공제되어야 한다.

실현 자본이득(realized capital gain)

자산의 판매를 통한 결과로서의 자본이득.

미실현 자본이득(unrealized capital gain)

아직은 판매되지 않은 자산에 발생한 자본이득.

현물 소득 어떤 개인들은 소득의 일부나 전부를 현금이 아닌 재화나 서비스 형태의 현물로 받는다. 예를 들어, GE의 전 CEO 잭 웰치는 연봉에 부가하여 뉴욕 닉스 농구경기장의 1등석, 유에스 오픈 1등석, 맨해튼 아파트 이용, 4개의 위성 TV 이용권 등을 보수의 일부로 받았다. 덜 색다르기는 하지만, 농부들은 일손을 도와준 사람들에게 농산물을 보수로 주고, 구글과 같은 기업들은 고용인들에게 저렴한 점심과 체력단련실을 제공한다. 현물 소득의 중요한 한 가지는 자가주택의 연간 임대가치이다. 자가주택 소유자는 거주 서비스를 소비하고 있다. 이러한 거주 서비스의 순화폐가치[**귀속 임대료**(imputed rent)]는 해당 주택을 임대한 경우 받았을 임대료에서 유지비용, 조세 등을 제한 것과 같다.

귀속 임대료(imputed rent)

자가주택 거주 서비스의 순화폐가치.

H-S의 관점에서는 편익이 화폐 형태이든 아니면 재화나 서비스 형태이든 아무런 차이가 발

4 자본이득의 실질가치만이 소득에 포함되어야 한다. 인플레이션에 의한 명목가치 상승은 포함되어서는 안 된다. 이에 대해서는 뒤에서 다시 논의될 것이다.

생하지 않는다. 이러한 것들은 모두 소득인 것이다.

17.3.2 H-S 기준의 실제적 그리고 개념적인 문제점

H-S 기준을 현실의 조세에 적용하는 과정에서 몇 가지 문제점이 있다.

- 명백하게, 잠재소비력 증가는 총소득이 아닌 필요경비를 뺀 순소득에 의해서 이루어질 수 있다. 하지만 소득 획득 필요경비와 소비지출 간의 구분이 어려울 수 있다. 칼푸르니아가 재택근무를 위해 책상을 구입하였다고 하자. 그런데 이 책상을 개인적인 소비를 위해서도 사용한다고 한다면, 어느 정도까지 책상을 사업비용으로 포함하여야 하는가? 고객 설득을 위한 업무상의 '호화 점심' 중 얼마만큼이 소비이고 얼마만큼이 사업인가? (한국의 경우 총액 한도 내에서 적격증빙을 갖춘 접대비지출을 비용 처리하는 것이 가능하고 미국의 경우 비즈니스를 위한 식사의 50%는 비용 처리가 가능하다.)
- 자본이득과 자본손실은 측정하기 매우 어렵다. 측정의 어려움은 특히 미실현 자본이득(손실)의 경우 더욱 심하다. 시장에서 활발히 거래되는 자산의 경우에는 이러한 문제점은 해결 가능하다. 앞에서 논의된 예에서 브루투스가 마이크로소프트사의 주식을 팔지 않았다고 하더라도 신문의 주가란을 보면 쉽게 주식의 가치를 알아낼 수 있다. 하지만 가치가 상승하고 있는 예술작품에서 발생한 자본이득을 측정하기는 쉽지 않다.
- 내구재로부터 발생한 귀속소득의 측정도 쉽지 않다. 예를 들어 특정한 자가주택의 시장 임대료를 추산하는 것이 어려울 수 있다. 유사하게 자동차, CD플레이어, 모터보트 등과 같은 내구재들의 귀속 임대료를 추정하는 것은 용이하지 않다.
- 현물 서비스의 가치를 측정하는 것도 용이하지 않다. 이러한 것의 중요한 예는 시장 노동을 하지 않고 가사 노동만을 하는 사람들의 소득이다. 집 안 청소, 식사 준비, 어린이 돌보기 등과 같은 가사 노동은 물론 가치 높은 일이다. 이러한 가사 서비스를 구입할 수 있는 시장이 존재하기는 하지만, 시장가치를 근거로 어떤 가사 서비스의 가치를 추산하는 것은 여전히 어려운 일이다.

17.3.3 H-S 기준의 평가

H-S 기준을 현실에 적용하는 데에는 위에서 논의한 측정이 어려운 항목의 존재 외에도 다른 어려움들이 존재한다. 소득의 정의를 어떻게 내리더라도 소득세 행정이 단순하고 명확하기 어려우며, 소득에 어떠한 것들이 포함되어야 하는가에 대한 자의적인 결정은 불가피하다는 점을 밝혀두고자 한다. 그럼에도 불구하고 H-S 기준은 종종 정책입안자가 추구해야 할 이상으로 취급된다. H-S 기준의 근본적 시사점은 소득을 가능한 한 넓게 정의하고, 어떤 특정한 개인의 모든 원천의 소득에 대해서 동일한 세율로 과세하여야 한다는 것이다.

H-S 기준에 대한 높은 관심에는 2가지 이유가 있다.

공정성 제16장에서 소개된 '동일 소득 납세자에 대한 동일 과세'라는 전통적인 수평적인 형평성 정의를 상기하자. 이러한 견해가 의미 있는 것이 되기 위해서는 물론 과표에 모든 종류의 소득이 포함되는 H-S 기준이 적용되어 있어야 한다. 그렇지 않다면 동일한 지불능력을 지닌 납세자에게 다른 세부담이 부과될 수도 있다.

납세자의 소득 능력이 다를 경우 H-S 기준 과세가 공정하지 못하게 된다고 주장될 수도 있다. 뽀빠이는 높은 지적 능력을 지니고 있으며, 블루토는 높은 근력을 지니고 있다고 가정하자. 또한 근력이 높은 사람들에게 가용한 일이 지적 능력이 높은 사람들에게 가용한 일보다 덜 즐겁다고 하자. 이러한 경우 블루토와 뽀빠이가 동일한 소득을 지니고 있다면 뽀빠이가 더 높은 효용을 누리게 될 것이다. 이러한 경우 두 사람에 대한 동일한 과세는 공정한 과세가 되지 못한다.

효율성 H-S 기준을 옹호하는 사람들은 이 기준이 **중립성**이라는 장점을 지니고 있다고 주장한다. 모든 종류의 소득을 동일하게 취급하고 있기 때문에 경제행위를 왜곡시키지 않는다. 따라서 예를 들어, 다른 조건이 동일하다면 H-S 기준을 벗어나 자가주택의 귀속 임대료에 대한 과세가 이루어지지 않을 경우 과도한 주택 투자가 나타나게 될 것이다.

H-S 기준으로부터 지나치게 이탈할 경우 비효율성이 발생한다는 것은 물론 올바른 지적이다. 하지만 모든 종류의 소득에 대한 동일률의 과세가 가장 효율적인 조세가 된다는 것은 합당한 논리적 귀결은 아니다. 개발되지 않은 토지로부터의 임대료 소득을 생각해보자. 이러한 토지의 공급은 완전 비탄력적이기 때문에 고율의 과세하에서도 초과부담이 발생하지 않을 것이다.[5] 이 경우 효율적인 조세는 H-S 기준이 의미하는 바와 같이 모든 종류의 소득에 대해서 동일한 세율의 과세가 아닌 토지 수익소득에 대한 상대적으로 높은 과세가 될 것이다. 보다 일반적으로 제16장에서 논의된 최적조세 이론에 따르면 정액세가 가용하지 않을 경우, 상대적으로 비탄력적인 공급을 지닌 경제활동에 대해 상대적으로 높은 세율로 과세하면 효율성은 제고될 수 있다. 모든 종류 소득에 대한 동일한 세율의 적용이라는 의미의 '중립성'은 일반적으로 초과부담을 극소화시키지 못한다.

이러한 논의의 의미는 무엇인가? McLure[2002]는 최적조세 이론이 "실제 적용을 위해 막대한 양의 정보가 필요하고 여러 가지 행정적 어려움이 발생한다는 사실을 무시하고 있다"고 지적하면서, 무엇을 과세대상으로 할 것인가에 대한 분석틀로 최적조세 이론을 사용하는 것에 대해서 우리는 낙관할 수 없다고 주장하였다. H-S 기준을 전적으로 폐기하는 것은 현명하지 못한 것이나, 그렇다고 해서 이러한 H-S 기준을 신성한 것으로 취급할 이유도 없다. H-S 기준으로부터 이탈하는 경우, 이탈 자체를 불공정하고 비효율적인 것으로 취급해서는 안 되며, 그 편익과 비용이 무엇인지를 고려하여 판단하여야 한다.

17.4 비과세 화폐소득

앞의 17.3.1에서는 H-S 기준에 따르면 과세대상이 되어야 하나 현실적인 이유로 인해 과세대상이 되지 못하는 소득들을 살펴보았다. 여기에 추가하여 행정적으로 과세가 용이하나 다른 이유로 인해 과세 대상에서 부분적으로 또는 완전히 제외되어 있는 비과세 소득들이 존재한다.

---

5 토지에 대한 과세가 효율적일 수 있다는 점은 아주 오래전부터 인식되었다. George[1914]를 참조하시오.

17.4.1 지방정부 채권으로부터의 이자소득-미국에서만

한국에서는 국채와 지방채로부터의 이자소득에 대해서 과세가 되나, 미국에서는 지방정부가 발행한 채권에서 발생한 이자소득은 연방정부 소득세의 과세대상에 제외된다. H-S 기준의 관점에서 보면 지방채 이자도 다른 소득과 마찬가지로 잠재소비력을 증가시키는 것이기 때문에 이러한 제외는 이해될 수 없는 것이다. 지방채 이자소득의 비과세는 연방정부가 주정부에서 발행한 유가증권에 대해서 과세하는 것이 헌법에 합치되지 않는다는 관점으로부터 기원하였다. 하지만 이제는 많은 헌법학자들은 이러한 과세가 허용 가능한 것으로 판단하고 있다.

미국 연방정부 소득세에서의 지방채 이자소득 면세 처리는 지방정부의 재정수입 확보 수단이라는 점에서도 합리화될 수 있다. 지방채 이자소득에 대해서 면세 혜택이 주어지면, 투자자들이 요구하는 지방채 세전 수익률이 면세 혜택이 주어지지 않는 채권의 세전 수익률보다 낮아도 될 것이다. 한계세율이 35%이고, 과세되는 유가증권의 수익률이 15%라고 가정해보자. 이러한 경우 비과세 지방채 수익률이 과세되는 유가증권의 세후 수익률인 9.75%[=(1 − 0.35) × 0.15]를 넘기만 하면, 투자자들은 다른 조건이 동일하다면 지방채를 선택할 것이다.[6] 보다 일반적으로, 개인의 한계세율이 t이고 과세되는 유가증권의 세전 수익률이 r이라면, 투자자들은 지방채 수익률이 $(1 - t)r$보다 높기만 하다면 지방채를 선택할 것이다. 따라서 지방정부는 시장이자율보다 낮은 이자율로 재원을 조달할 수 있게 된다. 사실상 지방채 이자소득 비과세로 인한 연방정부의 세수결손분은 지방정부의 차입에 대한 보조금으로 볼 수 있다.

불행히도, 비과세 지방채는 값비싼 수단이다. 왜 그러한가를 살피기 위해 35%의 한계세율에 직면한 뽀빠이와 15%의 한계세율에 직면해 있는 블루토를 생각해보자. 만약 과세되는 채권의 세전 시장수익률이 15%라고 한다면, 뽀빠이의 세후 수익률은 9.75%, 블루도의 세후 수익률은 12.75%가 될 것이다. 뽀빠이와 블루토가 과세가능 채권 이외의 자산을 구매하도록 유도하기 위해서, 그 자산의 순수익률이 최소한 12.75%가 되어야 한다. 지방정부가 12.75%보다 조금 더 높은 수익률을 지닌 지방채를 발행하였고, 뽀빠이와 블루토가 모두 이 지방채를 구입하였다고 하자. 이 경우 면세혜택 중 일부는 뽀빠이에게 있어 '낭비'되었다. 왜냐하면 그가 수익률이 9.75%보다 높기만 하다면 해당 채권을 구입할 의향이 있었는데, 현재 지방채는 12.75%라는 높은 수익률을 제공하고 있기 때문이다. 지방채 이자소득 비과세로 인한 정부 재정수입의 순변화를 계산하여보자. 지방정부가 브루투스로부터 시장이자율인 15%보다 낮은 12.75%의 이자율로 100달러를 차입하였다고 하자. 이를 통해 지방정부는 2.25달러의 이자 비용을 절약할 수 있다. 다른 한편으로 연방정부는 2.25달러(=0.15 × $15)의 소득세 세수의 손실을 보게 된다. 이는 연방정부가 2.25달러의 보조금을 지방정부에 지급한 것과 다름없다. 이제 지방정부가 뽀빠이로부터 100달러를 차입하였다고 하자. 이러한 경우 지방정부는 여전히 2.25달러를 절약한다. 하지만 연방정부는 5.25달러(=0.35 × $15)의 세수 손실을 보게 된다. 이 경우 3.00달러의 면세혜택이 지방정부의 수입증대로 전환되지 못하고 낭비된 것이다.

요약하자면, 면세 채권의 순효과는 한계적으로 면세와 과세 유가증권에 대해서 무차별한 투

6 분석대상이 되고 있는 두 유가증권의 위험도가 동일한 것으로 가정하고 있다. 위험도가 다른 자산에 대한 수요는 제18장에서 분석되고 있다.

자자에게 있어서는 0이다. 하지만 다른 모든 투자자에게 있어서 지방정부에 대한 보조금 크기가 연방정부의 관련 세수 결손 크기보다 작아지게 된다.

그러면 왜 이러한 지방채 면세를 직접적인 연방정부의 지방정부에 대한 보조금으로 대체하지 않는가? 가장 주요한 이유는 정치적인 것이다. 연방정부의 지방정부에 대한 직접적인 보조는 연방정부의 예산에 포함되며, 이 항목은 정치적 변화에 의해서 폐지될 수도 있다. 사실상 연방정부의 지방정부에 대한 보조금이 세법에 숨겨진 형태가 아닌 보다 명시적인 형태로 되어 있었다면 국민들은 투표를 통해 이것을 폐지하기로 이미 결정했을 수도 있다. 따라서 지방정부들은 지방채 이자소득 비과세 유지를 위해 집요하게 그리고 성공적으로 로비를 하고 있는 것이다.[7]

17.4.2 일부 배당금-한국은 세액공제, 미국은 낮은 세율적용

배당소득에 대해 법인 단계에서 법인세와 개인소득 단계에서 배당소득세가 이중과세되는 문제를 완화하기 위해 한국에서는 배당소득세 산정 시 부분 가산(gross-up)제도를 사용한다. 즉 개인소득세 산정 시 해당 배당소득에 대해 과세된 법인세 상당액인 '귀속 법인세'를 배당소득 수입금액에 가산하여 소득세를 계산하고 '귀속 법인세'를 세액공제한다. 이러한 배당소득세액공제방식은 결과적으로 배당금을 법인소득에서 비과세하고 개인소득에서 과세하는 결과를 가져온다(보다 자세한 논의는 제19장의 6절을 참조하시오).

미국에서는 개인소득 단계에서 배당금에 대해 다른 소득보다 낮은 세율을 적용한다. 미국에서 이러한 배당소득에 대한 부분 면세가 실시된 배경은 배당금에 대해서는 법인세 단계와 개인소득세 단계에서 이중과세가 되고 있기 때문이다.

17.4.3 자본이득

한국에서는 부동산 양도차익, 대주주의 주식 양도차익, 비상장·비등록 주식의 양도차익 등의 자본이득에 대해서는 과세가 이루어지고 있으나, 대주주가 아닌 일반주주의 주식 양도차익에 대해서는 과세가 이루어지지 않고 있다. 자본이득에 대해서 2년 이상 보유 부동산 양도차익의 경우 소득세 기본세율인 6~42%의 세율이, 주식의 양도 차익에 대해서는 대기업의 경우 25%의 세율이, 중소기업의 경우 10%의 세율이 적용되고 있다. 자산 보유기간이 단기이거나, 주택을 다수 보유하고 있는 경우 보다 높은 양도소득세율이 적용되고 있다.

미국에서는 자본이득에 대해 보다 일반적인 형태의 과세가 이루어지고 있는데, 1년 이상 장기 보유된 자산에서 발생한 자본이득에 대해서 최고 23.8%의 과세가 이루어지고 있다.[8] 1년 미만 보유된 자산의 경우에는 일반적인 소득에 대한 세율이 적용된다. 자본손실은 자본이득에서 상계될 수 있다. 예를 들어, 안토니가 자산 A에서 6,000달러의 자본이득이 발생하고, 자산 B에서 2,000달러의 자본손실이 발생하였다면, 안토니의 4,000달러의 자본이득에 대해서 과세된

---

7 유사하게, 자가주택에 대한 지방재산세 부과와 모기지 이자 비용의 연방소득세 공제항목 포함도 연방정부의 지방정부에 대한 간접적인 지원이다.

8 미국에서 자본이득세율은 과표에 따라 0~20%이고, 최상위 2개 세율구간에 대해서 별도 법에 따라 3.8%의 추가 과세가 이루어지고 있다.

다. 더욱이 자본손실이 자본이득보다 큰 경우 3,000달러까지의 순자본손실에 대해서 일반 소득에서 공제될 수 있다. 안토니의 자산 B에서 8,200달러의 자본손실이 발생하였다고 하면, 안토니는 순자본손실이 2,200달러가 될 것이고 이를 일반 과세소득에서 공제할 수 있다.

자본이득에 대한 과세는 비과세와 낮은 세율 적용으로 일반 소득세보다 부담이 낮아진다는 점 외에도 몇 가지 중요한 점에서 H-S 기준을 벗어나고 있다.[9]

실현된 자본이득에 대해서만 과세 만약 자본이득이 실현되지 않았다면—다시 말해 자산이 판매되지 않았다면—이에 대한 과세는 이루어지지 않는다. 사실상 자본이득에 대한 과세는 자본이득이 실현될 때까지 연기된다. 단순히 세금부담을 연기한다는 것이 중요한 사실로 보이지는 않지만, 실제적인 효과는 매우 크다.[10] 예를 들어, 매년 12%씩 가치가 증식되는 10만 달러의 자산을 구입한 카시우스를 생각해보자. 1년 후 자산의 가치는 $\$100{,}000 \times (1+0.12) = \$112{,}000$로 증가할 것이다. 2년 후 자산의 가치는 $\$112{,}000 \times (1+0.12) = \$100{,}000 \times (1+0.12)^2 = \$125{,}440$가 될 것이다. 유사하게 20년이 지난 후 자산의 가치는 $\$100{,}000 \times (1+0.12)^{20} = \$964{,}629$로 증가할 것이다. 20년 동안 보유한 후 자산을 판매한다면 864,629달러의 자본이득은 발생할 것이고, 자본이득 세율이 15%라고 가정한다면 자본이득 세부담은 129,694달러가 될 것이고, 세후 순자본이득은 734,935달러가 될 것이다.

이제 실현과 미실현 여부에 관계없이 자본이득이 발생(acrrue)할 때마다 15%의 과세가 이루어진다고 가정해보자. 이 경우 1년 후 카시우스의 자산 가치는 110,200달러$[=\$100{,}000 \times (1+(1-0.15)\times 0.12) = \$100{,}000 \times (1+0.102)]$가 될 것이다. 12%로 발생하는 자본이득 중 15%는 세금으로 납부하기 때문에 세후 자본이득은 15%에서 10.2%$[=(1-0.15)\times 0.12]$로 낮아지는 것이다. 2년 후 세후 자산의 가치는 121,440달러$[=\$100{,}000 \times (1+0.102)^2]$로 증가하며, 20년 이후에는 697,641달러$[=\$100{,}000 \times (1+0.102)^{20}]$로 증가할 것이다. 이 경우 카시우스의 세후 자본이득은 597,641달러$(=\$697{,}641 - \$100{,}000)$가 된다. 발생 자본이득에 대해서 과세가 이루어지는 경우의 세후 자본이득은 실현 자본이득에 대하여 과세가 이루어지는 경우의 세후 자본이득보다 20%가량 작아지는 것이다. 단순한 세금 연기가 별로 중요해 보이지 않지만 실제 세부담에 있어서는 매우 큰 차이를 가져온다. 그 이유는 실현 자본이득에 대한 과세하에서 세금 연기로 인해 수익이 세후 수익률이 아닌 세전 수익률로 기하학적으로 증가하기 때문이다. 사실상 세금 연기는 정부가 투자자에게 납부할 세금에 대해서 무이자로 대출해주고 있는 것을 의미한다.

위의 논의는 "세금 납부를 연기하면 절세할 수 있습니다"가 왜 세무사들이 가장 선호하는 구호가 되었는가를 잘 예시해준다. 많은 복잡한 조세 피난 방법이 실제로 조세납부를 연기하는 수단에 불과한 경우들이 많다.

실현된 자본이득만이 과세되기 때문에 납세자들은 자산 구입 또는 대체 시 이러한 세금부담을 고려하게 되고, 이러한 과세로 자산 포트폴리오의 변경 가능성이 낮아지게 된다. 이는 조

9 자본이득 세율은 (한국의 부동산 양도차익의 경우만을 예외로 하고) 일반적인 소득에 대한 법정 최고 한계세율보다는 낮다. 참고로 현재 한국과 미국의 일반적인 소득에 적용되는 법정 최고 한계세율은 동일하게 35%이다.

10 관련하여 제8장 "현재가치"에 있는 복리에 대한 논의를 다시 한 번 읽어보기 바란다.

잠김효과(lock-in effect)

실현된 자본이득에 부과되는 조세로 인해 투자자들이 자산구성을 변경시키려는 유인이 저해되는 현상.

세로 인해 투자자들이 현재의 자산구성을 그대로 유지하려는 경향이 생기기 때문에, 이러한 현상은 **잠김효과**(lock-in effect)라고 불린다. 잠김효과로 인해 수익률이 높은 곳으로 자본이 흘러가는 것이 방해받게 되고, 자본배분의 왜곡이 발생하게 된다. 자본이득 조세의 효과에 대한 여러 실증분석 논문들에서 실현된 자본이득에 대한 과세가 잠김효과를 유발한다는 것이 보편적으로 발견되고 있다[Ivkovich et al., 2005].

사망 시까지 실현되지 않은 자본이득 사망 시 자본이득에 대한 과세가 이루어지지 않는다. 예를 들어, 옥타비우스가 1,000달러로 어떤 자산을 구입하였다고 하자. 그의 생애 동안 그가 그 자산을 팔지 않았으며, 그의 사망 시 그 자산의 가치가 1,200달러였다고 하자. 현재의 미국 세법에 따르면, 발생한 200달러의 자본이득은 소득세의 대상이 되지 않는다. 더욱이 옥타비우스의 상속인이 그 자산을 판매한 경우 자본이득은 그 자산의 구입가격이 1,000달러가 아닌 1,200달러였던 것으로 하여 산정된다. 사실상 사망 시까지 소유한 자산은 소득세 과세대상이 되지 않는다. 다만 상속되는 경우 상속세의 과세대상이 된다.

자본이득 취급에 대한 평가 헤이그-사이먼 기준에 따르면 우리는 현재의 자본이득 과세 형태는 만족스럽지 못하다고 결론지을 수밖에 없다. H-S 기준에 따르면 실현되거나 미실현되거나 모든 자본이득은 과세대상이 되어야 한다. 하지만 현실의 조세는 실현된 자본이득을 다른 소득보다는 낮게 과세하고, 미실현된 자본이득이 과세 없이 누적되도록 허용한다. 그리고 자산이 소유자의 사망 시까지 소유되었을 경우에는 자본이득에 대한 과세 자체가 전혀 이루어지지 않는다. 미국의 자본이득세가 H-S 기준에 비하여 너무 세부담이 가벼운 것이 사실이지만, 여러 다른 국가들에 비해서 미국의 자본이득 세부담이 오히려 높다. 예들 들어, 한국, 네덜란드, 독일에서는 유가증권에서 발생하는 자본이득은 일반적으로 과세대상이 되지 않는다.

낮은 자본이득 과세가 H-S 기준에서 합리화될 수 없을 뿐 아니라, 최적조세 이론하에서도 일반적으로 합리화되지 못한다.[11] 하지만 낮은 자본이득 과세에 대한 몇 가지 근거가 존재한다. 어떤 사람들에게 자본이득은 정규소득이 아니라 예기치 못했던 이득이다. 공정성 원칙하에서는 이러한 예상치 못한 이득에 대해서는 과세되어서는 안 된다. 또한 투자는 소비 억제라는 희생이 필요하기 때문에 이러한 희생에 대해서 보상을 지불하는 것이 공정한 것이다. 하지만 자본이득은 편안히 기다리기만 하면 되고 근로소득은 일의 불편함을 감내해야 한다는 점에서 근로소득에 대한 세부담이 오히려 낮아야 한다고 주장될 수 있다. 소득 획득의 용이성이나 희생 정도 등을 근거로 어떤 특정 소득의 세부담을 낮추어야 한다는 주장이 설득력 있게 제시되기는 어렵다.

낮은 자본이득 과세에 대한 또 다른 근거는 이를 통해 자본축적과 위험감수 행위가 유도될 수 있다는 점이다. "미국 경제를 활기차게 만드는 것은 위험을 감수하고 혁신하며 재원을 조달하여 새로운 사람을 고용하고 옛 틀을 파괴하는 경제주체들의 자발적 의사이다. 자본이득 과세의 증가는 이러한 활력에 대한 직접적인 과세이다"[Prescott, 2005b, p. A14]. 제18장에서 조세

11 하지만 어떤 조건하에서 최적조세 이론은 어떠한 자본이득에 대해서도 과세가 되어서는 안 됨을 의미하기도 한다. 이와 관련하여 제21장을 참조하시오.

의 저축과 위험감수 행위에 대한 영향을 상세히 다룰 것이다. 자본이득세를 낮추면 기업가 수가 증가한다는 실증분석 결과가 있기는 하지만[Gompers and Lerner, 1999], 자본이득에 대한 특혜가 저축과 위험 감수 행위를 증가시키는가는 여전히 불명확하다는 점만을 먼저 밝혀두자.

어떤 사람들은 물가상승에 따라 자본이득에 대한 유효세율이 높아짐을 상쇄시키기 위해 자본이득에 대한 특별한 취급이 필요하다고 주장한다. 이후 보다 자세히 논의하겠지만, 현 세법하에서는 인플레이션으로 인해 자본이득에 대한 세금이 과중해지는 것이 사실이다. 하지만 자본이득을 낮은 세율로 과세하는 것이 이러한 문제를 해결하는 최선의 방법은 아니다. 한국에서는 부동산의 양도차익 과세 시 보유한 기간에 따라 공제를 높여주고 있는데, 이러한 장기보유특별공제는 물가상승으로 인한 세금 부담 증가를 상쇄해주는 효과를 가진다.

자본이득 과세와 관련 '투자자'와 '중계자'를 구분하여, 위험을 감수한 투자자에게 낮은 세율을 그리고 단순 중계자에게는 일반적인 소득세율을 적용하는 것이 바람직할 수 있다. 하지만 '투자행위'와 '중계행위'의 구분은 매우 모호하고 조세 행정을 통해 구분하는 것은 매우 어렵다.

마지막으로, 자본이득 과세의 전체적인 효과를 조망하기 위해서는 자본이득의 많은 부분이 개인이 아닌 법인에게 발생한다는 사실을 인식하여야 한다. 법인에게 부과되는 별도의 조세체제가 존재하고 있기 때문에, 자본이득에 대한 총세율은 개인소득세율뿐만 아니라 법인소득세율에도 의존한다. 이러한 문제에 대해서는 제19장에서 보다 자세히 논의할 것이다.

17.4.4 연금에 대한 고용주 기여금

피고용인의 퇴직연금에 대한 고용주 기여금은 과세대상에 포함되지 않는다. 연금기금에 발생하는 이자도 과세되지 않는다. 다만, 연금이 지급되기 시작하였을 때 원금과 이자가 모두 과세된다. 유사하게 건강보험에 대한 고용주 기여금도 과세대상이 되지 않는다.

이미 앞에서 주장한 바와 같이, 연금과 건강보험은 H-S 기준에 따르면 소득의 일부로 포함되어야 한다. 유사한 논리에 따라, 연금기금에 대한 이자는 발생기준으로 과세되어야 한다. 정치적으로 불가능한 것으로 생각되었던 건강보험에 대한 고용주 기여금에 대한 과세가 일부 고가의 고용주 제공 건강보험에 대해서 2010년 미국에서 도입되었다.

17.4.5 일부 저축

어떤 경우에 있어서 사람들은 퇴직이나 어떤 다른 특별한 목적을 위한 세금감면 혜택이 있는 저축에 가입할 수 있다. 한국에서는 국민연금과 특수직역 연금의 불입액, 일부 주택마련저축 불입액, 일부 퇴직 저축상품 불입액 등을 소득에서 공제해주고 있으며, 이러한 저축에서 발생하는 이자에 대해서 비과세 혜택을 제공하고 있다.

미국의 경우에도 여러 가지 형태의 세금감면 저축상품들이 존재한다. 직장연금이 없는 개인의 경우, 개인연금구좌(Individual Retirement Account, IRA)를 만들어서 매년 5,500달러씩을 소득 공제 혜택을 받으면서 저축할 수 있다. 직장연금과 마찬가지로 IRA에 발생한 이자소득은 비과세된다. 과세는 정년퇴직 후 연금소득이 발생한 이후에 이루어지게 된다.

피고용인은 미국 국세청인 IRS의 세법 조항을 따라서 이름이 지어진 401(k)를 이용하여, 봉급의 일정 금액 이하(2006년의 경우 15,000달러)를 비과세된 형태로 저축할 수 있다. Keogh

프로그램은 자영업자들이 이용할 수 있는 세금감면 저축제도로, 순사업소득의 20% 또는 44,000달러까지 저축할 수 있다. 교육저축구좌(Education Savings Account)는 일정 요건을 갖춘 가구가 한 해에 자녀 1인당 2,000달러씩 저축할 수 있다. 저축액은 공제되지 않으나, 이자에 대해서는 비과세가 된다.

여러 가지 세금감면 저축이 존재하는 중요한 이유는 저축을 장려하기 위한 것이다. 하지만 이러한 세금감면으로 총저축이 증가하였는가는 불확실하며, 사람들이 단지 자산구성만을 과세에서 비과세 상품으로 전환하도록 유도하였을 가능성도 있다. 세금감면의 저축증대 효과에 대해서는 여러 다른 연구결과가 제시되고 있다. 최근 연구결과들은 세금감면 저축상품이 최소한 어느 정도의 새로운 저축을 유도하고 있음을 보고하고 있다(예를 들어, Benjamin[2003]을 참조하시오). 어찌 되었든 간에 감세혜택이 주어지는 퇴직저축은 H-S 기준에서의 이탈이다. 그 중요성도 높은데, 미국에서는 약 39%의 가구가 감세혜택 저축에 가입하고 있다.[12]

17.4.6 증여와 상속

증여와 상속이 상속인의 잠재적인 소비력 증가를 의미하기 때문에 H-S 기준을 따른다면 소득에 포함되어야 한다. 하지만 한국과 미국을 포함한 대부분 국가에서 증여와 상속에 대해서는 소득세 형태로 과세는 이루어지지 않고 별도의 증여와 상속세 형태로 과세된다(증여와 상속세에 대해서는 제21장을 참조하시오).

17.5 인적공제와 특별공제

지금까지 종합소득금액과 조정총소득까지의 산정 과정을 설명하였다. 종합소득금액과 조정총소득으로부터 과세표준을 계산해내기 위해서는 몇 가지 항목들을 공제하여야 한다. 2가지 주요한 공제항목은 인적공제와 특별공제로 이것들에 대해서 각각 논의를 하자.

17.5.1 인적공제

납세자는 가족구성원 인별로 공제를 받을 수 있다. 한국에서는 본인, 배우자, 부양가족 1인당 150만 원씩 공제되며, 노인, 장애인, 6세 이하, 부녀자세대주, 한부모 등에 대해서 추가로 일정액을 공제할 수 있다. 또한 기본공제대상 인원이 소수인 경우 추가적으로 일정액을 공제하기도 하는데, 이러한 소수공제자 추가공제는 2006년 폐지되었다. 이제는 오히려 출산장려 목적으로 세액공제 형태로 자녀세액공제가 도입되었다.

미국에서는 가구 구성원 1인당 3,900달러의 인적공제를 받을 수 있으며, 이 금액은 매년 인플레이션에 연동되어 조정된다.[13] 예를 들어, 3명의 자녀를 둔 부부의 경우 5명분의 인적공제인 19,500달러를 공제받을 수 있다. 인적공제 금액은 소득이 일정 수준을 넘을 경우 점감하도

12 미국의 연방준비제도이사회가 발간하는 2006년판 『Flow of Funds Accounts of the United States』를 이용하여 저자가 계산한 수치이다.

13 한국에서는 공제액과 세율구간이 인플레이션에 연동되어 조정되지는 않는데, 인플레이션에 연동시키자는 논의가 종종 제기되고 있다.

록 되어 있다.

인적공제가 존재하는 이유가 무엇인가? 어떤 사람들은 자녀 양육비로 인한 지불능력 감소를 반영하기 위한 것이라고 주장한다. 자녀양육에는 비재량적인 비용이며, 과세표준이 그에 따라 조정되어야 한다. 하지만 자녀양육 비용으로는 150만 원이나 3,900달러는 너무나 작다. 그리고 자녀양육 비용이 왜 비재량적인 것인가에 대해서도 논란이 있을 수 있다. 어떠한 종교는 산아제한을 금지하고 있기는 하지만, 일반적으로 부모는 몇 명의 자녀를 둘 것인가를 선택할 수 있다. 따라서 유럽에서의 휴가를 선택한 납세자와 자녀양육을 선택한 납세자 중에서 왜 후자만을 조세감면 대상으로 하는가라는 문제제기가 가능하다.[14]

인적공제는 저소득 납세자에게 조세감면을 제공하기 위한 수단으로 볼 수도 있다. 인적공제 금액이 커질수록, 비과세대상 납세자의 수가 증가할 것이며 (과세표준 증가에 따른 평균세율의 증가로 정의되는) 조세의 누진성도 높아질 것이다.

17.5.2 특별공제

종합소득금액 또는 조정총소득에서 공제되는 또 다른 항목은 특별공제이다. 특별공제는 항목별 금액의 합산[**항목별 특별공제**(itemized deduction)] 또는 일정액[**표준공제**(standard deduction)]의 형태가 될 수 있다.

항목별 특별공제(itemized deduction)
종합소득금액에서 공제될 수 있는 특별한 항목의 지출.

표준공제(standard deduction)
종합소득금액에서 증빙서류 없이 공제되는 고정된 일정액.

공제와 상대가격 어떤 지출을 공제하는 것이 해당 재화의 상대가격에 어떠한 영향을 주는가를 분석하여보자. 상품 Z에 대한 지출에 대해 공제가 허용되어 있다고 하자. Z의 가격은 10달러이고, 클레오파트라에게 한계세율이 35%라고 하자. 이러한 경우 클레오파트라에게 실질적인 단위 비용은 6.50달러가 된다. Z에 대한 지출이 공제될 수 있기 때문에 Z를 한 단위 구입할 때마다 과표는 10달러씩 감소하게 된다. 주어진 35%의 한계세율하에서, 감소된 과표는 3.50달러만큼 세금을 절약하게 해준다. 따라서 그녀의 Z 한 단위의 유효가격은 6.50달러(= \$10 − \$3.5)가 된다.

보다 일반적으로 Z의 가격이 P_Z이고 개인의 한계세율이 t인 경우, Z에 대한 지출을 공제항목에 포함함으로써 Z의 유효가격은 P_Z에서 $(1-t)P_Z$로 낮아진다. 이러한 분석은 다음과 같은 2가지 중요한 의미를 가진다.

- 공제가 관련된 상품의 상대가격을 변화시키기 때문에 일반적으로 수요량이 변화한다.
- 한계세율이 높을수록, 공제의 가치가 높아지고 유효가격이 낮아지게 된다.[15]

항목별 특별공제 이하에서는 특별공제에 포함되는 항목들을 살펴볼 것인데, 보다 상세한 내용은 정부가 매년 발간하는 조세개요와 같은 세무관련 책자들을 참조하기 바란다. 한국에서는 연금보험료, 건강보험료, 주택자금, 신용카드 사용액 등이 특별공제 항목으로 공제가 가능하

14 자녀양육에서 양의 외부성이 발생한다고 하면, 보조금이 합리화될 수도 있다.

15 이러한 논의는 단지 공제뿐 아니라 과세대상에서 제외된 항목들에 대해서도 똑같이 적용된다는 데 주목하여야 한다. 예를 들어, 다른 조건이 동일하다면 지방채 이자소득의 비과세의 가치는 한계세율이 높아질수록 커진다. 따라서 고용주가 제공하는 건강보험과 같은 부가급부(fringe benefits)의 가치도 한계세율이 높아질수록 커진다.

다. 2014년 세법개정에 따라 의료비, 교육비, 기부금, 연금저축, 보험료 등이 소득공제 항목에서 세액공제 항목으로 변경되었다. 특별공제와 특별세액공제 항목들은 근로소득 존재 여부에 따라 차별적으로 정의되어 있어 앞에서 기술한 모든 항목에 대해서 근로소득이 있는 납세자는 공제를 받을 수 있으나, 근로소득이 없는 납세자들은 주택자금, 의료비, 교육비, 보험료에 대해서는 소득공제 또는 세액공제를 받을 수 없다.

환급되지 않은 의료비용 의료비용은 개인이 통제할 수 없는 불가피한 성격이 있으며, 의료비용 지출로 인해 개인의 지불능력이 감소하기 때문에 의료비를 공제하는 것은 합리성을 가질 수 있다. 의사를 선택할 수 있다는 점에서, 선택적인 수술의 시행 여부를 선택할 수 있다는 점에서, 의료를 대체할 수 있는 좋은 식습관과 운동과 같은 예방적인 건강관리가 선택 가능하다는 점에서, 의료비용은 선택 대상의 성격을 띠고 있다. 의료비용 공제를 허용하는 것은 조세를 통해 일종의 사회 건강보험을 제공하고 있음을 의미한다. 이러한 조세를 통한 사회 건강보험의 비용분담 구조는 한국의 경우 연급여액의 3%까지 미국의 경우 조정총소득의 7.5%까지는 개인이 모든 의료비용을 지불하고, 그 초과분에 대해서는 정부가 한계세율만큼을 분담하는 것이다. 사회 건강보험의 장단점은 제9장과 제10장에서 논의되었다.

지방 소득세와 지방 재산세 지방 소득세와 재산세의 공제는 한국에서는 허용되지 않으나, 미국에서는 허용된다.[16] 2011년도 미국에서의 이러한 공제 금액은 424억 달러에 이른다[Joint Committee on Taxation, 2012].

공제 옹호론자는 지방세가 비재량적으로 개인의 지불능력을 감소시킨다고 주장한다.[17] 이와 반대되는 시각은 지방세가 사용자 비용이라는 점에 근거한다. 개인들이 공립학교와 치안 등의 지방공공재에 대한 대가로 세금을 납부한다. 어떤 사람들은 이러한 지방정부 서비스가 많은 지역에 살기로 결정하고 이에 따라 높은 지방세 부담을 한다. 다른 사람들은 낮은 서비스와 낮은 세금을 선택한다. 이러한 점에서 지방세는 개인들의 선택의 결과인 사용자 비용이며, 이 경우 지방세 공제의 근거는 미약하다. 불행히도 지방세 중 얼마만큼이 공공재에 대한 사용자비용 인가를 결정하기는 매우 어렵다.

이러한 지방세 납부액 공제는 지방정부의 재정확충을 위한 것으로 생각될 수 있다. 지방세 공제는 유효 지방세율을 낮추는 효과를 가지며, 지방의 정치적 지지를 높일 수 있다. Metcalf [2011]에 따르면, 지방세납부액 공제제도는 해당 지방세에 매우 큰 영향을 준다. 왜 직접적으로 지방정부에게 보조금을 주지 않는가? 앞에서 지방채에 대한 이자 공제에서와 같이 정치적 고려에 기인한 것이다. 세법에 숨겨진 보조금이 명시적인 보조금보다 유지하기 더 용이하다.

어떤 이자비용 어떤 이자비용은 공제되고 다른 이자비용은 공제되지 않는다.

- 신용카드 대출금 이자, 자동차 할부 이자 등은 공제되지 않는다.

16 지방 소비세는 한국에서도 미국에서도 공제되지 않는다.

17 반드시 지불능력이 감소하는 것은 아니다. 만약 지방세가 재산의 가치에 이미 자본화되어 있다면, 현재의 재산 소유자에게 지방세의 부담이 귀착되지 않는다(관련하여 제14장을 참조하기 바란다).

- 미국에서는 자격요건을 갖춘 학자금융자에 대한 이자지불이 2,500달러까지 공제가 될 수 있다. 이러한 공제는 항목별 공제를 선택하지 않은 납세자들도 이용가능하다.
- 미국에서는 금융자산 구입을 위해 차입으로 부터의 이자 공제가 해당 금융자산의 소득금액보다 클 수 없다. 예를 들어, 여러분의 투자소득이 1만 달러이고, 관련된 이자비용이 2만 5,000달러였다고 하자. 이러한 경우 공제할 수 있는 금액은 1만 달러이며, 나머지 1만 5,000달러는 공제되지 않는다.
- 주택 모기지와 주택담보대출에 대한 이자는 특별히 취급된다. 한국에서는 세대주의 국민주택규모 이하 4억 원 이하인 주택을 취득하기 위한 장기주택저당차입금의 이자 전액이 연 500만 원 한도에서 공제된다. 주택청약저축 납입금액도 연 300만 원 한도로 공제되고, 무주택자의 주택임차 지급금액도 연 300만 원 한도에서 공제된다. 미국에서는 주택 2채까지의 구입을 위한 모기지 이자는 100만 달러 차입금에 대한 이자비용 내에서 공제가 가능하다. 주택담보대출도 10만 달러 차입금의 이자비용까지 공제가 가능하다. 한국에서는 300만 원의 소액이지만 무주택자의 주택임차 지급금액이 공제되는 데 반하여, 미국에서는 주택임차 지급금액에 대한 공제 혜택이 제공되지 않고 자가주택에는 대규모의 이자비용 공제가 허용되어 임차보다는 자가주택 보유가 조세상 월등히 유리하게 되어 있다.

이러한 규칙들이 H-S 기준하에서 합당한 것들인가? 사업투자의 경우 이자가 공제되어야 한다는 것은 명백하다. 이것은 사업을 하기 위한 비용이기 때문에 소득세가 과세되어서는 안 된다. 소비자가 지불하는 이자에 대해서는 논란의 여지가 있다. 어떤 사람은 이자지불이 개인의 잠재소비력의 감소를 의미하기 때문에 소비자 이자지불을 공제하는 것은 매우 적절하다고 주장한다. 다른 사람들은 소비자 이자는 어떤 상품을 보다 빨리 삿기 위해 개인이 지불하는 비용에 불과한 것이기 때문에 공제 대상이 아니라고 주장한다. 어떠한 관점을 가지든지 간에, 소비자 이자지불 공제가 주택소유자에게만 허용되어 있는 현재의 체제를 합리화하기는 쉽지 않다.

조세 차익거래 일부 자산소득에 대한 비과세와 이자비용의 소득공제라는 조세 규정을 활용하여 수익을 창출하는 것이 가능하다. 35%의 한계세율에 직면해 있는 뽀빠이가 15%의 이자율로 은행에서 돈을 빌릴 수 있다고 하자. 또한 이자비용에 대한 소득공제의 요건이 충족되고 있어 이자비용 1달러마다 35센트의 세금부담이 감소한다고 하자. 이러한 경우 유효이자율은 9.75%에 불과하다. 현재 비과세되는 지방채의 이자율이 11%라고 하자. 이러한 경우 뽀빠이는 은행에서 9.75%의 이자로 차입하여 11% 이자의 지방채를 구입할 수 있다. 조세체제가 무한한 크기의 소득을 만들어낼 수 있는 '돈 기계'를 제공하고 있는 것이다. 조세체제가 만들어낸 이러한 기회를 활용하는 것을 조세 차익거래라고 한다.

현실에서 사람들이 아주 큰 액수를 차입하기 어려우며 차익거래의 규모가 증가함에 따라 한계세율이 낮아질 것이기 때문에, 위의 예는 조세 차익거래의 잠재적 수익을 과장하고 있다. 더욱이 조세 차익거래에 참여하고 있는 사람들 간의 경쟁으로 인해 차익거래의 수익률이 떨어지게 된다. 예를 들어 더 많은 차익거래자가 지방채를 구입하게 됨으로써 지방채의 수익률이 감소하게 될 것이다. 모든 사람의 한계세율이 35%였다면, 지방채의 수익률이 과세 채권의 수익률의 65% 수준에 이르게 되는 곳에서 균형이 나타나게 될 것이다. 이러한 균형점에서 지방채를 보유함으로써 발생하는 이득이 사라지게 된다.[18] 지금까지의 논의는 몇 가지 정책적 함의를 지닌다.

- 어떤 자산소득에 대한 낮은 과세와 동시에 이자에 대한 소득공제를 허용하게 되면 조세 차익거래의 기회가 발생할 수 있다. 이러한 점이 캐나다와 같은 국가에서 모기지 이자의 소득공제를 허용하지 않고 있는 이유의 하나가 되고 있다.
- 고소득자가 특히 이러한 기회를 활용할 가능성이 높다. 이는 고소득자가 높은 한계세율에 직면하고 있으며, 대출에 대한 접근성이 높기 때문이다.
- 조세당국은 어떤 조세 차익거래가 불법이라고 규정할 수 있지만, 이러한 규정을 실행하는 것은 매우 어렵다. 더욱이 영리한 변호사와 회계사들이 새로운 조세 차익거래 기회를 열심히 찾고 있다. 국세청은 이들 바로 뒤에서 조세제도의 허점을 보완하려고 하고 있다. 이 과정에서 많은 비효율적 투자가 행해지고, 많은 자원이 절세와 조세행정에 낭비되고 있다.

기부금 개인들은 종교, 사회봉사, 교육, 연구, 문예 단체 등에 기부한 금액들을 공제받을 수 있다. 이들 단체에 대한 노동의 제공은 일반적으로 공제되지 않는다. 한국에서는 세법상 기부는 국가, 일부 사회복지시설, 사립학교 등에 대한 법정기부와 사회복지, 예술단체, 종교단체 등에 기부한 지정기부금로 구분된다. 2014년 이러한 기부금에 대한 소득공제가 세액공제로 변경되어, 법정기부금 전액과 소득금액의 30% 범위 내 지정기부금의 15%(종교단체 지정기부금은 10%)가 세액공제된다. 고액 기부를 보다 활성화하기 위해서 2,000만 원 초과 기부금에 대해서는 보다 높은 30%가 세액공제되는 것으로 이후 변화하였다. 미국에서는 기부금이 조정총소득의 50%를 초과할 수는 없으며, 2010년 개인들의 기부금 총액은 거의 1,700억 달러에 이르고 있다[Internal Revenue Service, 2012].

어떤 사람들은 기부금이 지불능력의 감소를 의미하기 때문에 과세소득으로부터 공제되어야 한다고 주장한다. 하지만 기부가 자발적인 성격을 띠고 있는 만큼, 이러한 주장의 설득력은 약하다. 사람들이 소비로 느끼는 만족만큼 기부에서 만족을 느끼지 못하고 있었다면, 왜 기부하였겠는가? 아마도 기부금에 대한 공제가 존재하는 가장 중요한 이유는 정부가 기부금을 장려하기 위함일 것이다.

기부금 공제로 인해 기부금이 장려되었는가? 기부금 공제로 인해 기부자에게 있어 기부의 '가격'이 1원에서 $(1 - t)$원으로 변화된다. 여기에서 t는 기부자 각 개인이 직면하고 있는 한계세율이다. 따라서 기부금 공제의 기부금 장려 효과는 기부금의 가격탄력성에 의존하게 된다. 만약 가격탄력성이 0이라면 기부금은 영향 받지 않을 것이고, 공제 혜택은 단순히 어찌 되었거나 기부를 했을 사람들에게 주어진 보너스에 불과할 것이다. 만약 가격탄력성이 0 이상이었다면 공제로 인해 기부금이 장려되었을 것이다.

---

18 현실에서 여전히 차익거래의 기회가 존재하고 있다. 이러한 점을 조세당국이 인식하고 비과세 채권을 구매하는 데 사용된 대출금의 이자를 공제받는 것이 미국에서는 불법화되었다. 하지만 어떤 사람이 이러한 규칙을 준수하지 않고 있음을 증명하는 것은 어려운 일이다. 돈이 다른 여러 목적에 사용될 수 있기 때문에, 어떤 차입금이 다른 목적이 아닌 지방채 구입을 위해 사용된 것임을 증명하기는 매우 어려운 일이다.

세후 가격을 사용하여 기부금의 가격탄력성을 추정한 여러 실증분석들이 존재한다. 이러한 실증분석에서는 전형적으로 기부금액수가 종속변수로 사용되고 있으며, 설명변수에는 (1) 기부의 '가격'(다시 말해서, 1－한계세율), (2) 소득, 그리고 (3) 나이나 결혼 여부와 같은 기부의사결정에 영향을 줄 수 있는 개인성향 변수 등이 포함된다. 최근 논문에서는 기부금에 대한 가격탄력성이 1보다는 큰 것으로 보고되고 있다[Bakija and Heim, 2011]. 만약 이러한 추정치가 옳다면, 기부금 공제가 기부금을 증가시키는 데 매우 큰 효과를 지니고 있음을 의미한다. 한계세율이 35%인 개인을 생각해보자. 공제로 인해 기부금의 가격이 1달러에서 65센트로 낮아지는데, 여기에 1.1이라는 가격탄력성을 적용하면 그의 기부금이 기부금 공제로 인해 38.5% 증가할 것으로 추정된다. 탄력성이 1보다 크다는 것은 기부금 증가액이 세수 손실보다는 큰 것을 의미함에 주목하여야 한다.

기부금 공제에 대한 논란은 실제로 공제가 기부금을 장려하는 데 효과가 있느냐에 있지 않고, 정부가 사적 단체에 대한 증여에 대해서 보조금을 지급해야 하는가에 있다. 반대론자들은 종교단체에 대한 기부금공제가 국가와 종교의 분리 원칙을 위반하고 있다고 주장한다. 다른 한편으로 찬성론자는 기부금 공제가 없다면 민간 기부금으로 운영되는 많은 단체들이 축소되거나 문을 닫게 될 것으로 믿고 있으며, 현재 시스템이 다양한 활동을 장려하여 사회의 다양성을 증진시키는 것으로 믿고 있다.

공제와 복잡성 모든 공세세노는 어떠한 지출이 자격요건을 충족하는지에 대한 자세한 규정을 갖추고 있어야 한다. 의료비지출과 같은 명백해 보이는 공제의 경우조차, 이러한 규정을 만드는 것은 매우 어려운 일이다. 한국에서 의료비지출은 공제가 가능하나 미용 성형수술비는 공제가 불가능하다. 체중을 50kg 정도 줄인 비만환자가 허리 주변에 피부가 아래로 처지는 증상으로 인해 수술을 받았다고 하자. 세법상으로는 이러한 수술이 성형수술의 일종으로 취급되어 수술비용이 소득세 공제 항목으로 허용되지 않는다. 하지만 미국 법원은 해당 수술이 성형수술이 아닌 질병수술로 인정하고 환자의 손을 들어주었다[Herman, 2002, p. A1].

기부금 공제 여부를 결정하는 데 있어서도 문제가 발생한다. 대학교에 대한 기부는 공제대상이 되지만, 대학교 내 학생들의 자율 기숙사에 대한 기부는 공제대상이 되지 않는다.[19] 그러면 자율 기숙사 출신 학생들의 홈커밍 시설 건립을 위한 기부금은 어떻게 해야 하는가? 현재 미국의 세법상으로는 공제대상이다.

공제제도로 인한 조세의 복잡성이 항목별 특별공제가 반드시 나쁜 것임을 의미하는 것은 아니다. 하지만 복잡성은 어떤 특정한 공제의 비용과 편익의 평가에 있어서 주요한 요소로 포함되어야 한다.

세액공제 이미 언급된 바와 같이, 납세자가 직면하고 있는 한계세율이 높을수록 소득공제의 가치가 높아지게 된다. 이와 반하여, 세액공제는 과표가 아닌 산출세액에서 공제되는 것이기 때문에 납세자에게 있어 세액공제의 가치는 한계세율과는 상관이 없다. 10만 원의 세액공제는 개인의 한계세율이 8%이든 35%이든 그의 세금부담을 10만 원만큼 감소시키는 것이다. **세액공제**

세액공제(tax credit)

(과세표준이 아닌) 산출세액에서의 공제.

19 미국 대학에는 학생들이 자율적으로 운영하는 남학생 기숙사(fraternity)와 여학생 기숙사(sorority)가 널리 존재한다.

(tax credit)는 세율표에 따라 세액이 산출된 이후 납세자의 세금부담을 결정하는 마지막 단계에서 적용된다(〈그림 17.1〉과 〈그림 17.2〉 참조).

현실에는 다양한 형태의 세액공제가 존재한다. 한국에서는 앞에서 논의한 의료비, 교육비, 기부금, 연금저축, 보험료 등에 대한 특별세액공제에 덧붙여 자녀세액공제, 근로장려세액공제, 배당세액공제, 기장세액공제, 근로소득세액공제, 재해손실세액공제, 외국납부세액공제 등이 존재하고 있다. 세액공제 형태의 근로장려세제가 2009년에 운영되고 있는데, 이에 대해서는 제13장을 참조하기 바란다.

이미 앞에서 언급한 바와 같이, 배당세액공제는 배당에 대한 이중과세를 완화시키기 위한 것이다. 배당소득에 대한 이중과세를 완화시키기 위해 한국에서는 세액공제를 활용하고 있으며 미국에서는 배당소득 자체에 낮은 세율을 적용하고 있다. 기장세액공제는 사업소득자의 회계서류 작성을 장려하여 탈세를 방지하기 위한 목적으로 시행되는 것으로, 기장된 장부에 의해서 세무신고를 행한 간편장부 대상자들에게 100만 원의 세액공제가 제공되고 있다. 근로소득세액공제의 주된 목적은 보다 투명한 소득원을 가진 근로소득자에게 세액공제를 제공하여 수평적 형평성을 제고하기 위한 것이다. 외국납부세액공제는 해당 외국소득을 국내소득으로 취급하여 해당 납세자에 대해서 시산해낸 세액 한도 내에서 외국납부세금을 세액공제를 해주는 것이다. 이러한 외국납부세액공제는 국내와 해외 소득에 대한 조세 차별을 없애 국민의 국내와 외국 간의 노동 배분을 효율성을 높이기 위한 것이다. 외국납부세액공제와 배당세액공제에 대한 보다 자세한 논의는 제19장에서 이루어질 것이다.

미국의 세액공제를 살펴보자. 먼저 자녀 1인당 1,000달러의 자녀세액공제가 있다. 대학교 교육비용 중 일부도 세액공제대상이다. 대학교 교육비용 세액공제와 자녀세액공제는 소득이 증가함에 따라 받을 수 있는 세액공제 규모가 작아진다. 세액공제 중 가장 중요한 부분은 물론 근로장려세액공제로, 이에 대해서는 제13장을 참조하기 바란다.

어떤 사람들은 소득공제들이 세액공제로 전환되어야 한다고 주장한다. 예를 들어, 모기지 이자비용 소득공제가 이자 지급액의 일정 비율의 세액공제로 변경되어야 한다는 주장이 있다. 이러한 주장은 낮은 한계세율에 직면한 저소득층에게는 소득공제의 혜택은 상대적으로 작아 형평성이 훼손되고 있기 때문에, 한계세율에 상관없이 모든 납세자에게 혜택이 동일한 세액공제 형태가 바람직하다는 점에 근거하고 있다. 한국에서 2014년에 이루어진 의료비, 교육비, 기부금, 연금저축, 보험료 등을 특별소득공제 항목에서 특별세액공제 항목으로 전환도 형평성 제고를 의도한 것으로 볼 수 있다.

소득공제와 세액공제 간의 선택은 최소한 부분적으로 공제의 목적에 달려 있다. 만약 공제의 목적인 어떤 지출이 지불능력을 낮추고 있음을 시정하기 위한 것이라면, 소득공제가 적절한 것이 된다. 만약 목적이 주로 어떤 경제행위를 장려하기 위한 것이라면, 소득공제와 세액공제 중 어떤 것이 더 바람직한가는 명확하지 않다. 세액공제는 장려되는 재화의 유효가격을 모든 개인에게 있어서 동일한 비율로 낮추는 데 반하여, 소득공제는 개인의 한계세율에 따라 다른 비율로 낮추게 된다. 만약 사람들의 수요탄력성이 다르다면, 차별적인 유효가격이 바람직할 수도 있다. 예를 들어, 장려된 재화에 대한 가격탄력성이 0인 사람에게 보조금을 지급하는 것은 비효율적인 정책이 된다.

항목별 공제총액의 점감 한국에서는 항목별 공제금액의 총액이 다른 추가 조정 없이 그대로 공제된다. 하지만 미국에서는 조정총소득이 15만 9,950달러를 초과하는 금액의 1%만큼을 공제액에서 차감한다. 다만, 항목별 공제 총액의 80% 이상을 이러한 방식으로 차감할 수는 없도록 규정되어 있다.[20]

표준공제 항목별 공제 항목들은 세무신고서에 각각 기재되어 있어야 하며, 각각의 증빙서류가 첨부되어야 한다. 이러한 기록보관의 필요성으로 행정비용과 순응비용이 높아지기 때문에, 세무신고 단순화를 위한 표준공제제도가 도입되어 있다. 표준공제는 모든 납세자에게 제공되는 표준적인 공제액으로, 납세자는 일반적으로 표준공제와 항목별 특별공제중보다 자신에게 유리한 것으로 선택할 수 있다.

2017년도에 있어서 한국에서는 표준세액공제는 13만 원이다. 미국에 있어서 2013년 표준공제액은 공동 세무신고자에게 있어서 1만 2,200달러, 단독 세무신고자에게 있어서 6,100달러이다. 표준공제액은 한국에서는 인플레이션에 연동되어 있지 않으나, 미국에서는 연동되어 있다. 미국에서는 약 2/3의 세무신고서가 표준공제를 선택하고 있다.

17.5.3 과세 기반에 대한 영향

인적공제와 특별공제로 인해 세원이 얼마나 감소하는가? 2009년 미국 개인소득세와 관련, 조정총소득 7.8조 달러에서 공제 후에 과세표준은 5.1조 달러로 약 35%의 감소가 나타난다 [Internal Revenue Service, 2012]. 이러한 수치들은 소득공제가 상당한 규모로 존재하고 있음을 의미한다.

17.5.4 조세지출

과세기반에 특정한 항목들을 포함하지 못하게 되면 그만큼 조세수입이 감소하게 된다. 예를 들어, 항목 Z에 대해서 과세하지 않음으로 인해 국세청이 1조 원의 세수 손실을 입게 되었다고 하자. 이러한 상황은 정부가 Z를 구입한 사람들에게 1조 원의 보조금을 지급하는 것에 비견될 수 있다. 조세지출과 직접적 보조금 간의 차이점은 정부수입 측면에서 보조금을 지불하였는가 아니면 정부지출 측면에서 보조금을 지불하였는가에 불과하다. **조세지출**(tax expenditure)은 특정 항목을 비과세 · 저율과세 · 세액감면 · 세액공제 · 소득공제 · 준비금 등의 명목으로 조세기반에서 제외함으로 인해 발생하는 세수 결손을 의미한다.

조세지출(tax expenditure)
어떤 항목이 과세기반으로부터 배제되어 발생하는 세수의 결손.

한국의 2017년도 조세지출 규모는 39.7조 원(관련 국세 265조 원의 13.0%)이며, 미국의 2011년도 조세지출규모는 1조 달러를 조금 상회하는 것으로 보고되고 있다[한국 자료는 기획재정부, 조세지출보고서, 2019; 미국자료는 Joint Committee on Taxation, 2012]. 법률에 의하여 매년 조세지출예산이 작성되고 있다. 이러한 법률의 가장 주요한 의도는 지출을 통한 직접적인 보조금과 대칭적인 조세를 통한 간접적인 보조금에 대한 여론의 인식을 제고하기 위한 것이다. 하지만 조세지출예산의 개념에 대해서는 몇 가지 비판이 존재한다.

20 제외가능한 공제액 80%를 계산함에 있어서 의료비용과 투자이자비용은 제외된다. 조정총소득의 기준은 매년 인플레이션에 연동되어 조정된다.

첫째로, 계산과정에서 심각한 기술적 문제가 존재한다. 계산과정에서 공제가 주어지지 않을 경우 모든 공제액이 과세표준으로 전환될 것이라고 가정한다. 사람들이 조세 변화에 따라 경제행위를 변경할 것이기 때문에 이는 좋은 가정이 아니며, 이로 인해 조세지출 추정치는 실제치와는 매우 다른 것이 된다.

둘째로, 조세지출예산은 과세로부터 예외로 처리된 항목들의 목록이다. 하지만 예외항목으로 취급하기 위해서는 먼저 과세대상에 무엇이 포함되어야 하는가라는 기준이 있어야 한다. 우리가 논의한 바와 같이 어떤 것을 소득에 포함시켜야 하는가를 결정하는 엄밀한 원칙은 존재하지 않는다. 어떤 사람에게 조세제도의 허점인 것이 다른 사람에게는 적합한 과세기반의 조정이 될 수 있다. 따라서 조세지출예산에 포함되는 항목을 정하는 데 있어 상당한 자의성이 내포되게 된다.

셋째로, 조세지출이라는 개념은 철학적인 근거에서 공격을 받고 있다.

> 조세지출이라는 개념 뒤에는 사악한 전제가 숨겨져 있다. 이 사악한 전제는 국가재정 회계실무에 대한 것일 뿐 아니라 정치 철학과 정치 경제학에 관한 것이다. 이 전제는 모든 소득을 실질적인 국가재산으로 생각하고 있으며, 모든 소득에 대한 모든 비과세를 조세지출로 취급하는 것이다[Fried, 1995, p. C7].

조세지출 개념 옹호자들은 조세지출 개념이 위에서 지적한 이데올로기적인 낡은 생각에 기반을 두지 않고 있다고 주장한다. 조세지출은 조세가 여러 경제행위를 보조하는 주요한 수단이 되고 있다는 사실을 보다 정확히 인식시키기 위한 시도이다. 추정치가 정확하지 못하다는 점이 조세정책 함의를 평가하는 데 있어 조세지출 개념 자체가 무용한 것임을 의미하는 것은 아니다.

현실에서 왜 조세지출이 널리 사용되고 있는가? 이유 중 일부는 아마도 정치적인 것일 것이다. 경제적으로 동일한 효과를 가지는 조세감면과 정부지출의 증가라는 2가지 정책 중에서 조세감면이 정치적으로 더 매력적이다. 예를 들어, 국회에서 통과되기에는 유류에 대한 보조금 지급보다 유류에 대한 조세감면 제공이 매우 더 용이할 것이다.

17.5.5 단순성 문제

오랜 세월에 거쳐 소득세법은 더욱 복잡해지고 있다. 루스벨트 대통령은 집권 당시 자신이 수반으로 있는 행정부가 만든 조세법 자체를 읽기 거부하면서, "외국어로 쓰여 있었다면 더 나았을 수도 있다."라고 언급하였다[Samuelson, 1986].

미국의 1986년 조세개혁(Tax Reform Act of 1986, TRA86)은 항목별 특별공제 항목들과 여러 다른 조세 특혜(tax preference)들을 폐지하였고, 많은 납세자들에 대한 한계세율을 낮추었다. 조세체제의 단순화는 미국의 1986년 조세개혁(TRA86) 추진 시 주요 목표이자 원동력이었다. TRA86은 표준공제액을 대폭 상향 조정하였으며, 이로 인해 이후 항목별 특별공제를 선택하는 납세자들이 대폭 감소하였다. 또한 인적공제액도 대폭 상향 조정하였다. 이러한 조정으로 납부할 세금이 없어 세무신고 자체를 하지 않아도 되는 저소득층 납세자의 세무관련 부담이 대폭 낮아졌다(하지만 이러한 경우에도 원천징수된 세금을 환급받기 위해서는 간략한 형

"이 책은 진정한 고전입니다. 매번 읽을 때마다, 새로운 것을 발견하게 됩니다."

태의 세무신고서를 여전히 보내야 한다). 다른 한편으로 이자비용 인정에 관련된 규정들은 이전보다 더욱 복잡해졌다.

어찌 되었든 간에, TRA86에 담겨 있던 조세 단순화 조치들은 지켜지지 못하고, 1990년대 초반에 인적공제와 항목별 특별공제의 점감, 특정 형태 기업 주식에 적용되는 자본이득 조세 감면 등 여러 복잡성이 다시금 세법에 담기게 되었다. 특히 2000년대 들어와서 세법에 담긴 '일몰조항'들이 예정된 시기에 일몰이 될 것인지 아니면 연장될 것인지에 대한 불확실성이 크게 나타나고 있다. 이러한 예측불가능하고 잦은 조세정책의 변화가 경제성장을 저해한다고 주장되기도 한다[Baker, Bloom, and Davis, 2011].

최근 미국 내 한 설문조사에 의하면 응답자의 1/3이 세무신고서를 작성하는 것이 많은 세금을 납부하는 것보다도 더 성가신 일이라고 답변하였다. 또한 응답자의 2/3 이상이 그들 세무신고서 내용에 대한 기본적인 질문에 대해서 틀리게 응답하였다[President's Advisory Panel on Federal Tax Reform, 2005, pp. 2–3]. 위에 있는 카툰은 현재의 미국 조세가 얼마나 복잡하고 이해하기 불가능한지에 대한 미국 국민들의 생각을 잘 보여주고 있다. 어찌 되었든지 간에 1986년 이후 세법 내용에는 거의 1만 5,000개의 변화가 도입되었고, 2008년 Form 1040의 설명은 161쪽으로 길어졌으며, 미국 조세법은 340만 개의 단어로 구성된 아주 긴 문서가 되었다. '세금 미로 찾기'라는 글에서 한 기자는 "오늘날의 세무신고서 작성에는 박사학위를 가진 사람이나 심지어 세무 변호사와 세무 회계사조차 쩔쩔매고 있다."라고 밝히고 있다[Johnston 2000, p. BU1].

한국의 조세에도 여러 종류의 공제가 존재하고 있기는 하나, 한국에 있어서의 세무 신고는 다음의 몇 가지 점에서 미국 보다 덜 수고스러운 것이 사실이다. 첫째로, 공제에 있어 점감이 적용되지 않는 단순한 형태이기 때문에 공제액 계산과 예측이 용이하다. 점감(phase out)이란 공제액 자체가 어떤 기준에 따라 감소하는 것을 의미하는 것으로, 한국에서는 도입예정인 근로장려세제를 제외하고는 점감 규정이 적용되는 공제는 없다. 한국의 공제는 대부분 증가하기는 하지만 감소하는 율로 증가하는 형태를 띠고 있다. 둘째로, 현재 한국에서는 모기지 이자에 대한 공제가 아주 일부에 한정 적용되고 있어 모기지 이자 공제로 인한 복잡성이 크지 않다. 셋째로, 아마도 가장 중요한 이유일 수 있는데, 인터넷이 발달·활용되고 있어 증빙서류 처리와 세무신고 자체의 어려움이 경감되어 있다. 최근에는 공제의 증빙서류가 인터넷상으로 처리되어 따로 증빙서류를 제출할 필요가 없으며, 종합신고대상자인 경우에도 인터넷상에서 세무신고를 하는 게 아주 어려운 것은 아니다. 하지만 중소기업과 농업 관련 여러 가지 공제제도들로 인해 복잡성이 큰 부분들도 있다.

현재 한국 세무신고가 미국보다는 상대적으로 용이한 것이 사실이나, 향후에도 공제제도의 단순성 유지·강화, 증빙서류의 보다 편리한 인터넷상 처리, 인터넷 신고 개선 등 세무 신고의 편의성 증대 등에 지속적으로 노력하여야 한다. 또한 보다 근본적으로는 특정 이익집단의 이익을 위해 조세정책이 흔들려서는 안 되며, 조세를 통해 특정 산업이나 재화에 보조금을 지불하는 정책이 시행되는 것은 지양해야 할 것이다.

17.6 세율 구조

지금까지 과세표준의 계산에 대해 논의하였고, 이제는 여기에 적용되는 세율 구조를 논의할 때가 되었다. 거의 모든 국가에서 과표의 단계를 몇 개의 구간으로 나누고 각 구간에 다른 세율을 적용하는 세율 구조를 취하고 있다. 미국에서는 납세자 유형에 따라 다른 세율 구조가 적용된다.

세율 구조는 다수의 세율구간과 고율의 한계세율에서 보다 소수의 세율구간과 보다 낮은 한계세율로 변화하고 있다. 한국의 경우 현행 소득세체계의 기틀이 마련된 1974년의 세법하에서도 세율구간은 16단계로 세분되어 있었으며, 8~70%의 한계세율이 적용되었다. 현재는 1,200만 원, 4,600만 원, 8,800만 원, 1억 5,000만 원, 3억 원, 5억 원의 기준으로 나누어진 7개의 세율구간에 대해서 6%, 15%, 24%, 35%, 38%, 40%, 42%의 한계세율이 적용되고 있다.

미국 연방 소득세는 1913년에 1~7%의 세율로 도입되었으며, 제2차 세계대전을 계기로 세율이 23~94%로 급격히 상승하였다. 1980년대 중반에 이르러서는 14개의 세율구간에 11~50%의 세율이 적용되었다. 1986년 조세개혁으로 세율구간이 2개로 단순화되었고, 최고세율도 28%로 급격히 낮추어졌다. 이후 다시 세율구간이 다시 세분화되어 2013년 현재 7개의 세율구간에 10~39.6%의 세율이 적용되고 있다.

불행히도 이러한 법정 한계세율이 실제적인 한계세율을 의미하는 것은 아니다. 앞에서 논의한 여러 공제와 세액공제의 소득에 따른 차별적 적용으로 인해 한계세율은 법정세율과 다를 수 있다. 예를 들어, 한국에서 소득에 따라 증가율이 체감하는 근로소득공제와 세액공제로 인해 근로소득이 낮은 경우의 한계세율은 법정세율보다 낮고 근로소득이 증가함에 따라 법정세율에 근접하게 된다. 미국에서는 점감 적용에 따라 실질 한계세율이 오히려 법정세율보다 더 높을 수도 있다. 어떤 사람의 소득이 1달러 증가함에 따라 그의 세금부담은 법정 한계세율만큼 직접적으로 증가할 뿐 아니라 받을 수 있는 공제액의 감소로 인해 간접적으로도 증가하게 된다. 결과적으로 유효 한계세율이 법정세율보다도 클 수 있게 되는 것이다(관련된 논의는 이 장의 연습문제 9번을 참조하시오). 한국과 미국에서의 근로장려세제로 인한 유효 한계세율을 생

표 17.1 한국 소득세율의 변천

한국에서는 지난 25년간 법정 최고 개인소득세율이 62%에서 35%로 인하되고, 세율구간도 대폭 간소화되었다.

연도	과표계급수	최저소득계급		최고소득계급	
		과세표준	세율	과세표준	세율
1980~1981	17	120	6	6,000	62(74.4)
1982	17	120	6	6,000	60(72)
1983~1988	16	180	5	6,000	55(66)
1989~1990	8	250	5	5,000	50(60)
1991~1992	5	400	5	5,000	50
1993	6	400	5	6,400	50
1994~1995	6	400	5	6,400	45
1996~2001	4	1,000	10	8,000	40
2002~2004	4	1,000	9	8,000	36
2005~2007	4	1,000	8	8,000	35
2008~2011	4	1,200	6*	8,800	35
2012~2013	5	1,200	6	30,000	38
2014~2016	5	1,200	6	15,000	38
2017~	7	1,200	6	50,000	42

자료: 나성린 · 전형섭(2004), 2002년 이후의 자료는 업데이트됨.
* 세율 6%는 2009년부터 적용.

각해보면, 소득이 아주 낮은 경우에는 유효 한계세율이 음이 되지만, 근로소득공제가 점감하는 구간에서는 유효세율이 법정세율보다 상당 정도 높게 된다(제13장 참조).

17.6.1 법정세율과 유효세율

이제 우리는 법정세율과 유효세율 간의 차이에 대해서 논의할 준비가 되었다. 실제적으로 부담하게 되는 유효세율과 법에서 정해진 법정세율 간에는 최소한 아래의 3가지 이유에서 차이가 존재하게 된다.

- 조세체제가 어떤 특정한 종류의 소득에 대해서 차별적으로 낮은 과세를 하기 때문에 실제 과세표준이 포괄적인 소득 기준에 의해 계산된 과세표준보다 낮을 수 있다. 실질적인 세부담의 누진도가 법정세율 구조의 누진도보다 낮을 수도 있다.
- 조세제도상의 허점이 존재하지 않는다고 하더라도, 법정세율과 유효세율 간의 연결은 약할 수 있다. 제14장에서 이미 강조한 바와 같이 조세는 전가될 수 있으며, 소득세가 세금을 납부하는 사람에게 반드시 귀착되는 것이 아니다. 소득세의 경제적 귀착은 조세부과 시 시장의 반응에 의해서 결정되며 귀착의 진정한 형태는 아직 잘 알려져 있지 않다.

- 조세는 세수 이상의 효용 감소를 초래한다. 초과부담은 조세로 인해 경제행위가 왜곡됨에 따라 발생한다(제15장 참조). 유사하게 조세 순응비용은 세무 회계사와 법률가에게 지불한 비용뿐 아니라 납세자의 시간비용도 포함하여야 한다. 이러한 초과부담과 순응비용은 실제적인 유효세부담을 높이게 된다.

따라서 법정세율만으로 조세체제의 누진성을 평가할 수 없다. 현재보다 한계세율을 낮추고도 세원을 보다 넓힘으로써 현재 조세체제와 동일한 또는 더 높은 누진성을 지닌 조세체제를 만들어낼 수도 있다. 넓은 세원과 낮은 세율의 조세체제는 또한 초과부담을 낮출 것이며, 조세회피를 줄일 가능성도 있다. 이러한 고려하에 소득세를 급격히 개혁시키는 몇몇 조세개혁안들이 제안되었다. 가장 많은 주목을 받은 소득세 개정안은 **평률소득세제**(flat income tax)이다.[21]

평률소득세제(flat income tax)

하나의 한계소득세율만으로 구성된 소득세제.

평률소득세제의 가장 중요한 2가지 요소는 아래와 같다.

- 동일한 세율이 모든 사람에게 그리고 모든 소득의 구성요소 각각에 적용된다.
- 인적공제와 명확하게 정의된 사업비용 이외에는 다른 공제를 허용하지 않는다.

어떤 특정한 규모의 세수가 필요하다는 가정하에서 평률조세체제 구상에 있어서 핵심적인 상충관계는 개인 인적공제 규모와 세율 간에 존재한다. 저소득자의 삶의 안정성과 세제의 누진성을 위해서 인적공제를 높게 유지하는 것이 바람직할 수 있다. 하지만 높은 인적공제는 한계세율이 높아야 함을 의미한다. 필요 세수를 확보하기 위해 현재 수준의 인적공제하에서 약 16%의 세율이 필요한 것으로 추정된다.[22]

평률소득세제 찬성자들은 한계세율의 인하가 초과부담을 낮출 뿐 아니라 조세회피의 유인도 감소시킨다고 주장한다. 더욱이 평률소득세제의 단순성으로 행정비용이 감소할 뿐 아니라 납세자의 조세순응 유인도 강화할 수 있다. 적정한 인적공제 수준을 선택함으로써 평률세제를 상당히 누진적으로 만들 수 있기 때문에, 이러한 여러 장점들을 심각한 형평성 저하 비용 없이 달성될 수도 있다.

평률소득세제 반대자들은 평률소득세 도입 시 고소득자의 세부담은 줄고 대신 중산층의 세부담이 늘어나게 될 것으로 믿고 있다. 조세 귀착분석의 어려움으로 인해 이러한 주장을 평가하기는 어렵다(제14장 참조). 또한 반대론자는 소득 정의와 관련된 여러 개념적·행정적인 어려움은 사업비용은 '엄격히 정의'된다고 선언하는 것만으로 해결될 수는 없음을 지적한다. 이미 앞에서 언급한 바와 같이 단순한 소득세법은 존재할 수 없는 것이다.

평률소득세제에 대한 Altig 등[2001]의 분석은 찬성론자와 반대론자 각각의 주장들에 일부 부합하는 결과를 보고하고 있다. 그들은 아무런 인적공제나 특별공제가 허용되지 않는 총소득에 대해 하나의 세율이 적용되는 극단적인 형태의 평률소득세제를 분석하였는데, 분석결과 장기 산출수준이 5% 증가하여 효율성이 크게 개선되는 것으로 나타났다. 하지만 이러한 평률세제는 현재의 제도하에서 낮은 유효세율로 혜택을 받고 있는 저소득층의 후생을 감소시키는 것

21 평률소득세와는 상당히 다르기는 하나 평률소비세(flat consumption tax)가 미국 대통령 후보자로 출마한 바 있었던 스티브 포브스에 의해 제안되기도 하였다. 이에 대한 설명은 제21장에 있다.

22 미국에 대한 저자의 계산으로, 평률소득세제 도입에 따른 경제행위 변화를 고려하지 않은 단순 계산이다.

으로 나타났다.

미국에서 평률세제라는 개념은 1980년대 크게 주목을 받았으며, 1986년 조세개혁이 평률세제와 부합되는 여러 조치들을 포함하기도 하였다. 최고 법정세율의 50%에서 28%로의 인하, 일부 특별공제 적용대상 제외, 모든 실현된 자본이득의 과세기반 포함 등의 1986년 조세개혁 내용들은 평률세제 개념과 부합되는 것들이었다. 하지만 최근 최고세율들은 오히려 인상되고, 자본소득에 대한 세율은 인하되고, 새로운 퇴직저축과 세액공제로 인해 조세기반에 새로운 허점들이 생겨나고 있다. 미국에서는 현재의 정치적 모멘텀은 평률세제로부터 멀어지고 있는 것으로 보인다.

평률세제는 전통적인 자본주의 시장경제에서는 주목을 받지 못하고 있지만, 1990년대 체제전환을 시작한 러시아와 동구 여러 국가에서 오히려 주목받고 있으며, 실제로 시행이 되고 있다. 평률세제가 도입된 동구 국가(2005년도, 2017년도 세율)는 그루지아(12%, 20%), 라트비아(25%, 31.4%), 루마니아(16%, 10%), 러시아(13%, 13%), 리투아니아(33%, 20%), 세르비아(14%, 10%), 슬로바키아(19%, 25%), 에스토니아(24%, 20%) 등이다.

17.7 조세와 인플레이션

미국에서는 인적공제, 표준공제, 세율구간의 최저 · 최고 금액, 근로장려 세액공제액, 공제를 위한 한도와 점감 적용 기준금액 등은 인플레이션의 효과를 상쇄하기 위해 매년 인플레이션과 연동되어 자동 조정된다. **물가연동 조세**(tax indexing)라 불리는 이러한 조정은 인플레이션의 실질 조세부담에 대한 영향을 방지하기 위한 것이다. 한국에는 물가연동 조세제도가 아직 도입되지 않았으나, 최근 이에 대한 논의가 제기되고 있다. 이 절은 물가연동 조세제도의 근거를 살펴보고 물가연동 조세제도가 인플레이션 문제에 대해 충분히 잘 대응하고 있는가를 논의할 것이다.

> **물가연동 조세**(tax indexing)
>
> 실질 세부담이 인플레이션에 의해 변동되지 않도록 인플레이션에 따라 조세구조를 자동적으로 조정하는 것.

17.7.1 인플레이션이 조세에 어떠한 영향을 미치는가?

경제학자들은 전통적으로 '예상된' 인플레이션과 '예상하지 못한' 인플레이션을 구분하여 접근하였다. 그리고 후자는 사람들로 하여금 물가수준 변동에 대응하여 적절하게 그들의 행동을 조정할 수 없도록 함으로써 효율성에 더 큰 악영향을 주는 것으로 인식되고 있다. 완전히 예상된 인플레이션도 물가에 연동되지 않은 소득세제하에서는 왜곡을 초래할 수 있다.

가장 널리 알려진 왜곡은 **구간 상승**(bracket creep)이라는 현상이다. 개인의 소득과 물가가 모두 같은 증가율로 상승하였다고 하자. 이런 경우 개인의 **실질소득**(real income)(실제적인 구매력)은 변화가 없을 것이다. 하지만 물가에 연동되지 않은 소득세제하에서 세금부담이 명목소득에 의존하고 있기 때문에, **명목소득**(nominal income) 상승에 따라 적용구간이 상위 세율구간으로 상승하게 된다. 아무런 법적인 변화가 없었는데도 불구하고 인플레이션으로 인해 실질 세부담이 자동적으로 증가한 것이다.

> **구간 상승**(bracket creep)
>
> 실질소득이 변화하지 않았음에도 불구하고, 개인의 명목소득 증가에 따라 적용 세율구간이 높아지는 현상. 물가연동 조세의 정의도 참조하시오.

> **실질소득**(real income)
>
> 일반적인 물가수준의 변화를 반영한 소득 지표.

> **명목소득**(nominal income)
>
> 현재 가격으로 측정된 소득.

인적공제와 표준공제가 명목 금액으로 규정되어 있는 경우 인플레이션은 이러한 경로를 통해 실질 세부담을 증가시킨다. 물가에 연동되지 않은 조세체제하에서 물가수준의 상승은 인적

공제와 표준공제의 실질 가치를 감소시켜 유효세율이 높아지게 된다.

인적공제나 표준공제가 없는 단순한 비례소득세하에서도 인플레이션은 세금부담을 왜곡시킬 수 있다. 물론 이러한 조세체제하에서 일반적인 인플레이션은 임금과 봉급 소득에는 영향을 주지 않는데, 이는 구간 상승 현상이나 실질 공제 하락 현상이 나타나지 않기 때문이다. 근로소득자의 명목소득이 2배로 증가하면 그의 세금도 2배로 증가하기 때문에 실질 효과는 발생하지 않는다. 하지만 이러한 경우에도 인플레이션은 자본이득에 대한 실질 세부담을 변화시킨다. 홍길동이 자산을 1억 원에 구입하고 3년 뒤 2억 원에 판매하였다고 하자. 또한 이러한 3년 동안 일반 가격수준이 2배가 되었다고 하자. 이 경우 해당 자산의 구입과 판매를 통한 실질 수익률은 0이 된다. 하지만 자본이득세는 명목 판매가격과 명목 구입가격의 차이에 기반하고 있기 때문에, 그는 1억 원이라는 가공의 자본이득에 대해서 납세를 해야 한다. 간단히 말해, 인플레이션으로 인해 나타난 자본이득도 과세대상이 되기 때문에 자본이득의 실질 부담은 물가상승률에 의존하게 되는 것이다.

명목이자율(nominal interest rate)

시장에서 관찰되는 이자율.

실질이자율(real interest rate)

명목이자율에서 예상 물가상승률을 뺌으로써 가격수준의 변화를 반영·수정한 이자율.

과세대상 이자수입을 가진 사람들도 유사한 방식으로 인플레이션의 영향을 받는다. **명목이자율**(nominal interest rate)(시장에서 관찰되는 이자율)이 16%, 예상물가상승률은 12%이라고 하자. 이러한 경우 16%로 대여한 사람에게 있어서 **실질이자율**(real interest rate)은 실질구매력 상승률인 4%에 불과하게 된다. 하지만 세금은 실질이 아닌 명목 이자액에 부과되기 때문에, 실질소득의 증가가 아닌 부분에 대해서도 세금을 납부하여야 한다.

이러한 논리를 수식적으로 설명해보자. 명목이자율은 i라고 하자. 이 경우 한계세율이 t인 개인에게 있어서 대여의 세후 명목수익률은 $(1 - t)i$가 된다. 실질세후수익률을 계산하기 위해서 명목수익률에서 예상 물가상승률을 빼야 한다. 따라서 실질세후수익률 r은 아래와 같다.

$$r = (1 - t)i - \pi \tag{17.1}$$

t가 25%, i가 16%, π가 10%라고 가정해보자. 명목이자율은 16%나 되지만 이러한 경우 실질세후수익률은 2%에 불과하게 된다.

단순성을 위해, 예상 물가상승률이 4%P 상승하고, 이로 인해 명목이자율이 같은 크기인 4%P만큼 증가하였다고 하자. 어떤 사람은 이러한 물가상승률과 명목이자율 증가가 서로 상쇄되어 실질세후수익률이 2%로 유지될 것으로 잘못 예상할 수도 있다. 하지만 식 (17.1)은 이러한 예상이 옳지 않음을 잘 보여주고 있다. 만약 π가 10%에서 14%로 증가하고, i가 16%에서 20%로 증가하게 되면, t가 25%로 유지되어 있는 상태하에서 r은 1%로 감소하게 된다. 조세에 있어서 인플레이션은 완전히 예상된 경우에 있어서도 '중립적'이지 못한 것이다. 이러한 결과는 실질이자액이 아니 명목이자액에 대해 과세되고 있음에 근본적인 원인이 있다.

지금까지 대여자의 입장에서 문제를 분석하였다. 차입자에 대한 분석은 지금까지의 분석을 뒤집어 생각하면 된다. 이자에 대한 과세가 없을 경우, 차입자에 의해 지불된 실질이자는 명목이자에서 예상 물가상승률을 뺀 것과 같을 것이다. 이자소득세가 부과되는 경우, 일정 요건을 충족하는 경우 명목 이자지불액의 비용 공제가 대부분 허용되어 있다. 이는 차입자가 자신의 실질소득의 감소가 아닌 명목부분을 과세표준에서 공제할 수 있음을 의미하는 것으로, 결국 인플레이션이 차입자의 세금부담을 감소시키고 있는 것이다.

17.7.2 인플레이션으로 인한 조세왜곡 문제의 해결

미국에서 1960년대 말 물가상승률이 높아지기 시작하였을 때 사람들은 물가상승이 법제화되지 않은 실질소득세 부담의 상승을 초래할 것이라는 것을 잘 인식하고 있었다. 최초의 반응은 일련의 자의적인 법정세율 인하로 이러한 효과를 완화시키는 것이었다. 이러한 세율 인하가 1969년과 1981년 사이 6차례 정도 이루어졌고, 이러한 세율 인하는 인플레이션의 효과를 상쇄하는 데 부분적으로 성공하였다.

그럼에도 불구하고 사람들은 이러한 과정을 별로 좋아하지 않았다. 각각의 세율 인하는 단지 잠시 동안만 인플레이션의 효과를 상쇄시킬 수 있었다. 얼마가 지난 후에는 추가적인 세율 변화가 필요하게 되었다. 이러한 과정은 세율조정 과정에 대한 여론의 냉소를 초래하였다. 많은 시민들은 정치인과 행정가들이 자랑하였던 '조세감면'이 실질가치 면에서는 전혀 감면이 아니었음을 인식하게 되었다.[23] 레닌은 다음과 같은 말을 하였다고 전해진다. "유산계급을 타파하는 방법은 그들을 조세와 인플레이션의 맷돌 사이에 넣어 갈아버리는 것이다." 미국에서는 조세와 인플레이션 사이의 상호작용이 레닌의 언급만큼의 극단적인 효과가 있지는 못했지만 심각한 왜곡을 초래하였다는 데에는 대부분의 사람들은 동의하고 있다.

1981년에 자의적인 접근방식에 대한 불만으로 세법 내 일부 항목들의 물가연동을 규정하는 법률개정이 이루어지게 된다. 현재 개인 인적공제, 표준공제, 세율구간의 최저 · 최고 금액, 근로장려 세액공제액, 공제를 위한 한도와 점감 적용 기준금액 등에 대해서 물가연동제도가 도입되었다. 이러한 규정들로 구간상승 현상을 효과적으로 방지하고 있다. 하지만 자본소득 조세의 물가연동을 위한 조치들은 취하여지지 않았는데, 이는 부분적으로 자본이득 조세의 물가연동이 초래할 수 있는 행정적인 복잡성에 기인하는 것이다. 예를 들어, 이미 앞에서 언급한 바와 같이 인플레이션의 증가가 상환 금액의 실질가치를 하락시켜 차입자에게 실질이득을 가져올 것이다. 자본이득이 완전히 물가에 연동된 체제하에서는 이러한 이득이 측정되고 이에 대해서 과세되어야 하는데, 이러한 측정과 과세는 명백히 매우 복잡한 일이 될 것이다.

물가연동 조세제도가 유지되어야 하는가? 물가연동을 반대하는 사람들은 자의적인 주기적 조정이 다른 세법조항들까지 점검하고 수정할 수 있는 기회를 의회에 제공하기 때문에 오히려 더 바람직한 것이라고 주장한다.[24] 물가연동제도의 찬성론자들은 안정적이고 예측 가능한 세법이 바람직한 것이기 때문에 세법개정 기회를 줄이는 것 자체가 좋은 일이라고 주장한다. 더

자동안정화장치(automatic stabilizer)

경기변동에 따라 자동적으로 경기 안정을 유도하는 방향으로 정부 수입과 지출의 규모의 조정을 가져오는 조세제도, 지출사업, 예산제도에 이미 만들어져 있는 구조.

23 미국에서 나타났었던 인플레이션 효과 상쇄를 위한 자의적 조세 조정과 그에 대한 냉소적 여론은 1990년대와 2000년대 한국에서도 나타나고 있다.

24 본문에서는 물가연동에 대한 논쟁을 미시경제학의 관점에서 다루었다. 이에 덧붙여 물가연동의 거시경제적 효과에 대한 논쟁도 존재한다. 반대론자들은 물가연동제도로 거시정책의 중요한 한 정책수단을 잃어버렸다고 주장한다. 물가연동이 되어 있지 않은 경우, 예를 들어, 경기가 과열되는 인플레이션 시기에 세수가 자동적으로 비례 이상으로 증가하여 경기를 진정시키는 효과를 가지게 된다. 자의적인 재정정책에는 시차가 존재하기 때문에 이러한 **자동안정화장치**(automatic stabilizer)가 보다 바람직한데, 물가연동은 이러한 자동안정화 장치를 약화시키는 것이다. 물가연동 찬성론자들은 경기과열 시 세수증가는 단순히 이에 대응하는 세출증가로 연결되고 바라던 경기안정 효과 자체가 나타나지 못한다고 지적한다. 사실 찬성론자들은 물가연동이 되지 않은 조세체제하에서는 정부는 공공부문에 가용한 실질 자원들을 증대시키는 경기확장적 정책을 인위적으로 추진하려는 유인을 가지게 된다고 지적하면서, 이러한 잘못된 유인을 피하기 위해서라도 물가연동제도가 필요하다고 주장한다.

욱이 세법 개정 기회의 축소가 잘못된 입법 가능성도 낮출 수도 있는 것이다. 물론 물가연동제도의 찬성론자들의 가장 중요한 주장은 물가연동이 법제화되지 않은 실질 세부담의 증가를 방지한다는 점에 있다. 그들은 법제화 과정을 통하지 않은 인플레이션에 따른 실질 세율구조의 지속적인 변화는 민주적 가치에 반한다고 믿고 있다.

물가연동 찬성론자들은 또한 물가연동을 폐지하는 경우 저소득층의 세부담에 비례 이상으로 큰 영향을 받게 될 것에 주목하고 있다. 예를 들어, 고소득자는 공제의 점감 적용으로 인해 개인 인적공제 혜택의 전부 또는 일부를 누리지 못하고 있다. 따라서 공제액이 더 이상 물가에 연동되지 않을 경우 그들의 세금은 전혀 영향을 받지 않는 데 비하여 저소득자의 세금부담은 증가하게 된다. 유사하게 고소득자들은 표준공제보다는 (인플레이션에 따라 명목금액이 증가하는) 항목별 공제를 선택할 가능성이 높기 때문에, 물가연동제도의 폐지가 저소득 납세자에게 보다 큰 영향을 주게 된다.

17.8 최저한세

최저한세는 미국 소득세에는 광범위하게 적용되나 한국의 소득세에서는 개인사업소득에 대해서 한정해서 적용되는 제도이기 때문에 미국의 제도를 중심으로 설명하고 분석한다. 앞에서 언급한 바와 같이 미국에서는 지방채의 이자소득과 같은 일부 소득에 대해서 조세부담이 경감되어 있다. 이러한 일로 인해 어떤 고소득자의 세금부담이 매우 낮거나 없을 가능성이 있다. 1969년 미국 재무부장관이 20만 달러 이상의 고소득자 155명이 연방소득세를 전혀 납부하지 않았다고 발표했을 때 정치적으로 큰 반향이 나타났다. 1969년에 입법 후 몇 번 개정된 **최저한세**(alternative minimum tax, AMT)는 여러 조세 회피수단을 활용하고 있는 고소득자에게 최소한 어느 정도의 세금을 납부하도록 강제하기 위한 시도이다.

> **최저한세(alternative minimum tax, AMT)**
> 감세혜택이 큰 소득을 주로 가진 개인이 최소한 어느 정도의 세금부담을 하도록 다른 계산방법에 의해 세부담을 산출하는 것.

최저한세는 기본적으로 과세기반 계산과 세율구조에 있어서 독자적인 규정을 가진 숨겨진 조세체제이다. 최저한세 계산은 보통의 과세표준에 AMT 특혜를 더하고, AMT 인적공제를 빼는 것으로부터 시작한다. AMT 특혜는 지방 소득세상의 인적공제, 표준공제 그리고 항목별 특별공제 등을 포함하며, AMT 인적공제는 부양가족수에 의존하지 않고 소득에 따라 단계적으로 감소하는 형태로 정해진다. 계산된 최저한세 과세표준에는 26%와 28%의 세율이 적용된다. 이렇게 계산된 세액이 보통의 방식으로 계산된 세액보다 크다면 차액만큼을 납부하여야 한다.

자신의 소득 대부분을 조세피난처에 숨겨둔 고소득층을 대상으로 만들어진 최저한세는 적용대상이 지나치게 확대되어왔다. 이러한 AMT의 확대는 세법 개정으로 일반 소득세가 인하되었음에 반하여 물가연동되지 않은 AMT이 인플레이션에 따라 부담이 증가함에 따라 AMT 세액이 정규 소득세액보다 더 크게 되었기 때문이다.

AMT는 여러 가지 측면에서 바람직하지 못한 조세이다. 중산층에게 중요한 의미를 갖는 여러 공제를 고려하지 못하고 있어 공정성 측면에서도 바람직하지 못하며, 적용하는 한계세율도 26%로 높아 초과부담도 크게 발생하여 효율성 측면에서도 바람직하지 못하다. 더욱이 AMT의 계산은 지나치게 복잡하며, 세무 신고하는 모든 납세자들이 AMT를 산정해보아야 하기 때문에 순응비용도 매우 큰 조세이다.

간단히 말해서 AMT는 미국의 소득세체제가 일관성을 갖추지 못하고 있음을 나타내주고 있다. 미국 빌 브래들리 전 상원의원은 "최저한세는 실패를 인정한 것이다. 최저한세는 체제가 무너져 있음을 인정한 것일 뿐 아니라, 의회가 그것을 고칠 용기도 없다는 것을 보여주는 것이다."라고 꼬집었다.

17.9 과세단위의 선택과 결혼세

우리는 과세목적상 소득을 정의할 때 나타날 수 있는 여러 문제들을 자세히 논의하였다. 하지만 소득에 대한 매우 주의 깊은 정의가 존재한다고 하더라도 누구에게 소득세가 과세되어야 하는가라는 문제는 여전히 남아 있다. 각 개인들이 각각의 소득에 대해서 과세가 되어야 할까? 아니면 가족을 이루어 함께 사는 사람들의 합산 소득에 대해서 과세가 이루어져야 할 것인가? 국가별로 이에 대한 접근은 매우 다르게 나타나고 있다. 우리나라와 일본, 영국, 캐나다, 핀란드 등에서는 개인단위로 과세를 하고 있으나, 미국, 프랑스, 독일, 대만 등에서는 부부 소득에 대해서 합산하여 과세가 이루어지고 있다. 효율성과 형평성 측면에서 개인단위 과세가 바람직한지 아니면 가구단위 과세가 바람직한지에 대해서는 여러 논란이 있을 수 있다. 제16장에서 논의된 바와 같이 역탄력성 원칙에 따르면 개인단위 과세는 가구단위 과세보다 효율성이 높을 수 있으며, 이후 논의되는 바와 같이 가구단위 과세와 달리 결혼 의사결정을 왜곡하지 않는다. 하지만 경제활동의 단위가 가구라는 점에서 형평성 고려에 있어서 가구단위 과세가 바람직할 수도 있으며, 동일한 소득을 지닌 가구가 동일한 세금부담을 해야 한다는 가구단위의 수평적 형평성을 만족시키지 못한다. 이번 절은 이러한 과세단위 관련 논쟁과 이슈들을 논의한다.[25]

17.9.1 배경

논의를 시작하기 전에 아래의 3가지 원칙을 생각해보자.

1. 소득세는 증가하는 한계세율 구조를 지니고 있어야 한다.
2. 다른 조건이 동일하다면, 동일한 소득을 가진 가구는 동일한 세금을 부담하여야 한다.
3. 결혼으로 인해 두 개인의 세금부담이 변경되어서는 안 된다. 다시 말해, 조세는 **결혼 중립적**(marriage neutral)이어야 한다.

결혼 중립적(marriage neutral)

개인의 세금부담은 결혼 여부에 따라 달라져서는 안 됨.

위의 원칙들 중 두 번째와 세 번째 원칙에 대해서 논란이 없는 것은 아니나, 이 원칙들이 조세체제가 갖추어야 할 바람직한 특성으로 받아들여지고 있다고 보아도 무리가 없을 것이다. 첫 번째 원칙에 대한 합의는 다소 약하기는 하지만, 증가하는 한계세율에 대해서 광범위한 정치적인 지지가 존재한다.

이러한 원칙들이 높은 호소력을 지니고 있지만, 이러한 원칙을 실행하는 데 있어서 문제가 발생한다. 문제는 바로 이러한 3가지 원칙을 동시에 만족시키는 조세체제는 존재하지 않는다

25 좀 더 자세한 논의는 Carasso와 Steuerle[2002]을 참조하시오.

표 17.2 가상적인 조세제도하의 세금부담

	개인소득	개인소득세	개별 신고 시 가구별 소득세	가구단위 합산소득	가구단위 소득세
루시	$ 1,000	$ 100	$12,200	$30,000	$12,600
리키	29,000	12,100			
에설	15,000	5,100	10,200	30,000	12,600
프레드	15,000	5,100			

만약 소득세가 개인단위로 부과된다면 루시–리키 부부가 에설–프레드 부부보다 더 과중한 세금부담을 하게 된다. 이는 동일한 소득 가구에 대한 동일한 과세라는 원칙이 위반되고 있음을 의미한다. 만약 대신에 가구단위 과세가 사용되면 두 가구의 세부담은 동일하게 되나, 결혼 여부에 따라 세부담이 달라지게 된다.

는 것이다. 이러한 점을 아주 간단한 예를 통해 알아보자. 먼저 한계세율이 6,000달러까지는 10%, 이후에는 50%인 소득세를 가정하자. 〈표 17.2〉의 처음 두 열은 이러한 소득세하의 루시, 리키, 프레드, 에설 등 4명의 개인들의 세금부담들을 계산하여 보고하고 있다. 이제 루시와 리키가, 그리고 에설과 프레드가 결혼하였다고 하자. 가구단위의 과세가 아니라면, 각 개인들의 세부담에는 변화가 없을 것이다. 하지만 개인단위 과세하에서 동일한 3만 달러의 소득을 지니고 있는 두 가구가 다른 세금을 납부하고 있게 된다(〈표 17.2〉의 3번째 열에 보고되고 있는 바와 같이 루시–리키 부부는 1만 2,200달러를, 에설–프레드 부부는 1만 200달러를 납부하고 있다).

이제 가구 단위 과세가 대체 도입되어 세율표가 부부합산 소득에 적용된다고 하자. 이러한 경우 두 가구는 동일한 세금을 납부하게 된다. 하지만 이제는 세금부담이 결혼 여부에 따라 달라진다. 물론 세부담의 실제적인 변화는 개인 세무신고와 공동 세무신고에 적용되는 세율표의 차이에 의존하게 될 것이다. 위의 예에서는 단순성을 위해 개인 세무신고나 공동 세무신고에 동일한 세율표가 적용되는 것으로 가정하였다. 어찌 되었건, 지금까지의 논의는 한계세율이 증가하는 경우, 원칙 2와 원칙 3이 동시에 성립할 수 없음을 잘 보여주고 있다.

한국은 개인단위 과세를 선택하였는데, 이는 원칙 2는 포기하고 원칙 3을 준수하기로 선택하였음을 의미한다. 미국은 과세단위에 대해서 어떠한 선택을 하였는가? 시기별로 다른 선택이 이루어졌다. 1948년 이전에는 개인단위 과세를 하였고, 원칙 2가 위반되었었다. 1948년에 과세단위가 가구로 변경되었으며, 동시에 **소득분할**(income splitting)이라는 제도가 도입되었다. 소득분할하에서는, 예를 들어, 5만 달러의 소득을 지닌 가구는 마치 각각 2만 5,000달러의 소득을 지닌 두 개인인 것으로 취급되어 과세되었다. 명백히 한계세율이 증가하는 경우, 소득분할은 매우 큰 이점을 제공한다. 또한 이러한 제도하에서는 한 사람이 소득이 없거나 매우 낮은 사람과 결혼할 경우 세금부담이 상당 폭 감소할 수 있다. 실제로 1948년의 세법하에서 결혼으로 세부담이 급격히 감소할 수 있으며, 이는 원칙 3이 위반되고 있음을 의미한다. 미국에서는 이후 한계세율 인하와 인상에 따라 부부 특별공제의 강화와 폐지가 반복되면서 결혼세의 규모가 감소 또는 증가하였다. 하지만 여전히 결혼에 대한 조세상의 불리는 여전히 남아

소득분할(income splitting)

누구의 소득이었는가를 구분하지 않고 가구 과세표준을 가구 수로 나눈 산술평균을 각 구성원의 과세표준으로 사용하는 것.

있다. 현재의 미국 조세하에서 유사한 소득을 지닌 개인들이 결혼하게 되면 세금부담이 가장 많이 증가하게 되어 있다.

17.9.2 결혼세의 분석

경제학자는 결혼세와 관련하여 2가지 질문을 던질 것이다. 이것은 공정한가? 그리고 이것은 효율적인가? 대부분의 정책 논쟁은 공정성 문제에 초점을 두고 있다. 개인단위 과세와 가족단위 과세 중 어느 것이 더 공정한가? 가구단위 과세를 지지하는 주장은 가구단위 과세하에서 배당, 이자, 이윤과 같은 비근로 소득들에 대해서 보다 공정히 과세가 될 수 있다는 점에 근거하고 있다. 개인단위 과세하에서는 고소득자가 자신의 재산을 낮은 소득의 배우자에게 이전하여 가구 전체에 대한 세금부담을 낮추려고 시도할 수 있다(이러한 것은 소위 '재산의 침실 이전'이라고 불린다). 이러한 현상이 실제로 얼마만큼 발생하고 있는가는 추정하기 어렵다. 하지만 이혼율이 매우 높은 현실에서 절세 목적을 위해 재산을 배우자에게 이전하는 것은 매우 위험한 전략이며, 이러한 재산 이전이 대규모로 이루어지고 있다는 강한 증거는 없다.

가구단위 과세에 대해 철학적인 근거가 제시되기도 한다. 한 추기경은 "결혼은 모든 개인에게 우리 사회의 모든 제도 중에 있어 가장 중요하다."라고 언급하였다[Allen, 1998, p. A1]. 하지만 가구단위 과세의 반대자들은 가구단위 과세는 가구의 구성에 대한 개념상의 심각한 문제점을 지니고 있다고 지적한다. 예를 들어, 결혼한 부부들에 대해서 부부의 합산소득 과세가 된다면, 한 집에 사는 형제들에게, 아버지를 모시고 사는 딸에게도 동일한 규칙이 적용되어야 하는 것이 아닌가? 관계라는 것이 혼인이나 혈연으로만 규정되어야 하는가? 동성부부나 공동체 생활 구성원은 어떻게 해야 하는가?

무엇이 공정한 과세단위인가에 대한 믿음은 가정의 역할에 대한 사회적 가치판단과 태도에 의존하고 있다. 논쟁은 계속되고 있다. 실제로 가구단위 과세는 법정 소송의 대상이 되고 있다. 미국에서는 한 남자가 자신과 '경제적 협력' 관계를 가지고 있는 다른 남자와 함께 공동 세무신고를 할 수 있는 자격이 있다고 주장하면서 법원에 소송을 제기하였다. 이에 대해서 법원은 결혼을 세금부담을 결정하는 기준으로 사용하는 것은 합헌이라고 판결하였다[Herman, 2000, p. A1].

과세단위의 효율성에 대한 문제는 결혼세가 개인의 행위를 왜곡하였는가에 대한 것이다. 조세체제가 '결혼의 가격'을 변화시켜, 조세로 인해 결혼을 연기하거나, 이혼하거나, 별거하고 있다는 이야기들은 흔히 들을 수 있다.[26] 하지만 관련 실증분석들이 결혼세가 결혼에 대한 의사결정을 심각히 왜곡하고 있다는 강한 증거를 제시하고 있지는 못하다. Alm과 Whittington [2003]은 결혼세와 동거남녀의 결혼 여부 간에는 음의 상관관계가 존재함을 실증적으로 발견하였으나, 그 효과의 크기는 매우 작은 것으로 추정되었다.

좀 더 쉽게 논의가 될 수 있는 효율성 관련 문제는 공동 세무신고가 노동공급 결정에 어떠한 영향을 주고 있는가에 관한 것이다. 제16장에서 결혼한 여자의 노동공급이 그들의 남편의 노동공급보다 더 탄력적인 경향이 있기 때문에 효율성 고려하에서는 여자의 노동공급에 대해

26 최근 한국에서도 부동산 양도소득세 부담 경감을 위해 부부들이 위장 이혼을 하고 있다는 이야기를 들을 수 있다.

상대적으로 낮은 과세가 이루어져야 한다고 지적하였다. 공동 세무신고하에서 부부는 동일한 한계세율에 직면하고 있기 때문에, 공동 세무신고는 비효율적인 것이다.

미국 의회가 부인과 남편에 대해서 다른 세율을 적용하는 세법을 입법하는 것은 상상하기 어렵다. 하지만 이것이 가족에 대한 과세를 보다 효율적으로 개선할 수 없음을 의미하는 것은 아니다. 한 가지 가능한 개혁 방안은 공동 세무신고를 폐지하고 모든 납세자들이 개인으로 세무신고를 하게 하는 것이다. 이러한 개혁은 효율성을 높일 뿐 아니라 결혼에 대한 조세 중립성도 높일 것이다. 한국과 캐나다를 포함한 여러 다른 국가들이 이러한 접근방식을 취하고 있다.

불행히도 개인단위 과세는 동일 소득 가구에 대한 동일 과세라는 원칙 2를 위배하게 된다. 이로 인해, 우리는 다시 출발점으로 되돌아가 있게 된다. 어떠한 조세체제도 위의 3가지 원칙을 동시에 만족시킬 수 없기 때문에, 사회는 자신의 우선순위를 따라서 선택하는 수밖에 없다.

17.10 해외소득에 대한 처리

우리는 이제 해외에서 획득한 개인 소득을 조세상에서 어떻게 처리해야 하는가에 대해서 논의한다. 이러한 소득에 대해서 해당 개인의 고국(home) 정부와 주재국(host) 정부의 세무당국이 모두 관심을 가지고 있다. 대부분 국가의 세법에서 주재국이 자신의 영토 내에서 창출된 소득에 대해서 과세할 일차적인 권한을 지니고 있다는 원칙을 인정한다. 또한 동시에 자국 국민이 어디에서 소득을 획득하였든지 간에 고국 정부에 납세할 의무를 가지고 있다는 원칙도 고수하고 있다. 해외원천 소득에 대한 이중과세를 피하기 위해서 대부분 국가의 세무당국들은 해외 소득에 대한 과세와 동시에 외국 정부에 납부한 세금에 대해서 세액공제를 제공한다.[27] 예를 들어, 남덕우가 홍콩에서 1억 원의 소득을 벌어 홍콩에서 이미 1,500만 원을 세금으로 납부하였다고 하자. 이후 한국에 세무신고 시 그의 소득은 8,500만 원이 아닌 1억으로 신고되고, 이에 해당하는 한국의 소득세액이 2,000만 원이라고 하자. 이 경우 남덕우는 홍콩에서 납부한 1,500만 원만큼 세액공제를 받고 실제로 한국 국세청에 추가 납부하는 세금액수는 500만 원이 된다. 한국과 미국에서, 어떤 한 개인의 총세부담은 해당 납세자의 전 세계 소득총액에 의존하게 된다.

글로벌 과세체제(global system, 속인주의)

국내소득이든 해외소득이든 상관없이 개인의 소득에 대해서 과세되는 체제.

영토별 과세체제(territorial system, 속지주의)

외국에서 벌어들인 소득에 대해서는 고국은 과세하지 않고, 주재국만이 과세하는 체제.

글로벌 과세(속인주의)와 영토별 과세(속지주의) 위에 설명된 해외소득에 대한 과세방식의 철학적 기반은 과세 형평성이 납세자 국적에 근거하여 정의되어야 한다는 것이다. 만약 여러분이 대한민국의 국민이라면 여러분의 총세부담은 소득을 국내에서 획득하였는지 해외에서 획득하였는지에 거의 상관없이 결정되어야 한다는 것이다. 우리는 이러한 체제를 **글로벌 과세체제**(global system) 또는 속인주의 과세라고 한다. 이와 반하여, 많은 다른 국가에서는 해외에서 획득한 소득에 대해서는 주재국에게만 납세하는 **영토별 과세체제**(territorial system) 또는 속지주의를 택하고 있다. 어떠한 체제가 더 바람직한가? 효율성이나 형평성 측면에서 어떤 한 체제가 다른 체제보다 우월하다고 판단하기는 어렵다. 이를 좀 더 부연하여 설명하면 다음과 같다.

27 세액공제액은 해외소득에 대한 자국 세법에 따른 소득세액을 넘지 못한다.

형평성 한국 국민인 남덕우와 영국 국민인 존이 둘 다 홍콩에서 일하고 있으며, 동일한 소득을 벌고 있다고 하자. 영국은 영토별 과세체제를 취하고 있기 때문에 존은 홍콩 정부에게만 세금을 납부한다. 다른 한편, 남덕우는 그의 홍콩소득에 대한 한국의 과세액이 홍콩에서 이미 납부한 세액보다 높다는 전제하에서 앞의 예에서 살펴본 바와 같이 한국 정부에도 추가로 세금을 납부하여야 한다. 따라서 그들이 동일한 소득을 벌고 있음에도 불구하고, 남덕우의 세부담이 존의 세부담보다 높아지게 된다. 글로벌 체제가 한 국가의 국민들에 대해서는 동등한 취급을 하고 있기는 하지만, 다른 국가의 국민들과는 다른 세부담을 초래하게 된다. 수평적 형평성이라는 것이 국가 수준에서 아니면 전 세계 수준에서 정의되어야 하는가? 각 기준은 각기의 장점을 지니고 있지만 일반적으로 어떤 국제조세체제도 한 국가 수준에서 정의된 수평적 형평성과 전 세계 수준에서 정의된 수평적 형평성을 동시에 만족시킬 수 없다.

효율성 글로벌 과세는 국제적인 생산 결정을 왜곡할 수 있다. 해외에서 기업활동을 하고 있는 한국 기업이 한국인 피고용인들을 위해 한국의 소득세를 납부하여야 한다고 하자. 영토별 과세를 택하고 있는 네덜란드의 기업은 이에 상응하는 의무가 없다. 다른 조건이 동일하다면 한국 기업들은 노동에 대해서 보다 높은 가격을 지불하여야 하고, 이는 비용에 있어서 열위에 놓여 있음을 의미한다.[28] 이로 인해 네덜란드 기업이 기술적으로 우위에 있는 한국 기업보다 해외 계약을 보다 많이 수주하고 있을 수도 있다.

이와 반하여, 영토별 과세체제가 거주위치 의사결정을 왜곡할 수 있다. 어떤 국가의 국민은 그들의 거주지에 따라 세부담이 달라진다는 사실을 고려하여 해외 근로 여부를 결정할 수도 있다. 반면에 글로벌 체제하에서는 여러분이 국적을 바꾸지 않는 이상 어떤 국가의 세무당국의 과세를 피할 수 없기 때문에, 조세 목적상으로 거주위치를 변경할 유인이 적다.

지금까지 논의를 정리하면 글로벌 과세체제는 생산결정을 왜곡하고, 영토별 과세체제는 거주위치 의사결정을 왜곡한다. 어떤 왜곡이 더 큰 효율성 비용을 초래하는지 알기 어렵다.

17.11 지방소득세

한국에서의 지방소득세는 소득할 주민세라고 불리며, 소득세의 10%의 부가세 형태를 띠고 있다. 2005년의 경우 이러한 지방소득세의 규모는 약 2조 5,000억 원으로 총지방세수 36조 원의 7%가량을 차지하고 있다. 미국에서의 지방소득세의 중요성은 점점 증대하고 있다. 지방세수중 개인소득세가 차지하는 비중이 1960년 12.2%에서 2002년 35%로 증대하였다[US Bureau of the Census, 2006b, p. 291]. 미국의 지방소득세는 연방소득세와 유사한 형태를 띠고 있다. 다만 대부분의 주에서 지방소득세 한계세율은 6~8%로 연방소득세 세율보다 훨씬 낮게 책정되어 있다.

28 이와 같은 주장은 다음을 가정하고 있다. (a) 한국 조세의 귀착이 피고용자가 아닌 고용주에 이루어지며, (b) 한국 기업들이 자국민 소득세 과세에 대응하여 외국인을 대신 고용하는 것으로 반응할 수 없다. 가정 (a)의 적절성은 해외 미국기업에 대한 미국 노동자 공급의 탄력성에 의존한다. 공급곡선이 수평선이 아닌 정도만큼 피고용인들도 세금의 일부를 부담하게 된다(제14장 참조).

소득세의 한계세율 계산에 있어서, 관련된 지방소득세의 효과를 포함하여야 한다. 한국에서 법정 소득세율은 8~35%이지만, 부가세 형태의 소득할 주민세를 포함하게 되면 실제적인 세율은 8.8~38.5%가 된다. 미국의 경우에도 최고 연방소득세율은 35%이지만, 지방소득세 효과까지 포함하게 되면 50%에 근접하는 주도 존재한다.

심화 과정을 위한 추천 논문과 저서

한국의 개인소득세에 대해서는 아래의 기획재정부의 발간물을 보시오. 개인소득세법과 시행령은 법제처(http://www.moleg.go.kr)에서 찾아볼 수 있다.

- 기획재정부. 「조세개요」. 각 연도.

다음의 논문은 실현된 자본이득에 대한 과세가 잠김효과를 유발할 수 있음을 실증적으로 보이고 있다.

- Ivkovich, Zoran, James M. Poterba, and Scott J. Weisbenner. 2005. "Tax-Motivated Trading by Individual Investors." *American Economic Review* 95(5): pp. 1605-1630.

기부금의 가격탄력성에 대한 실증분석은 아래의 논문에서 찾아볼 수 있다. 가격탄력성이 양이나 1보다 작음은 기부금에 대한 세금 공제가 기부금을 늘리는 데 효과적이며, 기부 관련 세금공제액이 증가된 기부금액보다 작아 정부가 기부금에 보조금을 지불함을 의미한다.

- Greene, Pamela and Robert McClelland. 2001 "Taxes and Charitable Giving." *National Tax Journal* 55: pp. 433-454.

한국의 조세지출과 관련하여서는 아래의 기획재정부 발간물을 보기 바란다. 해석에 유의하여야 하지만, 아래의 발간물은 한국에서 세금 감면을 통해 어떠한 경제활동의 유인이 강화되고 있는지를 잘 보여주고 있다.

- 기획재정부. 「조세지출보고서」.

요약

- 개인소득세 산정에는 3가지 주요한 단계가 있다. 총소득(종합소득금액 또는 조정총소득)을 측정하고, 이를 이용하여 과세표준으로 계산하고, 과세표준을 근거로 납세액을 계산한다.
- 소득에 대한 전통적인 기준 지표는 헤이그-사이먼 정의이다. H-S 기준하에서 소득은 주어진 기간의 개인 소비력의 순증가로 정의된다.
- H-S 기준의 적용에는 몇 가지 어려움이 존재한다. (1) 소득은 취득비용을 제하고 측정되어야 한다. (2) 미실현 자본이득과 내구재의 귀속소득은 추정하기 어렵다. (3) 현물로 수취한 소득은 측정하기 어렵다.
- H-S 기준의 비판자들은 이 기준이 공정성도 효율성도 보장할 수 없다고 주장한다.
- 한국의 소득세는 열거주의를 택하고 있으며, 퇴직소득·양도소득 등을 제외한 나머지 7개 소득을 인별로 종합하여 개인 단위로 과세한다. 미국과 달리 지방채 이자소득도 과세대상으로 포함한다. 미국에서 소득세 과세기반에는 지방채 이자소득, 연금과 건강보험에 대한 고용주 기여금, 증여와 상속 등이 포함되지 않는다.
- 인적공제란 납세자와 부양가족의 수에 따라 공제하여주는 금액이다.
- 특별공제는 표준공제 또는 항목별 공제의 형태를 취한다. 표준공제는 과세표준을 고정된 액수만큼 감소시킨다.
- 항목별 특별공제는 특정한 재화와 서비스에 대한 지출에 대해서 허용되어 있다. 한국에서는 고소득자에 대한 공제액의

점감이 존재하지 않으나, 미국에서는 점감이 존재한다. 항목별 특별공제는 세후 상대가격을 변화시켜 종종 경제행위에 영향을 주게 된다.

- 한국에서 근로소득이 있는 납세자들은 보험료, 의료비, 교육비, 주택자금, 기부금, 결혼·이사·장례비 등에 대해 모두 항목별 특별공제를 받을 수 있으나, 근로소득이 없는 납세자는 기부금에 대해서만 항목별 특별공제를 받을 수 있다.
- 미국에서의 주요 항목별 공제항목에는 (1) 조정총소득의 7.5%를 넘는 환급되지 않은 의료비용, (2) 지방 소득세와 재산세, (3) 어떤 이자비용, (4) 기부금 등이 있다.
- 조세지출은 어떤 항목이 과세기반으로부터 배제되어 발생하는 세수 결손을 의미한다.
- 세부담을 결정하는 최종 단계는 세율표를 과세표준에 적용하는 것이다. 점감 규정이 적용으로 인해 실제적인 한계세율은 공식적인 한계세율을 초과할 수 있다. 점감 규정은 한국과 미국의 근로장려세제 내에, 그리고 미국의 소득에 따른 공제액 감소 내에 존재한다.
- 최저한세는 조세 피난처를 과도하게 사용하는 고소득자가 어느 정도의 세금을 납부하게 만들기 위해 다른 계산방법에 의해 세부담을 산정하는 것이다. 하지만 인플레이션을 감안하고 있지 못하는 것을 비롯한 여러 결함으로 인해 미국 중산층 수백만 명에게 최저한세가 적용되게 될 것이다.
- 공제나 세율구간이 명목금액 기준으로 규정되어 있기 때문에 이러한 명목금액 기준 규정들이 조정되지 않을 경우 인플레이션에 따라 조세의 실질적인 부담이 증가하게 된다. 이를 방지하기 위해 이들 기준들을 인플레이션에 연동시켜 자동으로 조정하는 것을 물가연동 조세제도라고 한다. 미국에서는 인적공제, 표준공제, 세율구간의 최저·최고 금액, 근로장려 세액공제액, 공제를 위한 한도와 점감 적용 기준금액 등은 매년 인플레이션과 연동되어 자동 조정된다. 하지만 자본소득 과세에 있어서 인플레이션의 효과를 교정하기 위한 조세 규정은 존재하지 않는다.
- 어떠한 가구단위 과세나 개인단위 과세도 증가하는 한계세율, 결혼에 대한 중립성, 동일 소득 가구의 동일 세부담이라는 원칙을 동시에 만족시킬 수 없다. 미국에서는 부부의 합산 세부담은 부부가 처한 상황에 따라 결혼에 따라 증가할 수도 감소할 수도 있다. 개인단위 과세를 하고 있는 한국에서는 동일 소득가구의 동일 세부담 원칙이 만족되지 못하고 있다.
- 한국과 미국은 해외소득 처리 방식에 있어서 글로벌 과세체제(속인주의)를 택하고 있다. 총세부담은 소득이 국내에서 또는 해외에서 발생하였는지에 거의 독립적으로 되어 있다. 글로벌체제는 기업의 생산결정을 왜곡하고, 영토별 과세체제(속지주의)는 거주위치 결정을 왜곡한다.
- 한국에서 지방소득세(소득할 주민세)는 소득세의 10%로 정해지는 부가세 형태로 과세되고 있으며, 지방세수의 주요한 부분이 되고 있다. 미국에서 지방소득세는 주정부의 주요 세수가 되고 있으며, 세율은 연방소득세보다 매우 낮게 정해져 있고 주별로 상세 규정에 있어 상당한 차이를 보이고 있다.

연습문제

1. 한국에서는 현재 대주주가 아닌 일반주주의 주식 양도차익에 대해서는 과세가 이루어지지 않고 있다. 이에 대한 과세가 이루어지는 경우와 현행 제도를 H-S 소득 기준, 인플레이션 문제, 실현 vs. 미실현 자본이득의 문제 등의 개념을 이용하여서 비교하여 논의하시오.

2. 미국에서는 자본이득에서 자본손실을 뺀 순자본이득에 대해서 과세가 이루어지고 있으며, 순자본손실이 발생한 경우에는 다른 일반소득에서 순자본손실이 3,000달러까지는 공제가 된다. 이러한 최대 액수를 5,000달러로 인상하자는 세법개정안을 H-S 기준의 관점에서 평가하시오. 다시 말해, 이러한 세법개정이 H-S 소득 기준에 더욱 가깝게 만들 것인가 아니면 더욱 멀어지게 만들 것인가? 이러한 세법개정이 가지는 민간의 위험자산 투자행태, 세수, 형평성 등의 다른 효과에 대해서도 논의하시오.

3. 오라클사의 회장 로렌스 J. 엘리슨은 2000년에 회사로부터 개인 체력단련비로 8,360달러를 받았다. H-S 소득 기준

에 따르면, 체력단련비는 조세상 어떻게 취급해야 하는가? 만약 비과세를 한다면 어떠한 효과가 발생하겠는가? 이러한 부과급부들을 과세하는 일관성 있는 조세규정을 만드는 데 어떠한 어려움들이 존재하는가?

4. 해외소득에 대해서 한국과 미국은 현재 세액공제를 적용하고 있다. 어떤 사람이 해외소득에 대해서 세액공제 대신 소득공제를 해야 한다고 주장하였다고 하자. 이러한 주장에 대한 반론을 제시하시오.

5. 최근 미국에서는 동성커플의 법적 결혼 허용 문제가 제기되고 있다. 2004년에 미국 의회예산처(CBO)는 동성결혼 허용 시 여러 다른 효과와 함께 소득세수가 증가할 것이라는 예측을 내놓았다[Congressional Budget Office, 2004d]. 이러한 예측이 나오게 된 이유는 무엇인가?

6. 개인단위 과세를 하는 국가에서도 자산소득에 대해서는 부부합산 과세의 예외를 적용하는 경우들이 있다. 이러한 이유를 설명하시오. 한국에서 관련규정이 어떻게 변화하였는지 논의하시오.

7. 오상원이 직면하고 있는 한계세율이 35%이며, 최근 자신의 모교에 50만 원의 기부금을 납부(소득공제 적용)하고, 자신이 지지하는 정치인에게 10만 원을 기부(세액공제 적용)하였다고 하자. 이러한 50만 원과 10만 원의 기부가 각각 얼마만큼의 세금을 절감하게 만드는가? 기부금의 가격은 얼마인가? 소득공제와 세액공제를 효율성과 형평성 측면에서 비교 분석하시오.

8. 한계세율 35%에 직면해 있는 어떤 고소득 납세자가 있다고 하자. 현재 명목이자율은 13%이고, 예상물가상승률은 8%라고 하자.

a. 실질 세후이자율은 얼마인가?

b. 예상물가상승률이 11%로 증가하였고, 실제물가상승률도 동일하게 3%P 증가하였다고 하자. 이러한 변화 후 실질 세후이자율은 얼마가 되는가?

c. 인플레이션이 b에서와 같이 발생한 경우, 실질 세후이자율이 동일하게 유지되기 위해서는 명목이자율이 얼마나 상승하여야 하는가? 일반적인 경우에 대해서 수식을 도출하시오.

9. 항목별 특별공제와 인적공제가 유효 한계세율에 어떻게 영향을 주는가에 대한 문제이다.

a. 4인으로 구성된 가구로 조정총소득이 이미 점감 구간에 있다고 하고, 적용되는 한계세율은 35%라고 하자. 그리고 인적공제액은 1만 달러이고, 인적공제액의 점감은 조정총소득이 일정액을 초과하는 금액의 2%만큼을 공제액이 감소하도록 규정되어 있다고 하자. 그리고 이 가구는 항목별 특별공제를 사용하지 않고 있다고 하자.

i. 가구 소득이 2,500달러만큼 증가하였다고 하자. 주어진 35% 세율에서 세부담이 얼마나 증가하는가?

ii. 가구 소득 증가로 가계의 인적공제는 얼마나 감소하는가? 그리고 과세표준은 얼마나 증가하는가?

iii. 이러한 과세표준의 증가로 인해 세부담이 얼마나 증가하게 되는가?

iv. 위의 ii와 iv의 답을 결합하여 유효 한계세율 계산하시오(세부담을 소득증가분인 2,500달러로 나누시오).

b. 이제 공제액이 점감 구간에 있는 또 다른 가구가 있다고 하자. 이 가구는 항목별 특별공제를 사용하고 있으며, 직면하고 있는 한계세율은 35%라고 하자.

i. 가구 소득이 100달러만큼 증가하였다고 하자. 이러한 경우 항목별 특별공제 금액에는 어떠한 변화가 있겠는가?

ii. 세부담이 어떻게 변화하겠는가?

iii. 이 가구의 유효 한계세율은 얼마인가?

10. 계산기를 사용하여서 문제를 풀어보시오. 김현욱은 50만 원의 (세전)소득을 벌어서, 이 돈을 10년 뒤로 예정된 은퇴를 대비하여 저축하기로 하였다. 그는 과세되는 저축상품에 또는 비과세가 되는 퇴직저축 중에서 선택을 할 수 있다. 김현욱의 현재와 미래의 한계세율은 계속해서 25%이고, 수익률이 8%이며, 퇴직저축의 경우에도 퇴직 후 인출 시 과세대상이 된다고 하자. 자신의 돈을 과세 저축상품에 저축한 경우와 비과세 퇴직저축에 저축한 경우 각각에 대해서 퇴직 시 받게 되는 세후 금액을 계산하시오. 비과세 퇴직저축으로 얼마만큼의 더 이득을 보게 되는가?

11. [행정고시 2차 2013년 기출문제] 근로장려세제는 일은 하지만 소득이 적어 생활이 어려운 근로자 가구에 대하여, 근로소득에 따라 산정된 근로장려금을 지급함으로써 근로

유인을 제고하고 실질소득을 지원하기 위한 근로연계형 소득지원제도이다. 지원 내용은 아래와 같다고 하자.

> 전년도 부부합산 연간 총소득이 1,700만 원 미만인 근로자 가구에게 전년도 근로소득을 기준으로 연간 최대 120만 원까지 지급한다.
>
> - 800만 원 이하 소득구간에서는 지원금액이 120만 원까지 점증
> - 800만 원에서 1,200만 원 이하 소득구간에서는 지원금액이 120만 원으로 평탄
> - 1,200만 원부터 1,700만 원 이하 소득구간에서는 지원금액이 점감하여 소득이 1,700만 원에 이르면 없어짐

다음 물음에 답하시오.

a. 근로장려세제하에서 소득과 지원금액 사이의 관계를 그래프로 제시하고, 이 제도의 세율(혹은 보조율)구조에 대해 논하시오.

b. 근로장려세제하에서 여가–소득 평면의 예산선은 어떻게 될지 제시하시오.

> 분석의 편의를 위해 구체적으로 1주일의 근로–여가 선택 가능시간을 100시간으로 하여 연간 5,200시간이 가용 시간으로 주어져 있고, 임금은 시간당 5,000원으로 주어져 있는 상황을 가정한다.

c. 근로장려세제가 노동공급에 미치는 영향을 근로에 참여하지 않던 가구와 이미 참여하고 있던 가구로 나눠서 분석하시오.

12. [입법고시 2차 2017년 기출문제] 어떤 국가에서는 누진적인 소득세율 체계를 운영하고 있는데, 이에 따라 A, B, C, D 4명의 소득과 세금에 대한 정보는 다음과 같다고 한다. 이때 A와 B, 그리고 C와 D는 부부이다.

	개인소득	개인세금	가구합산 시 세금
A	9천만 원	3천만 원	3천5백만 원
B	1천만 원	1백만 원	
C	5천만 원	1천만 원	3천5백만 원
D	5천만 원	1천만 원	

a. 이상의 상황에서 다음의 3가지 조건을 동시에 만족시킬 수 있는 소득세 제도가 존재할 수 있는지를 판단해보시오.

i. 소득과세의 누진성

ii. (가구)소득 과세에 대한 수평적 형평성

iii. 결혼에 대한 수평적 형평성(중립성)

b. 소득세 과세단위와 관련하여 개별과세의 경우와 합산과세의 경우를 구분하여 A와 B, C와 D 부부의 선택에 대해 설명해보시오. 만약 결혼에 대한 수평적 형평성(중립성)이 만족되지 않는 경우가 있다면 그 '근본적' 이유가 무엇에 기인하는지 직관적으로 설명하시오. 아울러 이를 해소하기 위한 현실적인 정책방안들을 타당한 근거를 통해 제시하시오.

Chapter 18

개인에 대한 과세와 경제행위

> 밭이 경작되지 못하는 데 여러 이유가 있지만 만일 과중한 세금이 그 원인이라면,
> 등급을 낮추어 경작되게 유도하여야 한다.
>
> — 정약용의 『목민심서』(1818)

1980년대 이후 한국의 최고 개인소득세율은 62%에서 35%로 떨어졌다가 다시 42%로 인상되었고, 미국의 최고 개인소득세율은 70%에서 28%로 떨어졌다가 인상과 인하가 반복되다가 현재 39.6%가 되었다. 이러한 세율의 변화에 덧붙여 각종 공제 규모, 조건 등이 자주 변경되었다. 이러한 소득세의 변화가 경제적 행위에 어떠한 영향을 줄 것인가? 낮은 세부담을 주장하는 사람들은 높은 소득세 부담이 근로, 저축, 위험감수 유인에 나쁜 영향을 준다고 주장한다.

> 사람들은 경제적 유인에 반응한다. 여러분은 국가를 위해서가 아니라 국민을 위해서 경제정책을 입안한다. … 사람들의 근로의욕이 상실되거나 기업들의 위험감수 유인이 부족할 때 경제가 성장할 것을 기대할 수 없다[Prescott, 2005a, p. A10].

높은 세부담을 찬성하는 사람들은 반대론자의 주장은 과장되었다고 주장한다. 조세는 기후와 유사하다. 사람들은 그것에 대해서 아주 많이 이야기하지만 실제로 그것과 관련하여 아무것도 하지 않는다.

재정학자는 정치가만큼이나 이러한 문제에 관심을 가지고 있다. 조세이론에 따르면, 어떤 조세체제의 유인과 효율성은 조세가 경제행위에 어떠한 영향을 주는가에 달려 있다. 제17장에서 보인 바와 같이, 소득세는 의료서비스 구매부터 기부금 후원까지 매우 다양한 결정에 영향을 준다. 이번 장에서는 조세의 경제행위에 대한 영향 분석 중 가장 많은 연구결과가 축적된 4가지 주요한 주제—노동공급, 저축, 주택소비, 자산 구성에 대한 조세의 효과—에 초점을 둘 것이다.

18.1 노동공급

한국에서는 2017년 약 2,670만 명이 취업하여 한 주에 평균 41.7시간 노동하고, 2인 이상 가구의 월평균 소득은 460만 원이었다[통계청, 2018년 한국의 사회지표]. 미국에서는 2010년 1억 3,900만 명이 한 주에 평균 33시간 노동하여 국가소득의 62%인 8조 달러를 노동소득으로 받

그림 18.1
효용을 극대화하는 여가와 소득의 선택
이 개인은 FT시간 노동하고 OG만큼의 소득을 얻는 E_1점에서 효용이 극대화된다.

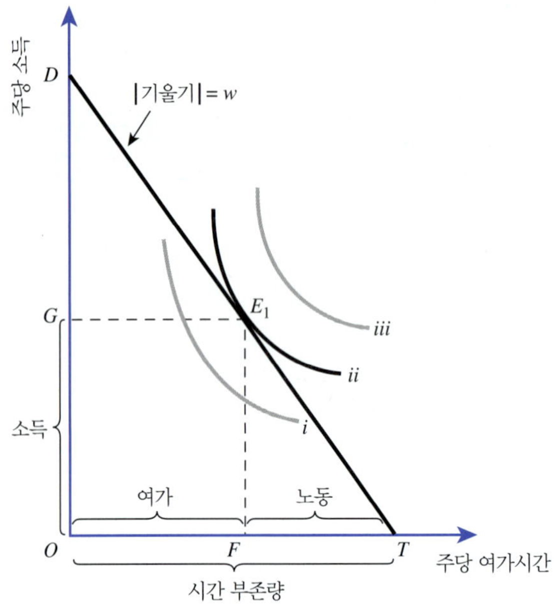

았다[Economic Report of the President, 2012, pp. 350, 361, 374]. 어떻게 노동공급이 결정되며, 조세가 노동공급 결정에 어떠한 영향을 주는가를 분석하여보자.

18.1.1 이론적인 고찰

임꺽정이 주어진 시간을 노동과 여가에 얼마씩 배분할 것인가를 결정하고 있다고 하자. 이러한 선택 문제는 이미 제13장에서 그래프를 이용하여 분석하였는데, 주요 결과들을 다시 정리하면 다음과 같다.

시간 부존량(time endowment)

주어진 기간 동안 어떤 개인이 최대로 일할 수 있는 시간.

- 시장노동과 비시장사용(nonmarket uses, 또는 여가)에 가용한 전체 시간을 **시간 부존량**(time endowment)이라고 한다. 〈그림 18.1〉에서 이것은 수평축의 선분 OT로 나타나 있다. 여가에 사용되지 않은 시간은 모두 노동에 사용된다고 가정하면, 가로축상의 점은 노동시간과 여가시간을 동시에 나타내주고 있다.
- 예산제약은 주어진 임금률하에서 어떤 개인에게 가용한 여가와 소득의 조합을 나타내준다. 만약 임꺽정의 임금률이 시간당 w원이라고 하면, 그의 예산선은 기울기의 절댓값이 w인 직선이 된다. 〈그림 18.1〉에서 이것은 직선 TD로 표현되어 있다.
- 개인의 선호에 따라 예산선상의 한 점이 선택된다. 여가와 소득에 대한 선호가 일반적인 무차별곡선의 성질을 만족하고 원점에 대해서 볼록한 무차별곡선으로 표현될 수 있다고 가정하자. 〈그림 18.1〉에는 3개의 무차별곡선 *i*, *ii*, *iii*가 표시되어 있다. 임꺽정의 효용은 E_1점에서 극대화되는데, 이때 그는 자신의 시간 부존량 중 여가에 OF만큼을, 노동에 FT만큼을 배분하고, 소득 OG를 얻게 된다.

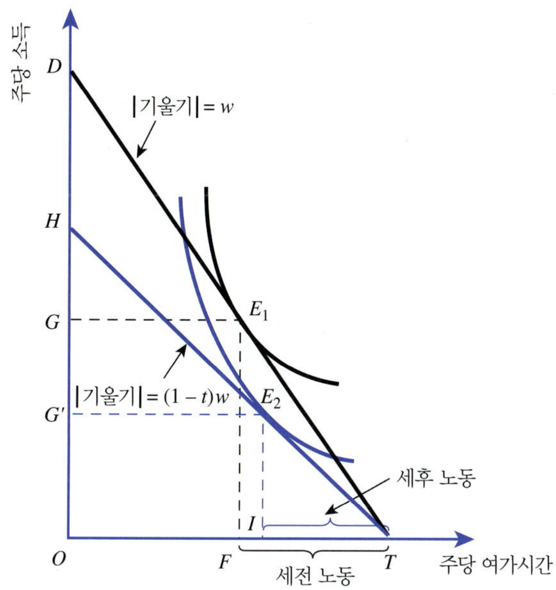

그림 18.2
비례소득세로 인한 노동공급시간의 감소
세율 t의 소득세는 여가의 기회비용을 낮추고 예산선을 TH로 회전 이동시킨다. 이 개인에게 있어서 대체효과가 소득효과보다 커서 조세로 인해 노동시간이 FT에서 IT로 감소하였다. 세후 소득은 OG'이다.

우리는 이제 조세의 효과를 분석할 준비가 되었다. 정부가 소득에 대해서 t의 세율로 과세한다고 하자. 조세는 시간당 임금률을 w원에서 $(1-t)w$원으로 감소시킨다. 임꺽정이 1시간의 여가를 소비하면, 이제는 그는 w원이 아닌 $(1-t)w$원만큼의 소득을 희생하면 된다. 사실상 세금은 여가의 기회비용은 낮춘다. 〈그림 18.2〉에서 조세로 인해 임꺽정의 예산선이 TD에서 좀 더 평평하고 $(1-t)w$의 기울기를 가진 직선 TH로 변화되었음이 표시되어 있다. 조세 전 최초 소득−여가 선택점 E_1은 더 이상 선택이 가능하지 않게 되었다. 이제 임꺽정은 세후 예산선 TH 상의 한 점을 선택하여야 한다. 〈그림 18.2〉에서 세후 최적선택점은 E_2로, 이때 여가는 OI, 노동시간은 IT 그리고 세후소득은 OG'가 된다. 세금으로 인해 임꺽정의 노동공급은 FT에서 IT로 감소하였다.

그러면 '합리적인' 개인은 항상 비례세에 반응하여 노동을 감소시킬 것이라고 결론지을 수 있는가? 이에 대한 대답을 위해 임꺽정과 동일한 세전과 세후 소득을 가지고 있으며, 세전에 동일한 시간 FT만큼 노동을 하던 홍길동의 선택을 살펴보자. 〈그림 18.3〉에 나타나 있는 바와 같이, 홍길동에게 과세가 이루어진 경우 그는 오히려 노동시간을 FT에서 JT로 증가시켰다. 이것은 '비합리적인' 반응이 아니다. 사람의 선호에 따라서 세금부과 후 일을 더 하거나 덜 할 수 있는 것이다.

이러한 조세 효과의 모호성은 조세로 인해 발생된 **대체효과**(substitution effect)와 **소득효과**(income effect)가 서로 상반된 방향으로 작용하는 데 그 원인이 있다. 조세부과 시, 여가의 기회비용은 하락하고 이에 따라 노동을 여가로 대체하는 경향이 나타난다. 이것을 대체효과라고 하며, 이로 인해 노동공급이 감소한다. 이와 동시에 조세로 인해 주어진 노동시간에 대해서 개인의 소득은 감소된다. 여가가 정상재라고 가정하면, 이러한 소득의 감소는 다른 조건이 동일

대체효과(substitution effect)

상대가격 변화에 따라 상대적으로 저렴해진 상품의 구입을 늘리고 상대적으로 비싸진 상품의 구입을 줄이려는 경향.

소득효과(income effect)

가격 변화 시 상대가격 변화 효과는 배제한 소득 변화만으로 인해 나타나는 수요량의 변화.

그림 18.3
비례소득세로 인한 노동공급시간의 증가
이 개인에게 있어서 소득효과가 대체효과보다 커서, 조세로 인해 노동시간이 FT에서 JT로 증가한다. 세후 소득은 OK이다.

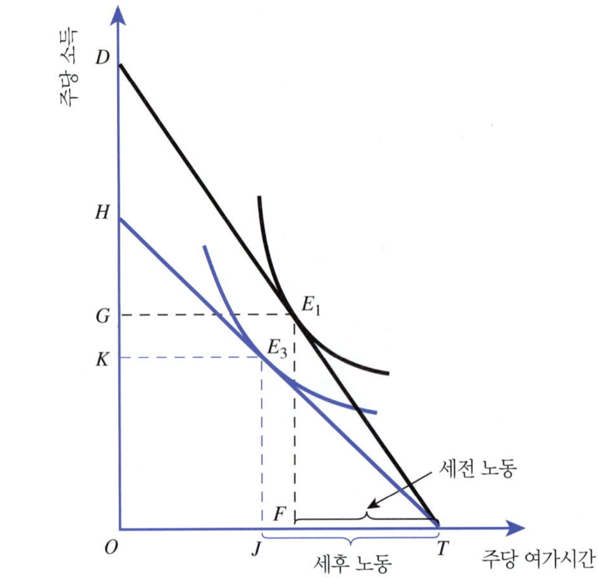

그림 18.4
누진세하의 여가-소득 선택
소득 5,000만 원 이하에 대해서 t_1, 그 이후 1억 원까지는 t_2, 1억 원 초과에 대해서는 t_3의 한계세율이 적용되는 누진세가 있다. 누진세로 인해 예산선은 TD에서 $TLMN$으로 변화된다. 누진세하의 임꺽정의 효용극대화점은 PT만큼 노동을 하는 E_4이다.

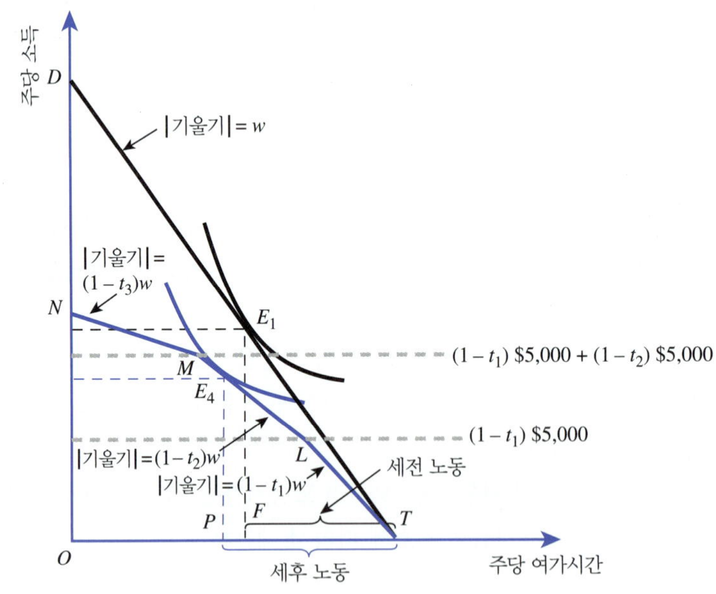

하다면 여가 소비의 감소를 초래하고 노동시간을 증가시킨다. 다시 말해, 소득효과로 인해 개인은 노동을 늘리게 된다. 지금까지의 논의로 두 효과가 반대방향으로 작용하고 있음이 명확해졌다. 이론만으로는 소득효과와 대체효과 중 무엇이 더 크게 나타날 것인가는 알 수 없다.

실증 증거 노동공급이 조세에 어떻게 반응하는가?

세후 임금에 대한 노동공급 탄력성은 조세의 노동에 대한 효과를 평가하는 데 가장 핵심적인 요소이다. 만약 노동공급이 매우 탄력적이라면, 세율 인상이 노동시간을 상당폭 감소시킬 것이다. 만약 비탄력적이라면 노동시간은 별다른 영향을 받지 않을 것이다. 우리가 행한 이론분석에서 본 바와 같이 어떤 경우에는 소득에 대한 과세가 노동시간을 증가시킬 수도 있다. 이론적인 모호성은 실증분석을 통해 해소될 수밖에 없다.

여러 다른 경제이론의 현실로의 적용 사례에서 보아온 바와 같이, 관찰된 상관관계는 인과관계를 의미하지 않는다. 여가에 낮은 가치를 두는 사람들은 보통 장시간 노동하고 시간당 임금도 높은 경향이 있다(아마도 이들이 좀 더 강한 야망을 가지고 있고 교육을 더 받았기 때문에 그러할 수 있다). 이러한 경향이 있다면 관찰된 임금과 근로시간 사이의 양의 관계는 높은 임금으로 사람들이 더 많이 일을 한다는 인과관계를 의미하지 않는다. 따라서 많은 연구자들은 공공정책에 변화로부터 발생한 노동의 변화를 담은 준실험 데이터를 활용해왔다.

Blomquist 등[2001]은 스웨덴의 조세개혁이 이루어졌던 1980~1991년 사이의 데이터를 이용하여 노동공급탄력성을 추정하였다. 조세개혁의 상세 내용은 복잡하지만 평균적으로 한계세율은 인하되었다. 그들의 추정 결과에서 20~60세의 결혼한 남성의 노동공급은 임금 변화에 별다른 반응을 보이지 않았다. 그들의 노동공급탄력성 추정치는 0.1에 불과하다.

하지만 기존 연구결과는 노동공급 탄력성은 집단별로 매우 상이한 것으로 보고하고 있다. Kean[2011]은 관련 문헌을 정리하면서 아래와 같은 결론을 제시하였다.

- 초기 연구들에서 남성근로자의 노동공급탄력성이 매우 낮은 것으로 추정되었지만, 인적자본 형성까지 고려한 동태연구에서는 노동공급의 임금 변화에 대한 반응도는 좀더 높은 것으로 추정된다.
- 여성의 경우 노동공급탄력성은 큰 것으로 추정된다. 특히 임금 변화에 대응한 출산, 결혼, 경력, 교육 등의 반응까지 고려한 '장기' 탄력성은 더욱 그러하다.

〈그림 18.2〉에 표현된 임꺽정의 경우에는 대체효과가 더 크고, 〈그림 18.3〉에 표현된 홍길동의 경우에는 소득효과가 더 크게 나타났다. 소득효과와 대체효과에 대한 보다 일반적인 논의는 책의 마지막에 있는 부록을 참조하기 바란다.

누진세 효과 분석은 비례세 효과 분석과 매우 유사하다. 이제 누진적인 소득세를 가정하자. 5,000만 원 이하에 대해서 t_1, 그 이후 1억 원까지는 t_2, 1억 원 초과에 대해서는 t_3의 한계세율이 적용된다고 하자. 이러한 상황이 〈그림 18.4〉에 표현되어 있는데, 앞에서와 마찬가지로 세전 예산선은 TD이다. 세금부과 후, 예산선은 꺾인 선 $TLMN$이다. 세전소득 5,000만 원 이전까지는 여가의 기회비용은 $(1-t_1)w$이며, 이것이 TL의 기울기의 절댓값이다. 점 L에서 임꺽정의 소득은 $(1-t_1)\times 5{,}000$만 원이 되며, 이후 ML에서는 기울기의 절댓값이 $(1-t_2)w$가 된다. t_2가 t_1보다 크기 때문에, ML의 기울기가 TL의 기울기보다 평평해진다. 점 M에서 세후소득은 $(1-t_1)\times 5{,}000$만 원 $+ (1-t_2)\times 5{,}000$만 원인데, 이는 L점에서의 세후소득에 t_2의 세율로 과세되는 추가적인 소득 5,000만 원으로부터의 소득을 합한 것이다. 마지막으로 MN에서의 기울기는 $(1-t_3)w$인데, 기울기는 더욱 평평해졌다. 개인의 선호에 따라서 $TLMN$상의 어떤 점도 최적점이 될 수 있는데, 〈그림 18.4〉에서 임꺽정의 효용극대화점은 PT만큼 노동을 하는 E_4점이다.

18.1.2 몇 가지 주의할 사항

지금까지 논의한 이론적인 그리고 실증적인 결과는 정치적 논쟁에서 종종 행해지는 분석에 근거하지 않는 억측보다는 분명히 더 유용한 것이다. 하지만 몇 가지 주의해야 할 사항들이 있다.

수요 측면의 고려 지금까지의 분석은 노동공급 변화가 노동수요에 미치는 영향은 무시하고 있다. 결혼한 여성에 대한 조세가 인하되어 그들의 순임금이 10% 증가하였다고 하자. 노동공급탄력성이 0.4라면, 그들의 노동시간이 4% 증가할 것이다. 만약 기업이 새로운 순임금하에서 증가된 노동시간을 모두 흡수할 수 있다면,[1] 분석은 여기서 완결된다. 하지만 보다 일반적으로 노동수요가 우하향하는 경우 노동공급의 증가가 세전 임금을 낮추게 될 것이다. 이러한 변화가 최초 발생한 세후임금의 상승을 일부 상쇄할 것이기 때문에, 결과적으로 최초에 추정했던 것보다 노동시간의 증가분이 더 작게 될 것이다(수평선의 노동수요곡선, 우하향하는 노동수요곡선을 그리고 세금 인하로 인한 노동공급의 변화를 그려서 확인하여보시오).

노동시장의 변화가 다른 시장에도 영향을 줄 수 있다는 것을 인식하게 되면 상황은 더욱 복잡하게 된다. 예를 들어, 결혼한 여자가 노동시간을 증가시켰다면, 육아에 대한 수요가 증가할 것이다. 이에 따른 육아의 가격의 상승은 나이 어린 자녀를 둔 부모의 근로 유인을 최소한 단기에 있어서 약화시킬 것이다. 명백히 모든 시장에 대한 영향을 찾아 모든 상호작용을 분석하는 '일반균형분석'은 복잡한 일이다. 대부분의 연구자들은 최초 영향이 최종 결과의 합리적인 근사치라고 가정한다.

개별 효과와 총효과 대안적인 조세제도하에서 개인들의 노동공급량이 어떻게 변화하는가가 분석의 초점이다. 이러한 개인의 경제행위에 대한 분석 결과를 이용하여 근로자 전체에 의해 공급되는 총노동시간이 어떻게 변화할 것인가를 예측하는 것은 매우 어려운 일이다. 조세체제의 변화는 경제적 유인에 집단별로 서로 다른 영향을 미칠 수 있다. 예를 들어, 비례세에서 누진세로 변화함에 따라 저소득층의 한계세율은 감소하고 고소득층의 한계세율은 증가할 수 있다. 이에 따라 두 집단의 노동공급은 반대로 움직일 수 있으며, 이는 전체적인 결과를 예측하기 어려워짐을 의미한다. 노동공급탄력성이 소득수준별로 상이할 수 있다는 사실로 인해 분석이 더 복잡해진다.

인적자본 연간 근로시간은 물론 중요하고 흥미로운 노동공급 지표이다. 하지만 개인의 유효 노동공급량은 직장에서 보낸 시간 이외의 다른 요인들에도 의존한다. 교육수준이 높고, 건강하고, 강한 성취욕을 가진 노동자는 상대적으로 높은 생산성을 보일 것이다. 어떤 연구자들은 조세로 인해 기술 습득에 대한 과소투자가 나타날 수 있음을 지적한다. 경제이론은 조세의 인적자본 축적에 대한 영향에 대해서 놀라운 통찰력을 제공한다. **인적자본투자**(human capital investment)는 사람들이 그들의 생산성을 높이기 위해 자신에게 투자하는 것을 의미한다.

> **인적자본투자(human capital investment)**
> 개인의 생산능력을 증진시킬 수 있는 교육, 훈련, 건강 등에 대한 투자.

현장연수 참여를 고려하고 있는 김삼순의 경제적 의사결정을 살펴보자. 현장연수로 인한 그녀의 생애소득 증가분의 현재가치를 B라고 하자. 현장연수 참여를 위해서 연수기간 동안 노동을 할 수 없고 그로 인해 상실된 임금이 C라고 하자. 그녀가 합리적이라면 제8장에서 설명된 투자기준을 근거하여 의사결정을 내릴 것이다. 그녀는 편익이 비용을 초과하는 경우 현장연수

1 노동수요가 완전탄력적인 경우 이렇게 될 수 있다.

참여 결정을 내릴 것이다.

$$B - C > 0 \tag{18.1}$$

이제 김삼순의 소득에 세율 t의 비례세가 부과되었다고 하자. 조세는 훈련프로그램 참여로 이후 얻어질 고임금의 일부를 빼앗아간다. 이로 인해 조세가 그녀의 참여 가능성을 낮출 것이라고 추측할 수도 있다. 하지만 이러한 생각은 잘못된 것이다. 왜 그러한가를 살펴보기 위해 당분간 김삼순이 조세부과 후에도 부과 전과 동일한 시간 노동한다고 가정하자. 조세는 실제로 현장연수의 편익을 B에서 $(1-t)B$로 낮출 것이다. 하지만 그와 동시에 비용도 낮추게 된다. 프로그램 참여 비용이 포기된 훈련기간 동안의 임금임을 상기하자. 이러한 임금에도 과세가 되기 때문에 김삼순은 C를 포기하는 것이 아니라 $(1-t)C$를 포기하게 된다. 프로그램 참여 결정은 세후편익이 세후비용보다 높은가에 의존한다.

$$(1 - t)B - (1 - t)C = (1 - t)(B - C) > 0 \tag{18.2}$$

식 (18.2)와 식 (18.1)의 부등식 성립 조건은 동일하다. 이는 과세 전 프로그램 참여 결정과 과세 후 프로그램 참여 결정이 동일한 방향으로 이루어질 것임을 의미한다. 위의 모형에서 비례세는 편익과 비용을 동일한 비율로 감소시켰기 때문에 인적자본투자에는 영향을 주지 못하고 있는 것이다.

지금까지의 논의는 조세부과 후에 노동공급이 변화하지 않았다는 가정하에서 이루어졌다. 이제는 김삼순이 조세부과 후 노동공급을 증가시켰다고 하자(이는 소득효과가 대체효과보다 컸음을 의미한다). 이러한 경우, 조세로 인해 인적자본투자 증가가 나타난다. 노동공급 변화 방향의 중요성은 노동공급량이 인적자본투자의 활용도를 나타냄을 인식하면 쉽게 이해될 수 있다. 노동시간이 길수록, 주어진 인적자본투자로부터 발생하는 임금상승의 편익이 커지는 것이다. 따라서 조세부과 후 노동시간이 늘어난다면, 다른 조건이 동일하다면 인적자본투자가 더욱 매력적인 일이 된다. 이와 반대로, 대체효과가 소득효과보다 커서 조세부과 후 노동공급이 감소하는 경우에는 인적자본 축적이 저해되게 된다.

이러한 단순모형은 몇 가지 사항을 고려하지 못하고 있다.

- 인적자본투자 수익률에는 불확실성이 존재한다. 이 장 뒷부분에서 보이겠지만, 위험은 조세 분석을 복잡하게 만든다.
- 어떤 인적자본투자는 포기된 소득 이외의 다른 비용들을 포함한다. 조세상 공제되지 않는 대학교 등록금이 이러한 비용의 예이다. 이러한 것들은 인적자본투자 유인을 약화시킨다.
- 조세제도의 다른 측면들이 인적자본투자에 영향을 미칠 수 있다. 예를 들어, 이자나 배당과 같은 물적투자의 수익에 대한 과세가 커질수록 인적자본투자가 증가하는 경향이 있다. 사실상 물적자본과 인적자본은 상호 대안적인 투자수단으로 볼 수 있기 때문에, 한쪽에 대한 과세는 다른 쪽의 상대적인 매력의 증가를 의미한다.
- 식 (18.2)는 비례세를 가정하고 있다. 누진세일 경우 인적자본투자의 편익과 비용에 대해 다른 세율로 과세될 수 있다. 투자 후 소득이 증가할 것이기 때문에 누진구조는 편익에 보다 높은 세율로 과세하게 되어 인적자본투자를 저해할 가능성이 크다.

이러한 여러 고려를 포함하더라도 기본적인 결과는 크게 변하지 않는다. 이론적으로는 소득과세의 인적자본투자에 대한 영향은 모호하다. 불행히도, 이러한 중요한 문제에 대한 실증분석 결과는 별로 존재하지 않는다.

보상 패키지 지금까지 논의한 노동공급의 기본 모형에서 시간당 임금이 근로에 대한 유일한 대가였다. 현실에서 고용주는 종종 임금뿐 아니라 건강보험, 연금 그리고 회사차, 회사 내 체육시설과 같은 '특전(perk)' 등을 보상으로 지급한다. 제17장에서 논의한 바와 같이, 대부분의 비임금 보상은 과세되지 않는다. 한계세율이 인하되는 경우 비과세 보상의 상대적인 매력이 떨어지게 된다. 이는 조세의 변화가 보상 패키지 구성에 영향을 미칠 수 있음을 의미하며 이러한 일이 실제로 나타나고 있다는 증거들이 제시되고 있다. Gruber와 Lettau[2004]는 건강보험에 대한 세금보조금이 10% 증가함에 따라 건강보험을 제공하는 기업의 수가 3%가량 증가한다는 실증분석 결과를 제시하고 있다.

재정지출 측면 노동공급과 조세에 대한 일반적인 분석에서는 세수를 어떻게 사용하는가를 무시한다. 하지만 최소한 세수의 일부는 공공재의 재원으로 사용될 것인데, 공공재의 가용성이 근로의사 결정에 영향을 줄 것이다. 만약 세수가 국립공원과 같은 휴양시설의 공급을 위해 사용된다면, 다른 조건이 동일하다면 여가에 대한 수요가 증가할 것으로 기대할 수 있다. 다른 한편으로, 근로 부모를 위한 육아시설에 대한 재정지출이 확대된다면 이로 인해 노동공급이 증가할 것으로 기대할 수 있다. 이상적으로는 단지 세수뿐 아니라 정부 재정지출이 노동공급에 미치는 영향까지 종합적으로 분석하여야 한다. 예를 들어, Rogerson[2007]은 다른 유럽 국가들에 비해 더 높은 세율을 가지고 있는 북구국가에서 노동공급이 오히려 더 크다는 사실을 지적하고 있다. 그는 북구국가에서 사회서비스에 보다 많은 정부 재정이 투입되고 있음에서 그 원인을 찾고 있다.

18.1.3 노동공급과 세수

지금까지의 분석은 주어진 조세체제와 관련된 노동공급을 찾아내는 데 초점이 있었다. 이제는 세수가 세율에 따라 어떻게 변화하는가를 분석하자.

〈그림 18.5〉에 표현된 노동공급곡선 S_L을 생각해보자. 노동공급은 다른 조건이 동일하다는 조건하에서 주어진 세후임금률에 대한 최적 노동량을 대응시켜 나타내주고 있다. 그림에서는 순임금이 증가함에 따라 노동시간이 증가하고 있는데, 이는 대체효과가 소득효과보다 큼을 가정하고 있음을 의미한다. 세전임금 w에 대응하는 노동시간은 L_0로 주어져 있다. 명백하게, 세율이 0이기 때문에 이때의 세수는 0이다. 이제 세율 t_1의 비례세가 부과되었다고 하자. 이 경우 순임금은 $(1-t_1)w$가 되고, 대응하는 노동공급 시간은 L_1이다. 세수는 노동시간당 세율 (ab)에 노동시간 (ac)를 곱한 것으로, 직사각형 $abdc$로 표현될 수 있다. 유사하게, 세율이 t_2인 경우 세수는 $eakf$가 된다. $eakf$의 면적이 $abdc$의 면적보다 큰데, 이는 t_1에서 t_2로의 세율 인상으로 세수가 증대함을 의미한다. 세율 인상에 따라 항상 세수가 증대하는가? 아니다. 예를 들어, 세율 t_3에 대응하는 세수 $haji$는 세율 t_2에 대응하는 세수보다 작다. 세율 t_3하에서 노동 시간당 징수하는 세금은 크지만 노동시간이 대폭 감소하여, 세율과 노동시간의 곱인 세수가 오히려 작아

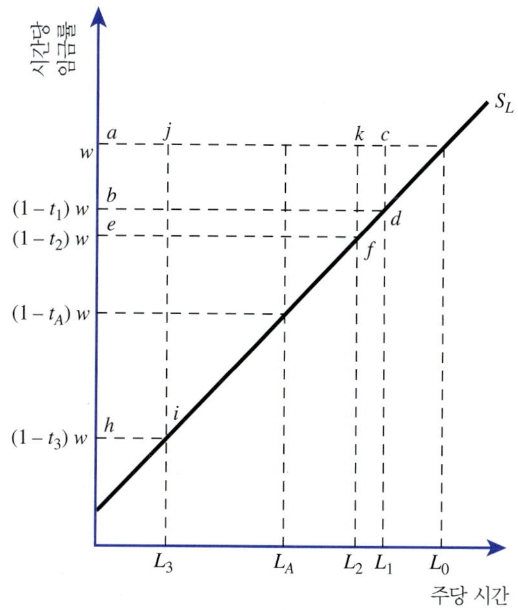

그림 18.5

세율, 노동시간 그리고 세수

주어진 노동공급 S_L하에서 세율이 증가함에 따라 세수는 처음 증가하다가 이후 감소하게 된다.

지게 된다. 세율이 100%에 가까워지게 되면, 근로자는 노동공급을 중단하여 세수가 0이 된다.

이러한 세율과 세수 간의 관계가 〈그림 18.6〉에 표현되어 있다. 그래프에서 가로축에는 세율이, 세로축에는 세수가 놓였는데, 세수는 세율이 증가함에 따라 처음에는 증가하여 세율 t_A에서 최댓값을 가진다. 세율이 t_A를 넘게 되면, 세수가 감소하기 시작하고 궁극적으로는 0이 된다. 정부가 t_A 이상의 세율을 사용하는 것은 불합리한 것인데, 이러한 경우 정부 세수 손실 없이 세율인하가 가능하기 때문이다.

〈그림 18.6〉은 종종 정치적 논쟁의 중심에 있다. 이는 경제학자 아서 B. 래퍼[1979]가 미국이 현재 t_A보다 오른쪽에 놓여 있다고 주장한 것으로부터 유발된 것이다. 이러한 세율과 세수 간의 관계는 **래퍼곡선**(Laffer curve)이라고 불린다. 세율 인하가 세수 손실을 유발하지 않을 수 있음은 미국 레이건 행정부가 채택했던 공급 측 경제학의 중요한 믿음이었는데, 이러한 개념은 이후에도 계속해서 정책 논쟁의 핵심 사안이 되었다. 래퍼곡선에 대한 논쟁은 혼란스러웠으며, 혼란을 유발하기도 하였다. 관련되어 몇 가지를 언급하고자 한다.

래퍼곡선(Laffer curve)

세율과 세수 간의 관계를 나타낸 그래프.

- 단순모형에서 세수의 증가 또는 감소 여부는 세율 변화가 얼마만큼 노동시간 변화에 의해 상쇄되는가에 의존하고 있다. 이러한 문제는 정확하게 재정학자들이 분석하고 있는 노동공급의 탄력성에 대한 것이다. 따라서 래퍼곡선의 모양은 순임금에 대한 노동공급의 탄력성에 의해 결정된다.
- 공급측 경제학에 대한 일부 비판자들은 세율 인하가 세수 증가를 가져올 수 있다는 생각 자체가 불합리한 것이라고 주장한다. 하지만 〈그림 18.6〉을 이용한 논의에서, 원칙적으로 낮은 세율이 실제로 높은 세수와 연결될 수 있음이 잘 나타나고 있다.

그림 18.6

세율과 세수

세수는 세율이 t_A보다 낮은 경우 세율에 따라 증가한다. t_A 이후에는 세수가 세율에 따라 감소하고 궁극적으로는 0이 된다.

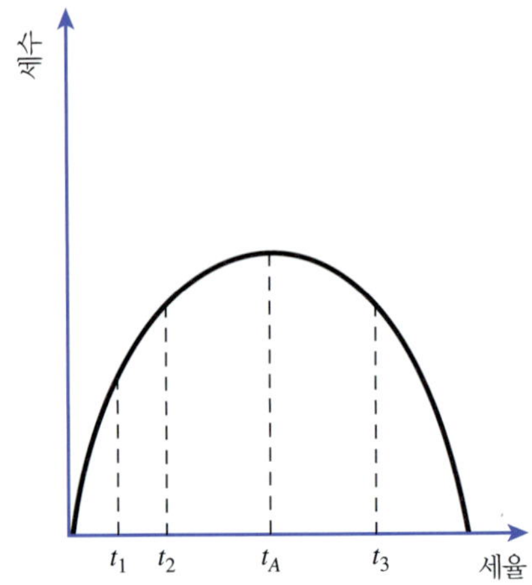

- 경제가 t_A의 우측에 또는 좌측에 위치해 있는가는 실증적인 문제이다. 이미 앞에서 논의된 바와 같이, 경제학자들은 노동공급탄력성은 그렇게 높지 않다는 데 의견일치를 보이고 있다. 이를 고려하면, 경제는 t_A의 우측에 있을 가능성이 낮다고 결론 내려도 될 것이다. 일반적인 소득세율 인하는 세수 유지나 증가를 유발할 정도로 노동공급을 증가시키지 않을 것이며, 이는 세율 인하 시 세수가 유지될 가능성은 낮음을 의미한다. 하지만 유럽의 일부 국가들의 경우 경제가 t_A에 가까이 위치하고 있는 것으로 추정되기도 한다[Uhlig and Trabandt, 2006].
- 노동시간의 변화가 세율이 세수에 영향을 주는 유일한 경로는 아니다. 이미 논의된 바와 같이, 사람들은 세율 인상 시 임금을 다른 형태의 비과세되는 보수로 대체할 것이며, 이로 인해 심지어 완전 비탄력적인 노동공급하에서도 세수가 감소할 수 있다. 유사하게 세율 인상 시 사람들(특히 고소득자들)은 과세되는 자본소득을 지방채와 같은 비과세 자본소득으로 대체할 것이다. 개인들은 세율 인상 시 조세회피를 늘릴 가능성도 있다. 세무신고 자료를 이용하여, Gruber와 Saez[2002]는 특히 고소득자에게 있어서 세율이 과세표준에 큰 영향을 주는 것을 발견하였다. 그들은 고소득자에 대한 세율이 40%에서 30%로 인하됨에 따라 그들의 과세표준이 9% 이상 증가하는 것으로 추정하였다. 납세자들의 반응에 대해서는 여러 다른 연구결과가 상이한 추정결과를 보고하고 있다. 지금까지의 관련 분석 결과 중에서 모든 사람들이 동의할 수 있으며 정책적으로 중요한 함의를 갖는 결론은 세수극대화 세율은 소득 집단별로 그리고 소득 유형별로 다르다는 관찰이다.
- 세율 인하 시 세수가 증대하지 않는다고 하더라도, 이것이 세율 인하가 바람직하지 않다는 것을 의미하지는 않는다. 앞의 장들에서 강조된 바와 같이, 최적조세체제의 결정은 여러 가지 사회적·경제적 고려에 의존하고 있다. 정부부문이 비대하다고 믿고 있는 사람들은 세수가 감소하게 되었다는 점을 매우 긍정적으로 평가할 것이다.

18.2 저축

지금부터는 조세가 저축에 어떠한 영향을 주는가를 분석한다. 저축의사결정에 대한 대부분의 현대적인 분석은 **생애주기모형**(life-cycle model)에 근거하고 있다. 생애주기모형은 제11장에서 소개되었는데, 기본적으로 주어진 어떤 연도에서 개인들의 소비와 저축 행위를 그들의 일생 동안의 경제적 여건을 고려하여 계획한 결과로 분석하고 있다. 각 연도에서 여러분이 저축하는 금액은 그해의 소득에만 의존하는 것이 아니라 미래와 과거 소득에도 의존하고 있다. 이제 생애주기모형을 이용하여 조세의 저축의사결정에 대한 영향을 분석하자.

생애주기모형(life-cycle model)

주어진 어떤 연도의 개인들의 소비와 저축행위는 그들의 일생 동안의 경제적 여건을 고려하여 계획한 결과로 분석하는 경제모형.

'현재'(0기)와 '미래'(1기)의 두 기간을 사는 납세자를 생각해보자. 그의 현재소득은 I_0이고, 그의 미래소득은 I_1이라고 하자('현재'는 '근로기간'이고 I_0는 노동소득이고, '미래'는 '퇴임 이후'이고 I_1은 고정 연금소득이라고 생각하면 된다). 그가 직면한 문제는 각 기에 있어서 얼마나 소비할 것인가이다. 납세자가 소비량을 결정할 때, 그는 동시에 얼마나 저축 또는 차입할 것인가를 결정하고 있다. 만약 그의 현재소비가 현재소득을 초과하게 되면, 그는 차입을 해야 한다. 만약 그의 현재소비가 현재소득보다 작다면, 그는 저축을 한다.

저축 의사결정 분석의 첫 단계는 납세자에게 가능한 현재소비(c_0)와 미래소비(c_1)의 조합, 다시 말해서 그의 기간 간 예산선(intertemporal budget constraint)을 서술하는 것이다. 제11장에서 논의된 기간 간 예산선의 중요한 2가지 성질을 위의 예에 대해서 정리하면 다음과 같다.

- 납세자에게 가용한 한 가지 선택은 소득을 각 기간에서 전부 소비하는 것이다. 즉 현재 I_0를 소비하고, 미래에 I_1을 소비하는 것이다. 이러한 소비묶음은 부존자원 점(endowment point)이라고 한다. 기간 간 예산선은 반드시 부존자원 점을 지난다.
- 개인에게 이자율 r로 대여와 차입이 가능하다는 조건하에서 예산선은 기울기의 절댓값이 $(1 + r)$인 직선이 된다.[2]

〈그림 18.7〉에서 납세자의 예산선은 직선 MN으로 표현되어 있다. 물론 예산선은 부존자원 점 A를 지난다. 예산선상의 점들 중에서 납세자가 어떤 점을 선택할 것인가를 설명하기 위해서는 그의 현재소비와 미래소비에 대한 그의 선호를 설명해야 한다. 일반적인 형태의 무차별곡선으로 선호를 표시하였다. 작은 소비량보다 큰 소비량이 더 선호된다는 선호의 단조성을 가정하면, 원점에서 멀리 위치한 무차별곡선이 더 높은 효용에 나타낸다.

예산선 MN하에서 납세자는 E_1을 선택하여서 효용을 극대화한다. 여기에서 그는 현재에 c_0^*을 소비하고 미래에 c_1^*을 소비한다. 이러한 정보를 이용하면, 우리는 쉽게 그가 얼마를 저축할 것인가를 알아낼 수 있다. 그림상에서 그의 현재소득 I_0가 현재소비 c_0^*보다 크며, 그 차이인 $I_0 - c_0^*$가 바로 저축인 것이다.

2 예산선을 수학적으로 도출하기 위해 먼저 납세자가 직면하고 있는 근본적인 제약은 그의 소비의 현재가치가 그의 소득의 현재가치와 같아야 한다는 것임을 인식하자(현재가치에 대한 설명은 제8장을 참조하시오). 그의 소비의 현재가치는 $c_0 + c_1/(1 + r)$이고, 그의 소득흐름의 현재가치는 $I_0 + I_1/(1 + r)$이다. 따라서 그는 $c_0 + c_1/(1 + r) = I_0 + I_1/(1 + r)$을 만족시키는 c_0와 c_1의 묶음 중에서 선택하여야 한다. I_0와 I_1을 외생적으로 주어진 상수로 취급하고, c_1을 c_0의 함수로 표현하면, 예산선은 기울기가 $-(1 + r)$이고 점 (I_0, I_1)을 지남을 쉽게 알 수 있다.

그림 18.7
효용극대화 현재와 미래 소비
납세자는 $I_0 - c_0^*$를 저축함으로써 효용을 극대화한다. 그의 미래소비는 c_1^*이다.

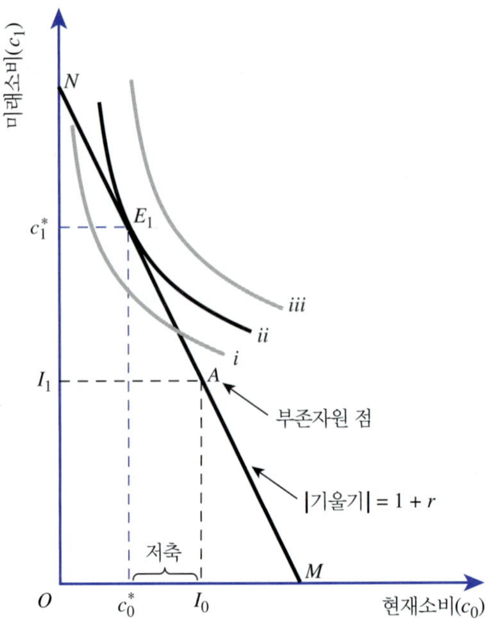

물론 저축하는 것이 항상 합리적인 것은 아니다. 만약 무차별곡선이 A점 아래에서 예산선과 접하였다면, 현재소비는 I_0보다 커지게 되고, 납세자는 오히려 돈을 차입하였을 것이다. 그가 저축을 한다고 가정하고 이후 분석에서 전개하였지만, 동일한 분석기법이 그가 차입자일 경우에도 적용될 수 있다.

우리는 이제 이자소득에 대해서 비례세가 도입되었을 때 저축이 어떻게 영향받게 되는가를 분석한다.[3] 여기에서 차입자가 지불한 이자액이 과세소득에서 공제가 가능한가에 대해서 명확히 하여야 한다. 한국의 개인소득세에서는 일정 요건을 충족하는 국민주택을 위해 차입한 모기지 이자지불에 대해서만 제한적으로 이자지불의 공제가 허용되어 있다. 미국에서는 1986년 조세개혁 이전에는 이자지불액은 일반적으로 공제 가능하였으나, 이후 여러 제약 규정이 도입되었다. 따라서 한국과 미국의 현 세법하에서 모든 개인에게 이자 공제가 일반적으로 허용되고 있다고 가정할 수 없다. 여러 다른 사항들과 함께, 이자 공제 여부는 납세자가 주택소유자인가에 의존하고 있다(좀 더 자세한 내용은 제17장을 참조하시오). 이로 인해, 우리는 공제가 가능한 경우와 아닌 경우 2가지 경우를 모두 분석한다.

경우 I: 이자비용 공제와 이자소득 과세 이자에 대해서 세율 t의 비례세가 부과된 경우 〈그림 18.7〉의 예산선이 어떻게 바뀌게 되는가? 〈그림 18.8〉은 이러한 세금이 부과된 경우를 나타내 주고 있다. 먼저 주목해야 할 점은 조세부과 후에도 부존자원 점 (I_0, I_1)을 여전히 지나야 한다

3 우리는 이자뿐 아니라 임금에 대한 소득세를 고려할 수 있는데, 이럴 경우 중요한 추가적인 통찰력 없이 복잡성만 커지게 된다.

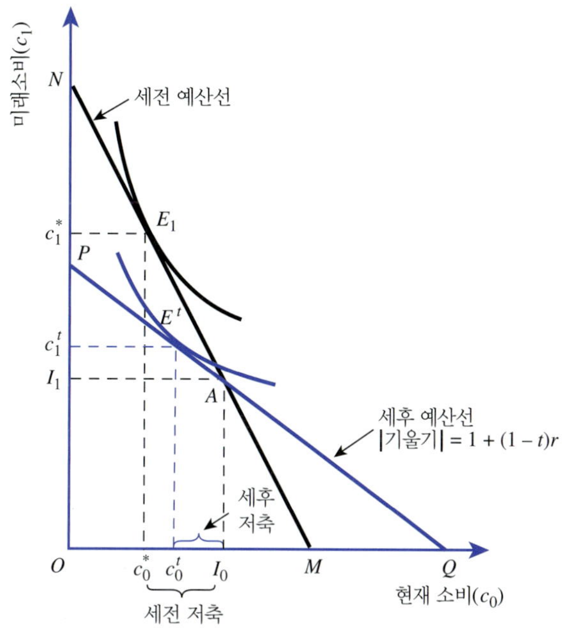

그림 18.8

이자소득 과세와 이자비용 공제 : 저축 감소

만약 이자소득에 과세되고 이자지급액이 소득공제되면, 예산선은 MN에서 PQ로 회전 이동한다. 이러한 예에서 조세는 저축을 감소시키는데, 이는 대체효과가 소득효과보다 크게 발생하였음을 의미한다.

는 점이다. 이는 이자소득세가 존재하든 존재하지 않든 간에, 납세자는 저축도 차입도 하지 않는 점의 선택이 가능하기 때문이다.

저축을 하는 경우, 소세는 저축에 대한 이자율을 r에서 $(1-t)r$로 낮춘다. 따라서 현재소비 1달러의 기회비용이 $[1+(1-t)r]$로 낮아지게 된다. 차입을 하는 경우에는, 이자지급액을 소득공제할 수 있는 것으로 가정하였는데, 1달러의 소득공제의 가치는 t달러가 된다. 따라서 차입금에 대한 유효이자율은 $(1-t)r$이 된다. 따라서 미래소비 단위로 표현된 현재소비를 1달러 증가시키는 것의 기회비용은 $[1+(1-t)r]$이 되게 된다. 따라서 저축의 경우나 차입의 경우 둘 다 세후 예산선의 기울기는 $[1+(1-t)r]$이 된다.

〈그림 18.8〉에서 세후 예산선은 (I_0, I_1)을 지나며, 기울기는 $[1+(1-t)r]$인 직선 PQ로 나타내진다. 세율이 양수인 한, 세후 예산선은 세전 예산선 MN보다 평평하게 된다.

분석을 마무리하기 위해 무차별곡선들을 표시하였다. 새로운 균형점은 E^t로, 현재소비는 c_0^t, 미래소비는 c_1^t이 된다. 앞에서와 마찬가지로, 저축은 현재소득과 저축 간의 차이로 $c_0^tI_0$가 된다. 세후 저축액 $c_0^tI_0$는 세전 저축액 $c_0^*I_0$보다 작음에 주목하자. 이자소득세로 인해 저축이 $c_0^tI_0$만큼 감소하게 된다.

하지만 이자소득세로 인해 저축이 항상 감소하는 것은 아니다. 반대되는 예로 〈그림 18.9〉를 보기 바란다. 이 그림에서 세전 예산선과 세후 예산선은 〈그림 18.8〉에 표시된 것과 동일하며, 세전 균형점도 동일하게 E_1 점에서 나타나고 있다. 하지만 세후 균형점은 E_1의 왼쪽 편에 있는 $\tilde{E}$에서 나타나고 있다. 현재소비는 $\tilde{c}_0$이고, 미래소비는 $\tilde{c}_1$이다. 이 경우, 이자소득세는 저축을 $c_0^*I_0$에서 $\tilde{c}_0^*I_0$로 감소시켰다. 따라서 개인 선호에 따라, 이자소득세가 저축을 증가 또는

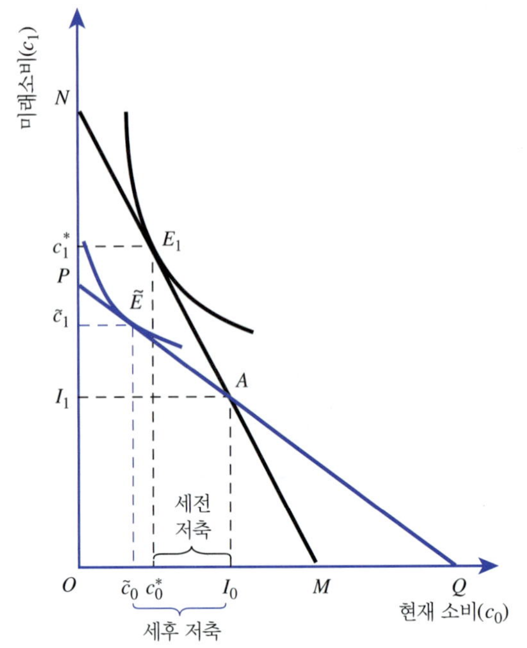

그림 18.9
이자소득 과세와 이자비용 공제 : 저축 증가
이 예에서는 소득효과가 대체효과보다 크게 발생하여, 조세는 저축을 증가시켰다.

감소시킬 수도 있는 것이다.

조세 효과의 모호성은 조세로 인해 서로 반대방향의 2가지 효과가 발생하기 때문이다. 한편으로, 이자소득에 대한 과세는 현재소비의 기회비용을 낮추며, 이로 인해 c_0가 증가하고 저축이 감소한다. 이것을 대체효과라고 하며, 대체효과는 조세가 미래소비로 표시된 현재소비의 기회비용을 변경시킴으로 발생하는 것이다. 다른 한편으로, 이자에 대한 과세로 인해 저축을 하는 사람은 미래소비 목표를 달성하는 것이 어려워지게 된다. 이것을 소득효과라고 하며, 소득효과는 조세가 실질소득을 감소시킴으로써 발생하는 것이다. 만약 현재소비가 정상재라면, 소득의 감소는 c_0를 감소시키고 저축을 증가시킬 것이다. 노동공급의 경우와 마찬가지로, 대체효과와 소득효과 중 어느 것이 더 클 것인가는 이론만으로는 단정할 수 없다.

만약 이자소득세 증가 시 합리적인 사람이 실제로 저축을 증가시킬 수도 있다는 개념이 이상하게 생각된다면, 극단적인 '목표액 저축자'의 예를 살펴보자. 그의 유일한 목표는 더도 말고 덜도 말고 정확히 어떤 주어진 미래소비량을 달성하는 것이라고 하자(아마도 그는 자녀의 대학등록금 마련을 목표로 하고 있을 수 있다). 만약 세율이 인상된다면, 그녀가 그 목표를 달성할 수 있는 유일한 방법은 저축을 증가시키는 것일 뿐이다. 따라서 목표액 저축자라면, 저축액은 세후 이자율의 반대방향으로 움직일 것이다.

경우 II: 이자비용 비공제와 이자소득 과세 이제는 이자소득은 세율 t로 과세되나, 차입자는 이자비용을 과세표준 산정 시 공제할 수 없는 경우를 분석하여보자. 〈그림 18.10〉은 〈그림 18.7〉과 동일한 세전 예산선으로부터 시작하고 있다. 경우 I에서와 마찬가지로, 세후 예산선은 부존

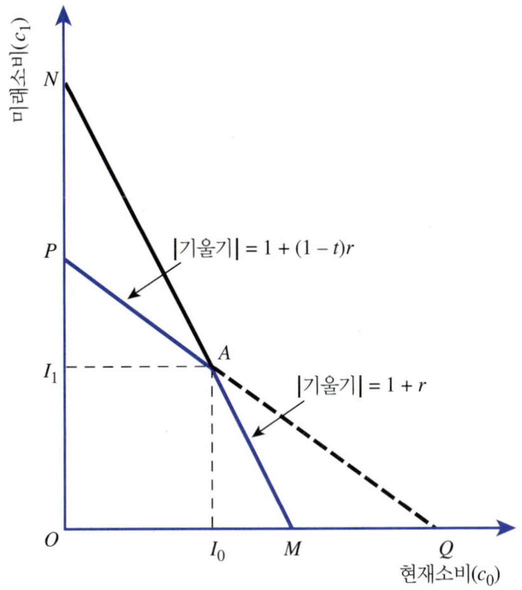

그림 18.10
이자소득 과세와 이자비용 비공제
만약 이자소득은 과세되고 이자지급액은 공제가 되지 않는다면, 예산선은 *MN*에서 *PAM*으로 바뀌게 된다.

자원 점 (I_0, I_1)을 반드시 포함하고 있어야 한다. 이제 부존자원 점에서부터 출발하여 납세자가 저축하여 점 *A*의 왼쪽으로 이동하는 경우를 생각해보자. 이자소득이 과세되기 때문에, 현재 1달러만큼을 저축하면 미래소비가 $[1 + (1 - t)r]$만큼 증가할 것이다. 따라서 점 *A*의 좌측에 있어서 예산선 기울기의 절댓값은 $[1 + (1 - t)r]$이 될 것인데, 이는 〈그림 18.9〉에 표현된 세후 예산선 *PA*와 동일한 것이 될 것이다.

이제 납세자가 차입을 하여 부존자원 점의 오른쪽으로 이동하는 경우를 생각해보자. 이자지불액이 공제되지 않기 때문에, 조세는 차입비용에는 아무런 영향을 주지 않게 된다. 따라서 그가 1달러를 차입하는 비용을 미래소비로 표현하면 $(1 + r)$이 될 것이고 이는 조세가 없는 경우와 동일한 것이다. 따라서 *A*점의 오른쪽에서는 미래소비 단위로 표시된 현재소비를 1달러 증가시키는 기회비용은 $(1 + r)$이 된다. 세후 차입 시 예산선은 세전 예산선 *MN*의 *AM* 부분과 동일하게 된다.

지금까지의 논의를 종합하면, 이자소득에는 과세되고 이자 비용은 공제되지 않을 경우 기간간 예산선은 부존자원 점에서 꺾이게 된다. 예산선 기울기의 절댓값이 부존자원 점 좌측에서는 $[1 + (1 - t)r]$이 되고, 우측에서는 $(1 + r)$이 된다. 이러한 변화의 저축에 대한 효과는 어떠할 것인가? 만약 납세자가 차입자였다면, 조세가 아무런 영향을 주지 않을 것이다. 다시 말해 그가 과세 전 *AM*상에서 효용을 극대화하고 있었다면, 과세 후에도 동일한 점을 선택할 것이다. 다른 한편으로, 그가 과세 전 저축자였다면, 그의 세전 최적점이 세후에는 달성 불가능한 점이 되기 때문에 그의 현재와 미래 소비는 과세로 인해 변경될 것이다. 하지만 〈그림 18.8〉과 〈그림 18.9〉를 이용하여 설명한 바와 같이, 그가 과세 이후 저축을 증가시킬지 아니면 감소시킬지는 불명확하다. 이것은 소득효과와 대체효과의 상대적인 크기에 의존한다.

몇 가지 추가적인 사항 지금까지 논의한 단순한 2기 모형은 현실의 몇 가지 중요한 측면을 누락하고 있다.

- 현재의 분석은 모두 실질가치로 표현된 변수에 대해서 이루어진 것이다. 경제행위를 좌우하는 것은 실질 순수익률이다. 제8장에서 강조한 바와 같이, 시장에서 관찰된 명목이자율을 인플레이션을 고려하여 보정하여야 한다.
- 위의 모형에서 단 하나의 저축상품만이 존재하고, 이자에 대한 과세가 단일세율로 이루어진다고 가정하였다. 현실에는 상이한 세전 수익률을 가진 다양한 금융상품이 존재하고 있다. 더욱이 제17장에서 이미 살펴본 바와 같이, 상이한 금융상품들에 대해 상이한 세율의 과세가 이루어지고 있다. 따라서 지금까지 분석은 현실과는 다소 거리가 있는 지나치게 단순화된 분석이라는 제약점을 지닌다.
- 위의 모형은 민간 저축에만 초점을 두고 있다. 여러 다른 분석 목적을 위해 사용되는 중요한 변수는 정부 저축과 민간 저축의 합으로 정의된 사회 저축이다. 민간 저축과 사회 저축은 반대 방향으로 움직일 수도 있다. 예를 들어, 만약 정부가 이자소득세 세수의 상당부분을 저축한다면, 민간 저축이 감소하는 경우에도 사회 저축은 증가할 수도 있다.
- 어떤 분석가들은 생애주기모형 자체의 유용성에 대해서 문제를 제기한다. 생애주기모형은 사람들은 미래지향적임을 단정적으로 가정하고 있다. 비판자들은 사람들이 근시안적이라고 가정하는 것이 보다 현실적이라고 주장한다. 생애주기모형은 또한 사람들이 현재의 이자율하에서 차입과 저축을 자유롭게 할 수 있다고 가정하고 있다. 생애주기이론의 비판자들은 이론이 가정한 것과 다르게 많은 사람들에게 있어 차입이 불가능함을 지적한다. 물론 생애주기모형 옹호자나 비판자나 100% 옳은 것은 아니다. 주어진 어떤 시기에 어떤 경제주체의 저축 행위는 생애주기모형으로 잘 설명될 수 있고, 다른 경제주체의 저축 행위는 근시안적이거나 다른 제약요인이 작동하는 것으로 더 잘 설명될 수 있다.

생애주기 가설에 대한 여러 논란에도 불구하고, 대부분의 경제학자들은 이것을 현실을 상당히 잘 반영하는 가설로 받아들이고 있다.

18.2.1 조세감면 저축상품

제17장에서 언급한 바와 같이, 일정 요건을 갖춘 납세자들은 조세감면 저축상품에 가입할 수 있다. 조세감면 저축상품들은 구체적인 규정에 있어서 차이점을 가지고 있지만, 몇 가지 중요한 특성을 공유하고 있다. 거의 모든 저축상품에 있어, 저축된 금액은 세전 수익률로 축적이 되고, 연간 저축할 수 있는 금액이 제한되어 있다. 조세정책 논쟁에 있어서 매년 제기되는 문제는 불입액 한도의 인상 여부이다.[4]

이러한 불입액 한도 인상 제안에 대한 논쟁에 있어서 핵심적인 문제는 불입액이 새로운 저

4 미국에서는 2003년에 부시 대통령이 퇴직저축 연간 불입액을 3,000달러에서 7,000달러로 인상하고, 소득에 상관없이 모든 가구에게 퇴직 저축구좌를 허용하자는 제안을 하기도 하였다(미국에서는 현재 고소득 가구는 퇴직저축에 가입할 수 없다).

실증 증거 조세의 저축에 대한 영향

이론 분석의 기본적인 결과는 대체효과와 소득효과의 상대적인 크기에 따라서 조세는 개인 저축을 감소 또는 증가시킬 수도 있다는 것이다. 따라서 조세의 저축에 대한 효과에 대한 실증분석이 요구된다. 이러한 실증분석들은 일반적으로 관찰된 자료들을 이용하여 저축액을 종속변수로, 세후 저축수익률, 가처분소득 그리고 저축에 영향을 미칠 수 있는 다른 변수들을 독립변수로 사용한 계량분석의 형태를 띠고 있다. 만약 계량분석 결과 수익률의 계숫값이 양수라면, 세금 인상이 저축을 저해한다고, 그리고 반대의 경우 세금 인상이 저축을 증가시킨다고 해석한다.

불행히도, 이러한 접근 방법에는 여러 가지 어려움이 존재한다. 예를 들어, 수익률 변화는 측정하기 어려운 미래 경제상황에 대한 기대의 변화와 관련되어 있다. 그리고 기대의 변화는 수익률을 통하지 않고 미래소득에 대한 기대의 변화를 통해 저축에 독립적인 영향을 줄 수도 있다. 이러한 경우, 데이터에서 관찰되는 세후 수익률과 저축 간의 관계가 미래 경제활동에 대한 기대에 의해서 만들어진 것에 불과하고, 실제로는 조세의 효과가 아닐 수도 있다.

이러한 문제점과 다른 문제점들로 인해 경제학자들은 아직까지 조세가 저축에 어떠한 영향을 주는가에 대해서 의견의 일치를 보지 못하고 있다. 여러 연구를 종합하여보면 장기 저축 탄력성은 약 0.29 정도인 것으로 추정된다(Joint Committee on Taxation, 2005).

Selin[2012]은 스웨덴의 자영업자 데이터를 이용하여 조세가 저축에 영향을 준다는 흥미로운 연구결과를 보고하고 있다. 스웨덴은 다른 선진국과 유사하게 개인연금저축 납입액을 소득세에서 공제해줌으로써 개인연금저축을 장려하고 있다. 자영업자 소득은 전체 경제상황의 영향을 강하게 받게 되는데, 경기호황기에 자영업자의 소득은 증가하고 한계세율이 높아지게 되고 이는 연금저축 납입액에 대한 정부보조가 증가함을 의미한다. 이러한 경기변동 – 자영업자의 소득 변화 – 저축의 세후 가격변동 – 저축량이라는 고리를 이용하여 Selin[2012]은 조세가격(납입을 하지 않았을 경우 자영업자의 소득세율)이 1% 증가함에 따라 연금저축납입이 0.5% 증가하는 것으로 추정하였다.

축인가 아니면 사람들이 다른 저축상품에 두었을 돈을 단순히 조세감면 저축구좌로 이전한 것인가라는 문제이다. 이러한 문제에 대해서 연구자들은 매우 상이한 결론에 도달하고 있다. 분석에 있어 발생하는 기본적인 문제는 사람들의 상이한 저축 행동이 선호 차이에 기인하는 것인지 아니면 조세감면 저축의 가용성에 기인하는 것인가를 판별해내는 데 있다. 예를 들어, 시간경과에 따라 어떤 사람들이 조세감면 자산과 기타 자산의 보유를 증가시켰음이 관찰되었다고 하자. 어떤 분석가는 이를 보고 “조세감면 금융상품이 다른 금융상품을 감소시키지 않고 증가하고 있기 때문에, 이는 조세감면 금융상품 불입액이 신규 저축임을 증명한다.”라고 주장한다. 다른 분석가들은 “아니다. 사람들이 저축에 대해 매우 강한 선호를 가지고 있어, 시간 경과에 따라 그들은 모든 종류의 자산의 보유를 늘리고 있다.”라고 해석한다. 실증분석 결과들은 상이한 결과를 보고하고 있다. 최근 연구인 Benjamin[2003]은 조세감면 저축상품이 최소한 어느 정도의 새로운 저축을 유도하고 있음을 발견하였다.

지금까지의 논의에서 우리는 조세감면 저축상품이 구체적으로 어떻게 시행되는가가 그다지 중요하지 않다고 가정하였다. 조세감면 저축구좌인 401(k)의 개설에 대한 아래의 2가지 시나리오를 생각해보자. 첫째로, 해당 구좌는 여러분이 개설 요청 양식을 작성하여 제출할 경우에만 개설이 된다. 둘째로, 해당 구좌는 여러분이 해당 구좌를 개설하지 않겠다는 양식을 작성하는 경우를 제외하고 자동적으로 개설된다. 전통적인 경제학 이론에서는 이 2가지 방식은 동일한 것으로, 여러분이 401(k)를 원하는가를 결정하고 필요한 양식을 작성하기만 하면 된다. 다시 말해, 아무 양식도 작성하지 않을 경우 어떤 선택이 이루어지는가는 상관이 없다. 하지만

Beshears 등[2006]은 위의 2가지 방식 중 어떤 형태로 가입이 이루어지는가가 가입 여부에 중대한 영향을 주고 있음을 발견하였다. 예를 들어, 3개월 이후 가입률은 자동 가입방식을 택한 회사의 경우가 가입신청서를 작성하여야만 가입되는 방식을 택한 회사보다 35%P나 높음이 발견되었다. 2년 뒤에도 자동가입 회사의 가입률이 신청가입 회사의 가입률보다 여전히 25%P 높음이 발견되었다. 아무 일을 하지 않았을 때 무엇이 선택되는가가 저축행위에 중요한 역할을 하고 있음이 관찰되었으며, 이는 이러한 요소가 저축 유인체제 구축 시 고려되어야 함을 의미한다. 좀 더 일반적으로, 이러한 발견은 전통적인 경제학 모형을 넘어 경제학자들이 종종 무시하는 심리학적인 통찰력이 필요함을 의미한다.

18.2.2 조세와 자본의 부족

자본소득에 대한 과세 문제는 중요 정치적 이슈 중 하나이다. 관련된 논쟁의 중심에는 조세가 저축유인을 저해하여 자본 부족을 초래하고 있다는 주장이 있다. 자본 부족이란 자본이 국가의 '필요'를 충족시킬 수 있는 수준에 미달하고 있음을 의미한다.

이러한 주장의 가장 큰 문제점은 우리가 지금까지 살펴본 바와 같이 조세가 저축의 공급을 감소시킬 것인가 자체가 확실하지 않다는 것이다. 논리의 전개를 위해 조세가 저축을 감소시켰다고 가정해보자. 이러한 경우에도, 자본시장이 완전경쟁적인 한 저축의 감소가 투자 재원의 수요와 공급 사이에 차이를 초래하지는 않는다. 대신, 이자율이 수요량과 공급량을 일치시키는 수준으로 조정될 것이다. 하지만 다른 조건이 동일하다면, 새로운 균형에서 투자율 수준이 낮을 것이며 이것이 낮은 생산성 증가로 연결될 수도 있다.

하지만 이러한 방식으로 문제에 접근하는 것은 공정하지 못하다. 생산요소에 대한 어떠한 조세도 균형값을 낮춘다. 효율성에 대한 중요한 문제는 자본소득 과세가 다른 세원조달 방식에 비하여 더 큰 초과부담을 초래하는가이다. 우리는 자본조세가 폐지되는 경우 경제적 효율성이 제고될 수 있는가에 대해 제21장에서 논의할 것이다. 자세한 논의는 제21장으로 미루고, 다만 높은 투자율 자체가 바람직한 목표일 이유는 없다는 점만은 밝혀놓기로 하자. 공리주의적인 분석틀에서, 자본 축적은 개인 후생 증진을 위한 수단이지 목표 자체는 아니니다.

마지막으로, 저축유인이 자본량을 증가시킬 수 있다는 주장은 국내 투자가 국내 저축과 일대일의 관계를 가지고 있다는 전제에 근거하고 있다. 이러한 전제는 국제무역이 없는 폐쇄경제의 경우에는 성립할 것이다. 하지만 개방경제하에서는 국내 저축은 해외로 투자될 수도 있다. 이는 국내 저축 증가를 유도하는 정책이 반드시 국내 투자의 증대로 연결되지 않을 수도 있음을 의미한다. 저축이 국경을 넘어 가장 매력적인 투자기회가 있는 곳으로 자유롭게 흘러가고 있는 만큼, 저축을 통해 투자 증대를 유도할 수 있는 조세정책의 역량은 감소하게 된다.

관련 실증분석에서, 국내 저축이 높은 국가에서 국내 투자가 높은 경향이 있음이 보고되고 있다. 다른 해석도 가능하기는 하지만, 이러한 발견은 완전히 통합된 자본시장에서 기대할 수 있을 만큼 자유롭게 저축이 국가 간에 흘러 다니지는 못함을 의미한다[Kho et al., 2006]. 저축과 국내투자가 연관되어 있는 한, 저축에 영향을 주는 조세정책이 투자에도 영향을 미칠 것임을 기대할 수 있다. 하지만 효과의 크기는 완전폐쇄경제에서 나타날 수 있는 효과보다는 작을 것이다.

18.3 주택 결정

자본 부족에 대한 논의는 주로 기업들이 생산을 위해 사용하는 자본에 관한 것이다. 이러한 기업의 자본 외에도 자가주택이라는 또 다른 중요한 자본 형태가 존재한다. 조세가 전체적인 저축 수준에는 영향을 주지 못하고 있다고 하더라도, 조세가 저축의 배분에는 중요한 영향을 주고 있을 수 있다. 여기에서 미국 세법이 주택투자에 얼마나 호의적인가에 대해서 논의한다. 세제로 인한 자가주택 과잉투자가 2008년 미국 금융위기의 부분적인 원인이었다는 주장을 감안할 때, 세제가 주택 구입에 어떠한 영향을 주고 있는가를 분석하는 것은 매우 중요하다.

소득세의 주택투자에 대한 효과를 예시하여보자. 하와이에 거주하고 있는 이상협은 집을 소유하고 있으며, 이를 임대하기로 결정하였다고 하자. 이로부터 발생하는 순소득은 얼마인가? 그는 임차인으로부터 임대료를 받고, 수리비용과 같은 운영비용을 지출한다. 임대료에서 운영비용을 제한 것을 R이라고 부르자. 이상협은 집 구입을 위해 모기지를 이용하였고, 그의 연간 이자지불액이 I라고 하자. 이러한 이자지급은 사업비용이며, 따라서 순소득을 계산하기 위해서 R에서 공제되어야 한다. 마지막으로 집의 가치가 매년 ΔV만큼 상승한다고 하자. 이것은 자본이득으로, 소득의 한 부분이 된다(만약 집 가치가 하락하면, ΔV는 음수일 것이다. 다시 말해, 자본손실은 소득을 감소시킨다). 이러한 모든 것을 다 합치면, 이상협의 집주인으로서의 순소득 R_{net}는 아래와 같다.

$$R_{net} = R - I + \Delta V$$

전통적인 헤이그-사이먼 원칙에 따른 조세체제하에서는 R_{net}은 이상협의 과세표준의 일부로 포함될 것이다.

이제 임대를 주는 대신에, 이상협과 그의 부인이 그 집에 거주한다고 하자. 집에 거주함으로써, 그들은 집의 시장임대가치와 동일한 편익을 누리게 될 것이다. 물론 운영비용, 모기지 이자 비용, 자본이득 등이 발생할 것이다. 다시 말해서 집에 대해서 R_{net}와 동일한 크기의 귀속 순임대료(imputed net rent)를 받게 될 것이다. 그들이 집에 살든지 아니든지 간에, 그들의 순편익은 R_{net}가 되며, 유일한 차이점은 임대 시에는 임대료를 명시적인 현금으로 받고, 자가 거주 시에는 임대료를 암묵적인 주거 편익 형태로 받는다. 명시적이든 암묵적이든 간에 이것은 여전히 소득이며, H-S 소득 과세하에서는 이는 과세대상이 되어야 한다. 하지만 한국과 미국의 세법하에서는 자신의 집에 거주함으로써 발생하는 귀속 임대료에 대해서는 과세가 되지 않는다.[5] 자가주택의 귀속임대료를 과세대상에서 제외함으로써, 조세체제는 자가주택에 대해서 사실상 보조금을 지급하고 있는 것이다.

제17장에서 이미 자가주택 거주자의 연방 소득세 산정에 있어서 모기지 이자와 재산세 납부액을 공제할 수 있음에 대해서 논의하였음을 상기하자. 미국에서 이러한 공제로 인해 발생한 세수결손은 2011년에 1,020억 달러에 이르고 있다[Joint Committee on Taxation, 2012].

5 자가주택에 대한 또 다른 주요한 과세는 주택에서 발생하는 자본이득에 대한 과세이다. 미국 세법에서 주된 자가주택에서 발생한 자본이득에 대해서는 단독 세무신고의 경우 25만 달러, 공동 세무신고의 경우 50만 달러의 비용공제가 허용된다.

자가주택자에 대한 보조금이 존재하게 되는 근본적인 이유는 모기지 이자와 재산세의 공제가 아니라 귀속 임대료가 세원에 포함되지 못하였음에 있다. 실제로 귀속임대료가 세원에 포함되었다면, 임대료 수입을 얻기 위한 사업비용으로 볼 수 있는 모기지 이자와 재산세는 합당한 공제 대상 항목들이다. 근본적인 문제는 귀속임대료를 세원에 포함하지 못함에 있는 것이다.

귀속 순임대료를 과세대상에서 제외함으로써, 사실상 세법은 주택소유의 가격을 낮추었고 자가주택의 수요를 증대시켰다. Poterba와 Sinai[2008]의 추정치에 의하면, 귀속 순임대료를 과세대상에서 제외함으로써 중산층 가계의 자가주택 비용이 약 12.5% 감소하였다. 주택의 장기 가격탄력성이 약 −1.0이라고 가정한다면, 이러한 추정치는 귀속 순임대료를 과세대상으로 포함하는 경우 자가주택의 소비량은 12.5% 감소하게 될 것임을 의미한다.

암묵적인 보조금은 사람들이 얼마나 주택을 구입하는가에 영향을 줄 뿐 아니라 그들이 소유자가 될 것인가 아니면 임차인이 될 것인가에도 영향을 준다. 제2차 세계대전 이후 미국 가구의 48%가 자가주택에서 거주하였는데, 그 수치는 이제 68%로 증가하였다[US Department of Housing and Urban Development and US Department of Commerce, 2008]. 같은 기간 동안, 많은 납세자들의 한계세율은 증가하였고, 이로 인해 자가주택에 대한 암묵적인 보조금의 매력도 증가하였다. 물론 주택 보유·거주 형태에 영향을 줄 수 있는 다른 요인들(예를 들어, 소득)도 변화하고 있었다. 하지만 다수의 관련 논문들은 조세가 자가주택 증가의 중요한 요인이었다는 결론을 내리고 있다[Gervais, 2002].

18.3.1 개혁 제안

제5장의 '양의 외부성'에 대한 설명에서, 자가주택 보조금의 장점과 단점을 이미 논의하였다. 주요한 결론은 외부성의 관점에서 보조금은 합리화되기 어렵다는 것이다. 물론 자가주택자가 임차인에 비하여 자신의 재산과 정원을 보다 잘 관리하려는 유인을 가지고 있다는 증거는 존재하고 있기는 하지만, 자가주택 주변에 거주함으로써 얻어지는 외부성이 보조금을 합리화시킬 수 있을 만큼 크지는 않다[Glaeser and Shapiro, 2003]. 더욱이 자가주택이 진정 양의 외부성을 창출해내고 있는가도 불명확하다.

James Poterba 교수는 자가주택 자체가 외부성을 초래하는 것인지 아니면 자가주택을 소유하고 있는 사람들이 외부성을 초래하는 것인지를 구분해내는 것이 매우 어려움을 지적하였다 (Poter[2005]에서 인용).

보조금의 가치는 소득이 커질수록 커진다. 실제로 모기지 이자 공제 관련 조세지출의 78%가 10만 달러 이상의 고소득자들 몫이 되고 있다[Joint Committee on Taxation, 2012, p. 53]. 따라서 이것이 소득분배를 개선하고 있다고 주장할 수 없다. 보조금은 또한 지역적으로 캘리포니아에 집중되어 있다[Sinai and Gyourko, 2004]. 이러한 점에 비추어서, 주택에 대한 연방세법을 개정하자는 주장이 제기되고 있다. 가장 급진적인 개혁안은 귀속 순임대료를 과세대상으로 포함하자는 것이다. 이러한 개혁은 정책당국이 각 주택의 잠재 시장임대 가치를 결정하여 고시하여야 하기 때문에 조세 행정상의 문제가 초래될 가능성이 매우 높다. 어찌 되었든, 벨기에나 네덜란드와 같은 몇몇 유럽 국가에서는 귀속 임대소득의 일부가 과세되고 있다.

귀속임대에 대한 과세가 정치적으로 가능해 보이지는 않는다. 과세가 되면 주택소유자들은 그들의 주택을 자신의 재원을 끊임없이 빼앗아가는 배출구로 생각할 것이다. 투표권자의 절반 정도를 차지하는 주택소유자들에게 귀속 임대소득 과세를 설득해내기 어려울 것이다.

대신에 고소득자에 대해서 모기지 이자와 재산세 공제의 가치를 줄이는 데 초점을 둔 개혁안들이 제시되어왔다. 한 가지 가능성은 이러한 공제를 폐지하는 것이다. 재산세 공제의 철폐는 정치적으로 논의된 바는 있지만 법제화 단계까지 진전된 적은 없었다. 더욱이 모기지 이자 공제 폐지를 감히 공식적으로 언급하는 정치인은 없었다.

모기지 이자와 재산세 공제 폐지 대신, 공제액에 상한을 두거나 소득공제를 세액공제로 전환할 수 있다. 실제로 미국의 대통령직속 연방세개혁자문위원회는 이자에 대한 소득공제를 이자의 15% 세액공제로 전환하자고 제안하였다. 소득공제에서 세액공제로 전환하게 되면, 고소득자에 대한 혜택은 감소하고 저소득자의 혜택은 증가하게 된다.[6] 하지만 이러한 제안은 정치인들의 관심을 얻지 못하였다. 2009년 미국 오바마 대통령은 고소득자의 공제비율을 세율인 33% 대신 28%를 적용하자고 제안하기도 하였다.

주택 과세에 대한 논쟁에서 많은 사람들은 암묵적으로 귀속임대료의 과세가 가장 효율적인 해결책으로 가정하고 있다. 이러한 과세가 이루어질 경우 세율은 어느 수준으로 정해져야 하는가? 제16장에서 논의한 최적조세이론에 따르면, 정액세를 제외하는 경우 효율성 극대화 세율 설정은 일반적으로 해당 재화의 수요와 공급 탄력성에 좌우된다. 귀속임대료에 대한 세율이 0 이상일 것이지만, 적정한 세율이 얼마가 되어야 하는가는 향후 연구과제이다.

18.4 금융자산 구성

조세는 사람들의 자산 총규모에 영향을 줄 뿐 아니라, 사산 구성에도 영향을 준다. 낮은 과세가(특히 자본소득에 대한 낮은 과세) 위험자산 투자를 유도할 수 있다고 종종 주장된다. 《월 스트리트 저널》[2001, p. A18]의 사설에서 "높은 한계세율은 … 위험 감수 유인을 … 감소시킨다." 라고 주장되었다. 이러한 주장은 그럴듯해 보인다. 소득의 일부가 과세당국에게 빼앗긴다면 왜 위험을 감수하면서 위험자산에 투자하겠는가? 하지만 조세와 위험자산 투자 간의 문제는 이러한 주장이 생각하는 것만큼 단순하지 않다.

조세와 자산구성 간의 관계에 대한 대부분의 현대 이론은 이 분야를 개척한 논문인 Tobin [1958]에서 출발한다. Tobin의 모형에서, 개인들은 기대수익률과 수익률의 위험도라는 자산의 2가지 성격에 근거해서 투자 여부를 결정한다. 다른 조건이 동일하다면, 투자자는 수익률이 높은 자산을 선호한다. 동시에 투자자들은 위험을 싫어하고, 다른 조건이 동일하다면, 안전한 자산을 선호한다.

2가지 자산이 존재한다고 하자. 첫 번째 자산은 위험이 없고 수익률은 0이라고 하자(인플레이션이 없는 경제에서 화폐를 보유하고 있는 것을 상상하시오). 두 번째 자산은 채권으로 수익률은 양이지만 위험이 존재한다고 하자. 위험이란 투자자에게 손실을 야기하는 가격하락 발생 가능성을 의미한다.

6 소득분배 개선이 목적이라면 이러한 소득공제의 세액공제 전환 대신 누진세율의 적용도 가능하다.

투자자는 두 자산의 배합을 선택함으로써 전체 자산 구성(portfolio)의 수익과 위험을 조정할 수 있다. 한 극단은 안전자산만을 보유하여 수익도 없고 위험도 없는 자산 구성을 선택하는 것이다. 또 다른 극단은 위험자산만을 보유하는 것이다. 전형적인 투자자는 위험과 수익률에 대한 자신의 선호에 부합하는 위험자산과 안전자산의 적절한 배합을 선택할 것이다.

이제 자산의 수익률에 대해서 비례세가 부과되었다고 하자. 또한 개인들이 모든 손실을 과세표준에서 제하는 것이 허용되는 **완전 손실 차감**(full loss offset)이 적용된다고 하자(어느 정도까지는, 현재의 미국 제도는 이러하다. 제17장을 참조하시오). 안전자산의 수익률이 0이기 때문에, 과세가 수익률에 영향을 주지 못하고 과세 후에도 여전히 수익률은 0일 것이다. 반대로, 위험자산의 기대수익률은 양이고, 과세로 인해 기대수익률이 감소하게 된다. 조세가 안전자산에 대비한 위험자산의 매력을 감소시킨 것처럼 보인다.

완전 손실 차감(full loss offset)

개인이 과세표준에서 자산에서 발생한 모든 손실의 공제를 허용하는 것.

하지만 조세는 위험자산의 수익률을 낮춤과 동시에 위험도도 낮춘다. 왜 그러한가? 사실상 조세의 도입은 정부가 투자자의 암묵적 파트너(silent partner)로 참여하게 됨을 의미한다. 만약 투자자가 (양의 수익률을 올린다는 의미에서) 성공하게 되면, 정부는 이득을 나누어 가진다. 하지만 손실차감 규정에 의해서 투자자가 손실을 입게 되면 정부는 그 손실을 분담한다. 예를 들어, 개인이 투자에서 100달러의 손실을 보았다고 하자. 만약 세율이 35%라면, 그는 과세표준이 100달러 줄어들고 세부담은 35달러 감소하게 된다. 투자의 손실은 100달러이지만, 투자자의 손실은 65달러인 것이다. 요약하자면, 조세의 도입은 높은 수익은 덜 높게 낮은 수익은 덜 낮게 만들어 수익률의 분산을 낮추게 된다. 따라서 조세는 기대수익률을 낮추어 위험자산의 매력을 낮추지만, 동시에 위험도를 낮추어 위험자산의 매력을 높이기도 한다. 만약 후자의 효과가 더 크다면, 조세는 위험자산을 오히려 더 바람직한 것으로 만들 수도 있다.

이러한 논의에서 중요한 가정 중 하나는 무위험자산이 존재한다는 것이다. 이러한 가정은 현실적이지 못한 가정이다. 물가상승률이 얼마가 될지 아무도 모르는 경제하에서는, 화폐의 수익률 자체도 위험하다. 하지만 무위험자산이 존재하지 않는 경우에도 위의 논의의 주요 결론들은 여전히 성립한다. 과세가 수익률뿐만 아니라 위험도도 낮추기 때문에 조세의 자산 구성에 대한 효과는 모호한 것이다.

관련 실증분석에서 이론의 모호성을 해결하기는 매우 어렵다. 중요한 문제점 중 하나는 사람들이 보유하고 있는 자산 구성에 대한 믿을 만한 정보를 수집하기 어렵다는 것이다. 개인들은 설문조사가 이루어지는 시점에서 자신이 보유한 자산의 정확한 가치를 알지 못하기 때문에 정확히 답변하지 못할 수도 있다. 또는 사람들은 자신의 응답이 과세당국에게 보고될 수도 있다는 두려움으로 의도적으로 자산상태를 왜곡 보고할 수도 있다. 상당히 믿을 만한 데이터를 이용한 논문인 Poterba와 Samwick[2003]은 총재산을 포함한 다른 조건이 동일하다면 높은 한계세율에 직면해 있는 투자자들의 위험자산인 일반주식 보유 확률이 더 높음을 발견하였다. 이러한 발견은 조세가 위험 감수를 높이고 있음을 최소한 잠정적으로 입증하는 것이다. 하지만 조세와 위험 감수에 관련된 이슈가 아직까지 해결된 것은 결코 아니다.

18.5 정책과 탄력성

많은 학자들의 연구에도 불구하고, 소득세의 여러 중요 경제행위에 대한 효과는 아직까지도 명확하게 밝혀지지 않았다. '전문가'에 따라 정책입안자에게 전혀 상반된 정책자문을 하기도 한다. 이러한 상황에서 정책입안자들은 경제주체의 행동방식에 대한 여러 가정 중에서 자신의 목표에 부합하는 가정들을 의도적으로 채택할 것이다. 일반화의 위험은 있지만 대체로 진보주의자는 사람들의 경제행위는 조세에 민감하게 반응하지 않는다는 관점을, 보수주의자는 이와 반대되는 관점을 지니고 있다고 말할 수 있다. 진보주의자는 그들이 "황금알을 낳는 거위를 죽이고 있다"는 비난을 덜 받으면서 자신들이 주장하는 보다 광범위한 공공부문 활동에 필요한 재원을 마련하기 위해서 낮은 탄력성 가정을 선호한다. 이와 반대로, 보수주의자는 높은 탄력성 가정하에서 조세의 비효율성 비용이 높아져 자신들의 조세 인하 또는 일정 수준 이하 유지 주장의 설득력이 높아지기 때문에 높은 탄력성을 가정하기를 좋아한다. 따라서 언론인, 정치인, 그리고 경제학자들이 조세가 어떻게 유인에 영향을 주는가에 대한 강한 주장을 펼칠 때, 그들의 숨겨진 의제가 무엇인지를 고려하여 그들의 주장을 평가하여야 한다.

심화 과정을 위한 추천 논문과 저서

아래의 논문은 세후수익률이 저축에 주는 효과에 대한 기존 문헌을 조사 정리하였다. 다양한 연구결과가 방법론과 함께 소개되어 있다. *Handbook of Public Economics*는 대학원 수준으로 재정학의 각종 이슈들을 잘 정리한 책자이다.

- Bernheim, B. Douglas. 2002. "Taxation and Saving." In *Handbook of Public Economics*, Volume 3, edited by Alan J. Auerbach and Martin Feldstein. Amsterdam: Elsevier: pp. 1173–1249.

최근 경제학에서 사용되는 심리학적인 방법론에 대해서는 아래의 미시경제학 교재의 제5장을 보면 쉽게 설명되고 있다.

- Pindyck and Rubinfeld (2004), *Microeconomics*, 6th ed., Prentice Hall.

저축과 투자 간의 관계에 대해서는 다음의 두 논문을 보면 된다. 첫 번째 것은 교재에서 인용된 최신 논문이고, 두 번째 것은 이러한 접근이 최초로 취해진 논문이다. 관련된 이슈가 두 번째 논문의 저자 이름을 따라 Feldstein-Horioka puzzle이라고 불리기도 한다.

- Kho, Bon-Chan, Rene M. Stulz, and Francis E. Warnock. 2006. "Financial Globalization, Governance, and the Evolution of the Home Bias." Working Paper No. 12389. Cambridge, MA: National Bureau of Economic Research.
- Feldstein, Martin, and Horioka, Charles. 1980. "Domestic Saving and International Capital Flows," *The Economic Journal* vol. 90, pp. 314–329.

요약

- 개인소득세는 노동공급, 저축, 자가주택 소비, 자산 구성 등 여러 경제적 의사결정에 영향을 준다. 조세의 경제행위에 대한 영향 분석은 공공정책의 여러 분야들 중에서 가장 논란이 많은 부분이다.
- 노동공급에 대한 계량분석에서 세후임금률 변화에 대해 장년층 남성의 근로시간은 아주 소폭만의 반응을 나타내고 있으며, 여성의 노동시간은 보다 민감하게 반응하는 것으로 나타나고 있다.
- 소득과세는 인적자본투자를 증가, 감소, 또는 변화시키지 않을 수도 있다. 어떠한 결과가 발생할 것인가는 부분적으로 조세가 근로시간에 어떠한 영향을 주는가에 의해 좌우된다.
- 세율의 세수에 대한 영향은 세율 변화에 대한 노동공급의 반응과 과세·비과세 소득 간의 대체 용이성에 의존한다.
- 저축에 대한 조세의 영향은 생애주기모형을 이용하여 분석될 수 있다. 생애주기모형은 특정 연도의 소비와 저축이 개인의 생애 재원을 고려하여 결정된다고 가정한다. 이자소득세를 과세하면, 현재소비의 기회비용을 감소시켜 저축을 감소시킨다(대체효과). 하지만 이러한 조세가 동시에 총생애 재원을 감소시켜 현재소비를 감소시키고 저축을 증가시킨다(소득효과). 저축에 대한 순효과는 실증분석에서 답해질 수 있는 문제이다.
- 저축행위에 대한 계량분석에는 개념상의 문제와 현실적인 어려움이 존재한다. 결과적으로, 조세가 저축에 미치는 영향에 대한 의견 일치가 이루어지지 못하고 있다.
- 개인소득세는 자가주택의 귀속 임대료를 과세대상에서 제외하고 있다. 이로 인해, 자가주택자의 비중과 자가주택의 수가 증가하고 있다.
- 조세의 자산 구성에 대한 효과는 이론적으로 모호하다. 조세가 위험자산의 기대수익률을 낮추지만 동시에 위험도도 낮춘다. 이러한 상반되는 영향의 순효과는 아직까지 실증분석에서 명확하게 밝혀지지 못하였다.

연습문제

1. 대부분의 학자들은 어떤 한 국가에 있어서 세율의 인하가 세수 증대로 연결될 것으로 생각하지는 않는다. 그런데 최근 한 도시에 대한 실증 연구에서 지방세율 인하 시 지방세수가 증대하였음이 관찰되었다[Haughwout et al., 2004]. 왜 국가 전체에 대해서는 세율 인하가 세수 증대로는 연결되지 못하고, 한 도시의 지방세율 인하가 지방세수 증가로 연결될 수 있겠는가?

2. 소득세로 인한 소득 감소가 세수로 구입된 공공 서비스의 편익으로 상쇄되고 있다는 관점을 납세자들이 가지고 있다고 하자. 이러한 관점하에서 노동공급이 어떻게 영향을 받겠는가? (힌트: 근로시간의 변화를 소득효과와 대체효과로 나누어서 생각하시오.)

3. 한국과 미국의 현행 세법상, 고용주의 건강보험 기여금은 과세대상에 포함되지 않는다. 무차별곡선을 사용하여 이러한 고용주의 건강보험 기여금에 대해서 비과세 혜택이 폐지될 경우를 분석하여보시오. (힌트: 개인이 '건강관리'와 '다른 재화'라는 2가지 재화를 소비하고 있는 것으로 생각하시오. 그리고 비과세 혜택 폐지가 가격에 어떠한 영향을 주는가를 대체효과, 소득효과로 나누어서 생각하시오.)

4. 한국에서 2005년에 개인소득세의 한계세율구조가 9%, 18%, 27%, 36%에서 8%, 17%, 16%, 35%로 각각 1%P씩 인하되었다. 이러한 세법개정이 노동공급, 저축, 세수에 어떻게 영향을 주겠는가? 소득계층별로 차별적인 효과는 어떻게 나타날 것이며, 소득분배에 미치는 영향은 어떠하겠는가?

5. 2003년에 프랑스 재무장관은 조세감면 저축상품의 이자를 3%에서 2.5%로 낮추겠다고 발표하였다. 이러한 제안의 목표는 소비지출의 증대를 유도하기 위한 것이었다. 생애주기모형을 이용하여, 이러한 제안이 목표를 달성할 수 있겠는가에 대해서 논의하시오.

6. 노벨상 수상자 에드워드 프레스콧은 "유럽에서의 세율 인상은 세수증대로 연결되지 못할 것이다."라고 언급하였다[Prescott, 2004b]. 이러한 언급이 참이기 위해서는 어떠한 조건이 만족되어야 하는가?

7. 이자율 하락에 대해서 한 금융전문가가 "이러한 낮은 수익률을 보상하기 위해서 매달 조금 더 저축하도록 목표를 세우십시오."라고 제언하였다[Clements, 2003]. 생애주기모형을 이용하여 합리적인 사람이 이러한 제언을 따라야 하는지에 대해서 평가하시오. 만약 그렇다면, 이러한 개인의 저축공급곡선은 어떠한 모양을 하고 있어야 하는가?

8. 어떤 학생이 이메일을 통해 다음과 같은 질문을 보내왔다. "자신 소유의 집에 거주하는 개인은 임차인으로부터 임대료를 받는 것을 포기한 것입니다. 이러한 포기된 임대료는 주택소유자에게는 기회비용을 의미하고, 헤이그-사이먼 소득 정의하에서는 과세되어서는 안 됩니다." 이러한 주장을 평가하시오.

9. 어떤 한 경제에서 노동공급(S)이 아래와 같이 주어졌다.

$$S = -100 + 200w_n$$

위의 식에서 w_n은 세후임금률이다. 세전임금률이 10으로 고정되어 있다고 가정하자.

a. 세수를 세율(t)의 함수로 표현하시오. 그리고 이 함수를 가로축에 세율, 세로축에 세수를 놓은 평면에 그래프로 표시하시오[힌트: $w_n = (1-t)10$으로 표현될 수 있고, 세수는 근로시간, 총임금, 세율의 곱과 같다]. 정부가 현재 70%의 세율로 과세하고 있다면, 어떻게 하는 것이 바람직하겠는가?

b. 이 경제에서 어떤 세율에서 세수가 극대화되겠는가?

c. 세율 70%하에서의 노동공급 탄력성과 b에서 구한 세수 극대화 세율하에서의 노동공급 탄력성을 계산하시오.

10. Feldstein[2008b]에 따르면 미국에서 2008년 한시적으로 1회만 시행된 세금 환급의 10% 내지 20%만이 즉시 지출되었다고 한다. 〈그림 18.7〉의 생애주기모형 그래프를 이용하여, 이러한 결과가 어떻게 예측될 수 있었는지 논의하시오. (힌트: 한시적 1회 세금 환급이 부존자원 점과 예산선을 어떻게 변화시키는가를 생각해보시오. 이것을 항구적인 세금 변화의 효과와 비교하여보시오.)

11. 제13장에서 논의된 근로장려세제(EITC)에 대한 문제이다. 근로장려세제를 보다 가족친화적으로 개혁하자는 주장이 있다. 근로장려세제의 자녀세액공제를 대폭 인상시키자는 주장인데, 이러한 경우 저소득 가계의 예산선은 어떻게 변할 것인가? 노동공급은 어떠한 영향을 받게 될 것인가?

12. [행정고시 2차 2011년 기출문제] 다음은 근로소득세가 노동공급에 미치는 효과에 관한 문제들이다. (단, 여가는 정상재라고 가정한다.)

a. 단일세율의 근로소득세 부과가 노동공급에 미치는 효과를 분석하시오.

b. 단일세율의 근로소득세를 면세점이 있는 선형 누진소득세로 전환하였을 때 노동공급에 미치는 효과는 어떻게 달라지는지 분석하시오.

13. [행정고시 2차 2012년 기출문제] 조세는 개인의 자산 구성에도 영향을 줄 수 있다. 현재 A, B 두 자산이 있다. 자산 A는 무위험 자산으로 수익률은 0이며, 자산 B는 위험 자산으로 수익률이 -10%일 확률이 1/2이고 수익률이 20%가 될 확률도 1/2이다. 한 개인이 현재 위험 자산에 1/3, 무위험 자산에 2/3를 투자하고 있다.

a. 이제 정부가 소득세를 도입하여 소득의 50%를 징수하고 손실이 날 경우는 정부가 손실의 50%를 보상해준다. 이때 위험 자산과 무위험 자산의 선택 비율은 어떻게 변할지 그래프와 수식을 이용하여 설명하시오.

b. 만약 투자로부터 얻은 손실에 대해서는 정부가 보상해주지 않고 수익에만 과세한다면 a의 답은 어떻게 바뀌는지 그래프를 이용하여 설명하시오.

c. a와 b를 통해 우리나라가 상장주식양도차익에 대한 과세 제도를 도입한 경우를 상정하여 바람직한 손실보상 방안에 대해 논하시오.

14. [행정고시 2차 2019년 기출문제] 다음과 같은 수요함수와 공급함수를 가진 노동시장을 가정하자.

> 노동수요: $w = \overline{w}\ (\overline{w} > 0)$
>
> 노동공급: $L^S = aw\ (a > 0)$

이러한 노동시장에 정부가 τ의 세율($0 < \tau < 1$)로 근로소득세를 도입했다. 근로소득세의 도입 효과에 대한 다음의

물음에 답하시오.

a. 근로소득세 도입 이전과 이후의 균형임금(w^*)과 균형 노동시간(L^*)을 각각 구하고, 근로소득세 도입으로 인해 발생하는 사중손실(deadweight loss, DL)을 그림으로 나타내시오.

b. 근로소득세로부터 얻는 세수(tax revenue, TR)와 근로소득세가 유발하는 사중손실을 근로소득세율(τ)의 함수로 나타내시오.

c. 정부는 근로소득세를 거두어서 공공재를 공급하므로 사회후생(social welfare, SW)은 세수의 증가함수이다. 그렇지만 근로소득세의 도입으로 사중손실이 발생하기 때문에 사중손실과는 부(−)의 관계가 있다. 이런 관계를 반영하여 사회후생함수를 다음과 같이 정의할 때, 물음에 답하시오.

$$SW = TR - b \times DL \quad (b > 0)$$

i. 사회후생을 극대화하는 최적 근로소득세율(τ^*)을 도출하시오.

ii. 사회후생함수에서 b의 의미를 기술하고, b가 증가할 때 최적 근로소득세율을 어떻게 조정해야 하는지 논하시오.

iii. $a = 1$, $b = 2$일 때, 노동생산성의 증가가 사회후생에 미치는 영향을 분석하시오.

Chapter 19

법인세

> 아마 내가 이 말을 하고 나면 나 자신을 책망할 테지만, 우리 조세체제에서 법인세가 정당화하기 매우 어렵다는 사실을 우리는 언제쯤 용기 내서 말할 수 있게 될 것인가?
>
> — 레이건, 전 미국 대통령

2010년 미국에서 GDP의 48%인 약 7조 달러가 비금융 법인으로부터 창출되었다[Economic Report of the President, 2012, p. 336]. 법인이란 소유권이 이전 가능한 주식으로 되어 있는 기업 형태를 의미한다. 주주는 법인의 행위에 대해서 인수한 주식 가액에 한정된 유한책임만을 진다. 법인은 독립적인 법적 주체로, 계약을 체결하고, 재산을 소유하고, 부채를 발행하고, 소송하거나 소송을 낭할 수 있다.

자본주의 시장경제에서 **주식회사**(corporation)가 주된 기업조직 형태가 된 주요한 2가지 원인은 유한책임을 통한 다수로부터의 자본 조달과 소유·경영 분리를 통한 운영효율성 개선에서 찾을 수 있다. 이러한 장점에 덧붙여, 주식회사는 다수의 소액 자본 소유자를 만들어내어 형평성을 개선하는 효과를 지니고 있다. 하지만 주식회사에서 대주주가 피라미드식 소유권과 경영을 통해 자신의 지분보다 비대칭적으로 큰 지배력을 행사하고 있어, 대주주와 소액 주주 간의 이해갈등이 나타날 수도 있다[La Porta et al., 1999].

주식회사(corporation, 법인)
주주(소유자)는 유한책임만을 지는 독립적 법적 지위를 지닌 국가 승인의 기업 형태.

자연인처럼, 법인은 소득에 대해서 세금을 납부한다. 2017년 한국의 법인세수는 약 59조 원으로 총국세 수입의 22.3%를 차지하고 있다[조세개요, 2018]. 미국의 법인세수는 연방세수의 약 8%를 차지하고 있다[Economic Report of the President, 2012, p. 413]. 이 장에서는 법인세 구조를 살펴보고, 법인세의 자원배분에 대한 영향을 분석한다.

먼저 법인에 대한 별도의 세제가 합당한 일인가라는 질문으로부터 분석을 시작하자. 명백하게, 법적인 관점에서 보면 법인도 사람이다. 하지만 경제적인 관점에서 보면 이러한 개념은 합당하지 않다. 제14장에서 강조하였던 바와 같이, 궁극적으로 세금부담은 사람만이 할 수 있다. 만약 그렇다면 왜 법인의 활동에 특별한 세금이 부과되는가? 법인소득세를 없애고, 법인 소유자에게 개인소득세를 부과하면 되지 않는가?

독립적인 법인세 존재에 대해 몇 가지 근거가 제시되었다. 첫째로, 앞에서 이야기한 관점과 상반되게 법인은—특히 대규모의 법인은—구분되는 독자적인 존재로 볼 수 있다. 대규모 법인에는 수천 명의 주주가 존재하며, 경영자는 주주(소유자)의 아주 느슨한 통제만을 받는다.

대부분의 경제학자들은 대규모 법인에서 소유와 경영이 분리되어 있어 법인이 어떻게 작동하는가를 이해하는 데 어려움이 있다는 데 동의할 것이다. 법인이 독자적인 존재라면 이에 대해서 따로 과세하는 것이 타당할 수도 있다. 하지만 이러한 과세가 반드시 별도 형태의 과세여야 하는 것은 아니다.

법인세 존재에 대한 두 번째 근거는 법인이 사회로부터 몇 가지 특권을 부여받았다는 점이다. 부여받은 가장 중요한 특권은 주주의 유한책임이며, 법인세를 이러한 특권에 대한 사용자 비용으로 보려는 관점이 있다. 그러면 법인세수 규모가 대략적으로 이러한 특혜의 편익에 상응하는가? 그렇다고 믿을 만한 근거는 없다. 더욱이 개인들의 소액자본을 효율적으로 모집할 수 있는 기업 형태를 허용하는 법안의 제공 대가로 법인세 과세를 보는 것은 다른 법안과의 형평성에도 문제가 있다. 어떤 편익을 제공할 수 있는 다른 법안들에는 이에 상응하는 과세가 없으면서, 왜 주식회사법은 이에 상응하는 과세가 있어야 하는가?

법인세의 마지막 근거는 법인세가 개인소득세의 완결성을 위해서 존재한다는 것이다. 어떤 해의 법인소득 중 칼의 몫이 1만 달러라고 가정하자. 경제학자의 표준적인 소득 정의에 따르면, 이러한 1만 달러는 사내에 유보되든지 아니면 칼에게 지불되든지 간에 소득이다. 만약 1만 달러가 지불되었다면, 개인소득세의 과세대상이 될 것이다. 만약 법인세가 없고 이 금액이 사내에 유보되었다면, 1만 달러에 대한 과세는 없게 된다. 이는 법인세가 없다면, 칼은 법인 내에 소득을 축적함으로써 세금부담을 줄일 수 있음을 의미한다. 물론 사내유보된 소득은 언젠가는 궁극적으로 칼에게 지불될 것이고 그때 과세가 될 것이다. 하지만 그때까지 1만 달러는 세전 수익률로 증가하게 될 것이다. 세금의 연기는 세금의 절약을 의미한다는 제17장의 논의를 상기하시오.

법인소득 비과세가 개인에게 조세회피 기회를 제공한다는 것은 명백한 사실이다. 하지만 법인에 대한 특별한 과세가 법인 내에 유보 소득을 세원에 포함하는 유일한 방법은 아니다. 이 장의 마지막에서 많은 경제학자들이 법인세보다 우월한 것으로 생각하는 대안들에 대해서 논의할 것이다.

19.1 법인세 구조

한국의 법인세는 다음과 같은 방식으로 산정된다. 먼저 총수입에서 인건비, 이자비용, 감가상각비 등을 포함한 총비용을 빼서 사업연도 소득을 계산하고 여기에서 5년 내 발생한 이월결손금, 비과세소득, 소득공제액 등을 공제하여 과세표준을 계산한다. 여기에 2010년 현재 2억 원 이하에 10%, 2억 원 이상에 22%의 세율을 적용하여 산출세액을 산정한다. 산출세액에서 연구개발비세액공제, 중소기업투자세액공제, 외국납부세액공제, 재해손실세액공제 등을 세액공제하여 결정세액을 산정한다.

미국의 법인세도 한국과 유사한 구조를 가지고 있다. 법인세율은 누진구조로 되어 있는데, 현재의 법인세 세율은 최저 15%, 최고 35%(1,000만 달러 이상에 대해 적용)이다. 미국의 거의 모든 법인에 적용되는 세율이 35%이기 때문에 평률 35%라고 생각해도 큰 무리가 없다. 현재

그림 19.1 주요 20개국의 법정 법인세율 추이, 1980~2018년

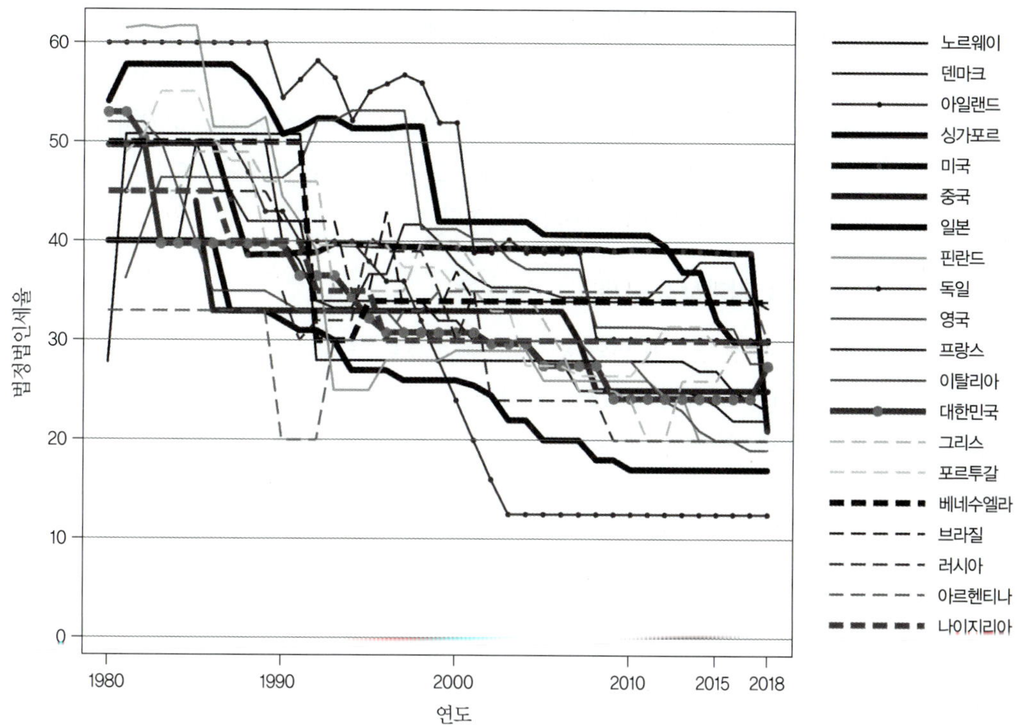

자료: OECD Statistics, 최근 연도 데이터는 Ernst & Young.
* 다양한 경제 성과를 보이고 있는 주요 20개국의 1980~2018년의 법정 법인세율 추이

의 세율 35%는 역사적으로 보면 낮은 것이다. 1986년 세법개정으로 세율이 46%에서 34%로 낮추어졌고, 1993년에 다시 35%로 소폭 인상되었다.

〈그림 19.1〉은 법인세율 인하 추세는 한국과 미국을 포함한 선진국뿐 아니라 개발도상국을 포함하여 전 세계적으로 나타나고 있음을 잘 보여주고 있다. 인하 추세에 덧붙여 동조화(harmonization) 현상도 관찰되고 있다. 가장 큰 법인세율 인하를 보인 OECD 국가는 아일랜드로 1980년 45%의 세율에서 2006년 12.5%로 거의 1/4 수준으로 법인세를 인하하였고 미국도 2018년 38%에서 21%로 대폭 인하하였다. 한국의 법인세율은 1980년대 OECD 평균보다 상당폭 낮은 수준이었다가 이제는 OECD 평균보다 오히려 높은 수준을 보이고 있다.

법정 법인세율에 있어서 국가별, 시기별로 큰 차이를 보이고 있을 뿐 아니라, 법인소득 계산 시 공제항목과 세액공제에 있어서도 차이가 존재한다. 어떠한 항목들이 어떠한 방식으로 공제가 허용되는가는 유효 법인세율을 결정하는 중요한 요소가 된다.

19.1.1 근로자 보수 공제

제17장에서 본 바와 같이, 개인소득이든 법인소득이든 소득을 정의할 때 근본적인 원칙은 소

득 획득에 소요된 비용을 뺀 순소득이 과세기반이어야 한다. 중요한 사업비용은 노동이며, 근로자에게 지불된 임금은 과세표준에서 공제할 수 있다.

19.1.2 배당금 비공제, 이자비용 공제

법인이 차입하였을 때 대여자에게 지불하는 이자비용은 소득에서 공제될 수 있다. 이에 대한 근거는 근로자 보수와 마찬가지로 사업비용은 공제되어야 한다는 점이다. 하지만 주식을 이용하여 재원을 조달한 경우, 주주에게 지불된 배당금은 공제되지 않는다. 이러한 비대칭적 취급의 효과는 이후에 자세히 논의할 것이다.

19.1.3 감가상각 공제

어떤 주어진 연도에 법인 XYZ가 두 종류를 구입하였다고 하자. 첫째는 해당연도에 사용되어 없어진 1,000달러 어치의 문방용품이고, 두 번째는 10년 동안 사용 가능한 1,000달러짜리 드릴이다. 이 두 구입 항목은 법인의 과세표준을 산정하는 데 있어 어떻게 취급되어야 하는가? 문방용품의 경우는 매우 명백하다. 이것이 구입된 해에 전부 소모되었기 때문에, 전체 액수를 해당연도의 법인소득에서 공제해야 한다. 이러한 공제는 법인세법에서 당연히 허용되어 있다. 드릴의 경우는 이것이 내구재이기 때문에 좀 더 복잡하다. 드릴을 구입한 거래는 현금에서 드릴로의 자산의 교환으로 볼 수 있다. 자산 구입 자체는 경제적 비용이 아니다. 하지만 드릴을 사용함에 따라 마모가 발생하고 드릴의 가치가 하락한다. **경제적 감가상각**(economic depreciation)이라고 불리는 이러한 가치의 감소가 기업에게 발생하는 경제적인 비용인 것이다. 첫 번째 해에 발생한 드릴의 비용은 구입비용이 아니라 첫해에 발생한 경제적 감가상각이다. 유사하게 두 번째 해의 드릴의 비용은 두 번째 해에 발생한 경제적 감가상각이고, 이러한 감가상각 비용은 드릴의 사용기간 동안 소득에서 공제되어야 한다.[1]

경제적 감가상각(economic epreciation)

어떤 기간 동안 자산의 가치의 하락분.

이러한 원칙은 기술하기보다 적용하는 것이 훨씬 더 어렵다. 조세당국은 주어진 투자자산이 실제적으로 매년 얼마나 감가상각되는지 그리고 **내용연수**(tax life)가 얼마인지 정확하게 알지 못한다. 세법은 자산 유형별로 내용연수와 감가상각률을 규정해놓고 있다. 이러한 규칙은 종종 진정한 경제적 감가상각을 제대로 반영하지 못한다. 예를 들어, 컴퓨터는 세법이 허용하는 것보다 더 빠른 속도로 감가상각이 이루어진다는 증거가 제시되고 있다[Doms et al., 2004].

내용연수(tax life)

자산의 감가상각이 허용되는 연수.

감가상각이 어떻게 처리되는가 좀 더 자세히 알아보자.

감가상각비의 계산 드릴의 내용연수가 10년이며, 기업이 매년 구입가격의 1/10씩 감가상각 처리할 수 있다고 하자. 법인 XYZ에게 이러한 감가상각비 흐름의 현재가치는 얼마인가?

구입한 해 연말에 드릴 구입가격의 1/10인 100달러를 과세표준에서 공제할 수 있다. 법인세율 35%에 직면한 기업에게 공제 100달러는 35달러의 세금부담 절감을 가져온다. 이러한 혜

1 이러한 자본의 비용을 이해하기 위해서는 저량(stock)과 유량(flow)의 개념이 필요하다. 저량이란 주어진 시점에 대해서 정의된 변수로 자본, 부채, 물가수준, 인적자본 등이 그 예이다. 유량이란 주어진 기간에 대해서 정의된 변수로 감가상각, 투자, 소득, 이자, 물가상승률 등이 그 예이다. 저량의 변화분은 유량이 된다. 예를 들어, 저량인 자본의 가치 감소분이 감가상각이다.

택은 구입한 해의 연말에 나타나기 때문에 현재가치로 계산하면 $35/(1 + r)이 된다. 수식에서 r은 기업 재원의 기회비용이다(현재가치에 대해서 복습하기를 원한다면 제8장을 참조하시오).

두 번째 해 연말에, 법인은 100달러를 또 공제할 수 있고, 이를 통해 기업은 35달러의 세 부담을 절감할 수 있다. 이러한 절감이 2년 후에 발생하기 때문에, 이것의 현재가치는 $35/$(1+r)^2$가 된다. 유사하게 세 번째 해 감가상각의 현재가치는 $35/$(1+r)^3$이 된다. 따라서 감가상각의 전체 흐름의 현재가치는 아래와 같다.

$$\frac{\$35}{1+r}+\frac{\$35}{(1+r)^2}+\frac{\$35}{(1+r)^3}+\cdots+\frac{\$35}{(1+r)^{10}}$$

예를 들어, r이 10%라면, 감가상각비의 현재가치는 215.10달러가 된다. 사실 감가상각비로 드릴의 세후가격이 1,000달러에서 784.90달러(= $1,000 − $215.10)로 낮아지게 된다. 직관적으로 설명하자면, 감가상각비로 인해 미래에 세금절감 흐름이 발생하기 때문에 자산의 유효가격은 구입가격보다 낮아지게 된다.

보다 일반적인 경우를 분석해보자. 먼저, 어떤 자산의 감가상각이 T년도 동안 허용되며, n번째 연도에 과세표준에서 공제될 수 있는 감가상각비의 구입가격에 대비한 비율이 $D(n)$이라고 하자. 세법이 자산의 총구입가격을 궁극적으로 모두 공제할 수 있도록 허용한다면, $D(n)$의 합은 물론 1이 될 것이다(앞의 예에서, T는 10, $D(n)$은 매년 1/10이었다. 어떤 감가상각 방식은 $D(n)$을 연도별로 다르게 하기도 한다). 1달러가 소요되는 투자 자산의 구입을 생각해보자. 첫 해 연말에 $D(1)$원만큼 감가상각될 것이고, 그것의 기업에게의 가치는 $\theta \times D(1)$가 된다. 이 수식에서 θ는 법인세율이다. 유사하게 두 번째 해 연말에 감가상각비의 가치는 $\theta \times D(2)$가 된다. 1달러의 자산 구입에서 발생하는 감가상각으로 인한 조세절감액 ψ는 아래 식과 같다.

$$\psi=\frac{\theta\times D(1)}{1+r}+\frac{\theta\times D(2)}{(1+r)^2}+\cdots+\frac{\theta\times D(T)}{(1+r)^T} \qquad \textbf{(19.1)}$$

ψ가 1달러 지출로 인해 발생하는 조세감면액이기 때문에, 어떤 자산 가격의 구입가격인 q달러라면, 감가상각비로 인해 유효가격이 $(1-\psi)q$로 감소하게 된다. 예를 들어 ψ의 값이 0.25라면, 유효가격은 구입가격의 75%에 불과하게 될 것이다.

식 (19.1)은 감가상각으로 인한 조세절감이 T와 $D(n)$의 형태에 절대적으로 의존한다는 것을 잘 보여주고 있다. 특히 조세편익은 (1) 내용연수가 짧을수록, (2) 초기에 좀 더 많은 감가상각이 이루어질수록—다시 말해 n이 작을 때의 $D(n)$의 값이 클수록—더 커지게 된다. 기업이 진정한 경제적 감가상각보다 빠르게 자산을 결손처분(write off)할 수 있도록 허용하는 방식을 **가속감가상각**(accelerated depreciation)이라고 부른다. 아주 극단적인 가능성은 기업이 구입 시 구입가격을 과세표준에서 공제하도록 허용하는 것이다. 이러한 방식은 **즉시비용인정**(expensing)이라고 부른다.

한국의 세법하에서 감가상각자산의 내용연수는 건축물의 경우 구조별 20년(기업이 15~25년 사이에서 선택 가능) 또는 40년(30~50년), 업종별 자산의 경우 업종별로 5~25년, 무형고정자산의 경우 5년, 10년, 20년, 50년, 시험연구용자산은 자산별 3년, 5년이 적용된다. 미국에

가속감가상각(accelerated depreciation)

진정한 경제적 감가상각보다 빠르게 자산을 결손 처분할 수 있도록 허용하는 감가상각 방식.

즉시비용인정(expensing)

과세표준 산정에서 자산의 총 가치를 한 번에 모두 공제하는 것.

서 내용연수는 3~39년이 적용된다. 예를 들어, 어떤 경주마는 3년, 대부분의 컴퓨터는 5년, 비거주 건축물은 31.5년의 내용 연수를 가졌다. 일반적으로 내용연수는 실제적으로 유용한 기간보다 짧으며, 이러한 점에 기업의 투자행위에 영향을 준다. 이에 대해서는 나중에 다시 논의할 것이다.

무형자산 지금까지는 기계와 같은 유형자산에 대해서 논의하였다. 무형자산에 대해서도 감가상각이 발생한다. 예를 들어, 기업이 광고에 돈을 지출하였다고 하자. 광고는 일정 기간 동안 판매를 증가시킬 것으로 기대된다. 우리는 광고를 기계와 유사하게 일정 기간 동안 수입의 흐름을 만들어내는 자산으로 생각할 수 있다. 광고를 자산으로 취급한다면, 광고 '자산'의 감가상각 부분을 매년 공제하도록 허용하여야 한다고 유추할 수 있다. 이러한 종류의 자산에 대해 적절한 감가상각 방식을 결정하는 것은 조세 행정담당자에게 있어 매우 골치 아픈 일이다. 소득에 대한 과세에서, 유형자산이 되었든 무형자산이 되었든 감가상각의 처리는 불가피하고 어려운 문제이다.

19.1.4 투자세액공제

투자세액공제(investment tax credit, ITC)

자산 구입가격의 일정 비율만큼 세액을 감면시켜주는 제도.

투자세액공제(investment tax credit, ITC)는 자산 구입 시 자산의 구입가격의 일정 비율만큼 세액을 공제해주는 제도이다. 드릴의 가격이 1,000달러이고 투자세액 공제율이 7%였다면, 드릴 구입 시 기업의 세부담이 70달러만큼 감소하게 된다. 따라서 드릴의 유효가격이 1,000달러에서 930달러로 감소하게 된다. 보다 일반적으로 투자세액 공제율이 k, 자산 구입가격이 q였다면, 자산의 유효가격은 $(1-k)q$가 된다. 감가상각과 달리, 투자세액공제의 가치는 법인의 한계세율의 크기에 의존하지 않는다. 이는 물론 과세표준이 아닌 세액에서 공제가 이루어지기 때문이다.

한국은 여러 가지 투자세액공제 제도를 운용하고 있다. 먼저, 경기조절을 위해 투자금액의 일정 비율을 한시적으로 세액공제해주는 임시투자세액공제를 운용하고 있다. 현재 사업용 자산 투자금액의 7%를 세액을 감면시켜주고 있는데, 경기조절이라는 목적과는 부합되지 않게 매년 임시투자세액공제 제도가 연장되고 있다. 임시투자세액공제 이외에도 중소기업, 연구 및 인력개발 설비투자, 생산성 향상 시설, 환경 · 안전설비, 에너지절약시설, 근로자복지 증진 설비 등에 대한 투자세액공제가 제공되고 있다. 물론 동일한 사업용 자산에 대한 여러 다른 투자세액공제 항목의 중복적용은 허용되지 않고 있다.

미국은 1980년대 6~10% 수준의 투자세액공제 제도를 운용하다가, 1986년 완전히 폐지하였었다. 이후 재도입이 여러 차례 논의되다가, 2009년에 이르러 첨단 에너지기술 분야 투자에 한정한 투자세액공제 제도가 도입되었다.

19.1.5 배당과 사내유보에 대한 조세처리

지금까지의 논의는 법인이 직접 납부하여야 하는 세금에 초점을 두었다. 법인 자체의 세부담에 한정하지 않고 개인소득세와 같은 관련된 세부담을 포함하여 법인부문에서 발생한 소득에 대한 전체 세부담을 분석하는 것도 중요하다. 이를 위해서는 법인세와 개인소득세가 어떻게 서로 상호작용하는가를 이해하는 것이 필요하다.

법인의 이윤은 기업 내에 유보되거나 배당금 형태로 주주에게 지불될 수 있다. 지불된 배당금은 법인소득에서 공제가 되지 않기 때문에 법인소득세의 과세대상이 된다. 그리고 주주에게 지불되었을 때, 최소한 일부 개인에게 있어서 개인소득세 형태로 추가적인 세부담이 발생한다. 추가적인 개인소득세 부담이 발생하는 경우 배당금은 법인단계에서 그리고 개인단계에서 **이중과세**(double taxation)되게 된다. 배당금에 대한 개인소득세 단계에서의 과세는 이 장의 제6절을 참조하기 바란다.

이중과세(double taxation)

법인소득을 법인단계에서 과세하고, 주주에게 배분될 때 한 번 더 과세되는 것.

사내유보 시 주주의 세부담을 평가하는 것은 조금 더 복잡하다. 법인 XYZ가 1달러의 소득을 사내유보하였다고 하자. 주식시장이 효율적으로 작동한다면, 기업이 1달러를 추가로 지닌 것으로 인해 기업주식 가치가 1달러 상승할 것이다. 이미 제17장에서 본 바와 같이, 주식의 가치 상승분인 자본이득에 대해서는 낮은 세율의 과세가 되고 있다. 일반적인 주주에 대해서 자본이득은 실현될 때까지 과세가 되지 않으며, 과세가 되는 경우에도 낮은 세율이 적용된다. 따라서 다른 조건이 동일하다면, 이러한 조세 규정들로 인해 기업들은 사내유보를 더 선호하게 된다.

19.1.6 법인자본에 대한 유효세율

한국에서의 법인소득에 대한 법정세율이 25%이다. 물론 이것이 유효세율은 아니다. 법인단계에서 유효세율을 계산하기 위해서는 이자공제, 감가상각비, 지방법인세 그리고 인플레이션 등의 효과를 고려하여야 한다. 법인소득은 배당금이나 실현된 자본이득의 형태를 띠며, 이들 소득에 대해서는 개인단계에서 추가적으로 과세된다. 이러한 모든 것들을 고려하여 Djankov 등[2008]은 법인설립 1차년도와 5차년도의 유효법인세율을 추정하였는데, 한국의 5차년도 유효법인세율이 18.4%인 것으로 추정하였다. 한국보다 높은 유효법인세율을 가진 대표적인 국가들에는 볼리비아(39.9%), 파키스탄(32.4%), 미국(32.0%), 일본(31.6%), 뉴질랜드(28.5%), 독일(23.6%), 영국(21.4%) 등이 있으며, 한국과 유사한 수준의 유효법인세율을 가진 대표적인 국가들에는 핀란드(18.8%), 대만(18.0%), 스위스(16.2%) 등이 있으며, 한국보다 낮은 유효법인세율을 가진 대표적인 국가들에는 중국(15.8%), 스웨덴(14.9%), 프랑스(14.4%), 싱가포르(13.2%), 홍콩(12.3%), 아일랜드(9.6%) 등이 있다.

물론 이러한 계산에 있어서 할인율[식 (19.1)의 r], 예상 물가상승률, 경제적 감가상각률 등에 대한 가정이 필요하다. 더욱이 다음 절에서 살펴볼 바와 같이, 법인의 유효 세부담은 부분적으로 투자재원의 조달 방식에도 의존한다. 이러한 것들에 대한 가정에 따라 유효세율들의 추정치는 영향을 받는다.

19.2 법인세의 귀착과 초과부담

조세 산정방식을 이해하고 유효세율을 계산하는 것은 법인세를 분석하는 첫 단계에 불과하다. 우리는 여전히 법인세가 누구에서 귀착되는가를 분석하여야 하고, 과세로 인해 발생하는 비효율성 비용을 측정하여야 한다. 법인세의 경제적 결과는 재정학에서 가장 논쟁이 심한 분야 중 하나이다. 논쟁이 벌어지는 중요한 원인은 법인세가 어떠한 종류의 세금인가에 대한 의견이 일치하고 있지 않기 때문이다. 법인세 성격에 대해서 여러 다른 관점이 존재한다.

19.2.1 법인 자본에 대한 과세

기업은 소득에서 주주(소유자)가 공급한 자본의 기회비용에 대해서는 공제할 수 없다. 일부 자본의 기회비용이 과세대상에 포함되기 때문에, 법인세를 법인부문에서 사용된 자본에 대한 과세로 보는 것이 합리적인 것으로 보인다. 이러한 관점을 취한다면, 법인세는 제14장에서 논의되었던 부분 생산요소세로 볼 수 있다. 이러한 방식으로 법인 자본 과세를 이해하는 것이 가장 일반적인 시각이다.

모든 시장에서의 효과를 분석하는 '일반균형'모형에서, 법인자본에 대한 과세로 인해 전체 경제의 세후 수익률과 같아질 때까지 법인부문 내 자본의 이탈이 나타나게 될 것이다. Goolsbee[2004]는 법인세로 인해 법인에 의한 경제활동의 비중이 감소된다는 증거를 보고하고 있다. 그는 다른 조건이 동일하다면, 상대적으로 높은 법인세율을 가진 미국 내 주에서 법인기업의 수가 상대적으로 작다는 것을 발견하였다.

자본이 비법인부문으로 이전해감에 따라 비법인부문의 자본수익률도 감소할 것이기 때문에 법인세는 법인부문뿐만 아니라 비법인부문에도 영향을 미치게 된다. 두 부문 사이의 자본의 재배분은 노동 수익률에도 영향을 미치게 된다. 자본과 노동이 궁극적으로 얼마만큼의 세부담을 하게 되는가는 소비자의 선호구조뿐 아니라 각 부문의 생산기술에 의존하고 있다. 관련 문헌을 조사한 Fuchs 등[1998]은 모든 연구자는 자본과 노동이 법인세의 부담을 나누게 된다는 데 동의하고 있으나, "얼마만큼의 비중으로 분담하고 있는가에 대해서는 상당한 의견 차이를 보이고 있다."라고 정리하고 있다.

이제 관련 문제를 효율성 측면에서 분석하여보자. 우리는 이미 제15장에서 부분 생산요소세의 초과부담 계산에 대해서 논의하였다. 법인세로 인해 법인부문의 자본 축적 수준이 낮아지게 되기 때문에, 자본의 최선의 효율적인 사용에서 벗어나게 되어 초과부담이 발생한다. Jorgenson과 Yun[2001, p. 302]은 법인세의 초과부담은 매우 높아 관련 세수의 24% 정도를 차지하는 것으로 추정하였다.

19.2.2 경제적 이윤에 대한 조세

법인세를 법인 자본에 대한 과세가 아니라 경제적 이윤에 대한 과세로 보는 관점도 있다. 이러한 관점은 법인세의 과세 기반은 법인총소득에서 생산비용을 제외한 '이윤'이라는 점에 근거하고 있다. 제14장에서 설명된 바와 같이, 경제적 이윤에 대한 과세의 귀착은 매우 간단명료하다. 기업이 경제적 이윤을 극대화하는 한 경제적 이윤에 대한 과세는 기업 행위에 영향을 주지 않는다. 과세 후 기업의 가격과 생산 결정은 전혀 영향받지 않는다. 따라서 조세를 전가시킬 아무런 방도가 없으며, 이는 과세 당시의 기업 소유자에게 조세가 전부 귀착됨을 의미한다. 더욱이 조세로 인해 변화된 경제행위가 없기 때문에 자원배분 왜곡이 발생하지 않으며, 초과부담이 0이 된다.

법인세를 경제적 이윤에 대한 단순 과세로 모형화하는 것은 거의 확실히 잘못된 것이다. 순수이윤세의 과세기반은 소유자에 의해 공급된 생산요소의 기회비용까지 고려한 경제적 이윤이어야 한다. 이미 앞에서 언급한 바와 같이 주주에 의해 공급된 자본비용에 대한 공제가 허용되지 않기 때문에 과세기반에는 경제적 이윤 이외의 다른 요소가 포함되어 있다.

그럼에도 불구하고 법인세가 경제적 이윤세와 동등해지는 경우가 존재한다. Stiglitz[1973]는 어떤 조건하에서, 채권자에게 지불한 이자비용의 공제가 허용되게 되면, 법인세가 경제적 이윤세와 동등하게 됨을 보였다.

이러한 Stiglitz의 분석 결과를 이해하기 위해, 기계의 구입을 고려하는 기업을 생각해보자. 기계의 값은 1억 원이고, 해당 기계로 생산해낼 수 있는 연간 산출물의 세전 가치에는 불확실성이 존재하지 않으며 그 값이 G억 원이라고 하자. 또한 기계구입 재원을 전액 부채를 통해 조달하여, 1억 원을 차입하여 r억 원의 이자를 지불하여야 한다고 하자. 감가상각은 논의의 편의상 0이라고 하자. 조세가 없을 경우, 기업은 총수입에서 감가상각과 이자를 제외한 값인 순수익이 양수인 경우 기계를 구입하게 될 것이다. 기업이 기계를 구입할 조건을 수식으로 표현하면 다음과 같다.

$$G - r > 0 \tag{19.2}$$

이제 다음과 같은 특성을 지닌 법인세가 부과되었다고 하자. (1) 순소득에 대해 θ 세율로 과세가 되고, (2) 순소득은 총수입에서 이자비용을 공제한 것으로 계산된다. 이러한 법인세가 해당 프로젝트의 수행 여부에 어떠한 영향을 줄 것인가? 기업은 물론 세후 수익에 근거하여 의사를 결정할 것이다. 법인세의 (2)번 특성에 의해, 법인의 과세표준은 $G - r$이 되고, (1)번 특성에 의해 법인세 부담이 $\theta(G - r)$이 되기 때문에, 세후이윤은 $(1 - \theta)(G - r)$이 된다. 기업은 세후이윤이 양수인 경우 프로젝트를 수행하게 될 것이다.

$$(1 - \theta)(G - r) > 0 \tag{19.3}$$

식 (19.3)을 $(1 - \theta)$로 양 변을 나누면 식 (19.2)가 되기 때문에, 세후 기준을 충족하면 세전 기준이 충족되는 것을 알 수 있다. 따라서 기업의 투자 결정은 과세의 영향을 받지 않고, 과세 후에도 과세 전과 동일한 결정을 하게 되는 것이다. 기업 소유자는 과세 전과 동일한 행동을 하게 될 것이고, 다만 그들 투자 이윤의 일부분을 정부에게 빼앗길 뿐이다. 이러한 의미에서 과세는 경제적 이윤에 대한 과세로 볼 수 있다. 그리고 경제적 이윤 과세의 경우처럼, 조세는 기업 소유자에게 전적으로 귀착되고 초과부담이 발생하지 않는다.

이러한 결론은 전제된 가정하에서만 성립하는 것이다. 지금까지의 논의에서 기업은 신규 사업의 재원을 차입을 통해서만 조달한다고 가정하였다. 다른 방식으로 재원을 조달할 경우 법인세는 더 이상 순수 이윤세가 되지 못한다. 기업들이 차입 대신에 주식을 발행하거나 사내유보 이윤을 통해 재원을 조달하기를 원하게 만드는 몇 가지 이유가 존재한다. 예를 들어, 자본시장에서 제약에 직면하여서 그들이 원하는 양만큼 차입을 하지 못할 수도 있다. 또는 사업 수익률에 대한 불확실성으로 인해 차입으로 재원을 조달하는 것을 꺼릴 수도 있다. 만약 일이 잘못되면, 부채가 클수록 파산 가능성이 높아지게 되기 때문이다.

따라서 Stiglitz의 주된 공헌은 법인세가 초과부담을 발생시키지 않을 수 있다는 것이 아니라, 법인세의 효과는 법인 재무구조에 의존하게 된다는 것을 보인 것이다. 법인세가 재원조달 방식에 따라 투자에 대한 영향이 다를 수 있다는 점은 다음에 논의하는 〈그림 19.2〉에도 잘 나타나 있다.

19.3 경제행위에 대한 영향

법인세는 법인의 여러 경제행위에 영향을 준다. 여기에서는 (1) 물리적인 투자(장비와 구조)의 총량, (2) 구입하는 물적 자산의 구성, (3) 기업 재무 등에 대한 법인세의 영향을 분석할 것이다.

먼저 이러한 법인들의 경제행위 결정이 어떻게 연결되어 있는 것을 도식화하여 분석하여 보자. 〈그림 19.2〉는 매우 단순하게 법인의 경제행위 결정의 분류체계를 나타내고 있지만, 중요한 몇 가지 중요한 직관을 전달해주고 있다. 기업은 생산결정을 위해 투자 규모를 결정한다. 이러한 투자를 위해서는 재원을 어떻게 조달할 것인가를 결정해야 하고 여기에서 부채, 주식, 사내유보 간의 선택 문제에 직면하게 된다. 외부자본인 부채를 사용한 경우, 이에 대한 대가는 이자지급 형태를 띠게 된다. 내부자본을 사용한 경우에는 발생한 (세후) 이윤을 어떻게 배분할 것인가도 결정되어야 한다.

이러한 법인의 여러 경제행위에 대해서 여러 가지 다른 조세와 상이한 조세규정이 적용된다. 먼저 이자지급은 법인의 소득에서 공제가 되어 법인세 과세대상이 되지 않는다. 하지만 지급된 이자는 개인소득이 되어 개인소득세 단계에서 개인소득세율로 과세가 된다. 내부자본의 사용대가로 지불되는 배당금은 법인세 계산 시 공제되지 않으며, 지급된 배당금에 대해서는 개인소득세 단계에서 배당세가 적용된다. 내부 자본의 사용 대가는 자본이득의 형태로 지불될 수도 있는데, 자본이득은 물론 법인세 후 이윤 중 사내에 유보되어 발생하기 때문에 법인세가 적용되고 또한 실현 시 주주에게 자본이득세가 과세될 수도 있다.

〈그림 19.2〉를 이용하여 각 의사결정에 영향을 주는 조세와 그 영향의 방향을 식별해낼 수 있다. 이러한 식별에 있어서 중요한 점은 하위에 놓여 있는 의사결정에 부과되는 조세가 상위에 있는 의사결정에도 영향을 미치게 된다는 점이다. 이는 마치 게임이론에서 역방향 유추(backward induction) 방식과 유사하게 이해될 수 있다. 관련한 3가지 주요한 점을 정리하자. 첫째로, 투자의사결정은 하위 의사결정인 재원조달방식의 영향을 받게 된다. 이는 투자가 법인세, 개인소득세, 배당세, 자본이득세 등의 영향을 받게 될 수 있음을 의미한다. 하나의 특별한 경우로 만약 모든 재원이 (법인세가 공제되는 이자지불 형태로 대가가 지불되기 때문에 법인세의 영향을 받지 않는) 부채에 의해서 조달된다면, 앞에서 논의된 Stiglitz 주장처럼 투자가 법인세의 영향을 받지 않음을 그림에서 쉽게 알아낼 수 있다. 둘째로, 부채–주식 간의 선택 문

그림 19.2
법인의 경제행위 결정의 분류체계
법인의 투자, 재원조달 방식, 이윤배분 방식에는 다양하고 차별적인 과세가 이루어지고 있다.

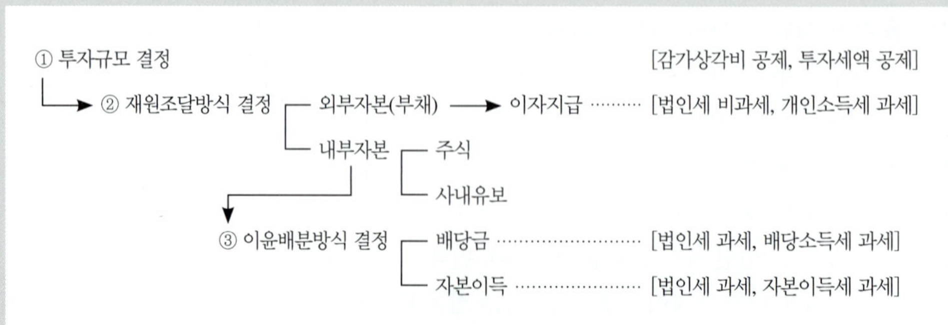

제인 재원조달방식은 주로 법인세의 영향을 받게 되나, 개인소득세·배당세·자본이득세 등의 영향도 받게 된다. 부채 사용 유인은 법인세가 높을수록 개인소득세가 낮을수록, 배당세·자본이득세가 높을수록 높아지게 된다. 셋째로, 배당-사내유보 선택 문제인 수익 배분방식 결정은 배당세와 자본이득세의 상대적인 크기의 영향을 주로 받게 된다.

이제부터는 법인세가 총물적투자, 물적자산의 구성, 재원조달 방식, 수익배분 방식 등에 어떠한 영향을 미치는가를 각각 좀 더 심층적으로 분석한다.

19.3.1 총물적투자

주어진 기간 동안의 기업의 순투자는 해당 기간 동안의 물적자산의 증가로 정의된다. 관련된 주요한 정책적 질문은 가속상각제도나 투자세액공제과 같은 조세규정들이 투자수요를 성공적으로 자극하였는가이다. 이는 매우 중요한 질문이다. 예를 들어, 한국에서 1995년 가속상각제도를 도입하였고, 감가상각제도를 더욱 기업에 유리하도록 변경해야 한다는 논의가 종종 제기되고 있다. 미국에서도 보다 관대한 감가상각 법안이 2009년에 통과되었다. 과연 이러한 감가상각비나 투자세액공제에 대한 정책 변화가 투자유인을 실제로 강화시킬 수 있는가?

이에 대한 대답은 부분적으로는 법인의 투자결정에 대한 관점에 의존한다. 여러 다른 투자모형들이 제안되었고, 어떤 모형이 가장 설명력이 높은가에 대한 의견일치는 이루어지지 못하고 있다.[2] 여러 투자모형 중 가장 큰 주목을 받은 3가지 모형에 대해서 논의한다.

가속도 모형 산출에 대한 자본의 비율이 고정되어 있다고 가정하자. 예를 들어, 산출물 한 단위를 생산하기 위해 3단위의 자본이 필요하다고 하자. 이러한 경우 산출물 한 단위를 더 생산하기 위해서는 3단위의 자본 증가(투자)가 필요하다. 따라서 투자량의 주요 결정요인은 산출물 수요의 변화이다.

이러한 가장 단순한 가속도 모형하에서 감가상각비이나 투자세액공제는 물적투자의 양에는 아무런 영향을 주지 못한다. 생산기술에 의해 산출과 자본량 간의 비율이 정해지기 때문에 투자에 영향을 미치는 것은 산출량이다. 다시 말해서, 자본에 대한 조세편익은 자본을 저렴하게 만들 수 있지만, 자본에 대한 수요가 자본 가격에 의존하지 않는 단순 가속도 모형에서는 조세 편익이 투자에 아무런 영향을 주지 못한다.

신고전학파 모형 투자과정에 대해 덜 극단적인 관점은 산출에 대한 자본의 비율이 기술적으로 고정된 것은 아니며, 기업이 여러 다른 기술 중에서 선택할 수 있다고 가정하는 것이다. Jorgenson의 신고전학파 모형에 따르면, 중요한 투자결정 요인은 자본을 한 단위 소유함으로써 기업에게 발생하는 기회비용으로 정의되는 **자본의 사용자비용**(user cost of capital)이다. 뒤에서 살펴보겠지만, 자본의 사용자비용은 감가상각과 조세와 같은 직접적인 비용뿐 아니라 포기된 다른 투자로 인한 기회비용도 포함한다. 자본의 사용자비용은 어떤 사업이 수익성이 있기 위해서 달성되어야 하는 수익률을 의미한다. 예를 들어, 어떤 사업의 자본의 사용자비용이 15%라면, 기업은 수익률이 15%보다 높은 사업만을 수행하여야 한다. 자본의 사용자비용이 높

> **자본의 사용자비용**(user cost of capital)
> 자본의 기회비용으로 감가상각과 조세와 같은 직접적 비용뿐 아니라 포기된 다른 투자로 인한 기회비용인 이자율도 포함.

2 여러 다른 투자모형에 대해서는 Chirinko[2002]를 참조하기 바란다.

을수록, 수익성 있는 사업의 수가 감소하며 기업이 원하는 자본스톡의 양이 감소하게 된다. 신고전학파 모형에서, 자본의 사용자비용이 증가하면, 기업은 덜 자본집약적인 기술을 사용하게 된다. 만약 조세를 통해 자본의 사용자비용을 낮춘다면, 기업의 투자는 증가될 것이다.

이제 우리는 2가지 중요한 질문을 갖게 되었다. (1) 어떻게 조세체제가 자본의 사용자비용에 영향을 주게 되는가? (2) 투자는 자본의 사용자비용에 얼마나 민감하게 반응하는가? 이러한 두 질문을 순서대로 살펴보자.

자본의 사용자비용 자본시장에서 다른 사람에게 대여함으로써 대부를 통해 10%의 세후수익률을 거둘 수 있는 레오나를 생각해보자. 그는 호텔 체인을 운영하는 기업의 단독 주주이다. 그는 자본시장에서 대여를 통해 항상 10%의 수익을 거둘 수 있기 때문에, 이보다 낮은 수익률의 투자는 하지 않을 것이다. 레오나가 매년 2%의 감가상각이 나타나는 진공청소기의 구입을 고려하고 있다고 하자. 조세가 없다고 하면, 진공청소기의 사용자비용은 기회비용인 10%와 감가상각률 2%를 합친 12%일 것이다. 수식적으로 보면, 세후 수익률을 r로 감가상각률을 δ로 표시하면, 자본의 사용자비용은 $(r+\delta)$가 될 것이다. 만약 진공청소기가 세후에 $(r+\delta)$ 또는 위의 예에서 12%의 수익률을 거두지 못하고 있다면 기업이 이를 구입할 이유는 없는 것이다.

이제 조세로 인한 사용자비용의 변화를 살펴보자. 법인세율이 35%, 배당세 세율이 15%이며 모든 법인 수익은 배당의 형태로 지불된다고 하자. 이러한 경우 법인이 1달러의 소득을 올리게 되면, 0.35달러($=0.35\times\$1$)의 법인세가 과세될 것이고, 0.65달러만이 주주에게 지불될 수 있을 것이다. 레오나가 배당금으로 0.65달러를 받게 되면, 15%의 개인소득세율로 인해 0.098달러($=0.15\times\$0.65$)의 배당소득세를 납부하게 될 것이고, 그에게 0.552달러의 세후배당금 소득이 남게 된다. 수식으로 표현하면, 법인세율을 θ로, 배당금에 대한 개인소득세율을 t로 표시하면, 1달러의 법인 수익의 세후 수익은 $(1-\theta)\times(1-t)$가 된다.

이러한 조세가 자본의 비용에 어떻게 영향을 주는가? 우리는 법인세와 개인소득세 납부 후의 수익률이 12%가 되는 세전 수익률을 찾아야 한다. 이러한 세전 수익률에 대응하는 자본의 사용자비용을 C로 표시하면, C는 $(1-0.35)\times(1-0.15)\times C=12\%$를 만족시켜야 한다. 이를 만족하는 C는 21.7%가 되기 때문에, 레오나는 진공청소기의 세전 수익률이 21.7%가 되지 않는다면 이를 구입하지 않을 것이다. 수식기호를 사용하면, 자본의 사용자비용은 $(1-\theta)\times(1-t)\times C=(r+\delta)$ 또는 아래의 식이 된다.

$$C=\frac{r+\delta}{(1-\theta)\times(1-t)} \tag{19.4}$$

지금까지 법인세율과 개인소득세율이 자본의 사용자비용에 어떻게 영향을 주는가를 살펴보았다. 세율 이외에도 가속감가상각과 같은 다른 조세규정들도 자본의 사용자비용에 영향을 준다. 식 (19.1)에서 ψ를 1달러 자본재 구입의 감가상각비의 현재가치로 정의하였다. 진공청소기의 ψ가 0.25라고 가정하자. 사실 감가상각비는 진공청소기 구입비용 중 1/4을, 따라서 세전 수익률 1/4만큼 절감시켜준다. 우리의 예에서 진공청소기는 감가상각비로 인해 21.7%가 아닌 16.3%[$=21.7\%\times(1-0.25)$]의 수익률만 거두면 되는 것이다. 수학적으로 감가상각비는 자본의 비용을 $(1-\psi)$배만큼 감소시킨다. 유사하게 k율의 투자세액공제가 1달러의 투자비용을 $(1-k)$만큼 낮추게 된다. 감가상각비와 투자세액공제가 동시에 존재하는 경우에는 자본의 비용은 $(1-\psi-k)$배 감소하게 된다.[3] 따라서 감가상각과 투자세액공제를 반영하기 위해서 식 (19.4)에서 C에 $(1-\psi-k)$를 곱하여야 한다.

$$C=\frac{(r-\delta)\times(1-\psi-k)}{(1-\theta)\times(1-t)} \tag{19.5}$$

식 (19.5)는 법인세체제로 인해 기업의 자본의 사용자비용이 어떻게 영향받는가를 요약하여 보여주고 있다. 법인소득을 과세함으로써, 조세는 자본투자의 비용을 높이게 된다. 동시에 감가상각비와 투자세액공제는 자본의 사용자비용을 낮춘다. 요약하자면, 법인세체제는 θ, ψ, k 등을 통하여 자본의 사용자비용에 영향을 준다.

사용자비용의 투자에 대한 효과 조세가 자본의 사용자비용에 어떠한 영향을 주는가를 파악한 다음 단계는 자본의 사용자비용이 투자에 어떻게 영향을 주는가를 분석하는 것이다. 만약 단순 가속도 모형이 옳다면, 사용자비용의 급격한 감소도 투자에 아무런 영향을 줄 수 없다. 다른 한편으로, 만약 투자가 자본의 사용자비용에 반응한다면, 감가상각비와 투자세액공제는 투자에 영향을 줄 수 있는 강력한 정책수단이 될 것이다. 다양한 연구결과가 있는데, 사용자비용에 대한 투자의 탄력성은 약 0.4 정도가 합리적인 것으로 보인다[Chirinko, 2002].

지금까지 논의에서 암묵적으로 자본재의 세전가격이 조세로 인한 자본의 사용자비용의 변화의 영향을 받지 않는다고 가정하였다. 예를 들어, 기업이 투자세액공제로 인해 자본재를 더 많이 구입하였을 때에도 자본재의 세전가격이 인상되지 않는다고 가정한 것이다. 좀 더 기술적으로 표현하자면, 지금까지는 자본재의 공급이 수평선이라고 가정한 것이다. 하지만 Goolsbee[2003]는 투자세액공제가 자본재 생산부문에 종사하는 근로자의 임금을 상승시킨다는 것을 발견하였다. 이러한 근로자의 임금 상승은 자본재 가격을 상승시키는 경향이 있다. 따라서 투자세액공제로 인한 투자의 증가 중 일부는 자본재 세전가격 상승으로 인한 투자 감소로 상쇄된다.

마지막으로, 우리가 분석대상으로 하는 국가들이 대부분 개방경제라는 사실을 고려하여야 한다. 만약 한국의 어떤 세법 규정으로 인해 한국 내 투자가 외국인에게 보다 매력적인 것으로 바뀐다면, 해외저축으로 조달된 투자가 한국 내에 이루어질 수도 있다. 이러한 투자에 대한 조세정책의 효과는 우리가 제18장에서 본 저축에 대한 조세정책 효과를 뒤집은 것으로 볼 수 있다. 국내저축의 해외유출 가능성으로 인해 (간접적인) 국내저축 증대를 통한 국내투자 자극이 보다 어려워지는 것에 반하여, 해외자본 유인의 가능성으로 인해 (직접적인) 자본의 사용자비용 인하를 통한 투자의 유인은 보다 용이해진다.

현금흐름 모형 만약 여러분이 어떤 사업가들에게 "여러분의 투자 결정 요인은 무엇입니까?"

3 여기서 감가상각비를 계산하는 기반이 되는 세법상 자본재 구입액이 투자세액공제 시에도 감소되지 않는다고 가정하고 계산되었다.

현금흐름(cash flow)
수입과 지출의 차이.

라고 질문한다면, 그들은 **현금흐름**(cash flow)을 언급할 것이다. 현금흐름은 수입과 생산요소에 대한 지출의 차이로 정의된다. 현금이 많아지면, 투자 여력이 더 높아진다. 하지만 신고전학파 투자 모형에서는 현금흐름은 투자와 아무 관련을 가지지 않는다. 신고전학파 모형에서는, 내부 재원과 차입된 재원은 동일한 기회비용(현재 시점의 경제 전체의 수익률)을 갖는다. 더욱이 기업은 원하는 만큼 현재의 수익률하에서 돈을 차입할 수 있다. 이러한 상황하에서 차입 또는 내부 재원 사용에 상관없이, 만약 새로운 컴퓨터 칩 생산의 수익률이 기회비용보다 높기만 하면 기업은 이러한 칩을 생산할 것이다.

이러한 신고전학파 이론에서 결정적으로 중요한 가정은 내부 재원과 외부 재원의 비용이 동일하다는 것이다. 많은 경제학자들은 이러한 가정은 잘못된 것으로 믿고 있다. 왜 그러한가 생각해보자. 컴퓨터 칩의 향후 전망에 대해서 잠재적인 대여자들보다 해당 기업의 경영자가 더 나은 정보를 가지고 있다고 가정하자. 대여자들은 해당 사업의 불확실성이 보다 큰 것으로 생각할 것이고, 대여에 대하여 보다 높은 이자율을 요구하거나, 전혀 대여를 하지 않을 수도 있다. 이러한 경우 내부 재원의 비용이 외부 재원의 비용보다 낮게 되고, 투자액은 이러한 내부 재원의 흐름—다시 말해서 현금흐름—에 의존하게 될 것이다.

실제로 현금흐름과 투자 간에는 통계적으로 유의한 관계가 존재하는 것으로 보인다[Stein, 2003]. 하지만 이러한 발견의 해석은 아주 명확하지는 않다. 기업들이 현금흐름이 높아서 투자를 더 한 것으로 해석할 수도 있지만, 성공적인 기업들에서 현금흐름도 높고 투자도 높은 것일 수도 있다. 만약 현금흐름 이론이 맞는다면, 조세의 투자행위에 대한 영향에 대해서 중요한 함의를 갖는다. 법인에 대한 정액세는 신고전학파 모형하에서는 투자에 아무런 영향을 주지 않지만, 현금흐름 모형하에서는 투자를 감소시키게 된다. 현금흐름 모형에 대해서 현재 활발한 연구가 진행 중이다.

19.3.2 자산의 구성

조세체제는 투자의 총량에 영향을 줄 뿐만 아니라 자산의 종류에도 영향을 준다. 예를 들어, 조세체제는 보다 관대한 감가상각비를 허용하는 자산의 구입을 유도할 것이다. Gravelle[2004]는 여러 다른 자산들의 유효 한계세율을 계산하고, 건물에 대한 과세가 장비에 대한 과세보다 조금 더 과중함을 발견하였다.

19.3.3 기업 재무

기업주는 물적 투자에 대한 '실질' 의사결정뿐 아니라, 어떻게 재원을 조달할 것인가와 어떻게 이윤을 배분할 것인가를 결정하여야 한다. 이제 이러한 기업 재무 결정에 대한 조세의 영향을 분석한다.

기업은 왜 배당금을 지급하는가 법인의 이윤은 주주에게 배당금의 형태로 주주에게 지급되거나 회사에 유보될 수 있다. 만약 우리가 (1) 모든 투자의 결과는 미리 확실하게 알려져 있고, (2) 조세가 없다고 가정한다면, 기업 소유자들은 배당금과 사내유보에 대해서 무차별할 것이다. 주식시장이 정확하게 기업의 가치를 반영한다는 전제하에서 1억 원의 사내유보는 기업 주식가치를 1억 원만큼 증가시킬 것이다. 이러한 1억 원의 자본이득은 정확하게 배당금 1억 원과 동일한 가치를 가진 것이다. 위의 두 가정하에서는 주주들은 배당금 또는 자본이득 중 어떤 방식으로 수익이 지불되는가에 무차별하게 된다.

물론 현실에서 상당한 불확실성이 존재하며, 법인소득에 여러 종류의 과세가 이루어지고 있다. 이미 언급한 바와 같이, 배당금 지불 시 주주들에게 부과되는 세금 부담은 일반적으로 사내유보 시 발생하는 세금부담보다 높다. 사내유보가 주주의 자본이득을 발생시키지만, 자본이득이 실현될 때까지 세금은 연기되며 한국에서의 일반주주인 경우 자본이득이 실현되었을 때에도 과세가 이루어지지 않는다.

사내유보에 비하여 배당금에 보다 높은 과세가 가정된 단순 모형하에서는, 배당금을 지불하는 것은 과세당국에 좀 더 많은 돈을 헌납하는 것과 동일한 것이기 때문에 기업은 모든 소득을 사내유보할 것이라고 예측된다. 하지만 놀랍게도 현실에서는 세후 이윤의 상당부분으로 배당금의 형태로 주주에게 지급된다. 한국에서는 세후 법인이윤의 30%가량이 배당금으로 지급되고 있으며, 외국인 지분이 높은 기업들의 배당성향은 50%를 상회하는 것으로 보고되고 있다. 미국의 경우에도 평균적으로 세후 법인이윤의 50% 이상이 배당으로 지불되고 있다[Economic Report of the President, 2012, p. 423]. 이러한 광범위한 배당의 존재는 기업 재무를 공부하는 사람들에게는 의아스러운 일이다.

가능한 설명 중 첫 번째는 배당금 지불이 기업의 재무 건전성의 신호 역할을 한다는 것이다. 만약 투자자들이 정례적으로 배당금을 지불하는 기업들을 '견고한' 기업으로 인식한다면, 배당금 지불은 기업의 주식가치를 높일 수 있다. 유사하게, 배당금 지불을 감소시킨 기업들은 재무적 어려움에 직면해 있는 것으로 인식될 수 있다. 물론 잠재적 주주에게 긍정적인 신호를 보내기 위해 기업들이 추가적인 세금을 부담하려는 용의를 가지게 된다는 것은 가능한 일이다. 다만 배당을 통해 얻어진 이러한 편익이 희생된 그 큰 금액에 합당한 것인지는 여전히 의문스럽다.

두 번째 설명은 모든 투자자들이 동일한 한계세율에 직면한 것이 아니라는 사실에 근거하고 있다. 특히 (연금기금이나 대학과 같은) 비과세 기관들에 대한 배당소득 세율은 0이다. 낮은 한계세율에 직면한 투자자들은 배당에 보다 높은 가치를 둘 것이며, 어떤 기업들은 배당금을 지불하여 이러한 투자자들의 투자를 유인하는 데 '특화'할 수 있다. 기업들이 다른 고객들의 구미에 맞추고 있기 때문에, 이러한 것은 **고객효과**(clientele effect)라고 부른다. 고객효과에 대한 실증분석은 어떤 기업의 주식을 누가 보유하고 있는가에 대한 자료 부족으로 어려움을 겪고 있다. 하지만 미국에서 과세대상자들이 주로 소유한 펀드는 저배당 주식들에 투자하고 있으며, 비과세 기관들은 저배당이나 고배당 주식 사이에 특별한 선호 차이를 보이지 않았다[Graham, 2003].

> **고객효과(clientele effect)**
>
> 기업이 상이한 고객들의 필요에 부합하도록 자신의 재무구조를 변경하는 것을 의미한다. 낮은(높은) 배당지급 성향을 지닌 기업들은 높은(낮은) 한계세율에 직면한 주주들을 끌어들인다.

세 번째 설명은 배당금 지불은 대리인 비용(agency cost)을 낮출 수 있다는 것이다. Jensen [1986]은 기업이 너무 많은 현금을 보유하고 있을 경우 경영자가 이를 낭비하거나 비효율적인 투자에 사용할 가능성이 높아지게 되는 대리인 비용이 발생됨을 지적하였다. 배당금 지불은 현금을 줄여 이러한 대리인 비용을 낮출 수 있다.

배당에 대한 조세의 영향 〈그림 19.2〉에 나타나 있는 바와 같이, 수익의 지불방식인 배당금과 (사내유보를 통한) 자본이득에 대해서 상이한 과세가 이루어지고 있다. 배당금에는 법인세와 배당세가, 자본이득에는 법인세와 자본이득세가 과세되고 있다. 배당과 자본이득에 공통적으로 과세되는 법인세는 배당금-사내유보 간의 선택에 있어서 영향을 주지 않을 것이다. 배당세가 자본이득세에 비하여 상대적으로 과중한 만큼 배당 유인은 약화될 것이다.

배당금-사내유보 간의 선택 문제는 배당금으로 표현된 사내유보의 기회비용 개념으로 접근할 수 있다. 배당금이나 자본이득에 대한 과세가 없고 자본시장이 효율적인 경우, 배당금으로 표현된 100억 원의 사내유보의 기회비용은 그대로 100억 원일 것이며 기업과 투자자들은 배당과 자본이득에 대해서 무차별할 것이다. 만약 배당에 대해서만 과세가 된다면, 이러한 기회비용은 (100억 원-배당세액)으로 낮아질 것이고, 사내유보가 배당보다 더 선호될 것이다. 현실에서 배당세가 자본이득세보다 과중하기 때문에, 사내유보의 기회비용이 낮아져 사내유보 유인이 높아져 있다.

어떤 사람들은 투자재원으로 사용될 수 있는 사내유보가 증가될 수 있기 때문에, 조세를 통한 배당금 유인 약화는 바람직하다고 주장한다. 하지만 주주들이 기업의 저축을 고려하여 자신의 저축을 결정하는 경우 배당세의 사내유보 증가를 통한 투자 증대 효과는 나타나지 않을 수도 있다. 좀 더 상술하자면, 기업 소유자가 기업이 사내유보를 통해 그들을 대신하여 저축을 하고 있는 것으로 인식하게 되면 그들은 그 액수만큼 개인저축을 줄일 수도 있다. 이러한 경우 저축의 구성은 변화하지만, 총액 자체는 변화하지 않을 수도 있다. 실제로 개인저축과 법인저축이 어느 정도 서로 상쇄하고 있다는 실증분석 결과가 있다[Poterba, 1991]. 이러한 분석 결과는 법인을 주주와는 별개로 존재하는 주체로 보는 것의 함정을 또 한 번 예시하여준다.

실증 증거 배당세의 배당금 지불에 대한 효과

경제학 이론에 따르면, 배당소득에 대한 세율이 낮아지면 배당금 지불이 증가한다. 미국은 2003년에 개인의 배당금 소득에 대한 최고세율을 35%에서 15%로 급격하게 낮추었다. 이러한 급격한 세율 인하는 배당금의 세금에 대한 민감도를 검증할 수 있는 좋은 기회를 제공했다. 20년 이상의 데이터를 이용하여, Chetty와 Saez[2004]는 배당금 지불이 2003년 세금 인하 직후 급증했음을 발견했다. 배당금 지불 기업의 수는 지난 20여 년간의 감소 추세에서 벗어나 증가했으며, 이미 배당금을 지불하고 있던 기업들의 지불액도 상당폭 증가했다. 다른 요인에 의한 배당금의 증가 가능성을 배제하기 위해 그들은 최대주주가 비과세 기관인 법인을 표본에서 제외하였다. 그들은 세율 인하로 인해 배당금 지불이 약 20% 증가했다고 결론 내렸다. 다른 데이터와 이러한 연구결과를 종합하면서, 그들은 배당소득세율에 대한 배당금액의 탄력성이 약 0.5인 것으로 추정하였다. 이러한 분석 결과는 조세체제가 법인들의 배당-사내유보 간의 선택에 영향을 미치고 있음을 의미한다.

핀란드 정부는 2005년에 개인투자자들이 국내기업으로부터 받은 배당금에 대한 과세를 높였다. 하지만 기관투자자나 해외투자자들에 대한 세율은 변화하지 않았다. Kari 등[2009]은 이러한 제도변화로 인한 준실험 데이터를 이용하여 배당소득세가 증가한 기업들의 배당금 지불이 감소하고 그렇지 않은 기업들의 배당금은 변화가 없음을 발견하였다. 이러한 발견은 배당소득세가 증가한 경우 기업들은 실제로 배당금을 낮춤을 의미한다.

Jacob과 Jacob[2010]은 동일한 문제를 다른 시각에서 분석하였다. 국제 패널 데이터를 사용하여 분석한 결과 그들은 배당소득세와 기업의 배당성향은 긴밀히 관계됨을 발견하였다. 구체적으로 자본이득 대비 배당금에 대한 과세가 10%P 증가함에 따라 다음 해의 배당금 지불 확률이 2% 감소하고 배당금 규모도 6% 감소하는 것으로 추정하였다.

재원조달 방식: 부채와 주식 법인의 또 다른 주요한 재무 의사결정은 어떻게 재원을 조달할 것인가이다. 기업은 기본적으로 2가지 선택대안을 가지고 있다. 먼저, 기업은 돈을 차입(부채를 발행)할 수 있다. 기업은 부채에 대해서 이자를 지불해야 하고 이자지급을 하지 못하거나 원금을 갚지 못하면 파산의 위험에 직면한다. 차입하는 대신에 기업은 주식을 발행할 수 있으며, 이 경우 주주들은 소유한 주식에 대해서 배당금을 받을 수 있다.

대부분 국가에서 법인들은 소득에서 이자비용은 공제할 수 있으나, 배당금은 공제할 수 없다.[4] 따라서 조세는 부채 재원조달로의 편향을 유도하게 된다. 실제로 배당에 대한 과세와 이자에 대한 비과세로 인해 아주 단순한 모형하에서 부채의 기회비용이 주식의 기회비용보다 낮아지기 때문에 모든 재원이 부채를 통해 조달되는 것이 최적일 수 있다. 왜 기업들은 재원을 100% 부채로 조달하지 않는가? 이에 대한 첫 번째 이유는 파산비용이다. 다른 조건이 동일하다면, 기업의 부채가 증가하면 이자지급액이 증가할 것이고 파산의 가능성이 증가한다.[5] 파산에 실질 비용이 수반되게 되면, 부채의 증가에 따라 부채의 실질 비용이 증가하여 부채 사용 유인이 약화된다. 파산 가능성은 또한 채권소유자와 주주 간의 이해상충 문제를 더욱 심화시켜 부채 실질 비용을 보다 빠르게 증가시킬 수도 있다.

두 번째 이유는 부채 발행이 시장에 나쁜 신호로 작용할 수 있다는 것이다. 부채의 추가 발행이 대여자들에게 기업이 관찰되지 않은 경제적인 문제를 가지고 있을 수 있다는 신호(signal)로 작동하는 경우 대여자들은 이러한 위험에 대해 프리미엄을 요구할 것이며 이에 따라 부채의 비용이 증가될 것이다.

이러한 이유들로 인해 기업은 투자재원 전부를 부채로 조달하지는 않게 된다. 최적 부채 수준은 부채사용으로 인한 조세편익(tax advantage)과 파산비용과 신호효과로 인한 비조세비용(non-tax disadvantage)이 상쇄되는 곳에서 결정이 될 것이다.

조세체제의 부채–주식 선택에 대한 영향을 정밀하게 추정하는 것은 어려운 일이다. Gordon과 Lee[2001]는 만약 조세가 부채–주식 비율에 영향을 준다면, 다른 조건이 동일하다면, 낮은 세율에 직면한 법인은 부채를 덜 사용할 것이라는 데 주목하였다. 이는 법인의 과세표준에서 이자를 공제할 수 있는 장점은 세율이 낮은 경우 약화되기 때문이다. 미국 법인에 대한 데이터를 이용하여 Gordon과 Lee는 이러한 가설과 부합하는 실증분석 결과를 보고하고 있다. 그들은 법인세율은 10%P 낮추게 되면 부채를 통해 조달되는 기업의 자산이 4%P 감소함을 발견하였다.

---

4 본문에서 논의하는 법인세 외에도 개인소득세도 부채–주식 간 선택에 영향을 준다. 법인세 단계에서 부채 사용 시 발생하는 이자비용은 공제하고 주식 사용 시 발생하는 배당금과 자본이득은 공제하지 않아 조세가 부채에 유리하도록 되어 있다. 하지만 개인소득세 단계에서 이자 수입은 일반 소득세율로 과세하고, 배당금과 자본이득에 대해서는 보다 낮은 세율로 과세하기 때문에 조세가 주식에 유리하게 되어 있다(〈그림 19.2〉와 〈표 19.1〉 참조). 이러한 법인세 단계와 개인소득세 단계의 조세유인을 모두 고려하면, [법인세율 − 개인소득세율 + (1 − 법인세율) × Z_t]가 커질수록 부채를 더 사용하려는 유인이 강해진다[Gordon and Lee, 2001]. 여기에서 Z_t 배당금과 자본이득에 대한 개인소득세 단계의 세율을 나타낸다.

5 부채에 대한 과도한 의존은 실제로 대우, 한보철강, 기아자동차, 케이마트, 엔론, 월드컴 등의 대기업들을 부도로 내몰았다. 어떤 사람들은 조세체제가 부채의 사용을 유도함으로써 파산의 가능성을 높이는 바람직하지 않은 결과를 초래하였다고 주장한다.

조세체제로 인해 법인 회계부정이 발생하였는가 한국과 미국에서 종종 법인들의 분식회계(회계부정)가 신문의 머리기사를 장식한다. 대우와 엔론과 같은 몇몇 주요 기업들은 분식회계를 통해 소득을 과장하여 그들의 주식가치를 증가시켰다. 이러한 법인들의 회계부정 스캔들로 인해 회계부정에 대해서 CEO의 민사상 책임을 묻는 것과 같은 회계절차와 기업 지배구조의 개혁에 대한 여론이 형성되었다. 하지만 어떤 전문가들은 회계부정의 근본적 원인이 조세체제에 있기 때문에 적정한 조세개혁 없이는 의미 있는 법인 행동의 개선이 나타나지 못할 것이라고 주장한다.

왜 조세체제가 비난받는가? Siegel[2002]은 정부가 증권 산업을 규제하기 이전인 19세기에는 기업 경영자들은 오도된 정보라는 이유로 기소될 걱정 없이 어떠한 기업 정보도 공개할 수 있었다고 지적한다. 그 당시에는 기업의 재무제표에 대한 기준이 없었는데, 사람들은 어떻게 기업들의 소득보고에 대해 신뢰성을 가질 수 있었는가? Siegel은 이에 대해서 "그 당시에 사용되었던 방식은 배당금을 지불하는 것이다. 배당금 지불은 기업의 수익성과 기업소득의 진정성에 대한 실체적인 증거가 되었다."라고 응답한다. 이것은 앞에서 논의한 신호로서의 배당금 이론(dividends-as-signal theory)이다. 신고 소득은 쉽게 조작될 수 있으나, 배당금은 현금으로 이를 이용하여 거짓말을 하기에는 비용이 너무 크다.

조세가 회계부정의 한 원인이 되었다는 주장의 핵심은 조세체제가 배당금 지불 유인을 약화시킴으로써 조작이 쉬운 다른 기업 경영지표들이 신호기제로 대신 사용되도록 유도하였다는 것이다. 이러한 주장의 신뢰성을 알아내기는 어렵지만, 조세가 의도하지 않는 결과를 초래할 수 있다는 아주 흥미로운 예이다.

19.4 지방법인세

한국의 지방법인세는 법인세할 주민세라고 불리며, 국세인 법인세에 10%의 부가세 형태로 과세된다. 2017년의 경우 법인지방소득세는 약 5.9조 원가량으로 전체 지방세수의 80조 원 중 7.3%가량을 차지하고 있다[조세개요, 2018]. 미국의 주정부는 주 내의 법인에 대한 과세권을 지니고 있으며, 지방법인세는 전체 지방세수의 4%를 차지하고 있다[Economic Report of the President, 2012, p. 418]. 지방 소득세의 경우와 마찬가지로, 지방법인세의 세율구조와 법인소득 규정에 있어서 주별로 상당히 차이를 보이고 있다.

국세 법인세의 귀착과 효율성 분석에 내포된 모든 복잡성이 지방법인세의 분석에서도 등장한다. 특히 한국에 있어서는 지방법인세는 법인세에 대한 단순 부가세 형태를 띠고 있기 때문에 앞에서 이야기한 법인세에 대한 분석의 대부분이 그대로 적용될 수 있다. 다만, 지방법인세의 존재는 법인세 부담이 국세뿐 아니라 지방세 부분까지 고려하여 계산되어야 함을 의미한다. 즉, 법인세할 주민세까지 고려한다면 현재 한국의 법인세율은 25%가 아니라 27.5%인 것이다. 미국의 지방법인세는 추가적인 문제를 발생시키고 있다. 주별로 지방법인세 체제가 상이하기 때문에 조세의 귀착과 효율성 분석은 더욱 어려워진다. 지방법인세 중 얼마만큼이 다른 주의 납세자에게 전가되는가? 주별로 상이한 지방법인세 체제가 법인의 위치결정, 세수 그리고 효율성에 어떠한 영향을 주게 되는가?

제14장에서 살펴본 조세귀착이론을 이용하여 이러한 질문들에 대한 초보적인 답을 해보자. 다른 조건이 동일하다면 이동성이 낮은 생산요소에 보다 큰 조세귀착이 이루어진다는 일반적이고 직관적인 명제를 상기하자. 이는 지방법인세 분석을 위해서는 생산요소득의 이동성에 대한 분석이 선행되어야 함을 의미한다. 만약 자본이 노동보다 더 쉽게 다른 주로 이동할 수 있다면, 지방법인세가 노동에 보다 많이 귀착되게 될 것이다. 이러한 이슈에 대한 연구는 아직 초기단계에 머물러 있다.

19.5 다국적 기업에 대한 과세

이제는 더 이상 기업들의 활동무대가 한 국가 영토 내로 한정되어 있지 않다. 다국적 기업들이 개발도상국에 투자한 금액이 2006년에 2.4조 달러에 이르고 있으며, 이로부터의 소득이 2002년 740억 달러에서 2006년 2,100억 달러로 급증하였다. 이러한 다국적 기업들이 해외직접투자(FDI)를 통해 얻는 소득 중 약 60% 정도가 본국으로 송금(2006년에는 1,250억 달러)되고 있다[World Bank의 Global Development Finance 2007, p. 53]. 이러한 막대한 해외원천 소득의 존재는 이에 대한 과세 방식이 매우 중요한 문제임을 의미한다.

한국과 미국에서는 해외납부세액의 세액공제를 허용하고 있다. 산정방식을 좀 더 상술하면, 먼저 법인들은 그들의 해외소득을 포함한 전 세계 과세표준에 대해서 표준적인 세율로 산출세액을 계산한다. 이후 산출세액에서 외국 정부에 납부한 세금을 세액공제하는데, 다만 공제액이 해외소득을 국내세법에 따라 산정한 세액보다 더 클 수는 없다. 예를 들어, 한국 한 법인이 법인세율이 15%인 한 외국에서 100억 원의 소득을 벌어 15억 원을 이미 외국 정부에 납부하였다고 하자. 해외소득 세액공제가 없었다면, 해당 법인은 해외소득 100억 원에 대해 한국의 법인세율인 25%를 적용하여 25억을 추가로 납부하여 총세부담이 40억이 되었을 것이다. 하지만 외국납부세액공제가 허용되어 있기 때문에, 25억 원의 세액에서 해외에서 납부한 15억 원을 세액공제 받을 수 있게 되어 국세청에는 10억 원만을 추가로 납부하면 된다.

2006년도에 미국 법인들은 해외납부세액공제로 782억 달러를 세액공제받았고, 이로 인해 세액이 26.4%나 감소하였다[McGrath, 2010].

법인의 해외소득 계산을 복잡하게 만드는 몇 가지 요인이 존재한다.

자회사 자격 해외 기업운영이 **자회사**(subsidiary) 형태로 이루어진다면, 해당 소득에 대한 과세는 모회사에 배당의 형태로 **송금**(repatriate)될 때까지 연기된다(해외 자회사는 국내 기업에 의해 소유되어 있으나, 해외에서 주식회사로 등록되어 있어 법적인 관점에서는 독립된 법인이다). 이는 자회사에 유보된 소득은 과세대상이 되지 않음을 의미한다. 이러한 조세 규정으로 인해 얼마만큼의 조세 절감이 발생하는가는 외국의 세율에 의존하게 된다. 외국 세율이 국내 세율보다 낮다면, 과세 연기로 인해 해당 국가는 국내기업에게 조세 천국(tax heaven)이 된다.[6]

자회사(subsidiary)
어떤 법인에 의해 소유되고 있기는 하나, 모법인으로부터 독립적으로 법인화된 기업.

송금(repatriate)
자회사의 소득을 모회사에 보내는 것.

6 바하마와 같은 일부 국가들은 의도적으로 외국기업들이 조세체제를 남용하도록 세법을 규정하여 운영하고 있다. 이러한 조세피난처를 통한 세금 절약을 제한하는 조세 규정들이 존재하기는 하나, 이러한 규정들의 실효성은 높지 못하다.

독립운영취급(arm's length system)

국내사업과 해외사업을 독립적으로 운영되는 분리된 기업으로 취급하여 다국적 기업의 세금을 산정하는 방법.

이전가격 문제 다국적 기업의 총소득 중 얼마만큼이 어느 지역의 사업단위에서 실제로 발생되었는가를 알아내기는 많은 경우 어려운 일이다. **독립운영취급**(arm's length system)이라는 과정을 거쳐서 다국적 기업의 국내와 외국 사업단위 간에 소득을 배분한다. 독립운영취급이란 기본적으로 국내사업과 해외사업을 독립적으로 운영되는 분리된 기업으로 취급하고, 각 단위의 과세대상 이윤을 각각의 판매에서 비용을 뺀 것으로 계산하는 과정이다.

문제는 여러 지역의 사업단위에 비용을 배분하는 것이 종종 애매하며 이로 인해 절세와 탈세의 기회가 존재하고 있다는 것이다. 왜 그러한가를 보기 위해 유전자 분리 과정에 대한 특허권을 가진 다국적 기업의 예를 생각해보자. 자회사 중 하나가 특허권을 소유하고 있어 다른 자회사들은 특허료를 지불하여야 한다. 다국적 기업은 저세율 국가에 설립된 자회사에 특허권을 부여할 유인을 가지고 있다. 이럴 경우 특허권 수입은 낮은 세율로 과세될 것이다. 동시에 특허권을 사용하는 사업단위는 상대적으로 고세율의 국가에 위치한 자회사로 할 것인데, 이러한 경우 특허료 지불 관련 비용 공제를 극대화할 수 있다. 특허료 거래는 전적으로 회사의 내부에서 이루어지는 거래로 기업은 관련 거래를 통한 조세편익을 극대화하기 위하여 특허료를 가능한 크게 책정할 것이다. 만약 이러한 특허권이 거래되는 시장이 존재하지 않는다면, 조세당국은 특허료의 과다 여부를 결정할 수 있는 근거를 거의 가지지 못한 상태가 된다.

이전가격(transfer price)

어떤 생산요소에 대해서 한 자회사가 다른 자회사에 부과하는 가격.

이러한 문제는 기업의 한 단위에서 다른 단위로 자원을 이전하는 가격에 대한 것으로 **이전가격 문제**(transfer-pricing problem)라고 부른다. 기업 내부거래 생산요소들의 가격은 기업에 의해 자의적으로 결정될 수 있기 때문에 과세당국은 끊임없이 기업의 이전가격의 적합성을 조사하고 있다. 이 분야는 세법에서 가장 복잡한 분야가 되고 있다. 실제로 다국적 기업들은 이전가격 관련 세법 규정들에 순응하는 비용과 복잡성에 대해서 불만을 토로하고 있다.

19.5.1 평가

다국적 기업에 대한 과세방식을 이해하기 위해서는 정책목적이 무엇인가를 먼저 명확히 해야 한다. 가능한 정책목적은 세계소득 극대화 또는 국내소득 극대화이다. 어떤 한 목적함수하에서의 최적은 일반적으로 다른 목적함수하에서는 최적이 되지 못한다.

글로벌 과세(global taxation)

다국적 기업의 소득을 어느 국가에서 소득이 창출되었는가에 관계없이 다국적 기업의 고국 세율에 따라 과세되도록 하는 세금체제.

글로벌 과세(세계소득의 극대화, 속인주의) 세계소득의 극대화를 위해서 각 국가에 투자된 마지막 한 단위 투자로부터의 한계수익률이 동일하여야 한다.[7] 왜 그러한가를 보기 위해 한계수익률이 동일하지 않는 경우를 생각해보자. 그러한 경우 한계수익이 낮은 국가에서 한계수익

7 과세가 없는 경우 다음과 같은 극대화 문제를 가정할 수 있다. 다국적 기업이기 때문에 재원조달 가격은 국내 투자나 해외 투자가 동일하게 하나의 가격인 P_k로 가능하다고 가정하자.

$$\text{Max } (Y_d + Y_f) - P_k K \quad \text{subject to} \quad K = K_d + K_f$$

이 경우 이윤극대화 1계 조건은 $Y_d' = Y_f' = P_k$ 즉 $r_d = r_f$가 되게 된다.
세금이 도입되면 극대화 문제는 아래와 같이 바뀌게 된다.

$$\text{Max } (1-t_d)Y_d + (1-t_f)Y_f - P_k K \quad \text{subject to} \quad K = K_d + K_f$$

이 경우 이윤극대화 1계 조건은 $(1-t_d)Y_d' = (1-t_f)Y_f' = P_k$ 즉 $(1-t_d)r_d = (1-t_f)r_f$가 되게 된다.

이 높은 국가로 자본 한 단위를 이전시키면 세계 소득이 증가하게 될 것이다.[8] 수식적으로 r_d가 한국에서의 한계수익률이고 r_f가 어떤 주어진 외국에서의 한계수익률이라면, 세계 소득극대화 효율 조건은 아래와 같다.

$$r_f = r_{\mathrm{US}} \tag{19.6}$$

어떠한 과세체제가 이윤극대화 기업으로 하여금 식 (19.6)에 부합하는 자본 배분을 유도하게 될 것인가? 먼저 투자자들의 세후 수익률을 근거로 투자배분을 결정한다는 사실을 인식하자. 그들은 각 국가에서의 세후 한계수익률이 동일하도록 국가 간 자본 배분을 결정할 것이다. 기업의 자본 배분은 아래 식을 만족하게 된다.

$$(1 - t_f)r_f = (1 - t_{\mathrm{US}})r_{\mathrm{US}} \tag{19.7}$$

식 (19.7)에 따르면 t_f와 t_{Kor}가 동일하다는 것이 세계소득 극대화 달성을 위한 필요충분조건이 됨을 알 수 있다. 직관적으로 설명하자면, 자본이 전 세계적인 관점에서 효율적으로 배분되기 위해서는 위치에 상관없이 동일한 세율의 과세가 이루어져야 한다.

정책적인 함의는 세계소득 극대화를 위해서 세부담이 사업 위치에 의존하지 않는 조세체제를 만들어야 한다는 것이다. 해외납부세액에 대한 전액 세액공제는 이러한 조건을 만족시킨다. 이 경우 해외소득의 세후 수익률은 $[r_f - t_f r_f + t_f r_f - t_{\mathrm{Kor}} r_f = (1 - t_{\mathrm{Kor}})r_f]$가 되어 국내소득의 수익률 $(1 - t_{\mathrm{Kor}})r_d$과 비교하면, 효율조건 $r_f = t_{\mathrm{Kor}}$가 만족된다. 단, 이미 앞에서 언급한 바와 같이, 해외소득에 대해 국내 법안에 규정을 적용하여 산정한 세액 이상으로 해외소득 세액공제를 허용하지는 않는다.

세액공세액에 상한을 두고 있는 이유는 무엇인가? 지금까지의 논의에서는 외국 정부가 한국 정부의 행동을 고려하지 않고 행동을 결정한다고 암묵적으로 가정하였다. 한국 정부가 다국적 기업에 대해서 해외납부 세액공제를 허용하고 있다고 선언하였다고 가정하자. 이러한 경우 외국 정부는 그들 영토 내의 한국 자회사에 대한 세율을 인상하려는 유인을 가지게 된다. 한국정부의 해외납부세액 전액공제 규정하에서 해외납부 세액만큼 한국에서의 세부담이 감소하게 되기 때문에, 외국의 세율 인상이 해당 기업에게는 아무런 영향을 주지 않게 된다. 이러한 경우 외국납부세액공제 규정은 기본적으로 한국 정부로부터 외국 정부로의 소득이전 기재 역할을 하게 된다.[9] 이를 방지하는 방법은 물론 세액공제를 제한하는 것이다.

영토별 과세(국가소득의 극대화, 속지주의) 어떤 사람들은 조세정책은 세계소득이 아니라 국가소득을 극대화하는 것을 목적으로 해야 한다고 주장한다. 이러한 주장을 분석하기 위해서는 먼저 국가소득을 정의하여야 한다. 국가소득은 세전 국내소득과 외국납부 세금 후의 외국 원천소득의 합으로 정의될 수 있다. 국내소득의 경우 세후가 아닌 세전 수치를 사용하는 것은 자국 정부에 납부한 세금은 기업의 몫은 아니지만 여전히 국내 소득의 일부이기 때문이다. 외국 원

영토별 과세(territorial taxation)

다국적 기업의 소득을 소득이 창출된 국가의 세율에 따라 과세되도록 하는 세금체제.

---

8 이러한 원칙에 대해서 좀 더 자세한 논의는 이 책 마지막의 부록을 참조하기 바란다. 그리고 이 장의 연습문제 11번을 보시오.

9 물론 외국납부 세액공제는 산출세액이 양인 경우에만 제공된다. 정부가 외국납부 세액공제를 순보조금의 형태로 지불하지 않는다.

천 소득의 경우 외국 정부에 납부한 세금은 국내에 가용하지 않기 때문에 제외되어야 한다.

국가소득 극대화는 식 (19.6)과는 매우 다른 결과를 가져온다. 근본적 차이는 이제는 한계수익률이 국내 관점에서 측정되어야 함에 있다. 국내 관점을 취하면, 해외투자의 한계수익률은 $(1-t_f)r_f$가 된다. 반면에 국내 투자의 한계수익률은 세전으로 측정되어 r_d가 된다. 따라서 국가 소득의 극대화 조건은 다음과 같다.

$$(1-t_f)r_f = r_d \tag{19.8}$$

식 (19.6)과 식 (19.8)을 비교하여보면, 세계소득 극대화 관점에서는 해외투자가 $r_f = r_d$와 같아지는 수준까지 이루어지는 데 반하여, 국내소득 극대화 관점에서는 해외투자가 $r_f = r_d/(1-t_f)$인 수준까지 이루어진다. 다시 말하면, 국내소득 극대화가 목표라면, 최적 r_f가 세계소득 극대화하의 최적 r_f보다 커지게 되는데, 이는 해외투자가 작아짐을 의미한다[t_f가 1보다 작은 한, $(r_d/(1-t_f) > r_d)$가 성립한다]. 다시 말해, 국내소득 극대화의 관점에서 보면 세계소득 극대화하의 해외투자는 '지나치게 큰 규모인' 것이다.

어떤 종류의 조세체제하에서 식 (19.8)을 만족시키는 자원배분이 유도될 것인가? 현재의 한국과 미국의 조세체제와는 달리, 다국적 기업들이 해외납부 세액을 국내 과세표준에서 소득공제할 수 있다고 하자(예를 들어, 총소득 1,000억 원, 해외납부 조세액 200억 원인 기업이 있다면, 과세표준은 800억 원이 된다). 해외납부세액의 소득공제 가능하기 때문에, 기업의 해외 수익률 r_f은 한국소득을 $r_f(1-t_f)$만큼 증가시키게 될 것이다. 따라서 한국 법인세후 해외투자에 대한 수익률은 $r_f(1-t_f)(1-r_d)$가 될 것이다. 동시에 한국 내 투자의 세후 수익률은 $r_d(1-r_d)$가 될 것이다. 투자자가 국내와 해외의 세후 투자수익률이 같아지는 곳에서 투자를 결정한다고 가정하면 다음 식이 만족된다.

$$r_f(1-t_f)(1-t_{\text{Kor}}) = r_d(1-t_{\text{Kor}}) \tag{19.9}$$

명백하게 식 (19.8)과 (19.9)는 동등한 것이다. 따라서 국내소득 극대화를 위해서는 해외납부세액에 대해서 세액공제가 아닌 소득공제를 허용해야 하는 것이다.

이러한 논리에 따라 해외납부 세액공제를 해외납부세액 소득공제로 변경해야 한다는 정치적인 주장이 있다. 하지만 세액공제를 소득공제로 전환할 경우 중요한 문제점이 발생한다. 이러한 문제점을 살펴보기 위해, 지금까지의 논의에서 주어진 자본수입국의 세율하에서 자본수출국이 자국의 소득을 극대화하는 세율을 부과할 수 있다고 가정하였음에 주목하자. 만약 이와 달리 자본수출국은 자신의 세율 변화로 촉발될 수 있는 자본수입국의 세율의 변화를 미리 고려하여 최적세율을 결정한다고 가정할 수도 있다. 예를 들어, 한국 정부는 해외투자 소득에 대한 실효세율을 인하하면 외국 정부도 동일한 조치를 취할 것이라고 믿고 있을 수 있다. 이러한 경우 한국 정부의 해외소득에 대한 특혜적인 조세취급이 바람직할 수 있다. 물론 한국의 실효세율 인하 시 주최국이 오히려 실효세율을 인상하기로 결정할 수도 있다. 아무튼 주장하고자 하는 바는 국가 간의 전략적 상호작용이 허용되게 되면 해외납부세액의 단순 소득공제가 국가소득 극대화를 달성하지 못할 수도 있다는 점이다. 해외 원천 소득에 대한 최적 유효세율은 소득공제 시의 세율보다 클 수도 작을 수도 있게 된다.

세액공제의 소득공제로의 전환에 대한 또 다른 반대 주장의 근거는 다른 국가의 세율이 낮은 경우 자국 기업들이 국내투자를 줄이고 해외투자를 늘릴 것이라는 점이다. 하지만 해외투자 증가가 반드시 국내투자 감소를 의미하지 않음을 보고하는 연구 결과들이 있다. Desai, Foley, Hines[2009]는 해외투자가 기업의 수익성과 경쟁력을 제고하여 국내 경제활동도 높일 수 있다고 주장하였다. 예를 들어, "해외 주재로 인해 중간재를 낮은 가격으로 구입하는 것이 가능해지고 해외 지사가 미국 내에서 만들어진 유형 또는 무형 자산을 구입하는 것을 통해"(p. 182) 해외투자가 기업의 수익성과 경쟁력을 개선시킬 수도 있다. 실제로 이들은 투자의 국제흐름 데이터를 분석하여, 10%의 해외투자 증가가 2.6%의 국내투자 증가와 관련됨을 발견하였다. 이러한 실증분석 결과는 영토별 과세를 하는 경우에도 국내투자가 감소하지 않고 오히려 증가할 수도 있음을 보여준 것이다. 영토별 과세로 전환하다는 주장은 정치 논의에서도 등장하고 있다. 2012년 미국 대통령 선거에서 공화당 대통령 후보 롬니가 이러한 공약을 내세웠었다. 하지만 국제 기업과세가 향후 어떠한 방향으로 전개될 것인가는 아직도 불명확하다.

19.6 법인세법 개혁

우리는 이미 앞에서 법인소득을 과세하지 않을 경우, 개인들이 법인 내에 소득을 축적함으로써 개인소득세 부담을 피할 수 있음에 주목하였다. 명백하게 이는 심각한 형평성과 효율성 문제를 야기한다. 한국과 미국을 포함한 대부분의 국가들은 이에 대한 대응으로 법인소득을 법인단계와 개인소득 단계에서 두 번 과세하는 체제를 운영하고 있다.

개인소득세와 법인소득세를 하나의 조세체제로 통합하기 위한 몇 가지 제안들이 제시되었다. 우리는 그중 완전통합과 배당 경감의 2가지 방식에 대해서 논의할 것이다.

19.6.1 완전통합

가장 극단적인 방식은 **완전통합**(full integration) 방식이라고도 불리는 **파트너십 방식**(partnership method)이다. 이러한 접근방식에서는 세법상으로 법인을 파트너십 기업으로 취급하여 과세하고 법인세 자체는 폐지한다. 주어진 연도의 모든 법인소득은 주주에게로의 배분 여부에 상관없이, 주주에게 할당하고 각 주주는 이렇게 할당된 자신의 몫에 대해서 개인소득세를 납부한다. 예를 들어, A라는 사람이 기업 Y의 주식을 2% 소유하고 있다면, 그의 과세표준에는 기업 Y 소득의 2%를 포함시키는 것이다.

> **완전통합(full integration)**
> 아래의 파트너십 방식의 정의를 보시오.

> **파트너십 방식(partnership method, 완전통합)**
> 법인세를 폐지하고, 주어진 연도의 모든 법인소득을, 실제 지불 여부에 상관없이, 주주에게 지분에 비례하여 할당하여 이를 과세하는 방식.

이러한 파트너십 방식 도입이 바람직할 것인가에 대한 논의에 있어서 다음의 몇 가지 항목이 주요 이슈가 되고 있다.

법인의 근본적 성격 완전통합 방식을 선호하는 사람들은 법인은 사실상 소득을 주주에게 전달하는 통로에 불과하다고 강조한다. 어쩌다가 경유하게 된 기관인 법인에 과세하는 것보다 소득을 궁극적으로 받는 사람에게 과세하는 것이 더 합당한 것이다. 완전통합을 반대하는 사람들은 현대의 대기업에 있어서 주주를 파트너로 생각하는 것은 우스꽝스러운 일이며 법인을 분리된 개체로 취급하는 것이 보다 바람직하다고 주장한다.

행정적 어려움 완전통합을 반대하는 사람들은 완전통합 시 발생될 행정적인 어려움을 강조한다. 1년 미만으로 주식을 소유한 개인들에게 귀속(impute)되는 법인의 소득을 어떻게 계산할 것인가? 주주들의 개인소득세 산정 시 기업의 운영비용을 과세표준에서 공제하도록 허용해야 하지 않는가? 완전통합 옹호자들은 복잡한 조세체제를 행정적으로 처리하기 위해서는 몇 가지 자의적인 결정은 불가피하다고 주장한다. 완전통합 시 발생할 행정적인 문제는 다른 세법상에서 발생하는 행정적 문제보다 더 심한 것들은 아니며 만족할 만한 수준까지 처리될 수 있을 것이다.

효율성에 대한 영향 완전통합 옹호자들은 현재의 법인세체제가 상당 규모의 초과부담을 초래하고 있다고 지적하면서, 이러한 초과부담의 많은 부분을 완전통합 이후 제거 또는 완화시킬 수 있다고 주장한다. 완전통합 시 경제에 4가지 종류의 효율성 개선이 나타날 수 있다.

- 법인과 비법인 부문 간 자원배분의 왜곡은 제거될 수 있다.
- 통합으로 자본수익률에 대한 세율을 낮아지는 만큼, 조세로 인한 저축 의사결정 왜곡이 감소하게 될 것이다.
- 통합은 현재의 조세체제하의 나타나고 있는 '과도한' 사내유보의 유인을 제거할 수 있다. 대규모의 사내유보를 지닌 기업들은 신규 사업 재원조달을 위해 외부 투자자들을 설득해야 할 필요가 없다. 따라서 외부 투자자에게 사업이 시행할 만함을 설득하는 과정에서 발생하는 규율에 직면해 있지 않고, 이로 인해 비효율적인 투자를 할 수도 있다. 예를 들어, 어떤 관찰자들은 마이크로소프트사가 400억 달러의 거대한 현금을 손에 쥐고 있지 않았다면, 마이크로소프트사의 잘못된 케이블 TV 시장 진입은 시도되지 않았을 것이라고 지적한다 [Economist, 2003].
- 통합 시 법인세제 자체가 폐지되어 이자지불공제가 없어지기 때문에, 통합은 현 조세체제의 재원조달에 있어서 부채로의 편향을 제거할 수 있다.

이러한 효율성 개선의 가치를 모두 추정해내는 것은 어려운 일이기는 하지만, Jorgenson과 Yun[2001]은 완전통합으로 얻어지는 전 기간의 효율성 개선 효과의 현재가치가 2,500억 달러 이상으로 매우 높은 것으로 추정하였다.

완전통합 반대자들은 비법인–법인 간의 자원배분과 내부 재원–외부 재원 간의 자원배분에 있어서 주장된 효율성 개선 자체가 존재하지 않을 수도 있다고 지적한다. 이미 앞에서 논의한 바와 같이, 법인세가 순수 이윤세에 동등한 것이라는 Stiglitz의 관점이 옳은 만큼 조세는 법인과 비법인 간의 왜곡을 발생시키지 않고 있다. 또한 법인들이 내부 재원을 외부 재원에 비하여 비효율적으로 투자하고 있다는 믿을 만한 증거들도 존재하지 않는다.

저축에 대한 영향 어떤 사람들은 완전통합이 자본에 대한 유효세율을 낮추어서 저축을 유도할 수 있다고 주장한다. 우리가 제18장에서 본 바와 같이, 조세의 저축에 대한 영향은 모호한 것이다. 이론상으로는 자본소득에 대한 세율이 인하되었을 때 저축량은 증가하거나, 감소하거나, 또는 변화하지 않을 수도 있다. 실증분석 결과들은 아직까지 저축량 변화에 대해 명확한 답을 제시하지 못하고 있다.

소득분배에 대한 영향 만약 완전통합으로 효율성이 개선된다는 주장이 옳다면, 원칙적으로 납세자 전체로 보면 후생이 증가할 수 있다. 하지만 집단별로 영향의 정도는 상이할 수 있다. 기본적으로 통합 후 개인소득세율로 과세할 것이기 때문에 통합 시 높은 개인소득세율에 직면한 주주에 비하여 낮은 개인소득세율에 직면한 주주의 이득이 상대적으로 크게 된다. 동시에 통합은 자본소득의 비중이 상대적으로 높은 개인들에게 보다 큰 혜택을 줄 것이다. 이러한 효과들을 종합적으로 생각해보면, 통합 시 혜택이 저소득자와 고소득자에게 집중되는 U자 모양의 분포를 보일 수도 있다.[10]

요약 완전통합의 효과에는 상당한 불확실성이 존재한다. 이러한 불확실성은 현행 법인과세체제의 작동 원리에 대한 불완전한 이해에 기인하는 것이다. 파트너십 방식을 도입하는 것이 바람직하다는 것에 대해서 모두가 동의하지는 않는다. 하지만 불완전하기는 하나 현재 존재하는 여러 이론적 · 실증적 분석들에 근거하여, 많은 경제학자들은 개인 과세와 법인 과세가 통합되는 경우 효율성과 형평성이 개선될 수 있을 것으로 보고 있다.

19.6.2 배당 경감

현행 제도의 많은 문제점이 법인과 개인단계에서의 이중과세에 기인하고 있다는 인식을 출발점으로 완전통합보다 덜 극단적인 접근방식들이 제안되고 있다. **배당 경감**(dividend relief)은 기본적으로 법인세를 독립적인 체제로 유지하지만 이중과세는 없애자는 것이다. 2가지 방식이 있다. 첫째로, 법인이 채권소유자에게 지불된 이자비용을 공제한 것과 같이 주주에게 지불된 배당금을 공제하도록 허용하자는 것이다. 이러한 접근방식의 장점은 부채와 주식에 대한 비대칭적인 과세가 제거된다는 것이다. 또한 배당금은 개인의 한계세율에 따라 과세가 되는데, 이는 헤이그-사이먼 소득 정의에 보다 부합하는 것이다.

> **배당 경감**(dividend relief)
> 배당을 법인단계에서 비과세하거나 개인단계에서 비과세하여 배당에 대한 이중과세를 제거하려는 과세방식.

이러한 배당금에 대한 법인단계 비과세는 원론적으로는 법인소득 계산 시 배당금을 비용의 일부로 공제함으로써 달성될 수 있다. 이러한 점을 여러 가지 배당금 과세 방식들의 과세 효과를 정리한 〈표 19.1〉을 이용하여 설명하자. 표에서는 θ는 법인세율, t는 배당금에 대한 개인소득세율, c_g 자본이득세율, m은 이자소득세율을 의미하는 문자기호이다. 법인단계에서 배당금을 비용의 일부로 공제하는 방식은 〈표 19.1〉의 (다1)행에 정리되어 있는데, 이 경우 자기자본에 대해서는 개인소득세만 한 번 과세되어, 이자소득세율과 배당소득세율이 같은 경우 자기자본과 타인자본에 대한 비대칭적인 취급이 제거될 수 있다. 즉, (다1)행에서 자기자본에 대한 총세율과 타인자본에 대한 총세율이 각각 t로 동일하고 배당금에 대한 이중과세는 존재하지 않는다.

이러한 법인단계에서의 배당금 비용처리 대신에, 법인단계에서는 일단 과세하고, 개인소득세 단계에서 법인단계에서 이미 납부된 배당세액을 배당소득에 완전가산(gross-up)하여 과세표준을 산정한 후 법인단계에서 이미 납부 한 배당세액을 세액 공제하는 방식이 대신 사용될

10 예를 들어, Fullerton과 Rogers[1997]을 참조하시오.

표 19.1 한국의 조세체제와 근거법

배당금에 대한 고전적 과세 방식하에서는 배당금에 대해서 이중과세가 되고 자기자본에 대한 총세율이 타인자본 총세율보다 커져 왜곡이 발생한다. 이러한 왜곡을 완전통합, 개인단계에서만의 배당금 과세, 법인단계에서만의 배당금 과세 등을 통해 제거하거나 완화시킬 수 있다.

		(A) 자기자본에 대한 과세				(B) 타인자본에 대한 과세		
		(A1) 기업단계 과세	(A2) 개인단계 과세		(A3) 합계 ($c_g=0$, 세후이윤 모두 배당으로 지급되는 것으로 단순 가정하고 계산됨. 단 (다3)은 제외)	(B1) 기업단계 과세	(B2) 개인단계 과세	(B3) 합계
			배당 과제	자본이득 과세				
(가) 법인세, 개인소득세 별도 존재		θ	t	c_g	$\theta+(1-\theta)t$	비과세	m $(\approx t)$	m $(\approx t)$
(나) 법인세와 개인소득세 완전통합		t						
(다) 배당금 법인단계 비과세, 개인소득세 과세	(다1) 배당비용 처리	비과세	t	c_g	t			
	(다2) 배당 가산	θ	완전 배당 가산 이후, $t-\theta$	c_g	$\theta+(1-\theta)\times\frac{1}{(1-\theta)}\times(t-\theta)=t$			
	(다3) 한국	$\theta=0.25$	부분 배당 가산(0.15), 부분 세액공제(0.15) $t=0.35$	비과세	배당: $0.25+(1-0.25)[(1+0.15)\times0.35-0.15]=0.439$ 자본이득: $0.25+(1-0.25)\times0=0.25$	비과세	0.35	0.35
(라) 배당금 법인단계 과세, 개인소득세 비과세	(라1) 완전 비과세	θ	비과세	비과세	θ	비과세	m $(\approx t)$	m $(\approx t)$
	(라2) 미국	$\theta=0.35$	0.15	0.15	$0.35+(1-0.35)\times0.15=0.4475$	비과세	0.35	0.35

주: 표에서 사용된 문자들의 정의는 다음과 같다. θ는 법인세율, t는 배당금에 대한 개인소득세율, c_g는 자본이득세율, m은 이자소득세율이다.

수 있다. 이러한 방식의 과세는 〈표 19.1〉의 (다2)행에 정리되어 있다. 법인단계에서 과세(θ)가 되지만, 개인단계에서의 배당세액 공제 후 과세($t-\theta$)로 인해 자기자본에 대한 총세율은 t가 되어 자기자본과 타인자본에 대한 대칭적 과세가 달성될 수 있다. 완전가산 대신에 부분가산이 사용되기도 하는데, 이 방식은 법인세단계에서 이미 납부한 배당세액의 전체가 아닌 일부만을 가산하고 일부만을 세액공제하는 형태이다. 한국은 이러한 부분가산 방식을 사용되고 있는데, 배당소득의 15%만큼 가산하고, 가산한 금액만큼을 세액공제받을 수 있다. 최고한계세율에 직면해 있고 이자소득과 배당소득의 합이 종합과세기준 금액(현재 4,000만 원)을 넘는[11] 납세자의 경우에 대한 세율이 (다3)행에 시산되어 있다.[12] 시산 결과 배당금에 대한 총세율이 43%, 자본이득에 대한 총세율이 25%로 나타난다. 세후이윤 중 배당으로 지급되는 비중을 0.4로 가정하면, 자기자본에 대한 총세율은 32%로 타인자본에 대한 총세율 35%와 유사하게 된다.[13]

배당 경감의 두 번째 방식은 개인소득세 단계에서 배당금을 과세기반에서 제외하는 것이다. 이 경우 배당금은 법인단계에서만 한 번 과세된다. 효율성 관점에서 보면 이러한 방식은 첫 번째 방식인 법인단계 배당금 공제방식보다는 덜 만족스러운 것이다. 이는 여전히 세법상 자기자본과 타인자본 간의 비대칭성이 남아 있게 되어 자본조달에 있어서의 중립성이 여전히 훼손되기 때문이다. 하지만 이러한 방식은 배당소득에 대해서 이중과세가 이루어지는 고전적인 경우보다는 효율성이 높으며, 행정적으로도 실행하기가 상대적으로 용의하다. 이러한 방식 하의 이론적인 총세율 계산이 〈표 19.1〉의 (라1)행에 보고되어 있다. 자기자본에 대한 총세율이 θ이고 타인자본에 대한 총세율이 m이기 때문이 여전히 자기자본과 타인자본에 대한 비대칭적인 취급이 남아 있다. 이러한 과세방식을 부분적으로 도입 사용하는 주요한 예는 미국이다. 미국의 경우 개인소득세 단계에서 배당금에 대해서 완전히 비과세하는 것이 아니라 보통의 개인소득보다 낮은 15%의 세율을 적용하고 있다. 이러한 미국의 과세체제하에서 자기자본에 대한 세율은 45%로 타인자본에 대한 세율 35%보다 여전히 높으며, 이는 조세가 타인자본의 사용의 유인을 강화하고 있음을 의미한다.

지금까지의 배당금에 대한 과세 방식에 대한 논의를 정리하자. 고전적 과세 방식하에서는 배당금에 대해서 이중과세가 이루어지고 자기자본에 대한 총세율이 타인자본 총세율보다 커져 왜곡이 발생한다. 이러한 왜곡을 제거할 수 있는 가장 원칙적인 방법은 파트너십 방식의 과세를 통해 법인세와 개인소득세를 완전통합하는 것이다. 완전통합 대신 배당금에 대한 법인단계의 비과세와 개인단계 과세방식이 사용되기도 한다. 이를 현실에서 실행하는 방식은 가산방식인데, 한국에서는 부분가산 방식을 사용하여 왜곡을 완화시키고 있다. 또 다른 방식은 배당금에 대해서 개인단계에서는 비과세하고 법인단계에서만 과세를 하는 것으로 여전히 자기자본과 타인자본 간의 조세 취급 차이가 존재하나 행정적으로 용이하다는 장점을 가지고 있다. 이와 유사한 방식이 부분적으로 미국에서 사용되고 있는데, 미국에서는 배당금에 대해서 개인

11 가산이 모든 배당소득에 대해서 적용되는 것이 아니라, 이자소득과 배당소득의 합이 종합과세기준 금액을 넘는 배당소득에 대해서만 적용된다. 예를 들어, 배당소득이 2,000만 원, 이자소득이 3,000만 원이 있었다면, 가산대상 배당소득은 1,000만 원[=(3,000 + 2,000) − 4,000]이 되고 배당가산금액은 150만 원이 된다. 물론 이 경우의 배당세액공제액도 이와 동일한 150만 원이 된다.

12 이자소득과 배당소득의 합이 4,000만 원을 넘지 않아 종합소득세 납부 대상자가 되지 않은 경우, 배당에 대해서는 원천징수(현재 14%)만이 이루어지게 된다. 이러한 경우의 배당에 대한 총과세는 법인단계에서 25%와 개인단계에서 14%의 합인 29%가 된다.

13 이러한 계산에서 배당세율에 대해서 최고 개인소득세율인 35%가 적용되는 것으로 가정되어 있음에 주의하시오. 이자소득과 배당소득의 합이 종합과세기준 금액을 넘지 않고 직면한 세율이 낮은 8%의 납세자에게 있어서 자기자본에 대한 총세율이 29%로(각주 12 참조), 그리고 타인자본에 대한 총세율이 8%로 계산된다. 이러한 결과는 자기자본이나 타인자본의 선택에 있어서 고객효과가 발생하며, 고소득자는 자기자본 조달 형식(다시 말해서 주식 소유 후 자본이득)을, 저소득자는 타인자본 조달 형식(다시 말해서 은행 저축)을 더 선호하게 될 수 있음을 의미한다.

단계에서 완전한 비과세가 아니라 낮은 세율의 과세를 하고 있다. 미국에서 개인소득세에서 배당 소득세 세율은 2003년 15%로 낮아졌다가 오바마 정부시기인 2013년에는 다시 23.8%로 높아졌다.

심화 과정을 위한 추천 논문과 저서

한국의 법인세에 대해서는 아래의 기획재정부의 발간물을 보시오. 법인세법과 시행령은 법제처(http://www.moleg.go.kr)에서 찾아볼 수 있다.

- 기획재정부(2006). 「조세개요」.

법인세로 인한 초과부담에 대해서는 다음의 저서를 보시오. 아래의 저서는 미국에서 조세개혁 시 초과부담이 어떻게 바뀔 것인가에 대해서 종합적으로 분석하고 있는데, 교재에서 여러 번 인용되었다.

- Jorgenson, Dale W. and Kun-Young Yun. 2001. Investment, Volume 3, *Lifting the Burden: Tax Reform, the Cost of Capital, and US Economic Growth*. Cambridge, MA: MIT Press.

아래의 논문은 법인세의 투자에 대한 영향에 대해서 'New View'와 'Classical View'를 비교 설명하면서 실증분석하였다.

- Desai, Mihir A. and Austan D. Goolsbee. 2004, Investment, Overhang, and Tax Policy. *Brookings papers on Economic Activity* 2, pp. 285-355.

법인세와 재원조달 방식에 대해서는 교재에서 인용되어 설명되었던 아래의 논문을 보면 된다. 아래의 논문은 자산구간별로 합산된 세무신고 데이터를 이용하였다. 이러한 세무신고 데이터는 소규모 기업을 포함하고 장기간에 걸쳐 가용하다는 장점을 지니고 있다.

- Gordon, Roger and Young Lee. October, 2001. "Do Taxes Affect Corporate Debt Policy: Evidence from US Corporate Tax Return Data," *Journal of Public Economics*, vol. 82, no. 2, pp. 195-224.

법인세와 배당금에 대해서는 교재에서 상세히 설명된 다음의 논문을 보면 된다.

- Chetty, Raj and Emmanuel Saez. 2004. "Dividend Taxes and Corporate Behavior: Evidence from the 2003 Dividend Tax Cut." Working Paper No. 10841. Cambridge, MA: National Bureau of Economic Research.

요약

- 법인은 별도의 과세대상이 되고 있다. 법인세수는 한국의 경우 내국세의 1/4가량을, 미국의 경우 연방세의 1/10가량을 차지하고 있다.
- 법인세의 과세표준 계산에서 근로자 보수, 이자지불액, 감가상각비 등이 공제된다. 이러한 공제들은 생산비용을 산정하여 공제하기 위한 것이다. 하지만 주주로부터 재원을 조달하는 비용인 배당금을 공제가 되지 않는다. 다만, 개인단계에서 배당금은 많은 국가에서 다른 소득에 비하여 낮은 세율로 과세되고 있다.
- 투자세액공제란 어떤 특정 물적자산이 구입되었을 때 투자액의 일정 비율을 기업의 세부담에서 세액공제하는 것이다. 한국에서는 이러한 투자세액공제가 투자촉진, 중소기업육성, R&D 촉진 등 여러 목적을 위해 사용되고 있다. 미국에서는 1986년 조세개혁을 통해 폐지되었으나, 여전히 정책논의의 대상이 되고 있다.
- 법인세는 경제적 이윤에 대한 과세 또는 특정 생산요소에 대한 과세로 볼 수 있다. 전자의 관점에서는 조세의 귀착은 전적으로 기업소유자에게 이루어진다. 후자의 경우에는 자본의 부문 간 이동성, 생산요소의 대체 가능성, 수요구조 그리고 순수익률에 대한 자본축적의 탄력성 등에 의존하여 귀착이 결정된다.
- 법인세제의 물적투자에 대한 효과는 (1) 과세의 자본의 사용자비용에 대한 영향, (2) 사용자비용의 투자에 대한 영향에 의존하게 된다.
- 단순 가속도 모형에 있어서 투자는 단지 산출량에만 의존하고 있어 자본의 사용자비용은 투자에 영향을 미치지 않는다. 신고전학파 모형은 자본수요가 사용자비용에 의존한다고 가정한다. 현금흐름 모형에서는 내부 재원이 투자결정에 중요한 역할을 한다.
- 신고전학파 투자모형에서 자본의 사용자비용(C)은 다음과 같다.

$$C = \frac{(1+\delta)\times(1-\psi-k)}{(1-\theta)\times(1-t)}$$

앞의 수식에서 r은 세후 이자율, δ는 경제적 감가상각률, θ는 법인세율, t는 배당세 세율, k는 투자세액공제, ψ는 1달러당 감가상각비의 현재가치이다.

- 투자에 미치는 사용자비용의 효과에 대해서는 연구에 따라 큰 차이를 보이고 있으나, 대부분의 최근 연구에서 투자가 사용자비용에 반응하고 있는 것으로 보고되고 있다.
- 배당금에 대한 이중과세로 인해, 다른 조건이 동일하다면 기업은 배당금을 지불할 유인이 없다. 하지만 기업이 왜 배당금을 지불하는가? 배당금은 (1) 기업 재무 건전성의 신호로(신호효과), (2) 낮은 배당세율에 직면한 특정 고객을 위해서(고객효과), (3) 과도한 현금으로 인한 경영자의 비효율적 투자를 방지(대리자 비용)하기 위해서 존재할 수 있다.
- 배당금 비공제와 이자지불액 공제는 주식보다는 부채를 통해 재원을 조달하게 만드는 유인을 제공한다. 하지만 부채증가에 따라 (1) 파산 가능성이 높아져 부채조달 비용이 증가할 수 있으며(파산비용이론), (2) 시장에 나쁜 신호를 주어 부채조달 비용이 증가(신호효과)할 수 있다.
- 한국에서는 법인세의 10% 부가세 형태의 지방법인세가 존재한다. 미국에서는 주별로 상이한 지방법인세제가 존재한다. 미국의 지방법인세에 대한 분석은 조세수출(tax exporting)과 생산요소의 지역 간 이동 가능성으로 인해 더욱 복잡해진다.
- 한국과 미국의 다국적 기업들은 해외납부 세액공제를 받을 수 있다. 해외 자회사에 대한 조세 연기, 이전가격을 통한 절세기회 등으로 인해 해외소득 과세에는 복잡성이 존재한다.
- 한 가지 가능한 법인세 개혁은 법인소득세와 개인소득세를 완전히 통합하는 것이다. 완전통합 방식은 법인세를 폐지하고, 주식소유자는 법인소득 중 자신의 몫에 대해서 주주가 아닌 파트너인 것처럼 취급하여 과세하는 것이다.
- 또 다른 통합 방식은 배당 경감이다. 배당 경감이란 법인소득세 단계에서의 비용공제 허용 또는 개인소득세 단계에서 과세기반 제외를 통해 배당금에 대해 한 번만 과세되도록 제도를 개선하는 것이다.

연습문제

1. 법인세가 독자적으로 존재하고 있음으로 인해 법인-비법인 간의 자원배분 왜곡, 부채-주식 간의 재원조달 방식 왜곡, 배당금-사내유보 간의 배분 왜곡이 발생하고 있다. 법인세와 개인소득세를 완전히 통합하는 경우, 법인단계에서의 배당금을 비과세를 하고 개인단계에서 과세하는 경우, 법인단계에서는 과세하고 개인단계에서는 비과세하는 경우에 대해서 이러한 왜곡과 형평성, 행정적 비용이 어떻게 변화될 것인가를 아래의 표를 채우고 상세히 논의하시오(〈표 19.1〉을 참조하시오).

2. 맥도날드는 최근 여러 프랜차이즈 영업점을 구입하여 직영점으로 바꾸었다. 구입된 프랜차이즈 영업점은 특별히 수익률이 높았던 곳들은 아니었다. 맥도날드의 프랜차이즈 영업점 구입은 "무엇에 사용해야 할지 모르는 많은 현금을 그냥 프랜차이즈 영업점 구입에 사용해버린 것이다." 라고 평가받기도 했다[Eisinger, 2005, p. C1]. 이러한 기업의 행동과 관찰에 대해서 법인의 사내유보에 대한 조세 유인과 연결 지어 논의하시오.

3. 한국의 세법에 따르면, 감가상각비는 자산의 구입 가격에 기반하고 있다. 시간흐름에 따른 인플레이션의 효과는 고려되지 못하고 있다.

a. 인플레이션이 감가상각비의 실제 가치에 어떻게 영향을 미치게 되는가? 식 (19.1)을 이용하여 답하시오.

b. 인플레이션이 증가하였을 때, 사용자비용에 대한 효과는 어떠하겠는가? 식 (19.5)를 이용하여 답하시오.

c. b에서 나타난 인플레이션 효과를 상쇄시킬 수 있는 정책 대안을 제시하시오.

4. 몇 년 전 나비스코사는 포장 디자인 비용으로 200만 달러를 산정하였다. 나비스코사는 200만 달러 전액을 운영비용으로 비용처리하기를 원하였으나, 미국 세무당국은 이를 자본비용으로 취급하여 감가상각으로 처리하기를 주장하였다. 결국은 조세법원에서 나비스코가 승소하였다.

a. 왜 나비스코가 200만 달러를 자본비용이 아닌 운영비용으로 처리하기를 원하였는가를 자세히 논의하시오.

b. 여러분은 조세법원의 판결에 동의하는가?

5. 어떤 기자는 미국의 2003년의 배당소득세율 인하와 관련하여 "내가 신문기업인 리 엔터프라이즈로부터 받은 배당금에 대해서 세금을 적게 납부하였을 때, 리 엔터프라이즈가 기자들의 월급을 올려주고 인쇄기를 더 구입할 것인가? 나는 아니라고 생각한다."라고 언급하였다[Sloan, 2004, p. 34]. 이러한 방식으로 배당 과세 인하의 유인효과를 생각하는 것의 문제점을 설명하시오. 논의에 있어서 자본의 사용자비용 개념을 이용하시오.

6. 《월 스트리트 저널》에 보낸 한 편지는 다음과 같이 주장하였다. "가장 역진적이고 불공정한 개인소득세가 무엇인지 아십니까? 바로 법인세입니다. 모든 납세자가 구입한 재화와 서비스의 가격에는 생산/도매/소매 단계에 관련된 모든 기업들의 법인세 비용이 반영되어 있다. 법인소득세가 대부분의 개인납세자에게 보이지 않는 추가적인 40% 정도의 세금부담을 높이고 있다"[Christy, 2006, p. A17]. 위의 언급에서 가정되고 있는 법인세의 성격에 대해서 〈표 14.2〉에 제시되어 있는 조세 동등관계를 이용하여 논의하시오.

	법인-비법인 기업형태 왜곡	부채-주식 자본조달 왜곡	배당금-사내유보 이윤분배 왜곡	형평성	행정비용
법인세, 개인소득세 별도 존재					
법인세, 개인소득세 완전통합					
배당금 법인단계 비과세, 소득세 과세					
배당금 법인단계 과세, 소득세 비과세					

7. 법인세와 투자 간의 관계를 단순 가속도 모형, 고전적인 투자모형, 현금흐름 투자이론, q 이론 등을 이용하여 설명하는 문제이다.

a. 단순 가속도 모형에서 법인세가 투자에 영향을 미치지 못하는 이유가 무엇인가?

b. 신고전학파 투자 모형에서의 자본의 사용자비용을 설명하시오. 자본의 사용자비용을 이용하여 법인세와 투자 간의 관계에 대해서 설명하시오.

c. 만약 순수한 이윤세의 부과가 가능하다면, 고전적 모형, 현금흐름 모형, q 이론 각각에 대해서 이윤세와 투자 간의 관계는 어떠할 것인가?

8. 2001년도 미국에서 발생한 회계부정 스캔들 조사 과정에서 엔론사가 골드만삭스 앤 컴퍼니에 의해 개발된 특별한 금융상품을 이용하였던 것으로 드러났다. "MIPS(월소득 우선주, Monthly Income Preferred Shares)라고 불리는 이 금융상품은 필요에 따라서 부채 또는 주식으로 선택되어 취급될 수 있었다. 세법상으로는 부채처럼 취급되고, 주주와 평가기관에 대해서 주식처럼 취급된다"[McKinnon and Hitt, 2002]. 왜 이러한 금융상품에 대해서 기업이(또는 최소한 윤리적인 문제에 신경을 쓰지 않는 경영자가 운영하는 기업이) 관심을 갖게 되는가를 설명하시오.

9. 기업 ABC는 새로운 세전 수익이 30%인 컴퓨터 구입을 고려하고 있다. 이 컴퓨터의 감가상각률은 연간 1%이고, 세후 이자율이 8%이고, 법인세율은 25%이고, 전형적인 ABC 기업의 주주들은 35%의 세율에 직면해 있다고 하자. 단순성을 위해 감가상각비나 투자세액공제가 없다고 하자. 여러분은 기업 ABC가 새로운 컴퓨터를 구입할 것이라고 생각하는가? 설명하시오. [힌트: 식 (19.4)를 이용하시오.]

10. 기업의 해외납부 법인세를 처리하는 방식에 대한 문제이다. A라는 기업이 있고, 국내 법인소득이 100억 원, 해외 세전 법인소득이 50억 원, 해외납부 조세가 10억 원, 국내로의 이윤 송금이 40억 원, 국내 법인세율은 25%라고 하자.

a. 해외 납부 세금을 세액공제하는 경우와 소득공제하는 경우의 국내 법인세액을 계산하시오.

b. "세액공제를 하는 경우 투자 위치를 국내로 할지 아니면 해외로 할지에 대한 투자위치 결정이 조세로 인해 왜곡되지 않는다."라는 주장을 평가하고 근거를 제시하시오.

11. 해외납부 세액공제 또는 소득공제 제도하의 기업의 이윤극대화 문제를 수식적으로 접근하는 문제이다. 기업은 고정된 자본량을 가지고 있고, 이를 한국과 외국에 투자할 수 있다.

a. 먼저, 세액공제가 제공되는 경우를 살펴보자. 국내세율이 해외세율보다 높아 해외납부세액에 대해서 전액 세액공제가 이루어지고 있다고 하자. 이 경우 세후 총소득은 $(1-t_{\text{Kor}})f(K_{\text{Kor}})+(1-t_{\text{Kor}}-t_f+t_f)g(K_f)-\overline{K}$로 표시될 수 있다. 앞의 수식에서 t는 법인세율, 하첨자는 한국 또는 해외를 표시, K는 자본의 양, f와 g는 각각 국내와 해외 생산함수를 나타내고 있다. 이때 자본총량제약하의 기업의 세후 총소득 극대화 문제를 적어보시오. 극대화 1계 조건을 이용하여 국내 자본수익률과 해외 자본수익률 간의 관계를 도출하시오.

b. a에서 도출한 국내와 해외 자본수익률 간의 관계가 전세계 소득 극대화를 만족시키는 수익률 간의 관계와 동일함을 보이시오.

c. 이제는 해외납부세액에 대해서 소득공제가 제공되었다고 하자. 이때의 자본총량제약하의 세후 총소득 극대화 문제를 적어보시오. 극대화 1계 조건을 이용하여 국내 자본수익률과 해외 자본수익률 간의 관계를 도출하시오.

d. c에서 도출한 국내와 해외 자본수익률 간의 관계가 국내소득 극대화를 만족시키는 수익률 간의 관계와 동일함을 보이시오.

12. 법인세를 완전히 폐지하는 경우 어떠한 문제가 발생할 수 있는가? (힌트: 개인소득세와 법인소득세 간의 상호 작용을 생각하시오.)

13. Clausing[2007]은 법인세율이 높아짐에 따라 법인세수가 증가하다가 감소함을 관찰하였다. 그녀는 또한 소규모 개방 경제의 세수 극대화 세율이 대규모 폐쇄 경제의 세수 극대화 세율보다 낮음을 발견하였다. 이러한 결과가 나타나게 된 원인은 무엇이겠는가?

14. 미국 오바마 대통령은 고소득자에게 있어서 배당금 소득

에 대한 세율을 15%에서 20%로 인상시킬 것을 제안하고 있다. 이러한 변화가 자본의 사용자비용에 어떠한 영향을 주게 될 것인가?

15. [행정고시 2차 2017년 기출문제] 최근 저출산 고령화 추세와 각종 복지 수요 증대로 향후 재정지출이 빠르게 증가할 것으로 예상됨에 따라 법인세율을 인상하여 재원을 조달할 필요가 제기되고 있다. 한편 법인세율 인상이 기업들의 투자를 위축시킬 것이라는 우려도 제기되고 있다. 이 논쟁을 검토하고자 신고전파 투자이론에 근거하여 다음과 같은 모형을 가정할 때, 물음에 답하시오.

- 완전경쟁시장에서 대표적인 기업이 노동과 자본을 사용하여 상품을 생산하고 있고, 이 기업이 구입자금을 모두 차입하여 새로운 기계를 구입한다.
- 이때 기계를 구입한 전후 기계의 가격은 변화하지 않는다.
- 또한 현행 법인세에서는 기계에 대해 초기에 많은 감가상각을 허용해주고 시간이 지날수록 감가상각을 적게 해주는 방법으로 감가상각을 인정해준다.
- L: 노동, K: 자본, p: 생산물 가격, w: 노동의 가격, r: 자본의 가격, q: 기계의 가격, i: 기간당 이자율, d: 감가상각률, d': 가속감가상각률, c: 자본의 사용자 비용, t: 법인세율, $c = q(i + d)$

a. 법인세가 없을 경우 이 기업의 자본과 관련한 이윤극대화 조건을 구하시오.

b. 신고전파 투자이론에 근거하여 법인세 부과가 투자에 미치는 영향에 대하여 논하시오.

c. 신고전파 투자이론에 근거하여 법인세율 인상이 투자에 미치는 영향에 대하여 논하시오.

Chapter 20

적자 재정 조달

> 굳건함과 안전의 가장 중요한 원천으로서 공공부문의 신용을 소중히 간직하라.
>
> — 조지 워싱턴

"미래세대로부터의 도적질(generational theft)." 이는 천조 원을 훌쩍 넘는 연간재정적자의 폭발적 팽창을 비판적으로 규정짓는 용어라 할 수 있다[Congressional Budget Office, 2012d]. 재정적자에 관한 뜨거운 논쟁에 대해 딱히 새로울 만한 것은 없으며 수년간 정책논의의 장에서 계속 지속되어오고 있다. 본 장에서는 재정적자의 규모를 측정하는 데 있어서의 문제점들, 누가 적자에 대해 부담하는지, 언제 정부지출을 위한 자금을 조달하는 것이 적절한지 등에 대해 논의하고자 한다.

본 장에서 논의할 재원조달 방안은 정부가 돈을 민간으로부터 차입하는 것이다. 차입을 통한 재원조달이 종종 정부 재원조달 방안 논의에서 핵심적인 사안이 되기도 한다. 보수적 재정운용 빛 고도성장으로 한국에서는 97년 외환위기 전까지 국가부채문제는 사실상 존재하지 않았다. 이후 외환위기 극복과정에서 재정투입이 증가하였고, 진보적 정부가 등장한 2003~2007년 사이에 차입을 통한 재원조달이 중요한 역할을 하였으며, 2008년 미국 서브프라임 모기지 사태로 촉발된 국제 금융위기로 인해 이를 극복하고자 과감한 재정투입에 따른 재정적자가 발생하였다. 2017년 이후 급속히 증가한 재정지출이 세수입 호조로 뒷받침되다가 2019년 현재 경제침체로 인해 본격적 재정적자 및 국가부채의 증가 추세가 형성될 것으로 예상되어 곧 국가 채무의 GDP 대비 비중이 30% 후반대를 넘어 40%대로 진입할 것으로 보인다. 우려되는 점으로 각종 복지수요가 중요 선거를 앞두고 경쟁적으로 표출되고 있어 향후 정부 재정상황에 대한 우려가 본격적으로 제기되고 있다. 유사한 맥락에서 금융위기 이후 남유럽의 재정위기는 유럽통화공동체의 이상을 약화시키는 주범으로 지목되곤 한다. 또한 잘 알려져 있다시피, 남미국가들에서는 막대한 재정적자가 반드시 대규모 국가부채로 이어지지 않기도 하는데 통화발행을 통해 충당된 탓도 있다. 최근 베네수엘라 사태는 한 예라 할 수 있다. 또한 일본과 같이 만성적 저성장 및 이에 따른 경제진작을 위한 높은 재정적자 그리고 막대한 국가부채에도 불구하고 급작스런 충격 없이 꾸려나가는 경제도 있다. 이 장에서는 이러한 다양한 논의를 몇 가지 관점에서 체계적으로 다루고자 한다.

20.1 국가 채무가 얼마나 큰가?

적자(deficit)
주어진 회계기간 내에서 수입을 초과하는 지출 규모.

흑자(surplus)
주어진 시간하에서 지출을 초과하는 수입의 규모.

예산상 적자(on-budget deficit)
예산상 지출과 수입으로부터 발생한 적자.

논의를 시작하기 위해 몇 가지 정의가 필요하다. 어떠한 시기 동안의 **적자**(deficit)란 수입을 초과하는 지출을 의미한다. 만약에 수입이 지출을 초과하면 **흑자**(surplus)라고 부른다. 제1장으로부터 정부가 공식적 예산에 모든 정부의 경제행위들을 포함하지 않는다는 것을 상기해보면 이러한 구분을 단순하게만 볼 수는 없는 것이다. 현재의 정부 회계규칙에 따르면, 사회보장 기금과 관련된 수입과 지출은 정부의 예산(한국에서는 일반회계라고 불린다)에 포함되지 않는다. 이처럼 사회보장 기금을 정부의 예산에 포함하지 않는 것은 씀씀이를 측정할 때 일부라도 보험적인 성격을 지닌 정부 프로그램은 제외하는 것이 바람직하기 때문이다. 하지만 정부의 차입 정도를 측정할 경우에는 이러한 사회보장성 기금의 수지를 포함하는 것이 더 바람직할 수 있다. 이러한 점들을 고려하여 한국에서는 사회보장성 기금을 포함한 통합재정 수지와 이를 제외한 관리대상 수지를 모두 발표하고 있다. 우리나라의 통합재정 수지는 **예산상 적자**(on-budget deficit)(흑자)와 예산외 적자(흑자)의 합인 총재정수지에 대응하는 개념이고, 관리대상 수지는 예산상 적자에 대응하는 개념이다.

〈그림 20.1〉은 1971년부터 2017년까지의 한국의 통합재정 수지와 1998년 이후의 관리대상 수지를 보여주고 있다. 석유파동을 겪었던 1970년대에는 통합재정 수지가 −4.6%에서 −1.4% 사이의 적자를 보였고, 1980년대 초반의 강력한 재정건전화 추진으로 재정수지가 급격히 개

그림 20.1 한국의 재정수지(1971~2017)
외환위기와 글로벌 금융위기를 극복하는 과정에서 재정수지가 악화되었고 2012년부터 증세 없는 복지확충의 기조 속에서 관리대상 재정수지의 적자 양상을 확인할 수 있다. 그 후 점차 세입여건의 호전에 따라 적자가 약화되고 있다.

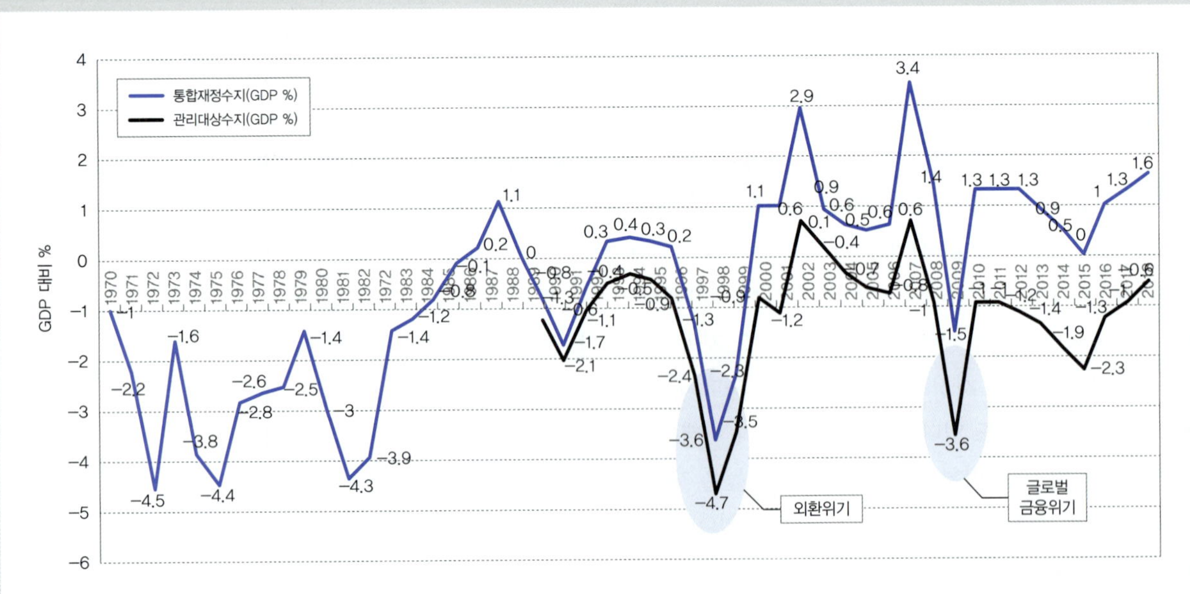

지료: 국가통계포털(http://www.kosis.kr), e나라지표(http://www.index.go.kr).

그림 20.2 미국 연방정부의 재정수지(1972~2011)

대부분의 지난 40년 동안, 예산이 적자를 보이고 있다. 2011년도에 적자가 10.1조 달러로 GDP의 68%에 달한다.

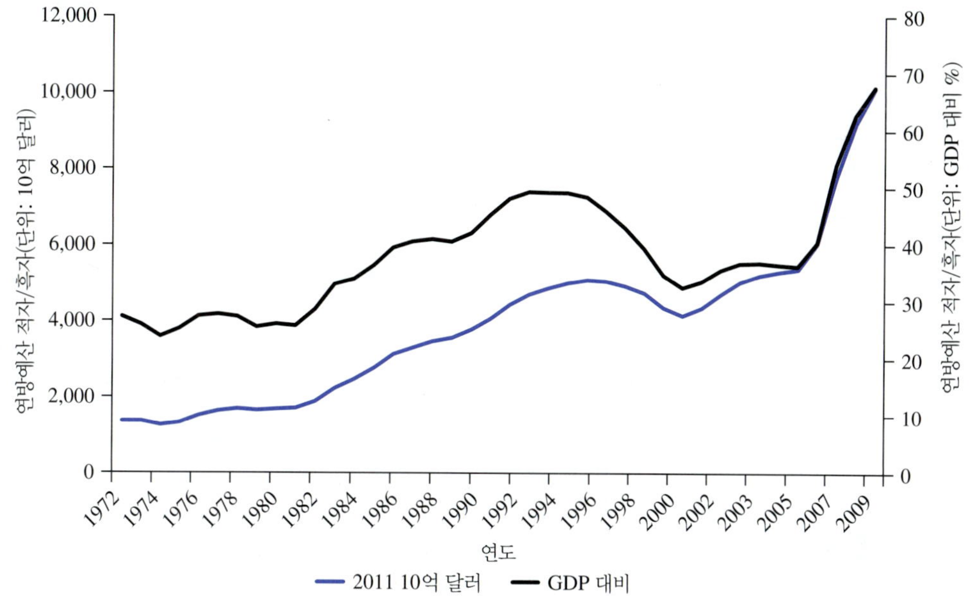

자료: Congressional Budget Office [2012b].

선되었으며 외환위기 전까지는 1991년을 제외하고 흑자 또는 소폭의 적자를 보이고 있었다. 외환위기 극복과정에서의 적극적인 재정의 역할로 인해 −4.0%에 가까운 재정적자를 보이기도 하였으나, 2000년대에 들어와 통합재정 수지는 흑자로 반전하였다. 하지만 이러한 2000년대의 통합재정 수지 흑자는 국민연금에서 발생하는 대규모 흑자에 기인하는 것으로 사회보장성 기금 수지를 제외하면(즉, 관리대상수지를 살펴보면) 2004년 이후 대부분 적자를 보이고 있으며 특히 2006년에는 그 적자폭이 GDP 대비 −1.3%, 그리고 금융위기의 여파로 2009년 −4.1%에 이르고 있다. 2012년부터 증세 없는 복지확충의 기조 속에서 관리대상 재정수지의 적자 양상을 어렵지 않게 확인할 수 있다. 그 후 점차 세입여건의 호전에 따라 적자가 약화되고 있다. 한편 미국 연방정부의 GDP 대비 재정수지는 〈그림 20.2〉에 보고되어 있다. 재정은 1998년부터 2001년도까지 흑자를 보였지만, 그 외의 기간에는 재정적자가 나타나고 있다.

적자와 부채의 개념은 잘 구분하여야 한다. 특정 시점에서의 부채란 과거 모든 예산상 재정적자들의 합이 될 것이다. 즉, 부채란 과거에 수입을 초과한 지출의 누적합계가 된다. 따라서 재정적자가 발생한 해에서 부채는 증가하게 되고 재정흑자가 발생한 해에는 부채가 감소하게 된다. 경제학의 전문용어로 부채는 특정 시점에서의 저량변수(stock variable)가 되고 재정수지 적자와 흑자는 일정 기간 동안의 유량변수(flow variable)가 된다.

한국 정부의 총금융부채(general government gross financial liabilities)는 외환위기를 겪으면서 급격히 증가하였다. OECD의 Economic Outlook 2010에서 인용된 〈그림 20.3〉에 따르

그림 20.3 정부의 총금융부채의 추이, OECD 주요 국가(1989~2018)

한국 정부의 총금융부채는 외환위기 전 GDP 대비 8% 미만에서 2010년 33%로 급증하였고 최근 40%에 근접하고 있다. 총금융부채의 추이는 OECD 국가별로 상이한데, OECD 국가들을 평균적으로 보면 국가 채무규모가 57%에서 100%를 상회할 정도로 증가하였다.

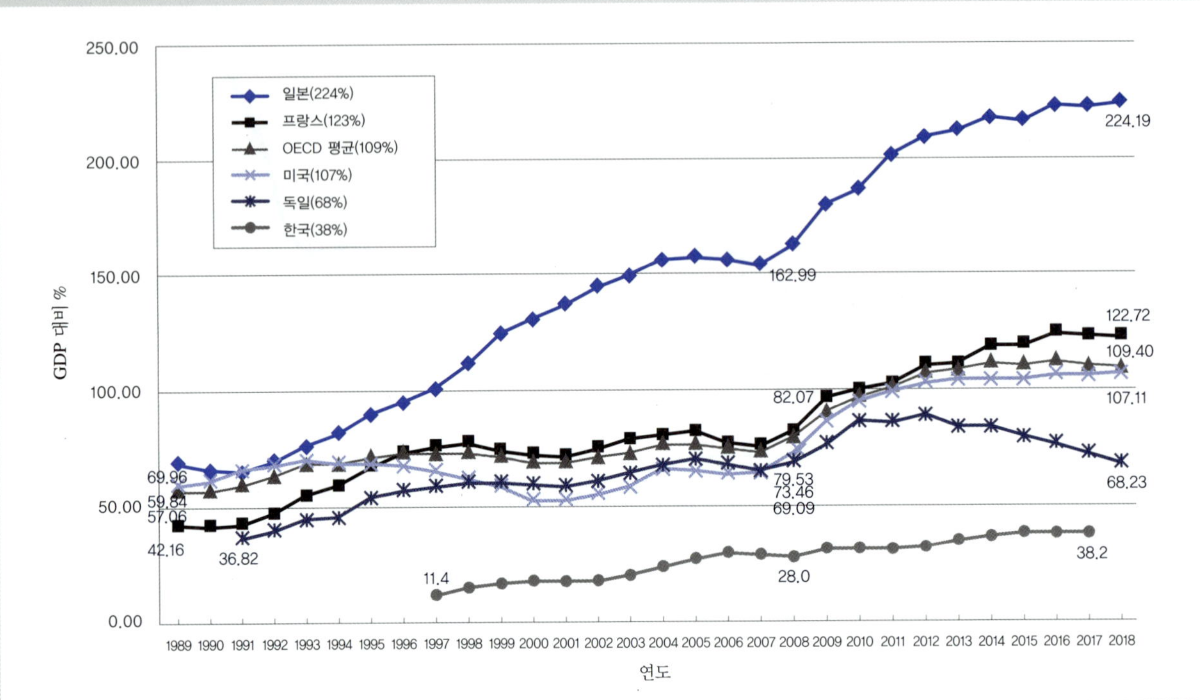

자료: OECD Economic Outlook 2010 부록 표 32.

주: 국제비교-주요국은 OECD 자료 general government gross financial liabilities as a percentage of GDP 항목.
한국은 기재부/통계청 자료 국가부채 항목.

면, 외환위기 전 GDP 대비 8% 미만으로 유지되었던 정부의 총금융부채는 2017년 38.2%로 5배 가까이 증가하였다. OECD 국가들의 정부의 총금융부채는 1989년부터 2010년 사이에 평균적으로 57%에서 97%로 증가하였고 독일을 제외하고는 금융위기 이후 증가하거나 유지하는 추세를 보여 2018년 109%에 이르고 있다. 국가 총금융부채의 추이는 개별 국가별로 차이가 크게 나타나는데, 한국이나 일본은 급격한 증가를 보였으며, 프랑스와 독일을 비롯한 여러 유럽 국가들은 평균적인 증가 추세를 보였다. 미국의 서브프라임 모기지론 사태로 촉발된 2008년의 글로벌 금융위기 이후 경제 재건을 위해 국가 채무들이 빠르게 증가한 것이 관찰된다. 그 다음 〈그림 20.4〉에서 보듯이 최근 남유럽 재정위기로 잘 알려진 그리스, 포르투갈, 이탈리아, 스페인의 국가 채무 추이를 보면 금융위기 이전 부채의 GDP 대비 비율이 어느 정도 상승하는 추세를 보이다가 위기 이후 급속히 증가하는 양상을 보이고 있다. 이는 지속된 재정적자에도 불구하고 차입에 의한 GDP 성장 또한 계속되다가 금융위기 이후 GDP 성장이 멈추고 경제회복을 위한 재정투입의 급증에 의한 결과로 해석된다[Kim and Lee, 2019 참조].

한국 정부는 총금융부채 외에도 국가 채무를 계산하여 공표하는데, 국가 채무는 통합재정에

그림 20.4 남유럽 재정위기 국가들의 국가부채 추이

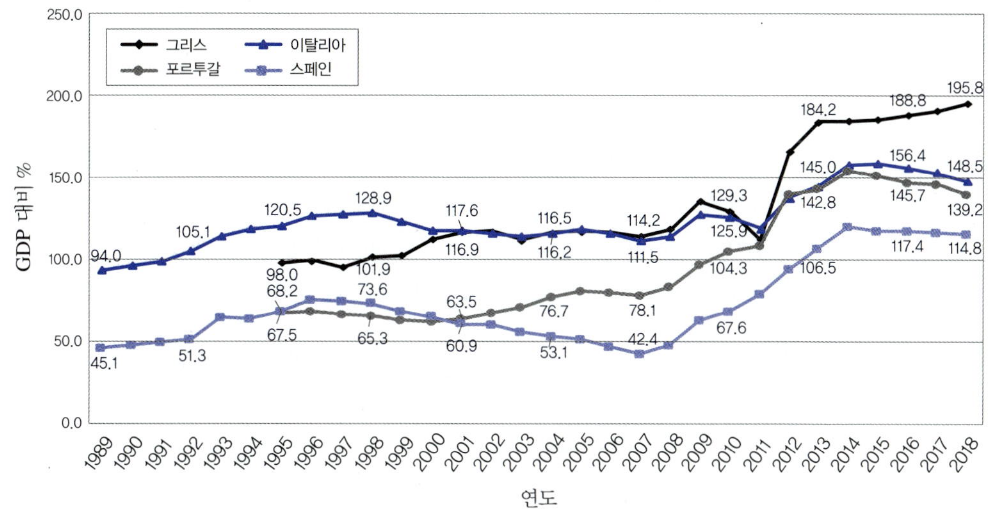

자료: Eurostat 데이터 베이스 참조.

근거하고 있어 총금융부채에 포함되어 있는 일반회계와 특별회계상의 채무뿐 아니라 기금상의 채무까지도 포함하고 있다. 2017년의 기획재정부에 의하면 국가 채무는 약 660조 원으로 GDP의 38.2%이며, 이 중 중앙정부의 채무는 627조 원이고 나머지는 지방정부의 채무로 집계된다.

20.1.1 재정수지와 국가 채무에 대한 이해

〈그림 20.1〉~〈그림 20.4〉에서 보고된 숫자들의 정치적 중요성은 매우 높다. 공무원과 대중매체들이 국가 재정 상태에 대해서 언급할 때, 이러한 수치들에 초점을 두지 않을 수 없다. 한국에서는 외환위기와 글로벌 금융위기 이후의 국가 채무의 빠른 증가에 대해서 이러한 수준의 채무가 감내할 수준인가에 대한 논쟁이 벌어지고 있다. 미국에서도 최근의 재정 적자가 경제에 미치는 영향에 대해 강도 높은 논쟁이 벌어지고 있다. 하지만 이러한 논쟁들의 초점이 되고 있는 재정 수지나 국가 채무 수치가 지니는 경제적 의미에는 제약점들이 존재한다. 이러한 제약점들을 상술해보자.

중앙은행과 공적연금기금에 의해 보유된 국가 채무 화폐금융정책을 수행하는 과정에서 중앙은행(연방은행)은 국채를 매입하여 보유한다.[1] 우리나라의 국민연금은 자산 중 상당부분을 국채를 매입하여 보유한다. 미 연방은행이 2011년도에 보유한 국채는 금융위기 극복과정에서 엄청나게 증가한 1조 7,000억 달러에 이르고 있다[Economic Report of the President, 2012, p.

1 연방정부의 몇몇 기관들은 재무성에 빌려주기도 하는데 연방은행과 달리 그들의 보유액은 공공부문에 의해 보유된 채무 수치에 포함되지 않는다.

414]. 법률적으로 연방은행은 독립된 기관이기 때문에 연방은행의 국채 보유량은 민간이 보유한 국가 채무의 일부로 간주된다. 하지만 대부분의 경우 국가 채무는 연방은행과 공적연금기금의 보유분을 제외한 비정부기관 보유 국가 채무가 보다 적절하다.

주정부와 지방정부의 채무 보통 연방정부가 발행한 부채만을 생각하는 경향이 있는데, 주정부와 지방정부 또한 지방국채를 발행한다. 미국의 2008년도에 주정부와 지방정부의 부채 총액은 2조 6,000억 달러에 이른다. 동 연도의 연방정부의 부채는 5조 8,000억 달러에 이른다. 정부전체로서 신용시장에 미치는 압력이라는 관점에서 보자면 두 숫자의 합이 국가 채무에 관한 적절한 값이 될 것이다. 한국의 국가 채무는 이미 지방정부 채무를 포함하고 있으며, 2017년도 지방정부의 채무는 19조 원으로 GDP의 1.5% 정도를 차지한다.

인플레이션의 효과 재정적자를 통상적으로 계산할 때 조세를 정부수입의 유일한 원천으로 본다. 그러나 정부가 채무자이고 물가가 변한다면, 부채의 실질가치의 변화가 수입의 중요한 부분이 될 수 있다. 어떻게 해서 그러한지 살펴보자. 연초에 여러분이 채권자에게 1,000달러를 빌렸다고 하자. 그리고 연말까지 갚지 않아도 된다고 하자. 연중에 물가가 10% 상승했다고 하자. 그렇다면 채권자에게 갚아야 할 돈은 실질가치에 있어서 10% 하락하게 된다. 이는 인플레이션으로 인해 부채가 100달러(1,000달러의 10%) 줄어든 효과가 나타난 것이다. 뒤집어 말하면, 실질소득이 인플레이션 때문에 100달러 증가한 것과 같다. 물론 동시에 채권자는 100달러 손해를 보게 된다.[2]

이러한 논리를 2011년도 연방 재정적자의 분석에 적용해보기로 하자. 회계연도 2011년도 초에 연방정부의 총부채는 9조 달러인데 2011년도 동안 물가상승률은 약 3.2%였다. 따라서 인플레이션이 연방채무의 실질가치를 2,880억 달러(=$9조×0.032)만큼 줄이게 된 것이다. 효과에 있어서 이것은 정부의 수입인 조세와 동일한 것이다. 이것을 인플레이션 조세(inflation tax)라 하는데 이것을 감안한다면 통상적으로 측정되어온 재정적자가 1.3조억 달러에서 2,880억 달러로 줄게 된다. 그러나 정부의 회계절차는 인플레이션에 의한 부채의 잠식으로 인해 발생하는 이득을 포함하는 것을 허용하지 않는다. 이것이 실제 적자의 규모를 과대평가하는 경향을 낳게 한다.

자본계정 대 경상계정 연방정부는 경상지출과 자본지출을 구분하지 않고 모든 지출을 합산한다. 경상지출이란 워싱턴 기념비 유지보수비용, 해군에 대한 봉급지출 등과 같은 한 해 내에 소비되는 서비스에 대한 지출을 의미한다. 자본지출이란 대조적으로 장기에 걸쳐서 서비스를 창출해내는 내구적 물품에 대한 지출을 지칭한다. 예를 들어, 댐, 레이더 기지, 비행기 등에 대한 지출이다. 연방정부에 의해 조달된 실물자본은 약 3.1조 달러인데 이중에서 약 9,250억 달러는 국방 관련이며, 나머지는 비국방 부분에 대한 지출이다[US Office of Management and Budget, 2012, p. 361].

연방정부와 대조적으로 미국의 기업, 주정부와 지방정부들에서는 경상지출과 자본지출에

2 인플레이션이 채무자와 채권자에 의해 예측된다면 이자율이 물가상승을 반영하도록 증가되어야 한다고 기대할 것이다. 이러한 현상에 대한 논의는 제17장에 있다.

대해 별도의 계정을 사용하고 있다. 이와 같이 별도로 자본예산 계정을 사용하면 한 조직의 금융상 상태를 보다 정확히 보여줄 수 있다. 왜 그러한가? 내구재의 구입은 일반적으로 '손실'을 의미하지 않는다. 이것은 단지 화폐를 내구재로 교환하는 행위에 지나지 않는다. 따라서 자산의 구입이 한 조직의 부채를 늘리는 데 기여하지 않는다. 물론 자본이 사용됨에 따라 감가상각이 나타나게 되며 이것은 손실을 의미할 수 있다. 따라서 표준적인 회계절차는 오직 자본의 감가상각부분만 경상예산에 포함시키고 전체 구입비용을 포함시키지는 않는다.

자본예산제도를 연방정부에 도입하자는 방안은 논란의 여지가 있다. 자본예산의 옹호자들은 자본예산제도 미비로 인해 비효율적 프로그램이 증가하고[Bassetto and Sargent, 2006], 종종 부적절한 정부의 결정이 관측된다. 예를 들어, 정치인들이 정부의 자산을 팔아치우면서도 부채를 줄이고 있다고 선전하기도 한다.

자본예산을 옹호하는 마지막 근거는 차입이 반드시 나쁜 것만은 아니라는 점이다. 근면 절약하는 가구도 집과 자동차를 구입하기 위해 빚을 지기도 하듯이 절약하는 정부도 장기 수명의 자산을 구입하기 위해 부채를 지기도 한다는 것이다.

자본예산의 반대론자는 자본지출과 경상지출을 구별하기가 어렵다는 점을 지적한다. 교육과 직업훈련프로그램들이 경상적 지출인가 아니면 미래 수입을 가져오는 인적자본에 대한 투자인가? 미사일 구입은 투자인가? 아니면 경상지출인가? 이러한 모호성들은 정치적 악용의 대상이 되기도 하는데, 옹호론자들은 이러한 지출이 장기적 성격을 지니므로 자본예산에 속해야 한다고 본다. 사실 식품구매권제도와 같은 이전지출프로그램들을 옹호론자들은 투자로 포장하기도 하는데, 오늘 가난한 자들의 식단을 개선하는 것이 이들의 미래 생산성을 높이기 때문에 투자로 볼 수 있다고 주장한다. 비판론자들은 이전지출을 투자로 분류할 정도라면 이것은 자본지출과 경상지출의 구분을 의미 없게 만드는 것이라고 주장한다.

정부 보유 유형자산 어느 가구가 유형자산(예: 요트, 집, 렘브란트의 그림 등)을 1,500만 달러 어치 소유하고 있으며 은행에 2만 5,000달러 신용카드 사용액을 갚아야 한다고 하자. 단, 이 가구의 다른 부채나 자산은 없다고 하자. 가구의 전체적 자산상태가 2만 5,000달러 빚을 지고 있다고 보는 것은 어리석은 일일 것이다. 모든 자산과 부채가 금융상 상태를 고려하는 데 사용되어야 할 것이다.

정부는 대규모 금융부채를 지고 있을 뿐 아니라 많은 유형자산을 보유하고 있는데 거의 3조 달러에 달한다[Marron, 2012]. 정부 보유 유형자산에는 거주 및 비거주 건물과 각종 기자재, 금 그리고 광물채굴권 등을 포함한다. 그러나 공적 논의에서는 정부의 금융상 부채에만 집중하고 있으며 유형자산에 대한 고려는 없다. 이러한 유형자산의 미고려는 정부의 재무 상태를 오도할 수 있다.

암묵적 채무 채권은 미래에 일정 지불액을 갚겠다는 약속이다. 이러한 일정 지불액들의 현재 가치가 채권으로 인한 국가 채무 규모를 의미한다. 하지만 채권이 정부가 미래에 일정 지불액을 갚겠다는 약속을 하는 유일한 수단은 아니다. 법에 의해서도 그렇게 할 수 있다. 가장 중요한 예가 사회보장이라 할 수 있는데, 미래의 은퇴자들에게 미래의 조세수입의 일부를 주겠다는 약속에 해당한다. 현재가치를 계산하기 어렵지만, 연금과 메디케어 병원보험에 투입되나 사회보장제도에서 적립되지 않은 암묵적 부채의 규모가 약 26조 달러에 달한다. 추가적으로 연방 법률은 공무원과 군인들에 대한 퇴직연금 지급을 보장하고 있다. 이에 대한 연방연금 채무는 2012년도에 약 5.7조 달러에 달한다[US Office of Management and Budget, 2012, p. 491].

물론 법률적 약속과 공식적 부채는 정확히 일치하는 것은 아니다. 법적 지위 면에서 분명히 차이가 있는데, 명시적인 형태의 채무는 법적 구속력을 가지지만, 사회보장과 의료보험지불액과 같은 암묵적 채무들은 최소한 원론적으로 법안 개정을 통해 채무를 감축시킬 수도 있다. 그럼에도 불구하고 이러한 프로그램들에 대한 매우 높은 정치적 지지로 인해 이러한 약속을 정부가 위반하는 것은 매우 어려울 것이다. 이러한 사실에 근거하여 많은 경제학자들은 사회보장, 의료보험 및 여타 수혜권한들의 현재가치가 국가채무의 일부로 포함되어야 한다고 주장하고 있다.

20.1.2 요약

국가 채무가 얼마나 큰가? 해답은 어떠한 자산과 부채가 계산에 포함되는가에 따라 달라진다. 다른 상황에서와 마찬가지로, 정확한 답은 사용자의 관심과 목적에도 의존한다. 예를 들어, 목표가 미래의 조세납부자들에 의해 충족되어야 할 모든 책임을 포함한 금액이라면 국민연금과 같은 암묵적 채무들도 포함되는 것이 맞을 것이다. 그러나 목표가 재정정책이 (곧 논의하겠지만) 금융시장에 미치는 효과를 평가하는 것이라면 오직 공식적 부채만을 포함하는 통상적인 재정수지를 사용하는 것이 적절할 것이다. 지금까지의 논의는 부채와 재정수지에 대한 해석에 매우 세심한 주의를 기울여야 함을 보여주고 있다.

20.2 부채의 부담

국가 채무의 감축이 바람직하다는 광범위한 합의가 있다. 왜 우리는 국가 채무에 대해 걱정해야 하고, 왜 이것이 증가하는지 또는 감소하는지에 대해 관심을 가져야 하는가? 이것은 어려운 질문이며, 대답을 하기 위해 재정적자를 통한 재원조달의 비용이 무엇이며, 이러한 비용을 궁극적으로 누가 부담하게 되는가에 대해서 깊이 생각하여야 한다.

먼저 미래세대가 국가 채무를 청산(retire)이나 차환(refinance, 새로 빌려 먼저 빌린 것을 반환함을 의미) 중 하나를 해야 함을 인식하자. 어떠한 경우이든지 간에, 미래 납세자로부터 채권소유자로의 이전이 발생하는데, 새로 빌려서 빚을 갚더라도 이자지불액이 새로운 채권자에게 가야 하기 때문이다. 그러면 미래세대가 부채를 짊어져야 하는 것처럼 보인다. 칼럼니스트 데이브 배리(2004)는 이러한 시각을 다음과 같이 묘사하고 있다. "값비싼 레스토랑에 가서 음식값이 청구될 즈음엔 여러분이 이미 죽어 있을 것이라고 생각하면서 메뉴에 있는 모든 음식을 주문하는 것과 같다."

귀착이론(제14장)에 따르면, 이러한 추론에 대해 미심쩍은 점을 찾을 수 있다. 법적 부담이 미래세대에 있다고 해서 그들이 실제로 짊어지는 것은 아니라는 것이다. 조세귀착에서와 마찬가지로, 여러 가지 다양한 일련의 변화와 반응으로 인해 차입의 경제적 귀착을 법적 귀착과 매우 다르게 만들 것이다. 다른 귀착 문제와 같이 답은 경제적 행위에 관한 가정에 달려 있다.

20.2.1 한 손이 다른 손으로부터 빌리다: 러너의 견해

정부가 국민들로부터 빌려오는 경우를 상정하자. 이는 **내부적 채무**(internal debt)에 해당한다. 러너[1948]에 따르면, 내부적 채무는 미래세대에 아무런 부담을 창출하지 않는다고 본다. 미래세대의 구성원들이 단지 누군가에게 빚을 지고 있는 것뿐이다. 빚이 청산될 때 한 그룹의 국민들로부터 다른 그룹으로의 돈의 이전에 지나지 않는다. 미래세대 전체로 보아 소비에 있어서는 전혀 변화가 없다는 것이다. 18세기의 작가 멜론은 이를 다음과 같이 기술하고 있다. "오른손이 왼손한테 빚진 것이다"[Musgrave, 1985].

내부적 채무(internal debt)
정부가 그 나라 국민에게 진 부채.

한 국가가 재정지출을 위해 다른 나라로부터 차입을 하는 경우 이야기는 매우 달라진다. 이것을 **외부적 채무**(external debt), 줄여서 외채라고 하자. 미국에서는 연방정부 차원의 채무 중 약 55%가 외국인에 의해 소유되고 있어(Economic Report of the President, 2012, p. 422), 이는 중요한 이슈가 된다. 외국으로부터의 차입금으로 현재소비를 충당하고자 사용된다면 이 경우 미래세대는 당연히 부담을 지게 된다. 이는 미래세대의 소비수준이 대출 원금과 그간의 이자액만큼 감소하여야 하기 때문이다.[3] 한편 차입한 돈이 자본축적을 위해 사용되었다면 그 결과는 투자의 성과에 의존할 것이다. 만약에 투자의 한계수입이 한계비용보다 크다면 외채를 이용한 투자로 인해 사실상 미래세대는 보다 잘살게 될 수도 있다. 투자사업의 한계수입이 한계비용보다 작다면 반대로 미래세대의 후생을 낮추게 될 것이다.

외부적 채무(external debt)
정부가 해외경제에 빚진 금액.

내부적 채무가 미래세대에 부담을 주지 않을 것이라는 견해는 1940년대와 1950년대에 경제학계를 풍미한 바 있다. 그러나 현대 경제학자들은 국가 채무 문제가 이렇게 간단한 것은 아니라고 믿는다.

20.2.2 중복세대 모형

러너의 모형에서 한 세대란 주어진 시점에 살아 있는 모든 사람을 의미한다. 그러나 좀 더 합리적으로 세대를 정의하자면 이는 같은 시기에 출생한 사람들을 지칭할 것이다. 이러한 정의를 사용한다면 어떤 주어진 시점에서 다수의 세대들이 동시에 살아가고 있음을 알게 될 것이다. 이러한 인식이 **중복세대 모형**(overlapping generations model)의 핵심 기반이다. 이하에서는 단순 중복세대 모형을 이용하여 국가 채무의 부담이 어떻게 세대 간에 이전될 수 있는지를 분석해보자.

중복세대 모형(overlapping generations model)
동 시기에 여러 세대가 함께 살고 있음을 감안하는 경제 모형.

인구가 같은 수의 젊은이, 중장년 그리고 노령인구로 이루어져 있다고 하자. 각 세대는 20년 단위로 결정된다고 하고 각 개인은 20년 기간 동안 1만 2,000달러의 고정된 소득을 갖고 있으며 이러한 상황이 계속 지속된다고 하자. 3가지 대표적 세대의 소득수준이 2010년부터 2030년까지 〈표 20.1〉의 (1)행에 기술되어 있다.

이제 정부가 공공소비지출을 조달하기 위해 1만 2,000달러를 차입하고, 차입금을 2030년까지 상환하기로 하였다고 하자. 오직 청년세대와 중년세대만이 정부에 빌려줄 용의가 있을 것이고, 노령세대는 그들이 20년 후에는 존재하지 않기 때문에 대부할 용의가 없을 것이다. 차입금의 절반은 청년세대로부터 나머지 절반은 중년세대로부터 조달되었다고 하자. 이러한 경우

---
3 대부된 금액을 다시 빌린다면 오직 이자만이 지급될 것이다.

표 20.1 중복세대 모형

		기간 2010~2030년		
		청년	중년	노년
(1) 소득		$ 12,000	$ 12,000	$12,000
(2) 정부가 빌려옴		−6,000	−6,000	
(3) 정부에 의한 소비		4,000	4,000	4,000
		2030년도		
	청년	중년	노년	
(4) 정부가 부채를 갚기 위한 조세 인상	$−4,000	$−4,000	$−4,000	
(5) 정부가 부채를 갚음		+6,000	+6,000	

이러한 중복세대 모형은 정부의 빌려오는 행위가 젊은 세대로부터 노령세대로 소득을 어떻게 이전하는지를 보여준다.

개인의 소비가 2010년부터 2030년까지 6,000달러씩 각각 감소할 것이다. 이러한 사실이 〈표 20.1〉의 (2)행에 기록되어 있다. 그러나 차입금을 이용하여 정부가 모든 사람들에게 동등한 양의 소비를 제공하기로 하였다고 하자—즉 모든 세대가 당장 각각 4,000달러씩 받는다고 하자. 이것이 (3)행에 표시되어 있다.

시간이 흘러 2030년이 도래하였다고 하자. 2010년 당시의 노령세대들은 2030년에는 더 이상 존재하지 않는다. 이전의 중년세대가 지금은 노령인구가 되어 있을 것이고, 젊은 청년세대는 지금 중년이 되어 있을 것이며, 새로이 출생한 젊은 세대가 존재하고 있을 것이다. 정부는 부채의 상환을 위해 1만 2,000달러를 조달하여야 한다. 이것은 세금 4,000달러를 모든 세대에 부과함으로써 가능할 것이다. 이것이 (4)행에 기록되어 있다. 세수로 부채를 상환할 것인데, (5)행에 나타나 있는 바와 같이 이러한 부채의 상환이 채권자인 현재의 중년 및 노령세대에게 이루어질 것이다. 여기서는 단순화를 위해 이자율이 0이라고 가정하여 이자가 발생하지 않고 정부가 원금만을 상환하였다. 이자율이 0이 아닐 경우에도 주요 분석 결과는 변화하지 않는다.

다음의 결과가 〈표 20.1〉로부터 나타나게 된다.

1. 부채와 이에 수반되는 조세정책의 결과로, 2010~2030년 기간의 노령세대의 생애소비는 4,000달러만큼 증가하게 된다.
2. 2010~2030년 기간의 젊거나 중년인 세대의 생애소비에는 아무런 변화가 없다.
3. 2030년도의 젊은 세대는 부채와 이에 수반되는 조세정책이 없었던 경우에 비하여 4,000달러 낮은 생애소비 수준을 갖게 된다.

실제로 나타난 가장 중요한 효과는 4,000달러가 2030년의 젊은 세대로부터 2010년의 노령세대로 이전된 것이다. 확실히, 2030년의 빚 상환은 그 당시 살아 있던 사람들 간의 이전을 가져오지만, 젊은 세대들이 관련된 혜택을 받지 못하였던 부채에 대해서 상환을 하게 되고 이로 인해 이들은 순손실을 입게 된다. 러너의 모형에서 가장 중요한 열쇠였던 내부적–외부적 부채 간 구별은 여기에서는 중요하지 않다. 여기에서는 모든 부채는 내부적인 것이다. 하지만 부채가 모두 내부적이라고 할지라도, 현재세대와 미래세대 간의 이전이 발생할 수 있음을 중복세대 모형은 잘 보여주고 있다.

〈표 20.1〉의 모형은 정부 재정정책의 세대별 부담과 혜택을 비교하는 자연스러운 분석틀을 제공한다. 이러한 분석틀을 우리는 '**세대 간 회계**(generational accounting)'라 부른다. 전형적인 세대 간 회계는 다음과 같은 방식으로 행하여진다. 먼저 각 세대에서 대표적 개인을 선정하고 정부에 납부하는 모든 조세의 현재가치를 계산한다. 다음, 사회보장, 의료보험 기타 등등의 모든 이전지출의 현재가치를 계산한다. 이들 조세의 현재가치와 이전지출의 현재가치 간의 차이를 각 세대의 구성원들 '순조세(net tax)'로 계산한다. 이렇게 계산된 세대들의 순조세들을 비교함으로써 정부의 정책의 세대 간에 소득재분배 효과를 분석한다.

세대 간 회계(generation accounting)

각 세대의 개인들에게 돌아가는 편익과 세부담의 현재가치를 감안하여 정부의 재정 상태를 측정하는 분석 도구.

이러한 분석틀을 이용한 계산은 현재세대가 미래세대의 부담하에서 이득을 보고 있음을 보여준다. Kotlikoff[2002]의 추정치는 만약에 현재의 정책들이 그대로 유지된다면 미래세대들은 생애전체 세율에 있어서 현재 태어난 사람들에 비해 41.6% 높은 세율에 직면하게 된다. 물론 이러한 추정치는 미래 세율, 이자율 등에 대한 가정에 좌우되며, 현재의 세대가 후세대들에 대해서 배려할 수도 있다는 가능성을 배제하고 계산되었다는 데 주의하여야 한다. 세대 간 회계의 가장 중요한 공헌은 재정정책 효과 분석에 있어 한 해 한 해가 아닌 생애전체에 미치는 영향에 초점을 두어야 한다는 점이다. 통상적인 적자 수치들처럼, 순조세율의 해석에는 주의하여야 할 점들이 존재한다.

20.2.3 신고전학파 모형

지금까지 논의된 세대 간 모형들에서는 부채 상환을 위한 조세징수가 근로나 저축행위에 영향을 주지 않는 것으로 가정되었다. 만약에 조세가 이러한 의사결정들을 왜곡한다면, 정부의 부채–조세정책에는 실질비용이 수반되게 된다.

가장 중요한 점은 부채에 의한 재정조달의 자본형성에 대한 효과가 고려되지 못하였다는 것이다. 이와 다른 접근방식을 취하고 있는 신고전학파 모형은 정부의 사업 시행을 위해서는 조세 징수 또는 차입 등의 어떠한 형태로든지 간에 재원이 민간부문에서 정부부문으로 이전되어야 한다는 점으로부터 출발한다. 정부 사업이 조세에 의해 조달된다면 일반적으로 대부분의 재원이 소비의 감소를 통해 조달되는 것으로 생각될 수 있다. 다른 한편, 정부가 차입을 하는 경우, 이는 민간의 투자 사업을 위해 재원이 필요한 개인과 기업과 자금을 놓고 경쟁하는 것과 같다. 만약에 그러하다면, 정부 차입은 민간투자에 가장 직접적인 영향을 줄 것이다. 이러한 가정이 옳다면 부채에 의한 조달은 미래세대의 자본스톡을 감소시키게 된다. 이로 인해 미래세대 구성원들의 생산성을 낮추고, 그들의 실질소득도 감소시키게 된다(그러나 지금까지의 논의에서 공공부문의 자본량에는 변화가 없는 것으로 암묵적으로 가정하였다. 앞에서 이미 논의한 바와 같이, 민간부문으로부터 조달된 금액을 공공부문이 생산적인 투자에 사용한다면 사회 전체자본량은 오히려 증가할 수도 있다).

국가 채무가 민간투자를 줄인다는 가정은 신고전학파 분석에서 중요한 역할을 한다. 이것은 **구축 가설**(crowding out hypothesis)로 불리는데, 공공부문이 투자에 사용될 수 있는 자원에서 일부를 가져오게 된다면 민간투자가 구축된다는 것이다. 구축은 이자율의 상승에 기인한다. 정부가 자금에 대한 수요를 늘릴 경우 자금의 가격인 이자율은 상승할 수밖에 없다. 그러나 이자율이 상승하면 민간투자는 높은 비용에 직면하고 따라서 투자의 양이 감소하게 될 것이다.[4]

구축 가설(crowding out hypothesis)

공공부문이 자금을 빌리는 행위가 시장 이자율을 끌어올림으로써 민간투자를 구축한다는 가설.

지금까지의 설명에 기초하여, 구축가설을 실증분석에서 검증하는 것은 상대적으로 간단할 수 있다. 이자율과 국가 채무 간(GDP의 비율로서의) 역사적 관계를 살펴보는 것이다. 양 변수 간에 양의 상관계수가 존재한다면 이는 본 가설이 맞음을 지지하는 것으로 볼 수 있으며, 이에 대한 역도 성립한다. 부채가 이자율에 어떠한 영향을 주는가는 부시 행정부 기간 동안 내내 중요한 논쟁거리였다. 상당 규모의 국가 채무 증가를 초래하는 부시 행정부의 예산안에 대한 찬성자들은 이자율이 큰 영향을 받지 않을 것이라고 주장하는 데 반하여, 반대론자는 이자율이 영향받을 것이라고 주장하였다.

불행히도, 본 논쟁의 해결은 쉽지 않은데, 이는 이자율이 여러 다른 변수들의 영향을 받기 때문이다. 예를 들어, 불황기 동안에 투자가 감소하고 따라서 이자율이 감소한다. 동시에 경기침체는 조세징수 감소로 이어지고 이것은 다른 조건이 동일할 때 부채의 증가를 가져온다. 실제로 2008년도와 2009년도 미국에서는 재정적자가 급증하였으나, 이자율은 매우 낮았다. 따라서 자료상 이자율과 부채 간에 역의 관계가 나타날 수 있는데, 물론 이러한 점은 구축효과와는 아무런 관계가 없다. 항상 그러하듯이, 문제는 부채가 이자율에 미치는 독립적 효과를 가려내는 것인데 제2장에서 보았듯이, 이러한 종류의 문제에 대한 답을 구하기는 매우 어렵다. 오랫동안 관련 계량경제분석이 실시되었음에도 불구하고 아직까지 확정적인 답이 제시되지 못하고 있다. 합당해 보이는 최근 연구결과에 따르면 GDP의 1%에 해당하는 부채의 증가는 약 0.3%P의 이자율 인상을 가져오는 것으로 보인다[Congressional Budget Office, 2005b, p. 4].

계량경제분석의 어려움에도 불구하고, 최소한 어느 정도의 구축효과가 발생한다는 이론적 근거가 매우 강하기 때문에 대부분의 경제학자들은 대폭적인 재정적자는 자본량의 감소를 초래한다는 데 동의한다.[5] 그러나 이러한 감소의 정확한 크기 그리고 이에 따른 미래세대 후생의 감소에 대해서는 정확한 답이 제시되지 못하고 있다. 하나의 개략적 추정치로서 1달러의 재정적자가 민간투자를 약 36센트 감소시키는 효과를 가져오는 것으로 보고 있다[Congressional Budget Office, 2008a]. 이 추정치가 맞는다면 적자지출은 엄청난 수준은 아니지만 어느 정도의 부정적인 영향을 경제에 미치고 있다고 볼 수 있다.

---

4 자본이 국제적으로 자유로이 이동한다면 부채로부터 유도된 이자율 인상은 외국으로부터 자금의 유입을 가져올 것이다. 이러한 달러에 대한 수요 증가가 달러의 가치를 절상시켜 미국 수출품의 가격을 상승시킨다. 따라서 국내투자보다 순수출이 구축되는 현상이 발생할 것이다. 결국 미국 경제에서 국내투자와 순수출 모두 다소간 구축되는 현상이 발생할 가능성이 있다.

5 높은 이자율이 외국투자를 끌어온다면 구축효과가 덜 발생할 수 있다. 그러나 미래세대의 부담은 외국인에게 지불해야 하는 높은 이자부담 때문에 크게 달라지지 않을 것이다.

20.2.4 리카르도 모형

지금까지의 논의에서는 개인에 의한 세대 간 '의도적'인 이전지출의 중요성을 고려하지 않았다. Barro[1974]는 정부가 차입하는 경우, 노령세대의 구성원들은 그들의 자산을 상속하게 될 후세대들의 후생이 감소할 수 있음을 인식한다고 주장하였다. 노령세대가 자신의 후세대들의 후생을 고려하고 이들의 소비가 정부정책으로 인해 감소하는 것을 원하지 않는다고 하자(〈표 20.1〉 참조). 노령세대가 이에 대해서 무엇을 할 수 있는가? 하나의 가능성은 미래에 도래할 조세 인상분을 상쇄할 만큼의 충분한 유산을 남겨주는 것이다. 이러한 경우 정부의 부채-조세정책은 아무런 변화를 가져오지 않는다. 각 세대들은 정부 정책 이전이나 이후에 동일한 소비를 하게 된다. 〈표 20.1〉의 모형에서 2010년의 노령세대가 4,000달러를 저축해놓은 다음 2030년에 젊은 세대에게 남겨준다면 각 세대의 소비는 변하지 않는다.

실질적으로, 민간 부문의 개인들이 국가 채무관련 정책의 세대 간 효과를 무력화시킴으로써 조세에 의하든 또는 부채에 의한 조달이든지 간에 동등한 결과가 발생하게 된다. 정부의 재원조달의 형식은 경제에 아무런 영향을 주지 않는다는 이러한 견해는 리카르도 모형으로 불린다. 이는 19세기 영국의 경제학자 데이비드 리카르도의 관련 연구에서 이러한 모형의 시초가 논의되었기 때문이다(그러나 실제로 리카르도는 그의 이름을 따라 명명된 이 이론에 대해서 회의적이었다).

정부 재정정책이 무관성에 대한 Barro의 이러한 도발적인 가설은 많은 논쟁을 불러 일으켰다. 본 견해에 대해, 비현실적 가정에 기초해 있다는 비판이 가해지기도 한다. 현재의 재정적자로부터 미래의 조세부담에 관한 정보를 획득하기 어렵다. 실제로 이 장의 앞부분에서 강조하였듯이 국가 채무 규모 자체조차도 명확하지 않다. 또 하나의 비판은 사람들이 모형에서 가정한 것과 같은 장기적인 시각을 가지고 있지 않다는 것이다.

다른 한편, 사람들은 이론의 궁극적인 검증은 가정의 그럴듯함에 관한 것이 아니라, 모형에서 주장하는 예측이 자료에 의해 지지되는가를 살펴보는 것이라고 주장한다. 회의론자들은 1980년대 초기에 연방정부 적자가 상당히 컸으며, 만약에 리카르도의 모형이 맞는다면 이때 민간저축이 적자가 증가한 만큼 증가하였어야 한다고 지적한다. 그러나 국가 순생산 대비 민간저축은 이 기간에 실제로 감소하였다. 이러한 접근방법과 지적은 일면 타당해 보이지만, 재정적자 이외의 요인들도 저축률에 영향을 줄 수 있으므로 관련 사안에 대해서 완전한 결론이 지어진 것은 아니다. 예산적자와 저축 간의 관계에 대해서 많은 계량분석 연구결과가 축적되어 있다[Congressional Budget Office, 2005b 참조]. 분석 결과는 서로 상당히 엇갈리고 있는데, 리카르도 모형에 대해서는 경제학자 내에서도 다수의 비판론자와 다수의 찬성론자가 존재한다.

20.2.5 요약

국가 채무의 부담은 본질적으로 세대별로 본 조세의 귀착 문제이다. 다른 여러 귀착 문제들에서와 같이, 국가 채무의 부담의 귀착은 정확히 집어내기 어렵다. 첫째, 부채의 부담이 어떻게 정의되어야 하는지 분명하지 않다. 하나의 가능성은 비슷한 나이의 사람들의 생애소비 가능성으로 측정하는 것이다. 다른 하나는 주어진 시간에서 생존해 있는 모든 사람들에게 가용한 소비로써 측정하는 것이다. 어떠한 정의에 의존하건 간에, 부채의 부담은 다음과 같은 요인들에 의존하게 된다. 부채가 내부적인가 아니면 외부적인가? 부채정책에 의해 많은 경제적 결정들이 어떻게 영향을 받고 있는가? 이러한 재원조달을 통해 어떠한 종류의 사업이 시행되는가? 이러한 경제적 의사결정들 중 몇몇에 대해서 실증분석 연구가 시도되었으나 아직까지 합의점에 도달하지 못하고 있다.

20.3 과세와 차입 간의 선택

2008년도 민주당 대선후보 경선에서 힐러리 클린턴 후보는 이라크와 아프가니스탄 전쟁 자금 조달을 위한 세금 인상에 대해 찬성하는지를 질문받은 적이 있다. 그녀가 반대의 뜻을 분명히 밝혔지만, 이러한 질문으로부터 미래세대가 현재의 전쟁비용에 대해 책임지도록 두는 것이 적절한가에 대한 논쟁으로 이어진 바 있다. 조세에 의한 재정조달과 차입에 의한 조달 중 어느 것을 선택할 것인가는 재정학의 가장 근본적인 문제 중 하나이다. 부채의 부담에 관한 논의의 결과에 기초하여, 우리는 조세와 차입 간 선택에 대한 몇 가지 접근방식을 평가한다.

20.3.1 응익 원칙

응익 원칙(benefits-received principle)은 독립적이며 규범적인 원칙이라 할 수 있는데, 이는 특정한 정부 지출사업의 수혜자들이 해당 비용을 부담해야 한다는 것이다. 따라서 미래세대에게 편익을 창출해내는 정도에 따라 그 부담을 미래세대가 지도록 차입 형태로 재원을 조달하는 것이 더 적절할 수 있다. 가능한 예로서 학생들의 미래의 소득을 증가시켜주는 학교 재정 지원에는 차입을 통한 재원조달이 타당성을 지닐 수 있다.

20.3.2 세대 간 형평성

기술의 진보 때문에 우리의 자손들은 현재의 우리보다 더 잘살 것이다. 부자로부터 가난한 자에게 한 세대 내에서 소득을 이전해주는 것이 의미가 있듯이 부유한 세대로부터 가난한 세대로 소득을 이전하는 것도 의미 있지 않을까? 물론 미래세대들이 우리보다 더 빈곤하다면(예를 들어, 자연자원 가격의 상승 때문에) 이러한 논리는 반대의 결론을 가져올 것이다.

20.3.3 효율성 조건

효율성 관점에서의 중요한 질문 중 하나는 부채와 조세 중 어떠한 것이 더 큰 초과부담을 초래하는가이다. 이러한 질문에 답하기 위해서는 먼저 정부지출에서의 모든 증가는 궁극적으로는 조세의 증가를 통해 조달되어야 함을 상기하여야 한다. 조세와 부채 간의 선택은 단순히 과세의 시점을 선택하는 것에 지나지 않는다. 조세 조달의 경우, 지출이 발생하는 시점에서 한 번의 대규모 지불이 이루어진다. 부채에 의한 조달의 경우, 여러 시점에 거쳐 부채에 따르는 이자를 조달하기 위해 수많은 작은 규모의 지불액들이 발생한다. 현재가치에 있어서 지불규모(조세 징수액들)의 현재가치는 두 경우 모두 동일해야 한다.

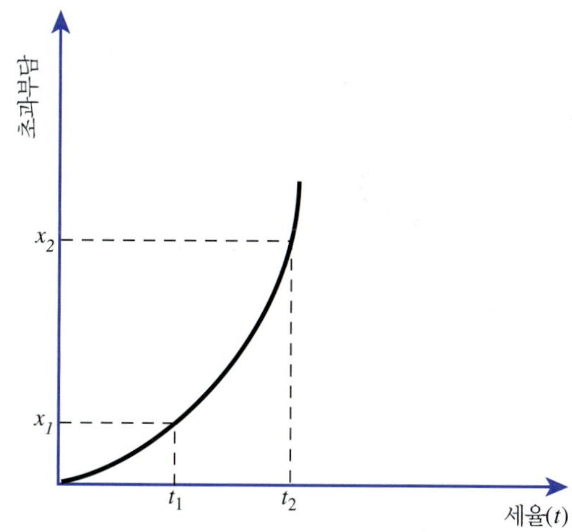

그림 20.5
세율과 초과부담 간의 관계
초과부담이 세율의 제곱에 따라 상승한다.

2가지 방식에 의한 조세징수액의 현재가치가 같다면, 효율성의 관점에서 이들 중 어느 것이 더 바람직한가? 단순화를 위해 부채 상환이 노동소득 과세를 통해 조달된다고 가정하자. 제15장의 식 (15.4)에서 보았듯이 이러한 조세는 노동공급결정을 왜곡하게 되고 아래의 수식으로 표현된 만큼의 초과부담이 발생한다.

$$\frac{1}{2}\epsilon w L t^2$$

여기서 ϵ은 임금에 대한 노동공급의 보상탄력성이 되고, w는 세전임금, L은 노동시간, t는 법정세율이 된다. 초과부담은 세율의 제곱에 비례하여 증가한다. 예를 들어, 세율이 2배 증가하면 초과부담은 4배 증가한다. 따라서 초과부담의 관점에서는 2개의 작은 조세가 하나의 큰 조세보다 낮은 초과부담을 가져온다.

이러한 관점이 〈그림 20.5〉에 그려져 있는데 초과부담이 세율의 이차 증가함수로 표시되어 있다. 낮은 세율 t_1에 대한 초과부담이 χ_1이고 높은 세율 t_2에 대한 초과부담이 χ_2이다. 효율성 관점에서는 t_1의 세율로 두 번 과세하는 것이 t_2의 세율로 한 번 과세하는 것보다 우월하게 된다. 이러한 분석으로부터 부채에 의한 재원조달은 여러 개의 낮은 세율의 적용에 의해 가능하므로 효율성 관점에서 우월하다는 함의를 가진다.

본 주장은 지금까지는 옳다. 그러나 다른 중요한 고려가 누락되어 있다. 즉, 부채의 증가가 자본총량을 줄이는 정도에 따라 부채조달은 또 다른 초과부담을 발생시키는 것이다.[6] 부채조달이 노동공급의 관점에서는 보다 효율적일 수 있겠지만, 자본축적에 관한 결정의 관점에서는 덜 효율적인 것이다. 사전적으로 어느 효과가 더 중요한지 명확하지는 않으므로 어느 것이 더 효율적이라 말하기 어렵다.

따라서 부채의 세대 간 부담 논의에서 중요한 역할을 했던 '구축' 문제가 효율성에 관한 논

6 좀 더 정확히, 자본량이 자본소득세 등으로 인해 최적이 아닌 상황에서 출발한다면 추가적 초과부담이 더 크게 발생한다.

의에서도 중요하게 된다. 리카르도 모형에서는 구축이 발생하지 않는다. 따라서 조세는 오직 노동공급 결정만을 왜곡하는 것이고 부채조달은 확정적으로 효율성 관점에서 우월하다. 그러나 구축이 발생하는 정도에 따라 조세조달이 보다 매력적일 수도 있다. 구축효과에 관한 실증분석 결과가 확정적이지 않아 부채와 조세 조달 중 상대적으로 어느 것이 더 효율적인지 명확히 알 수 없다.

20.3.4 재정적자와 기능적 재정 조달: 거시경제적 고려

지금까지 모든 생산요소가 완전고용된다는 통상적인 가정을 하였다. 이것이 경제에서 장기 특성을 기술하는 데 적절할 것이다. 실업이 가능한 단기에서 조세조달과 부채조달 중 어느 것을 선택할 것인가? 표준적인 케인즈 거시모형에서는 조세–부채 선택은 실업수준에 의존하게 된다. 만약에 실업이 매우 낮은 상태라면, 추가적 정부지출이 인플레이션을 야기할 것이다. 이러한 경우 조세 부과를 통해 민간의 지출여력을 약화시킬 필요가 있다. 반면 실업이 높은 상태라면, 재정적자가 수요를 자극할 수 있는 합리적 방법이 된다. 이러한 접근법은 종종 **기능적 재정조달**(functional finance)이라고 불린다. 조세와 부채를 통해 총수요를 적정수준에서 관리하는데, 균형재정 자체에 대해서는 걱정하지 않는다.

기능적 재정조달(functional finance)

총수요를 바람직한 수준에 유지시키기 위해 재정정책을 집행하는 것을 지칭하며 재정적자의 문제를 고려하지 않음.

케인즈 모형에 대한 합의가 1970년대에 깨지면서 이러한 기능적 재정조달에 대한 광범위한 믿음 또한 깨지게 되었다. 거시경제이론에서의 발전에 대한 상세한 논의가 본 주제를 벗어나지만 몇 가지 점들은 검토할 필요가 있다.

- 만약에 Barro의 세대 간 이타적 모형이 맞다면, 사람들이 정부의 부채정책에 대한 효과도 무력화할 수 있으므로 정부는 경제를 안정화할 수 없다.[7]
- 케인즈 모형을 따른다고 하더라도, 재정정책의 변화가 고용 변화로 연결되기까지 얼마나 시간이 소요되는가에는 불확실성이 존재한다. 그러나 성공적인 실업정책의 중요한 요건은 올바른 시점이다. 그렇지 않으면 불필요한 시점에 경제를 오히려 더 진작시키는 결과를 가져올 수 있어 인플레이션을 초래할 수 있다. 이러한 시점에 관한 주제가 2012년 대선에서 중요한 역할을 한 바 있다.

20.3.5 연방 부채와 재정위기 위험

기능적 재정조달 분석틀은 정부차입이 거시경제를 안정화하는 유용한 역할을 함을 주목하지만, 어떤 경제학자들은 정부부채가 너무 클 때 정부차입의 효과는 매우 파괴적일 수 있음을 염려한다. 예를 들어, Reinhart와 Rogoff[2012]는 상대적으로 높은 부채부담을 지닌 국가들이 느리게 성장함을 보고하고 있다.

지나치게 큰 부채는 재정위기로 이어질 수 있는데, 정부의 채권자들이 돈을 돌려받지 못할 것이라는 회의감이 고조될 때 그러할 수 있다. 예를 들어, 그리스 정부는 지불능력 상실에 대한 채권자들의 공포를 달래고자 2012년도 부분적으로 20%에 달하는 이자를 지불해야 했다.

---

7 좀 더 정확히 말하자면, 예측된 정책 변화는 경제적 효과를 가져오지 않는다. 반면, 예측되지 못한 정책 변화는 경제적 효과를 가져오는데, 말 그대로 정책 변화에 대해 제대로 반응할 수 없었기 때문이다.

파산공포가 극에 달했을 때 이자율이 점진적으로 증가할 수 있다고 예측하는 사람도 있지만, 많은 부채를 가진 국가들의 경험을 보면 시장에서의 공포감이란 갑자기 형성되어 이자율의 급격한 상승으로 이어짐을 알 수 있다. 이러한 급격한 이자율 인상은 투자를 줄이고 생산 및 임금을 느리게 성장하게 하는 이유가 된다[Congressional Budget Office, 2010]. 동시에 이자부담을 지는 정부로서는 지출을 줄이고, 조세를 인상하거나, 공채를 더 발행해야 하는 난감한 상황에 처하게 된다.

위에서 강조하였듯이, 거시경제변수들 간 상관관계로부터 인과관계에 관한 결론을 내리는 데 주의해야 할 것이다. 예를 들어, 높은 부채가 성장을 늦추는지, 아니면 느리게 성장하는 국가들이 지지부진한 소득성장에 대응하기 위해 이전지출을 늘려 부채를 많이 지게 되는지 의문이 들 수 있다. 더 나아가 재정위기를 촉발하게 될 부채의 수준에 관한 추정치 그 자체에 너무 큰 의미를 둘 이유도 없다. 아직도 많은 경제학자들이 적어도 일정 수준 이상 GDP 대비 높은 부채비율이 거시경제에 악영향을 미치게 된다는 견해를 받아들이는 것으로 보인다.

20.3.6 도덕적 그리고 정치적 고려들

조세조달과 부채조달 간의 선택은 도덕적 주제가 된다고 지적하는 사람도 있다. 토머스 제퍼슨 전 미국 대통령은 1813년에 "나는 우리가 빚으로 번영을 이루어 갈 자격이 없으며, 도덕적으로 우리 스스로 빚을 갚아야 한다고 믿는다."라고 언급하였다. 도덕이란 자기 억제를 요구하며 부채란 이러한 자기억제의 부족을 암시한다. 따라서 부채는 부도덕적인 것이다. 부채가 부도덕적이란 암묵적 가정은 본 주제관련 정치적 논의에서 자주 등장한다.

지금까지 강조하였던 바와 같이, 윤리적 문제들은 공공정책의 설정에 있어서 중요한 측면이고 따라서 부채가 부도덕적이라는 주장에 대해 심각하게 생각할 필요가 있다. 그러나 이러한 규범적 관점(normative view)이 상당부분 검증되지 않은 가설, 즉 부채의 부담이 미래세대로 전가된다는 실증적인 가설(positive hypothesis)에 기초해 있다는 점을 간과해서는 안 된다. 더욱이 이러한 규범적 관점이 다른 원칙들—예를 들어, 응익 원칙—보다 우월한 것인지도 불분명하다.

아마도 부채지출에 반대하는 좀 더 설득력 있는 비경제적 주장은 정치적 주장일 것이다. 제6장에서 언급하였듯이, 어떤 사람들은 정치 과정에서 정부지출의 비용을 과소추정하고 편익은 과대평가하는 경향이 있다고 주장한다. 균형예산을 강조하는 재정 규율은 편익과 비용을 주의 깊게 평가하도록 유도하여 최적규모 이상으로 공공부문이 팽창하는 것을 방지할 수 있다.

정부의 지출이 과도하다고 믿는 어떤 사람들은 부채가 정부의 지출 확대에 제동을 걸 수 있는 효과적 수단이 될 수 있다는 관점을 가지고 있다. 노벨경제학상 수상자인 밀턴 프리드먼[2003, p. A10]은 다음과 같이 주장한다. 통상적인 견해에 따르면, 재정적자의 존재 여부와 상관없이 정부지출의 규모가 정해져 있다. 만약 이러한 견해가 옳다면 세금 인상을 통해 부채를 감소시킬 수 있다. 하지만 프리드먼은 정부 지출이 고정되지 않다고 보는 것이 보다 나은 모형이라고 지적한다. 정부가 조세로 많은 수입이 생기게 되면 이를 분명히 지출해버릴 것이라고 본다. "사전에 고정된 것은 지출이 아니라 정치적으로 용인할 수 있는 재정적자 수준이다. 재정적자를 없애기 위해 증세하였다고 하자. 그러면 지출이 곧 늘어 재정적자는 또 다시 용인할 수 있는 수준으로 돌아가게 될 것이다.” 정부팽창 방지를 위한 보다 나은 전략은 세금을 인하하는 것이다. “결과적으로 나타난 부채는 정부부처와 입법부의 지출성향에 대한 효과적 억제 수단이 된다.” 제6장에서 보았듯이, 정부지출 이론의 타당성을 검증하는 것은 매우 어렵다. 실제로 조세 인하가 재정지출의 감소로 이어지지 않았음을 보이기도 하였다[Romer and Romer, 2007]. 따라서 프리드먼의 접근을 하나의 추론으로 보아야 하지만, 이러한 논의는 정책적 제안 시 정치적 환경을 고려할 필요성을 다시 한 번 상기시켜준다.

20.3.7 재정적자의 통제

정책입안자들은 재정적자를 줄이려는 노력을 오랫동안 해왔다. 대부분의 초점은 예산확정 과정에 맞춰왔다. 예산과정에 대한 비평가들은 예산이 제대로 규율하에서 정해지지 않는다고 비판한다. 이에 대한 대응으로서, 의회에서 몇 가지 조항들이 의결되어 지출과 수입의 목표를 확립함으로써 규율을 강제하려는 것이다. 예를 들어, 1997년도 예산은 1998~2022년도 간 각 연도에 재량적 지출의 한도를 설정한 바 있다(여기서 재량적 지출이란 의회에서 표결을 통해 정할 수 있는 지출을 의미한다). 좀 더 세련된 규율들이란 비상적 상황에서 재량적 지출의 한도를 늘릴 수 있도록 허용하는 것이다.

여기서 문제는 의회가 교묘하게 재정 규율들을 회피하는 사례가 많다는 것이다. 예를 들어, 아프간과 이라크 전쟁 시 900억 달러의 지출을 비상적 상황에 해당하는 것으로 간주하였고 따라서 본 지출은 지출 한도에 저촉되지 않았다. 이러한 에피소드에서 보듯이 과연 재정제도가 과연 중요한 것인가에 관한 자연스런 의문이 제기된다. 실제로, 의회가 2007년도에 도입한 세입내세출원칙(pay-as-you-go rule)을 위배하는 데 1년의 기간이면 족했다. 세입내세출원칙이란 새로운 지출 또는 감세가 정당화되려면 다른 지출이 감소하거나 조세 인상이 충족되어야 한다는 것이다. 물론 의회의 예산 준칙들이 재정적자를 줄였다는 가능성을 배제할 수는 없을 것이다.

재정제도의 중요성을 연구하는 또 다른 방식으로서 개별 주(state)들의 운용사례를 살펴보는 것인데, 주로 많은 주들에서 운용예산에서 적자를 금지하는 헌법을 준칙으로 갖고 있지만 범위와 강도면에서 차별화되고 있기 때문이다(여기서 운용예산이란 자본예산에 대비되는 경상예산에 해당한다). 몇몇 주에서는 주지사가 균형예산안을 제출하는 것만이 준칙이 되기도 한다. 실제로 주지사의 예측이 잘못되어 재정적자가 발생하더라도 세금을 인상하거나 지출을 감축해야 하는 요구사항은 없으며 해당 주는 재정적자를 조달할 공채를 발행하고 다음 연도로 적자를 이연하는 것이다. 다른 주들에서는 이처럼 다음기로 재정적자를 이연시키지 못하도록 하고 있다. 위에서 언급한 이러한 변칙적 운용을 통해 재정적자의 존재에 대응하기도 하는 것이다.

여기서 자연스런 연구전략이란 엄격한 예산준칙들을 보유한 주들에서 재정적자가 작게 나타나고 있으며 예기치 못한 세수입 감소에 좀 더 민감히 반응하는가를 점검하는 것이다. 이에 대한 실증분석 결과가 어느 정도 지지되고 있다. 그러나 이러한 경향이 과연 재정준칙 그 자체에 의해서 생성되는 것인지 아니면 엄격한 재정준칙이 통과된 주의 국회의원들이 좀 더 보수적 성향을 지니기 때문에 그러한 것이 구별하기는 쉽지 않다. 적지 않은 연구들에서 이러한 복잡한 문제들을 충분히 고려한후 재정제도들이 중요한 역할을 수행함을 보여주고 있다. Auerbach[2008]에 따르면 단순히 정책 의도를 선언한 것이라기보다 실제로 재정적자를 통제하는 데 일부 효과가 있는 것으로 분석되었다.

반면 일부 학자들은 예산관련 준칙에서의 문제점으로 단순히 통과된 입법 조항에 불과하며 언제라도 개정, 중지되거나 의회의 상하원에 의해 폐지될 수 있다고 보고 있다. 또 일부는 더 나아가 예산 준칙을 헌법에 명시해야 한다고 주장한다. 몇 가지 헌법개정안들이 제안되었는데 다음과 같은 조항들이 일반적으로 고려되고 있다.

1. 의회는 전체예산이 전체 세수입보다 크지 않아야 한다는 예산 규정을 받아들여야 한다.
2. 전체 세수는 GDP 증가율보다 더 높게 증가할 수 없다.
3. 의회와 대통령은 실제 지출이 예산안에 나타난 지출액을 넘지 않도록 해야 한다.
4. 이러한 사항들은 전시에 지켜지지 않을 수 있다.

대부분의 경제학자들은 진보적이건 보수적이건 간에 균형예산 개정이 아래와 같은 이유로 바람직한 아이디어가 아니라고 믿고 있다.

첫째, 지출-수입에 관한 예산서를 받아들인다는 것은 미래경제가 어떠할지에 대한 예측을 요구한다. 신뢰할 만한 추계연구자들 간에도 (통계량의 속성상) 매우 다른 추정치를 보고할 수도 있어 문제가 될 것이다. 어떠한 추계연구자를 의회에서 뽑을 것인가? 만약에 부정확한 추계가 선택된다면, 시행도 하기 전에 법의 위반을 저지르게 될 수 있다! 추계자가 정치적 고려를 하는 순간 문제는 보다 암울해질 것이다. 예를 들어 지출을 더 늘리길 원하는 자라면 미래 세수입을 과장되도록 추계할 가능성이 있다.

둘째, 수정안이 지출과 수입을 잘못 정의할 수 있다. 적절한 회계방식을 사용해서 의회는 쉽게 법을 회피할 수 있다. 이를 쉽게 할 수 있는 한 가지 방법으로, 지출을 한 후 빌려서 맞춰놓을 수 있는 법인을 설립하되 공식적으로 정부부문이 아닌 민간부문에 속하도록 두는 것이다. 예를 들어, 1968년도 이전 연방 모기지 회사인 패니매는 모기지를 구입하고 이를 합쳐서 모기지기초 금융상품(mortgage-backed securities)으로 만들어 민간에 되팔아왔다. 1968년도 패니매가 부분적으로 민영화된 이후 연방정부 예산에서 부채가 빠지게 되고 행정부가 베트남 전쟁을 위한 지출을 보다 쉽게 늘리게 된 바 있다. 2008년도 금융위기 동안 패니매는 파산하였으며 곧이어 정부가 이를 사들여 정부부문으로 만들었다. 따라서 회계적으로 보아 패니매가 민영화된 것으로 보이지만 지출과 차입행위들은 냉정히 보자면 연방예산의 일부였던 것이다. 이러한 예산 외 행위들이 실제 예산의 규모를 감추는 중요한 방식으로 이어져 왔다. 우리나라에서도 공기업이 정부의 지출행위를 대신 수행한 후 부채급증으로 금새 부실화된 사례가 매우 많다. 또 다른 방식으로, 입법부에서는 지출 증가에 의해 달성할 수 있는 것들을 규제를 통해서 대신 얻고자 할 수도 있는 것이다.

마지막으로, 법학자들은 다음 몇 가지 중요한 질문들에 주목하고 있다. 적자가 발생한다면 무엇이 귀결되는가? 전체 의회를 감옥에 가둘 수 있는가? 지나친 지출을 한 의회를 고소할 수 있는가? 결국 연방 판사들이 경제정책을 만들게 되는가? 개별 시민이 법원에 가서 적자 시 정부행위를 중단시켜줄 법원명령을 받아야 하는가? 어느 법학자는 이렇게 의견을 피력하고 있다. "어떠한 법도 균형예산개정안보다 판사에게 정치적 그리고 정책적 재량을 부여하고 있지 않다고 본다"[Schuck, 2011]. 그럼에도 불구하고 지출과 적자에 관한 헌법적 한계점들에 대해 많은 사람들이 공유하고 있다. 균형예산 개정안은 1997년도 의회에서 거의 좌절되었다. 그러나 미래에 또 다시 등장할 것 같다.

20.4 요약 및 결론

국가 채무는 매우 어려운 주제이다. 이 장의 분석 결과는 국가 채무에 대한 논쟁 시 다음과 같은 관점들을 견지하는 것이 필요함을 의미한다.

- 재정적자의 규모는 회계방식에 의존한다. 회계방식에 따라 다른 수치가 계산될 수 있다는 점은 재정적자, 재정흑자, 부채라고 주장되는 어떤 구체적인 수치들에 자의성이 필연적으로 포함되어 있음을 의미한다.
- 잠재적으로 중요하기는 하지만 재정수지의 효과는 측정하기 어렵다. 더욱이 그 효과를 정확히 알고 있다고 하더라도, 부채정책을 어떻게 수행할 것인가는 여전히 세대 간 소득분배에 대한 윤리적 관점에 의존하게 된다.

이러한 점들을 고려하면, 공식적인 재정수지 수치에만 기초하여 공공부문의 경제활동을 평가하는 것이 타당하지 못하다. 재정적자가 반드시 나쁜 것은 아니며 재정흑자가 반드시 좋은 것도 아니다. 보다 중요한 것은 정부 서비스를 제공하는 데 소요되는 재원을 확보하는 데 드는 비용을 고려할 때 정부지출의 수준이 적정한가이다. 재정적자와 다른 형태의 재원조달이 가지는 여러 가지 효과에 관해 비교·분석하고 논의해야 한다. 정부의 지출과 재원조달 관련 행위에 관한 활발한 논의는 민주주의제도하에서 매우 중요한 것이다. 그러나 현실에서는 적자 규모에만 기초하여 국가재정 상태를 평가하려는 보수주의자와 개혁주의자들의 경향은 논의를 흐리게 하거나 혼란을 가중시키고 있다.

심화 과정을 위한 추천 논문과 저서

재정적자 관련 논의의 시발점은 과연 재정적자가 발생할 경우, 이로 인하여 자본축적이 저해되는가(crowing-out hypothesis)인데, Barro의 논문은 이러한 신고전학파의 자본이론에 대한 반박이 될 수 있어 매우 흥미롭다. 다음 논문을 참조하기 바란다.

- Barro, Robert J. 1974. "Are Government Bonds Net Wealth?" *Journal of Political Economy* 82: pp. 1095–1117.

구축효과를 통계적으로 검정하는 논의는 Elmendorf와 Mankiw의 연구가 있으니 아래를 참조하기 바란다.

- Elmendorf, Douglas W. and N. Gregory Mankiw. 1999. "Government Debt." Chapter 25 in *Handbook of Macroeconomics*, Volume 1, Part C. J. B. Taylor and M. Woodford (eds.). Amsterdam: North-Holland.

세대 간 형평성에 관한 주제로 '세대 간 회계(generation accounting)'가 있으니, 이에 대한 논의는 아래 논문을 참조하기 바란다. 우리나라의 세대 간 회계에 대해서는 아래 Auerbach와 Chun[2006]을 참조하기 바란다.

- Kotlikoff, Lawrence J. 2002. "Generational Policy." In *Handbook of Public Economics*, Volume 4. Alan J. Auerbach and Martin Feldstein (eds.). Amsterdam: North Holland.
- Auerbach, Alan J., and Young Jun Chun. 2006 "Generational Accounting in Korea", *Journal of The Japanese and International Economies*, Vol. 20, No. 2, pp. 234–268.

최근 재정적자 및 국가부채에 관한 새로운 시각을 보여주는 아래 연구들을 참조하는 것이 재정과 경제에 대한 이해를 깊게 하는 데 도움이 된다. 첫 번째 논문은 역사적 관점에서 금융위기, 재정위기에 관한 이해에 도움이 되며, 두 번째 논문은 통화공동체에서 나타나는 부채에 의한 성장, 금융위기가 재정위기로 전이되는 메커니즘에 대해 도움이 된다.

- Reinhart, C., and K. Rogoff, "This Time is Different: A Panoramic View of Eight Centuries of Financial Crises," NBER Working Paper 13882, 2008a.
- Kim, YJ and CI Lee, "Sovereign Debt Crisis in a Monetary Union: Accounting for Excessive Debt, Housing Bubbles, and the Transmission of Crises," Economic Inquiry 57(2), 1098–1119, 2019.

요약

- 차입은 정부의 재원조달의 중요한 방식 중 하나이다. 일정 기간 동안의 적자는 수입을 초과하는 지출로 정의된다. 어떠한 한 시점에서 부채란 과거 재정수지의 산술적인 합이 된다.
- 정부의 재정적자, 재정흑자 그리고 부채에 관한 공식적 수치는 몇 가지 이유 때문에 주의하여 해석되어야 한다.
- 물가상승으로 부채의 실질규모가 잠식된다. 공식적 적자 또는 잉여는 이러한 점을 간과한다. 연방정부는 자본과 현재지출 간에 구별을 하지 않는다. 그러나 연방정부에 자본예산제도를 도입하는 시도는 개념상 그리고 정치적 문제로 인하여 좌초될 수 있다.
- 정부가 소유한 유형자산 소유를 고려하여야 한다. 국가 채무에서 국가 자산을 뺀 국가 순부채가 중요한 경우도 있다.
- 부채의 부담이 미래세대에게 지워질 것인가는 논쟁거리이다. 한 가지 견해는 내부적 부채는 세대 내의 이전이기 때문에 미래세대에 순부담을 지우지 않는다는 것이다. 그러나 중복세대 모형에서는 부채조달은 미래세대에 실질 부담을 줄 수 있다고 본다.
- 부채의 부담은 부채조달이 민간투자를 구축하는가에도 의존한다. 만약에 그렇다면, 미래세대들의 자본의 양이 작아지고 이로 인해 실질소득도 낮아지게 된다. 리카르도 모형에서는 세대 간 자발적 이전에 의해 부채 관련 정책의 효과가 상쇄되어 구축효과가 발생하지 않는다.
- 주어진 정부지출이 세금 또는 부채에 의해 조달되어야 하는지에 관해 몇 가지 중요한 요인들이 있다. 먼저, 응익 원칙이란 사업이 미래세대를 이롭게 해준다면, 재원이 부채를 통해 조달되어 미래세대가 이를 지불하도록 만드는 것이 바람직할 것이다. 또한 미래세대들이 현재세대보다 더 부유하다면 형평성에 대한 어떤 원칙들에 따르면 이들에게 부담을 지우는 것이 타당하다.
- 효율성의 관점에서는 조세와 부채조달의 초과부담을 비교하여야 한다. 만약에 구축이 없다면 부채조달이 더 작은 초과부담을 가져오는데 이는 일련의 낮은 조세 인상이 한 번의 대폭적 조세 인상에 비해 작은 초과부담을 초래하기 때문이다. 그러나 구축이 발생한다면 이러한 결론은 바뀌게 된다.

연습문제

1. 아래의 사건들이 현재 방식으로 측정되는 국가 채무에 어떠한 영향을 주는지 살펴보시오.
   a. 정부가 현충일 행사를 위해 국채를 발행한다.
   b. 자유의 여신상이 민간 기업에 매각된다.
   c. 5세 이하 영아에게 무료로 의료지원을 보장하는 법이 통과된다.
   d. 정부가 올해 린에게 100달러의 조세를 부과하고 내년에 105달러를 갚기로 약속한다.
   e. 정부가 올해 린에게 100달러를 빌리고, 100달러를 5%의 이자와 함께 갚기로 약속한다.

   여러분이 정부의 회계시스템을 디자인한다면, 이들 항목을 각각 어떻게 처리할 것인가?

2. 2010년에 그리스 정부가 정부소유의 은행, 도박회사, 그리고 통신사 주식을 팔아서 재정적자를 감축하는 방안을 고려하였다. 여러분은 이러한 방안이 합리적인 재정적자 감축 방안이라고 생각하는가?

3. 유럽통화공동체에 대한 접근가능성이 회원국 정부가 영내외 차입이자율을 낮추는 데 기여하였다고 한다. 2가지 요인이 이러한 하락에 중요한 요인으로 여겨지고 있다. 유럽통화공동체 내 동일한 화폐의 사용에 따른 통화위험의 제거와 공동체 내 규제를 통해 개별 국가의 정부가 건전성이 낮은 경제정책을 수행하지 못하게끔 하는 일종의 보호를 꼽고 있다. 많은 국가들이 새로이 접근 가능한 값싼 자금을 과도하게 사용하였고 공공부채를 급격히 증가시켰다. 그리스가 아마도 가장 눈에 띄는 사례일 것이다. 본 예를 본문에 소개된 프리드먼의 접근과 제16장에 소개된 Becker와 Mulligan의 주장에 대해 대비시켜 설명해보시오.

4. 임금에 대한 노동공급의 보상탄력성이 0이라고 하자. 효율성의 측면에서 부채와 조세조달 간의 최적선택이 어떻게 되는지 논하시오.

5. 연금과 메디케어와 같이 재원조달이 뒷받침되지 않는 정부부채에 대해 비판적인 사람들은 이러한 정책들을 '재정적 아동학대'라고 주장한다. 어떠한 조건하에서 이러한 견해가 맞는 것인가?

6. 2012년 한 기자가 노벨상 수상자인 폴 크루그먼의 견해를 다음과 같이 재해석하고 있다. "전면적 불황을 피하기 위해, 미국 정부는 재정적자의 규모를 무시하고 경제를 진작시키기 위한 지출을 시작해야 한다"[Weisenthal, 2012]. 어떠한 조건하에 정부지출의 재원조달을 위해 재정적자를 활용하는 것이 적절한가?

7. 《뉴욕타임즈》지 컬럼니스트 데이비드 브룩스는 다음과 같이 적고 있다. "사적 영역에서는, … 노령자들이 손자들에게 훌륭한 선물을 주고 있으며, 젊은이들의 마음에 오랫동안 남을 만한 애정과 지원을 다가올 수십 년간 제공한다. 그렇지만 공적 영역에서는 그들은 반대로 빼앗아가고 있다." 이러한 관측이 리카르도 동등성 모형과 어떻게 비교되는가?

8. 글로벌 금융위기 속에서 유럽 정부들은 건전성 조치를 취하였다. 독일 정부는 특히 재정건전성을 위한 정책에 적극적이었다. 다른 한편, 일반 대중들은 이러한 정책에 강하게 반발하였고 대중집회를 통한 저항이 유럽 전역에서 예외없이 발생했다. 독일 정부와 일반 유럽 대중들이 정부지출의 적자재정을 통한 조달에 관한 어떠한 입장을 가지고 있는지 본 장에서 소개된 논거들을 이용하여 논의해보시오.

9. 한국에서는 2000년대에 들어와서 통합재정 수지는 지속적으로 흑자를 보이고, 관리대상 수지는 대부분 연도에 있어서 적자를 보이고 있다. 이를 고려하여, 다음의 2가지 주장을 평가하시오. (i) "관리대상 수지가 적자이기 때문에 국가 채무가 증가하고 이로 인해 미래세대의 부담이 증가하고 있다." (ii) "통합재정 수지가 흑자이기 때문에 긴축적인 재정정책이 시행된 것으로 평가될 수 있다."

   갑 : 재정정책은 총수요를 변화시켜 실물경제에 영향을 미칠 수 있다. 따라서 경기상황이 좋지 않을 때에는 확장적인 재정정책을 통해 경기를 부양해야 한다.

   을 : 경제행위자는 활용 가능한 모든 정보를 이용하여 정부의 정책과 그 결과를 합리적으로 예측한다. 그리고 이러한 예측하에서 경제행위자가 행동하는 경우 정부 정책이 효과를 발휘하지 못할 수 있다. 따라서 경기상황이 좋지 않을 때 확장적 재정정책은 큰 효과가 없다.

10. [2017년 국가 공무원 5급(행정) 공개경쟁채용 2차시험 문제] 경기부양을 위한 재정정책의 효과와 관련하여 갑과 을은 다음과 같은 상반된 주장을 펴고 있다. 물음에 답하시오.

a. 갑은 재정지출 확대를 통한 확장적 재정정책이 경기부양에 효과가 있다고 믿고 있다. 갑이 그렇게 생각하는 이유를 설명하시오.

b. 상당수의 경제학자들은 갑의 주장처럼 재정정책의 경기부양 효과가 존재한다고 하더라도, 현실에서 그 효과의 크기는 갑의 주장보다 작을 것이라고 생각한다. 상당수의 경제학자들이 이렇게 생각하는 이유를 확장적 재정정책이 이자율을 통해 국내투자와 순수출에 미치는 효과에 대한 분석을 중심으로 설명하시오.

c. 을은 확장적 재정정책의 효과가 거의 없다고 믿고 있다. 을이 이렇게 생각하는 이류를 정부가 재원조달 방안으로 국채발행을 고려하고 무한 생존하는 경제주체가 존재한다는 가정하에 설명하시오.

11. [2016년도 제32회 입법고시 제2차시험 재정학 문제] (연금제도, 초과부담, 법인세제, 소비-자산과세에 대한 기본 지식을 점검한 후 풀도록 하시오.) 고령화가 빠른 속도로 신행뇌년서 사회목지지출의 승가가 정부재정에 큰 부담이 되고 있다. 사회복지지출의 특성과 지출에 대해 다음 질문에 답하시오.

a. 고령자에 대한 사회보험으로 국민연금이 있으며, 정부가 직접 지원하는 보조금 중에는 기초연금이 있다. 효율성과 형평성 측면에서 두 제도를 비교하시오. 효율성은 경제의 사중손실(deadweight loss)을 최소화하는 것을 의미한다. 형평성은 동일 세대 내에서의 형평성과 세대간 형평성으로 구분해서 설명하시오.

(단순화를 위해 국민연금은 젊었을 때 일해서 벌어들인 소득의 일부를 납입하고, 그 원리금을 노후에 연금으로 받는 것이며, 기초연금은 70세 이상의 고령자가 모두 동일한 금액을 받는다고 가정하시오.)

b. 증가되는 복지지출에 사용하기 위해 필요한 재원을 조달하는 방법으로 ① 소수의 고소득층(예: 상위 5% 이내)에 대한 소득세 또는 법인세를 인상하는 방안과 ② 대부분의 소득계층에 적용되는 전반적인 소득세 인상 또는 부가가치세 인상과 같이 보편적인 과세를 통해 재원을 조달하는 방안이 있다. 이 2가지 방법의 장단점을 비교하고, 어느 경우에 복지가 더 많이 확대될 것인지 중위투표자 이론을 적용하여 설명하시오.

12. [행정고시 2차 2018년 기출문제] 표는 GDP가 일정한 A국의 1990년대와 비교하여 2000년대 재정정책의 변화를 나타내고 있다. 여기서 재정적자는 조세수입(T)과 정부지출(G)의 차이를 의미한다. 대부자금모형(loanable fund model)을 이용하여 다음 물음에 그림과 함께 답하시오. (단, T와 G는 해당 기간 동안 증가하였다.) (총 20점)

변수	1990년대 평균	2000년대 평균
GDP 대비 재정적자 비율	22%	39%

a. A국이 폐쇄경제 국가라고 할 경우, 1990년대와 비교하여 2000년대 A국의 총저축, 실질이자율, 투자가 어떻게 변화했는지 설명하시오. (10점)

b. A국이 소규모 개방경제 국가라고 할 경우, 1990년대와 비교하여 2000년대 A국의 총저축, 실질이자율, 투자와 무역수지가 어떻게 변화했는지 설명하시오. (단, 해당 기간 동안 세계 실질이자율의 변화는 없다.) (10점)

Chapter 21

소비와 자산에 대한 과세와 근본적 조세개혁

> 소비하는 물건에 과세가 될 경우, 사람들은 그들이 사용한 것에 비례하여 세금을 납부하게 된다. 소비과세를 통해 사람들의 사치스러운 낭비로 인한 국가의 손실도 방지될 수 있다.
>
> — 토머스 홉스

개인소득세와 법인세는 종종 만족스럽지 못한 조세로 인식된다. 최근 미국 대통령 소속 조세개혁위원회는 "세법은 비효율성, 허점, 인센티브, 특정 집단과 목적을 위한 목적세, 복잡성으로 가득 차 있다."[National Commission on Fiscal Responsibility and Reform, 2010, p. 12]라고 언급했다.

이미 제17장과 제19장에서 개인소득세와 법인세를 개선하기 위한 몇 가지 방안들을 논의하였다. 이 장에서는 점진적인 개혁이 아닌 소득기반에서 소비기반 조세체제로의 근원적인 조세개혁에 대해 논의한다. 소득세와 소비세의 가장 근본적인 차이점은 소득세의 과세기반은 잠재적 소비의 변화임에 반하여, 소비세의 과세기반은 실제적인 소비의 가치(또는 수량)라는 점이다.

소득세로부터 소비세로의 조세개혁이 지니는 장점과 단점에 대해서는 이미 다양한 분석이 심층적으로 행하여졌다. 이와 관련한 논의에 있어 자주 논란이 되는 것은 소비세하에서 소득은 높으나 소비는 적은 사람들을 어떻게 취급해야 하는가이다. 이들은 세금을 적게 납부하고, 축적된 막대한 부를 상속인들에게 상속할 것이다. 이와 관련하여 우리는 이 장의 일부를 자산(또는 부)에 대한 현행 과세와 향후 개혁방안에 대해 논의하는 데 할애할 것이다. 자산에 대한 과세에 대한 논의는 상속세에 초점을 둘 것이다.

21.1 개인소비세의 효율성과 형평성

소득세를 소비세로 대체할 것을 주장하는 사람들은 이를 통해 효율성, 형평성, 행정적 단순성이 개선될 것이라고 주장한다. 소득세 옹호자는 개인소비세 주장에는 많은 모순이 존재하고 있다고 주장한다. 이러한 논쟁에 대해서 살펴보자.

21.1.1 효율성 문제

소득세에 대비한 개인소비세의 효율성은 제11장과 제18장에서 논의한 소비와 저축에 대한 생애주기모형을 이용하여 분석될 수 있다. 이 모형에서 각 기의 개인의 노동공급은 주어져 있으며, 소비되는 두 재화는 현재소비(c_0)와 미래소비(c_1)이다. 이자율을 r로 표시하면, 현재소비를 1원만큼 증가시키면 미래소비가 $(1 + r)$만큼 감소하게 된다. 따라서 c_0의 상대가격—즉, 기회비용—은 $(1 + r)$이 된다.

이제 30%의 소득세율에 직면해 있는 흥부를 생각해보자. 여기에서 소득세는 외생적으로 주어진 노동소득에 부과되는 것이 아니라 이자소득에만 부과되는 것으로 가정하자. 이러한 소득세로 인해 1원 저축하여 r의 수익을 거두었을 때, 수익의 30%는 정부에게 빼앗기고 그의 세후수익은 $0.70 \times r$이 될 것이다. 이자수입에 대해서 과세가 된 것과 대칭적으로 이자비용에 대해 공제가 허용되어 있다고 하자.[1] 이 경우 그가 1원을 차입하였다면 이자지급은 공제가 되고 차입의 비용은 $0.70 \times r$로 낮아지게 된다. 요약하면, 소득세로 인해 현재소비의 상대가격이 $(1 + r)$에서 $(1 + 0.70 \times r)$로 낮아지게 된다. 이는 소득세로 인하여 현재소비와 미래소비 간의 상대가격이 변화됨을 의미하고, 제15장에서 이미 보인 바와 같이, 대체효과가 발생하여 초과부담이 초래된다.

이제 소득세와 동일한 세수를 가진 소비세를 생각해보자. 가장 중요한 사항은 소비세가 수익률(r)에는 영향을 주지 않는다는 사실이다. 소비세하에서 이자소득 발생 자체는 과세대상이 아니기 때문에 소비세 이후에도 c_0의 상대가격은 여전히 $(1 + r)$을 유지한다. 소득세와 달리 상대가격의 변화가 나타나지 않으며, 초과부담이 발생하지 않는다. 저축에 대한 중립성은 소비세의 가장 주요한 장점으로 자주 언급된다. 이와 관련, Lazear와 Poterba[2006, p. 4]는 "소득세는 저축에 대한 과세를 통해 현재소비를 상대적으로 우호적으로 취급한다. 소비세는 이러한 차별적 취급을 폐지함으로써 저축 저해 요인을 제거한다."라고 지적하였다.

지금까지 본 바와 같이 소득세와 달리 소비세는 두 기간 동안 소비 간의 교환비율을 왜곡시키지 않는다. 하지만 소득세와 마찬가지로, 소비세는 일반적으로 여가와 소비 간의 교환비율을 왜곡한다. 이미 제15장에서 (여가를 제외한 다른) 모든 상품에 대한 비례세가 각 상품과 여가 간의 선택을 왜곡하기 때문에 효율적이지 못할 수 있음을 보였다. 동일한 논리가 여기에 적용된다. 흥부의 임금률이 w원이라고 하자. 소비세 이전에는 1시간의 여가를 w원의 소비로 교환할 수 있었다. 세율 t_c의 소비세가 부과되면, 1시간의 여가를 희생하게 되고 이제는 $w/(1 + t_c)$원의 소비만을 얻을 수 있게 된다. 따라서 소비세는 여가와 소비 간의 의사결정을 왜곡한다.

요약하면, 저축 결정은 소득세제하에서는 왜곡되는 반면 소비세제하에서는 왜곡되지 않으나, 노동공급 결정은 소득세와 소비세하에서 모두 왜곡된다. 하지만 소득세는 두 시장에서의 왜곡을 초래하고 소비세는 한 시장에서만의 왜곡을 초래한다고 해서 소비세가 더 바람직하다고 결론지을 수는 없다. 2가지 조세체제는 모두 효율성 비용을 초래하며, 어떤 조세의 효율성 비용이 낮은가는 실증분석을 통해 판별해내는 수밖에 없다. 관련된 대부분의 연구들은 노동공

1 제17장과 제18장에서 강조한 바와 같이, 모든 납세자들이 이자지불액을 공제할 수 있는 것은 아니다. 이자가 공제가능하지 않는 경우 분석결과가 어떻게 변화되는지는 이 장의 연습문제 8번을 참조하시오.

급 왜곡효과까지 고려하는 경우에도 소비세가 소득세보다 더 작은 초과부담을 초래하고 있다고 결론짓고 있다(예를 들어, Feldstein[2006a] 참조).

21.1.2 형평성 문제

누진성 소비세의 분배효과에 대한 통상적인 관점은 소비세가 역진적이라는 것이다. 시민단체들은 종종 소비세와 관련하여 "부자들의 소득 대비 소비 비중이 낮기 때문에, 소비세하에서 부자들은 중산층보다 월등히 낮은 세부담을 지게 된다."라고 주장한다.

이러한 논리의 전개는 3가지 문제점이 있다. 첫째, 세금이 연간 소득에 비례하여야 한다는 관점을 가지고 있다. 신용시장 제약이 매우 심각하지 않다면, 각 연도 소득보다는 생애소득이 보다 적절한 지불능력의 지표가 된다. 생애소득의 관점에서 보면, 소득 대비 소비의 비중은 모든 소득계층에서 거의 유사하다는 믿을 만한 연구결과들이 제시되고 있다. 둘째, 이것이 보다 더 근본적인 문제점인데, 통상적인 관점은 조세의 귀착을 무시하고 암묵적으로 상품에 대한 과세는 모두 그 상품의 소비자에게 귀착된다고 가정하고 있다. 제14장에서 강조한 바와 같이 상품세는 조세부과 시 수요와 공급의 반응에 따라 매우 복잡한 방식으로 다른 경제주체에게 전가가 될 수 있다. 소비세의 소득분배에 대한 효과에 대해서는 연구결과가 충분히 축적되어 있지 못하다. 마지막으로, 모든 소비세가 동일한 법정 누진도를 가진다고 가정하는 것은 잘못된 것이다. 우리가 아래에서 보이는 바와 같이, 어떤 소비세 유형은 세부담이 납세자 특성에 의존하도록 만들어질 수 있으며, 세율구조도 원하는 만큼 누진적으로 만들 수 있다. 다만, 소비세를 누진적으로 만드는 데 행정적인 어려움이 존재한다.

지불능력원칙 소비기반 과세를 반대하는 사람들은 실제소비는 소비력의 일부에 불과하다고 지적하면서 중요한 것은 소비력이지 실제소비가 아니라고 주장한다. 그들은 소비세하에서 수전노 백만장자가 매우 가난한 사람보다 더 적은 세부담을 질 수도 있음을 지적한다. 이에 대해서 반론도 존재한다. 어떤 사람들은 개인이 경제에서 '빼내어 간 것(take out)'인 소비에 비례하여 과세하는 것이 그가 사회에 '공헌한 것(contribute)'인 소득에 비례하여 과세하는 것보다 공정하다고 주장한다. 17세기의 토머스 홉스는 다음과 같이 언급하였다.

> 무슨 이유가 되었든지 간에, 얼마 안 되는 소득을 모두 소비한 게으른 사람보다 노동을 많이 하고 노동의 결실을 아껴서 소비를 적게 한 사람에게 더 높은 과세가 이루어진다. 이러한 세부담 구조에도 불구하고, 후자가 전자보다 정부의 보호를 더 받고 있는 것도 아니다 [1963/1651, p. 303].

이러한 관점에서, 수전노 백만장자가 아낀 자원이 사회의 자본축적을 위해 사용될 수 있기 때문에 그의 적은 소비는 사회에 바람직한 것으로 보는 사람들도 있다.

이와 관련하여, 이자소득에 대한 이중과세 문제를 살펴보자. 어떤 사람들은 소득세하에서는 자본소득이 두 번 과세되며 이는 불공정한 것이라고 주장한다. 먼저 최초 소득획득 단계에서, 그러고 나서 투자수익 발생 단계에서 또 한 번 과세가 되는 것이다. 하지만 소득세하에서 저축으로 발생한 수익에 대해서 비과세하는 것은 소득세 근본 논리와 부합되지 못하기 때문에 소득세하에서 일반적인 저축수익 비과세는 정책대안이 되지 못한다. 저축에 대한 과세가 공정한 것인가 아닌가는 언제나처럼 가치판단에 의존하는 것이다.

연간 소득 vs. 생애소득 형평성 납세자의 경제적 여건이 단기적으로만 변화하였다면 이것을 지불능력의 변화로 볼 수 없다. 이러한 맥락에서 이상적인 과세기반은 매년 변동하는 연간 소득이 아니라 생애소득이어야 한다.

동일한 생애소득을 지닌 납세자가 개인 선호 차이에 의해 상이한 저축 의사결정을 한 경우, 소비세하에서는 세부담이 동일하나 소득세하에서는 세부담이 상이해진다. 이러한 점을 좀 더 살펴보자. 0기와 1기 두 기간의 삶을 사는 개미와 베짱이를 생각해보자. 소득세율은 50%, 이자율은 10%라고 가정하자. 개미와 베짱이에게 동일하게, 0기 소득은 100만 원이고 1기 소득은 0원이라고 하자. 이는 개미와 베짱이가 동일한 생애소득을 가지고 있음을 의미한다. 베짱이는 0기의 세후소득을 모두 소비해버리고, 개미는 1기의 소비를 위해 0기의 세후소득을 모두 저축했다고 하자. 베짱이는 여기에 50만 원의 세금을 납부하고, 나머지 50만 원을 모두 소비할 것이고, 1기의 세금납부액이 0원이 될 것이다. 개미는 0기에 50만 원의 세금을 납부하고 나머지 50만 원을 저축할 것이다. 그리고 1기에 이자소득에 대해서 2만 5,000원(= 0.50 × 0.10 × 50만 원)의 세금을 납부하게 될 것이다. 따라서 소득세하에서 낭비자에 비하여 저축자가 보다 높은 세부담을 지게 된다.

소득세 대신 이제 50% 세율의 소비세가 부과된다고 하자. 이 경우 베짱이는 0기에 100만 원을 모두 소비하고 50만 원의 세금을 납부할 것이다. 개미는 0기에는 소비를 하지 않기 때문에 납세를 하지 않고, 1기에는 55만 원(= 0.50 × 1.10 × 100만 원)의 세금을 납부할 것이다. 이러한 1기의 55만 원의 세금은 이자율이 10%인 이 경제에서 0기의 50만 원과 동등한 것이다. 따라서 소비세하에서 동일한 생애소득을 지닌 개인들은 (현재가치로) 동일한 생애 세부담을 지게 된다.

이러한 결과를 좀 더 일반적인 경우에 대해서 논의하자. 베짱이와 개미가 0기에 동일한 고정 노동소득 I_0를 그리고 1기에는 소득이 없다고 가정하자(1기에 소득이 없다는 가정은 편의상 취한 것으로 이 가정을 변경하여도 주요 결론에는 변함이 없다). 베짱이는 은퇴기에 대해 신경을 별로 쓰지 않아 생애초기에 소비를 많이 하고, 개미는 여유로운 은퇴를 위해 생애후반에 소비를 많이 한다고 하자.

비례소득세하의 개미의 현재소비를 c_0^A로 정의하고 베짱이의 현재소비를 c_0^G로 정의하자. 지금까지의 가정하에서 $c_0^G > c_0^A$가 된다. 개미의 세전 미래소득은 $r(I_0 - c_0^A)$가 되고, 베짱이의 세전 미래소득은 $r(I_0 - c_0^G)$가 된다.

이제 세율 t의 비례소득세가 부과되었다고 하자. 이로 인해 베짱이와 개미에게 동일한 세부담 tI_0가 발생할 것이다. 미래에 있어서 개미의 세부담은 $tr(I_0 - c_0^A)$이 되고, 베짱이의 세부담은 $t_r(1 - t)(I_0 - c_0^A)$가 된다. $t_r(1 - t)(I_0 - c_0^G)$이기 때문에 개미의 미래 세부담이 더 크게 될 것이다. 단순히 개미가 베짱이보다 저축을 더 선호한다는 이유 때문에 개미의 생애 세부담(두 기의 납세액의 현재가치)이 베짱이보다 크게 된다.

이와 대조적으로 비례소비세하에서는 생애 세부담은 저축에 대한 선호도에 의존하지 않는다.[2] 이를 증명하기 위해 우리는 납세자 각각의 예산식을 도출할 필요가 있다. 생애 예산선은 소비의 현재가치가 소득의 현재가치와 같아지는 현재소비와 미래소비 간의 관계를 의미함을 상기하자. 개미의 소비는 아래의 식을 만족하여야 한다.

$$I_0 = c_0^A + \frac{c_1^A}{1+r} \tag{21.1}$$

유사하게 베짱이의 생애 예산선은 아래와 같다.

$$I_0 = c_0^G + \frac{c_1^G}{1+r} \tag{21.2}$$

만약 비례소비세율이 t_c라면, 개미의 0기의 세부담은 $t_c I_0$가 되고, 1기의 세부담은 $t_c c_1^A$이 되며 그의 생애 소비세 세부담 R_c^A는 다음과 같다.

$$R_c^A = t_c c_0^A + \frac{t_c c_1^A}{1+r} \tag{21.3}$$

유사하게 베짱이의 생애 세부담은 R_c^G는 다음과 같다.

$$R_c^G = t_c c_0^G + \frac{t_c c_1^G}{1+r} \tag{21.4}$$

식 (21.3)과 식 (21.1)을 비교하면, 개미의 생애 세부담이 $t_c I_0$와 같아짐을 알 수 있다. 유사하게 식 (21.2)와 식 (21.4)를 비교하면 베짱이의 생애 세부담도 $t_c I_0$와 같아진다. 따라서 비례소비세하에서 생애소득이 동일한 경우 생애 세부담도 동일해진다는 결론을 내릴 수 있다.

이러한 비례 소비세에 대한 결론은 비례 소득세의 경우와 완전히 상이한 것이다. 비례 소득세의 경우에는 생애 소비가 어떠한 형태로 나타나는가가 생애 세부담에 영향을 주고 있었다.

소비가 소득보다 변동이 덜 심하다는 사실에 근거하여 소비세를 주장하기도 한다. 소득이 보통과 달리 매우 낮았던 해에 개인들은 소비수준의 변동을 축소시키기 위해 저축의 일부를 찾거나 차입을 한다. 이러한 개인의 반응은 연간 소비가 연간 소득보다 생애 여건을 보다 잘 반영하고 있음을 의미한다.

소비세를 반대하는 사람들은 생애의 관점을 취하는 것이 진정 적정한 것인가에 대해서 의문을 제기한다. 생애 관점이 현실적인 것이 되기에는 정치적 · 경제적 환경의 불확실성이 너무나 크다. 더욱이 생애 관점에서 기술된 소비 평탄화(consumption smoothing)는 개인들이 당시의 이자율로 자유롭게 저축하거나 차입을 할 수 있어야만이 달성될 수 있다. 하지만 개인이 차입할 수 있는 금액이 종종 제한되어 있기 때문에 생애 관점의 주장이 얼마나 의미가 있는 것인가는 불명확하다. 상당히 많은 실증분석 연구가 생애주기모형이 유용한 분석틀이라는 것을 지지하는 결과를 보고하고 있지만(Browning and Crossley[2001] 참조), 이러한 주장에 대해서는 좀 더 추가적인 연구가 필요하다. 마지막으로 소비세하에서 동일한 생애소득을 가진 사람이라고 할지라도, 축적된 부를 상속하게 되면 세부담이 달라진다. 이는 축적된 부에 대한 적합한 과

2 하지만 소비수준에 따른 누진적인 소비세의 경우, 생애 세부담이 저축에 대한 선호도에 의존할 수도 있다.

세가 무엇인가에 대한 논의가 필요함을 의미하며, 이에 대한 논의가 이 장 후반부에서 이루어질 것이다.

소비세의 효율성과 형평성에 대한 논의를 마치고, 이제 소비세가 운용될 수 있는 4가지 방식인 부가가치세, 소매판매세, Hall-Raushka 평률세, 현금흐름세에 대해 논의하자. 이 중 부가가치세와 소매판매세는 현실에 존재하는 소비세이고 나머지 2가지 조세는 현실에 존재하지 않은 이론적인 소비세이다.

21.2 소비세의 분류와 한국의 소비세

부가가치세(value-added tax, VAT)

각 생산과 유통 단계에서의 부가가치에 대한 비율로 과세되는 소비세.

부가가치(value added)

판매와 중간재 구입액 간의 차이.

일반판매세(general sales tax)

모든 상품의 최종 구매에 동률로 과세하는 것.

물품세(excise tax)

특정 상품의 최종 구입에 부과되는 조세.

현실에 가장 널리 존재하는 소비세 형태는 부가가치세이다. **부가가치세**(value-added tax, VAT)는 각 생산과 유통 단계에서의 **부가가치**(value added)에 대해 일정 비율로 과세하는 소비세이다. 이와 달리 최종소비 단계에만 과세되는 소비세를 소매판매세(retail sales tax)라고 한다. 소매판매세는 과세대상의 포괄범위에 따라 **일반판매세**(general sales tax)와 **물품세**[excise tax, 선택적 판매세(selective sales tax) 또는 차별적 상품세(differential commodity tax)라고 불린다.]로 분류된다. 일반판매세는 모든 상품에 대해 단일세율로 과세하며, 물품세는 특정 상품의 구입에 대해서 과세하는 소매판매세이다.

한국에는 다양한 형태의 소비세가 상당한 규모로 존재한다. 한국에서 가장 중요한 소비세는 부가가치세이며, 이에 추가하여 물품세 형태의 개별소비세, 관세, 교통세, 주세, 담배소비세 등이 존재한다. 2009년 한국의 소비세 규모와 구성이 〈표 21.1〉에 보고되어 있다. 한국에서는 전체 세수에서 소비관련세가 차지하는 비중이 43%로 OECD 평균(32%)보다 다소 높은 편이다. 10%

표 21.1 한국의 소비세 규모와 구성, 2017년

관할 정부	세목	세수			과세대상(과세방식)
		금액 (조 원)	관할 정부 총세수 대비	전체 정부 총세수 대비	
중앙 정부	부가가치세	61.8	23.3%	17.9%	재화, 서비스 구입가치의 10%(종가세)
	개별소비세	8.9	3.4%	2.5%	보석, 자동차, 도박 등(종가세) 등유, 중유, LPG 등(종량제)
	관세	8.0	3.0%	2.3%	수입물품(종가세)
	교통·에너지·환경세	15.3	5.8%	4.4%	휘발유, 경유(종량세)
	주세	3.2	1.2%	0.9%	주류(종량세)
지방 정부	담배소비세	3.6	4.5%	1.0%	담배(종량세)
	합계	100.8		29%	

자료: 「조세개요 2018」을 이용하여 계산.

주: 표에는 교육세, 주행세와 같은 소비세에 부가세 형태로 부과되는 조세들은 포함되어 있지 않음. 이들 조세들까지 포함하는 경우 전체 소비세수가 총세수에서 차지하는 비중은 29%보다 좀 더 커지게 됨.

세율의 부가가치세로부터의 세수는 36조 원으로 전체 소비관련 세수의 절반 정도를 차지한다. 물품세 중에서 특히 교통세가 큰 비중을 차지하고 있으며, 관세 수입도 여전히 높은 편이다.

이제 4가지 다른 방식의 소비세를 분석하고자 한다. 부가가치세(VAT), 소매판매세, Hall-Rabushka 평률세(flat tax), 그리고 현금흐름세(cash- flow tax)에 대해서 차례로 논의하자. 이들 소비세를 각각 논의한 후 종합적으로 비교할 것이다.

21.3 부가가치세

부가가치세는 빠르게 전 세계로 확산되고 있으며, 이미 130여 개 국가에서 부가가치세를 도입하여 운용하고 있다. 부가가치세는 중립적이고 투명한 방식으로 세수를 증대시킬 수 있는 잠재력을 지닌 가장 널리 활용되고 있는 일반적인 소비세 형태이다. 미국만이 OECD 국가 중에서 유일하게 부가가치세를 도입하지 않은 국가로 남아 있다[OECD, Consumption Tax Trends −2006].

부가가치세를 이해하기 위해서는 먼저 상품의 생산과 판매가 여러 단계에 거쳐 이루어진다는 점을 인식하여야 한다. 식빵 생산에 대한 간단한 모형을 생각해보자. 농부가 밀을 경작해서 제분업자에게 판매를 한다. 제분업자는 밀가루를 생산하여 제과공장에 판매하고, 제과공장은 빵을 만들어 식료품가게에게 판매한다. 최종적으로 식료품가게는 빵을 소비자에게 판매한다. 생산 각 단계에 있어서 가상적인 가격들이 〈표 21.2〉에 보고되어 있다. 첫 번째 열은 각 생산단계에서 중간재 구입액을, 두 번째 열은 각 단계의 판매액을, 그리고 세 번째 열은 판매액과 구입액의 차이인 부가가치를 나타내고 있다.[3] 예를 들어, 제분업자는 농부로부터 밀을 400원에 구입하고, 생산된 밀가루를 제과공장에 700원에 판매하여 300원의 부가가치를 창출해내고 있다. 부가가치 계산에 있어서 세금이 포함되지 않은 순가격들을 사용하고 있음에 주의하자. 네 번째 열은 20% 세율의 부가가치세하에서 각 기업이 납부하여야 할 세액을 나타내주고 있다.

표 21.2 부가가치세의 적용

생산자	구매	판매	부가가치	부가가치세(20%)
농부	0	400	400	80
제분업자	400	700	300	60
제과공장	700	950	250	50
식료품가게	950	1,000	50	10
총계	2,050	3,050	1,000	200

부가가치세는 각 생산/판매 단계에서 기업의 판매액과 중간재 구입비의 차이에 일정한 비율로 과세하는 소비세이다.

3 정의상 부가가치는 생산자가 생산요소에 대한 대가(임금, 이자, 임대료, 경제적 이윤 등)의 합과 같아진다. 이는 판매액이 생산요소에 대한 대가에 중간재 비용을 합한 것과 같기 때문에, 판매액에서 중간재 비용을 뺀 부가가치는 생산요소에 대한 대가와 같아지기 때문이다. 물론 여기에서 생산요소에 대한 대가는 기회비용의 개념으로 경제적 이윤을 포함하고 있다.

총부가가치세수는 각 단계의 부가가치세액의 합인 200원이 된다.

최종 소비자에게 20%의 판매세를 부과하는 소매판매세는 이러한 부가가치세와 동일한 결과를 가지게 됨에 주목하자. 이는 본질적으로 부가가치세와 일반판매세가 동등할 수 있음을 의미한다.

부가가치세하에서 형평성을 위해 일부 재화들을 과세대상에서 제외할 수 있는데, 이 경우 조세체제 전체의 초과부담이 높아지고, 행정적인 복잡성이 높아지게 된다.

21.3.1 부가가치세의 실제적인 운용

부가가치세를 실제적으로 운용할 때, 부가가치세의 궁극적인 경제적 효과에 주요한 영향을 미칠 수 있는 몇 가지 행정운영 관련 사항들이 결정되어야 한다.

첫째로, 부가가치세 산정에 있어서 투자비용을 어떻게 처리할 것인가 결정하여야 한다. 한국과 유럽에서는 투자재를 다른 중간재처럼 취급하여 투자재가 내구재임에도 불구하고 투자재 전체 가치를 공제한다. 이러한 방식은 과세기반의 투자는 제외하고 소비만을 포함시키게 되기 때문에 **소비형 부가가치세**(consumption-type VAT)라고 불린다.

소비형 부가가치세 (consumption-type VAT)

부가가치 계산 시 중간재 투입액에 덧붙여 자본투자비도 판매액으로부터 공제하는 부가가치세의 한 형태.

세금계산서 방식(invoice method)

총판매액에 대해서 과세(매출세액)하고, 중간재 공급자들이 이미 납부한 세금(매입세액)을 이후 세액공제하여주는 방식. 단, 중간재 공급자의 기납부 세금은 공급자가 발행한 세금계산서로 증빙되어야 함.

둘째로, 어떠한 징수절차를 사용할 것인지 결정하여야 한다. 한국과 유럽 국가들은 **세금계산서 방식**(invoice method)을 사용하여 부가가치세를 징수한다. 이 방식을 〈표 21.2〉를 이용하여 설명해보자. 각 기업들은 총판매액 기준으로 과세되고, 이러한 세부담에서 중간재 공급자들이 이미 납부한 세금을 공제하여준다. 예를 들어, 제과공장은 판매액 950원에 대해서 먼저 과세되어 매출세액 190원(=0.20×950원)이 부과된다. 이후 그는 농부와 제분업자에 의해 이미 납부된 140원의 매입세액에 대한 세액공제를 받아 그의 순세부담은 50원이 된다. 이때 세액공제는 제과공장과 제분업자에 의해 발행된 세금계산서(invoice)에 의해 증빙될 경우에만 허용된다. 이러한 징수방식은 납세자들에게 자발적인 탈세방지 유인을 제공한다. 농부와 제분업자가 탈루한 세금은 제과업자에 의해 납부되어야만 하기 때문에, 제과업자는 정확한 세금계산서를 발행하는 기업하고만 거래를 하려고 할 것이다. 그렇다고 세금계산서 방식은 탈세를 완전히 제거할 수는 있는 것은 아니다. 예를 들어, 생산자들이 공모하여 세금계산서를 조작할 수 있다. 그럼에도 불구하고 소매판매세에 비하면 탈세가 월등히 적게 나타날 것이다.

마지막으로, 세율구조를 결정하여야 한다. 우리의 단순한 예에서는 모든 상품을 단일세율로 과세하였다. 유럽에서는 상품에 따라 차별적인 부가가치세율이 적용된다. 형평성 고려로 한국과 거의 모든 유럽국가에서 식료품과 의료에 대해서는 면세 또는 저세율의 과세가 이루어지고 있으며, 어떤 국가에서는 아주 작은 기업을 과세대상에서 제외하기도 한다. 은행·금융기관들은 현물 서비스를 주로 제공하고 있어, 판매액을 계산하기 어렵기 때문에 부가가치세 과세에서 벗어나 있다. 또한 자가주택 서비스 소비는 귀속임대료 계산의 어려움으로 인해 소득과세하에서와 같이 부가가치세에서도 과세대상에서 제외되고 있다(제18장 참조).

단일 세율에서 이탈하게 되면 행정적 복잡성은 가중된다. 다수의 과세대상 생산물과 비과세대상 생산물이 한 기업에 의해 생산되는 경우 행정적 복잡성은 더욱 커진다. 하지만 유럽의 예에서 보는 바와 같이 차별적 세율의 부가가치세는 여전히 작동이 가능하다. 아직까지 부가가치세를 도입하지 않은 유일한 OECD 국가인 미국에게 가장 중요한 문제는 따라서 부가가치세가 실행이 가능한 세제인가가 아니고, 현행 조세체제보다 바람직한 세제인가이다.

21.3.2 미국의 부가가치세 도입 가능성

현재 미국에서 도입이 논의되고 있는 부가가치세 형태는 유럽의 소비형 부가가치세이다. 부가가치세가 얼마나 바람직한 것인가에 대한 분석은 대체되는 조세에 대비하여서 이루어져야 한다. 예를 들어, 많은 재정학자들은 법인세가 실제적으로 거의 모든 면에 있어서 바람직하지 못하다고 믿고 있으며, 법인세를 부가가치세로 대체하는 것에 대해 찬성할 것이다. 하지만 그들은 아마도 개인소득세를 부가가치세로 대체하는 것에 대해서는 유보적인 입장을 취할 것이다. Altig 등[2001]은 현존의 미국 조세체제를 부가가치세와 같은 포괄적인 비례소비세로 대체하는 조세개혁의 효과를 분석한 결과 장기적으로 소득이 9% 높아질 것으로 예측하였다. 하지만 이러한 추정 결과는 저축의 소득세율 탄력성을 어떤 값으로 가정하였는가에 결정적으로 의존하고 있다. 이미 제18장에서 살펴본 바와 같이, 이러한 저축의 탄력치는 매우 논쟁거리이기 때문에 어떤 특정 가정하에서 도출된 추정결과는 신중하게 해석되어야 한다.

또한 우리는 부가가치세 도입의 정치적 함의도 고려하여야 한다. 일단 부가가치세가 미국에 도입되게 되면, 부가가치세율 1%P 인상에 따라 약 500억 달러의 세수가 추가 발생할 것으로 추정된다[Congressional Research Service, 2006]. 시민들의 바람이 정치에 정확히 반영되는 세상에서는 이러한 추정치는 그다지 중요한 것이 아니다. 하지만 정부정책이 국민의 이익을 도모하는 방향으로 시행되지 않을 수도 있다고 믿는 사람들에게 있어서(제6장 참조), 부가가치세의 세수확보 잠재력은 무서운 수준이다. 어떤 사람들은 부가가치세가 정부규모의 증대를 위해 사용될 수도 있다고 걱정한다.

> 그들은 새로운 소비세가 다수의 투표자들 모르게 정부를 더 크게 만드는 데 사용될 것을 두려워한다. 그들은 도입논의가 되고 있는 부가가치세가 현재의 조세를 대체하는 것이 아니라 현재의 조세에 덧붙여 도입될 것을 두려워하고 있다[Mankiw, 2009].

실제로 부가가치세를 운용하는 거의 모든 국가에서 세율은 시간이 지남에 따라 인상되었다. 예를 들어, 유럽연합 국가들에서 부가가치세가 도입될 당시 세율은 평균 13.9%였으나, 현재는 평균 19.4%로 세율이 40% 증가하였다[Cnossen, 2001, p. 485]. 동시에 이들 국가들의 조세부담률은 증가하였다. 실제로 Becker와 Mulligan[2003]은 부가가치세를 운용한 연수가 증가함에 따라 정부 규모가 증가하는 경향을 발견하였다. 물론 이러한 발견이 부가가치세가 과도한 규모 정부의 원인이라는 것을 증명하는 것은 아니다.

마지막으로, 부가가치세 도입을 통해 기업의 국제적인 경쟁력을 높일 수 있다는 부가가치세 옹호론자의 주장을 분석해보자. 이러한 주장은 부가가치세가 수출품에 대해서는 환급되고, 수입품에 대해서는 부과된다는 사실에 근거하고 있다. 이와 반하여, 수출품에 대해서 소득세나 법인세는 환급될 수 없다.[4] 이러한 점에 근거하여 어떤 사람은 소득세를 줄이고 부가가치세를

4 이러한 방식의 부가가치세 운영은 국제 무역을 규제하는 세계무역기구(World Trade Organization, WTO)에 의해서도 승인된 것이다.

도입하면 기업의 국제경쟁력이 높아질 것이라고 주장한다.

이러한 주장을 분석하기 위해 부가가치세 도입과 개인소득세와 법인세의 인하를 차례로 분석해보자. 먼저, 부가가치세 도입으로 과세되는 상품의 가격이 수요와 공급탄력성의 크기에 의존하여 상승하게 될 것이다. 수출 시에는 부가가치세가 면제(매출세 비과세)될 뿐 아니라 그 전 단계에 납부한 부가가치세가 환급(매입세 환급)된다. 매출세 비과세와 매입세 환급은 영세율 적용이라고 불리는데, 이러한 영세율 적용이 의미하는 것은 과세로 인한 가격 상승을 원상태로 되돌리는 것에 불과한 것이다. 말에 무거운 짐을 올려놓았다가 이를 내려놓는다고 해서 말이 더 빨리 달리는 것은 아니다. 수출품에 영세율이 적용되는 부가가치세와 수출품에 대해 면세가 적용되는 소매판매세와 효과 면에서 동등한 것이다.

개인과 법인소득세 인하를 생각해보자. 이러한 소득세 인하가 미국 수출품의 상대가격을 낮출 것인가? 또 다시, 이에 대한 대답은 조세의 귀착에 의존하고 있다. 예를 들어, 노동시장이 경쟁적이고 노동공급이 완전 비탄력적이라면, 개인소득세 감면 시 생산자의 임금비용은 변화가 없을 것이다. 이 경우 조세 인하의 모든 편익이 노동자에게 귀착되며(제14장 참조), 가격은 전혀 변화하지 않을 수도 있다. 보다 일반적인 경우에서는 물론 가격은 다소 인하될 것이다. 하지만 이러한 감소가 어느 정도의 크기인지는 알지 못한다.

요약하면, 부가가치세 도입이 한 국가의 국제무역을 급격하게 개선할 것으로 믿을 만한 근거는 없다. 물론 이러한 사실은 부가가치세 자체가 나쁜 것을 의미하는 것은 아니다. 부가가치세는 장점과 단점을 지녔다. 하지만 부가가치세가 미국 무역 불균형 해소를 위한 만병통치약은 아니다.

21.4 소매판매세

이미 앞에서 설명한 바와 같이 소매판매세는 최종 소비 단계에 과세되는 소비세로, 포괄 범위에 따라 일반판매세와 물품세로 나뉜다. 모든 상품 구입에 단일세율로 과세되는 일반판매세가 순수한 형태로 존재하는 경우는 없다. 일반판매세가 가장 광범위하게 존재하는 국가로 볼 수 있는 미국에서도, 주정부에 의한 일반판매세의 과세가 재화에만 이루어지고 서비스에는 이루어지지 않고 있기 때문에 과세대상에 있어서 '일반'이라는 정의를 만족시키지 못하고 있다.[5]

선택적 판매세 또는 차별적 상품세라고도 불리는 물품세는 상품에 따라 상이한 세율의 과세가 이루어지는 소비세를 의미한다(어떤 경우 세율이 0이 될 수도 있다).[6] 이러한 물품세는 부가가치세를 주된 소비세로 활용하는 한국과 유럽 각국에서도 그리고 일반판매세를 주된 소비세로 활용하는 미국에서도 광범위하게 존재하고 있다.

---

5 일반판매세와 대응되는 부가가치세는 재화뿐만 아니라 서비스도 과세대상으로 하고 있다. 이러한 이유로 어떤 국가에서는 부가가치세를 재화 및 서비스세(goods and service tax)라고 부르기도 한다.

6 미국에서 사용되는 또 다른 형태의 소매판매세는 사용세(use tax)로, 한 주의 거주자가 다른 주에서 구입한 상품에 대해서 납부하여야 하는 세금이다. 이러한 사용세의 목적은 납세자들의 타 주 물품 구입을 통한 판매세 회피를 방지하기 위한 것이다. 하지만 현실에서 사용세는 거의 세수를 거두지 못하고 있다. 최근 일부 주정부들이 이러한 사용세 과세에 보다 적극적으로 나서고 있어, 향후 그 중요성이 높아질 가능성이 있다.

판매세는 과세방식에 따라 종량세와 종가세로 분류된다. **종량세**(unit tax)는 구입 한 단위당 일정액으로 과세되는 것이다. 이와 반하여 **종가세**(ad valorem tax)는 구입가치의 일정 비율로 과세되는 것이다.

종량세(unit tax)
상품 구입 한 단위당 일정액으로 과세되는 형태.

종가세(ad valorem tax)
상품 구입 가치의 일정 비율로 과세되는 것.

21.4.1 소매판매세의 장점

소매판매세의 가장 큰 장점은 조세행정의 용이성이다. 소매판매세는 소매단계에서 판매자로부터 징수한다. 개인과 기업들을 모두 징수대상으로 하는 소득세에 비하여 조세당국에 의해 감독되어야 하는 납세자의 수가 월등히 적다. 그렇지만 판매세의 행정에 아무런 복잡성이 없다는 것은 아니다. 어떤 거래의 과세대상 여부가 불명확한 경우 여러 가지 어려움이 발생한다. 예를 들어, 한국에서 휘발유는 교통세 과세대상이지만, 유사 휘발유들은 과세대상이 아니다. 미국의 아이오와주에서 핼러윈데이에 장식으로 사용될 호박은 과세대상이나 식재료로 사용될 호박은 과세대상이 아니었던 때가 있었다. 어떻게 장식에 사용될 호박과 식재료로 사용될 호박을 구분할 수 있는가? 아이오와주의 과세당국은 소매업자들에게 "호박 구매자에게 어떤 용도로 사용할 것인지를 문의하라."는 공문을 보냈다고 한다[Henchman, 2011]. 결국 장식용 호박에 대한 과세는 폐지되었다. 지적하고자 하는 바는 판매세의 과세기반을 정할 때 개인소득세나 법인세의 경우와 마찬가지로 종종 자의적인 구분이 필요할 수도 있다는 것이다.

소매판매세에서도 다른 조세에서와 같이 탈세가 심각한 문제가 될 수 있다. 예를 들어, 담배를 중과세하는 경우 밀수가 심각하게 발생할 수 있다. 한국에서도 담배에 대한 건강증진부담금 인상 논의 과정에서 중국으로부터의 담배 밀수 문제가 제기되기도 하였다. 캐나다에서는 몇 년 전 담배 밀수가 통제할 수 없을 정도로 성행하여 단속을 위한 경찰 행정력이 과도하게 필요해 지자 담배세를 낮추기도 하였다. 이러한 탈세 가능성이 존재하기는 하나, 소매판매세에 대한 조세순응도는 다른 조세에 비해서는 여전히 상대적으로 높은 편이다.

21.4.2 소매판매세의 효율성과 소득분배 효과

소매판매세를 구상함에 있어 가장 중요한 이슈는 차별적 세율의 적용 여부이다. 차별적 세율 적용 여부는 소득세를 포함한 주어진 다른 조세들을 포괄한 일반균형적인 시각하에서 분석되어야 한다. 이미 소득세가 최적으로 선택되어진 경우, 상당히 합리적인 가정하에서 차별적인 상품세를 과세함으로써 사회적 후생이 증대될 수 없음이 이미 문헌에서 입증되어 있다.[7] 하지만 어떤 이유에서 최적 소득세가 선택되지 못한 경우, 차별적 상품세가 후생을 증대시킬 수도 있다. 또한 사회가 평등주의적인 목표를 추구하는 경우, 사치재를 상대적으로 높은 세율로 과세함으로써 사회후생을 증대시킬 수 있다.

차별적인 상품세를 도입할 경우, 세율은 어떻게 정해져야 하는가? 당연히 이에 대한 대답은 정부의 목적함수가 무엇인가에 의존한다. 만약 목표가 주어진 세수를 최대한 효율적으로 조달하는 것이라면, 램지 원칙에 따르면 세율은 각 상품의 보상수요량이 같은 비율로 감소되도록

7 각 개인의 효용함수가 여가와 다른 상품의 집합이라는 2가지 상품의 함수라고 가정하자. 다른 상품들 중 어떤 두 상품 간의 한계대체율이 여가의 양과 독립적인 경우, 최적 소득과세하에서 차별적인 상품세가 사회후생을 증대시킬 수 없다.

정해지면 된다(제16장 참조). 각 상품의 수요가 다른 상품의 가격의 영향을 받지 않는 경우, 다시 말해 상품들이 서로 독립적인 경우, 이러한 램지 원칙은 보다 강한 역탄력성 원칙을 의미하게 된다. 역탄력성 원칙하에서 비탄력적인 수요를 가진 재화에 상대적으로 높은 세율로 과세하고, 탄력적인 수요를 가진 재화를 상대적으로 낮은 세율로 과세하여야 한다. 효율성은 모든 상품에 대한 단일세율의 일반판매세를 의미하지 않는다.

만약 정부가 효율성뿐 아니라 형평성도 중시한다면, 최적조세는 역탄력성 원칙에서 이탈할 수도 있다. 제16장에서 이미 논의한 바와 같이, 평등주의적 목표를 지닌 정부는 저소득층의 지출 중에 큰 비중을 차지하는 비탄력적인 수요를 지닌 재화에 대해서 저세율 과세 또는 비과세할 것이다. 이러한 고려가 대부분 국가에서 관찰되는 식품에 대한 비과세의 근거가 된다.

전통적인 후생경제학 분석틀하에서 차별적 판매세의 또 다른 근거는 외부성의 존재이다. 만약 어떤 재화의 소비가 그 상품의 가격에 포함되지 않은 비용을 발생시킨다면, 효율성을 위해서 이러한 상품에 대한 과세가 이루어져야 한다(제5장 참조). 담배에 대한 높은 과세는 이러한 근거로 종종 합리화된다. 한국에서는 담배소매가격의 3/4가량을 담배소비세, 교육세, 각종 부담금 등이 차지하고 있다. 흡연자들은 공기를 오염시킴으로써 다른 사람들에게 피해를 주기 때문에 담배세는 경제적 효율성을 제고할 수 있다고 주장된다.

어떤 경우에 있어서 소매판매세는 사용자비용을 대체하고 있는 것으로 생각될 수도 있다. 예를 들어, 주행거리에 비례한 사용자비용의 직접적 부과가 기술적으로 어렵기 때문에, 대신 간접적으로 교통세를 부과함으로써 도로 사용자비용을 운전자에게 부담시키고 있는 것이다. 물론 교통세가 완전한 것이 아니다. 어떤 자동차의 연료효율은 매우 우수하며, 어떤 자동차의 도로 훼손이 보다 심각할 수도 있다. 하지만 사용자비용을 전혀 부과하지 않는 것보다는 대략적으로라도 부과하는 것이 보다 효율적인 것이다.

전통적인 경제학의 분석틀을 벗어나는 차별적인 판매세의 근거도 존재한다. 주류나 담배와 같은 어떤 상품들은 해당 상품의 소비가 '죄악적인(sinful)' 것으로 간주되기 때문에 과세가 되기도 한다. 이러한 상품은 그 상품 자체가 선한 것으로 간주되는 '가치재(merit goods)'와 반대되는 것이다. 이러한 가치재나 비가치재의 경우에 기본적으로 정부의 선호가 시민들에게 강요되고 있는 것으로 볼 수 있다.

역탄력성 원칙에 따른 효율적 상품세를 시행하기 위해 필요한 정보가 현재도 가용하지 않으며 아마도 미래에도 가용하지 않을 것이다. 이를 고려하면 모든 상품에 대한 단일세율의 상품세가 나쁜 접근방식이 아닐 수도 있다. 형평성이나 효율성 고려가 아닌 정치적인 고려가 더 작동하는 현실 정치를 고려한다면, 단일 세율의 상품세가 차별적인 상품세보다는 오히려 바람직할 수 있다.

21.4.3 소매판매세의 단순성, 세율, 조세 순응

소매판매세의 가장 큰 장점은 단순성이다. 소매판매세는 판매액의 일정 비율로 상품 판매자로부터 세금이 징수되기 때문에 세금 산정이 단순하며 대부분의 국민들은 국세청과 직접 접촉할 필요가 없다. 이와 같은 단순성으로 인해 조세순응도가 높을 수 있다. 하지만 조세순응도는 단순성뿐만 아니라 세율에도 의존한다. 현재 미국의 소매판매세 세율은 주별로 차이가 있지만 3~7% 수준이며, 이러한 낮은 세율하에서는 조세순응비용이 높지 않고, 탈세도 심하게 나타나지 않는다. 하지만 세율이 인상될 경우 조세순응비용은 급속히 증가할 것이며, 세무 집행이 어려움에 직면할 가능성이 높아진다. 미국에서 현행 연방 소득세를 판매세로 대체하기 위해서 약 34% 세율의 연방판매세가 필요한 것으로 추정되었다[Bartlett, 2007]. 이렇게 세율이 높아지는 경우 연방판매세를 실제로 징수하는 데 어려움이 있을 것이다. "이는 판매세가 생산-유통에 있어서 조세순응에 있어 가장 약한 부분인 소매 단계에 과세되고 있기 때문이다. 소비자들은 소매업자들이 판매세를 납부하고 있는가를 확인할 유인이 전혀 없으며, 소매업자들도 세무감사 이외에는 세금납부 순응에 대한 별다른 유인을 가지고 있지 않기 때문이다"[Slemrod and Bakija, 2004]. 우리는 제16장에서 논의한 탈세이론으로부터 탈세의 편익은 세율의 크기에 의존하는 것을 알고 있다. 만약 세율이 10% 이상으로 높게 된다면 조세순응은 심각한 문제가 될 것이다. 한국에서는 담배, 유류, 주류 등에 고율의 판매세가 부과되고 있어, 이들 세금에 있어서 조세순응비용이 높고 이들 상품과 관련 탈세와 밀수 소식이 종종 신문에 등장한다.

21.5 Hall-Rabushka의 평률조세

지금까지 살펴본 부가가치세와 소매판매세의 경우 법적인 납부의무가 기업에 있다(물론 이들 조세의 경제적 귀착이 소비자들에게도 일부 이루어질 것이다). 최근 법적인 납부의무가 개인에게 있는 소비세 유형에 대한 관심이 높아지고 있다. 부가가치세나 소매판매세와 달리 개인납부 소비세는 납세자의 여건에 따른 과세가 가능하다.

이러한 유형의 소비세로 가장 널리 알려진 것은 Hall과 Rabushka[1995]에서 제인된 Hall-Rabushka(H&R) 평률조세(flat tax)이다. 미국의 2000년 대선에서 포브스 후보의 핵심적인 공약이 되었던 H&R 제안은 기업세와 개인세의 2가지 징수 수단을 담고 있다. H&R 평률세는 이 2가지 징수 수단을 결합함으로써 누진적인 구조를 지닌 소비세라는 성격을 띠고 있다.

H&R 평률세 중 기업세의 산정은 소비형 부가가치세와 유사하게 판매에서 다른 기업으로부터의 구매비용을 제하는 것으로부터 시작한다. 부가가치세와의 가장 핵심적인 차이점은 근로자에게 지불한 금액도 공제한다는 것이다. 이렇게 판매에서 중간재 구입비용과 근로자 보수를 제한 금액에 평률 세율로 과세함으로써 기업세의 세부담이 산정된다.

H&R 평률세 중 개인세의 과세기반은 개인이 근로서비스의 대가로 받은 보수액이다. 어떤 자본소득도 개인단계에서는 과세되지 않는다. 원칙적으로 이러한 개인세에 어떠한 세율구조도 적용될 수 있다. 세율이 평률이거나 체증할 수 있으며, 인적공제가 포함되거나 포함되지 않을 수도 있다. H&R 평률세에서는 개인세 세율이 기업세 세율과 같은 19%로 제안되어 있다. 단, 4인 가족에게 2만 5,000달러의 인적공제를 제공함으로써 누진성이 발생하게 된다. 인적공제 이외에 어떤 다른 공제도 허용하지 않음으로써, 19%라는 낮은 세율이 가능하다.

어떻게 해서 H&R 평률세가 소비세가 되는가? 이를 설명하기 위해 모든 재화에 서비스에 대해서 19%로 과세하는 부가가치세를 생각해보자. 앞에서 이미 보인 바와 같이, 이러한 조세는 19%의 소매판매세와 동등한 것이다. 이제 개인세 단계에서 공제를 허용하지 않는 19% 세율의 H&R 평률세를 생각해보자. 기업세 단계에서 (판매액−중간재 구입비−근로자보수)에 19% 세율의 과세가 되고, 개인세 단계에서 근로자보수에 19% 세율의 과세가 된다. 기업세 단계와 개인세 단계를 합하여보면 근로자보수에 대한 개인세 단계의 과세가 기업세 단계의 공제에 의해 상쇄되고, (판매액−중간재 구입비)에 대한 19% 세율의 과세와 같은 효과를 가진다. 이러한 판매액에서 중간재 구입비를 공제한 금액에 일정 비율로 과세하는 것이 바로 부가가치세이기 때문에, 공제를 허용하지 않는 H&R 평률세는 부가가치세와 동등한 것이 된다. 부가가치세와 H&R 평률세 간의 중요한 차이점은 징수대상이 다르다는 것이다. H&R 평률세는 개인을 징수대상으로 하고 있으며, 인적공제를 포함함으로써 어느 정도의 누진성을 가지게 된다. 요약하면, H&R 평률세는 인적공제를 제외하고는 근본적으로 부가가치세나 일반판매세와 동등한 것이 된다. 따라서 소비세의 일반적인 경제적 효과가 H&R 평률세, 부가가치세, 일반판매세에 공통적으로 적용된다.

21.6 현금흐름세

또 다른 유형의 개인소비세는 현금흐름세이다. 현금흐름세하에서 각 납세자는 한 해 동안의 소비지출을 세무당국에 보고한다. 개인소득세와 마찬가지로, 여러 인적공제와 특별공제(과도한 의료비용과 같은)가 납세자의 여건에 따라 허용될 수 있다. 조정된 소비지출액에 세율표를 적용하여 각 개인의 세부담이 산정된다.

현금흐름세 행정의 가장 어려운 점은 납세자의 연간 소비를 어떻게 계산해내는가이다. 가장 합리적인 방법은 소득 수령액에서 저축액을 뺀 현금흐름으로 소비액을 계산하는 것이다. 소득 수령액은 납세자가 받은 모든 소득을 포함하여야 하는데, 세부담을 낮추기 위해 소득을 낮추어 신고하려는 유인이 발생할 수 있다. 저축액을 측정하기 위해 금융기관에 일정 요건을 갖춘 저축구좌를 개설하도록 한다. 대부분의 기록보관 책무는 이들 금융기관에 의해 수행될 수 있을 것이다. 이러한 저축구좌에 발생한 자본이득과 이자는 구좌에 남아 있는 한 과세되지 않는다. 한국과 미국에는 이미 이러한 방식으로 운영되는 개인퇴직저축과 같은 저축구좌들이 존재하고 있다(제17장 참조). 현금흐름세는 이러한 구좌들에 대한 투자기회를 대폭 확대시키는 것으로도 이해될 수도 있다. 많은 분석가들은 소득 수령액과 저축액 규모와 변동을 모두 기록해야 하는 광범위한 기록보관 필요성으로 인해 현금흐름세 실행에는 행정적인 어려움이 클 것으로 판단하고 있다.

21.7 소비세의 특성 정리

지금까지 논의된 부가가치세, 소매판매세, H&R 평률세, 현금흐름세의 특징들을 〈표 21.3〉에 정리하였다. 과세단계 측면에서 부가가치세와 H&R 평률세는 생산/유통의 각 단계에서 과세되는 데 반하여 소매판매세와 현금흐름세는 최종소비 단계에만 과세가 된다. 생산/유통 각 단계에 과세하는 경우 행정비용은 다소 증가하지만 중간재 거래액의 성실 보고를 유도하여 탈세를 줄여 세수확대가 기대된다. 과세대상은 소비자 또는 생산자가 될 수 있다. 부가가치세와 소

표 21.3 여러 소비세의 특성 비교

		과세단계	과세대상	세율	과세단위
부가가치세		생산/유통 각 단계	기업	일반적으로 단일	종가
소매판매세	일반판매세	최종 소비 단계	기업	일반적으로 단일	종가
	물품세			차별적(상품별)	종가, 종량
H&R 평률세		생산/유통 각 단계	기업, 소비자	차별적(소비자별)	종가
현금흐름세		최종 소비 단계	소비자	차별적(소비자별)	종가

매판매세의 경우 기업으로부터 세금을 징수하기 때문에 소비자로부터의 징수에 비하여 징수 대상자가 월등히 작아 행정적인 부담이 작게 된다. 소비자를 과세대상으로 하는 경우 행정적인 부담이 커지게 되지만 소비자의 여건에 따라 세율을 조정할 수 있어 형평성을 도모할 수 있는 수단이 될 수 있다. 세율구조 측면에서 부가가치세와 일반판매세는 일반적으로 단일세율이 사용되며, 물품세의 경우에는 상품별로 차별적인 세율이, 그리고 H&R 평률세와 현금흐름세의 경우에는 소비자별로 차별적인 세율 적용이 가능하다. 과세단위는 대부분의 소비세가 인플레이션에 중립적이고 상품 포장 왜곡 효과가 없는 종가세 형태를 띠고 있으나, 일부 물품세의 경우 종량세 형태를 띠기도 한다.

21.8 소득 과세와 소비 과세의 비교

지금까지 부가가치세, 소매판매세, Hall-Rabushka 평률세, 현금흐름세 등 4가지 유형의 소비세를 논의하였다. 이 소비세들은 과세단계, 과세대상, 세율구조 등에 있어 차이점을 지니고 있지만, 소비기반 과세라는 공통점을 지니고 있어 근본적인 경제적 효과가 동일하다. 지금까지의 논의를 기반으로 소득세에 대비한 소비세의 장점과 단점을 정리하고 소비세와 소득세가 지닌 공통의 문제점도 논의한다.

21.8.1 소비세의 장점

소비 과세를 주장하는 사람들은 소비 과세의 몇 가지 장점을 강조한다.

저축결정에 대한 중립성 앞에서 살펴본 바와 같이 이론적으로 저축결정은 소득세하에서는 왜곡되고 소비세하에서 왜곡되지 않는다. 소득세하의 왜곡은 이자소득에 대한 소득세 과세로 인해 발생하는 것이다. 대부분의 연구들은 노동공급 왜곡효과까지 고려하는 경우에도 소비세가 소득세보다 더 작은 초과부담을 초래하고 있다고 결론 내리고 있다.

자본이득과 감가상각 계산 불필요 소득세 과세 시 가장 곤란한 문제점은 부의 증가분을 측정하기 매우 어렵다는 것이다. 예를 들어, 미실현 자본이득과 자본손실을 측정하여야 하는데, 이러한 일은 너무나 어려운 일이기에 거의 모든 국가에서 시도조차 되지 않고 있다. 유사하게 자본장비로부터의 소득이 있는 경우 이러한 자본장비의 감가상각을 공제하여야 하는데, 감가상각의 계산도 매우 어렵다. 이미 제19장에서 주목한 바와 같이, 실제적인 감가상각 형태는 잘 알려져 있지 않으며 자본장비별로 매우 상이하다. 부의 증가 자체가 과세대상이 되지 않고 감가상각공제 계산이 필요 없는 소비세하에서는 이러한 문제들은 사라질 것이다.

인플레이션에 대한 보다 높은 중립성 물가에 연동되지 않는 소득세하에서 인플레이션은 여러 가지 왜곡을 발생시킨다. 이러한 왜곡은 소득세의 누진적인 구조에 주로 기인하나, 다른 요인에 기인하기도 한다. 실제로 비례 소득세하에서도 물가수준이 다른 여러 연도의 명목가격을 사용함으로써 자본소득 과세는 인플레이션의 영향을 받게 된다. 제17장에서 이미 논의한 바와 같이, 투자에 의해 발생한 소득을 적절하게 물가에 연동시켜 조절하는 것은 매우 복잡한 일로 대부분의 국가에서 이를 시도조차 하지 않고 있다.

이와 반대로, 소비세하에서는 과세기반은 현재의 거래만을 포함하고 있다. 따라서 인플레이션으로 인한 왜곡이 그만큼 덜 발생하게 된다.

법인세 폐지를 통한 효율성 개선 가능성 H&R 평률세와 같은 어떤 소비세하에서 최소한 이론적으로 법인세 폐지가 가능하다. 제19장에서 법인세 과세의 주요한 근거 중 하나가 사람들이 법인 내에 축적해놓은 소득에 대한 과세였음을 상기하자. 법인세소득과 개인소득이 과세에 있어서 동등하게 취급된다면, 법인세의 폐지가 가능하다.

H&R 평률세하에서 법인 내에 유보된 소득은 기업세로 과세하고, 근로소득은 개인세로 과세하게 되는데, 이들 기업세와 개인세의 실효세율이 동일한 경우 모든 부가가치에 대해서 한 번만 단일세율로 과세하게 되어 법인세는 불필요한 것이 된다. 하지만 개인세에 있어서 공제 또는 누진적 세율 적용으로 개인세 실효세율이 기업세율보다 높아지게 되는 경우 여러 수단을 사용하여[8] 개인세 과세대상인 근로소득에서 기업세 과세대상인 기업소득으로 이전시키려는 유인이 발생하여 왜곡이 발생할 수 있다.

소비 과세 주장자들은 소비 과세로의 이전이 생각하는 것만큼 급진적인 변화를 요구하는 것이 아니라고 주장한다. 그들은 어떤 의미에서는 현재의 조세체제가 이미 소비세체제의 특성을 강하게 지니고 있다고 지적한다.

- 일부 납세자에게 퇴직저축과 같은 일정 요건을 갖춘 저축에 대해 면세가 되고 있다.
- 미실현된 자본이득은 비과세된다.
- 미국에서는 소유자의 사망 시 실현된 자본이득은 비과세된다.
- 가속상각제도를 사용하여 과세기반에 포함되는 투자재 구입비를 감소시키고 있다.

이러한 점들을 고려하면, 현실의 조세체제를 소득세체제로 성격을 규정하는 것은 잘못된 것으로 보인다. 현실의 조세체제는 소득세체제와 소비세체제의 복합체제이다. 실제로 현실에서 현재의 복합체제를 유지하면서 소비세 측면을 보다 강화하자는 조세개혁안이 조세틀의 근본적 개혁을 주장하는 급진적 조세개혁안보다 설득력이 높은 것으로 받아들여지고 있다.

---

8 자의적으로 임금을 낮추거나, 임금 대신 주식매입선택권(stock option)으로 지불받거나, 부채 대신 주식을 통해 재원을 조달하거나, 개인 기업을 법인화하는 등의 방법으로 개인소득을 기업소득으로 이전시킬 수 있다.

21.8.2 소비세의 단점

소비세는 몇 가지 단점을 지니고 있다.

형평성 문제 소비세는 고소득자의 상대적으로 낮은 소비성향과 비례세 구조로 인해 소득세에 비하여 불형평할 수 있다. 앞에서 이러한 주장이 가지는 제약점을 이미 논의하였지만, 도입되는 소비세가 현재의 소득세만큼의 누진도를 가지기 어렵다는 점으로 인해 형평성이 낮아질 가능성이 존재한다.

행정상의 문제 소비세하에서 감독비용과 회계비용이 증가할 것이다. 예를 들어, H&R 평률세 중 기업세를 생각해보자. 이러한 기업세의 과세기반에서 투자지출이 제외되어 있는데, 투자지출과 소비지출을 구분해내는 것은 특히 중소기업에 있어서 쉬운 일이 아니다. 사무용으로 구입한 자동차를 개인적인 목적으로 사용하는 것을 찾아내어서 과세하기는 매우 어렵다. 물론 유사한 문제가 소득세하에서도 존재한다. 하지만 탈세와 절세의 유인은 투자 항목의 일부만이 공제될 수 있는 소득세보다는 투자항목의 전체가 공제되는 H&R 조세에서 더욱 강해질 것이다(제19장의 감가상각비에 대한 논의를 보시오).

이행 문제 소비세의 도입은 심각한 이행 문제를 초래한다. 현재의 소득세체제하에서 미래소비를 위해 부를 축적한 사람들은 이행기 동안에 심각한 타격을 받게 된다. 그들은 근로기간 동안 높은 소득세를 납부하였었고, 정년퇴직 이후에는 소비세 도입으로 인해 소비세를 또한 과도하게 납부하게 된다. 소비세 도입은 이들에게 매우 불형평한 것이다.

하지만 이러한 결과는 효율성 측면에서는 오히려 긍정적일 수도 있다. 소비세 이전 과정에서 현존하는 부에 대해서 한 번의 과세가 이루어지는 것으로 볼 수도 있다. 부가 불형평하게 분배되어 있기 때문에, 이러한 과세는 소득분배의 개선을 가져올 것이다. 그리고 이러한 일회의 과세는 저축이나 여가 의사결정에 영향을 주지 않을 것이며, 이는 초과부담이 발생하지 않을 것임을 의미한다. 하지만 사회전체적인 효율성과 소득분배개선 가능성에도 불구하고, 소비세 도입 시기 전후에 정년퇴직을 하는 사람들에게는 소비세가 매우 불형평한 것이다. 소비세 옹호론자들도 이들에게 보상을 해주어야 할 필요성이 있다고 주장하고 있다(Bradford[1998] 참조). 하지만 특별한 보상 규칙이 적용되면 될수록 체제는 더욱 복잡해지고 비효율적으로 된다.

증여와 상속 식 (21.1)~(21.4)를 이용한 생애주기모형에서 우리는 이미 비례 소비세는 생애소득에 대한 소득세와 동등하다는 것을 알고 있다. 생애주기모형하의 가정과 달리, 어떤 사람들은 생애소득 중 일부를 증여나 상속을 위해 사용한다. 소비세하에서 이러한 소득이전을 어떻게 취급해야 하는가? 어떤 사람은 상속인이 소비를 하기 전까지는 상속과 증여에 대해서 과세할 필요가 없다고 주장한다. 다른 사람은 증여와 상속을 피상속인의 소비로 보고 과세하여야 한다고 주장한다. 이들은 상당한 규모의 부가 전혀 과세되지 않고 축적되어 이전되는 것이 정치적으로 허용되기는 어려울 것이라고 지적한다. 하지만 부의 이전에 대한 과세에는 개념상의 그리고 실행상의 여러 문제가 존재하며, 이에 대해서는 이후에 자세히 논의할 것이다.

21.8.3 소득세와 소비세가 지닌 공통의 문제점

소비세를 아주 적극적으로 옹호하는 사람들도 소비세 도입이 모든 문제를 해결할 것이라고 생각하지는 않는다. 소득세 체제의 여러 문제점이 소비세하에서도 여전히 존재하게 된다. 이러한 공통의 문제점 중 일부를 정리하자.

- 소비 정의 문제: 소득을 정의하는 데에도 문제가 존재했던 것처럼 소비 자체를 정의하는 것에도 문제가 있다. 예를 들어, 건강지출은 소비인가 아니면 공제가 되어야 할 비용인가?
- 과세단위와 세율구조 문제: 과세단위와 적정한 세율구조의 결정에도 어려움이 발생한다.
- 부가급부의 가치 측정 문제: 회사에서 사내수영장을 사용하도록 하였다면, 이러한 사내수영장 소비는 과세되어야 하는가? 과세가 되어야 한다면 그 가치는 어떻게 측정할 것인가?
- 소비세가 누진적인 세율구조를 가진 경우, 여러 연도의 소비를 어떠한 방식으로 평균하여야 하는가?
- 가사 생산에 대한 과세 문제
- 지하경제를 통한 탈세의 유인을 억제하는 문제

마지막으로 이상적인 소비세를 현실의 소득세와 비교하는 것은 공정치 못한 것임을 지적하고자 한다. 역사적으로 특정 이익집단들이 특정 소득 유형에 대해서 혜택적인 과세를 하도록 정치인들을 설득하였다. 이와 유사하게 소비세 도입이 이루어지는 경우, 소비세의 구조가 정치적인 부패의 영향을 받게 될 것이다. 한 비관적인 경제학자는 "소비기반과 소득기반 간의 선택에 대한 논의는 거의 헛된 것이다. 우리는 현재 모든 소득을 과세하지 않는다. 우리가 소비세를 도입하는 경우에도 우리는 결국 많은 소비들을 과세기반에서 제외하게 될 것이다."[9]라고 제안했다. 현실에 존재하게 될 소비세가 현재의 소득세보다 더 나을 것인지는 예측하기 힘들다.

21.9 자산세

이미 앞에서 언급한 바와 같이, 소비세에 대한 반감 중 하나는 순수 소비세하에서 많은 저축을 한 사람이 축적된 부에 대한 과세를 상속이나 증여를 통해 피할 수 있다는 것이다. 어떤 사람들은 상속 또는 증여를 받은 사람이 소비를 할 때까지 과세가 될 필요가 없다고 주장하지만, 많은 사람들은 상당한 규모의 부(wealth)가 비과세된 형태로 축적되는 것을 허용하는 것은 부적절하다고 생각한다. 또한 많은 사람들은 부에 대한 과세인 자산세가 현행 소득세제가 지닌 결함으로 인해 합리화될 수 있다고 생각한다.

21.9.1 자산세의 다른 근거들

첫째로, 자산세는 소득세 행정에서 발생하는 불가피한 문제 하나를 교정할 수 있다. 실현되었든 미실현되었든 자본이득은 포괄적 소득세의 과세대상이 되어야 한다는 논의를 상기하자. 하지만 현실에서는 미실현된 자본이득을 과세하는 것은 거의 불가능하다. 이러한 자본이득이 포

9 Makin[1985, p. 20]에 인용되어 있는 Emil Sunley의 언급이다.

함되어 있는 부에 대해서 과세함으로써 이러한 상황은 조금이라도 교정될 수 있다. 어떤 주어진 시점에서의 부에는 그 이전 모든 기간 동안 발생한 자본이득과 자본손실의 합이 포함되어 있다.[10] 하지만 매년 부과되는 자산세로부터의 세수가 미실현 자본이득에 대한 완전한 과세로부터 나타날 세수와 유사한 수준이 될 것이라는 보장은 없다.

둘째로, 소득수준을 포함한 다른 조건이 동일하다면, 부가 더 클수록 납세자의 지불능력이 높은 것으로 볼 수 있다. 따라서 부유한 개인에 대한 높은 과세가 합리화된다. 수전노가 아무런 소득을 창출하지 못하는 금을 잔뜩 모았다고 하자. 모아놓은 금의 가치에 대해서 과세를 해야 하는가? 어떤 사람들은 부가 축적되는 과정에서 수전노가 소득세를 납부하였다면 축적된 부에 대해서 또 다시 과세를 해서는 안 된다고 믿는다. 다른 사람들은 금 자체가 효용을 주기 때문에 과세대상이 되어야 한다고 주장한다.

아마도 지불능력 원칙의 주요한 문제점은 부자들의 경우에도 축적된 부의 상당부분이 인적자본의 형태를 띠고 있다는 점이다. 하지만 인적자본으로부터 나오는 연간소득을 제외하고 다른 방법으로 인적자본의 가치를 측정하는 방법은 없다. 이는 (부가 아닌) 소득이 적절한 과세기반임을 의미한다.

셋째로, 자산세는 부의 집중을 감소시키는데, 이는 사회적으로 그리고 정치적으로 바람직할 수 있다. 이미 제12장에서 살펴본 바와 같이, 부의 분포에 대한 믿을 만한 데이터는 부족한 것이 사실이나, 소득의 분포보다 부의 분포가 더욱 불형평한 것은 확실해 보인다. 미국의 최상위 1%가 전체 부의 35%를 소유하고 있다는 설문조사 결과가 있다[Domhoff, 2012]. 또한 부의 집중이 민주적 정치과정에서 발생할 수 있는 부정부패의 원인이 되고 있기 때문에 자산세가 바람직하다는 주장이 있다. 하지만 이러한 주장에는 논란의 여지가 있는데, 먼저 얼마만큼의 부를 지녀야 정치적 영향력이 생기는가가 불명확하다. 또한 이러한 논리에 따르면 부 이외의 다른 정치적 영향력 요인들에 대해서도 동일하게 과세하여야 하나 이러한 과세는 불가능하다. 예를 들어, 오프라 윈프리는 갑부보다도 더 큰 정치적 영향력을 지녔는데, 그녀에 대해서 정치적 영향력이 막대하다는 이유로 과세하기는 힘들다.

넷째로, 부에 대한 과세는 부를 소유한 사람들이 정부로부터 받은 편익에 대한 대가로 볼 수도 있다. 미국 대통령 루스벨트는 "부유한 사람은 정부의 존재자체로부터도 이미 특별한 혜택을 받고 있기 때문에 국가에 특별한 의무를 지니고 있다."라고 언급하였다. 어떤 사람은 막대한 국방비 지출이 외국의 적들로부터 현존하는 우리의 부를 지키기 위한 것이라고 주장할 수도 있다. 만약 그렇다면 자산세는 국방의 재원을 조달하는 방법이 되어야 한다. 또한 정부의 일부 지출은 부유한 사람들에게 그 혜택이 집중되기도 한다. 만약 정부가 내가 소유한 가게나 공장의 주변을 지나가는 도로를 건설하고 유지한다면, 나는 이로 인해 발생하는 편익에 대해서 대가를 지불하는 것이 당연하다. 편익에 기반을 둔 과세라는 개념이 매력적이기는 하지만, 이러한 목표를 자산세가 달성할 수 있는지는 여전히 불명확하다. 어떤 사람이 나의 집보다 2배 크기의 집을 가지고 있다면 그가 경찰과 소방 서비스를 2배 누리고 있는 것으로 생각할 수 있

---

10 이러한 언급은 부가 유량(flow)인 자본이득과 자본손실에 대응하는 저량(stock)변수임을 상기하면 쉽게 이해될 수 있다. 유량변수의 합이 대응하는 저량변수가 되고, 시간에 따른 저량변수의 변화율이 유량변수가 된다.

지 않은가[Hagman, 1978, p. 42]? 표면적으로 생각하면 그럴 것 같지만, 그렇지 않다. 지방정부가 제공하는 공공서비스의 가치는 집의 크기 외에도 여러 가지 다른 요인들에 의존한다. 예를 들어, 공교육의 가치는 가구의 자녀수에 의존할 것이고, 경찰과 소방 서비스의 가치도 단순한 집의 크기를 넘어 집 안에 있는 가구나 설비의 가치, 보험 가입 여부 등에 의존하게 된다. 만약 응익 원칙에 따른 과세가 목표라면 자산세가 아니라 사용자비용 부담체제가 더 부합되는 것이다.

요약하면, 조세체제가 소득세 기반이든 소비세 기반이든 간에, 기본 조세에 부가하여 자산세가 지불능력원칙(응능 원칙)과 편익원칙(응익 원칙)에 근거하여 합리화된다. 하지만 이들 두 원칙에 의해서 얼마나 자산세가 합리화되는가에 대해서는 논란이 있다.

한국의 자산세에는 자산의 이전과 관련하여 상속증여세(국세, 2017년 6.8조 원, 총국세의 2.6%), 자산의 거래와 관련하여 취득세(지방세, 23조 원, 총지방세의 29%)가, 자산의 보유와 관련하여 재산세(지방세, 10.7조 원, 총지방세의 13%), 종합부동산세(국세로 거둔 후 지방정부에 교부, 1.6조 원)가 존재한다[조세개요, 2018]. 미국에서 가장 중요한 자산세는 재산세로 지방정부의 운영에서 핵심적인 역할을 하고 있다. 재산의 거래와 보유에 대한 과세문제는 중앙－지방정부 간의 재정관계를 논의하는 제22장에서 설명될 것이다. 여기에서는 자산의 이전에 대한 과세인 상속세와 증여세에 대해서 논의할 것이다.

21.10 상속세와 증여세

한국과 미국에서는 상속과 증여에 대해서 과세가 이루어진다. 자산소유자의 사망 시 상속세가 그리고 생존 중 자산의 증여 시 증여세가 과세된다. 상속세와 증여세는 불가피하게 통합된 형태로 운영된다. 이는 상속과 증여 간에는 자산 이전 시점 외에는 근본적 차이가 존재하지 않으며 납세자들이 자산이전 시점을 선택하는 것이 가능하기 때문이다.[11] 한국에서는 실제로 상속과 증여에 대해서 동일한 세율을 적용하고, 상속세 산정 시 증여된 자산을 과세대상에 합하고 이미 납부한 증여세액을 세액공제하여 상속과 증여 간의 과세상의 차이를 두지 않는 제도를 운영하고 있다.

한국에서는 1950년대초부터 증여세를 상속세법에 통합하여 실시되어오다가, 1996년에 상속세법이라는 법명칭을 '상속세법 및 증여세법'으로 개정하여 상속세와 증여세가 통합되어 있음을 보다 명료화하였다. 미국에서는 1976년에 상속세와 증여세가 통합되어 있으며 공식 명칭은 '통합이전세(unified transfer tax)'이다.

현재 한국과 미국에서 사용되고 있는 상속 증여세는 피상속자가 남긴 상속과 증여의 총액에 대해서 부과되는 상속세(estate tax) 형태이다. 피상속자의 상속과 증여재산 총액이 아니라 개별 상속자가 받게 되는 상속액에 기반하여 상속자별로 계산되어 부과되는 과세를 유산취득세(inheritance tax)라고 한다. 다수의 선진국들에서 유산취득세가 사용되고 있다. 유산세 형태

11 만약 상속세만 존재하고 증여세가 없다면 사망 전에 모든 자산을 증여하면 과세를 피할 수 있다. 마찬가지로 증여세만 있고 상속세가 없다면 사망 시까지 모든 자산을 가지고 있다가 사망 후 이를 이전하면 과세를 피할 수 있다.

이나 상속과 증여의 각 시점이 아니라 정해진 기간 또는 생애기간 동안에 이루어진 각 상속인별 모든 상속과 증여의 합계에 대해서 과세되는 경우를 유산합산취득세(accessions tax)라고 한다.

21.10.1 상속세와 증여세의 산정

한국에서의 상속세와 증여세는 다음과 같이 산정된다. 먼저 2003년 12월에 완전포괄주의가 도입되어 상속재산은 '금전으로 환가할 수 있는 경제적 가치가 있는 모든 물건과 재산적 가치가 있는 법률상·사실상의 모든 권리'로 매우 포괄적으로 정의되어 있다. 이러한 상속재산에서 공과금과 장례금의 비용과 채무를 공제하고 증여재산을 더하여 과세가액이 계산된다. 여기에 기초공제(2억 원), 자녀공제(1인당 5,000만 원) 등을 더한 금액 또는 일괄공제(5억, 미국의 경우 대응하는 금액은 500만 달러임)를 적용할 수 있다. 단, 이러한 공제 외에 배우자에게 주어진 법정상속지분 내 실제 상속받은 가액은 30억 원을 한도로 전액 공제된다. 이러한 배우자 공제를 이용하면 부부가 모두 사망하기 전까지는 상속세가 발생하지 않을 수 있다. 증여 시에 10년 내 동일인으로부터 증여받은 재산을 합산하여 배우자로부터의 경우 6억 원, 자녀의 경우 5,000만 원(미성년자의 경우 2,000만 원)만큼의 증여는 공제가 되는데 사망 시 지난 10년간 증여금액을 상속세 산정에 포함하기 때문에 이러한 액수는 상속세의 1인당 5,000만 원이라는 인적공제와 정확히 맞아떨어지는 것이다. 이러한 자녀 1인당 1년 500만 원(미국의 경우 대응하는 금액은 1만 4,000달러임)만큼의 공제 허용은 매년 소액을 평생 증여함으로써 증여·상속세 부담을 낮출 수 있는 수단을 제공하고 있는데, 이러한 수단을 적극적으로 활용하지 않는 이유는 아마도 너무나 많은 액수의 증여가 자녀를 부모에게 더 이상 신경 쓰지 않는 '불효자'로 만들 수 있기 때문일 것이다.[12]

이렇게 계산된 과세표준에 대해서 1억, 5억, 10억, 30억 원으로 구분된 5개의 세율구간에 10%, 20%, 30%, 40%, 50%의 누진적 세율이 적용되어(참고로 미국도 누진세율이 적용되며 최고 상속세율은 40%이다) 세액이 산정된다. 산출세액에서 기납부 증여 세액공제와 기타 세액공제를 제하여 결정세액을 산정한다. 상속인은 각자가 받았거나 받을 재산의 비율에 따라 상속세를 납부할 의무를 가지게 된다.

상속세와 증여세가 전체 세수에서 차지하는 비중은 크지 않다. 한국에서 2017년 상속증여세는 총국세의 2.6%에 불과하고[조세개요, 2018], 미국에서도 상속증여세수는 연방정부 총세수의 1.5%에 불과하다[Economic Report of the President, 2012, p. 414]. 세수의 비중이 낮을 뿐 아니라, 과세대상자의 비중도 낮다. 상속인 중 상속세의 과세대상자의 비중은 미국의 경우 1%로 매우 낮다. 어떤 사람들은 상속세와 증여세가 확대되어야 한다고 주장한다. 이와 반대로, 죽음에 대한 과세인 상속세는 이중과세로 바람직하지 못하다는 주장이 있다. 아래에서 상속세와 증여세에 대한 근거와 반대논리를 차례로 살펴본다.

---

12 한국에서는 때때로 상속세 부담보다 증여세 부담을 낮추어 부모가 상속 대신 증여를 선택하여 자녀들이 보다 빨리 재산을 물려받아 보다 생산적인 부문에 투자할 수 있도록 유도하자는 주장이 제기되고 있다. 이에 대해 이러한 세법개정이 '불효자를 양산'할 것이라는 반론이 제기된다.

21.10.2 상속세와 증여세의 근거

앞에서 논의한 자산세의 정당성들은 자산세의 일종인 상속세와 증여세에 그대로 적용될 수 있다. 이러한 정당성에 추가하여 다음과 같은 사항들이 상속세의 근거로 논의되고 있다.

정부의 재산권 서비스에 대한 대가 어떤 사람들은 정부가 재산권을 보호하고 피상속인으로부터 상속인으로의 재산이전을 관장하고 있다고 주장한다. 정부가 이러한 서비스를 제공하는 대가로 상속재산의 일부에 대한 권한을 가지게 된다. 상속세를 반대하는 사람들은 이러한 서비스는 근본적인 권리로 비용이 지불되어야 하는 것이 아니라고 주장한다. 더욱이 재산이전을 특별한 과세대상으로 하는 것은 자의적인 것으로 보인다. 만약 A가 유럽여행에 1,000만 원을 사용하고, B가 자녀의 대학교육에 1,000만 원을 사용하고, C가 자녀에게 1,000만 원을 상속하였을 때 왜 C만이 특별한 세금을 납부하여야만 하는가?

재산의 사회 환원 상속세 옹호론자들은 궁극적으로 모든 재산은 사회 전체의 소유가 되어야 한다고 주장한다. 개인의 생존기간 동안에는 개인이 축적한 자산을 스스로 처분할 수 있도록 사회가 허용하고 있다. 하지만 사망 시에는 재산은 다시 사회로 환원되어야 하며 환원된 재산은 사회가 원하는 방향으로 사용할 수 있다는 것이다. 이러한 관점에서는, 사람들이 자신이 벌어들인 것에 대해서 권한을 가지고 있지만 상속인들은 자산에 대해서 설득력 있는 윤리적 권한을 가지고 있지 않다. 이러한 주장의 이면에는 여러 가지 논란이 될 수 있는 가치판단들이 내재되어 있음을 이미 제12장에서 지적하였다. 반대론자들은 사회가 개인의 부에 대해서 처분 권한을 가지고 있다는 주장이 근본적으로 잘못되었다고 믿는다.

경제적 유인 상속세는 상속인에게 보다 바람직한 경제적 유인을 제공할 수 있다. 이와 관련하여 앤드류 카네기는 "막대한 부를 자식에게 상속하는 것은 자녀의 능력과 에너지를 죽이고 자녀로 하여금 덜 유용하고 덜 가치 있는 삶을 살도록 유도하는 것이다."라고 언급하였다. 자산의 일부를 상속세를 통해 정부가 일부 빼앗아감으로써 상속인의 근로유인을 강화시키고 있는 것으로 볼 수도 있다.

상속이 상속인의 노동공급에 나쁜 영향을 줄 수도 있음은 실증분석에서 확인되고 있다. 하지만 상속세의 경제적 유인에 대한 분석은 이렇게 간단하게 끝나지 않는다. 상속세는 상속인의 노동공급에 영향을 줄 뿐 아니라 피상속인 자신의 경제적 유인에도 영향을 줄 수 있다. 상속세의 피상속인의 노동공급에 대한 영향은 대체효과와 소득효과가 서로 반대되는 방향으로 나타난다. 먼저 대체효과에 의해 상속세는 상속 유인을 약화시키며 피상속인의 근로 유인을 감소시킨다. 다른 한편으로 소득효과에 의해, 주어진 세후 상속액을 남겨주기 위해 상속세 부과 후 근로를 증가시킬 유인이 생기기도 한다. 이론만으로는 대체효과와 소득효과 중 어느 효과가 더 클지 알 수 없다. 대체효과가 더 크게 나타나 피상속인의 노동공급이 감소하는 경우에도 상속세로 인한 상속인의 노동공급 증가 효과까지 고려하면 경제전체에 대한 효과가 어떻게 나타날지 알 수 없다. 유사하게, 상속세는 피상속인의 저축행위에 상반된 2가지 효과를 주게 될 것이고 어느 방향으로 저축이 변화할지는 이론상으로는 명확하지 않다.

상속세는 부의 이전 규모에 영향을 줄 뿐 아니라 이전 형태에도 영향을 줄 것이다. 물적자본

상속에 대한 과세는 인적자본 형태의 부의 이전 유인을 강화시킬 것이다. 상속세가 높을 경우 1억 원을 금융자산의 형태로 상속하기보다는 1억 원을 자녀 대학교육에 투자하여 자녀의 인적자본을 높여주는 것이 더 나을 것이다. 따라서 상속세는 인적자본에 대한 과도한 투자를 유도할 수도 있다.

Munnell[2003]은 여러 관련 연구를 종합하여 상속세는 자산의 축적을 10.5% 정도 감소시킨다고 결론 내렸다. 생애 상속세율을 어떻게 추정하는가가 명확하지 않기 때문에 이러한 추정 결과는 주의하여 해석되어야 한다. 생애 상속세율은 사망 시의 상속세율에 부분적으로 의존하고 있는데, 이러한 사망 시의 상속세율에 대한 기대가 어떻게 형성되는가는 불명확하다. 어찌되었든 이러한 연구결과는 상속세의 유인효과가 상당히 클 수 있음을 의미한다.

개인소득세와의 관계 증여와 상속으로 얻어진 소득에 대해서 소득세가 부과되지 않기 때문에 상속·증여세가 필요하다고 주장될 수 있다. 그러면 왜 증여와 상속을 상속인의 소득에 왜 포함하지 않았는가? 증여와 상속은 수령인의 잠재소비력을 증가시키기 때문에 포괄적인 소득 정의하에서는 소득에 포함되어야 한다. 하지만 증여와 상속을 수령인의 소득 과세기반에 포함하는 것에 대한 강한 반감이 있다. 일반적으로 사람들은 이러한 증여와 상속은 임금소득이나 이자소득과는 다른 것으로 인식한다. 증여와 상속이 보통의 소득과 다른 것으로 인정한다고 하더라도 상속·증여세가 가장 좋은 해결책은 아니다. 이러한 문제에 대해서는 이후에 다시 논의할 것이다.

소득분배 상속세는 소득분배개선을 위한 매우 소중한 도구이다. 정부가 보다 형평한 소득분배를 추구해야 하는가라는 규범적인 질문은 일단 뒤로 미루어두고, 효과적인 상속세가 이러한 목적을 달성할 수 있는가라는 실증적인 문제를 먼저 생각해보자. 분명히 상속세는 그 시초부터 부적절한 부의 집중을 완화시킬 수 있는 것으로 인식되어왔다[Gale and Slemrod, 2000, p. 931]. 하지만 상속세로 예상치 못한 역효과가 나타날 수도 있다.

- 상속세로 저축이 감소할 경우, 자본이 감소된다. 자본의 감소는 실질임금의 하락으로 연결되어 일정한 조건하에서 노동소득 비중이 오히려 작아질 수도 있다.[13] 자본의 배분보다 노동소득의 배분이 좀 더 균등히 분배되어 있음을 고려하면 노동소득 비중의 감소는 소득분배의 악화로 연결될 수도 있다.
- 세대 내에서의 자산이전은 자신보다 가난한 사람에게 이루어진다. 이러한 자발적인 자산이전은 분명히 소득분배를 개선하는 것인데, 이러한 자산이전이 줄게 되면 형평성이 악화될 수도 있다.
- 평균 이상의 소득능력을 지닌 부모와 평균수준의 소득능력을 지닌 자녀를 생각해보자.[14] 부모는 자녀의 상대적으로 낮은 소득능력을 상속을 통해 보상하고자 할 것이다. 이는 자발적인 자산이전을 통해 세대 간 불형평성이 감소한다는 것을 의미한다. 이러한 자발적인 자산

13 임금 감소 시 노동수요는 증가한다. 따라서 임금과 노동량의 곱인 노동소득의 증감 노동수요의 가격탄력성 값에 의존하게 된다.

14 이러한 경향을 평균으로의 회기(regression toward the mean)라고 한다.

정책적 관점 상속세는 폐지될 것인가?

세대 간 자산이전에 대해서는 대부분의 선진국에서 과세가 되고 있다. 과세의 형태는 크게 보아 2가지인데, 피상속자가 물려준 총 상속재산에 대한 과세(상속세 형태, 한국과 미국에서 사용됨) 또는 개별 상속자가 받은 상속재산에 대한 과세(취득세 형태, 다수의 선진국들에서 사용됨)가 이루어지고 있다. 세대 간 자산이전에 대한 과세는 국가별로 그 구조, 세율, 공제 방식 등에 있어서 매우 상이한 형태를 띠고 있다. 그런데 대부분 국가에서 이러한 상속세 과세로부터 얻는 세수는 매우 작다. 2010년 OECD 국가들 중에서 총세수 대비 상속세 세수의 비중이 가장 높은 국가는 벨기에이고, 캐나다, 에스토니아, 이스라엘, 멕시코, 슬로바키아에서는 관련 세수가 0으로 기록되어 있다. 상속세의 비중이 점점 줄어들고 있는 것이 일반적인 추세이다. 1965년에는 총세수 대비 상속세 비중의 OECD 평균은 1%였는데, 이 값은 2010년에는 0.35%로 낮아졌다. Bertocchi[2011]는 이러한 추이를 설명할 수 있는 정치경제 모형을 제시하였다. 그의 모형에서 상속세 과세 여부는 중위투표자에 의해 결정되는데, 불평등한 자산의 분포하에서 중위투표자들은 상속세를 납부하지 않기 때문에 상속세를 지지한다. 그는 선진국들에서 최근 수십 년간 노동소득의 중요성이 높아짐에 따라 자산 분포가 보다 형평하게 되었음에 주목하였다. 그는 이로 인해 중위투표자의 상속세에 대한 지지도 감소하게 되었고 결과적으로 상속세도 낮아지게 되었다고 주장한다. 그의 모형에서 도출되는 예측 결과는 19세기와 20세기의 산업국가들의 경험들과 잘 부합되며, 그는 "부유한 민주국가들에서의 장기 자산불평등의 진화가 현재의 추세를 유지한다면 죽음에 대한 세금인 상속세는 죽음의 운명을 맞게 될 것"이라는 결론을 내리고 있다.

이전을 줄이게 되는 상속세는 불형평성을 오히려 높일 수도 있다.

- 상속세는 피상속인의 상속 유인을 약화시켜 부의 축적을 줄이고 소비를 늘리게 유도할 가능성이 크다. 이러한 경우 상속세는 부의 형평성은 개선하지만 소비의 형평성은 오히려 악화시킬 수도 있다.

이론적으로 상속세의 형평성에 대한 효과는 경로에 따라 개선 또는 악화의 방향으로 작동하기 때문에 종합적인 효과는 불명확하다. 관련 실증 연구들은 상속세의 형평성 제고 효과와 형평성 악화 효과 중 어느 효과가 더 주된 효과인지에 대한 결론적인 증거를 제시하고 있지는 못하다.

21.10.3 상속세와 증여세의 몇 가지 문제점

상속세와 증여세의 행정에 있어 몇 가지 어려움이 발생한다.

가업 상속 재산 어떤 사람이 자식에게 자신의 유일한 자산인 사업을 물려주고 싶어 한다고 하자. 상속인이 다른 자산을 가지고 있지 않았기 때문에 상속인은 상속세를 납부하기 위해서 사업을 처분해야 할지도 모른다. 이러한 가능성을 낮추기 위해 한국에서는 가업상속공제 제도를 운영하고 있는데, 피상속인이 경영한 기간에 따라 20년 이상 경영한 기업의 경우 최대 500억 원까지 가업상속재산을 공제하여준다. 상속인은 상속 후 10년간 가업을 영위하여야 하며 정규직 근로자 수를 정해진 기준 이상으로 유지해야 하는 의무도 가지게 된다. 상속세 납부도 가업상속 재산비율이 50% 이상인 경우 20년 이내까지 납부를 연기할 수 있도록 허용하고 있다. 미국에서도 가업상속에 대해서 상속세를 14년 이내까지 납부하도록 허용하고 적용되는 이자율도 매우 낮게 설정되어 있다. 이러한 가업상속 규정들은 세대를 넘어 가업으로 운영되는 소규모 기업이 사회적으로 바람직하다는 사회적 가치판단과 소기업들의 정치적 영향력을 반영하고 있다.

절세 전략 상속세의 암묵적인 목적은 자산에 대해서 세대별로 최소한 한 번은 과세하는 것에 있다. 하지만 여러 가지 방법으로 과세를 피할 수 있다. 납세자들은 신탁을 설정할 수 있다. 신탁이란 어떤 특정한 대상자를 위해서 사용되어야 한다는 의무하에서 어떤 기관이나 개인에게 자산관리 권한을 양도하는 것을 의미한다. 부모가 자식을 수익자로 규정한 보험에 가입하는 경우 이러한 보험은 증여세의 과세대상이다. 하지만 보험 신탁을 설정하게 되면, 부모는 더 이상 보험을 소유하고 있지 않기 때문에 증여세의 과세대상에서 빠질 수도 있다.

또 다른 절세 수단은 주식을 양도하는 것이다. 어떤 기업주가 그의 상속인에게 사업의 초기단계에 아직은 값이 비싸지 않은 주식의 상당부분을 증여한다. 이후 그 기업이 매우 성공적으로 번성한다면 이미 증여된 주식가치가 매우 큰 폭으로 상승해 있을 것이다. 복잡하기는 하지만 세금을 조금만 납부하고 상속인에게 상속할 수 있는 수단들이 존재한다.

요약하면, 사망 전까지는 재산의 소유권을 상속자가 행사할 수 있으면서도 큰 세금부담 없이 세대 간 부를 이전할 수 있는 여러 방법이 현실에 존재한다. 이러한 절세와 탈세 수단은 매우 복잡하고 비싸다. 다양한 상속세 탈세 수단이 널리 사용되고 있어, "상속세의 부담은 상속세 담세 능력보다는 상속세 계획자의 숙련도에 의존한다"는 지적이 있을 정도이다[Joint Economic Committee, 2006, p. 34]. 사실 상속세를 납부하는 사람들은 미리 적합한 절세 계획을 세우지 못하였거나 시행하지 못하였던 사람들뿐일 수 있다. 하지만 상속세수가 0이라고 하더라도 상속세는 세부담을 피하기 위해 경제적 행위가 변경된 만큼 초과부담을 발생시키고 있는 것이고, 상당한 수준의 조세순응비용을 발생시키고 있다.

21.10.4 상속세와 증여세의 개혁

상속세와 증여세의 역할 증대를 원하는 사람들에게 있어서 가장 명백한 해결책은 공제액을 낮추는 것이다. 이러한 조치에 부가하여 상속·증여세가 정부 재원조달에 있어서 중요한 부분을 차지하도록 만들기 위해서는 신탁과 주식거래 등을 통한 절세를 효과적으로 방지할 수 있는 기재가 고안·시행되어야 한다.

어떤 조세이론가들은 상속액과 증여액을 수령인의 소득으로 과세함으로써 상속·증여세를 개인소득세에 완전히 통합할 것을 제안한다. 다만 이러한 종류의 소득이 '불규칙하게 큰 규모로(lumpy)' 발생하기 때문에 소득이 여러 연도에 걸쳐 발생한 것으로 평균화하는 방식이 도입되어야 한다.

또 다른 개혁 방법은 상속·증여세를 피상속인에 대한 과세에서 상속인에 과세로 성격을 변화시키는 것이다. 어떤 개인의 생애 동안 수취한 총상속액과 증여액에 대해서 과세하는 것은 **유산합산취득세**(accession tax)라고 하는데, 유산합산취득세의 세율 누진도와 공제 규모는 원하는 형태로 고안할 수 있다. 이러한 유산합산취득세의 가장 근본적인 장점은 상속액이 아닌 수령인의 지불능력에 따른 과세가 가능하다는 것이다. 유산합산취득세 운영에는 모든 증여와 상속에 대한 기록이 정리·보관되어야 하고 장기간에 걸쳐 증여와 상속이 이루어진 경우 인플

유산합산취득세(accession tax)

어떤 개인의 생애 동안 수취한 총상속액과 증여액에 대한 과세.

레이션 문제를 감안하여야 한다는 어려움이 있다. 하지만 부의 이전에 대해서 보다 과감한 과세를 원한다면 유산합산취득세는 좋은 후보가 된다. 철학적 또는 경제적 근거로 자산이전에 대한 과세를 반대하는 사람들에게 있어서 물론 가장 좋은 개혁안은 상속·증여세의 폐지일 것이다.

21.11 근본적 조세개혁의 전망

우리는 앞에서 소비세가 지니는 여러 가지 장점과 단점에 대해서 정리·분석하였다. 소비세 주창자들은 현재의 조세체제는 복잡하고 비효율적이며 불공정하기 때문에 대폭적인 개혁이 필요하다고 주장한다. 반대론자들은 현재의 조세체제에 대한 부정적 평가에 대해서 공감하면서도 소비세가 결국은 유사한 문제점에 봉착하게 될 뿐만 아니라 새로운 문제점도 야기할 수도 있다고 주장한다.

근본적 조세개혁의 전망은 어떠한가? 이러한 종류의 개혁에 찬성하는 사람들도 근본적 조세개혁에는 커다란 장애물이 존재한다는 점은 인정한다. 하지만 조세체제의 폭넓은 개혁이 특정 규정을 조금씩 변경하는 시도보다는 성공 가능성이 높다는 주장이 있다. 미국의 1986년 조세개혁 사례는 이러한 주장을 어느 정도 뒷받침하고 있다. 1986년 조세개혁안은 여러 개혁조치들을 패키지로 묶어서 전체 아니면 아무것도 아닌 형태(all-or-nothing)로 제안되어 의회를 통과하고 시행되었던 것이다.

최근의 평률세 도입을 중심으로 한 동구국가들의 성공적인 조세개혁은 현행 조세체제에 얽혀 있는 이해관계가 조세개혁의 걸림돌임을 시사한다. 국유기업을 통한 계획경제 운영으로 기존의 조세체제 자체가 존재하지 않았던 체제전환 국가에서 조세와 관련된 기득권 세력이 없었던 관계로 낮은 세율의 평률세 도입과 같은 보다 근본적인 조세개혁이 가능했던 것이다.

조세개혁이 정치적으로 성공적이기 위해서는 제안된 조세개혁이 효율성, 단순성, 공정성이라는 바람직한 조세의 특성을 지니고 있을 뿐 아니라 유권자의 전반적인 조세부담을 급격하게 변화시켜서는 안 된다. 만약 어떤 의원이 자신을 지지하는 유권자의 세부담을 경감시키면서 다른 납세자의 세부담을 증대시키는 조세개혁을 제안한다면 이러한 조세개혁안의 의회통과 가능성은 매우 낮을 것이다. 반대로, 조세개혁안이 장기 경제성장을 촉진하고 조세순응 부담을 낮추면서 동시에 전체적으로 보아 납세자들의 세부담을 현재 수준에서 별로 변화시키지 않는 규정 변화들로 구성되어 있다면, 이러한 조세개혁 제안에 대해서 광범위한 지지를 끌어낼 수도 있을 것이다. 진정한 조세개혁은 더 효율적이고 단순하고 공정한 조세체제를 만든다는 목표에 대한 헌신이 요청되는 매우 어려운 과정이다[Lazear and Poterba, 2006, p. 7].

심화 과정을 위한 추천 논문과 저서

한국의 소비세와 자산세에 대해서는 기획재정부의 발간물을 보시오. 관련 세법과 시행령은 법제처(http://www.moleg.go.kr)에서 찾아볼 수 있다.

- 기획재정부(2006). 「조세개요」.

국제적인 시각에서 소비세 형태, 소비세율 등에 대한 비교 설명은 다음의 OECD 발간물을 보시오.

- OECD(2006). *Consumption Tax Trend* 2006.

소비세와 소득세의 초과부담을 비교는 다음 논문을 보시오.

- Feldstein, Martin. 2006a. "The Effect of Taxes on Efficiency and Growth." Working Paper No. 12201. Cambridge, MA: National Bureau of Economic Research.

근본적 조세개혁과 관련하여서는 다음의 영문 출판물과 국문 출판물을 보시오.

- Auerbach and Hassett ed. (2005). *Toward Fundamental Tax Reform*. The AEI Press.
- 곽태원 · 최명근 · 현진권 · 이영 · 전영준 · 조성진 · 김상겸. 저성장시대의 조세정책 방향에 대한 연구. 한국경제연구원. 2006년 1월.

요약

- 개인소비세 주창자들은 개인소비세하에서 이자소득에 대한 이중과세의 폐지, 생애소득 형평성의 증진, 개인들의 경제적 자원 사용량에 비례한 과세 등이 가능해진다고 주장한다. 또한 개인소비세하에서 원하는 수준의 누진도를 달성할 수도 있으며, 행정적으로도 개인소비세가 소득세보다 우월하다고 주장한다.
- 소비세 반대론자는 소비세로의 이행 시 몇 가지 문제점이 발생하며, 소득이 소비보다 지불능력을 더 잘 반영하며, 소비세의 운영에 있어서 행정적 부담이 클 가능성이 있으며, 적절한 증여 · 상속세 없이는 소비세는 과도한 부의 집중을 유도할 수 있다고 지적한다.
- 소비세는 전형적으로 역진적인 것으로 인식된다. 하지만 이러한 관점은 생애소득이 아닌 연간소득에 근거한 것이며, 구매자에게 조세가 귀착된다는 가정하에 성립하는 것이다.
- 소비세의 4가지 중요한 유형은 부가가치세, 소매판매세, Hall-Rabushka 평률세, 현금흐름세 등이다. 이러한 조세들은 과세 단계, 과세대상, 차별적 세율 적용 여부 등에 있어서 차이점을 지니고 있으나, 소비기반 과세라는 공통점으로 인해 근본적인 경제적 효과는 기본적으로 동일하다.
- 부가가치세는 전 세계적으로 가장 널리 사용되는 소비세로 판매액에서 중간재 투입비용을 제한 부가가치에 비례하여 과세된다. 현재 미국만이 부가가치세를 사용하지 않는 유일한 OECD 국가이다. 부가가치세는 일반판매세와 동등하며, 중간재 투입을 비용공제하는 징수방식으로 납세자들에게 자발적인 탈세방지 유인을 제공한다. 부가가치세를 운용하는 거의 모든 국가는 물품세를 함께 사용하고 있다.
- 일반 판매세의 가장 중요한 장점은 (최소한 세율이 지나치게 높지 않은 경우에 있어) 조세 행정이 용이하다는 점이다. 일부 물품세는 외부성 보정과 사용자비용 부과라는 면으로 합리화될 수 있다.
- 개인소비세하에서 개인적 여건에 따른 차별적 과세가 가능해진다. Hall-Rabushka 평률세는 (판매수입 − 중간재 비용 − 임금)에 대해서 평률로 과세하는 기업세와 임금에 대해서 과세하는 개인세로 구성되어 있다. 개인세 단계에서 인적공제를 도입하여 H&R 평률세는 누진성을 지닐 수 있다. 또 다른 개인소비세인 현금흐름세는 개인의 연간 소비지출에 대해서 과세한다.
- 자산세 주장자들은 자산세를 통해 소득세 과세대상에 포함되

지 못했던 미실현 자본이득에 대한 과세가 가능해지고, 부의 집중이 완화될 수 있고, 자산소유자에 대한 편익에 따른 과세가 가능해진다고 믿고 있다. 어떤 사람들은 자산이 지불능력의 좋은 지표로 자산에 대한 과세가 바람직하다고 주장한다.

- 상속세와 증여세는 자산이전 가치에 대한 과세이다. 상속세와 증여세 세수가 전체 세수에서 차지하는 비중은 크지 못하지만 조세순응비용과 초과부담이 상당수준으로 발생하고 있다. 상속세와 증여세의 경제적 유인효과와 조세귀착에 대해서는 아직 많은 연구가 축적되어 있지 못하다.
- 상속세와 증여세 개혁안들에는 이들을 개인소득세 과세대상으로 전환하자는 것과 유산합산취득세(생애기간 동안 받은 모든 상속과 증여 총액에 대해 과세)로 대체하자는 제안이 있다. 상속세의 반대론자들은 상속세와 증여세의 폐지가 더욱 바람직하다고 주장한다.

연습문제

1. 갑은 0기와 1기의 두 기간을 산다. 0기 소득은 100만 원이고, 1기 소득은 0원이라고 하자. 수익률은 10%이고 노동소득과 이자소득에 50% 세율로 적용되는 개인소득세가 존재한다고 하자. 갑은 0기에 소득의 절반을 사용하고, 1기에 나머지 소득과 이자소득을 소비에 사용한다고 하자.

a. 각 기에 있어서의 갑의 세부담을 계산하시오. 그의 생애 조세지불액의 현재가치는 얼마인가?

b. 0기에는 소득세가 과세되고 갑이 저축결정을 이미 내린 이후인 1기에 50%의 소비세가 도입되었다고 하자. 그의 1기 세부담은 이제 얼마가 되는가? 생애 조세지불액의 현재가치는 얼마인가? a의 경우와 비교하여 소비세 도입의 이행 문제를 설명하시오.

2. 2005년 상속세와 증여세가 세수가 전체 세수에서 차지하는 비중은 한국에서 1.4%, 미국에서는 1.2%에 불과하다. 세수와 과세대상자수를 통해 상속·증여세의 부담을 평가하는 것은 올바른 접근방법인가? 논하시오.

3. 한국에서는 상속세와 증여세 과세 기반을 포괄적으로 정의한 이후 세수 증가폭이 급증하였다. 이러한 조세개혁의 형평성, 효율성, 탈세, 인적자본 투자에 대한 영향을 평가하시오.

4. 다음의 주장을 평가하시오. "기업이 부가가치세의 모든 부담을 최종소비자에게 전가시킬 수 있다는 가정은 합리적인 것이다. 하지만 기업이 부가가치세만큼 그대로 자신의 상품가격을 인상시킬 수 있다고 가정하는 경우, 우리는 법인세에 대해서도 동일하게 대응할 수 있다고 가정하여야 한다"[Cockburn and Pollin, 1992, p. A15].

5. 어떤 야구선수가 기존의 홈런 기록을 경신하였고, 그때의 홈런 공이 1,000만 원의 가치를 지니고 있다고 하자. 아래의 각 경우에 대해서 이 공을 받은 야구팬에 대한 조세 결과는 어떻게 될 것인가?

a. 선수에게 바로 그 공을 돌려준 경우

b. 그 공을 자신의 사망 시까지 소유한 경우

c. 자선단체에게 그 공을 주고 자선단체가 그 공을 판매한 경우

d. 그 공을 즉시 판매한 경우

e. 공을 1년간 소유한 후 공을 판매한 경우

6. 미국에서는 2007년 1명의 하원의원이 소득세, 상속세, 급여세, 법인세를 평률의 재화서비스 소비세(fair tax)로 대체하자는 세법개정안을 제안하였다. 제안의 지지자들은 이러한 제안이 다음과 같은 장점을 지니고 있다고 주장하였다[Vessalla, 2001].

a. 여러분이 벌어들인 만큼 자신의 소득이 된다.

b. 투자와 저축이 급증한다.

c. 탈세가 불가능하다.

각각의 주장을 평가하시오.

7. 근로의욕에 대한 소비세의 영향을 논하시오. 소비세가 근로의욕을 저해할 수 있음을 수식을 사용하여 설명하시오.

8. 놀부가 0기와 1기 두 기간을 산다고 하자. 0기의 소득은 100이고, 1기의 소득은 75.6이고 이자율은 8%라고 하자.

a. 소득에 대해서 25% 세율의 과세가 이루어졌다고 하자. 그리고 이자소득에 대해서 동률의 과세가 이루어지고 이자비용은 공제가 된다고 하자. 생애주기모형을 사용

하여 과세로 인해 초과부담이 발생함을 생애 예산제약식을 이용하시오.

b. 이제 이자비용이 공제되지 않는다고 하자. 만약 놀부가 차입을 한다면, 이러한 조세체제는 초과부담을 야기하는가?

c. 이제 a에서 가정한 조세가 폐지되고 소비세로 대체되었다고 하자. 25% 세율의 동등한 소득세와 효과를 가지는 소비세율은 얼마인가? 이러한 소비세하에서 현재와 미래소비 간의 왜곡이 발생하는가?

d. 이제 c에서 가정한 소비세에 이자비용 공제가 추가되었다고 하자. 이 경우 현재와 미래소비 간의 왜곡이 발생하는가?

9. 갑과 을이 0기와 1기의 두 기간을 산다고 하자. 0기 소득은 1,000이고 1기 소득은 0이며 이자율은 8%라고 하자. 소득세하에서 갑의 0기 소비는 200, 을의 0기 소비는 300이라고 하자. 누구의 생애 세부담이 더 높은가? 소득세 대신 비례 소비세가 도입된 경우 누구의 생애 세부담이 더 높게 되는가?

10. 어떤 사람이 초과근무를 통해서 보조적인 소득을 벌 수 있다고 하자. 그가 이 소득을 가지고 어떤 회사의 주식을 구입하여 이를 그의 자녀들에게 상속할 것이라고 하자. 그는 현재 60세이며 향후 25년을 더 생존할 것으로 기대된다고 하자. 현재의 근로소득세율은 35%, 법인세율은 35%, 배당소득세율은 15%(자본이득은 발생하지 않음), 상속세율은 45%라고 하자. 주식의 세전수익율이 7%라고 할 때, 그의 자녀들은 그가 1달러의 보조 소득을 얻을 때마다 얼마나 이득이 되겠는가? 만약 세금이 전혀 없다면 자녀들의 이득은 얼마가 되겠는가?

11. [행정고시 2차 2014년 기출문제] 상품과세(commodity taxation)가 시장왜곡을 초래하지 않으려면 여가를 포함한 모든 상품에 동일한 세율로 조세를 부과해야 한다는 주장이 있다. 다음 물음에 답하시오.

a. 소비자의 과세 전 예산제약을 $p_xX + p_yY = wL$이라고 표현할 때, 위 주장이 현실적으로 실현가능성이 없음을 논증하시오. (단, 여기서 X와 Y는 두 소비재, L은 노동공급, p_x와 p_y는 각 소비재의 세전가격, 그리고 w는 세전 임금률이다.) (14점)

b. a의 논증을 바탕으로 현실에서 선택 가능한 상품세의 과세 방안을 논의하시오.

12. [행정고시 2차 2011년 기출문제] 저소득자의 효용함수는 $U(x, y) = xy$이고, y재의 가격은 10, x재의 가격은 5, 그리고 소득은 100이다. 이 경우 재 소비에 대해 50% 비율로 보조해주는 정률보조와 그와 동일한 금액을 정액으로 보조해주는 정액보조가 있다고 하자. (총 30점)

a. x재 소비에 대해 50%의 비율로 정률보조를 할 때의 효용과 이때 지급되는 금액과 같은 금액을 정액으로 보조할 때의 효용을 구하고, 이 결과를 효율성 측면에서 평가하시오.

b. 위 a의 결과를 이용하여, x재 소비에 50%의 종가세를 부과하는 경우와 그때 얻는 조세수입과 동일한 금액을 소득세로 부과하는 경우 중, 어느 경우에 효용이 더 높을 것인지 답하시오.

c. 위 b에서 얻은 결과를 이용하여 "소득세는 효율적이고 상품세는 비효율적이다."라고 주장하였다. 이 주장에 대해 평가하시오.

13. [행정고시 2차 2018년 기출문제] 어떤 근로자의 효용함수와 예산제약이 다음과 같다.

- 효용함수: $U(c, L) = c - \frac{b}{4}L^4$
- 예산제약: $c = (1 - t_y)wL + (1 - t_a)a$

(단, c는 소비, L은 노동공급, w는 시간당 임금, a는 자산, $0 \le t_y \le 1$는 근로소득세율, $0 \le t_a \le 1$는 자산세율, b는 양의 상수이다.)

예산제약에서 알 수 있듯, 정부는 t_y의 세율로 근로소득세 를 부과하고, t_a의 세율로 자산세를 부과한다. 물음에 답하시오.

a. 이 근로자의 효용을 극대화하는 최적 소비와 최적 노동공급을 세율 $\{t_y, t_a\}$와 모형의 모수 $\{w, b, a\}$의 함수로 나타내시오.

b. t_a가 불변이라고 가정할 때, 조세수입을 극대화하는 근로소득세율 t_y를 구하시오.

c. 램지 최적조세이론에서 정액세가 초과부담을 최소화할 수 있는 이유를 설명하시오.

d. c의 결론을 적용하여 $b = 1$, $w = 2$, $a = 10$인 경우 조세수입이 5가 되도록 세율 $\{t_y, t_a\}$를 정할 때, 이 근로자의 효용을 극대화하는 세율 조합을 구하시오.

Part 6

지방재정

재정학에서 정부의 선택이 하나의 정부에 의해서만 이루어진다고 생각하는 것이 때로는 유용하다. 그러나 현실적으로 미국의 경우, 과세권을 가지고 독립된 지출 결정을 하는 주체는 매우 많다. 87,000개가 넘는 자치단체들이 있다. 연방정부 하나, 50개의 주, 3,031개의 카운티(county), 19,522개의 시(municipal), 16,364개의 타운(town), 12,884개의 학군(school district), 그리고 37,203개의 특별구 등이다. 주정부, 지방정부, 그리고 연방정부의 상호작용은 미국 재정학에서 중요한 역할을 하고 있다. 제22장에서는 연방 시스템에서 발생하는 재정 문제들을 검토한다.

미국과 같은 연방정부라고는 할 수 없지만 우리나라도 중앙정부 이외에도 8개 도와 제주특별자치도 그 아래 단계의 수많은 시·군, 8개의 특별시 및 광역시, 그리고 그 아래 단계의 자치구 등 많은 지방자치단체를 갖고 있다. 우리나라의 지방세와 지방재정조정제도에 대해서도 소개하며 전통적으로 지방세에서 가장 중요한 역할을 하고 있는 재산세의 여러 측면에 대한 논의도 제22장에서 이루어진다.

Chapter 22

연방 시스템하에서 재정학

> 텍사스인들은 텍사스주를 운영할 수 있다.
>
> — 조지 W. 부시

2002년에 의회는 2001년 새로운 교육법(No Child Left Behind Act, 이하 NCLB법)을 통과시켰다. NCLB법은 교육시스템을 지역 학군과 주에서 연방정부로 옮기는 일이었다. NCLB법하에서 각 주는 3학년에서 8학년 사이의 학생들을 시험 보게 하고 각 학교가 거둔 성적을 비교하는 성적표를 발간해야 한다. 성적에서 충분한 진전을 보이지 못한 학교는 학생들이 다른 학교로 옮기는 것을 허용해야 하며 그 비용도 학군이 지불해야 한다. NCLB법은 또한 교사들이 해당 과목에 학사학위를 소지하거나 시험에 통과함으로써 자격을 갖추었음을 증명할 것을 요구하고 있다.[1]

이 법의 통과는 연방정부의 교육에 대한 역할을 둘러싸고 진행 중인 논쟁을 가열시키고 있다. NCLB법을 반대하는 사람들은 교육에서 표준을 정하고 교사자격을 결정하는 일은 주정부와 지방 학군에 맡기는 것이 가장 좋다고 믿고 있다. 그들은 연방정부가 교육에 대한 합리적 규제를 하는 데 바탕이 되는 지역의 제반조건에 대해 충분한 지식이 없다고 믿는다. 예를 들어, 농촌 지역에 있는 공무원들은, 농촌의 일부 학교들은 한 선생님이 많은 과목들을 가르쳐야 하는 상황이기 때문에 NCLB법이 요구하는 것처럼 교사가 가르치는 과목에 해당하는 학위를 가져야 한다는 조건을 충족하는 것이 불가능하다고 말한다. 학생들이 성취도가 낮은 학교에서 옮길 수 있도록 한 것도 농촌 지역에서는 문제가 된다. 알래스카주에서 이 법을 집행하려면 학생들은 베링해를 건너 164마일을 날아가야 한다[Dillon, 2003]. NCLB의 반대자들은 또한 연방정부의 명령에 따라 주와 지방의 세금을 올려야만 하는 것은 공정치 못하다고 불만을 토로한다. 한편 NCLB의 옹호자들은 교육은 국가적 문제이며 연방정부의 감독이 필요하며 적절한 것이라고 주장한다.

이 논쟁은 미국 재정 시스템의 운영을 둘러싸고 지속적으로 제기되는 몇몇 질문들을 뚜렷하게 보여준다.

---

1 NCLB의 다른 측면에 대한 논의는 제7장을 참조하시오.

- 다양한 의무가 다른 수준의 정부에 어떻게 배분되어야 하는가?[2]
- 분권화된 정부의 선택이 바람직한 결과를 낳는가?
- 지역에서 세금을 올리는 것이 주와 지방 정부가 제공하는 서비스에 대해 비용을 지불하는 좋은 방법일까? 아니면 그 돈은 연방정부에서 나와야 할까?

이런 문제들은 국가가 설립될 때부터 다양한 수준의 정부들 사이의 권력 분할이 중요한 논쟁거리였던 미국에서는 중요하다. 이 문제는 지방정부에 권리를 양도할지 말지에 대해 고려하고 있는 중국이나 경제 정책 중 어떤 부분을 EU에게 맡겨야 할지를 고민하고 있는 유럽의 국가들에게도 중요한 문제이다. 이 장에서는 연방 시스템하에서 재정학의 규범적 · 실증적 측면을 살펴본다.

22.1 배경

연방 시스템(federal system)

공공재와 공공서비스를 제공하는 여러 수준의 정부로 이루어지며 각 정부는 일정 정도의 독자적 결정권을 갖는다.

재정 연방주의(fiscal federalism)

다른 수준의 정부들이 하는 역할과 그들의 상호작용을 연구하는 분야.

집권화 비율(centralization ratio)

직접적인 총 정부 지출 중에서 중앙정부에 의해 이루어지는 지출의 비율.

연방 시스템(federal system)은 공공재화와 공공서비스를 공급하며 일정 수준에서 나름의 선택을 할 수 있는 다른 수준의 정부들로 구성된다. **재정 연방주의**(fiscal federalism) 주제는 "다른 수준의 정부들의 역할과 그들이 서로 관련되는 방법들"을 탐구한다[Oates, 1999, p. 1120]. 한 연방 시스템이 다른 연방 시스템보다 더 중앙집권화되었다는 것은 관할권이 더 큰 당국에게 더 많은 선택권이 있음을 의미한다. 시스템이 얼마만큼 중앙집권화되어 있는가에 대한 가장 보편적인 측정치를 **집권화 비율**(centralization ratio)이라고 하는데, 이는 직접적인 총정부 지출 중에서 중앙정부에 의해 이루어지는 지출의 비율이다('직접' 정부 지출이란 다른 정부단위로 이전되는 지출을 제외한 모든 정부 지출을 말한다). 집권화 비율은 국가별로 매우 다르다. 프랑스는 81%, 캐나다는 43%, 미국은 48%이다.[3]

〈그림 22.1〉은 미국의 집권화 비율이 (지속적으로 상승만 한 것은 아니지만) 20세기 초반부터 증가해왔음을 보여준다. 그렇지만 집권화 비율이 결함이 없는 지표는 결코 아니다. 예를 들어, 주와 지방에서 공공도서관의 컴퓨터에 대한 지출을 하지만 그 돈의 일부는 연방정부의 보조금이란 형태로 나온다. 온라인아동보호법(Child Online Protection Act)은 도서관들이 외설적인 내용들을 막을 수 있는 소프트웨어를 설치할 것을 요구한다. 도서관이 이 법을 따르지 않으면 보조금은 끊기게 되므로 대부분의 도서관이 법에 따른다. 여기서 누가 책임을 지고 있는 걸까? 논점은 만약 지방정부와 주정부의 지출행위가 중앙정부에 의해 제약을 받는다면 집권화 비율은 진정한 집권화 정도를 과소측정하게 된다는 것이다. 사실 상당한 금액의 주정부와 지방정부 지출이 연방정부의 지시에 따라 이루어진다. 연방정부는 그저 아래 수준의 정부들이 특정 서비스를 제공하라고 명령은 하지만 그에 상응하는 재정지원 증액은 해주지 않는다.

2 미국의 연방정부(federal government)－주정부(state government)－지방정부(local government)와 같이 관할하는 지역의 크기가 다른 정부를 서로 다른 수준(level)의 정부라고 부르기로 한다. 우리나라의 경우 '중앙정부－도－시군'이나 '중앙정부－광역시' 혹은 '특별시－자치구' 등을 서로 다른 '수준'의 정부라고 부를 수 있을 것이다.

3 Fisman과 Gatti[2002, p. 340]에서 계산됨.

그림 22.1 정부 수준별 미국 정부 지출의 분배

미국에서 연방정부의 총 직접 정부 지출이 차지하는 비중은 (지속적으로 상승만 한 것은 아니지만) 20세기 초반에 비해 증가했다.

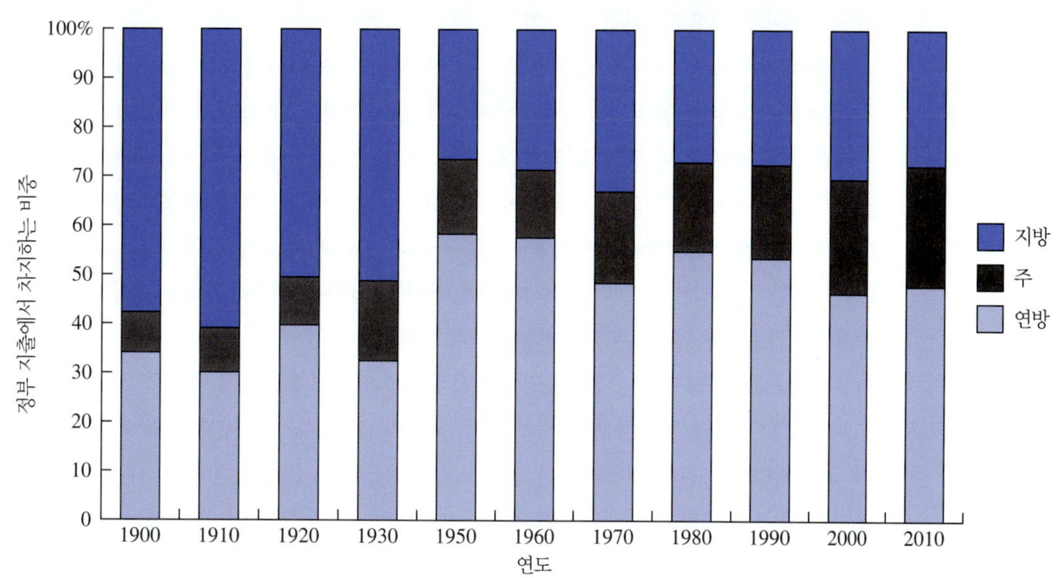

자료: Figures for 1900 through 1980 are from Pommerehne [1977]. Figures after 1980 are computed from various editions of the US Bureau of the Census, *Statistical Abstracts of the United States*, and from US Bureau of the Census [2012b].

교육과 공공치안을 포함하는 몇몇 중요한 활동들이 대부분 주정부와 지방정부에게 맡겨져 있다. 반면에 연방정부는 국방과 사회보장제도에 대해 전적인 책임을 진다. 그리고 세 단계의 정부 모두 공공복지에 상당한 금액을 지출한다. 미국 재정 시스템의 권력 분업이 합리적인가? 이에 대한 답을 제시하기 전에 지방정부와 관련된 독특한 특징들을 논의할 필요가 있다.

22.2 공동체 형성

지방자치단체의 적절한 재정적 역할을 이해하기 위해서는 공동체가 왜 형성되는지를 검토할 필요가 있다. 이런 맥락에서 공동체(community)를 **클럽**(club), 즉 어떤 종류의 편익을 나누기 위해 자발적으로 연합한 사람들의 모임이라고 생각하는 것이 유용하다. 이 절에서는 클럽 이론을 전개하면서 이 이론을 이용해 공동체의 규모와 공공재 공급이 어떻게 결정되는지를 설명할 것이다.[4]

> **클럽(club)**
> 특정 종류의 편익을 나누고 그에 대한 재원 마련을 위해 자발적으로 형성된 사람들의 모임.

공립공원에 있는 땅을 사들이기 위해 연합한 사람들의 단체를 생각해보자. 논의를 간단히 하기 위해 이 단체의 모든 회원들은 동일한 취향을 가지며 공원 내 땅의 사용과 그 비용은 동

4 원서에서는 이하에서 공동체(community), 자치단체(jurisdiction), 타운(town) 등의 단어가 같은 의미로 혹은 약간 다른 의미로 자주 등장한다. 번역에서는 문맥상 지방정부의 활동이 전제되지 않은 경우에는 공동체로, 지방정부의 활동이 전제될 때는 자치단체로 해석하기로 한다.

일하게 나누기로 마음먹고 있다고 하자. 그 '공동체'는 아무 비용 없이 회원이 아닌 사람들을 배제할 수 있으며 거래비용 없이 운영한다. 동일한 취향이라는 가정하에서 우리는 대표적인 회원의 요구만 생각하면 된다. 공동체는 2가지 결정을 해야만 한다. 얼마나 넓은 땅을 얻어야 하느냐와 공동체에 몇 사람을 받아들일까 하는 것이다.

공동체가 소속한 사람들의 후생을 극대화시키기를 원한다고 가정하면 공동체는 어떻게 결정해야 할까? 우선 공원의 크기는 주어졌다고 가정하고 구성원 1인당 비용과 회원 수 사이의 관계를 생각해보자. 분명 공동체 내의 회원 수가 증가할수록 회원 1인당 필요 기여액은 감소할 것이다. 1인당 비용이 회원 수의 증가에 따라 감소한다면 왜 더 많은 사람이 공동체에 들어오도록 하지 않는 것일까? 문제는 더 많은 사람이 공동체에 가입함에 따라 공원이 혼잡해진다는 것이다. 한계 혼잡비용은 새로운 회원에 의해 발생하는 비용 금액을 측정하는 것이다. 우리는 한계 혼잡비용이 회원 수 증가에 따라 증가한다고 가정한다. **공동체는 회원의 자격을 회원요금의 한계적 감소가 1인당 한계 혼잡비용의 증가와 일치할 때까지 확장해야 한다.**

이제 다른 쪽의 문제를 생각해보자. 공동체의 회원 수가 주어져 있을 때 공원의 면적은 얼마나 돼야 할까? 공원이 더 크면 더 큰 편익을 줄 것이다. 그렇지만 다른 대부분의 재화처럼 공원도 한계효용체감의 대상이 되리라고 가정해보자. 공원 면적이 늘어나는 데 따른 회원당 한계비용은 그 비용을 나누는 회원들이 나누어 지불해야 할 새로 추가된 땅의 가격이라고 할 수 있다. **땅의 면적은 각 회원의 한계편익이 회원당 한계비용과 같아지는 지점까지 증가되어야 할 것이다.**

이제 최적 공동체 혹은 클럽에 대해 설명하기 위해 위에서 언급한 두 논의를 한데 맞추어 보자. 최적 공동체는 회원 수와 공공서비스 수준이 동시에 한계비용과 한계편익이 동일해져야 한다는 조건을 충족할 때 이루어지는 것이다. 이 클럽 모형은 매우 단순하지만 공동체 형성 과정의 중요한 측면을 잘 드러내고 있다. 특히 이 이론은 공동체 규모가 사람들이 소비하고자 하는 공공재 유형, 이 재화들이 혼잡에 어느 정도 민감한지, 그리고 공공재를 얻기 위한 비용 등에 어떻게 의존하는지를 설명해준다.

클럽 이론과 현실세계의 공동체 간에는 얼마나 유사한 관계가 있을까? 많은 경우 여러분이 생각하는 것보다 밀접한 관계가 있다. 6,000만 명이 넘는 미국인들이 이웃들과의 연합으로 운영하는 지역에 살고 있다[Community Association Institute, 2012]. 이런 '출입구가 있는 공동체들'은 회원 수를 얼마나 할 것이며 얼마나 많은 경호원들을 고용할 것이며 골프장이나 공공수영장을 만들 것인가 등의 사항을 결정한다. 그렇지만 대부분의 경우 공동체를 클럽으로 보는 것은 지방 재정학을 이해하는 데 필요한 몇 가지 중요한 문제에 대해 대답을 주지 못한다. 이를테면 다음과 같은 것들이다.

- 공공서비스의 재원을 어떻게 마련할 것인가? 컨트리클럽은 회원 요금을 부과할 수 있지만 보통 도시(자치단체)에서는 공공재에 대한 값으로 세금을 부과한다.
- 클럽(혹은 문이 달린 공동체)은 비회원들을 배제함으로써 무임승차자 문제를 제거할 수 있다. 자치단체는 이런 목적을 어떻게 달성할 것인가?
- 나라 전역에서 사람들이 조직을 만들어서 서로 다른 많은 클럽(공동체)들을 형성할 때, 전체적인 공공재 배분이 형평성이 있고 효율적일까?

이 질문들은 다음 절에서 분석한다.

22.3 티부 모형

"사랑하라. 그러지 않으려면 떠나라." 미국 연방정부의 정책에 반대하는 사람들이 이런 충고를 들었을 때 이는 최후통첩과 마찬가지이다. 사람들이 정부 정책이 마음에 들지 않아 나라를 떠나는 것은 아주 극단적인 경우에나 상상할 수 있는 일이다.[5] 이민을 하는 데는 커다란 금전적·심리적 비용이 있기 때문에 더 현실적인 선택은 나라에 남아서 정책을 바꾸려고 노력하는 것이다. 반면에 대부분의 시민들은 그들의 지역 공동체에는 그렇게 강하게 소속되어 있지 않다. 만약 여러분이 일리노이주 스코키시의 정책을 좋아하지 않는다면 가장 쉬운 행동은 몇 마일 떨어진 에반스시로 이사 가는 것이다. 이 절에서는 공동체 간 이동성과 자발적 공동체 형성 그리고 공공재의 효율적 공급 사이의 관계에 대해서 논의한다.

제4장에서는 시장이 일반적으로 공공재 공급에 실패한다고 배웠다. 문제의 근원은 시장이 개인들에게 공공재에 대한 자신의 진정한 선호를 나타내도록 강제할 수 없다는 것이다. 모든 사람에게 무임승차자가 되려는 유인이 있다. 일반적인 결론은 어떤 형태로든 정부 개입이 필요하다는 것이다.

이 분야의 중요한 논문으로 Tiebout[1956]는 개인들이 여러 지방 자치단체로 옮겨 다닐 수 있는 능력이 지방공공재 문제에 있어 시장과 유사한 결과를 만들어낸다고 주장하였다. 개인들은 그들의 발로 투표하여 자신들이 가장 좋아하는 공공서비스와 세금의 조합을 제공하는 자치단체에 위치하게 된다는 것이다. 사적 재화를 시장에서 구입하여 수요를 만족하는 것과 같이 사람들은 공공재에 대한 수요를 적절한 자치단체를 찾아서 거기서 세금을 지불함으로써 만족

5 예를 들면, 1960년대에 일부 젊은이들은 베트남전 참전을 피해서 나라를 떠났다.

시킨다. 균형에서 사람들은 그들의 공공서비스 수요에 근거하여 자치단체들로 배분된다. 각 개인은 자신이 원하는 수준의 공공서비스를 받게 되며 다른 곳으로 움직인다고 해서 후생이 증가하지 않는다(후생이 증가한다면 이미 옮겼을 것이다). 따라서 균형은 파레토 효율적이고 효율성을 달성하기 위한 정부의 개입은 필요하지 않다.

22.3.1 티부의 가정

이러한 준시장적인 과정이 공공재 공급 문제를 해결하리라는 도전적인 티부의 주장은 많은 연구를 촉발하였다. 많은 연구들은 시민들이 발로 투표할 수 있는 능력이 공공재 공급을 효율적인 상태로 인도하기 위한 정확한 충분조건들이 무엇인지를 찾는 데 관심을 두었다. 주요 조건들은 다음과 같다.[6]

정부의 행동이 외부성을 생성하지 않는다. 뒤에 언급하겠지만, 자치단체 간 일출 효과(spillover effect)는 비효율성을 낳을 수도 있다.

개인들은 완전한 이동성을 갖는다. 각 사람은 자신에게 가장 잘 맞는 공공서비스를 찾아 비용 없이 이동할 수 있다. 그가 고용된 장소는 그가 어디 거주하는가에 대한 제약을 주지 않으며 소득에도 영향을 주지 않는다.

사람들은 자치단체의 공공서비스와 세금에 대하여 완전한 정보를 가지고 있다.

충분히 많은 자치단체들이 있어서 각 개인들이 자기의 수요를 충족하는 곳을 찾을 수 있다.

공공서비스 단위당 비용은 상수이며 따라서 공공서비스의 양이 2배가 된다면 총비용도 2배가 된다. 추가적으로 공공서비스를 제공하는 기술은 주민 수가 2배가 되면 제공되는 공공서비스의 양도 2배가 된다고 가정한다. 이 조건이 티부 균형이 효율적인데 왜 필요한지를 이해하려면 공급이 증가함에 따라 단위당 비용이 감소하는 경우를 생각해보면 된다. 그런 경우 독립적으로 운영하는 자치단체들은 규모의 경제의 이득을 누리지 못할 수도 있다.

이 가정은 공공서비스를 본질적으로 공적으로 제공되는 사적재화가 되게 만든다. (국방과 같은) 순수 공공재는 이 조건을 만족하지 못한다. 그렇지만 교육이나 쓰레기 수거와 같은 많은 지방공공서비스들은 이 조건을 큰 무리 없이 충족한다.

공공서비스는 비례적인 재산세를 재원으로 한다. 세율은 자치단체에 따라 다를 수 있다.[7]

자치단체들은 **배타적 구역설정 법**(exculsionary zoning law)—즉 토지를 특정 용도로 이용하는 것을 금지하는 법—을 제정할 수 있다. 특히 모든 주택이 특정 최소 규모 이상이 될 것을 요구할 수 있다. 왜 이런 가정이 필요한지 알기 위해서는 티부 균형에서 자치단체들이 구성원들의 공공재에 대한 수요를 기반으로 서로 분리된다는 점을 기억하자. 만약 소득이 공공서비스 수요와 양의 상관관계가 있다면 소득수준에 따른 자치단체 분리라는 결과가 생긴다.

배타적 구역설정 법 (exculsionary zoning law)

토지의 이용에 있어 일부 용도를 제한하는 법령.

6 이 조건들 중 어떤 것도 원래 티부의 논문에는 없다.

7 Tiebout[1956]는 인두세를 재원으로 한다고 가정했다. 보다 현실적인 재산세 가정은 Hamilton[1975]에서 온 것이다.

고소득 자치단체에서 재산가치가 높은 경향이 있으며 따라서 자치단체는 주어진 공공재 지출에 대해 상대적으로 더 낮은 세율로 재원조달을 할 수 있다. 이에 따라 저소득층 가구들은 부유한 자치단체로 이동하여 상대적으로 작은 집을 짓고 살 유인을 갖는다. 낮은 세율로 인해 저소득층 가구는 상대적으로 적은 세부담을 지지만 더 높은 수준의 공공서비스 수준을 누릴 수가 있다. 더 많은 저소득층 가구들이 이동하겠다는 생각을 갖게 됨에 따라 해당 자치단체의 가구당 세원은 줄어든다. 세율이 늘어난 인구를 위해 필요한 공공서비스 수준으로 확대되려면 세율은 증가해야만 한다.

완전한 이동성을 가정하였으므로 부자들은 이에 대해 참고 있을 이유가 없다. 그들은 다른 자치단체로 이동하면 된다. 그럼 무엇이 가난한 사람들이 부자들을 따라가는 것을 막는가? 이동성에 대한 제약이 없다면 아무것도 그걸 막을 수 없다. 티부 모형에서는 자치단체 주민들이 돌고 도는 현상이 발생할 수 있다. 배타적인 구역설정은 이런 현상을 막음으로써 안정된 파레토 효율 균형을 유지해준다.

22.3.2 현실세계에서 티부 모형

티부 모형은 물론 현실세계에 대한 완벽한 묘사라고는 볼 수 없다. 사람들이 완전한 이동성을 가진 것은 아니다. 각 가구들에 대해 그들의 취향에 완벽하게 맞는 서비스들을 제공할 만큼 많은 자치단체도 없다. 이 외에도 가정과는 나른 사항이 많이 있다. 게다가 모형의 함의와는 달리 우리는 많은 자치단체들 안에서 상당한 소득 격차가 있다는 사실을 관찰하는데, 이로부터 공공서비스 공급수준에 대한 요구가 한 자치단체 안에서도 다르다는 사실을 예상할 수 있다. 미국의 아무 큰 도시나 생각해보면 이러한 관측이 맞음을 알 수 있다.

그렇지만 우리는 티부 모형을 너무 쉽게 포기해서는 안 된다. 미국 경제에는 상당한 이동성이 있다. 평균적으로 한 해 동안 약 15%의 미국인들이 지난해와는 다른 거주지를 갖는다[US Bureau of the Census, 2012c, p. 38]. 게다가 대부분의 대도시 지역에서는 자치단체 유형에 대한 선택범위가 상당히 넓다. 미국 대도시의 20마일 반지름 안에 수백 개의 근교 주택지구 중 하나를 선택할 수 있는 것이다. 얼핏 보더라도 교외 지역들은 상당 정도 소득에 따라 분리되어 있으며, 배타적 구역설정이 광범위하게 실행되고 공공서비스 수준이 (유사한 소득수준에서라도) 상당수준 다른 것이 관찰된다.

티부 가설에 대해서는 몇 가지 유형의 실증분석이 행하여졌다. 한 가지 유형은 지방 공공서비스의 가치와 세금이 지방 재산가치에 자본화(capitalization)되어 있는가를 살펴보는 것이다. 만약 사람들이 지방 공공서비스와 지방세금이라는 묶음에 따라 움직인다면 이들 묶음의 차이는 재산가치에 반영될 것이라는 아이디어이다. 더 나은 공공서비스를 제공하는 자치단체는 (세금까지 포함한) 다른 조건이 일정할 때 더 높은 재산가치를 가질 것이다. 이런 자본화에 대한 연구들은 이 장 뒷부분에 나오는 재산세 부분에서 논의할 것이다. 뒤에서도 언급하겠지만 자본화는 광범위하게 나타나는 현상이다. 이 결과는 최소한 일정 조건하에서는 티부 모형이 현실을 적절히 묘사하고 있음을 의미한다.

22.4 최적 연방주의

이제 지방정부를 어떻게 특징지을 수 있는가에 대한 개념을 얻었으므로 다음 질문에 답할 준비가 되었다. 연방 시스템에서 서로 다른 수준의 정부들 사이의 경제적 의무에 대한 최적 배분은 무엇일까? 첫 번째로 거시경제적 기능을 생각해보자. 대부분의 경제학자들은 실업이나 인플레이션 수준에 영향을 주려는 의도로 결정되는 지출과 세금은 중앙정부가 결정해야 한다는 데 동의한다. 어떤 주나 지방 정부도 전반적인 수준의 경제활동에 영향을 줄 만큼 크지는 않다. 예를 들어, 각 지방정부가 독자적인 통화정책을 수행하기 위해 자신만의 화폐를 발행하는 것은 이치에 닿지 않는다.

효율성과 형평성을 높이는 미시경제활동에 관해서는 그에 비해 상당히 많은 논쟁이 있다. 후생경제학이라는 틀에서 이 문제를 정리하면 집권화된 시스템과 분권화된 시스템 중 어느 것이 더 사회후생을 극대화할 가능성이 높으냐는 것이다. 단순화를 위해 우리 논의의 대부분은 '중앙'과 '지방'이라는 두 수준의 정부만 있다고 가정한다. 이 가정 때문에 중요한 통찰력을 잃지는 않는다.

22.4.1 분권화 시스템의 단점

일군의 작은 자치단체들로 이루어진 나라에 대해 생각해보자. 각 자치단체 정부는 (외부인들은 고려하지 않고) 그 구성원들의 효용에만 의존하는 사회후생을 극대화하는 선택을 한다.[8] 이 결과는 모든 국민들의 효용을 고려하여 구성된 국가 사회후생함수를 극대화하는 데서 나온 결과와 비교할 때 어떻게 다를까? 효율성과 형평성 문제를 고려해보기로 한다.

효율성 문제 분권화된 정부 시스템은 몇 가지 이유로 인해 비효율적 자원배분으로 이어질 수 있다.

외부성 특정 자치단체의 구성원들에게만 혜택이 돌아가는 공공재를 **지방공공재**(local public good)라고 한다. 예를 들어, 텍사스주 오스틴시의 공공도서관은 미시건주 앤아버시 주민들의 후생에는 거의 영향을 주지 않는다. 그렇지만 한 자치단체에서 행해진 일이 때때로 다른 자치단체의 후생에 영향을 줄 수도 있다. 만약 한 도시가 좋은 공교육을 제공하고 그 교육을 받은 아이들이 이사를 간다면 다른 자치단체도 좋은 교육을 받은 노동력에 의해 혜택을 받을 수 있다. 도시는 상호 간 좋지 않은 영향을 주기도 한다. (캐나다) 브리티시콜롬비아주의 빅토리아시에서 오물을 바다로 버리면 쓰레기들이 (미국) 워싱턴주의 시애틀시로 흘러들기도 하는데 시애틀 시민들이 그것을 좋아할 리가 없다. 간단히 말하자면 자치단체는 서로 (양과 음의) 외부성을 주고받는다. 만약 각 자치단체들이 자신의 구성원들만 생각한다면 이런 외부성들은 고려하지 못하게 된다. 따라서 표준적인 논의(제5장 참조)에 따라 자원은 비효율적으로 배분된다.

지방공공재(local public good)

특정 자치단체 구성원들에게만 혜택이 가는 공공재.

공공재 공급에 있어 규모의 경제 어떤 공공서비스에 있어서는 1인당 비용이 사용자의 증가

8 여기서는 사회후생함수가 어떻게 결정되며 정부를 운영하는 사람들이 실제로 그것을 최대화하려 하는지 등의 질문들은 무시하기로 한다(제3장과 제6장을 참조하시오).

에 따라 감소한다. 예를 들어, 더 많은 사람이 공공도서관을 이용할수록 사용자 1인당 비용은 낮아진다. 만약 각 자치단체가 자기들만의 도서관을 세운다면 사용자 1인당 비용은 필요 이상으로 높아질 것이다. 반면에 중앙정부는 하나의 도서관을 지어서 사람들이 규모의 경제에서 오는 혜택을 보도록 할 수 있다.

물론 다양한 활동이 각기 다른 규모의 경제의 대상이 된다. 도서관 서비스의 최적 규모는 소방의 최적 규모와 다를 수 있다. 또 이들의 최적 규모는 국방의 최적 규모와는 확실히 다르다. 이런 관측은 부수적으로 관할권이 중복되는 자치단체 시스템을 정당화해주기도 한다. 즉, 각 자치단체가 그 크기에 알맞은 규모의 경제를 누릴 수 있는 서비스들을 취급하는 것이다.

한편, 자치단체 간 합병이 자치단체들이 규모의 경제의 이점을 누릴 수 있게 해주는 유일한 방법은 아니다. 뉴저지주 내의 지방자치단체들은 공공도서관과 학교의 운영을 공동으로 하지만 여전히 각각의 독립을 누리고 있다. 한편 캘리포니아주에서는 일부 도시들이 다른 정부나 민간 부문과 계약을 맺어 특정 공공재와 공공서비스를 공급하기도 한다. 이런 조정 방안들은 공적으로 제공되는 재화를 어느 정도 소비하고, 어느 정도 생산하느냐에 대한 자치단체들 간 결정의 연계를 약화시키기도 한다.

비효율적 조세 시스템 효율적인 조세체제에서는 수요와 공급이 비탄력적인 재화들의 세율이 높아야 하며 탄력적인 재화들의 세율이 낮아야 한다(제16장 참조). 국가 전체의 자본공급은 고정되어 있지만 자치단체 간에는 자본의 이동성이 매우 높다고 가정해보자. 각 자치단체들은 만약 자본에 높은 세금을 부과할 때 자본이 다른 곳으로 떠나게 되어 해당 자치단체의 후생이 낮아질 것이란 걸 알고 있다. 이런 경우 합리적인 자치단체라면 자본에 대한 세금을 아주 낮게 해줄 것이며 심지어는 자본에 보조금을 줄 수도 있다. 좋은 예는 코네티컷주인데 그 곳에서는 영화 제작자들에게 30% 세액공제를 해주었다. 2년 동안 세액공제는 66개의 영화와 TV쇼, 광고 등의 유치에 기여하였다[Foderaro, 2008]. 시카고시의 공무원들은 오해어 공항 근처의 다른 지역에 있던 UA 항공사의 운영센터를 3,500억 달러의 인센티브를 주겠다는 약속을 하면서 유치한 바 있다[Davey, 2010]. Chirinko와 Wilson[2006]은 지난 40년간 주정부의 투자에 대한 세금유인 제공이 더 규모가 커지고 일반화되었음을 보였다.

물론 현실적으로는 총자본량의 공급은 고정되어 있지 않다. 또한 자치단체의 고용 증가가 사업에 대한 세율과 음의 상관관계가 있다는 통계적인 증거가 있기는 하지만 다른 지방의 세율에 대해 기업의 위치선정이 얼마나 민감하게 반응하는지에 대해서는 알려져 단체들에 의해 부과되는 세금은 국가 전체의 관점에서는 효율적이지 않기가 쉽다. 대신 자치단체들은 외부인들에게 수출할 수 있느냐를 기준으로 세금을 선택할 것이다. 예를 들어, 만약 자치단체가 국가 내의 유일한 석탄광을 가지고 있다면 우리는 석탄에 부과된 지방세의 귀착이 대부분 자치단체 밖에 있는 석탄 이용자들에게 갈 것임을 예상할 수 있다.[9] 석탄세가 자치단체의 관점에서 보면 좋겠지만 국가의 입장에서도 좋은 것은 아니다.[10]

9 여느 때처럼 정확한 귀착 문제의 답은 시장 구조에, 수요의 탄력성 그리고 비용 구조 등에 대한 정보를 요구한다.

10 몬태나주와 같은 석탄 생산 주들은 그들의 세부담을 다른 곳으로 수출하려고 노력해왔다.

세금 전가의 중요한 시사점은 자치단체가 너무나 많은 지방공공재를 구매할 수 있다는 것이다. 효율성은 지방공공재가 그 사회적 한계편익과 사회적 한계비용이 같아지는 지점까지 구매될 것을 요구한다. 만약 자치단체가 일부 세금부담을 다른 자치단체로 이전시킬 수 있다면 그 자치단체가 인식하는 한계비용은 사회적 한계비용보다 작게 된다. 자치단체가 사회적 한계편익을 인식된 한계비용과 동일하게 맞추게 되면 비효율적으로 많은 지방공공재라는 결과를 초래한다.

세금 징수에 있어 규모의 경제 개별 자치단체들은 세금 징수에 있어 규모의 경제의 이점을 누리지 못할 수 있다. 각 자치단체는 조세 행정에 자원을 투입해야만 하는데 조세당국들이 결합함으로써 행정비용을 절감할 수 있다. 각 자치단체가 세금에 대한 정보를 담은 컴퓨터를 각각 구입하는 대신 하나의 컴퓨터를 함께 쓰면서 비용을 나누지 못할 이유는 없을 것이다. 물론 이런 규모의 경제 중 일부는 자치단체가 합병하지 않더라도 협력을 통해 달성할 수 있다. 예를 들어, 어떤 주들에서는 도시가 부과하는 세금을 주 세무 당국이 징수한다.

형평성 문제 공리주의 철학의 틀에서 사회후생극대화는 가난한 사람들에게 소득이전을 해야 한다고 요구할 수도 있다. 특정 자치단체의 세금과 지출 패턴이 저소득층에게 유리하다고 가정해보자. 만약 자치단체 간 이동에 장벽이 없다면 국가의 다른 곳에서 살고 있는 가난한 사람들이 이동해올 것이라고 예상할 수 있다. 가난한 사람들의 인구가 증가함에 따라 재분배 재정 정책의 비용도 상승한다. 동시에 자치단체의 고소득층은 그곳을 떠나려고 할 수도 있다. 더 나은 재정 구조를 가진 다른 곳으로 이동할 수도 있는데 왜 가난한 사람들을 위해 많은 세금을 내고 있겠는가? 이리하여 자치단체의 세출 수요는 증가하는 데 반해 자치단체의 인구는 감소한다. 종국에는 재분배 프로그램을 그만두어야만 할 것이다.

이런 논의는 사람들이 특정 자치단체를 선택하는 것이 제공되는 세금−복지 묶음에 영향을 받는다는 관념에 크게 의존하고 있다. 이런 명제를 지지할 만한 증거는 Glaeser[2012]에 의해 제시된 바 있는데, 그는 "한 지역이 강한 재분배 정책을 편다면 더 부유한 시민들이 지역을 탈출할 유인이 있다"고 하였다. 이런 관측에 대한 해석은 약간 미묘하다. 인과관계가 역방향일 수도 있기 때문이다. 즉, 주민들의 임금이 상승한 주들은 누진적인 세금 구조에 대해 지지 투표를 할 수 있다. 어찌 되었든 이런 결과는 분권화된 자치단체들이 소득 재분배를 수행하려면 많은 주의가 필요하다는 시사점을 준다.

22.4.2 분권화 시스템의 장점

지역 취향에 맞는 산출 조정 어떤 사람들은 자녀가 다니는 고등학교에 운동부가 많이 있기를 바란다. 다른 사람들은 그게 불필요하다고 생각한다. 어떤 사람들은 공원을 좋아하고 다른 사람들은 그렇지 않다. 중앙정부는 지역적 취향에 관계없이 국가 전역에 비슷한 수준의 공공서비스를 제공하는 경향이 있다. 토크빌(de Tocqueville)이 간파했듯이, "중앙집권화된 큰 나라에서는 법 제정자들이 법에 통일성을 부여하려는 의무감을 갖는데, 이는 지역들 사이의 다양한 관습과 항상 잘 어울리는 것은 아니다." 분명 개인들의 선호에 가깝게 맞출 수 있음에도 불구하고 그들이 원하는 양에 비해 많거나 모자라게 공공재를 제공하는 것은 비효율적이다. 분권화된 시스템에서는 공공재에 대해 유사한 취향을 가진 사람들끼리 모이게 되고 자치단체는 거주자들이 원하는 공공재의 양과 유형을 제공하게 된다(자치단체를 일종의 '클럽'으로 보는 견해를 기억하자).

밀접하게 관계된 개념은 지방 정부가 주민들과 더 가까운 곳에 있기 때문에 중앙정부에 비해 주민들의 선호에 더 잘 대응할 수 있으리라는 것이다.[11] 모든 사람들의 취향에 대한 정보를 얻고 가공하는 비용이 상당히 큰 대국에서는 특히 그러하다. 맥도널드사의 최고경영자는 언젠가 "2만 5,000개의 식당을 중앙집권적 방식으로 운영할 수는 없다. 많은 결정들이 시장과 가까운 곳에서 이루어져야 한다."라고 말한 바 있다[Barboza, 1999]. 연방 시스템은 같은 원칙을 정부 선택에 적용한 셈이 된다.

이런 논리는 한 지역 내에서 선호가 다양할수록 그 지역 안에서 분권화된 선택의 혜택이 크다는 시사점을 준다. 이런 관념이 예측력을 갖는지를 검토하는 방법으로 Strumpf와 Oberholzer-Gee[2002]는 주류 판매에 대한 정부규제가 어떤 정부수준에서 이루어져야 하는지를 살펴보기 위해 주들 간 알코올 규제에 어떤 차이가 있는지 살펴보았다. 종교적 배경이 다른 사람들은 주류 금지에 대한 생각이 서로 다르다. 따라서 연방주의 이론은 다른 조건이 일정할 때 종교에서 다양성이 있는 주들이 알코올 규제에 대해 분권화된 통제를 할 가능성이 높으리라는 시사점을 준다. 그들은 이런 가설을 지지하는 발견을 했다. 주 내부에서 선호의 다양성에 따라 주의 통제가 아닌 지방의 통제가 증가했다

연방주의 논리는 또한 국가 전체에서 제정된 경제 규제가 모든 자치단체에서 통하지는 않으리라는 시사점을 준다. 예를 들어, 우리는 제5장에서 환경규제를 전국적으로 동일하게 하는 것이 이치에 맞지 않음을 보였다. 오염 감소의 한계 비용과 한계편익은 인구 밀도와 기후 패턴 등에 의존한다. 특정 자치단체 공무원들이 연방정부에 비해 해당 지역의 특별한 문제에 대해 더 많은 정보를 가지고 있는 한 그들에게 규제 정책을 결정할 재량권을 주는 것이 더 합리적이다. 미국에서는 주들이 일부 연방 환경규제를 집행하고 실행할 책임을 질 것인지 여부를 선택할 수 있다. 이런 선택권을 이용한 주들이 규제를 집행하는 데 있어 연방정부보다 더 엄격하다는 증거도 있다[Sigman, 2003].

정부 간 경쟁 촉진 여러 맥락에서 정부 운영자들에게는 가능한 최소한의 비용으로 생산할 유인이 결여되어 있다(제6장 참조). 최소비용을 달성하지 못한 개인 기업의 운영자들은 궁극적으로 사업에서 밀려난다. 반면 정부의 운영자들은 그럭저럭 해나가기를 지속한다. 그러나 만약 시민들이 자치단체들 중에 선택을 할 수 있다면 심각하게 잘못된 운영은 시민들이 다른 자치단체를 선택하게 할 것이다. 이런 위협은 정부 운영자들이 더 효율적으로 생산토록 하는 유인을 만들어낼 수 있다. 이런 맥락에서 다른 조건이 일정할 때 국가의 재정 시스템이 분권화되어 있을수록 정부가 덜 부패했다는 일부 증거가 있다는 사실은 흥미롭다[Fisman and Gatti, 2002].

11 그렇지만 일부 자치단체 주민들의 선호가 잘못되었다고 믿는다면 이런 장점은 단점이 된다. 예를 들어, 어떤 자치단체는 노예제를 합법화하기로 결정할 수도 있다. 어떤 조건에서 중앙정부가 주정부와 지방정부의 선택을 뒤집을 수 있는지를 결정하는 것은 정치적으로나 윤리적으로 어려운 문제이다.

지방공공재와 공공서비스에 대한 실험과 혁신 많은 정책 문제들에 대해 어느 누구도 정답이 무엇인지, 그리고 하나의 답이 모든 상황에서 최선이 될지는 알 수가 없다. 답을 찾아내는 방법 중 하나는 각 자치단체들이 자신의 방법을 선택하게 한 후 결과를 비교하는 것이다. 다양한 정부를 가진 시스템은 문제에 대한 새로운 해법을 찾을 가능성을 높여준다. 대법원 판사 루이스 브랜다이스가 한때 말했듯이, "용감한 주 하나가, 만약 주민들이 선택한다면, 실험실이 되어서 국가의 다른 부분에는 위험을 끼치지 않으면서 도덕적 · 사회적 · 경제적 실험을 행할 수 있다는 것은 연방 시스템이 준 행운 중 하나라 할 수 있다."

어느 모로 보나 브랜다이스의 실험실은 바쁘게 가동 중이다.

- 시애틀시는 불리한 여건에 놓인 아동들의 교육 성과를 높이기 위해 "요람에서 대학과 직업까지"라는 정책을 세운 바 있다. 목표는 부모의 도움에서부터 직업 상담까지 가능한 모든 서비스를 이용할 수 있게 하는 것이다.
- 2010년 미주리주는 주립 공원 청년 연합을 설립했는데 공공과 민간, 그리고 비영리 법인 등이 참여하여 청년들의 고용 기회를 확대하는 활동을 하고 있다. 이런 활동들 중에는 건물 보수와 도색작업, 하이킹 코스 건설 등이 포함된다.
- 2012년 웨스트버지니아주는 법의 강력한 집행을 위해 시민들이 수상한 행동을 사진 찍어 전송할 수 있는 스마트폰 앱을 개발하였다.

역사적으로 주 수준에서 실험적으로 행해진 일부 프로그램들이 결국에는 연방정부 정책이 되었다. 예를 들면 대공황 기간 동안 공적 연금제도 설계자들은 사회보험 프로그램을 실행했던 일부 주들의 경험을 활용할 수 있었다.

22.4.3 함의

앞의 논의는 완전히 분권화된 시스템이 사회후생을 극대화하지 못함을 분명하게 보여주고 있다. 효율성은 전국적인 영향이 있는 일출효과를 지닌 재화들—국방과 같은 공공재—이 국가적 수준에서 제공될 것을 요구한다. 다른 한편으로 지방공공재는 지방에서 제공되어야 한다. 위스콘신주 메디슨시의 데이브 시슬레비치 시장은 시민들이 이스라엘과 팔레스타인 간의 분쟁에서 어느 편에 설 것인가를 논쟁하고 있을 때, "나는 길거리의 쓰레기를 청소하고 길을 뚫으라고 뽑힌 것이지 국제 정치를 다루라고 뽑힌 건 아니다."라고 말한 바 있다[Napolitano, 2004].

우리는 자치단체 활동 중에 그 규모가 전 국가적이지는 않은 일출효과를 낳은 중간 단계의 경우들을 생각해야 할 것이다. 한 가지 가능한 해법은 서로 영향을 주는 모든 자치단체들을 하나의 지역정부로 통합하는 것이다. 이론적으로는 이런 정부가 모든 시민들의 후생을 고려하고 따라서 외부성을 내부화한다. 그렇지만 더 큰 규모의 자치단체는 지역별 선호의 다양성에는 덜 민감하게 반응할 수도 있다.

외부성을 다루는 대안적 모형은 피구 조세와 피구보조금 시스템이다. 제5장에서는 정부가 음의 외부성을 창출하는 행동에 대해서는 세금을 부과하고 양의 외부성에 대해서는 보조금을 줌으로써 효율성을 증진시킬 수 있음을 보았다. 우리는 유사한 장치를 통해 지방정부들의 행동에 영향을 주는 중앙정부를 상상해볼 수 있다. 예를 들어, 만약 초중등 교육이 자치단체의 경계를 넘는 혜택을 창출한다면 중앙정부는 자치단체들에게 교육보조금을 제공할 수 있다. 지방자치는 유지되지만 외부성은 교정된다. 뒤에서 우리는 일부 정부 교부금이 이런 모형을 따르고 있음을 볼 것이다.

우리의 이론은 공공재 공급에 있어 지방공공재는 지방자치단체가, 국가적 공공재는 중앙정부가 담당하는 명확한 의무의 분업이 있어야 함을 주장한다. 현실적으로는 각 수준의 정부 간에는 상당한 상호작용이 있다. 예를 들어, 대부분의 법집행 관리자는 주와 지방 공무원이다. 그러나 그들의 행위의 대부분은 연방 형사법의 통제를 받는데 "의회가 자동차 강탈, 교회 방화, 소떼 몰이의 방해, 가축 시설의 손상 등의 범죄에 대해 강경한 태도를 취함에 따라 폭발적으로 연방 형사법의 범위가 증가했다"[Derthick, 2000, p. 27]. 이런 규제가 없을 경우 지방의 활동이 충실치 못할 수도 있다는 사실을 고려하면 규제가 존재함으로써 후생이 증가할 수 있다. 그렇지만 어떤 사람들은 하위 정부 기관에 대한 연방 규제 시스템이 너무 복잡해져서 어떤 수준의 정부가 어떤 일에 책임이 있는지를 결정하는 것도 어려울 수가 있다고 믿고 있다. 이런 현상이 2005년 카트리나 태풍에 대한 충실치 못한 대응의 이유를 설명해줄지도 모른다. 각 수준의 정부의 역할을 둘러싼 혼란이 중요한 서비스들을 지연시킨 원인이 되는 정부 간 조정의 결함을 야기했던 것이다.

최적 연방주의 이론이 제안하는 바에 따라 미국 연방 시스템을 개혁하려는 제안들이 있어왔지만 그런 제안들이 법제화되지는 않았다. 그런 제안들이 정치적으로 실패한 이유는 아마도 "99.9%의 의원들은 분명 해당 문제를 자기들이 좋아하는 방식으로 결정하는 수준의 정부에서 그 문제들이 결정되는 쪽을 더 선호할 것이다."[Clymer, 1997, p. 6]라고 한 매사추세츠주 상원의원 바니 프랭크의 언급 속에서 찾을 수 있을 것이다.

만약 어떤 의무의 분업이 효율성의 관점에 적절하다면 그러한 의무의 배분은 소득분배 측면에서도 바람직할 것인가? 대부분의 경제학자들은 앞에서 논의한 지역 간 이동성으로 인해 소득재분배 기능의 수행이 지방정부들에게 크게 의존할 가능성은 배제된다고 믿고 있다. 개별 자치단체가 소득분배 문제를 해결하려 한다면 재정적 어려움에 빠지게 될 것이다. 이것이 뉴욕시가 자주 재정적 압박을 받게 되는 이유 중 하나일 것이다. 사실 미국에서 소득 부양을 위한 지출 중 대부분은 연방정부 수준에서 이루어진다. 공적연금, 보조소득보장, 식품 구매권, 근로장려세제 등은 모두 연방 프로그램이다. 1996년 사회보장제도 개혁에서 (제13장에서 논의됨) 주정부에게 이 영역에 대한 새로운 의무를 부여하기는 했지만 금액 면에서는 연방정부 프로그램에 의한 지출에 비해 상대적으로 미미하다.

22.4.4 연방 시스템에서 공교육

최적 연방주의 이론을 적용하는 유용한 방법은 이 이론을 주와 지방 예산에서 가장 중요한 항목 중 하나인 교육에 대한 분석에 적용하는 것이다.[12] 2008년에 교육에 대한 총 정부 지출은 9,850억 달러를 넘었다. 이 중에서 연방정부가 16%를 지출하고 주정부가 23%를 지출하며 다

12 정부가 교육을 제공해야 하는지와 관련된 더 근본적인 문제들은 제7장에서 논의되었다.

른 정부들이 나머지를 지출한다. 교육은 주정부 수준에서 직접 지출의 18%를 차지하며 지방정부 지출의 약 38%를 차지한다[US Bureau of the Census, 2012c, pp. 147, 274]. 미국 학생 10명 중 9명은 공립학교에서 교육을 받는다.

각기 다른 수준의 정부에 의한 교육지출 패턴이 최적 연방주의에 대한 이론과 조화를 이루는가? 재화의 분권화된 제공에 대한 하나의 근거는 분권화된 제공이 지역의 취향에 잘 맞출 수 있다는 것이다. 많은 부모들이 자녀 교육에 대해서는 확고한 견해를 가지고 있으며 이런 견해들이 자치단체별로 다르므로 지방정부가 교육에서 주도적인 역할을 한다는 것은 이치에 맞는다. 물론 교육에 대한 지방정부의 재량권을 인정하면서도 재원은 주정부나 연방정부가 마련할 수도 있다.[13] 그렇지만 다른 수준의 정부에서 재원이 나온다면 정치적으로 학교에 대한 통제를 유지하는 것이 어렵다. 피리를 부는 사람 마음대로 곡을 정하는 법이다. 예를 들면 캘리포니아주에서 상당한 금액이 주정부에서 온다. 공립학교들은 9,000페이지에 달하는 주 교육법을 따라야 하는데 거기에는 어떤 교과서를 사야 하는지, 어학 학습법은 어때야 하는지 그리고 학교 식당이 완벽한 주방을 갖추어야 한다는 등의 지시사항이 담겨 있다[Kronholz, 2000, p. A10].

지방정부는 주로 재산세를 통하여 교육을 위한 재원을 마련한다. 학군별로 재산가치의 금액에는 큰 차이가 있다. 재산세 세원의 차이는 학군별 재원의 큰 차이와 연결된다. 예를 들면, 2008학년도에 캘리포니아에서 1만 명 이상의 학생을 가진 학군들 중에 가장 부자 학군들은 가장 가난한 학군에 비해 학생 1인당 11배 이상을 지출하고 있다[US Bureau of the Census, 2010]. 교육지출의 평등주의적 관점으로 보자면, 지방자치에 미치는 영향이 어떠하든지 간에, 재원을 지방들 사이에 재분배할 수 있는 더 높은 수준 정부의 재원이 필요할 것이다. 이 장의 뒷부분에서 보듯이 정부 간 교부금은 교육재정의 중요한 부분이다.

교육에 대한 연방재정지원은 두 분야에 집중된다. 초중등교육수준에서는 교육부 재원이 주로 학교 개선 프로그램이나(2010년 342억 달러), 가난한 학생들이나(2010년 221억 달러) 특수교육을 받아야 할 학생들(2010년 165억 달러)에게 가고 있다[US Bureau of the Census, 2012c, p. 147]. 이는 재분배가 지방수준에서는 수행되기 어렵다는 관측과 상응한다. 고등교육에서는 연방 지출의 대부분이 연구에 지원되고 있다. 연구에서 나오는 정보들은 공공재이며, 우리는 중앙정부가 공공재를 공급하거나 공공재에 대해 보조해주는 것이 지역수준에서 발생할 수 있는 무임승차 문제를 피하는 방법이란 것을 살펴본 바 있다.

그렇지만 교육에서 연방정부의 역할이 재원의 제공에만 있지는 않음을 주목해야 한다. 많은 연방법과 연방규제들이 공교육에 적용되고 있다. 연방 법령들은 교사 양성, 도서관, 장애학생의 기준, 성교육 등의 다양한 주제를 포괄하고 있다. 규칙을 따르지 않는 주들은 연방 재원을 잃을 수도 있다. 따라서 미국 교육재정 시스템이 대체적으로는 최적 연방주의의 기본이론과 상응되는 것처럼 보이기는 하지만, 선택의 분업이라는 측면에서 이론이 제안하는 바만큼 분명하게 작동하지는 않고 있다.

---

13 바로 우리나라의 경우가 여기에 해당한다.

22.5 재산세

2005년에 미국의 재산세는 4,100억 달러인데 약 130억 달러는 주정부가 징세했으며 3,970억 달러는 지방정부가 징세했다[US Bureau of the Census, 2012c, p. 274]. 연방 재산세는 없다. 재산세는 미국 지방정부 세금의 약 72%를 차지하고 있어 지방재정에서 핵심적인 역할을 한다. 재산세 납부액은 연방 소득세 산정 시 공제되기 때문에 실제 세부담과 귀착이 이로 인해 달라질 수도 있다.

개인의 재산세 납부액은 세율과 재산 **평가가치**(assessed value)의 곱이다. 재산 평가가치는 자치단체가 정한다.[14] 대부분의 경우 자치단체는 시장가치에 상응하는 가치 측정을 하려고 노력한다.[15] 그러나 최근에 거래가 되지 않았던 재산에 대해서는 징세자가 시장가치를 모르므로 최근에 거래된 유사한 재산의 시장가치를 근거로 추정을 해야만 한다.

평가가치(assessed value)
자치단체가 조세를 목적으로 재산에 대해 부과한 가치.

시장가치와 평가가치 사이의 불일치 정도는 자치단체의 평가 과정의 정확도에 의존한다. 시장가치에 대한 평가가치의 비율을 **평가비율**(assessment ratio)이라고 한다. 만약 모든 재산이 같은 법정세율과 평가비율을 갖는다면 유효세율도 똑같다. 그러나 평가비율이 재산별로 다르다고 가정해보자. 햄릿과 오필리아는 각기 10만 달러의 재산을 소유하고 있다. 오필리아의 재산은 10만 달러로 평가되었고 햄릿의 재산은 8만 달러로 평가되었다. 이들의 재산에 대한 법정 세율은 같더라도(예를 들면 2%) 오필리아의 유효세율은 2%(=$2,000/$100,000)로 햄릿의 1.6%(=$1,600/$100,000)에 비해 높다. 사실 많은 자치단체들이 평가 작업을 제대로 수행하지 못하여 같은 법정 세율을 갖는 재산들 사이의 유효세율은 크게 다르다.

평가비율(assessment ratio)
시장가치에 대한 재산 평가가치의 비율.

재산세에 대해 분석하기 위해서는 처음부터 미국에서 문자 그대로 수천 개의 자치단체들이 각기 어느 정도 독립된 재산세 시스템을 운영한다는 사실을 인식하고 있어야 한다. 어떤 자치단체도 자기네 재산세원으로 모든 재산을 포괄하고 있지 못하지만 어떤 유형의 재산이 면세되며 어떤 세율이 적용되느냐에 대해서는 자치단체별로 큰 차이가 있다. 종교단체나 비영리 기관은 소유한 재산에 대한 세금을 대신하여 자발적인 기여를 하고 있다. 어떤 자치단체는 더 많은 상업 활동을 끌어들이기 위해 새로운 사업장에 대해서는 세금 우대를 해준다. 주택을 제외한 다른 개인적 재산에 대해서 과세하는 지역은 거의 없어서 자동차나 보석, 주식, 채권 등은 보통 면세되고 토지와 그 위에 지은 건물들이 주요과세 대상이 된다. 그러나 〈표 22.1〉에서 보듯이 유효세율은 자치단체별로 크게 다르다.

따라서 '유일한(the)' 재산세라는 것은 없다. 재산세의 다양성은 재산세 시스템 전반의 경제적 효과를 평가하는 데 있어 필수적인 요소이다.

22.5.1 귀착과 효율성 효과

누가 재산세의 궁극적인 부담을 지는가 하는 문제는 논쟁의 여지가 있다. 우리는 먼저 3가지 다른 견해를 제시하고 나서 이들을 조화시키려고 시도할 것이다.

14 미국의 경우는 자치단체가 평가액을 결정하지만 중앙정부가 결정하는 나라도 많이 있다. 우리나라의 '공시지가'나 '기준시가'의 결정도 자치단체가 아니라 중앙정부에 의해 이루어진다.

15 그렇지만 때때로 특정 유형의 재산에 대해서는 다른 유형 재산에 비해 낮은 비율로 가치를 부여한다. 예를 들어, 많은 주들에서 농장 재산에 대해서는 특별한 가치 평가율을 갖고 있다.

표 22.1 주거 재산 세율 (몇 도시를 선택하여 제시함)

도시	유효세율
인디애나폴리스(Indianapolis)	2.75%
디트로이트(Detroit)	2.11
잭슨(Jackson)	1.70
뉴올리언스(New Orleans)	1.40
오클라호마시티(Oklahoma City)	1.25
보스턴(Boston)	1.06
시애틀(Seattle)	0.79
뉴욕(New York)	0.62

자료: US Bureau of the Census [2012c, p. 284]. Figures are for 2009.
실효 재산세율은 자치단체별로 크게 다르다.

전통적인 견해: 물품세로서의 재산세 전통적인 견해는 재산세가 토지와 건물에 부과되는 물품세라는 것이다. 조세의 귀착은 제14장에서 설명한 대로 공급곡선과 수요곡선의 형태에 의해 결정된다. 이 곡선들의 형태는 토지와 건물의 경우가 서로 다르다.

토지 토지의 양이 고정되어 있는 한 토지 공급곡선은 수직이며 지주가 세금의 모든 부담을 지게 된다. 직관적으로 수량이 고정되어 있으므로 토지는 세금을 피해 달아날 수 없다. 이는 〈그림 22.2〉에 나타나 있다. S는 토지 공급이다. 세금이 있기 전 수요곡선은 D이며 토지의 균형 임대가치는 $P_0^{\mathcal{L}}$이다. 토지에 대한 종가세 부과는 수요곡선을 이동시킨다. 세후 수요곡선은 $D'_{\mathcal{L}}$이다. 토지의 공급자(지주)가 받는 임대료는 $P_n^{\mathcal{L}}$은 공급곡선과 $D'_{\mathcal{L}}$이 만나는 곳에서 찾을 수 있다. 토지 사용자가 지불하는 임대료는 $P_n^{\mathcal{L}}$에 토지세를 더하면 되는데 그 값은 $P_g^{\mathcal{L}}$이다. 예상한 바와 같이 토지의 사용자에 의해 지불되는 임대료는 변하지 않는다($P_0^{\mathcal{L}} = P_g^{\mathcal{L}}$). 땅주인이 받는 임대료는 세금액만큼 떨어진다. 땅주인이 세금부담을 모두 지게 된다.

제14장에서 언급했듯이 일정 조건하에서 세금은 토지 가격으로 자본화된다. 장래의 토지 구매자들은 일단 그들이 토지를 구입할 경우 향후 세금부담 또한 구매한다는 것을 고려할 것이다. 이는 그들이 토지에 대해 지불하려는 지불의사를 낮춘다. 따라서 지주는 세금이 부과되면 영원히 세금부담을 지게 된다. 물론 세무당국에 세금을 내는 것은 미래의 지주이다. 그렇지만 그것을 진정한 조세부담이라고는 할 수 없다. 왜냐하면 세금부담만큼 낮은 가격으로 토지를 구입했기 때문이다. 자본화는 토지세의 귀착을 평가하는 시도를 복잡하게 한다. 현재의 소유자를 파악하는 것만으로는 충분하지 않다. 우리는 세금이 최초로 부과되었을 당시의 지주를 찾아내야 한다.

토지의 공급이 고정되어 있지 않은 한은 앞선 분석에 수정을 가해야 한다. 예를 들어, 도시의 토지 공급은 농지와 맞닿은 도시지역이 확대됨으로써 증가할 수도 있다. 간척이나 쓰레기 매립이 가능하다면 공급이 증가할 수 있다. 그런 경우 토지세는 수요와 공급의 탄력성에 따라

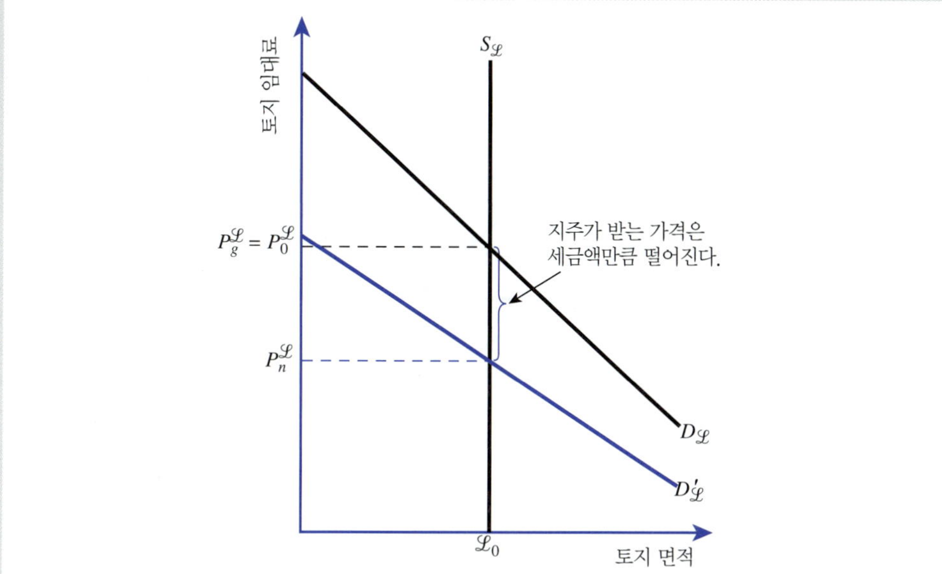

그림 22.2
토지세의 귀착
토지 공급곡선은 완전 비탄력적이다. 따라서 지주가 토지에 대한 세금부담을 모두 지게 된다.

지주와 사용자가 분담하게 된다. 그러나 수직의 공급곡선은 현실에 대한 좋은 근사치가 된다.

건물 건물에 부과되는 세금에 대한 전통적 견해를 이해하려면 국가적 규모의 자본 시장에서 출발해야 한다. 자본은 건물, 공업 시설물, 댐과 같은 공공설비의 건설 등 많은 목적으로 이용될 수 있다. 특정 시점에서 자본은 다른 용도로 사용하는 사람들에게 같은 가격으로 할당된다. 전통적인 견해에 따르면, 장기적으로 건설 산업에서는 요구되는 모든 자본을 시장 가격으로 구입할 수 있다. 따라서 건물의 공급곡선은 수평이다.

이런 조건하의 건물 시장이 〈그림 22.3〉에 나타나 있다. 세금이 부과되기 전 건물에 대한 수요는 D_B이고 공급곡선 S_B는 현행 가격 P_0^B에서 수평이다. P_0^B에서 거래되는 양은 B_0이다. 세금이 부과되면 수요곡선은 〈그림 22.2〉에서와 같이 D'_B로 이동한다. 그러나 결과는 완전히 다르다. 건물 공급자가 받는 가격 P_n^B는 세금이 부과되기 전 가격과 같다($P_n^B = P_0^B$). 건물 수요자들은 가격 P_g^B를 지불하는데 이는 원가격인 P_0^B보다 정확히 세금 액수만큼 더 높다. 따라서 부담은 전적으로 차용자가 지게 된다. 물론 이 결과는 공급곡선이 수평이라는 가정에서 나온 것이다. 직관적으로 수평적인 공급곡선은 자본이 최소한의 수익을 얻지 못하면 주택부문을 떠날 것이라는 걸 의미한다. 그러나 만약 공급자들이 받는 가격이 떨어질 수 없다면 차용자들이 세금의 모든 부담을 져야 한다.

전통적 견해에 대한 요약과 시사점 토지에 대한 세금은 지주(혹은 세금 부과 당시의 지주)가, 건물에 대한 세금은 차용자가 전적으로 지게 된다. 따라서 재산세 중 토지 부분은 사람들이 임대료로 받는 액수에 비례하여, 건물 부분은 주택에 대한 소비에 비례하여 부담하게 된다. 따라서 토지 부분에 대한 세금 효과의 누진도는 전반적인 소득이 증가함에 따라 지주들의 소득 비중이 올라가는지의 여부에 달려 있다. 실제로 토지에 대한 세금이 누진적이라는 것은 광범

그림 22.3
건물에 대한 세금의 귀착
건물에 대한 공급이 완전 탄력적이면 임대자가 세 부담을 모두 지게 된다.

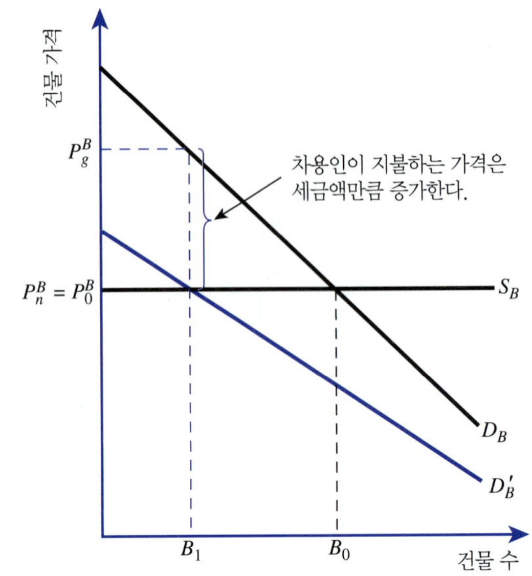

위한 동의를 얻고 있다. 유사하게 건물에 대한 세금의 누진도는 소득이 증가함에 따라 소득에서 차지하는 주택에 대한 소비 비중이 증가하는지의 여부에 달려 있다. 만약 주택 소비의 비중이 감소한다면 주택 부분에 대한 세금은 역진적이며 그 역도 성립한다.

주택에 대한 지출이 실제로 소득의 변화에 어떻게 반응하는지는 엄청나게 많은 계량적 연구들의 초점이 되어왔다. 일치된 결론에 도달하려는 노력은 소득의 개념을 어떻게 할지에 대한 의견의 불일치로 어려움을 겪어왔다. 일부 연구자들은 연간소득을 이용한다. 그들은 소득이 증가함에 따라 주택에 쓰이는 소득의 비중은 떨어진다는 것을 발견하여 주택에 대한 세금이 역진적이라는 시사점을 얻고 있다. 다른 연구자들은 주택에 대한 결정을 이해하려면 항상소득(permanent income)에 대한 측정이 필요하다고 믿고 있다. 이런 견해에 따르면 특정 연도에서 항상소득에 비해 높거나 낮은 소득은 그해의 주택 소비에 영향을 거의 주지 못한다. 주택에 대한 결정은 가구의 장기 예상을 근거로 이루어지는 것이지 연간소득의 변화에 근거하는 것은 아니기 때문이다.

물론 항상소득이 적절한 변수라고 믿는 사람은 그것을 추정하는 방법을 찾아내야만 한다. 한 가지 방법은 항상소득을 몇 년간 연간소득의 평균으로 정의하는 것이다. 주택에 대한 지출은 연간소득의 변화보다는 항상소득의 변화에 더 민감한 것으로 나타났다. 실제로 증거가 불확정적이기는 하지만 주택 소비는 대략 항상소득에 비례한다고 주장하는 것이 합리적이다. 따라서 주택 부분에 대한 세금은 역진적이지도 누진적이지도 않다. 불행히도 연간소득에 기반으로 하여 이 세금이 역진적이라고 주장하는 분석들이 이 세금에 대한 공적 토론을 지배하고 있다.

새로운 견해: 자본과세로서의 재산세 전통적인 견해는 표준적인 부분균형 틀을 이용하고 있다. 제14장에서도 언급했듯이 부분균형 분석이 많은 경우 유용하기는 하지만 전반적인 경제

규모와 비교할 때 상대적으로 규모가 큰 세금에 대한 분석 시 그릇된 결과를 유도하기도 한다. 소위 재산세에 대한 새로운 견해는 일반균형적인 시각을 취하여 일부 놀라운 결론들을 이끌어 내고 있다.[16]

새로운 견해에 따르면 재산세를 어떤 자산에 대해서는 평균보다 높은 세율로 과세하고, 어떤 자산에 대해서는 평균보다 낮은 세율로 과세하는 부에 대한 일반세로 보는 것이 가장 좋다. 평균 세율과 평균에서 이탈 정도 모두가 분석되어야 한다.

일반세 효과 당분간 재산세가 모든 자본에 대한 단일세와 유사하다고 가정하자. 그렇다면 재산세는 자본에 대한 일반 요소세이다. 더 나아가 경제 전체의 자본공급은 고정되어 있다고 가정하자. 제14장에서 보았듯이 요소의 공급이 고정되어 있을 때 그 요소는 일반세의 모든 부담을 지게 된다. 따라서 재산세의 부담은 자본 소유자가 완전히 지게 된다. 자본 소득이 전체 소득에서 차지하는 비중은 소득의 증가에 따라 증가하는 경향이 있으므로 자본에 대한 세금은 누진적인 경향이 있다. 따라서 재산세는 누진적이다.

물품세 효과 앞서 언급했듯이 재산세는 결코 단일세가 아니다. 세율은 재산 유형과 재산이 위치한 자치단체에 따라 다르다. 따라서 재산세는 자본에 대한 물품세의 모임이다. 새로운 견해에 따르면 자본은 세율이 높은 곳을 떠나 낮은 곳으로 이동하는 경향이 있다. 제14장에서 언급한 하버거 모형을 연상케 하는 과정을 거쳐 자본은 세율이 낮은 지역으로 이동하며 그 지역에서 세전 수익률은 낮아진다. 동시에 세율이 높은 지역의 세전 수익률은 자본이 떠나감에 따라 높아진다. 이런 과정은 모든 지역의 세후 수익률이 같아질 때까지 계속된다. 일반적으로 자본이 이동할 경우 다른 요소들도 영향을 받는다. 다른 요소에 대한 영향은 부분적으로 해당 요소의 이동성에 달려 있다. 완전히 고착된 토지는 세금을 전가시킬 수 없다(이 결론은 전통적 견해와 새로운 견해가 일치한다). 유사하게 가장 움직임이 약한 유형의 자본이 세금의 부담을 가장 많이 지게 된다. 최종 귀착은 생산이 어떻게 조직되느냐와 소비자 수요의 구조와 여러 생산요소들의 이동성 정도에 달려 있다.

장기 효과 재산세의 일반세 효과에 대한 우리의 논의는 경제 내의 가용 자본량이 고정되어 있다고 가정하였다. 그러나 장기적으로는 자본의 공급이 세율에 의존한다. 만약 재산세가 자본공급을 감소시키면 노동 생산성과 실질임금이 감소한다. 만약 세금이 자본 축적을 증가시키면 반대 상황이 발생한다.

새로운 견해의 요약 재산세란 어떤 자산에 대해서는 평균보다 높은 세율로 과세하고 어떤 자산에 대해서는 평균보다 낮은 세율로 과세하는 일반적인 자본세이다. 이 세금의 일반 효과는 자본의 수익률을 낮추는 것인데 이는 소득분배에는 누진적 영향을 준다. 세율의 차이는 물품세 효과를 만들어내는데 세율이 높은 자치단체 내의 이동성이 약한 요소에게 해를 준다. 물품세 효과의 조정 과정은 매우 복잡하며 누진성에 대해서는 많은 것이 알려져 있지 않다. 또한 자본량의 변화에 의한 장기 효과의 중요성에 대해서도 많은 것이 알려져 있지 않다. 만약 물품

16 자세한 내용은 Zodrow[2001]을 참조하시오.

세 효과와 장기 효과가 일반 효과를 매우 강하게 상쇄하지 않는다면 전반적인 재산세의 효과는 누진적인 것이다.

사용료로서 재산세 지금까지의 논의는 자치단체가 재산세를 교육이나 경찰과 같은 공공서비스 구매에 이용한다는 사실을 무시해왔다. 티부 모형에서 재산세는 공공서비스의 비용일 뿐이며 개인들은 공공서비스를 그가 원하는 양만큼 구매한다. 따라서 재산세는 실제로 세금이 아니다. 재산세는 공공서비스에 대한 사용자 요금과 같은 것이다. 이런 견해는 3가지 중요한 함의를 갖는다.

- 재산세의 귀착과 같은 개념은 의미가 없다. 왜냐하면 재산세는 일반적 의미의 세금과는 다르기 때문이다.
- 재산세에는 초과부담이 없다. 재산세는 단순히 공공서비스에 대한 요금이기 때문에 (다른 재화에 대한 가격이 그런 것같이) 주택 시장에 왜곡을 가져오지 않는다.
- 재산세 납부액을 세액공제함으로써 연방소득세는 개인의 지방공공재 소비를 실질적으로 보조하고 있다. 지방공공재 수요가 우하향하는 한, 세액공제는 다른 조건이 동일할 때 공제를 받는 사람들의 지방공공재 수요를 증가시킨다[Metcalf, 2008].

앞에서도 언급했듯이 재산세와 서비스 사이의 연계는 종종 그리 강한 것이 아니기 때문에 재산세가 사용자 비용이라는 개념을 너무 문자 그대로 받아들이지는 말아야 할 것이다. 그렇지만 이러한 논리는 흥미로운 시사점들을 갖고 있다. 예를 들어, 사람들이 자신들이 받는 공공서비스에 관심을 갖는다면 높은 재산세로 인한 주택가격 하락이 이런 세금을 세원으로 하는 공공서비스에 의해 상쇄되리라 기대할 수 있다. 실제로 상당히 많은 실증연구들이 이러한 가설이 맞다는 것을 보여주고 있다. 재산세와 지방공공재 서비스의 가치는 주택가격으로 자본화된다(예를 들어 Weimer and Wolkoff[2001] 참조). 따라서 만약 두 자치단체가 같은 수준의 공공서비스를 갖지만 한쪽이 다른 쪽보다 세금이 높다면(아마도 공공서비스를 제공하는 비용이 높기 때문일 것이다), 우리는 다른 조건이 일정할 때 세금이 높은 쪽의 재산가격이 낮다고 예상할 수 있다. 더 일반적으로 이 결론들은 자치단체 구성원들의 후생이 어떠한지를 이해하기 위해서는 재산세만을 따로 떼어놓고 보아서는 안 된다는 점을 일러준다. 정부의 서비스와 재산가치의 관계 또한 고려되어야만 하는 것이다.

3가지 견해의 조화 재산세에 대한 3가지 견해가 상호 배타적인 것은 아니다. 각각이 다른 맥락에서 유효할 수 있다. 예를 들어, 우리가 재산세를 완전히 없애고 그 대신 판매세로 대체하는 결과를 알고 싶다면 새로운 견해가 제일 적합하다. 왜냐하면 모든 자치단체에 영향을 미치는 변화에 대한 분석은 일반균형 이론틀을 요구하기 때문이다. 반면에 특정 자치단체가 재산세를 낮추고 그에 따른 세수 손실을 지방판매세로 보충하는 것을 고려하고 있다면 전통적인 견해가 가장 많은 통찰을 제공할 것이다. 왜냐하면 경제 전체에 비교할 때 매우 작은 하나의 자치단체에 있어 자본의 공급은 본질적으로 〈그림 22.3〉과 같이 완전히 수평일 것이기 때문이다. 마지막으로 세금과 편익이 동시에 변하고 사람들에게 자치단체를 선택할 수 있는 이동이 있다면 사용자 비용 견해가 유용하다.

22.5.2 사람들은 왜 재산세를 그렇게 싫어할까?

1978년 6월 캘리포니아 투표자들은 'Proposition 13'이라고 하는 주 전반에 걸친 재산세 제한 발의안을 통과시켰다. 주요 조항은 (1) 지방정부가 부과할 수 있는 재산세율에 1%라는 상한을 둠, (2) 재산의 평가가치를 1975년 가치로 제한함[17], (3) 주정부와 지방정부가 주민 2/3 이상의 득표 없이 추가적인 재산세를 부과하는 것을 금함 등이다. 'Proposition 13'은 오늘날에도 강하게 추진 중인 재산세 제한 운동의 시작이었다. 여론 조사는 사람들이 재산세를 연방소득세보다 훨씬 더 싫어함을 보여준다.

재산세는 왜 그렇게 인기가 없을까? 다음과 같은 몇 가지 설명이 개진되어왔다.

주택 시장의 거래는 가끔씩만 발생하기 때문에 재산세는 추정된 가격에 대해 부과되어야만 한다. 이런 가치평가가 불완전하거나 그 과정이 부패되어 있을수록 세금이 불공평한 것으로 인식된다.

재산세는 쉽게 볼 수 있다. 연방소득세와 급여세하에서 세금 납부는 근로자의 봉급에서 원천징수되며 그 과정은 고용자가 정부에게 보고하는 형식이다. 반면에 재산세는 납세자가 직접 내야 한다. 게다가 납세가 분기 또는 연간 기준으로 이루어지므로 각 납세 때마다 큰 충격을 줄 수 있다. 재산세를 쉽게 볼 수 있다는 사실이 재산세가 인기 없으며 투표자들이 세금을 제한하려는 시도가 많은 이유를 설명해준다는 연구도 있다[Cabral and Hoxby, 2012].

재산세는 역진적이라고 인식된다. 이런 인식은 공공정책 논의에서 재산세에 관한 전통적인 견해가 지속적으로 지배해왔다는 데에 부분적으로 기인한다. 이런 인식은 또한 일부 재산 소유자, 특히 노인들이 재산세를 납부할 충분한 현금이 없어 그들의 집을 처분해야 할 수도 있다는 사실에 의해 강화되었다. 일부 주는 이런 현상에 대한 대응으로 **재산세 감면법**(circuit breaker)을 도입하고 있다. 이 제도는 납세자들에게 소득의 일정 비율을 초과하는 주거 재산세 납부액만큼의 혜택을 (보통 주 소득세 환급이라는 형태로) 제공하는 것이다. 더 나은 해법은 재산이 양도되는 시점까지 세금납부를 연기하는 것일 수도 있다.

> **재산세 감면법(circuit breaker)**
> 소득의 일정 비율을 넘어서는 주거 재산세에 대해 그 초과분은 개인에게 이전해줌.

납세자들은 다른 세금도 재산세만큼이나 싫어하지만 다른 세금에 대해서는 어떤 것도 할 수 없다는 무력감을 느낀다. 상대적으로 지방세인 재산세를 목표로 잡는 것이 더 쉽다. 뉴욕주 카나안시의 주민들은 최근에 재산세액이 10년 이내에 2배 이상 증가한 데에 대해 현지 감정평가사들을 고소함으로써 바로 이 점을 보여주었다[Smith, 2005]. 반면에 연방소득세에 대항하는 것은 전국가적인 운동이 필요하며 따라서 상당히 큰 조정비용이 든다는 사실만으로도 매우 어렵다.

재산세에 대한 광범위한 적대감에 비추어 보면 그런 사정이 개선될 수 있는지에 대해 자연스런 의문을 가지게 된다. 가장 변화가 적은 방안은 평가절차를 개선하는 것이다. 컴퓨터의 이용과 현대적인 평가 기술은 평가를 더 균일하게 할 수 있다. 현재와 같이 같은 자치단체 내에

---

17 1975년 이후 소유권이 이전된 재산에 대해서는 평가가치가 거래가 이루어진 시점의 시장가치로 정의된다.

서도 유효세율이 다른 시스템과 비교할 때 단일세율은 아마도 효율성을 증진시킬 것이다. 형평성 문제는 더 복잡하다. 표면적으로는 동일한 재산을 가진 두 사람이 다른 세금을 내는 것은 수평적 형평성의 위반 같다. 그러나 자본화라는 현상은 세금이 부과된 당시의 소유자와 현재 소유자를 주의 깊게 구분할 것을 요구한다. 지나치게 높은 세율의 대상이 된 재산은 다른 조건이 일정할 때 낮은 가격으로 팔릴 것이다. 따라서 높은 세율의 세금이 부과된 이후에 재산을 구입한 개인의 후생을 반드시 낮추는 것은 아니다. 실제로 평가비율을 동등화하는 것은 완전히 새로운 수평적 불평등을 낳을 수도 있다.

개인 순가치세(personal net worth tax)

납세자의 자산과 부채의 시장 가치 차이를 세원으로 하는 세금.

좀 더 야심 찬 재산세 개혁은 그것을 **개인 순가치세**(personal net worth tax)로 전환하는 것이다. 이 세금의 세원은 납세자의 모든 자산과 부채의 시장가치 차액이다. 재산세에 대한 이런 세금의 장점은 부채를 차감함으로써 더 나은 지불능력 지표를 제공한다는 것이다. 게다가 개인별 과세이기 때문에 시스템 내에 공제를 도입할 수 있고 바람직한 정도의 누진성도 얻을 수 있다.

개인 순가치세는 일반적인 부유세의 일종이며 부유세와 관련된 행정적 · 경제적 문제들은 제21장에서 논의했다. 재산세 개혁이라는 맥락에서 개인들이 자산과 부채를 각기 다른 자치단체에 둘 수 있기 때문에 순가치세는 의심할 여지 없이 연방정부가 관리해야 한다는 점을 지적하는 것이 특히 중요하다.[18] 이는 우리를 많은 사람들이 현행 재산세 제도를 정당화하는 주요 근거로 이끌어준다. 단점이 무엇이든 간에 재산세는 연방정부나 주정부 도움 없이 지방에서 관리할 수 있다. 이 견해에 따르면 재산세를 없애는 것은 궁극적으로 지방정부 단위의 경제적 자립성을 무너뜨리는 것이다.

캘리포니아의 Proposition 13은 이런 사고와 잘 상응한다. Proposition 13이 재산세를 통해 세원을 증가시키는 자치단체의 능력을 제한하기 때문에 이 법안은 주 수입의 중요성을 증가시켰고 그에 따라 교육정책에 있어 권력을 지방정부에서 주정부로 이동시킨 것으로 보인다. 요컨대 재산세의 정치적 역할은 그 개혁에 대한 어떤 논의에서라도 심각하게 고려해볼 필요가 있다.[19]

22.6 정부 간 보조금(재정 조정 제도)

이미 언급했듯이 연방 교부금은 주와 지방 정부의 매우 중요한 수입원이다. 한 정부에서 다른 수준의 정부로 지원되는 교부금은 연방 시스템 내에서 정부 간 재원을 변화시키는 주요 수단이다. 〈표 22.2〉는 1970년에서 2010년 사이에 연방정부의 교부금은 실질 금액이나 총정부 지출에서 차지하는 비중에서 모두 증가했음을 보여준다.[20] 교부금이 주와 지방 지출에서 차지하는 비중 또한 증가해왔다. 지방재정의 한 요소로서 교부금의 중요성은 놀랄 만하다. 연방정

18 2005년에 새로 도입된 우리나라의 종합부동산세도 부동산이라는 제한된 재산에 적용되는 부유세라고 볼 수 있다. 물론 부채액을 차감하지 않기 때문에 '순' 부유세는 아니다.

19 최근 논의되고 있는 서울특별시 자치구의 재산세 공동세화 문제도 이와 관련이 깊다.

20 명시적인 교부금 외에도 연방정부는 주정부와 지방정부 채권에 대한 이자에 대한 소득공제와 그리고 주/지방 소득세 및 재산세의 세액공제를 통해 주와 지방 정부를 보조하고 있다. 2006년에 이자율 면세로 인한 조세지출은 190억 달러이며 세액공제는 370억 달러에 달한다[Joint Committee on Taxation, 2006, p. 41].

표 22.2 연방 교부금 보조금액의 연방정부, 주정부, 지방정부 지출에 대한 관계

연도	전체교부금 (10억 달러 기준: 2010년 단위로 환산됨)*	전체 연방지출 대비 비중	주, 지방 정부 지출 대비 비중
1970	$ 88	9.6%	17.1%
1980	168	12.3	21.9
1990	171	8.8	15.2
2000	309	13.2	19.3
2010	532	14.4	25.4

* 금액은 2010년 가격으로 환산되었음.
자료 : Computed from Economic Report of the President, 2012 [pp. 320, 415].
1970년에서 2010년 사이에 연방정부의 교부금은 실질 금액이나 총 정부 지출에서 차지하는 비중에서 모두 증가했음.

부와 주정부의 교부금은 지방정부의 일반 수입의 34%를 차지한다[US Bureau of the Census, 2012c, p. 274]. 교부금은 식료품 검사에서 농촌지역 소방에 이르기까지 모든 정부 기능을 운영하는 활동에 재원이 되고 있다.

왜 장기간에 걸쳐 정부 간 이전이 그렇게 크게 증가해왔는가? 이 질문은 왜 전반적인 정부 지출이 증가해왔는가 하는 질문과 밀접한 관련이 있다. 제6장에서 보았듯이 그에 대한 답은 분명치 않다. 교부금 증가에 대한 하나의 설명은 지난 수십 년에 걸쳐 교육, 교통, 치안 등 전통적으로 주와 지방 부문에서 공급되는 서비스들에 대한 수요가 급속히 증가해왔다는 사실을 강조한다. 그렇지만 주로 판매세와 재산세를 기반으로 한 주정부와 지방정부의 세입구조는 요구되는 지출수준의 증가와 보조를 맞춰 증가하지 못했다. 이와는 대조적으로 연방 세입 구조는 시간이 지남에 따라 자동적으로 증가했는데 이는 주로 연방 개인소득세의 누진적 성격에 기인하며 1980년대 중반 물가 연동제가 등장하기 전까지는 인플레이션에도 기인한다. 따라서 징세되는 세수입과 그것이 쓰이는 곳 사이에 불일치가 발생한 것이다. 중앙정부가 주정부와 지방정부에 지급하는 교부금은 이런 불일치를 교정하는 하나의 방법이다.

이 불일치 이론은 만족스럽지 못하다. 왜냐하면 왜 주정부와 지방정부가 지방공공재와 서비스 수요에 부응하여 세율을 올리지 못하는지를 설명하지 못하기 때문이다. 앞 절에서 논의했듯이 정부 간 보조금의 패턴을 설명하기 위해서는 정치적인 고려를 해야 할 것이다.

22.6.1 보조금의 유형

보조금의 구조는 그 경제적 효과에 영향을 준다. 기본적으로 조건부와 무조건부 2가지 유형이 있는데 이를 차례로 살펴본다.

조건부 교부금 이런 교부금은 때때로 **범주별 교부금**(categorical grants)이라고도 불린다. 기부자가 어느 정도는 수혜자가 자금을 쓰는 용도를 지정하는 것이다. 연방정부 교부금의 절대 다수는 특정 목적으로 용도가 지정되어 있으며 돈을 지출하는 규정을 미세한 부분까지 기록하고 있다. 예를 들어, 연방정부는 주정부에게 비음주 프로그램의 설치를 위한 교부금을 지급하고

범주별 교부금(categorical grants)
기부자가 재원의 사용처를 명시하는 교부금.

있다. 법에서는 혈중 알코올 농도 기준에서부터 유죄판결 후 얼마 만에 위반자의 운전면허증을 압수해야 하는지에 이르는 모든 사항을 지정하고 있다. 이런 제약이 비음주 프로그램에만 아니다.

조건부 교부금에는 몇 가지 유형이 있다.

대응교부금 특별한 활동을 위해 기부자가 지원한 금액에 대해 일정한 양만큼은 수혜자가 지불해야 한다. 예를 들면 어떤 교부금은 자치단체가 교육에 1달러를 지출할 때마다 연방정부도 1달러를 기여한다고 명문화할 수 있다.

합리적 선택에 관한 표준적 이론을 대응교부금 분석에도 적용할 수 있다. 〈그림 22.4〉에서 가로축은 스몰빌(Smallville) 주민들이 소비하는 지방공공재 생산량 G이다. 세로축은 스몰빌의 총소비 c이다. 단순화를 위해 G와 c는 단위당 가격이 1달러가 되도록 정의되었다고 가정하자. 따라서 저축이 없다고 하면 c는 세후소득과 같다. 이런 가정하에서 스몰빌의 예산선은 기울기의 절댓값이 1인 직선이다.[21] 기울기가 1인 예산선은 스몰빌이 1달러 지출하는 데 대해서 한단위의 공공재를 얻을 수 있음을 의미한다. 〈그림 22.4〉에서 예산선은 AB로 표시된다.

스몰빌의 G와 c에 대한 선호를 통상적인 모양을 한 무차별곡선이 대변할 수 있다고 하자.[22] 만약 자치단체가 예산선이라는 제약하에서 효용극대화를 하고자 한다면 E_1점을 선택하는데, 여기서 공공재 소비는 G_1이고 자치단체의 세후 소득은 c_1이다.

이제 일대일 대응보조금제도가 시행된다고 하자. 스몰빌이 1달러의 소득을 포기하면 2달러에 해당하는 G를 얻을 수 있다. 1달러는 자치단체의 돈이고 1달러는 연방정부에서 오는 것이다. 스몰빌 예산선의 기울기는 이제 절반이 된다. 실질적으로 대응보조금은 공공재 G의 가격을 절반으로 만든다. 이는 공공재 소비에 대한 종가 보조금이라고 할 수 있다. 〈그림 22.4〉에서 새 예산선은 AR로 그려진다.

스몰빌은 이제 G_2의 공공재를 소비하고 c_2만큼을 사적 소비로 쓸 수 있다. G_1이 G_2보다 클 뿐 아니라 c_2도 c_1보다 크다는 사실을 주목하자. 스몰빌은 보조금 일부를 더 많은 공공재를 구입하는 데 쓰며 일부는 세금 감소에 이용한다. 공공재 소비 증가를 위해 주어진 교부금의 일부는 G를 더 사기 위해서가 아니라 세금 감소를 위해 쓰일 가능성이 분명한 것이다. 극단적인 경우 자치단체의 무차별곡선은 $G_2 = G_1$일 수도 있다. 즉 자치단체가 공공재는 같은 양만큼 소비하고 교부금 전액을 세금을 줄이는 데 쓰는 것이다. 따라서 이론만으로는 대응교부금이 자치단체의 공공재 지출에 어떤 영향을 주는지를 알 수 없다. 그것은 수요가 가격 변화에 대응하는 정도에 의존한다. 따라서 경제학자들은 다양한 공공재에 대한 수요가 그 가격에 따라 어떻게 변하는지에 대한 통계적 연구들을 수행해왔다. Fisher와 Papke[2000]의 문헌 검토에 의하면 교육수요의 가격탄력성은 0.15에서 0.5 사이에 있다.

---

21 예산선을 설정하는 구체적인 사항들은 이 책의 마지막 부록에 담겨 있다. 이 모형은 주와 지방 재산세가 연방소득세에서 소득공제된다는 사실은 무시했다. 납세자들이 공제항목을 신고하고 한계 연방소득세율이 t라면 AB의 기울기 절댓값은 $(1-t)$이다.

22 물론 이런 가정은 제6장에서 제시했던 선호 취합의 모든 문제(아마도 그 불가능성)를 무시하고 있다. 이 문제는 뒤에서 논의한다.

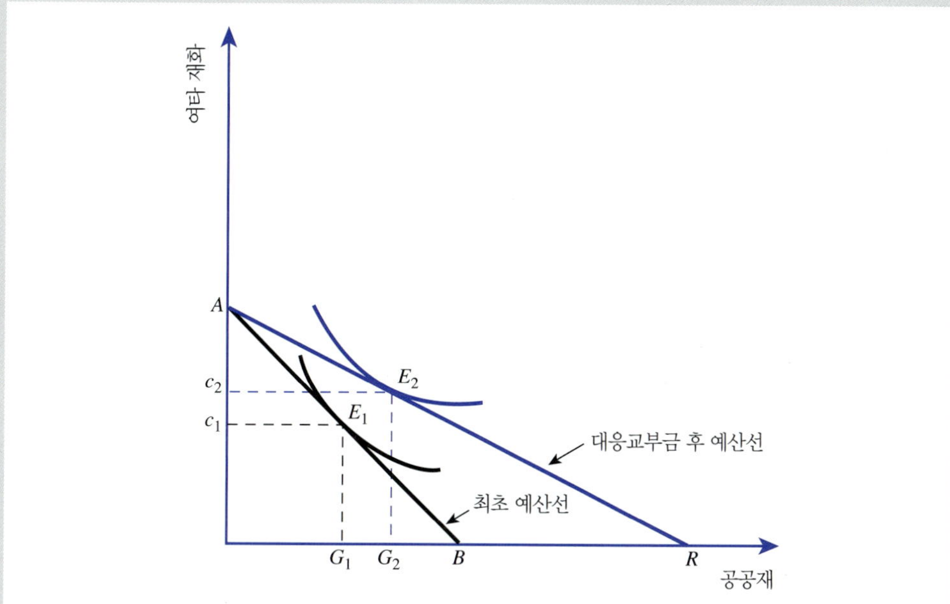

그림 22.4

대응교부금

예산선 *AB*는 자치단체의 사적 소비와 공공재 소비 사이의 상충관계를 보여준다. 자치단체에 대한 일대일 대응 교부금은 자치단체의 예산선의 기울기를 반으로 줄인다. 이 자치단체의 주어진 선호에 따라 교부금은 공공재와 사적 소비를 모두 증가시킨다.

대응보조금은 양의 외부성이 존재하는 것을 교정할 수 있는 합리적인 방법이다. 제5장에서 설명했듯이 개인이나 기업이 양의 외부성을 창출할 때 적절한 보조금이 효율성을 증진시킬 수 있다. 같은 논리가 자치단체에도 적용된다. 물론 보조금제도를 실행할 때 발생하는 모든 문제들이 여전히 존재한다. 특히 중앙정부는 외부성의 정확한 규모를 측정할 수 있어야 한다. 이런 맥락에서 많은 연방 교부금 프로그램들이 효율성 기준에서 정당화하기는 매우 어렵다는 것은 흥미로운 사실이다. 높은 대응률(종종 80~90%에 이름)은 지방정부와 주정부 활동이 창출해내는 외부성의 추정치보다 훨씬 더 크다[Oates, 1999, p. 1129]. 사실 Borck과 Owings[2003]의 문헌 검토는 정부 교부금의 배분에 있어 효율성 원칙보다는 정치적 고려가 주가 되고 있음을 암시한다. 예를 들면 의회의 중요한 위원회에 많은 상원의원을 보내고 있는 주들이 더 많은 돈을 받는 경향이 있다.

유한 대응교부금 대응 교부금의 교부자에 대한 비용은 궁극적으로 수혜자의 행동에 의존한다. 만약 스몰빌이 *G*에 대한 소비를 상당량 증가시키면 중앙정부의 기여도 상당히 커져야 하며 그 역도 성립한다. 비용에 상한선을 주기 위해 기여자는 기여금에 대해 일정한 상한선을 지정할 수 있다. 그런 유한 대응교부금이 〈그림 22.5〉에 제시되어 있다. 앞서와 마찬가지로 교부금이 주어지기 전에 스몰빌의 예산선은 *AB*이고 균형점은 E_1이다. 유한 대응보조금이 주어지면 예산선은 꺾인 선 *ADF*가 된다. *AD* 부분의 기울기는 $-1/2$로 공공재의 일대일 대응 제공을 반영한다. 그러나 점 *D* 이후로는 기부자가 더 이상 일대일로 대응자금을 주지 않는다. 스몰빌의 정부 지출 한 단위당 기회비용은 다시 1이 되는데 이는 *DF* 부분의 기울기에 반영되어 있다.

새 균형인 E_3에서 *G*의 소비는 교부금이 없을 경우보다는 많지만 무한 대응교부금의 경우보

그림 22.5
유한 대응교부금
유한 대응교부금은 중앙 정부의 기여금에 제한을 둔다. 이는 *ADF*라는 꺾인 예산선을 낳는다. 이 자치단체의 주어진 선호에 따라 새로운 균형에서는 교부금이 없었을 경우에 비해 공공재 소비가 증가하지만 (무한)대응교부금의 경우보다는 덜 증가한다.

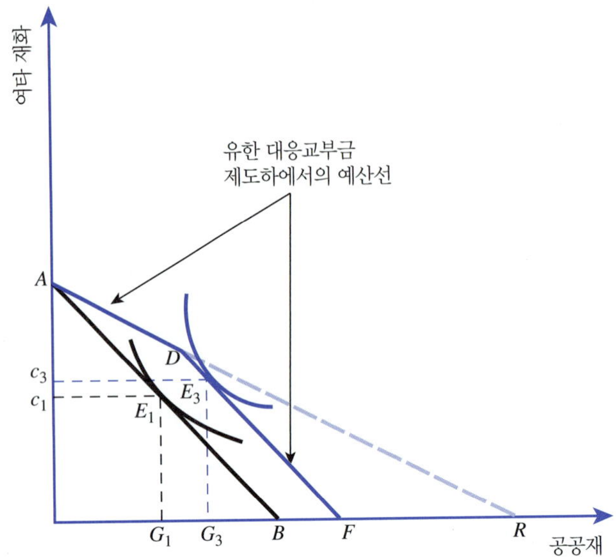

다는 적다. 교부금이 바닥난다는 사실이 공공재 증가시킬 수 있는 능력을 제한하고 있다. 그렇지만 어떤 경우에는 '유한'이라는 것이 무의미한 경우도 있다. 만약 자치단체가 원하는 *G* 소비가 교부금 상한선보다 작다면 상한선이 존재한다는 사실은 단순히 아무 역할을 못한다. 그래프에서 말하자면 만약 새로운 접점이 〈그림 22.5〉의 *AD* 부분에 있다면 *DR*상의 점들을 선택할 수 없다는 사실이 아무 의미가 없다. Baker 등[1999]은 캐나다에서 무한 대응보조금이 유한 대응보조금으로 변화한 효과에 대한 흥미로운 연구를 수행하였다. 1990년대 이전에는 캐나다 주정부가 복지 프로그램에 지출하는 데 대해 중앙정부가 일대일로 대응 보조를 해주었다. 비용 절감을 위해 1990년에 중앙정부는 이 프로그램을 10개의 주 중 3개의 주에 대해 유한 대응보조금 시스템으로 전환하였다. 〈그림 22.5〉와 상응하게 새 제도의 영향을 받는 3개 주의 지출은 다른 주들에 비해 상대적으로 감소되었다.

비대응교부금 여기서 기부자는 공공재에 지출되어야 한다는 조건을 달고 고정된 금액을 준다. 〈그림 22.6〉은 *AH*단위의 *G*를 구입하기 위한 비대응 교부금을 묘사하고 있다. 모든 자치단체 소득 수준에 대해 스몰빌은 이제 *AH*단위 많은 공공재를 구입할 수 있다. 따라서 새로운 예산선은 원래의 예산선 *AB*에 *AH*를 수평으로 더한 것과 같게 된다. 결과는 꺾인 선 *AHM*이다.

스몰빌은 효용을 점 E_4에서 극대화한다. 공공재 소비가 G_1에서 G_4로 증가하였지만 둘 사이의 거리는 교부금액인 *AH*보다는 짧다는 것에 주목하자. 스몰빌은 교부금액 전체를 *G*에 지출한다는 규정을 따르기는 하지만 동시에 자신들이 공공재에 지출하는 금액은 줄였다. 만약 기부자가 공공재 지출이 정확히 *AH*만큼 증가하기를 바란다면 스몰빌의 대응은 이런 희망을 좌절시키는 것이다. 〈그림 22.6〉의 상황은 현실에 대한 좋은 묘사임이 밝혀진다. 자치단체들은

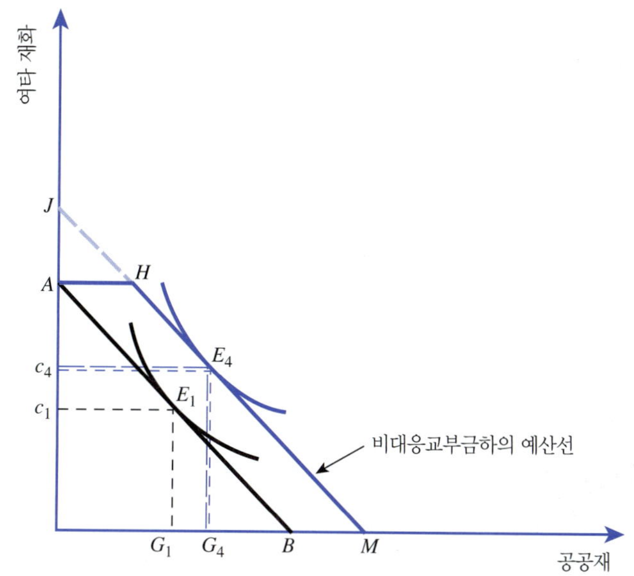

그림 22.6
비대응교부금
*AH*만큼의 공공재를 구매하는 비대응교부금은 *AHM*과 같이 꺾인 예산선을 낳는다. 이 자치단체의 주어진 선호에 따라 교부금은 공공재와 사적 소비를 모두 증가시킨다.

종종 비대응 조건부 교부금의 일정 부분을 자기네 세금을 줄이는 데 사용한다. 여러 연구들을 검토한 Payne[2009]은 교육과 고속도로 건설을 포함하는 다양한 맥락에서 이 효과가 매우 크다는 것을 발견했다. 이러한 현상은 제7장의 교육에 대한 분석에서 본 바 있는 구축효과를 연상하게 한다. 제7장의 분석에서 공공이 교육 공급은 민간의 공급을 구축하였다. 이번 장의 분석에서는 한 수준의 정부 지출이 다른 수준의 정부 지출을 구축하고 있다.

무조건부 교부금 〈그림 22.6〉에서 예산선 *AHM*은 자치단체에게 *AH*만큼의 금액을 정액으로 제약 없이 주었을 때와 거의 비슷하게 보인다는 사실을 알 수 있다. 그런 비조건부 교부금은 때때로 **세입 공유**(revenue sharing)라고도 불린다. 무조건부 교부금은 예산선을 *JM*으로 이끄는데 이는 *MH* 부분이 (같은 기울기로) 세로축까지 확대된 것이다. 스몰빌은 우연히도 *JM* 예산선을 가졌을 때와 동일하게 *AHM* 예산선하에서 행동하였다. 이 특별한 경우에 조건부 교부금은 제약이 없는 정액 교부금과 같다. 직관적으로 자치단체가 공공재를 최소한 교부금액만큼 소비하기를 원한다면 교부금이 조건부라는 사실은 별 의미가 없다. 반면 자치단체가 공공재를 *AH* 이하로 소비하기를 원한다면 (만약 무차별곡선이 *JM* 예산선 중 *H*의 왼쪽에서 최적이 이루어지는 형태라면) 조건부라는 교부금의 특징이 자치단체 행동에 실제로 영향을 준다.

세입 공유(revenue sharing)
재원의 사용처에 대한 제약 없이 연방정부에서 주정부나 지방정부로 이전되는 교부금.

왜 중앙정부가 주정부나 지방정부에게 무조건부 교부금을 주어야 하는 것일까? 보통의 대답은 그런 교부금이 소득분배의 형평화를 이룬다는 것이다. 그러나 이런 주장이 설득력 있는지는 분명치 않다. 공공정책의 목적이 가난한 사람을 돕는 것이라 하더라도, 그 방법이 가난한 자치단체를 돕는 것만 있는 것은 아니다. 결국 평균보다 소득이 낮은 자치단체가 상대적으로 부유한 구성원을 가질 수도 있으며 그 반대 경우도 있을 수 있다. 가난한 사람을 돕는 것이 목적이라면 왜 그들에게 직접적으로 돈을 주지 않는가?

한 가지 가능한 설명은 중앙정부가 가난한 사람들이 공적으로 공급되는 재화를 더 많이 소비하기를 바란다는 것이다. 중요한 예가 교육이다. 이는 일종의 재화평등주의(제12장)가 공공부문 생산에 적용된 것이다. 그러나 방금 설명했듯이 무조건부 교부금에 의해 궁극적으로 소비하고자 하는 재화에 돈이 지출될지는 확실히 알 수 없다(이런 사실은 조건부 교부금의 경우도 마찬가지이다).

22.6.2 끈끈이 효과

지금까지 자치단체의 경제행위의 분석에서 사용한 무차별곡선은 누구의 것인가? 제6장의 중위투표자 이론에 따르면 선호는 자치단체의 중위투표자의 것이다. 관료들과 선출된 공무원은 중위 투표자의 선택을 실현하는 수동적인 역할을 한다.

중위투표자 이론의 직접적인 함의는 1달러의 지역 사적 소득 증가는 무조건부 교부금 1달러를 받은 것과 공공지출에 동일한 효과를 갖는다는 것이다. 〈그림 22.6〉에서 보면 2가지 경우 모두 최초 예산선을 동일하게 바깥으로 평행이동시킨다. 만약 예산선의 변화가 동일하다면 공공지출의 변화도 동일해야만 한다.

지방공공지출의 결정 요인들에 대해서는 상당히 많은 계량경제학적 연구들이 있어왔다(이에 대한 개관은 Inman[2008]을 참조하라). 예상과는 달리 거의 모든 연구들에서 자치단체가 받은 보조금 1달러가 지역소득 1달러의 증가보다 공공지출을 더 크게 증가시켰다고 결론 내리고 있다. 간략히 말하면 추정치는 교부금으로 받은 1달러가 공공지출을 40센트 증가시키는 데 반해 사적소득 1달러 증가는 공공지출을 10센트만 증가시키고 있다. 이런 현상에는 '**끈끈이 효과**(flypaper effect)'라는 명칭이 붙여졌다. 왜냐하면 마치 돈이 최초에 목적했던 부문(사적부문 또는 공공부문)에 달라붙어 있는 것같이 여겨지기 때문이다.

> **끈끈이 효과(flypaper effect)**
> 교부금의 형태로 받는 금액이 동일한 금액의 자치단체 소득 증가에 비해 더 많은 공공재 지출로 이어지는 현상.

끈끈이 효과에 대한 어떤 설명들은 관료들의 역할에 초점을 맞춘다. 제6장에서 관료들이 자신들의 예산 규모를 극대화하려 한다고 했던 것을 기억해보자. 예산 극대화를 이루려는 주체로서 관료들은 시민들에게 자치단체의 진정한 교부금액 수준을 알려줄 유인이 없다. 이 정보를 숨김으로써 관료들은 시민들을 속여서 더 높은 수준의 공공지출 수준에 투표하도록 할 수도 있다. 이런 견해에 따르면 끈끈이 효과는 시민들이 진정한 예산선을 모르기 때문에 발생한다.

22.7 우리나라의 지방세와 지방재정조정제도

22.7.1 우리나라의 지방세

국세와 지방세 일반적으로 이동성이 크고 소득분배와 거시경제의 안정성에 기여하는 조세는 중앙정부로, 응익적 성격을 지니며 이동성이 낮은 세원에 대한 조세는 지방자치단체로 할당되는 것이 원칙이다. 우리나라의 국세와 지방세 배분도 이러한 일반 원칙에서 크게 어긋나지 않는다. 소득세, 법인세, 부가가치세 등은 국세이며 취득세, 등록세, 재산세 등은 지방세이다.

세수입을 기준으로 보면 우리나라 지방세 수입은 전체 조세 수입의 2016년 기준으로 약 23.7% 정도이다. 그러나 일반자치단체 및 교육자치단체에 대한 교부금과 국고보조금까지 포

표 22.3 우리나라의 국세와 지방세 비중

구분	2009	2010	2011	2012	2013	2014	2015	2016
국세	78.5	78.3	78.6	79.0	79.6	78.8	75.4	76.3
지방세	23.5	21.7	21.4	21.0	20.4	23.1	24.6	23.7

표 22.4 OECD 주요국의 국세 · 지방세 비중(2013년 기준, %)

	연방제국가			비연방제국가				
	미국	독일	평균	영국	프랑스	일본	한국	평균
국세	55.5	50.9	65.1	93.9	71.9	61.1	76.9	84.3
지방세	44.5	49.1	34.9	6.1	28.1	38.9	23.1	15.7

* 출처: OECD Revenue Statistics(2016년판).

함하여 지방에서 이루어지는 세출을 기준으로 계산할 경우 오히려 지방자치단체에서 지출되는 액수가 오히려 더 많다(〈표 22.3〉 참조).

우리나라는 전통적으로 중앙집권의 정도가 높은 편이었으며, 지방자치제도가 본격적으로 실시된 것은 1990년대이다. 이렇게 중앙집권의 전통이 강한 데에는 국토가 넓지 않고 구성원의 동질성이 크다는 점도 크게 작용했을 것이다. 일반적으로 중앙집권의 전통이 강한 국가가 자연스럽게 국세의 비중이 높은 경향이 있다. 〈표 22.4〉에서 보듯이 중앙집권적 성격이 강한 영국과 프랑스 등은 국세의 비중이 높고 연방국가 성격을 가지고 지방자치의 전통이 오래된 미국, 독일 등은 지방세의 비중이 상대적으로 높은 것을 알 수 있다.

지방세 세목 우리나라의 지방세는 현재 모두 11개의 세목으로 구성되어 있다(제1장의 〈그림 1.1〉 참조). 세목은 취득세, 등록면허세, 레저세, 담배소비세, 지방소비세, 주민세, 지방소득세, 재산세, 자동차세, 지역자원시설세, 지방교육세 등이다. 지방세는 광역자치단체세와 기초단체세로 구분되며 다시 보통세와 목적세로 구분되기도 하는데 지역자원시설세나 지방교육세 두 세목이 목적세이다. 자치단체 수준별로 어떤 세목을 가질 것인가 하는 문제를 조세할당(tax assignment)이라고 한다. 광역자치단체에는 도와 특별/광역시가 있고 기초자치단체는 도 아래 수준의 시 · 군 그리고 특별/광역시 아래 수준의 자치구가 있는데 도세와 시 · 군세, 특별시와 광역시세와 자치구세의 조세할당은 달라서 시군세의 세목이 구세보다 많다. 이는 시 · 군보다는 특별시 내의 자치구 간 인구 이동이 많고 지방 공공재를 주민들이 공유하는 경우도 많다는 점을 감안한 것이다.

지방세 구성의 특징 과거 우리나라의 지방세는 세목이 상당히 많지만 세수 기여가 미미하고 정책 기능이 뚜렷하지 않은 세목들이 많다는 문제가 있었는데, 현재는 세목들이 상당히 정비된 상태라고 볼 수 있다. 우리나라 지방세 구성상의 큰 특징은 취득세의 비중이 매우 높다는 것이다. 2016년을 기준으로 취득세의 비중은 전체 지방세의 28.7%에 달한다. 재산의 거래가 있을 때 세금을 내야 하는 특성상 취득세는 부동산 경기에 크게 의존한다. 과거 경험상 부동산 경기는 전반적인 경기변동에 상당히 민감하게 반응해왔기 때문에 전반적으로 우리나라의 지방세는 국세 이상으로 경기에 민감한 수입 구조를 가지고 있다고 평가할 수 있다.

부분적으로는 취득세의 비중이 지나치게 높음 문제에 대응하며 자산 거래에서 효율성을 저해하는 문제와 경기 변동에 따른 세입불안정성, 그리고 2003년 이후 국가적 정책으로 강조된 주택가격 안정이라는 목적까지 더해져 재산세와 종합부동산세 등 보유세를 강화하고 취득세와 같은 거래세를 완화하는 개편이 계속 이루어져 왔으며 이를 반영하여 재산세가 전체 지방세에서 차지하는 비중은 2006년의 7.2%에서 2009년의 9.8%로, 그리고 2016년에는 13.1%까지 크게 증가해왔다.[23]

이 밖의 중요한 변화는 지방소득세와 지방소비세의 도입이다. 이 세금들을 도입한 주요 논거는 지방자치단체의 재정자립도를 높이자는 것이다. 즉, 이들 세금의 도입 시 세수 기준으로 대략 8 : 2, 세출 기준으로 대략 4 : 6인 지방재정의 세입과 세출 구조의 큰 차이를 완화함으로써 지방자치단체의 자주세원을 확보하고 책임성을 높이기 위해 가장 중요한 세원인 소득세와 소비세를 중앙정부와 지방자치단체가 공유하게 되었던 것이다. 지방소득세는 국세 소득세의 10%로 결정되어 있으며 지방소비세는 국세인 부가가치세의 일부를 지방세로 전환하는 형태를 취한다. 현재 지방소득세는 세수 면에서 취득세 다음으로 중요한 세원이며 지방소비세수는 지방소득세의 약 절반 수준 정도이다. 하지만 향후 지방세 확충에서는 지방소비세가 가장 큰 역할을 할 전망이다. 부가가치세를 중앙정부와 지방자치단체가 나누는 기준이 현재는 89 : 11로 되어 있지만 향후 지방분이 차지하는 비중은 2019년 15%, 2020년 21% 등으로 지속적으로 인상될 계획이다.

22.7.2 지방재정조정제도

일반적으로 어느 나라든지 지방자치단체 사이에는 재정력의 격차가 매우 심하다. 자치단체 사이의 경제력 격차가 크기 때문이다. 경제력 격차에 따른 재정 격차를 해결하려면 더 많은 세원을 지방에 넘겨주되, 세원의 분포가 고른 세원을 주어야 할 것이다. 그러나 이런 개편이 이루어진다 하더라도 지역 간 경제력 격차라고 하는 근본적인 제약을 극복하기는 어렵다. 따라서 지역 간 균형 발전이라는 장기 목적을 꾸준히 실천해가는 동시에 지역 간 재정력 격차를 완화하기 위한 재정조정제도를 운영할 필요성이 남게 된다.

우리나라의 지방자치제는 교육 이외의 모든 행정자치를 포함하는 일반자치제도와 교육자치제도로 나누어진다. 이에 따라 중앙정부의 자치단체에 대한 지원도 일반자치단체에 대한 지원과 교육자치단체에 대한 지원으로 나누어진다. 자치단체에 대해서 지방교부금과 국고보조금이라는 형태의 지방재정조정제도가 시행되고 있다. 앞에서 본 이론에 비추어 볼 때 지방교부금은 무조건부 교부금에 해당하며 국고보조금은 조건부 교부금 중에서도 유한 대응교부금

23 자산에 대한 세금은 이전 및 거래단계에서 부과되는 세금과 보유단계의 세금으로 나누어보면 취득세와 등록세는 자산의 이전 혹은 거래 단계에서 부과되는 세금이고 재산세는 보유단계에서 부과되는 세금이다. 흔히 거래세와 보유세라고 부른다.

표 22.5 중앙정부의 지방정부 지원현황(2017년 예산액)

〈국세 · 지방세〉	〈지방이전재원〉		〈가용재원〉
국세	지방이전재원: 134조 원		중앙정부
242.3조 원	1. 지방재정지원	=	108.3조 원 (35%)
• 일반회계 235.2조 원 • 특별회계 7.1조 원	① 지방교부세 40.7조 원 (일반회계 내국세 19.24% + 종합부동산세 + 담배소비세 20%) ② 국고보조금 46.4조 원(13.4%)		35 : 65
77 : 23			지방정부
지방세	2. 지방교육지원 46.9조 원		205.2조 원 (65%)
71.2조 원	① 교육교부금 46.9조 원 (일반회계내국세 20.27% + 교육세전액 + 일반회계전입금)	=	• 이전재원 134조 원 • 지방세 71.2조 원

에 해당한다.[24]

당초 지방교부금은 일반회계 내국세 수입의 13.27%와 11.8%로 출발하였는데 이 비율은 1999년과 2000년에 13%와 15%로 각각 인상되었다. 이후에도 몇 차례의 교부율 인상이 있었으며 2005년에 양여금제도가 폐지되면서 그 재원은 국가균형발전특별회계와 교부금 및 교육교부금으로 이전됨에 따라 현재 지방교부금은 일반회계 내국세 수입의 19.24%, 지방교육교부금은 20.27%에 이르고 있다. 교부금 이외에도 2005년 신설된 종합부동산세 수입 전액이 지방교부금으로 지원되며 교육세 수입 전액도 지방교육교부금으로 지원되고 있다.

〈표 22.5〉에서 보듯이 2017년 예산 기준으로 중앙정부에서 지방정부에 지원되는 총규모는 134조 원인데 이 중 자치단체에 대한 지원이 지방교부세 40.7조 원과 국고보조금 46.6조 원이며 대부분이 교육교부금인 교육자치단체에 대한 지원은 46.9조 원이다. 결과적으로 세입단계에서는 국세와 지방세 비율 77 : 23이지만 세출단계로 가면 중앙정부의 지출과 지방자치단체의 비율은 35 : 65로 변하고 있다.

22.8 맺는말

이 장의 처음에서 우리는 연방 시스템과 관련한 몇 가지 질문을 제기했다. 분권화된 선택이 바람직한가? 정부의 의무는 어떻게 배분되어야 할까? 지방정부는 어떻게 재원을 마련해야 하는가? 우리의 해답은 연방제가 합리적인 시스템이라는 시사점을 준다. 지역 공동체들이 그들 자체의 결정을 하도록 하는 것은 지방공공재 공급에 효율성을 증진시킬 가능성이 매우 높은 것 같다. 그렇지만 효율성과 형평성을 달성하려면 중앙정부의 커다란 경제적 역할도 요구된다.

24 이 외에도 1991년에 양여금제도가 도입된 바 있다. 양여금제도는 (지방양여금과 지방교육양여금) 특정 세목 수입의 일정 비율을 자치단체에 배분하는 것으로 무조건부 교부금과는 달리 용도를 지정하는 것이다. 단 용도를 광범위하게 지정한다. 2005년에 폐지되면서 양여금은 신설된 국가균형발전 특별회계와 지방교부금의 재원이 되었다.

특히 지방공공재 공급에 지방재원만 이용하는 시스템은 많은 사람들이 불공평한 것으로 보고 있다.

우리의 초점은 자연스럽게 경제적인 문제들에 맞추어졌지만 권력과 정치의 문제들이 연방제 논쟁에서 전면에 부각되지 않았던 것은 결코 아니다. 경제적 권력의 분산은 정치적 권력의 분산과 일반적으로 관련이 있다. 권력은 어떻게 배분되어야 할까? 여러분이 연방정부의 하위 정부들에 대해 갖고 있는 이미지는 인종주의자인 주지사가 흑인 학생들을 주립대학에서 내쫓는 것인가 아니면 마을회관에서 시민들이 모여 집단적인 선택을 하는 것인가? 중앙정부에 대해 생각할 때 여러분은 멀리 앉아서 별 관심도 없이 성가신 규제나 늘어놓는 관료들을 그리는가 아니면 모든 사람의 시민권을 보장하기 위해 일하는 법무성의 변호사를 그리는가? 여러 가지 다른 이미지들이 우리 마음속에 공존하면서 적절한 정부 간 권력 분배에 대해 대립되는 감정을 낳고 있다.

심화 과정을 위한 추천 논문과 저서

재정 연방주의에 대한 광범위한 문헌 검토는 다음 논문에서 찾을 수 있다. 이 분야 연구의 출발점으로 삼아도 좋을 것이다.

- Oates, Wallace E. 1999. "An Essay on Fiscal Federalism." *Journal of Economic Literature* 37: pp. 1120 - 1149.

Tiebout의 다음 논문은 지방공공재에 대한 수많은 논의를 촉발한 고전이라 할 수 있다.

- Tiebout, Charles. 1956. "A Pure Theory of Local Expenditures." *Journal of Political Economy* 64: pp. 416 - 424.

오래되기는 했지만 다음 논문은 여전히 지방 재정 문제와 관련한 광범위한 연구과제들에 대해 유용한 정보를 준다.

- Rubinfeld, Daniel, "The Economics of Local Public Sector," in *Handbook of Public Economics*, Vol. 2, A. J. Auerbach and M. Feldstein eds., Amsterdam: North Holland, 1987, pp. 571–646.

본문에서도 비교적 자세히 소개되었지만 다음 논문은 지방 재정지출과 지방세의 자본화에 대한 고전적인 실증연구이다.

- Oates, Wallace E. 1969. "The Effects of Property Taxes and Local Spending on Property Values: An Empirical Study of Tax Capitalization and the Tiebout Hypothesis." *Journal of Political Economy* 77: pp. 957 - 971.

본문에서는 소개되지 않았지만 지방공공재의 소득과 가격탄력성을 도출해내는 아래의 연구도 유용한 시사점을 줄 것이다.

- Bergstrom, Theodore, and Robert P. Goodman, "Private Demand for Public Goods," *American Economic Review*, 1973, pp. 208–296.

요약

- 연방 시스템에서는 다른 수준의 정부들이 겹쳐지는 관할 지역에서 각기 다른 서비스를 제공한다.
- 공동체 형성에 대한 클럽 모형에서 공동체의 크기와 공공재의 양은 공공재에 대한 취향과 공공서비스의 비용, 그리고 혼잡비용에 의존한다.
- 티부 모형은 지방 재정에서 주민들의 이동, 재산세, 지역설정 등이 중요한 역할을 한다는 사실을 강조한다. 일정 조건하에서는 '발에 의한 투표'가, 즉 주민들이 자신이 살고 싶은 지역으로 이동하는 것이 공공재의 파레토 효율적 배분이란 결과를 낳는다.
- 분권화의 단점은 지역 간 외부성, 공공재 공급에서 규모의 경제 상실, 비효율적 과세 그리고 소득분배 능력의 부족 등이다.
- 분권화의 장점은 지역사회의 취향에 맞는 공공서비스를 맞추어낼 수 있는 능력, 지역 정부 간 경쟁에 따른 유익한 효과 그리고 저비용의 실험이 행해질 수 있는 잠재력 등이다.
- 교육에 대한 책임을 지방정부가 지는 것은 지역사회의 취향이 각기 다르다는 근거에서 합리화될 수 있다. 그렇지만 연방정부가 교육에 투입되는 재원을 재분배하기 위해 어느 정도 개입하는 것이 적절할 수도 있다.
- 재산세는 주정부와 지방정부의 중요한 세원이다. 재산세에 대한 전통적 견해는 그것이 토지와 건물에 대한 물품세라는 것이다. 재산세에 대한 새로운 견해는 재산세가 자본에 대해 지역별로 그리고 자본 유형별로 다른 세율을 매기는 모든 종류의 자본에 대한 일반세금이라는 것이다. 사용료 견해는 재산세를 지방 공공서비스에 대한 대가로 간주한다.
- 교부금은 조건부(유형 지정)일 수도 있고 무조건부(정액)일 수도 있다. 각 유형의 보조금은 지방정부에 대해 각기 다른 유인을 구현하고 있다. 지출이 증가하느냐 혹은 지방세가 낮아지는가는 해당 지방의 선택을 결정하는 선호에 달려 있다.
- 정부 간 보조금에 대한 실증연구들은 끈끈이 효과가 있음을 지적한다. 즉 보조금액이 증가하면 동일한 금액이 지방 사적 소득 증가의 경우에 비하여 지방공공재에 대한 지출이 더 늘어나는 것이다. 이에 대한 설명 중 하나는 지역 예산제약에 대해 주민들이 불완전한 정보만 소유한 것을 관료들이 이용한다는 것이다.

연습문제

1. 유럽연합은 과학자들을 회원국과 준회원국들로 끌어들이려고 상당한 금액을 지출하고 있다. 만약 이들 국가에 있는 대학이 저명한 과학자를 외부에서(예컨대 미국, 일본, 호주 등) 불러들여 그들과 함께 일하도록 한다면 EU의 위원회는 대학과 과학자 모두에게 교부금을 준다. 또한 EU는 연합 내의 농부들에게도 소득 보조를 하고 있다. 두 프로그램은 국가 간 소득 이전을 발생시킨다. 이 장에서 논의된 내용을 기초로 두 프로그램을 비교해보시오.

2. Hines와 Summers[2009]에 따르면 세계화는 자본과 노동의 국가 간 이동을 증가시켰다. 결과적으로 이들 투입요소에 대한 세금은 상당한 초과부담을 야기하고 있다. Hines와 Summers는 국가들이 세율을 표준화함으로써 이러한 비효율을 완화하자는 제안을 하고 있다. 티부 모형을 기본틀로 하여 이러한 제안이 갖는 효율성에 대한 함의를 설명하시오.

3. Andrews 등[2011]은 OECD 국가 내에서 임차인의 이동성보다 집을 소유한 사람들의 이동성이 더 낮다고 추정하였다. 이러한 차이가 티부 모형에서 시민들의 이동에 미칠 영향에 대해 논하시오.

4. 캘리포니아주에서는 매매가 일어난 후에야 재산가치에 대한 재평가가 이루어진다. 지난해에 팔리지 않은 재산에 대해서는 법에서 평가가치를 약간만 올리도록 해준다. 결과적으로 집을 여러 해 전에 산 사람은 똑같은 집을 최근에 산 사람에 비해 낮은 세금을 물게 되어 있다. 이것이 수평적 형평성에 어긋나지는 않을까? 답을 할 때 모든 주요 개념들을 주의 깊게 정의하기 바란다.

5. 아래의 상황을 공동체 무차별곡선과 지방정부 예산선을 이용하여 나타내시오.
   a. 무조건부 교부금이 구매되는 공공재의 양과 지방세 모두를 올렸다.
   b. 대응교부금이 공공재 공급에 아무런 변화를 주지 않았다.
   c. 유한 대응교부금이 조건부 비대응교부금과 같은 효과를 가져왔다.
   d. 유한 대응교부금이 지방세에 변화를 주지 않았다.
6. 스위스에서 칸톤(지방자치단체)은 다국적 기업이 지역본부나 다른 기관을 설치하도록 유도하기 위해 낮은 세율을 제안하고 있다. 그렇게 함으로써 여러 칸톤들은 이러한 세율 경쟁을 통해 공간이 모자를 정도로 사업체들을 유치해 온 추크(Zug) 칸톤으로부터 사업체들을 빼오려고 하는 것이다[Ball and Bryan-Low, 2010]. 칸톤들이 세율을 낮추는 행동이 효율성 면에서 합리적이라고 보는가?
7. 2011년 매사추세츠주 시 의회는 전(前) 리비아 지도자 가다피의 사퇴를 요구하였다[Eagan, 2011]. 재정연방주의라는 틀을 이용하여 지방정부가 그러한 외교 논쟁에 개입해야만 하는지를 논하시오.
8. 벨몬트와 렉싱톤이라는 두 마을이 소방에 대해 다른 수요곡선을 가지고 있으며, 소방관을 동일하고 고정된 한계비용으로 고용할 수 있다고 가정해보자. 역사적으로 주 정부가 두 마을에 대해 같은 수의 소방관을 고용하도록 요구했지만 최근에는 그 결정을 분권화했다고 하자. 다른 조건이 일정하다면 분권화에서 오는 후생의 증가가 마을의 수요곡선이 비탄력적일수록 크다는 것을 보이시오.
9. Heal[2001, p. 1]은 뉴욕시의 센트럴파크 설계자인 프레더릭 로 옴스테드(Frederick Law Olmsted)가 도시가 공원에 대해 어떻게 대가를 치러야 할지에 대한 질문을 받았을 때, "그는 공원이 존재함으로 해서 재산가치가 상승할 것이고 그로 인한 추가적 세수입이 공원 건설비용을 쉽게 충당할 수 있을 것이라고 답했다. 역사는 그것이 옳음을 보여주었다."라고 기술하고 있다. 이 일화는 재산세의 본질에 대한 3가지 견해 중 어떤 것을 가장 잘 보여주는가?
10. 연방정부는 주정부의 복지지출에 대해 보조금을 주어서 주정부의 복지지출에 대한 실질 가격에 변화를 준다. Baiker[2005]에 따르면 주정부 지출의 수혜자당 혜택의 탄력성은 0.38이다. 연방정부가 주정부의 복지지출에 대해 1:1로 대응보조를 해주다가 그것을 2:1 보조로 바꾸었다고 가정해보자. 주의 복지지출은 어떻게 변하리라 예상하는가?
11. [행정고시 2차 2009년 기출문제] 현재 우리나라 국세와 지방세 비율은 80:20 수준에 머무르고 있고 지방재정교부금을 포함하더라도 그 비율은 70:30에 그치고 있다. 그 결과 재정자립도가 취약한 일부 지방자치단체의 경우 자체수입으로는 공무원의 보수도 충당하지 못하는 경우도 많은 실정이다. 또한 최근 정부의 감세정책과 종합부동산세제 개편으로 지방교부금 규모가 축소되어 지방자치단체의 재정사정이 더욱 열악해질 것이라는 전망도 제기되고 있다. 따라서 지방재정자립도를 개선하기 위해 조세제도의 개편이 검토되고 있다. 지방소득세 및 지방소비세 도입의 필요성과 동 제도의 도입이 지방재정력 균등화에 미치는 효과에 대하여 설명하시오.
12. [행정고시 2차 2016년 기출문제] 지방분권화와 관련하여 티부 모형은 시민의 자유로운 이동에 따른 '발로 하는 투표'에 의해 일정한 가정하에서 지역공공재의 공급이 사적 재화가 공급되는 시장과 유사한 결과를 낳을 수 있음을 주장하고 있다. 즉, 개인이 자신의 효용을 극대화하는 지역공공재와 조세의 조합을 제공하는 지역사회를 찾아가는 과정을 통해 지역 공공재의 효율적인 공급이 이루어진다. 다음 물음에 답하시오. (총 30점)
    a. 티부 모형이 성립되기 위해 지방자치단체의 행동이 외부성을 유발하지 않으며, 공공서비스 한 단위당 생산비용은 일정해야 한다는 가정이 필요한 이유를 설명하시오. (10점)
    b. 이 모형의 효율성, 형평성, 현실적합성에 대하여 평가하시오. (10점)
    c. 소득불균형이 높은 지역일수록 공공서비스의 양이 감소한다고 알려져 있다. 하지만 A국가의 자료를 비교한 결과, 소득불균형이 높은 지역의 지방자치단체들이 오히려 교육 등 특정 공공서비스를 더 많이 공급하는 것으로 나타났다. 티부 모형을 이용해 왜 이런 결과가 나타났는지 설명하시오. (10점)

부록

몇 가지 기본적 미시경제학

우리는 물질적인 세계 속에 살고 있다.

— 마돈나

미시경제학의 몇 가지 도구가 본 교과서에서 사용되고 있다. 이들을 간략히 본 부록에서 다루고자 한다. 이 장은 미시경제학을 수강한 사람들에게는 이미 배웠던 내용들을 상기시켜줄 것이다. 이 장의 내용을 처음 접하는 사람들에게는 표준적인 초급과정의 미시교과서를 먼저 참조하는 것이 필요할 것이다. 여기서 간략히 다루는 주제는 수요–공급 그리고 소비자–공급자 잉여에 관한 것이다.

A.1 수요–공급

최근 2년의 기간 동안에 파운드당 커피 가격이 95센트에서 45센트로 하락하였다. 커피 생산자들은 어려움을 겪었지만, 소비자들은 그 반대였다. 가격이 왜 하락하는가? 수요–공급모형은 경쟁적 시장에서 가격과 재화의 거래량이 어떻게 결정되는지를 생각하는 데 유용한 틀을 제공하고 있다. 본 부록에서는 수요, 공급 그리고 양자의 상호작용에 대해 알아보기로 한다.

A.1.1 수요

어떠한 요인이 특정 재화를 소비하는 결정에 영향을 줄 것인가? 커피에 관한 예에서처럼 약간의 생각을 해보면 다음과 같은 요인들이 주어진 시간 동안 사람들이 소비하는 양에 영향을 줄 것이다.

1. **가격.** 가격이 상승하면 수요량이 감소할 것이다.
2. **소득.** 소득이 늘면 소비기회가 늘어나므로 일반적으로 지출도 증가한다. 그러나 다른 조건이 일정하더라도 소득이 상승할 때 수요가 감소할 수도 있는데 이러한 재화를 열등재라고 하고, 그 반대의 일반적인 경우를 정상재라고 한다.
3. **관련된 재화의 가격.** 만약에 차(tea)의 가격이 상승했다고 하자. 사람들이 차 대신 커피를 소비한다면 차 가격의 상승이 커피 소비량을 증가시키는 결과를 가져온다. 만약에 커

그림 A.1
가상의 커피 수요곡선

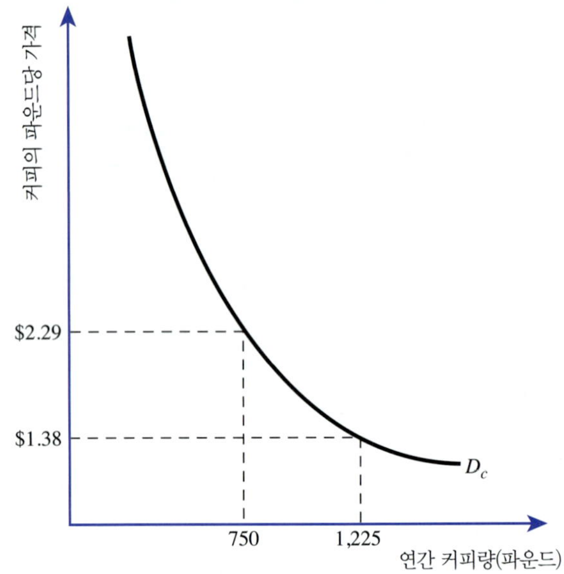

피를 소비할 때 프림을 함께 사용한다면 프림의 가격이 상승했을 때 커피 소비량도 줄어들기 쉽다. 차와 커피와 같은 재화들을 대체재 그리고 커피와 프림과 같은 재화를 보완재라고 부른다.

4. **선호.** 사람들이 어떠한 재화를 좋아하는 정도가 수요량에 영향을 미치게 된다. 몰몬 교도들은 커피를 별로 마시지 않는데, 그들의 종교가 이를 금하기 때문이다. 대개 수요는 안정적인데 그러나 항상 그러하지는 않다. 어떤 과학자들은 커피가 태아의 신체장애를 촉발할 수 있다고 주장하는데 이 때문에 실제로 많은 임산부들이 커피를 마시지 않게 되었다.

많은 요인이 수요에 영향을 줄 수 있다. 그러나 종종 가격과 수량 간의 관계에 초점을 두는 것이 유용할 수 있다. 예를 들어, 우리는 소득, 관련 재화의 가격 그리고 선호를 고정시켜두고 커피 가격의 변화에 따른 커피 수요량의 변화를 살펴봄으로써 수요곡선을 얻게 되는데 이는 다른 조건이 일정할 때 커피 가격의 변화에 따라 커피 수요량이 어떻게 변하는지를 기술하고 있다.

〈그림 A.1〉은 가로축에 연간 커피 소비량, 세로축에 커피의 파운드당 가격을 나타내고 있는데, 예를 들어, 가격 2.29달러에 사람들이 750파운드를 소비하였고 가격 1.38달러에 1,225파운드를 소비하였다면 이는 D_c와 같이 우하향하는 모양이 된다.

수요곡선은 '기꺼이 지불하려는 금액'을 나타내는 스케줄(곡선)로 해석될 수 있다. 왜냐하면 여기서 가격은 주어진 수량에 대해 사람들이 지불하려는 최대치를 의미하기 때문이다. 예를 들어, 750파운드의 커피에 대해 2.29달러만큼의 가치를 두고 있다고 볼 수 있다. 가격이 2.29달러보다 높을 경우 750파운드의 커피를 기꺼이 소비할 생각은 없다고 볼 수 있다.

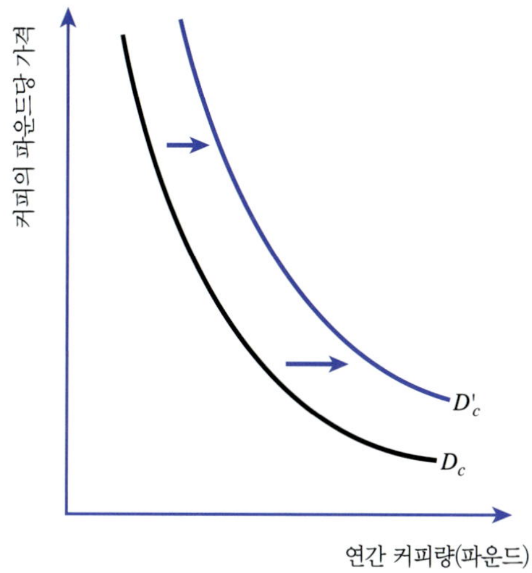

그림 A.2
차의 가격 상승이 커피 수요에 미치는 효과

앞에서 우리는 소득, 관련 재화의 가격 그리고 선호를 고정시켜두고 커피 가격의 변화에 따라 커피 수요량을 살펴봄으로써 수요곡선을 얻게 되는데 이는 다른 조건이 일정할 때 커피 가격의 변화에 따라 커피 수요량이 어떻게 변하는지를 기술하고 있다. 그런데 만약에 소득, 관련 재화의 가격 그리고 선호가 변한다면 어떠한 일이 발생하는가? 〈그림 A.2〉에서 D_c 곡선이, 예를 들어, 차 가격이 상승함에 따라 우측으로 이동하게 되어 D_c'이 된다.[1] D_c'이 개별 가격에 대해 커피 수요량을 보여주고 있으므로 정의상 또 하나의 수요곡선이 된다.

A.1.2 공급

이제 여기서는 기업이 시장에 공급하는 재화의 수량(즉 공급량)을 결정하는 요인들에 대해 고려해보자. 커피에 관한 예로부터 시작해보기로 한다.

1. **가격.** 커피 가격이 높아지는 경우 더 많은 커피를 시장에 공급하는 것이 이윤극대화에 도움이 된다고 가정하는 것이 합리적일 것이다.
2. **원료의 가격.** 커피를 생산하기 위해 생산요소인 노동, 토지, 비료 등을 투입해야 한다. 투입요소의 가격이 상승하면 주어진 가격하에서 공급하는 커피의 양은 줄어들게 된다.
3. **생산조건.** 가장 중요한 요인으로서 생산기술을 들 수 있다. 커피 생산에서 기술진보가 있다면 공급은 증가한다. 다른 변수들도 생산조건에 영향을 미치게 된다. 농산물의 경우 날씨도 중요한 요소가 된다.

수요곡선과 마찬가지로 우리는 다른 변수들을 고정된 것으로 보고, 공급된 수량과 가격 간의 관계에 대해 먼저 분석하고자 한다. 공급곡선은 다른 조건이 일정한 상태에서 시장가격과

1 D_c'이 D_c와 반드시 평행일 필요는 없다.

그림 A.3
가상의 커피 공급곡선

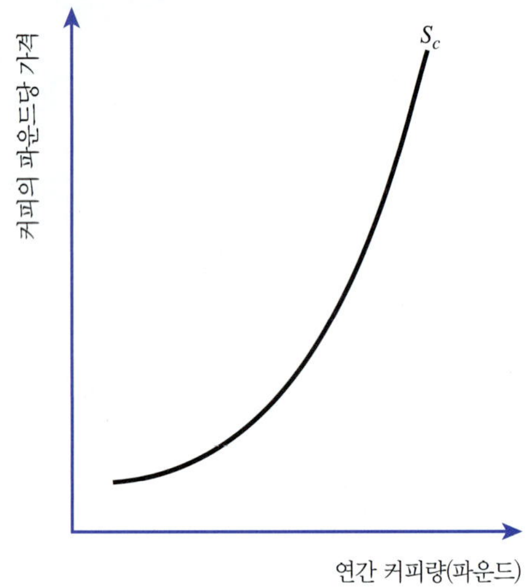

그림 A.4
커피농장근로자의 임금 상승이 커피 수요에 미치는 효과

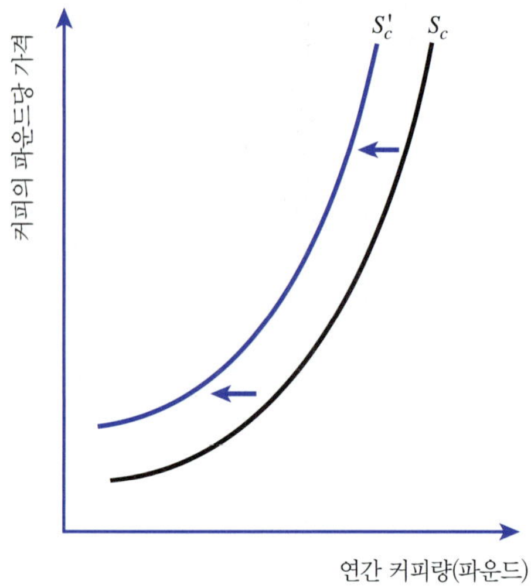

기업이 기꺼이 공급하려는 수량 간의 관계를 나타내준다. 커피의 공급곡선이 S_c로 〈그림 A.3〉에 그려져 있다. 우상향하는 모양은 다른 조건이 일정할 때 가격이 높을수록 공급되는 수량이 증가함을 보여준다.

공급에 영향을 주는 다른 변수들(가격 이외의 다른 변수)이 변할 때 공급곡선은 이동하게 된다. 예를 들어, 커피 원료생산자의 임금이 상승했다고 하자. 이러한 상승으로 기업이 주어진 가격하에서 기꺼이 공급하려는 커피 생산량을 줄이게 된다. 공급곡선은 따라서 왼쪽으로 이동하게 된다. 〈그림 A.4〉에서 묘사되듯이, 새로운 공급곡선은 S_c'이 된다. 좀 더 일반적으로 가격 이외의 다른 변수가 변할 경우 공급곡선은 이동하게 된다.

A.1.3 균형

수요와 공급곡선을 이용하여 여러 가지 가상적 질문들에 대해 답할 수 있게 된다. 커피 가격이 파운드당 2달러로 상승할 경우 소비자들이 얼마나 구매를 하려 할 것인가? 만약 1.75달러라면 기업은 얼마나 공급하려 할 것인가? 이러한 2가지 질문에 대해서는 수요와 공급 곡선을 각각 이용하여 답할 수 있지만, 실제로 시장에서 가격과 수량이 어떻게 결정될 것인가는 수요곡선과 공급공선을 함께 분석하여야 답을 할 수 있다.

〈그림 A.5〉에서는 〈그림 A.1〉의 수요곡선과 〈그림 A.3〉의 공급곡선을 함께 그려보았다. 우리는 균형가격과 수량에 관심이 있는데, 균형이란 체계 내에서 변화가 없다면 현 상태를 유지하려는 성향이 존재하는 상태를 의미한다. 만약에 가격이 파운드당 P_1이라 하자. 이 가격하에서 수요량은 Q_1^D이고 공급된 수량은 Q_1^S이다. 가격 P_1은 유지될 수 없는데, 이는 소비자가 사려고 하는 수량보다 많은 양을 기업이 공급하고자 하기 때문이다. 이러한 초과공급은 가격을

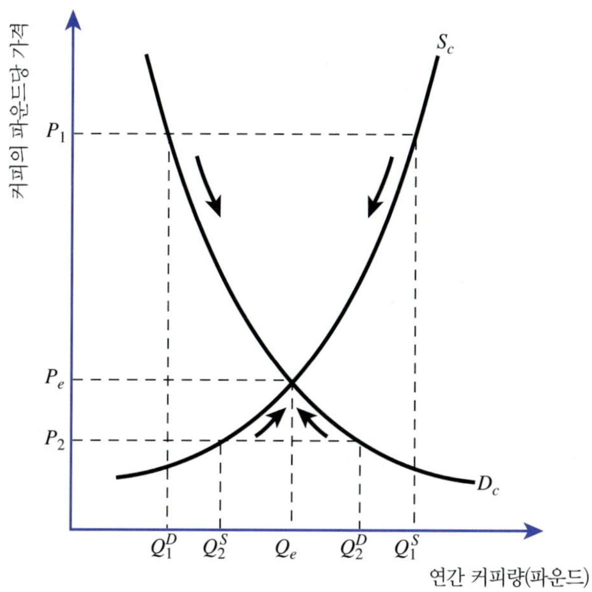

그림 A.5
커피 시장의 균형

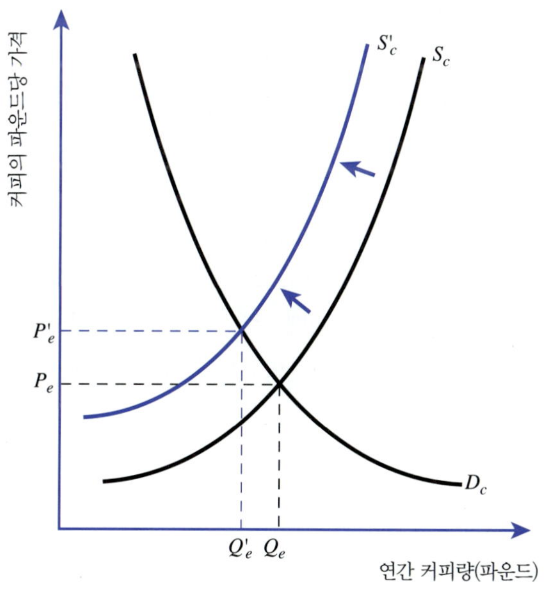

그림 A.6
궂은 날씨가 커피 시장에 미치는 영향

낮추는데 화살표로 표시되어 있다.

이제 가격이 P_2라고 하자. 이 가격도 유지될 수 없는데, 왜냐하면 소비자가 사려고 하는 수량보다 적은 수량이 공급되고 있기 때문이다. 이러한 초과수요는 가격을 높이는데 화살표로 표시되어 있다.

유사한 논리에 따르면, 주어진 가격하에서의 공급량과 수요량이 다르다면 균형이 될 수 없다. 〈그림 A.5〉에서 P_e 가격하에서는 공급량과 수요량이 같아져 균형이 달성된다. 여기서에서는 체계 내에서 다른 변화가 발생하지 않으면 이 가격과 생산량의 조합에서 '현재 상태를 유지하는 성향'이 존재하는데 이를 균형이라 한다. 여기서 정의한 균형이라는 개념에 바람직하거나 공정하다는 식의 주관적 개념은 존재하지 않음에 주의하기 바란다.

이제 무언가 다른 일이 발생하였다고 하자. 예를 들어, 기후가 나빠져서 커피 수확을 상당히 망쳐놓았다고 하자. 〈그림 A.6〉에서 D_c와 S_c가 〈그림 A.5〉로부터 다시 그려지고 있다. 이전의 균형 가격 P_e와 균형생산량 Q_e은 더 이상 균형이 아니다. 새로운 공급곡선하에서는 P_e는 균형가격이 더 이상 될 수 없는데 D_c와 S_c'이 교차하는 새로운 균형점에서 균형가격은 P_e', 균형생산량은 Q_e'이 된다. 기후 악화로 가격이 상승하고, 생산량이 감소한 것이다. 수요와 공급에 영향을 주는 어떠한 요인도 새로운 가격과 수량의 조합, 즉 균형을 바꾸게 된다.

A.1.4 요소에 대한 수요와 공급

수요–공급모형이 생산에 투입될 생산요소에 대한 시장분석에도 유용하게 사용될 수 있다. 예를 들어, 〈그림 A.5〉가 *X*축이 연간 근로시간, *Y*축이 시간당 임금이 사용된다면 곡선들은 노동에 대한 수요–공급곡선이 될 것이며, 시장은 임금과 고용을 결정하게 될 것이다. 유사한 분석이 자본과 토지에 대해서도 적용될 수 있다.

A.1.5 수요와 공급 곡선의 모양을 측정하기

분명히 특정 제품에 대한 시장 가격과 생산량은 수요와 공급 곡선의 모양에 의존하여 결정된다. 통상적으로 수요곡선의 모양은 수요의 가격탄력성으로 측정되는데, 수요의 가격탄력성은 가격의 변화율분 대비 수요량 변화율의 절댓값으로 정의된다. 만약에 가격의 10% 변화가 수요량의 2% 변화로 이어졌다면, 수요의 가격탄력성은 0.2가 된다.[2] 특수한 경우로서 가격의 변화에 대해 수요량의 변화가 전혀 없다면 이때 수요의 가격탄력성은 0이 된다. 반대 극단의 경우로서, 수요곡선이 수평선이 되는 경우로 이때 작은 가격변화에 대해 수요량은 매우 큰 변화를 보이게 된다. 유사한 방식으로 공급의 가격탄력성은 공급량의 변화율을 가격의 변화율로 나눈 것으로 정의된다.

A.2 선택이론

경제학의 근본적 문제는 사람들에게 가용한 자원은 욕구에 비해 한정되어 있다는 것이다. 선택의 이론은 이러한 희소성하에서 어떻게 의미 있는 결정을 하는가에 관한 경제이론이다. 본 절에서는 소비자 선호를 그래프로 표현하여 한정된 예산과 어떻게 결합되는지 보여주기로 한다.

2 탄력성이 수요곡선상 모든 점에서 상수가 아닐 수도 있다.

"에드워드야, 더 많은 것이 반드시 좋은 것은 아니지만 많은 경우 그렇단다."

A.2.1 선호

일반적으로 개인들이 재화의 소비로부터 만족을 얻는다고 생각한다. 여기서 말하는 재화란 광의적 개념으로 음식, 자동차, DVD, 휴대폰 등의 유형의 것이 포함될 뿐만 아니라 여가시간, 깨끗한 공기와 같은 무형의 것도 포함된다. 경제학자들은 만족도에 대한 동의어로 오래전부터 '효용'이란 표현을 사용해왔다. 오스카가 마시멜로우와 도넛을 소비한다고 가정해보자(수학적으로 두 상품의 경우에서 도출된 결론들이 여러 상품이 존재하는 경우에도 일반적으로 성립함을 보일 수 있다). 추가적으로 오스카가 어떠한 수량의 마시멜로우와 도넛을 소비한다 해도 완전히 포만되지 않고 더 소비할수록 만족도가 높아진다고 가정해보자. 마치 위의 만화에 등장하는 아버지처럼 대부분의 경우에 이러한 가정이 현실적이라고 경제학자들은 본다.

〈그림 A.7〉에서 가로축은 하루당 도넛의 소비량을 측정하고 세로축은 마시멜로우 소비량을 측정한다. 따라서 $X-Y$ 평면의 점은 도넛과 마시멜로우의 소비조합을 나타낸다. 예를 들어, 점 a는 5단위의 도넛과 7단위의 마시멜로우를 소비하는 것에 해당한다.

오스카가 마시멜로우와 도넛의 소비로부터 만족을 얻게 되므로 각 점에 대해 효용을 연결시켜볼 수 있다. 예를 들어, 7단위의 마시멜로우와 5단위의 도넛 소비로부터 100단위의 행복을 얻는다면 점 a는 100 효용에 해당한다.

그림 A.7
대안적 소비조합에 대한 순위 매기기

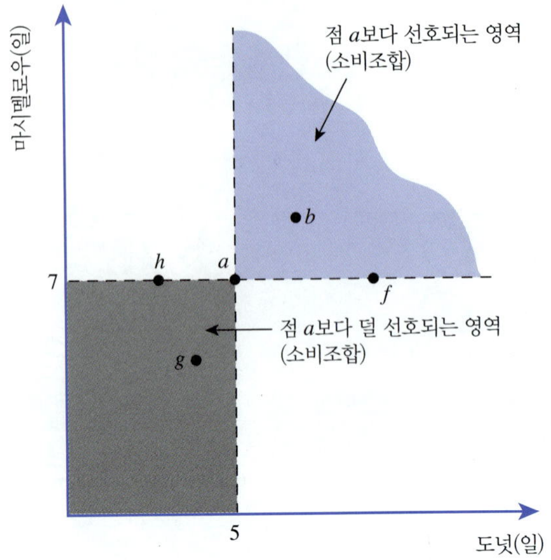

어떠한 소비조합은 점 a보다 높은 효용을, 그리고 어떠한 점은 낮은 효용을 가져온다. 〈그림 A.7〉에서 점 b를 상정해보자. 이는 a보다 더 많은 마시멜로우와 도넛을 소비하는 점에 해당한다. 따라서 점 b는 점 a보다 높은 효용을 가져온다(포만이 없다고 가정하였음을 상기하자). 소비조합 f는 a보다 많은 도넛을 가지고 있으나, 동일한 마시멜로우를 갖고 있어 효용이 더 높다. 즉, a의 동북쪽 점들은 a보다 더 선호된다.

유사한 추론을 해보면, 소비조합 g가 소비조합 a보다 덜 선호되는데 점 g가 a보다 마시멜로우와 도넛을 적게 소비하기 때문이다. 점 h는 a보다 덜 바람직한데 왜냐하면 a와 비교하여 같은 마시멜로우를 갖지만, 적은 도넛을 소비하기 때문이다. 따라서 점 a는 남서쪽 어느 점보다 선호된다.

이처럼 점 a보다 더하거나 덜한 만족도를 제공하는 소비조합을 선별하였다. 그렇다면 동일한 만족도를 제공하는 점들이 있는가? 이를 파악하려면 개인의 선호에 대해 보다 많은 정보가 필요하다. 〈그림 A.8〉에서는 〈그림 A.7〉의 점 a를 다시 그려주고 있다. 오스카에게 다음의 질문을 던져본다고 해보자. 여러분은 지금 7단위의 마시멜로우와 5단위의 도넛 소비를 하고 있는데, 도넛 1개를 빼앗아간다면 동일한 만족감을 얻기 위해 얼마나 많은 마시멜로우를 보상받아야 하는가? 한참의 생각 후에 오스카가 2개의 추가적 마시멜로우를 원한다고 솔직하게 답했다고 하자. 이는 마시멜로우 9개와 도넛 4개를 소비하는 소비조합 j가 소비조합 a와 동일한 만족도를 가져다준다는 것을 의미한다.

우리는 유사한 질문을 계속함으로써 동일한 만족도를 주는 다른 소비조합을 찾아낼 수 있다. 이렇게 찾아낸 동일한 만족도를 주는 소비조합의 집합들이 〈그림 A.8〉상의 곡선 U_o로 표현되어 있다. 곡선 U_o는 소비자에게 무차별한 소비조합을 나타내주기 때문에 무차별곡선(indifference curve)이라고 불린다.

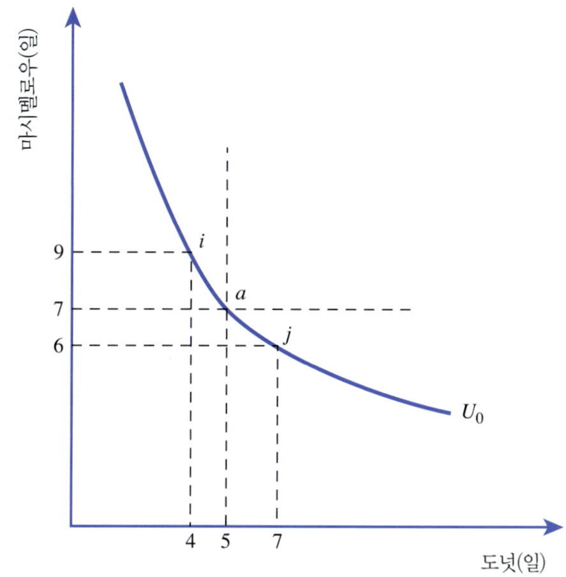

그림 A.8
무차별곡선의 유도

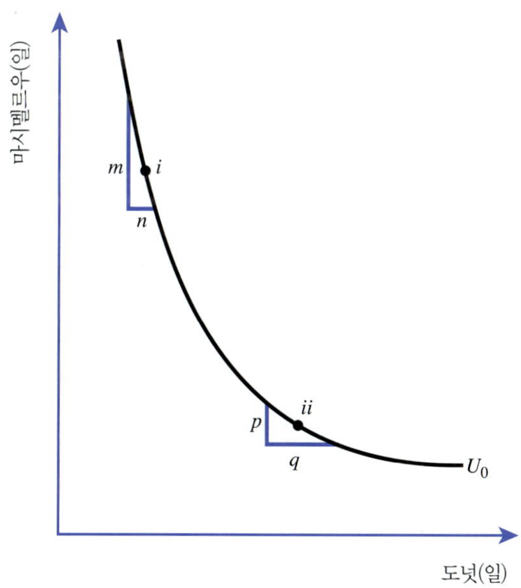

그림 A.9
한계대체율이 체감하는 무차별곡선

정의상, 무차별곡선의 기울기는 세로축의 재화의 변화를 가로축의 재화의 변화로 나누어준 것에 해당한다. 이 기울기에 대한 경제적 해석이 가능한데, 이것은 개인들이 한 재화와 다른 재화를 기꺼이 교환하려는 비율을 의미한다. 예를 들어, 〈그림 A.9〉에서 점 i 근처에서 m만큼의 마시멜로우를 포기하는 대가로 얻게 되는 도넛의 양은 n이 되는데 이것은 바로 무차별곡선의

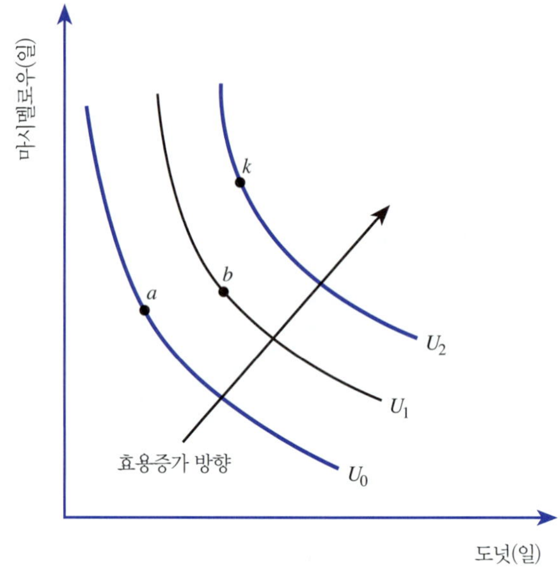

그림 A.10
무차별곡선 지도

기울기 $-m/n$과 연계되는 것이다. 바로 이러한 이유 때문에 무차별곡선 기울기의 절댓값이 마시멜로우에 대한 도넛의 한계대체율(marginal rate of substitution)이 되며 이를 MRS_{dm}으로 표기한다. 나중에 다시 언급하겠지만 한계란 추가적이란 의미를 갖는다. 무차별곡선은 한계대체율을 보여주는데 이는 한 단위의 도넛을 포기해야 하는 대가로 얼마나 많은 마시멜로우를 얻는가를 보여준다. 점 *i*에 비해 점 *ii*에서는 MRS_{dm}값이 낮아지는데, 이는 마시멜로우에 비해 도넛을 이미 많이 소비하고 있기 때문이다. 따라서 한 단위의 도넛을 포기해야 하는 대가로 많은 양의 마시멜로우를 희생하지 않을 것이다. 이러한 현상을 체감하는 한계대체율 또는 한계대체율 체감이라고 부른다.

우리는 점 *a*를 기준으로 무차별곡선을 그려보았다. 점 *a*가 임의로 선정되었으므로 여러 가지 임의의 출발점으로부터 무차별곡선을 그려볼 수 있다. 〈그림 A.10〉에서는 점 *b*, 점 *k*로부터 무차별곡선을 그리고 있다. 점 *b*가 점 *a*의 동북쪽에 점 *k*가 점 *b*의 동북쪽에 위치해 있기 때문에 효용 면에서 U_2가 가장 높고, 그다음 U_1 그리고 마지막으로 점 *a*에 대응하는 U_0가 가장 낮다. 무차별곡선을 모아놓은 것을 무차별곡선 지도라고 부른다. 결국 이러한 무차별곡선 지도를 이용하여 개인의 선호를 표현한다.

A.2.2 예산제약

기본식 도출 마시멜로우 M이 개당 3센트, 그리고 도넛 D은 개당 6센트 그리고 오스카의 주당 소득이 60센트라고 하자. 오스카가 할 수 있는 선택이 무엇인가? 그의 구매행위는 다음을 만족해야 한다.

$$3 \times M + 6 \times D = 60 \quad \textbf{(A.1)}$$

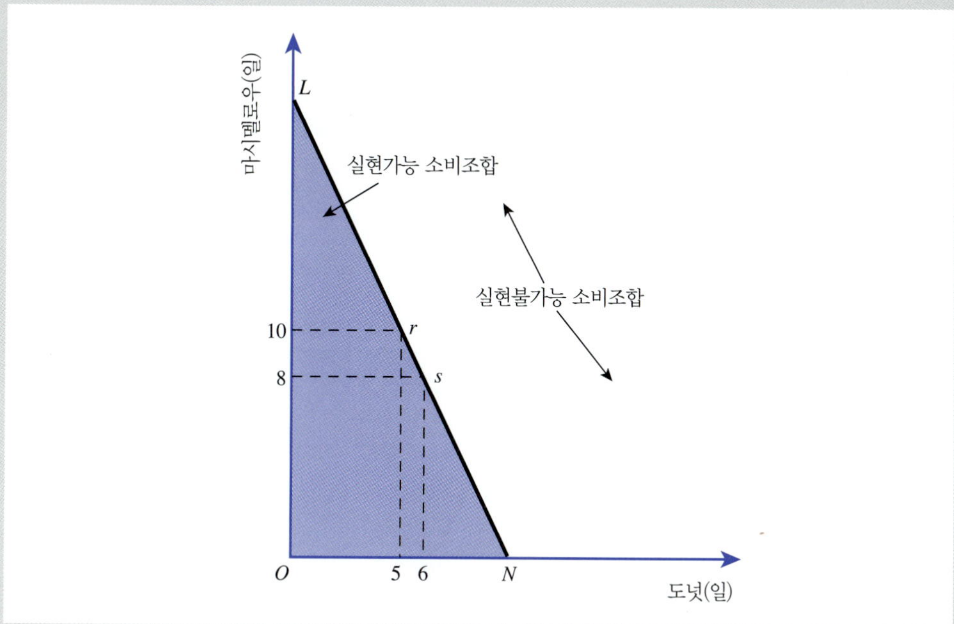

그림 A.11
예산제약선

다른 말로 마시멜로우에 대한 지출과 도넛에 대한 지출의 합이 60이 되어야 한다.[3] 따라서 만약에 $M = 10$이라면, 식 (A.1)을 충족하기 위해 D는 5가 되어야 한다($3 \times 10 + 6 \times 5 = 60$). 만약에 $M \times 8$이라면 D는 6이어야 한다.

식 (A.1)을 그래프로 표현 하자. 식 (A.1)은 난순히 식선을 의미하는 식이 된다. 그림상의 두 점이 주어졌다면, 선의 나머지 부분은 두 점을 지나는 직선이어야 한다. 〈그림 A.11〉에서 점 r은 10개의 마시멜로우와 5개의 도넛, 그리고 점 s는 8개의 마시멜로우와 6개의 도넛을 의미한다. 따라서 식 (A.11)은 선 LN으로 표시되는데 보통 예산제약 또는 예산선이라고 불린다. LN 선상 또는 그 아래의 점들은 그림자로 표시되는 영역을 나타내는데 소득보다 작거나 또는 정확히 같은 금액의 예산을 의미한다. LN 선보다 우측상단에 위치한 점들은 필요지출액이 소득보다 크기 때문에 현재 소득하에서 선택 불가능한 소비조합들이다.

선 LN에 대해 2가지 점을 주목해야 한다. 첫째, X절편과 Y절편이 경제적 의미를 지니고 있다. 정의상, Y절편은 $D = 0$과 관련된 절편이다. 여기서는 60센트의 소득을 마시멜로우에 모두 지출하는데 20단위($3 \times 20 = 60$)를 구매하는 것이 된다. 따라서 OL이 20이 된다. 유사하게 점 N에서 오스카는 마시멜로우는 구입하지 않고 도넛만을 10개($= 60/6$)를 구입하게 되는 것이다. ON의 길이가 따라서 10이 된다. 즉, 절편들은 한 가지 재화만을 구입할 때 해당 재화의 최대 구입 가능량을 표시하게 된다.

직선의 기울기 또한 의미가 있다. 기울기를 계산하기 위해 OL 20을 ON 10으로 나누게 되면 기울기의 절대치는 2가 된다. 2라는 수치는 도넛의 가격 6센트를 마시멜로우의 가격 3센트

3 오스카가 효용극대화를 한다면 돈을 내다 버리는 일은 없을 것이다.

그림 A.12
소득의 감소가 예산제약선에 미치는 효과

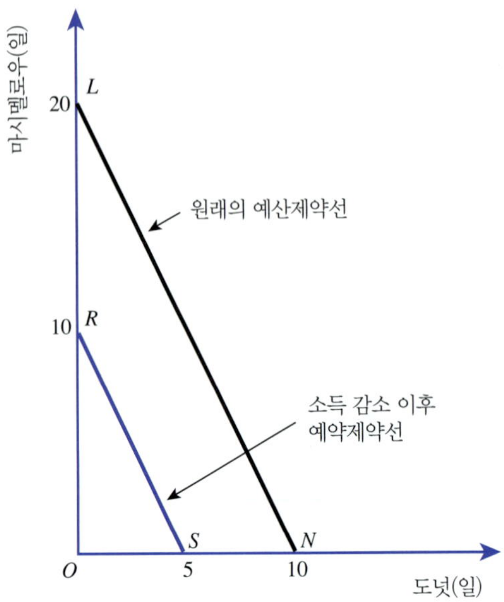

로 나눈 값과 같다. 이것은 우연히 그렇게 된 것이 아니며 예산선의 기울기 절댓값은 마시멜로우와 도넛을 교환하는 비율을 의미한다. 도넛의 가격은 마시멜로의 가격의 2배이기 때문에 오스카가 도넛 하나를 얻기 위해 2개의 마시멜로우를 지불해야 하는 것이다. 본 논의를 일반화하기 위해 마시멜로우의 가격을 P_m으로, 도넛의 가격을 P_d 그리고 소득을 I라고 하자. 식 (A.1)에 상응하는 예산선은 다음과 같다.

$$P_m M + 60\ P_d D = I \tag{A.2}$$

만약에 D가 X축에, M이 Y축에서 측정된다면, X절편은 I/P_d, Y절편은 I/P_m이다. 예산선의 기울기는 절대치에서 P_d/P_m이 된다. 한 가지 흔히 발생하는 오류는 M이 수직선 축에 있어 예산선의 기울기를 P_m/P_d라고 답하는 것이다. 이것은 I/P_m을 I/P_d로 나누는 과정에서 P_d/P_m으로 되기 때문에 그러하다.

가격과 소득의 변화 예산선은 현재의 소득과 가격하에서 오스카의 소비조합을 나타낸다. 소득과 가격이 변화한다면 어떻게 되는가? $P_m = 3$, $P_d = 6$, $I = 60$인 경우로 다시 돌아가보자. 예산선 $3M + 6D = 60$이 〈그림 A.12〉에서 LN으로 그려져 있다. 오스카의 소득이 30으로 내려갔다고 하자. 이 경우의 예산선 $3M + 6D = 30$이 되는데 본 식을 그래프로 그리면, 수직선은 10, 수평선은 5가 된다. 이 두 점이 〈그림 A.12〉에서 R과 S가 각각 된다. 이 두 점이 직선상에 있어야 하므로 예산선은 RS가 된다. RS의 기울기는 절댓값에서 2가 되는데 LN에서와 마찬가지가 된다. 이것은 마시멜로우와 도넛의 상대가격은 변하지 않았기 때문이다. 소득의 변화는 다른 것들이 고정되었을 경우 예산선을 평행하게 이동시킨다. 소득이 감소한다면 선이 안쪽으로 이동하게 되는 것이다.

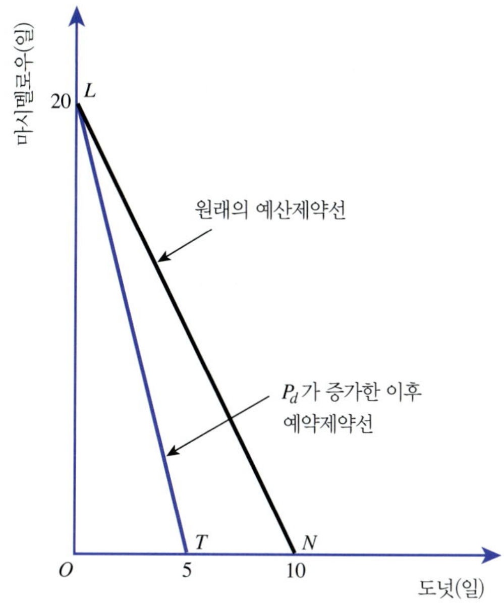

그림 A.13
상대가격의 변화가 예산제약선에 미치는 효과

다시 원래의 예산선 $3M + 6D = 60$으로 돌아가자. 〈그림 A.13〉에서 *LN*으로 그려져 있다. 도넛의 가격이 12로 올랐을 경우 식 (A.2)에서 예산선은 $3M + 12D = 60$이 되고 이를 그래프로 그리자면 *Y*절편이 20이 됨을 알 수 있다. 즉, 마시멜로우 가격이 변하지 않았으므로 *Y*절편 20은 변하지 않는다. 그러나 *X*절편은 $5(= 60/12)$로 줄어들게 되어 점 *T*로 표시된다. 즉, 도넛 하나를 얻기 위해 4개의 마시멜로우가 필요하게 된다.

좀 더 일반적으로 다른 조건이 일정한 상태에서 한 재화의 가격이 변화하면 가격 변화가 없는 재화에 대한 절편은 변화하지 않고 가격 변화가 발생한 재화의 절편이 변화하여, 예산선이 회전이동하게 된다. 가격이 상승하면 예산선이 안쪽으로 회전하고 하락하게 되면 바깥쪽으로 회전하게 된다.

균형 무차별곡선은 오스카가 무엇을 원하는지를 보여주고, 반면 예산제약은 무엇을 할 수 있는지를 보여준다. 오스카가 실제로 무엇을 하는지를 알기 위해 이 2가지를 결합하여야 한다.

〈그림 A.14〉에서는 〈그림 A.10〉의 그림으로부터 무차별곡선을, 그리고 〈그림 A.11〉의 예산제약선 *LN*를 함께 한 그래프상에 표현하였다. 문제는 예산제약을 충족하면서 가장 높은 효용을 올릴 수 있는 *M*과 *D*의 조합을 찾는 것이다.

먼저 U_2상의 소비조합 *i*를 생각해보자. 이 소비조합은 *LN*선 밖에 있으므로 배제한다. 오스카가 U_2상에 있고 싶지만, 예산이 부족하다. 다음으로 점 *ii*를 생각해보자. 이 점은 구매 가능한 점이지만 예산선 안쪽에 있어서 사용 가능한 돈이 남아 있는데, 이는 마치 돈을 버리는 것과 같은 선택이기 때문에 바람직한 선택이 아니다.

점 *iii*는 어떠한가? 이것은 구매 가능한 점이며 또 돈을 내다 버리지 않고 사용하기는 하나,

그림 A.14
예산제약하의 효용극대화

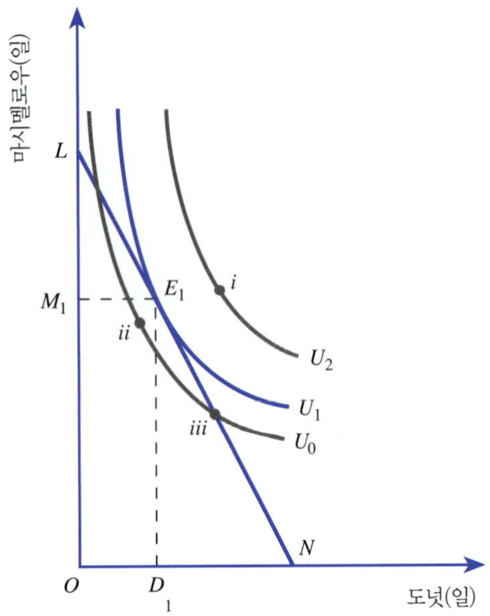

그림 A.15
상대가격의 변화가 균형에 미치는 효과

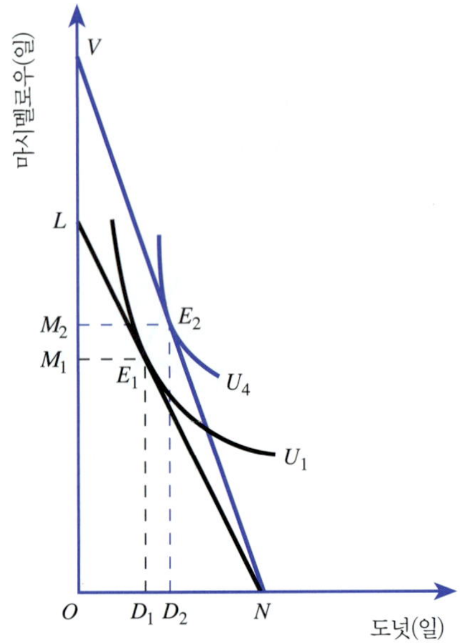

효용이 더 증가할 가능성을 남겨두고 있다. 점 E_1을 생각해보자. 여기서는 D_1의 도넛과 M_1의 마시멜로우를 소비하는 것이다. *LN*선상에 있어 가능한 소비이고 더욱이 소비조합 *iii*보다는 더 바람직하여 효용 U_0보다 높은 U_1의 효용을 달성하고 있다. 실제로 *LN*선상의 어떠한 점도 효용 U_1 이상을 달성할 수 없다. 따라서 소비조합 D_1과 M_1은 주어진 예산제약하에서 가장 높은 효용을 달성하는 조합이고 이보다 더 높은 효용을 제공해주는 점은 존재하지 않는다.

최적선택점에서 무차별곡선 U_1은 예산제약선과 접하고 있어야 한다. *LN*선상에서 가장 높은 효용을 얻는 것이고, 예산선이 무차별곡선에 접하고 있어야 한다. 즉 E_1점에서 *LN*의 기울기와 U_1의 기울기가 같은 것이다.

이러한 관측으로부터 효용극대화 소비조합을 설명해주는 수식을 찾아낼 수 있다. 정의상 무차별곡선의 기울기는 도넛 1단위로의 마시멜로우의 한계대체율과 같다. 예산선의 기울기 절댓값은 P_d/P_m이 되므로 균형에서는 두 기울기가 같다는 것을 다음과 같이 표시할 수 있다.

$$MRS_{dm} = \frac{P_d}{P_m} \qquad \textbf{(A.3)}$$

식 (A.3)은 효용극대화의 필요조건이 된다.[4] 즉, 소비조합이 식 (A.3)을 만족시키지 못한다면 오스카가 자신의 소득을 두 재화 간에 재배분함으로써 효용을 높일 수 있다. 직관적으로

4 본 식은 각각의 재화가 약간씩이라도 소비되는 경우에만 성립한다. 만약에 한 재화의 소비가 0이라면, 몇 가지 부등식 조건이 성립해야 할 것이다. 이에 대해서는 중·고급 미시경제학 책을 참조하시오.

그림 A.16
상대가격의 변화가 도넛 소비에 아무런 영향을 주지 못하는 경우

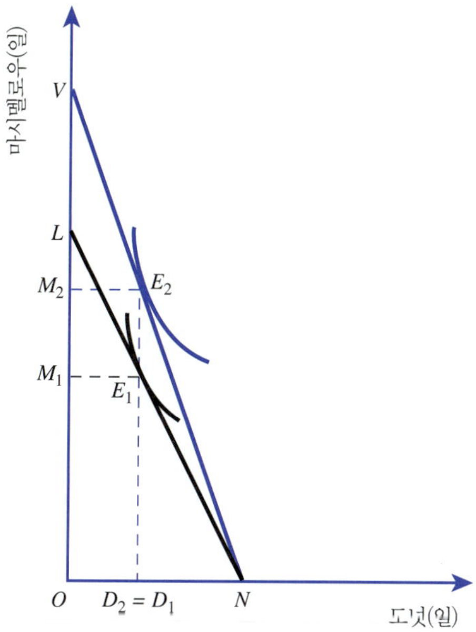

그림 A.17
상대가격의 변화가 마시멜로우 소비에 아무런 영향을 주지 못하는 경우

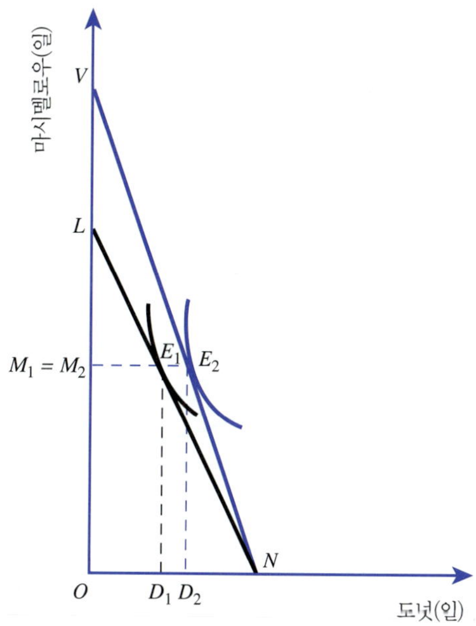

MRS_{dm}은 오스카가 D를 얻기 위해 기꺼이 교환하려는 M의 양을 의미하고, P_d/P_m은 시장에서 D를 얻기 위해 교환하는 M의 양을 의미한다. 균형에서는 두 비율이 일치해야 한다.

이제 마시멜로우의 가격이 하락했다고 하자. 〈그림 A.15〉에서 〈그림 A.14〉의 균형점 E_1을 다시 그렸고 그다음 가격하락에 따른 균형점 E_2를 그리고 있다. 이미 보여주었듯이, 가격이 변하면 가격이 바뀐 재화의 축에서 변화가 발생한다. 새로운 예산제약선은 VN이 되고 따라서 E_1은 더 이상 균형이 되지 못한다. P_m에서의 가격하락은 오스카에게 새로운 기회를 제공해내는데, 효용극대화를 위해 이러한 새로운 기회를 충분히 활용하게 되어 E_2에서 M_2의 마시멜로우와 D_2의 도넛을 소비하게 된다.

새로운 균형에서는 마시멜로우와 도넛을 모두 더 소비하게 된다. 마시멜로우 가격의 하락으로 마시멜로우를 더 소비하고 그래도 남는 돈으로 도넛을 더 사 먹게 되는 것이다. 물론 이러한 경우가 일반적이기는 하지만, 항상 그러한 것은 아니다. 구체적 변화는 사람들의 선호에 의존하게 된다. 버트의 무차별곡선과 예산제약선이 〈그림 A.16〉에 그려져 있다. 여기서는 도넛의 소비는 증가하지 않는다. 반면 〈그림 A.17〉에서는 마시멜로우의 소비는 증가하지 않고 도넛 소비만 증가하는 특수한 경우를 표현하고 있다.

좀 더 일반적으로, 가격과 소득에서의 변화는 새로운 예산제약선을 창출한다. 그러면 개인들은 최적화를 다시 하게 된다. 즉, 새로운 예산제약선하에서 효용극대화점을 새로이 찾는다. 보통 새로운 소비점이 유도되는데 개인의 선호를 정확히 알지 못하면 어떠한 점이 선택될지

그림 A.18
무차별곡선으로부터 유도된 수요곡선

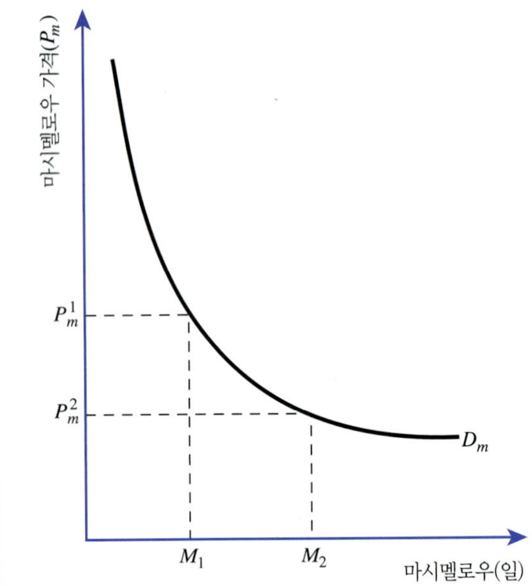

그림 A.19
가격 변화의 대체효과와 소득효과

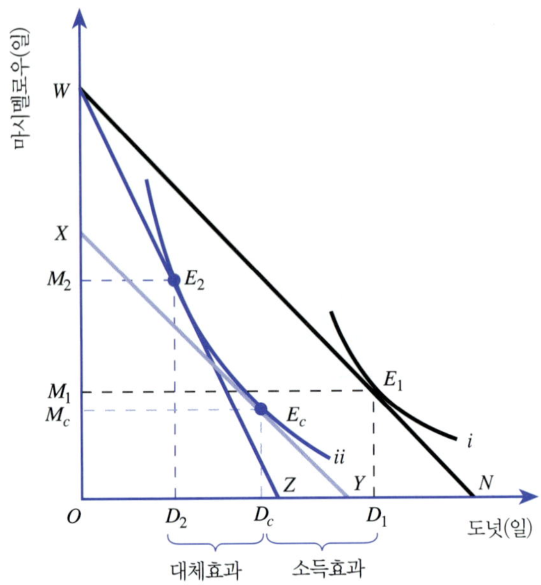

선험적으로 알기는 어렵다. 그러나 새로운 소비점에서 가격선과 한계대체율이 일치한다는 점은 확실하다.

A.2.3 수요곡선의 도출

소비자 선택과 수요곡선과의 매우 단순한 관련성이 존재한다. 〈그림 A.15〉로부터 마시멜로우 가격 P_m^1에서 오스카가 M_1의 마시멜로우를 소비하였고, 가격이 P_m^2로 하락할 경우 오스카가 M_2의 마시멜로우를 소비하였다. 이러한 두 점이 〈그림 A.18〉에 표현되어 있다.

마시멜로우의 여러 가지 가격에서 유사한 실험을 계속하여 주어진 소득하에서 각각의 가격에 따른 수요량을 파악할 수 있다. 정의상 바로 이것이 마시멜로우의 수요곡선이 된다. 우리는 수요곡선을 무차별곡선을 이용한 소비자 선택으로부터 도출해낼 것이다.

A.2.4 대체효과와 소득효과

〈그림 A.19〉는 소비자 그로버의 상황을 묘사해주고 있다. 예산선 *WN*의 E_1점에서 무차별곡선 *i*와 접함으로써 효용극대화를 하고 있다. 도넛의 가격이 상승했다고 하자. 예산선이 *WN*에서 *WZ*로 바뀌게 되고 무차별곡선상의 새로운 균형점 E_2에서 D_2의 도넛을 소비한다.

점 E_2에서 도넛의 가격이 예전의 가격으로 다시 돌아감과 동시에 소득이 조정되어 동일한 무차별곡선 *ii*에 머물러 있는 가상적인 상황을 생각해보자. 만약에 이러한 조정이 이루어진다면, 그로버가 어떠한 예산제약에 당면하겠는가? 우리는 이러한 예산제약선을 *XY*로 표현하였는데, 이 예산선은 다음 2가지 조건을 만족한다.

- 그로버가 무차별곡선 *ii*상에 있다면, *XY*는 무차별곡선 *ii*에 접하여야 한다.
- *XY*의 기울기는 도넛과 마시멜로우의 최초가격 비와 일치하게 된다. 이는 *XY*의 기울기가 *WN*의 기울기와 같아, 두 직선이 서로 평행하게 된다.

〈그림 A.19〉에서 예산선 *XY*는 이 두 조건을 충족하는데 이는 *WN*과 평행하고 무차별곡선 *ii*와 접하게 된다. 만약에 그로버가 예산선 *XY*에 직면한다면, E_c점을 선택하여 도넛 D_c를 소비하게 된다.

왜 이러한 가상적 예산선이 중요한가? 선 *XY*를 그림으로써 도넛 가격의 변화를 2가지 요인, 첫째는 E_1에서 E_c로 그리고 두 번째 E_c에서 E_2로 나누어 분석할 수 있게 된다.

1. E_1에서 E_c로의 움직임은 *WN*에서 *XY*로의 평행이동에 해당하는데 〈그림 A.12〉로부터 이러한 평행이동은 가격을 고정시킨 상태에서 소득만의 변화로부터 발생한 것이다. 따라서 이를 소득효과(income effect)라 한다.
2. E_c에서 E_2로의 변화는 순수하게 상대가격의 변화로부터 발생한 것이다. 그로버가 도넛 대신에 상대적으로 가격이 낮아진 마시멜로우를 더 소비하게 된다. 이는 가격이 보다 싼 재화로 소비가 변하는 현상으로 이를 대체효과(substitution effect)라 한다.

   E_c에서 E_2로의 이동은 소득보상을 수반하고 있는데, 소득보상이란 동일한 무차별곡선에 남기 위한 소득변화를 의미한다. 따라서 E_c에서 E_2로의 변화는 가격 변화에 대한 보상반응이라고 불리기도 한다. 만약에 효용을 무차별곡선 *ii*에 해당하는 효용수준에 고정시켜준다면, 곡선 *ii*상에서 움직이면서 대체효과를 측정할 수 있다. 만약에 무차별곡선 *i*에 해당하는 효용에 고정시켜둔다면, 무차별곡선 *i*상에서의 대체효과를 측정하게 된다. 어떠한 경우든지 간에 가격에 대한 보상반응은 효용이 일정하게 유지되도록 소득을 보상시켜줄 때 가격 변화가 수요량에 어떠한 영향을 주는지를 보여준다.

직관적으로 도넛의 가격이 상승할 때 다음 2가지 일이 발생한다.

- 가격의 상승이 개인의 실질소득—재화를 살 능력—을 감소시킨다. 소득이 감소하면 구입량은 일반적으로 감소한다. 이것이 바로 소득효과이다.
- 도넛 가격의 상승은 마시멜로우에 비해 도넛을 덜 매력적으로 만들기 때문에 도넛을 덜 사고 마시멜로우를 더 사게 된다. 이를 대체효과라 한다.

어떠한 가격 변화도 소득효과와 대체효과로 분리될 수 있다.

우리는 〈그림 A.19〉에서 행한 분석을 여러 다른 가격에 행할 수 있다. 각각의 가격에 대응하는 보상수요량을 찾아 가격을 세로축에, 수량을 가로축에 놓은 2차원 평면에 표현할 수 있다. 이러한 곡선을 보상수요곡선(compensated demand curve)이라고 한다. 이 부록의 처음 부분에서 논의한 보통수요곡선(ordinary demand curve)은 고정된 화폐소득하에서 가격에 따른 수요량의 변화를 나타내준다. 반면에 보상수요는 고정된 효용수준하에서 가격에 따른 수요량의 변화를 나타내준다.

A.3 한계분석

경제학에서 한계라는 용어는 '추가적인' 또는 '약간의 인상에 따른'이라는 의미를 지닌다. 예를 들어, 50마일이 되는 도로 사용의 개인평균 연간 총혜택은 42달러이고, 51마일 도로의 혜택이 43.50달러라고 하자. 51번째 마일의 한계편익은 1.50달러(43.50 − 42)가 되는 것이다. 만약에 50마일 도로 사용의 개인평균 연간 총보수비용이 38달러이고, 51마일 도로의 상응하는 비용이 40달러라고 하자. 51번째 마일의 개인당 한계비용은 2달러(40 − 38)가 되는 것이다.

경제학자는 합리적 의사결정에 필요한 정보로서 이러한 한계적 수량에 관심이 있다. 만약에 정부가 51번째 마일의 도로를 건설할 것인지에 대한 논의에 직면해 있다고 하자. 중요한 질문은 한계편익이 한계비용보다 적어도 같거나 커야 할 것이다. 1.5달러의 혜택을 창출하기 위해 2달러를 지출하는 것이 합리적인가? 물론 그렇지 않기 때문에 추가적으로 도로가 건설되어서는 안 된다. 총비용과 총혜택에 대한 논의는 잘못된 답을 주기 쉽다. 51번째 도로 건설시 총비용 40은 아직도 총혜택 43.50보다 작기 때문에 건설할 필요가 있다고 하면 잘못된 것이다. 경제행위는 한계편익이 한계비용보다 크거나 같은 경우에만 실행되어야 한다.[5]

또 하나의 한계분석의 예로서, 맥그리거라는 농부가 두 농지를 소유하고 있다고 하자. 한쪽 농지에서는 밀을, 다른 쪽 농지에서는 옥수수를 경작한다고 하자. 맥그리거가 두 농지에 사용할 7톤의 비료를 가지고 가능한 많은 이윤을 얻으려 한다고 하자. 비료의 양과 수확당 총이윤이 〈표 A.1〉에 나와 있다. 예를 들어, 6톤의 비료가 밀생산에, 1톤의 비료가 옥수수생산에 사용된다면 전체 이윤은 503달러(178 + 325)가 된다.

비료의 최적 배분을 찾기 위해, 비료를 1톤 더 사용함에 따른 추가적 이윤을 계산하는 것이 도움이 된다. 밀에 대한 첫 번째 비료 톤은 이윤을 0에서 100으로 따라서 추가적 기여는 100이 된다. 두 번째 톤의 사용은 100에서 150으로 50만큼 상승시켜준다. 이러한 모든 계산이 〈표 A.2〉에 보고되어 있다.

과연 2톤의 비료를 밀에, 5톤의 비료를 옥수수에 투입하는 것이 이윤을 극대화하는 것인가?

표 A.1 전체이윤

비료량 (톤)	밀	옥수수
0	$ 0	$ 0
1	100	325
2	150	385
3	170	415
4	175	435
5	177	441
6	178	444

표 A.2 한계이윤

비료량 (톤)	밀	옥수수
1	$100	$325
2	50	60
3	20	30
4	5	20
5	2	6
6	1	3

5 한계수입이 한계비용과 같아질 때 비로소 그러한 행위를 더 하든 안 하든 무차별하게 되는 것이다.

우리는 이와 다른 비료의 배분이 더 높은 이윤을 창출하는지를 찾기로 한다. 만약에 밀에 3톤을 쓰고 옥수수에 4톤을 사용한다면, 옥수수에서 6달러의 이윤을 잃게 되지만, 밀의 경우 20달러의 추가적 이윤을 얻게 된다. 따라서 총이윤 14달러 증가할 수 있다. 여러분이 이와 다른 비료의 배분을 모두 고려하더라도 이보다 더 나은 이윤을 얻을 수 없을 것이다. 즉, 2톤의 비료를 밀에, 5톤의 비료를 옥수수에 투입하는 경우 추가적 이윤이 밀로부터 20 그리고 옥수수로부터 20씩 동일한 한계이윤을 얻게 되는 것이다. 즉, 자원이 여러 행위에 배분될 수 있다면 총이익의 극대화는 개별 행위에서의 한계이익이 동일해야 달성될 수 있다.[6]

A.4 소비자 잉여와 생산자 잉여

지금까지의 수요-공급모형은 가격이 경제환경의 변화에 따라 어떻게 반응하는지를 묘사해주고 있다. 이러한 가격 변화가 사람들의 후생에 미치는 영향을 금전적 단위로 표현하여 분석하는 것이 종종 필요하다. 예를 들어, 사과의 가격이 개당 40센트였으나 25센트로 하락했다고 하자. 이때 소비자의 후생은 증가하게 된다. 그런데 과연 얼마나 증가하는가? 소비자 잉여란 화폐단위로 이러한 후생 변화를 측정하는 도구이다.

A.4.1 소비자 후생

소비자 잉여를 설명하기 위해 사과에 대한 수요곡선 D_a를 고려해보자(그림 A.20 참조). 소비자는 시장가격 40센트에서 얼마든지 사과를 구매하여 소비할 수 있다고 하자. 현재 소비량은

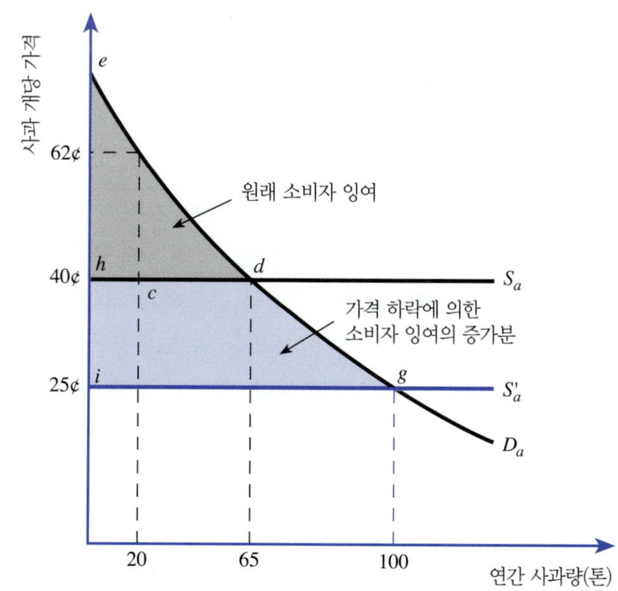

그림 A.20
소비자 잉여의 측정

6 좀 더 정확히 본 결과는 한계수익이 〈표 A.2〉에서처럼 감소해야 한다. 대부분의 경우, 이것은 합리적인 가정이다.

65톤이다. 이후 시장가격이 25센트로 하락하여 사과 소비가 100톤으로 증가하였다고 하자. 소비자가 얼마나 후생 면에서 나아졌는가? 이를 40센트 가격에서 65톤을 소비하는 것 대신에 25센트 가격에서 100톤을 소비하는 데 대해 얼마나 기꺼이 지불하려고 하는가의 질문으로 변환시켜볼 수 있다.

이에 대해 답하기 위해 먼저 수요곡선이 각 사과 단위에 대하여 수요자가 지불하고자 하는 최대지불용의 가격을 나타내주고 있음을 상기하자. 예를 들어, 20톤의 사과를 생각해보자. 20톤째의 사과에 대해 사람들이 기꺼이 지불하려는 최대치는 62센트가 된다. 시장가격이 원래 40센트였으므로 22센트(62 − 40)는 일종의 소비에 있어서의 잉여라 할 수 있다. 이를 소비자 잉여라고 부른다.

물론 20톤에서뿐만 아니라 어떠한 수량에서라도 유사한 방식으로 접근할 수 있다. 따라서 현재의 소비량에 대해서 소비자 잉여란 우하향하는 수요곡선과 40센트에서 수평인 가격선 사이의 영역이 되는 것이다.

가격이 25센트로 떨어질 경우, 소비자 잉여는 우하향하는 수요곡선과 25센트의 가격선 사이의 영역인 *eig*가 된다. 따라서 가격 인하에 따라 소비자 잉여는 *eig*와 *ehd* 사이의 영역 *higd* 만큼 증가하였다. 따라서 이 면적은 낮은 가격에서 소비자들이 사과를 구입할 수 있다는 것에 대한 가치라 할 수 있다.

이러한 과정을 현실에 적용시키기 위해, 연구자들은 수요곡선의 모양을 알아내야 한다. 일반적으로 제2장에서 논의된 실증분석의 틀을 적용함으로써 수요곡선의 모양을 추정한다.

물론 이러한 접근법에 대해 주의할 것은 수요곡선 아랫부분의 영역이 진정한 소비자후생 변화에 대한 일종의 근사치라는 것이다. 왜냐하면 가격 변화에 따라 실질소득도 변하고 이것이 추가적인 소득에 부여하는 가치(즉 소득의 한계효용)의 변화를 초래할 수도 있기 때문이다. 그러나 Willig[1976]의 연구는 수요곡선의 아랫부분을 이용한 접근법이 여전히 대부분의 경우 상당히 유용한 근사치가 되고, 이러한 접근법이 많은 응용분야 연구에서 사용되고 있다.[7]

A.4.2 생산자 잉여

소비자 잉여와 유사하게, 생산자 잉여를 생산자들이 공급하는 데 꼭 필요한 가치를 초과하는 소득으로 볼 수 있다. 생산자 잉여를 계산하기 위해 제이콥의 노동공급곡선 *S*를 생각해보자(그림 A.21). 노동공급곡선상의 점은 해당 노동시간만큼 근로하기 위해 필요한 임금을 보여주고 있다. 따라서 노동공급곡선과 임금(수평선) 간의 거리는 곧 노동공급시간 동안 받아야 할 최소한의 금액과 실제로 받는 금액 간의 차이에 해당된다. 따라서 공급곡선 위와 임금률 아래의 면적이 곧 공급자 잉여가 된다.

예를 들어, 제이콥이 시간당 임금 20달러에 2,000시간을 일하고 있었다고 하자. 임금이 15달러로 하락하였을 때, 얼마나 후생이 감소하게 되는가를 계산해보자. 누군가가 "시간당 5달러씩 손실을 입고 있고, 2,000시간 일을 하므로 손실액은 1만 달러이다."라고 답하였다고 하자. 이러한 답은 엄밀한 것이 아니며 생산자 잉여의 변화를 이용하여 보다 엄밀히 제이콥의 후생

7 대안적으로 보상수요곡선을 이용하여 보상수요곡선 아랫부분을 소비자 잉여로 정의하기도 한다.

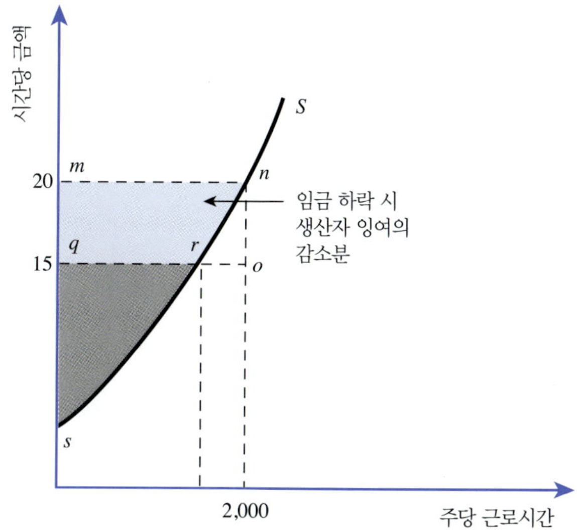

그림 A.21
생산자 잉여의 측정

변화를 측정할 수 있다. 생산자 잉여 분석에 따르면, 제이콥의 잉여가 원래 *msn*이었으나 임금이 15달러로 하락하여 이제 *qsr*로 되므로 *mqrn*만큼 감소한 것이 된다. 따라서 앞에서 주장된 손실 규모인 *mqon*보다 작은 면적이 된다. 직관적으로 임금의 감소에 따라 소비 대신 여가를 선택하는 행위의 변화가 있기 때문에 이를 고려하지 않은 계산은 오류를 포함하게 된다. 증가된 여가가 임금의 감소를 충분히 보상하지 못하지만 어느 정도의 가치를 지닌다.

심화 과정을 위한 추천 논문과 저서

학부수준에서 다소 정형화된 방식으로 소비자이론을 다루고 있는 서적으로서 다음을 참조할 수 있다.

- Varian, Hal. *Intermediate Microeconomics*, Northon & Company.

학부수준을 넘어 보다 일반균형에 대한 엄밀한 이해 및 제1후생경제학 정리와 제2후생경제학 정리에 대해 적절한 수준의 증명을 보기를 원하는 독자는 다음 대학원 교재를 참조하면 도움이 될 것이다.

- Varian, Hal. *Microeconomic Analysis*, Northon & Company.

마지막으로 본 교과서에서 등장하는 재정학이론의 현대 수리적인 풀이를 배우고 싶은 독자들은 인내심을 갖고 다음 교과서를 참조하기 바란다. 모든 장을 다 검토하기보다는 최적조세(optimal taxation) 이론의 틀, 새로운 후생경제학의 정의 및 정형화 등을 중심으로 검토하는 것이 나을 것이다. 그리고 최근 수리적 결과에 만족하지 않고 실증적으로 최적세율을 구하는 일련의 방식을 제시한 Piketty와 Saez(2013)의 서베이 논문도 도움이 될 것이다.

- Atkinson, Anthony B. and Joseph E. Stiglitz. 1980. *Lectures on Public Economics*. New York: McGraw-Hill.
- Piketty, T. and E. Saez. 2013. Optimal Labor Income Taxation, Handbook of Public Finance vol. 5, Elsevier.

용어해설

가상현실(counterfactual) 실험군의 사람들이 그 집단에 속하지 않았을 때의 결과.

가속감가상각(accelerated depreciation) 진정한 경제적 감가상각보다 빠르게 자산을 결손 처분할 수 있도록 허용하는 감가상각 방식.

가치재(merit good) 사람들이 요구하지 않더라도 반드시 제공되어야 하는 재화.

개인계좌(personal accounts) 공적연금의 민영화 방안의 부분으로서 개인에 의해 관리되는 퇴직저축계좌임. '개별계좌(individual accounts)' 혹은 '개인저축계좌(personal savings accounts)'로도 지칭됨.

개인 순가치세(personal net worth tax) 납세자의 자산과 부채의 시장가치 차이를 세원으로 하는 세금.

결혼 중립적(marriage neutral) 개인의 세금부담은 결혼 여부에 따라 달라져서는 안 됨.

경제적 감가상각(economic epreciation) 어떤 기간 동안 자산의 가치이 하락분.

경제적 귀착(economic incidence) 조세에 의해 유도된 실질소득 분포에서의 변화.

경제적 순손실(deadweight loss) 거래 시 발생하는 한계비용이 한계편익보다 크거나 혹은 작은 경우 발생하는 자원의 낭비.

경제적 이윤(economic profit) 생산에 사용된 모든 요소의 기회비용을 초과하는 부분으로서 기업소유자에게 돌아감. 초과이윤이라고 불리기도 함.

경험요율제도(experience rating) 보험상품 구매자가 잠재적으로 지니고 있는 위험에 따라 다른 수준의 보험료를 지불하는 관행.

계량경제학(econometrics) 경제 데이터를 분석하는 통계적 분석도구.

계약곡선(contract curve) 모든 파레토 효율적 점들의 궤적.

계층별 소득분배(size distribution of income) 총소득이 소득계층 간(예: 1분위) 분배되는 방식.

고객효과(clientele effect) 기업이 상이한 고객들의 필요에 부합하도록 자신의 재무구조를 변경하는 것을 의미한다. 낮은(높은) 배당지급 성향을 지닌 기업들은 높은(낮은) 한계세율에 직면한 주주들을 끌어들인다.

공공경제학(public economics) 재정학과 동일.

공공부문경제학(public sector economics) 재정학과 동일.

공공재(public good) 소비에 있어서 비경합적이고 비배제적인 재화.

공동체요율제도(community rating) 사회를 구성하고 있는 개인들에게 그들의 건강 관련 위험이 상이하더라도 동일한 수준의 보험료를 부과하는 방식. 이 방식하에서는 건강 관련 위험이 적은 사람이 위험이 많은 사람에게 보조금을 지급하는 효과가 발생한다.

공리주의 사회후생함수(utilitarian social welfare function) 사회후생을 개인 효용의 합수로 표시한 수시.

공적연금기금(Social Security Trust Fund) 미래의 공적연금 급여 지출에 대비하여 공적연금 흑자를 적립하는 기금.

공적연금자산(Social Security wealth) 연금가입자가 예상하는 연금급여에서 급여세를 뺀 순연금급여의 현재가치.

공적으로 제공되는 사적 재화(publicly provided private goods) 정부에 의해서 제공되는, 경합성과 배제성이 있는 재화.

과세표준(taxable income) 과세대상이 되는 소득.

관측연구(observational study) 실험 환경이 아닌 상황에서 얻어진 관측된 데이터에 의존하는 실증연구.

구간 상승(bracket creep) 실질소득이 변화하지 않았음에도 불구하고, 개인의 명목소득 증가에 따라 적용 세율구간이 높아지는 현상. 물가연동 조세의 정의도 참조하시오.

구축(crowd out) 어떤 재화에 대한 공적 제공이 사적 제공을 대체하는 경우. 구축이 있는 경우 정부가 공교육을 증가시킬 때 교육의 양의 순증가는 정부가 제공한 양보다 더 적다.

구축 가설(crowding out hypothesis) 공공부문이 자금을 빌리는 행위가 시장 이자율을 끌어올림으로써 민간투자를 구축한다는 가설.

구축효과(crowd out) 공공의료보험제도가 민간보험을 대체하여 의료보험 가입자 수가 전혀 변화하지 않은 현상.

귀속 임대료(imputed rent) 자가주택 거주 서비스의 순화폐 가치.

규제예산(regulatory budget) 정부의 규제로 인해 경제가 부담하는 비용을 기록한 연간 예산서(현재 이러한 예산은 존재하지 않는다).

근로복지(workfare) 소득지원제도의 수급자격이 있되 근로능력이 있는 개인은 근로 관련 행위에 참여할 경우에만 혜택을 받을 수 있도록 한 복지제도.

근로장려세제(earned income tax credit, EITC) 저소득층 개인에 대한 조세환급제도.

글로벌 과세(global taxation) 다국적 기업의 소득을 어느 국가에서 소득이 창출되었는가에 관계없이 다국적 기업의 고국 세율에 따라 과세되도록 하는 세금체제.

글로벌 과세체제(global system, 속인주의) 국내소득이든 해외소득이든 상관없이 개인의 소득에 대해서 과세되는 체제.

기간 간 예산제약(intertemporal budget constraint) 각 기간의 가능한 소비조합의 집합.

기능별 소득분배(functional distribution of income) 생산과정에 공급된 투입요소에 따라 사람들을 분류할 때, 사람들 간에 소득이 분배되는 방식(예: 토지소유자, 자본가, 노동자).

기능적 재정조달(functional finance) 총수요를 바람직한 수준에 유지시키기 위해 재정정책을 집행하는 것을 지칭하며 재정적자의 문제를 고려하지 않음.

기대효용(expected utility) 불확실한 모든 결과에서 발생하는 효용의 가중평균으로서, 가중치는 각 결과가 발생할 확률이다.

기댓값(expected value) 불확실한 모든 가능한 결과에 대한 평균값으로서, 이때의 가중치는 각 결과가 발생할 확률임.

기본보험급여(primary insurance amount, PIA) 정상연금수급연령에 도달하거나 장애자가 된 사람들에게 지급되는 기본연금.

기술표준(technology standard) 명령과 통제 규제 방식의 하나로 기업들이 오염 감소를 위해 특정 기술을 이용할 것을 요구.

끈끈이 효과(flypaper effect) 교부금의 형태로 받는 금액이 동일한 금액의 자치단체 소득 증가에 비해 더 많은 공공재 지출로 이어지는 현상.

내부수익률(internal rate of return) 프로젝트의 현재가치가 0이 되도록 하는 할인율 수준.

내부적 채무(internal debt) 정부가 그 나라 국민에게 진 부채.

내용연수(tax life) 자산의 감가상각이 허용되는 연수.

노동집약적 산업(labor intensive industry) 노동투입에 비해 자본투입의 비율이 상대적으로 낮은 산업.

누진적 조세(progressive tax) 소득이 증가함에 따라 평균세율이 증가하는 조세제도.

다수결투표규칙(majority voting rule) 특정 의안이 승인받기 위해서는 이 의안에 대해 과반수를 초과하는 투표자의 찬성이 필요한 투표 방식.

단순합산 사회후생함수(additive social welfare function) 사회후생을 개인 효용의 합으로 표시한 식.

단일정점선호체계(single-peaked preferences) 특정 개인이 가장 선호하는 점으로부터 멀어질수록 효용수준이 지속적으로 낮아지는 경우.

대조군(control group) 연구대상이 되는 어떤 간섭(이를테면 정부 예산 사업)의 영향을 받지 않는 개인들의 집단.

대체탄력성(elasticity of substitution) 한 생산요소가 다른 생산요소로 대체되는 정도의 용이성에 대한 측정 지표.

대체효과(substitution effect) 상대가격 변화에 따라 상대적으로 저렴해진 상품의 구입을 늘리고 상대적으로 비싸진 상품의 구입을 줄이려는 경향.

도구변수 분석(instrument variables analysis) 실험연구에 유사해지기 위해서 간섭의 무작위적 변동을 분리시키는 분석.

도덕적 해이(moral hazard) 나쁜 상황에 대비하여 보험상품을 제공하면, 이것이 사람들의 행동을 바꾸어 오히려 나쁜 상황의 도래 가능성을 높이는 현상.

독립운영취급(arm's length system) 국내사업과 해외사업을 독립적으로 운영되는 분리된 기업으로 취급하여 다국적 기업의 세금을 산정하는 방법.

독점(monopoly) 재화의 공급자가 하나밖에 없는 시장.

동등변화(equivalent variation) 어떤 상품에 있어서 가격 변화와 동일한 크기의 효용 변화를 초래하는 소득의 변화.

동등확정가치(certainty equivalents) 불확실한 결과를 초래하는 프로젝트의 가치를, 한 개인이 프로젝트로 인해 발생하는 불확실한 결과를 포기하기 위해 기꺼이 지불하고자 하는 금액으로 측정한 값.

래퍼곡선(Laffer curve) 세율과 세수 간의 관계를 나타낸 그래프.

램지 원칙(Ramsey rule) 총초과부담을 최소화하기 위해서는 조세로 인해 초래되는 각 재화 수요량의 감소 비율이 동일하도록 세율구조가 결정되어야 한다.

린달가격(Lindahl price) 공공재 1단위당 각 개인이 지불하여야 하는 조세 비중.

메디케어(Medicare) 연방정부에 의해 재원이 조달되는 프로그램으로서 65세 이상 노인과 장애자에게 제공되는 공공의료보험제도.

메디케이드(Medicaid) 저소득층에 대한 의료보험제도로서 미국의 연방정부와 주정부가 함께 운용하는 제도.

명령과 통제형 규제(command-and-control regulations) 주어진 양의 오염 감소를 그 방법에 대해서는 유연성이 없거나 제한된 상태에서 요구하는 정책.

명목금액(nominal amount) (소득)금액이 주어지는 시점의 가격에 따라 평가되는 돈의 금액.

명목소득(nominal income) 현재 가격으로 측정된 소득.

명목이자율(nominal interest rate) 시장에서 관찰되는 이자율.

무임승차자(free rider) 자신은 공공재의 편익을 누리면서 공공재에 대한 대가는 다른 사람들이 지불하도록 하는 유인.

물가연동 조세(tax indexing) 실질 세부담이 인플레이션에 의해 변동되지 않도록 인플레이션에 따라 조세구조를 자동적으로 조정하는 것.

물품세(excise tax) 특정 상품의 최종 구입에 부과되는 조세.

미실현 자본이득(unrealized capital gain) 아직은 판매되지 않은 자산에 발생한 자본이득.

민영화(privatization) 정부에 의해 공급되는 서비스를 민간부문이 생산하거나 제공하도록 변화시키는 과정.

배당 경감(dividend relief) 배당을 법인단계에서 비과세하거나 개인단계에서 비과세하여 배당에 대한 이중과세를 제거하려는 과세방식.

배출권 거래(총량 제한과 배출권 거래, cap-and-trade) 적정한 오염수준에 맞추어 허가증의 수를 정한 후 오염에 대한 허가증을 주고 오염자들이 그 허가증을 거래할 수 있도록 해주는 정책.

배출요금(emission fee) 오염물질 단위당 부과하는 세금.

배타적 구역설정 법(exculsionary zoning law) 토지의 이용에 있어 일부 용도를 제한하는 법령.

범주별 교부금(categorical grants) 기부자가 재원의 사용처를 명시하는 교부금.

법적 귀착(statutory incidence) 누가 법적으로 조세를 납부할 의무가 있는지를 의미함.

병원보험(Hospital Insurance, HI) 메디케어의 Part A 프로그램으로서, 가입자의 병원 입원비를 지불하는 프로그램. 재원은 급여세로 조달.

보상수요곡선(compensated demand curve) 효용수준이 일정하게 유지된 상태에서 가격과 소비량 간의 관계를 나타내는 수요곡선.

보조소득보장제도(Supplemental Security Income, SSI) 노년층과 장애인에게 최저소득을 보장하는 복지제도.

보조의료보험(supplementary medical insurance, SMI) 메디케어의 Part B 프로그램으로서, 의사에 대한 진료비 지불액, 의사에 의해 주문된 의료기구 및 약품, 그리고 병원 이외의 장소에서 이루어진 의료 서비스에 대한 진료비를 지불함. 재원은 가입자가 매달 지불하는 보험료와 일반재정에서 조달함.

보험료(insurance premium) 특정한 위해(adverse event)가 발생할 경우 보험회사가 일정수준의 보험금 지급을 보장하는 대가로 보험가입자가 보험회사에 지불하는 금액.

보험수리적으로 공평한 보험료(actuarially fair insurance premium) 주어진 기간 동안 납부해야 하는 보험료가 동일 기간 동안 지급받을 보험금의 기댓값과 동일한 경우 보험료 수준.

보험수리적으로 공평한 수익(actuarially fair return) 평균적으로 보험료를 납부한 만큼 보험금을 지급하는 보험을 말함.

부가가치(value added) 판매와 중간재 구입액 간의 차이.

부가가치세(value-added tax, VAT) 각 생산과 유통 단계에서의 부가가치에 대한 비율로 과세되는 소비세.

부가계좌(add-on accounts) 급여세 수입으로부터 적립되는 것이 아니라 근로자가 직접 적립하는 개인계좌.

부가보험료(loading fee) 보험회사가 부과하는 보험료와 보험수리적으로 공평한 보험료 간의 차이.

부과방식(pay-as-you-go) 현시점의 은퇴자에 대한 연금급여 지급의 재원이 현시점에서의 근로자에 부과된 보험료로 충당되는 연금제도.

부분균형모형(partial equilibrium models) 오직 하나의 시장만을 고려하는 모형으로서 다른 시장으로의 파급효과를 고려하지 않음.

부분 요소세(partial factor tax) 어떤 특정 부문에서 사용되는 생산요소에 대한 과세.

부양비(dependency ratio) 가입 근로자 대비 연금수급자 비율.

부존자원점(endowment point) 개인이 저축과 차입을 하지 않을 경우의 소비조합.

분리계좌(carve-out accounts) 사회보장급여세 수입 중 일부를 전통적인 공적연금제도로부터 분리한 자금이 적립되는 개인계좌.

비대칭적 정보(asymmetric information) 거래 당사자 중 한 편이 상대편보다 거래되고 있는 재화와 서비스에 대해 더 좋은 정보를 가지고 있는 상황.

비례본인부담금(coinsurance) 진료비 청구금액 중 보험가입자 자신이 청구금액에 비례하여 부담하여야 하는 부분.

비례적 조세(proportional tax) 개인의 평균세율이 소득수준과 무관하게 동일한 조세제도.

비순수 공공재(impure public good) 경합성, 배제성 양자나 둘 중 하나의 성격이 어느 정도 있는 재화.

비용 효율적(cost effective) 주어진 양의 오염 감소를 가능한 최소의 비용으로 달성하는 정책.

비용관리-서비스 공급체제(managed care) 의료 서비스 공급 측면에서 의료 서비스 사용과 가격 통제가 이루어질 수 있도록 하는 의료 서비스 공급체제.

비용−편익 분석(cost-benefit analysis) 공공지출 정책결정을 위해 필요한 평가 절차의 집합. 이 평가 절차는 후생경제학에 이론적 기반을 둠.

비용−효과 분석(cost-effectiveness analysis) 유사한 편익을 얻기 위한 다양한 대안들의 비용을 비교하여 가장 비용이 낮은 대안을 찾는 접근법.

빈곤가구를 위한 한시적 지원 프로그램(Temporary Assistance for Needy Families, TANF) 1996년에 통과된 복지제도로서 현금지원이 한시적으로 일정 조건하에서만 가능.

빈곤선(poverty line) 최소한도의 생활수준을 가능케 하는 실질소득수준.

사용자요금(user fee) 정부생산 재화나 서비스에 대해 사용자들이 지불하는 요금.

사적 재화(private good) 소비에서 경합성과 배제성이 있는 재화.

사전적 지불체제(prospective payment system) 현재 메디케어 HI에서 채택하고 있는 제도로서, 진료비 지불수준이 진료행위가 이루어지기 이전 사전적으로 정해져 있는 체제임. 따라서 의료 서비스 공급자가 진료비를 절감할 인센티브가 존재함.

사회보험(social insurance) 사람들을 다양한 종류의 위험으로부터 보호하기 위해 정부가 제공하는 보험제도.

사회적 할인율(social rate of discount) 사회가 미래의 소비를 위하여 현재 소비를 어느 정도 줄일 용의가 있는지를 측정하는 할인율.

사회후생함수(social welfare function) 사회구성원 각각의 효용이 전체 사회의 후생에 미치는 영향에 관한 견해를 반영해놓은 함수.

사후적 지불체제. 메디케어 병원보험이 과거에 사용하던 사후적 지불제도는 진료비가 의료행위가 완료된 이후에 지불되는 체제이다. 따라서 이 제도는 의료서비스 제공자들로 하여금 진료 비용을 줄이게하는 인센티브를 제공하지 못한다.

상관관계(correlation) 두 사건이 함께 움직이는 경향에 대한 측정치.

상대투입가치체제(resource-relative value scale system) 각 의료행위에 대한 상대가치체제로 구성되어 있는데, 이 상대가치는 각종 의료행위에 투입되어야 하는 의사의 시간과 노력을 기준으로 정해짐. 메디케어 Part B가 지급하는 의사에 대한 진료비는 이러한 상대가치에 의해 정해짐.

생산가능곡선(production possibility curve) 주어진 어떤 재화의 생산량하에서 다른 어떤 재화의 최대생산량을 나타낸 곡선.

생애주기모형(life-cycle model) 주어진 어떤 연도의 개인들의 소비와 저축행위는 그들의 일생 동안의 경제적 여건을 고려하여 계획한 결과로 분석하는 경제모형.

선형소득세제(linear income tax schedule) 평률소득세제의 정의를 참조하시오.

성과표준(performance standard) 명령과 통제 규제 방식의 하나로 개인에게 배출 목표를 설정해주고 그것을 달성하는 방법에는 어느 정도 유연성을 준다.

세금계산서 방식(invoice method) 총판매액에 대해서 과세(매출세액)하고, 중간재 공급자들이 이미 납부한 세금(매입세액)을 이후 세액공제하여주는 방식. 단, 중간재 공급자의 기납부 세금은 공급자가 발행한 세금계산서로 증빙되어야 함.

세대 간 회계(generation accounting) 각 세대의 개인들에게 돌아가는 편익과 세부담의 현재가치를 감안하여 정부의 재정상태를 측정하는 분석 도구.

세액공제(tax credit) (과세표준이 아닌) 산출세액에서의 공제.

세율표(tax schedule) 과세표준 각 수준에 대응하는 세금부담액을 나타내는 표.

세입 공유(revenue sharing) 재원의 사용처에 대한 제약 없이 연방정부에서 주정부나 지방정부로 이전되는 교부금.

소득분할(income splitting) 누구의 소득이었는가를 구분하지 않고 가구 과세표준을 가구 수로 나눈 산술평균을 각 구성원의 과세표준으로 사용하는 것.

소득효과(income effect) 가격이 변할 때 소비자의 (실질)소득이 변했다는 사실만으로 인해 수요량이 변하는 효과.

소비자 잉여(consumer surplus) 특정 상품에 대해 소비자가 자발적으로 지불하고자 하는 금액과 소비자가 실제로 지불하여야 하는 금액의 차이.

소비 평탄화(consumption smoothing) 소득수준이 낮을 때 소비가 급격히 줄어드는 것을 방지하기 위해 소득수준이 높은 시기에 소비를 줄이는 것.

소비형 부가가치세(consumption-type VAT) 부가가치 계산 시 중간재 투입액에 덧붙여 자본투자비도 판매액으로부터 공제하는 부가가치세의 한 형태.

송금(repatriate) 자회사의 소득을 모회사에 보내는 것.

수급권 보장 프로그램(entitlement program) 프로그램의 비용이 현시점에서의 예산배분에 의해 결정되지 않고 수급자격이 있는 사람의 수에 의해 결정되는 프로그램을 지칭.

수직적 형평성(vertical equity) 상이한 지불능력을 지닌 납세자들 간에 조세부담이 공정하게 배분되어 있어야 한다.

수직 합(vertical summation) 주어진 수량의 공공재에 대한 각 개인의 지불의사인 가격들을 더함으로써 공공재의 수요를 도출하는 과정.

수평적 형평성(horizontal equity) 동일한 위치에 있는 사람들을 동일하게 취급하는 것.

수평 합(horizontal summation) 가격별 개인들의 (사적 재화에 대한) 수요량을 더하여 시장수요를 만들어내는 과정.

순수 공공재(pure public good) 소비에서 비경합적이고 비배제적인 재화.

순환투표현상(cycling) 둘을 초과하는 대안 중 2가지 대안에 대한 투표를 순차적으로 실시할 때 결론이 나지 않고 투표가 무한히 지속되는 현상.

시간 부존량(time endowment) 개인이 주어진 기간 동안 일할 수 있는 최대한의 시간.

시계열 데이터(time-series data) 한 개별 주체에 대해 여러 다른 시점에서 얻은 정보를 담은 데이터.

실질금액(real amount) 일반 물가수준에 의한 가격 변화를 조정한 돈의 금액.

실질소득(real income) 일반적인 물가수준의 변화를 반영한 소득 지표.

실질이자율(real interest rate) 명목이자율에서 예상 물가상승률을 뺌으로써 가격수준의 변화를 반영·수정한 이자율.

실험군(treatment group) 연구대상이 되는 어떤 간섭(이를테면 정부 예산 사업)의 영향을 받는 개인들의 집단.

실험연구(experimental study) 개인들이 무작위로 실험군과 대조군에 할당되는 실증연구.

실현 자본이득(realized capital gain) 자산의 판매를 통한 결과로서의 자본이득.

안전밸브가격(safety valve price) 배출권 거래 시스템 내에서 오염자가 상한선 이상의 허가증을 구입할 수 있도록 정해진 가격.

에지워스 상자(Edgeworth Box) 2재화−2인 경제하에서 재화간의 배분을 묘사할 수 있는 분석도구를 지칭.

여타 대안들로부터의 독립(independence of irrelevant alternatives) 두 프로젝트의 사회적 선호순위는 해당 사안에 대한 사회구성원들의 선호순위에만 영향을 받으며, 프로젝트와 여타 사안 간의 선호순위와는 무관하다.

역선택(adverse selection) 정보가 적은 거래당사자는 자신에게 불리한 거래상대자들하고만 거래하는 현상을 말함(다시 말하면, 정보가 많은 측의 사람들 중 나쁜 특성을 가진 사람들하고만 거래가 형성된다는 것이다).

역진적 조세(regressive tax) 소득이 증가함에 따라 평균세율이 감소하는 조세제도.

역탄력성 원칙(inverse elasticity rule) 소비에 있어서 연관되지 않은 재화들에 대해서 효율성 조건은 세율들이 탄력성에 반비례하게 정해져야 함을 의미한다.

연금(annuity) 일정 수준의 보험료를 부과하고 그 대가로 상품 구매자가 생존하는 한 일정 주기로 일정 금액의 연금을 지급하는 것을 약정하는 보험상품.

연방 시스템(federal system) 공공재와 공공서비스를 제공하는 여러 수준의 정부로 이루어지며 각 정부는 일정 정도의 독자적 결정권을 갖는다.

영토별 과세(territorial taxation) 다국적 기업의 소득을 소득이 창출된 국가의 세율에 따라 과세되도록 하는 세금체제.

영토별 과세체제(territorial system, 속지주의) 외국에서 벌어들인 소득에 대해서는 고국은 과세하지 않고, 주재국만이 과세하는 체제.

예산상 적자(on-budget deficit) 예산상 지출과 수입으로부터 발생한 적자.

예산외 항목(off-budget items) 법에 의해 예산총액으로부터 제외된 연방정부 지출과 수입항목들.

오염 집중지역(hot spot) 오염물질 배출이 집중되는 지역.

완전가격차별(perfect price discrimination) 주어진 수량의 공공재에 대한 각 개인의 지불의사인 가격들을 더함으로써 공공재의 수요를 도출하는 과정.

완전 손실 차감(full loss offset) 개인이 과세표준에서 자산에서 발생한 모든 손실의 공제를 허용하는 것.

완전적립방식(fully funded) 연금급여 지급이 급여수급자가 근로활동기에 납부한 보험료와 이로부터 발생한 수익금으로 형성된 기금으로부터 지급되는 연금제도.

완전통합(full integration) 파트너십 방식의 정의를 보시오.

외부성(externality) 한 경제주체의 행위가 다른 주체의 후생에 시장을 통하지 않고 영향을 줄 때 외부성이 발생하였다고 봄.

외부적 채무(external debt) 정부가 해외경제에 빚진 금액.

원초적 상태(original position) 사람들이 자신의 미래 경제적 지위에 대해서 모르는 가상적 상황을 의미.

원칙에 근거한 수평적 형평성(rule definition of horizontal equity) 조세의 선택을 결정하는 원칙이 공정성을 판단함에 있어 조세 부과의 결과보다 더 중요함.

위험분산(risk smoothing) 사람들이 위해(危害) 발생 시 일정 수준의 소득수준을 보장받기 위해 소득이 많은 시기에 가처분 소득을 기꺼이 줄이려는 경향.

위험할증액(risk premium) 위해 발생 시 일정 수준의 급여를 보장받기 위해 보험가입자가 지불할 용의가 있는 보험료 중 보험수리적으로 공평한 수준을 초과하는 부분.

위험회피(risk aversion) 위해 발생 시 일정 수준의 급여를 보장받기 위해 보험수리적으로 공평한 수준보다 더 높은 보험료를 지불하려고 하는 선호체계.

유산상속효과(bequest effect) 사람들이 공적연금제도에 의해 발생한 세대 간 재분배 효과를 상쇄하기 위해 자녀에게 더 큰 규모의 유산을 남기기 위해 저축을 늘린다는 이론.

유산합산취득세(accession tax) 어떤 개인의 생애 동안 수취한 총상속액과 증여액에 대한 과세.

유인 기반 규제(incentive-based regulation) 오염자에게 오염을 줄일 재정적 유인을 제공하는 제도.

은퇴효과(retirement effect) 사람들이 공적연금제도로 인해 조기에 은퇴하면 길어지는 은퇴기간에 대비하여 저축을 늘린다는 이론.

응익 원칙(benefit-received principle, 편익 원칙 또는 수혜 원칙) 공공서비스의 수요자가 그것에 대한 대가를 지불해야 한다.

의사일정조작(agenda manipulation) 특정 집단이 선호하는 결과가 나타나게 하기 위하여 투표 순서를 조정하는 과정.

이전가격(transfer price) 어떤 생산요소에 대해서 한 자회사가 다른 자회사에 부과하는 가격.

이중과세(double taxation) 법인소득을 법인단계에서 과세하고, 주주에게 배분될 때 한 번 더 과세되는 것.

이중배당가설(double-dividend hypothesis) 피구 조세의 세수가 소득세율 인하에 사용되는 경우, 양 시장의 효율성이 개선될 수 있음. 이러한 논리는 피구 조세가 노동시장의 기존 왜곡을 악화시킴으로써 성립되지 않을 수도 있음.

이중정점선호체계(double-peaked preferences) 특정 개인이 가장 선호하는 점으로부터 멀어질수록 효용수준이 낮아졌다가 다시 높아지는 현상이 발생하는 경우.

이중차감(DID) 분석(difference-in-differences analysis) 실험군이 시간 경과에 따라 얻은 결과들의 차이를 대조군이 같은 기간에 얻은 결과들의 차이와 비교하는 분석.

이행 형평성(transitional equity) 조세체제 변화에 있어서 형평성 문제.

인두제(capitation-based reimbursement) 의료 서비스 제공자에 대한 진료비가 환자에게 제공된 의료 서비스의 양과 상관없이 환자 1인당 연간 비용이 고정되어 지급되는 체제.

인적공제(exemption) 종합소득에서 공제액을 빼어 과세표준을 계산하는 단계에서 납세자와 부양가족의 수에 따라 공제하여주는 금액.

인적 자본(human capital) 개인들이 자신의 생산성을 높이기 위해 교육, 훈련, 보건 등의 형태로 하는 투자.

인적자본투자(human capital investment) 개인의 생산능력을 증진시킬 수 있는 교육, 훈련, 건강 등에 대한 투자.

일반균형분석(general equilibrium analysis) 다양한 시장들이 어떻게 상호 연관되어 있는지를 분석하는 연구.

일반판매세(general sales tax) 모든 상품의 최종 구매에 동률로 과세하는 것.

임금대체율(replacement ratio) 평균임금수준 대비 연금급여수준 비율.

자동안정화장치(automatic stabilizer) 경기변동에 따라 자동적으로 경기 안정을 유도하는 방향으로 정부 수입과 지출의 규모의 조정을 가져오는 조세제도, 지출사업, 예산제도에 이미 만들어져 있는 구조.

자본의 사용자비용(user cost of capital) 자본의 기회비용으로 감가상각과 조세와 같은 직접적 비용뿐 아니라 포기된 다른 투자로 인한 기회비용인 이자율도 포함

자본이득(손실)(capital gain (loss)) 자산가치의 상승(하락).

자본집약적 산업(capital intensive industry) 노동투입에 비해 자본투입의 비율이 상대적으로 높은 산업.

자본화(capitalization) 조세의 흐름이 자산의 가격에 반영되는 과정.

자산대체효과(wealth substitution effect) 공적연금제도의 존재로 인해 민간저축이 구축되는 현상.

자산조사 프로그램(means-tested program) 자산이 일정 수준 이하인 자에게만 수혜금액이 지급되는 지출프로그램을 지칭함.

자연독점(natural monopoly) 생산과정의 특성으로 인해 단일 기업이 전체산업을 포괄하는 산출량을 공급하는 상황.

자회사(subsidiary) 어떤 법인에 의해 소유되고 있기는 하나, 모법인으로부터 독립적으로 법인화된 기업.

잠김효과(lock-in effect) 실현된 자본이득에 부과되는 조세로 인해 투자자들이 자산구성을 변경시키려는 유인이 저해되는 현상.

잠재가격(shadow price) 재화의 실제 사회적 한계비용.

재산세 감면법(circuit breaker) 소득의 일정 비율을 넘어서는 주거 재산세에 대해 그 초과분은 개인에게 이전해줌.

재정 연방주의(fiscal federalism) 다른 수준의 정부들이 하는 역할과 그들의 상호작용을 연구하는 분야.

재정학(public finance) 경제학의 한 분야로서 정부의 조세 및 지출정책을 분석하는 분야.

재화평등주의(commodity egalitarianism) 특정 상품의 소비가 모든 사람들에게 보장되어야 한다는 견해.

저축에 대한 생애주기 이론(life-cycle theory of savings) 특정 연도의 각 개인의 소비와 저축이 전 생애에 걸친 환경을 고려한 계획의 결과로 나타난다는 이론.

적자(deficit) 주어진 회계기간 내에서 수입을 초과하는 지출 규모.

절세(tax avoidance) 법적인 세금부담을 낮추기 위해 경제적 행위를 변경시키는 것.

정보의 비대칭성(asymmetric information) 정보의 비대칭성이란 거래 당사자 간에 한쪽이 다른 쪽에 비해 많은 정보를 갖고 있을 때 발생하는 상황을 지칭한다.

정상재(normal good) 다른 조건이 일정할 때 소득이 증가함에 따라 수요가 증가하고 소득이 감소할 때 수요가 감소하는 재화.

정상퇴직연령(normal retirement age) 공적연금의 완전퇴직연금 수급 자격을 획득하는 연령으로서, 공적연금 도입 초기 65세이던 것이 점진적으로 상향조정되어 현재 67세임.

정액 본인부담액(copayment) 보건의료 서비스를 구매할 때마다 보험가입자 자신이 지불하여야 하는 일정 금액.

정액세(lump sum tax) 납세자의 경제적 행위에 의존하지 않는 세부담을 가진 조세.

정점(peak) 특정 개인의 선호체계의 그래프상의 점으로서 이 점에 근접해있는 대안의 효용수준이 이 점에서의 효용수준보다 낮은 점.

정치에 대한 경제학적 분석(혹은 정치경제학)(political economy) 정치적 의사결정에 대해 경제학적 원리를 적용하여 분석하는 분야.

제3자 지불(third-party payment) 서비스에 대해서 소비자 자신이 아닌 다른 사람이 비용을 지불하는 것.

조세격차(tax wedge) 조세에 의해 유도된 소비자 가격과 공급자 가격 간의 차이.

조세의 상호작용 효과(tax-interaction effect) 피구 조세로 인해 야기된 실질임금의 하락으로 초래된 노동시장에서의 초과부담 상승.

조세전가(tax shifting) 법적 귀착과 경제적 귀착 간의 차이.

조세지출(tax expenditure) 어떤 항목이 과세기반으로부터 배제되어 발생하는 세수의 결손.

종가세(ad valorem tax) 구입가치의 일정 비율로 과세되는 조세.

종량세(unit tax) 재화 한 단위당 일정액으로 부과되는 조세.

종합소득금액 또는 조정총소득(adjusted gross income, AGI) 모든 과세기반 소득에서 소득획득 과정에 발생한 필요경비를 제한 것.

주식회사(corporation, 법인) 주주(소유자)는 유한책임만을 지는 독립적 법적 지위를 지닌 국가 승인의 기업 형태.

주정부 어린이 의료보험프로그램(State Children's Health Insurance Program, SCHIP) 메디케이드 수급자격을 기존의 메디케이드 수급자격 기준 가구소득보다 높은 가구의 어린이에게도 확대하여 설치된 의료보험 프로그램.

준실험연구(quasi-experimental study) 연구자가 통제할 수는 없지만 무작위 할당과 유사한 환경에서 얻은 데이터에 의존하는 관측연구.

중립과세(neutral taxation) 각 상품을 동률로 과세하는 것.

중복세대 모형(overlapping generations model) 동 시기에 여러 세대가 함께 살고 있음을 감안하는 경제모형.

중위투표자(median voter) 선호가 모든 투표자 선호의 한가운데에 있는 사람이라고 정의한다. 투표자의 절반은 중위투표자보다 더 높은 수준을 원하고, 나머지 절반의 투표자는 중위투표자보다 낮은 수준을 원한다.

중위투표자정리(median voter theorem) 모든 투표자의 선호가 단일정점선호라면 다수결투표의 결과는 항상 중위투표자의 선호를 반영한다.

즉시비용인정(expensing) 과세표준 산정에서 자산의 총가치를 한 번에 모두 공제하는 것.

지대추구행위(rent-seeking) 정상 수익보다 높은 수익(즉 지대)을 얻기 위해 정부를 이용하는 행위.

지방공공재(local public good) 특정 자치단체 구성원들에게만 혜택이 가는 공공재.

지속적인 재정적 유지가능성(sustainable solvency) 향후 무한기간 동안의 수입과 지출의 현재가치가 동일한 상태.

지출의 귀착(expenditure incidence) 정부의 지출행위가 실질소득의 분배에 미치는 효과.

지하경제(underground economy) 세무당국에게는 감추어진 불법 또는 합법적인 경제활동.

직장동결효과(job lock) 근로자들이 고용주제공 의료보험 혜택을 계속 받기 위하여 직장을 떠나지 않는 경향.

집권화 비율(centralization ratio) 직접적인 총 정부 지출 중에서 중앙정부에 의해 이루어지는 지출의 비율.

차선이론(theory of the second best) 기존의 왜곡이 존재하는 경우, 독립적으로 그 자체만으로는 효율성을 개선(악화)하는 정책이 경제전체의 효율성을 반대로 감소(증가)시킬 수 있음.

초과부담(excess burden) 세수를 초과하여 발생하는 후생감소분으로, 후생비용 또는 경제적 순손실이라고도 함.

총소득대체율(gross replacement rate) 세전소득 대비 실업보험제도에 의해 보전되는 실업수당의 비율.

최소극대화 기준(maximin criterion) 사회후생이 한 사회에서 가장 낮은 효용을 가진 사람의 효용수준에만 의존한다.

최소부담분(deductible) 진료비 청구 금액 중 보험가입자가 보험회사로부터 진료비를 보상받기 위해서 자기 자신이 부담하여야 하는 최소한의 비용.

최저한세(alternative minimum tax, AMT) 감세혜택이 큰 소득을 주로 가진 개인이 최소한 어느 정도의 세금부담을 하도록 다른 계산방법에 의해 세부담을 산출하는 것.

최적정책의 시간 비일관성(time inconsistency of optimal policy) 현재의 최적조세정책이 향후 정부 유인구조와 부합되지 않으며 이러한 사실을 납세자들이 인식하고 있어서 최적조세정책을 실행할 수 없는 상황.

카르텔(cartel) 생산업자가 담합하여 생산을 줄이고 가격을 높이는 협정.

코즈 정리(Coase Theorem) 만약 거래 비용이 무시할 만큼 작다면 외부성 문제에 대한 효율적인 해결은 누구에게 재산권이 가는지와는 상관없이 어떤 사람에게라도 재산권을 부여함으로써 달성할 수 있다.

클럽(club) 특정 종류의 편익을 나누고 그에 대한 재원 마련을 위해 자발적으로 형성된 사람들의 모임.

탈세(tax evasion) 법적으로 납부해야 하는 세금을 납부하지 않는 것.

통합예산(unified budget) 예산외 항목을 포함한 연방정부의 모든 지출과 수입 항목을 포함한 예산서.

투자세액공제(investment tax credit, ITC) 자산 구입가격의 일정 비율만큼 세액을 감면시켜주는 제도.

투표거래(logrolling, vote trading) 복수의 발의자가 제안한 의안들을 동시에 통과시키기 위해 투표자들이 다른 투표자가 선호하는 의안에 대해 서로 찬성표를 던지는 행위.

투표의 역설(voting paradox) 다수결투표하에서는 개별 유권자의 선호가 일관성이 있음에도 불구하고 공동체의 선호에 일관성이 없는 경우.

특별공제(deduction) 종합소득에서 공제액을 빼어 과세표준을 계산하는 단계에서 공제될 수 있는 특별한 항목의 비용.

파레토 개선(Pareto improvement) 어느 한 사람도 불행하게 만들지 않고 다른 사람을 더 행복하게 만들 수 있는 것을 파레토 개선이라고 한다.

파레토 효율적(Pareto efficient) 어느 한 사람을 불행하게 만들지 않고서는 다른 사람을 더 행복하게 만드는 것이 불가능한 상태가 있다면 그것은 파레토 효율적 배분이 된다.

파트너십 방식(partnership method, 완전통합) 법인세를 폐지하고, 주어진 연도의 모든 법인소득을, 실제 지불 여부에 상관없이, 주주에게 지분에 비례하여 할당하여 이를 과세하는 방식.

패널 데이터(panel data) 개별 주체들에 대해 각기 다른 시점에 얻은 정보를 담은 데이터. 횡단면 데이터와 시계열 데이터의 특징을 모두 가짐.

편익-비용 비율(benefit-cost ratio) 특정 프로젝트의 편익흐름의 현재가치와 비용흐름의 현재가치의 비율.

편향된 추정(biased estimate) 진정한 인과관계 효과에 다른 외부 요인에 의한 효과까지 혼합한 추정치.

평가가치(assessed value) 자치단체가 조세를 목적으로 재산에 대해 부과한 가치.

평가비율(assessment ratio) 시장가치에 대한 재산 평가가치의 비율.

평균세율(average tax rate) 소득 대비 조세의 비율.

평균조정월소득(average indexed monthly earnings) 근로기간 중 월소득이 가장 높은 35년간의 월소득 평균으로서 공적연금급여 산정의 기본이 됨. 월평균 소득이 상이한 각 연도의 개인소득을 퇴직시점에서 조정하는데, 개인의 각 연도 소득은 퇴직시점과 소득 발생연도 간의 평균임금의 비율을 곱하여 AIME 산정에 이용함.

평률소득세제(flat income tax) 하나의 한계소득세율만으로 구성된 소득세제.

포괄수가제(diagnosis related groups) 질병군을 약 500가지로 분류하고 메디케어 Part A 환자가 병원에 입원하자마자 질병군이 정해지고 이에 따라 사전적으로 정해져 있는 진료비가 병원에 지급된다.

표준공제(standard deduction) 종합소득금액에서 증빙서류 없이 공제되는 고정된 일정액.

표준오차(standard error) 추정된 회귀계수가 진정한 값에서 얼마나 다를 수 있는가에 대한 통계적 측정치.

피구 조세(Pigouvian tax) 외부성을 창출자의 생산물 각 단위에 대해 효율적인 생산량 수준에서 한계손실과 일치하는 액수만큼 부과하는 세금.

학교 바우처(school voucher) 자격을 갖춘 학교에 학생을 보내는 가구를 돕기 위한 바우처. 학교는 바우처를 현금처럼 받아들여야 한다.

학교 성적 책무성(school accountability) 표준화된 시험을 실시하여 학교별 학생 성적에 대한 비교보고서와 학생 성적 재정유인 연계를 통해 학교의 성과를 관리하는 시스템.

한계대체율(marginal rate of substitution) 소비자가 동일효용을 유지하는 조건하에서 한 재화를 더 얻는 대신에 다른 재화를 얼마나 포기해야 하는지를 보여주는 비율이다. 기호로서 MRS_{XY}란 X재를 한 단위 더 얻는 대신 Y재를 얼마나 포기해야 하는지 보여주는 척도로서 동일한 무차별곡선상의 어느 한 점에서 계산되는 기울기가 된다. 이는 곧 무차별곡선의 기울기임을 꼭 기억하자.

한계변환율(marginal rate of transformation) 한 재화의 생산을 다른 재화의 생산으로 변환하는 비율이며, 생산가능곡선의 기울기와 같다.

한계비용(marginal cost) 재화 한 단위를 더 생산하는 데 소요되는 추가적 비용.

한계세율(marginal tax rate) 추가적인 소득 한 단위 증가에 대해서 정부가 과세하는 조세의 비율.

할인요소(discount factor) 어떤 값의 현재가치를 구하기 위하여 나누어야 하는 숫자. 만일 이자율이 r이면, T년 이후에 받을 소득에 대해서 적용되는 할인요소는 $(1+r)^T$이다.

할인율(discount rate) 현재가치를 계산할 때 이용하는 이자율.

항목별 특별공제(itemized deduction) 종합소득금액에서 공제될 수 있는 특별한 항목의 지출.

행위별 수가제(cost-based reimbursement or fee-for-service) 의료 서비스 제공자가 제공하는 의료 서비스에 대해 비용을 모두 지급받는 체제.

헤이그-사이먼 소득 정의[Haig-Simons(H-S) definition of income] 주어진 기간 동안 개인의 소비력 순증가의 화폐가치.

현금흐름(cash flow) 수입과 지출의 차이.

현물이전(in-kind transfers) 정부가 현금이 아니라 재화 또는 서비스 등 현물형태로 개인에게 제공하는 이전지출.

현재가치(present value) 미래에 지불하거나 받을 돈의 금액을 현시점에서 평가한 가치.

현재가치 기준(present value criteria) 프로젝트를 평가하는 규칙으로서 내용은 다음과 같다. (1) 순편익의 현재가치가 양의 값인 경우만 실행함. (2) 상호관련성이 없는 두 프로젝트가 모두 실행 필요성이 있으면, 현재가치가 높은 쪽을 실행함.

협약학교(charter schools) 주정부와의 특별한 협약에 의해 운영되는 공립학교. 협약에 명시된 한도 내에서 교육에 있어 다양한 실험을 할 수가 있으며 교육비 지출과 교사 임용에서 일정한 독립성을 갖는다.

혼잡요금(congestion pricing) 주행으로 인해 다른 운전자에게 끼치는 한계 혼잡비용만큼 부과하는 세금.

확연성(salience) 확연히 구별되어 인식되는 정도를 뜻하며 인간의 뇌 구조상 고려하지 않을 수 없이 중요한 정도를 지칭한다.

회귀-불연속 분석(regression-discontinuity analysis) 명확하게 알려진 자격기준을 기준으로 회귀직선의 불연속 단절을 통하여 정책 효과를 파악하는 방법. 일정 기준을 아슬아슬하게 통과한 집단과 그렇지 않은 집단 사이의 회귀 직선 불연속 단절을 찾아냄.

회귀선(regression line) 산포된 데이터 점들 사이를 가장 잘 맞추면서 통과하는 선.

횡단면 데이터(cross-sectional data) 주어진 시점에서 서로 다른 개별 주체들에 대한 정보를 담은 데이터.

효능-소진-의료 서비스(flat-of-the-curve medicine) 의료 서비스 제공수준이 일정 수준에 도달하면 의료 서비스를 증가시키더라도 추가적인 효과가 매우 적은 상태.

효용가능곡선(utility possibilities curve) 다른 사람의 효용이 주어졌을 때 자신이 얻게 되는 효용의 최댓값을 보여주는 그래프.

효용에 근거한 수평적 형평성 정의(utility definition of horizontal equity) 효용수준이 동일한 사람을 동일하게 취급하는 것. 다시 말해서 효용수준으로 '동일한 위치'를 정의한 수평적 형평성.

후생경제학(welfare economics) 여러 가지 대안적 경제 상태가 과연 사회적으로 바람직한지를 평가하는 경제학의 한 분야.

흑자(surplus) 주어진 시간하에서 지출을 초과하는 수입의 규모.

힉스-칼도 기준(Hicks-Kaldor criterion) 분배적 결과와 상관없이 현재가치가 양이면 그 프로젝트가 수행되어야 한다는 기준.

AFDC(Aid to Families with Dependent Children) 1935년부터 1996년까지 현금을 이전해주는 프로그램으로서 소득이 일정 수준 이하이고 여러 가지 자격요건을 충족할 경우 현금지원의 혜택을 영구히 받을 수 있었던 제도.

HMO(Health Maintenance Organization) 보험가입자들의 진료 전반을 특정 의료 서비스 공급자 집단이 담당하도록 하는 의료 서비스 공급체제. 때로는 환자 1인당 진료비를 고정하여 의료 서비스 공급자에게 지급하기도 함.

POS(point-of-service plan) PPO와 유사하지만 각 보험가입자에게 특정 의료 서비스 공급자를 지정하여 운영하는 체제라는 점이 다르다.

PPO(Preferred Provider Organization) 특정 의료 서비스 공급 집단에게 보험자가 지속적인 환자 진료를 보장하는 조건으로 진료비를 낮은 수준으로 유지하도록 하고, 보험가입자들에게는 이 의료 서비스 공급 집단 이외의 공급자에게 진료를 할 경우 본인부담분 수준을 높여 배정된 의료 서비스 공급자에게 진료를 받도록 유도하는 체제.

참고문헌

Aaronson, Daniel, Lisa Barrow, and William Sander. 2003. "Teachers and Student Achievement in the Chicago Public High Schools." Working Paper 2002-28, Federal Reserve Bank of Chicago.

Acemoglu, Daron, Amy Finkelstein, and Matthew J. Notowidigdo. 2009. "Income and Health Spending: Evidence from Oil Price Shocks." Working Paper No. 14744. Cambridge, MA: National Bureau of Economic Research.

Acemoglu, Daron, Simon Johnson, James A. Robinson, and Pierre Yared. 2005. "From Education to Democracy?" Working Paper No. 11204. Cambridge, MA: National Bureau of Economic Research.

Achenbach, Joel. 2009. "Space Station is Near Completion, Maybe the End." *Washington Post* (July 13, 2009).

Ackerman, Frank and Lisa Heinzerling. 2004. *Priceless: On Knowing the Price of Everything and the Value of Nothing*. New York: New Press.

Adichie, Chimamanda Ngozi. 2012. "A Country's Frustration, Fueled Overnight." *New York Times* (January 17, 2012).

Alesina, Alberto and Eliana La Ferrara. 2005. "Preferences for Redistribution in the Land of Opportunities." *Journal of Public Economics* 89(5-6): 897–931.

Allen, Mike. 1998. "Cardinal Sees Marriage Harm in Partners Bill." *New York Times* (May 25, 1998): p. A1.

Alm, James and Leslie A. Whittington. 2003. "Shacking Up or Shelling Out: Income Taxes, Marriage, and Cohabitation." *Review of Economics of the Household* 1(3): 169–186.

Alsenz, Joe. 2007. "Letter to the Editor." *Wall Street Journal* (December 10, 2007): p. A17.

Altig, David, Alan J. Auerbach, Laurence J. Kotlikoff, Kent A. Smetters, and Jan Walliser. 2001. "Simulating Fundamental Tax Reform in the United States." *American Economic Review* 91: 574–595.

Anders, George and Ron Winslow. 1997. "HMOs' Woes Reflect Conflicting Demands of American Public." *Wall Street Journal* (December 22, 1997).

Anderson, Dobkin, Gross. 2010. "The Effect of Health Insurance Coverage on the Use of Medical Services," Working Paper No. 15823. Cambridge, MA: National Bureau of Economic Research.

Anderson, Gary M., Dennis Halcoussis, Linda Johnston, and Anton D. Lowenberg. 2000. "Regulatory Barriers to Entry in the Healthcare Industry: The Case of Alternative Medicine." *The Quarterly Review of Economics and Business* 40: 485–502.

Ansberry, Clare. 2010. "State Schools Rethink Fees." *Wall Street Journal* (December 28, 2010).

Appelbaum, Binyamin. 2011. "A Life's Value? It May Depend on the Agency." *New York Times* p. A3 (January 17, 2011).

Appelbaum, Binyamin and Edward Wyatt. 2011. "Obama May Find Useless Regulations are Scarcer than Thought." *New York Times* p. B2 (January 21, 2011).

Armitage-Smith, George. 1907. *Principles and Methods of Taxation*. London: John Murray.

Arrow, Kenneth J. 1951. *Social Choice and Individual Values*. New York: Wiley.

Atkinson, Anthony B. and Joseph E. Stiglitz. 1980. *Lectures on Public Economics*. New York: McGraw-Hill.

Attanasio, Orazio P. and Agar Brugiavini. 2003. "Social Security and Households' Saving." *Quarterly Journal of Economics* 118(3): 1075–1120.

Attanasio, Orazio P. and Susann Rohwedder. 2003. "Pension Wealth and Household Saving: Evidence from Pension Reforms in the United Kingdom." *American Economic Review* 93(5): 1499–1521.

Auerbach, Alan J. 2008. "Federal Budget Rules: The US Experience." Working Paper No. 14288. Cambridge, MA: National Bureau of Economic Research.

Austen, Ian. 2010. "A $1 Billion Hangover Awaits an Olympic Party." *New York Times* (February 25, 2010).

Auten, Gerald and Geoffrey Gee. 2009. "Income Mobility in the United States: New Evidence from Income Tax Data." *National Tax Journal* LXII(2): pp. 301–328.

Baicker, Katherine. 2005. "Extensive or Intensive Generosity? The Price and Income Effects of Federal Grants." *Review of Economics and Statistics* 87(2).

Baker, Michael, A., Abigail Payne, and Michael Smart. 1999. "An Empirical Study of Matching Grants: The 'Cap on CPA'." *Journal of Public Economics* 72: 269–288.

Baker, Russell. 1985. "Reagan Revises Dirksen." *New York Times* (October 2, 1985): p. A27.

Baker, Scott, Nicholas Bloom, and Steven J. Davis. 2011. "Measuring Economic Policy Uncertainty." Working Paper.

Bakija, Jon and Bradley T. Heim. 2011. "How Does Charitable Giving Respond to Incentives and Income? New Estimates from Panel Data." *National Tax Journal* 64(2): 615–650.

Ball, Deborah and Cassell Bryan-Low. 2010. "Switzerland's States Compete on Tax Cuts." *Wall Street Journal* (February 2, 2010).

Banzhaf, H. Spencer and Randall P. Walsh. 2008. "Do People Vote with Their Feet? An Empirical Test of Tiebout's Mechanism." *American Economic Review* 98(3): 843–863.

Barboza, David. 1999. "Pluralism under Golden Arches." *New York Times* (February 12, 1999): p. C1.

Barrett, Alan and Philip J. O'connell. 2001. "Is There a Wage Premium for Returning Irish Migrants?" *The Economic and Social Review* 32(1); 1-21.

Barringer, Felicity. 2011. "To Nullify Lead, Add a Bunch of Fish Bones." *New York Times* p. A2 (July 21, 2011).

Barrionuevo, Alexei and Myrna Domit. 2011. "Pesticides Threaten Ant-Eating Tradition in Brazil." *New York Times* p. A9 (January 4, 2011).

Barro, Robert J. 1974. "Are Government Bonds Net Wealth?" *Journal of Political Economy* 82: 1095–1117.

Barry, Dave. 2003. "Want a Little Something EGTRRA?" *The Miami*

Herald (April 6, 2003).

Barry, Dave. 2004. "Federal Deficit: Meet the Other White Meat." *Miami Herald* (March 7, 2004).

Bartlett, Bruce. 2007. "Fair Tax, Flawed Tax." *Wall Street Journal* (August 27, 2007): p. A7.

Bassetto, Marco and Thomas Sargent. 2006. "Politics and Efficiency of Separating Capital and Ordinary Government Budgets." *Quarterly Journal of Economics* 121(4).

Bauman, Kurt J. 1999. "Shifting Family Definitions: The Effect of Cohabitation and Other Household Relationships on Measures of Poverty." *Demography* 36(3): 315–325.

Baumol, William J. 1976. "Book Reviews—Economics and Clean Water." *Yale Law Journal* 85(3): 441–446.

Baumol, William J. and Hilda Baumol. 1981. "Book Review." *Journal of Political Economy* 89(2): 425–428.

Bazelon, Coleman and Kent Smetters. 1999. "Discounting Inside the Washington, D.C. Beltway." *Journal of Economic Perspectives* 13(4): 213 228.

Becker, Gary. 2010. "Should Unemployment Compensation be Extended?" July 25, 2010: www.becker-posner-blog .com/2010/07/should-unemployment-compensation-be- extended-becker.html

Becker, Gary S. and Casey B. Mulligan. 2003. "Deadweight Costs and the Size of Government." *Journal of Law and Economics* 46(2): 293–340.

Benjamin, Daniel J. 2003. "Does 401(k) Eligibility Increase Saving? Evidence from Propensity Score Subclassification." *Journal of Public Economics* 87(5-6): 1259–1290.

Beshears, John, James J. Choi, David Laibson, and Brigitte C. Madrian. 2006. "The Importance of Default Options for Retirement Savings Outcomes: Evidence from the United States." Working Paper No. 12009. Cambridge, MA: National Bureau of Economic Research.

Biggs, Andrew. 2009. "A Dog in the Health Care Fight," Enterprise Blog (July 13, 2009).

Biggs, Andrew G. 2008. "The Social Security Earnings Test: The Tax That Wasn't." AEI Tax Policy Outlook (July 2008).

Bitler, Marianne and Hilary W. Hoynes. "The State of the Safety Net in the Post-Welfare Reform Era." Working Paper No. 16504. Cambridge, MA: National Bureau of Economic Research.

Blahous, Charles. "What's in the Social Security Trust Funds, or: Why Continuing the Payroll Tax Cut Could Eventually End Social Security as We Know It." e21 (December 12, 2011).

Blair, Douglas H. and Robert A. Pollak. 1983. "Rational Collective Choice." *Scientific American* 249(2): 88–95.

Blank, Rebecca. 2002. "Evaluating Welfare Reform in the United States." *Journal of Economic Literature* 40: 1105–1166.

Blank, Rebecca. 2005. "On Overview of Welfare-to-Work Efforts." *CESifo DICE Report* 3(2): 3–7.

Blank, Rebecca. 2006. "Was Welfare Reform Successful?" *The Economists' Voice* 3(4): www.bepress.com/ev/vol3/iss4/art2.

Blau, Francine D. and Lawrence M. Kahn. 2005. "Changes in the Labor Supply Behavior of Married Women: 1980–2000." Working Paper No. 11230. Cambridge, MA: National Bureau of Economic Research.

Blume-Kohout, Margaret E. and Neeraj Sood. 2008. "The Impact of Medicare Part D on Pharmaceutical R&D." Working Paper No. 13857. Cambridge, MA: National Bureau of Economic Research.

Blumenthal, Marsha, Charles Christian, and Joel Slemrod. 2001. "Taxpayer Response to an Increased Probability of Audit: Evidence from a Controlled Experiment in Minnesota." *Journal of Public Economics* 79(3): 455–483.

Boardman, Anthony E., David H. Greenberg, Aidan R. Vining, and David L. Weimer. 2006. *Cost Benefit Analysis: Concepts and Practice*, 3rd edition. Upper Saddle River, NJ: Pearson Prentice Hall.

Borck, Rainald and Stephanie Owings. 2003. "The Political Economy of Intergovernmental Grants." *Regional Science and Urban Economics* 33: 139–156.

Boskin, Michael J., Ellen R. Dulberger, Robert J. Gordon, Zvi Griliches, and Dale W. Jorgenson. 1998. "Consumer Prices, the Consumer Price Index, and the Cost of Living." *Journal of Economic Perspectives* 12(1): 3–26.

Boskin, Michael and Eytan Sheshinski. 1983. "Optimal Treatment of the Family: Married Couples." *Journal of Public Economics* 20: 281–297.

Bradford, David F. 1998. "Transition To and Tax Rate Flexibility in a Cash-Flow Type Tax." In James Poterba (ed.), *Tax Policy and the Economy* 12. Cambridge, MA: The MIT Press: 151–172.

Brat, Ilan and Bryan Gruley. 2007. "Global Trade Galvanizes Caterpillar." *Wall Street Journal* (February 26, 2007): p. B1.

Bridgman, Benjamin, Andrew Dugan, Mikhael Lal, Matthew Osborne, and Shaunda Villones. 2012. "Accounting for Household Production in the National Accounts, 1965–2010," *Survey of Current Business*, May 2012.

Broder, John M. 2009. "With Something for Everyone, Climate Bill Passed." *New York Times* p. A20 (June 30, 2009).

Brookes, Peter and Foster, J. D. 2009. "Better Green Jobs: The One-Word Solution." The Heritage Foundation (March 20, 2009).

Brooks, David. 2010. "The Geezers Crusade." *New York Times* (February 2, 2010).

Brown, Emma. 2009. "Va. Man, 107, Finds Blessings and Burdens in Longevity." *Washington Post* (July 2, 2009).

Brown, Margaret E., Andrew B. Bindman, and Nicole Lurie. 1998. "Monitoring the Consequences of Uninsurance: A Review of the Methodologies." *Medical Care Research and Review* 55(2): 177–210.

Browning, Edgar K. 2002. "The Case Against Income Redistribution." *Public Finance Review* 30: 509–530.

Browning, Martin and Thomas F. Crossley. 2001. "The Life-Cycle Model of Consumption and Saving." *Journal of Economic Perspectives* 15: 3–22.

Buchanan, James M. 1960. "Social Choice, Democracy, and Free Markets." In *Fiscal Theory and Political Economy—Selected Essays*, James M. Buchanan (ed.). Chapel Hill: University of North Carolina Press: 75–89.

Buchanan, James M. 1995. "Clarifying Confusion about the Balanced Budget Amendment." *National Tax Journal* 48: 347–356.

Buckley, Cara. 2010. "To Test Housing Program, Some are Denied Aid." *New York Times* (December 8, 2010).

Bureau of Economic Analysis. 2012. "NIPA Tables: Government Current Receipts and Expenditures." US Department of Commerce. March 29, 2012.

Bureau of Labor Statistics. 2012. 2012 *Employment and Earnings*

Online. (www.bls.gov/opub/ee).

Burman, Leonard E., Bowen Garrett, and Surachai Khitatrakun. 2008. "The Tax Code, Employer-Sponsored Insurance, and the Distribution of Tax Subsidies." In *Using Taxes to Reform Health Insurance: Pitfalls and Promises*, Henry J. Aaron and Leonard E. Burman (eds.). Brookings Institution Press, pp. 36–56.

Burtraw, Dallas. 2002. "Book Review." *Regional Science and Urban Economics* 32: 139–144.

Cabral, Marika and Caroline Hoxby. 2012. "The Hated Property Tax: Salience, Tax Rates, and Tax Revolts." Working Paper No. 18514. Cambridge, MA: National Bureau of Economic Research.

Cameron, Stephen V. and James J. Heckman. 2001. "The Dynamics of Educational Attainment for Blacks, Hispanics, and Whites." *Journal of Political Economy* 109(3): 455–499.

Campoy, Ana. 2008. "With Gas Over $4, Cities Explore Whether It's Smart to Be Dense." *Wall Street Journal* (July 7, 2008): p. A1.

Campoy, Ann. 2009. "Club, Church Clash in Texas." *Wall Street Journal* p. A3 (December 28, 2009).

Capretta, James C. and Robert E. Moffit. 2012. "How to Replace Obamacare" *National Affairs* 11, Spring 2012.

Carasso, Adam and C. Eugene Steuerle. 2002. "How Marriage Penalties Change under the 2001 Tax Bill." Discussion Paper No. 2. Washington, DC: Urban-Brookings Tax Policy Center.

Card, David. 1999. "The Causal Effect of Education on Earnings." *Handbook of Labor Economics Volume 3A*, Orley Ashenfelter and David Card (eds.). Elsevier Science.

Card, David and Alan B. Krueger. 1996. "School Resources and Student Outcomes: An Overview of the Literature and New Evidence from North and South Carolina." *Journal of Economic Perspectives* 10(4): 31–50.

Card, David and Lara D. Shore-Sheppard. 2004. "Using Discontinuous Eligibility Rules to Identify the Effects of the Federal Medicaid Expansions on Low-Income Children." *Review of Economics and Statistics* 86(3): 752–766.

Cardon, James H. and Igal Hendel. 2002. "Asymmetric Information in Health Insurance: Evidence from the National Medical Expenditure Survey." *RAND Journal of Economics* 32(3): 408–427.

Cave, Damien. 2011. "Cuba to Allow Buying and Selling of Property, with Few Restrictions." *New York Times* (November 4, 2011).

Cawley, John and Tomas Philipson. 1999. "An Empirical Examination of Information Barriers to Trade in Insurance." *American Economic Review* 89(4): 827–846.

Centers for Medicare and Medicaid Services (CMS). 2012a. *CMS Statistics 2012*. Department of Health and Human Services.

Centers for Medicare and Medicaid Services (CMS). 2012b. *Medicare Trustees Report*. Department of Health and Human Services.

Centers for Medicare and Medicaid Services (CMS). 2012c. *National Health Expenditure Data*. Department of Health and Human Services.

Chamberlain, Andrew and Gerald Prante. 2007. "Who Pays Taxes and Who Receives Government Spending? An Analysis of Federal, State and Local Tax and Spending Distributions, 1991–2004." Tax Foundation Working Paper No. 1.

Chay, Kenneth Y. and Michael Greenstone. 2003. "The Impact of Air Pollution on Infant Mortality: Evidence from Geographic Variation in Pollution Shocks Induced by a Recession." *Quarterly Journal of Economics* 118(3): 1121–1167.

Chay, Kenneth Y. and Michael Greenstone. 2005. "Does Air Quality Matter? Evidence from the Housing Market." *Journal of Political Economy* 113(2): 376–424.

Chetty, Raj, John N. Friedman, and Jonah Rockoff. 2011. "The Long-Term Impacts of Teachers: Teacher Value-Added and Student Outcomes in Adulthood." Working Paper No. 17699. Cambridge, MA: National Bureau of Economic Research.

Chetty, Raj, Adam Looney, and Kory Kroft. 2009. "Salience and Taxation: Theory and Evidence from a Field Experiment." *American Economic Review* 99(4): 1145–1177.

Chetty, Raj and Emmanuel Saez. 2004. "Dividend Taxes and Corporate Behavior: Evidence from the 2003 Dividend Tax Cut." Working Paper No. 10841. Cambridge, MA: National Bureau of Economic Research.

Cheung, Ron. 2008. "The Effect of Property Tax Limitations on Residential Private Governments: The Case of Proposition 13." *National Tax Journal* 61(1): 35–56.

Chiappori, Pierre-Andre and Bernard Salanié. 2000. "Testing for Asymmetric Information in Insurance Markets." *Journal of Political Economy* 108(1): 56–78.

Chirinko, Robert S. 2002. "Corporate Taxation, Capital Formation, and the Substitution Elasticity between Labor and Capital." *National Tax Journal* 40: 339–355.

Chirinko, Robert S. and Daniel J. Wilson. 2006. "State Investment Tax Incentives: What Are the Facts?" Federal Reserve Bank of San Francisco Working Paper No. 2006–49.

Chivers, C. J. 2004. "Cash vs. Benefits: Efficiency, or Assault on Russia's Soul?" *New York Times* (June 18, 2004): p. A3.

Christy, George C. 2006. "The Most Poisonous Tax for America's Economy." *Wall Street Journal*, Letter to the Editor (May 5, 2006): p. A17.

Cinyabuguma, Matthias, Talbot Page, and Louis Putterman. 2005. "Cooperation Under the Threat of Expulsion in a Public Goods Experiment." *Journal of Public Economics* 89: 1421–1435.

City of Clinton v. Cedar Rapids and Missouri River RR. Co. 1868. 24 Iowa 475.

Clausing, Kimberly. 2007. "Corporate Tax Revenues in OECD Countries." *International Tax and Public Finance* 14(2): 115–134.

Clements, Jonathan. 2003. "Why the Rising Market Is a Bummer: Practically Everything's Overpriced." *Wall Street Journal* (October 8, 2003): p. D1.

Clymer, Adam. 1997. "Switching Sides on States' Rights." *New York Times* (June 1, 1997): Section 4, pp. 1, 6.

Cnossen, Sijbren. 2001. "Tax Policy in the European Union—A Review of Issues and Options," *Finanz Archiv* 58: 466–558.

Coase, Ronald H. 1960. "The Problem of Social Cost." *Journal of Law and Economics* 3(1): 1–44.

Coase, Ronald H. 1974. "The Lighthouse in Economics." *Journal of Law and Economics* 17(2): 357–376.

Cockburn, Alexander and Robert Pollin. 1992. "Why the Left Should Support the Flat Tax." *Wall Street Journal* (April 2, 1992): p. A15.

Coleman, James S., Ernest Q. Campbell, Carol F. Hobson, James M. McPartland, Alexander M. Mood, Frederic D. Weinfield, and Robert

L. York. 1966. *Equality of Educational Opportunity*. Washington, DC: US Office of Education.

Commonwealth Fund. 2010. *2010 Health Policy Survey in Seven Countries*.

Community Associations Institute. 2012. *Industry Data*: http://www.caionline.org/info/research/Pages/default.aspx

Congressional Budget Office (CBO). 1997. *The Economic Effects of Comprehensive Tax Reform*. Washington, DC: US Government Printing Office.

Congressional Budget Office (CBO). July 1998. *Social Security and Private Saving: A Review of the Empirical Evidence*. Washington, DC: US Government Printing Office.

Congressional Budget Office (CBO). March 2004a. *Administrative Costs of Private Accounts in Social Security*. Washington, DC: US Government Printing Office.

Congressional Budget Office (CBO). 2004b. "Fuel Economy Standards Versus a Gasoline Tax." *Economic and Budget Issue Brief*, March 9, 2004.

Congressional Budget Office (CBO). December 2005a. *Global Population Aging in the 21st Century and Its Economic Implications*. Washington, DC: US Government Printing Office.

Congressional Budget Office (CBO). 2005b. "Long-Term Economic Effects of Chronically Large Federal Deficits." *Economic and Budget Issue Brief* (October 13, 2005).

Congressional Budget Office (CBO). 2006. "Is Social Security Progressive?" *Economic and Budget Issue Brief* (December 15, 2006).

Congressional Budget Office. 2008b. *Policy Options for Reducing CO_2* Emissions. Washington, DC: US Government Printing Office.

Congressional Budget Office (CBO). 2009. "Federal Estate and Gift Taxes." *Economic and Budget Issue Brief* (December 18, 2009).

Congressional Budget Office (CBO). 2010. "Federal Debt and the Risk of a Financial Crisis." (July 27, 2010).

Congressional Budget Office (CBO). 2012a. "The Distribution of Household Income and Federal Taxes, 2008 and 2009." www.cbo.gov/sites/default/files/cbofiles/attachments/43373-06-11-HouseholdIncomeandFedTaxes.pdf

Congressional Budget Office (CBO). 2012b. *Historical Budget Data* (January 31, 2012).

Congressional Budget Office (CBO). 2012c. "The Supplemental Nutrition Assistance Program." April 2012.

Congressional Budget Office (CBO). 2012d. *An Update to the Budget and Economic Outlook: Fiscal Years 2012–2022* (August 2012).

Congressional Research Service. 2006. "Value-Added Tax: A New US Revenue Source?" *CRS Report to Congress* (August 22, 2006).

Cooper, Christopher. 2007. "In Katrina's Wake: Where Is the Money?" *Wall Street Journal* (January 27, 2007): p. A1.

Cooper, Michael. 2011. "Courts Upend Budgets as States Look for Savings." *New York Times* p. A13 (June 7, 2011).

Corlett, W. J. and D. C. Hague. 1953. "Complementarity and the Excess Burden of Taxation." *Review of Economic Studies* 21: 21–30.

Crain, Nicole V. and W. Mark Crain. 2010. "The Impact of Regulatory Costs on Small Firms." Small Business Administration: http://archive.sba.gov/advo/research/rs371tot.pdf

Cunha, Jesse, Giacomo De Giorgi, and Seema Jayachandran. 2011. "The Price Effects of Cash Versus In-Kind Transfers." Working Paper No. 17456. Cambridge, MA: National Bureau of Economic Research.

Currie, Janet. 2004. "The Take Up of Social Benefits." Working Paper No. 10488. Cambridge, MA: National Bureau of Economic Research.

Cushing, Matthew J. and Mary G. McGarvey. 2003. "The Efficiency of Race- and Gender-Targeted Income Transfers." *Public Finance Review* 31(5): 455–486.

Cushman, John H., Jr. 1997. "E.P.A. Head Adamant on Clean Air Rules." *New York Times* (June 1, 1997): p. A1.

Cutler, David M. 2002. "Health Care and the Public Sector." In *Handbook of Public Economics*, Volume 4, Alan J. Auerbach and Martin Feldstein (eds.). Amsterdam: North Holland.

Cutler, David M. 2003. "Employee Costs and the Decline in Health Insurance Coverage." In *Frontiers in Health Policy Research*, Volume 6. David Cutler and Alan Garber (eds.). Cambridge, MA: MIT Press, 2003.

Cutler, David M. 2004. *Your Money or Your Life: Strong Medicine for America's Health Care System*. New York: Oxford University Press.

Cutler, David M. 2007. "The Lifetime Costs and Benefits of Medical Technology." Working Paper No. 13478. Cambridge, MA: National Bureau of Economic Research.

Cutler, David M. and Srikanth Kadiyala. 2001. "The Economics of Better Health: The Case of Cardiovascular Disease." Mimeo.

Cutler, David M. and Mark McClellan. 2001. "Is Technological Change in Medicine Worth It?" *Health Affairs* 20(5): September–October 2001.

Cutler, David M. and Sarah J. Reber. 1998. "Paying for Health Insurance: The Trade-Off between Competition and Adverse Selection." *Quarterly Journal of Economics* 113(2): 433–466.

Davey, Monica. 2010. "Chicago Wins Prize as Home of Big Carrier." *New York Times* (May 4, 2010).

Davis, Stephen J. and Magnus Henrekson. 2004. "Tax Effects on Work Activity, Industry Mix and Shadow Economy Size." Working Paper No. 10509. Cambridge, MA: National Bureau of Economic Research.

Dee, Thomas. 2009. "Conditional Cash Penalties in Education: Evidence from the Learnfare Experiment." Working Paper No. 15126. Cambridge, MA: National Bureau of Economic Research.

Dee, Thomas S. 1999. "State Alcohol Policies, Teen Drinking and Traffic Fatalities." *Journal of Public Economics* 72: 289–315.

Dee, Thomas and Brian Jacob. 2009. "The Impact of No Child Left Behind on Student Achievement." Working Paper No. 15531. Cambridge, MA: National Bureau of Economic Research.

Delipalla, Sofia and Owen O'Donnell. 2001. "Estimating Tax Incidence, Market Power, and Market Conduct: The European Cigarette Industry." *International Journal of Industrial Organization* 19(6): 885–908.

Deming, David J., Justine S. Hastings, Thomas J. Kane, and Douglas O. Staiger. 2011. "School Choice, School Quality, and Postsecondary Attainment." Working Paper No. 17438. Cambridge, MA: National Bureau of Economic Research.

DeParle, Jason, Robert Gebeloff, and Sabrina Tavernise. 2011. "Bleak Portrait of Poverty is Off the Mark, Experts Say." *New York Times* (November 3, 2011).

Derthick, Martha. 2000. "American Federalism—Half-Full or Half-Empty." Volume 18, *Brookings Review*: 24–28.

Desai, Mihir, A., C. Fritz Foley, and James R. Hines, Jr. 2009. "Domestic Effects of the Foreign Activities of US Multinationals." *American Economic Journal: Economic Policy*.

Dewenter, Kathryn and Paul H. Malatesta. 2001. "State-owned and Privately Owned Firms: An Empirical Analysis of Profitability, Leverage, and Labor Intensity." *American Economic Review* 91: 320–334.

Diamond, Peter A. and Jonathan Gruber. 1999. "Social Security and Retirement in the United States." In *Social Security and Retirement Around the World*. Jonathan Gruber and David A. Wise (eds.). Chicago: University of Chicago Press.

Diamond, Peter A. and Peter R. Orszag. 2005. "Saving Social Security." *Journal of Economic Perspectives* 19(2): 11–32.

Dillon, Sam. 2003. "New Federal Law May Leave Many Rural Teachers Behind." *New York Times* (June 23, 2003): p. A1.

Domhoff, G. William. 2012. "Wealth, Income and Power." www2.ucsc.edu/whorulesamerica/power/wealth.html

Doms, Mark E., Wendy E. Dunn, Stephen D. Oliner, and Daniel E. Sichel. 2004. "How Fast Do Personal Computers Depreciate? Concepts and New Estimates." *Tax Policy and the Economy* 18: 37–79.

Dudley, Susan and Melinda Warren. 2011. "Fiscal Stalemate Reflected in Regulators' Budget: An Analysis of the US Budget for Fiscal Years 2011 and 2012." Weidenbaum Center on the Economy, Government, and Public Policy and the Regulatory Studies Center at George Washington University.

Duggan, Mark G. 2004. "Does Contracting Out Increase the Efficiency of Government Programs? Evidence from Medicaid HMOs." *Journal of Public Economics* 88(12): 2549–2572.

Dugger, Celia A. 2001. "In India's Capital, a Prayer for the Belching Buses." *New York Times* (September 28, 2001): p. A3.

Dynarski, Susan, Joshua M. Hyman, and Diane Whitmore Schanzenbach. 2011. "Experimental Evidence on the Effect of Childhood Investments on Postsecondary Attainment and Degree Completion." Working Paper No. 17533. Cambridge, MA: National Bureau of Economic Research.

Eagan, Margery. 2011. "Cambridge Councilors Put 'Fear' Into Gadhafi." *Boston Herald* (March 1, 2011).

Economic Report of the President, 2003. Washington, DC: US Government Printing Office, 2003.

Economic Report of the President, 2004. Washington, DC: US Government Printing Office, 2004.

Economic Report of the President. 2012. Washington, DC: US Government Printing Office, 2012.

Economist. 2003. "The Dividend Puzzle" (January 11, 2003): pp. 53–54.

Economist. 2007d. "The Hunt for the Odourless Pig" (November 24, 2007): p. 36.

Economist. 2007e. "Schools Unchained" (September 6, 2007): pp. 14–15.

Economist. 2008. "A Harvest of Disgrace" (May 24, 2008): pp. 46–48.

Edgeworth, F. Y. 1959/1897. "The Pure Theory of Taxation." Reprinted in *Readings in the Economics of Taxation*. Richard A. Musgrave and Carl S. Shoup (eds.). Homewood, IL: Irwin: 258–296.

Einav, Liran and Amy Finkelstein. 2011. "Selection in Insurance Markets: Theory and Empirics in Pictures," *Journal of Economic Perspectives* 25(1): 115–138.

Eissa, Nada. 2001. "Taxation and Labor Supply of Married Women: The Tax Reform Act of 1986 as a Natural Experiment." Working Paper No. 5023. Cambridge, MA: National Bureau of Economic Research.

Eissa, Nada and Hilary Hoynes. 2006. "Behavioral Responses to Taxes: Lessons from the EITC and Labor Supply." In *Tax Policy and the Economy*, James Poterba (ed.). 20: 73–110.

Engelhardt, Gary V. and Jonathan Gruber. 2004. "Social Security and the Evolution of Elderly Poverty." Working Paper 10466. Cambridge, MA: National Bureau of Economic Research.

Engelhardt, Gary V. and Jonathan Gruber. 2010. "Medicare Part D and the Financial Protection of the Elderly." Working Paper No. 16155. Cambridge, MA: National Bureau of Economic Research.

Erlanger, Steven. 2012. "New French Budget Focuses on Slicing the Deficit." *New York Times* (September 29, 2012).

Fackler, Martin. 2009. "Fresh From Its Victory, Japanese Party Shows Its New Muscle." *New York Times* p. A6 (September 3, 2009).

Fattah, Hassan M. 2006. "First Time Out, Kuwaiti Women Become a Political Force." *New York Times* (June 26, 2006): p. A3.

Feldstein, Martin. 1976. "On the Theory of Tax Reform." *Journal of Public Economics* 6: 77–104.

Feldstein, Martin. 1982. "Inflation, Tax Rules, and Investment: Some Econometric Evidence." *Econometrica* 50(4): 825–862.

Feldstein, Martin. 1985. "Debt and Taxes in the Theory of Public Finance." *Journal of Public Economics* 28(2): 233–246.

Feldstein, Martin. 2006a. "The Effect of Taxes on Efficiency and Growth." Working Paper No. 12201. Cambridge, MA: National Bureau of Economic Research.

Feldstein, Martin. 2006b. "Tradeable Gasoline Rights." *Wall Street Journal* (June 5, 2006): p. A10.

Feldstein, Martin. 2008a. "Effects of Taxes on Economic Behavior." Working Paper No. 13745. Cambridge, MA: National Bureau of Economic Research.

Feldstein, Martin. 2008b. "The Tax Rebate Was a Flop: Obama's Stimulus Plan Won't Work Either." *Wall Street Journal* (August 7, 2008): p. A15.

Feldstein, Martin and Andrew Samwick. 2002. "Potential Paths of Social Security Reform." In *Tax Policy and Economy* 2002, Volume 16. James Poterba (ed.). Cambridge: MIT Press: 181–224.

Fernandez, Manny. 2011. "Strip Club 'Pole Tax' Is Upheld in Texas." *New York Times* (August 26, 2011).

Fetter, Henry D. 2010. "How Taxes Changed Boxing." *Atlantic* (April 15, 2010).

Figlio, David N. 2005. "Testing Crime and Punishment." Working Paper No. 11194. Cambridge, MA: National Bureau of Economic Research.

Finkelstein, Amy. 2004. "Minimum Standards, Insurance Regulation and Adverse Selection: Evidence from the Medigap Market." *Journal of Public Economics* 88(12): 2515–2547.

Finkelstein, Amy. 2005. "The Aggregate Effects of Health Insurance: Evidence from the Introduction of Medicare." Working Paper No. 11619. Cambridge, MA: National Bureau of Economic Research.

Finkelstein, Amy and Robin McKnight. 2005. "What Did Medicare Do (and Was It Worth It)?" Working Paper No. 11609. Cambridge, MA: National Bureau of Economic Research.

Finkelstein, Amy, Sarah Taubman, Bill Wright, Mira Bernstein, Jonathan Gruber, Joseph P. Newhouse, Heidi Allen, Katherine Baicker, and The Oregon Health Study Group. 2011. "The Oregon Health Insurance Experiment: Evidence from the First Year." Working Paper No. 17190. Cambridge, MA: National Bureau of Economic Research.

Fisher Ronald C. and Leslie E. Papke. 2000. "Local Government Responses to Education Grants." *National Tax Journal* 53: 153–168

Fisman, Raymond and Roberta Gatti. 2002. "Decentralization and Corruption: Evidence across Countries." *Journal of Public Economics* 83: 325–346.

Fisman, Raymond and Shang-Jin Wei. 2004. "Tax Rates and Tax Evasion: Evidence from 'Missing Imports' in China." *Journal of Political Economy* 112(2): 471–500.

Fleenor, Patrick. 2008. "Cigarette Taxes Are Fueling Organized Crime." *Wall Street Journal* (May 7, 2008): p. A17.

Fogel, Robert W. 2004. *The Escape from Hunger and Premature Death, 1700–2100: Europe, America, and the Third World*. Cambridge, England: Cambridge University Press.

Folland, Sherman, Allen Goodman and Miron Stano. 2006. *Economics of Health and Health Care*, 5th edition. Upper Saddle River, NJ: Prentice Hall.

Frank, Robert. 2012. "'Emergency' Tax on the Rich Roils Britain." CNBC (August 29, 2012): www.cnbc.com/id/48825978

Freedman, David A. 1991. "Statistical Models and Shoe Leather." *Sociological Methodology* 21: 291–313.

Freeman, A. Myrick III. 2002. "Environmental Policy Since Earth Day I: What Have We Gained?" *Journal of Economic Perspectives* 16: 125–146.

Friedman, Eric, Simon Johnson, Daniel Kaufmann, and Pablo Zoido-Lobaton. 2000. "Dodging the Grabbing Hand: The Determinants of Unofficial Activity in 69 Countries." *Journal of Public Economics* 76: 495–520.

Friedman, Milton. 2003. "What Every American Wants." *Wall Street Journal* (January 15, 2003): p. A10.

Fryer Jr., Roland G. 2010. "Financial Incentives and Student Achievement: Evidence from Randomized Trials." Working Paper No. 15898. Cambridge, MA: National Bureau of Economic Research.

Fuchs, Victor. 2000. "An *Economist*'s View of Health Care Reform." *New York Times* (May 2, 2000): pp. F6–F7.

Fuchs, Victor R., Alan B. Krueger, and James M. Poterba. 1998. "*Economists*' Views about Parameters, Values, and Policies: Survey Results in Labor and Public Economics." *Journal of Economic Literature* 36(3): 1387–1425.

Fullerton, Don and Diane Lim Rogers. 1997. "Neglected Effects on the Uses Side: Even a Uniform Tax Would Change Relative Goods Prices." *American Economic Review* 87: 120–125.

Gale, William G. and Joel B. Slemrod. 2000. "A Matter of Life and Death: Reassessing the Estate and Gift Tax." *Tax Notes* (August 14, 2000): 927–932.

Gallagher, L. Jerome, Megan Gallagher, Kevin Perese, Susan Schreiber, and Keith Watson. 1998. "One Year after Welfare Reform: A Description of State Temporary Assistance for Needy Families (TANF) Decisions as of October 1997." Washington, DC: The Urban Institute.

Gates, William H., Sr. and Chuck Collins. 2002. "Tax the Wealthy." *The American Prospect* 13 (June 17, 2002) [www.prospect.org/print/V13/11/index.html].

Gayer, Ted. 2000. "Neighborhood Demographics and the Distribution of Hazardous Waste Risks: An Instrumental Variables Estimation." *Journal of Regulatory Economics* 17(2): 131–155.

Gayer, Ted and John K. Horowitz. 2006. "Market-based Approaches to Environmental Regulation." *Foundations in Trends in Microeconomics* 1(4): 201–326.

Gentleman, Amelia. 2006. "India's Vultures Fall Prey to a Drug in the Cattle They Feed On." *New York Times* (March 28, 2006): p. A4.

Gerber, Alan, Dean S. Karlan, and Daniel Bergan. 2006. "Does the Media Matter? A Field Experiment Measuring the Effect of Newspapers on Voting Behavior and Political Opinions." *Yale Economic Applications and Policy Discussion Paper*, No. 12.

Gervais, Martin. 2002. "Housing Taxation and Capital Accumulation." *Journal of Monetary Economics* 49: 1461–1489.

Glaeser, Edward L. "Urban Public Finance." Working Paper No. 18244. Cambridge, MA: National Bureau of Economic Research.

Glaeser, Edward L. 2005. "Inequality." Working Paper No. 11511. Cambridge, MA: National Bureau of Economic Research.

Glaeser, Edward L., Giacomo A. M. Ponzetto, and Andrei Shleifer. 2006. "Why Does Democracy Need Education?" Working Paper No. 12128. Cambridge, MA: National Bureau of Economic Research.

Glaeser, Edward L., Jose A Scheinkman, and Andrei Shleifer. 2003. "The Injustice of Inequality." *Journal of Monetary Economics*. Carnegie-Rochester Series on Public Policy.

Glaeser, Edward L. and Jesse M. Shapiro. 2003. "The Benefits of the Home Mortgage Interest Deduction." *Tax Policy and the Economy* 17: 37–82.

Glaeser, Edward L. and Andrei Shleifer. 2005. "The Curley Effect: The Economics of Shaping the Electorate." *Journal of Law, Economics, and Organizations* 21: 1–19.

Goklany, Indur. 1999. *Clearing the Air: The Real Story of the War on Air Pollution*. Washington, DC: Cato Institute.

Gompers, Paul A. and Josh Lerner. 1999. "What Drives Venture Capital Fundraising?" Working Paper No. 6906. Cambridge, MA: National Bureau of Economic Research.

Goolsbee, Austan. 1998. "Does Government R&D Policy Mainly Benefit Scientists and Engineers?" *American Economic Review* 88: 298–302.

Goolsbee, Austan. 2003. "Investment Tax Subsidies and the Wages of Capital Goods Workers: To the Workers Go the Spoils?" *National Tax Journal* LVI: 153–166.

Goolsbee, Austan. 2004. "The Impact and Inefficiency of the Corporate Income Tax: Evidence from State Organizational Form Data." *Journal of Public Economics* 88(11): 2283–2299.

Goolsbee, Austan and Amil Petrin. 2004. "The Consumer Gains from Direct Broadcast Satellites and the Competition with Cable Television." *Econometrica* 72(2): 351–381.

Gordon, Rachel. 2011. "Parking: S. F. Releases Details on Flexible

Pricing." *SFGate.com* (April 2, 2011).

Gordon, Roger H. and Young Lee. 2001. "Do Taxes Affect Corporate Debt Policy? Evidence from US Corporate Tax Return Data." *Journal of Public Economics* 8: 195–224.

Government Accountability Office. 2007. "Vulnerabilities Exposed through Covert Testing of TSA's Passenger Screening Process" (November 15, 2007): GAO-08-48T.

Graham, John R. 2003. "Taxes and Corporate Finance: A Review." *Review of Financial Studies* 16: 1074–1128.

Grainger, Corbett A. and Charles D. Kolstad. 2009. "Who Pays a Price on Carbon?" *NBER Working Paper No. 15239*.

Griffin, Michael. 2007. "The Real Reasons We Explore Space." *Air & Space Magazine* (July 1, 2007).

Grogger, Jeffrey. 2003. "The Effects of Time Limits and Other Policy Changes on Welfare Use, Work, and Income among Female-Headed Families." *Review of Economics and Statistics* 85(2): 394–408.

Groves, Harold M. 1946. *Financing Government*. New York: Henry Holt.

Groves, Theodore and Martin Loeb. 1975. "Incentives and Public Inputs." *Journal of Public Economics* 4(3): 211–226.

Gruber, Jonathan and Michael Lettau. 2004. "How Elastic Is the Firm's Demand for Health Insurance?" *Journal of Public Economics* 88(7): 1273–1294.

Gruber, Jonathan and David Wise (eds). 2004. *Social Security Programs and Retirement around the World*. Chicago: University of Chicago Press.

Guryan, Jonathan. 2003. "Does Money Matter? Estimates from Education Finance Reform in Massachusetts." Working Paper No. 8269. Cambridge, MA: National Bureau of Economic Research.

Hadley, Jack, John Holaha, Teresa Coughlin, and Dawn Miller. 2008. "Covering the Uninsured in 2008: Current Costs, Sources of Payment, and Incremental Costs." *Health Affairs* 27(5).

Hagman, Donald C. 1978. "Proposition 13: A Prostitution of Conservative Principles." *Tax Review* 39(9): 39–42.

Hagopian, Kip and Lee Ohanian. 2012. "The Mismeasure of Inequality." Hoover Institution Policy Review No. 174. (August 1, 2012).

Hahn, Robert W. 1984. "Market Power and Transferable Property Rights." *Quarterly Journal of Economics* 99(4): 753–765.

Hahn, Robert W. and Patrick M. Dudley. 2007. "How Well Does the US Government Do Benefit-Cost Analysis?" *Review of Environmental Economics and Policy* 1(2): 192–211.

Hall, Robert E. and Alvin Rabushka. 1995. *The Flat Tax*, 2nd ed. Stanford, CA: Hoover Institution Press.

Hamilton, Bruce. 1975. "Zoning and Property Taxation in a System of Local Governments." *Urban Studies* 12: 205–211.

Hanushek, Eric A. 2002. "Publicly Provided Education." *In Handbook of Public Economics*. Alan J. Auerbach and Martin Feldstein (eds.). Amsterdam: Elsevier: 2045–2141. (Also: Working Paper No. 02138. Cambridge, MA: National Bureau of Economic Research.)

Hanushek, Eric A., Steven G. Rivkin, and John F. Kain. 2005. "Teachers, Schools, and Academic Achievement." *Econometrica* 73: 417–458.

Hanushek, Eric and Ludger Woessmann. 2010. "The Economics of International Differences in Educational Achievement." In *Handbook of the Economics of Education*, Eric A. Hanushek, Stephen J. Machin, Ludger Woessmann, (eds), Elsevier.

Harberger, Arnold C. 1974. "The Incidence of the Corporation Income Tax." In *Taxation and Welfare*. Arnold C Harberger (ed.). Boston: Little, Brown.

Harford, Tim. 2006. *The Undercover Economist.* Oxford: Oxford University Press.

Hart, Oliver, Andrei Shleifer, and Robert W. Vishny. 1997. "The Proper Scope of Government: Theory and an Application to Prisons." *Quarterly Journal of Economics* 112(4): 1127–1161.

Hastert, Dennis. 2004. Speaker: *Lessons from Forty Years in Coaching and Politics*. New York: Regnery Publishing, Inc.

Hastings, Justine S. and Jeffrey M. Weinstein. 2007. "No Child Left Behind: Estimating the Impact on Choices and Student Outcomes." Working Paper No. 13009. Cambridge, MA: National Bureau of Economic Research.

Haughwout, Andrew, Robert Inman, Steven Craig, and Thomas Luce. 2004. "Local Revenue Hills: Evidence and Lessons from Four US Cities." *Review of Economics and Statistics* 86(2): 570–585.

Heal, Geoffrey. 2001. "Bundling Public and Private Goods: Are Development and Conservation Necessarily in Conflict?" Working Paper. New York: Columbia Business School.

Heal, Geoffrey. 2003. "Bundling Biodiversity." *European Economic Association* 1(2–3): 553–560.

Heckman, James J. 1999. "Policies to Foster Human Capital." Working Paper No. 7288. Cambridge, MA: National Bureau of Economic Research.

Heckman, James J. 2000. "Policies to Foster Human Capital." *Research in Economics* 54(1): 3–36.

Heckman, James J. 2008. "Schools, Skills, and Synapses." Working Paper No. 14064. Cambridge, MA: National Bureau of Economic Research.

Heim, Bradley T. 2008. "The Effect of Recent Tax Changes on Taxable Income: Evidence from a New Panel of Tax Returns." Working Paper. Office of Tax Analysis, US Department of the Treasury.

Henchman, Joseph. 2011. "You Helped End the Iowa Pumpkin Tax." Tax Foundation (October 26, 2011).

Herbert, Bob. 1995. "Safety? Too Costly." *New York Times* (April 19, 1995): p. A23.

Herman, Tom. 2000. "Tax Report." *Wall Street Journal* (July 19, 2000): p. A1.

Herman, Tom. 2002. "Tax Report." *Wall Street Journal* (February 20, 2002): p. A1.

Herman, Tom. 2004a. "Tax Bill Revises Key Deduction; Though Corporations Are Focus, Measure Also Benefits Many Individuals; Impact Giving." *Wall Street Journal* (October 12, 2004): p. D1.

Herman, Tom. 2004b. "Tax Report: Many Filers Ignore Nanny Tax, Expecting Not to Get Caught." *Wall Street Journal* (December 15, 2004): p. D2.

Herman, Tom. 2007. "Sole Proprietors' Face Tax Scrutiny." *Wall Street Journal* (August 22, 2007): p. D3.

Hertz, Tom. 2006. *Understanding Mobility in America*. Center for American Progress.

Hines, James R. Jr and Lawrence H. Summers. 2009. "How

Globalization Affects Tax Design." Working Paper No. 14664. Cambridge, MA: National Bureau of Economic Research.

Hitler, Adolf. 1971/1925. *Mein Kampf* (translated by Ralph Manheim). Boston: Houghton Mifflin.

Hobbes, Thomas. 1963/1651. *Leviathan*. New York: Meridian Books.

Holcombe, Randall G. 2002. "The Ramsey Rule Reconsidered." *Public Finance Review* 30: 562–578.

Holsey, Cheryl M. and Thomas E. Borcherding. 1997. "Why Does Government's Share of National Income Grow? An Assessment of the Recent Literature on the US Experience." In *Perspectives on Public Choice*. D. Mueller (ed.). Cambridge, England: Cambridge University Press.

Holt, Stephen D. 2005. "Making Work *Really* Pay: Income Support and Marginal Effective Tax Rates Among Low-Income Working Households."

Hotz, V. Joseph, Charles H. Mullin, and John Karl Scholz. 2006. "Examining the Effect of the Earned Income Tax Credit on the Labor Market Participation of Families on Welfare." Working Paper No. 11968. Cambridge, MA: National Bureau of Economic Research.

Hotz, V. Joseph and John Karl Scholz. 2003. "The Earned Income Tax Credit." In *Means-Tested Transfer Programs in the US*. Robert A. Moffitt (ed.). Chicago: University of Chicago Press.

Hoxby, Caroline. 2000. "The Effects of Class Size on Student Achievement: New Evidence from Population Variation." *Quarterly Journal of Economics* 115(4): 1239–1285.

Hoxby, Caroline. 2002a. "The Cost of Accountability." Working Paper No. 8855. Cambridge, MA: National Bureau of Economic Research.

Hoxby, Caroline. 2002b. "School Choice and School Accountability (Or Could School Choice Be a Tide That Lifts All Boats?)" Working Paper No. 8873. Cambridge, MA: National Bureau of Economic Research.

Hoxby, Caroline and Jonah E. Rockoff. 2004. "The Impact of Charter Schools on Student Achievement." Working Paper. Harvard Institute of Economic Research.

Hoynes, Hilary, Marianne Page, and Ann Stevens. 2006. "Poverty in America: Trends and Explanations." *Journal of Economic Perspectives* 20(1): 47–68.

Hurd, Michael D. 1990. "Research on the Elderly: Economic Status, Retirement, and Consumption and Savings." *Journal of Economic Literature* 28(2): 565–637.

Hurst, Steven R. 2012. "Mitt Romney Shifting Toward Center as 5 States head to Polls." *Chicago Sun Times* (April 24, 2012).

Husted, Thomas A. and Lawrence W. Kenny. 1997. "The Effect of the Expansion of the Voting Franchise on the Size of Government." *Journal of Political Economy* 105: 54–82.

Inman, Robert P. 2008. "The Flypaper Effect." Working Paper No. 14579. Cambridge, MA: National Bureau of Economic Research.

Internal Revenue Service. 2012. *Statistics of Income Bulletin*. Spring 2012.

International Labour Organization. 2011. *World of Work Report 2011: Making Markets Work for Jobs*.

Ip, Greg. 2006. "The Thorny Question about Tax Increases Concerns Economic Risks over the Long Term." *Wall Street Journal* (November 7, 2006): p. A2.

Ivkovich, Zoran, James M. Poterba, and Scott J. Weisbenner. 2005. "Tax-Motivated Trading by Individual Investors." *American Economic Review* 95(5): 1605–1630.

Jacob, Brian A. 2005. "Accountability, Incentives and Behavior: The Impact of High-Stakes Testing in the Chicago Public Schools." *Journal of Public Economics* 89: 761–796.

Jacob, Brian A. and Lars Lefgren. 2004. "Remedial Education and Student Achievement: A Regression-Discontinuity Analysis." *Review of Economics and Statistics* 86(1): 226–244.

Jacob, Brian A. and Steven D. Levitt. 2003. "Rotten Apples: An Investigation of the Prevalence and Predictors of Teacher Cheating." *Quarterly Journal of Economics* 118(3): 834–877.

Jamison, Eliot A., Dean T. Jamison, and Eric A. Hanushek. 2006. "The Effects of Education Quality on Income Growth and Mortality Decline." Working Paper No. 12652. Cambridge, MA: National Bureau of Economic Research.

Jepsen, Christopher and Steven Rivkin. 2002. "What Is the Tradeoff Between Smaller Classes and Teacher Quality?" Working Paper No. 9205. Cambridge, MA: National Bureau of Economic Research.

Johansen, Leif. 1977. "The Theory of Public Goods: Misplaced Emphasis?" *Journal of Public Economics* 7(1): 147–152.

Johnson, Avery. 2005. "Travelers Hit with Slew of New Taxes on Rental Cars." *Wall Street Journal* (November 9, 2005): p. D1.

Johnson, Paul. 1983. *Modern Times*. New York: Harper & Row.

Johnston, David Cay. 2000. "The Tax Maze Begins Here. No, Here. No . . ." *New York Times* (February 27, 2000): p. BU1.

Johnston, David Clay. 2008. "Wesley Snipes Cleared on Serious Tax Charges." *Wall Street Journal* (February 2, 2008): p. C1.

Joint Committee on Taxation. 2005. *Macroeconomic Analysis of Various Proposals to Provide $50 Billion in Tax Relief* (March 1, 2005): JCX-4-05.

Joint Committee on Taxation. 2012. *Estimates of Federal Tax Expenditures for Fiscal Years 2011–2015*. Washington, DC: US Government Printing Office, January 17, 2012.

Joint Economic Committee. 2006. "Report of the Joint Economic Committee on the 2006 *Economic Report of the President*." December 8, 2006.

Jorgenson, Dale W. 1963. "Capital Theory and Investment Behavior." *American Economic Review* 53(2): 247–259.

Jorgenson, Dale W. 1998. "Did We Lose the War on Poverty?" *Journal of Economic Perspectives* 12: 79–96.

Jorgenson, Dale W. and Kun-Young Yun. 2001. *Investment, Volume 3, Lifting the Burden: Tax Reform, the Cost of Capital, and US Economic Growth*. Cambridge, MA: MIT Press.

Kaestner, Robert, Neeraj Kaushal, and Garrett Van Ryzin. 2003. "Migration Consequences of Welfare Reform." *Journal of Urban Economics* 53(3): 357–379.

Kahn, Joseph. 2001. "Equality at Trade Talks: No Country Gets a Vote." *New York Times* (November 12, 2001): p. A3.

Kaiser Family Foundation. 2012. *Employer Health Benefits 2012 Annual Survey*.

Kane, Thomas J. 1998. *The Price of Admissions—Rethinking How Americans Pay for College*. Washington, DC: Brookings Institution Press.

Kaplow, Louis. 2008a. "Taxation," in *Handbook of Law and Economics*,

Volume 1, A. Mitchell Polinsky and Steven Shavell, (eds.). Elsevier. Amsterdam.

Kaplow, Louis. 2008b. *The Theory of Taxation and Public Economics*. Princeton, NJ: Princeton University Press.

Kari Seppo, Hanna Karikallio, and Jukka Pirttilä. 2009. "The Impact of Dividend Taxation on Dividends and Investment: New Evidence Based on a Natural Experiment", Working Paper No. 2756. Munich, Info Institute Center for Economic Studies.

Kaushal, Neeraj, Qin Gao, and Jane Waldfogel. 2006. "Welfare Reform and Family Expenditures: How are Single Mothers Adapting to the New Welfare and Work Regime?" Working Paper No. 12624. Cambridge, MA: National Bureau of Economic Research.

Keane, Michael P. 2011. "Labor Supply and Taxes: A Survey." *Journal of Economic Literature* 49(4): 961-1075.

Keynes, John Maynard. 1965/1936. *The General Theory of Employment, Interest*, and Money. New York: Harcourt Brace and World.

Kho, Bon-Chan, Rene M. Stulz, and Francis E. Warnock. 2006. "Financial Globalization, Governance, and the Evolution of the Home Bias." Working Paper No. 12389. Cambridge, MA: National Bureau of Economic Research.

Kim, Sunwoong and Ju Ho Lee. 2010. "Private Tutoring and Demand for Education in South Korea." *Economic Development and Cultural Change* 58(2): 259-296.

Kinzer, Stephen. 1996. "At 25, the Hippies' 'Free City' Isn't So Carefree." *New York Times* (May 16, 1996): p. A3.

Kleiner, Morris M. and Robert T. Kudrle. 2000. "Does Regulation Affect Economic Outcomes? The Case of Dentistry." *Journal of Law and Economics* 43: 547–582.

Kleven, Henrik, Camille Landais, and Emmanuel Saez. 2010. "Taxation and International Migration of Superstars: Evidence from the European Football Market." Working Paper No. 16545. Cambridge, MA: National Bureau of Economic Research.

Kling, Jeffery R., Jeffrey B. Liebman, and Lawrence F. Katz. 2007. "Experimental Analysis of Neighborhood Effects." *Econometrica* 75:1(2007): pp: 83–119.

Kolata, Gina. 2003. "Patients in Florida Lining Up for All That Medicare Covers." *New York Times* (September 13, 2003): p. A1.

Kotlikoff, Lawrence J. 2002. "Generational Policy." In *Handbook of Public Economics*, Volume 4. Alan J. Auerbach and Martin Feldstein (eds.). Amsterdam: North Holland.

Kowalski, Amanda E. 2009. "Censored Quantile Instrumental Variable Estimates of the Price Elasticity of Expenditure on Medical Care," Working Paper No. 15085. Cambridge, MA: National Bureau of Economic Research.

Krauss, Clifford. 2003. "Long Lines Mar Canada's Low-Cost Health Care." *New York Times* (February 13, 2003): p. A3.

Kremer, Michael and Rachel Glennerster. 2004. *Strong Medicine: Creating Incentives for Pharmaceutical Research on Neglected Diseases*. New Jersey, USA: Princeton University Press.

Kristol, Irving. 1997. "Income Inequality Without Class Conflict." *Wall Street Journal* (December 18, 1997): p. A22.

Kronholz, Jane. 2000. "A Superintendent Is Entrepreneurial about Charters." *Wall Street Journal* (April 11, 2000): p. A10.

Krueger, Alan B. 1999. "Experimental Estimates of Education Production Functions." *Quarterly Journal of Economics* 114(2): 497–532.

Krugman, Paul. 2001. "The Public Interest." *New York Times* (October 10, 2001): p. A19.

Krugman, Paul. 2006a. "First, Do More Harm." *New York Times* (January 16, 2006).

Krugman, Paul. 2006b. "Outsourcer in Chief." *New York Times* (December 11, 2006): p. A27.

Kulish, Nicholas. 2008. "$1.85 Fee to See a Doctor? Some Say It's Too Much." *New York Times* (May 27, 2008): p. A9.

LA Times, "In wake of Fukushima Disaster, Japan to end nuclear power by 2030s." September 14, 2012, HYPERLINK "http// latimesblogs.latimes.com/world_now/2012/09/in-wake-of-fukushima-disaster-japan-to-end-nuclear-power-by-2030s.html"http://latimesblogs.latimes.com/world_now/2012/09/in-wake-of-fukushima-disaster-japan-to-end-nuclear-power-by-2030s.html (accessed on 12/07/2013).

Ladd, Helen F. 2002. "School Vouchers: A Critical View." *Journal of Economic Perspectives* 16(4): 3–24.

Laffer, Arthur B. 1979. "Statement Prepared for the Joint Economic Committee, May 20." Reprinted in *The Economics of the Tax Revolt: A Reader*. Arthur B. Laffer and Jan P. Seymour (eds.). New York: Harcourt Brace Jovanovich: 75–79.

Landsburg, Steven. 2010a. "Getting Serious." *The Big Questions Blog* (February 4, 2010).

Landsburg, Steven. 2010b. "Laffering All the Way." *The Big Questions Blog* (August 11, 2010).

Landsburg, Steven E. 2004. "What I Like about Scrooge." *Slate* (December 9, 2004).

Lazear, Edward P. and James M. Poterba. 2006. "Reforming Taxes to Promote Economic Growth." *The Economists' Voice* 3(1): Article 3.

Lee, Chulhee. 2005. "Rising Family Income Inequality in the United States, 1968–2000: Impacts of Changing Labor Supply, Wages, and Family Structure." Working Paper No. 11836. Cambridge, MA: National Bureau of Economic Research.

Lee, Jaekyung. 2001. "School Reform Initiatives as Balancing Acts: Policy Variation and Educational Convergence among Japan, Korea, England and the United States." *Education Policy Analysis Archives* 9(13). http://epaa.asu.edu/epaa/v9n13.html.

Leigh, Andrew. 2007. "Earned income tax credits and labor supply: New evidence from a British natural experiment." *National Tax Journal* 60(2): 205-224.

Lerner, A. P. 1948. "The Burden of the National Debt." *In Income, Employment, and Public Policy: Essays in Honor of Alvin H Hansen.* L. A. Metzler et al. (eds.). New York: W. W. Norton.

Levin, Jonathan and Barry Nalebuff. 1995. "An Introduction to Vote-Counting Schemes." *Journal of Economic Perspectives* 9: 3–26.

Levy, Helen and David Meltzer. 2004. "What Do We Really Know about Whether Health Insurance Affects Health?" In *Health Policy and the Uninsured*. Catherine G. McLaughlin (ed.). Washington, DC: The Urban Institute Press.

Liebman, Jeffrey. 2001. "Redistribution in the Current US Social Security System." Working Paper No. 8625. Cambridge, MA: National Bureau of Economic Research.

Liebman, Jeffrey, Maya MacGuineas, and Andrew Samwick. 2005.

"Nonpartisan Social Security Reform Plan."

Lindahl, Erik. 1958/1919. "Just Taxation—A Positive Solution." In *Classics in the Theory of Public Finance*. R. A. Musgrave and A. T. Peacock (eds.). New York: St. Martin's Press.

Liptak, Adam. 2007. "A Deal for the Public: If You Win, You Lose." *New York Times* (July 9, 2007): p. A10.

Lott, John R. 1999. "Public Schooling, Indoctrination, and Totalitarianism." *Journal of Political Economy* Volume 107(6)(2): S127–S157.

Ludwig, Jens and Deborah A. Phillips. 2007. "The Benefits and Costs of Head Start." Working Paper No. 12973. Cambridge, MA: National Bureau of Economic Research.

Luhnow, David. 2008. "Nationalism, Crony Capitalism May Thwart Mexico in Boosting Oil Production." *Wall Street Journal* (March 31, 2008): p. A2.

Lurie, Nicole, N. B. Ward, Martin F. Shapiro, C. Gallego, R. Vaghaiwalla, and Robert H. Brook. 1986. "Termination of Medi-Cal Benefits: A Follow-up Study One Year Later." *New England Journal of Medicine* 314(19): 1266–1268.

Lyons, Joseph D. 1996. "Is Privatization of police Services Feasible?" SLP-4. Florida Department of Law Enforcement.

Madrian, Brigitte C. 2006. "The US Health Care System and Labor Markets." Working Paper No. 11980. Cambridge, MA: National Bureau of Economic Research.

Maki, Dean M. 2001. "Household Debt and the Tax Reform Act of 1986." *American Economic Review* 91: 305–319.

Makin, John H., ed. 1985. *Real Tax Reform—Replacing the Income Tax*. Washington, DC: American Enterprise Institute for Public Policy Research.

Mankiw, N. Gregory. 2009. "The Value Added Tax." (October 14, 2009) http://gregmankiw.blogspot.com/2009/10/value-added-tax.html

Mankiw, N. Gregory and Matthew C. Weinzierl. 2010. "The Optimal Taxation in Theory and Practice." *American Economic Journal: Economic Policy* 2(1): 155–176.

Mankiw, N. Gregory, Matthew C. Weinzierl, and Danny Yagan. 2009. "Optimal Taxation in Theory and Practice." *Journal of Economic Perspectives* 23(4): 147–174.

Manzi, Jim. 2010. "What Social Science Does—and Doesn't—Know." *City Journal* (Summer 2010).

Mark, Stephen T., Therese J. McGuire, and Leslie E. Papke. 2000. "The Influence of Taxes on Employment and Population Growth: Evidence from the Washington, D.C. Metropolitan Area." *National Tax Journal* 53: pp. 105–124.

Marron, Donald. 2012." How Much Does the United States Really Owe?" (January 26, 2012) http://dmarron.com/2012/01/27/how-much-does-the-united-states-really-owe/.

Marsh, Bill. 2007. "Putting a Price on the Priceless: One Life." *New York Times* (September 9, 2007): p. wk4.

Marshall, Josh. 2012. "Romney: Actually, I Kind of Pay 50% Tax." *Talking Points Memo Editor's Blog* (January 27, 2012).

Mazzetti, Mark and Emily B. Hager. 2011. "Secret Desert Force Set Up by Blackwater's Founder." *New York Times* p. A1 (May 15, 2011).

McClellan, Mark and Jonathan Skinner. 2005. "The Incidence of Medicare." *Journal of Public Economics*, 90(1–2), pp: 257–276 (2006).

McGrath, Nuria. 2010. "Corporate Foreign Tax Credit, 2006." *Internal Revenue Service Statistics of Income Bulletin*.

McLure, Charles E., Jr. 1971. "The Theory of Tax Incidence with Imperfect Factor Mobility." *Finanzarchiv* 30.

McLure, Charles E., Jr. 2002. "Thinking Straight about the Taxation of Electronic Commerce: Tax Principles, Compliance Problems, and Nexus." In *Tax Policy and the Economy*, Volume 16. James M Poterba (ed.). Cambridge, MA: MIT Press.

Metcalf, Gilbert E. 2007. "A Green Employment Tax Swap: Using a Carbon Tax to Finance Payroll Tax Relief." The Brookings Institution and World Resources Institute.

Metcalf, Gilbert E. 2008. "Assessing the Federal Deduction for State and Local Tax Payments." Working Paper No. 14023. Cambridge, MA: National Bureau of Economic Research.

Metcalf, Gilbert E. 2009. "Investment in Energy Infrastructure and the Tax Code." Working Paper No. 15429. Cambridge, MA: National Bureau of Economic Research.

Metcalf, Gilbert. E. 2011. "Assessing the Federal Deduction for State and Local Tax Payments." *National Tax Journal* 64(2): 565–590.

Metz, Bert, Ogunlande Davidson, Peter Bosch, Rutu Dave, and Leo Meyer. 2007. *Climate Change 2007*: Mitigation of Climate Change. Contribution of Workong Group III to the Fourth Assessment Report of the Intergovernmental Panel on Climate Change. New York: Cambridge University Press.

Meyer, Bruce D. and Wallace K. C. Mok. 2007. "Quasi-experimental Evidence on the Effects of Unemployment Insurance from New York State." Working Paper No. 12865. Cambridge, MA: National Bureau of Economic Research.

Meyer, Bruce D. and Dan T. Rosenbaum. 2001. "Welfare, the Earned Income Tax Credit, and the Labor Supply of Single Mothers." *Quarterly Journal of Economics* 116: 1063–1114.

Meyer, Bruce D. and James X. Sullivan. 2007. "Further Results on Measuring the Well-Being of the Poor Using Income and Consumption." Working Paper No. 13413. Cambridge, MA: National Bureau of Economic Research.

Meyer, Bruce D. and James X. Sullivan. 2009. "Five Decades of Consumption and Income Poverty." Working Paper No. 14827. Cambridge, MA: National Bureau of Economic Research.

Miller, John J. 2007. "Should Libraries' Target Audience be Cheapskates with Mass-Market Tastes?" *Wall Street Journal* (January 3, 2007): p. D9.

Millward, David. 2006. "Is This the End of the Road for Traffic Lights?" *The Telegraph* (November 4, 2006).

Mishan, E. J. 1971. "The Post-War Literature on Externalities: An Interpretative Essay." *Journal of Economic Literature* 9: 1–28.

Modigliani, Franco. 1986. "Life Cycle, Individual Thrift and the Wealth of Nations." *American Economic Review* 76(3): 297–313.

Moffitt, Robert A. 2003. "The Temporary Assistance for Needy Families Program." In *Means-Tested Transfer Programs in the US*. Robert A. Moffitt (ed.). Chicago: University of Chicago Press.

Moffitt, Robert A. and John Karl Scholz. 2009. "Trends in the Level and Distribution of Income Support." Working Paper No. 15488. Cambridge, MA: National Bureau of Economic Research.

Morgenson, Gretchen. 2009. "Home Builders (You Heard that Right) Get a Gift." *New York Times* (November 15, 2009).

Morran, Chris. 2011. "Texas Man Loses 78% of Tax Refund After Winning Free Donut Coupons at Houston Astros Game." *The Consumerist* (April 22, 2011).

Munnell, Alicia, H. 1999. "Reforming Social Security: The Case Against Individual Accounts." *National Tax Journal*, vol. LII, no. 4: 783–802.

Munnell, Alicia. 2003. "Introduction." Chapter in Alicia H. Munnell and Annika Sunden (eds.), *Death and Dollars: The Role of Gifts and Bequests in America*. Brookings Institution Press.

Murphy, Kevin M. and Robert Topel. 2000. "Medical Research–What's It Worth?" *The Milken Institute Review*, First Quarter, 23–30.

Murray, Charles. 2006. *In Our Hands: A Plan to Replace the Welfare State*. Washington, DC: AEI Press.

Musgrave, Richard A. 1959. *The Theory of Public Finance*. New York: McGraw-Hill.

Musgrave, Richard A. 1985. "A Brief History of Fiscal Doctrine." In *Handbook of Public Economics*, Vol. 1. Alan Auerbach and Martin S Feldstein (eds.). Amsterdam: North-Holland.

Napolitano, Jo. 2004. "Proposal to Adopt a Palestinian City as a 'Sister' Creates a Family Feud for Madison." *New York Times* (May 29, 2004): p. A10.

Nataraj, Sita and John B. Shoven. 2004. "Has the Unified Budget Undermined the Federal Government Trust Funds?" Working Paper No. 10953. Cambridge, MA: National Bureau of Economic Research.

National Commission on Fiscal Responsibility and Reform. 2010. *A Moment of Truth*.

Newhouse, Joseph P. 2001. "Medical Care Price Indices: Problems and Opportunities; The Chung-Hua Lectures." Working Paper No. 8168. Cambridge, MA: National Bureau of Economic Research.

Newhouse, Joseph P. and the Insurance Experiment Group. 1993. *Free for All? Lessons from the RAND Health Insurance Experiment*. Cambridge, MA: Harvard University Press.

New York Times. 2009. "Progress on Drunken Driving." (October 21, 2009).

New York Times. 2012. "Truth and Lies about Medicare." p. SR10 (August 19, 2012).

Nicol v. Ames. 1899. 173 US 509, 515.

Nordhaus, William D. 2008. *A Question of Balance: Weighing the Options on Global Warming Policies*. New Haven, CT: Yale University Press.

Norris, Floyd. 2005. "How to Assure the Very Rich Stay That Way." *New York Times* (September 9, 2005): p. C1.

Nozick, Robert. 1974. *Anarchy, State, and Utopia*. Oxford: Basil Blackwell.

Oates, Wallace E. 1999. "An Essay on Fiscal Federalism." *Journal of Economic Literature* 37: 1120–1149.

Office of Family Assistance. 2012. *Temporary Assistance to Needy Families: Ninth Annual Report to Congress*: www.acf.hhs .gov/programs/ofa/data-reports/annualreport9/ar9index.htm

Olsen, Edgar O. 2003. "Housing Programs for Low-Income Households." In *Means Tested Transfer Programs in the US*. Robert A. Moffitt (ed.). Chicago: University of Chicago Press.

O'Neill, June E. and Dave M. O'Neill. 2007. "Health Status, Health Care, and Inequality: Canada vs. the US." *Forum for Health Economics and Policy* 10(1).

Organization for Economic Cooperation and Development (OECD). 2009. *Programme for International Student Assessment (PISA) 2009 Database*. Paris, France.

Organization for Economic Cooperation and Development (OECD). 2011a. *Education at a Glance 2011* (August 2011): Paris, France.

Organization for Economic Cooperation and Development (OECD). 2011b. *OECD Economic Outlook* (December 2011): Paris, France.

Organization for Economic Cooperation and Development (OECD). 2012a. *National Accounts of the OECD Countries*.

Organization for Economic Cooperation and Development (OECD). 2012b. *OECD Health Data* (August 2012): Paris, France.

Parker, Ashley. 2011. "In Suit, City Accuses 32 Residents of Avoiding Millions in Cigarette Taxes." *New York Times* p. A21 (April 22, 2011).

Paris, Valérie, Marion Devaux and Lihan Wei. 2010 "Health Systems Institutional Characteristics: A Survey of 29 OECD Countries", Health Working Paper No. 50. Paris, OECD Publishing.

Parnes, Arnie. 2012. "Obama Supports Exempting Olympic Awards from Taxes." *The Hill* (August 6, 2012).

Parry, Ian W. H. and Small, Kenneth A. 2009. "Should Urban Transit Be Reduced?" *American Economic Review* 99(3): 700–724.

Passell, Peter. "Lend to Any Student." *New York Times* (April 1, 1985): p. A20.

Pauly, Mark and Bradley Herring. 1999. *Pooling Health Insurance Risks*. Washington, DC: AEI Press.

Payne, Abigail. 2009. "Does Government Funding Change Behavior? An Empirical Analysis of Crowd-Out." *Tax Policy and the Economy* 23, pp. 159–184.

Pear, Robert. 2009. "Procedure to Bypass GOP on Health Care Carries Risks for Democrats." *New York Times* (April 22, 2009).

Peltzman, Sam. 1975. "The Effects of Automobile Safety Regulation." *Journal of Political Economy* 83(4): 677–725.

Peltzman, Sam. 1997. "Class Size and Earnings." *Journal of Economic Perspectives* 11(4): 225–226.

Persson, Torsten and Guida Tabellini. 1999. "Political Economics and Public Finance." Working Paper No. 7097. Cambridge, MA: National Bureau of Economic Research.

Phelps, Charles E. 2010. *Health Economics*, 4th Edition. Prentice Hall.

Phi Delta Kappa/Gallup. 2005. "The Annual Gallup Poll of the Public's Attitudes toward the Public Schools, 1974–2004." Gallup Polling, Gallup.

Pogrebin, Robin. 2010. "Tax Break for Erotica? A Museum Favors It." *New York Times* p. C1 (May 4, 2010).

Pommerehne, Werner. 1977. "Quantitative Aspects of Federalism: A Study of Six Countries." In *The Political Economy of Fiscal Federalism*. Wallace Oates (ed.). Lexington, MA: DC Heath, pp. 275–355.

Porter, Eduardo. 2005. "Buy a Home, and Drag Society Down." *New York Times* (November 13, 2005): p. WK3.

Portney, Paul R. 2000. "Air Pollution Policy." In *Public Policies for Environmental Protection*, 2nd edition. Paul R. Portney and Robert N. Stavins (eds.). Washington, DC: Resources for the Future.

Poterba, James M. 1991. "Dividends, Capital Gains, and the Corporate Veil: Evidence from Britain, Canada, and the United States." In

National Saving and Economic Performance. Douglas B Bernheim and John B Shoven (eds.). Chicago: University of Chicago Press: 49–71.

Poterba, James M. and Andrew Samwick. 2003. "Taxation and Household Portfolio Composition: US Evidence from the 1980s and 1990s." *Journal of Public Economics* 87: 5–38.

Poterba, James M. and Todd Sinai. 2008. "Tax Expenditures for Owner-Occupied Housing: Deductions for Property Taxes and Mortgage Interest and the Exclusion of Imputed Rental Income." *American Economic Review* 98(2): 84–89.

Pozen, Robert, Sylvester J. Schieber, and John B. Shoven. 2004. "Improving Social Security's Progressivity and Solvency with Hybrid Indexing." *American Economic Review* 94(2): 187–191.

Prescott, Edward C. 2004. "It's Irrational to Save." *Wall Street Journal* (December 29, 2004): p. A8.

Prescott, Edward C. 2005a. "Even Europeans Will Respond to Incentives." *Wall Street Journal* (August 2, 2005): p. A10.

Prescott, Edward C. 2005b. "Stop Messing with Federal Tax Rates." *Wall Street Journal* (December 20, 2005): p. A14.

President's Advisory Panel on Federal Tax Reform. 2005. *Simple, Fair, and Pro-Growth: Proposals to Fix America's Tax System* (November 1, 2005). Washington, DC: US Government Printing Office.

Preston, Samuel H., and Jessica Ho. 2009. "The US Health Care System and Lagging Life Expectancy: A Case Study." University of Pennsylvania Population Studies Center Working Paper Series.

Prior, Ryan. 2012. "How Long Do Canadians Wait for Health Care?" *Daily Beast* (June 20, 2012).

Ramsey, Frank P. 1927. "A Contribution to the Theory of Taxation." *Economic Journal* 37: 47–61.

Rawls, John. 1971. *A Theory of Justice. Cambridge*, MA: Harvard University Press.

Reddy, Sudeep. 2009. "A Personal-Finance Workout." *Wall Street Journal* (June 23, 2009).

Reich, Robert B. 2008. "How about a Cap-and-Trade Dividend?" *Wall Street Journal* (June 4, 2008): p. A21.

Reinhart, Carmen M., Reinhart, Vincent R., and Kenneth S. Rogoff. 2012. "Debt Overhangs: Past and Present." Working Paper No. 18015. Cambridge, MA: National Bureau of Economic Research.

Richwine, Lisa. 2009. "Allergan CEO: Marginal Impact from Proposed 'Botax tax'." *Reuters* (December 11, 2009).

Riedl, Brian M. 2002. "Agriculture Lobby Wins Big in New Farm Bill." *Heritage Foundation Backgrounder*, No. 1534, April 9, 2002.

Rogerson, Richard. 2007. "Taxation and Market Work: Is Scandinavia an Outlier?" Working Paper No. 12890. Cambridge, MA: National Bureau of Economic Research.

Romer, Christina D. and David H. Romer. 2007. "Do Tax Cuts Starve the Beast: The Effect of Tax Changes on Government Spending." Working Paper No. 13548. Cambridge, MA: National Bureau of Economic Research.

Rosenbaum, David E. 1986. "Big Changes Loom in Final Tax Bill, Lawmakers Agree." *New York Times* (May 26, 1986): p. C1.

Rosenberg, Debra. 2002. "Medicare's Foundation Is Crumbling." *Newsweek* (December 9, 2002): p. 11.

Rosenthal, Elisabeth. 2011. "In Auto Test in Europe, Meter Ticks Off Miles, and Fee to Driver." *New York Times* p. A1 (August 10, 2011).

Ross, Gilbert L. 1999. "Price of Alarmism." *New York Times* (September 2, 1999): p. A26.

Rothstein, Jesse. "Unemployment Insurance and Job Search in the Great Recession." *Brookings Papers on Economic Activity* (Fall 2011).

Rouse, Cecilia E., Jane Hannaway, Dan Goldhaber, and David N. Figlio. 2007. "Feeling the Florida Heat? How Low-Performing Schools Respond to Voucher and Accountability Pressure." Working Paper No. 13681. Cambridge, MA: National Bureau of Economic Research.

Samuelson, Paul A. 1955. "The Pure Theory of Public Expenditure." *Review of Economics and Statistics* 36: 387–389.

Samuelson, Robert J. 1986. "The True Tax Burden." *Newsweek* (April 21, 1986): p. 68.

Samuelson, Robert. 2010. "Why Our Poverty Measure Misleads." *Washington Post* (May 31, 2010).

Sanbonmatsu, Lisa, Jeffrey R. Kling, Greg J. Duncan, and Jeanne Brooks-Gunn. 2006. "Neighborhoods and Academic Achievement: Results from the Moving to Opportunity Experiment." *Journal of Human Resources*, 41(4): 649–691.

Santerre, Rexford E. and Stephen P. Neun. 2004. *Health Economics: Theories, Insights, and Industry Studies*, 3rd edition. Cincinnati, OH: Thomson South-Western.

Sas-Rolfes, Michael't. 2012. "Saving African Rhinos: A Market Success Story." *PERC Case Studies*. Spring 2012.

Saunders, Laura. 2009. "Rich Cling to Life to Beat Tax Man." *Wall Street Journal* (December 30, 2009).

Schick, Allen. 2002. "The Deficit That Didn't Just Happen." The *Brookings Review* (Spring): 45–46.

Schmedel, Scott R. 1991. "Tax Report." *Wall Street Journal* (January 9, 1991): p. A1.

Schuck, Peter H. 2011. "The Balanced Budget Amendment's Fatal Flaw." *Wall Street Journal* (July 22, 2011).

Schultze, Charles L. 1995. "The Balanced Budget Amendment: Needed? Effective? Efficient?" *National Tax Journal* 48: 317–328.

Seelye, Katharine. 2011. "A Push to Privatize Pennsylvania Liquor Stores." *New York Times* p. A9 (January 1, 2011).

Sen, Amartya. 1999. "The Possibility of Social Choice." *American Economic Review* 89: 349–378.

Sheshinski, Eytan and Luis Felipe Lopez-Calva. 1999. "Privatization and Its Benefits: Theory and Evidence." Working Paper. Cambridge, MA: Harvard Institute for International Development.

Shleifer, Andrei. 1998. "State versus Private Ownership." *Journal of Economic Perspectives* 12(4): 133–150.

Shoven, John B. and Sita N. Slavov. 2006. "Political Risk Versus Market Risk in Social Security." Working Paper No. 12135. Cambridge, MA: National Bureau of Economic Research.

Sigman, Hilary. 2003. "Letting States Do the Dirty Work: State Responsibility for Federal Environmental Regulation." *National Tax Journal* 56: 107–122.

Sinai, Todd and Joseph Gyourko. 2004. "The (Un)changing Geographical Distribution of Housing Tax Benefits: 1980 to 2000." *Tax Policy and the Economy* 18: 165–208.

Sinai, Todd and Joel Waldfogel. 2002. "Do Low-Income Housing

Subsidies Increase Housing Consumption?" Working Paper No. 8709. Cambridge, MA: National Bureau of Economic Research.

Skinner, Jonathan, Elliott Fisher, and John E. Wennberg. 2005. "The Efficiency of Medicare." *In Analyses in the Economics of Aging*, David Wise (ed.). Chicago: University of Chicago Press.

Slemrod, Joel and Jon Bakija. 2004. *Taxing Ourselves*, 3rd ed. Cambridge, MA: MIT Press.

Smith, Adam. 1977/1776. *The Wealth of Nations*. London: J.M. Dent and Sons.

Smith, Ray A. 2005. "Homeowners Revolt Against Tax Assessors." *Wall Street Journal* (January 25, 2005): p. D1.

Snow, John. 1855. *On the Mode of Communication of Cholera*. London: John Churchill, New Burlington Street, England.

Social Security Administration. 2012. *Social Security Bulletin 2011*: www.ssa.gov/policy/docs/statcomps/supplement/2011/supplement11.pdf

Social Security Trustees. 2012. *The 2012 Annual Report of the Board of Trustees of the Federal Old-Age and Survivors Insurance and Disability Insurance Trust Funds*. Washington, DC: US Government Printing Office.

Spar, Karen, 2006. "Cash and Noncash Benefits for Persons with Limited Income: Eligibility Rules, Recipient and Expenditure Data, FY2002–FY2004." Congressional Research Service, Washington, DC: March 27, 2006.

Spar, Karen. 2011. "Federal Benefits and Services for People with Low Income: Programs, Policy, and Spending, FY2008--FY2009." Congressional Research Service, Washington, DC: January 31, 2011.

Spitzer, Eliot. 2010. "Tax Fraud: Debunking the claim that higher income-tax rates reduce GDP." *Slate* (February 23, 2010).

Stavins, Robert N. 2003. "Experience with Market-based Environmental Policy Instruments." In *The Handbook of Environmental Economics*, Volume 1. Karl-Goran Maler and Jeffrey R. Vincent (eds.). Amsterdam: North Holland.

Stein, Herbert. 1996. "The Income Inequality Debate." *Wall Street Journal* (May 1, 1996): p. A14.

Stein, Herbert. 1997. "Death and Taxes." *Wall Street Journal* (July 3, 1997): p. A10.

Stein, Jeremy C. 2003. "Agency, Information and Corporate Investment." In *Handbook of the Economics of Finance*, Vol. 1A. G. M. Constantinides, M. Harris, and R. M. Stulz (eds.). Amsterdam: North-Holland.

Steinhauer, Jennifer. 2009. "California Legislature Approves Budget that Closes $26 Billion Gap," *New York Times* p. A12 (July 25, 2009).

Stelzer, Irwin. 2010. "Small Bras and the Value-Added Tax." *Wall Street Journal* (April 5, 2010).

Stern, Nicholas. 2006. *The Economics of Climate Change*. Cambridge, UK: Cambridge University Press.

Steuerle, C. Eugene and Jon M. Bakija. 1994. *Retooling Social Security for the 21st Century: Right and Wrong Approaches to Reform*. Washington DC: The Urban Institute.

Stewart, James B. 2012. "At 102%, His Tax Rate Takes the Cake." *New York Times* (February 3, 2012).

Stiglitz, Joseph E. 1973. "Taxation, Corporate Financial Policy, and the Cost of Capital." *Journal of Public Economics* 2: 1–34.

Stone, Lawrence. 1977. *The Family, Sex, and Marriage in England, 1500–1800*. New York: Harper & Row.

Strumpf, Koleman S. and Felix Oberholzer-Gee. 2002. "Endogenous Policy Decentralization: Testing the Central Tenet of Economic Federalism." *Journal of Political Economy* 110: 1–36.

Strunk, Bradley C. and Paul B. Ginsburg. 2002. *Aging Plays a Limited Role in Health Care Cost Trends*, Center for Studying Health System Change Data Bulletin, No. 23: September 2002.

Stuckart, Wilhem and Hans Globke. 1968. "Civil Rights and the Natural Inequality of Man." In *Nazi Culture*. Georget L. Morse (ed.). New York: Universal Library.

Taheri, Amir. 2003. "Shiite Schism." *Wall Street Journal* (April 7, 2003).

Tideman, T. Nicolaus and Gordon Tullock. 1976. "A New and Superior Process for Making Social Choices." *Journal of Political Economy* 84: 1145–1160.

Tiebout, Charles. 1956. "A Pure Theory of Local Expenditures." *Journal of Political Economy* 64: 416–424.

Tierney, John. 2001. "Is a US Force the Safest Bet for Airports?" *New York Times* (October 16, 2001): p. D1.

Tierney, John. 2006. "New Europe's Boomtown." *New York Times* (September 5, 2006): p. A23.

Tobin, James. 1958. "Liquidity Preference as Attitude toward Risk." *Review of Economic Studies* 25: 65–86.

Tomsho, Robert. 2001. "Fund-Raising Drive for Schools Leaves Manchester Disunited." *Wall Street Journal* (February 7, 2001): p. A1.

Trabandt, Mathias and Harald Uhlih. 2009. "How Far Are We from the Slippery Slope? The Laffer Curve Revisited." Working Paper No. 15343. Cambridge, MA: National Bureau of Economic Research.

Tresch, Richard W. 2002. *Public Finance: A Normative Theory*, 2nd edition. New York: Academic Press.

Tucker, Robert C., ed. 1978. *The Marx-Engels Reader*, 2nd edition. New York. W.W. Norton.

Uchitelle, Louis. 2001. "Now, Uncle Sam Wants You." *New York Times* (November 25, 2001): p. WK3.

Uhlig, Harald and Mathias Trabandt. 2006. "How Far Are We from the Slippery Slope? The Laffer Curve Revisited." Working Paper 5657. Center for Economic Policy Research.

US Bureau of the Census. 2009. *The Effect of Government Taxes and Transfers on Income and Poverty in the United States: 2009*.

US Bureau of the Census. 2010. *Public Education Finances: 2008*.

US Bureau of the Census. 2011a. *Current Population Survey: Annual Social and Economic Supplements:* www.census .gov/hhes/www/income/histinc/h02ar.html

US Bureau of the Census. 2011b. *2010 American Community Survey*.

US Bureau of the Census. 2012a. *Current Population Reports: Income, Poverty, and Health Insurance Coverage in the United States: 2011*.

US Bureau of the Census. 2012b. "State and Local Government Finances: 2010." www2.census.gov/govs/estimate/summary_ report.pdf

US Bureau of the Census. 2012c. *Statistical Abstract of the United States: 2011*. Washington, DC.

US Bureau of the Census. 2012d. *2012 Census of Governments* www.census.gov/govs/cog2012/

US Centers for Disease Control and Prevention. 2005. *Health, United States, 2005*. National Center for Health Statistics.

US Department of Agriculture. 2011. "Characteristics of Supplemental Nutrition Assistance Program (SNAP) Households: Fiscal Year 2012.

US Department of Health and Human Services. 2008. *Administration for Children and Families, Caseload Data 2007.*

US Department of Housing and Urban Development and US Department of Commerce. 2008. *American Housing Survey for the United States: 2007.*

US Department of Labor. 2011. "Unemployment Insurance Data Summary." *Employment and Training Division.*

US Office of Management and Budget (OMB). 2003. *Circular A-4, Regulatory Analysis.* www.whitehouse.gov/omb/circulars/a004/a-4.pdf.

US Office of Management and Budget (OMB). 2012. *Analytical Perspectives: Budget of the United States Government, Fiscal Year 2013.* Washington, DC: US Government Printing Office.

Vessella, Tom. 2001. "How about This for a Tax Plan: Eliminate the IRS." *The Princeton Tory*: 17–18.

Viscusi, W. Kip. 1992. *Fatal Tradeoffs: Public and Private Responsibilities for Risk.* New York: Oxford University Press.

Viscusi, W. Kip. 2006. "The Value of Life." *In The New Palgrave Dictionary of Economics*, 2nd edition. Steven Durlauf and Lawrence Blume (eds.). London: Macmillan.

Viscusi, W. Kip and Joseph E. Aldy. 2003. "The Value of a Statistical Life: A Critical Review of Market Estimates throughout the World." *Journal of Risk and Uncertainty* 27(1): 5–76.

Viscusi, W. Kip and Ted Gayer. 2005. "Quantifying and Valuing Environmental Health Risks." In *Handbook of Environmental Economics*, Volume 2. Karl-Goran Maler and Jeffrey R. Vincent (eds.). Elsevier. Amsterdam.

Wall Street Journal. 2001. "Non-Stop Taxes." (April 19, 2001): p. A18.

Wall Street Journal. 2009. "Washington's Marlboro Men." *Wall Street Journal* (June 13, 2009).

Wall Street Journal. 2010. "The Mystique of Washington." *Wall Street Journal* p. A18 (April 5, 2010).

Wall Street Journal. 2011. "Badly Written Bad Rules." *Wall Street Journal* p. A12 (December 27, 2011).

Waverly, Jed. 2010. "Letter to Editor." *New York Times Magazine* p. 8 (April 11, 2010).

Weimer, David L. and Michael J. Wolkoff. 2001. "School Performance and Housing Values: Using Non-Contiguous District and Incorporation Boundaries to Identify School Effects." *National Tax Journal* 54: 231–254.

Weisenthal, Joe. 2012. "Krugman: The Government Has to Do More Deficit Spending to Avoid a Full-On Depression." *Business Insider* (July 12, 2012).

Weitzman, Martin L. 1974. "Prices vs. Quantities." *Review of Economic Studies* 41(4): 477–491.

Weitzman, Martin L. 2007. "A Review of the Stern Review on the Economics of Climate Change." *Journal of Economic Literature* 45(3): 703–724.

The White House and the Department of the Treasury. 2012. *The President's Framework for Business Tax Reform.* February 2012.

Whitmore, Diane. 2002. "What Are Food Stamps Worth?" Industrial Relations Section Working Paper No. 468. Princeton, NJ: Princeton University.

Willig, Robert. 1976. "Consumer Surplus without Apology." *American Economic Review* 66(4): 589–597.

Wilson, James Q. 1994. "A New Approach to Welfare Reform: Humility." *Wall Street Journal* (December 29, 1994): p. A10.

Wilson, James Q. 2000. "Pork Is Kosher under Our Constitution." *Wall Street Journal* (February 15, 2000): p. A26.

Winer, Stanley and Walter Hettich. 2004. "The Political Economy of Taxation: Positive and Normative Analysis When Collective Choice Matters." In *The Encyclopedia of Public Choice. C.* Rowley and F. Schneider (eds.). Kluwer Academic.

Winkelmann, Rainer. 2004. "Co-payments for prescription drugs and the demand for doctor visits – Evidence from a natural experiment." *Health Economics* no. 13(11): 1081-1089.

Winston, Cliff. 2010. *Last Exit: Privatization and Deregulation of the US Transportation System.* Brookings Institution Press: Washington, DC.

Wolff, Edward N. 2001. "Recent Trends in Wealth Ownership, 1983–1998." In *Assets for the Poor: The Benefits of Spreading Asset Ownership.* Thomas M. Shapiro and Edward N. Wolff (eds.). Russell Sage Press: 34–73.

Woodbury, Stephen A. and Robert G. Spiegelman. 1987. "Bonuses to Workers and Employers to Reduce Unemployment: Randomized Trials in Illinois." *American Economic Review* 77(4): 513–530.

Wooldridge, Jeffrey M. 2009. *Introductory Econometrics*, 4th edition. Cincinnati, OH: South-Western College Publishing.

Yamada, Ken. 2011. "Labor supply responses to the 1990s Japanese tax reforms." *Labour Economics* no. 18(4): 539-546.

Yan, Jia, and Clifford Winston. 2012. "Designing a Market for Privatized Airports: The Case of the San Francisco Bay Area." Brookings Working Paper.

Yardley, William. 2010. "Turbines Too Loud? Here, Take $5,000." *New York Times* p. A14 (July 31, 2010).

You, Jong-sung and Sanjeef Khagram. 2004. "Inequality and Corruption." Hauser Center for Nonprofit Organizations Working Paper No. 22. Kennedy School of Government Working Paper Series: RWP04-001.

Zimmerman, Jonathan. 2007. "Letter to the Editor." *New York Times* (March 24, 2007).

Zodrow, George R. 2007. "The Property Tax Incidence Debate and the Mix of State and Local Finance of Local Public Expenditures." *CESifo Economic Studies* 53(4): 495–521.

찾아보기

ㅇ

ㅌ

ㅍ

ㅎ

기타